Groll

1x1 des Lizenzmanagements

Torsten Groll

1x1 des Lizenzmanagements

Praxisleitfaden für das IT- und Software Asset Management

4., aktualisierte und erweiterte Auflage

HANSER

Bibliografische Information der Deutschen Nationalbibliothek:

Die Deutsche Nationalbibliothek verzeichnet diese Publikation in der Deutschen Nationalbibliografie; detaillierte bibliografische Daten sind im Internet über *http://dnb.d-nb.de* abrufbar.

Vilshofener Straße 10 | 81679 München | info@hanser.de
Lektorat: Brigitte Bauer-Schiewek
Copy editing: Petra Kienle, Fürstenfeldbruck
Layout: Manuela Treindl, Fürth
Umschlagdesign: Marc Müller-Bremer, München, *www.rebranding.de*
Umschlagrealisation: Max Kostopoulos
Titelmotiv: © shutterstock.com/AdresiaStock
Druck und Bindung: CPI Books GmbH, Leck
Printed in Germany

Print-ISBN: 978-3-446-46651-7
E-Book-ISBN: 978-3-446-46656-2
E-Pub-ISBN: 978-3-446-46657-9

Inhalt

Vorwort

Keine andere Technologie der Neuzeit hat uns alle wohl so nachhaltig geprägt wie die Erfindung des Computers. Seit Konrad Zuse den ersten programmgesteuerten und frei programmierbaren Rechner 1938 vorstellte, sind 70 Jahre später Computer aus unserem täglichen Leben nicht mehr wegzudenken. Hauptbestandteil eines jeden Rechenknechts ist seine Software, ohne die bleibt er stumm. Im Gegensatz zur Hardware, die man anfassen und fühlen kann, ist Software eine „weiche Ware" und nicht greifbar. Software kann nicht visualisiert werden. Der Betriebswirt nennt das auch ein „immaterielles Wirtschaftsgut". Vielleicht ist auch das ein Grund, weshalb quasi jede Büroklammer inventarisiert wurde, aber das Software-Lizenzmanagement noch immer wenig Beachtung erfährt. Jedes Jahr werden von Unternehmen für die Bereitstellung von Software erhebliche Summen aufgewendet. Das immer schnelleren Veränderungszyklen ausgesetzte Computerzeitalter bringt uns rasant wachsende Technologien zur Herstellung immer größerer und leistungsfähigerer Computersysteme und Speicherkapazitäten. Schon heute wird das Wissen im Internet alle drei Monate komplett erneuert und nimmt enorme Ausmaße an. Viele Privathaushalte verfügen bereits über mehrere Computer und sind an die weltweiten Datenautobahnen rund um die Uhr angebunden. Im Kleinen wie im Großen muss sich heute jeder mit dem Thema Software und Lizenzmanagement auseinandersetzen.

Unternehmen sind oft über Jahre hinweg zu komplexen Gebilden herangewachsen und jedes ist anders. Die Schnelligkeit, mit der sich das Geschäft verändert, zwingt die IT, sich effektiver zu organisieren und die angebotenen Services permanent auf den Prüfstand zu stellen. Dabei bekommt gerade jetzt auch das lange vernachlässigte Wirtschaftsgut „Software" einen immer größeren Stellenwert in der Gesamtbetrachtung der IT-Kosten. Schon lange sind, statistisch gesehen, die installierte Software (und die daran gekoppelten Services) der größte Kostenblock bei der Ausrüstung eines IT-Arbeitsplatzes. Die Unternehmen investieren durchschnittlich mehr als ein Drittel des vorhandenen IT-Budgets in den Kauf von Software und in Wartungsverträge. Es wird ein enormer Aufwand betrieben, um die mittlerweile fast vollständig von der IT abhängigen Geschäftsprozesse zu managen. Die ständige Verfügbarkeit von IT-Kapazitäten zu gewährleisten, gehört zu den erfolgskritischen Faktoren eines Unternehmens. Störungen können auch die Beziehungen zu Kunden und Geschäftspartnern beeinträchtigen. Fällt die IT aus, kommt es nicht selten zu rechtlichen und wirtschaftlichen Konsequenzen. Deswegen setzen die Unternehmen alles daran, ihre Softwaresysteme stabil und funktionstüchtig zu halten.

Doch kaum ein Unternehmen hat einen ausreichenden Überblick über seine eingesetzte Software. Hier herrscht häufig Misswirtschaft. Ein schwerwiegender strategischer Fehler, denn wer die Lizenzthematik falsch einschätzt, muss finanzielle Einbußen befürchten.

Gerade unter diesem Aspekt und auch aufgrund der derzeitigen wirtschaftlichen Situation in ganz Deutschland wird der Druck auf die IT-Verantwortlichen, Kosten zu senken, enorm steigen. Im Gegenzug werden die Softwarehersteller, bedingt durch fallende Umsätze und geringere Lizenzeinnahmen, sehr viel öfter bei Ihnen vor der Tür stehen und die Einhaltung der vereinbarten Nutzungsrechte aufs Penibelste überprüfen. Wenn Sie sich hier keinem Risiko aussetzen wollen, das vielleicht Ihr Unternehmen gefährden könnte, sollten Sie sich ausführlich mit den in diesem Buch beschriebenen Themen auseinandersetzen.

Auf den folgenden Seiten möchte ich Ihnen einen Überblick geben, mit welchen Methoden und Lösungen Sie an das Thema „Software-Lizenzmanagement" herangehen können. Das Buch soll Sie dabei unterstützen, einen eigenen Fahrplan für Ihre ersten Schritte als Lizenzmanager zu entwerfen. Verschaffen Sie sich einen genauen Überblick über Ihre IT-Infrastruktur, alle IT-Investitions- und Anlagegüter, und vermeiden Sie auf diese Weise unnötige Kosten. Gleichzeitig erhalten Sie Transparenz, Rechtssicherheit und erhöhen deutlich die Qualität der IT-Services in Ihrem Unternehmen. So vorbereitet, können Sie Ihrem nächsten Softwareaudit gelassen entgegensehen.

Besonders bedanken möchte ich mich auch bei Margarete Metzger vom Carl Hanser Verlag, die mir sehr kompetent und mit einer Engelsgeduld über die Hürden bei der Erstellung dieses Buchs hinweggeholfen hat.

Torsten Groll, 2009

■ Vorwort zur 4. Auflage

Auf dem Buchcover der 4. Auflage steht: „Lizenzmanagement im Wandel der Technologietransformation". Das wurde von mir bewusst so gewählt, denn genau unter diesem Aspekt steht die Überarbeitung und Aktualisierung des Buchinhalts zur 4. Auflage.

Im Vorwort zur ersten Auflage schrieb ich: *„Unternehmen sind oft über Jahre hinweg zu komplexen Gebilden herangewachsen und jedes ist anders. Die Schnelligkeit, mit der sich das Geschäft verändert, zwingt die IT, sich effektiver zu organisieren und die angebotenen Services permanent auf den Prüfstand zu stellen."* Nun, diese Aussage behält auch noch 12 Jahre später ihre uneingeschränkte Gültigkeit. Denn die seit einigen Jahren nicht mehr aufzuhaltende Transformation der lokalen IT-Architekturszenarien in die Cloud zeigt an vielen Stellen auch heute noch dem verantwortlichen IT-Management auf, dass die Unternehmensarchitekturen nicht mal eben so in die Cloud-Architekturen transformiert werden können. Zu dieser Erkenntnis hat sicher auch die Situation im Jahr 2020 beigetragen, als bedingt durch die Corona-Pandemie innerhalb sehr kurzer Zeiträume die Mitarbeitenden in das Homeoffice geschickt wurden. Das war und ist aber nur die rein organisatorische Seite der Medaille.

Die stärkeren und teilweise enormen Herausforderungen waren – wie sich dann ganz schnell herausstellte –, die bestehenden IT-Infrastrukturen und -Architekturen den neuen Gegebenheiten anpassen zu können. Nicht nur Hardwareequipment, sondern auch Softwareprodukte, -verfahren, -lizenzen und deren lizenzkonformer Einsatz standen auf einmal in enormen

Größenordnungen mit auf der Liste. Und all das musste jetzt auch in die Geschäftsprozesse mit aufgenommen und auch noch gesteuert werden. Es bleibt abzuwarten, ob nicht nachfolgend auch aus diesem Umstand heraus die Hersteller ihre Audits erweitern werden, denn bei dieser Ausgangslage, mal eben schnell die IT-Infrastrukturen zu erweitern, Kapazitäten hochzufahren usw., wird nicht bei allen der erforderliche Lizenznachkauf dabei im Vordergrund gestanden haben.

Aktuelle Herausforderungen

Cloud-Technologie ist mittlerweile allgegenwärtig, die digitalen Strukturen verändern sich rasant, um die Konsumierung der Services weiter zu vereinfachen. Diese Veränderungen, für Innovation und Wachstum zu nutzen, werden für Unternehmen zum entscheidenden Baustein ihrer Geschäftsstrategien. Eine umfassende und transparente Sichtbarkeit auf die IT-Assets zu jeder Zeit zu haben, ist ein wesentlicher Bestandteil für die digitale Transformation und einen sicherzustellenden risikoarmen IT-Betrieb.

Dass Software prinzipiell einer Lizenzpflicht unterliegt, ist unbestritten, denn in einem Softwareasset- und Lizenzmanagement müssen jegliche Softwareanwendungen, -verfahren oder -produkte betrachtet und verwaltet werden. Die gute Nachricht: Nicht jedes aktiv eingesetzte Softwareprodukt ist auf eine Einhaltung der lizenzkonformen Nutzung zu überwachen respektive zu prüfen, denn abhängig von der zu Grunde liegenden Lizenzmetrik (wie wird gezählt) und der Art, wie die einzuhaltenden bzw. (vielleicht auch individuell) vereinbarten Nutzungen ermittelt oder überwacht werden, gibt es durch die Transformation in die Cloud durchaus Einsatzszenarien, wo im Prinzip nur noch die tatsächliche Nutzung der Software gesteuert und monetär abgerechnet wird.

Adobe war einer der ersten Hersteller, der seine Softwareprodukte von „On-Premises“ weg hin zu Cloudprodukten transformiert hat, die über eine Subskription-Gebühr (pro Named User) abgerechnet werden. Wurde anfangs noch darüber spekuliert, ob sich damit Adobe nicht ins Abseits manövriert, haben es ein paar Jahre später weitere Hersteller nachgemacht und heute kann gesagt werden, dass diese Transformation nicht mehr aufzuhalten sein wird. Hier wird in Zukunft verstärkt ein „Nutzungsmanagement“ statt einem „Lizenzmanagement“ der Produkte im Vordergrund stehen, damit rechtzeitig auf steigende oder fallende Abonnementzahlen reagiert werden kann. Weiterhin werden für das bestehende Lizenzmanagement jetzt noch andere Geschäftsprozesse in den Fokus rücken, u. a. die wirtschaftliche Verwaltung und lizenzkonforme Nutzung von Software-Subskriptions. Althergebrachte Lizenzmodelle werden immer mehr durch Sourcing- und Servicemodelle ersetzt und so werden zukünftig vielfältigere Parameter zu berücksichtigen sein als bisher. Damit wird die in den vergangenen Jahren bereits eingesetzte starke Marktkonsolidierung der SAM-Tool-Anbieter weitergehen. Am wichtigsten für die Unternehmen ist aber, dass die Vertrauenswürdigkeit der Daten und deren Sicherheit gewährleistet wird. Im Umkehrschluss bedeutet das, dass zukünftig nur noch Softwareasset- und Lizenzmanagement-Lösungen mit Möglichkeiten für ein integrierbares Software Vulnerability Management (Risikoanalyse von Softwareassets auf Schwachstellen) im Markt erfolgreich bleiben werden.

Damit das Buch dem aktuellen Wissensstand des IT- und Software Asset Managements entspricht, habe ich die Inhalte umfassend überarbeitet und auch Inhalte aus der vorhergehenden Auflage thematisch in neue Kapitel zusammengeführt. Bis auf wenige Ausnahmen habe ich alle Abbildungen aktualisiert, ergänzt bzw. ausgetauscht.

Bedanken möchte ich mich bei allen Mitarbeitenden des Hanser Verlags, die mit ihrer Arbeit dazu beitragen, vielen Menschen Wissen zugänglich zu machen, und besonders bei Brigitte Bauer-Schiewek und dem gesamten Team.

Ein Dankeschön möchte ich meinem langjährigen Mitstreiter und Kollegen Thomas Hirsch aussprechen, der mit viel Kompetenz und unermüdlichem Einsatz an Lösungen für die komplexen IT-Problemstellungen unserer Kunden und Partner (wie Snow Software) arbeitet und mich gut motivieren kann, wenn die Herausforderungen mal wieder überhandnahmen. Ebenso möchte ich mich bei Michael Hambsch bedanken für seine umfangreiche fachliche Unterstützung bei der Qualitätskontrolle von technischen Aspekten in einigen Kapiteln. Meiner Frau und meiner Familie gilt ebenso ein großes Danke für die großzügige Rücksichtnahme und Unterstützung, um das alles unter einen Hut zu bekommen.

Ich möchte Ihnen noch eines meiner Lieblingszitate von Albert Einstein auf den „IT- und Software Asset Management"-Weg mitgeben.

Der Fortschritt lebt vom Austausch des Wissens.

Torsten Groll, Juni 2021

Teil I: Das Lizenzmanagement

- Kapitel 1: Lizenzmanagement – vom Risiko zum Wert
- Kapitel 2: Eine Softwarelizenz – was ist das?
- Kapitel 3: Die IT-Infrastruktur – „Black Boxen" und Schatten-IT – wie vermeiden?

Nicht alles, was zählt, kann gezählt werden
und nicht alles, was gezählt werden kann, zählt.

Albert Einstein

1 Lizenzmanagement – vom Risiko zum Wert

In diesem Kapitel erfahren Sie u. a.,

- was „Lizenzmanagement" bedeutet und wie die aktuelle Situation in den meisten Unternehmen ist,
- wie wichtig es ist, Transparenz herzustellen und Rechtmäßigkeit zu gewährleisten,
- welche Trends sich im Umfeld des Lizenzmanagements abzeichnen.

Am Ende dieses Kapitels wissen Sie, warum es notwendig ist, sich mit dem Thema der Verwaltung von Softwareassets und Lizenzen auseinanderzusetzen. Durch die Herstellung von Transparenz und Rechtmäßigkeit schützen Sie Ihr Unternehmen vor unkalkulierbaren Risiken und können Einsparpotenziale identifizieren und umsetzen.

Hinweis

Im Buch wurde aus pragmatischen Gründen auf die Nennung jeweils beider geschlechtsspezifischen Bezeichnungen verzichtet. Mit der Nennung der männlichen Form ist auch immer die weibliche Form gemeint.

Die Kapitelüberschrift „Lizenzmanagement – vom Risiko zum Wert" hat auch in der 4. Auflage nichts an Aussagekraft verloren. Die rasanten Umbrüche und Transformationen in den letzten Jahren haben – außer um Schritt zu halten mit den technologischen Entwicklungen – auch gemein, dass die betriebswirtschaftlichen und lizenzrechtlichen Aspekte immer möglichst transparent sind und bleiben, damit das Unternehmensmanagement die möglichen Risiken einstufen, bewerten und steuern kann. Heute umso wichtiger denn je, da die Geschäfts- und Wertschöpfungsprozesse eines Unternehmens signifikant von einer funktionierenden Informations- und Technologie-Architektur abhängig sind.

1.1 Alte und neue Herausforderungen

Was sich gegenüber den vergangenen Jahren im „reinen" Lizenzmanagement verändert hat ist, dass (und das habe ich eigentlich auch schon immer in den vorangegangenen Auflagen so mit angemerkt) das wirtschaftliche und transparente Managen der Softwareassets eine immer wichtigere Rolle einnimmt und dass das Softwareasset- und Lizenzmanagement bei allen Aufgabenstellungen und Entscheidungen möglichst umfassend mit einzubeziehen ist. Außerdem werden über Analysen und Berichte aus dem SAM-Betrieb wichtige Daten bereitgestellt, um so auch anderen Geschäftsprozessen (wie z. B. personenbezogene Datenverarbeitung, Sicherheit von Computersystemen, Schutz gegen Angriffe von außen u. v. m.) wertvolle Informationen zu liefern.

Die immer noch geltenden vier wichtigsten Zielsetzungen für ein aktives Softwareasset- und Lizenzmanagement sind auch in Zeiten der neuen Technologietransformationen:

- Transparenz schaffen,
- Kosten reduzieren,
- Compliance einhalten,
- Rechtmäßigkeit herstellen.

Begrifflichkeiten

Das Lizenzmanagement umfasst die Prozesse, die für die Steuerung des legalen Umgangs mit Softwareanwendungen und deren vereinbarten Lizenz- und Nutzungsbestimmungen erforderlich sind. Das Lizenzmanagement hat primär eine wirtschaftliche (kaufmännische) Sichtweise. Für die gleichzeitig notwendige technische Verwaltung und Steuerung der einzusetzenden Softwareassets in einem Unternehmen wird der Begriff Software Asset Management (SAM) verwendet und das SAM ist wiederum ein Bestandteil des IT Asset Management (ITAM). Mit „SAM" ist in vielen Publikationen aber auch oft das Lizenzmanagement gemeint. Sollte in Ihrem Unternehmen hierzu ein Dissens herrschen, wäre es zu empfehlen, diese Begrifflichkeiten vorab in Ihrem eigenen Umfeld noch einmal genau zu definieren, damit es zu keinen Missverständnissen im Betrieb Ihres Softwareasset- und Lizenzmanagements kommt.

Für die Aufgabenstellung zur Einhaltung der „Lizenzkonformität bzw. Software Compliance" müssen die verantwortlichen SAM-Rollen nach wie vor eine grundsätzliche Antwort auf die folgenden Frage finden:

Wie viele der aktiv im Einsatz befindlichen Softwareprodukte (technische Seite) sind auch lizenzkostenpflichtig und somit kaufmännisch und lizenzrechtlich zu managen?

Zusätzlich entsteht durch die Transformation der klassischen IT in die Cloud-Technologien eine neue Fragestellung:

Von wem und wann wird über einen bestimmten Zeitraum und in welchem Umfang die bereitgestellte Software oder der Service genutzt?

Am Ende des Tages muss sich ein plausibles Ergebnis aus den gewonnenen und verarbeiteten technischen und den bereitzustellenden kaufmännischen Daten gewinnen lassen. Warum das Softwareasset- und Lizenzmanagement weiterhin komplex bleibt, wird in Bild 1.1 grafisch dargestellt.

Zusammengefasst bedeuten die einzelnen Teilbereiche Folgendes:

- **Kaufmännisch:** Individuelle Vertragsstrukturen mit unterschiedlichen Beschaffungs- und Bestellmöglichkeiten.
- **Diversität:** Einsatz vielfältiger Softwareprodukte ohne ausreichende Standardisierung des Softwareportfolios.

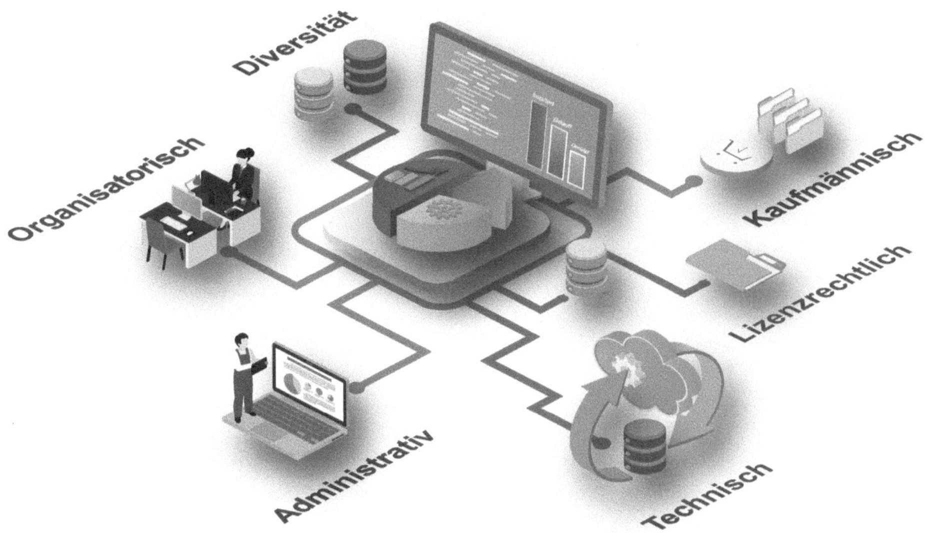

Bild 1.1 Komplexität im Softwareasset- und Lizenzmanagement[1]

- **Lizenzrechtlich:** Große Anzahl unterschiedlich anzuwendender Nutzungsrechte und Lizenzmetriken.
- **Organisatorisch:** Individuelle Prozess- und Rollenumsetzung mit unterschiedlichen Verantwortlichkeiten.
- **Technisch:** Vielfältige IT-Architekturen in heterogenen Umgebungen mit komplexer Datenverarbeitung.
- **Administrativ:** Komplexe Administration von Lizenzen und Verträgen mit aufwendiger Informationsbereitstellung.

Die zu verarbeitenden Informationen liegen dabei in unterschiedlichen Formen und Ausprägungen (auch was die zu erwartende bzw. erforderliche Datenqualität und -quantität betrifft) von statischen, wie bspw. kaufmännischen Stammdaten, und dynamischen Daten vor, die es oft – nahezu in Echtzeit – zu verarbeiten und zu bewerten gilt. Beispielhaft wären hier zu nennen: Veränderungen bzw. Zuschaltungen von CPU-Leistungen für eine bestimmte Zeit oder aber die dynamische Zuordnung von Benutzern zu Abonnements wie bspw. Microsoft 365 oder Adobe Creative Cloud. Aber es sind noch weit mehr Aspekte in Betracht zu ziehen. So stellen die bestehenden Geschäfts- und SAM-Prozesse und die im Unternehmen vorherrschenden IT-Architekturen weitere wichtige Faktoren dar, die einen erheblichen Einfluss auf die korrekte Beantwortung der Software-Compliance-Frage haben können. Es reicht also bei weitem nicht aus, die vereinbarten Nutzungsbedingungen auf dem Papier zu kennen, sondern es ist auch wichtig zu wissen, ob diese korrekt in den bestehenden IT-Szenarien umgesetzt werden bzw. wurden – und hier bekommt jetzt auch an diesem Punkt das Einbeziehen des Software Asset Management (SAM) eine sehr große Bedeutung. Nur in Zusammenarbeit mit den verantwortlichen Fachbereichen, die für das Installieren und Betreiben der IT-Architektur und der Softwareassets zuständig sind, können unklare Software-Compliance-Situationen über Berichte und Analysen einer Klärung zugeführt werden.

[1] Quelle: *apogiz.com*

Vielleicht hat das Deployment-Team beim Rollout einer Software einen Fehler (falsche Paketierung, oder falscher Lizenzkey) gemacht. Das Lizenzmanagement hat das aufgrund seiner Datenlage und -analyse erkannt und liefert nun die erforderlichen Informationen, um ein eventuell bestehendes lizenzrechtliches Betriebsrisiko der Softwareanwendung zu minimieren oder aufzulösen.

1.2 Lizenzmanagement – eine Begriffsdefinition

„*Lizenzmanagement* setzt sich zusammen aus dem Begriff *Lizenz*[2], die Erlaubnis (lat. licere, licentia, Erlaubnis, Freiheit, Befugnis), und dem Begriff *Management* (engl. manage von ital. Maneggiare, „an der Hand führen", dies von lat. manus, „Hand"; die engl. Bedeutung wurde im 17./18. Jh. durch franz. ménagement beeinflusst) und steht für das Verwalten und Managen von Softwareassets (Lizenzen)."

Das Lizenzmanagement beschreibt dabei Prozesse für den legalen Umgang mit Software und deren Lizenzbestimmungen und ist somit mehr im kaufmännischen als technischen Kontext zu sehen. In einem Unternehmensnetzwerk verteilte, installierte Softwarepakete oder genutzte Cloud-Apps – wenn diese lizenzkostenpflichtig sind – erzeugen einen technischen Lizenzbedarf und benötigen ihrer Lizenzmetrik entsprechend eine Zuordnung zu einem gültigen Lizenznachweis (Nutzungsrecht). Diese Zuordnung der Lizenznachweise erfolgt üblicherweise basierend auf abgeschlossenen Softwarelizenzverträgen (unbefristet oder befristet) bzw. einzelnen Softwareeinkäufen mit den darin definierten anwendbaren Lizenzierungs- und Nutzungsrechten. Diese beschreiben bspw. die installierbaren Softwareversionen und eventuell auch, auf welche Versionen ein Downgrade oder Upgrade möglich ist.

Hinweis

Es hält sich sehr hartnäckig die Aussage, dass die Aufbewahrungsfristen von Lizenzverträgen und Lizenznachweisen maximal zehn Jahre betragen, also im Prinzip den Aufbewahrungsfristen von steuerlichen Unterlagen gleichgesetzt werden. Das ist aber so nicht korrekt. Laut Aussage von Wirtschaftsprüfungsgesellschaften gelten für die Softwareverträge und Lizenznachweise eben nicht die steuerlichen Aufbewahrungsfristen, sondern diese sind (sofern ein Unternehmen Softwareprodukte mit so einem langen Lebenszyklus einsetzt oder andere Softwareprodukte auf so einem Vertrag aufsetzen) auch über die genannten steuerlichen Aufbewahrungsfristen von zehn Jahren hinaus aufzubewahren, zu dokumentieren und zu archivieren. Erst wenn das Softwareprodukt und mit ihm dann der Softwarevertrag seinen End-of-Life-Zeitpunkt erreicht hat, können die dazugehörigen Unterlagen vernichtet werden.

[2] Quelle: *http://de.wikipedia.org/wiki/Lizenz*

1.3 SAM – eine Begriffsdefinition

In Wikipedia werden Sie bei Eingabe des Suchbegriffs „Software Asset Management (SAM)" auf die Wikiseite zum „Lizenzmanagement" umgeleitet. Schon das sagt viel darüber aus, dass die beiden Begrifflichkeiten sehr eng miteinander im Zusammenhang stehen. Konnten wir uns bei der Begriffsdefinition des Lizenzmanagements noch auf die Definition von „Lizenz" stützen, ist das beim Begriff Software Asset Management nicht so trivial, denn es existieren mehr oder weniger immer nur ähnliche – wie die folgende – Definitionen (meist ein wenig abgewandelt).

> *Software Asset Management (SAM) – beschreibt erforderliche Prozesse und Infrastrukturen, um eine umfassende und transparente Sicht auf die im Unternehmen eingesetzten aktiven Softwareprodukte und -verfahren über den gesamten Software-Life-Cycle inklusive der Betriebskosten und Risiken planbar, steuerbar und kontrollierbar bereitzustellen, um Technologieinvestitionen zu schützen.*

Betrachtet man den Software-Life-Cycle-Prozess mit seinen sechs Hauptprozessen (Anforderung, Beschaffung, Lieferung, Installation, Verwendung & Betrieb sowie Deinstallation/ Entsorgung), kann das Lizenzmanagement ganz klar den ersten drei „kaufmännischen" Hauptprozessen zugeordnet werden. Das Software Asset Management hat von der Verantwortlichkeit her und auch als Schwerpunkt im Software-Life-Cycle-Prozess die Prozesse Installation, Verwendung & Betrieb und Deinstallation/Entsorgung maßgeblich mit zu steuern, also die „technischen" Hauptprozesse. Die zusätzlichen erforderlichen Lizenzmanagement-Prozesse, wie bspw. Software-Audit managen Lizenznutzung managen), sind jetzt hier mal in der Einordnung zur Definition von „SAM" außen vor gelassen, da diese mit dem „Software Asset Management" – also dem technischen Managen von Software – nichts zu tun haben. Betrachten wir einmal die Ausgangsituation im Umfeld des Software Asset und Lizenzmanagements etwas ausführlicher.

1.4 Ausgangssituation

Es existiert kaum noch ein Unternehmensprozess, der nicht durch Software zumindest unterstützt wird, weswegen die Problematik sehr ausgeprägt ist, dass es bei den Softwareinstallationen nur allzu häufig zu einer nicht korrekt lizenzierten Nutzungsverwendung kommt, teils aus Unkenntnis, teils der Komplexität der Nutzungsrechte geschuldet, aber auch einfach oft, um Geld zu sparen (denkt man). Das Motiv, unlizenzierte Software einzusetzen, um Geld zu sparen, geht aber dann oft genau in die andere Richtung los. Die momentan aktuell verfügbare Studie der Business Software Alliance (BSA) „BSA Global Software Survey Juni 2018"[3] gibt dazu einen guten Einblick.

[3] BSA Global Software Survey Juni 2018 (*https://www.bsa.org/files/reports/2018_BSA_GSS_Report_de.pdf*)

Die Kernaussagen der Studie aus der Einleitung lauten:

- Die Verwendung von nicht lizenzierter Software ist, obwohl sie leicht zurückgegangen ist, immer noch weit verbreitet.

  Auszug: *Zwar ging die Verbreitung unlizenzierter Software in den letzten zwei Jahren um zwei Prozentpunkte zurück. Doch 37 Prozent der auf PCs installierten Software sind weltweit immer noch unlizenziert. Obwohl der Marktwert der nicht lizenzierten Software ebenfalls rückläufig ist, werden in der Mehrzahl aller untersuchten Länder immer noch 50 Prozent der Software oder mehr unlizenziert verwendet ... und führen zu beispiellosen Sicherheitsrisiken.*

- CIOs erkennen, dass unlizenzierte Software zunehmend riskant und teuer wird.

  Auszug: *Unternehmen, die ein nicht lizenziertes Softwarepaket erwerben oder installieren bzw. einen Computer mit nicht lizenzierter Software kaufen, stoßen dabei in einem von drei Fällen auf Malware. Jede Malware-Attacke kostet ein Unternehmen durchschnittlich 2,4 Millionen US-Dollar und die Behebung der Folgen dauert bis zu 50 Tage. In dem Maße, in dem die Infektion zu Betriebsausfällen oder verlorenen Geschäftsdaten führt, kann dies auch die Marke und den Ruf des Unternehmens beeinträchtigen. ... Jedes Jahr kostet dieser Umstand Unternehmen weltweit fast 359 Milliarden US-Dollar. Die Vermeidung von Sicherheitsbedrohungen durch Malware ist heute der Hauptgrund, warum CIOs darauf bestehen, dass die Software in ihrem Netzwerk vollständig lizenziert ist.*

- Die Verbesserung der Software-Compliance ist jetzt eine unabdingbare Voraussetzung für Wirtschaftlichkeit und Sicherheit.

  Angesichts steigender Kosten durch Malware setzen Unternehmensführungen zunehmend auf vollständig lizenzierte Software, die mit den neuesten Updates gepatcht werden kann. So sichern sie sich gegen lähmende Malware-Angriffe, Datenschutzverletzungen und andere Sicherheitsrisiken ab. Immer mehr Führungskräfte erkennen auch, dass die Verbesserung ihrer Fähigkeit, Software im ganzen Unternehmen zu managen, ein effektives neues Werkzeug sein kann. Es hilft, Ausfallzeiten zu verringern und den Gewinn signifikant zu steigern. IDC schätzt, dass Unternehmen ihren Gewinn um bis zu 11 Prozent steigern können, wenn sie ihr Software-Management mit ein paar pragmatischen Maßnahmen verbessern.

- Unternehmen können heute wichtige Maßnahmen ergreifen, um das Software-Management zu verbessern und wichtige Vorteile zu erzielen.

  Um diese Vorteile nutzen zu können, müssen Unternehmen bewährte Best Practices für das SAM (Software Asset Management) implementieren. So verbessern sie ihr Software Asset Management und machen mehr aus ihrer Technologie. SAM hilft CIOs nicht nur, sicherzustellen, dass die Software auf ihrem Netzwerk legitim und vollständig lizenziert ist. Es kann auch Cyber-Risiken vermeiden, die Produktivität steigern, Ausfallzeiten reduzieren, das Lizenzmanagement zentralisieren und Kosten senken ...

Die BSA verweist in dieser momentan aktuellen Studie darauf, dass immer noch ein signifikanter Anteil an unlizenzierter Software betrieben wird und u. a. damit auch erhöhte Risiken bestehen, die aber – wohl aufgrund von stärkerer Sensibilisierung – mittlerweile auch von den verantwortlichen Managern wahrgenommen und beachtet werden. Viele IT-Verantwortliche haben noch immer große Herausforderungen zu meistern, wenn es um den wirtschaftlichen und lizenzrechtlich korrekten Betrieb von Softwareassets und -lizenzen geht. Als wäre das für sich allein nicht schon genug, kommt noch hinzu, dass sich das Thema Cloud Computing in den letzten Jahren dynamisch weiterentwickelt hat und die damit einhergehenden neuen Lizenzmodelle weitere Komplexitäten für den Betrieb der Informationsarchitektur in Unternehmen verursachen.

Risiken ...

Die meisten Unternehmen haben keinen wirklichen Überblick, welche Software wo und wie oft eingesetzt wird und ob diese ausreichend durch die anzuwendenden Nutzungsrechte gedeckt ist. Diese Unkenntnis entbindet die Geschäftsleitung aber nicht von der Verantwortung, die lizenzrechtlichen Nutzungsbestimmungen der Hersteller einzuhalten, um mögliche juristische und wirtschaftliche Konsequenzen abzuwenden oder zumindest in ein steuerbares Risiko umzuwandeln. Hinzu kommen nicht kalkulierbare Kosten und Risiken, wenn unlizenzierte Softwareprodukte in den Geschäftsprozessen betrieben werden.

... und Chancen

Die handelsrechtliche Verantwortlichkeit verpflichtet die meisten Unternehmen zu Einführung und Betrieb eines Risikomanagementsystems, zu dessen Aufgaben auch die Überwachung der Lizenzkonformität der im Unternehmen eingesetzten Software gehört, auch „Überwachung von operativen Risiken" genannt. Ein zu bewertendes Risiko kann dabei sein, für Lizenznachkäufe durch eine festgestellte Unterlizenzierung Rückstellungen zu bilden. Die Risiken, die sich dabei auch auf das gesamte Unternehmen auswirken können, lassen sich mit einem IT-basierten SAM-System minimieren. Eine Verwaltung aller Softwarekäufe - und erworbenen Lizenzen sowie der dazugehörigen Verträge in Verbindung mit einer permanenten Analyse der installierten und aktiven Softwarebasis kann dabei helfen. Es gibt unzählige Lizenzmodelle: Jeder Hersteller lässt sich für die Lizenzierung seiner Produkte immer wieder neue Spielarten einfallen. Den meisten Anwendern fällt es deshalb schwer, die geforderte Lizenzkonformität immer ausreichend sicherzustellen.

Viel zu oft erlebe ich - auch heute noch - sogenannte „Firefighter"-Einsätze (nicht kontrollierbare, nicht steuerbare, lediglich reaktive Prozessaktivitäten), mit denen versucht wird, einem anstehenden Software Audit zu begegnen. Nicht nur die komplexen Transformationen von „On-Premises" (lokale Softwarelizenzzuweisungen) in den Cloud-Betrieb schaffen erneute umfangreiche Komplexitäten, auch die Softwareanbieter setzen ihre Kunden weiter zunehmend mit komplexen Lizenzbestimmungen unter Druck. Sie können sich jedoch dagegen wehren, indem Sie ihre Softwarelandschaft effektiver organisieren und verwalten. Dafür ist es aber auch notwendig, Spezialwissen über die Softwarelieferanten und deren Lizenzmodelle im Unternehmen aufzubauen. Dieses Wissen müssen Sie für den Aufbau und die Organisation des SAM-Betriebs und Ihres Lizenzmanagements nutzen. Dabei geht es auch darum, verantwortliche SAM-Rollen und Zuständigkeiten zu definieren und die damit verbundenen Prozesse fachbereichsübergreifend in der Organisation zu verankern. Unterschätzen Sie bitte nicht das für die Einführung eines SAM-Projekts erforderliche Zeit- und Ausgabenbudget!

Oft ist es hilfreich, sich ein paar Grundaussagen und Antworten zu verdeutlichen, wie z. B. diese hier:

- Sich Gedanken zu machen über die derzeitig bestehende Situation im Unternehmen.
- Wie wird sich die Situation entwickeln, wenn keine Veränderungen in Angriff genommen werden?

- Welche Risiken und Gefahren entstehen, wenn der Status quo nicht verändert wird?
- Welche Nachteile können dadurch für das Unternehmen entstehen?
- Warum wird derzeit so und nicht anders gehandelt und gearbeitet?

Tipp:

Pragmatischer Ansatz

- Identifizieren von Verantwortlichen bzw. Unterstützern für das Softwareasset- und Lizenzmanagement,
- Definition der erforderlichen Abgrenzungen (Out-of-Scope),
- Analyse/Aufnahme der bestehenden Situation (Prozesse, Rollen, Sichten, Verfahren),
- Bewertung der bestehenden Situation bspw. nach der Norm ISO/IEC 19770-1,
- Erarbeitung eines umsetzbaren Leitfadens,
- erforderliche Maßnahmen sind zu bewerten (kurz-, mittel-, langfristig).

Faktoren

- Bis zu welcher „Tiefe" muss analysiert werden (Historienbetrachtung)?
- Welches sind die wichtigsten Prozesse und Softwareprodukte?
- Welchen Umfang sollte eine angemessene SAM-Lösung haben und welche „heutigen" Anforderungen sind als kritische Funktionen zu definieren (diese müssen unbedingt vom SAM-Tool bereitgestellt werden, möglichst „Out-of-the-box")?

Um diesen Aspekt noch etwas zu verdeutlichen, hilft es oft auch, gedanklich durchzuspielen, welche Antworten zu erwarten wären, wenn die folgenden Fragen gestellt werden.

Haben Sie Antworten auf folgende Fragen:

- Können Sie auf Knopfdruck Ihren aktuellen Bestand an IT- und Softwareassets abrufen?
- Kennen Sie die lizenzrechtlichen Zusammenhänge, wenn Sie virtuelle Umgebungen betreiben?
- Passt dafür das bis dato angewendete Nutzungsszenario noch für einen lizenzkonformen IT-Betrieb?
- Können Sie ermitteln, wie viele unterschiedliche Softwareanwendungen Sie haben, und werden diese auch alle eingesetzt und tatsächlich genutzt?
- Wird Ihre Software zentral oder dezentral beschafft?
- Werden die Vertragsunterlagen an einer zentralen Stelle geführt?
- Was passiert mit der Software, die nicht mehr genutzt oder deinstalliert wird? Wird das in den Verträgen regelmäßig angepasst?
- Kann Software von Mitarbeitern unerlaubt installiert werden?
- Besitzen Sie Richtlinien für den Umgang mit Software in Ihrem Unternehmen?
- Werden diese Richtlinien von jedem verstanden, „gelebt" und wird ihre Einhaltung regelmäßig überprüft?

Vielleicht können Sie einige der gestellten Fragen mit „Ja“ beantworten, vielleicht müssen Sie sich aber auch eingestehen, dass Sie diese Aspekte noch nicht ausreichend betrachtet haben. Sehr oft trifft man leider immer noch auf die Denkweise und Annahme: „Ich bin zuversichtlich, dass alles im Software Audit gut geht.“ Betrachtet man die heutige Situation in den Unternehmen genauer, ist zwar die Sensibilisierung für ein Softwareasset- und Lizenzmanagement gestiegen, aber das Lizenzmanagement führt heute oftmals immer noch häufig ein Schattendasein innerhalb des ITSM-Betriebs.

In den meisten Unternehmen gibt es wenige bis gar keine verantwortlichen SAM-Rollen, meistens weil es keine konkreten Rollenbeschreibungen dafür gibt. Aus der Historie der Unternehmen heraus ist es oftmals der Einkauf, der langsam in diese Rolle hineinwächst. In neun von zehn Fällen ist das Lizenzmanagement im Einkauf oder in der Beschaffung angesiedelt, da hier auch meistens alle Vertragsverhandlungen und Bestellungen abgewickelt werden. Der Einkauf ist auch häufig der Initiator von SAM-Projekten. In anderen Fällen wird das Softwareasset- und Lizenzmanagement aus dem IT-Betrieb heraus fokussiert, der mehr auf die technischen Aspekte achtet und sich meistens nicht darum kümmert, ob ein anderes Lizenzmodell eventuell Lizenz- und Softwarekosten einsparen könnte. Deswegen ist es für ein erfolgreiches Steuern der IT- und Softwareassets notwendig, dass die kaufmännische (Einkauf) und die technische Seite (IT-Betrieb) eng zusammenarbeiten. Eine SAM-Rolle sollte deshalb sowohl kaufmännische und betriebswirtschaftliche als auch technische Kenntnisse besitzen. In vielen Unternehmen erzeugen verteilte Interessen unklare Situationen bzgl. Verantwortlichkeiten, Rollen und Prozessen. Ein Überblick über die aktiven Softwareinstallationen (technische Stückzahlen = Softwarelizenzbedarfe) und den tatsächlich vorhandenen kaufmännischen Lizenzbestand = erforderliche Lizenznachweise, ist meistens nicht in dem geforderten Umfang und in der benötigten Qualität vorhanden. Unternehmensspezifische Richtlinien zur Softwarenutzung existieren selten oder sind unzureichend definiert. Vor diesem Hintergrund verwundert es nicht, dass einem anstehenden internen oder externen Softwareaudit oft mehr mit „Glauben“ als mit „Wissen“ begegnet wird.

1.5 Allgemeine Ziele

Wie es um das Lizenzmanagement in den Unternehmen bestellt ist, hat die Gartner Group in einer Studie untersucht.[4]

Das Ergebnis:

- Mit einem funktionierenden Softwareasset- und Lizenzmanagement und der damit einhergehenden Transparenz kann eine Kostenreduktion von ca. 15 % bis 30 % mittel- und langfristig realisiert werden.
- 90 % der Unternehmen machen von dieser Möglichkeit aufgrund fehlender Ressourcen und nicht vorhandener oder unzureichender SAM-Werkzeuge aber keinen Gebrauch.

---

[4] Management Update: IT Asset Management Stages form the Stairway to Success, 10. September 2003, Autorin: Patricia Adams, IGG-09102003-01

Die Zahlen belegen, dass in den Unternehmen das Thema Softwareasset- und Lizenzmanagement nicht richtig wahrgenommen wird oder aber einfach nicht im Fokus steht. Wenn Sie für Ihre Unternehmensführung einen ersten Leitfaden erstellen wollen, welche allgemeinen Ziele für ein Softwareasset- und Lizenzmanagement wichtig sind, dann finden Sie in den in Bild 1.2 genannten Bereichen einige Ansatzpunkte.

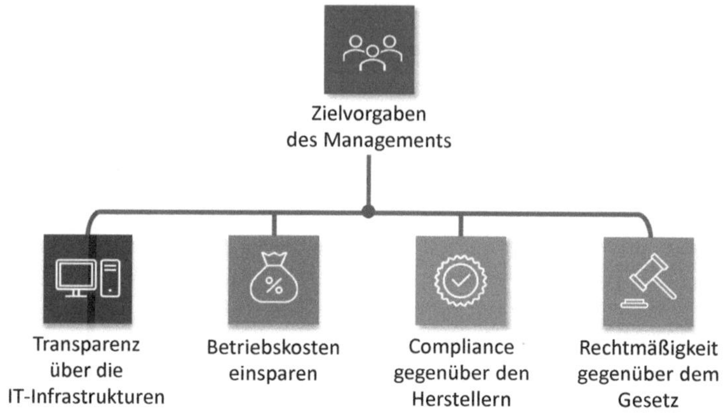

Bild 1.2 Untergliederung der Zielvorgaben aus dem Management

Die Zielvorgaben des Managements unterteilen sich dabei in vier Bereiche:

Transparenz über die IT-Infrastrukturen

Dazu gehören beispielsweise die folgenden Aspekte:

- Optimierung interner Beschaffungs- und Installationsprozesse
- Permanenter Abgleich der Softwarelizenzbedarfe (was ist installiert) mit dem aktuellen kaufmännischen Lizenzbestand (Lizenznachweise)
- Umsetzung einheitlicher Prozesse und deren Einbindung in bestehende Prozesse
- Etablierung einer transparenteren Lizenzverwaltung (rechtliche Absicherung)
- Verbesserung des Vertragsmanagements und des Vertragscontrollings
- Zentrale Steuerung aller Aktivitäten für ein funktionierendes Softwareasset- und Lizenzmanagement

Betriebskosten einsparen

Dazu gehören das Erkennen von Einsparpotenzial bei Beschaffung, Verteilung und Einsatz von Software:

- Softwareprodukte dauerhaft inventarisieren
- Lizenzkosten senken
- Kostentreiber identifizieren
- Überlizenzierung vermeiden
- Lizenzeinsatz optimieren

- Umverteilung nicht genutzter Lizenzen
- Einrichtung eines Lizenzpools
- Softwareprodukte proaktiv managen
- Verhandlungsposition gegenüber Softwarelieferanten verbessern
- Softwarelizenzen proaktiv managen

Compliance gegenüber den Herstellern

Um gegenüber den Softwareherstellern lizenzkonform zu sein, sollten

- der Installations- und Lizenzbedarf permanent abgeglichen werden;
- die Lizenznutzungssituation fortlaufend dargestellt werden;
- die Nutzungs- und Verbrauchsdaten erhoben und mit den bestehenden Verträgen abgeglichen werden;
- die nicht genutzten Softwarelizenzen umverteilt werden.

Rechtmäßigkeit gegenüber dem Gesetz

Aus rechtlicher Sicht ergeben sich beispielsweise folgende allgemeine Ziele:

- Beachtung und Einhaltung des Urheberrechts,
- Vermeidung von Haftungsrisiken und Schadensersatzzahlungen sowie Schutz des Unternehmens vor zivil- und strafrechtlicher Haftung,
- Einhaltung von handelsrechtlicher Verantwortlichkeit.

Zu jedem dieser vier Bereiche werden Sie sicherlich weitere, auf Ihr eigenes Unternehmen abgestellte Ziele finden. Schauen wir uns die genannten allgemeinen Zielvorgaben einmal etwas ausführlicher an.

1.5.1 Transparenz schaffen

Das Wissen, welche Software im Unternehmen überhaupt eingesetzt wird, ist eine zentrale Voraussetzung für ein aktives und proaktives Softwareasset- und Lizenzmanagements. Dazu gehört auch, die Wartungsverträge für Software im Auge zu behalten, um rechtzeitig notwendige Anpassungen durchführen zu können. Haben Sie einen „Software-Zoo“ im Unternehmen, müssen Sie nicht nur mit hohen Folgekosten rechnen, sondern es wird Ihnen auch sehr schwerfallen, eine regelmäßig aktualisierte Übersicht über die im Unternehmen eingesetzten Softwareprodukte zu erstellen. Eine solche aktuelle Übersicht brauchen Sie aber, wenn Sie Ihr Softwareportfolio bereinigen oder die PC-Arbeitsplätze rollenbezogen standardisieren wollen. Zudem unterstützen Sie mit mehr Transparenz in den unternehmenseigenen SAM-Life-Cycle-Prozessen auch das Ziel, für Rechtmäßigkeit und Compliance zu sorgen. Um Transparenz zu erreichen und im SAM-Life-Cycle-Prozess abzubilden, bedarf es einiger wichtiger Vorarbeiten bzw. einer ehrlichen Überprüfung der bisherigen Abläufe in Ihrem Unternehmen. Stellen Sie dazu Ihre internen Beschaffungs-, Genehmigungs- und Installationsprozesse auf den Prüfstand und optimieren Sie diese entsprechend Ihren Anforderungen. Vergessen Sie dabei nicht, die bestehenden Prozesse, insbesondere die Configuration- und Service-Prozesse, mit einzubinden.

Um Transparenz zu schaffen, benötigen Sie Antworten auf die folgenden Fragen:

- Besitzen Sie Prozesse zur strategischen Definition und Zertifizierung von Software, die im Unternehmen eingesetzt werden darf?
- Existiert eine einheitliche Klassifizierung Ihrer Softwareprodukte für den kaufmännischen und technischen Beschaffungsprozess?
- Gibt es in Ihrem Unternehmen einen genehmigten Softwarewarenkorb?
- Können Mitarbeiter selbstständig Software auf ihren PCs installieren?
- Werden alle Software- und Lizenzverträge sowie die dazugehörigen Lizenzinformationen (Lizenzscheine, Lizenzkeys) verwaltet bzw. auch an einer zentralen Stelle gepflegt?
- Überblicken Sie Ihre laufenden Wartungsverträge?
- Gibt es einen durchgängigen und sauberen Prozess für die Software-Installation bzw. auch für die Deinstallation?

Die Etablierung einheitlicher, effektiver Prozesse für eine transparentere Verwaltung Ihrer Lizenznachweise zur rechtlichen Absicherung und die Verbesserung des Vertragsmanagements und des Vertragscontrollings sind Voraussetzung für ein funktionierendes Softwareasset- und Lizenzmanagement. Nicht außer Acht gelassen werden sollten Richtlinien für den Umgang mit Software. Wenn es in Ihrem Unternehmen gang und gäbe ist, dass ein Mitarbeiter vom Client Management oder User Helpdesk einfach auf Zuruf eine Software installiert bekommt, die vielleicht noch nicht einmal für seine eigentliche Aufgabe notwendig ist, dann haben Sie noch eine Menge zu tun. Das Ziel sollte mittelfristig darin bestehen, Software nicht mehr nach dem Gießkannenprinzip oder nach Lust und Laune zu verteilen, sondern wirklich nur dort in Einsatz zu bringen, wo sie unabdingbar für die Erfüllung der Geschäfts- und Betriebsprozesse erforderlich ist.

1.5.2 Betriebskosten senken

Bei der Vielzahl von softwaregestützten Geschäftsprozessen setzen die Unternehmen viele Softwareprodukte von unterschiedlichen Herstellern ein. Quer durch alle Branchen und Unternehmensformen lässt sich oft mindestens eine dreistellige Zahl an aktiv eingesetzten Softwareprodukten beobachten. Damit wachsen nicht nur die Komplexität und die Anzahl der Fehlerquellen potenziell, es droht zum Beispiel auch Unterlizenzierung durch eine ungenügende Versorgung mit rechtlich einwandfreien Lizenzen. Fehlendes bzw. mangelndes Wissen über den Umgang mit Lizenzen sind dabei die häufigsten Ursachen. Gehen wir davon aus, dass sich der heutige monetäre Wert eines Arbeitsplatzcomputers zu einem Drittel aus den Hardware- und zu zwei Dritteln aus den Softwarekosten zusammensetzt, braucht es bestimmt nicht viel Fantasie, welche Einsparmöglichkeiten im Unternehmen erzielt werden könnten. In vielen Unternehmen wird oft aus Bequemlichkeit dem Mitarbeiter ein „Wünsch dir was"-Softwarekatalog zur Verfügung gestellt, aus dem er wählen kann. Das verursacht erhebliche Kosten, zumal jeder gerne seine Lieblingssoftware haben möchte. Da sind dann sehr schnell viele Softwareprodukte mit gleichen oder ähnlichen Funktionen im Unternehmen anzutreffen. Die Kosten für die Beschaffung und Verwaltung der Softwarelizenzen setzen sich aus sehr vielfältigen Komponenten zusammen. Ich erwähnte ja bereits, dass es nicht nur mit den Kosten der Softwarelizenzen selbst getan ist, sondern auch die umliegenden Prozesse und Fachbereiche mit den dazugehörigen Services betrachtet werden müssen.

Denken Sie beispielsweise an

- Unterstützungsleistungen durch Helpdesk (jede Software erzeugt Supportleistungen),
- Softwareverteilung,
- Softwarepaketierung,
- Release- und Changemanagement u. v. m.

Durch die Einführung eines aktiven Softwareasset- und Lizenzmanagements können die Kosten genau identifiziert und meistens auch erheblich reduziert werden.

1.5.3 Compliance herstellen

Der Begriff „Compliance" (engl. Erfüllung) wird mittlerweile in den unterschiedlichsten Branchen und Zusammenhängen verwendet und beschreibt im Allgemeinen das Einhalten von Gesetzen, Regeln und Standards.

Im Bereich des Lizenzmanagements bedeutet die Compliance die Dokumentation der Softwareassets sowie die Analyse und Bewertung der entsprechenden gültigen Lizenznachweise, um gegenüber dem Softwarehersteller aufzeigen zu können, dass die auferlegten Nutzungsbedingungen eingehalten werden. Um Compliance, hier im IT-Umfeld gemeint, herzustellen und einhalten zu können, müssen zahlreiche rechtliche Verpflichtungen und Maßnahmen erfüllt werden, sonst drohen dem Unternehmen und seiner Geschäftsleitung u. U. strafrechtliche Konsequenzen. Die wichtigste Aufgabe, um Compliance herzustellen, ist der permanente Abgleich der Installationszahlen mit den daraus resultierenden Lizenzbedarfen. Für die Verwaltung der im Rahmen des Lizenzmanagements notwendigen Informationen können Sie auch eine Excel-Liste verwenden. Es kommt immer auf den Umfang der zu verwaltenden Informationen an. Moderne SAM-Tools sammeln vorhandene Daten aus kaufmännischen Anwendungen, Anlagenbuchhaltung, Personalverwaltung und Systemmanagement-Tools und verringern damit die manuelle Datenerfassung. Dabei bildet das Vertragsmanagement die kaufmännische Seite mit den unterschiedlichsten Verträgen (Erfassung der Lizenzverträge, Abbildung der Lizenzinformationen, Rahmenverträge, Wartungsverträge) ab. Sind die kaufmännischen und technischen Informationen erfasst, kann ein Compliance-Bericht erstellt werden. Dabei werden der Lizenznachweisbestand („kaufmännische Welt") mit den aktuellen Lizenzbedarfen („technische Welt") pro Softwareprodukt abgeglichen. In Bild 1.3 sehen Sie dazu eine schematische Darstellung des eben beschriebenen Aspekts.

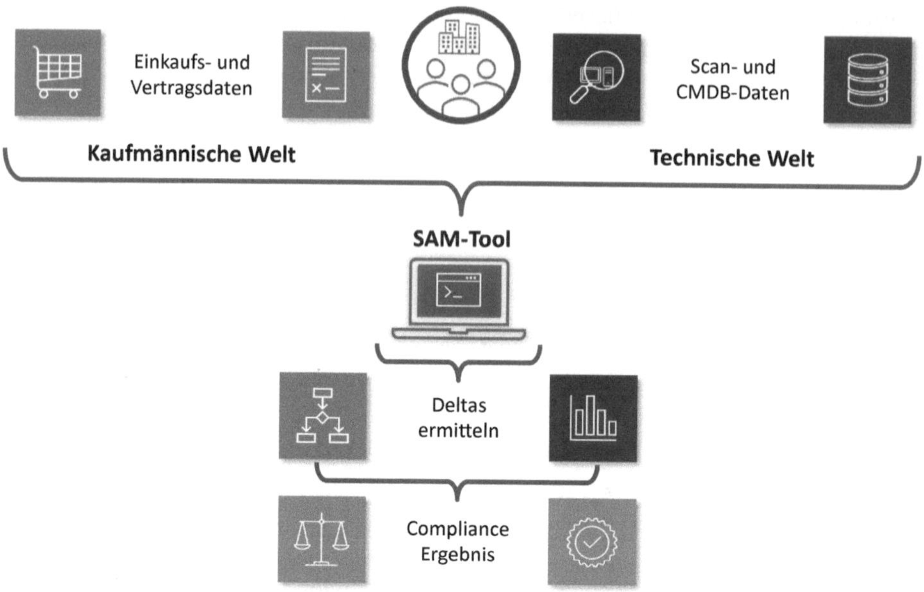

Bild 1.3 SAM-Y-Modell: Abgleich kaufmännischer und technischer Daten für ein Compliance-Ergebnis

Abgleich kaufmännischer und technischer Daten für ein Compliance-Ergebnis

Aus dem Abgleich resultiert das Compliance-Ergebnis, sprich das Delta zwischen den IT-Assets und der daraus resultierenden Lizenzbedarfe sowie den erworbenen Lizenznachweisen. Abhängig vom jeweiligen Ergebnis müssen Sie einen vorher definierten Maßnahmenkatalog durchlaufen, der von der Beschaffung von Lizenznachweisen über die Umverteilung von Lizenznachweisen bis zur massenhaften Deinstallation von Software reichen kann. Beachten Sie aber dabei immer Ihre im Unternehmen vorherrschende IT-Architektur und wie die mit den Herstellern vereinbarten Nutzungsrechte darauf abgebildet werden müssen.

Ergänzend zu dem bereits hier aus den vorangegangenen Auflagen aufgeführten Kontext möchte ich anmerken, dass durch die Transformation von IT-Technologien u. a. in die Cloud bzw. in weitere hochkomplexe Systemarchitekturen (Echtzeitverarbeitung u. a.) weitere zu beachtende Aspekte hinzukommen und beachtet werden müssen. Wichtig ist hierbei, dass die Einhaltung der Compliance im Lizenzmanagement als immer wiederkehrender und dauerhafter Prozess und nicht als kurzfristige Maßnahme aufgefasst wird. ■

1.5.4 Rechtmäßigkeit gewährleisten

Ein Lizenznachweis-Asset bildet ein erlaubtes Nutzungsrecht ab. Durch den Softwarelizenzvertrag wird dieses Nutzungsrecht in seinem nutz- und anwendbaren Umfang beschrieben (siehe auch Kapitel 2 im Abschnitt 2.6.1 „EULA (End User License Agreement)“). Die Art und Weise der erlaubten Nutzung wird durch ein „Lizenzmodell" zusammen mit der „Lizenzmetrik" beschrieben. Ein oft verwendetes Modell im Client-Desktop-Umfeld ist der Lizenztyp „Lizenz pro Gerät" oder „Lizenz pro Nutzer" mit der jeweils gleich lautenden Lizenzmetrik (gezählt wird entweder „Pro-Kopie-Pro-Gerät" oder „Pro-Kopie-Pro-Nutzer"). Damit gezählt werden kann, benötigen Sie dafür entsprechende Informationen und Daten aus den kaufmännischen und technischen Systemen, aber hier wiederhole ich mich nur. Gegenüber dem Softwarehersteller, so regeln das die allermeisten Lizenzverträge, sind Sie über die lizenzkonforme Einhaltung und Verwendung auskunftspflichtig, und zwar zu jeder Zeit. Kommt bei einem Softwarehersteller berechtigter Verdacht auf, dass Ihr Unternehmen mehr Software aktiv nutzt als Lizenznachweise erworben wurden, kann der Hersteller selbst oder ein durch ihn beauftragtes Wirtschaftsprüfungsunternehmen ein Audit veranlassen, und das kann noch viel unangenehmer werden als eine Bilanzprüfung.

Das Gesetz KonTraG[5, 6] z. B. verpflichtet Aktiengesellschaften, Kommanditgesellschaften auf Aktien und viele GmbHs auf die Einrichtung und Betreibung eines Risikomanagementsystems. Kern ist eine Vorschrift, die Unternehmensleitungen dazu zwingt, ein unternehmensweites Früherkennungssystem für Risiken einzuführen und zu betreiben sowie Aussagen zu Risiken und Risikostruktur des Unternehmens im Jahresabschlussbericht der Gesellschaft zu veröffentlichen.

Welche Risiken könnten das sein?

- Fehlende Transparenz kann erhebliche finanzielle Verpflichtungen nach sich ziehen und führt unter Umständen zur Unterbrechung der Geschäftstätigkeit auch durch rechtliche Konsequenzen (Stichwort Unterlassung).
- Fehlende Transparenz kann gegen geltendes Recht (z. B. Urheberrecht) verstoßen.
- Durch Missbrauch entstehen Haftungsrisiken und Schadenersatzforderungen.
- Bei Verstößen haften die Unternehmer sogar persönlich (Organhaftung) und es drohen Geldstrafen oder Freiheitsstrafen von bis zu drei Jahren.

Sie denken jetzt bestimmt an allerlei Geschäftsprozesse in Ihrem Unternehmen, aber bestimmt nicht an die Prozesse, die unser Thema betreffen.

Schon seit längerem prüfen auch Banken, wie es Basel II und III vorschreiben, bei der Vergabe von Krediten, ob ein unternehmensweites Risikomanagementsystem vorhanden ist. Das Bundesamt für Finanzaufsicht (BaFin) hat mit der Veröffentlichung des Rundschreibens 15/2009 (BA) den Aspekt der Überwachung von operativen Risiken mit in den Vordergrund gerückt (Abschnitt AT 2.2, Risiken).[7] Das einzurichtende und zu betreibende Risikomanagementsystem dient aber nicht nur der Überwachung von Risiken im Banken- und Kreditgeschäft. Zu der Überwachung von operativen Risiken zählt auch die Einhaltung der Compliance und Lizenzkonformität bei Software (Abschnitt „AT 5 Organisationsrichtlinien", Absatz d), denn schließlich können u. U. enorme Rückstellungen erforderlich werden, wenn bei einem Softwareaudit eine Unterlizenzierung festgestellt wird.

---

[5] Gesetz zur Kontrolle und Transparenz im Unternehmensbereich; trat am 1. Mai 1998 in Kraft

[6] Siehe auch: *http://de.wikipedia.org/wiki/Gesetz_zur_Kontrolle_und_Transparenz_im_Unternehmensbereich*

[7] Rundschreiben 15/2009 (BA) – Mindestanforderungen an das Risikomanagement – MaRisk, BA 54-FR 2210-2008/0001, Bonn/Frankfurt a. M., 14.08.2009

Hinweis:

Anfang November veröffentlichte die BaFin die Bankaufsichtlichen Anforderungen an die IT (BAIT, siehe BaFin Journal November 2017[1]). Die BAIT sind nunmehr der zentrale Baustein der IT-Aufsicht für alle Kredit- und Finanzdienstleistungsinstitute in Deutschland. Sie richten sich an die Geschäftsleitungen der Unternehmen.

> *Ziel der BAIT ist es, einen verständlichen und flexiblen Rahmen für das Management der IT-Ressourcen, des Informationsrisikos und der Informationssicherheit zu schaffen. Sie sollen auch dazu beitragen, das unternehmensweite IT-Risikobewusstsein in den Instituten und gegenüber den Auslagerungsunternehmen zu erhöhen. Auch die Erwartungen der Bankenaufsicht an die Institute in Bezug auf die Steuerung und Überwachung des IT-Betriebs – einschließlich des hierfür notwendigen Berechtigungsmanagements der Anforderungen an das IT-Projektmanagement und die Anwendungsentwicklung – sind nunmehr transparent. Die BAIT adressieren insgesamt die Themenbereiche, die die Aufsicht aufgrund der Ergebnisse der IT-Prüfungspraxis als besonders wichtig einstuft.*[2]

1 *https://www.bafin.de/SharedDocs/Downloads/DE/BaFinJournal/2017/bj_1711.html*

2 *https://www.bafin.de/SharedDocs/Veroeffentlichungen/DE/Fachartikel/2018/fa_bj_1801_BAIT.html*

Die vollständige Beschreibung der Änderungen, auch in Bezug auf die zuvor beschriebenen Aspekte im Hinblick auf die Abschnitte von MaRisk, würde den Rahmen dieses Kapitels sprengen. Wenn Sie im Bankenumfeld mit den erhöhten Anforderungen arbeiten und hier das Softwareasset- und Lizenzmanagement verantworten sollen oder müssen, sollten Sie sich den Ausführungen der BAIT und den darin benannten Umsetzungsanforderungen ausführlicher widmen. Ungeachtet der besonderen Anforderungen im Bankenumfeld, gibt es auch allgemeingültige Aspekte zu beachten.

Bei der Einhaltung der Rechtmäßigkeit geht es also um folgende Punkte:

- Beachtung und Einhaltung des Urheberrechts (UrhG),
- Vermeidung von Haftungsrisiken und Schadenersatzzahlungen,
- Schutz des Unternehmens vor zivil- und strafrechtlicher Haftung,
- Einhaltung der handelsrechtlichen Verantwortlichkeit,
- Einhaltung von nationalen und internationalen Gesetzen.

Wären Sie im Fall einer Prüfung in der Lage, alle erforderlichen Belege für die aktiven Softwarelizenzen und deren Kauf vorzulegen?

Wie würde sich ein Verlust einzelner oder mehrerer Systeme durch erzwungene Stilllegung auf Ihre Geschäftstätigkeit auswirken?

Wenn Sie diese Fragen beunruhigen, sollten Sie sich so bald wie möglich mit dem Thema „Softwareasset- und Lizenzmanagement“ auseinandersetzen. Schauen wir uns im nächsten Abschnitt einmal an, welchen Nutzen und welches Potenzial ein aktives Softwareasset- und Lizenzmanagement birgt.

1.6 Aktives SAM – Potenzial und Nutzen

Allgemein wird die IT als Kostentreiber betrachtet, die keine oder nur eine geringe Wertschöpfung zu den Geschäftsprozessen eines Unternehmens beiträgt. Doch durch konsequente Umsetzung von IT-Controlling und Nutzungsanalysen kann der Kostentreiber IT zu einem Wertschöpfer gemacht werden.

Potenzial

Die Einführung eines Softwareasset-Managements deckt aber nicht nur mögliche Einsparpotenziale auf, sondern bewahrt möglicherweise das Unternehmen vor einer justiziablen Unterlizenzierung und verringert die wirtschaftlichen Risiken, wenn unlizenzierte Softwareprodukte auf den unternehmenseigenen Computersystemen genutzt werden. Um den gesetzlichen Anforderungen zum Nachweis der Wahrung der Einhaltung des Urheberrechts und auch zur Einhaltung der Lizenzkonformität gegenüber den Herstellern ausreichend gewappnet zu sein, ist ein dauerhaft aktives Softwareasset- und Lizenzmanagement unerlässlich.

Der Einsatz von Technologien zur Erfassung von Softwarelizenzen führt relativ kurzfristig zu Einsparungen in den Softwarebeschaffungs- und Bereitstellungskosten. So können die durch eine Softwareoptimierung aufgedeckten Einsparpotenziale bereits eine signifikante Reduzierung ergeben, mit weiteren mittel- und langfristigen Einsparmöglichkeiten.

Insbesondere durch die neuen Cloud-Technologien, wie z. B. die Nutzung von Microsoft 365 oder Adobe Creative Cloud, die auf Benutzerkonten (also auf sogenannte „Named User“-Lizenzmetriken und die darauf basierende Nutzung) abstellen und „zählen“, ist es zwingend erforderlich, aus dem wirtschaftlichen Kontext heraus zu wissen und zu steuern, welche Mitarbeitenden das Softwareprodukt aktiv nutzen oder dieses „wie lange“ schon nicht mehr genutzt haben, um eine wirtschaftliche Nutzung der Softwarelizenzen zu ermöglichen. Es ist keine Frage, dass bei diesen (immer mehr in den Vordergrund tretenden) Lizenzmodellen – in Deutschland – Datenschutz und Betriebsrat mit einbezogen werden müssen, Stichwort Arbeitszeitkontrolle, Verarbeitung und Auswertung personenbezogener Daten.

Aber:

Auf diese Weise wird eine neue Komplexitätsstufe für das Softwareasset- und Lizenzmanagement, seinen Verfahrensbetrieb und den Ablauf der erforderlichen Prozesse generiert. ■

Setzen Sie sich also gerne einmal in einer ruhigen Minute an Ihren Schreibtisch und gehen Sie gedanklich den Weg Ihres Anforderungs-, Beschaffungs- und Bereitstellungsprozesses für Software entlang. Sie werden bald feststellen, dass es hier und da etwas zu optimieren gibt (Medienbrüche entlang dieser Prozessketten sind durchaus häufig festzustellen und ein erster Ansatz für die Optimierung). Damit können meistens schon die notwendigen Mittel für die Einführung eines dauerhaften Softwareasset- und Lizenzmanagements gedeckt werden.

Sie stimmen mir sicherlich zu, dass der letzte Satz ein gutes Argument gegenüber Ihrer Geschäftsleitung ist, damit Sie das vielleicht schon lange gewünschte Budget für ein Projekt zur Einführung und Etablierung eines Softwareasset- und Lizenzmanagements genehmigt bekommen. In vielen Fällen ist der endgültige Auslöser, ein SAM-Projekt zu starten, der angekündigte Besuch eines Auditors, der im Auftrag eines Softwareherstellers bei Ihnen vorstellig wird. Nur ist es dann meistens schon zu spät. Jetzt kostet es Sie unter Umständen richtig viel Ressourcen und monetären Aufwand, da Sie den „Schätzungen" des Auditors keine eigenen belastbaren Zahlen entgegenhalten können. Heben Sie deshalb die Brisanz des Themas bei Ihrer Geschäftsleitung bzw. bei Ihrer Revision noch einmal eindringlich hervor, um künftig gegenüber solchen Forderungen besser gewappnet zu sein.

Nutzen

Wenn Sie bisher der Meinung waren, dass der Hauptaspekt für die Einführung eines aktiven Softwareasset- und Lizenzmanagements die Reduktion von IT-Kosten sein sollte, stimme ich Ihnen fürs Erste zu, doch finden Sie unter den nachfolgend aufgeführten Punkten weitere wichtige Argumente, wie etwa:

- die Einhaltung der Lizenzkonformität gegenüber den vom Hersteller erteilten Nutzungsbestimmungen;
- die Einhaltung der Volumenverträge, Beitritte sowie der übergeordneten Vereinbarungen, z. B. Software License Agreements (SLA);
- die Beachtung von Vorgaben zur transparenten Darstellung der Unternehmenssituation (Revision);
- die Schaffung von Compliance (durch den Abgleich der erfassten technischen und kaufmännischen Daten);
- eine rechtzeitige strategische und damit optimierte Planung von Softwareeinkäufen ist möglich;
- mögliche Einsparungen durch aktive und proaktive Steuerung der Softwarelizenznutzung (Stichwort Softwarenutzungsanalyse);
- Herstelleraudits können fast ohne Vorbereitungszeit – und damit ohne zusätzliche Aufwände und Kosten – mit weniger Problemen durchgeführt werden;
- es werden nachhaltige Kosteneinsparungen durch Standardisierung und Lizenzpooling erreicht;
- durch Wiederverwendung ungenutzter bzw. freier Softwarelizenzen innerhalb eines definierten „Lizenzpools" können Einsparungen erzielt werden;
- die Senkung der Prozesskosten durch Optimierung des Lizenz- und Software-Handlings (z. B. interne Bedarfs- und Beschaffungsabläufe, Lizenzverwaltung, Lizenzpooling);
- eine transparente und stets aktuelle Sicht auf die Lizenzierungssituation ermöglicht eine bessere Position gegenüber den Softwareherstellern oder Lieferanten bei Vertragsverhandlungen.

Tipp

Übernehmen Sie die hier aufgeführten Punkte, um eine Entscheidungsvorlage für die Einführung eines SAM-Projekts für Ihre Geschäftsleitung zu erstellen. ■

Formulieren Sie dabei aber realistische Ergebnisse, die Sie mit den geplanten Ressourcen auch erreichen können. Meistens wird der Projektauftrag global formuliert, wie z. B. „Einführung eines unternehmensweiten Softwareasset-, Lizenz- und Vertragsmanagements". Hier müssen Sie sich erst einmal exakt abgrenzen, um Meilensteine formulieren zu können und um keine falsche Erwartungshaltung zu erzeugen. Definieren Sie verschiedene Stufen und die dazugehörigen Zeiträume für eine Umsetzung. Lesen Sie dazu auch die Ausführungen von Kapitel 5 „Den Projektplan aufstellen". Aufgrund meiner langjährigen Projekterfahrung empfehle ich Ihnen, sich zu keinen großen Versprechungen bzgl. der abzuliefernden Qualität der Zahlen verleiten zu lassen. Es wird nicht einfach sein, belastbare Ergebnisse zu erzeugen. Das ist auch immer vom Zustand der angelieferten Datenqualitäten abhängig, für die das Lizenzmanagement fast immer gar keine Verantwortung tragen kann, sondern hier auch auf vertrauenswürdige Daten aus anderen Quellen bzw. Fachbereichen angewiesen ist. Wenn Sie das SAM-Projekt angehen, wird erst einmal ein Großteil Ihrer Arbeit in die operative Bereinigung der Daten und in die Verbesserung der Datenqualität fließen, was Sie nicht unterschätzen sollten. Ein aktueller und gepflegter Datenbestand kommt letztendlich auch den anderen Geschäftsprozessen zugute. Mit Ihrem Projekt schaffen Sie dadurch auch für andere Unternehmensbereiche nutzbare Ergebnisse und Akzeptanz.

Hinweis

Achten Sie bei Ihrem Vorhaben auch darauf, von Ihrer Unternehmensleitung volle Rückendeckung und genügend Freiraum zu bekommen, um auch mit anderen Organisationseinheiten oder Fachabteilungen weisungsbefugt kommunizieren zu können. Nichts ist ermüdender, als durch die vielen kleinen Königreiche im Unternehmen zu wandern und vor verschlossenen Türen zu stehen. Damit würden Sie Ihre kostbare Arbeitszeit und Ihre Motivation vergeuden. ■

Fazit

Die Zukunft wird uns auch weiterhin im Umfeld des Softwareasset- und Lizenzmanagements neue interessante Aufgaben bringen, aber auch vor neue Herausforderungen stellen. Die Hersteller werden weiterhin die Einhaltung ihrer Nutzungsrechte im Auge behalten. Dazu muss und sollte auch heute immer noch das „klassische" Softwareasset- und Lizenzmanagement unternehmensweit aufgebaut, eingeführt und umgesetzt sein, denn es wird noch eine sehr lange Zeit die Notwendigkeit bestehen, die getätigten Software- und Hardwareinvestitionen in den komplexen IT-Infrastrukturen gemeinsam mit den Cloud-Technologien zu verwalten und parallel zu betreiben.

Wichtig ist nach wie vor, dass sich die Verantwortlichen in den Unternehmen der Bedeutung des Softwareassets- und Lizenzmanagements bewusst sind oder werden. Vor allem gilt es, neben juristischen Aspekten auch die möglichen wirtschaftlichen Risiken für das Unternehmen einschätzen und entsprechend steuern zu können. Nur so können rechtzeitig Schadensszenarien im Unternehmen erkannt und abgewendet werden oder gar nicht erst entstehen. Dazu muss ein entsprechendes Prozess- und permanentes Lizenz-Know-how bei den Beteiligten aufgebaut werden.

Auch Gartner sieht das so (Zusammenfassung der Studie aus dem Englischen übersetzt):

Zusammenfassung[8]

- Softwareasset-Management ist jetzt ein Problem für C-Level-Führungskräfte (Vorstandsebene). SAM hat sich zu einer Disziplin entwickelt, die die strategische Geschäftsentwicklung unterstützt und IT-Führungskräfte dazu verpflichtet, sich auf C-Ebene für SAM-Investitionen einzusetzen.
- Digitale Unternehmen können nicht ohne Software funktionieren, was IT-Führungskräfte zwingt, bessere Prozess- und Kostentransparenz zu bieten, um IT-Services, Lizenz-Compliance und die Ausrichtung an Geschäftszielen zu verbessern.
- Die herstellergesteuerte Abonnementlizenzierung erfordert, dass IT-Führungskräfte sicherstellen, dass Softwareasset-Management (SAM) in der Lage ist, Hybridlösungen und herkömmliche Lizenzierungsszenarien gemeinsam zu verwalten.
- Der Umstieg in die Cloud erfordert eine detailliertere SAM-Datenanalyse, damit IT-Führungskräfte dazu beitragen können, Kosten einzudämmen.
- Die erhöhte Komplexität und das Volumen von Software-Benutzerumgebungen führen IT-Führungskräfte dazu, den Umfang von SAM zu erweitern und als Steuerungsfunktion zu implementieren, um es der IT zu ermöglichen, den gesamten Softwarelebenszyklus effektiv zu verwalten.

[8] (Archived) Software Asset Management is now a C-Level Imperative, 03.03.2016, ID: G00298384, Analyst(in): Victoria Barber | Dawn Hubbard | Hank Marquis | Stephen White, *https://www.gartner.com/doc/3237218?ref=clientFriendlyURL*

2 Eine Softwarelizenz – was ist das?

In diesem Kapitel erfahren Sie u. a.,

- wie der Begriff „Softwarelizenz“ definiert wird,
- welches die gebräuchlichsten Lizenzformen sind,
- was den Unterschied zwischen „freier Software“ und „Freeware“ ausmacht,
- was es bedeutet, über- oder unterlizenziert zu sein,
- welche Umstände zu unlizenzierter Software führen können,
- warum Softwarelizenzen auch kaufmännische Beachtung finden sollten,
- was EULA und GNU GPL sind,
- welche Faktoren ein Lizenzmodell bestimmen und was man unter Lizenzmetrik versteht,
- warum rechtliche Vorschriften und Gesetze im Umfeld des Lizenzmanagements anzuwenden und zu beachten sind,
- was Basel II, SOX, EuroSOX und KonTraG mit Lizenzmanagement zu tun haben,
- wie die rechtlichen Aspekte im Umgang mit gebrauchter Software zu bewerten sind.

Dieses Kapitel vermittelt Ihnen die Grundlagen für das Verständnis der verschiedenen Begriffe für eine Softwarelizenz, gibt Ihnen einen Überblick über die Zusammenhänge zwischen dem Einsatz der verschiedenen Lizenzmodelle und dem Betrieb von Software sowie dem dazu notwendigen rechtlichen Rahmen, um Unternehmensrisiken im Softwareasset- und Lizenzmanagement zu verringern bzw. zu vermeiden. Abschließend wird noch auf den rechtlichen Aspekt beim Umgang mit gebrauchter Software hingewiesen. ■

Aktualisierung zur 4. Auflage

Ich habe eine Zeitlang überlegt, ob ich in Kapitel 2 überhaupt Aktualisierungspotenzial habe bzw. sehe. Auch wenn sich seit der 3. Auflage (Dez. 2015) im Softwareasset- und Lizenzmanagement viel getan hat – massive Technologietransformation und Verlagerung von IT-Infrastrukturbausteinen in die Cloud und damit einhergehend sich verändernde Lizenzmodelle, -metriken und Prozesse zur Sicherstellung der Lizenzkonformität –, gehe ich davon aus, dass uns die „klassische“ Softwarelizenz noch eine ganze Weile im Kontext des Softwareasset- und Lizenzmanagements begleiten wird. Insofern werde ich Kapitel 2 entsprechend den aktuellen Marktgegebenheiten aktualisieren und ergänzen, denn der inhaltliche Kern hat auch heute noch seine Gültigkeit, insbesondere die verschiedenen Definitionen der Lizenzformen und -modelle.

2.1 Softwarelizenz – begriffliche Klärung

Als in den 1960er-Jahren, den Anfängen der Computerindustrie, die Großrechner aufkamen, war die Hardware das bestimmende Element. Die notwendige Software für den Betrieb stellte damals nur ein Nebenprodukt dar, das entweder von den Hardwareherstellern oder von den Anwendern selbst programmiert wurde. Heute zeigt sich ein anderes Bild. Computer sind sehr viel kleiner und leistungsfähiger geworden und die Hardwaretechnologien entwickeln sich weiter. Am Beispiel der heutigen Smartphone- und Tablet-Generationen kann jeder leicht nachvollziehen, wie rasant sich diese Technologien weiterentwickelt haben. Vor geraumer Zeit war ein „Mobiles Gerät" gerade einmal ein Laptop, heute kann das ein Smartphone, ein Tablet, eine Apple Watch oder Ähnliches sein, womit man über kleine Softwareschnippsel (Apps) auf vielfältige Weise auf IT-Services und IT-Infrastrukturen zugreifen kann.

Softwareanwendungen (auch Apps) unterstützen unseren heutigen Alltag im Geschäfts- und Privatleben mannigfaltig und die Unternehmen wie Apple mit dem App-Store oder Google mit Google Play versorgen unaufhörlich die Usergemeinde mit allen möglichen nützlichen und manchmal auch überflüssigen Funktionen.

Im Gegensatz zu den Anfängen des Computerzeitalters, als die Software immer für ein ganz spezielles Stück Hardware geschrieben wurde und nicht auf anderen Computer so ohne Weiteres installierbar war, ist die heutige Software dafür gedacht, auf möglichst vielen Computersystemen und mobilen Endgeräten eingesetzt zu werden.

Um Software nutzen zu können, muss diese bereitgestellt werden, klassisch beispielsweise durch einen Download aus dem Internet (auch über App-Stores) oder wie meistens in großen Unternehmen über gesteuerte sogenannte Softwaredeployments bzw. -rollouts, wo die Softwareprodukte mit bestimmten Rahmenparametern und auch bestimmten Berechtigungsleveln für die Mitarbeitenden bereitgestellt werden.

Nun ist aber die Software ein „Werk", welches durch eine natürliche oder juristische Person (Hersteller) „erschaffen" wurde. Der Urheber des Werks ist laut Deutschem Urheberrecht untrennbar mit seiner „Schöpfung" verbunden, d. h. nur er darf über die weitere Verwendung oder Verbreitung seines Werks bestimmen. Dieses Recht zur Verwendung (zur Nutzung) des Werks wird im Zusammenhang mit Software als *Softwarelizenz* bezeichnet – auch eine App aus dem App-Store ist im Grunde genommen eine Softwarelizenz und der Anwender akzeptiert durch das Herunterladen und Installieren auf sein Smartphone oder Tablet die damit verbundenen Nutzungsbedingungen. Insofern sind die folgenden Definitionsbeschreibungen und Begriffserläuterungen immer noch anwendbar (auch auf Apps bzw. Cloud-Produkte).

Der Duden beschreibt den Begriff „Lizenz“ folgendermaßen:

Li|zenz, [gegen eine Gebühr erteilte] rechtskräftige Genehmigung (z. B. zur Ausübung eines Gewerbes, zur Nutzung eines Patents, zur Übersetzung oder Übernahme eines Werks).[1]

Beispiele

- eine Lizenz erwerben
- jemandem eine Lizenz erteilen
- eine Lizenz auf eine andere Firma übertragen
- etwas in Lizenz herstellen

Der Begriff *Softwarelizenz* bezeichnet das *Nutzungsrecht*, das der Rechteinhaber (Urheber) dem Nutzer (Endanwender) an der von ihm erworbenen Software einräumt. In einem Lizenzvertrag wird der vom Urheber vorgegebene rechtliche und vertragliche Rahmen beschrieben. Erst mit dem Akzeptieren des Lizenzvertrags darf die Software in der vereinbarten Form bestimmungsgemäß genutzt werden.

Das Verwalten von Softwarelizenzen bedeutet also:
die transparente, lizenzkonforme sowie betriebswirtschaftlich optimierte Nutzung von Softwareprodukten sicherzustellen, diesen Prozess permanent zu überwachen und zu steuern.

2.2 Die gebräuchlichsten Lizenzformen

Jeder Urheber, der Software entwickelt und in Verkehr bringt, legt mit der anzuwendenden Lizenzform fest, unter welchen Nutzungs- bzw. Lizenzbedingungen die Software verwendet werden darf. Sie werden in Ihrem Unternehmen sicherlich mit den unterschiedlichsten Softwareprodukten und deren Lizenzbestimmungen zu tun haben. Die dabei anzutreffenden Lizenzformen lassen sich prinzipiell in proprietäre Software (kommerziell) mit den Unterformen „Freeware“ und „Shareware“ sowie „Freie Software“ (Open Source, nicht kommerziell) unterteilen. Die „Public Domain“-Lizenzform als weitere Lizenzform der „Freien Software“ möchte ich hier nur am Rande erwähnen, weil nach deutschem Urheberrecht (im Gegensatz zum amerikanischen) kein Urheber auf seine Rechte zum Wohle der Allgemeinheit verzichten darf. Somit kann ein Urheber in Deutschland seine Software nicht unter die Lizenzform „Public Domain“ stellen.

---

[1] Duden | Lizenz | Rechtschreibung, Bedeutung, Definition, Herkunft - *https://www.duden.de/rechtschreibung/Lizenz*

Die Lizenzform, die der Urheber wählt, bestimmt die Freiheiten bei der Benutzung oder Verbreitung seiner Software.

In den folgenden Abschnitten möchte ich Ihnen einen kurzen Überblick über die am häufigsten von den Urhebern angewendeten Lizenzformen geben.

2.2.1 Proprietäre Software

Gemeinhin wird sämtliche Software, die nicht vom Urheber unter die Open-Source-Lizenzbedingungen (beispielsweise die GNU GPL)[2] gestellt wird, als proprietäre Software eingestuft und auch als kommerzielle Software angesehen (also jegliche Software, für die gezahlt werden muss, um diese nutzen zu können, das betrifft dann auch u. U. „Freeware" und „Shareware", wenn diese kommerziell genutzt werden. Gemeinsam ist allen, dass sie im Gegensatz zur Freien Software nicht verändert werden dürfen und der Quelltext der Software nicht offengelegt ist. Wenden wir uns zunächst der Lizenzform „Freeware" zu.

Freeware

Freeware ist kein eindeutig definierter Begriff, bezeichnet aber im Allgemeinen proprietäre Software, deren Nutzung zwar kostenlos ist und frei kopiert und weiterverbreitet werden darf, aber nicht mit so vielen Freiheiten ausgestattet ist wie Freie Software. Die Nutzungsbedingungen werden durch den Urheber festgelegt und üblicherweise auch in der Form eines „End User License Agreements (EULA)"[3] beschrieben. Die Unterschiede zur Freien Software ergeben sich insbesondere daraus, dass der Quelltext nicht offen vorliegt und es beispielsweise dem Endanwender von den meisten Freeware-Programmen verboten wird, den Programmcode zu ändern und das geänderte Programm weiterzugeben.

Softwarehersteller vertreiben ihr Produkt häufig als Freeware, wenn die Verbreitung einen strategischen Marktvorteil bewirkt. Der Internet Explorer von Microsoft oder der Adobe Acrobat Reader sind bekannte Beispiele dafür.

Tipp:

Meist ist die kostenlose Nutzung von Freeware nur für den privaten Gebrauch zulässig, für die kommerzielle Nutzung erhebt der Autor Lizenzgebühren. Wenn Sie bei sich im Unternehmen Freeware einsetzen, dann lesen Sie bitte die Lizenzbestimmungen der Software genau durch, damit Sie die vereinbarten Nutzungsbedingungen einhalten.

Shareware

Shareware bezeichnet frei kopier- und weiterverbreitbare Softwareprodukte, die für einen bestimmten Zweck (beispielsweise für den privaten Einsatz) oder über einen gewissen Zeitraum hinweg kostenlos genutzt werden können. Zeitbegrenzungen enden oft nach 30 Tagen.

[2] Siehe Abschnitt 2.6.3, Der Lizenzvertrag für Open Source (Freie Software)

[3] Siehe Abschnitt Abschnitt 2.6.1, EULA

In diesem Testzeitraum steht aber oftmals der komplette Funktionsumfang der Software zur Verfügung. Nach Ablauf der Testperiode muss der Endanwender, falls er die Software weiterhin nutzen möchte, eine Lizenzgebühr an den Autor zahlen. Die sonstigen Lizenzbedingungen entsprechen weitgehend denen von proprietärer Software und werden oft mit einem in die Software integrierten EULA beschrieben.

Die Vertriebskanäle von Shareware sind heute in den meisten Fällen das Internet über Download-Portale aller Art, das bekannteste ist dabei das von der Zeitschrift Chip.[4] Da der Autor den Vertrieb seiner Software nicht selbst übernimmt, hat er keine Möglichkeit, die Anwender seines Programms zu identifizieren, um eine Bezahlung nach Ablauf der Testzeit zu erhalten. Um der erfahrungsgemäß geringen Zahlungsmoral der Anwender vorzubeugen, ist Shareware häufig modifiziert. Meistens stehen nach Ablauf der Testzeit die Programmfunktionen nur noch eingeschränkt zur Verfügung oder es lassen sich beispielsweise keine neuen Dateien mehr mit dem Produkt anlegen.

Software, die unter der Flagge „Shareware" segelt, wird häufig von Privatleuten oder kleineren Firmen, die auf sich aufmerksam machen wollen, verwendet. Einige Programme, die Sie bestimmt auch kennen, haben als Shareware begonnen, wie beispielsweise das Zeichenprogramm Paint Shop Pro oder das Packprogramm WinZip. Beide Softwareprodukte sind mittlerweile im Portfolio der Corel Corporation und auch keine Shareware mehr, nach einem kostenfrei nutzbaren Testzeitraum ist eine Weiternutzung kostenpflichtig. Wenn Sie sich die Mühe machen wollen, so können Sie sich einmal die Lizenzvereinbarungen der Corel Corporation für WinZip[5] durchlesen – übrigens eine der Haupttätigkeiten des Lizenzmanagements, um die korrekte Umsetzung der Herstellernutzungsbestimmungen im eigenen Unternehmen überprüfen zu können.

2.2.2 Freie Software, Free Software

Mehr als 25 Jahre gibt es jetzt schon Freie Software. Heute ist es üblich, auch in kommerziellen Umgebungen Freie Software wie beispielsweise das Betriebssystem Linux, den Internetbrowser Firefox, das E-Mail-Programm Thunderbird oder die Bürosuite OpenOffice[6] einzusetzen. Das war aber nicht immer so. Erst in den letzten Jahren konnte sich Freie Software auch verstärkt in den Unternehmen etablieren, u. a. auch deshalb, weil viele große Firmen wie beispielsweise IBM für Freie Software Entwicklungsarbeit leisten.

Freie Software gibt Ihnen im Gegensatz zu proprietärer Software die Freiheit, sie für einen beliebigen Zweck auszuführen, ihre Funktionsweise zu studieren, sie an Ihre eigenen Bedürfnisse anzupassen oder zu verbessern und diese Kopien der Software zu veröffentlichen oder weiterzugeben. Der Zugriff auf den Quelltext ist die Voraussetzung dafür, Software zu studieren, anzupassen und zu verbessern. Mit der Beliebtheit Freier Software stieg auch die Zahl der Bezeichnungen. Die Free Software Foundation (FSF) empfiehlt im Deutschen die Verwendung des Terminus „Freie Software", um diese entsprechend in andere Sprachen übersetzen zu können. Ein weiterer Begriff, der 1998 von der Open Source Initiative (OSI) vorgeschlagen wurde, um Freie Software in die Chefetagen für eine größere Akzeptanz zu

---

4 *http://www.chip.de/Downloads_13649224.html*

5 Endbenutzer-Lizenzvereinbarung WinZip („EULA") *https://www.winzip.com/win/de/eula.html*

6 *http://www.openoffice.de/*

bringen, ist „Open Source". Die Idee war, sich auf die technischen Aspekte Freier Software zu konzentrieren und sie so im Unternehmensumfeld leichter verkaufen zu können. Schon nach kurzer Zeit konnte *Open Source* die ersten Erfolge verbuchen. Die Popularität von Linux – der Open-Source-Software schlechthin – bewog Firmen, wie beispielsweise IBM, Novell, Informix, Sun und viele weitere bekannte Soft- und Hardwarehersteller, Produkte für Linux zu entwickeln. Inzwischen ist Open Source ein anerkannter und oft benutzter Begriff, der für (fast immer) kostenlose, qualitativ hochwertige, frei verfügbare, modifizierbare und weiterverbreitbare Software steht. Heute bedeuten die Begriffe *Open Source* und *Freie Software* das Gleiche.

Der Begriff „Freie Software" umfasst im Kern die vier folgenden Freiheiten:

- Die Software darf eigenen Bedürfnissen angepasst werden.
- Die Software (Arbeitsweise) darf studiert werden.
- Die Software darf kostenlos kopiert und weiterverteilt werden.
- Die Software darf für jeden Zweck genutzt werden.

In der Praxis zeigte sich, dass die zu Beginn beschriebene Definition der vier Freiheiten eine knappe und vollständige Erklärung für den Begriff „Freie Software" darstellt. Diese Beschreibung ist über das Urheberrecht hinaus verständlich und leicht anwendbar.

Hinweis:

Verwechseln Sie den Begriff „Freie Software" nicht mit „Freeware". Freeware ist zwar kostenlos erhältlich und frei verteil- und kopierbar, berechtigt Sie aber nicht, die Software für eigene Zwecke anzupassen oder zu verändern. Da bei Freeware kein offener Quelltext vorliegt, ist dies auch nicht möglich.

Zum Abschluss möchte ich Ihnen die vorgestellten Lizenzformen noch einmal kurz in Tabelle 2.1 der besseren Übersicht wegen zusammenfassen. „Freeware" und „Shareware" wurden als spezielle Untergruppe der proprietären Software dargestellt, da diese Lizenzformen keine Freie Software repräsentieren.

Tabelle 2.1 Übersicht der gebräuchlichsten Lizenzformen

	Kostenlos	Kopier- und weiterverbreitbar	Uneingeschränkt nutzbar	Quelltext offen und modifizierbar	Unterliegt einer Lizenz
Freie Software, Open Source	X	X	X	X	X
Proprietäre Software	–	–	–	–	X
Freeware	X	X	–	–	X
Shareware	–	X	–	–	X

Hinweis:

Die in Tabelle 2.1 aufgeführten Lizenzformen sind auch auf die heute immer mehr anzutreffenden Apps anwendbar, da auch hier der Entwickler oder der Hersteller entscheidet, wie die lizenzkonforme Nutzung zu erfolgen hat. Entweder ist die App kostenpflichtig oder sie ist ein erforderlicher Bestandteil von Softwareprodukten, um die „Desktop“- oder Serverfunktionalitäten auch auf mobilen Geräten nutzen zu können. ■

Das Wissen, wann welche Nutzungsbestimmungen bei welchem Softwareprodukt Anwendung finden, soll auch Voraussetzung sein, um den nächsten Abschnitt besser verstehen zu können, denn das Thema Über- oder Unterlizenzierung bezieht sich nur auf die lizenzkostenpflichtige (meist auch proprietäre) Software.

Ausschließlich Freie Software ist nicht lizenzkostenpflichtig (sie benötigt aber auch eine „GNU GPL (General Public License)“-Lizenz – siehe auch Abschnitt 2.6.3) und unterliegt deswegen nicht der im folgenden Abschnitt gewidmeten Thematik zur Über- und Unterlizenzierung.

2.3 Über- oder unterlizenziert

Die etablierten Prozesse des IT-Managements können kaum noch mit der Dynamik der IT-gestützten Prozesse mithalten. Dabei stellt sich die Frage, ob die IT-Abteilung nur die Rolle eines „Service Provider“ – „Cost Center“ – übernimmt oder ob sie dazu beitragen kann, die fachlichen Prozesse zu optimieren. Zu Letzterem zählt auch das Verwalten und Managen der eingesetzten Softwareassets im Unternehmen. Gleichzeitig wird die Lücke zwischen dem, was das wachsende Unternehmensgeschäft fordert, und dem, was die IT erfüllen kann, immer größer. Das IT-Management und auch der IT-Verfahrensbetrieb haben heute durch die Technologietransformationen in die Cloud vielfältige zusätzliche Aufgabenstellungen und Herausforderungen zu bewältigen. So gehören die Themen Sicherstellung der Integrität von Softwareanwendungen (auch bei der Verarbeitung von personenbezogenen Daten und Informationen), Schutzbedarfssteuerung von Software und deren Risikoeinstufung u. v. m. zu den heutigen Aufgaben. Externe Vorgaben wie beispielsweise solche des Bundesamts für Sicherheit in der Informationstechnik (BSI) zur Sicherstellung bestimmter Anforderungen für den IT-Betrieb erhöhen den Druck auf das IT-Management zusätzlich.

Mit den entsprechenden Werkzeugen, qualitätsgesicherten Daten und Informationen kann das Lizenzmanagement verschiedene Risiken wie bspw. eine fehlerhafter Lizenz- und Nutzungszuweisung für die eingesetzten Softwareprodukte erkennen und helfen, diese zu vermeiden.

In vielen Fällen können darüber hinaus Kosteneinsparungen durch

- Abbau etwaiger Überlizenzierungen,
- optimale Nutzung bestehender Softwareressourcen und
- Verbesserung von Einkaufsbedingungen

erreicht werden.

Bild 2.1 stellt eine typische Situation in den meisten Unternehmen dar. Damit werden gleichzeitig die Risiken und die Optimierungspotenziale sichtbar. Eine Überlizenzierung von Softwareprodukten führt zu vielfältigen vermeidbaren Kosten, da hier nicht nur die Kosten für die eigentliche Softwarelizenz eine Rolle spielen (wenn auch erst einmal vordergründig die Hauptrolle), sondern auch bspw. Bereitstellungskosten u. a. mit einzubeziehen sind, um einen tatsächlichen Überblick zu erhalten, welche Kosteneinsparungen beim Abbau von Überlizenzierungen möglich sind. Eine Unterlizenzierung birgt dagegen erhebliche rechtliche Risiken und kann darüber hinaus u. U. das Unternehmensimage in der Öffentlichkeit gefährden. Fehlerhafte Lizenzzuweisungen zu Softwareprodukten (aus welchen Gründen auch immer diese entstanden ist) sind u. a. ein Faktor, der eine Unterlizenzierung auslösen kann.

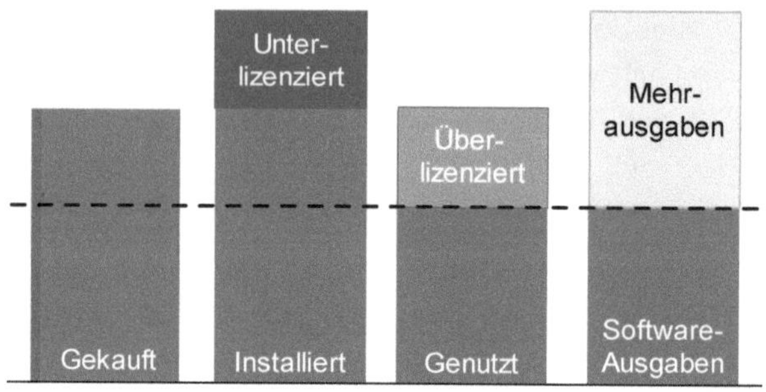

Bild 2.1 Typische Unternehmenssituation bei Softwarelizenzen

> **Hinweis:**
> Denken Sie auch daran, dass meistens eine erhebliche Anzahl von Test- oder zeitlich beschränkten Softwarelizenzen (gerade bei physischen und auch virtuellen Servern) im Betrieb eingesetzt werden. Auch diese müssen korrekt lizenziert sein, sofern sie nicht bei Ablauf einer zeitlichen Beschränkung automatisch inaktiv werden. Diese oft vergessene Konstellation wird gerne vom Auditor angesteuert, ähnlich wie das Hardwarelager mit den eventuell noch darauf befindlichen Softwarelizenzen. ■

Jederzeit genau die richtige Menge an Softwarelizenzen für ein Unternehmen einzukaufen, ist nahezu unmöglich. Daher sind die Zustände Überlizenzierung und Unterlizenzierung über alle im Unternehmen eingesetzten Softwareprodukte hinweg prinzipiell immer anzutreffen. Bild 2.1 stellt das auch noch einmal visuell dar. Ehrlich gesagt, sind beide Zustände nicht erstrebenswert. Eine Überlizenzierung bedeutet, Sie *haben* zu viel Geld ausgegeben, bei einer Unterlizenzierung *müssen* Sie unter Umständen viel Geld ausgeben und haben außerdem eventuell noch rechtliche Konsequenzen zu tragen. Den erwünschten Zustand – also weder eine Überlizenzierung noch eine Unterlizenzierung – werden Sie nur in Momentaufnahmen und nur für einen kurzen Zeitraum erreichen. Wie immer liegt das gesunde Maß in der Mitte: Keine übermäßige Vorratshaltung, das spart Kosten, und keine übertriebene Sparsamkeit bei der Beschaffung der notwendigen Softwarelizenzen, auch das spart unter Umständen später Kosten.

Im Abschnitt 25.3.1 „Transformation erfordert Sichtbarkeit - Messung von Softwarenutzung“ im Bild 25.5 „Dashboard - Microsoft O365 Benutzer und Aktivitäten“ wird sehr deutlich, dass die o. g. Ausführungen nicht mehr nur auf die „klassischen“ Steuerungsmechanismen anzuwenden sind (also vorrangig über eine technische Inventarisierung der Softwareassets), sondern es heute auch wichtig ist, die benutzerbezogenen Lizenzzuweisungen (da Kostenaspekt) im Blick zu behalten. Denn bekannterweise lassen sich Benutzerkonten (wenn diese einen Lizenzbedarf auslösen) nicht scannen. Das ist im Übrigen auch auf die im nächsten Abschnitt beschriebene Thematik zur Überlizenzierung mit anzuwenden. ■

2.3.1 Überlizenzierung

Eine **Überlizenzierung** liegt vor, wenn die Anzahl der vorhandenen (erworbenen) Lizenznutzungsrechte größer ist, als es die lizenzkonform zuzuordnenden Lizenzbedarfe der aktiven Softwareprodukte erfordern. ■

Diese Aussage bedeutet: Sie haben oder besitzen für ein Softwareprodukt mehr Lizenznutzungsrechte (Softwarelizenzen) als es der tatsächlich benötigte und ausgewiesene Lizenzbedarf der aktiven Softwareprodukte erfordert. Dieser Zustand tritt immer dann verstärkt auf, wenn die Software-Life-Cycle-Prozesse zur Beschaffung, Genehmigung und Umverteilung von Software große Lücken aufweisen, dezentral organisiert sind bzw. einer Optimierung bedürfen.

Ein Beispiel aus der Praxis

Es ging um den Einkauf von 300 PCs mit vorinstalliertem Windows (OEM-Version)[7] als Betriebssystem. Der anfordernde Fachbereich hatte den Einkauf nicht umfassend darüber informiert, dass die PCs mit einem vorinstallierten Windows-Betriebssystem geliefert werden. Der Einkauf bestellte also noch einmal, ohne weitere Absprache, für alle 300 PCs Windows-Vollversionen. Damit ist das Unternehmen in diesem Fall deutlich überlizenziert. Der kaufmännische Schaden war beträchtlich! Warum? Das ist schnell erläutert:

Lizenzrechtlich gesehen haben alle 300 PCs eine gültige Lizenz durch die vorinstallierte OEM-Software, die im Bundle mit der Hardware ausgeliefert wurde. Diese Lizenz ist also schon mit dem Hardwarekauf bezahlt, somit benötigen Sie nicht noch einmal 300 Vollversionen. Allerdings sei angemerkt, dass eine OEM-Lizenz, festgelegt durch den Lizenzvertrag (EULA), nicht das Recht auf Re-Imaging beinhaltet (das Recht beschreibt in den Microsoft-Volumenlizenzverträgen die Erlaubnis, ein eigenes Firmenimage zu entwickeln und bereitzustellen). Auf die 300 PCs mit einem beispielsweise vorinstallierten OEM-Windows-Betriebssystem können Sie also erst einmal kein eigenes Firmenimage ausrollen und installieren (die Lizenzbedingungen erlauben keine Erstellung eines Re-Imaging-Datenträgers aus einem OEM[8]-, SB[9]- oder FPP[10]-Datenträger), was aber fast alle Unternehmen machen wollen, um die

[7] OEM = Original Equipment Manufacturer
[8] OEM = Original Equipment Manufacturer
[9] SB = System Builder, eine von Fachhändlern genutzte Version, meistens auch bereits vorinstalliert
[10] FPP = Full Packaged Product (Elektronikmarktvariante)

festgelegten Unternehmensstandards umzusetzen. Für das Recht, ein eigenes Firmenimage auszurollen (also um ein Re-Imaging durchführen zu können), müssten Sie beispielsweise eine Mindestanzahl an Lizenzen im Rahmen eines Microsoft-Volumenvertrags erwerben. Damit können dann vollkommen lizenzkonform alle 300 PCs mit einem vordefinierten Firmenimage bestückt werden (sofern diese mit einem legal erworbenen Datenträger einer Volumenlizenz erstellt wurden) und Sie sind lizenzrechtlich auf der sicheren Seite. Diese von Microsoft im Rahmen eines Volumenlizenzvertrags erteilte Erlaubnis ist allerdings auch nur in einem engen lizenzrechtlichen Rahmen erlaubt. So müssen u. a. die Windows-Editionen, die Produktversionen und die Produktsprache der vorinstallierten OEM-Version und der mit einem Re-Imaging zu installierenden Version identisch sein.

Anhand dieses Beispiels sehen Sie, wie wichtig es ist, die Lizenzbestimmungen der eingesetzten Softwareprodukte im Unternehmen zu kennen.

Hinweis:

Bei einer bestehenden Überlizenzierung haben Sie meistens nicht nur zu viel für die überschüssigen Softwarelizenzen gezahlt, sondern oft sind damit auch höhere Wartungskosten verbunden, da sich diese fast immer an der Anzahl bzw. an bestimmten Staffelwerten von den erworbenen Lizenzstückzahlen orientieren. Hier können Sie auch sehr oft einen Ansatzpunkt finden, um mittel- und langfristig Ihre Softwarekosten zu senken.

2.3.2 Unterlizenzierung

Eine **Unterlizenzierung** tritt ein, wenn die Anzahl der vorhandenen Lizenznutzungsrechte (Softwarelizenzen) für ein Softwareprodukt geringer ist, als es die lizenzkonform zuzuordnenden Lizenzbedarfe der aktiven Softwareprodukte erfordern.

Achtung, der Teufel steckt hier im Detail. Diese Aussage bedeutet: Nicht nur alle aktiv genutzten Softwareprodukte werden gezählt, sondern auch alle installierten, d. h. auch alle Systeme, die inaktiv sind oder in einem Lager stehen, wenn sich darauf ein lizenzkostenpflichtiges Softwareprodukt befindet.

Die Unterlizenzierung trifft man häufig in Unternehmen an, die umfangreiche Softwareverteilungsprozesse im Einsatz haben. Oft wird in den vorherrschenden Prozessen aufgrund von fehlenden Servicevereinbarungen keine Prüfung durchgeführt, ob das bereitzustellende Softwareprodukt durch einen kaufmännischen Softwarelizenzbedarf ausreichend abgedeckt ist (Stichwort: Software-Pool und Vertragsmanagement). Meistens werden, auch wegen relativ stringenter SLAs (Service Level Agreements) zwischen dem IT-Dienstleister und seinem Kunden, die angeforderten Softwareprodukte (die beispielsweise schon paketiert sind) nach der Genehmigung durch den Vorgesetzten in relativ kurzer Zeit durch die IT-Fachbereiche bereitgestellt. In den wenigsten Fällen sind die vorherrschenden Prozesse darauf ausgerichtet, vor der Softwareverteilung und Installation des angeforderten Softwareprodukts zu prüfen, ob auch eine anwendbare kaufmännische Softwarelizenz den Lizenzbedarf abdecken kann. Sind dann keine nachgelagerten Prozesse vorhanden, die in periodischen Abständen prüfen, ob auch jedes lizenzkostenpflichtige Softwareprodukt mit einem kaufmännischen Softwarelizenzbedarf abgedeckt ist, kann es bei einem Audit auch etwas unangenehm werden.

Hinweis:

Die meisten Softwarehersteller haben in ihren Standard-AGBs zu den Nutzungsbedingungen folgenden Passus:

> *Wenn bei einem durch den Hersteller beauftragten Audit mehr als 5 Prozent Unterlizenzierung bei einem Softwareprodukt festgestellt wird, müssen außer den Kosten der Nachlizenzierung zusätzlich auch die angefallenen Kosten für den in Auftrag gegebenen Audit an den Softwarehersteller erstattet werden.*

■

Nicht selten können Sie eine offensichtliche Unterlizenzierung wieder „glattziehen", indem Sie nicht aktive Systeme (bspw. Computersysteme im Lager) kontrollieren, ob sich darauf noch Software befindet. Denn auch hier gilt ein zuzuordnender Softwarelizenzbedarf als „verbraucht", wenn sich darauf lizenzkostenpflichtige Software befindet. Da die Computersysteme meistens vorinstalliert sind, um die Bereitstellung an Mitarbeitende (aus Servicegründen) schneller umsetzen zu können, werden diese eingelagerten Systeme auch gerne einmal von Auditoren in Augenschein genommen. Überprüfen Sie deshalb Ihren „System-Abbauprozess" dahingehend, dass nur solche Systeme eingelagert werden, bei denen (außer dem Betriebssystem) keine weiteren Softwareprodukte installiert sind. Freigewordene Softwarelizenzbedarfe gehören zurück in Ihren Softwarepool, um sie bei Bedarf auf andere aktive Systeme zu verteilen. Vor allem kann auch dann eine (zugegebenermaßen meist unbeabsichtigte) Unterlizenzierung entstehen, wenn die IT-Architektur Ihres Unternehmens nicht ausreichend mit den vereinbarten Nutzungsbedingungen abgeglichen wird. Es ist also sehr wichtig, die im Unternehmen existierende IT-Architektur genau zu kennen.

Das Aufgabengebiet des Lizenzmanagements beinhaltet auch, mit Unterstützung eines Softwareasset- und Lizenzmanagement-Tools und mit Hilfe von optimierten Strukturen und Prozessen ein ausgewogenes Verhältnis zwischen den aktiv bereitgestellten und zu nutzenden lizenzkostenpflichtigen Softwareprodukten und den dafür erforderlichen zuzuordnenden Softwarelizenzbedarfen zu schaffen und zu gewährleisten. Ein wichtiger Aspekt ist dabei auch, darauf zu achten, dass sich möglichst wenige der bereitgestellten Softwareprodukte ohne eine Zuordnung bzw. Zuweisung des erforderlichen Softwarelizenzbedarfs im Betrieb befinden. Dieser Aspekt wird auch als „unlizenzierte Software" bezeichnet. Was darunter zu verstehen ist, erläutert der folgende Abschnitt.

2.4 Unlizenzierte Software

Der Begriff „unlizenzierte Software" gilt für Softwareprodukte oder Services, die installiert oder genutzt werden, ohne dass der für den lizenzkonformen Betrieb erforderliche kaufmännische Softwarelizenzbedarf dem Softwareprodukt oder Service zugeordnet wurde.

Hinweis:

Sehr häufig tritt dieser Umstand bei der erforderlichen korrekten Zuweisung der Softwarelizenzbedarfe zur lizenzkonformen Nutzung von Serversystemen auf, wie bspw. beim Microsoft SQL Server (nach der jetzigen Core-Lizenzierung), wo dem System unabhängig von der physischen Hardware mindestens eine 4-Core-Lizenz zugewiesen werden muss, also auch wenn die Hardware eventuell nur einen 2-Core-Prozessor hat. Das wird sehr oft nicht beachtet, auch (etwas komplexer) in Hinblick darauf, wie virtuelle Microsoft SQL Server auf dem gleichen System lizenzrechtlich zu behandeln sind. So kann z. B. bei der Installation von Microsoft SQL Server Enterprise eine beliebige Anzahl weiterer virtueller Microsoft-SQL-Server-Instanzen (egal ob Enterprise oder Standard) auf diesem System installiert und betrieben werden, ohne den aktiven virtuellen Instanzen weitere (mindestens) 4-Core-Lizenzen zuweisen zu müssen. (Achtung: Hier gilt auch noch eine Besonderheit, denn der installierte Microsoft SQL Server Enterprise muss dazu unter einer gültigen Software Assurance (SA) stehen, um den skizzierten lizenzkonformen Betrieb zu gewährleisten.)

Ergänzend zum Hinweistext: Unlizenzierte Software bedeutet auch, wenn diese nicht lizenzkonform gemäß den geltenden Lizenz- und Nutzungsbestimmungen eingesetzt wird. Würden – wie im Beispiel des Hinweistexts – anstatt der Mindestzuweisung von 4-Core-Lizenzen nur 2-Core-Lizenzen zugewiesen, weil die Hardware eben nur einen physikalischen 2-Core-Prozessor hat, wäre hier in diesem Fall der Microsoft SQL Server Enterprise unterlizenziert (auch hier noch einmal der Hinweis auf die Beachtung der IT-Architektur).

Ein weiteres Beispiel

Das Softwareprodukt darf ausdrücklich nur für den privaten bzw. akademischen Bereich eingesetzt werden (der Preis ist dabei um ein Vielfaches geringer als eine kommerziell nutzbare Vollversion). Diese einschränkende Lizenzbestimmung wird sehr oft ignoriert, das Softwareprodukt wird nicht der Nutzungsbestimmung entsprechend eingesetzt (diese Situation ist oft in kommerziellen Schulungsunternehmen anzutreffen). Auch Softwaredatenträger, die über das Anfertigen von mehr als einer Sicherungskopie hinaus bewusst kopiert werden, sind unlizenzierte Softwareprodukte und damit im Sinne des Urheberrechts nicht erlaubt.

Wenn unlizenzierte Softwareprodukte aktiv genutzt werden, wirkt sich dies auf alle IT-gestützten Geschäftsprozesse im Unternehmen negativ aus und kann zu erheblichen rechtlichen Konsequenzen führen. Mittlerweile gibt es aber auch einen weiteren neu hinzugekommenen Aspekt, möglichst keine unlizenzierten Softwareprodukte im Einsatz zu haben, denn diese sind oftmals außen vor, wenn Hersteller für ihre Softwareprodukte relevante Softwareupdates verteilen, um wichtige Sicherheitslücken zu schließen.

2.4.1 Wie gelangt unlizenzierte Software in das Unternehmen?

Der Umstand, unlizenzierte Software im Unternehmensumfeld im Einsatz zu haben, kann verschiedene Gründe haben:

- Es wurden nicht autorisierte Downloads, Installationen oder Nutzungen aus dem Intra- oder Internet durchgeführt.
- Mitarbeiter aus dem IT-Bereich installieren nicht autorisierte Softwareprodukte auf die Unternehmens-PCs oder erteilen Nutzungsberechtigungen, die nicht über einen entsprechenden Lizenzbedarf abgedeckt sind.
- Softwareprodukte werden zur Nutzung bereitgestellt oder verteilt, ohne dass ein ausreichender kaufmännischer Softwarelizenzbedarf zur Verfügung steht.
- Testinstallationen, die länger aktiv bleiben als erlaubt oder für eine Evaluierung notwendig waren, aber nicht mehr abgebaut wurden.
- Eine fehlerhafte Konfiguration bei der Paketierung und dem Rollout von Softwareprodukten.

Wenn sich Mitarbeiter im Unternehmen Software „selbst" bereitstellen können (Download oder Berechtigungen), ohne dass dafür ein eigentlich erforderlicher Genehmigungsprozess durchlaufen wird, kann das eine ganze Reihe von Risiken mit sich bringen. Neben den lizenzkonformen Aspekten (unter Umständen unlizenzierte Software zu verwenden) sind häufig solche nicht genehmigten Installationen auch ein Sicherheitsproblem. Schnell geraten auf diese Weise Spyware, Viren oder Trojaner in das Unternehmensnetzwerk. Dabei sind Laptops bzw. mobile Geräte wie Smartphones, Tablets als mobiles Arbeitsinstrument ungewollt der größte Gefahrenherd. Durch Unachtsamkeit oder fehlendes Bewusstsein kommt schnell die eine oder andere Software auf das Gerät, die eventuell gegen die Unternehmensrichtlinien verstößt. Machen Sie sich bewusst, dass Ihr Unternehmen für alle mobilen Geräte und die darauf installierten Softwareanwendungen verantwortlich ist. So können Sie haftbar gemacht werden, wenn sich herausstellen sollte, dass unlizenzierte Software auf den Geräten im Einsatz ist. Das kann schon eine abgelaufene 30-Tage-Testversion beispielsweise von WinZip sein.

In dieser Zeit der Pandemie kommen verstärkt Homeoffice und Telearbeitsplätze mit in diese Betrachtung. Deswegen sollte möglichst in regelmäßigen Abständen überprüft werden, ob die an das Unternehmensnetzwerk angebundenen Laptops und mobilen Geräte keine unlizenzierte Software in Nutzung haben.

Wo Menschen sind, werden Fehler gemacht und auch einmal Vorschriften umgangen. Das reicht von einer kleinen Gefälligkeit, mal eben den PC des Kollegen mit dem Administratorkennwort zu versorgen, bis hin zu freiwilligen nicht autorisierten Softwareinstallationen durch Mitarbeiter aus dem IT-Bereich. Hier hilft nur ein rasches Umdenken und eine ausreichende Sensibilisierung aller Mitarbeiter, vor allem derjenigen, die durch erteilte Zugangsberechtigungen Zugriff auf das Softwareportfolio haben bzw. Administratorrechte besitzen. Seminare oder Workshops, die das Thema Lizenzmanagement zum Inhalt haben, leisten hierzu sinnvolle Aufklärungsarbeit. Helfen Sie Ihren Mitarbeitenden und Ihrer Unternehmensführung mit der Definition von klaren Richtlinien und Handlungsanweisungen im Umgang mit Softwaremedien und Lizenzen, auch und vor allem in der aktuellen Situation, um das Risiko des Gefährdungspotenzials für geschäftsprozessschädigende Aktivitäten in Zusammenhang mit unlizenzierter bzw. nicht genehmigter Softwarenutzung gering zu halten.

2.5 Softwarelizenz kaufmännisch betrachtet

In den vorherigen Abschnitten haben Sie erfahren, welche Lizenzformen von den Herstellern benutzt werden, was es bedeutet, über- oder unterlizenziert zu sein, und welche Umstände zu unlizenzierter Software führen können. Damit Sie im Rahmen Ihres Lizenzmanagements die Situation besser einschätzen können, ob unlizenzierte Software auf Ihren Unternehmenssystemen vorhanden ist, möchte ich kurz darauf eingehen, in welcher Form Software üblicherweise erworben werden kann und weshalb entsprechende Kenntnisse wichtig für das Lizenzmanagement sind. In meinen Erläuterungen beziehe ich mich zunächst immer auf die sogenannte Client-Welt (PC-Desktop-Systeme).

Software kann u. a. als Produktpaket beim PC-Händler um die Ecke, im Elektrofachmarkt oder über das Internet in einem Webshop erworben werden. Wer nicht darauf besteht, die Produktverpackung im Schrank zu verwahren, greift auch gerne zu dem Download-Angebot. Die auf einer CD, DVD, USB-Stick oder Speicherkarte mit oder ohne gedrucktes Handbuch in der Verpackung im Einzelhandel verkaufte Software bezeichnet man auch als „Box-Produkt“, Retail-Produkt oder „Full Packaged Product“ (FPP). Natürlich gibt es weitere Verpackungsformen, aber der Begriff „Box-Produkt“ bzw. „FPP“ steht als Synonym für diese Form der über den Einzelhandel vertriebenen Softwarepakete. Ihnen allen gemeinsam – auch den Download-Varianten – ist die Tatsache, dass diese erworbene Software meistens nur einmal auf einem Computersystem installiert werden darf. Selten erlaubt der Hersteller eines Box-Produkts, dieses mehrmals zu installieren. Box-Produkte werden als Vollversion oder Upgrade angeboten. Die Upgrade-Variante ist immer kostengünstiger als die Vollversion, setzt aber voraus, dass der Käufer ursprünglich eine Vollversion des Softwareprodukts erworben hat.

Hinweis:

Wenn Sie in Ihrem Unternehmen Softwareprodukte als Upgrade einsetzen, müssen Sie immer die Vollversion des Softwareprodukts nachweisen – auch als Basislizenz bekannt bzw. benannt – und dieser sogenannte Upgrade-Pfad muss in dem kaufmännischen Lizenznachweis schlüssig abgebildet werden.

Unternehmen, die eine größere Anzahl von Computersystemen zu verwalten haben, kaufen in den seltensten Fällen mehrere Hundert Box-Produkte einer Software. Der damit erzeugte Verwaltungsaufwand wäre immens, da die Lizenzbestimmungen der FPP-Produkte festlegen, dass die Einzellizenz nur dann Gültigkeit besitzt, wenn alle Bestandteile der Verkaufsverpackung aufbewahrt werden. Bei mehreren Hundert Verpackungen würde schon einmal kostbarer Lagerplatz verschwendet werden, ungeachtet der Tatsache, dass auch mehrere Hundert Seriennummern und Lizenzkeys verwaltet werden müssten. Dagegen spricht auch, dass ein Box-Produkt aufgrund der vorherrschenden Lizenzbestimmungen nicht als Re-Imaging-Produkt verwendet werden darf, um es beispielsweise paketiert und an die Unternehmensstruktur angepasst auf mehrere Systeme gleichzeitig verteilen und installieren zu können. Das geht allein deshalb nicht, weil jedes Box-Produkt seine eigene Seriennummer bzw. seinen eigenen Lizenzkey verwenden muss und es nicht erlaubt ist, eine Seriennummer oder einen Lizenzkey gemeinsam für alle eventuell angedachten Box-Produkt-Installationen zu verwenden.

Ein Beispiel zum Verständnis

Sie kaufen ein Box-Produkt 100 Mal. Eine Verpackung wird geöffnet und der Datenträger entnommen, um das Produkt für die Softwareverteilung zu paketieren. Anschließend wird die Software auf 100 PCs ausgerollt und installiert. Die anderen 99 Verpackungen kommen ungeöffnet in das Softwarelager als Lizenznachweis. Gut, bis hierhin könnte man sagen: alles rechtens, da ja 100 Box-Produkte erworben und nur 100 PCs damit bestückt wurden.

Trotzdem haben Sie jetzt 99 Mal unlizenzierte Software.

Warum?

a) Erster Fehler: FPP bzw. Box-Produkte besitzen nicht das Recht für ein „Re-Imaging" - zuvor ist beschrieben, dass eine Packung geöffnet wurde, um es zu paketieren.

b) Nach den Lizenzbestimmungen des Box-Produkts, das eine Einzellizenz darstellt, haben Sie das eine geöffnete Softwarepaket mit einer Seriennummer bzw. einem Lizenzkey unrechtmäßig 99 Mal kopiert und installiert, denn es ist kein Volumenlizenzkey, der „beliebig" je nach erworbener Stückzahl mehrfach verwendet werden darf.

Was wäre lizenzkonform gewesen? Um nach dem Urheberrecht rechtskonform zu handeln, hätten Sie alle 100 „Box-Produkte" per Hand einzeln auf die jeweiligen PCs installieren müssen. Sie sehen selbst, dass dies ab einer bestimmten Unternehmensgröße gar nicht mehr wirtschaftlich zu vertreten ist.

Tipp:
Ab einer gewissen Anzahl von mehrfach benötigten Lizenzen von ein und derselben Software ist es auch aus Kostengründen sinnvoll, sich die von den Herstellern angebotenen Zusatz-Lizenzverträge für Mehrplatzlizenzen und die damit verbundenen Preisnachlässe anzuschauen. ■

2.5.1 Full Package Product (FPP, Box-Produkt)

Was kennzeichnet nun ein Full Package Product (FPP, auch Retail- oder Box-Produkt genannt)?

Das Softwarepaket als Verkaufsverpackung umfasst üblicherweise folgende Bestandteile:

- eine Umverpackung mit einem Echtheitszertifikat als Hologramm an der Seite oder auf der Oberkante der Verpackung;
- einen braunen Innenkarton;
- (meistens) eine auf Papier ausgedruckte Kurzanleitung oder ein Handbuch;
- einen Datenträger (wie beispielsweise CD, DVD, USB-Stick oder Speicherkarte), teilweise mit Hologramm;
- zusätzliches Marketingmaterial;
- einen auf Papier ausgedruckten Lizenzvertrag mit oder ohne Hologrammzeichen. Der Lizenzvertrag einzeln in Papierform ist allerdings nur noch selten enthalten. Entweder steht er auf den ersten Seiten des beiliegenden Handbuchs oder er wird während der Installation am Bildschirm angezeigt. Die elektronische Form erleichtert es auch, den Vertrag in verschiedenen Sprachen anzeigen zu können.

Um keiner Raubkopie oder einem gefälschten Softwareprodukt aufzusitzen, beachten Sie bitte beim Kauf von Box- bzw. Retail-Paketen:

- In der Regel werden über den Handel keine einzelnen Softwaredatenträger, End User License Agreements (EULA) oder Handbücher verkauft.
- Ein einzelnes Handbuch, eventuell mit aufgebrachtem Echtheitszertifikat, ist keine gültige Lizenz.
- Wenn Sie das Softwareprodukt nur in einem weißen oder braunen Karton ohne bunte Umverpackung erhalten, kann es sich um eine Raubkopie handeln.
- Die Umverpackung sollte verschlossen bzw. besser mit einer Folie verschweißt und deutlich erkennbar mit einem Echtheitszertifikat (Hologramm) versehen sein.

Hinweis:

Prüfen Sie in jedem Fall die Vollständigkeit des erworbenen Produkts. Bei einem Audit, das Ihre FPPs mit einbezieht, wird laut den Lizenzbestimmungen nur das komplette Paket im vollen Umfang als Lizenz akzeptiert. Ein einzelnes Handbuch, ein einzelner Softwaredatenträger oder ein einzelner Lizenzvertrag mit Echtheitszertifikat zählt nicht als gültige und für den Compliance-Check verwendbare Lizenz! Bewahren Sie auch die erste Vollversion-Box auf, wenn später nur noch Updates zu diesem Produkt gekauft werden. Der sogenannte Update-Pfad muss pro Softwareprodukt lückenlos nachweisbar sein.

Umgekehrt gilt das soeben Gesagte auch, wenn Sie überzählige Box-Produkte verkaufen wollen. Fehlt Ihnen einer der oben genannten Bestandteile, die das Box-Produkt ursprünglich zum Inhalt hatte, können Sie dieses Softwarepaket leider nicht mehr weiterverkaufen.

Zur Erfassung von FPP, SB, OEM und Volumenlizenznachweisen lesen Sie bitte auch Abschnitt 13.3.4 „Wo sind die Lizenzinformationen je Lizenzkanal zu finden?“. ■

2.5.2 System-Builder-Software

System-Builder-Produkte sind eine weitere Möglichkeit, Einzelplatzlizenzen zu erwerben. Sie sind erheblich kostengünstiger und werden im Unterschied zu den Box-Produkten ohne aufwendige Produktverpackungen und Handbücher angeboten. Je nach Verkaufsvariante umfassen sie keinen Herstellersupport. System-Builder-Produkte können in zwei Varianten gekauft werden:

1. Der Computerhändler installiert die Software vorab auf den für den Verkauf bestimmten Computer. Bei dieser Variante leistet der Hersteller den gleichen Support wie bei den Box-Produkten.
2. Der Käufer erwirbt das Softwarepaket einzeln mit oder ohne Computer, aber nicht vorinstalliert. Dabei muss der Händler den Support gewährleisten. Es gibt keinen Herstellersupport.

Ein System-Builder-Softwarepaket umfasst üblicherweise folgende Bestandteile:

- eine Kurzanleitung für die Installation der Software;
- einen Aufkleber mit der Seriennummer bzw. dem Lizenzkey (wird die Software vom Händler vorinstalliert, befindet sich der Aufkleber am Gerät, auch COA-Label genannt[11]);
- einen Softwaredatenträger (meist mit einer Hologrammoberfläche bei CD/DVD-Ausführung), alles zusammen verschweißt in einer Klarsichtfolie.

System-Builder-Produkte können ohne verpflichtende Bindung an Hardware jederzeit ge- und verkauft werden.

Diese Form des Vertriebs von Software wird beispielsweise für Microsoft-Office-Produkte, Microsoft-Windows-Desktopbetriebssysteme sowie Microsoft-Windows-Server-Produkte angewendet.

Beachten Sie bitte:

Für die rechtskonforme Anwendung der Lizenz- und Nutzungsbestimmungen gilt das Gleiche wie für Box-Produkte. Achten Sie bei der Abbildung Ihres kaufmännischen Lizenzbestands darauf, dass nur alle Bestandteile der Verkaufsverpackung zusammen die gültige Lizenz abbilden. ■

2.5.3 OEM-Software

Eine weitere Form, wie Softwarehersteller ihre Produkte im Einzelhandel anbieten, besteht darin, die Softwareprodukte über Computerhersteller wie beispielsweise IBM, DELL, HP, Siemens usw. auf die Systeme vorinstallieren zu lassen. Diese Variante wird auch als OEM-Software (Original Equipment Manufacturer) bezeichnet. Natürlich ist auch hier wiederum der Kostenaspekt ein treibender Faktor. Das notwendige Betriebssystem oder Bürosoftwarepaket für den Computer als Box-Produkt zu erwerben, kommt den Käufer ungleich teurer, als einen Computer mit bereits vorinstallierten Softwareprodukten zu erwerben (ich beziehe mich bei diesem Beispiel nicht auf Open-Source-Produkte). Aus diesem Grund gehen die Hardwarehersteller einen direkten Lizenzvertrag mit dem Softwarehersteller ein und erhalten damit das Recht, zu einem stark vergünstigten Preis die notwendige Software zu kaufen, um sie dann auf ihre Hardwaresysteme vorzuinstallieren bzw. im Bundle mit anzubieten (beispielsweise ein DVD-Brenner mit Brennsoftware).

In diesem Fall sind die Lizenzbestimmungen so ausgelegt, dass die vorinstallierte oder im Bundle angebotene Software nur zusammen mit der Hardware genutzt, gekauft oder verkauft werden darf. Den Computersystemen liegt meistens auch kein vollständiger Softwaredatenträger bei, sondern nur eine sogenannte „Recovery-CD“[12], mit der bei Problemen oder notwendigen Reparaturen (beispielsweise einem Festplattentausch) das Computersystem wieder in den Ausgangszustand zurückversetzt werden kann. Aufgrund der besonderen OEM-Lizenzbestimmungen ist es auch nicht erlaubt, die Software ohne die dazugehörige Hardware weiter

[11] Certificate of Authenticity (COA)

[12] Recovery-CD, auch als Wiederherstellungs-CD bezeichnet.

zu veräußern. Ein Verkauf der Software ohne die dazugehörige Hardware ist bei der Betriebssystemsoftware fast unmöglich, weil meistens die angepassten Installationen der speziellen Recovery-CD die Betriebssystemsoftware nur auf ein bestimmtes Hardwaremodell (z. B. einen Laptop einer bestimmten Bauart) zurückspielen lassen. Anders ist es beispielsweise mit der schon erwähnten Brennsoftware, die ja durchaus weiterverkauft werden könnte. Aber auch hier sagen die Lizenzbestimmungen des EULA, dass die Software in diesem Beispiel nur mit dem DVD-Brenner zusammen als Einheit weiterveräußert werden darf.

Das deutsche Urheberrecht lässt allerdings Ausnahmen zu, die durch Gerichtsentscheidungen für rechtens erklärt wurden:

Bedingt durch die Formulierungen des deutschen Urheberrechts, wonach für den Softwarehersteller mit dem erstmaligen „Inverkehrbringen“ seiner Software der Erschöpfungsgrundsatz greift (der Hersteller hat danach keinen Anspruch mehr, auf die weitere Form des Weiterverkaufs Einfluss zu nehmen bzw. dies zu untersagen; solche Formulierungen sind im Lizenzvertrag ungültig), kann OEM-Software unabhängig von der erworbenen Hardware weiterveräußert werden. Das gilt aber nur für Softwareprodukte, die auf einem Datenträger in Verkehr gebracht wurden. Der Verkäufer muss sich verpflichten, alle zur Lizenz gehörenden Bestandteile (Medium, Handbuch, Eula etc.) an den Käufer zu übergeben und auf seinem System zu entfernen.

Hinweis 1:

Die OEM-Lizenz eines zu verschrottenden Computers, beispielsweise des Betriebssystems, darf nicht einfach auf einen anderen noch aktiven oder neu zu kaufenden Computer übertragen bzw. als „Upgrade-Nachweis“ für eine Lizenz verwendet werden. Beachten Sie also auch diese für OEM-Software geltenden besonderen Lizenzbestimmungen bei der Erstellung Ihres kaufmännischen Lizenzinventars und beim Abgleich mit den tatsächlichen Installationen.

Hinweis 2:

Noch etwas Wichtiges zu den eben beschriebenen möglichen Erwerbsformen von Softwareprodukten: In den Lizenzverträgen von Box-Produkten, OEM- und System-Builder-Lizenzen ist ein Downgrade-Recht i. d. R. nicht enthalten. (Sie kaufen beispielsweise ein aktuelles Microsoft Office, wollen damit aber eine ältere Version lizenzieren. Hier müssen dann die Nutzungsbestimmungen des aktuellen Microsoft Office eingehalten und beachtet werden.) Das bedeutet: Sie können in diesem Fall mit einer aktuellen Microsoft-Office-Version keine ältere Vorgängerversion, die es nicht mehr zu kaufen gibt, die Sie aber noch nutzen wollen, legalisieren. ■

Einen weiteren Baustein, um Zuordnungen im künftigen Lizenzmanagement korrekt durchführen zu können, finden Sie im nächsten Abschnitt.

2.6 Der Lizenzvertrag

In den Softwarelizenzverträgen wird beschrieben, wie die erworbene Software genutzt werden darf.

Umgangssprachlich wird der Lizenzvertrag auch folgendermaßen genannt:

- Lizenzbestimmung,
- Nutzungsvereinbarung,
- Software-Lizenz-Bedingung,
- Produktnutzungsrecht (Product User Rights, PUR) oder
- EULA (End User License Agreement).

Abhängig von der Art des erworbenen Softwareprodukts (Download, Einzelpaket im Elektronikfachmarkt, Kauf eines neuen PCs mit Software etc.) können Sie diese Informationen (den gültigen Lizenzvertrag betreffend) an unterschiedlichen Stellen finden:

- integriert in das Softwareprodukt, es erscheint dann zu Beginn der Installation oder beim Nutzungsbeginn;
- separat aufruf- bzw. abrufbar wie bspw. in Bild 2.2 dargestellt;
- abgedruckt auf einem separaten Blatt Papier, das dem Softwareprodukt beiliegt;
- abgedruckt auf den ersten Seiten des Benutzerhandbuchs;
- als zusätzliche Verknüpfung auf Ihrem Desktop im Programmordner der installierten Software (vorwiegend bei Softwareprodukten, die der GNU GPL unterliegen);
- als „EULA.txt"-Datei auf dem beiliegenden Datenträger zur erworbenen Software oder auf der Webseite des Herstellers.

2.6.1 End User License Agreement (EULA)

Die EULA-Lizenzbestimmungen kommen vorwiegend im kommerziellen Bereich der Softwareentwicklung bzw. bei allen proprietären Softwareprodukten zur Anwendung. Das EULA wiederholt die gesetzlichen Bestimmungen des Urheberrechts und gewährt zugleich das Recht zur Nutzung der erworbenen Software. Außerdem informiert das EULA über verschiedene Beschränkungen, die für die jeweilige Softwareanwendung zutreffen.

Beschränkungen können beispielsweise sein:

- „Zurückentwickeln" (Reverse Engineering) der Software;
- Verbot, die Software weiterzuvermieten oder zu verleasen;
- Verbot, die Produktidentifizierung, Urheberrechtsvermerke o.a. von der Software zu entfernen;
- Verbot, die Software in Teilen weiterzuverkaufen;
- Einschränkung, die Software entweder als 32-Bit- oder als 64-Bit-Variante einzusetzen, wenn z. B. beide Versionen auf dem Installationsmedium zur Verfügung stehen, u. a.m.

WinZip - Endbenutzer-Lizenzv

https://www.winzip.com/win/de/eula.html

Wir stellen vor: WinZip 25 | Holen Sie sich heute das brandneue WinZip! JETZT KAUFEN

WINZIP Produkte Shop Downloads Lerncenter Support Mehrplatzlizenzen Sprache

WICHTIGER HINWEIS: LESEN SIE DIESE ENDBENUTZER-LIZENZVEREINBARUNG (im Folgenden auch: "EULA") SORGFÄLTIG DURCH

DURCH ANKLICKEN VON "ICH STIMME ZU", HERUNTERLADEN, AUFRUFEN, INSTALLIEREN ODER VERWENDEN VON WINZIP SOFTWARE ("SOFTWARE") UND DOKUMENTATION, STIMMEN SIE ZU, (I) DASS DIESE EULA EINE RECHTLICH VERBINDLICHE UND WIRKSAME VEREINBARUNG IST, (II) DASS SIE DEN IN DIESER EULA FESTGELEGTEN BESTIMMUNGEN UND BEDINGUNGEN FOLGE LEISTEN UND (III) DASS SIE ALLE ERFORDERLICHEN MASSNAHMEN ERGREIFEN WERDEN, UM SICHERZUSTELLEN, DASS DIE BESTIMMUNGEN UND BEDINGUNGEN DIESER EULA VON KEINER NATÜRLICHEN ODER JURISTISCHEN PERSON UNTER IHRER KONTROLL ODER IN IHREM DIENST VERLETZT WERDEN. WENN SIE DIE SOFTWARE IM AUFTRAG EINER ORGANISATION VERWENDEN, STIMMEN SIE DEN BESTIMMUNGEN UND BEDINGUNGEN DIESER EULA FÜR DIESE ORGANISATION ZU UND VERSPRECHEN, DASS SIE DIE BEFUGNIS HABEN, DIESE ORGANISATION AN DIESE BEDINGUNGEN ZU BINDEN. IN DIESEM FALL GILT "SIE" UND "IHRE" AUCH FÜR DIE ORGANISATION. WENN SIE DEN BESTIMMUNGEN DIESER EULA NICHT ZUSTIMMEN, KLICKEN SIE NICHT "ICH STIMME ZU AN", LADEN SIE DIE SOFTWARE NICHT HERUNTER, RUFEN SIE SIE NICHT AUF, INSTALLIEREN ODER VERWENDEN SIE SIE NICHT. DIESE EULA ENTHÄLT GEWÄHRLEISTUNGSAUSSCHLÜSSE UND HAFTUNGSBESCHRÄNKUNGEN SOWIE DIE VEREINBARUNG AUSSCHLIESSLICHER RECHTSMITTEL. DIE UNTEN BENANNTEN BESTIMMUNGEN BILDEN DIE WESENTLICHE GRUNDLAGE UNSERER VEREINBARUNG.

Diese EULA ist ein rechtsgültiger Vertrag zwischen Ihnen und der WinZip Computing S.L., einer hundertprozentigen Tochtergesellschaft der Corel Corporation, einschließlich jeglicher verbundener Unternehmen und Auftragsnehmer, die für uns handeln (im Folgenden gemeinsam "WinZip" "Uns", "Wir" oder "Unsere"), hinsichtlich Ihrer Verwendung der Software. Sofern Sie über keine abweichende schriftliche Vereinbarung mit WinZip in Bezug auf diese Software verfügen, unterliegt Ihre Verwendung der Software dieser EULA.

DIESE BESTIMMUNGEN GELTEN UNBEFRISTET FÜR
WINZIP
WINZIP COURIER
WINZIP SELF EXTRACTOR
WINZIP MAC EDITION

WENN SIE DIESER EULA ZUSTIMMEN, WIRD IHNEN EINE BESCHRÄNKTE, PERSÖNLICHE, WELTWEITE, GEBÜHRENFREIE, NICHT ABTRETBARE, NICHT UNTERLIZENZIERBARE, NICHT ÜBERTRAGBARE UND NICHT EXKLUSIVE LIZENZ ZUR NUTZUNG DER SOFTWARE ERTEILT. SIE SIND BERECHTIGT, EINE (1) KOPIE DER SOFTWARE FÜR IHRE (I) PRIVATEN, NICHTKOMMERZIELLEN ZWECKE ALS PRIVATANWENDER UND/ODER (II) KOMMERZIELLEN ZWECKE ALS DIENSTLEISTER IN EINEM KOMMERZIELLEN UNTERNEHMEN ("GESCHÄFTSANWENDER") ZU VERWENDEN. DIESE SOFTWARE WIRD PRO HAUSHALT BZW. PRO EINZELADRESSE ("ADRESSE")

Bild 2.2 Endbenutzer-Lizenzvereinbarung „EULA" von WinZIP[13]

Am häufigsten wird das EULA (vorwiegend bei Einzelplatzlizenzen) in elektronischer Form in das zu installierende Softwareprodukt integriert, wie Sie in Bild 2.2 sehen. Für Downloadprodukte ist dies ohnehin die einzige Möglichkeit, das EULA vor der Installation der Software dem Anwender bekanntzugeben und ihn zustimmen zu lassen.

Weiterhin beschreibt das EULA u. a., unter welchen Bedingungen der Endanwender Sicherungs- oder Archivierungskopien der Software anfertigen darf und welche Gewährleistungen der Hersteller zusichert, die auch länderspezifisch sein können, u. a. finden sich solche Passagen in der EULA von WinZIP.

Hinweis:

Bei proprietären Softwareprodukten, die als Download angeboten werden, finden Sie bei anschließender Installation der Software die Lizenzbestimmungen immer in den Installationsprozess integriert. Der Installationsprozess lässt sich meistens gar nicht ohne Zustimmung zu den Lizenzbedingungen fortsetzen. ■

[13] *https://www.winzip.com/win/de/eula.html*

Hinweis:

Das EULA (End User License Agreement) ist der für proprietäre Software am häufigsten verwendete Lizenzvertrag, in dem die Nutzungsvereinbarungen beschrieben sind. Für Freie Software wird weltweit die *GNU General Public License (GNU GPL)* am häufigsten angewendet (siehe dazu auch Abschnitt 2.6.3 „Der Lizenzvertrag für Open Source (Freie Software“).

2.6.2 Universelle Produktnutzungsrechte

Für große Unternehmen lohnt es sich schon aus betriebswirtschaftlichen Gründen nicht, lauter Einzelplatz-Softwareprodukte einzusetzen. Hier werden von den Herstellern bestimmte Lizenzprogramme angeboten, über die Unternehmen sogenannte Mehrplatzlizenzen erwerben können, wie beispielsweise im Volumenlizenzprogramm von Microsoft oder im Lizenzprogramm Adobe Open Options (AOO). Für diese Lizenzprogramme werden „Universelle Lizenzbestimmungen“ formuliert, die für alle Produkte innerhalb dieses Volumenlizenzprogramms Gültigkeit besitzen. Das bedeutet: Der Mitarbeiter, der im Unternehmen beispielsweise ein Adobe-Photoshop-Produkt per Softwareverteilung oder lokaler Installation für seine Arbeit erhält, muss den Lizenzbestimmungen nicht mehr zustimmen. Das hat aus rechtlicher Sicht bereits der Einkauf getan, der mit dem Softwarehersteller den Vertrag ausgehandelt hat.

Als Beispiel möchte ich hier einen Auszug aus den „Universellen Lizenzbestimmungen für Lizenzen aus einem Microsoft Volumenlizenzvertrag“[14] aufführen:

> ***Universelle Lizenzbestimmungen aus einem Microsoft Volumenlizenzvertrag***
> *Diese Lizenzbestimmungen gelten für die Verwendung sämtlicher Software und aller Online-Dienste von Microsoft, die unter Ihrem Volumenlizenzvertrag lizenziert wurden.*
>
> ***A. Ihre Nutzungsrechte.***
> *Wenn Sie Ihren Volumenlizenzvertrag, einschließlich dieser Produktbenutzungsrechte und der Produktliste, einhalten, sind Sie berechtigt, die Software und Online-Dienste wie in diesen Produktbenutzungsrechten beschrieben zu verwenden.*
>
> ***B. Verwendung nur einer (1) Kopie.***
> *Möglicherweise enthält die Software mehr als eine Version, wie z. B. 32 Bit und 64 Bit. Sie dürfen nur eine Version für jede Lizenz, die Sie erwerben, verwenden, sofern nicht die Lizenzbestimmungen der Software mehr erlauben.*
>
> ***F. Kein kommerzielles Hosting.***
> *Sie sind nicht berechtigt, die Produkte für kommerzielle Hostingdienste zu hosten.*
>
> ***M. Verwenden von mehr als einem Produkt oder mehr als einer Funktionalität.***
> *Sie benötigen eine Lizenz für jedes Produkt und jede gesondert lizenzierte Funktionalität, das bzw. die auf einem Gerät oder von einem Nutzer verwendet wird. Wenn Sie beispielsweise Office unter Windows verwenden, benötigen Sie Lizenzen sowohl für Office als auch für Windows. Ebenso benötigen Sie für den Zugriff auf Terminaldienste in Windows Server sowohl eine CAL (Client Access License) für Windows Server als auch eine Terminaldienste-CAL.*

[14] Quelle: *https://www.microsoftvolumelicensing.com/Downloader.aspx?DocumentId=18199*

Hinweis:

Die universellen Lizenzbestimmungen gelten für alle Produkte, die über das Microsoft Volumenlizenzprogramm erworben wurden, und werden ergänzt durch die jeweiligen Produktnutzungsrechte der einzelnen Produktgruppen (beispielsweise Desktop-Anwendungen, Desktop-Betriebssysteme, Entwicklertools, Online-Dienste, Server-Betriebssysteme).

Tipp:

Das Lizenzmanagement sollte darauf achten, möglichst immer die aktuellen PURs der Hersteller im Zugriff zu haben. Dazu sollten diese Dokumente regelmäßig heruntergeladen werden.

2.6.3 Der Lizenzvertrag für Open Source (Freie Software)

Im Gegensatz zu den proprietären Softwareprodukten hat Freie Software andere Lizenzbestimmungen. Drei der am weitesten verbreiteten Lizenzen für Freie Software sind:

- GNU GPL (General Public License)[15],
- Artistic License (Lizenz der Open Source Initiative)[16],
- BSD (Berkeley Software Distribution) Style-License[17].

Alle diese Lizenzen haben folgende Eigenschaften miteinander gemeinsam:

- Die lizenzierte Software darf auf beliebig vielen Maschinen installiert werden.
- Die Software kann gleichzeitig von beliebig vielen Personen genutzt werden.
- Von der Software können beliebig viele Kopien erzeugt und an wen auch immer verteilt werden (freie oder offene Verbreitung).
- Die Software unterliegt keinerlei Beschränkungen hinsichtlich der Modifikation (außer dass bestimmte Anmerkungen erhalten bleiben müssen).
- Die Software kann ohne Einschränkung weitergegeben oder verkauft werden.

Die bekannteste und am meisten angewendete Lizenzbestimmung ist die GNU GPL. Deswegen möchte ich im nächsten Abschnitt näher auf sie eingehen.

GNU GPL (General Public License)[18]

Die GNU GPL gilt heute als eine der wichtigsten Lizenzen für freie Software. Das sogenannte GNU-Projekt[19] entstand in den 1980er-Jahren am MIT (Massachusetts Institute of Technology) und geht auf Richard Stallmann zurück. Ende der 1970er-, Anfang der 1980er-Jahre

[15] Siehe *http://www.gnu.org/licenses/licenses.html*
[16] Siehe *http://opensource.org/licenses/artistic-license-2.0.php*
[17] Siehe *http://www.debian.org/misc/bsd.license*
[18] Text in Teilen übernommen von Wikipedia.org
[19] Mehr über die Geschichte von Freier Software und GNU können Sie nachlesen auf *www.gnu.org*.

begannen immer mehr Firmen, ihre Software unter stark beschränkten Lizenzbedingungen zu veröffentlichen und den Quelltext unter Verschluss zu halten. Stallmann stellte diesem Modell der proprietären Software ein Modell von freier Software gegenüber. Das Akronym GNU wurde von Stallmann gewählt, da es am MIT üblich war, für sich ähnelnde Programme eine rekursive Abkürzung zu benutzen, die quasi auf sich selbst verweist. Ihm schwebte im ersten Schritt ein freies Betriebssystem in der Art von UNIX vor. GNU bedeutet also „GNU is not Unix“. Vom GNU-Projekt veröffentlichte Software wurde damals unter eigene Lizenzbestimmungen gestellt, damit die von Stallmann gewünschte Freiheit für den Quellcode gewährleistet werden konnte. Als über das GNU-Projekt immer mehr Software veröffentlicht wurde, entschied sich Stallmann dazu, mit Hilfe von Jerry Cohen die GNU GPL (GNU General Public License) zu entwerfen. Jeder, der freie Software verändert und anpasst, kann zusätzliche „Lizenzen“ für den eigenen Code hinzufügen, aber keine Beschränkungen hinsichtlich der bestehenden GPL aussprechen, außer es betrifft etwa abweichende Haftungs- und Gewährleistungsregeln oder Beschränkungen der Verwendung von Marken.

Unter dem Dach der Free Software Foundation (FSF), die 1985 von Richard Stallmann gegründet wurde, werden alle juristischen, logistischen und finanziellen Aspekte rund um das GNU-Projekt und die GNU GPL gebündelt. Die zurzeit aktuelle Version der GPL ist die Version 3. Für alle Nutzer, die freie Software nur anwenden, aber nicht weiterentwickeln bzw. weitergeben, ist die Einhaltung der GNU GPL aber nicht von essenzieller Bedeutung.

Tipp:

Die vollständige Fassung der GNU GPL können Sie auf den GNU-Webseiten nachlesen:

http://www.gnu.org/licenses/licenses.html

Eine gute Beschreibung, welches die wichtigsten Open-Source-Lizenzen sind und welchem Lizenztyp sie angehören, finden Sie auch unter:

https://www.ifross.org/welches-sind-wichtigsten-open-source-lizenzen-und-welchem-lizenztyp-gehoeren-sie

2.7 Das Lizenzmodell

Um beim Aufbau des Lizenzinventars die kaufmännischen (erworbenen) Lizenznachweise (Softwarelizenzen) bzw. Nutzungsrechte dem technischen, erhobenen Softwareinventar und den damit verbundenen Lizenzbedarfen korrekt zuordnen zu können, müssen Sie für jede einzelne Software das anzuwendende Lizenzmodell kennen und in Bezug auf Ihre bestehende IT-Architektur verstanden haben. Die Wahl des richtigen Modells kann Ihnen später erhebliche Kosten ersparen, die Wahl des falschen aber auch unnötige Kosten erzeugen. Die meisten Softwarehersteller tun alles, um die Nutzungsbestimmungen für ihr Produkt so auszuformulieren, dass der normale IT-Anwender seine liebe Mühe hat, dieses komplexe Geflecht zu verstehen, und im Zeitalter der immer weiter voranschreitenden Virtualisierung kommt diese Komplexität noch obendrein dazu. Siehe dazu auch mein Hinweistext in Abschnitt 2.4

„Unlizenzierte Software“ zu den lizenzkonformen Softwarelizenzbedarfszuweisungen des Microsoft SQL Servers mit seinen Core-Lizenzen.

Ein Lizenzmodell setzt sich u. a. aus der Lizenzklasse, einem Lizenztyp und der Lizenzmetrik zusammen. Die Wahl des Lizenzmodells sollte sich deshalb an den individuellen Bedürfnissen und Gegebenheiten Ihres Unternehmens und des geplanten Softwareeinsatzes sowie an Ihrer bestehenden IT-Architektur orientieren. Die Kombinationsmöglichkeiten sind mittlerweile so vielfältig, dass sich viele Berater nur noch auf ein oder zwei Softwarehersteller spezialisiert haben, um ihre Kunden bei der Wahl des richtigen Lizenzmodells unterstützen zu können. Die häufigsten Spezialisierungen im Lizenzumfeld finden sich dabei für Microsoft-, Oracle- und SAP-Produkte.

Lizenzmodelle beeinflussen die rechtmäßige Softwarenutzung durch folgende Faktoren:

- durch die Lizenzart (z. B. Einzellizenz, Mehrplatzlizenz);
- durch die Lizenzklasse (z. B. Vollversion, Upgrade-Version);
- durch den Lizenztyp (z. B. pro Gerät, pro gedruckte Seite);
- durch die Lizenzmetrik, mit der festgelegt wird, wie gezählt wird (z. B. gilt die Lizenz für 5000 gedruckte Seiten pro Monat oder für 1000 zu verwaltende Systeme);
- durch die Lizenzbindungen bzw. Lizenzbeschränkungen (z. B. Einsatz auf einem Gerät mit maximal zwei CPU-Kernen oder auf einer bestimmten Hardwareumgebung wie beispielsweise Hot- oder Cold-Stand by, Backup);
- durch das Beschreiben von Weitergabeverboten (beispielsweise das einer OEM-Lizenz) sowie von Veräußerungs- und Vermietungsverboten;
- durch das Beschreiben bzw. Bestimmen von Laufzeiten der Softwarenutzung (begrenzt, unbegrenzt).

Tipp:

Überprüfen Sie in regelmäßigen Abständen, ob das ausgewählte Lizenzmodell noch Ihren Anforderungen und Gegebenheiten (sprich Ihrer aktuellen IT-Architektur) entspricht oder einer Anpassung bedarf.

Beispielsweise folgt das Lizenzmodell von Microsoft für Desktop-Anwendungen dem Grundsatz, dass eine Lizenz einem bestimmten Gerät zugewiesen wird und dazu berechtigt, die Software auf dem Gerät zu „verwenden“. Aber auch viele andere Softwarehersteller folgen dieser Definition.

Um das zu verstehen, gilt es zwei Aspekte näher zu betrachten:

- Wie wird „Gerät“ definiert?

  Ein Gerät kann ein Computer, eine Arbeitsstation, ein Terminal, mobiles Gerät (Smartphone, Tablet) oder ein anderes elektronisches Gerät sein.
- Wie wird laut Lizenzvertrag „verwenden“ beschrieben?
  - Kopieren;
  - Installieren (z. B. auf einer Festplatte oder einer Speicherkarte, USB-Medium);
  - Nutzung der Software;

- Zugriff über eine Netzwerk- oder eine Peer-to-Peer-Verbindung (von Computer zu Computer);
- Anzeigen (z. B. über Fernwartungsservices);
- Laufen lassen (ohne ständige Interaktion des Endanwenders, beispielsweise ist der Webbrowser permanent geöffnet) oder
- eine wie auch immer geartete Interaktion mit dem Softwareprodukt.

Wenden wir uns dem ersten der vier wichtigsten Faktoren zu, der Lizenzart.

2.7.1 Die Lizenzart

Die erste Stufe eines Lizenzmodells wird durch die Lizenzart beschrieben. Hiervon gibt es genau zwei:

Die Einzelplatzlizenz

Wie es der Name zum Ausdruck bringt, erlaubt es diese Lizenzart, die erworbene Software auf nur einem System zu installieren und anzuwenden. Für jede weitere Installation werden zusätzliche Lizenzen (Lizenzkeys) benötigt. In der Regel sind meistens alle im Einzelhandel zu findenden Box-Produkte (FPPs) Einzelplatzlizenzen sowie darüber hinaus Download-Versionen, beispielsweise aus der Kategorie Freeware, Shareware.

Die Mehrplatzlizenz

Bei der Mehrplatzlizenz erlaubt der Urheber dem Endanwender, die erworbene Software mehrmals bis zu einer festgelegten Anzahl unter Verwendung eines einzigen Lizenzschlüssels auf verschiedene Systeme zu installieren. Diese Lizenzform wird am häufigsten eingesetzt, wenn eine große Stückzahl der Software zum Einsatz kommen soll. Hier hatte ich bereits erwähnt, dass es ab einer bestimmten Menge für ein Unternehmen wirtschaftlich nicht mehr sinnvoll ist, lauter Einzelplatzlizenzen (Box-Produkte) zu kaufen, weil der entsprechende Verwaltungsaufwand einfach zu groß wird. In diesen Volumenverträgen gibt es beispielsweise einen sogenannten Volumen-Lizenzkey, der für alle getätigten oder noch zu tätigenden Installationen als gültiger Lizenzkey verwendet werden darf.

Beim Aufbau eines Lizenzinventars (kaufmännische Daten) ist es wichtig zu wissen, ob die aufzunehmende Software laut Lizenzvertrag eine Einzelplatz- (FPP oder Box-Produkt) oder Mehrplatzlizenz darstellt. Davon abhängig ist der Lizenzmetrikwert, der wiederum für den Abgleich mit den technischen (Inventory-)Daten wichtig ist, also ob die gefundene Softwareinstallation 1 : 1 oder n : 1 gezählt werden darf.

2.7.2 Die Lizenzklasse

Im Lizenzvertrag, dem Sie zustimmen müssen, werden die Nutzungsrechte für die erworbene Software abgebildet. Zusätzlich werden an die rechtskonforme Nutzung der Software bestimmte Voraussetzungen geknüpft, die u. a. durch eine verfügbare Lizenzklasse beschrieben werden. Des Weiteren nutzt Ihnen die Einteilung der Softwareprodukte in Lizenzklassen, um beispielsweise später Fragen beantworten zu können, von welchem Softwareprodukt wie viele Vollversionen bzw. Upgrades im Einsatz sind. Tabelle 2.2 erläutert die gebräuchlichsten Lizenzklassen, erhebt aber keinen Anspruch auf Vollständigkeit.

Tabelle 2.2 Lizenzklassen

Lizenzklasse	Beschreibung
Vollversion	Beschreibt, dass *keine* vorhergehende Version für den rechtskonformen Einsatz vorausgesetzt wird und die beschriebenen Funktionen keinen Beschränkungen unterliegen (außer eventuell zeitliche oder funktionelle Beschränkungen, beispielsweise bei Test- oder zeitlich begrenzten Versionen).
Upgrade	Beschreibt einen Wechsel zu einer höheren Version (z. B. von 2.5 auf 3.0), setzt eine Vollversion des gleichen Softwareprodukts als sogenannte Basisversion mit der gleichen Sprache und Edition voraus, um bestimmte Funktionen weiter ausführen zu können oder aber um den lizenzkonformen Nachweis zu führen. Ein Upgrade-Produkt ist immer kostenpflichtig. Um lizenzkonform zu sein, muss der „Upgrade-Pfad" lückenlos bis zur gültigen Basislizenz nachweisbar sein.
Update	Beschreibt einen kleinen Wechsel innerhalb einer Version (z. B. 2.5 auf 2.6) und geht einher mit der Behebung von Fehlern; wird häufig auch als „Hotfix", „Aktualisierung", „Sicherheitsrelease" oder „Patch" bezeichnet und oft im Rahmen eines Wartungsvertrags mit angeboten.
AddOn	Beschreibt eine zusätzliche Komponente zu einer Software, die auch lizenz- und lizenzkostenpflichtig sein kann.
AddOn-Upgrade	Beschreibt eine zusätzliche Komponente zu einer Software, die auch lizenz- und lizenzkostenpflichtig sein kann, in der Form eines Upgrades.
CAL (Client Access License)	Sonderform: Wenn ein Gerät oder Nutzer auf einen Server zugreift und dessen Dienste verwendet (als Lizenztyp eine Geräte- oder Nutzer-CAL). CALs sind immer kostenpflichtig.
CAL-Upgrade Client Access License	Sonderform als Upgrade: Wenn ein Gerät oder Nutzer auf einen Server zugreift und dessen Dienste verwendet (als Lizenztyp eine Geräte- oder Nutzer-CAL). CALs sind immer kostenpflichtig.

Die Einteilung der Software in Lizenzklassen zum Zweck der Klassifizierung ist für alle Lizenzformen (Freeware, Shareware, proprietäre Software, Open Source etc.) gleich.

Hinweis:

CALs lassen sich kaum automatisiert zählen und müssen deswegen manuell verwaltet werden (es findet keine Interaktion mit irgendeiner Software statt). In kleinen und mittelständischen Unternehmen wird diesem Umstand nicht immer genügend Aufmerksamkeit geschenkt, weshalb es leicht diesbezüglich zu einer Unterlizenzierung kommen kann. Insbesondere Microsoft – aber auch andere Softwarehersteller – schaut gerade aus diesem Grund bei einem anstehenden Software-Audit auf die korrekte Lizenzierung der CAL-Lizenzen. ■

2.7.3 Der Lizenztyp

Der dritte wichtige Faktor, um ein Lizenzmodell zu beschreiben, ist der Lizenztyp. Er formuliert einen Bestandteil der im Lizenzvertrag einzuhaltenden rechtskonformen Verwendung der Software. Beispielsweise, dass die Software mit dem Lizenztyp „Pro Gerät“ nur auf einem Computer mit maximal zwei CPU-Kernen installiert werden darf, welches in diesem Fall gleich die anzuwendende Lizenzmetrik (wie wird gezählt) mit definiert. Die am häufigsten anzutreffenden Lizenzmodelle werden in Tabelle 2.3 kurz erläutert.

Tabelle 2.3 Die gebräuchlichsten Lizenztypen

Lizenztyp	Beschreibung
Pro Gerät	Erlaubt die Nutzung der Lizenz pro Gerät; auch Pro Device genannt.
Pro Nutzer	Erlaubt die Nutzung der Lizenz pro Nutzer; auch Pro User genannt.
Pro CPU	Erlaubt die Nutzung pro CPU. Dieser Lizenztyp wird meistens im Umfeld von Software für Server- und Großrechnersysteme angewendet. Die Lizenzmetrik bestimmt dann, auf wie vielen CPUs die Lizenz gleichzeitig genutzt werden darf. Im Desktopumfeld werden in den allermeisten Fällen von den Softwareherstellern Systeme mit zwei CPUs (eine CPU mit zwei Kernen oder auch zwei physische CPUs) wie ein System mit nur einer CPU behandelt, sodass dafür keine zusätzlichen Lizenzen erforderlich sind.

Die hier aufgeführten Lizenztypen bilden in Verbindung mit den in Tabelle 2.4 im nächsten Abschnitt genannten Lizenzmetriken und deren möglichen Kombinationen die meisten von den Herstellern formulierten Nutzungsbedingungen ab. Der am einfachsten vollautomatisiert zu verwaltende und am häufigsten verwendete Lizenztyp für Anwendungssoftware ist „Pro Gerät“. Durch das Auslesen von Berechtigungsstrukturen, beispielsweise aus dem „Active Directory“, können auch die „Pro Nutzer“-Lizenzen in einem Lizenzmanagement-Tool halb- oder vollautomatisiert verwaltet werden. Es gibt derzeit noch keine festgelegten und standardisierten Begriffe, sodass jeder Softwarehersteller mitunter etwas anderes meint, wenn er den Begriff „Lizenztyp“ verwendet.

2.7.4 Die Lizenzmetrik

Für den Aufbau eines Lizenzinventars sind nun schon die Faktoren beschrieben worden, über die Sie Ihre Softwarelizenzen klassifizieren können (Lizenzart, Lizenzklasse, Lizenztyp). Damit das anzuwendende Lizenzmodell auch korrekt auf Ihre technische Situation abgebildet werden kann (die installierte Anzahl der einzelnen Softwareprodukte), benötigen Sie noch die Beschreibung und den erlaubten „Wert“, wie ein Softwareprodukt laut Lizenzvertrag „genutzt“ werden darf. Dieser Faktor ist die „Lizenzmetrik“. Um beispielsweise einen Überblick zu bekommen, ob die Anzahl der gekauften Software mit der tatsächlich installierten (Compliance-Report) übereinstimmt, müssen Sie wissen, wie die Softwareprodukte anhand des bestimmenden Lizenzmodells zu zählen sind und ob diese Zählweise auch zu Ihrer IT-Architektur passt. Die Lizenzmetrik beschreibt den anzuwendenden Faktor und die

Maßeinheit (Seitenanzahl, volumengebunden, MIPS[20] u. a.). Es gibt viele Varianten, wie eine Softwarelizenz „gezählt“ wird. Die Zählweise kann außerdem an besondere Vertragsformen gekoppelt sein.

Als Beispiel sei das Zweitkopie- oder auch „Work-at-home“-Recht genannt. Das Zweitkopie-Recht darf nur dann ausgeübt werden, wenn es in den Produktnutzungsrechten bzw. dem EULA (FPPs) enthalten ist. Wird beispielsweise Software von Microsoft über einen Volumenlizenzvertrag erworben, beinhaltet das immer das Zweitkopie-Recht für alle Desktop-Anwendungen.[21] Das Zweitkopie-Recht gilt ausschließlich für tragbare Geräte und in keinem Fall für Betriebssysteme oder Server-Produkte. Dies bedeutet: Wenn Sie ein Office-Paket (Desktop-Version) auf Ihrem Desktopsystem installieren und verwenden, haben Sie das Recht, eine Kopie derselben Office-Version auf einem weiteren, dem Hauptnutzer des Desktopsystems zugeordneten tragbaren Gerät (meist ein Laptop oder ein Tablet) zu installieren und zu nutzen. Diese Lizenzen bei einem Compliance-Report auseinanderzuhalten und korrekt zu zählen (mit den Inventory-Daten abzugleichen) ist die kleine Königsdisziplin eines guten Lizenzmanagement-Tools.

Hinweis:

In der Regel finden Sie die Erlaubnis für ein Zweitkopie-Recht nur in bestimmten Volumenverträgen der Softwarehersteller. Die im Einzelhandel erhältlichen Produkte (z. B. FPPs) beinhalten dieses Recht nicht. Wenn ein FPP mehrmals installiert wird und es keinen ausdrücklichen Hinweis darauf gibt, dass die Software mehr als einmal auf unterschiedlichen Systemen installiert werden darf (Stichwort: Mehrplatzlizenz), wird „unlizenzierte Software“ verwendet.

Lizenzmetriken unterliegen keinen allgemeingültigen Begriffsdefinitionen oder Merkmalen. Hier formuliert jeder Softwarehersteller seine eigene Lizenzmetrik bzw. ändert u. U. auch einmal die Abrechnungsmethode. Als Beispiel sei hier IBM genannt, die damals zum November 2006 ihr Abrechnungsmodell für IBM Middleware geändert haben. Software, die bislang nach Prozessoren abgerechnet wurde, wird jetzt nach PVUs (Processor Value Units) berechnet. Dabei entspricht ein bisheriger Prozessorkern 100 PVUs.

Microsoft hat gegenüber IBM und Oracle erst sehr spät auf die geänderten IT-Architekturen mit einem neuen Lizenzmodell reagiert und beispielsweise bei der Einführung des SQL Server 2012, z. B. mit der Enterprise-Server-Version, die Lizenzmetrik „pro Prozessor“ in „pro Kerne“ umgewandelt. Die erforderliche Umstellung des Lizenzmodells hatte später nicht unerhebliche Auswirkungen auf bestehende IT-Architekturen und die Sicherstellung des lizenzkonformen Betriebs. Damit Sie hier nicht vor eventuellen Überraschungen stehen, ist es sehr wichtig, beim Aufbau des Lizenzinventars die Lizenzmetrik zum jeweiligen Lizenzmodell mit abzubilden.

[20] MIPS = Million Instructions per Second, Maßeinheit für die Leistungsfähigkeit eines Rechenkerns (CPU), wird meistens nur noch bei Großrechnern angegeben und dient auch zur Berechnung von Lizenzgebühren.

[21] Desktop-Anwendungen von Microsoft sind u. a. Office, Project, Visio, Outlook, InfoPath, OneNote.

Hinweis:
Wird ein unbegrenzter Wert vereinbart, spricht man auch von einer Konzern- oder Unternehmenslizenz. Diese wird dann häufig mit dem Lizenztyp „Pro Gerät" oder „Pro Nutzer" gekoppelt, ist um ein Vielfaches teurer, erleichtert Ihnen aber die Arbeit und es besteht keine Gefahr der Unterlizenzierung.

Lizenzmodelle und Metriken können für ein und dieselbe Software unterschiedlich ausfallen, da die Softwarehersteller auf möglichst viele unterschiedliche Kundenanforderungen reagieren wollen. Die Kehrseite der Medaille sind immer komplexere und teilweise schwer nachvollziehbare Lizenzmodelle und Lizenzmetriken. Das richtige Lizenzmodell für das eigene Unternehmen beispielsweise bei SAP oder Oracle zu finden, ist schon zu einer sportlichen Aufgabe geworden. Diese Aspekte interessieren aber nur den Einkauf. Der Lizenzmanager muss sich an die tatsächlich vereinbarten Lizenzmetriken halten, um eine rechtskonforme Zuweisung der Softwarelizenzbedarfe umsetzen zu können. Zu prüfen sind in jedem Einzelfall die Lizenzmodelle und Lizenzmetriken, wenn der Einsatz der Software in virtuellen Umgebungen vorgesehen ist. Diese Variationen sind nicht so ohne Weiteres automatisierbar.

Hinweis:
Es ist wie mit der Verpflichtung zur geforderten Verfügbarkeit Ihrer IT-Systeme. Denken Sie bitte daran, welchen Nutzen Sie mit welchem Aufwand erzeugen wollen, und wägen Sie das sorgsam gegeneinander ab. Was ist unter Umständen kostengünstiger? Eine Softwarelizenz nachzukaufen, ein bis zwei Mitarbeiter zu beschäftigen, die eventuell aufwendig im Archiv recherchieren müssen, ob eine Vollversion als erforderlicher Basisversionsnachweis für das Upgrade-Produkt irgendwo rumschwirrt, oder vielleicht doch das Softwareprodukt zu deinstallieren, weil der Mitarbeiter die Software eigentlich nicht wirklich braucht.

Es ist sehr aufwendig, für alle auf dem Markt anzutreffenden Lizenzmodelle und Lizenzmetrikarten eine Compliance herzustellen. Deshalb konzentrieren sich die meisten Lizenzmanagementprojekte zunächst auf die Abbildung der Lizenzmodelle „Pro Gerät" und „Pro Nutzer" bzw. auf die immer mehr zu administrierenden virtuellen Maschinen, Desktopsysteme und mobilen Geräte, die dann einem System oder einem Benutzer mit einem Softwarelizenzbedarf zugewiesen werden. Des Weiteren muss auch immer mehr die Abbildung der Lizenzmodelle „pro Prozessor", „pro Kern" und „pro CPU" in den Fokus gerückt werden, da die IT-Architektur mit physikalischen und virtuellen Servern immer mehr aus Kostengründen und aufgrund der Maßgabe zur Einhaltung eines lizenzkonformen Betriebs der Rechenzentren Rechnung tragen muss. Es ist auch bei weitem kein großes Geheimnis mehr, dass im Server- und Rechenzentrumsbetrieb mittlerweile viel größere Einsparpotenziale zu finden sind.

Die Feststellung der im Unternehmen angewendeten Lizenzmodelle und deren Lizenzmetriken sind also ein erster Schritt auf dem Weg zu einer rechtmäßigen Lizenz-Compliance und zur Einhaltung der rechtlichen Bestimmungen. Die Tabelle 2.4 beschreibt eine Auswahl häufig angewendeter Lizenzmetriken. Die Auswahl erhebt keinen Anspruch auf Vollständigkeit, da laufend neue Lizenzmetriken hinzukommen können bzw. vom Hersteller auch oftmals einfach geändert werden.

Tabelle 2.4 Häufig verwendete Lizenzmetriken und Maßeinheiten

Lizenzmetrik	Faktor	Maßeinheit	Beschreibung
Pro Gerät (pro Device)	1 bis n	Gerät (Device)	Lizenz pro Gerät, gezählt wird eine Lizenz pro Installation der Software auf einem System/Gerät/PC, meistens eine 1 : 1-Abbildung mit dem Lizenztyp „Pro Gerät". Ausnahmen gibt es aber auch hier, beispielsweise bei Anti-Virensoftware oder bei der „Microsoft Office Home and Student 2007 Edition", die ausschließlich für den privaten Gebrauch oder für die Nutzung im Studium verwendet werden darf. Diese seit Anfang 2007 in Deutschland käufliche, spezielle Lizenzversion darf auf drei Rechnern installiert werden. Als Sonderform zum Lizenztyp „Pro Gerät" sei noch das „Zweitkopie-Recht" von Microsoft genannt (siehe weiter oben).
Per Node	1 bis n	Node	Node-Lizenzen sind an ein bestimmtes System gebunden und erlauben meistens die Nutzung der Software nur auf diesem System (Desktop-, Server- oder Netzwerksysteme). Der anzuwendende Lizenztyp ist hierbei *Pro Gerät*. Die „Per Node"-Lizenzierung ist häufig bei Software zur Verwaltung von Netzwerkumgebungen anzutreffen.
Pro Nutzer (pro User)	1 bis n	Nutzer (User)	Lizenz pro Nutzer, gezählt wird pro Nutzer, meistens eine 1 : 1-Abbildung mit dem Lizenztyp „Pro Nutzer". Oft gibt es aber auch Mengenangaben, wie z. B. eine Softwarelizenz, die für 250 Nutzer gültig ist.
Named User (auch Current oder Authorized User genannt)	1 bis n	Nutzer (User)	Die *Named User*-Lizenzmetrik wird in Kombination mit dem Lizenztyp „pro Nutzer" angewendet. Der Endanwender für diese Lizenzmetrik muss namentlich benannt werden, nur er darf dann die Lizenz nutzen (wird z. B. bei Entwicklungslizenzen von Software angewendet).
Floating License (auch Concurrent Use genannt)	1 bis n	Nutzer (User)	Erlaubt die Nutzung der Software auf unterschiedlichen bzw. beliebig vielen Systemen. Dabei verwaltet ein dafür einzurichtender Lizenzserver die Anzahl der gekauften Lizenzen. Jeder Nutzungsaufruf der Software verringert die Anzahl der verfügbaren Lizenzen um 1. Die *Floating License* kann sowohl mit dem „Pro Gerät"- als auch mit dem „Pro Nutzer"-Lizenztyp verknüpft werden.

Tabelle 2.4 (*Fortsetzung*) Häufig verwendete Lizenzmetriken und Maßeinheiten

Lizenzmetrik	Faktor	Maßeinheit	Beschreibung
Pro Seite	1 bis n	Seite	Lizenzkosten werden aus der Anzahl der gedruckten Seiten ermittelt (beispielsweise beruht die erlaubte Softwarenutzung auf fixen Werten wie z. B. 5000 Seiten/Monat etc.). Dazu kann noch eine Zeitkomponente hinzukommen, wie beispielsweise Stunde, Woche, Monat u. a.). Der hierfür zu verwendende Lizenztyp wäre *Pro Gerät* (Drucker oder Scanner).
Pro CI	1 bis n	CI	Basis ist die Anzahl der zu verwaltenden CIs in einer Datenbank; wird oft bei der Lizenzierung von Asset-Management-Tools verwendet (CI = Configuration Item, Begriff aus ITIL®).
Pro Session	1 bis n	Session	Basis ist die erlaubte Anzahl aufgebauter Verbindungen (beispielsweise zu einer Online-Datenbank oder einem Recherchedienst). Hinzu kann noch eine Zeitkomponente kommen, wie beispielsweise Stunde, Woche, Monat u. a.).
Pro CPU	1 bis n	CPU logisch, CPU physisch	Basis für die Lizenz sind die Anzahl der installierten und genutzten CPUs (gezählt wird pro CPU). Beispielsweise muss bei einer Prozessorlizenz für Oracle-Softwareprodukte die Anzahl der CPU-Kerne (physisch) mit einem Faktor zwischen 0,25 und 0,75 multipliziert werden (abhängig von der Hardwareumgebung), um die korrekte Anzahl der benötigten Prozessorlizenzen zu errechnen.
Pro MIPS	1 bis n	MIPS	Basis sind MIPS (Million Instructions per Second); die Maßeinheit für Leistungsfähigkeit eines Rechenkerns (CPU) wird meistens nur noch bei Großrechnern angegeben und dient zur Berechnung von Lizenzgebühren).
Pro MSU	1 bis n	MSU oder MIPS	Basis sind MSU (Million of Service Units), eine MSU entspricht 6 MIPS; weitere Beschreibung siehe MIPS.
Pro PVU (Processor Value Unit)	1/100 100	PVU	1 bisheriger Prozessor entspricht 100 PVUs, 1 PVU kostet 1/100 des bisherigen Prozessorpreises. Ein Single-Core-Prozessor wird mit 100 PVUs berechnet. Siehe auch den Auszug aus der aktuellen IBM-PVU-Tabelle in Kapitel 21 (Bild 21.11).

Tabelle 2.4 (*Fortsetzung*) Häufig verwendete Lizenzmetriken und Maßeinheiten

Lizenzmetrik	Faktor	Maßeinheit	Beschreibung
Pro Transaktion	1 bis n	Transaktion	Basis ist die erlaubte Anzahl von Transaktionen mit den vereinbarten Wertemengen. Hinzukommen kann eine Zeitkomponente, wie beispielsweise Stunde, Woche, Monat u. a.
Volumengebunden	1 bis n	z. B. Terabyte, Gigabyte, Megabyte, Stück	Basis ist das verfügbare Volumen mit den vereinbarten Wertemengen; beispielsweise darf die Softwarelizenz so lange genutzt werden, bis 5 GB an Datenvolumen erreicht sind. Das eben genannte Beispiel ist eines von vielen Möglichkeiten, eine Lizenz volumengebunden zu gestalten.
Standortgebunden (bzw. per Site)	1 bis n	z. B. pro Land, pro Niederlassung, pro Org.-Einheit	Standortgebundene Lizenzformen sind meistens gleichzeitig Unternehmens- bzw. Konzernlizenzen. Häufig anzutreffen beim Einsatz im Umfeld von Serversoftware und Rechenzentren.
Zeitgebunden	1 bis n	z. B. pro Minute, pro Stunde, pro Woche, pro Monat, pro Jahr	Eine zeitgebundene Lizenzmetrik wird vor allem bei Software verwendet, die z. B. für Testzwecke eingesetzt oder aber nur für eine bestimmte Abrechnungsperiode verwendet wird (z. B. beim Erstellen von Jahresendabrechnungen etc.).

2.8 Rechtliche Bestimmungen zur Softwarenutzung in Deutschland

Die Entwicklung des deutschen Urheberrechts wird seit Anfang der neunziger Jahre erheblich durch die europäische Gesetzgebung beeinflusst. Die EU kann für die Regelungen auf dem Gebiet des Immaterialgüterrechts (zum Beispiel des Urheber-, Patent-, Marken- und Geschmacksmusterrechts) Vorgaben in Form von EU-Richtlinien erteilen. Innerhalb einer bestimmten Frist müssen diese Richtlinien in nationales Recht überführt werden. Seit 1991 wurden einige Harmonisierungsrichtlinien verabschiedet, die u. a. zum Inhalt haben, das Urheberrecht in den einzelnen Mitgliedsstaaten anzugleichen und Unterschiede in den Rechtsordnungen zu verringern oder aufzuheben. Vereinheitlicht wurde in diesem Zuge zum Beispiel auch das (Urheber-)Recht an Computerprogrammen. Ein Europäisches Urheberrechtsgesetzbuch wird man vergeblich suchen. Nach wie vor wird das Urheberrecht durch die Gesetze der einzelnen Mitgliedsstaaten geregelt. Die EU verpflichtet die nationalen Gesetzgeber lediglich dazu, ihre jeweiligen Gesetze an die Vorgaben der EU-Richtlinien anzupassen.

Ausgehend von einer EU-Richtlinie vom Mai 1991 wurde das Urheberrecht zum Schutz von Computerprogrammen auch im deutschen Recht verankert. Computerprogramme sind seit Juni 1993 umfassend urheberrechtlich geschützt. Auf dieser Basis zählt Software heute zu den geschützten geistigen Gütern wie Literatur, Wissenschaft und Kunst. Allein der Urheber (Hersteller) hat das Recht zum Vervielfältigen, Übersetzen, Verbreiten, Vermieten oder Verändern eines Produkts, Dritte dürfen dies nur mit ausdrücklicher Genehmigung des Rechteinhabers (wie der Name schon sagt: Copyright = the right to copy!). Wird ein Softwareprodukt gekauft, erwerben Sie das Recht, diese Software zu benutzen. Dieses Nutzungsrecht wird im Lizenzvertrag definiert und beschrieben. Dessen Bestimmungen müssen beim Gebrauch der Software beachtet werden, um rechtskonform zu sein bzw. zu bleiben.

2.8.1 Das deutsche Urheberrecht (UrhG)[22]

Das deutsche Urheberrechtsgesetz ist nicht mehr das allerjüngste, es stammt aus dem Jahr 1965. Damals waren noch keine Regelungen z. B. für die Online-Nutzung von Musik oder von Softwarekopien im Gespräch. Eine erste Gesetzesreform trat 2003 mit dem sogenannten „Ersten Korb" in Kraft. Der „Zweite Korb", seit dem 1. Januar 2008 in Kraft, setzt diese Reform fort und behandelt Themen, die im „Ersten Korb" aus Zeitgründen nicht mehr berücksichtigt werden konnten. Darin geht es u. a. auch um die Herstellung von Sicherungskopien eines Datenträgers, was lange ein Streitpunkt bei der Neuregelung gewesen war.

2.8.2 Bestimmung zur Erstellung einer Sicherungskopie

Es kann vorkommen, dass ein Softwarehersteller in seinem EULA eine Nutzungsbestimmung aufführt, die das Kopieren der Software zum Zwecke der Sicherung nicht erlaubt. Aufgrund der verfassten Regeln im deutschen UrhG sind die meisten Nutzungsfreiheiten unabdingbar, also „zwingendes Gesetzesrecht". Wird versucht, diese durch das EULA einzuschränken, sind die entsprechenden Klauseln nichtig. Der Nutzer hat nach § 69d Absatz 2 UrhG das Recht, eine Vervielfältigung der gelieferten Programmkopie zur „erforderlichen Sicherung künftiger Benutzung" zu erstellen. Sollte keine zweite identische Kopie des Datenträgers im Softwarepaket vorhanden sein, darf der Nutzer in nahezu allen Fällen eine Sicherheitskopie herstellen, und die Nutzungseinschränkung im EULA wäre damit nichtig und muss nicht befolgt werden.

Damit sind Sie schon einmal auf der sicheren Seite, wenn Sie von Ihren Datenträgern eine Kopie ziehen wollen, um diese zu archivieren bzw. um nicht den Originaldatenträger (zum Zweck der Paketierung) an das Clientmanagement ausliefern zu müssen.

[22] Den Gesetzestext finden Sie auf *http://www.gesetze-im-internet.de/urhg/index.html*

2.8.3 Verletzung des Vervielfältigungsrechts

Eine andere Baustelle sind die schon angesprochenen Unterlizenzierungen bzw. unlizenzierte Software auf den Unternehmens-Systemen. In beiden Fällen wird das Vervielfältigungsrecht gemäß § 69c Abs. 1 Nr. 1 UrhG verletzt.

§ 69c Zustimmungsbedürftige Handlungen

Der Rechtsinhaber hat das ausschließliche Recht, folgende Handlungen vorzunehmen oder zu gestatten:

Die dauerhafte oder vorübergehende Vervielfältigung, ganz oder teilweise, eines Computerprogramms mit jedem Mittel und in jeder Form. Soweit das Laden, Anzeigen, Ablaufen, Übertragen oder Speichern des Computerprogramms eine Vervielfältigung erfordert, bedürfen diese Handlungen der Zustimmung des Rechteinhabers.

Mit einer vorsätzlichen Vervielfältigung ist auch Folgendes gemeint: Wenn beispielsweise 40 neue Unternehmens-PCs mit Software betankt werden, sich aber z. B. nur die Hälfte davon mit den erforderlichen Softwarelizenzen abdecken lässt, sind 20 PCs mit unlizenzierter Software bestückt und verletzen somit das Urheberrecht.

Damit Ihnen das nicht widerfährt, ist die Einführung eines Lizenzmanagements und die Abstimmung Ihres Software-Life-Cycle-Prozesses darauf das Gebot der Stunde. So schützen Sie sich und Ihre Unternehmensleitung vor rechtlichen Konsequenzen, die bis zur Einstellung Ihres Geschäftsbetriebs gehen könnten.

2.9 Zivil-, straf- und handelsrechtliche Aspekte

Aus Verletzungen des Vervielfältigungsrechts gemäß § 69c Abs. 1 Nr. 1 UrhG bzw. der Nichteinhaltung der Lizenzbestimmungen können sich mögliche Rechtsfolgen im Zivilrecht mit strafrechtlicher Haftung und handelsrechtlicher Verantwortlichkeit ergeben.

2.9.1 Zivilrechtliche Haftung

§ 97 Anspruch auf Unterlassung und Schadensersatz

(1) Wer das Urheberrecht oder ein anderes nach diesem Gesetz geschütztes Recht widerrechtlich verletzt, kann von dem Verletzten auf Beseitigung der Beeinträchtigung, bei Wiederholungsgefahr auf Unterlassung in Anspruch genommen werden. Der Anspruch auf Unterlassung besteht auch dann, wenn eine Zuwiderhandlung erstmalig droht.

(2) Wer die Handlung vorsätzlich oder fahrlässig vornimmt, ist dem Verletzten zum Ersatz des daraus entstehenden Schadens verpflichtet. Bei der Bemessung des Schadensersatzes kann auch der Gewinn, den der Verletzer durch die Verletzung des Rechts erzielt hat, berücksichtigt werden. Der Schadensersatzanspruch kann auch auf der Grundlage des Betrages berechnet werden, den der Verletzer als angemessene Vergütung hätte entrichten müssen, wenn er die Erlaubnis zur Nutzung des verletzten Rechts eingeholt hätte ... (Text gekürzt) ■

Nach § 97 UrhG kann der Hersteller folgende Ansprüche geltend machen:

- Unterlassung,
- Beseitigung (Vernichtung der unlizenzierten Kopien, hiermit ist auch die Deinstallation von Software gemeint) und
- Schadensersatz.

Zudem kann er bei bestehenden Verträgen von seinem Kündigungsrecht Gebrauch machen.

Der Schadensersatz umfasst den entgeltlichen Erwerb der fehlenden bzw. unlizenzierten Softwareprodukte plus eine je nach Beweislage und Fall vereinbarte Schadensersatzzahlung und in allen Fällen die Zahlung der Gerichts- und Anwaltskosten.

Hinweis:

Bereits fahrlässiges Handeln, wenn Sie beispielsweise weitere Softwarekopien auf Ihren PCs installieren lassen, obwohl keine ausreichende kaufmännische Lizenzdeckung dafür vorliegt, begründet eine Haftung, auch die Mithaftung des Inhabers für Rechtsverletzungen durch seine Mitarbeiter und Beauftragten. Sie müssen z. B. auch dafür Sorge tragen, dass externe Dienstleister (Provider) sich an die Lizenzbestimmungen und Richtlinien in Ihrem Unternehmen halten, wenn beispielsweise Software beigestellt wird. ■

2.9.2 Strafrechtliche Haftung

Wird durch unrechtmäßiges Handeln, hier durch das vorsätzliche Vervielfältigen eines geschützten Werks ohne Einwilligung des Rechteinhabers, § 69c UrhG verletzt, greift § 106 Abs. 1 UrhG:

> **§ 106 Unerlaubte Verwertung urheberrechtlich geschützter Werke**
>
> (1) Wer in anderen als den gesetzlich zugelassenen Fällen ohne Einwilligung des Berechtigten ein Werk oder eine Bearbeitung oder Umgestaltung eines Werkes vervielfältigt, verbreitet oder öffentlich wiedergibt, wird mit einer Freiheitsstrafe bis zu drei Jahren oder mit Geldstrafe bestraft. ■

Die Vorsätzlichkeit ist nicht nur beim Raubkopierer im kleinen wie im großen Stil zu vermuten, sondern betrifft beispielsweise schon Softwareverteilungsprozesse. Wenn z. B. ein lange geplantes Upgrade ausgerollt wird, dafür aber noch gar keine Lizenzen kaufmännisch erworben wurden, entsteht sehr schnell eine „vorsätzliche Vervielfältigung eines geschützten Werks ohne Einwilligung des Rechteinhabers".

Ein Beispiel aus der Praxis

Eine Schule in Magdeburg hatte ihren Schülern PCs für die Ausbildung zur Verfügung gestellt. Bildungsetats sind nicht gerade sehr üppig bemessen, also wird hier und da versucht zu sparen. Nur war es diesmal Sparen am falschen Ende. Aufgrund eines anonymen Hinweises wurde festgestellt, dass die Software auf den PCs zu einem großen Teil nicht lizenziert war. Das Ende vom Lied: Nachlizenzierung, Anwaltskosten und eine Schadensersatzzahlung von über 55000 Euro. Für die Verantwortlichen eine teure Lehrstunde.

> **Hinweis:**
>
> Seit Juli 1996 ordnen immer mehr Gerichte auch in Deutschland bei Verdacht auf illegalen Softwareeinsatz eine strafrechtliche oder zivilrechtliche Durchsuchung des Unternehmens an. ■

Der § 809 BGB[23] bietet Softwareherstellern die Grundlage, bei Gericht die Durchsuchung von Computern in Geschäftsräumen zu beantragen, wenn ein hinreichender Verdacht auf den Einsatz von illegaler Software besteht. Wird einer solchen Durchsuchung stattgegeben, findet sie ohne Vorankündigung statt. Während der Durchsuchung überprüfen ein Gerichtsvollzieher und ein DV-Sachverständiger sämtliche Hard- und Software und vergleichen die gewonnenen Informationen mit den vorhandenen Lizenznachweisen. Über das Ergebnis wird ein Gutachten erstellt, das als Beweismittel bei Gericht zugelassen ist.

Abgesehen von den möglichen Kosten und Schadensersatzforderungen, die auf das Unternehmen zukommen, ist der Imageschaden bei Bekanntwerden um ein Vielfaches größer.

---

[23] BGB: Nachzulesen unter *http://www.gesetze-im-internet.de/bgb/index.html*

2.9.3 Handelsrechtliche Haftung

Neben den zivil- und strafrechtlichen Verantwortlichkeiten haben Sie auch noch handelsrechtliche Gesichtspunkte zu beachten. So ist gemäß § 91 Abs. 2 AktG[24] der Vorstand einer AG ausdrücklich zur Einrichtung eines Risikofrüherkennungssystems verpflichtet. Zu den zu überwachenden Risiken muss auch der korrekte Lizenzierungsstatus der genutzten Software im Unternehmen gehören. Als geeignete Überwachungsmaßnahme gilt ein IT-basiertes Lizenzmanagementsystem. Nach § 317 Abs. 4 HGB[25] (Handelsgesetzbuch) hat der Abschlussprüfer das Risikofrüherkennungssystem in die Abschlussprüfung mit einzubeziehen. Ist kein geeignetes Risikofrüherkennungssystem für das Lizenzmanagement vorhanden, können ggf. Verpflichtungen zur Bildung von Rückstellungen gefordert werden. EuroSOX, Basel II, KonTraG zielen mit ihren Vorgaben in die gleiche Richtung. Dazu im nächsten Abschnitt mehr.

2.10 SOX, EuroSOX, Basel II, KonTraG

Sie fragen sich bestimmt, was Basel II, SOX, EuroSOX und KonTraG mit Lizenzmanagement zu tun haben. Einiges. Aufgrund der vielen spektakulären Firmenzusammenbrüche in den letzten Jahren, wie beispielsweise von Enron oder Worldcom, vor allem in den USA, sind die Auflagen für Aktien- und Kapitalgesellschaften verschärft worden, insbesondere die Verpflichtung zur Einführung eines Risikomanagementsystems, um Unternehmensrisiken besser zu bewerten und einzuschätzen. Das Lizenzmanagement mit dem Risiko einer „Unterlizenzierung" und dem dadurch möglicherweise drohenden Schadensersatz gehört beispielsweise auch dazu.

SOX[26]

Das Bundesgesetz wurde im Juli 2002 als Reaktion auf die Bilanzskandale von Unternehmen in den USA verabschiedet. In Grundzügen beschreibt das Gesetz, dass die Bilanzen eines Unternehmens vom Geschäftsführer und vom Leiter der Finanzabteilung beglaubigt werden müssen sowie fehlerfrei und vollständig zu sein haben. Unternehmen müssen effektive interne Kontrollen durchführen, überwachen und entsprechende Berichte erstellen. Wesentliche Veränderungen der Finanzsituation müssen sofort offengelegt, Verstöße und Abweichungen frühzeitig erkannt werden. Es besteht Aufbewahrungs- und Schutzpflicht für die erstellten Unterlagen der Abschlussprüfung und es muss die Unversehrtheit und Verfügbarkeit der Unterlagen und Dokumentationen gewährt sein. Nicht nur im nordamerikanischen Raum, sondern auch in Europa ist SOX ein Instrument, um gesetzliche Auflagen zur Einrichtung eines Systems zur Risikovorsorge und eines Risikomanagements zu erfüllen. Das SOX-Gesetz gilt für fast alle Unternehmen und deren Tochterunternehmen, deren Wertpapiere an US-Börsen gehandelt oder öffentlich angeboten werden. Somit müssen auch etliche deutsche Unternehmen, deren Wertpapiere an den US-Börsen gehandelt werden, das SOX-Gesetz einhalten.

[24] AktG: Nachzulesen unter *http://www.gesetze-im-internet.de/aktg/index.html*
[25] HGB: Nachzulesen unter *http://www.gesetze-im-internet.de/hgb/index.html*
[26] Sarbanes-Oxley Act of 2002 (auch SOX, SarbOx oder SOA) bezeichnet ein US-Bundesgesetz

EuroSOX

Seit dem 29. Juni 2006 ist die von der Europäischen Union verabschiedete 8. EU-Richtlinie, auch EuroSOX genannt, in Kraft getreten und musste bis spätestens 29. Juli 2008 in nationales Recht umgesetzt werden. Kerngedanke ist dabei, international einheitliche Regelungen für die Prüfung von Finanzabschlüssen zu erreichen. Die Richtlinie betrifft alle Kapitalgesellschaften innerhalb der EU, egal, ob diese an der Börse notiert sind oder nicht. Dabei geht es um Vorgaben für nationale Gesetze über Aktionärssicherheit, es betrifft aber auch verschärfte Regeln in Bezug auf die Dokumentation der IT-Infrastruktur und deren Sicherheit. Der Ausfall der IT-Infrastruktur und deren Systeme kann zu erheblichen Unternehmensschäden führen, daher ist dieses Risiko für Aktionäre ein wichtiges Kriterium bei der Bewertung des Unternehmens. Ich erwähnte schon, dass durch unlizenzierte Software und die Forderung auf Unterlassung durch den Softwarehersteller das Risiko entsteht, dass Ihre davon abhängigen Geschäftsprozesse ganz oder teilweise stillgelegt werden könnten, mit den entsprechenden Auswirkungen auf Ihr Unternehmen. Die EU-Vorlage wurde von der Bundesregierung am 29. Juni 2008 in geltendes nationales Recht umgesetzt.

Basel II

Die europäische Banken- und Kapitalrichtlinie, auch als „Basel II" bezeichnet, wurde Anfang 2007 in Deutschland umgesetzt. Basel II sieht vor, dass Banken vor einer Kreditvergabe an ein Unternehmen eine umfassende Bonitätsbewertung vornehmen müssen. Dazu gehört auch, die operationellen IT-Risiken (Lizenzmanagement – Risiko einer Unterlizenzierung) zu bewerten. Die geforderte Einrichtung eines Risikofrühwarnsystems wirkt sich mittelbar auf das Rating eines Unternehmens aus, womit die Einstufung bei der Vergabe von Krediten und Kreditkonditionen zu verstehen ist.

KonTraG

Am 1. Mai 1998 trat das Gesetz zur Kontrolle und Transparenz im Unternehmensbereich (KonTraG) in Kraft. Die Einrichtung eines Risikomanagementsystems (RMS)[27] ist zwar unmittelbar nur für Aktiengesellschaften gesetzlich vorgeschrieben, doch es ist davon auszugehen, dass je nach Größe, Struktur und Komplexität auch die Geschäftsführer von GmbHs von diesen Regelungen betroffen sind. Von Tochterunternehmen können ebenfalls bestandsgefährdende Risiken ausgehen und insoweit spielt deren Rechtsform keine Rolle (AG, GmbH, KG usw.).

Dazu gehören auch, ich wiederhole mich jetzt, die Einrichtung und der Betrieb eines Lizenzmanagements, das die Risiken unlizenzierter Software sowie einer Unterlizenzierung überwachen und steuern kann. Eine Risikovermeidung in diesem Zusammenhang bestünde darin, den Compliance-Report periodisch durchzuführen und bei Abweichungen in Richtung Unterlizenzierung mit geeigneten Maßnahmen zu reagieren. Ferner muss sichergestellt werden, dass die so erfassten Risiken nicht nur mit einer (einmaligen) Inventur zum Bilanztag durch Abfrage durchgeführt werden, sondern es bedarf vielmehr einer permanenten Analyse und Steuerung durch ein entsprechendes internes Überwachungssystem.

---

[27] [RMS] Risiko Management System; Quellen: *Eggemann/Konradt:* Risikomanagement nach dem KonTraG aus dem Blickwinkel des Wirtschaftsprüfers; BB (Betriebs-Berater) 2000, 503
Pahlke: Risikomanagement nach KonTraG. Überwachungspflichten und Haftungsrisiken für den Aufsichtsrat; NJW (Neue Juristische Wochenschrift) 2002, 1680

2.11 Gebrauchte Software

Abschließend möchte ich in diesem Kapitel noch kurz auf das Thema „Gebrauchte Software" eingehen. Wenn Sie eine Softwarenutzungsanalyse durchgeführt haben oder Ihren Geschäftsbetrieb verkleinern mussten und nun vor einem Berg nicht mehr benötigter Softwarelizenzen stehen, stellt sich die Frage: Was können Sie damit anstellen? Der Marktwert gebrauchter Software oder, wie Axel Susen von der Firma Susensoftware GmbH sie auch nennt, „Stiller Software" sollte nicht unterschätzt werden. Bei entsprechenden Stückzahlen können Sie noch einiges an Verkaufserlös erzielen. Es gibt Unternehmen, wie Susensoftware, usedsoft, upc u. a., deren tägliches Brot es ist, sich mit den Unwägbarkeiten von gebrauchter Software auseinanderzusetzen, und die sich ständig mit der aktuellen Rechtslage vertraut machen. Das Thema ist nicht neu und erhitzt immer mal wieder die Gemüter bei Streitigkeiten zwischen Softwareherstellern und den Firmen, die sich auf den An- und Weiterverkauf von gebrauchter Software spezialisiert haben. Auch ist die Rechtslage nach wie vor schwammig und in der letzten Zeit war gebrauchte Software immer wieder Gegenstand verschiedener Publikationen und Diskussionen. So wurde beispielsweise vom Landgericht München[28] im Rechtsstreit zwischen dem Softwarehersteller Oracle und der Firma Usedsoft am 19.1.2006 ein Urteil getroffen, das den Handel mit gebrauchter Oracle-Software als rechtswidrig bezeichnet (keine Erschöpfung bei der Online-Verbreitung der Software - siehe Erschöpfungsgrundsatz § 69c Nr. 3 Satz 2 UrhG). Nach eingelegter Revision wurde das Urteil am 03.08.2006 vom Oberlandesgericht München (Aktenzeichen 6 U 1818/06) bestätigt.

Grundsätzlich müssen zwei Formen von Gebrauchtsoftware unterschieden werden:

- Standardsoftware als Einzelpaket, Full Package Product (FPP), OEM-Software sowie Schul- und Lehrversionen (Einzelpaket);
- Softwarelizenz aus einem Lizenzvertrag (Unternehmenslizenzen), z. B. den Volumen- oder Open-License-Verträgen von Microsoft.

Zum nicht unüblichen „Lizenzsplitting" von Volumenverträgen gibt es nach Auffassung von Rechtsanwalt Peter Huppertz, LL.M, Fachanwalt für Informationstechnologierecht aus der Kanzlei Hoffmann, Liebs, Fritsch & Partner (Düsseldorf) Folgendes anzumerken: „Unter anderem entscheidend für die Zulässigkeit des Weiterverkaufs ist z. B. nach Auffassung des Landgerichts München in einem aktuellen Urteil nur, dass der Ersterwerber alle auf seinen Rechnern noch befindlichen Kopien der Software gelöscht habe. Folgt man dieser Entscheidung, dürfte es für Hersteller zukünftig sehr schwer werden, erfolgreich gegen das ‚Lizenzsplitting' von Volumenlizenzverträgen vorzugehen."

Die Aussage stützt sich auch auf eine gründliche Analyse des Handels mit Softwarelizenzen, mit dem Ergebnis, dass eine Weiterveräußerung in der Regel legal ist, da die Weiterveräußerung von erworbenen Lizenzen zumindest in Standardverträgen nicht rechtlich bindend ausgeschlossen werden kann.

[28] Nach UrhG LG München I (Urteil vom 19.01.2006 - 7 O 23237/05): Keine Erschöpfung bei Online-Verbreitung der Software; in CR, 22. Jg. (2006), Heft 3, S. 159.

Übertragung einer Lizenz an Dritte am Beispiel von Microsoft

Generell gilt: Sofern Sie eine gültige Lizenz zum Einsatz der Software besitzen, können Sie Ihre Software innerhalb Ihres Unternehmens übertragen bzw. an Dritte verkaufen.

- Der Lizenznehmer (z. B. eine GmbH) kann eine Lizenz *innerhalb* seines Unternehmens übertragen. Die Voraussetzungen dafür:
  - Das EULA bzw. der Lizenzvertrag enthalten keine anderslautenden Bestimmungen.
  - Die Neuzuweisung erfolgt nicht kurzzeitig (90 Tage oder weniger).
- Der Lizenznehmer (z. B. eine GmbH) kann eine Lizenz an *einen Dritten* übertragen, die Voraussetzungen dafür sind:
  - Das EULA bzw. der Lizenzvertrag enthalten keine anderslautenden Bestimmungen.
  - Die Neuzuweisung erfolgt generell auf einer dauerhaften Basis.

> **Hinweis**
>
> Vor der Übertragung Ihrer Rechte müssen Sie alle Kopien des Softwareprodukts von Ihrem Computer entfernen. Bei jeder Übertragung müssen sowohl das letzte Update als auch sämtliche vorherigen Versionen des Produkts übergeben werden, da das ursprüngliche Vollprodukt und sämtliche Updates von den Softwareherstellern als eine einzige Softwareeinheit angesehen werden (der Upgrade-Pfad muss bis zum ersten Upgrade-fähigen Vollprodukt nachweisbar sein). Die im Lizenzvertrag eingeräumten Rechte an der Nutzung von Software können dauerhaft an Dritte übertragen werden, z. B. durch Verkaufen oder Verschenken. ■

Einzelpaket, FPP, OEM-Software, Schul- und Lehrversionen

Diese Softwarepakete können jederzeit gebraucht weiterverkauft werden, solange der Verkäufer den Originaldatenträger und alle zum Produkt gehörigen Bestandteile übergibt. Weiterhin muss der Verkäufer die Software auf seinem System komplett löschen und im Übrigen die Lizenzbedingungen einhalten. Im Zweifelsfall sollten Sie aber die Lizenzbedingungen noch einmal genau studieren.

Kann der Weiterverkauf verboten werden? Zumindest rechtlich fragwürdig ist es, wenn mit dem EULA durch ein sogenanntes Weiterveräußerungsverbot untersagt werden soll, die Software weiterzuverkaufen. Das Urheberrecht sieht vor, dass materielle Werkträger (also zum Beispiel eine CD-ROM mit einem Computerprogramm) nach dem ersten „Inverkehrbringen" durch den Hersteller durchaus weiterverbreitet werden dürfen. Hier greift der Erschöpfungsgrundsatz, der zwingendes deutsches Urheberrecht ist, d. h., steht in den Lizenzbestimmungen für eine Software, dass die Programmkopie nicht oder nur unter bestimmten Voraussetzungen weiterverkauft werden darf, ist diese Klausel im Zweifel unwirksam.

Schul- und Lehrversionen

Solche Softwareversionen werden nur an Schüler, Studenten oder Lehrkräfte verkauft. Die berechtigte Frage: Was ist, wenn man das Programm nicht mehr haben will und die Lizenzbestimmungen vorsehen, die Software nur an eine Person weiterzuverkaufen, die zu einer der berechtigten Gruppen gehört? Ein Verkauf z. B. über eine Internetplattform wäre dann kaum möglich. Allerdings dürfte eine solche Klausel, da sie die freie Weiterverbreitung der Software einschränkt, unwirksam sein. Es droht also im Zweifel keine Gefahr, wenn man sich nicht daran hält.

OEM-Software

Im Fall des Weiterverkaufs von OEM-Software, beispielsweise von Microsoft, wurde vom Bundesgerichtshof Klarheit geschaffen, dass Endkunden bei einer Veräußerung von OEM-Softwareprodukten nicht an die OEM-Bestimmungen des Herstellers gebunden sind. Die Programme dürfen isoliert von der Hardware verkauft werden und dies stellt keine Urheberrechtsverletzung dar (zumindest, was die Rechtsprechung im deutschsprachigen Raum betrifft). Der Bundesgerichtshof sah es als einen Verstoß gegen den Erschöpfungsgrundsatz an, dass Microsoft versucht hatte, diese Art Software auch bei den weiteren Verbreitungsvorgängen (an Endverbraucher) nur in Verbindung mit dem Verkauf einer Hardware zu gestatten. Auch wenn es in der BGH-Entscheidung nicht um den Weiterverkauf durch einen Nutzer ging, ist diese Entscheidung für den „Gebrauchtmarkt" mit Computerprogrammen von wesentlicher Bedeutung. Wäre es nämlich einem Softwareunternehmen möglich, das Verbreitungsrecht und somit auch die Erschöpfungswirkung auf bestimmte Arten der Verbreitung im Lizenzvertrag zu beschränken, müssten sich hieran auch private Softwareverkäufer halten.

Softwarelizenzen aus einem Microsoft-Volumen- oder Open-License-Vertrag

Open-License-Vertrag: Will ein Kunde im Rahmen von Open License erworbene und lizenzierte Software verkaufen oder übertragen, müssen alle Produktkopien an einen einzigen neuen Besitzer übertragen werden. Open-License-Verträge dürfen nicht aufgeteilt werden, auch nicht beim Weiterverkauf. Der Transfer muss innerhalb von 30 Tagen ab Übertragungsdatum an Microsoft gemeldet werden. Dabei muss die Übertragung alle im Zusammenhang mit der ursprünglichen Bestellung erteilten Lizenzen und alle in der Folge aufgegebenen Bestellungen und die damit verbundenen Nachbestellungen umfassen. Eine Einschränkung besteht für Betriebssysteme, hier lässt sich eine Aktualisierungslizenz nur im Zuge des Verkaufs bzw. der Übertragung des Rechnersystems übertragen, auf dem das Produkt zuerst installiert wurde. Hierfür bietet Microsoft ein Formular an bzw. kann der Verkäufer auf seinem originalen Firmenbriefpapier die Informationen an seinen zuständigen Microsoft-Partner senden, der dies dann an die Distribution weiterleitet. Binnen drei Tagen werden dem Käufer von Microsoft Irland neue Lizenzbestätigungen ausgedruckt bzw. seit der Einführung von eOpen (bereits seit Oktober 2001) können diese Informationen nur noch elektronisch über eOpen (*https://www.microsoft.com/Licensing/servicecenter/default.aspx*) abgerufen werden.

Volumenvertrag: Hier besteht eine unklare Rechtsprechung. Microsoft ist der Meinung, dass die Übertragung dieser Lizenzen unbedingt der Zustimmung des Softwareherstellers bedarf, um rechtlich gedeckt zu sein. Zwei aktuelle Entscheidungen des Landgerichts München, wonach der Handel mit gebrauchten Softwarelizenzen aus Volumenlizenzpaketen nur eingeschränkt rechtskonform ist, bestärken Microsoft. Aber noch gibt es kein eindeutiges Urteil, das den Handel mit gebrauchter Software betrifft. Wie so oft im Recht, kommt es auf den Einzelfall an. Auch das bekannte Oracle-Urteil bietet nur begrenzt Hilfe, weil es sich auf den Handel mit gebrauchter Software aus Volumenlizenzverträgen bezieht, die ausschließlich in Form von Downloads verkauft wird.

Fazit

Das kleine Einmaleins des Lizenzmanagements bezieht sich erst einmal auf das grundlegende Verständnis der Begriffe Softwarelizenz, Lizenzform, Lizenzklasse, Lizenztyp und Lizenzmetrik. Mit diesem Wissen ausgerüstet, sind Sie schon einmal gut vorbereitet, um ein rechtskonformes und lizenzkonformes Softwareinventar (mit entsprechenden Lizenznachweisen) aufbauen zu können. Dieses kann im zweiten Schritt genutzt werden, um die vorhandenen und aktiv im Einsatz befindlichen Softwareprodukte auf Rechtskonformität zu prüfen. Sollte sich dabei herausstellen, dass Sie wider Erwarten zu viele Softwarelizenzen besitzen, ist es eine Überlegung wert, diese weiterzuverkaufen. Hierbei muss im Zweifel jeder einzelne Fall auf die rechtskonforme Einhaltung der Lizenzverträge geprüft werden. Um auch nicht in anderen Fällen (Unterlizenzierung) auf eventuelle rechtliche Abwege zu gelangen, ist es empfehlenswert, rechtzeitig die Situation bezüglich des Einsatzes von Software im Unternehmen zu hinterfragen und beispielsweise mit einem geeigneten SAM-Tool zu verwalten. ■

3 Die IT-Infrastruktur – „Black Boxen“ und Schatten-IT – wie vermeiden?

In diesem Kapitel erfahren Sie u. a.,

- was eine Schatten-IT ist und warum diese für viele Unternehmen einen enormen Risiko- und Kostenfaktor darstellt,
- warum das richtige Verwalten und Managen der Unternehmenssoftware Voraussetzung für ein aktives Softwareasset- und Lizenzmanagement ist,
- weshalb Sie sich mit dem Thema Softwarekatalog, Softwareportfolio und Softwarewarenkorb beschäftigen sollten,
- ob ein prozessgesteuertes Softwareportfolio Kosten sparen helfen kann,
- warum es wichtig ist, Software nur über einen genehmigten Softwarewarenkorb bestellfähig zu machen.

Am Ende dieses Kapitels verstehen Sie, weshalb es wichtig ist, einen Überblick über sämtliche im Einsatz befindlichen Softwareprodukte im Unternehmen zu besitzen und warum Ihnen ein aufgeräumtes und verschlanktes Softwareportfolio Kosten sparen kann. ■

Seit Anbeginn des Computerzeitalters ist es für das Managen der IT-Systeme wichtig zu wissen, was aktiv im Einsatz ist, welche Ressourcen benötigt werden, sich wo befinden und von wem genutzt bzw. administriert werden. Im Zuge der letzten Dekade sind diese Aspekte aufgrund der massiven Verbreitung der Computertechnologien und damit verbundener Services nicht nur immer wichtiger geworden, sondern deren Verwaltung und Steuerung wurden auch immer komplexer. Ich denke, wir können uns auch gemeinsam darauf verständigen, dass der Mensch es eher nicht gerne hat, komplexen Aufgaben bzw. Dingen gegenüberzustehen, und, falls die Komplexität sehr groß zu werden scheint, eher auch einmal dadurch schneller vermeintliche Abkürzungen bzw. einfache Umwege erfunden und genommen werden. Das liegt nun einmal in der Natur des Menschen. Das ist und wird auch mit einer der Hauptgründe sein, warum es überhaupt den Begriff und auch das Thema „Schatten-IT“ gibt.

3.1 Was ist eine Schatten-IT?

Wenn der Begriff „Schatten-IT“ im Webbrowser als Suchbegriff eingegeben wird, was denken Sie, wie viele „Suchtreffer“ daraufhin angezeigt werden (Stand 10.2020)?

Unfassbare *„ungefähr 44.700.000 Ergebnisse (0,45 Sekunden)“*. Selbst Dokumentationen (sehr umfangreich beschrieben) von Microsoft widmen sich diesem Thema sehr detailliert[1] – es ist auch brandaktuell (das in der Fußnote verweisende Dokument ist vom 29.6.2020).

Was ist eigentlich eine Schatten-IT, schauen wir mal nach, was Wikipedia dazu schreibt[2]:

> *Der Begriff Schatten-IT beschreibt informationstechnische Systeme, Prozesse und Organisationseinheiten, die in den Fachabteilungen eines Unternehmens neben der offiziellen IT-Infrastruktur und ohne das Wissen des IT-Bereichs angesiedelt sind. Schatten-IT-Instanzen sind somit weder technisch noch strategisch in das IT-Service-Management der Organisation eingebunden, das heißt weder im IT-Asset- und Configuration-Management noch im IT-Serviceportfolio berücksichtigt.*

Okay, jetzt stellen sich sicher viele die Frage, wie entsteht und „lebt“ eine solche Schatten-IT?

Kurze Antwort: Es fehlt Transparenz, um diese genutzten IT-Technologien bzw. -Services sichtbar zu machen.

Ursachen dafür können sein:

- Unternehmensstrukturen mit dezentralen IT-Infrastrukturen. Hier sind die Fachbereiche oft dem Problem ausgesetzt, dass es keine eindeutigen Verantwortlichkeiten seitens der Unternehmens-IT für den Support der Fachbereiche gibt und diese sich dann u. U. genötigt fühlen, abweichend vom eigentlichen IT-Standard eigene Lösungen zu suchen, zu entwickeln und zu betreiben.
- Starre Formalismen (Bedarfsanforderungs-, Genehmigungs- und Beschaffungsprozesse) sind nicht flexibel genug gestaltet, beziehen sich eventuell auf fixe Budgetrahmen und können somit ein großer Treiber und Auslöser für eine IT neben der offiziellen IT werden oder sein.
- Die angebotenen IT-Services und (hoffentlich) standardisierten Komponenten entsprechen nicht den eigentlichen Anforderungen der Fachabteilungen, u. a. ist dabei auch eine Ursache, wenn von den Fachbereichen zu verantwortende IT-Projekte nicht mit den verfügbaren Assets umgesetzt werden können.
- Und eine schon lange bekannte „Formel“: Bring your own Device (BYOD) ist ein ähnliches Problem und möglicher Treiber für Schatten-IT-Strukturen.

Mögliche Auslöser:

- Es sind IT-Instanzen erforderlich, die strategisch und technisch von den „offiziellen“ IT-Bereichen abgegrenzt werden müssen, um beispielsweise vertrauliche Informationen zu bearbeiten bzw. zu speichern.
- Ressourcenengpässe im IT-Fachbereich oder vielleicht auch fehlendes Know-how, dadurch werden oder müssen Projektanfragen aus den Fachbereichen zurückgestellt werden.

---

[1] Tutorial: Erkennen und Verwalten von Schatten-IT in Ihrem Netzwerk, *https://docs.microsoft.com/de-de/cloud-app-security/tutorial-shadow-it*

[2] Schatten-IT-Definition in Wikipedia: *https://de.wikipedia.org/wiki/Schatten-IT*

- Durch die Technologietransformationen werden neue Möglichkeiten geschaffen, wie z. B. ein einfacherer Zugriff auf Software-as-a-Service (SaaS), Infrastruktur-as-a-Service (IaaS) oder andere Cloud-Computing-Komponenten, womit dann relativ einfach die Nutzung von Softwareanwendungen bzw. Services außerhalb der eigentlich zu nutzenden „offiziellen" IT-Infrastruktur erfolgen kann.
- Auch oft ein Aspekt ist, dass durch äußere Bedingungen, wie z. B. eine erforderliche Anbindung von Lieferanten-, Banken- oder Kundensystemen, IT-Strukturen abseits der eigentlichen standardisierten IT-Landschaft entstehen.

Auswirkungen:

- *In einer lokalen (on-Premises) Schatten-IT:* Es entstehen parallel existierende „Zweitsysteme", die nicht im „normalen" IT-Infrastrukturkreislauf mit integriert sind, und damit erhebliche IT-Security-Probleme verursachen können. Erforderliche Patches oder Sicherheitsupdates können nicht vom IT-Fachbereich gesteuert werden, weil der zentrale Zugriff auf diese Systeme meistens nicht möglich ist.
- Für erforderliche Softwarebeschaffungen werden oft fantasievolle Wege beschritten, indem beispielsweise auf der Rechnung als Rechnungsposition ein Dienstleistungstag auftaucht, anstatt des eingesetzten Softwareprodukts.
- Es werden Probleme im Bereich von Wartungs- und Gewährleistungsfragen erzeugt, die für bzw. zum Betrieb des Fachverfahrens oder des Systems erforderlich sind.
- Es entstehen unkalkulierbare Geschäftsrisiken für den Systembetrieb, aber auch für das eigentliche Softwareasset- und Lizenzmanagement. Denn wo keine Sichtbarkeit ist, gibt es keine Transparenz und damit auch keine Risikobewertung der Software Compliance.
- *In der Cloud:* Ein Mitarbeitender entdeckt ein für seine Zwecke tolles Tool bzw. eine App, legt einen neuen persönlichen Account im Cloud-Service an, bezahlt mit der Firmenkreditkarte eine Subskription, motiviert eventuell noch weitere Kollegen dazu und ehe man sich versieht, hat das Unternehmen einen Cloud-Service in Nutzung, von dem meistens die IT-Abteilung erst einmal nichts weiß und sich dann wundert, wenn im Helpdesk die ersten Supportanfragen dazu eintrudeln.
- *Weitere Auswirkungen:* Weniger als ein Viertel der Cloud-Services (oft können sich das nur die großen Dienstleister „leisten") erfüllen die Anforderungen der EU-Datenschutzgrundverordnung bzw. der GDPR (General Data Protection Regulation). Das hat Auswirkungen auf das Compliance-Management und seine Risiken im Unternehmen.
- *Außerdem:* Oftmals wird keine verschlüsselte Datenhaltung beim Provider unterstützt, personenbezogene Daten werden ohne Einverständnis weiterverarbeitet und oft auch in unterschiedlichsten geografischen Rechenzentren repliziert, unterliegen also keiner transparenten Kontrolle, wo die Daten abgelegt bzw. gespeichert oder verarbeitet werden.

Nicht nur dass der Mitarbeitende damit u. U. vielzählige solcher zusätzlichen Cloud-Services nutzt, es entstehen dadurch auch Datenschutzprobleme. Denn das für die Cloud-Services erforderliche Identity Management ist per se schon unzureichend (weil jeder Cloud-Service sein eigenes Süppchen kocht) und es entzieht sich außerdem den Compliance-Anforderungen des Unternehmens.

Ein alltägliches Beispiel: Werden beispielsweise Nutzerkonten von Mitarbeitenden, die das Unternehmen verlassen, nicht automatisch deaktiviert und haben diese Mitarbeitenden einen persönlichen Account beispielsweise bei einem File-Sharing-Dienstleister, über den Dokumente mit Kollegen oder Geschäftskunden ausgetauscht wurden, verlieren die Unternehmen die Kontrolle darüber, sobald der Mitarbeitende das Unternehmen verlassen hat. Da der Mitarbeitende aber durch das persönliche Nutzerkonto bei diesem Dienst nach wie vor die volle Kontrolle darüber hat, wird dieser Umstand zu einem Sicherheitsrisiko für das Unternehmen.

Lösung: ***„Die“*** Lösung gibt es dafür nicht.

Im Schnitt sind bereits ca. 1.022 verschiedene Cloud-Services in einem mittlerem Unternehmen im Einsatz, hat der Cloud-Security-Anbieter Netskope in einer aktuellen Studie herausgefunden. Dabei eignet sich nur ein Bruchteil (weniger als 10 Prozent) für den Einsatz in Unternehmensprozessen, weil Management-, Security- und Compliance-Funktionen fehlen. Zwei von drei untersuchten Cloud-Services garantieren in den Nutzungsbedingungen beispielsweise nicht, dass die Daten ausschließlich dem Kunden gehören. In mehr als 80 Prozent der Fälle werden Daten zudem unverschlüsselt beim Provider gespeichert.[3] Dem Problem zu begegnen, indem die Cloud-Services einfach deaktiviert werden, ist nicht zielführend, da der Grund der Nutzung von Cloud-Services meistens dem weiter oben bereits beschriebenen Umstand entspringt, dass die mit Cloud-Diensten erzielten Produktivitätsverbesserungen exakt den Business-Prioritäten entsprechen, die der Fachbereich zuvor an die IT-Abteilung adressiert hat, diese das dann aber aus den verschiedensten Gründen nicht erfüllen konnte.

Und es hat sich gezeigt, dass die Cloud-Service-Anbieter und Dienstleister oftmals sehr viel schneller und flexibler auf Anforderungen reagieren können, als das mancherorts die IT-Abteilungen leisten können. Es bleibt also auch hier ein ewiges „Hase und Igel“-Szenario mit nicht erfüllten Bedürfnissen der Anwender aus den Fachbereichen und einer IT-Abteilung, die immer weniger in der Lage ist, ausreichend schnell die Businessanforderungen der Fachbereiche und Projekte „standardisiert“ und kontrolliert zu erfüllen. Standardisierung ist ein wichtiger Aspekt, um dem zuvor beschriebenen Phänomen der Schatten-IT wenigstens etwas entgegensetzen zu können und um steuerbare Risiken im Einsatz von Softwareanwendungen zu haben. Um aber diesen gewünschten Standardisierungsprozess und -grad zu bekommen, muss Software aktiv gesteuert und verwaltet werden können, wie es der nächste Kapitelabschnitt beschreibt.

3.2 Die Software- und Serviceprodukte verwalten und managen

Die rasant fortschreitenden Technologietransformationen stellen faktisch jedes Unternehmen, welches auf informationsverarbeitende Systeme angewiesen ist, vor ständig neue Herausforderungen, mit den immer kürzer werdenden Lebenszyklen von Hardware, Software und Services mitzuhalten. Schon längst gibt es eigene Fachabteilungen, um die IT-Infrastrukturen und Services zu steuern und zu betreiben. Ihre Hauptaufgaben sind das Verwalten und Managen der im Unternehmen eingesetzten und einzusetzenden Software. Technologien wie Anwendungs- und Systemvirtualisierung, Cloud-Services oder Apps für mobile Geräte und

[3] *https://www.cio.de/a/die-unsichtbaren-risiken-der-schatten-it,3331969*

deren Verwaltung erfordern heute umso mehr standardisierte Prozesse, damit eine transparente und effizientere Steuerung der Geschäftsprozesse für den wirtschaftlichen Einsatz von Softwareprodukten und Services gewährleistet werden kann.

Um wettbewerbsfähig zu bleiben, Kosten zu sparen und die IT-Strukturen und Services schlanker gestalten zu können, müssen sich die IT-Verantwortlichen deshalb permanent mit dem Thema Software-, Applikations- und Servicestandardisierung beschäftigen und diese einer Kosten-Nutzen-Betrachtung zuführen. Diese Aufgaben können nur optimal durchgeführt werden, wenn ein möglichst aktueller und umfassender Überblick über alle im Unternehmen eingesetzten Softwareprodukte und Services besteht. Sonst droht die Gefahr, wie zuvor in Abschnitt 3.1 „Was ist eine Schatten-IT" beschrieben, der Sache irgendwann nicht mehr gewachsen zu sein.

Einen solchen Überblick erreicht man am besten mit einer mehrstufigen Einteilung. Die Grundelemente setzen sich dabei zusammen aus:

- einem Katalog, der Software- und Serviceprodukte aufnimmt (darin werden erst einmal alle Softwareprodukte und Services erfasst, die in das Unternehmen kommen, also auch mögliche Teststellungen von Software- oder Serviceprodukten),
- einem im Katalog differenzierten Portfolio mit den genehmigten Software- und Serviceprodukten (darin klassifiziert sind dann auch Software- und Serviceprodukte, die eine Test- oder Evaluierungsphase durchlaufen haben und zukünftig im Unternehmen mit eingesetzt werden sollen) und
- einem aus dem Portfolio heraus klassifizierten Warenkorb mit genehmigten Software- und Serviceprodukten (worin sich dann die für die Mitarbeitenden bestellbaren bzw. bereitzustellenden Software- und Serviceprodukte befinden).

Wie Bild 3.1 zeigt, ist dabei das genehmigte Software- und Serviceproduktportfolio eine Untermenge des gesamten Katalogs. Der Software- und Serviceproduktwarenkorb bildet eine Untermenge der bestellbaren bzw. bereitstellbaren Software- und Serviceprodukte aus dem genehmigten Portfolio ab.

In großen Unternehmen kann das in Bild 3.1 gezeigte Verteilungsmodell schnell unübersichtlich werden. Es kann dann durchaus sinnvoll sein, innerhalb der jeweiligen Untermengen weitere Softwareportfolios bzw. Warenkörbe zu definieren, die entweder funktions- oder organisationsgetrieben abgebildet werden. Beginnen wir mit dem Softwarekatalog.

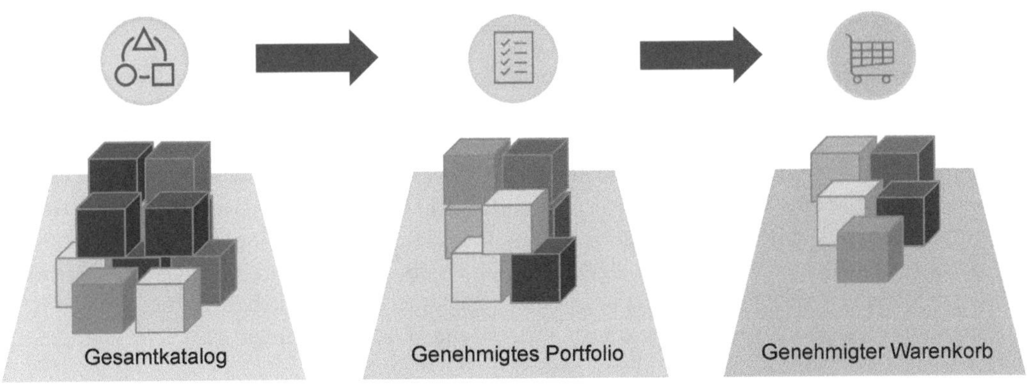

Bild 3.1 Überblicksschema zur Unterteilung von Software- und Serviceprodukten über verschiedene Genehmigungsstufen

Tipp:

Formulieren Sie klare Richtlinien für die ausschließlich zentrale Beschaffung von Software- und Serviceprodukten. Ist eine zentrale Beschaffung nicht durchsetzbar oder wirtschaftlich nicht sinnvoll, sorgen Sie dafür, dass die für das Unternehmen beschafften Software- und Serviceprodukte an einem zentralen Punkt gemeldet werden. So wird immer eine aktuelle Bestandsübersicht der im Unternehmen eingesetzten Software- und Serviceprodukte sichergestellt.

3.3 Der Software- und Serviceproduktkatalog – was kommt ins Unternehmen?

Der „Gesamtkatalog“ (Bild 3.1) nimmt erst einmal alle Software- und Serviceprodukte auf, die für das Unternehmen beschafft bzw. eingesetzt werden sollen oder aber für welche noch eine Prüfung für einen Einsatz bevorsteht. Durchläuft ein Software- oder Serviceprodukt die Evaluierungs- und Testphase nicht erfolgreich, wird dies im „Gesamtkatalog“ vermerkt, um bei einer späteren Anfrage Auskunft geben zu können, dass das angeforderte Software- bzw. Serviceprodukt nicht mit den Unternehmensanwendungen kompatibel ist. Der Gesamtkatalog dient also erst einmal als Sammelbecken für jegliche Software- und Serviceprodukte und ist Ausgangspunkt für die weiteren Prozesse:

- Kompatibilitätstest mit den bisher im Einsatz befindlichen Software- und/oder Serviceprodukten,
- Bereitstellung der Software- und Serviceprodukte im global oder lokal genehmigten Portfolio nach erfolgreichem Test bzw. Evaluierung,
- Freigabe der Software- und/oder Serviceprodukte für den genehmigten Warenkorb, um damit dann letztendlich über die Softwareverteilung, Servicebereitstellung oder aber auch manuelle Installation auf die Systeme zu gelangen.

Wie Bild 3.1 zeigt, wird über eine dreistufige Abfolge gesteuert, wie „neue“ Software- bzw. Serviceprodukte in das Unternehmen gelangen und letztendlich den Mitarbeitenden oder Fachbereichen bereitgestellt werden. Um nicht gleich sämtliche später erforderlichen Informationen für das Softwareasset- und Lizenzmanagement vorhalten bzw. eintragen zu müssen, hat sich die Vorgehensweise der sich ergänzenden Informationen über diesen dreistufigen Aufbau sehr bewährt. So kann in der ersten „Kennenlernphase“ des neuen Software- bzw. Serviceprodukts der Aufwand zur Verwaltung sehr klein gehalten werden. Bei der ersten Aufnahme eines Software- oder Serviceprodukts in den Gesamtkatalog werden standardisierte Informationen erfasst und abgebildet. Sobald ein Software- oder Serviceprodukt in das genehmigte Portfolio überführt werden soll, erfolgt eine Ergänzung der bereits erfassten Stammdaten um weitere Klassifikationsmerkmale auf der Ebene „genehmigtes Portfolio“ und in einem letzten Schritt auf der Ebene „genehmigter Warenkorb“.

Zu empfehlen sind die folgenden Informationen bei der initialen Aufnahme eines Software- oder Serviceprodukts in den Gesamtkatalog:

Bei einem Softwareprodukt:

- Hersteller,
- Softwareproduktname,
- Herstellerkurzbeschreibung,
- SKU[4]-Nummer des Herstellers,
- Version,
- Edition,
- Sprache,
- Plattformeinsatz (Plattform, auf welcher das Softwareprodukt eingesetzt werden kann, z. B. Windows, UNIX, Linux, Mac).
- *Bei einem Serviceprodukt u. a.:*
- Hersteller,
- Serviceproduktname,
- Herstellerkurzbeschreibung,
- Bereitstellungsplattform (z. B. Webbrowser, proprietärer Zugang, spezielle Cloud-Platform u. a.),
- Zugangs- bzw. Berechtigungserfordernis (z. B. Single-sign-on, zusätzlicher persönlicher Account),
- Serviceprodukt ist Bundle (z. B. OneDrive bei Microsoft),

Bei Software- und Serviceprodukten, wenn erforderlich:

- Teststellung (Datum Beginn, Datum Ende),
- Test erfolgreich (j/n)?,
- Aufnahme in das Portfolio (j/n)? (Soll das Software- oder Serviceprodukt nach Beendigung der Test- bzw. Evaluierungsphase in das genehmigte Portfolio aufgenommen werden?).

Wenn das neue Software- bzw. Serviceprodukt für den Einsatz im Unternehmen zertifiziert wurde (meistens erfolgt dieser Schritt mit einer Genehmigung durch das IT-Architektur-Board), können Sie im nächsten Schritt dieses Software- bzw. Serviceprodukt Ihrem aktiven und genehmigten Portfolio zuordnen.

Für diesen Schritt sind dann die nachfolgend aufgeführten Informationen als Empfehlung mit aufzunehmen:

- Materialnummer und Materialstammname (z. B. aus SAP),
- Software- bzw. Serviceproduktname (beispielsweise ableitbar aus dem Materialstammnamen),
- Software- bzw. Serviceproduktname für den Warenkorb (Bezeichnung für das Software- bzw. Serviceprodukt im Warenkorb),
- Software- bzw. Serviceklasse (Klasse 1 = obligatorisch, Klasse 2 = optional, Klasse 3 = befristet, Klasse 4 = verboten),
- Geräteklasse (Geräteklassen beschreiben Systeme/Geräte, auf denen dafür festgelegte Standard- oder spezifische Softwareprodukte ausgeführt werden, z. B. für PCs, Laptops, Tablets, Smartphone, Server),

[4] SKU = Stock Keeping Unit (Artikelnummer des Herstellers)

- eClass-Nummer und eClass-Beschreibung[5] (mit dieser Norm können Softwareprodukte eindeutig klassifiziert und beschrieben werden),
- Servicekategorien (beschreiben die Anwendung von gestuften Servicevereinbarungen, die z. B. eine zentralisierte Softwareverteilung beinhalten oder eine manuelle Installation),
- Lokationskategorien (beschreiben den zugelassenen Einsatz eines Softwareprodukts an verschiedenen Standorten oder kennzeichnen, ob das Softwareprodukt Inhouse oder beim Kunden verwendet bzw. eingesetzt werden kann),
- Aufwandskategorie (z. B. hoher Aufwand für Installation und Support = Kategorie A; geringer Aufwand = Kategorie B),
- Eigenentwicklung (j/n),
- *Für Softwareprodukte:*
- Lizenzform (z. B. proprietär, Open Source, Freeware, Shareware, Eigenentwicklung),
- lizenzkostenpflichtig (j/n),
- Lizenzart (Einzelplatz- oder Mehrplatzversion),
- Lizenzklasse (z. B. Vollversion, Update, Upgrade),
- Lizenztyp (z. B. pro Nutzer, pro Gerät),
- Lizenzmetrik (wie wird das Nutzungsrecht gezählt, z. B. pro CPU, pro Gerät, pro Mbyte Verbrauch),
- Softwareprodukt wird paketiert (j/n),
- Softwareprodukt ist terminalserverfähig? (j/n),
- Softwarepooling (j/n),

Für Software- und Serviceprodukte:

- Portfolio-Status (z. B. bestellbar, in Vorbereitung, Historie, angekündigt, nicht bestellbar, Einsatz geplant),
- intern bestellfähig (j/n),
- extern bestellfähig (j/n),
- Freigabe für externen Einsatz (j/n),
- Freischaltung für bestimmte Warenkörbe (j/n).

Aufgrund der vielfältigen Variationen und der unternehmensspezifischen Erfordernisse kann es viele weitere Aspekte geben, die mit aufgenommen werden sollten, je nachdem, ob Sie in dieser Liste alle Software- bzw. Serviceprodukte abbilden wollen.

Nachdem das Software- bzw. Serviceprodukt in das genehmigte Portfolio aufgenommen wurde, muss es im letzten Schritt noch einem oder mehreren Warenkörben zugeordnet werden, aus denen dann die Mitarbeitenden die zur Verfügung stehenden Software- bzw. Serviceprodukte für eine Bereitstellung auf den Systemen auswählen können.

In diesem Abschnitt können noch die folgenden Informationen hinzugefügt bzw. ergänzt werden:

- Servicepauschale für die Bereitstellung,
- Servicepauschale für Deinstallation,

---

5 [eCl@ss®] ist ein eingetragener und geschützter Name des eCl@ss e. V., Köln (siehe auch *www.eclass.de*).

- Anzusetzender Kosten- und Leistungsverrechnungspreis,
- Zuordnung zu Warenkorb (z. B. gesamtes Unternehmen, Abteilungen, Kostenstellen),
- Warenkorbstatus (z. B. bestellbar, in Vorbereitung, Historie, angekündigt, nicht bestellbar, Einsatz geplant).

Hinweis:

Damit große Mengen von Informationen im Gesamtkatalog, dem Portfolio bzw. im Warenkorb übersichtlich bleiben und standardisiert verarbeitet werden können, ist die Verwendung von standardisierten Einteilungsmerkmalen oder -kriterien zu empfehlen. Damit wird eine einheitliche Kommunikation bei der Beschreibung der Produkteigenschaften erreicht. Zusätzlich können dadurch Software- oder Serviceprodukte mit gleichen oder ähnlichen Funktionalitäten leichter erkannt werden, was auch Voraussetzung zur Konsolidierung der eingesetzten Software- und Serviceprodukte ist. ■

Nachdem in Abschnitt 3.3 der inhaltliche Aufbau des gesamten Katalogs mit den weiteren Abschnitten Portfolio und Warenkorb beschrieben wurde, gehen die folgenden Abschnitte noch ein wenig ausführlicher auf das Portfolio und den Warenkorb ein.

3.3.1 Software- und Serviceportfolio – Schutz vor Wildwuchs

In kleineren Firmen mit bis ca. 25 Mitarbeitenden können Sie als IT-Verantwortlicher eventuell noch ganz gut den Überblick über die eingesetzten Software- bzw. Serviceprodukte behalten. In solch kleinen Firmen gibt es häufig keine Restriktionen, welche Software- oder Serviceprodukte zum Einsatz kommen sollen. Irgendwann ist aber die Situation nicht mehr so gut überschaubar und Sie können Ihre Software- und Serviceproduktkosten kaum noch überblicken, abgesehen davon, dass unter Umständen die Lizenzkonformität bzw. Compliance nicht mehr gewährleistet werden kann. Das genehmigte Portfolio bildet nun für diese Fälle den Rahmen für die zum Einsatz im Unternehmen freigegebenen Software- bzw. Serviceprodukte aus dem Gesamtkatalog. Ein aktiv verwaltetes und geführtes Software- und Serviceproduktportfolio ist daher nicht nur für große, sondern auch für kleinere Unternehmen eine gute Basis, um ein aktives Softwareasset-, Lizenz- und Serviceproduktmanagement erfolgreich zu implementieren.

Damit Sie es auch in der Hand haben, welche Software- und Serviceprodukte in Ihrem Unternehmen eingesetzt werden sollen, ist das Aufstellen von Regeln und Richtlinien enorm wichtig. Hierzu gehört beispielsweise auch die Festlegung, welche Software- bzw. Serviceprodukte für die zentralen Geschäftsprozesse verwendet werden. Diese Aufgabe wird meistens durch ein IT-Architektur-Board wahrgenommen. Beispielsweise wird dann festgelegt, welches Software- bzw. Serviceprodukt für den E-Mail-Verkehr eingesetzt werden darf oder welcher Virenscanner für die Virenabwehr. Diese Informationen können Sie durch die Einteilung der Software- bzw. Serviceprodukte in Software- bzw. Serviceklassen abbilden (siehe dazu auch Abschnitt 8.7 „Die Software weiter einteilen“). Außerdem hat es sich als sehr nützlich erwiesen, die grundlegende Funktionsbeschreibung der Software- bzw. Serviceprodukte als

Kurzbeschreibung mit in das Portfolio aufzunehmen. Damit können Sie beispielsweise dem Helpdesk-Mitarbeiter eine gute Hilfestellung geben, der die Anfrage nach einem Software- bzw. Serviceprodukt für eine bestimmte Aufgabenstellung beantworten muss, beispielsweise wenn ein Mitarbeitender wissen möchte, mit welchem im Unternehmen verfügbaren und genehmigten Software- bzw. Serviceprodukt ein PDF-Dokument erzeugt werden kann. Eine weitere wichtige Information wäre, welche anderen Software- bzw. Serviceprodukte im Portfolio ähnliche Funktionen zur Verfügung stellen.

Tipp:

Die Beschreibung der Funktionen eines Software- bzw. Serviceprodukts ist ein erster Ansatzpunkt, wenn Sie Software- bzw. Serviceprodukte mit ähnlichen oder gleichen Funktionen finden wollen oder um später eine Portfoliokonsolidierung durchzuführen.

Ein klassisches Beispiel dafür sind die am meisten angewendeten Programme zur Datenkomprimierung WinZip®, WinRAR® und 7zip.

Hinweis:

Im genehmigten Portfolio sollten keine Software- bzw. Serviceprodukte mitgeführt werden, die die Anforderungen nicht erfüllen konnten. Diese bleiben auf der Ebene Gesamtkatalog und erhalten keine Freigabe zur Aufnahme in das genehmigte Portfolio.

Je weniger Versionen und Varianten Sie im Portfolio vorhalten, umso einfacher können die Software- und Serviceprodukte verwaltet werden. Gleichzeitig behalten Sie damit den Umfang des Portfolios immer gut im Blick.

3.3.2 Software- bzw. Serviceproduktportfolio managen – Kosten reduzieren

Von Zeit zu Zeit sollte das genehmigte Portfolio geprüft werden, ob die eingesetzten Software- bzw. Serviceprodukte noch den Anforderungen an die Geschäftsprozesse entsprechen. Prüfen Sie auch in regelmäßigen Abständen, ob sich Software- bzw. Serviceprodukte im Portfolio befinden, die ähnliche oder gleiche Funktionen erfüllen. Denken Sie dabei auch an die Prozesse und Services, die mit den im Portfolio liegenden Software- bzw. Serviceprodukten verbunden sind. Das reicht von der Paketierung der Software über Bereitstellung, Softwareverteilung, Update und Release-Management bis hin zu Ihren User-Helpdesk-Aktivitäten für jedes einzelne Software- bzw. Serviceprodukt. Ein dafür optimierter Prozess zur Aufnahme neuer Software- bzw. Serviceprodukte in das bestehende Portfolio kann bereits im Vorfeld erhebliche Kosten einsparen. Wie dieser Prozess vereinfacht aussieht, zeigt Bild 3.2.

Bei einem neuen Software- bzw. Serviceprodukt, welches noch nicht im Unternehmen eingesetzt wird, soll geprüft werden, ob es in die IT-Unternehmenslandschaft passt (Schritt

„Neues Produkt aufnehmen“ in Bild 3.2. Der Teilprozessschritt „Portfolio managen“ prüft, ob ein bereits vorhandenes Software- bzw. Serviceprodukt im Portfolio ähnliche oder gleiche Eigenschaften besitzt, um die Anforderungen zu erfüllen. Ist dies nicht der Fall, muss eine Evaluierung (Teststellung) initiiert werden. Dies erfolgt über den Prozessschritt „Produkt vorbereiten“. Wurde dieser Teilprozessschritt durchlaufen, erhält das zu prüfende Software- bzw. Serviceprodukt entweder eine Freigabe oder eine Ablehnung. Dieser Genehmigungsschritt wird entweder durch den verantwortlichen Fachbereich und die IT-Security oder durch das IT-Architektur-Board ausgeführt. Beide Zustände werden erst einmal im Gesamtkatalog unter einer erteilten Auftragsnummer protokolliert. Wurde die Freigabe erteilt, wird das Software- bzw. Serviceprodukt über den Teilprozessschritt „Klassifizierung durchführen“ offiziell in das genehmigte Portfolio aufgenommen. Im nächsten Teilprozessschritt „Produkt bereitstellen“ werden dann die weiteren Aktivitäten durchgeführt, um das Software- bzw. Serviceprodukt für den Unternehmenseinsatz vorzubereiten. Sind alle notwendigen Prozessschritte abgearbeitet, kann das neu aufgenommene Software- bzw. Serviceprodukt über den Teilprozessschritt „Warenkorb managen“ in den bestellbaren Warenkorb überführt werden, sodass dann die Mitarbeitenden eine Bereitstellung der Software- bzw. Serviceprodukte auf ihre Systeme beantragen können. Der Warenkorb ist somit ein wichtiges Instrument für eine mögliche Standardisierung ihrer Software- bzw. Serviceprodukte im Unternehmen.

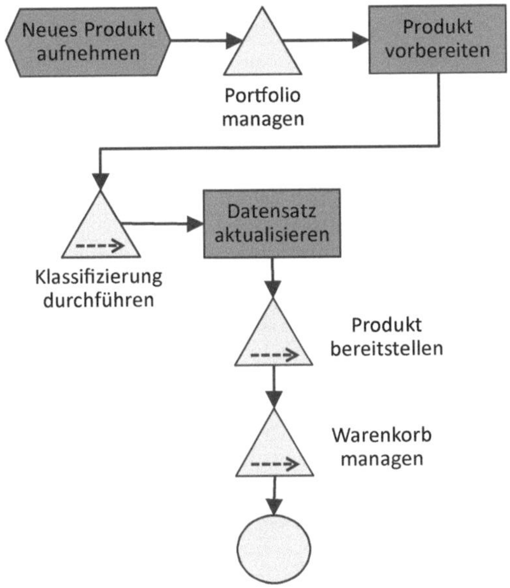

Bild 3.2 „Portfolio managen“, einfacher beispielhafter Prozessworkflow

3.3.3 Software- und Serviceproduktwarenkorb – Basis für das Lizenzinventar

Wie schon in den vorhergehenden Abschnitten ausgeführt, ist das genehmigte Portfolio die Grundlage für den genehmigten Warenkorb. Dieser bildet die verfügbaren und bereitstellbaren Software- bzw. Serviceprodukte ab. Im Warenkorb kann dann zusätzlich über verschiedene Zustände gesteuert werden, welches Software- bzw. Serviceprodukt beispielsweise in Abhängigkeit von der Abteilungs- bzw. Kostenstellenzugehörigkeit für den einzelnen Mitarbeitenden wirklich bestellbar ist oder ob das Software- bzw. Serviceprodukt vielleicht nur für bestimmte Standorte erlaubt ist, weil die Nutzungs- bzw. Servicebedingungen des Herstellers das so vorgeben.

Hinweis:

Der genehmigte Warenkorb bildet die tatsächlich verfügbaren Software- und Serviceprodukte ab. Beispielsweise kann es sein, dass ein für den Einsatz im Unternehmen genehmigtes Software- bzw. Serviceprodukt im Portfolio aufgeführt ist und auch eingesetzt wird, aber z. B. ab einem bestimmten Zeitpunkt (beispielsweise wegen einer bevorstehenden Migration) nicht mehr intern und extern bereitgestellt oder bestellt werden darf. In diesem Fall wäre zwar das Software- bzw. Serviceprodukt noch im genehmigten Portfolio, der Status wird aber dann im Warenkorb auf „nicht mehr bestellbar“ bzw. „nicht mehr verfügbar“ gesetzt. ■

Der Gesamtkatalog, das genehmigte Portfolio und der genehmigte Warenkorb bilden in einer geordneten Struktur alle Software- bzw. Serviceprodukte eines Unternehmens ab. Für ein Lizenzmanagement sind aber nicht nur die Kenntnis der vorhandenen Software- und Serviceprodukte im Unternehmen wichtig, sondern auch die Anzahl der aktiven Installationen bzw. die Anzahl der konsumierten Serviceprodukte. Wenn Sie jetzt sicherstellen, dass durch die Mitarbeitenden nur noch Software- bzw. Serviceprodukte aus dem offiziellen und genehmigten Warenkorb für eine Bereitstellung angefordert werden dürfen, sollten Sie in Ihren Anforderungs- und Genehmigungsprozess eine Routine einbauen, um prüfen zu können, ob noch verwendbare Software- bzw. Serviceprodukte mit den dazugehörigen Nutzungsberechtigungen vorhanden sind, bevor eine externe Bestellung an den Lieferanten ausgelöst wird. Eine Alternative wäre, der Software- bzw. Serviceprodukt-Anforderung des Mitarbeitenden ohne Prüfung stattzugeben und durch einen entsprechenden periodischen Report zu gewährleisten, dass der Einkauf bzw. der Fachbereich die erforderlichen kaufmännischen Lizenzbedarfe nachordert.

Fazit:

Damit die Software- bzw. Serviceproduktbestände keine Blackbox für Sie werden und die Schatten-IT keine zu großen Schatten wirft, sollten alle jemals in das Unternehmen eingebrachten Software- und Serviceprodukte in einem „gesamten“ Software- und Serviceproduktkatalog abgebildet werden. Das darauf aufbauende genehmigte Software- und Serviceproduktportfolio nimmt alle genehmigten Software- und Serviceprodukte aus dem Gesamtkatalog auf und bildet damit die Basis für die bereitstellbaren Software- und Serviceprodukte im genehmigten Warenkorb. Wollen Sie in Ihrem Unternehmen den (eventuell bestehenden) Software- bzw. Serviceproduktwildwuchs erfolgreich eindämmen, ist es unabdingbar, entsprechende Prozesse mit den technischen und organisatorischen Strukturen aufzubauen. Nur so können Sie die Grundlagen für ein erfolgreiches Softwareasset-, Softwarelizenz und Serviceproduktmanagement schaffen. ■

Teil II: Der Aufbau des Softwareasset- und Lizenzmanagements

- Kapitel 4: Das SAM-Projekt starten
- Kapitel 5: Den Projektplan aufstellen

Das Problem zu erkennen ist wichtiger, als die Lösung zu erkennen,
denn die genaue Darstellung des Problems führt zur Lösung.

Albert Einstein

4 Das SAM-Projekt starten

In diesem Kapitel erfahren Sie u. a.,

- wie die zehn wichtigsten Regeln für den Aufbau eines Software Asset Management (SAM) lauten,
- weshalb es wichtig ist, die Voraussetzungen für einen Projektstart zu schaffen,
- warum klare Rollen und Verantwortlichkeiten definiert werden sollten,
- weshalb mögliche Risiken im Rahmen des Software Asset Managements eingeschätzt und bewertet werden sollten.

Sie erfahren, weshalb es für den erfolgreichen Start eines SAM-Projekts so wichtig ist, die Unterstützung der Geschäftsleitung zu bekommen. Außerdem erhalten Sie Argumente für die Einführung SAM-Projektes und Informationen darüber, welche Voraussetzungen für den Projektstart von Bedeutung sind. ■

Seit der dritten Auflage sind bereits wieder ein paar Jahre vergangen, in denen sich die IT vor allem immer mehr auf das Cloud-Computing fokussiert hat. Nun könnte man eigentlich erwarten, dass sich dadurch (weil andere Anforderungen und Vorgehensweisen entstehen) die Fokussierung auf das Softwareasset- und Lizenzmanagementumfeld auch mit verändert oder zumindest angepasst hat. Meine Erfahrungen in den Projekten der letzten beiden Jahre zeichnen allerdings mehr oder weniger immer noch das gleiche Problemfeld auf.

Es hat sich am Status quo nicht wirklich viel verändert. Die immer noch starke Nachfrage an Beratungsleistungen im Softwareasset- und Lizenzmanagementumfeld zeigt, dass die Unternehmen weiterhin großen Bedarf haben und dieser sogar signifikant steigt. Viele wissen immer noch nicht so recht, wie sie diese (für manches Unternehmen aufgrund des Cloud-Computings auch neuen) Herausforderungen angehen und in den Griff bekommen sollen. Die Herausforderungen sind vielfältiger Natur. Wachsende Komplexitäten bei der Umsetzung und Durchführung der Technologietransformationen und geringe fachliche Ressourcenverfügbarkeiten auf dem IT-Markt verschärfen diese Problematik weiter. Einigen fällt es dadurch schwerer, mit den gestiegenen Betriebserfordernissen der IT-Infrastrukturen und mit den neuen IT-Technologien Schritt zu halten.

In einem der vielen Gartner-Blogeinträge „The Software Asset Management Skills Gap“[1] wird auf diese Problematik auch hingewiesen. Es ist nicht der Mangel an Investitionswillen oder dass die Geschäftsprozesse das Hindernis wären, nein, es fehlt schlicht und ergreifend

---

[1] Gartner-Blogeintrag „The Software Asset Management Skills Gap“: *https://blogs.gartner.com/stephen-white/2018/11/13/the-software-asset-management-skills-gap/?_ga=2.14068785.701658852.1602157809-2067904091.1602157809*

an ausgebildeten SAM-Rollen. Unternehmen, die es sich leisten könnten, eigene Ressourcen aufzubauen, haben keine und nur wenige Unternehmen stellen bewusst eigene SAM-Rollen auf und lassen diese auch ausbilden. Ein weiteres Problem: Nach wie vor gibt es kaum personelle Ressourcen mit den erforderlichen SAM-Skills am Markt.

Die Herausforderungen

Für viele (um hier beim Kapitelthema zu bleiben) scheint der Schlüssel zu sein, in ein leistungsfähiges SAM-Tool zu investieren, welches den aktuellen Markterfordernissen entspricht (siehe auch Abschnitt 25.4 „SAM-Tools, kritische Funktionen") und auch Vollständigkeit und Datenqualität gewährleisten kann. Verkannt wird hier oft, dass zuvor trotzdem ein (wenigstens initial) sehr hoher manueller Aufwand zu managen ist, um das SAM-Tool erfolgreich in den Betrieb zu integrieren.

Die Erwartungen

Das IT- und Software Asset Management umfasst das komplette Datenmanagement für technische, kaufmännische und lizenz- sowie vertragsrechtliche Assets, Informationen und Dokumente als fortlaufende Aufgabenstellung, um verlässliche und vertrauenswürdige Daten für viele Geschäftsprozesse bereitzustellen. Wer sich schon einmal mit diesen Aspekten beschäftigt hat, weiß, wie entmutigend es sein kann, wenn die (oft auch noch aus unterschiedlichsten Quellen) angelieferten Daten nicht vollständig bzw. nicht vertrauenswürdig sind oder eine unzureichende Datenqualität besitzen. Es ist und bleibt eine ständige Herausforderung, mit den zuliefernden Fachbereichen die Datenqualitäten auf ein hohes „brauchbares" Niveau zu bekommen, damit das Softwareasset- und Lizenzmanagement die an sie gestellten Anforderungen entsprechend erfüllen können.

Die Lösung

Die Einführung, Implementierung und Inbetriebnahme eines SAM-Tools zur Bereitstellung von Mehrwerten für die gesamten Unternehmensprozesse, wie beispielsweise die Minimierung von operativen Compliance-Risiken durch Sichtbarkeit und Transparenz sowie eine optimale Steuerung von Technologietransformationen in die Cloud, rechtfertigen heute mehr denn je, hierfür ein SAM-Projekt zu nutzen. Ein Knackpunkt dabei: Mögliche Softwareasset- bzw. Lizenzmanager sind auf dem Arbeitsmarkt dramatisch knapp und müssen im Zweifel vorher oder spätestens mit dem Beginn eines Projekts ausgebildet werden. Alternativ kann auch erst einmal für eine Übergangszeit der SAM-Tool-Hersteller beauftragt werden, dieses nach der erfolgreichen Implementierung und Erstinbetriebnahme des Startsystems über SAM Managed Services zu betreiben (siehe auch Abschnitt 25.5 „SAM-Betrieb, SAM Managed Services").

Daraus abgeleitet ist zu empfehlen:

1. Sofern im Unternehmen noch kein Softwareasset- und Lizenzmanagement besteht, sollten sich das Management und der IT-Betrieb proaktiv und fortlaufend mit SAM-Themen und der Einhaltung von Lizenzkonformitäten beschäftigen, um die erforderlichen Compliance-Richtlinien des Unternehmens und das damit verbundene Risikomanagement zu verbessern. Solche Themen sollten im Übrigen nicht nur dann betrachtet werden, wenn ein Audit vor der Tür steht, denn dann ist es bereits meistens zu spät.

2. Das Softwareasset- und Lizenzmanagement ist verstärkt in die IT-Asset-Managementprozesse, -verfahren und -instrumente mit einzubeziehen, um damit einen Rahmen für Optimierungen und die Schaffung von Transparenz zu ermöglichen.
3. Das Softwareasset- und Lizenzmanagement sollte in die Lage versetzt werden, über die erforderlichen Werkzeuge (Tools und Prozesse) Informationen und Daten für die Steuerung von Risiken nicht nur monetär bereitzustellen, sondern auch in Bezug auf mögliche Schwachpunkte (Vulnerability Management) von genutzten Softwareprodukten.
4. Durch eine wirtschaftliche, lizenzkonforme Einhaltung der Nutzungsberechtigungen von Softwareprodukten und Services können mögliche monetäre Risiken transparent gesteuert werden. Das ermöglicht es, nicht zu wenige Softwarelizenzen (Unterlizenzierung), aber auch nicht zu viele (Überlizenzierung) verwalten zu müssen. Die Aussicht auf eine ressourcenschonende Steuerung der getätigten Investitionen sollte den Start eines SAM-Projekts entsprechend rechtfertigen können.

Die Hersteller haben diese Herausforderungen der Unternehmen sehr wohl auch im Fokus und prüfen mittlerweile wieder öfter, ob beispielsweise beim Wechsel von lokalen IT-Architekturkomponenten in die Cloud und bei dem Thema „Bring-your-own-License" (BYOL) auch die meist damit einhergehenden veränderten Nutzungsbedingungen beachtet und korrekt angewendet werden. Eine Überprüfung und ehrliche Analyse des aktuell praktizierten Software Asset Management und der Lizenzverwaltung sollten deswegen als Ausgangspunkt für den Start eines SAM-Projekts eine erste Grundlage sein. Mögliche Schwachstellen bei der Beschaffung von Software müssen aufgedeckt und die Risiken für eine mögliche Unter- oder Überlizenzierung eingeschätzt werden.

Machen Sie sich realistische Gedanken über die derzeitige Situation zu diesen speziellen Themen im Unternehmen:

- Wie wird sich die Situation entwickeln, wenn keine Veränderungen vorgenommen werden?
- Welche Risiken und Schwachstellen entstehen, wenn der Status quo nicht verändert wird?
- Welche Nachteile können für das Unternehmen entstehen (Einhaltung der Rechtmäßigkeit nicht gegeben, zu hohe Kosten, Transparenz nicht vorhanden, Imageschaden)?
- Wo bestehen Defizite im Managen von IT-Assets?
- Warum wird derzeit so und nicht anders gehandelt/gearbeitet?

Zu Beginn des SAM-Projekts müssen Sie sich auch einen Überblick über die tatsächliche Situation im Unternehmen verschaffen. Die folgenden Fragen können eine Hilfestellung dazu sein.

Status quo: Überblick über die Ist-Situation

- Haben Sie einen unternehmensweit einheitlichen Softwarebeschaffungsprozess?
- Werden Softwarebeschaffungen bei Ihnen zentral oder dezentral abgewickelt?
- Welche Abteilung(en) sind für die Softwarebeschaffung zuständig?
- Bei wie vielen unterschiedlichen Lieferanten werden Softwareprodukte beschafft?
- Wurde in Ihrem Unternehmen bereits eine Rolle für die Softwareverwaltung (kaufmännisch betrachtet) benannt?
- Sind bereits Dokumentations- und Ablageprozesse für Lizenznachweise etabliert?
- Können unternehmenskritische Softwareprodukte identifiziert und benannt werden?

- Wie läuft der Bereitstellungsprozess von Softwareprodukten?
- Haben Sie einen instanziierten Prozess oder verantwortliche Personen/Rollen, wie z. B. ein IT-Architektur-Board zur Prüfung und Freigabe der einzusetzenden Software (Verwaltung eines Softwareportfolios oder von Softwarewarenkörben)?
- Gibt es für jedes eingesetzte Softwareprodukt einen benannten Produktverantwortlichen oder Softwareexperten?

Die Beantwortung der Fragen soll Ihnen nicht nur dabei helfen, Ihren derzeitigen Status festzustellen, sondern gleichzeitig als Grundlage dienen, um mögliche Schwachstellen zu erkennen und Ziele zur Optimierung zu definieren. Doch bevor wichtige Themen wie beispielsweise Rechtssicherheit schaffen, Transparenz herstellen, aber auch Softwarestandardisierung und Kosteneinsparungen angegangen werden können, ist ein Fahrplan erforderlich. Ansatzpunkte dafür gibt es einige, einen ersten groben Rahmen bilden dafür die folgenden „Zehn Regeln" für ein Softwareasset- und Lizenzmanagement.

4.1 Die zehn wichtigsten Regeln

Die hier aufgeführten Regeln sind als Unterstützung zu verstehen, damit Sie sich mit den wichtigsten Aspekten in Ihrem SAM-Projekt auseinandersetzen können.

Zehn Regeln für das Softwareasset- und Lizenzmanagement

1. **Erarbeiten Sie die rechtlichen Risiken und mögliche Einsparpotenziale.**
   Zeigen Sie die rechtlichen Risiken auf, die bei einer möglichen Unterlizenzierung auf Sie zukommen würden, aber auch, welche kurz-, mittel- und langfristigen Einsparpotenziale zu erwarten sind sowie die Vorteile und den zu erwartenden Nutzen für das Unternehmen, um die erforderliche Unterstützung für das SAM-Projekt zu bekommen.
2. **Organisieren Sie Ihr zukünftiges oder laufendes Softwareasset- und Lizenzmanagement.**
   Wenn jede Fachabteilung ihr eigenes Lizenzmanagement betreibt, nützt Ihnen das sehr wenig. Nur klare unternehmensweite Verantwortlichkeiten für die Softwarebeschaffung und -verwaltung schaffen Ordnung im Lizenzdschungel. Bei dezentralen Einheiten für Beschaffung und auch Verantwortlichkeiten im Lizenzmanagement sind abgestimmte Richtlinien und Prozesse sehr wichtig.
3. **Erstellen Sie ein aktuelles Lizenzinventar.**
   Ein Lizenzinventar enthält sämtliche kaufmännischen Informationen zur jeweiligen Software (Lizenznachweise), die für das Unternehmen erworben wurde und im Einsatz ist, sowie die vereinbarten Nutzungsrechte und Lizenzmetriken. Nehmen Sie dafür Ihr Softwareportfolio zu Hilfe und verschaffen Sie sich einen Überblick über die Anzahl der erworbenen Lizenzen – für die lizenzkostenpflichtigen Software- und Softwareserviceprodukte.

4. **Standardisieren Sie Software- und Softwareserviceprodukte, um Kosten zu sparen.**
Wenn Sie in Ihrem Unternehmen einen Softwarezoo beherbergen, können Sie nur schwer den Überblick und die Kontrolle über die zu verwaltenden Software- und Softwareserviceprodukte behalten. Die eingesetzten Produkte sollten periodisch auf den Prüfstand, um eine mögliche Reduzierung zu erreichen. Hier gilt: pro Funktion (beispielsweise um Daten zu komprimieren) oder Service (z. B. Backup) möglichst nur ein Produkt einsetzen.
5. **Machen Sie Verträge transparent.**
Es muss sowohl für die IT-Abteilung als auch für die Fachbereiche transparent sein, welche Software- und Serviceprodukte mit welchen Nutzungsbestimmungen wie eingesetzt werden dürfen, vor allem auch unter Berücksichtigung ihrer jeweiligen aktuellen IT-Architektur.
6. **Vereinheitlichen Sie Lizenzmetriken.**
Die Lizenzmetriken in Ihrem Unternehmen können aus der Vertragshistorie heraus und durch schnellen Wandel bei den verschiedenen Lizenzmodellen recht unterschiedlich sein. Untersuchen Sie Ihre laufenden Verträge auf mögliches Einsparpotenzial, beispielsweise durch eine mögliche Umstellung der Lizenzmetrik, wenn es die Nutzungsbedingungen oder ein möglicher Wechsel zu einem adäquaten Softwareserviceprodukt (in der Cloud) erlauben.
7. **Steuern Sie Softwarebeschaffungen zentral.**
Wenn der Softwareeinkauf abteilungsgetrieben ist und eventuell von verschiedenen Personen verantwortet wird, können Sie keine vernünftige Lizenzmanagementsteuerung erwarten. Stellen Sie sich der Herausforderung und organisieren Sie Ihren Softwareeinkauf möglichst zentral.
8. **Prüfen Sie regelmäßig Ihre Softwarekosten.**
Aus der Gewohnheit heraus werden oft Rechnungen ungeprüft abgehakt und der Wareneingang gesetzt. Nicht selten ändern sich aber Preise und Konditionen bei Herstellern oder Lieferanten. Wenn Ihre Softwareverträge es zulassen, können Sie mit Nachverhandlungen Kosten reduzieren. Wichtig ist es heutzutage auch, bei den eingesetzten Software- oder Softwareserviceprodukten (beispielsweise Microsoft O365) regelmäßig das Nutzungsverhalten zu kennen, um eventuell Cloud-Accounts, Abonnements rechtzeitig reduzieren zu können (falls die Betriebs- und Personalräte das mittragen).
9. **Planen Sie einen möglichen Tool-Einsatz richtig.**
Ein SAM-Tool allein reicht noch nicht aus, um ein Softwareasset- und Lizenzmanagement zu betreiben. Ebenso sind die vorhandenen Software-Life-Cycle- und Lizenzmanagement-Prozesse zu prüfen und ggf. zu optimieren, damit diese zusammen mit dem SAM-Tool den erhofften Mehrwert für das Unternehmen erzeugen.
10. **Sensibilisieren Sie Ihre Mitarbeitenden.**
Machen Sie Ihre Mitarbeitenden im Umgang mit Softwarelizenzen fit. Veranstalten Sie Seminare und Workshops, um Aufklärung zu leisten, beispielsweise darüber, was es bedeutet, wenn unlizenzierte Software im Unternehmen eingesetzt wird bzw. ungenutzte kostenpflichtige Softwarelizenzen nicht gemeldet werden. ■

4.2 Voraussetzungen für den Start schaffen

Seien Sie sich bewusst, dass aktives Softwareasset- und Lizenzmanagement ein Prozess ist, der das ganze Unternehmen erfasst. Dabei ist ein SAM-Projekt keinesfalls in wenigen Wochen erledigt. Früher haben einmal große SAM-Toolanbieter versprochen, dass in wenigen Stunden ein Softwareasset- und Lizenzmanagement betriebsbereit wäre. Mittlerweile verspricht das keiner mehr und es wurde davon Abstand genommen, auch weil mittlerweile die Marketingabteilungen der Hersteller erkannt haben, dass die Komplexität doch u. U. sehr groß werden kann.

Immer noch beim Alten geblieben ist, dass die Toolhersteller oder Partnerunternehmen im Auftrag der Toolhersteller recht schnell die Software „Out-of-the-Box“ implementieren und oftmals die Kunden mit den weiteren Aufgabenstellungen und Herausforderungen allein lassen. Hier sollten Sie bei der Evaluierung eines SAM-Tools (bzw. in einem zu empfehlenden Proof of Concept) darauf achten, dass der SAM-Tool-Hersteller bzw. -Partner Ihnen hier auch noch nach der Implementierung Hilfestellung und Unterstützung geben kann. Wichtig sind hier vor allem die Anbindung und Einbindung des SAM-Tools in die Unternehmensprozesse. Der in den Unternehmen anzutreffende Bestand an Softwarelizenzen stellt vielerorts einen erheblichen Vermögenswert dar. Deshalb liegen eine zielorientierte Planung und ein durchdachter Einsatz für eine möglichst optimierte wirtschaftliche Verwendung der Software im Interesse eines jeden Unternehmens. Aber nur wenige Unternehmen schaffen die notwendigen organisatorischen Voraussetzungen dafür, das Softwareasset- und Lizenzmanagement effektiv und effizient betreiben zu können. Eine aktuelle Übersicht, wie groß der derzeitige Unternehmensbestand an Softwarelizenzen ist, haben nur ganz wenige. Die Zuordnung von Softwareanwendungen und Softwarelizenzen zu einzelnen Mitarbeitenden, Arbeitsplätzen oder Serversystemen bereitet noch erheblich mehr Schwierigkeiten. Auch die häufige Beschaffung von Software durch kurzfristige und unkontrollierte Anforderungen führt schnell dazu, dass der Überblick über die eingesetzten Softwareprodukte und die erworbenen Lizenzen verloren geht. Auch nicht außer Acht zu lassen ist, dass so nur eine unzureichende Transparenz besteht, um ein erforderliches Risikomanagement in Bezug auf Schwachstellen in Softwareanwendungen zu gewährleisten (siehe auch Kapitelt 18 „SAM-Daten - Risiken monitoren und managen“).

Am Anfang steht der Projektauftrag

Für eine Umsetzung Ihres Projektauftrags benötigen Sie die volle Rückendeckung durch das Management, damit Sie in den zu involvierenden Fachabteilungen die erforderliche Unterstützung für das Projekt erhalten. Denn die Erfahrung zeigt auch, dass die notwendigen Zuarbeiten für das SAM-Projekt oftmals zusätzlich zu den anderen betrieblichen Aufgaben im Tagesgeschäft erledigt werden müssen. Vor Ihnen liegt nun die Herausforderung, ein unternehmensweites Softwareasset- und Lizenzmanagement zu planen und einzuführen. Kommt der Auftrag nicht direkt vom Management, sondern aus einer der unteren Ebenen, sollten Sie Ihre erste und wichtigste Aufgabe darin sehen, sich aus den oben bereits genannten Gründen um ausreichend interne Unterstützung zu bemühen. Ein Konzeptpapier erleichtert dabei die Beteiligten von den Vorteilen eines SAM-Projekts zu überzeugen. Arbeiten Sie Ihr Konzept umfassend und vollständig aus, benennen Sie klare, erreichbare Ziele und den erzielbaren Nutzen.

Sofern Sie den Projektauftrag nicht selbst mitformuliert haben, sollten Sie diesen inhaltlich genau prüfen. Sehr oft formulieren Mitarbeitende einen Projektauftrag, ohne zu ahnen, welche Komplexität in diesem Thema stecken kann. Es ist nicht zielführend, ein Softwareasset- und Lizenzmanagement wegen seiner Komplexität nach dem Motto „ganz oder gar nicht" einzuführen. Prüfen Sie deshalb Ihren Auftrag genau und versuchen Sie vielmehr, die gesetzten Zielvereinbarungen in abnahmefähige Meilensteine umzusetzen. So können Sie beispielsweise unter verschiedenen unternehmensspezifischen Gesichtspunkten an die Lösung des Auftrags herangehen. Es ist sinnvoll, sich als Erstes auf einen Bereich zu fokussieren, beispielsweise Desktopanwendungen (Objekttyp: Client), um dann in einem nächsten Schritt die Server-Welt bzw. die Mobile Devices oder auch die Software- und Serviceprodukte für das Cloud-Computing mit abzubilden. Die Komplexitätsstufen sollten idealerweise mit dem wachsenden Erfahrungshorizont Schritt halten können. Im Client-Umfeld ist die Forderung, Lizenzcompliance herzustellen, aufgrund der überschaubaren Lizenzmetriken (Pro-Kopie-Pro-Gerät oder Pro-Kopie-Pro-Nutzer) zunächst einfacher zu erfüllen. Nicht ganz so einfach ist es mit der Lizenzcompliance im Server-Umfeld, zumal hier die etablierte IT-Architektur beim Abgleich mit den vereinbarten Nutzungsbedingungen eine noch größere Rolle spielt als im Client-Umfeld. Einsparpotenziale schlummern in jedem Fall in beiden Bereichen. Die möglichen Einsparpotenziale sind aber oft erst einmal sekundär, denn in den meisten Fällen steht das Thema Lizenzmanagement zusätzlich zu dem eventuell bereits bestehenden Software Asset Management erst dann so richtig aktuell auf dem Projektplan, wenn die interne Revision oder ein angekündigter Audit eines Softwareherstellers danach verlangt.

Hinweis:

Genauso wichtig wie die Formulierung der anvisierten Ziele für den Projektauftrag ist es, zu beschreiben, was erst einmal zu Beginn des Projekts bzw. vor Erreichen eines ersten Meilensteins oder Punkts auf der Roadmap nicht explizit im Fokus steht, also „out of scope" ist. ■

4.3 Ziele und Nutzen für den Projektauftrag definieren

Bei der Definition und Beschreibung eines Projektauftrags sollten Sie sich immer an den fünf allgemein an ein Projektziel zu stellenden Kriterien orientieren. Diese fünf Kriterien werden auch der „SMART-Faktor" genannt. In Bild 4.1 können Sie sehen, wofür SMART steht.

Die allgemeinen Ziele für die Einführung eines Softwareasset- und Lizenzmanagements wurden bereits in Abschnitt 1.5 ausführlich vorgestellt. An dieser Stelle will ich sie noch einmal stichpunktartig zusammenfassen, damit Sie sich einen Fahrplan für die Formulierung Ihres Projektauftrags aufstellen können.

Bild 4.1 SMART-Faktor: die fünf Kriterien, die ein Projektziel erfüllen muss

Welche allgemeinen Ziele können Sie formulieren?

- Die bisherigen Vorgehensweisen und Prozesse in der Softwarebeschaffung und Softwareverteilung sind zu überprüfen.
- Der bestehende SAM-Life-Cycle-Prozess soll analysiert, der Reifegrad bestimmt und, wenn erforderlich, angepasst und optimiert werden.
- Die Möglichkeiten zur Kostenvermeidung und zu Einsparpotenzialen sollen aufgezeigt werden.
- Das Vertragsmanagement soll optimiert und transparent gestaltet werden.
- Rechtssicherheit ist zu schaffen, um das mögliche Risiko besser steuern zu können.
- Die Qualitätssicherung der Inventarisierungs- und Lizenzdaten mit Bilanzerstellung (Compliance) soll gewährleistet werden.
- Ein SAM-Tool soll evaluiert und eingeführt werden.

Formulieren Sie diese Ziele für alle Bereiche, denen Sie sich im Rahmen des SAM-Projekts zuwenden wollen (beispielsweise auch mobile Geräte wie Tablets, Smartphones oder aber auch für Netzwerk, Telekommunikation, Mainframe). Berücksichtigen Sie auch, dass die IT-Technologien heutzutage sehr dynamisch agieren. Bereits heute müssen Sie beispielsweise die mobilen Geräte und deren immer stärkere Nutzung für „Software-as-a-Service“ (SaaS) oder Cloud-Computing mit einbeziehen, denn deren Zahl wächst rasant und muss in vielen Fällen auch bereits lizenztechnisch verwaltet werden. Das alles sollte beim Festlegen Ihrer realistischen Ziele in einem kalkulierbaren Rahmen (Zeit und Budget) Beachtung finden. Neben den anvisierten Zielen sollte der von Ihnen zu verfassende Projektauftrag auch den Nutzen des Lizenzmanagements herausstellen. Die folgenden beispielhaften Formulierungen können Ihnen dabei eine Orientierung sein.

Nutzen eines SAM-Projekts

- Technologietransparenz und damit auch die Sichtbarkeit von Schatten-IT.
- Lizenzkonforme Einhaltung von Herstellervorgaben und deren Nutzungsbestimmungen.
- Rechtzeitige strategische Planung von Softwarebeschaffungen.
- Ein wirtschaftliches und ressourcenschonendes Managen von lizenzkostenpflichtigen Softwareanwendungen und Mobile Apps.
- Durch Transparenz und Sichtbarkeit von IT-Assets werden deren Risiken und Schwachstellen identifiziert und überwacht.

- Es können Softwareanwendungen bzw. Apps und die damit verbundenen Schwachstellen identifiziert werden, ***die personenbezogene Daten*** verarbeiten.
- Herstelleraudits lassen sich unproblematischer und damit ohne größere zusätzliche Aufwände bzw. Kosten vorbereiten.
- Die Einhaltung nationaler und internationaler Gesetze wird sichergestellt und überwacht.
- Die Position bei Vertragsverhandlungen gegenüber den Softwareherstellern wird verbessert.
- Es lassen sich Einsparungen durch Standardisierung und Lizenzpooling erzielen.
- Geschäftsprozesse können optimiert und damit Geschäftsprozesskosten minimiert werden.

Die aufgeführten Punkte geben Ihnen bestimmt genügend Argumente an die Hand, um einen aussagekräftigen Projektauftrag zur „Einführung eines Softwareassets- und Lizenzmanagements" für Ihre Geschäftsleitung überzeugend formulieren zu können. In einem SAM-Projekt gibt es aber auch zu beachtende Rollen und Verantwortlichkeiten, die klar zu verteilen sind.

4.4 Rollen und Verantwortlichkeiten klar verteilen

Sie werden bei Ihrem SAM-Projekt auf die Unterstützung vieler Mitwirkender angewiesen sein, da sich das Projekt nicht auf einen eng abgesteckten Unternehmensbereich beschränken lässt, sondern quer durch alle Bereiche führt. Legen Sie als Erstes eine oder mehrere Personen fest, die sich innerhalb des zu startenden Projekts mit dem Thema Softwareasset- und Lizenzmanagement im Unternehmen beschäftigen sollen. Je nach Größe der zu bewältigenden Aufgaben kann das eine Person oder gleich eine kleine Gruppe sein, die diese Aufgaben übernehmen soll. Die aus dem Projekt herausgearbeiteten Aufgabenstellungen für das umzusetzende Projekt und den späteren Betrieb des zukünftigen Fachverfahrens müssen durch neu geschaffene Rollen wie beispielsweise die eines Lizenzmanagers (siehe Abschnitt 8.5 „Soll-Prozesse – Rollen und Verantwortlichkeiten definieren") bearbeitet und gelöst werden. In großen Unternehmen wird dafür meistens eine eigene Abteilung gegründet und eingerichtet, sofern noch kein derartiger Verantwortungsbereich – in Grundzügen – existiert. Für die erfolgreiche Durchführung eines Projekts müssen innerhalb der Projektorganisation die entsprechenden Projektmitarbeiter und die verantwortlichen Personen benannt und aufgestellt werden. Konkret geht es um die Rollen Auftraggeber, Projektleiter, Projektmitarbeiter, Lenkungskreis, Experte und Sponsor.

Die Rolle Auftraggeber

Der Auftraggeber befindet sich meistens in einer der oberen Führungsebenen, kann aber auch durchaus eine Mutterfirma sein, die beispielsweise ihre IT-Dienstleistungs-Tochter damit beauftragt hat, ein SAM-Projekt durchzuführen.

Die Aufgaben des Auftraggebers werden wie folgt beschrieben:

- erarbeitet die groben Projektziele, ist Initiator des Projekts und formuliert und erteilt den Projektauftrag,

- legt die Projektorganisation fest,
- ernennt den Projektleiter und regelt dessen Kompetenzen,
- erteilt dem Projekt die Freigabe,
- nimmt Projektergebnisse und Meilensteine ab,
- bindet betroffene Abteilungen mit in das Projekt ein.

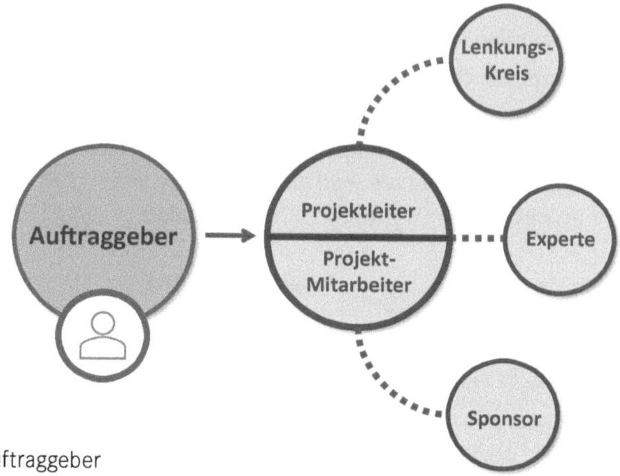

Bild 4.2 Rolle Auftraggeber

Die nächste Rolle Projektleiter nimmt den formulierten Projektauftrag an und setzt ihn dann um.

Die Rolle Projektleiter

In Bild 4.3 ist der Projektleiter unmittelbarer Auftragnehmer der vom Auftraggeber beschriebenen Aufgaben.

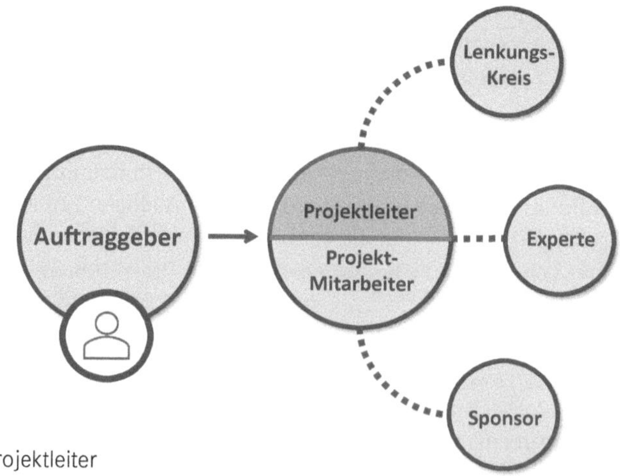

Bild 4.3 Rolle Projektleiter

Diese Aufgaben können ab einer bestimmten Projektgröße so umfangreich werden, dass eine Aufteilung der Rolle Projektleiter in einen Hauptprojektleiter und mehrere Teilprojektleiter empfehlenswert ist.

Die Rolle Projektleiter hat u. a. die folgenden Aufgaben zu erfüllen:

- leitet zusammen mit dem Auftraggeber den Zielvereinbarungsprozess,
- zeichnet verantwortlich für das Erreichen der vereinbarten Projektergebnisse und Ziele,
- ist zuständig für die operative Planung und Steuerung des Projekts hinsichtlich Aufbau, Ablauf, Termine, Kapazität und Kosten,
- trifft wichtige inhaltliche Entscheidungen,
- erteilt den Projektmitarbeitern Weisungen und Aufträge innerhalb des festgelegten Projektrahmens,
- steuert und motiviert das Projektteam.

Weil die Rolle von sehr zentraler Bedeutung ist, sollten Sie hier möglichst auf einen erfahrenen Mitarbeiter oder eine erfahrene Mitarbeiterin zurückgreifen. Diese müssen das doch sehr komplexe Thema „Lizenzmanagement“ realistisch einschätzen und tatsächlich umsetzen können. Darüber hinaus sollten diese Personen auch gewisse Führungsqualitäten besitzen, denn zu den Aufgaben gehört ebenso die Steuerung der Rolle „Projektmitarbeiter“.

Als nächste und auch sehr wichtige Rolle ist der Projektmitarbeiter mit seinen Aufgaben zu beschreiben.

Die Rolle Projektmitarbeiter

Ohne die tatkräftige und kompetente Unterstützung von Mitarbeitern geht in einem Projekt nichts vorwärts. Aufgrund der speziellen Anforderungen eines SAM-Projekts müssen Sie bei der Auswahl der Personen für das Projekt sehr sorgfältig vorgehen und Personen im Unternehmen finden, die sich für dieses zu Beginn doch recht schwierige Thema offen zeigen und die nötige Begeisterung mitbringen. Das fehlende Lizenzmanagement-Know-how können Sie über Seminare und Besuche auf Fachkongressen zumindest in der Basis so aufbauen, dass im Projekt jeder weiß, worum es geht und wie komplex das Thema werden kann. Vielleicht kristallisiert sich ja im Lauf des Projekts schon heraus, wer einmal die Rolle des Lizenzmanagers übernehmen wird. In Bild 4.4 sind diese Rolle und ihre Einbindung dargestellt.

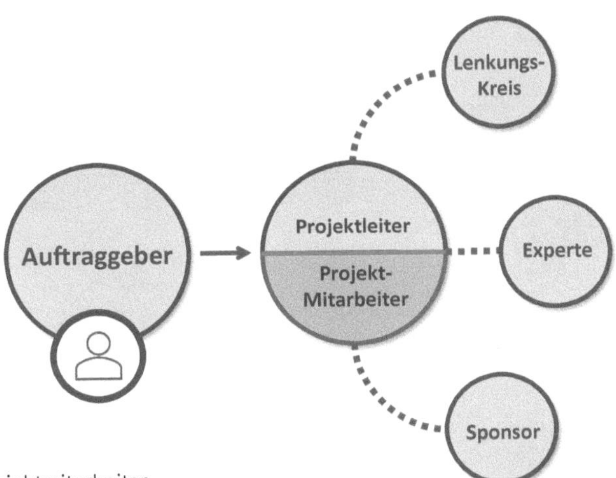

Bild 4.4 Rolle Projektmitarbeiter

Die Rolle Projektmitarbeiter hat die folgenden Aufgaben:

- verantwortet die zur Umsetzung zugewiesenen Arbeitspakete und Aufgaben,
- bearbeitet und löst fachliche und administrative Aufgaben,
- stellt die zugeteilten Arbeitspakete innerhalb des Zeit- und Kostenrahmens fach- und termingerecht fertig,
- stimmt sich innerhalb des Teams und mit dem Projektleiter ab,
- berichtet regelmäßig die Arbeitsfortschritte und Ergebnisse an den Projektleiter,
- informiert den Projektleiter über mögliche Risiken und Soll-Ist-Abweichungen in seinem Aufgabengebiet.

Weil sich Auftraggeber, Projektleiter und Projektmitarbeiter nur schwerlich selbst gegenseitig steuern können, muss eine weitere Rolle eingebunden werden, die das große Ganze im Blick hat und sich um größere Entscheidungen (sowohl monetär als auch organisatorisch) kümmert.

Die Rolle Lenkungskreis

Der Lenkungskreis ist das oberste beschlussfassende Gremium in einer Projektorganisation und vertritt hauptsächlich die Rolle Auftraggeber. Üblicherweise setzt sich der Lenkungskreis (oder auch Lenkungsausschuss genannt) aus bis zu sechs Mitgliedern der Entscheidungsebenen des Auftraggebers und des Auftragnehmers mit den folgenden Rollen zusammen:

- Geschäftsführer bzw. erste Führungsebene des Auftraggebers und Auftragnehmers,
- Vertriebsverantwortlicher (Key Account) des Auftragnehmers,
- Projektleiter des Auftraggebers und Auftragnehmers (besitzen aber kein Stimmrecht bei zu treffenden Entscheidungen),
- Sponsor (Auftraggeber).

Die Einbindung des Lenkungskreises in die Gesamtstruktur ist in Bild 4.5 zu sehen.

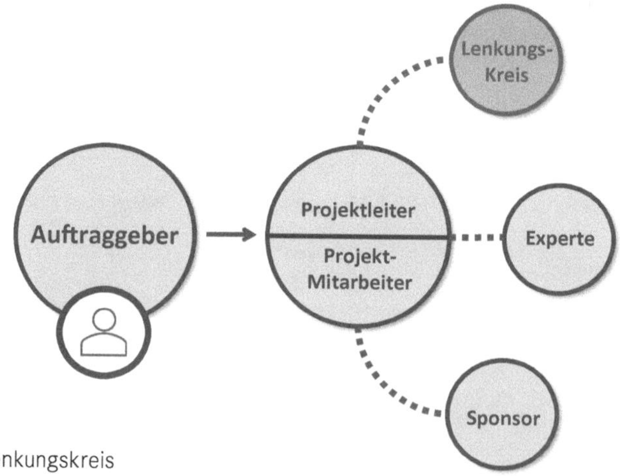

Bild 4.5 Rolle Lenkungskreis

Der Lenkungskreis nimmt folgende Aufgabenstellungen wahr:

- unterstützt die Projektleitung bei der Planung und Steuerung des Projekts,
- gibt der Projektleitung und den Projektmitarbeitern übergreifende Hilfestellung bei der Ausführung der gestellten Projektaufgaben,
- trifft Entscheidungen, die außerhalb der festgelegten Kompetenz des Projektleiters liegen,
- überwacht die Projektergebnisse und -fortschritte, erhält einen regelmäßigen Statusbericht von der Projektleitung,
- ermittelt aus den Statusberichten mögliche Planabweichungen.

Der Lenkungskreis hat in der Hauptsache Steuerungs- und Verwaltungsaufgaben zu erfüllen. Er steuert beispielsweise auch die Ressourcenzuteilung der notwendigen Projektmitarbeiter und den Einsatz von weiteren Experten, womit wir bei der vorletzten Rolle innerhalb unserer Projektorganisation wären.

Die Rolle Experte

Experten werden immer benötigt und im Fall der Durchführung eines SAM-Projekts werden Sie wahrscheinlich zumindest in der Anfangszeit, vielleicht aber auch für die gesamte Dauer des Projekts, auf externe Experten zurückgreifen müssen. Die Integration der Rolle des Experten ist in Bild 4.6 zu sehen.

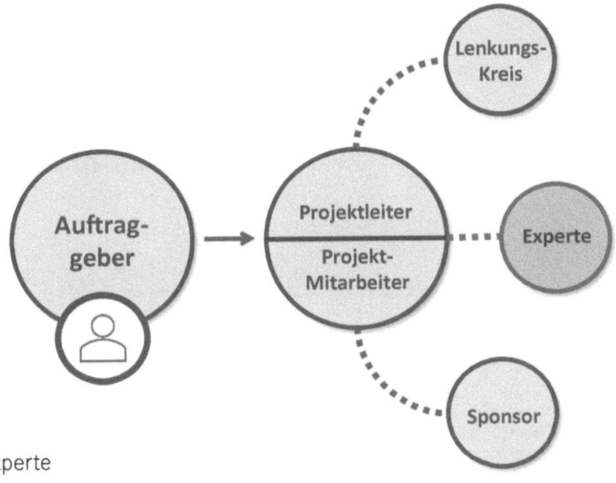

Bild 4.6 Rolle Experte

Die Rolle Experte ist nicht immer vom Anfang bis zum Ende eines Projekts mit dabei, sondern wird bei Bedarf bzw. zur Lösung von speziellen Aufgabenstellungen herangezogen. Das kann beispielsweise für die Beurteilung eines fachlichen Aspekts oder aber auch für die Erstellung einer Expertise erforderlich sein. Zu den Aufgabenstellungen gehören:

- die Analyse der vorgelegten Konzepte und Dokumentationen, die sein Fach- oder Themengebiet berühren,
- die Erarbeitung von strukturierten Lösungen für Aufgabenstellungen,
- die umfassende Beratung des Projektteams oder anderer Projektrollen bei der Umsetzung von Lösungen,
- das Bereitstellen von theoretischem und praktischem Handlungswissen, entsprechend seines Fachgebiets.

Je nach Projektbedarf und den zu lösenden Aufgaben können zusätzliche interne oder externe Experten hinzugezogen werden. Diese Experten können auch Fachvorgesetzte aus dem Unternehmen sein, die ihr Know-how und begrenzte zeitliche Ressourcen dem Projekt zur Verfügung stellen.

Zu guter Letzt wird noch eine Rolle benötigt, die sich um die Kommunikation der Projektziele und Projektaufgaben innerhalb des Unternehmens und bei öffentlichen Projektaktivitäten kümmert. Diese Rolle wird meistens als Sponsor bezeichnet.

Die Rolle Sponsor

Die Rolle Sponsor (hier aus Sicht der Projektsteuerung) sorgt dafür, dass die Projektinteressen mit den Interessen der Linienorganisation und dem Projektumfeld in Einklang gebracht werden. Dabei sollte diese Rolle möglichst von einer Person aus der obersten Führungsebene besetzt werden, um die optimale Unterstützung des Projekts durch die Unternehmensleitung zu gewährleisten. Die Rolle muss dabei nicht unbedingt in das operative Projektgeschehen eingebunden sein, denn der Sponsor ist im Lenkungskreis vertreten und erhält aktuelle Projektberichte, woraus dann entsprechende Maßnahmen abgeleitet werden können. Je nach den anzutreffenden Rahmenbedingungen und dem Status, den ein Projekt einnimmt, kann die Rolle des Sponsors mit weitgehenden Rechten für die unmittelbare Projektsteuerung ausgestattet sein. In Bild 4.7 sehen Sie die Platzierung der Rolle Sponsor in der Projektrollendarstellung.

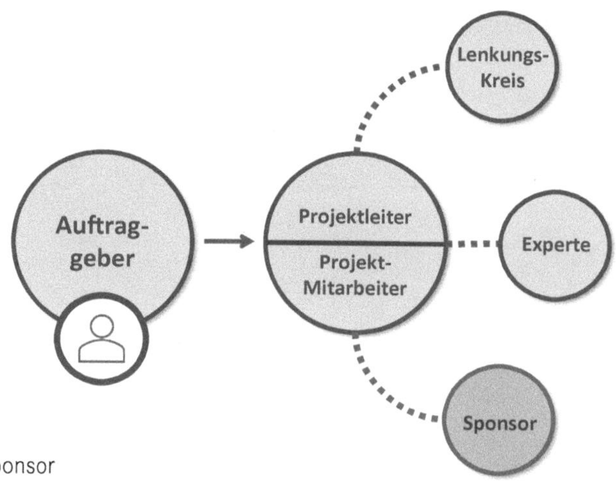

Bild 4.7 Rolle Sponsor

Dabei sind die wichtigsten Aufgaben des Sponsors wie folgt zu beschreiben:

- gibt der Projektleitung und dem Projektteam interne Unterstützung bei der Durchführung des Projekts,
- sorgt für die Minimierung von Akzeptanzschwierigkeiten und Widerständen,
- vertritt die Interessen des Projekts in den Lenkungsausschusssitzungen und bei anderen für das Projekt notwendigen Gremien und Veranstaltungen,
- übernimmt die Verantwortung bei der Vertretung der Projektinteressen in öffentlichen Projektaktivitäten und Publikationen.

Die Rolle des Sponsors ist für das Gelingen des Projekts sehr wichtig. Sie hilft, die Ziele und Ergebnisse des Projekts in das Unternehmen hineinzutragen und die notwendige Akzeptanz zu schaffen. Gerade das Thema Lizenzmanagement, welches wirklich alle Bereiche eines Unternehmens betrifft, benötigt eine umfassende Unterstützung.

Wer kann das Projekt noch unterstützen?

Weil das Lizenzmanagement immer noch eine „Neben"-Disziplin der IT-Berufe ist, können Unternehmen nicht immer auf Spezialisten aus den eigenen Reihen zurückgreifen. Holen Sie sich deshalb, wenn nötig und sinnvoll, externe Unterstützung hinzu. Gerade zu Beginn eines solchen Unterfangens besteht sehr schnell die Gefahr, die falsche Richtung einzuschlagen. Externe Lizenzmanagementpartner unterstützen Sie bei den Vorbereitungen und bringen sehr viel Erfahrung aus anderen SAM-Projekten mit ein, was Ihnen bestimmt weiterhilft.

Kommunikation im Projekt

Die beschriebenen Rollen müssen natürlich auch einen gewissen Grad an Kommunikation miteinander pflegen. Welche Kommunikationskanäle in welcher Stärke und Richtung auftreten können, zeigt die Darstellung der Kommunikationspfade in Bild 4.8.

Die stärkste Kommunikation findet in der horizontalen Ebene zwischen dem Auftraggeber, dem Projektleiter, den Projektmitarbeitern und den erforderlichen Experten statt. Eine eher schwache Kommunikation zum operativen Projektgeschehen pflegen die Rollen Lenkungskreis und Sponsor.

Bild 4.8 Kommunikationsflüsse zwischen den Projektbeteiligten

Wo kann das Thema Lizenzmanagement am besten verortet werden?

Nachdem nun die wichtigsten Rollen und Verantwortlichkeiten in einer funktionierenden Projektorganisation beschrieben wurden, bleibt noch zu klären, wo es in der Organisation verortet wird. Sehr oft wird der Fachbereich „Lizenzmanagement" innerhalb der Einkaufsabteilung eingerichtet, da der Einkauf meistens bereits die Softwareverträge und Lizenzbeschaffungen verantwortet. Nicht selten ist das Lizenzmanagement auch im Bereich der Rechtsabteilung anzutreffen. Grundsätzlich kann nicht gesagt werden, wo die eigentliche organisatorische Heimat des Lizenzmanagements ist. Es sind verschiedene Varianten denkbar und je nach Unternehmenssituation auch anzutreffen.

4.5 Die Risiken einschätzen und bewerten

Die zunehmende Bedeutung des Themas „Softwareasset- und Lizenzmanagement" verdeutlicht einen tiefgreifenden Wandel der heutigen Unternehmensstrukturen im Hinblick auf den Umgang mit immateriellen Vermögensgegenständen. Die IT-Assets und hier im Speziellen die Softwareanwendungen und Mobile Apps werden immer mehr als wichtige Bestandteile für die Unterstützung der Geschäftsprozesse erkannt. Sicherlich kostet die Einführung eines SAM-Projekts erst einmal Geld, Ressourcen und Arbeitskraft. Dem müssen Sie aber gegenüberstellen, dass viele der großen Hersteller (Microsoft, IBM, Adobe, Oracle, SAP) ihre Audittätigkeiten immer stärker und massiver forcieren und demzufolge ein recht großes Risiko besteht, dass ein Audit bei Ihnen durchgeführt wird. Nicht nur die Risiken, die von außen einwirken können, sind im Vorfeld zu betrachten und zu bewerten. Wichtig ist auch die Identifizierung der internen Risiken, die eine erfolgreiche Durchführung des SAM-Projekts gefährden könnten. Das können ganz banale Risiken sein wie beispielsweise der Umstand, dass die benötigten Mitarbeiter einfach nicht genügend Zeit für das Projekt zur Verfügung stellen können oder dass die geplanten Urlaubszeiten in der Projektplanung einfach vergessen wurden.

Ein weiteres zu bewertendes Risiko ist der Aspekt, was es ein Unternehmen im Zweifelsfall kosten kann, *kein* adäquates Softwareasset- und Lizenzmanagement einzuführen.

Welche Risiken können auf Sie zukommen?

- Es drohen Geschäftsprozess- oder Serviceunterbrechungen.
- Wegen der Installation nicht autorisierter Softwareprodukte können Schwachstellen und Sicherheitslücken (Cyberrisiken) entstehen und Probleme im Ablauf der Geschäftsprozesse auftreten, die beträchtlichen Schaden anrichten (beispielsweise durch die Verbreitung von Viren).
- Das Unternehmen und seine Verantwortlichen können für die Nichteinhaltung der lizenzkonformen Umsetzung der erteilten Nutzungsberechtigungen (es entsteht unlizenzierte lizenzkostenpflichtige Software) haftbar gemacht werden.
- Möglicher Imageschaden für das Unternehmen, wenn es keinen einvernehmlichen Konsens bei einem durchgeführten Herstelleraudit gibt und der Klageweg beschritten wird.

Nur wenn die potenziellen Risiken erkannt und gesteuert werden, die ein strukturiertes Softwareasset- und Lizenzmanagement aufzeigt, kann Transparenz und Rechtssicherheit für das Unternehmen sichergestellt werden.

Fazit:

Nachdem erkannt wurde, dass das Thema Softwareasset- und Lizenzmanagement stärker beachtet werden muss, weil sich sonst unter Umständen unternehmenskritische Risiken ergeben können, sollte ein SAM-Projekt gestartet werden. Dabei sind die möglichen Kosteneinsparungen nur ein Aspekt. Die für das Projekt notwendigen Rollen und Verantwortlichkeiten sind sorgfältig zu beschreiben, mit kompetenten Mitarbeitenden zu besetzen und die Kommunikation zwischen diesen Rollen muss dauerhaft gewährleistet sein. Sicherlich müssen Sie in der Anfangszeit auch externe Experten hinzuziehen, weil in den seltensten Fällen bereits das notwendige interne Know-how im Unternehmen verfügbar ist. Verstehen Sie das Softwareasset- und Lizenzmanagement als eine wichtige, wenn auch manchmal schwierige Managementaufgabe im Dienste einer effizienten, kostenbewussten und risikoarmen Unternehmensführung. ■

5 Den Projektplan aufstellen

In diesem Kapitel erfahren Sie u. a.,

- was zum Projektstart gehört,
- warum eine Roadmap definiert werden sollte,
- warum es wichtig ist, Projektphasen und Meilensteine zu erarbeiten,
- weshalb Arbeitspakete festgelegt werden sollten,
- welche möglichen Baustellen es zu identifizieren und zu bewältigen gilt.

Sie erfahren etwas über die grundlegenden Voraussetzungen für die Erstellung eines Projektplans, mit Hinweisen und Tipps, bezogen auf die erfolgreiche Einführung eines Lizenzmanagements, warum eine Roadmap zur klaren Zieldefinition und zum Projekterfolg beitragen kann und welche grundlegenden Arbeitspakete und Meilensteine zu formulieren sind. Zum Schluss werden noch einige wichtige Baustellen genannt.

Projekte und Projektpläne existieren, seit es Ideen gibt. Projekte sind nicht nur innovativ und manchmal mit hohen Kosten verbunden, sondern beinhalten immer auch schwer kalkulierbare Unsicherheitsfaktoren und Risiken. Wie bei allen anderen Projekten sollten Sie den Planungsaufwand und die Komplexität eines SAM-Projekts nicht unterschätzen. Planen Sie das Projekt deshalb besonders sorgfältig und gewissenhaft, um es durch die Genehmigungsphase zu bringen. Beziehen Sie in Ihre Überlegungen auch mit ein, welche Unternehmensbereiche anzusprechen sind. Beispielsweise sollten Sie zumindest Vertreter aus dem Einkauf, der oder den IT-Abteilungen, der Rechtsabteilung, der Revision oder aus dem Betriebsrat ständig oder für bestimmte Zeiten mit ins Boot nehmen (lesen Sie dazu auch die Beschreibungen zur „Rolle Experte“ in Abschnitt 4.4 „Rollen und Verantwortlichkeiten klar verteilen“).

5.1 Was gehört zum Projektplan?

Der Prozess der Projektvorbereitung beginnt normalerweise mit der Formulierung der Projektidee und endet mit dem schriftlich fixierten Projektauftrag, der einen konkreten Projektplan beinhaltet. Die Projektidee zur Einführung eines Lizenzmanagements entsteht meistens durch Umsetzungswünsche oder Problemzwänge, die die Dinge, würde man nichts unternehmen, verschlechtern würden.

Überlegen Sie auch, ob es nicht eventuell sinnvoll ist, ein Vorprojekt in Form einer Studie zu planen, denn bereits in der Planungsphase werden Ressourcen benötigt und es müssen beispielsweise organisatorische, technische und evtl. rechtliche Voraussetzungen geschaffen werden. Das Ziel eines Vorprojekts ist es, einen genau spezifizierten Projektantrag zu formulieren. Schaffen Sie dafür entsprechende Voraussetzungen und achten Sie darauf, dass die Anforderungen, die das Projekt stellt, möglichst wenig mit den Linienaufgaben kollidieren. Sicherlich ist es auch nicht verkehrt, sich einen Plan zum Projektplan zu erstellen. Dafür gibt es in der Projektmanagementliteratur natürlich genügend Hinweise und Beispiele. In Bild 5.1 sehen Sie einen Vorschlag von mir dafür.

Die Aufstellung eines Plans für die Projektdurchführung ist sicherlich hilfreich, damit Sie sich im weiteren Verlauf daran orientieren können. Er hilft aber auch dabei, das Projekt nach außen sichtbar zu machen. In meinen letzten Projektaktivitäten hatte ich auch Gelegenheit zu beobachten, welchen Unterschied es ausmacht, ein solches Projekt quasi im Geheimen oder aber offiziell durchzuführen. Ein Projekt im stillen Kämmerlein abzuwickeln, bringt erheblich größere Akzeptanzprobleme mit sich. Deswegen meine Empfehlung: Führen Sie das Projekt möglichst immer offiziell durch, so bekommen Sie mehr und schnellere Unterstützung. Spätestens dann, wenn Sie beteiligungspflichtige Maßnahmen aus dem Projekt heraus umsetzen wollen oder müssen, ist eine offene Kommunikation zu den Gremien (z. B. Datenschutz, Personal- oder Betriebsrat, Frauenbeauftragte, IT-Sicherheitsbeauftragter) erforderlich und notwendig. So sind beispielsweise so banale Maßnahmen wie eine geplante Schulung zum Thema Lizenzmanagement oder ein Rundschreiben an die Mitarbeiter, wo z. B. eine geplante Maßnahme zur Erhebung von Softwaredaten (Scan) angekündigt wird, immer beteiligungspflichtig und den Gremien zur Genehmigung vorzulegen.

Tipp:

Überlegen Sie sich für Ihr Projekt einen aussagekräftigen Kurznamen. Damit erleichtern Sie sich nicht nur die Dokumentationsarbeit, sondern Sie leisten damit auch ein Stück Marketingarbeit im Unternehmen, was bei SAM-Projekten sehr wichtig werden kann. Am besten prägt sich ein Begriff ein, der sich beispielsweise aus einer Abkürzung der Projektbeschreibung zusammensetzt, oder Sie wählen einen Projektnamen aus, der einprägsam und sprechend ist. ■

Neben den Aspekten und Aktivitäten, die für die Durchführung eines Projekts von Bedeutung sind, sollte nicht vergessen werden, dass auch die Qualität zu den Zielgrößen gehört, die eine wichtige Rolle spielen. Nicht nur die Qualität der Projektdurchführung ist hiermit gemeint, sondern auch die Qualität der Leistungen und Arbeitsergebnisse.

Diese setzen sich zusammen aus

- der geforderten Qualität dem Kunden gegenüber (auch wenn der „Kunde" eine interne Fachabteilung sein sollte),
- der geforderten Prozess- und Arbeitsqualität und
- letztlich auch aus der persönlichen Qualität.

Behalten Sie also auch diesen Aspekt bei der weiteren Planung des Projekts immer im Auge.

PHASE 1 Projektdefinition	PHASE 2 Projektplanung	PHASE 3 Projektsteuerung	PHASE 4 Projektabschluss
Ausgangssituation analysieren	Groben Projektplan aufstellen	Projektmeetings und regelmäßiger Informationsaustausch	Projektabnahme vorbereiten
Ziel beschreiben	Aufgaben beschreiben und Meilensteine festlegen	Projekt steuern und kontrollieren	Umsetzung in den Regelbetrieb und Produktivsetzung
Aufgabenbereiche festlegen	Projektorganisation und Projektteam bilden	Regelmäßig Berichte und Dokumentationen erstellen	Veränderungen zum Ausgangsplan dokumentieren
Risiken bewerten	Ressourcen und Zeiten planen	Identifikation und Verfolgen von Planabweichungen	Erstellen einer Wissensdatenbank zum Projektverlauf
Zeitrahmen bestimmen	Wirtschaftlichkeits- und Risikoanalyse durchführen	Team- und Mitarbeiter-Entwicklung steuern	Projektorganisation auflösen
Projektmarketing starten	Abschnitts- und Feinplanung	Team- und Mitarbeiter-Motivation beachten	Projektbudget nachkalkulieren und KVP[1] einleiten
Projektauftrag formulieren	Projektstrukturplan erstellen	Eskalations- und Konflikt-management steuern	Erstellung der Abschlussdokumentation mit OPL[2]

[1] KVP = Kontinuierlicher Verbesserungsprozess

[2] OPL = Offene-Punkte-Liste

Bild 5.1 Aktivitätenplan für eine Projektdurchführung

5.1.1 Das Ziel ist der Weg

Ziele formulieren Sie am besten, indem Sie die anzustrebende Situation beschreiben - und zwar so, dass sie von allen verstanden wird, möglichst ohne Fachchinesisch. Natürlich spielen hierbei auch noch andere Faktoren wie das verfügbare Budget, Ziele anderer Beteiligter und vor allem die verfügbare Zeit, die für das Projekt vom Management vorgesehen ist, eine wichtige Rolle. Um die Motivation aller Beteiligten zu fördern, sollten Sie auch versuchen, Erwartungen und erreichbare Ziele miteinander in Einklang zu bringen. Dabei hilft es auch, sich noch einmal den Nutzen eines SAM-Projekts vor Augen zu führen (siehe Abschnitt 1.6 „Aktives SAM - Potenzial und Nutzen"). Orientieren können Sie sich auch an den „SMART-Faktoren", die in Abschnitt 4.3 (Bild 4.1) beschrieben sind.

Warum sollten die Ziele im Vorfeld formuliert werden?

- Eine saubere Zielformulierung fördert ergebnisorientiertes Handeln.
- Wenn die Ziele bekannt sind, lassen sich unterschiedliche Erwartungshaltungen frühzeitig erkennen und korrigieren.
- Auswirkungen von Änderungen können erst durch messbare Ziele qualifiziert beurteilt werden.

Eine Zielbeschreibung hat lösungsneutral zu erfolgen, um unabhängige und wertfreie Lösungsmöglichkeiten finden zu können. Eine Zielbeschreibung beantwortet diese Fragen:

- Was soll erreicht werden?
- Wie lässt es sich erreichen?
- Wie messe ich das Erreichte?

Sie sollten alle Ziele in einem Zielkatalog schriftlich festhalten, um die richtigen Entscheidungen fällen zu können. Sprechen Sie außerdem alle gewünschten Ziele mit Ihrem Vorgesetzten oder anderen Projektverantwortlichen im Vorfeld genau ab.

Tipp:

Die Ziele sollten keinesfalls als Wunschvorstellung formuliert werden, sondern an kommunizierbaren Fakten ausgerichtet sein. Im günstigsten Fall beschreiben die Ziele das gewünschte Ergebnis. ■

Zu niedrig oder zu hoch gesteckte Ziele gefährden den Projekterfolg. Damit das Projekt nicht von vornherein zum Scheitern verurteilt ist, versuchen Sie angemessene Ziele zu finden, die gleichermaßen realistisch erreichbar und für alle Beteiligten auch jederzeit nachvollziehbar sind.

Insbesondere, wenn Sie Ergebnisziele definieren wollen, sollten Sie u. a. auf folgende Punkte achten:

- *Vollständigkeit:* Alle Ziele sollten klar und vollständig beschrieben sein.
- *Abgrenzbarkeit:* Die Zielinhalte und die damit einhergehenden Aufgabenstellungen sollten klar abgrenzbar sein (beispielsweise wird festgelegt, dass erst einmal nur eine Anwendungsfamilie eines oder der wichtigsten Hersteller betrachtet wird.

- *Widerspruchsfreiheit:* Formulieren Sie keine gegensätzlichen Ziele, denn diese können das Projekt in seiner geplanten Ausführung behindern.
- *Messbarkeit:* Sie müssen die Ziele so formulieren, dass Sie sie während der einzelnen Projektphasen oder am Projektende am geplanten Ergebnis messen können.
- *Zieleinteilung:* Legen Sie die Muss-Ziele fest, die unbedingt erreicht werden sollen (beispielsweise das Herstellen der Rechtssicherheit), und unterscheiden Sie davon Wunschziele wie beispielsweise, dass ein gewisser Grad an Standardisierung erreicht werden soll.
- *Zeiteinteilung:* Bis wann sollen das Projektziel und die einzelnen Teilziele erreicht werden? Gibt es ausreichend geplante Pufferzeiten?
- *Realisierbarkeit:* Formulieren und stellen Sie durchaus anspruchsvolle, aber realistische Zielvorgaben und kommunizieren Sie diese ausreichend.
- *Risikomanagement:* Risikoanalyse und -management müssen als Prozess verstanden werden, der über die gesamte Laufzeit des Projekts dauert, Chancen und Risiken des Projekts müssen untersucht werden und bekannt sein. Sind Abbruchkriterien bei Nichterreichen von Teilzielen oder des Gesamtziels definiert?
- *Problemmanagement:* Überlegen Sie schon im Vorfeld, wo es zwischen dem auszuführenden Projekt und den Linienaufgaben Probleme geben könnte (beispielsweise Verfügbarkeit der Mitarbeiter, Kompetenzverteilung usw.).

Hinweis:

Damit keine unnötigen Missverständnisse entstehen, beschreiben Sie die zu erreichenden Ziele und Teilziele vollständig und dokumentieren Sie diese in jedem Fall. Wenn Sie damit fertig sind, lassen Sie sich das vereinbarte Projektziel schriftlich bestätigen.

Tipp:

In den vergangenen von mir begleiteten Projekten hat sich gezeigt, dass eine geführte wöchentlich angepasste Aufgaben- und Aktivitätenplanung ein sehr gutes Steuerungsinstrument ist, um möglichst alle das Projekt betreffenden Eventualitäten zu protokollieren oder terminlich verfolgen zu können. In den letzten Jahren hat sich auch die Vorgehensweise in sogenannten „Sprints“ – Planung der Aufgaben, die Ergebnisse liefern sollen, in kurzen Zeitabschnitten – von maximal zehn Arbeitstagen sehr gut bewährt. So können Zielabweichungen oder Einflussfaktoren schneller korrigiert werden.

5.1.2 Was ist zu planen?

Als Erstes ist es wichtig abzustecken, welche Priorität das Projekt erhalten soll. Das Softwareasset- und Lizenzmanagement bekommt zwar mittlerweile einen immer größeren Stellenwert eingeräumt, aber meistens gibt es natürlich noch andere, mehr oder weniger aufwendige, wichtigere, vorrangige, lang- und kurzfristige Projekte. Um das Projekt entsprechend einordnen zu können, müssen Sie sich überlegen, ob Sie die zu erwartenden Projektanforderungen hauptsächlich in einem Vollzeit- oder Teilzeitprojekt unterbringen können. Durchaus üblich ist dabei eine Kombination aus beiden: Einige Mitarbeiter werden dem Projekt in Vollzeit, andere in Teilzeit zur Verfügung stehen.

Zu Beginn formulierte Planungsaufgaben sind durchaus dynamisch und können sich im Verlauf immer wieder neu stellen, denn zum einen verläuft ein Projekt nie nach Plan und zum anderen kann meines Wissens nach niemand schon zum Projektstart detailliert festlegen, was in einer fortgeschrittenen Realisierungsphase zu geschehen hat. Dazu ist das ganze Feld zu dynamisch und alle Eventualitäten sind auch nicht immer vorhersehbar, schon gar nicht Einflüsse, die dem Umfeld des Unternehmens entstammen. Daher sollten Sie mit einer zweistufigen Planung arbeiten: mit einem sich auf das Projekt als Ganzes beziehenden Projektplan, der sich an der Roadmap bzw. an Teilen davon anlehnt, und mit daraus abgeleiteten mittelfristigen Phasenplänen, die durch Meilensteine und Arbeitspakete beschrieben und definiert werden. Denken Sie bitte daran, dass auch die ständigen Interaktionen mit der Umgebung den Projektverlauf maßgeblich beeinflussen.

Tipp:

Um eine möglichst aussagekräftige Roadmap beschreiben und definieren zu können, hat es sich als sehr nützlich erwiesen, im Vorfeld eine Lizenzmanagementstrategie zu entwickeln und zu verabschieden, damit deren Umsetzung dann auch über die Roadmap abgebildet werden kann. Diese Strategie kann natürlich auch beinhalten, dass z. B. die Prozessreifegrade neu bestimmt werden müssen oder aber der bestehende Prozess zum Umgang mit Software auf den Prüfstand gestellt werden sollte. ■

■ 5.2 Eine Roadmap definieren

Wahrscheinlich fragen Sie sich, warum ich in diesem Kontext auf das Thema Roadmap zu sprechen komme. Schließlich beschreibe ich ja keinen Projektstart, um beispielsweise eine neue Software oder ein neues Auto zu entwickeln. Nun, die Erfahrung zeigt, dass sich ein umfassendes SAM-Projekt nicht immer auf einen Zeitraum von maximal zwölf Monaten beschränken lässt. Deshalb ist es empfehlenswert – wie in Bild 5.2 gezeigt –, die kurz-, mittel- und langfristigen Ziele zu erfassen und in einer Roadmap zu dokumentieren.

In einer Roadmap werden Ziel und Zeitkorridore angelegt, an ihrer Erstellung müssen alle Projektbeteiligten mitwirken. Natürlich können Sie auch eine Teil-Roadmap für jeden einzelnen Objekttyp erstellen, wenn es Ihnen auf diese Weise leichter fällt, den Projektplan zu definieren. Versuchen Sie dabei, Trends und Visionen mit aufzunehmen. Ein aktueller, für das Thema Lizenzmanagement relevanter Trend, der immer stärker in den Fokus rückt, ist neben der Softwarevirtualisierung das Thema Cloud Computing in allen seinen momentan ausgeprägten Facetten.

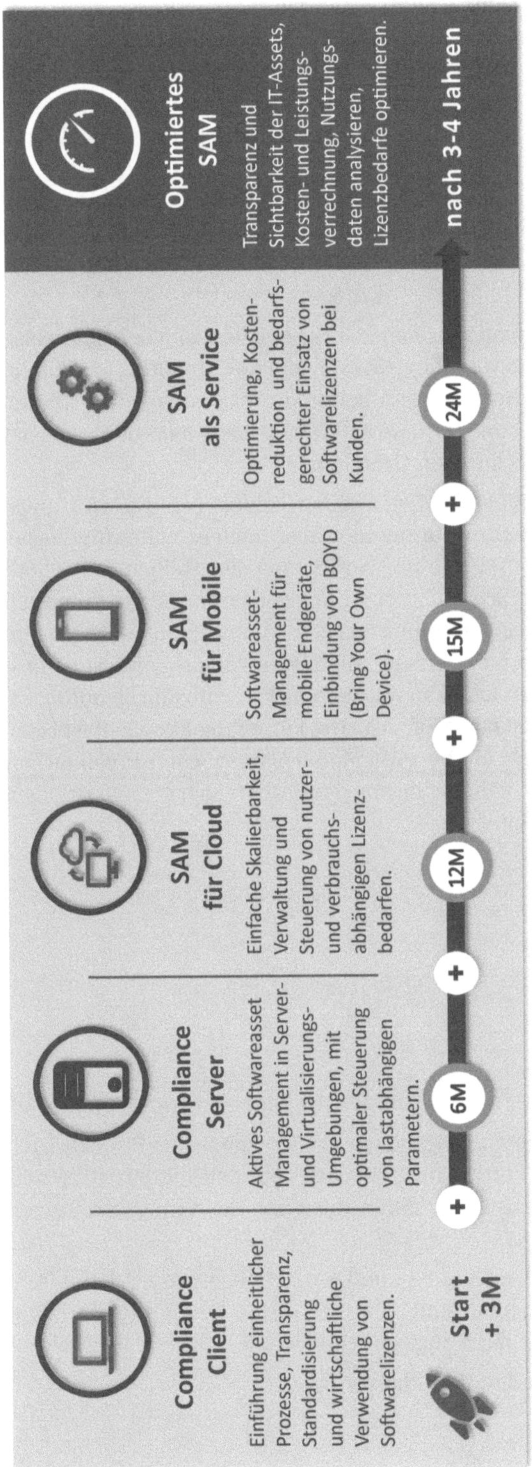

Bild 5.2 Mögliche Roadmap für ein SAM-Projekt

Und um in Zukunft ein proaktives Lizenzmanagement umsetzen zu können, ist das Thema „Softwarenutzungsanalyse“ nach wie vor mit einzubinden. Spätestens dann, wenn Ihr Unternehmen das Thema Cloud Computing stärker annehmen und umsetzen wird, ist eine Protokollierung der berechtigten Zugriffe in die „Cloud“ unabdingbar, denn hier werden dann ganz andere Abrechnungsmodelle zur Nutzung Anwendung finden. Das alles können Sie natürlich nicht in einem Projektplan abbilden, sondern diese Trends und Visionen für die zukünftigen IT-Strategien müssen in einer Roadmap abgebildet werden, die dann wiederum als Grundlage für die zu verwirklichenden Projekte dienen kann. Durch die intensive Einbeziehung aller Beteiligten lässt sich bereits bei der Bewertung der Visionen und Trends und der Erstellung der Roadmap eine größtmögliche Akzeptanz erreichen.

Für ein SAM-Projekt legen Sie in der Roadmap also fest, in welchem Zeitraum beispielsweise die einzelnen zu betrachtenden Objekttypen wie Client, Server, Mobile Computing oder Cloud Computing in das Projekt aufgenommen und ab wann belastbare Zahlen geliefert werden können. Sie müssen sich also darüber im Klaren sein, wo am Anfang der Schwerpunkt gesetzt werden soll, sei es aus Kosten- oder aus rechtlichen Gründen.

Des Weiteren dient dieses Vorgehen der Identifikation „weißer Felder“ (wie Entwicklungsbedarf, beispielsweise bei Prozessen und Strukturen, oder aber weitere zukünftig zu betrachtende Schnittstellen oder Datenquellen) und einer Verbindung der „weißen Felder“ mit weiteren ins Boot zu holenden Verantwortlichen. Zu einer festgelegten und abgestimmten Roadmap lässt sich auch viel einfacher die Zustimmung aus dem Management einholen, um die zu erreichenden Ziele festzulegen. Treten Sie dem anfangs geplanten Zeitrahmen mit einer gehörigen Portion Skepsis gegenüber. Ich habe während meiner langjährigen Projekttätigkeit oft genug miterlebt, dass aus einem Jahr plötzlich zwei Jahre Projektlaufzeit wurden, auch wenn darin unternehmensbedingt mal ein bis zwei Monate Pause in der Projektarbeit herrschte. Haben Sie eine Roadmap erstellt, können Sie nun das Beschreiben der notwendigen Meilensteine und Aufgaben in Angriff nehmen.

5.3 Projektphasen und Meilensteine erarbeiten

Das formulierte Projektziel steht als Hauptaufgabe immer an der Spitze des Projektplans. Untergliedern Sie den Projektverlauf in Entwicklungsphasen, um eine mittelfristige und genauere Planung zu ermöglichen. Ein Beispiel für den Aufbau und die Abfolge der einzelnen Projektphasen sehen Sie in Bild 5.3.

Wichtig ist, dass Sie jeder Phase einen Namen geben und ein Arbeitsergebnis definieren. Die Aufgaben einer Phase sollten überschaubar und abgrenzbar sein und genauso wie die zu erzielenden Ergebnisse mit dem Projektteam abgesprochen werden.

Für ein SAM-Projekt bieten sich die folgenden fünf Phasen an:

- Projektinitialisierung/Vorbereitung,
- Aufnahme,

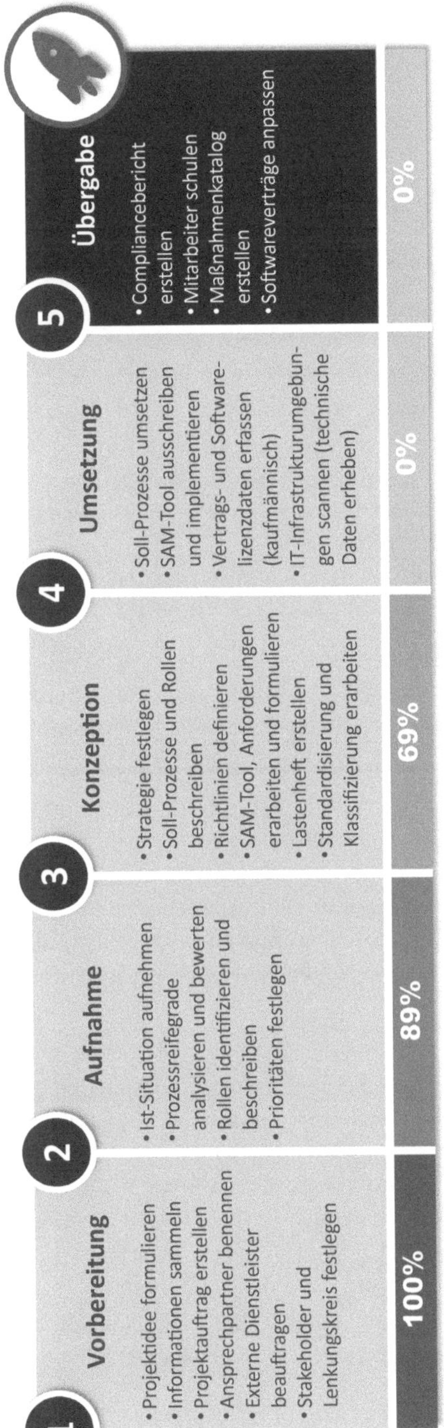

Bild 5.3 Phasenmodell für ein SAM-Projekt

- Konzeption,
- Umsetzung,
- Übergabe in den Betrieb sowie
- permanente Steuerung und Optimierung für die Erfolgskontrolle (auch KVP, Kontinuierlicher Verbesserungsprozess genannt).

Wie viele Phasen Sie festlegen, hängt natürlich sehr stark von der Größe, Komplexität und Art Ihres Projekts ab. Eine Phase sollte immer mit einem definierten Termin enden (einem erreichten Meilenstein), zu dem dann die in den Zielvereinbarungen formulierten Ergebnisse vorliegen müssen.

Welche Vorteile haben einzelne Projektphasen?

- Sie schaffen „Entscheidungspunkte", um Probleme überschaubarer zu machen.
- Die anzugehende Aufgabe wird in mehrere Teilaufgaben strukturiert, erfüllt und anschließend wieder in das Projektziel integriert.
- Es wird eine bessere Übersicht über die notwendigen Aktivitäten im Projekt und über Kapazitäten und Zuständigkeiten gewährleistet. Damit kann das Projekt besser gesteuert und kontrolliert werden.

Diese Phasen können Sie auch als Meilensteine definieren. Dabei definiert jeder Meilenstein ein in sich geschlossenes Arbeitsergebnis:

- Meilensteine bilden wichtige erreichte Zwischenergebnisse ab, damit das Projekt die nächste geplante Phase erreicht.
- Der Abschluss einer geplanten Phase wird durch das Erreichen eines Meilensteins definiert.
- Der erreichte Meilenstein kann im Hinblick auf die Ergebniskontrolle den Projektfortschritt belegen.

In Bild 5.4 sehen Sie einen skizzierten Meilensteinplan als Beispiel.

Jede Phase, jedes Teilprojekt und jede Reihe voneinander abhängiger Arbeitspakete wird durch einen *Meilenstein* beendet. Dabei hängt es von Ihrem Projektverständnis und Ihrem Unternehmen ab, welche Meilensteine festgesetzt werden. Im Terminplan wird das Erreichen der Phasen- oder Teilergebnisse mit einem Meilenstein besonders gekennzeichnet.

Hinweis:

Meilensteine werden häufig gesetzt, um das bisher erreichte Ergebnis durch die Auftraggeber und verantwortlichen Entscheider überprüfen zu können. Oft wird dabei auch geprüft, ob die nächste Phase bzw. der nächste Meilenstein zur Durchführung genehmigt wird oder vielleicht das Projekt abgebrochen werden muss. Stimmen Sie die geplanten Meilensteine daher immer mit den verantwortlichen Stellen ab (Lenkungsausschuss, Fachausschuss).

Auf der Basis der erstellten Phasenübersichten und des groben Meilensteinplans können Sie schon einmal einen ersten groben Terminplan visualisieren. Ein Beispiel hierfür sehen Sie in Bild 5.5.

Für eine feinere Planung müssen die festgelegten Phasen in weitere Arbeitspakete aufgeteilt und beschrieben werden.

1 Vorbereitung

- Voraussetzungen schaffen
- Projektauftrag formulieren
- Feinplanung erstellen
- Arbeitspakete beschreiben
- Projektteam aufstellen
- Ansprechpartner festlegen
- Informationen konsolidieren

2 Aufnahme

- Ist-Situation von Prozessen und Rollen aufnehmen
- Prozessschnittstellen identifizieren und bewerten
- Systemlandschaft und Schnittstellen aufnehmen
- Vorhandene Quellen identifizieren
- Beschaffungskanäle analysieren
- Erforderliche Vertragsinformationen recherchieren, bewerten und konzeptionell aufnehmen

3 Konzeption

- SAM-Strategie formulieren
- Prozesse, Rollen und Richtlinien erstellen
- Anforderungen für ein SAM-Tool beschreiben
- Softwarestandardisierung und Klassifizierung aufstellen
- Softwarebestellkonzept erstellen
- Anforderungen für eine Softwarevertragsdatenbank beschreiben
- Datenbereinigungskonzept erstellen
- Verträge- und Lizenz-Nachweisdaten sowie erforderliche Historien erfassen und bearbeiten

4 Umsetzung

- Prozesse, Rollen und Richtlinien einführen
- IT-Architektur überprüfen
- SAM-Tool:
  - Evaluieren und auswählen
  - Schulungen durchführen
  - Implementieren
- Systemlandschaft scannen
- Verträge- und Lizenz-Nachweisdaten initial erfassen
- Technische und kaufmännische Daten qualifizieren
- Schnittstellen testen und abnehmen
- Weitere Datenlandschaften (Cloud, SaaS, Mobile Device u.a.) anbinden

5 Übergabe

- Vorbereitung zur Übergabe in den operativen Betrieb (Prozesse, Rollen, Tools)
- Pilotbetrieb starten
- Compliance-Bericht aus Scope-Vorgaben erstellen
- Maßnahmenkatalog erstellen
- Coaching und Schulungen durchführen
- Softwareverträge anpassen
- Hersteller und Produktscope erweitern
- Erneute Reifegradprüfung durchführen
- Weitere Aktivitäten festlegen

Bild 5.4 Meilensteinplan SAM Gesamtprojekt (Entwurf)

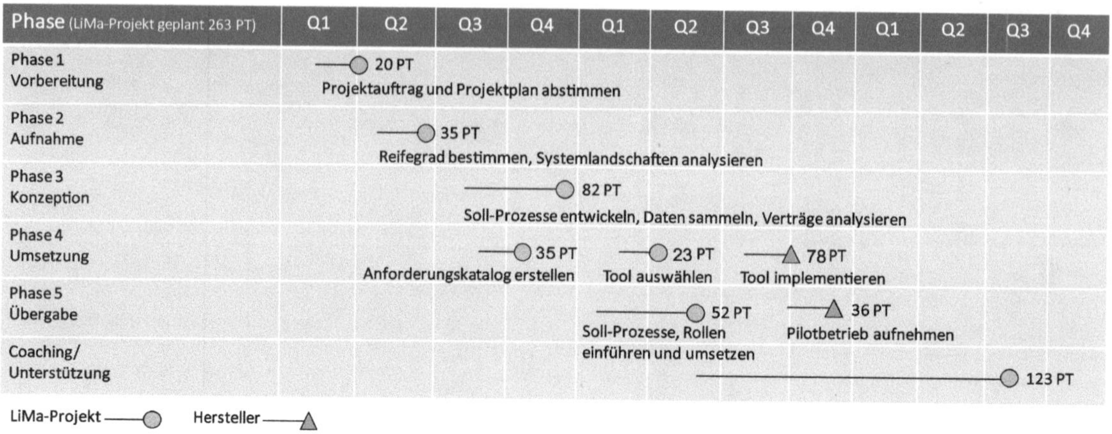

Bild 5.5 Grober Projektzeitplan mit Schätzung der erforderlichen Personentage

5.4 Die Arbeitspakete festlegen

Jedes mit einem Meilenstein fixierte Teilziel gliedert sich in Arbeitspakete mit bestimmten für die Erreichung des Teilziels notwendigen Aufgaben. Arbeitspakete, auch Tasks, Aktivitäten oder Vorgänge genannt, beschreiben spezifische Aufgaben mit einem festgelegten Anfang und Ende. Diese Termine werden bestimmt durch eventuelle Einschränkungen oder Abhängigkeiten von vorangegangenen Arbeitspaketen. Die in den Arbeitspaketen formulierten Aufgaben müssen durch den Einsatz bestimmter Ressourcen erfüllt und gelöst werden. Dabei wird das Arbeitspaket in der jeweiligen Phase des Projektplans hierarchisch in Teilaufgaben und nötigenfalls in Unteraufgaben aufgefächert. Sie kennen das bestimmt auch unter dem Begriff PSP-Element (Projektstrukturplan-Element).

Damit es zu keiner mehr oder weniger wahllosen Aneinanderreihung von Meilensteinen und Arbeitspaketen kommt, ist es sinnvoller, die Arbeitspakete zunächst grob und im Ganzen zu planen und dann etwas detaillierter aufzufächern, und zwar immer dann, wenn aus fachlicher oder technischer Notwendigkeit eine Phase in mehrere Arbeitspakete und Aufgaben aufgeteilt werden muss.

Am effektivsten hat sich dabei die „Top-down"-Methode erwiesen, die sich auch bei der Nutzung einer Projektmanagementsoftware bevorzugt anbietet. Um eine vollständige Erfassung der notwendigen Projektaufgaben in den einzelnen Phasen zu gewährleisten, sollten Sie die Arbeitspakete und Aufgaben objekt- und/oder funktionsorientiert strukturieren. In Bild 5.6 sehen Sie einen vereinfachten Strukturplan, der diese Aufgabenstellung grafisch darstellt.

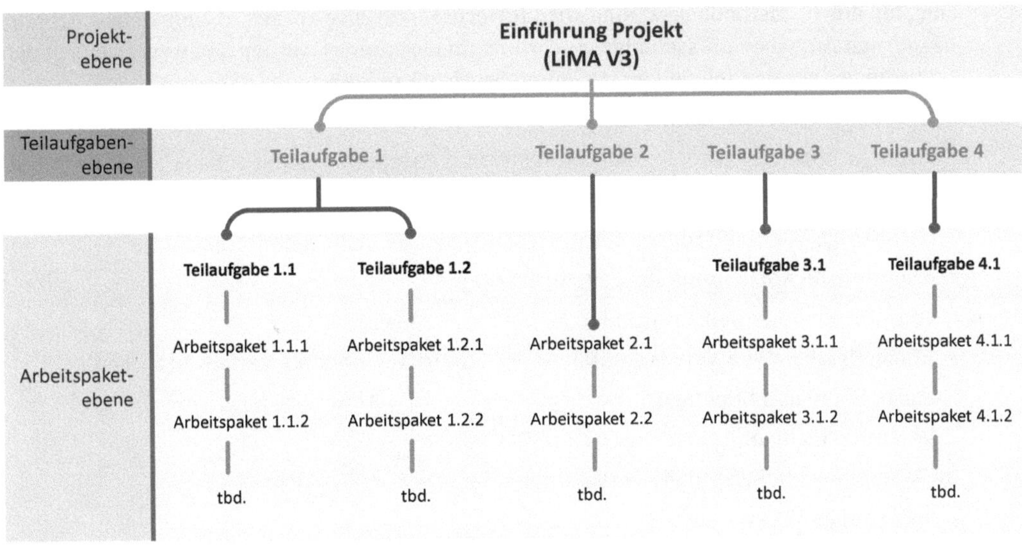

Bild 5.6 Vereinfachter Projektstrukturplan zur visuellen Darstellung der Arbeitspakete und Aufgaben

Damit Sie sich einen Überblick über die möglichen Zusammenhänge und Abhängigkeiten der Arbeitspakete untereinander verschaffen können, bietet sich die vereinfachte Darstellung der Arbeitspakete in einer logischen und strukturierten Reihenfolge mit Verknüpfung der jeweiligen Abfolgen und Abhängigkeiten an. In Bild 5.7 sehen Sie dazu ein Beispiel. Mit Hilfe von PowerPoint oder Visio können Sie so recht schnell eine Übersicht erstellen und diese zur Visualisierung des Projektfortschritts bei Projektstatusberichten verwenden.

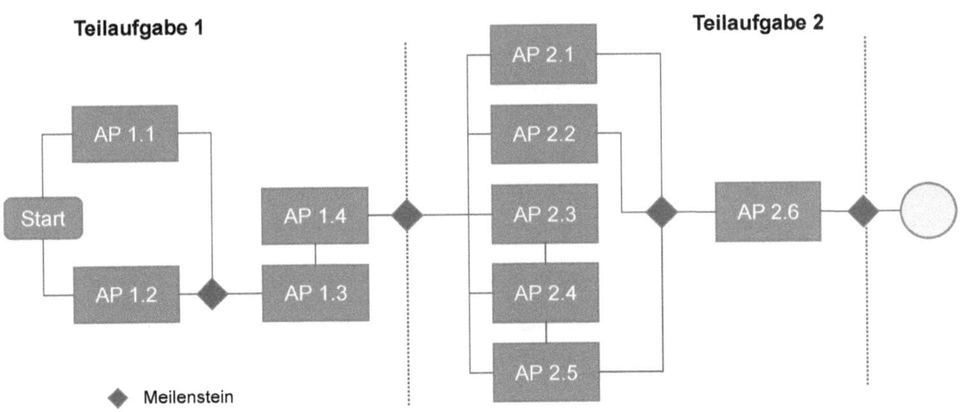

Bild 5.7 Beispielhafter Flowchart Projektstrukturplan

Natürlich ist es vom Projektumfang und den zu definierenden Arbeitspaketen abhängig, wie fein Sie diesen Strukturplan letztendlich auffächern, das müssen Sie selbst und entsprechend den vor Ort gegebenen Umständen individuell entscheiden.

Die „Top-down"-Methode setzt eine strukturierte Denkweise voraus. Die einzelnen Arbeitspakete und Aufgaben müssen klar zugeordnet und formuliert werden und wenigstens in den Grundzügen mit den folgenden Attributen beschrieben sein:

- laufende Identifikationsnummer,
- Name des Arbeitspakets bzw. der Aufgabe und Beschreibung des Inhalts,
- zu erwartendes Ergebnis,
- notwendige Voraussetzungen für die technische und materielle Infrastruktur,
- erforderliche Kapazitäten für Zeit, Mitarbeiter,
- zu erwartender Arbeitsaufwand,
- Abhängigkeiten von Vorgängeraktivitäten (inklusive der dafür Verantwortlichen),
- Start-, Ende- und Stichtage,
- Verantwortliche und/oder Durchführende.

Im Mittelpunkt stehen dabei die Planungen für:

- notwendige Aktivitäten,
- Termine,
- Kapazitäten,
- Mitarbeiter,
- Kosten.

Dazu kommen Planungen für:

- Qualität,
- Hilfsmittel,
- Dokumentation,
- Information.

Vergessen Sie nicht, bei der Planung der terminlichen Vorgaben und/oder Schätzungen der Dauer der einzelnen Arbeitspakete und Aufgaben eine gewisse Pufferzeit einzubauen.

In der folgenden Tabelle 5.1 finden Sie ein Beispiel für eine grobe Aufgabenbeschreibung, die nach den oben genannten Kriterien weiter verfeinert werden muss.

Hinweis:

Arbeitspakete stellen Aufgaben dar: In der Summe bilden diese den gesamten Leistungsumfang des Projekts bzw. Teilprojekts ab.

Abschließend gestatten Sie mir noch den Hinweis, dass Sie Ihr Projekt natürlich ständig begleiten und kontrollieren müssen. Das Verfolgen der geplanten Aktivitäten und der Einhaltung der geforderten Qualität und Quantität gehört ebenso zur Steuerung eines Projekts wie ein ordentliches Risikomanagement. Überwachen Sie deshalb regelmäßig die Einhaltung der gesetzten Termine und den daran gekoppelten Erfüllungsstand der Aufgaben. Oft notwendige steuernde Maßnahmen sind entweder inhaltliche oder zeitliche Anpassungen der bestehenden Arbeitspakete und Aufgaben.

Tabelle 5.1 Beschreibung der Anforderungen für das Vorgehen zu einer Tool-Auswahl

Aufgabe	Anforderungen zur Tool-Auswahl
Aufgabe/Inhalt	Unterstützung bei der Erstellung und Beschreibung von Anforderungen an das zukünftige Lizenz- und Vertragsmanagement-Tool
Vorgehen	Überprüfung der bestehenden Anforderungen an das zukünftige Tool auf Anpassung/Optimierung: ▪ Definition der Informationen zur Verwaltung und Bewertung von Softwarelizenzen, -verträgen ▪ Übertragung der beantworteten Ausschreibungsunterlagen in ein Bewertungsschema zur Auswertung und Gewichtung der notwendigen Anforderungen ▪ Unterstützung der Vorbereitungen zur Präsentation der eingeladenen Tool-Hersteller ▪ Unterstützung bei der abschließenden Tool-Entscheidung
Ergebnisse	Zielsetzung: ▪ die Anforderungsbeschreibungen ermöglichen im Vorfeld eine qualifizierte Vorauswahl der anzuschreibenden Hersteller ▪ konsolidierte Informationen über die notwendigen Anforderungen für das Lizenz- und Vertragsmanagement ▪ Erstellung eines anwendbaren Auswertungsschemas für die Tool-Bewertung
Aufwand	NN Personentage
Erfüllungs-/Abnahmekriterien	Dokumentierte Ergebnisse

Um das Projekt und die einzelnen Phasen in einfacher Form visualisiert zu überwachen, hat sich das in Bild 5.8 gezeigte System in einigen Projekten bewährt. In die abzubildenden Erfüllungsgrade sollten die regelmäßigen Statusberichte der Teilprojektleiter bzw. Arbeitspaketverantwortlichen einfließen. Aus dieser Grafik können Sie natürlich auch eine Gesamtübersicht über alle Phasen erstellen; dazu tauschen Sie einfach die Beschriftung in dem hier gezeigten Beispiel gegen Ihre Phasenbezeichnungen aus. Wenn Sie das dann regelmäßig an den Lenkungskreis bzw. die verantwortlichen Manager berichten, erhalten diese einen kurzen und prägnanten Überblick über den Projektstatus.

Phase 1
Vorbereitung

Arbeitspaket	Gesamtstatus: GELB	Fertig
Projektauftrag beschrieben und genehmigt		92%
Projektteam zusammengestellt		31%
Projektorganisation (Projektoffice, Infrastruktur)		54%
Vorbereitung zum Projekt-Kick-off		77%

Bild 5.8 Darstellung der Fertigstellungsgrade einer Projektphase

5.5 Die möglichen Baustellen identifizieren

In einem SAM-Projekt sind die vielfältigsten Aufgabenstellungen zu bewältigen und manchmal kommen welche hinzu, mit denen keiner gerechnet hat. Um Ihnen einen Anhaltspunkt zu geben, was da eventuell noch auf Sie warten könnte, finden Sie nachfolgend eine Aufstellung der Themen, die aus meiner Projekterfahrung heraus immer wieder gerne als nicht so wichtig eingestuft werden und irgendwann im Verlauf des Projektgeschehens plötzlich mit Blaulicht auf dem Kopf auftauchen.

Überblick über die bestehende Prozesslandschaft

Auch wenn Sie es eventuell erst im Rahmen des aufzusetzenden SAM-Projekts angehen, verschaffen Sie sich unbedingt einen ehrlichen und umfassenden Überblick über Ihre derzeitigen Software-Life-Cycle- und Lizenzmanagementprozesse (sofern Sie schon Lizenzmanagementprozesse anwenden). Hierfür sollten Sie Ihren derzeitigen Ablauf für eine Softwareanforderung, Beschaffung und Bereitstellung skizzieren und prüfen, ob in der gesamten Prozessablaufkette keine Medienbrüche auftreten und die erforderlichen Lizenzinformationen auch ordnungsgemäß verwaltet werden können. Oft lohnt es sich, ein Vorprojekt (z. B. eine Reifegradanalyse für die bestehende Prozesslandschaft) für die Aufnahme der Ist-Situation zu initiieren, auf mögliche Schwachstellen zu untersuchen und Optimierungspotenzial zu identifizieren. Dazu gehört auch, die notwendigen Datenquellen ausfindig zu machen und auf Konsistenz zu prüfen, und außerdem eine aktuelle Darstellung ihrer IT-Architektur.

Datenbereinigung in den kaufmännischen Quellsystemen

Um ein Lizenzinventar (kaufmännisch) und ein Softwareinventar (technisch) für einen Compliance-Check aufbauen zu können, benötigen Sie transparente und verlässliche Datenquellen. Nun ist es in den meisten Fällen so, dass zwar jede Büroklammer inventarisiert wurde, aber bei den Beschaffungen von Software wird kaum darauf geachtet, dass diese einmal später einem Lizenzbedarf eines technischen Softwareprodukts (identifiziertes Softwareprodukt, welches lizenzrechtlich lesbar gemacht wird) zugewiesen werden muss.

Um diese Zuweisung dann auch lizenzkonform durchführen zu können, ist es eine unabdingbare Voraussetzung, eineindeutige Benamungen auch auf der kaufmännischen Seite festzulegen, da oftmals auf den Rechnungsdokumenten die Lieferanten ihre eigenen Begrifflichkeiten und Artikelnummern verwenden. Am sinnvollsten ist es (aufgrund der Entwicklungen in den letzten Jahren auf Seiten der SAM-Tools) hier als eineindeutigen Identifier die Herstellerartikelnummer (SKU-Nr.) und die Herstellerproduktbezeichnungen zu verwenden und zusätzlich (damit alles etwas eindeutiger lesbar ist) einen sogenannten Materiallangtext zu definieren, denn nicht immer sind die Herstellerproduktbezeichnungen selbsterklärend.

Wenn Ihre Softwarebeschaffung nicht zentral durchgeführt wird, sondern eventuell durch verteilte Budgets und Verantwortlichkeiten eine dezentrale Beschaffung an der Tagesordnung ist, erschwert das Ihre Aufgabenstellung noch einmal zusätzlich. Sie müssen sich also erst einmal einen Überblick verschaffen, ob Sie sich überhaupt auf die Daten in Ihren Systemen verlassen können. Prüfen Sie ebenso, ob es in Ihren kaufmännischen Datenbeständen Dubletten gibt, oftmals sind es dieselben Softwareprodukte nur in unterschiedlichen Schreibweisen, weil es keine Richtlinie oder Vorgaben gibt, wie eine eineindeutige Bezeichnung zu erfolgen hat.

Aufbau einer Vertragsdatenbank

Für die Erstellung des Lizenzinventars wird die Erfassung der abgeschlossenen Rahmenverträge, Softwareverträge, Wartungsverträge und getätigten Bestellungen benötigt. In den Verträgen und Einzelbestellungen stecken die Informationen über die anzuwendenden Nutzungsbedingungen (Lizenztyp, Lizenzmetrik, Abonnements) und meistens auch welche Anzahl erworben wurde. Diese Informationen müssen sehr sorgfältig recherchiert werden, da sie später die kaufmännischen Grundlagen sind, um die durch die Inventarisierung entstandenen technischen Lizenzbedarfe lizenzkonform abzudecken und letztendlich so die geforderte und gewünschte Compliance zu erreichen.

Die Softwareeinkäufe unterscheiden sich nach dem Erwerb von Volllizenzen (auch Basislizenzen genannt), Upgrade-Lizenzen und Abonnements bzw. auch Subscriptions. Für die lizenzkonforme Zuweisung von Upgrade-Produkten bzw. -Lizenzen zu den vorhandenen Lizenzbedarfen ist es erforderlich, den lückenlosen Nachweis bis zur berechtigten Basislizenz vorzulegen. Da kann es schon einmal vorkommen, dass Sie unter Umständen die benötigten Unterlagen nicht in Ihren Systemen vorfinden, sondern sich in das Archiv begeben müssen, um sogenannte „Schrankware“ ausfindig zu machen, die den Erwerb der Volllizenz nachweist.

Nicht immer sind alle getätigten Bestellungen bzw. Vertragsunterlagen an einer zentralen Stelle zu finden. Oftmals sind damit umfangreiche Recherchen verbunden, deren Aufwand Sie nicht unterschätzen sollten. Gleichwohl sollte dabei aber immer das Kosten-Nutzen-Verhältnis im Auge behalten werden und manchmal kann es kostengünstiger sein, die aktuelle Vollversion zu kaufen, anstatt eine ressourcenaufwendige Recherche durchzuführen, um den geforderten Upgrade-Pfad nachweisen zu können.

Tipp:
In den letzten Jahren wird von den Unternehmen die elektronische Archivierung von Dokumenten oder Akten forciert. Um die erforderlichen Lizenznachweise im Fall eines Audits nachweisen zu können, liegt es u. U. am Auditor und was sein Auftraggeber (Hersteller) vorgibt, ausschließlich auf die elektronisch abgespeicherten Nachweise (Rechnungen oder Lizenzurkunden) zuzugreifen, um sich Prüfaufwand zu ersparen. Es ist aber auch immer noch üblich, dass die Vorlage der Originale verlangt wird und die elektronisch archivierten Dokumente nicht anerkannt werden. Das ist von Audit zu Audit und von Wirtschaftsprüfer zu Wirtschaftsprüfer unterschiedlich und liegt zum Teil auch ein Stück weit im verfügbaren Ermessensspielraum des Auditors. ■

Definition von Verantwortlichkeiten

Um das SAM-Projekt auf Erfolgskurs halten zu können, ist nicht nur der Projektverantwortliche wichtig, sondern auch alle anderen Beteiligten. Für einen optimalen Projektverlauf sind die Verantwortlichen zu benennen, die einzelnen Aufgaben bekanntzugeben und über die Projektaufgabensteuerung mit einzubinden. Das zieht sich über alle Phasen und Arbeitspakete. Vor allem müssen Sie sich einer guten Zusammenarbeit mit den Vorgesetzten der einzubindenden Fachbereiche versichern, damit das Projektziel gemeinsam erreicht werden kann.

Neu zu definierende Rollen (z. B. Strategischer Lizenzmanager, Softwareexperte)

Denken Sie rechtzeitig daran, die während des Projekts erarbeiteten Rollen und Verantwortlichkeiten auch in die für den Verfahrensbetrieb verantwortlichen Fachbereiche nachhaltig umzusetzen. Dass neue bzw. verteilte Aufgaben und Rollen erforderlich werden, ergibt sich allein aus der Tatsache, dass Sie ein SAM-Projekt aufgesetzt haben bzw. gerade dabei sind, dieses zu tun. Hier sollten Sie die nötige Sorgfalt walten lassen und die erforderlichen Rollen genau beschreiben und ausarbeiten, um die künftigen Soll-Prozesse mit Leben füllen zu können. Neue Prozesse zu entwerfen, ist das eine, diese dann auch nachhaltig zu „leben", das andere. Um die Rollen erfolgreich in die zukünftigen Lizenzmanagementprozesse integrieren zu können, ist eine frühzeitige Einbindung aller Beteiligten erforderlich. Meistens verlangen auch die zu beteiligenden Gremien rechtzeitige und ausreichende Schulungen im Vorfeld bzw. parallel zum Projektverlauf.

Organisatorische Einbettung bzw. Verortung des Lizenzmanagements

Je nach Umfang und Größe des SAM-Projekts gibt es verschiedene Szenarien, die neu entworfenen Prozesse und Rollen in die Unternehmensstruktur zu überführen. Das geht von der zusätzlichen Übernahme von Aufgaben neben der normalen Linientätigkeit bis zur Bildung einer eigenen Lizenzmanagementabteilung, die unternehmensweit für die zentrale Abwicklung und Beschaffung der Software und für die Verwaltung der Lizenzen zuständig ist. Strittig ist oft, in welchem Fachbereich das Lizenzmanagement organisatorisch angesiedelt werden soll. Historisch betrachtet, findet das Lizenzmanagement oft seinen Platz beim Einkauf. Es ist aber auch nicht ungewöhnlich, das Lizenzmanagement im IT-Bereich anzusiedeln. Definierte neue Prozesse und Rollen sind aber nur die halbe Miete.

Um eine nachhaltige Ordnung in die Strukturen und Prozesse zu bekommen, sind Anordnungen und Richtlinien für den Umgang mit der lizenzkostenpflichtigen Software notwendig, für die das Softwareasset- und Lizenzmanagement – durch die Umsetzung des Projekts – ja dann verantwortlich zeichnen muss.

Definition von Policies & Guidelines

Auch wenn Sie sich alle Mühe geben, die Beschaffung und Verwaltung der Software- und Softwareserviceprodukte sowie der damit verbundenen Lizenzdatenbestände zentral zu steuern und zu überwachen, ist es außerordentlich wichtig, dafür zu sorgen, dass die Software- und Softwareserviceprodukte nur noch über festgelegte Regularien bereitgestellt werden. Eine Sensibilisierung der Mitarbeitenden über den lizenzkonformen Umgang mit den lizenzkostenpflichtigen Softwareprodukten sollte hierbei auch ein zu beachtender Aspekt sein. Ebenso ist es wichtig, rechtzeitig die zu beteiligenden Gremien wie z. B. Personal- oder Betriebsrat oder den Datenschutzbeauftragten einzubinden, wenn es darum geht, Richtlinien zur Messung der Softwarenutzung aufzustellen und umzusetzen.

Fazit:

Formulieren Sie Ihre Projektphasen, Meilensteine und Arbeitspakete mit der nötigen Sorgfalt und lassen Sie ein gesundes Maß an Optimismus nicht fehlen, dann werden Sie Ihr SAM-Projekt zu einem erfolgreichen Abschluss bringen. ■

Teil III: Die Darstellung der Ist-Situation

- Kapitel 6: Erste Schritte zur Analyse und Dokumentation der Ist-Situation
- Kapitel 7: Prozesse: Strukturen analysieren, bewerten, optimieren
- Kapitel 8: Den Software-Life-Cycle-Prozess optimieren
- Kapitel 9: Die Beschaffungsprozesse: Bedarfsanforderung und Bestellung von Software

Probleme kann man niemals mit derselben Denkweise lösen, durch die sie entstanden sind.

Albert Einstein

6 Erste Schritte zur Analyse und Dokumentation der Ist-Situation

In diesem Kapitel erfahren Sie u. a.,

- wie man an die Aufnahme der Ist-Situation herangeht,
- wie sich die Ist-Situation mit Werkzeugen wie Word, Excel, PowerPoint & Co ausreichend dokumentieren lässt.

In diesem Kapitel lesen Sie etwas über die grundlegenden Voraussetzungen, die Sie für die erforderliche Aufnahme der Ist-Situation in Ihrem SAM-Umfeld schaffen sollten. Um einen ersten Überblick zu erhalten, sollten Sie die erarbeiteten Ergebnisse mit Hilfe entsprechender Werkzeuge dokumentieren. Diese Informationen können Sie dann für die Gestaltung und Optimierung der neuen Soll-Prozesse einsetzen. ■

Cloud-Technologie ist mittlerweile allgegenwärtig, die digitalen Strukturen verändern sich rasant, um die Konsumierung der Softwareproduktservices weiter zu vereinfachen. Diese Veränderungen für Innovation und Wachstum zu nutzen, wird für Unternehmen zum entscheidenden Baustein ihrer Geschäftsstrategien. Eine umfassende und transparente Sicht auf die IT-Assets zu jeder Zeit zu haben, ist ein wesentlicher Bestandteil für die digitale Transformation und dazu gehört heute mehr denn je, einen umfassenden und transparenten Überblick über die gesamten Geschäftsprozesse – die für die Steuerung und den Betrieb von Software- und Serviceprodukten verantwortlich sind – zu haben.

In Kapitel 5 „Den Projektplan aufstellen" haben wir uns mit den theoretischen Vorbereitungen für die Planung eines SAM-Projekts auseinandergesetzt. Projektziele wurden definiert, der Projektscope wurde festgelegt, der Projektplan mit Phasen, Meilensteinen und Aufgaben wurde erstellt, das war Phase 1.

Phase 2 „Die Aufnahme und Abbildung der Ist-Situation" ist nun der logische nächste Schritt. In diesem Kapitel wird bewusst nur auf die allgemeinen Faktoren eingegangen, da in Abschnitt 7.1 der Software-Life-Cycle-Prozess detaillierter abgebildet und beschrieben wird, den Sie als Fahrplan für die Aufnahme und Abbildung Ihrer Ist-Situation verwenden sollten. Darauf aufbauend können Sie dann mit einer anschließenden Reifegradanalyse die Ist-Prozesse bewerten und so feststellen, wo gegebenenfalls Optimierungspotenzial besteht.

6.1 Aufnahme der Ist-Situation – wo beginnen?

In vielen Fällen sind tatsächlich die Risiken in Bezug auf das Softwareasset nicht umfassend bekannt – und dadurch mit einer der wichtigsten Gründe für den Start eines SAM-Projekts, dicht gefolgt von dem Ziel, Transparenz und mögliche Einsparungen bei den IT-Kosten herzustellen. Die Ausgangssituation entspricht also meist der Stufe 1, wie sie in Bild 6.1 beschrieben ist.

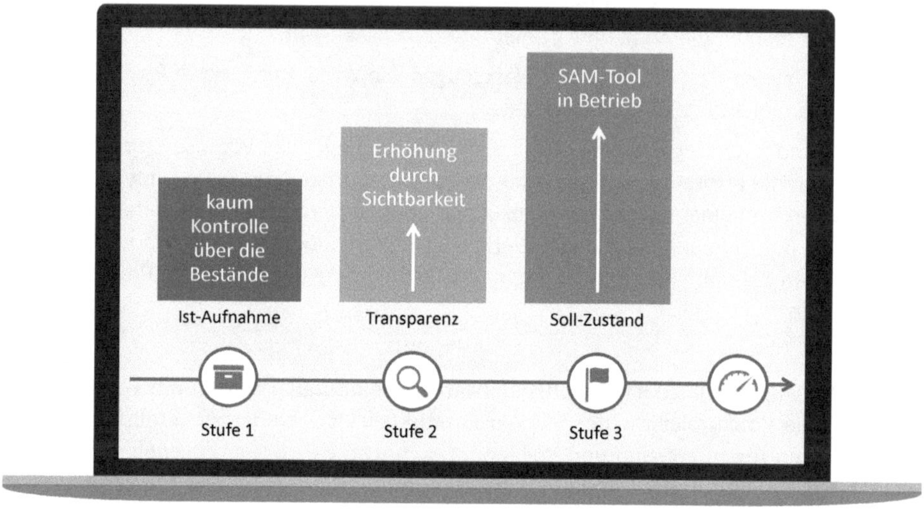

Bild 6.1 Stufe 1 = Häufig anzutreffende Ist-Situation in Bezug auf den SAM-Status

Stufe 1

Auf dieser Stufe gibt es oftmals keine bis wenig Kontrolle über die Softwareassetbestände. Bevor Sie sich also Gedanken machen können, in welchem Umfang die erforderlichen Maßnahmen umgesetzt werden müssen und welche Ressourcen es u. U. dafür zu bestimmen gilt, benötigen Sie eine Übersicht über das Hier und Jetzt. Am besten dafür geeignet ist eine strukturierte Aufnahme der Ist-Situation.

Was bedeutet es, in der Stufe 1 zu „stecken"?

- Ein steuerndes Lizenzmanagement ist de facto nicht vorhanden,
- eine ausreichende Transparenz über die technischen und kaufmännischen Bestände fehlt,
- eine Rechtssicherheit bzgl. der lizenzkonformen Umsetzung der Herstellerlizenzmodelle besteht nicht,
- mögliche Risiken – technisch (Sicherheit der Software), wirtschaftlich (Über- und Unterlizenzierung) – können weder erkannt noch gesteuert werden,
- es besteht keine Übersicht über die Kosten für die lizenzkostenpflichtigen Software- und Softwareserviceprodukte.

Die Konsequenz für den Betrieb der IT-Infrastruktur und für Management-Entscheidungen ist, dass die Kontrolle der Bestände kaum möglich ist, keine umfassende Datenlage und Qualität von technischen und kaufmännischen Inventaren sowie über die Vertragssituation besteht. Heute kommt noch als weitere Komplexität dazu, eine Übersicht über die abgeschlossenen und zu verwaltenden Softwareabonnements haben zu müssen. Um dann in die Stufe 2 zu starten und diese durchführen zu können, sind die hier im weiteren Kapitelverlauf beschriebenen Aufgabenstellungen anzugehen und umzusetzen. Dazu gehören:

Stufe 2

I. das SAM-Projekt starten,
II. die aktuellen Reifegrade der SAM-Life-Cycle und des Lizenzmanagement-Prozesses analysieren,
III. aus diesen Aufgaben und Maßnahmen die neuen bzw. optimierten Soll-Prozesse erstellen,
IV. daraus dann Anforderungen an ein SAM-Tool aufstellen und formulieren,
V. das SAM-Tool evaluieren, prüfen, implementieren und in die Erstinbetriebnahme überführen.

Dazu gehört dann auch, die vorher bereits optimierten Prozesse in der Organisation zu etablieren und mit Hilfe des neuen SAM-Tools und seiner Komponenten und Funktionen über die Inventarisierung von automatisch erfassbaren Softwareprodukten aus dem Client- & Server-Umfeld transparent zu erfassen. Es ist damit die wichtigste Aufgabe für ein Softwareasset- und Lizenzmanagement – die Verlässlichkeit der Daten sicherstellen.

Dazu müssen dann natürlich auch die vorhandenen Software-, Wartungs- bzw. Abonnement-Verträge analysiert und deren dazugehörige Softwarebestände kontrolliert erfasst und dokumentiert werden, um die gewünschte Rechtssicherheit herzustellen.

Stufe 3

Ist das SAM-Projekt mit dem neuen SAM-Tool und neuen SAM-Prozessen erfolgreich eingeführt und im Betrieb, sind die Voraussetzungen erfüllt:

- Die erforderliche Transparenz ist vorhanden und kann auch permanent gewährleistet werden.
- Dadurch entstehen Rechtssicherheit und eine wissentliche Steuerung von Risikofaktoren.
- Hierüber können die tatsächlichen Kosten für die lizenzkostenpflichtigen Software- und Softwareserviceprodukte transparent aufgezeigt werden.

Das Ergebnis daraus:

- ein umfassender Überblick wird möglich,
- die erforderlichen verlässlichen Daten werden bereitgestellt,
- Softwarebeschaffungen sind effektiver zu steuern,
- notwendige Prozesse und Rollen sind in die Geschäftsprozesse integriert,
- mögliche Risiken können rechtzeitig erkannt und gesteuert werden,
- Rechtskonformität wird hergestellt,
- Software kann wirtschaftlicher genutzt werden.

Sicherlich könnte man auch die Aufnahme der Ist-Situation überspringen, mögliche Änderungen an den erforderlichen Soll-Prozessen formulieren und einführen. Das mag zwar verlockend sein, lässt sich aber nur dann umsetzen, wenn Sie ohne Rücksichtnahme auf die bestehenden Geschäftsprozesse auf der grünen Wiese beginnen können. Und das ist in den seltensten Fällen möglich. Die Realität sieht leider anders aus. Eingefahrene Wege zu verlassen, bessere und kürzere Wege zu finden und zu planen, das ist jetzt die neue Herausforderung.

Die erste Frage, die Sie sich stellen sollten:

> *War das Softwareasset- und Lizenzmanagement eventuell schon einmal ein Thema in Ihrem Unternehmen oder hat sich bis dato noch niemand damit auseinandergesetzt?*

Wenn sich ein Vorprojekt schon einmal daran versucht hat, verschaffen Sie sich einen Überblick über die erreichten Ergebnisse und analysieren Sie, wenn möglich, warum dieses Projekt nicht weitergeführt oder zu Ende gebracht wurde bzw. warum die erreichten Ergebnisse nicht umgesetzt wurden. Oftmals stoßen Sie dabei auf Ergebnisse und Dokumente, die Ihnen bei der weiteren Dokumentation der Ist-Situation helfen können. Wahrscheinlich reicht das aber noch nicht aus und Sie müssen außerdem das Wissen in den Köpfen der Mitarbeiter identifizieren und zu Papier bringen. Stellen Sie fest, dass sich noch keiner im Unternehmen mit dem Thema SAM beschäftigt hat, müssen Sie leider ganz von vorne beginnen.

Um sich einen ersten Überblick zu verschaffen und gleichzeitig die vorgefundene Situation prägnant zu visualisieren, hat sich eine beispielhafte Darstellung wie in Bild 6.2 sehr bewährt. Sie zeigt die Ist-Situation der wichtigsten Abschnitte bezogen auf das Lizenzmanagement und auf die gewünschte Soll-Situation nach der Einführung eines SAM-Projekts. Im Prinzip unterstützen und überprüfen Sie mit diesem Arbeitsschritt noch einmal die Zielbeschreibung der SAM-Strategie.

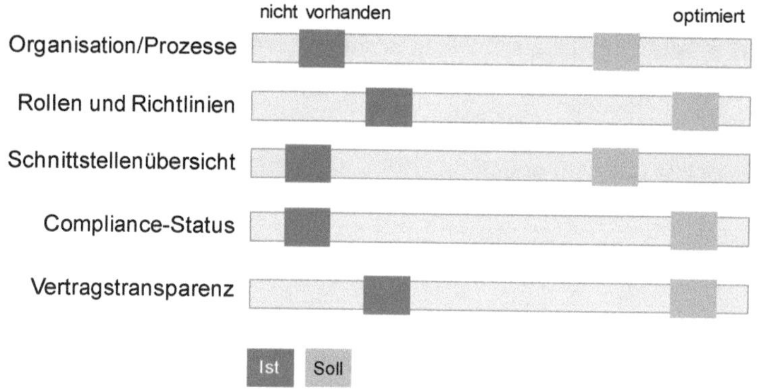

Bild 6.2 Überblick Ist- und Soll-Situation

Ausgehend von der in Bild 6.2 gezeigten Darstellung können Sie in einem nächsten Schritt eine zusammenfassende Risikobeschreibung und Einteilung durchführen. In Bild 6.3 sehen Sie dazu ein Beispiel. Hier wird noch einmal die Situation beschrieben und in eine Risikostufe (gering, mittel, hoch) eingeordnet. Damit haben Sie mit zwei Folien eine übersichtliche Darstellung der Ist-Situation erreicht. Sie eignet sich hervorragend für eine Managementzusammenfassung.

Nachdem Sie so eine erste Übersicht über Ihre bestehende Situation erstellt haben, können Sie weiter ins Detail gehen. Bild 6.4 zeigt Ihnen, wie Sie dabei vorgehen können.

Organisation und Prozesse

Die Bedarfsanforderungen für Software werden nicht prozessual unterstützt. Dadurch besteht keine ausreichende und transparente Übersicht. Beschaffungen erfolgen unkoordiniert, dezentral und unabgestimmt. Die erforderliche Rechtmäßigkeit kann so nicht eingehalten werden, es besteht keine wirkliche Kontrolle über die Softwarebestände.

Rollen und Richtlinien

Im Unternehmen sind noch keine zentralen Rollen und Steuerungsmöglichkeiten für ein operatives bzw. strategisches Lizenzmanagement etabliert. Es fehlen die dafür erforderlichen Prozesse und Richtlinien sowie deren organisatorische Einbindung in die bestehenden Geschäftsprozesse.

Schnittstellenübersicht

Die vorhandenen Tools ermöglichen kein effizientes Softwareasset- und Lizenzmanagement. Daten, die gesammelt werden, können nicht verwendet werden. Die Datenschnittstellen sind inkompatibel, es existieren viele Medienbrüche bei der Verarbeitung von Bedarfen.

Compliance-Status

Die ausreichende und bedarfsgerechte Verfügbarkeit für Softwarelizenzen innerhalb des Unternehmens sowie in Richtung der Kunden ist nicht durchgängig bekannt. Eine bestehende Unterlizenzierung bzw. auch Überlizenzierung kann nicht erkannt werden.

Vertragstransparenz

Die vorhandenen Softwareverträge liegen nicht in einer elektronisch auswertbaren Form vor. Eine Transparenz über die abgeschlossenen Wartungsverträge fehlt. Eine zentral verwaltete Ablagestelle von Softwareverträgen ist nicht vorhanden.

Risiko: hoch | Risiko: mittel

Bild 6.3 Risikoeinschätzung

Organisation und Prozesse

Die Bedarfsanforderungen für Software werden nicht prozessual unterstützt, dadurch besteht keine ausreichende und transparente Übersicht von Softwareanforderungen. Die Beschaffungen erfolgen unkoordiniert, dezentral und sind unabgestimmt. Die erforderliche Rechtssicherheit kann so nicht eingehalten werden, es besteht keine wirkliche Kontrolle über die Softwarebestände.

Problemfeld	Maßnahmen
• Der Reifegrad der Geschäftsprozesse ist nicht bekannt. • Ein Software-Life-Cycle-Prozess ist nicht vorhanden. • Die Beschaffungen erfolgen unabgestimmt und unkoordiniert. • Eine Kontrolle über die Softwarebestände erfolgt nicht.	• Den Reifegrad der Geschäftsprozesse ermitteln • Einen Soll-Prozess definieren (Optimierungsmöglichkeiten prüfen) • Die Beschaffungen sind über eine zentrale Stelle auszuführen. • Eine schrittweise Umsetzung von Prozessen für eine zentrale Beschaffung von Softwareprodukten

Bild 6.4 Detailliertere Darstellung des Punkts „Organisation und Prozesse"

So können Sie auch die nächsten von Ihnen formulierten Punkte weiter detaillieren und aufzeigen, wo die Schwachstellen liegen, die Sie dazu bewegt haben, Ihren Schieberegler auf die Position zu bringen, die Sie für realistisch halten (siehe noch einmal Bild 6.2). Die in den vorhergehenden Abbildungen gezeigte Vorgehensweise ist allerdings nur für einen ersten Überblick geeignet. Um eine konkrete und gut bewertbare Darstellung der Ist-Situation zu erreichen, müssen Sie die Analyse verfeinern und vertiefen.

Am besten teilen Sie die Analyse der Ist-Situation und deren Abbildung und Dokumentation in zwei Abschnitte auf:

- in die kaufmännischen Prozesse mit den Anforderungs-, Beschaffungs- und Lieferungsprozessen und
- in die technischen Prozesse mit den Installations-, Verwendungs- und Entsorgungsprozessen.

Die kaufmännischen Prozesse bilden zusammen mit den technischen Prozessen den Software-Life-Cycle-Prozess ab (siehe Bild 6.5).

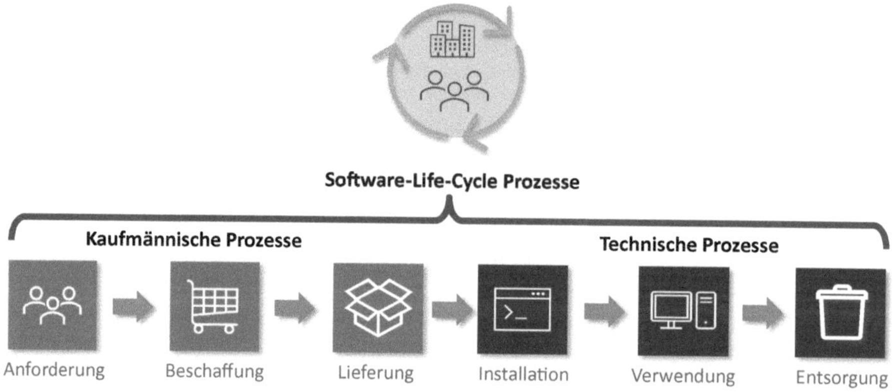

Bild 6.5 Übersicht Hauptprozesse des Software-Life-Cycle-Prozesses, kaufmännisch und technisch

Wenden wir uns zuerst den kaufmännischen Prozessen zu.

6.1.1 Die kaufmännischen Prozesse

Die kaufmännischen Prozesse umfassen die drei Hauptprozesse Anforderung, Beschaffung und Lieferung von Software. Um eine Software oder einen Softwareservice in das Unternehmen bzw. auf die entsprechenden Systeme zu bekommen, muss in einem ersten Schritt eine Softwareanforderung ausgelöst werden. Beschreiben Sie also hier, was alles wo in einem Anforderungsprozess getan werden muss, damit irgendwann die angeforderte Software auf dem PC oder Server genutzt werden kann.

Folgende Fragestellungen können auch mithelfen, eine Gesamtsicht zu bekommen:

- Gibt es u. U. bestimmte Restriktionen, dürfen beispielsweise nur bestimmte Personen eine Softwareanforderung auslösen, oder gibt es Richtlinien, die einzuhalten sind, etc.?
- Welche Systeme bzw. Tools werden für die Anforderung verwendet?

- Müssen Genehmigungsprozesse eingehalten werden und wie bzw. über welche Prozesse sind diese zu durchlaufen?
- Gibt es einen festgelegten Warenkorb (siehe Abschnitt 3.3.1 „Software- und Serviceportfolio – Schutz vor Wildwuchs") oder kann jeder bestellen, was gerade benötigt wird, ohne auf bestimmte Vorgaben Rücksicht nehmen zu müssen?

Im zweiten Schritt geht es um die eigentliche Beschaffung. Hier müssen Sie herausfinden, über welche Wege, Abteilungen und Ansprechpartner Software konkret beschafft wird. Wenn Sie sich nicht sicher sind, welche Fachbereiche in die Beschaffung von Software involviert sind, erstellen Sie ein Organigramm und tragen Sie dort alle verantwortlichen Organisationseinheiten und Ansprechpartner ein. Mit einer solchen Aufstellung können Sie gleichzeitig die richtigen Ansprechpartner für die möglichen anschließenden Interviews zur Analyse der Ist-Situation identifizieren.

Ganz wichtig sind Personen, die bisher dafür zuständig waren, die kaufmännische Software- und Lizenzdatenbank zu pflegen (sofern vorhanden). Vergessen Sie auch nicht die Rechtsabteilung, sofern diese für die Softwareverträge verantwortlich zeichnet, oder die Abteilung, die die Verträge verwaltet. Versuchen Sie alle Dokumente aufzutreiben, die in irgendeiner Weise mit der Beschaffung von Software in Ihrem Unternehmen zu tun haben könnten.

Beispielsweise wären das:

- Einkaufs- und Vertragsrichtlinien,
- Beschaffungsrichtlinien.

Versuchen Sie, die für das Verwalten der kaufmännischen Softwarelizenzen eingesetzten Systeme zu identifizieren und zu benennen. Wo werden Bestellungen bzw. Vertragsdaten abgelegt? Geschieht das zentral oder dezentral, in einem oder in mehreren Tools? Sind eventuell verschiedene Wege für die Softwarebeschaffung nutzbar? Befragen Sie alle in Ihrem Organigramm festgehaltenen Personen, um sich ein möglichst umfassendes Bild zu machen. Je mehr Informationen Sie sammeln können, umso einfacher und schneller lässt sich die Ist-Situation anhand von Prozessbildern beschreiben.

Später müssen Sie mit diesen Daten und Informationen den ersten Baustein Ihres Softwareasset- und Lizenzmanagements aufbauen: das Lizenzinventar – auch als Lizenznachweisinventar bezeichnet (Übersicht über alle erworbenen Softwareprodukte aus Verträgen und Bestellungen).

Der dritte Schritt ist die Beschreibung der Lieferung der Software. Informieren Sie sich, wie die Software in das Unternehmen gelangt und an den Anforderer ausgeliefert wird. Gibt es beispielsweise einen zentralen Wareneingang oder wird die bestellte Software direkt an den Anforderer überstellt? Wer bucht den Wareneingang, wer übernimmt die fachliche Prüfung der eingegangenen Bestellung, wie wird die Rechnungszahlung veranlasst? Das sind nur einige Beispiele, in Zusammenhang mit der Warenlieferung müssen Sie sicher noch mehr Fragen stellen. Auch für die Lieferung versuchen Sie bitte, Anordnungen und Richtlinien zu finden und zu dokumentieren.

Nachdem die Software nun im Unternehmen ist und möglichst über standardisierte Verfahren in einem Softwarekatalog bzw. Softwareportfolio aufgenommen wurde, muss sie irgendwie auf das System des Anforderers gelangen und installiert werden. Kommen wir also zu den technischen Prozessen.

6.1.2 Die technischen Prozesse

Abhängig davon, ob es sich um eine bereits eingesetzte und damit eventuell schon paketierte Software oder eine für das Unternehmen ganz neue Software bzw. ein Softwareservice handelt, sind verschiedene technische Prozessschritte bis zur Installation bzw. Bereitstellung dieser Software zu durchlaufen. Um die teilweise recht komplexen technischen Abläufe identifizieren und beschreiben zu können, sollten Sie die verantwortlichen Mitarbeiter aus den dafür zuständigen Fachabteilungen um Hilfe bitten.

Auch hier gibt es mit Sicherheit festgelegte Spezifikationen wie beispielsweise diese:

- Ab welcher Installationsanzahl wird ein Softwareprodukt paketiert?
- Wird ein Softwareprodukt auch installiert, wenn es eventuell noch keine kaufmännische Lizenz dafür gibt?
- Wird das Produkt erst dann installiert, wenn der kaufmännische Wareneingang gebucht wurde?
- Wie ist der Verfahrensweg, wenn beispielsweise ein neuer Cloud-Service genutzt bzw. bereitgestellt werden soll?

Diese wichtigen Indikatoren müssen Sie finden und dokumentieren. Sprechen Sie bitte dabei auch mit den verantwortlichen Abteilungen die im Ist-Prozess gelebten Zuständigkeiten genau ab, denn es kommt oft vor, dass beispielsweise das Clientmanagement die Hoheit über die Durchführung der technischen Prozesse besitzt und diese nicht so ohne Weiteres an den SAM-Betrieb übergeben will. Sollten sich hier schon im Vorfeld Probleme abzeichnen, müssen Sie unbedingt die erforderlichen Schnittstellen und die Verantwortlichkeiten zwischen den zukünftigen SAM-Rollen, dem SAM-Betrieb und den Fachbereichen, die für die technischen Prozesse zuständig sind, festlegen. Zu den aufzunehmenden Informationen gehören auch festgelegte bzw. zu vereinbarende Richtlinien.

6.1.3 Richtlinien

Zu den wichtigen Richtlinien, die zu dokumentieren sind, gehören beispielsweise:

- Richtlinien zum Umgang mit dem Internet und dem daraus resultierenden Download von Software,
- Richtlinien für Homeoffice, Zweit-PCs, Laptops, Tablets oder überhaupt zu mobilen Geräten und deren Einsatz.

Richtlinien, die den Umgang mit „privaten" Geräten (BYOD)[1] beschreiben:

- Richtlinien für den Umgang mit Testsystemen und Lizenzen,
- Richtlinien zur Softwareinstallation bzw. Bereitstellung und Nutzung von Cloud-Diensten (wer darf was?),
- Richtlinien für die einzuhaltende Softwareproduktstrategie.

[1] BOYD = „Bring your own Device" (das private Gerät, wie z. B. Laptop, Smartphone, Tablet, wird zur Nutzung mit in das Unternehmensnetzwerk integriert)

> **Hinweis:**
> Nehmen Sie erst einmal nur allgemeine Spezifikationen auf, in einen tieferen Detaillierungsgrad werden Sie automatisch kommen, wenn Sie die schon angesprochenen Software-Life-Cycle-Prozesse und Richtlinien für die Aufnahme der Ist-Situation analysieren. ■

Weiterhin sind auch die vorhandenen Rollen und Verantwortlichkeiten bei der Aufnahme der Ist-Situation zu identifizieren und zu dokumentieren.

6.1.4 Rollen und Verantwortlichkeiten identifizieren

Klassischerweise ist das Verwalten und Dokumentieren von Softwarelizenzen sehr oft im Einkauf angesiedelt, weil dort auch die Softwareverträge abgeschlossen werden. Hier finden Sie vor allem fachliches Vertrags-Know-how, das Sie bei der Erfassung und Bestimmung der Lizenzmodelle für das zukünftige Lizenzinventar benötigen werden. Dabei sind (je nach Größe des Unternehmens) verschiedene Mitarbeiter für die Softwareverwaltung zuständig. Gerne wird auch eine Unterteilung in bestimmte Softwarehersteller und deren Produkte vorgenommen, wie beispielsweise SAP, IBM, Adobe, Oracle, Microsoft u. a., oder nach dem Einsatzumfeld, wie beispielsweise Client, Server, Cloud u. a. Auf der technischen Seite bzw. im Fachbereich, wo die Software eingesetzt wird, fühlt sich meistens ein Mitarbeiter verantwortlich, der oft auch als technischer Produktverantwortlicher oder Softwareexperte bezeichnet wird. Auch hier genügt es erst einmal zu wissen, ob es diese Rollen gibt bzw. wie diese in Ihrem Unternehmen genannt werden. Es wird für den künftigen SAM-Betrieb sehr wichtig sein, Ansprechpartner auf der kaufmännischen und technischen Seite zu finden bzw. bestimmen zu können. Die drei wichtigsten SAM-Rollen „Strategischer Lizenzmanager", „Operativer Lizenzmanager" und „Produktverantwortlicher bzw. Softwareexperte" werden ausführlich in Abschnitt 8.5 „Soll-Prozesse – Rollen und Verantwortlichkeiten definieren" beschrieben. Ihre Aufgabe ist es, bei der Aufnahme der Ist-Situation darauf zu achten, ob es solche oder ähnlich geartete Rollen bereits gibt und ob diese auch „gelebt" werden.

■ 6.2 Dokumentation der Ist-Situation

Die Informationen und Ergebnisse aus Ihrer Ist-Aufnahme sollten umfassend dokumentiert werden. Neben den üblichen und gebräuchlichsten Werkzeugen wie Word, Excel, PowerPoint und Visio kann Ihnen am Anfang auch die Erstellung von Mindmaps eine gute Hilfestellung leisten. Oft hilft diese Methode auch allen Beteiligten, einen Einstieg in die komplexe Thematik zu finden. Veranstalten Sie mit den benannten Projektmitgliedern einen Workshop, der sich ganz allgemein mit dem Thema „Softwareasset- und Lizenzmanagement" beschäftigt, und nehmen Sie die Erwartungshaltung der anderen zu diesem Thema mit auf. So können zunächst alle Ideen und Einfälle gesammelt und nach Wichtigkeit priorisiert werden.

PowerPoint und auch Visio werden gerne für die Abbildung von Prozessen und Systemlandschaften verwendet und in einem ersten Schritt kann es durchaus ausreichend sein, die wichtigsten Hauptprozesse bzw. Beschaffungswege darin zu dokumentieren und zu beschreiben. Am einfachsten ist es für Sie, wenn Sie die in Abschnitt 7.1 beschriebenen Software-Life-Cycle-Prozesse mit Ihren Unterprozessen als einen ersten Fahrplan skizzieren, die derzeitige Ist-Situation beschreiben und daran abbilden. In PowerPoint könnte dies beispielsweise wie in Bild 6.6 aussehen.

Anforderung

Zusammenfassung der Ist-Situation im Anforderungsprozess

- Ein Tool, um damit Lizenzinformationen zu erfassen, ist nicht verfügbar.
  - Dadurch ist kein Compliance-Bericht erstellbar.
  - Eine Zuordnung von Vertrags- und Lizenznachweisen zu technischen Lizenzbedarfen ist nicht möglich.
  - Upgrade-Pfade können nicht abgebildet werden.
  - Eine zentrale Beschaffung von Software wird nicht ausreichend gesteuert.
- Eine transparente Sicht über die beschafften Softwareprodukte besteht nicht.
- Informationen über ausgeschöpfte Vertragsvolumen sind nicht ermittelbar.

Bild 6.6 Beschreibung der Ist-Situation im Prozess „Anforderung“

In den meisten Unternehmen wird auch Excel quasi als „kleine“ Datenbank eingesetzt. In Excel können Sie zunächst auch erst einmal Informationen aus den unterschiedlichsten Systemen zusammentragen und dokumentieren, wie beispielsweise Verträge und Bestellungen, um im ersten Schritt einen groben Überblick zu erhalten, mit welchen Datenmengen Sie später umgehen müssen. Natürlich eignet sich auch eine Textverarbeitung wie Word, um eine Dokumentation der Ist-Situation zu erstellen. So können Sie dort beispielsweise alle Informationen dokumentieren, die Sie aus Interviews oder anderen Quellen zusammengetragen haben. Die Möglichkeiten sind wie immer sehr mannigfaltig und jeder von Ihnen hat sicherlich eine präferierte Form, wie Dokumentationen erstellt werden. Letztendlich kommt es aber nur darauf an, möglichst alle Informationen zusammenzutragen, die Sie für die weitere Analyse Ihrer Ist-Situation benötigen.

Fazit:

Die Aufnahme der Ist-Situation Ihres SAM-Umfelds ist eine wichtige Maßnahme, die Sie vom Zeitaufwand her nicht unterschätzen sollten. Können Sie eventuell bereits auf die Ergebnisse eines Vorprojekts zurückgreifen, müssen Sie nicht ganz von vorne beginnen. Die Ist-Aufnahme ist insofern empfehlenswert, da Sie dadurch wichtige Erkenntnisse beispielsweise über die bisher angewendeten Softwarebeschaffungsprozesse oder auch zu den anderen bisher gelebten Prozessen im SAM-Life-Cycle- und Lizenzmanagement-Prozess gewinnen können. Des Weiteren verschaffen Sie sich damit einen ersten Überblick über die anstehenden Aufgaben bei der Optimierung Ihrer Prozesse. ■

7 Prozesse: Strukturen analysieren, bewerten, optimieren

In diesem Kapitel erfahren Sie u. a.,

- welche Hauptprozesse einen Software-Life-Cycle-Prozess bestimmen,
- weshalb Schnittstellen im Software-Life-Cycle-Prozess zu betrachten sind,
- weshalb es auch wichtig ist, die Lizenzmanagementprozesse festzulegen und mit in den Software-Life-Cycle-Prozess einzubeziehen,
- warum das Untersuchen und Bewerten der bisherigen Strukturen und Prozesse im Software-Life-Cycle wichtige Schritte sind und welche Komplexitätstreiber zu beachten sind,
- warum Ihnen eine Reifegradanalyse als Optimierungsinstrument Ihrer Software-Life-Cycle-Prozesse helfen kann,
- weshalb die Norm ISO/IEC 19770-1 Ihnen bei der Aufstellung und Bewertung von Aufgaben und Aktivitäten im Software-Life-Cycle-Prozess durchaus eine Hilfestellung sein kann.

Ein optimierter und funktionierender Software-Life-Cycle-Prozess ist für ein aktives Lizenzmanagement unbedingt erforderlich und zwingende Voraussetzung, um die geforderte Compliance im Unternehmen herstellen zu können. Dieses Kapitel informiert Sie über die einzelnen Haupt- und Teilprozesse im Software-Life-Cycle-Prozess und gibt Ihnen eine Übersicht über die Best-Practice-Methoden, wie diese Prozesse mit Hilfe von Reifegradanalysen bewertet und optimiert werden können. ■

Dieses Kapitel wurde von mir nur wenig überarbeitet, weil die hier beschriebenen Aspekte und Vorgehensweisen immer noch genauso aktuell sind und für die Einführung, Umsetzung und den Verfahrensbetrieb eines Softwareasset- und Lizenzmanagements beachtet werden sollten.

Warum auch Lizenzmanagementprozesse mit beachtet werden sollten

Im Rahmen der Aktualisierung binde ich aber einen zusätzlichen Aspekt mit ein. Die „Lizenzmanagementprozesse“ werden meistens im Zusammenhang mit dem Software-Life-Cycle-Prozess und den anderen Geschäftsprozessen weniger fokussiert betrachtet, sind aber für einen optimalen Softwareasset- und Lizenzmanagement-Betrieb erforderlich. Oftmals werden diese Prozesse erst sehr viel später (manchmal eher gar nicht) mit einbezogen, weil viele Unternehmen entweder keinen expliziten Fokus darauf haben oder erwarten, dass diese in den „normalen“ Software-Life-Cycle-Prozess mit integriert werden, was aber nur wenig bis kaum funktioniert. Der Aufbau und Ablauf dieser Prozesse kann nicht so ohne Weiteres in einen Standard-Software-Life-Cycle-Prozess eingebunden werden, dazu beinhalten diese Prozesse einfach zu spezifische Aufgabenstellungen. Ein Beispiel: Der Prozess, wie ein Software-Audit zu begleiten ist, ist so ein expliziter Lizenzmanagement-Prozess, wird aber meistens auch zusammen mit den Rollen aus den Fachbereichen Revision und Rechtsabteilung „betrieben“ und verantwortet. ■

Ein Unternehmen muss seine Geschäftsprozesse ständig im Blick haben und optimieren. Gerade in Bezug auf unsere immer mehr durch die Informationstechnologien geprägte Arbeitswelt und die damit verbundenen wachsenden Anforderungen an die permanente Verfügbarkeit von Informationen und Dienstleistungen ist die stetige Weiterentwicklung der Geschäftsprozesse unabdingbar geworden. Dabei bestimmen und unterstützen heute vielfältige Faktoren die Weiterentwicklung und Optimierung der Geschäftsprozesse. Neben einem permanenten Reporting von Geschäftszahlen und der damit ermöglichten Steuerung der Geschäftsrisiken ist die Kontrolle und der transparente Überblick über die ablaufenden Prozesse und Genehmigungsschritte erforderlich, um damit den im Backoffice Beteiligten (z. B. Einkauf, Vertragsmanagement u. a.) die erforderlichen Informationen bereitzustellen, damit diese dann strukturierte Daten generieren können und die Prozesse damit beliefern, um daraus dann die für die Geschäftsprozesse benötigten Services für einen effizienteren Geschäftsablauf bereitstellen zu können.

Diese Abläufe, einmal als permanenter Kreislauf in Bild 7.1 visualisiert, zeigen auch auf, dass das Softwareasset- und Softwarelizenzmanagement heutzutage „immer“ als eine (wenn auch beliebig komplexe) zu steuernde Einheit betrachtet werden sollte. Denken Sie daran, dass die Qualität einer Dienst- oder Serviceleistung (eine solche ist ja letztendlich auch das Lizenzmanagement) immer bestimmt wird durch die Qualität der Prozesse, die notwendig sind, um diese Dienst- oder Serviceleistung zu entwickeln und zu erhalten. Um Prozesse effektiv zu managen, sind natürlich auch die beteiligten Rollen und die verwendeten Technologien ein weiterer wichtiger Bestandteil. Die existierenden und eventuell neu zu schaffenden Strukturen müssen mit den Prozessen gut abgestimmt sein, um die daraus resultierenden Daten oder Services optimal in den Geschäftsablauf einbinden zu können. Ein essenzieller

Bestandteil im Gesamtablauf dieser ineinandergreifenden Faktoren ist der Software-Life-Cycle-Prozess mit seinen sechs Haupt- und mehreren Teilprozessen. Im Abschnitt 7.3 gehe ich dann zusätzlich auf die bereits angesprochenen Lizenzmanagementprozesse ein, die wie im Abschnitt 7.2 bereits für den Software-Life-Cycle-Prozess beschrieben auch über entsprechende Schnittstellen zum und vom Software-Life-Cycle-Prozess angesprochen und eingebunden werden.

Bild 7.1 Grundprinzip des geschäftlichen Wachstums in Unternehmen

7.1 Der Software-Life-Cycle-Prozess im Überblick

Die Geschäftsabläufe und Prozesse kommen heute nicht mehr ohne die Unterstützung durch Informationstechnologien aus. Damit diese Informationstechnologien funktionieren und den Geschäftsablauf steuern können, wird Software benötigt, egal, ob das ein Computersystem zur Steuerung eines Produktionsablaufs in der Automobilbranche ist oder zur Steuerung von Windkraftwerken oder ein Arbeitsplatz in der öffentlichen Verwaltung.

Mittlerweile unterliegen auch Softwareprodukte aufgrund der Schnelllebigkeit der Entwicklungszyklen und der rasanten Weiterentwicklung der Hardware bzw. wegen der Transformation in die Cloud-Umgebungen einem zeitlich beschränkten Lebenszyklus. Unter dem Aspekt, die Kunden weiter an sich zu binden, aber auch um Kosten für die Weiterentwicklung der Softwareprodukte besser kalkulieren und verringern zu können, wird in Kapitel 25 „Transformation im Lizenzmanagement" beleuchtet, inwiefern sich die Hersteller immer mehr von unbefristeten Lizenzmodellen abwenden, hin zu den Abonnement- und Subskription-Modellen. Diese Varianten haben nämlich für den Hersteller große Vorteile gegenüber der bisherigen Praxis, monate- bzw. jahrelang an Updates zu schrauben und diese dann über einen groß angelegten Rollout zu veröffentlichen.

Dass das hin und wieder schiefgehen kann, haben wir ja alle das eine oder andere Mal bereits mit Windows 10 erlebt, welches uns nun auch schon wieder mehr als fünf Jahre (Erstveröffentlichung für die Faktenliebhaber: 29.7.2015) tagtäglich begleitet. Wer beispielsweise bereits Microsoft 365 nutzt, wird wissen, dass dafür ständig (fast wöchentlich) Updates, Patches usw. von Microsoft ausgerollt werden, um damit Fehler, aber auch „Verbesserungen" im stetigen Fluss der Softwareentwicklung unter die User zu bringen. Diesen Updates kann man sich bei der Nutzung von Software-Abonnement bzw. Subskription-Modellen auch nicht entziehen, da ja die Software größtenteils nicht mehr auf den eigenen lokalen Systemen installiert ist.

Dass sich auch hier die Software-Life-Cycle-Prozesse zukünftig stärker an den Softwareasset- und Softwarelizenzmanagement-Prozessen ausrichten müssen, ist – denke ich – unbestritten.

Microsoft macht es aktuell mit dem neuen Herbst-Update von Windows 10 wieder vor. Hier wurden bereits mit den laufenden Updates Funktionen ausgerollt, die dann bei bestimmten Versionen anstatt eines neuen und umfangreichen Versionsupdates nur noch „Kleinigkeiten" ergänzend installieren oder schlicht und ergreifend nur freischalten. Anwender, die noch die ältere Updateversion nutzen, haben dann ein größeres Update zu managen.

> *Wer Windows 10 2004 nutzt, kann ganz einfach auf Windows 10 20H2 umsteigen. Das Update ist dann genauso einfach, wie man es am Patchday gewohnt ist. In wenigen Minuten sollte es über die Bühne gehen, denn Microsoft hat die Neuheiten schon über die letzten Monate verteilt und schaltet sie mit einem kleinen kumulativen Update frei.*
>
> *Nutzer früherer Windows-Versionen, besonders die immer noch sehr beliebten Windows 10 1903 und Windows 10 1909, haben es nicht so einfach. Sie kriegen ein komplettes Funktionsupdate mit großem Download, aufwendiger Installation und Neustart.*[1]

Also, in Zukunft wird es unumgänglich sein, den Software-Life-Cycle- und Softwareasset- sowie die Softwarelizenzmanagement-Prozesse an die geforderte Betriebswirksamkeit in Abhängigkeit zu den Geschäftsprozessen permanent und dynamisch anzupassen.

Um eine Software bzw. ein Softwareserviceprodukt auf einem Computersystem bereitstellen zu können, muss zu Beginn der Prozesskette vom Anfordernden (kann auch ein Projekt oder ein Fachbereich sein) eine Bedarfsanforderung formuliert werden. Das angeforderte Software- bzw. Softwareserviceprodukt muss Prüf- und Genehmigungsprozessschritte durchlaufen, bevor es bestellt, beschafft und geliefert werden kann. Erst wenn diese Teilprozesse durchlaufen (positiv) wurden, kann das Software- bzw. Softwareserviceprodukt dem Anfordernden zur Nutzung bereitgestellt werden.

---

[1] Chip.de, Windows 10 Oktober 20 Update:
https://www.chip.de/news/Windows-10-20H2-Oktober-Update-vorab-bekommen_175582387.html

Nach Ablauf einer bestimmten oder auch festgelegten Nutzungszeit (beispielsweise ein Subskription-Zeitraum) hat die Software bzw. der Service das Ende des Lebenszyklus erreicht und wird über den Prozess „Entsorgung“ wieder außer Betrieb genommen.

Der komplette Software-Life-Cycle-Prozess setzt sich aus insgesamt sechs Hauptprozessen zusammen, wobei drei davon die kaufmännischen Prozesse und drei die technischen Prozesse darstellen.

Die *kaufmännischen Prozesse* setzen sich zusammen aus:

- Anforderungsprozess,
- Bestellungsprozess,
- Lieferungsprozess.

Die *technischen Prozesse* bestehen aus:

- Installationsprozess,
- Prozess zur Verwendung und zum Betrieb,
- Entsorgungsprozess.

Die technischen Prozesse wurden früher auch mit dem Akronym „IMAC“ (Install, Move, Add, Change) bezeichnet. Vor der ITIL-Zeit wurden mit diesem Akronym alle Prozesse eines technischen IT-Betriebs umschrieben. Zu jedem dieser sechs Hauptprozesse gehören weitere Teilprozesse. Was Sie hier in Bild 7.2 sehen, sind Best-Practices-Prozessbeschreibungen, die sich aber mit der Zeit bei den Unternehmen zu einer Standardbezeichnung entwickelt und etabliert haben.

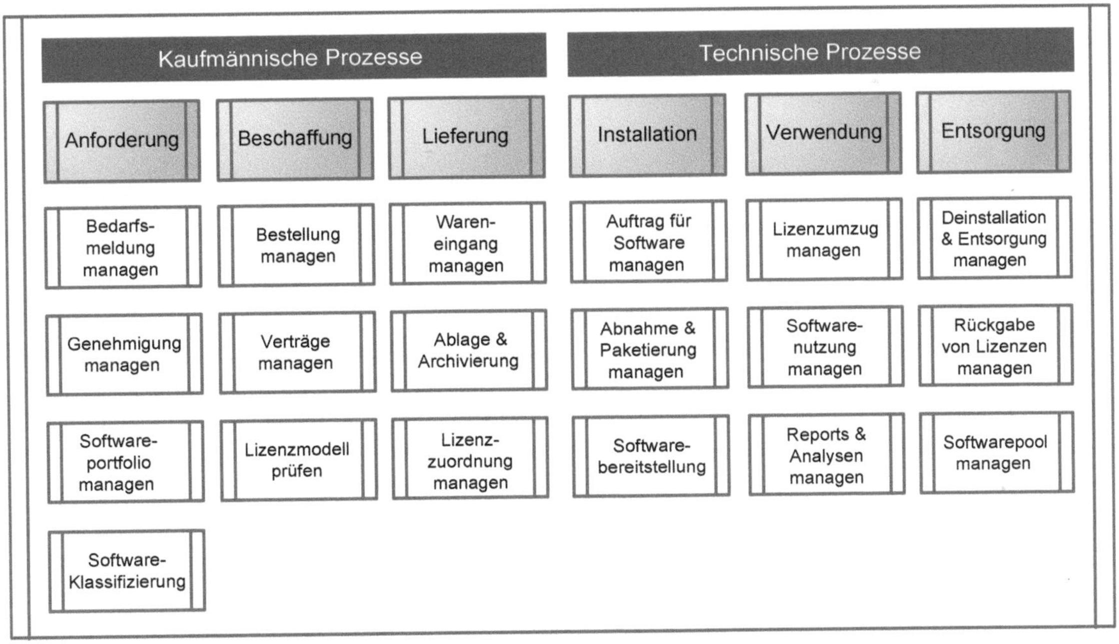

Bild 7.2 Software-Life-Cycle-Prozess mit Haupt- und Teilprozessen

Hinweis:

Eine weitere Norm, um SAM-Prozesse zu beschreiben, ist die ISO/IEC 19770-1:2012, auf die ich weiter hinten im Kapitel auch noch im Rahmen einer Reifegradbestimmung von Prozessen eingehen werde. Vorab sei aber dazu schon einmal angemerkt, dass eine „komplette" und strenge Ausrichtung des Software-Life-Cycle-Prozesses nach der Norm ISO/IEC 19770-1:2012 einen erheblich größeren Aufwand erfordert, wenn eine Zertifizierung nach der Norm ISO/IEC 19770-1:2012 angestrebt werden sollte. In meinen Projekterfahrungen ist mir das aber so noch nicht begegnet. Die „kleine" Reifegradanalyse - wie ich sie gerne bezeichne - reicht im Vorfeld einer Ist-Analyse des Software-Life-Cycle-Prozesses durchaus aus. Später kann diese Variante dann auch als Kontrollinstanz angewendet werden, ob die angedachte und gewünschte Umsetzung der optimierten Prozesse auch im Unternehmen angekommen ist.

Es ist wie mit ITIL: Das Rahmenwerk, die Norm ISO/IEC 19770:2012, ist gut geeignet für einen Leitfaden, doch muss oder kann man nicht alles eins zu eins in seiner eigenen Umgebung umsetzen. Die Unternehmen sind zu dynamisch gewachsen, um sie jetzt an generischen Prozess-Frameworks ausrichten zu wollen. Hier sind ein pragmatisches Vorgehen und die Umsetzung von gelebten Best-Practices-Verfahren oft die bessere Wahl.

7.2 Der Software-Life-Cycle-Prozess und seine Schnittstellen

Der im vorhergehenden Abschnitt beschriebene Software-Life-Cycle-Prozess mit seinen Haupt- und Teilprozessen wird nur in Teilen durch das zukünftige Softwareasset- und Lizenzmanagement verantwortet und gesteuert. Deswegen sollten Sie, bevor Sie die Analyse der Teilprozesse gesamthaft angehen, überlegen, ob überhaupt alle Teilprozesse in Ihrem künftigen „Hoheitsgebiet" liegen. Oft sind nämlich die Fachabteilungen die alleinigen Verantwortlichen bestimmter Prozesse und die wollen zumindest gefragt werden, wenn es um eine neue Aufteilung der Prozesshoheit geht. Dieser Umstand muss für Sie nicht problematisch sein. Denn es ist manchmal auch von Vorteil, wenn Sie für bestimmte Teilprozesse nur die Anforderungen für das Lizenzmanagement definieren müssen, um von den Prozesseigentümern die festgelegten Informationen und Prozessergebnisse geliefert zu bekommen. Sie sollten nur darauf achten, dass Sie keine „Blackbox" vor die Nase gesetzt bekommen, sondern dass diese Prozessschritte für Sie und für den zukünftigen SAM-Betrieb transparent sind.

Im Prinzip ist die Vorgehensweise recht simpel. Sie nehmen sich den bisher beschriebenen Software-Life-Cycle-Prozess als Vorlage und bewerten die einzelnen Teilprozesse nach Strukturen und Prozessen, die für die Anforderungen des Softwareasset- und Lizenzmanagements erforderlich sind. Daraus leiten Sie dann die Teilprozesse ab, die zukünftig im SAM-Betrieb verantwortet und gesteuert werden sollen. In Bild 7.3 sehen Sie ein beispielhaftes Ergebnis einer solchen Bewertung und Abstimmung. Die Legende zeigt hier farblich auf, welche Teilprozesse in der Verantwortung des Softwareasset- und Lizenzmanagements liegen sollen, in welchen Teilprozessen nur unterstützt und in welchen Teilprozessen Informationen und Daten an das Softwareasset- und Lizenzmanagement zu liefern sind. In Bild 7.3 ist außerdem bereits ein Best-Practise-Beispiel für die im nachfolgenden Abschnitt 7.3 angesprochenen Lizenzmanagementprozesse zu sehen. Um alle diese Prozesse herum, quasi als „Grundlagen"-Prozess, bildet der KVP (Kontinuierliche Verbesserungsprozess) eine große Klammer, um zu gewährleisten, dass die Prozesse einer ständigen Überprüfung auf Optimierung unterzogen werden.

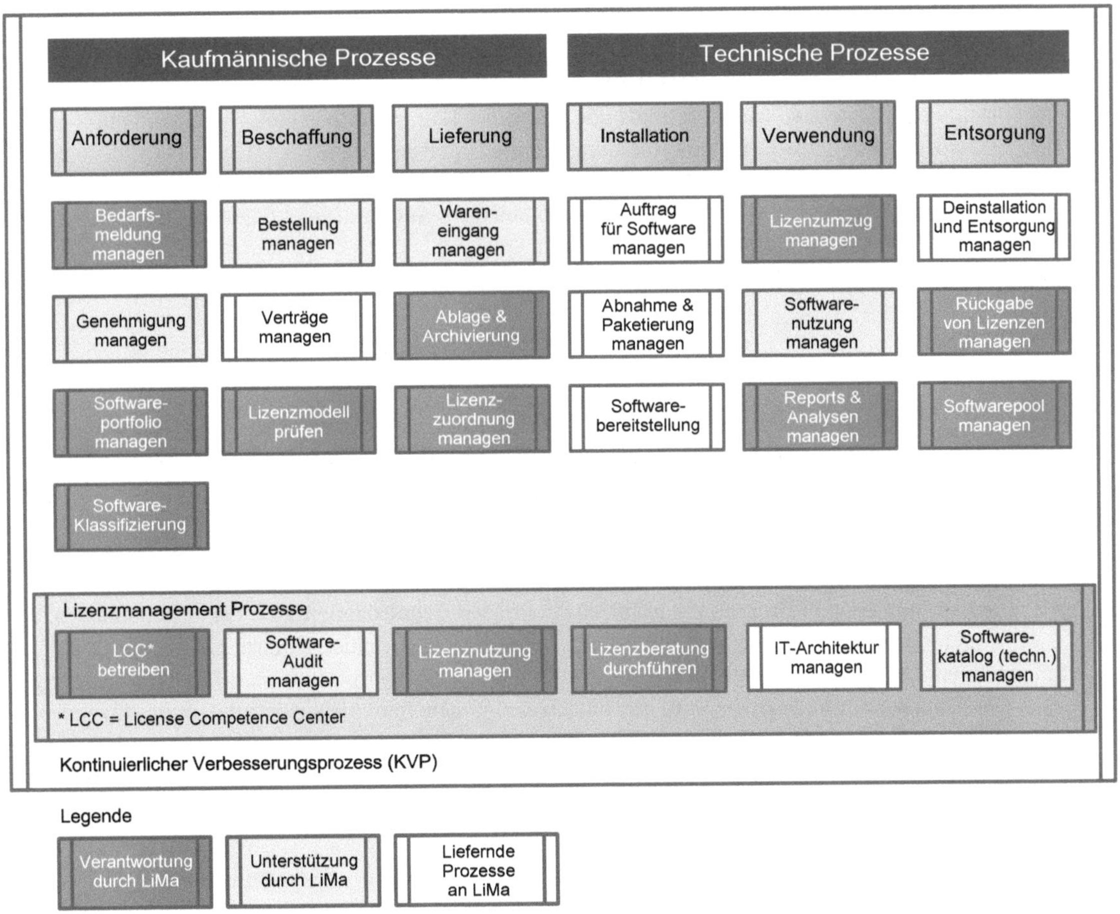

Bild 7.3 Teilprozesse in der zukünftigen Verantwortung des Softwareasset- und Lizenzmanagements

Zu den Teilprozessen, die nicht in Ihrer unmittelbaren Hoheit liegen und die unter Umständen andere Fachbereiche oder eventuell sogar externe Dienstleister (Provider) verantworten, müssen Sie dann über das Schnittstellendesign nur noch festlegen, welche Input- und Output-Informationen in welche Richtung fließen müssen, damit der jeweils andere Geschäftsprozess mit diesen Informationen weiterlaufen kann.

In nicht wenigen Unternehmen liegt beispielsweise der Teilprozess „Abnahme & Paketierung managen“ in der Verantwortung eines externen Dienstleisters. In diesem Fall verantwortet der SAM-Betrieb nur die Paketierungsvorschriften und Vorgaben (beispielsweise das Weitergeben des richtigen Lizenzkeys) zur korrekten Paketierung.

Wenn die mit dem Hersteller vereinbarten Nutzungsbedingungen nicht beachtet werden, beispielsweise wenn aus Unachtsamkeit ein falscher Lizenzkey an den Dienstleister weitergegeben wird und dieser damit ein (lizenzrechtlich) fehlerhaftes Softwarepaket für eine automatische Softwareverteilung erstellt, kann dies sehr schnell zu einem großen Komplexitätstreiber werden (siehe auch Abschnitt 7.5 „Komplexitätstreiber identifizieren“). Hier hilft eine fest im Prozessablauf vereinbarte Vorgehensweise, damit ein solcher (im Zweifelsfall recht teurer) Fehler nicht passieren kann. Denn wird eine Software mit einem gültigen, aber nicht passenden Lizenzkey eingesetzt, ist das in den Augen eines Auditors so, als ob die Software unlizenziert eingesetzt wird.

Heute eher selten, so war es oftmals doch ein Klassiker, wenn beispielsweise ein Volumen-Lizenzkey der Microsoft-Office-Professionell-Suite zum Paketieren einer Microsoft-Office-Standard-Suite verwendet wurde. Nicht lizenzkonform „im Betrieb“ - da auch die Standard-Suite kostengünstiger war - und falls es bei einem Software-Audit auffiel, konnte das durchaus zu Gesprächsbedarf im laufenden Audit führen.

■ 7.3 Die Lizenzmanagementprozesse

Um einen Software-Life-Cycle-Prozess - mit seinen Teilprozessen, die in der Verantwortung des Lizenzmanagements liegen oder liegen sollen - nicht unnötig an diesen Stellen aufzublähen und komplex zu machen, empfiehlt es sich, diese „Spezial“-Prozesse zusätzlich zum Software-Life-Cycle-Prozess zu definieren und über Schnittstellen zu diesem anzudocken. Welche Prozesse hier benannt und beschrieben werden, ist in den Unternehmen sehr unterschiedlich. So kann es beispielsweise sein, dass der Software-Audit federführend von der Revisionsabteilung begleitet wird und das Lizenzmanagement hier „nur“ eine unterstützende und Daten liefernde Funktion innehat. In anderen Fällen verantwortet das Lizenzmanagement diesen Prozess gänzlich komplett. So oder so ist es wichtig, auch bei diesen (teilweise auch stark in die Geschäftsprozesse zu integrierenden) Themen mit den Fachbereichen und verantwortlichen Beteiligten einen Konsens zu finden.

In Bild 7.3 „Teilprozesse in der zukünftigen Verantwortung des Softwareasset- und Lizenzmanagements“ ist ja bereits ein Beispiel für die unterschiedlichen spezifischen Prozesse des Lizenzmanagements zu sehen. Diesbezüglich noch einmal ein Ausschnitt davon im nächsten Bild.

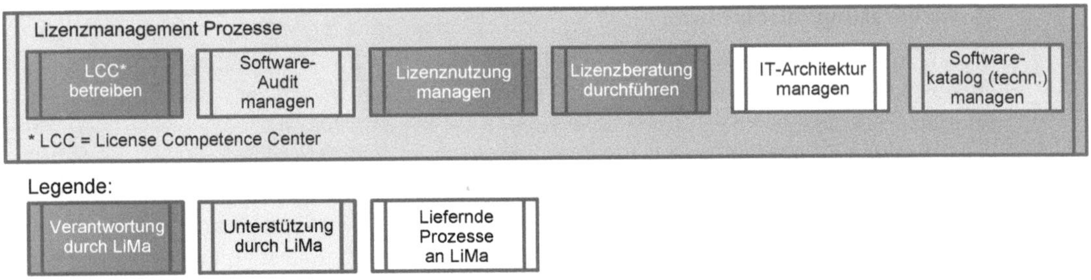

LCC betreiben

Der Begriff „License Competence Center“ hat sich mittlerweile in einigen Unternehmen mehr durchgesetzt als der Begriff „SPOC – Single Point of Contact“, weil der eigentliche – ja aus dem ITIL-Umfeld stammende – „SPOC“-Begriff doch nicht so ganz auf die Aufgabenstellungen eines Lizenzmanagements passt. Das Lizenzmanagement hat vielfältigere Aufgaben zu lösen, als nur ein „einfacher“ SPOC für die Fachbereiche in Lizenzmanagement-Fragestellungen zu sein. Hier wäre es also sehr empfehlenswert, diesen Prozess zu beschreiben und den Mitarbeitenden vom Lizenzmanagement-Team an die Hand zu geben, damit diese wissen, welche Verantwortungen und Kompetenzen sie gegenüber allen anderen Fachbereichen wahrnehmen können und dürfen.

Software-Audit managen

Dieser Prozess – hier in diesem Beispiel unterstützt das Lizenzmanagement diesen nur und hat nicht die volle Verantwortlichkeit – sollte auch frühzeitig ausgearbeitet werden, um eine Leitlinie zu haben, was wer wie mit wem zu tun hat (oder auch zu lassen – beispielsweise sollte nur eine einzige Person mit dem Auditor/Team kommunizieren), < wann bestimmte Schritte erforderlich sind und welche Ergebnisse in welcher Form übermittelt werden. Einen Überblick zu den groben Ablaufschritten, um diese mit Verantwortlichkeiten und zuarbeitenden Fachbereichen sauber umsetzen zu können, können Sie im Abschnitt 24.5.1 „Auditprozessablauf“ nachlesen. So kann eine saubere Kette von Verantwortlichkeiten und möglichen Eskalationswegen definiert werden und jeder weiß bereits im Vorfeld genau, wo er oder sie seinen Platz einzunehmen hat. Meine vergangenen Projekterfahrungen zeigten mir aber auch, dass bisher nur ganz wenige Unternehmen diesen Punkt/Prozess überhaupt beachten bzw. einen haben. Im Kapitel „Software-Audit“ und auch auf *www.apogiz.com* finden Sie dazu weitere Informationen.

Lizenznutzung managen

Dieser Prozess kann über verschiedene Auslöser angesteuert werden und dient dazu, in periodischen Abständen oder auf Anforderung die bestehenden aktiven Software- und Softwareserviceprodukte aus Lizenzmanagementsicht zu betrachten und zu managen. Dabei hat das operative Lizenzmanagement die Aufgabe, zu prüfen, ob die bestehenden Nutzungsszenarien lizenzkonform angewendet werden und die wirtschaftliche Verwendung zu den Vorgaben des Managements passen, ggf. muss dann vom Lizenzmanagement ein Change-Prozess ausgelöst werden, wenn Anpassungen bzw. Maßnahmen für Änderungen erforderlich sind.

Lizenzberatung durchführen

Dieser Prozess liegt wie auch „LCC betreiben“ und „Lizenznutzung managen“ in der Verantwortung des Lizenzmanagements und ist meines Erachtens ein sehr wichtiger Prozess innerhalb der zusätzlichen Lizenzmanagementprozesse, da hierüber strukturierte Anfragen - aus den Fachbereichen oder von Mitarbeitenden - zu Lizenzthemen (Lizenzmodelle, Subskription usw.) an das Lizenzmanagement gestellt werden können. Die Lizenzthemen sind so komplex und umfangreich geworden, dass es von Vorteil ist, Lizenz-Know-how im Lizenzmanagement zu bündeln und über einen zentralen, zumindest einheitlichen Prozess dazu eine Lizenzberatung anzubieten. Dadurch wird von Beginn an ein sauberer und lizenzkonformer Betrieb der Software- und Softwareserviceprodukte - vor ihrem eigentlichen Produktiveinsatz - sichergestellt.

IT-Architektur managen

Auch dieser Prozess sollte ausgearbeitet und zusammen mit den Fachbereichen, die sich für den Betrieb der IT-Infrastrukturen verantwortlich zeichnen, abgestimmt werden. Warum? Über diesen Prozess, der Daten und Informationen an das Lizenzmanagement liefert, sollte möglichst auch immer bereits im Vorfeld das Lizenzmanagement (und sein Know-how zu Lizenzthemen) mit einbezogen werden, um grobe Fehler bei der Neuausrichtung der IT-Infrastruktur zu vermeiden - egal, ob ein neues Produkt oder ein Softwareservice ausgerollt werden soll oder „nur“ eine Änderung des Lizenzmodells zur Debatte steht. Noch einmal zur Erinnerung, der IT-Infrastrukturbetrieb verantwortet „den Betrieb“ und kümmert sich bei Optimierungsmaßnahmen (Cluster einrichten, Virtualisierungsaspekte) meistens nicht oder nicht ausreichend darum, welche Auswirkungen der angedachte IT-Change auf die Lizenzbedarfe und die einzuhaltenden Nutzungsbedingungen hat. Das kann im Worst Case erhebliche rechtliche und wirtschaftliche Risiken zur Folge haben.

Softwarekatalog (techn.) managen

Ein sehr oft unterschätzter Aspekt im Lizenzmanagement-„Betrieb“ ist, dass die aus dem aktiven Unternehmens-Software-Inventory automatisiert erfassbaren Software- und Softwareserviceprodukte nicht immer 1 : 1 mit den vom Hersteller der SAM-Tools mitgelieferten - bzw. aktualisierten - Software-„Übersetzungskatalogen“ übereinstimmen. Oftmals sind die ausgerollten Standardsoftware- bzw. Serviceprodukte anders zusammengestellt (paketiert). So kann es vorkommen, dass die über die Scan-Agents gelieferten technischen und dann mit dem Softwarekatalog normalisierten (Erstellen eines lizenzrechtlich lesbaren Softwareinventars) Daten nicht mit den Lizenzbedarfen und Nutzungsbedingungen übereinstimmen oder aber aufgrund von fehlerhaften Konfigurationen der Scan-Agents unzulässig sind, beispielsweise wenn eine falsche oder gar keine Edition mitgeliefert wird oder ein Softwareprodukt irrtümlich in einem Bundling steckt.

So oder so, die Szenarien sind sehr vielfältig, die es erfordern, die im Herstellerkatalog mitgelieferten oder dort noch gar nicht erfassten (noch nicht zugeordnet bzw. erkannt) technischen Softwareprodukte zu bearbeiten, neue Bundelings zu erstellen oder aber auch ein Standardhersteller-Bundle aufzulösen, damit dann die erhobenen Scan-Daten zu dem Lizenznutzungsszenario des Unternehmens passen und die Nutzung der Software- und Softwareserviceprodukte lizenzkonform sichergestellt werden kann. Hierzu wird ein solcher Prozess benötigt, da nur im Zusammenspiel von IT-Infrastrukturbetrieb und Lizenzmanagement diese „Problemfälle“ bearbeitet werden können. Unter Umständen muss dann auch mal zur Lösung ein „korrigierter“ Softwareprodukt-Rollout erfolgen.

Tipp:

Wer es gerne trennen möchte, kann die Lizenzmanagementprozesse noch weiter unterteilen in Strategische Lizenzmanagementprozesse (Prozesse wie „Softwareverträge und Lizenzmodell optimieren“, „Kontinuierlichen Verbesserungsprozess (KVP) sicherstellen“, „Software Audit managen“ usw.) und Operative Lizenzmanagementprozesse (z. B. „License Competence Center managen“, „Lizenznutzung managen“ oder beispielsweise „Softwarepool managen“). ■

Als Erstes ist es aber wichtig, sich den bisherigen Prozessen und Strukturen zuzuwenden, diese aufzunehmen, zu bewerten und für eine mögliche Optimierung der Prozesse aufzubereiten.

7.4 Die bisherigen Strukturen und Prozesse untersuchen und bewerten

Um Ihre bestehenden Strukturen und Prozesse untersuchen zu können, müssen Sie eine sogenannte Ist-Aufnahme der bisherigen Situation durchführen. Bild 7.4 zeigt eine beispielhafte Übersicht, was den einzelnen Hauptprozessen grob zuzuordnen ist. Die kaufmännischen Prozesse dienen hauptsächlich dazu, die Wirtschaftlichkeit zu managen. Dazu gehören das Verwalten und Optimieren von Verträgen wie Rahmenverträge, Einzelverträge, Bestellungen, Wartungsverträge für Software, aber auch für Hardware (beispielsweise Computer mit OEM-Lizenzen) sowie Services, Anforderungen, Lieferungen und natürlich auch das Verwalten und Optimieren der Verträge (Preis, Volumen, Lizenzmodelle, Lizenzmetriken) mit den Herstellern und Lieferanten. Sehr hilfreich können dabei Vertragsmanagementsysteme oder andere Systeme sein, in denen die Beschaffungsvorgänge dokumentiert werden. In den meisten Unternehmen sind aufgrund der Historie mehrere Systeme zu finden, die mehr oder weniger über Schnittstellen Daten austauschen und die benötigten Informationen vorhalten bzw. verwalten. Durch die gewachsenen Strukturen und Systeme werden die für den Ablauf erforderlichen Prozesse leider sehr selten auf den Prüfstand gestellt, um mögliches Optimierungspotenzial ausfindig zu machen.

Die technischen Prozesse, die quasi den Betrieb der Software abbilden, umfassen die Installation (dazu gehört z. B. auch die Softwareidentifikation, Softwarekennzeichnung), die Verwendung (Nutzungszeitraum der Software) mit den Zuordnungen zu Systemen sowie die Entsorgung von Hardware und der damit einhergehenden Deinstallation von Software.

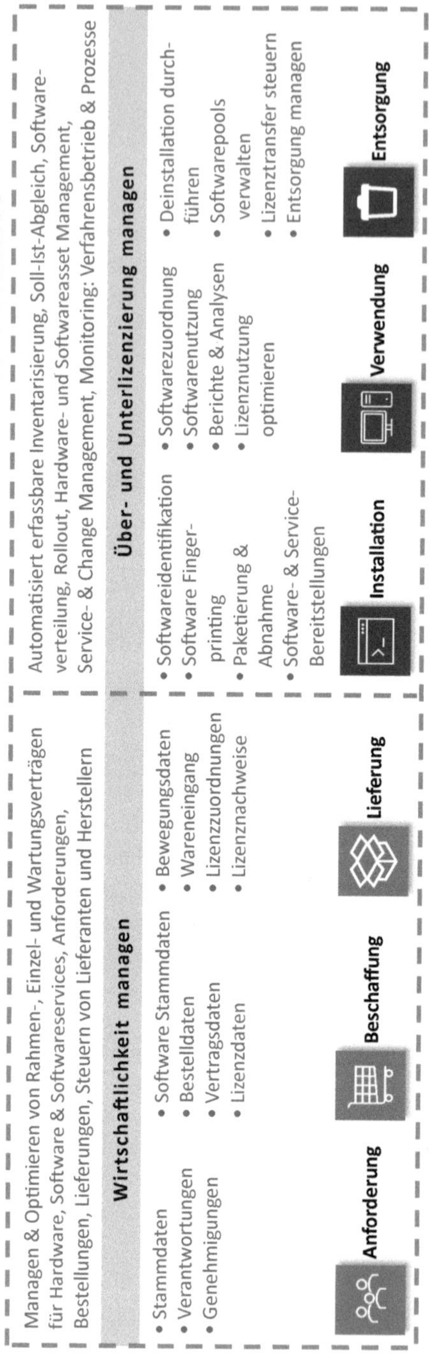

Bild 7.4 Übersicht des Software-Life-Cycle-Prozesses mit Prozessaufgaben

Abhängig von Ihrer Unternehmensgröße ist es u. U. sinnvoll, sich von Zeit zu Zeit zu fragen, ob denn die momentan im Unternehmen gelebten Prozesse noch effektiv und an das Unternehmensziel optimal angepasst sind. Für ein korrektes Lizenzmanagement ist ein transparenter Gesamtüberblick über alle im Unternehmen aktiven und beschafften Software- und Softwareserviceprodukte unbedingt erforderlich; dass man hier pragmatisch vorgehen muss, versteht sich von selbst. Sie können nicht erwarten, bei einem Unternehmen mit mehreren tausend Computern und Server-Systemen und Hunderten von im Einsatz befindlichen Softwareprodukten eine dauerhafte Compliance über alle Softwareprodukte zu erhalten.

Tipp:

Aufgrund der in den letzten Jahren auch im SAM-Tool-Umfeld fortschreitenden Entwicklungen ist es (aus meiner heutigen Sicht) nicht mehr empfehlenswert, stoisch zu Beginn der Aufgabenstellung „Compliance ist herzustellen" erst einmal beispielsweise die wichtigsten Top-5-Hersteller bzw. -Lieferanten und deren im Einsatz befindliche Softwareprodukte zu überprüfen – also gemeint ist hier ausgehend von den Softwarebeschaffungen.

Es macht heute mehr Sinn und ist auch bedeutend schneller umzusetzen, wenn die über den Scan-Agenten gelieferten – automatisiert erfassbaren – Softwaredaten mit Hilfe der Hersteller-Softwarekataloge „normalisiert" und in ein lizenzrechtlich lesbares Inventar übersetzt sind, um dann diese Daten als Ausgangsbasis zu verwenden und auf dieser Datenlage basierend zu entscheiden, welche Software- und Softwareservices als „Erstes" in Bezug auf Lizenzcompliance verarbeitet werden sollen. Viele Unternehmen haben nämlich durchaus unterschiedliche Sichten darauf, welche Softwareprodukte bei ihnen als Risiko gemanagt werden müssen. Da kann es dann schon mal sein, dass die Microsoft-Produkte bei dem einen Unternehmen nicht als hohes Risiko eingestuft werden, bei einem anderen dagegen schon. ■

Sollte Ihr Unternehmen an mehreren Standorten agieren und vielleicht auch noch weltweit, sind Sie gut beraten, sich eine Vorgehensweise zu überlegen, um die Compliance in einem annehmbaren Zeitabschnitt herstellen und gewährleisten zu können. Um überhaupt eine Chance zu bekommen, Ihre Aufgabe zur Einführung und Etablierung eines Lizenzmanagements erfüllen zu können, müssen Sie als Erstes Ihren bestehenden Anforderungs- und Beschaffungsprozess betrachten. In der folgenden Tabelle 7.1 habe ich Ihnen einmal die häufigsten Probleme bei der Analyse von Software-Life-Cycle-Prozessen zusammengestellt.

Um die in Tabelle 7.1 genannten sehr oft anzutreffenden Probleme und Schwachstellen besser aufzeigen zu können, ist es sehr hilfreich, die dafür verantwortlichen Komplexitätstreiber zu identifizieren.

Tabelle 7.1 Häufig auftauchende Probleme bei der Analyse des Software-Life-Cycle-Prozesses

Prozess	Teilprozess	Problembeschreibung
Beschaffung und Lieferung (Anforderung, Bestellung, Lieferung)	Zum Beschaffungsprozess gehören u. a.: ▪ Softwareanforderung ▪ Bestellung der Software/Lizenz ▪ Lieferung der Software (Lizenzdokumente, Lizenzkeys etc.)	▪ Die Beschaffung unterliegt keinem formal beschriebenen und gelebten Prozess, unbekannte Beschaffungen führen zu nicht überwachten Lizenzen. ▪ Softwarebeschaffungen werden im Vorfeld nicht am aktuellen Bestand geprüft (es besteht die Gefahr einer Überlizenzierung). ▪ Die Richtlinien für den Erwerb von Software (Einkaufsrichtlinien) werden oft nicht im ausreichenden Maß von den verantwortlichen Mitarbeitern eingehalten. ▪ Die Nutzungsbedingungen für Software werden nicht zentral bzw. nicht mit ausreichender Transparenz verwaltet. ▪ Die erforderlichen Rollen und deren Verantwortlichkeiten (für das Lizenzmanagement) sind ungenau oder gar nicht definiert. ▪ Das Softwareasset- und Lizenzmanagement spielt bei strategischen Entscheidungen (IT-Architektur) oder auch im Bereitstellungsprozess von Software keine Rolle, weshalb die erforderlichen Nutzungsbedingungen auch in Bezug auf die IT-Architektur oft nicht die erforderliche Berücksichtigung finden.
Installation (Bereitstellen)	Zur Installation von Software zählen u. a.: ▪ Evaluierung und Konfiguration sowie Bereitstellung von Software	▪ Bei der Evaluierung von Software wird die vorhandene IT-Architektur nicht ausreichend berücksichtigt. ▪ Dem (technischen) Fachpersonal wird die Wichtigkeit der korrekten Einhaltung von Nutzungsbedingungen bei der Bereitstellung von Software (Paketierung) nicht ausreichend kommuniziert. ▪ Bei der automatisierten Installation von (meist paketierter) Software wird oft nicht im ausreichenden Maß geprüft, ob auch dafür eine kaufmännische Lizenz vorhanden ist (es besteht die Gefahr einer Unterlizenzierung). ▪ Es erfolgt keine ausreichend überwachte bzw. gesteuerte Bereitstellung der Software. ▪ Software kann ohne fachliche Genehmigung installiert werden.

Tabelle 7.1 (*Fortsetzung*) Häufig auftauchende Probleme bei der Analyse des Software-Life-Cycle-Prozesses

Prozess	Teilprozess	Problembeschreibung
Verwendung & Betrieb	▪ Verwaltung des Softwarebestands (Softwarekonfiguration und physisches Gerät) ▪ Überwachung der installierten Software (techn. Ist) ▪ Verwaltung von Lizenzen, Verträgen und Nutzungsvereinbarungen	▪ Die Abbildung der im Einsatz befindlichen verwendeten Hardware- und Softwarekomponenten erfolgt nicht umfassend zentral (z. B. über eine CMDB), dadurch kann die Abbildung des technischen Bestands (Soll-Bestand) erhebliche Lücken aufweisen. ▪ Eine ausreichende Erfassung der Systeme (die Erhebung und Erfassung des technischen Ist-Zustands) findet nicht unternehmensweit statt bzw. es können nicht alle Bereiche erfasst werden. ▪ Ein Werkzeug für die Erhebung von Hard- und Softwaredaten (Inventory-Werkzeug) fehlt. ▪ Konnektoren für eine zentrale Steuerung und Überwachung von Cloud-Diensten fehlt (beispielsweise Konnektoren für Microsoft O365, Adobe Creative Cloud, SaaS-Services). ▪ Einschränkungen in der bestehenden Infrastruktur verhindern eine umfassende Überprüfung der Bestände. ▪ Eine regelmäßige Prüfung der bestehenden Daten auf Konsistenz hinsichtlich Vollständigkeit und Korrektheit wird nicht durchgeführt. ▪ Die abgeschlossenen Verträge und Nutzungsvereinbarungen werden nicht ausreichend verwaltet.
Entsorgung	▪ Entsorgung von Hardware mit Software ▪ Entsorgung von Software ▪ Bereitstellung oder Neuzuweisung von Softwarelizenzen ▪ Lizenzpool-Verwaltung	▪ Die Entsorgung wird nicht verfolgt (es existiert kein Deinstallations- oder Abbauprozess). ▪ Eine Steuerung bei der Deaktivierung von benutzerspezifischen Anmeldungen/Registrierungen für beispielsweise Cloud-Services wird nicht umgesetzt (Berechtigungsmanagement fehlt, ist unvollständig oder es existieren Medienbrüche in den Prozessen). ▪ Es fehlt ein Prozess für die gesteuerte Deinstallation von Software und deren anschließende Lagerung. ▪ Der Abbau- bzw. Entsorgungsauftrag wird nicht in einer CMDB erfasst (CMDB = Configuration Management Data Base). ▪ Hardware mit OEM-Softwarebundles wird nicht erfasst bzw. berücksichtigt. ▪ Eine erneute Bereitstellung von Software wird nicht ausreichend verwaltet. ▪ Es existiert kein Softwarelizenzpool.

7.5 Komplexitätstreiber identifizieren

Die meisten Dinge sind komplexer, als sie auf den ersten Blick wirken. Das erfahren wir im Alltag auf Schritt und Tritt – und im Softwareasset- und Lizenzmanagement ist es nicht viel anders.

Für das Lizenzmanagement gibt es Komplexitätstreiber aus vier Kernbereichen und jeder Kernbereich hat wiederum weitere ihm zugeordnete Komplexitäten. In der folgenden Aufzählung finden Sie eine Best Practise und eine bei weitem nicht ganz vollständige Auswahl von möglichen Konstellationen in den einzelnen Kernbereichen:

- **Rollen**
  - Komplexe Organisationsstrukturen können vorherrschen.
  - Organisatorische Hierarchien sind mit abzubilden.
  - Notwendige Ressourcen (z. B. geeignete Mitarbeiter) stehen nicht zur Verfügung.
- **Prozesse**
  - Es sind vielfältige Anforderungswege und Systeme, in denen eine Beschaffung verwaltet wird, im Einsatz.
  - Es gibt unterschiedliche Verantwortlichkeiten im zentralen und/oder dezentralen Einkauf.
  - Es gibt keinen einheitlichen Prozess für den Wareneingang von Software- oder Softwareserviceprodukten, weder zentral noch dezentral.
  - Die unterschiedlichen Anforderungswege erschweren die Dokumentation der Softwarebeschaffungen, die vielleicht auch noch in verschiedenen Systemen zu pflegen sind.
  - Eine ordnungsgemäße Ablage der abzulegenden vertraglichen Lizenznachweise (z. B. Lizenzkeys) kann zu einer sehr großen Herausforderung werden, die vom Zeitaufwand her nicht unterschätzt werden sollte.
  - Es existieren vielfältige Systeme für das Vertragsmanagement, für die Softwareverteilung, die CMDB u. a. m.
  - Asset-, Vertrags-, Beschaffungs- und Produktdaten sind nicht in der geforderten Qualität nutzbar oder müssen über Umwege aus verschiedenen Datenquellen beschafft werden.
  - Komplexe und heterogene Datenstrukturen erschweren eine Übersicht über die notwendigen Daten.
  - Spezialbereiche wie beispielsweise Test- oder Entwicklungsumgebungen sind nicht im bisherigen Fokus (hier entsteht auch schnell ein Sicherheitsproblem, da oft viele Mitarbeitende durchaus volle Administratorrechte besitzen können).
  - ...
- **Verträge**
  - Es existieren mehrere Einkaufsabschlüsse oder Verträge ähnlichen Inhalts zu unterschiedlichen oder gleichen Konditionen mit gleichen Lieferanten und/oder Herstellern.
  - Viele Verträge enthalten komplexe Lizenzbestimmungen (z. B. unterschiedliche Nutzungsbedingungen bei Client und Servern oder aber auch bei Cloud-Produkten und Cloud-Services).

- Der Versionswechsel einer Software (Update- und Downgrade-Spezifika) wurde nicht sauber dokumentiert oder die Basislizenzen sind nicht mehr nachweisbar.
- Sie haben Verträge mit komplexen und vielfältig abzubildenden Lizenzmetriken abgeschlossen.
- Geltungsrechte bei Wartung (z. B. für unterschiedliche Standorte oder verschiedene Rechenzentren oder Unterschiede beim Einsatz einer identischen Software einmal für on-premises Nutzung, einmal für Cloud-Umgebungen.
- Es bestehen Vertragshierarchien (mehrere Verträge mit unterschiedlichen Bedingungen).
- Die Wartungsverträge haben unterschiedliche Laufzeiten und/oder Sie haben eine Vermischung von Lizenzen mit und ohne Wartung.
- Eine Abbildung der Vertragshistorie (Wechsel von Lizenzbedingungen und Lizenzmetriken) ist erforderlich, aber nicht ausreichend transparent.
- Die verschiedenen Unternehmenseinheiten werden über die global vereinbarten Verträge nicht ausreichend informiert.
- ...

- **Schnittstellen**
  - Die Abbildung der IT-Architektur auf die erworbenen Nutzungsrechte wie z. B. Client, Server, Terminal Server, Virtual-Machine-Umgebungen oder zu Cloud-Umgebungen ist nicht im erforderlichen Umfang möglich.
  - Ihr Unternehmen besitzt und betreibt vielfältige Systemlandschaften, die Schatten-IT wird nicht als Einflussfaktor wahrgenommen oder ausreichend beachtet.
  - Hohe Schnittstellenstrukturen zwischen unterschiedlichen Systemen, sowohl organisatorisch als auch technisch, erschweren die Konsolidierung und Zusammenführung der erforderlichen Daten.
  - Die vorherrschende Qualität der Daten in den Systemen kann gut oder weniger gut sein.
  - Ein externer Provider verantwortet einen Teil Ihres IT-Betriebs und stellt über Schnittstellen Daten zu vereinbarten Services - wie beispielsweise das Scannen der Systeme - zur Verfügung. Sie sind dann von der Qualität der Datenlieferung und deren Weiterverarbeitung abhängig.
  - Bestehen keine ausreichend definierten Ergebnistypen, erhöht das die Komplexität, um beispielsweise ein möglichst vollständiges lizenzrechtlich lesbares Inventar für die Weiterverarbeitung im Lizenzmanagement zu erhalten.
  - ...

Diese Liste von möglichen Komplexitätstreibern wird nie ganz vollständig sein. Trotzdem unterschätzen die verantwortlichen Beteiligten das Thema häufig und sind erstaunt, welchen ungeplanten und zusätzlichen Aufwand die möglichen Komplexitätstreiber verursachen können.

Damit Sie eine Bewertung der identifizierten Komplexitätstreiber in den vier Kernbereichen durchführen können, sollten Sie diese jeweils pro Kernbereich in einem Steckbrief beschreiben. So können Sie sich einen Überblick verschaffen und Prioritäten für die Aufarbeitung der ermittelten Komplexitätstreiber vergeben. Wie ein solcher Steckbrief aussehen sollte, sehen Sie im Bild 7.5. Die Steckbriefe können Sie beispielsweise in einem PowerPoint-Dokument zusammenführen und darstellen.

Kernbereich Verträge: Vielzahl an Lizenzmetriken

Warum ist das ein Komplexitätstreiber?

Innerhalb eines Produkts und über alle Produkte und Hersteller hinweg:

- Abbildung in den Systemen zu aufwändig
- Messmethode abhängig von der Metrik der vorhandenen Lizenzen
- Hoher Aufwand durch eine Vielzahl von unterschiedlichen Zählverfahren (Lizenzmetrik)

Grund/Ursache für den Ist-Zustand:

- Unterschiedliche (an unterschiedliche Metriken gebundene) Preismodelle bieten je nach Fragestellung bzw. Entscheidungshorizont unterschiedliche Vorteile.
- Hersteller „erfinden" regelmäßig neue Varianten ihrer Lizenzmodelle.

Abhängigkeiten von:

- Hersteller/Lieferant
- Einkauf/Vertragsverantwortlicher
- Lizenzmanager (lokal/global)

Status Schieberegler

Hohe Komplexität — Niedrige Komplexität

Messkriterien:
Anzahl unterschiedlicher Metriken pro Produkt und Anzahl der Metriken, die insgesamt im Unternehmen berücksichtigt werden müssen

Bild 7.5 Beispiel eines Komplexitätssteckbriefs für Lizenzmetriken

Hinweis:

Wenn Sie sich aus den einzelnen erkannten Komplexitätstreibern z. B. eine Excel-Matrix erstellen, können Sie daraus auch für das Management und die beteiligten Projektmitglieder eine Übersicht erstellen, in der beispielsweise u. a. der kritische Pfad abbildbar ist. Ebenso können Sie damit festlegen, welche Maßnahmen mit welchem Kosten- und Ressourcenaufwand die festgestellten Komplexitätstreiber auf eine geringere Risikostufe zurückführen können. ■

Die Berücksichtigung von möglichen Komplexitätstreibern ist aber erst einmal nur ein weiterer Baustein bei der Aufnahme der Ist-Situation. Um diesen Dingen gezielter auf den Grund gehen zu können, empfehle ich Ihnen, alle Ihre Prozesse im Software-Life-Cycle auf den Prüfstand zu stellen und durch ein Benchmarking zu überprüfen. Zwei einfache Methoden, die ich im Laufe meiner Projekttätigkeit entwickelt habe und auch mit viel Erfolg in meinen Projekten anwende, stelle ich Ihnen jetzt vor.

7.6 Die Reifegradanalyse – eine Methode für das Benchmarking und Optimieren von Prozessen

Die Anfänge der Reifegradmodelle gehen auf die 1980er-Jahre zurück. Wieder einmal war das Militär (das US-amerikanische und das britische Verteidigungsministerium) die treibende Kraft (das Internet in seiner heutigen Form ging ebenfalls aus einer militärischen Notwendigkeit hervor). In den 1980er-Jahren war man mit der Qualität der entwickelten Softwareprodukte nicht zufrieden und suchte nach einer Methode, um die Risiken und die damit verbundenen steigenden Kosten bei der Softwareentwicklung und -erstellung zu senken. Die USA beauftragte das Software Engineering Institute (SEI) der Carnegie Mellon University, Pennsylvania, damit. Das brachte als Ergebnis das Reifegradmodell CMM (**C***apability* **M***aturity* **M***odel*) hervor. In der britischen Studie entstand das Projekt SPICE (**S**oftware **P**rocess **I**mprovement and **C**apability D**e**termination), dessen Arbeitsergebnisse im internationalen Standard ISO/IEC 15504 dokumentiert wurden. Das Reifegradmodell CMMI (**C***apability* **M***aturity* **M***odel* **I***ntegrated*) ist das Nachfolgemodell von CMM. In beiden Modellen kommt die Form eines Prozess-Assessments zum Einsatz, um die Anwendung und Ausgestaltung von Prozessen zu analysieren. Dabei gehen die angelegten Kriterien von einer Idealvorstellung der Prozesse aus und im Review-Prozess werden dann die Abweichungen von diesen Idealvorstellungen überprüft und dokumentiert. Um Verbesserungen und Optimierungen umsetzen zu können, muss erst einmal die derzeitige Ausgangssituation bekannt sein. Dazu wird der momentane Ist-Stand aufgenommen, analysiert, bewertet und abgebildet. Sie müssen also, kurz ausgedrückt, eine „Standortbestimmung" durchführen. Es gibt unterschiedliche Möglichkeiten, Prozesse zu bewerten und zu vergleichen, die sich durch die Art der Kriterien, die bei der Bewertung angewendet werden, unterscheiden. Beispiele hierfür wären:

- Die Prozesse werden mit vorgegebenen Anforderungen (z. B. nach ISO 9001) mittels Audits überprüft.
- Es werden Vergleiche zwischen Organisationen über ein Punktesystem, wie etwa jenes des EQA (European Quality Award), mithilfe von Assessments durchgeführt.
- Ausgewählte Prozesse werden im Rahmen eines Assessments mit einem Reifegradmodell (z. B. dem CMMI) bewertet.

Sicherlich können Sie die verfügbaren Normen und Standards anwenden, um diese Aufgabe nach allen Regeln der Kunst zu lösen. Nach meiner in den bisherigen Projekten gemachten Erfahrung ist eine Reifegradanalyse nach den bekannten Normen und Standards zu aufwendig und zu komplex, um die Hauptprozesse im Software-Life-Cycle-Prozess zu untersuchen. Das wäre wie mit Kanonen auf Spatzen zu schießen.

Aus diesem Grund habe ich zwei Methoden bzw. Bewertungsmodelle entwickelt, die bei der Darstellung auf die Reifegradstufen des CMMI-Modells aufsetzen.

1. Die Reifegradbestimmung mit dem CMMI-Modell und einer Darstellung ähnlich der Bewertung und Einteilung in einer Risikomatrix
2. Die Reifegradbestimmung mit einer vereinfachten Anwendung der Norm ISO/IEC 19770-1 in Verbindung mit den aus dem CMMI-Modell verwendeten Reifegradstufen

Im nächsten Abschnitt betrachten wir zuerst das Bewertungsmodell der CMMI-Reifegradstufen in Verwendung mit der Darstellung der Methode einer Risikomatrixabbildung.

7.6.1 Reifegradbestimmung mit dem CMMI-Modell

Das erste Modell verwendet eine Kombination der CMMI-Reifegradstufen mit der Abbildung und Einteilung von Risiken ähnlich einer Risikomatrix. Das Ergebnis ist ein Reifegradanalysemodell, das recht einfach aufgebaut ist sowie schnell auf die Prozesse im Software-Life-Cycle anwendbar, analysierbar und auswertbar ist. Die angewendete erste Methode ist im Bild 7.6 kurz bildhaft erläutert.

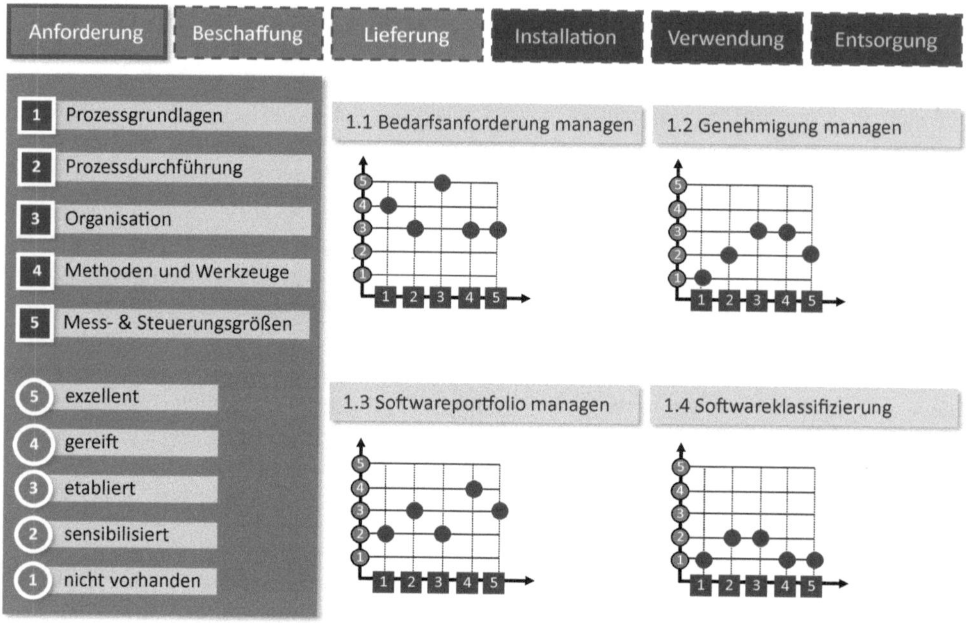

Bild 7.6 Prozess „Anforderung" mit beispielhafter Bewertung der Teilprozesse

Die *Y-Achse* bildet dabei die fünf Reifegrade nach CMMI ab:

- nicht vorhanden
- sensibilisiert
- etabliert
- gereift
- exzellent

Auf der *X-Achse* werden fünf fest definierte Bereiche eingetragen, die sich aus den folgenden Überschriften und weiteren definierten Unterpunkten zusammensetzen:

- Prozessgrundlagen
- Prozessdurchführung

- Organisation
- Methoden und Werkzeuge
- Mess- und Steuerungsgrößen

Die festgelegten Wertepaare bestimmen den für diesen Teilprozess anzuwendenden Prozessbewertungspfeil (Prozesserfüllungsgrad). In Bild 7.7 werden die einzelnen Stufen beschrieben.

#	Symbol	Wertung
5	exzellent	Diese Prozesse oder Fakten sind vollständig/optimal und nicht verbesserungsbedürftig.
4	gereift	Diese Prozesse oder Fakten sind nahezu vollständig/optimal und leicht verbesserungsbedürftig.
3	etabliert	Diese Prozesse oder Fakten sind nicht vollständig/optimal und verbesserungsbedürftig.
2	sensibilisiert	Diese Prozesse oder Fakten sind nicht vollständig/optimal und deutlich verbesserungsbedürftig.
1	nicht vorhanden	Diese Prozesse oder Fakten sind initial oder fehlerhaft und stark verbesserungsbedürftig.
0	mit Null bewertet	Für diese Prozesse oder Fakten liegen keine Informationen vor.

Bild 7.7 Merkmale und Stufen der Prozesserfüllungsgrade

Mit dieser einfachen, aber aussagekräftigen Standortbestimmung haben Sie nun einen Überblick über jeden einzelnen Ihrer analysierten Teilprozesse. Die Prozesserfüllungsgrade der weiteren zu untersuchenden und zu bewertenden Prozesse und Teilprozesse werden nun in die von Ihnen gewählte Dokumentation zusammen mit den weiteren Analyseergebnissen eingetragen. In Bild 7.8 sehen Sie ein Beispiel dafür, wie es in einem Word-Dokument dokumentiert werden kann.

Bei der Bewertung Ihrer Prozesse sollten Sie auch die folgenden Faktoren beachten:

- Bis zu welcher „Tiefe“ muss analysiert werden (Historienbetrachtung)?
- Welches sind die wichtigsten Prozesse?
- Welche Geschäftsprozesse sind bei der Bewertung der notwendigen organisatorischen und technischen Schnittstellen noch zu betrachten?
- Wer ist noch Teil der Prozesskette für den Software-Life-Cycle-Prozess und im Besonderen für das Lizenzmanagement?

Haben Sie alle ausgewählten Prozesse analysiert und bewertet, übertragen Sie die einzelnen Ergebnisse mit den Prozessbewertungspfeilen in ein Gesamtschema (siehe Bild 7.9). Damit erhalten Sie einen Gesamtüberblick über den Zustand Ihres Software-Life-Cycle-Prozesses, der sich sehr gut für eine Managementdarstellung eignet.

1.1 Bedarfsanforderung managen

Ist-Zustand

- Lizenzen, die nicht im Warenkorb enthalten sind, werden ohne weitere Absprachen mit dem Einkauf über den Fachbereich beschafft
- Software wird über das Softwareverteilungssystem bereitgestellt
- Softwarebedarfe werden ohne Einbezug des Einkaufs teilweise zwischen den Produktverantwortlichen der Abteilungen abgestimmt
- Planungstools für eine Vorausplanung und Budgetierung von Softwarelizenzen oder Softwarepflege sind nicht verfügbar
- Qualitätskontrollen zum Umsetzungsgrad der Bedarfsanforderungen sind nicht definiert

Bemerkung

Einige wenige Mitarbeiter besitzen eine Freigabe zur Bestellung von Software bis 500 EUR, ohne eine weitere Genehmigung durch einen Kostenstellenverantwortlichen einholen zu müssen.

1.1 Bedarfsanforderung managen						
exzellent	5			X		
gereift	4	X				
etabliert	3		X		X	X
sensibilisiert	2					
nicht vorhanden	1					
Themengebiet		1	2	3	4	5
Werte aus Interviews 1:4, 2:3, 3:5, 4:3, 5:3 **Status** **Mittelwert** *2,8*	Reifegrad	Prozessgrundlagen	Prozessdurchführung	Organisation	Methoden & Werkzeuge	Mess- und Steuerungsgrößen

Bild 7.8 Ist-Darstellung zum Teilprozess „Bedarfsmeldung managen“ in Word

Der analysierte und aufgenommene Ist-Zustand der vorherrschenden Prozesslandschaft liefert Ihnen nun die Ausgangsbasis, um die Haupt- und Teilprozesse im Software-Life-Cycle optimieren zu können.

Die eben beschriebene und von mir bereits vor ein paar Jahren entwickelte Methode wurde von meinen Kunden bisher immer sehr positiv aufgenommen und konnte in einem relativ überschaubaren Zeitrahmen bereits gute Ergebnisse für das Management liefern. Obwohl meine Methodik, die CMMI-Vorgehensweise mit der Methodik zur Abbildung von Risiken zusammenzuführen, bereits sehr gut angenommen wurde, war ich immer noch auf der Suche nach einem noch einfacheren, aber gleichzeitig auch international anerkannten Verfahren, um Reifegrade von SAM-Prozessen möglichst noch schneller und einfacher abbilden und darstellen zu können. Das Ergebnis dieser Suche beschreibt meine zweite Methode für die Reifegradbestimmung und die lernen Sie im nächsten Abschnitt kennen.

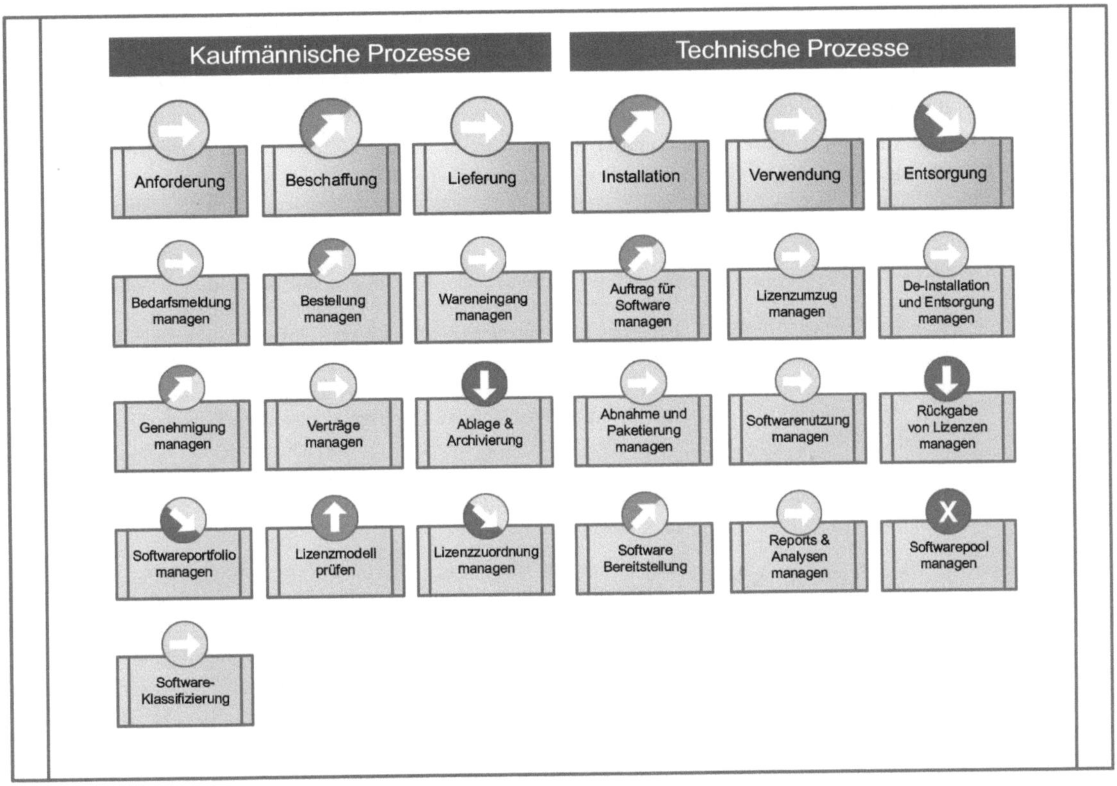

Bild 7.9 Gesamtübersicht einer beispielhaften Reifegradanalyse nach CMMI

7.6.2 Reifegradbestimmung mit der Norm ISO/IEC 19770-1

Viele Jahre, das muss ich zugeben, konnte ich mich mit der Norm ISO/IEC 19770-1[2] (SAM-Prozesse) nicht so richtig anfreunden. Zum einen hat mich kein Kunde, bei dem ich ein Lizenzmanagementprojekt begleitete, angesprochen, dass seine zukünftigen SAM-Prozesse[3] nach der Norm ISO/IEC 19770-1 auszurichten sind, zum anderen waren mir die Aufstellung und Beschreibung der Bestandteile zu den SAM-Prozessen viel zu weit von den gängigen Best-Practise-Methoden und -Verfahren entfernt, um sie für eine vereinfachte Reifegradanalyse anwenden zu können. Ich sprach bereits über die eigentlich sehr generische Aufstellung der Prozessbeschreibungen in der Norm ISO/IEC 19770-1. Getreu dem Motto von Albert Einstein und mir „Mache die Dinge so einfach wie möglich, aber nicht einfacher" habe ich auch für die zweite Analysemethode das CMMI-Modell mit den Beschreibungen der Reifegradstufen in Kombination mit der Norm ISO/IEC 19770-1 verwendet, um eine neue Form einer schnellen Reifegradanalyse von SAM-Prozessen zu entwickeln. Als Grundlage dafür und als ein erstes Gerüst diente mir das von Microsoft entworfene und auch auf der Norm ISO/IEC 19770-1

[2] Zur Norm ISO 19770 lesen Sie bitte auch die Ausführungen im Anhang des Buchs

[3] SAM-Prozesse = Software-Asset-Management-Prozesse

basierende SOM-Modell (SAM Optimization Model)[4]. Vor ein paar Jahren besuchte ich ein Seminar bei Microsoft, das den Aufbau und die „Bedienung“ des SOM-Modells vermitteln sollte, doch ich war nicht so ganz überzeugt von der Microsoft-Methodik. Um für meine Kunden eine leicht verständliche und handhabbare Variante zu entwickeln, besann ich mich dann auf die bereits von mir schon angewendete erste Methodik, die CMMI-Reifegrade in die Bewertung mit einzubinden, wie in Bild 7.10 zu sehen ist.

Stufe	Reifegrad	Beschreibung
5	Exzellent	IT-Ressourcen werden nahezu in Echtzeit verwaltet und bilden eine strategische Ressouce zum Erreichen der Geschäftsziele.
4	Gereift	IT-Ressourcen werden durch KVP-Prozesse, Richtlinien, Verfahren und Toolunterstützung mit verlässlichen Daten verwaltet.
3	Etabliert	IT-Ressourcen werden durch grundlegende Prozesse, Richtlinien, Verfahren mit Tools verwaltet, Daten sind evtl. unvollständig.
2	Sensibilisiert	Wenig Kontrolle über den Einsatz der IT-Ressourcen, kaum Richtlinien, Verfahren, Prozesse, selten Toolunterstützung.
1	Initial	Überblick über den Einsatz der IT-Ressourcen ist rudimentär, kaum Richtlinien, Verfahren, Prozesse, keine Toolunterstützung.

Bild 7.10 Übersicht zur Definition der Reifegradstufen

Die fünf möglichen Bewertungsstufen – dabei ist fünf der höchste erreichbare Reifegrad – bilden zusammen mit einer abgewandelten und neu aufgebauten Form der beschriebenen Kompetenzfelder der Norm ISO/IEC 19770-1 das Ergebnis, wie es beispielhaft in Bild 7.11 zu sehen ist. So wurde mit vorgefertigten und aus der Norm ISO/IEC 19770-1 abgeleiteten Formulierungen ein umfassendes und gleichzeitig einfaches Beantwortungsschema erstellt, welches bereits mehrfach bei Kundenprojekten erfolgreich angewendet werden konnte.

Das Dokument selbst ist als Word-Format aufgebaut und umfasst die nachfolgend aufgeführten Kompetenzfelder als einen Auszug zur Bewertung der SAM-Prozesse. Die dafür angewendeten Kategorien und Kernkompetenzen der Norm ISO/IEC 19770-1[5] sind nachfolgend beschrieben:

1. Organisationsmanagement

1.1. Kontrollumgebung unternehmensweit

- Wie wird das Softwareasset- und Lizenzmanagement (dokumentierte Verfahren, Rollen, Verantwortlichkeiten) im Unternehmen umgesetzt und kontrolliert?

1.2. Planung und Implementierung

- Verfügt das Unternehmen über einen genehmigten Projektplan für eine Implementierung und Optimierung eines Softwareassets- und Lizenzmanagements?

[4] SAM Optimization Model, nähere Informationen zum Microsoft-Modell finden Sie auch unter *https://www.itassetmanagement.net/2012/11/12/microsoft-sam-optimization-model-isoiec-197701/*

[5] Die Norm ISO/IEC 199770-1 beschreibt insgesamt 27 Prozesse, die aufgeführten Kategorien stellen einen Auszug daraus dar.

2.2. Korrektheit des Inventars

		Beschreibung / Inhalt
Ziel		Erfassen der korrekten aktuellen IT-Ressourcen (Soft- und Hardwarebestände)
Risiko		Die IT-Ressourcen können durch fehlende Prozesse, Richtlinien und Tools nicht korrekt erfasst werden bzw. der vorhandene Datenbestand ist nicht geprüft und fehlerhaft.
Kriterien zur Selbst-einstufung		• Wie häufig wird das Soft- und Hardware-Inventar (technisches Soll) mit anderen Quellen (Adressbuch, Anlagenbuch u.a.) abgeglichen, um die korrekte Angabe der Lizenznutzung zu überprüfen? • Sind die vorhandenen Richtlinien, Prozesse und Verfahren so gestaltet, dass die Korrektheit des Soft- und Hardware Inventars gewährleistet ist? • Wird die vorherrschende IT-Architektur dabei berücksichtigt?
Einstufung (...)	5	Das Änderungsmanagement kann Softwarekonfigurationen zeitnah (just-in-time) durchführen. Inventory-Tools sammeln Daten (täglich) nahezu in Echtzeit mit Bereitstellungsinformationen. Das Lima-Tool erfasst relevante Lizenzinformationen und erstellt Berichte.
	4	Das zentrale Soft- und Hardware-Inventar wird mind. **einmal pro Quartal** mit anderen unabhängigen Quellen abgeglichen. Alle relevanten Soft- und Hardwarekenndaten werden erfasst, für den Abgleich der verwendeten Software mit den vorhandenen Lizenzen.
	3	Das zentrale Soft- und Hardware-Inventar wird mind. **einmal pro Jahr** mit anderen unabhängigen Quellen abgeglichen. Alle relevanten Soft- und Hardwarekenndaten werden erfasst, für den Abgleich der verwendeten Software mit den vorhandenen Lizenzen.
	2	Keine automatisierte Erfassung, Inventare sind manuell erfasste Bereitstellungsschätzungen. Die manuellen Inventare werden bspw. mit Excel verwaltet. Korrekte und vollständige Berichte können nicht zeitnah erstellt werden.
	1	Diese Prozesse bzw. Fakten sind initial oder mangelhaft und stark verbesserungsbedürftig.
Erste Feststellung zur Einstufung		
Allgemeine Bemerkungen		
Dokumente		

Bild 7.11 ISO/IEC 19770-1 Ausschnitt zu Prozess 2.2. Korrektheit des Inventars

2. Inventar

2.1. Hardware- und Softwareinventar

- Wie viel Prozent der PCs und Server werden in einem zentralen Soft- und Hardwareinventar bzw. in einer CMDB erfasst (technisches Soll)?
- Wie viel Prozent der PCs und Server werden ständig und aktuell von einem Inventory-Tool zum Verwalten der Soft- und Hardware erfasst und gepflegt (technisches Ist)?

2.2. Korrektheit des Inventars[6]

- Wie häufig wird das Soft- und Hardwareinventar (technisches Soll) mit anderen Quellen (Adressbuch, Anlagenbuch u. a.) abgeglichen, um die korrekte Angabe der Lizenznutzung zu überprüfen?
- Wird die vorherrschende IT-Architektur dabei berücksichtigt?

3. Verifizierung

3.1. Dokumentation der Lizenznutzungsberechtigungen

- Wie viel Prozent der gekauften Softwarelizenzen (kaufmännisches Soll) werden in einem Lizenzinventar dokumentiert (zentrale Datenhaltung/Nachhaltung aller erworbenen Lizenzen)?

3.2. Regelmäßige Überprüfung der Bestände

- Wie häufig wird die eingesetzte (aktive) Software (technischer Bestand) mit den vorhandenen Nutzungsrechten (kaufmännischer Bestand = erworbene Lizenzen) abgeglichen?

4. Prozessmanagement und -schnittstellen

4.1. Prozessmanagementschnittstellen

- Werden von den Prozessmanagementfunktionen (Verträge, Anlagevermögen, Servicesupport, Sicherheit, Netzwerkbelange) die Software- und Hardwareinventare genutzt?

5. Schnittstellen zum Software-Life-Cycle-Prozess

5.1. Beschaffungsprozess

- Wie viel Prozent der im Unternehmen insgesamt vorhandenen Software wird über eine zentrale Beschaffung eingekauft, gesteuert und verfolgt?

5.2. Bereitstellungs- und Installationsprozess

- Wie viel Prozent der auf PCs bereitgestellten Software (für alle Betriebssysteme) wird über zentrale Quellen oder über eine kontrollierte Softwareverteilungsumgebung installiert?
- Wie viel Prozent davon bei Servern?

5.3. Entsorgungsprozess

- Bei wie viel Prozent der entsorgten Hardware wird auf einen Wiedereinsatz der darauf befindlichen Software geprüft?
- Wie viel Prozent der installierten Software wird bei der Entsorgung der Hardware erfasst und wiederverwendet (außer OEM-Produkte)?

Bild 7.12 zeigt, wie eine abschließende Bewertung aussehen kann.

[6] Zu diesem Kompetenzfeld können Sie in Bild 7.11 beispielhaft die komplette Struktur und den Aufbau des Dokuments sehen.

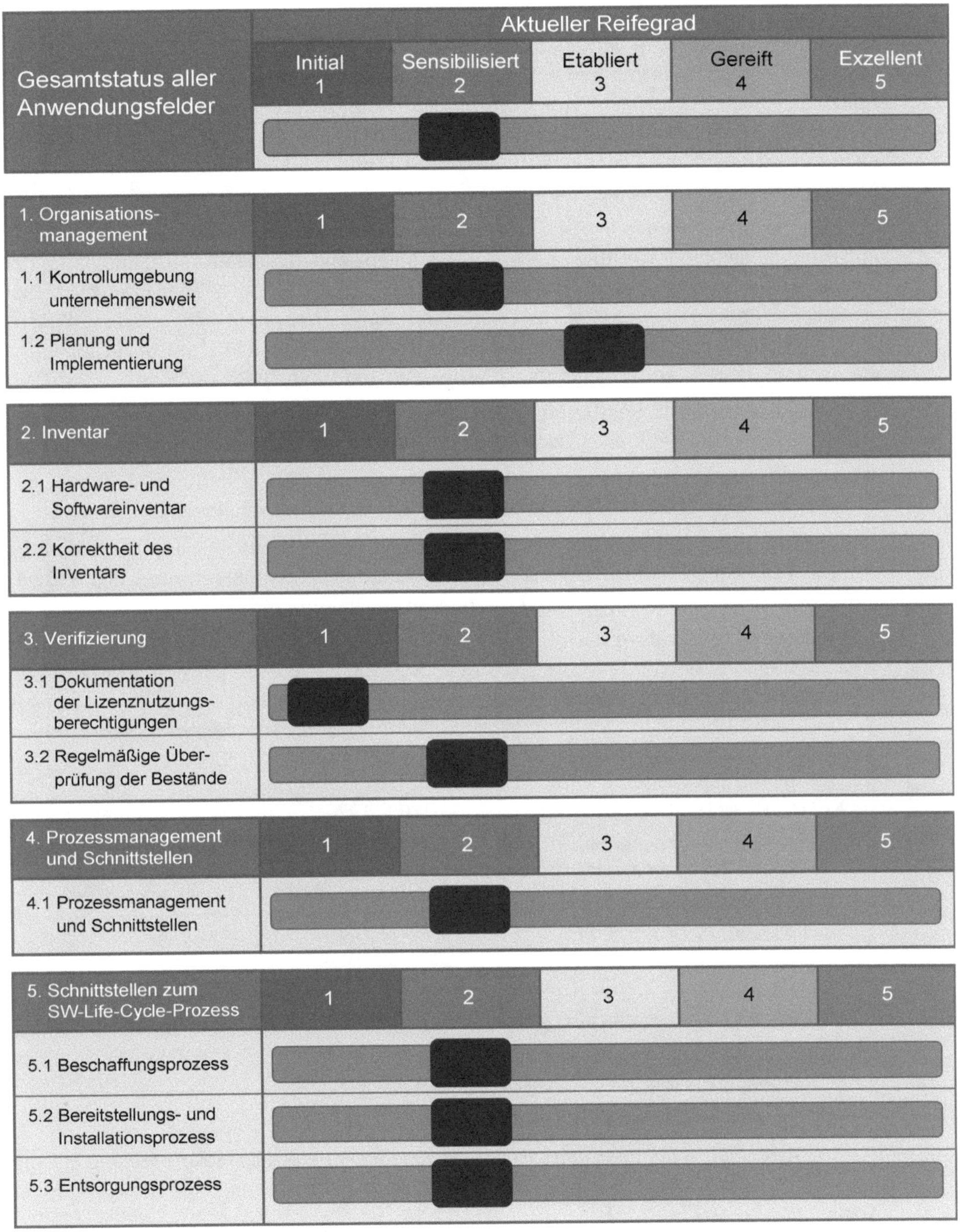

Bild 7.12 Beispielhafte Gesamtübersicht Reifegradstatus nach ISO/IEC 19770-1

Diese insgesamt zehn abgefragten Kernkompetenzen aus fünf Kategorien der Norm ISO/IEC 19770-1 vermitteln Ihnen somit – in einer relativ kurzen Zeit – einen ersten Überblick über den analysierten und aufgenommenen Ist-Zustand Ihrer Prozesslandschaft und bilden nun die Ausgangsbasis für Sie, um die Haupt- und Teilprozesse im Software-Life-Cycle optimieren zu können. Wenn Sie beide vorgestellten Verfahren kombiniert anwenden, besitzen Sie eine fundierte Grundlage, um weitere erforderliche Maßnahmen gegenüber Ihrem Management begründen zu können.

Um das Bild der erhobenen Reifegrade mit einer zusätzlichen Bewertung bzw. Beschreibung abzurunden, empfehle ich Ihnen noch, das Vorgehensmodell aus der Veröffentlichung der zweiten Generation der Norm ISO/IEC 19770-1:2012 zu verwenden. Hier erfolgt die Umsetzung der Prozessstandards in vier Implementierungsabschnitten (Tier1-4)[7] bzw. Phasen (Stage Adoption), um das Framework der ISO/IEC 19770-1:2012 schrittweise und angepasst auf die jeweiligen Anforderungen im Unternehmen einführen zu können:[8]

- **Erzeugung verlässlicher Daten** (Tier 1, Trustworthy Data): Kenntnis zu erlangen über die exakte Anzahl der eingesetzten Software und der vorhandenen Lizenzen
- **Kontrolle des Umfelds** (Tier 2, Practical Management): Definition und Abbildung von standardisierten Prozessen und Verfahren im Software-Life-Cycle-Prozess
- **Einbindung in die Geschäftsprozesse** (Tier 3, Operational Integration): Die Schaffung eines SPOC (Single Point of Contact) für alle Belange „das Lizenzmanagement betreffend" (organisatorisch, administrativ, technisch und lizenzrechtlich)
- **Vollständige Integration** (Tier 4, Full ISO/IEC ITAM Conformance): Die Umsetzung eines dauerhaften operativen Softwareasset- und Lizenzmanagements mit den erforderlichen Prozessen, Rollen und Richtlinien, integriert in die Geschäftsprozesse des Unternehmens

Hinweis:

Mittlerweile ist dieser Part durch die ISO/IEC 19770-1:2017 ersetzt worden. Ich belasse diese Ausführungen aber hier unverändert, weil es für mich eine der praktikabelsten Lösungen ist, Kunden die Norm ISO/IEC 19770-1 näherzubringen und in wirklich umsetzbare Ergebnisabschnitte aufzuteilen.

ISO/IEC 19770-1:2017: *https://www.iso.org/standard/68531.html*

Praxisbeispiel

Wie eine solche zusätzliche Analyse und Bewertung aussehen können, beschreibe ich Ihnen gerne in einem Praxisbeispiel:

Erzeugung verlässlicher Daten

Es sind Kenntnisse zu erlangen über die exakte Anzahl der eingesetzten Software und der vorhandenen Lizenzen (Nutzungsrechte) sowie die Erstellung von regelmäßigen Lizenzbilanzen (Compliance Report).

---

[7] *https://www.iso.org/obp/ui/#iso:std:iso-iec:19770:-1:ed-2:v1:en*

[8] *http://en.wikipedia.org/wiki/ISO/IEC_19770*

Vorherrschende Situation

Unstrukturierte und unvollständige Daten im kaufmännischen und technischen Umfeld verhindern die Erhebung der aktuellen Lizenzsituation. Sowohl die kaufmännischen als auch die technischen Daten aus den Quellsystemen haben noch nicht die erforderliche Datenqualität, die das Lizenzmanagement benötigt.

Maßnahmen

- Einen Überblick über die aktuelle Vertragssituation bei Software unter Berücksichtigung der erstellten Top-5-Liste (manuell) verschaffen,
- Überführen der lizenzrelevanten Vertragsinhalte in eine elektronisch lesbare Form oder Koppelung der vorliegenden Vertragsdaten mit einem zukünftigen LiMa-Tool,
- standardisierte zentrale Dokumentation der Lizenzbestände,
- Erstellung eines zentralen Archivs zur Ablage der Lizenznachweise,
- Beschreibung von Anforderungen an ein Lizenzmanagement und Inventory Tool (Durchführung einer Evaluierung),
- die Schnittstellen zu den erforderlichen datenliefernden Systemen sind zu prüfen und ggf. herzustellen.

Kontrolle des Umfelds

Die Definition und Abbildung von standardisierten Prozessen und Verfahren im Software-Life-Cycle-Prozess erfolgen, um die erhobenen Informationen stets auf einem aktuellen Stand halten zu können.

Vorherrschende Situation

- Es sind keine Rollen und Verantwortungen benannt, um ein aktives unternehmensweites Lizenzmanagement betreiben zu können.
- Eine ausreichend transparente Übersicht zur Beschaffung von Software fehlt, diese wird nicht optimal zentral gesteuert und eine erforderliche transparente Zuordnung zu Systemen oder Anwendern besteht nicht.

Maßnahmen

- Definieren von optimierten Soll-Prozessen im Software-Life-Cycle-Prozess mit klaren Rollen und Verantwortlichkeiten,
- Beschreibung und Abbildung der erforderlichen Schnittstellen zum und vom Lizenzmanagement (technisch, kaufmännisch, administrativ, organisatorisch),
- schrittweises Umsetzen der Prozesse in die beteiligten Geschäftsbereiche und -abläufe,
- Konzept zur Festlegung eines zentralen Wareneingangs für Softwareprodukte,
- Konzept zur Erstellung eines standardisierten Softwarewarenkorbs,
- Konzept zur Konsolidierung und Verringerung der Softwareprodukte durch den Aufbau eines zentralen Softwareportfolios.

Einbindung in die Geschäftsprozesse

Die Schaffung eines SPOC (Single Point of Contact) bzw. eines LCC (License Competence Center) instanziiert einen Ansprechpartner für alle Belange „das Lizenzmanagement betreffend“ (organisatorisch, administrativ, technisch und lizenzrechtlich).

Vorherrschende Situation

Es gibt keinen zentralen Ansprechpunkt (SPOC)[9]*, um auf Fragen das Lizenzmanagement betreffend zentral gesteuert eingehen zu können bzw. Fehlinformationen gegenüber Herstellern und Lieferanten zu vermeiden (Auditrisiko).*

Maßnahmen

- Die erforderlichen operativen und strategischen Rollen und Richtlinien für das Softwareasset- und Lizenzmanagement sind zu beschreiben und einzuführen.
- Die Einbindung des Software-Life-Cycle-Prozesses in einen standardisierten Anforderungsprozess für die Beschaffung, Bereitstellung und Installation von Software ist zu gewährleisten.
- Eine Standardisierung und Klassifizierung der eingesetzten Software sowie der verwendeten kaufmännischen Artikel sind weiterzuentwickeln.
- Die Definition und Bereitstellung von standardisierten Softwarewarenkörben bzw. eines gemeinsamen übergreifenden Softwarekatalogs in Zusammenarbeit mit den verantwortlichen Fachbereichen (kaufmännisch und technisch) sind erforderlich.
- Die Integration des bestehenden Softwareverteilungsprozesses in den optimierten Software-Life-Cycle-Prozess ist zu planen und umzusetzen.
- Die intensive Kommunikation mit den Softwareherstellern und -lieferanten ist aufzubauen, um den Fachbereichen eine fundierte fachliche Auskunft bei Fragen zur lizenzkonformen Nutzung ihrer Produkte geben zu können.

Vollständige Integration

Die Umsetzung eines dauerhaften operativen Softwareasset- und Lizenzmanagements mit den erforderlichen Prozessen, Rollen und Richtlinien führt zu einem transparenten und wirtschaftlichen Einsatz von Software und Lizenzen.

Vorherrschende Situation

Die durchgeführte Reifegradanalyse hat ergeben, dass in den geprüften Anwendungsfeldern nur der Status Stufe 1 „Nicht vorhanden“ erreicht wurde.

Maßnahmen

- Die Umsetzung eines dauerhaften operativen Softwareasset- und Lizenzmanagements mit den erforderlichen Prozessen, Rollen und Richtlinien.
- Die Unterstützung und Beratung für eine nachhaltige, lizenzrechtlich korrekte Umsetzung der bestehenden IT-Architektur mit einer fortwährenden Prüfung auf die Einhaltung der vereinbarten Nutzungsbedingungen.
- Das rechtzeitige Einbinden des Lizenzmanagements bei Änderungen von Anforderungen der IT-Architektur durch den Betrieb oder durch Projekte.
- Das frühzeitige Einbeziehen des Lizenzmanagements bei anstehenden Vertragsverhandlungen, Vertragsänderungen (z. B. Wechsel des Lizenzmodells) oder weiteren Vertragsverlängerungen.

In Bild 7.13 sehen Sie ein dargestelltes Auswertungsergebnis über die eben beispielhaft beschriebenen vier Implementierungsabschnitte bzw. Phasen, verbunden mit der Darstellung des jeweils ermittelten Reifegrads.

---

[9] SPOC = Single Point of Contact

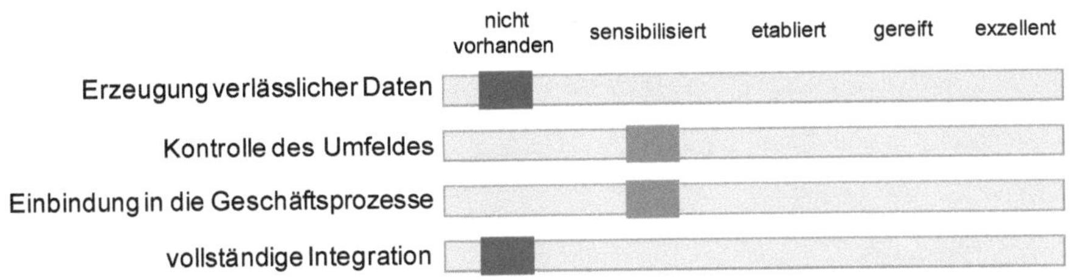

Bild 7.13 Darstellung des Reifegrads der vier SAM-Stufen aus der ISO/IEC 19770-1:2012

Aufgrund der erhobenen Informationen und Analysen des vorgefundenen Ist-Zustands könnte dann für das abgebildete Beispiel Folgendes zusammengefasst werden:

- Unstrukturierte Daten verhindern die Erhebung der Lizenzsituation.
- Beschaffungen von Software werden nicht optimal zentral gesteuert.
- Es existiert keine ausreichende Übersicht über die bestehenden Software- und Wartungsverträge.
- Das Softwareasset- und Lizenzmanagement wird im Unternehmen nicht richtig wahrgenommen.

Wenn Sie die in diesem Kapitel beschriebenen Methoden und Maßnahmen bei der Aufnahme und Analyse des bestehenden Software-Life-Cycle-Prozesses berücksichtigen bzw. auch anwenden, können Sie in einem Zeitraum von zwei bis maximal drei Wochen die Ist-Situation der Software-Life-Cycle-Prozesse in Ihrem Unternehmen in einem ersten groben, aber ausreichenden Umfang analysieren und bewerten.

Hinweis:

Wenn Sie sich für die Anwendung meiner Methodik interessieren, können Sie sich auch gerne auf den Webseiten von apogiz (*www.apogiz.com*) weiter darüber informieren. Dort können Sie sich auch den Ablauf einer Reifegradanalyse als PDF-Dokument herunterladen. ■

Fazit:

Um die Qualität der Prozesse im Unternehmen überprüfen und messen zu können, ist zunächst eine Aufnahme der Ist-Situation erforderlich. Nur wenn Sie eine Standortbestimmung durchgeführt und die Qualität Ihrer Strukturen, Prozesse und Dienstleistungen mit Hilfe der Reifegradanalyse bewertet haben, besitzen Sie das notwendige Wissen, um Ihre Prozesse im Unternehmen optimieren zu können. Wenn Sie Ihre Prozesse auf eine höhere Reifegradstufe heben wollen, müssen Sie die entsprechenden Voraussetzungen schaffen. Schlussendlich benötigen Sie eine bestimmte Reifegradstufe, um überhaupt eine aussagekräftige Compliance für Ihre genutzten Softwareprodukte herstellen zu können. ■

8 Den Software-Life-Cycle-Prozess optimieren

In diesem Kapitel erfahren Sie u. a.,

- warum Richtlinien für die zukünftige Softwarenutzung im Unternehmen aufgestellt werden sollten,
- welche Key Process Indicators (KPIs – Kennzahl zur Qualitätssteuerung für die Prozessmodellierung) zu beachten bzw. aufzunehmen sind,
- welche Ansätze bei der Modellierung und Umsetzung von optimierten Soll-Prozessen und weiteren Strukturen zu betrachten sind,
- weshalb neue Rollen und Verantwortlichkeiten für ein zukünftiges Lizenzmanagement erforderlich sind,
- warum eine Klassifizierung von Software zu empfehlen ist,
- welche Hilfestellung eine Standardklassifizierung für Softwareprodukte (wie beispielsweise eCl@ss) leisten kann,
- weshalb es sinnvoll sein kann, Software in strategische und in Client-Klassen einzuteilen,
- welchen Nutzen eine Einteilung von Software in weitere Klassifikationsmerkmale für den täglichen Betrieb bringt.

Um den SAM-Life-Cycle-Prozess optimieren zu können, benötigen Sie umfassende und detaillierte Informationen zum Ist-Zustand. Darauf aufbauend können Sie schrittweise damit beginnen, die Prozesse und Teilprozesse dort anzupassen, wo Sie sich den größten Hebeleffekt zur Optimierung versprechen. Lesen Sie, welche neuen Rollen und Verantwortlichkeiten für den SAM-Betrieb benötigt werden und welche Richtlinien für die neuen Prozesse im SAM-Life-Cycle bzw. für die Lizenzmanagement-Prozesse formuliert, abgestimmt und umgesetzt werden müssen. Dieses Kapitel geht weiterhin auf Aspekte ein, die in vielen SAM-Projekten wenig oder überhaupt nicht beachtet werden. Die vorhandenen Softwareprodukte in eine geordnete Reihenfolge und Struktur zu bringen, hilft bei der Auswertung von Kennzahlen, um beispielsweise eine Übersicht zu erhalten, welche Softwareprodukte mit gleicher Funktionalität im Einsatz sind. Der Schwerpunkt dieses Kapitels liegt auf Erläuterungen und Empfehlungen zu Einführung und Umgang mit dem eCl@ss-Standard und mit weiteren nützlichen Klassifikationsmerkmalen für die Unterstützung des SAM-Life-Cycle-Prozesses.

In den beiden vorangegangenen Kapiteln erfuhren Sie, dass es zunächst wichtig ist, die bis dato gelebten Prozesse zu untersuchen, aufzunehmen und zu bewerten, bevor Sie an eine mögliche Verbesserung bzw. Optimierung herangehen können. Die im Abschnitt 7.6 beschriebene Methode zur Analyse der Prozessreifegrade leistet dabei eine sehr gute Hilfestellung, die gewonnenen Erkenntnisse umzusetzen und zu visualisieren.

8.1 Einordnung SAM in die ITIL®-Umgebung

Die Integration des zukünftigen Softwareasset- und Lizenzmanagements in die vorhandenen Geschäftsprozesse sowie in bestehende Werkzeuge, Verfahren und Schnittstellen ist eine anspruchsvolle Aufgabe. Um beispielsweise auch einmal ITIL® zu erwähnen, wären die wichtigsten Integrationspunkte u. a. im:

- **Service Level und Financial Management.** Steuert das Vertragsmanagement für Softwarelizenz- und -Wartungsverträge, Servicedefinitionen sowie die Verrechnung von Softwarekosten.
- **Produkt und Release Management.** Steuert die Evaluierung und Validierung von autorisierten Softwareprodukten, die Planung von Softwareupdates oder die Einführung von neuen Softwareprodukten.
- **Configuration Management.** Steuert die Bereitstellung qualifizierter Lizenzbestände und Nutzungsrechte für die einzusetzenden Softwareprodukte.
- **Availability Management.** Steuert die mögliche Optimierung und wirtschaftliche Verwendung der verfügbaren Softwareprodukte und -lizenzen sowie der Wartungsvereinbarungen.
- **Continuity Management.** Das Aufnehmen und Verfolgen von möglichen operationellen Risiken, die durch den Einsatz von unrechtmäßigen oder falsch geplanten und verteilten Softwareprodukten entstehen können.

Im Umfeld von ITIL® ist das „Softwareasset- und Lizenzmanagement“ bzw. das Managen und Verwalten von Softwarelizenzen nicht so eindeutig platzierbar. Wenn man SAM als einen Service begreift bzw. betrachtet, könnte es im Bereich der Service-Delivery-Prozesse platziert werden. Aus dem Request Management (Service und Support) würde beispielsweise die Anfrage eines Softwareprodukts kommen und dann gesteuert über den Service-Delivery-Prozess bereitgestellt werden. So ist eine relativ gute Integration in die ITIL®-Umgebung möglich und die bestehenden Schnittstellen können an das ITSM mit angebunden werden. In Bild 8.1 ist eine solche mögliche Verzahnung des SAM in die ITIL®-Umgebung dargestellt, wobei hier noch der Zugriff auf den Software-Life-Cycle-Prozess aufgezeigt wird, der ja so im ITIL® nicht beschrieben ist.

Um die Aufgabenstellung, die zukünftigen Soll-Prozesse zu optimieren bzw. neu zu gestalten, auch „messen“ zu können, sind dafür erforderliche Messgrößen zu formulieren und im Rahmen des Kontinuierlichen Verbesserungsprozesses (KVP) einer periodischen Überprüfung zu unterziehen. Im nächsten Abschnitt habe ich Ihnen für eine beispielhafte Darstellung solcher festzulegenden KPIs einen Auszug für das Prozessmanagement und -schnittstellen zum SAM-Life-Cycle-Prozess zusammengestellt.

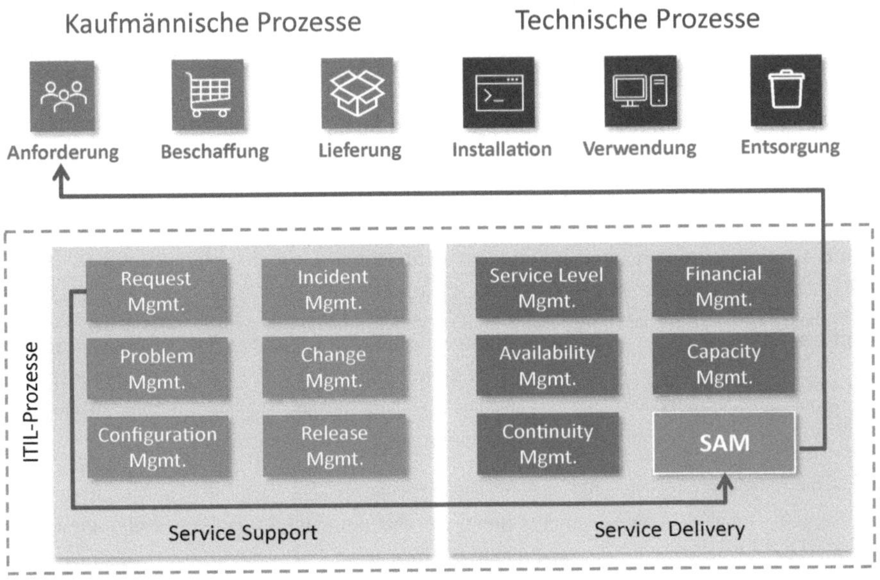

Bild 8.1 Integration des Softwareasset Managements in die ITIL®-Umgebung

8.2 Übersicht KPIs im Softwareasset-Management

Ein Key Process Indicator (KPI) bildet eine Kennzahl zur Qualitätssteuerung ab und beschreibt über verschiedene Attribute des KPI, wie er zu berechnen ist, aus welcher Datenquelle die Werte und Informationen zur Berechnung und zum Messen kommen, welches Steuerungsziel zu formulieren ist, wer der Kennzahlenverantwortliche ist und noch einige weitere Attribute mehr, die Sie in den folgenden Tabellen nachlesen können. In den in Tabelle 8.1 aufgeführten und beschriebenen KPIs wird zur Überprüfung auf eine durchzuführende Reifegradanalyse abgestellt, deswegen wird das Attribut „Darstellungsart“ mit dem Wert „Reifegradstatus (1-5)“ belegt. Als ersten und auch allgemein auf alle Prozesse anwendbaren KPI beschreibe ich Ihnen den KPI für die Überprüfung der Verwendung von einheitlichen Prozessen zum SAM-Betrieb.

Prozessmanagement und -schnittstellen

Der KPI für die Darstellung der Funktionsweise und des standardisierten SAM-Betriebs wird in Tabelle 8.1 näher beschrieben.

Neben der Überprüfung der Funktionsweise der Prozesse und Workflows für den allgemeinen SAM-Betrieb gibt es auch Schnittstellen zum Lizenzmanagement über den Software-Life-Cycle-Prozess, die über Qualitätskennzahlen mit betrachtet werden sollten.

Tabelle 8.1 KPI Prozessmanagement und -schnittstellen

Prozessmanagement und -schnittstellen	
Definition	Anwendung einer Gesamtstrategie zur Verwaltung von Softwareprodukten über einheitliche Softwareasset-Managementprozesse
Berechnungsvorschrift	Verwendung von einheitlichen Prozessen und Technologien zum Betrieb eines Softwareasset-Managements
Art der Kennzahl	Soll-Ist-Vergleich
Datenquelle	Daten aus der IT-Infrastruktur und Organisationsstruktur (Prozessportal)
Einheit	Reifegrad (1-5)
Berichtszeitraum	Ad hoc/quartalsweise/jährlich/auf Anforderung
Darstellungsart	Reifegradstatus (1-5)
Steuerungsziel	Darstellung der Funktionsweise der Gesamtstrategie zur Steuerung eines aktiven Softwareasset-Managements
Kennzahlen-verantwortlicher	Abteilungsleiter/Fachbereichsleiter
Durchführende Organisationseinheit	Abteilung/Fachbereich
Termin der Kennzahlübergabe	Periodisch mit noch festzulegender Periodizität
Empfänger der Kennzahl	Abteilungsleiter, Fachbereichsleiter, Strategischer Lizenzmanager

Schnittstellen zum Software-Life-Cycle-Prozess

Das Lizenzmanagement steuert neben seinen eigenen Prozessen auch den SAM-Life-Cycle-Prozess und erhält über definierte bzw. beschriebene Schnittstellen Informationen und Kennzahlen zur Verwaltung der Softwareprodukte und -lizenzen. Nachfolgend habe ich Ihnen einmal dazu beispielhaft einen KPI für den Beschaffungsprozess, den Bereitstellungs- und Installationsprozess und den Entsorgungsprozess beschrieben.

Der Beschaffungsprozess ist einer der wichtigsten Teilprozesse im SAM-Life-Cycle-Prozess, weil hierüber u. a. auch die wirtschaftliche Verwendung von Software gesteuert wird. In der Tabelle 8.2 lesen Sie, welche Kennzahlen dafür verwendet werden.

Tabelle 8.2 KPI Beschaffungsprozess

Beschaffungsprozess	
Definition	Überwachung der angeforderten Softwarebeschaffungen mit vorheriger Prüfung auf bereits vorhandene und wiederverwendbare Softwarelizenzen
Berechnungsvorschrift	Prozentzahl der in einem zentralen Softwarewarenkorb verwalteten und gesteuerten Softwareprodukte
Art der Kennzahl	Soll-Ist-Vergleich
Datenquelle	Daten aus der IT-Infrastruktur (Lima-Tool, CMDB, SAP)
Einheit	Prozent (< 68 % bis > 98 %) oder Stückzahlen
Berichtszeitraum	Ad hoc/wöchentlich/monatlich/quartalsweise/jährlich/auf Anforderung
Darstellungsart	Diagrammform
Steuerungsziel	Prozentsatz der geplanten Softwareanforderungen mit einer Überwachung vor dem Auslösen einer externen Softwarebeschaffung
Kennzahlen-verantwortlicher	Operativer Lizenzmanager
Durchführende Organisationseinheit	Abteilung/Fachbereich
Termin der Kennzahlübergabe	Periodisch mit noch festzulegender Periodizität
Empfänger der Kennzahl	Abteilungsleiter, Fachbereichsleiter, Operativer Lizenzmanager

Sinnvoll ist es sicherlich auch, mit einem weiteren KPI den Bereitstellungs- und Installationsprozess im SAM-Life-Cycle-Prozess zu überwachen, ob die geplanten Steuerungsmaßnahmen auch nachhaltig greifen oder ob noch an der einen oder anderen Prozessecke nachjustiert werden muss. Tabelle 8.3 beschreibt die dafür anzuwendenden Kennzahlen.

Tabelle 8.3 KPI Bereitstellungs- und Installationsprozess

Bereitstellungs- und Installationsprozess	
Definition	Dynamische Überwachung und Verwaltung von autorisierten Softwareprodukten mit den vorhandenen Softwarelizenzberechtigungen unter Berücksichtigung der IT-Architektur
Berechnungsvorschrift	Prozentzahl der auf PCs oder Servern über eine kontrollierte Softwareverteilung oder Installation bereitgestellten Softwareprodukte
Art der Kennzahl	Soll-Ist-Vergleich
Datenquelle	Daten aus der IT-Infrastruktur (Lima-Tool, Softwareverteilung, Administrationstools)
Einheit	Prozent (< 68 % bis > 98 %) oder Stückzahlen
Berichtszeitraum	Ad hoc/wöchentlich/monatlich/quartalsweise/jährlich/auf Anforderung
Darstellungsart	Diagrammform
Steuerungsziel	Prozentsatz der dynamisch und prozessgesteuerten zentralen Verteilung und Bereitstellung von Softwareprodukten mit Überwachung von 99 % der aktiven IT-Ressourcen (Reifegradstufe 5)
Kennzahlen-verantwortlicher	Operativer Lizenzmanager
Durchführende Organisationseinheit	Abteilung/Fachbereich
Termin der Kennzahlübergabe	Periodisch mit noch festzulegender Periodizität
Empfänger der Kennzahl	Abteilungsleiter, Fachbereichsleiter, Operativer Lizenzmanager

Ebenso wichtig, wie den Bereitstellungs- und Installationsprozess zu überwachen und nach Kennzahlen zu steuern, ist es auch, den Entsorgungsprozess in die Kennzahlensteuerung mit aufzunehmen. Denn der Entsorgungsprozess liefert zusammen mit dem Bereitstellungs- und Installationsprozess die Daten, die für die Erstellung der Compliance erforderlich sind, nämlich vereinfacht ausgedrückt die Zu- und Abgänge der Softwarenutzungen im Unternehmen. Beide Teilprozesse des SAM-Life-Cycle-Prozesses steuern hauptsächlich die angestrebte wirtschaftliche Nutzung und Wiederverwendung von Softwareprodukten und -lizenzen. In Tabelle 8.4 sind die dafür zu verwendenden Kennzahlen beschrieben.

Tabelle 8.4 KPI Entsorgungsprozess

Entsorgungsprozess	
Definition	Dynamische Überwachung und Verwaltung von Software von ausgesonderten IT-Systemen und nicht genutzter Software mit aktiver Verwertung
Berechnungsvorschrift	Prozentzahl der auf PCs oder Servern über einen kontrollierten Entsorgungsprozess der Wiederverwendung zugeführten Softwareprodukte
Art der Kennzahl	Soll-Ist-Vergleich
Datenquelle	Daten aus der IT-Infrastruktur (Lima-Tool, CMDB, SAP, Anlagenbuchhaltung)
Einheit	Prozent (< 68 % bis > 98 %) oder Stückzahlen
Berichtszeitraum	Ad hoc/wöchentlich/monatlich/quartalsweise/jährlich/auf Anforderung
Darstellungsart	Diagrammform
Steuerungsziel	Prozentsatz der prozessgesteuerten Entsorgung und Wiederverwendung von Softwareprodukten (Softwarepool) mit Überwachung und Steuerung von 99 % der aktiven IT-Ressourcen (Reifegradstufe 5)
Kennzahlen-verantwortlicher	Operativer Lizenzmanager
Durchführende Organisationseinheit	Abteilung/Fachbereich
Termin der Kennzahlübergabe	Periodisch mit noch festzulegender Periodizität
Empfänger der Kennzahl	Abteilungsleiter, Fachbereichsleiter, Operativer Lizenzmanager

Nachdem die anzuwendenden KPIs beschrieben und definiert wurden, ist deren periodische Überwachung in den Kontinuierlichen Verbesserungsprozess (KVP) einzusteuern. Die Ergebnisse sind regelmäßig an die verantwortlichen Rollen bzw. an die festgelegten Empfänger der Kennzahlen zu berichten.

Regelmäßige Überprüfung der festgelegten KPIs

Für die regelmäßige Überprüfung der definierten KPIs ist eine Reifegradanalyse gemäß dem festgelegten Verfahren durchzuführen und in weiteren Versionen zu dokumentieren und fortzuführen. In diesem Dokument sind die beschriebenen KPIs in Bezug auf die zu erfüllenden Kriterien und die zu erreichenden Zielgrößen zu bewerten und revisionssicher abzulegen. ■

Wenden wir uns im nächsten Abschnitt den Richtlinien im Umgang mit Software zu.

8.3 Die wichtigsten Richtlinien für den Umgang mit Software

Die Einführung von Unternehmensrichtlinien zum Umgang mit Software dient der Einhaltung des Urheberrechts in der Beschaffung, Bereitstellung und Verwendung von Software und definiert Rechte und Pflichten der Mitarbeiter in Bezug auf die Verwendung von Software. Was nützen Ihnen alle Tools und Prozesse, wenn diese nicht eingesetzt oder gelebt werden. Damit Sie die Soll-Prozesse auch im Unternehmen umsetzen, einhalten und leben können, benötigen Sie Richtlinien, die den Umgang mit Softwarelizenzen im Unternehmen beschreiben. Die wichtigsten möchte ich Ihnen hier kurz vorstellen.

Sie benötigen u. a. Richtlinien für:

- Umgang mit Verträgen;
- Softwarenutzung auf den Unternehmens-PCs (z. B. Internetnutzung, E-Mail-Nutzung u. a.);
- Einhaltung des jeweils gültigen Landes-Urheberrechts;
- Umgang mit nicht firmeneigener Software (Privatsoftware) auf Unternehmens-PCs;
- Umgang mit Downloads aus dem Internet (Shareware, Freeware, Open Source);
- Nutzung von unternehmenseigener Software auf Home-PCs, Telearbeitsplätzen;
- erlaubte Beschaffungswege für Softwarebestellungen (beispielsweise wird untersagt, Software auf Reisekostenabrechnung zu beschaffen).

Hinweis:

Wenn Sie in Ihrem Unternehmen schon Tools und Methoden einsetzen, mit denen die Nutzung der Software vermessen werden kann (Software-Metering), dann benötigen Sie auch hierfür eine oder mehrere Richtlinien, die Sie mit dem Betriebsrat und dem Datenschutzbeauftragten abstimmen müssen (Erhebung und Weiterverarbeitung von personenbezogenen Daten).

8.3.1 Erstellen einer Richtlinie

Richtlinien sollten diese Inhalte beschreiben:

- Ziel
- Zweck
- Geltungsbereich
- Verantwortlichkeiten
- Gültigkeit

Geben Sie jeder Richtlinie einen Namen und beschreiben Sie dann die notwendigen Regelungen.

Das Inhaltsverzeichnis einer Richtlinie für den Einsatz zum Umgang mit Verträgen könnte konkret so aussehen:

1	Zweck des Dokuments
2	Ziel der Vertragsverwaltung
2.1	Aufgaben der Vertragsverwaltung
2.2	Notwendige Voraussetzungen
2.3	Geltungsbereich
2.4	Grundsätzliche Regelungen
2.5	Anwendungsbereich
2.6	Verfahrensbeschreibung zur Verarbeitung der Vertragsdaten
2.7	Ablage und Verwahrung (Zugangsregelung)
3.0	Rollen und Verantwortlichkeiten

Um die Richtlinie zu definieren und zu formulieren, sollten Sie alle Beteiligten zu einem Workshop einladen, die Erwartungen aufnehmen und die Ziele und Ergebnisse festlegen. Denken Sie auch daran, Mitarbeiter aus der Personalabteilung, den Betriebsrat oder den Datenschutzbeauftragten mit einzuladen, falls das notwendig und erforderlich sein sollte. Sorgen Sie dafür, dass diese Richtlinien jedem Mitarbeiter zur Kenntnis gebracht werden, und überprüfen Sie stichpunktartig in unregelmäßigen Abständen die Einhaltung dieser Richtlinien. Wenn die Mitarbeiter merken, dass die Einhaltung überwacht wird, haben Sie die besten Chancen, dass die vereinbarten Richtlinien auch tatsächlich umgesetzt werden.

8.4 Die Soll-Prozesse modellieren

Bei der Analyse der bestehenden Prozesslandschaft kann es durchaus vorkommen, dass in Teilprozessen kein weiteres Verbesserungspotenzial zu finden ist, weil sie sich schon auf einer relativ hohen Reifegradstufe befinden und damit erst einmal kein Optimierungspotenzial mehr bieten. Diese Prozesse müssen Sie dann im Sinne einer Optimierung auch nicht weiter betrachten. Haben Sie aber trotzdem ein Auge darauf, dass sie mitberücksichtigt werden, wenn es darum geht, die neu zu erstellenden Soll-Prozesse in „das große Ganze“ harmonisch einzubinden. Weil Sie nun Ihre Ausgangssituation kennen, können Sie sich daranmachen, die neuen Soll-Prozesse zu modellieren und umzusetzen. Gehen Sie dabei schrittweise vor und bearbeiten Sie als Erstes die Prozesse, bei denen ein erhebliches Optimierungspotenzial erkannt wurde. Diese Vorgehensweise ermöglicht Ihnen rasche Fortschritte und Sie finden so sehr schnell die größten Steine heraus, die Sie auf Ihrem Weg zu mehr Transparenz und zur geforderten Compliance aus dem Weg räumen müssen. Aufgrund meiner Erfahrungen empfehle ich Ihnen, sich zunächst den Anforderungs- und Bestellprozess vorzunehmen.

Deswegen gehe ich im nächsten Kapitel noch einmal auf diese beiden wichtigen Prozesse näher ein. Ausgehend von der Darstellung der aufgenommenen Ist-Situation und der nun gewünschten Reifegradstufe sollten Sie an jenen Punkten Ihren Prozess/Teilprozess optimieren, wo Sie die größtmöglichen Effekte erzielen können. Je nach der vorherrschenden Unternehmenssituation und den gewachsenen Strukturen können die Optimierungsansätze unterschiedlicher Natur und Ausprägung sein. Hier sollte situationsbedingt und nach Best Practice gehandelt werden. Wichtig ist auch, dass die Optimierung mit Augenmaß angesichts der erforderlichen Veränderungen betrieben wird und Sie nicht versuchen, ein Lehrbuchbeispiel zu implementieren. Einen gesunden Pragmatismus bei der Optimierung der Prozesse an den Tag zu legen, ist hier sicherlich nicht verkehrt.

Tipp:

Um den zu erstellenden Soll-Prozess in einer ersten groben Umsetzungsstufe zu visualisieren, können Sie Visio oder PowerPoint verwenden. Eine detailliertere Version, in der auch Rollen und Verantwortlichkeiten abgebildet werden, sollten Sie dann entweder in Visio feiner strukturieren und ausarbeiten oder in einem der gängigen Prozessmodellierungstools wie beispielsweise Aris (Hersteller IDS Sheer), iGrafx (Tochter von Corel) oder ADONIS (Hersteller ist die BOC-Gruppe, BOC Information Technologies Consulting AG, *https://www.boc-group.com/de/adonis/*) umsetzen. ■

Zu empfehlen ist, sich noch einmal die bestehende Ausgangssituation im Unternehmen grob aufzuzeigen, um bei der Ausgestaltung des zukünftigen SAM-Life-Cycle-Prozesses einen Rahmen zu definieren. In Bild 8.2 ist eine beispielhafte Übersicht der geplanten Änderungen zu sehen.

Für die Modellierung sollten natürlich auch noch weitere Aspekte und mögliche Optimierungspotenziale mit einbezogen werden.

Mögliche Optimierungsansätze

- Beachten Sie die Schnittstellen bzw. die Verknüpfung der kaufmännischen Daten (Vertragsdaten, beschaffte Lizenzen) aus den kaufmännischen und Vertragsmanagementsystemen mit dem zukünftigen SAM-Tool.
- Definieren Sie einheitliche Ablagerichtlinien und Namenskonventionen, um später in den Systemen die Verträge nach bestimmten Kriterien recherchieren zu können.
- Schaffen Sie eine strukturierte und nachvollziehbare zentrale Ablage für die Lizenzinformationen (Rechnungen, Lizenzscheine, Lizenznachweise, Lizenzkeys).
- Prüfen Sie, ob Verträge zu gleichen Lieferanten/Herstellern in Bezug auf vereinbarte Konditionen konsolidiert oder optimiert werden können (Vertragshierarchien).
- Verschaffen Sie sich einen umfassenden Überblick über alle abgeschlossenen Softwareverträge und deren Lizenzmodelle und prüfen Sie, ob diese zusammengefasst oder vereinfacht werden können (auch weltweit mit lokalem Einkauf).
- Verschaffen Sie sich ausreichende Kenntnis, wer die Softwareverträge verwaltet, und sichern Sie eventuell bestehendes Kopfwissen der Mitarbeiter, die diese Verträge betreuen.

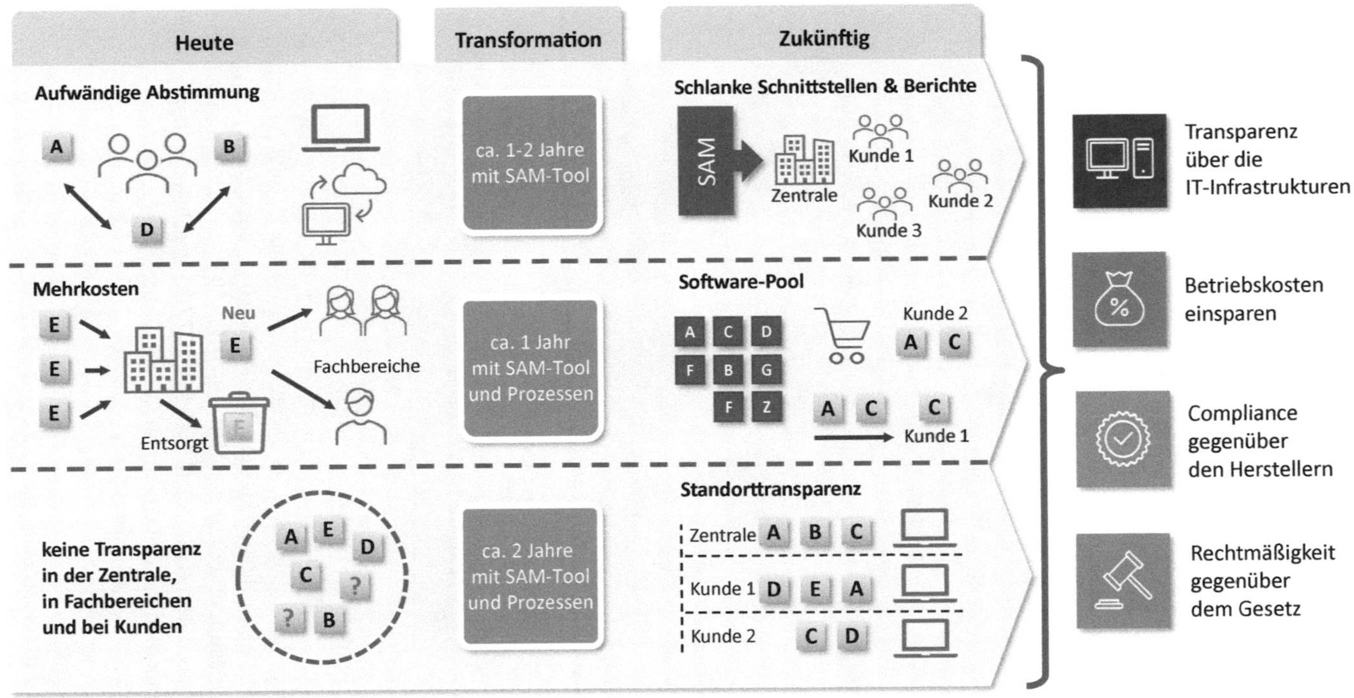

Bild 8.2 Übersicht der geplanten Änderungen

- Dokumentieren Sie zukünftige Software- und Lizenzbeschaffungen in einem zentralen Tool (bevorzugt das neue SAM-Tool) und passen Sie Ihre Prozesse daraufhin an.
- Vereinheitlichen Sie die derzeit möglichen Beschaffungswege und reduzieren Sie diese auf ein notwendiges Minimum (beispielsweise nur noch über ein zentrales System).
- Entwickeln Sie eine Checkliste für Ihren Einkauf, um künftige Vertragsverhandlungen schneller und weniger komplex abwickeln zu können.

Machen Sie sich bewusst, dass ein SAM-Betrieb und Lizenzmanagement in der Abfolge von drei aufeinanderfolgenden Evolutionsstufen, die sich über **einen längeren Zeitraum** in einer quantitativen und qualitativen Iteration befinden, aufgebaut und umgesetzt werden. In Bild 8.3 wurde dieser Sachverhalt einmal von mir visualisiert.

Stufe 1

- Prozesse sind etabliert
- Erfassung aller Softwareprodukte von Client & Server, Cloud, SaaS
- Verlässlichkeit der Daten ist sichergestellt

Stufe 2

- Proaktive Beratung bei Beschaffung
- Beratung bei Technologieänderungen
- Die IT-Strategie wird aktiv unterstützt
- Lieferung wichtiger Kennzahlen erfolgt

Stufe 3

- Nutzungsdaten werden erhoben
- Aktive Portfoliobewirtschaftung ist implementiert
- Softwareasset Management wird zum Profit Center

Bild 8.3 Stufen der Weiterentwicklung des Softwareasset- und Lizenzmanagements

Je nach vorherrschender Situation und Einschätzung der analysierten Reifegrade der jeweiligen Ist-Situation kann sich Ihr Software-Life-Cycle-Prozess in Stufe 1, eher selten bereits in Stufe 2, befinden. Meistens fehlen aber nach der Reifegradanalyse noch einige Grundlagen, um sich bereits in die Stufe 1 einordnen zu können. Denken Sie bitte auch daran, was ich im Abschnitt 7.6.2 „Reifegradbestimmung mit der Norm ISO/IEC 19770-1" zu den vier Implementierungsabschnitten bzw. Phasen der Norm ISO/IEC 19770-1 geschrieben habe. Wenn Sie nicht zurückblättern möchten, hier noch einmal kurz die Aufzählung:

1. Erzeugung verlässlicher Daten
2. Kontrolle des Umfelds
3. Einbindung in die Geschäftsprozesse
4. Vollständige Integration des Softwareasset- und Lizenzmanagements

Alle diese Rahmenbedingungen sollten bei der Neugestaltung bzw. Überarbeitung des Software-Life-Cycle-Prozesses in die Modellierung mit einbezogen werden. Im ersten Schritt sollten noch einmal die wichtigsten Daten und Fakten zusammengefasst werden.

Wie das aussehen kann, sehen Sie in der Beschreibung auf den folgenden Seiten, welche aus einer beispielhaften Reifegradanalyse abgeleitet ist.

Zielsetzung

Der SAM-Betrieb soll den transparenten und wirtschaftlichen Einsatz von Software- und Softwareserviceprodukten mit den dazugehörigen Lizenzen durch Einbindung von optimierten internen Abläufen in die vorhandenen Unternehmensgeschäftsprozesse sicherstellen. Das Ziel ist die Implementierung eines zentralen Softwareasset- und Lizenzmanagements, um eine sichere Aussage über den bestehenden Compliance-Status geben zu können.

Dabei sind folgende Schwerpunkte umzusetzen:

- die Optimierung der SAM-Life-Cycle-Prozesse und der erforderlichen Lizenzmanagementprozesse, um eine zentrale Steuerung der Lizenzbedarfe von lizenzkostenpflichtigen Software- und Softwareserviceprodukten zu gewährleisten,
- die möglichst umfassende Standardisierung der zum Einsatz kommenden Produkte in einem zentralen Gesamtkatalog,
- die Erfassung von automatisiert scanbaren installierten und genutzten Softwareprodukten und die Erstellung eines normalisierten und lizenzrechtlich lesbaren Softwareinventars mit den technischen Lizenzbedarfen,
- die kaufmännische Erfassung und Abbildung der Softwareverträge mit den vereinbarten Nutzungsrechten sowie der Wartungs- bzw. Softwarepflegevereinbarungen und die Erstellung eines auf diesen Daten basierenden Softwarelizenzinventars und seiner Lizenznachweise (Zuordnung der Nutzungsrechte aus den Verträgen zu den technisch erhobenen Softwareprodukten),
- die Bereitstellung und Implementierung einer technischen Lösung zur Unterstützung des operativen SAM-Betriebs und der damit einhergehenden Sicherstellung der Compliance gegenüber dem Gesetzgeber und den Herstellern.

Inhalte und Mehrwerte

- Die Möglichkeit der klaren Zuordnung von Verantwortlichkeiten, Rollen und Schnittstellen im SAM-Betrieb und zum Lizenzmanagement (strategisch und operativ),
- die mögliche Standardisierung von IT-Services und der zu verwendenden Softwareprodukte,
- die Schaffung von klaren Servicevereinbarungen und möglichen standardisierten IT-Bausteinen,
- die Bereitstellung von konkreten Handlungshilfen für alle wesentlichen Schnittstellen zwischen dem SAM-Betrieb und dem Lizenzmanagement, der zu betreibenden IT-Infrastruktur und den dafür verantwortlich zeichnenden Fachbereichen,
- die betriebenen Prozesse mit den dazugehörigen Softwareprodukten ermöglichen die Vergleichbarkeit und Messbarkeit der beteiligten IT-Services sowie die Reduktion von Reaktions- und Durchlaufzeiten beispielsweise beim Anforderungsprozess für Softwareprodukte oder -lizenzen.

Die optimierten Prozesse ermöglichen:

- eine umfassende Standardisierung von Verantwortlichkeiten und Vorgehensweisen im SAM-Life-Cycle-Prozess und in den einzubindenden erforderlichen Lizenzmanagementprozessen,

- die Aufstellung von kontrollierbaren Servicevereinbarungen für Liefer- und Leistungsbeziehungen zwischen den Fachbereichen und eine Bündelung von erforderlichen Aufgaben mit einer gleichzeitigen Reduzierung von Sonderlösungen und Ausnahmeregelungen,
- die Bereitstellung und Messung der Einhaltung von neuen Qualitätsanforderungen (z. B. durch standardisierte Softwareprodukt- und IT-Service-Abnahmen).

Optimierung vorhandener Software- und Softwareserviceprodukte

Das Ziel ist, über eine Reduzierung und gleichzeitige Vereinheitlichung des eingesetzten Softwareportfolios eine Optimierung zu erreichen.

Was steht dem momentan entgegen?

- Ein Katalog mit der Abbildung der eingesetzten Softwareprodukte ist nicht vorhanden.
- Die Softwareprodukte unterliegen keiner Standardisierung und Klassifizierung, es gibt keine Vorgaben für einen einheitlichen Arbeitsplatz (Desktop/Laptop) oder ein Server-System.
- Aufgrund des nicht vorhandenen Softwarekatalogs erfolgt keine Überprüfung, ob es Softwareprodukte mit ähnlichen oder gleichen Funktionalitäten gibt.
- Das SAM-Team wird bei Änderungen an der IT-Architektur nicht rechtzeitig und nicht ausreichend mit einbezogen.
- Wurde eine Softwareanforderung ausgelöst, gibt es aktuell kein Verfahren, welches im Vorfeld auf bereits vorhandene bzw. im Einsatz befindliche Softwareprodukte als eine mögliche Alternative prüft.

Schnittstellen

Hier sind folgende Prozesse zu berücksichtigen:

- Die Anforderungs-, Bearbeitungs- und Beschaffungsprozesse für Software sind zu prüfen und ggf. anzupassen.
- Im Prozessablauf einer Softwareanforderung ist die vorhandene IT-Architektur mit einzubeziehen.
- In den zukünftigen SAM-Life-Cycle-Prozessen muss der bestehende Softwarepaketierungs-, Softwareverteilungs- und Bereitstellungsprozess (beispielsweise für Cloud-Produkte bzw. Benutzerkonten) berücksichtigt und integriert werden.
- Ein zukünftiger Prozess für die Standardisierung und Klassifizierung von Softwareprodukten sowie ein zentraler Katalog für die Abbildung der Softwareprodukte sind zu erstellen.

Einführung einer CMDB oder eines ITSM-Tools:

- Bei der Einführung einer technischen Lösung (SAM-Tool) ist darauf zu achten, dass eine Schnittstelle zum CMDB- bzw. ITSM-Tool berücksichtigt wird, um mit einheitlichen Quelldaten bzw. Informationen arbeiten zu können.

Abstimmung zwischen den Fachbereichen:

- Bei der Beschaffung von Software- und Softwareserviceprodukten und deren Lizenzen ist eine optimale Abstimmung zwischen den zuständigen Fachbereichen unter Einbeziehung der jeweiligen Produktverantwortlichen bzw. Softwareexperten erforderlich.

Softwarevertragsmanagement

- Aufgrund der engen Verzahnung des Softwareasset- und Lizenzmanagements mit dem Vertragsmanagement ist darauf zu achten, dass die vorgesehene technische Lösung für den SAM-Betrieb und das Lizenzmanagement zumindest kompatibel mit dem geplanten Vertragsmanagement ist. Idealerweise wird eine gemeinsam nutzbare Softwarelösung gefunden.

Anlagenbuchhaltung (falls zu berücksichtigen)

- Im Zuge der Umsetzung einer vorgesehenen technischen SAM-Lösung ist eine Abstimmung mit der Anlagenbuchhaltung erforderlich, um einen einheitlichen Datenaustausch zwischen Anlagenbuchhaltung und SAM-Betrieb gewährleisten zu können.

Rechnungs- und Wareneingangsbuchung

- Die Prozesse zur Wareneingangs- und Rechnungsbuchung sind aufeinander abzustimmen.
- Die Verknüpfung mit Daten aus dem kaufmännischen System (z. B. SAP-Nutzung der Stammdaten ohne Medienbrüche) sowie die Weitergabe der erforderlichen Daten zur Rechnungslegung müssen gewährleistet werden.

Mit den hier in dem Beispiel aufgeführten zu betrachtenden Punkten und Prämissen haben Sie bestimmt bereits bemerkt, dass die Optimierung der zukünftigen Soll-Prozesse einen längeren Zeitraum einnehmen wird, zumal hier mehrere Rollen und Verantwortlichkeiten einbezogen bzw. berücksichtigt werden müssen. Um ein besseres Verständnis bei den beteiligten Personen zu schaffen, aber auch um eine erste grobe Skizze für das neue Prozessdesign zu entwerfen, ist eine Darstellung der wichtigsten zu optimierenden Prozesse aus Hubschraubersicht eine gute Herangehensweise. Wie so etwas in PowerPoint aufbereitet aussehen kann, zeigen Ihnen die nächsten Abbildungen. In Bild 8.4 ist als Erstes die Gesamtsicht der groben Soll-Prozess-Übersicht und der daran beteiligten Prozesse zu sehen.

Bild 8.4
Grobe Soll-Prozess-Gesamtübersicht

In Bild 8.5 wird der Prozess („*A*") zur Anforderung einer neuen Software grob skizziert. Hierbei wird nach der Anforderungs- und Genehmigungsphase das neue Softwareprodukt in eine vorher festgelegte Softwarekategorie eingeteilt, in den Softwarekatalog aufgenommen und einem oder mehreren Softwarewarenkörben zugeordnet. Ab diesem Zeitpunkt kann dann die Software von den Mitarbeitern bestellt werden.

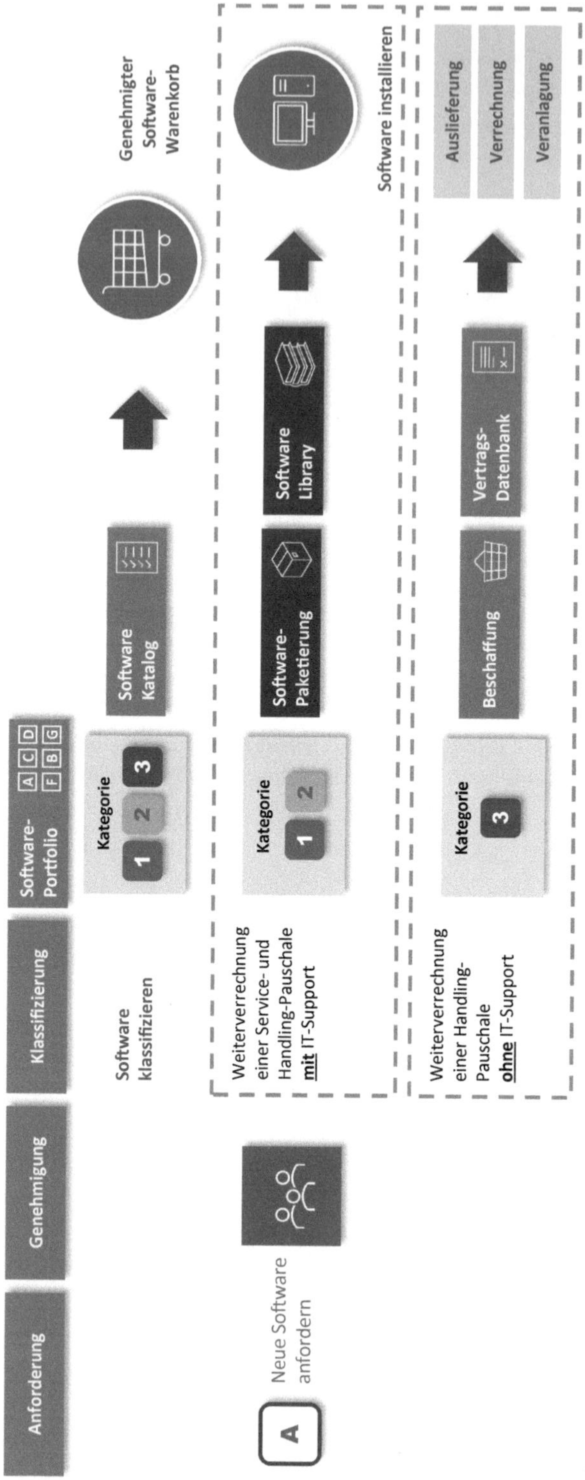

Bild 8.5 Grobe Prozessdarstellung „Neue Software anfordern“

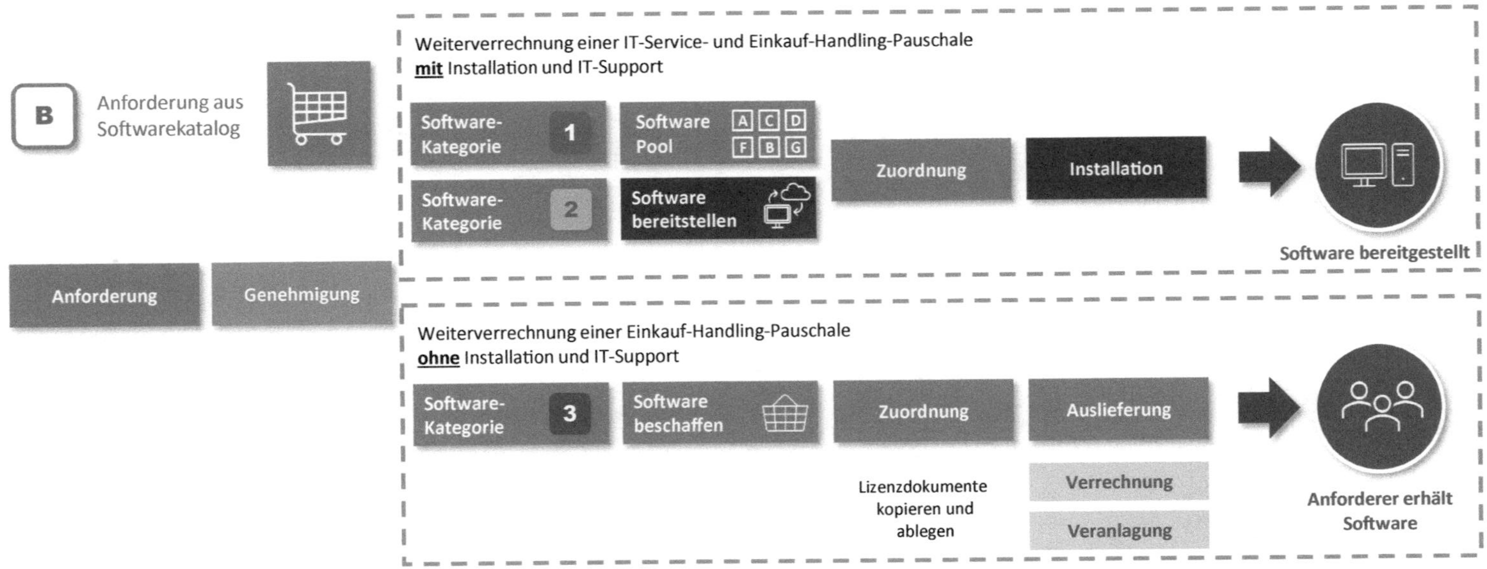

Bild 8.6 Prozessablauf „Anforderung aus Softwarewarenkorb“

Die Einteilung in eine der drei Softwarekategorien entscheidet dabei über die „Weiterbehandlung“ des Softwareprodukts, ob es z. B. paketiert und in der Definitive Software Library (DSL) abgelegt werden soll, damit es später automatisiert über die Softwareverteilungsprozesse installiert werden kann, oder ob es einfach nur beschafft wird und z. B. an ein Tochterunternehmen weiter verrechnet wird. Nachdem dieser Prozess („A“) durchlaufen wurde, ist das Softwareprodukt für den Anforderer aus dem Softwarewarenkorb abrufbar. In Bild 8.6 ist dargestellt, wie dieser Prozess („***B***“) ablaufen könnte.

Der Prozessablauf („B“) löst über den bestehenden Softwarewarenkorb eine Softwareanforderung aus und läuft über den nachgelagerten internen Genehmigungsprozess im Prozessworkflow weiter. Je nachdem, in welche Softwarekategorie das Softwareprodukt eingeteilt ist, wird der Softwarepool (Kategorie 1) nach einer freien Softwarelizenz abgefragt oder das Softwareprodukt wird beschafft bzw. außerhalb des Softwarepools bereitgestellt (z. B. fachbereichsspezifische Software). Bei beiden Varianten erfolgt für die Installation der Software auf dem Anforderersystem zusätzlich eine Berechnung einer IT-Service- und Einkauf-Handling-Pauschale. Wurde das Softwareprodukt in die Kategorie 3 eingeteilt, erfolgt z. B. nur eine zentrale Beschaffung der Software, die dann an den Anforderer ausgeliefert wird. Da hier kein IT-Support mit angeboten wird, kommt zusätzlich nur eine Einkauf-Handling-Pauschale zum Verrechnungspreis hinzu. Dieser Prozesszweig wird oft angewendet, wenn z. B. eine Tochtergesellschaft ihre Softwareprodukte vom Mutterkonzern bezieht, weil dieser die kostengünstigen Rahmenverträge hält, aber ansonsten seine IT-Infrastruktur komplett autark betreibt.

Der Prozess („B“) stellt ja bereits dar, dass eine Weiterverrechnung von IT-Services bzw. Einkauf-Handling-Pauschalen auf die Bereitstellung von Softwareprodukten erfolgt. Im nächsten Prozessablauf („***C***“) – Bild 8.7 stellt diesen dar – ist zu sehen, wie eine solche Weiterverrechnung durchgeführt werden kann.

Beim erfolgreichen Durchlaufen des Prozessablaufs („B“) wurde dem Anforderer ein Softwareprodukt bereitgestellt. Je nach der anzuwendenden Softwarekategorie wird nun im Prozessablauf („C“) die Weiterverrechnung der entsprechenden Kosten dargestellt. Nehmen wir an, die Softwareproduktanforderung war aus der Kategorie 1 (Abschnitt 8.6.2.1), dann werden die kalkulierten Softwareproduktkosten über einen speziellen Umlageschlüssel auf alle Kostenstellen verteilt. Das würde ein Softwareprodukt betreffen, welches auf allen Systemen installiert wird oder vorhanden sein muss wie beispielsweise ein Anti-Virus-Softwareprodukt. Die Software gehört in diesem Fall dem Konzern bzw. der Muttergesellschaft, diese bezahlt das Softwareprodukt und legt die Kosten dann auf alle Kostenstellen um. War bzw. ist das Softwareprodukt aus der Kategorie 2 (Abschnitt 8.6.2.2), also z. B. eine fachbereichsspezifische Software, werden die Softwarekosten der anfordernden Kostenstelle des Fachbereichs verrechnet, die Software verbleibt dann buchhalterisch im Bestand des Fachbereichs. Diese Kostenstelle muss auch alle anderen Kosten tragen, die mit der Bereitstellung und dem Betrieb dieser Software einhergehen. Der letzte Fall, das angeforderte Softwareprodukt gehört der Kategorie 3 (Abschnitt 8.6.2.3) an, was bedeutet, dass über den zentralen Einkauf bestellt wird, an die Tochtergesellschaft ausgeliefert wird und diese dann das Softwareprodukt in ihrem Anlagenbestand aufnehmen und verwalten muss. Die Muttergesellschaft verrechnet hier nur noch eine Einkauf-Handling-Pauschale. Das Softwareprodukt geht dann komplett in den Softwarebestand der Tochtergesellschaft über. Mit allen drei Möglichkeiten kann somit gewährleistet werden, dass immer eine transparente Sicht über alle beschafften Softwareprodukte im Unternehmen und in den verbundenen Töchtern besteht.

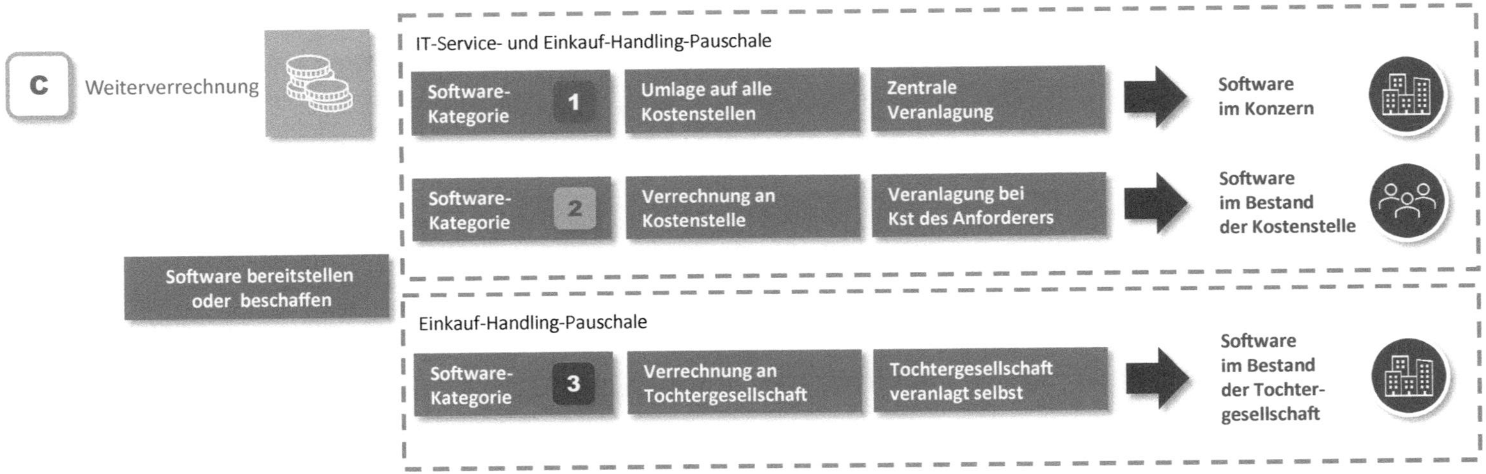

Bild 8.7 Prozessablauf zur Weiterverrechnung von Kosten

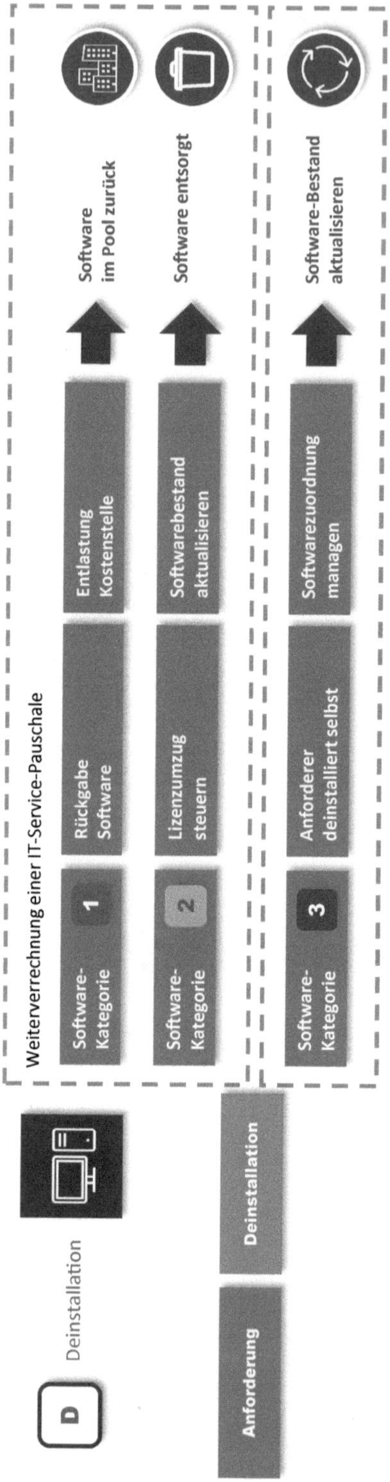

Bild 8.8 Prozessablauf für die Deinstallation

Hinweis:
Das zuvor Beschriebene ist ebenso auf die Anforderung, Beschaffung und Bereitstellungen von Cloud-Services bzw. SaaS-Services anzuwenden. ■

Nach einer bestimmten Nutzungsperiode kann die Nutzungsdauer eines Softwareprodukts enden, z. B. weil ein Projekt beendet wurde (beispielsweise soll die Software Microsoft Project wieder deinstalliert werden), um die Kostenstelle zu entlasten. In Bild 8.8 wird eine mögliche Variante eines Prozessablaufs zur Deinstallation („***D***“) aufgezeigt.

Wie bereits im Prozessablauf („A“) Softwareanforderung ist für die Deinstallation eine Anforderung zu formulieren bzw. die Deinstallation zu beauftragen. Gehen wir einmal davon aus, dass ein Mitarbeiter nicht ohne Weiteres die Deinstallation seines Anti-Viren-Produkts beauftragen kann, welches ja eine zwingende Voraussetzung für den Betrieb seines Arbeitsplatzes darstellt, dann kann man sich hier den Genehmigungsprozess für die Deinstallation sparen. Der Prozessablauf („D“) soll eigentlich steuern, dass nicht mehr genutzte Softwareprodukte (in diesem Fall ist die dafür verwendete Softwarelizenz gemeint) wieder dem Softwarepool zugeführt werden, damit ein anderer Anforderer diese Softwarelizenz weiter nutzen kann (beispielsweise eine Microsoft-Project-Installation). Das wäre die Variante, die im Prozessablauf („D“) die ***Kategorie-1-Software*** darstellt. Gleichzeitig entlastet der Kostenstellenverantwortliche damit seine Softwarelizenzkosten, die seine Kostenstelle zu tragen hat. Im Beispiel der ***Kategorie-2-Software*** könnte ein Softwareprodukt zu deinstallieren sein, welches sonst unnötige weitere Kosten verursachen würde, wie beispielsweise weitere Wartungskosten. Im Beispiel der ***Kategorie-3-Software*** wird dem zentralen Softwareasset- und Lizenzmanagement mitgeteilt (über „Softwarezuordnung managen“), dass ein bestimmtes Softwareprodukt, welches eigentlich die Tochtergesellschaft komplett autark handhabt, von dieser deinstalliert und nicht mehr genutzt wird. Auch hier wäre das Wissen darüber, dass die Software nicht weiter genutzt wird, für die Muttergesellschaft wichtig, da ja zu bestimmten Zeitpunkten die Mengen bzw. der Ausschöpfungsgrad der Rahmenverträge anzupassen sind (u. a. wegen Wartungskosten). Die bisher besprochenen Prozessabläufe eines „kleinen“ Software-Life-Cycle-Prozesses sind nun die Grundlage dafür, dass im letzten Prozessablauf („***E***“) eine Compliance-Übersicht der genutzten und gekauften Softwareprodukte mit ihren Softwarelizenzen erstellt werden kann. In Bild 8.9 ist ein Prozessablauf für einen Compliance-Bericht grob dargestellt.

Für die Erstellung eines aussagekräftigen Compliance-Berichts werden bestimmte technische und kaufmännische Daten sowie weitere Informationen (z. B. Softwarepool, Bestelldaten) benötigt. Aus den gelieferten Daten und Informationen wird z. B. durch die korrekte Übersetzung und Interpretation von installierten Softwareprodukten (sogenannte Fingerprints) in kaufmännisch interpretierbare Artikel (z. B. Adobe Photoshop) ein lizenzrechtlich lesbares Softwareinventar mit seinen technischen Lizenzbedarfen erzeugt. Dieses wird wiederum benötigt, um die kaufmännischen Lizenznachweise den technischen Lizenzbedarfen zuordnen zu können. Nach der Erstellung eines Compliance-Berichts und abhängig von den damit erzielten Ergebnissen können nun verschiedene Maßnahmen erforderlich sein. Diese sind unter der Überschrift „Maßnahmen“ aufgeführt. Wurde z. B. festgestellt, dass ein Softwareprodukt nicht mehr entsprechend genutzt wird, können eine Deinstallation und Rückführung in den Softwarepool eine weitere wirtschaftliche Verwendung der Software gewährleisten.

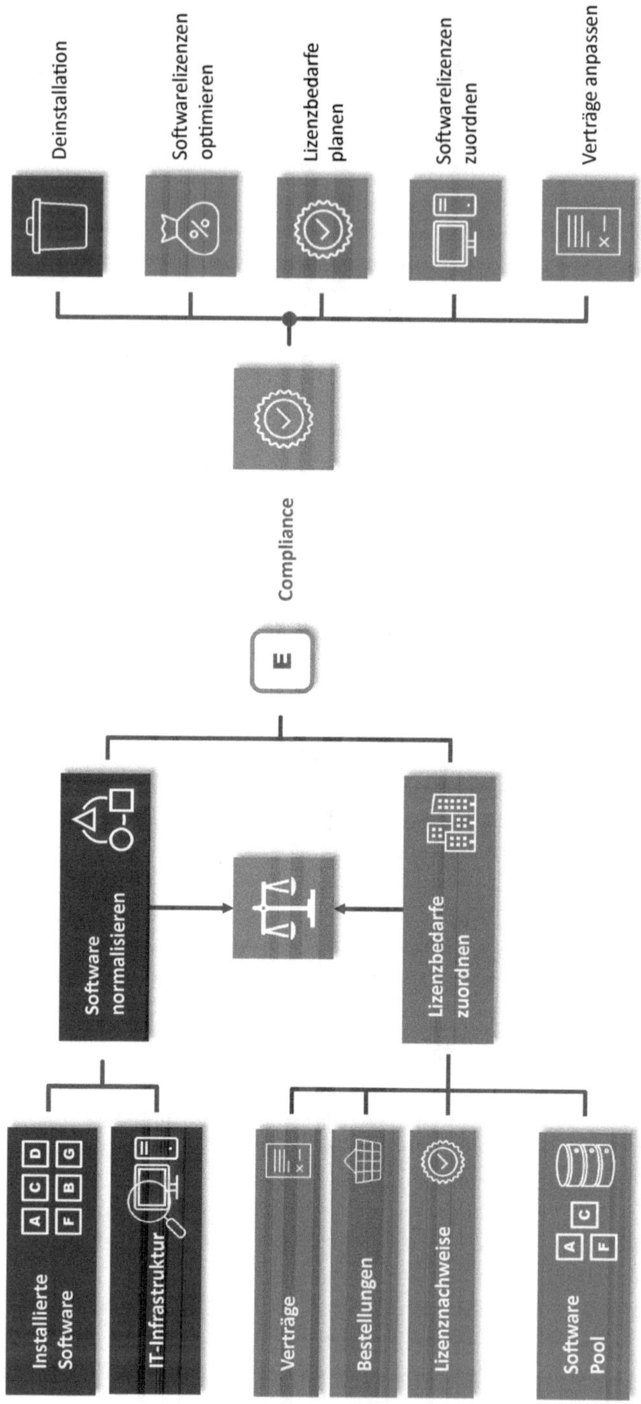

Bild 8.9 Prozessablauf für die Erstellung eines Compliance-Berichts

Die Ergebnisse des Berichts liefern aber auch Informationen, ob eventuell Verträge anzupassen sind, der Lizenzbedarf neu zu planen ist oder aber Softwareprodukte und -lizenzen neu verteilt oder zugeordnet werden müssen. Letztlich dienen die Abbildung und Optimierung des SAM-Life-Cycle-Prozesses sowie aller relevanten Lizenzmanagementprozesse dem eigentlichen Ziel einer zentralen Steuerung der Software- und Lizenzbedarfe, um Softwareprodukte und -lizenzen wirtschaftlich und lizenzrechtlich optimal zu nutzen und im Einsatz zu haben.

Hinweis:
Das zuvor Beschriebene kann ebenso auf Cloud-Services bzw. SaaS-Services angewendet werden. ■

Wenden wir uns im nächsten Abschnitt der Beschreibung von erforderlichen neuen Rollen und deren Aufgaben und Verantwortlichkeiten im Zuge der Optimierung der Soll-Prozesse für den SAM-Betrieb zu.

8.5 Soll-Prozesse – Rollen und Verantwortlichkeiten definieren

Bei der Einführung eines Softwareasset- und Lizenzmanagements entstehen neue Aufgaben, die an jemanden übertragen bzw. delegiert werden müssen. Für die erforderlichen SAM-Rollen sollten Sie motivierte Mitarbeiter wählen, die eine gewisse Affinität zur IT, im Besonderen zu Hard- und Software haben. In vielen Unternehmen werden diese Mitarbeiter diese Herausforderung neben ihrem normalen Tagesgeschäft übernehmen müssen, denn nicht alle Unternehmen sind in der Lage, sich eine eigene Abteilung oder eine komplette Stelle für den Betrieb des Softwareasset- und Lizenzmanagements zu leisten. Abhängig davon, wie Ihr Unternehmen und Ihr Einkauf agieren und aufgestellt sind (zentral, dezentral, global), benötigen Sie u. U. eine mehrstufige Hierarchie im Softwareasset- und Lizenzmanagementumfeld. In kleineren Unternehmen oder Unternehmen, die nur auf wenige Standorte (auch international) verteilt sind, benötigen Sie dafür mindestens zwei SAM-Rollen. Die Rolle Lizenzmanager und die Rolle Produktverantwortlicher bzw. Softwareexperte; optimal wären die folgenden drei Rollenebenen:

- Strategischer Lizenzmanager (StLM) (global, lokal);
- Operativer Lizenzmanager (OpLM) (global, lokal);
- Produktverantwortlicher oder auch Softwareexperte.

Je nach Unternehmensgröße können unterschiedlich viele Personen dafür erforderlich sein, in kleineren Unternehmen reicht oft für den SAM-Betrieb die Besetzung der Rolle Lizenzmanager aus.

Aus der Historie heraus wird die Rolle Lizenzmanager (LM) oft im Einkauf integriert sein, da diese Rolle u. a. auch in Entscheidungen über viele kaufmännische Aktivitäten mit einbezogen werden muss bzw. die Softwareverträge sogar selbst verantwortet. In den letzten Jahren hat sich auch vermehrt herauskristallisiert, dass ähnlich wie bei Geschäftsprozessen eine Unterteilung in strategische und operative Prozesse bzw. Einheiten vorgenommen wird.

Bezogen auf die SAM-Rollen, wären das die Rolle Strategischer Lizenzmanager und die Rolle Operativer Lizenzmanager. Erstere zeichnet für die gesamthafte strategische Entwicklung und Durchführung des Softwareasset- und Lizenzmanagements im Unternehmen verantwortlich, Zweitere ist für den operativen SAM-Betrieb (also das Tagesgeschäft) zuständig. So läge z. B. die Begleitung von Hersteller-Audits im Verantwortungsbereich des Strategischen Lizenzmanagers. Der Operative Lizenzmanager ist auch als Bindeglied zwischen der kaufmännischen Seite und der technischen Seite, den IT-Abteilungen (wie technische Infrastruktur, Software-Entwicklung, Softwareverteilung) zu verstehen. Hier ist es von Vorteil, einen Mitarbeiter aus der IT einzusetzen. Der Produktverantwortliche (PV) oder Softwareexperte wird sehr oft aus den Reihen der „Poweruser" gewählt, die nicht selten für ein bestimmtes Produkt verantwortlich zeichnen und dann – auch das ist durchaus üblich – dies unternehmensweit tun. Der PV beherrscht meistens sein Softwareprodukt sehr gut und ist Ansprechpartner für den oder die Fachbereiche, wenn es darum geht, beispielsweise ein neues Update einzuführen. Diese drei SAM-Rollen sind die wichtigsten für einen Softwareasset- und Lizenzmanagement-Betrieb.

In Bild 8.10 sehen Sie dazu ein beispielhaftes Organigramm mit der Darstellung der zu verantwortenden Bereiche und Aufgaben.

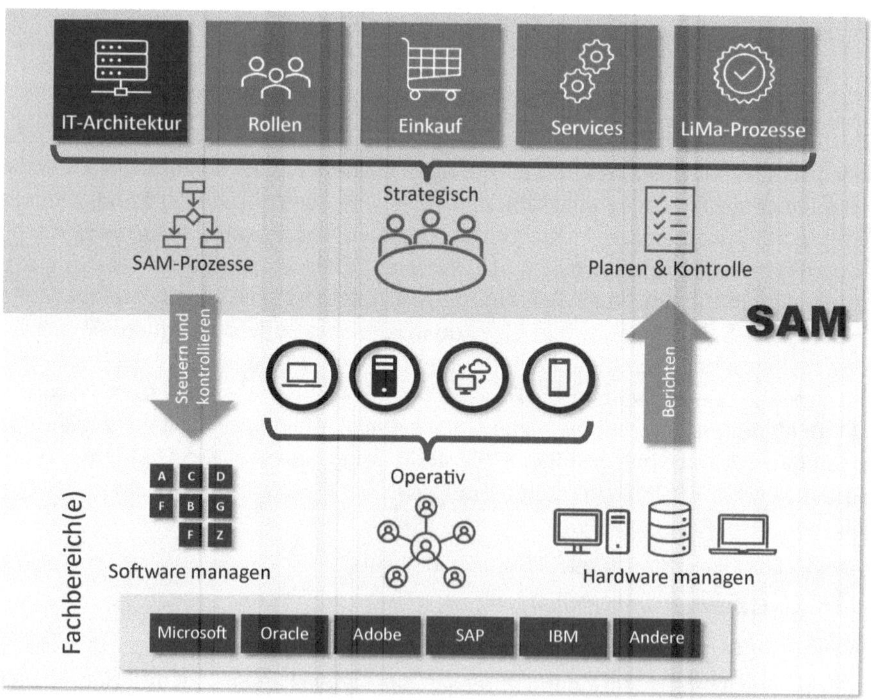

Bild 8.10 Organigramm Verteilung der SAM-Rollen

Der Strategische Lizenzmanager hat beispielsweise den SAM-Life-Cycle-Prozess im Rahmen des Steuerns und Kontrollierens mit zu verantworten und für seine Anwendung im Unternehmen zu sorgen. Weiterhin plant und überwacht diese Rolle die Umsetzung festgelegter Richtlinien, Standards und Anweisungen, das Softwareasset- und Lizenzmanagement betreffend, berät den Einkauf, wirkt mit an der Erstellung, Abstimmung und Umsetzung von Maßnahmen in der IT-Architektur, plant und setzt Lizenzmanagementprozesse um. Oftmals ist die Rolle Strategischer Lizenzmanager im Einkauf angesiedelt, welcher meistens die Planung und Überwachung des gesamten Softwareasset- und Lizenzmanagements zu verantworten hat. Die Rolle Operativer Lizenzmanager, die meistens im Fachbereich für den SAM-Betrieb verortet ist, berichtet über festgelegte Verfahren und Kommunikationswege an die Rolle Strategischer Lizenzmanager. Die Produktverantwortlichen bzw. Softwareexperten sind für die IT-Infrastruktur und speziell für das Managen von Hard- und Softwareprodukten zuständig. Sie agieren im täglichen Betrieb mit den jeweiligen Operativen Lizenzmanagern, wenn Softwareanforderungen oder Veränderungen aus dem SAM-Life-Cycle-Prozess heraus umgesetzt oder gesteuert werden müssen. Darunter zählt dann auch, erforderliche Änderungen an der IT-Struktur bzw. IT-Architektur mit den Vorgaben der Hersteller (Softwarenutzungsrechte) abzustimmen bzw. einzuhalten. Welche Aufgaben den jeweiligen Rollen zugedacht sind, beschreiben die nächsten Unterpunkte.

8.5.1 Die Rolle Strategischer Lizenzmanager

Die Rolle übernimmt das Controlling und Monitoring für den Betrieb des Lizenzmanagements und seiner Prozesse. Der Strategische Lizenzmanager verantwortet die Weiterentwicklung des Lizenzmanagements, entwickelt Vorgaben für den Umgang mit Softwarelizenzen und berichtet dem Unternehmensmanagement.

Aufgaben

- Plant und initiiert Maßnahmen zur Verbesserung der Lizenzmanagementprozesse und kontrolliert deren Umsetzung,
- entwickelt Strategien bzgl. der Weiterentwicklung von Lizenzmanagementaufgaben und -aktivitäten,
- formuliert Richtlinien, Maßnahmen und Kontrollmechanismen für den Umgang mit Lizenzen,
- etabliert, kontrolliert, steuert alle erforderlichen Lizenz- und Softwareverwaltungsprozesse und Richtlinien,
- plant und initiiert Maßnahmen zur Verbesserung der Lizenzmanagementprozesse,
- plant und steuert interne Software-Audits,
- begleitet externe Software-Audits und stellt die hierfür benötigten Auskünfte und Bestandslisten bereit,
- unterstützt die Umsetzung von festgelegten Maßnahmen aus den Ergebnissen eines Software-Audits,
- kontrolliert die nachhaltige Umsetzung des kontinuierlichen Verbesserungsprozesses aus den erforderlichen Lizenzmanagementmaßnahmen,

- besitzt ein uneingeschränktes Vorschlags- und Rückspracherecht bei der Unternehmensleitung und dem Management zu den Belangen des Lizenzmanagements,
- steuert Handlungsempfehlungen an das Management bei Feststellung einer Über- oder Unterlizenzierung,
- unterstützt die Fachabteilungen bei der strategischen Softwarebedarfsplanung,
- unterstützt bei der Ausgestaltung von Lizenz- und Wartungsverträgen,
- steuert mögliche Aufgaben für andere Prozesse bei den jeweiligen Linienverantwortlichen zur weiteren Bearbeitung,
- verantwortet die Berichterstellung zum Lizenzierungsstatus an die Unternehmensleitung bzw. das Management,
- stellt Daten und Berichte aus dem SAM-Tool für zukünftige Vertragsverhandlungen zur Verfügung,
- stellt Daten für die Bedarfsplanung der Fachbereiche/Geschäftsbereiche hinsichtlich der Plan- und Ist-Kosten zur Verfügung.

Fachliche Kompetenzen

- Gute betriebswirtschaftliche, juristische und technische Kenntnisse im Umfeld der IT,
- schnelle Aufnahme und Verständnis der Software-Life-Cycle-Prozesse und Geschäftsprozesse im Unternehmen,
- Erfahrungen im Prozessmanagement, in der Budgetierung und Planung sowie umfassende Kenntnisse im Controlling,
- umfassende Kenntnisse zur Methodik im Aufbau und Betrieb von Kennzahlensystemen,
- umfassende Kenntnisse von Referenzmodellen im Bereich IT-Service-Management, wie z. B. ITIL®,
- umfassende Kenntnisse der Methoden zur Erstellung und Modellierung von Prozessabläufen, Beherrschung der dafür erforderlichen Projektplanungs-Tools,
- gute Erfahrungen und methodische Kenntnisse im Führen eines Qualitätsmanagements,
- umfassende Kenntnisse im Softwarevertrags-, Lizenz- und Urheberrecht sowie gute Kenntnisse kaufmännischer und technischer Aspekte im Verwalten und Betreiben von Softwarelizenzen,
- gute bis sehr gute Kenntnisse und Erfahrung im Umfeld des Betriebs von IT-Infrastrukturen (Client, Server, Mobile Devices, Telekommunikation, Netzwerk).

Soziale Kompetenzen

- Seriöses Auftreten, verbunden mit Kommunikationsfähigkeit, guter Ausdrucksfähigkeit und sprachlicher Gewandtheit,
- gute Auffassungsgabe und analytisches Denkvermögen,
- gute Gesprächsführungs-, Verhandlungs- und Präsentationsfähigkeiten,
- hohe Zuverlässigkeit mit großer Leistungsbereitschaft und Eigenmotivation sowie hoher Belastbarkeit und Teamfähigkeit,

- selbstständige, strukturierte, analytische und systematische Arbeitsweise mit sehr hohem Qualitätsbewusstsein,
- Fähigkeit, sich auf neue Situationen einstellen zu können, dabei die Themen fachlich miteinander zu vernetzen und zu bewerten, verbunden mit einem ausgeprägten Dienstleistungsgedanken,
- gutes Einfühlungsvermögen in komplexen fachlichen und persönlichen Gesprächssituationen,
- guter Umgang mit Stärken und Schwächen bei Verhandlungspartnern sowie Prozessbeteiligten,
- große Bereitschaft und großes Interesse an ständigen Aus- und Weiterbildungen.

8.5.2 Die Rolle Operativer Lizenzmanager

Als Hauptaufgabe verantwortet der operative Lizenzmanager den täglichen Betrieb des Software-Life-Cycle-Prozesses und der operativen Lizenzmanagementprozesse sowie die dafür erforderlichen Aktivitäten. Die Rolle unterstützt im Rahmen einer Lizenzberatung in allen Fragen zum Thema Softwarelizenzen und unterstützt den strategischen Lizenzmanager bei der Überprüfung und Herstellung der Software-Compliance im Unternehmen.

Aufgaben

- Schafft unternehmensweit Verständnis für das Lizenzmanagement und wacht über die Einhaltung der Prozess- und Kommunikationslinien im Lizenzmanagement,
- ist zentraler Ansprechpartner für die Softwareprodukte und -lizenzen in seinem Verantwortungsbereich, verwaltet und steuert Anfragen zu Softwarelizenzen und leitet diese bei Bedarf zur Klärung an den Produktverantwortlichen bzw. Softwareexperten weiter,
- begleitet die Durchführung von Software-Audits und ist dabei zentraler Ansprechpartner,
- stellt den Gesamtbedarf der Softwareprodukte seines Objekttyps fest (periodisch),
- erstellt periodische Lizenzbilanzen (Abgleich der Lizenznachweise mit den Bedarfsmeldungen),
- schafft Transparenz über die strategische Ausrichtung der Softwareprodukte und für die Bedarfsplanung der einzelnen Fachbereiche,
- leitet im Fall von Unter- oder Überlizenzierung Maßnahmen ein,
- steuert und verwaltet den zentralen Lizenzpool,
- löst Beschaffungen für Softwarelizenzen oder Softwareprodukte aus,
- wirkt mit bei Entscheidungen über Lizenztransfers (z. B. beim Kauf neuer Gesellschaften mit Übernahme von Softwarelizenzen und Verträgen),
- unterstützt die Bedarfs- und Budgetplanung von Software für das gesamte Unternehmen oder für einzelne Fachbereiche,
- verwaltet Vertragsdaten und Informationen über gesonderte Nutzungsvereinbarungen,
- verantwortet das Vertragsmanagement (z. B. Vertragsbündelung, Vertragsverlängerung oder -beendigung),

- prüft und verhandelt in Abstimmung mit dem Einkauf und den Juristen Softwareverträge mit Herstellern oder Lieferanten,
- prüft und gewährleistet eine optimierte Lizenzbeschaffung in Zusammenarbeit mit dem Einkauf,
- erstellt und prüft Lizenzbilanzen und leitet notwendige Maßnahmen ab bzw. setzt diese um,
- Ansprechpartner für interne und externe Kunden des Unternehmens (Beratungsfunktion) bei Fragen zur Umsetzung der lizenzkonformen Nutzung der Softwareprodukte innerhalb der IT-Landschaften und IT-Architekturen (Dienstleister, Hersteller, Lieferant),
- verantwortet zusammen mit dem Produktverantwortlichen bzw. Softwareexperten die Abbildung der IT-Architektur des Unternehmens,
- kommuniziert mit den Herstellern oder Lieferanten in Bezug auf Klärung der korrekten Lizenzierung von IT-Architekturszenarien und deren Umsetzung,
- überprüft die Aufbewahrung der Originallizenznachweise entsprechend den Vorgaben,
- unterstützt die Weiterentwicklung künftiger Lizenzmanagementaktivitäten (z. B. Softwarenutzung oder die Erweiterung von Softwarepools),
- leistet Unterstützung bei der Weiterentwicklung der Lizenzmanagementlösung bzw. bei der Optimierung des verwendeten Lizenzmanagementwerkzeugs,
- unterstützt den Einkauf bzw. das Vertragsmanagement bei der bedarfsgerechten Optimierung der Lizenzmodelle und Verträge,
- überwacht das Auslaufen von Verträgen bzw. Wartungsfristen und leitet Maßnahmen dazu ein (eskaliert z. B. an vorbestimmte Ebenen);
- besitzt Kenntnis über den organisatorischen Aufbau des Unternehmens (z. B. Anzahl der Konzerngesellschaften, Anzahl und Beteiligungsverhältnis bestehender Töchter),
- benötigt umfassende Kenntnisse bzgl. der bisherigen Umsetzung des Softwareasset-Managements im Unternehmen.

Fachliche Kompetenzen

- Umfassende Kenntnisse im Softwarevertrags-, Lizenz- und Urheberrecht sowie ausreichende Kenntnisse über kaufmännische und technische Aspekte von Softwarelizenzen,
- ausreichende Kenntnisse über die lizenzrechtlichen Aspekte von Wartungsverträgen,
- gute Kenntnisse über die aktuellen IT-Architekturen und IT-Systeme (z. B. Virtualisierung),
- fundierte Kenntnisse in Softwareasset-Management und Software-Life-Cycle-Prozessen,
- Kenntnisse in den Bereichen Softwareverteilung, Archivierung, Inventarisierung,
- gute Kenntnisse über die Softwarelizenzierungsmodelle von namhaften Herstellern wie z. B. Microsoft, IBM, Oracle, SAP, Adobe, VMware,
- ausreichende kaufmännische Kenntnisse mit Erfahrungen aus dem Softwareeinkauf oder Softwarevertragsmanagement,
- gute betriebswirtschaftliche, juristische und technische Kenntnisse im Umfeld der IT,
- schnelle Aufnahme und Verständnis der Geschäftsprozesse im Unternehmen.

Soziale Kompetenzen

- Seriöses Auftreten, verbunden mit Kommunikationsfähigkeit, guter Ausdrucksfähigkeit und sprachlicher Gewandtheit,
- gute Auffassungsgabe und analytisches Denkvermögen,
- gute Gesprächsführungs- und Präsentationsfähigkeiten,
- hohe Zuverlässigkeit mit großer Leistungsbereitschaft und Eigenmotivation sowie hoher Belastbarkeit und Teamfähigkeit,
- legt sehr großes Gewicht auf Gemeinschafts-, Gruppen- und Zusammenarbeit,
- selbstständige, strukturierte und systematische Arbeitsweise mit hohem Qualitätsbewusstsein,
- besitzt die Fähigkeit, sich auf neue Situationen einstellen zu können, dabei die Themen fachlich miteinander zu vernetzen und zu bewerten, verbunden mit einem ausgeprägten Dienstleistungsgedanken auch über die Grenzen seines Verantwortungsbereichs hinweg,
- Bereitschaft zur ständigen Weiterbildung.

8.5.3 Die Rolle Produktverantwortlicher/Softwareexperte

Der Produktverantwortliche ist Experte für seine Softwareprodukte pro Hersteller wie beispielsweise für alle SAP-, Adobe- oder Microsoft-Produkte und übernimmt die technische Verantwortung für seine Softwareprodukte entweder nur in seinem Fachbereich oder unternehmensweit und berät bei kaufmännischen und technischen Anfragen, wie z. B. zu bestimmten Produkteigenschaften, anzuwendenden Nutzungsbedingungen in Bezug auf die Umsetzung der IT-Architektur bzw. der IT-Strategie. Die Rolle besitzt umfassende, detaillierte und spezialisierte Kenntnisse über den Entwicklungsstand der Softwareprodukte und steuert und koordiniert alle in diesem Zusammenhang anfallenden Aufgaben.

Aufgaben

- Verantwortet als zuständiger Ansprechpartner das Softwareprodukt,
- unterstützt bei der Lösung und Behebung von Problemen im Betrieb (1st- und 2nd-Level-Unterstützung),
- verantwortlich für den effizienten Betrieb des Produkts innerhalb der vom Unternehmen vorgegebenen Rahmenbedingungen und der vom Hersteller vorgegebenen Nutzungsbedingungen,
- unterstützt das strategische Lizenzmanagement bei der strategischen Softwareplanung,
- unterstützt den operativen Lizenzmanager bei der Sicherstellung der Software-Compliance,
- berichtet an die operativen Lizenzmanager bei Neuerungen oder Änderungen seiner Softwareprodukte (z. B. über Änderungen bei Lizenzmodellen),
- wirkt mit bei der Auswahl des Softwareprodukts, um die geforderten Funktionalitäten erfüllen zu können (z. B. durch Prüfung auf die Einsetzbarkeit von Standardsoftware oder Empfehlung zur Entwicklung von Individual-Software),

- Ansprechpartner für den Planungsprozess des Produkteinsatzes,
- Ansprechpartner und Schnittstelle zwischen den Fachbereichen, die das Produkt einsetzen, und dem Hersteller (z. B. bei der Erfüllung von Supportvereinbarungen),
- bewertet und wirkt mit bei fachlichen und technischen Anforderungen an das Produkt und entscheidet über deren Umsetzbarkeit (Funktionalität, Machbarkeit, Wirtschaftlichkeit),
- steuert und koordiniert den gesamten Prozess eines Softwareupdates oder einer Softwareablösung bei Deinstallation bzw. Abkündigung von seinen Softwareprodukten,
- erstellt Vorgaben für den lizenzkonformen Einsatz des Softwareprodukts (z. B. Einsatz und Verwendung des korrekten Lizenzkeys, Bereitstellung notwendiger Parameter für die Paketierung),
- ist Kommunikationsschnittstelle zu den Softwareherstellern und -lieferanten seines Softwareprodukts,
- steuert und kontrolliert die Software-Wareneingänge in seinem Fachbereich, sofern das nicht zentral über das Lizenzmanagement erfolgt,
- verantwortet den Download von Softwareprodukten, falls diese in elektronischer Form vom Hersteller bereitgestellt werden (z. B. über Herstellerportale), und übergibt diese an den Operativen Lizenzmanager,
- verantwortet die Test- und Entwicklungsszenarien sowie die fachliche Abnahme des Produkts, bevor es in der Produktion zum Einsatz kommt,
- sammelt die physischen Lizenzscheine, Lizenzkeys und Lizenzmedien ein und gibt sie an eine zentrale Archivierungsstelle weiter,
- unterstützt und erstellt Vorgaben zur Einteilung, Zuordnung und Klassifizierung seiner Softwareprodukte (z. B. eCl@ss-Kategorien) für die Steuerung im Softwarekatalog,
- unterstützt bei der Ausprägung von Service-Vereinbarungen bzw. Einteilung in die Service- und Aufwandskategorien für seine Softwareprodukte,
- unterstützt den Lizenzmanager und den Einkauf bei Vertragsverhandlungen mit spezifischen, sein Produkt betreffenden Informationen (z. B., ob Wartung notwendig ist, wie das Produkt eingesetzt werden soll – sprich: notwendige oder zu beachtende Aspekte in der IT-Architektur u. a.).

Fachliche Kompetenzen

- Gute Kenntnisse über den Einsatz seiner Produkte in den aktuellen IT-Architekturen und IT-Systemen in seinem Produktumfeld (z. B. Microsoft, Oracle, IBM),
- Kenntnisse in den Bereichen Softwareverteilung, Inventarisierung,
- gute Kenntnisse der für den Einsatz des Produkts erforderlichen Rahmenbedingungen, sowohl technisch, kaufmännisch als auch lizenzrechtlich in verschiedenen Umgebungen oder Hardwareplattformen,
- kann auf 1st- und 2nd-Level-Ebene Probleme lösen,
- schnelle Aufnahme und Verständnis der Geschäftsprozesse im Unternehmen.

Soziale Kompetenzen

- Kommunikationsfähigkeit und gute Ausdrucksfähigkeit,
- gute Auffassungsgabe und analytisches Denkvermögen,
- selbstständige, strukturierte, analytische und systematische Arbeitsweise mit sehr hohem Qualitätsbewusstsein,
- Teamfähigkeit,
- Bereitschaft zur ständigen Weiterbildung.

Hinweis:
Weitere Best-Practice-Rollen für das operative Lizenzmanagementumfeld werden in Abschnitt „Weitere Rollen im operativen Lizenzmanagement" beschrieben. ■

Die Optimierung des SAM-Life-Cycle-Prozesses bedarf aber nicht nur vielfältiger Aktivitäten, neuer Aufgaben und Rollen. Für die Umsetzung und den ständigen Betrieb des SAM-Life-Cycle-Prozesses und der Lizenzmanagement-Prozesse sind ebenso noch zusätzliche (wenn noch nicht vorhanden) Richtlinien und Arbeitsanweisungen erforderlich, um die Erfüllung der rechtlichen Verpflichtungen gegenüber den Herstellern und dem Gesetzgeber gewährleisten zu können. Lesen Sie dazu im nächsten Abschnitt, welches die wichtigsten Richtlinien für die Softwarenutzung sind und wie eine Richtlinie aufgebaut ist.

8.6 Soll-Prozesse – Klassifizierung von Software

Der Software-Life-Cycle-Prozess hat über verschiedene technische, kaufmännische und organisatorische Schnittstellen viele weitere Verbindungen zu den Geschäftsprozessen in einem Unternehmen. Um weitere Strukturen und Standards im Anforderungs-, Beschaffungs- und Bereitstellungsprozess zu schaffen, sollten Sie diesen Kapitelabschnitt lesen, um zu erfahren,

- warum eine Klassifizierung von Software zu empfehlen ist,
- welche Hilfestellung eine Standardklassifizierung für Softwareprodukte (wie beispielsweise eCl@ss) leisten kann,
- weshalb es sinnvoll sein kann, Software in strategische und in Client-Klassen einzuteilen,
- welchen Nutzen eine Einteilung von Software in weitere Klassifikationsmerkmale für den täglichen Betrieb bringt.

Die vorhandenen Softwareprodukte in eine geordnete Reihenfolge und Struktur zu bringen, hilft bei der Auswertung von Kennzahlen, um beispielsweise eine Übersicht zu erhalten, welche Softwareprodukte mit gleicher Funktionalität im Einsatz sind. Lesen Sie Erläuterungen und Empfehlungen zu Einführung und Umgang mit dem eCl@ss-Standard und mit weiteren nützlichen Klassifikationsmerkmalen für die Unterstützung des Software-Life-Cycle-Prozesses.

> Klassifizierung ist ein Vorgang oder eine Methode zur Einteilung von Objekten in Klassen oder Kategorien. Die klassifizierten Objekte lassen sich dabei nach ihren Eigenschaften oder Merkmalen unterscheiden. ■

Wir alle gehen irgendwann einkaufen, beispielsweise um uns mit Waren des täglichen Bedarfs zu versorgen. Stellen Sie sich einmal vor, bei Ihrem nächsten Wochenendeinkauf kommen Sie wie gewohnt in Ihren bevorzugten Einkaufsmarkt. Sie stellen fest, dass er in der Zwischenzeit umgebaut wurde. Aus Kostengründen wurde auf den Großteil der Regale verzichtet und alle Waren liegen mehr oder weniger ungeordnet auf dem Fußboden verteilt. Merken Sie schon, worauf ich hinauswill? Der Einkauf würde sich wahrscheinlich zeitaufwendiger gestalten als ohnehin schon geplant. Die gewohnte Anordnung der Produkte fehlt plötzlich und alles, was Sie einkaufen wollen, müssen Sie mühsam zusammensuchen. Ein weiteres Beispiel: Sie sind im Urlaub in einem anderen Land unterwegs und gehen in einen Einkaufsmarkt. Sicherlich werden Sie sich freuen, wenn Ihnen die Suche durch die verschiedenen Warenabteilungen mit Hinweisen oder Piktogrammen erleichtert wird und Sie das Gesuchte relativ schnell finden. Überall im Alltag begleiten uns solche Hilfsmittel. Waren und Produkte werden also immer und überall nach bestimmten Mustern eingeteilt und klassifiziert. Selbst wenn Sie sich beispielsweise im Internet ein neues Auto zusammenstellen und die allerorts angepriesenen Online-Konfiguratoren der Hersteller dafür verwenden, werden Sie innerhalb des Konfigurators von einer Kategorie zur nächsten geleitet. Angefangen beim Fahrzeugtyp (z. B. Limousine oder Coupé) über die gewünschte Motorvariante, Außenfarbe, Innenausstattung, Reifen und Felgen etc. bis zum fertigen Fahrzeug. Ohne Einteilung und Führung durch die Kategorien oder Abschnitte würden Sie bestimmt schnell den Überblick verlieren.

Nicht viel anders ist es bei Softwareprodukten. Im Gegensatz zu den beschriebenen Beispielen haben Sie hier aber keine vorgefertigten Kategorien, die zum Allgemeinwissen gehören und jedem von Kindesbeinen an bekannt sind. Damit Sie sich aber einen halbwegs guten Überblick über die im Einsatz befindlichen Softwareprodukte verschaffen können, müssen Sie sich Gedanken machen, wie solche Kategorien aussehen können. Im weiteren Verlauf des Kapitels stelle ich Ihnen dazu eine Lösung vor.

8.6.1 Warum Software klassifizieren?

Das Einteilen und Kategorisieren von Gegenständen helfen uns, den Überblick zu behalten. Einteilungen kommen nicht aus heiterem Himmel, sondern unterliegen gewissen Regeln und Erfahrungswerten. Eine Einteilung wird immer in einem Top-down-Verfahren vorgenommen. So steht die Hauptkategorie stets an erster Stelle und zweigt sich nach unten immer weiter auf. Wie weit die Verzweigung in die Tiefe vorgenommen wird, richtet sich nach den Umständen, Gegebenheiten und auch Erfordernissen. Für Softwareprodukte geeignete Einteilungen zu finden, ist nicht ganz einfach. Eine erste grobe Einteilung könnte aussehen, wie es Bild 8.11 zeigt.

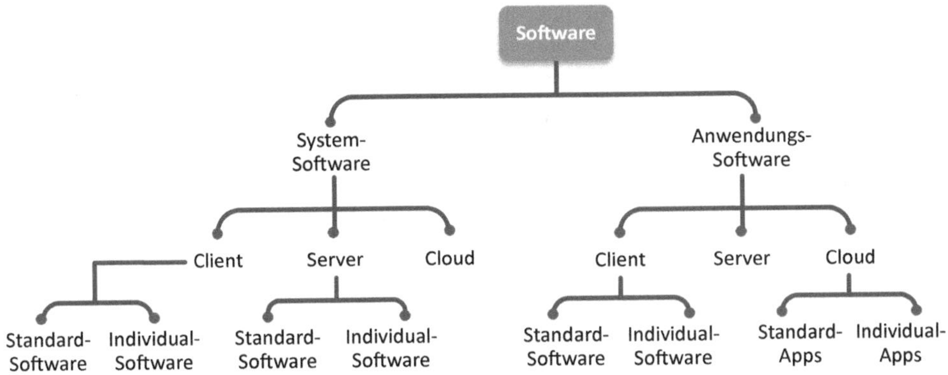

Bild 8.11 Einfache Klassifizierung von Software auf oberster Ebene

Der Baum geht in diesem Fall von einer Unterteilung der Gattung „Software“ in Systemsoftware und Anwendungssoftware aus. Diese verzweigt jeweils in die Objekttypen Client, Server, Host und dann weiter in Standardsoftware und Individualsoftware. Eine weitere Unterteilung der Standardsoftware in bestimmte nach Funktionen aufgeteilte Kategorien, wie beispielsweise Textverarbeitung, Datensicherung, Datenbankverwaltung etc., würde diesen Zweig weiter verästeln. Sie sehen, schon hier kann man sich austoben. Das Verfahren sieht einfach aus, birgt aber auch das Risiko, sich zu sehr in der Tiefe zu verlieren. Dann wird es schnell unübersichtlich, zumal jeder die Kategorien anders versteht. So gibt es beispielsweise für den Begriff „Spracherkennungssoftware“ laut eCl@ss[1] fünf verschiedene festgelegte sogenannte Schlagworte. Schlagworte werden definiert, um verschiedene Begriffsbeschreibungen zu einem Begriff zu ermöglichen.

Für den Begriff „Spracherkennungssoftware“ sind das:

- Anwendungssteuerung per Sprache,
- Sprachsteuerung,
- Diktatsoftware,
- Naturalspeaking,
- Diktiersoftware.

Sie fragen sich jetzt bestimmt, warum soll ich eine Softwareklassifizierung machen oder einführen, welchen Nutzen habe ich davon? Beantworten Sie sich doch einmal selbst die folgenden Fragen:

- Könnte auf Knopfdruck ermittelt werden, wie viele unterschiedliche Softwareanwendungen Sie z. B. im Umfeld der Produktkategorie „Grafiksoftware“ haben?
- Welche Ihrer Softwareanwendungen gehören zu welcher Betriebssystemplattform?
- Wie viele Softwareanwendungen gehören in die Klasse „Backupsoftware“?
- Kann Ihr Einkauf erkennen, ob er eine Serversoftware oder Clientsoftware bestellen soll?
- Können Sie Ihre Softwareanwendungen in Ihre Unternehmensstrategie einordnen und Ihren Prozessen zuordnen?

[1] eCl@ss® ist eine eingetragene Marke der eCl@ss e. V., Köln, *www.eclass.de*

Das sind nur einige, in der Praxis immer wieder auftauchende Fragen. Sicherlich haben Sie nicht sofort eine Antwort darauf, die eine oder andere Frage müssen Sie bestimmt mit einem klaren „Nein“ beantworten. Sie sehen schon, so falsch ist es nicht, sich Gedanken über eine Softwareklassifizierung zu machen.

Die Ausgangssituation in vielen Unternehmen sieht oft so aus:

- Viele Unternehmen nutzen Klassifizierungen bei allen möglichen Produkten, aber nicht für Software.
- Es werden unter Umständen Klassifizierungen „erfunden“ und mühsam aufeinander abgestimmt.
- Es gibt keinen standardisierten Austausch mit Lieferanten und Herstellern.
- Das Softwareportfolio wächst mit Hunderten von Anwendungen zu einem unübersichtlichen Berg an, da viele Softwareanwendungen mit gleichem oder ähnlichem Funktionsumfang mehrfach vorhanden sind, aber durch eine fehlende Klassifizierung nicht „entdeckt“ werden.
- Eine Übersicht der Softwareanwendungen für die verschiedenen Plattformen (z. B. Windows/Linux/Unix) und Objekttypen (z. B. Client, Server, Cloud, Netzwerk oder Mobilgeräte) ist selten gegeben.

Die Konsequenzen sogenannter „Pseudo-Standards“ sind unterschiedliche Klassifizierungen, die zu uneinheitlichen Datenstrukturen, Produktgruppen und Beschreibungen führen. Der Austausch von Daten wie Bestellungen und Produktlisten mit Lieferanten wird dadurch fast unmöglich und ein erhöhtes Prozesshandling und Mehraufwand sind die Folge.

Im Einzelnen bedeutet dies:

- Die Komplexität der zu verarbeitenden Daten wird stark erhöht.
- Es erfolgt keine eindeutige Zuordnung zu Materialgruppen.
- Es entsteht ein erhöhter Aufwand für die Erstellung und Pflege von Produktdaten.
- Aufwendige Systemschnittstellen müssen vorgehalten und betrieben werden; dadurch erhöhen sich die Datenaufbereitung und Datenhaltung signifikant.
- Für die eigenen abzustimmenden „Pseudo-Standards“ wird ein erheblicher Mehraufwand in den beteiligten Organisationen und Gremien erzeugt.

Ziele einer Softwareklassifizierung

- Sie schaffen Grundlagen für ein sauberes Vertrags-, Bestell- und Lizenzmanagement.
- Sie optimieren und vereinfachen Beschaffungs-, Bestell- und Genehmigungsprozesse.
- Sie schaffen eine konsistente Datenbasis und minimieren den Aufwand für die Pflege der Stammdaten.
- Sie vereinheitlichen und standardisieren Ihre Softwareanwendungen durch eine einheitliche Klassifizierung.
- Sie erzielen Eindeutigkeit bei Produktbeschreibungen.
- Sie erhalten einen Überblick über die Anzahl der eingesetzten Softwareanwendungen.
- Sie können Berichte über die vorhandenen Softwareanwendungen detaillierter auswerten.

- Sie erkennen auf diese Weise Softwareanwendungen mit gleichen oder ähnlichen Funktionen.
- Sie schaffen damit eine Voraussetzung zur Konsolidierung Ihres Softwareportfolios.
- Sie können die Softwareprodukte im Unternehmensumfeld entsprechend Ihrer Softwarestrategie kennzeichnen (beispielsweise welche E-Mail-Anwendung unternehmensweit eingesetzt werden soll etc., siehe dazu auch Abschnitt 8.6.4 „Die Software strategisch einteilen“)).
- Eine Zuordnung von Softwareanwendungen zu rollenbasierten Arbeitsplätzen oder Systemen wird möglich.

Diese Ziele erreichen Sie, indem Sie

- Vorhandenes an Standards ausrichten,
- ein unternehmensübergreifendes Standardisierungsgremium einsetzen,
- eine Normierung/Standardisierung für Softwareprodukte im Unternehmen einführen,
- die erforderlichen Strukturen für eine Softwarestandardisierung schaffen,
- Ihre Softwareprodukte klassifizieren und in die Geschäftsprozesse integrieren,
- Ihre technischen und kaufmännischen Bestandsdaten einer Datenbereinigung in Bezug auf eine Standardisierung unterziehen,
- die Durchgängigkeit der dazugehörigen Prozesse gewährleisten.

Für eine optimale Steuerung des Software-Life-Cycle-Prozesses und der Lizenzmanagementprozesse empfiehlt es sich, für die bestehenden und zukünftigen Softwareprodukte auf einen existierenden und allgemeingültigen Standard zu setzen. Im nächsten Abschnitt möchte ich Ihnen deshalb den Standard „eCl@ss“ etwas näherbringen.

8.6.2 Einteilung der Softwarekategorien

In den vorangegangenen Prozessbeispielen ist mehrfach der Begriff Softwarekategorie von mir verwendet worden. Damit Sie sich unter diesen beschriebenen Prozessbeispielen auch etwas vorstellen können, gebe ich Ihnen hier eine beispielhafte Einteilungsbeschreibung von solchen Softwarekategorien, die aber u. U. je nach Situation auch anders definiert werden können.

8.6.2.1 Kategorie-1-Software

Die Einteilung von Software in die Kategorie 1 kann z. B. über die Anzahl der Softwareprodukte definiert werden, die auf einem Standardsystem laufen, über eine Gesamtkostenstelle pauschal verrechnet werden oder als Standard-„Cloud-Service“ wie beispielsweise Microsoft O365 genutzt werden sollen.

- Es können unternehmensweit relevante Softwareprodukte sein, die ein hohes Installationsvolumen haben und oder an mehreren Standorten betrieben werden. Die Softwareprodukte sind für den Basis-PC oder Server zwingend vorgeschrieben.
- Die Softwareprodukte werden in einem zentralen Softwarepool bereitgestellt und verwaltet.

Beispiele für solche Softwareprodukte können sein:

- Microsoft-Betriebssysteme (z. B. Windows 10, Windows Server 2016/2019),
- Microsoft-Office-Softwareprodukte (z. B. Office 2019, O365),
- E-Mail-Softwareprodukte (z. B. Outlook, Thunderbird),
- Anti-Viren-Softwareprodukte (z. B. McAfee, Norton),
- Adobe-Acrobat-Reader-Produkte.

8.6.2.2 Kategorie-2-Software-

In die Kategorie 2 können Softwareprodukte eingeteilt werden, die z. B. nicht für alle Basis-PCs oder Server-Systeme zwingend vorgeschrieben sind oder nur in bestimmten Fachbereichen Verwendung finden.

- Es können unternehmensweit relevante Softwareprodukte mit einem geringen Installationsvolumen sein. Die Nutzung erfolgt an mehreren Standorten oder bei Töchtern, die Softwareprodukte werden von der zentralen Unternehmens-IT supportet (z. B. werden die Softwareprodukte zentral paketiert und über eine zentrale Softwareverteilung auf die Systeme verteilt).
- Die Verrechnung der Softwareanforderung erfolgt über die Kostenstelle des Anforderers.

Beispiele für solche Softwareprodukte können sein:

- Microsoft-Office-Softwareprodukte (z. B. Project, Visio),
- Softwareprodukte, die nur in bestimmten Fachbereichen Anwendung finden (z. B. Zeugnismanager, CAD-Software, Statistiksoftware).

8.6.2.3 Kategorie-3-Software-

In die Kategorie 3 können Softwareprodukte eingeteilt werden, die z. B. nur zentral beschafft werden, nicht für alle Basis-PCs oder Server-Systeme zwingend vorgeschrieben sind oder nur in bestimmten Fachbereichen Verwendung finden und nicht durch die zentrale Unternehmens-IT supportet werden oder nur für Kunden beschafft werden, die diese Softwareprodukte selbst betreiben.

Beispiele für solche Softwareprodukte können sein:

- Software für Produktionssteuerungssysteme,
- eigenentwickelte Software.

Die Einteilung von Softwareprodukten in verschiedene Softwarekategorien ist nur eine Variante von mehreren Möglichkeiten, Softwareprodukte zu klassifizieren. Nun konnten Sie sich hoffentlich aus den bisherigen Ausführungen einen ganz guten Überblick verschaffen, welche Aufgabenstellungen und mögliche Geschäftsprozesse für die Optimierung von Soll-Prozessen zu beachten sind. Bei den bisherigen Beschreibungen wurde von klassischen Geschäftsprozessstrukturen ausgegangen und die Verortung des Lizenzmanagements ist dabei meistens in den Einkaufsstrukturen zu finden bzw. wurde dort aus der Historie heraus mit eingebunden.

Wo aber könnte das Lizenzmanagement in einer ITIL®-Umgebung platziert werden?

8.6.3 eCl@ss – ein Standard mit Zukunft

Um den Aufwand einer selbst zu entwickelnden Klassifizierung zu umgehen, können Sie auf ein schon seit längerem etabliertes Klassifizierungssystem zurückgreifen, das Softwareprodukte mit einer recht einfachen Verfahrensweise klassifizieren und beschreiben kann. Das System nennt sich eCl@ss® und wird seit seiner ersten Veröffentlichung im Jahre 2000 ständig weiterentwickelt. Der Klassifikationszweig für Software wurde lange Zeit etwas stiefmütterlich behandelt, aber seit 2009 die Version 6.0 veröffentlicht wurde (aktuell ist die Version 9.1, Stand November 2015), hat sich das geändert. Ab dieser Version wurde der Softwarezweig (maßgeblich durch von mir geleistete Entwicklungs- und Zuarbeiten) neu strukturiert und stark erweitert, damit zukünftig möglichst viele Softwareprodukte granularer klassifiziert werden können.

Nun ist der Katalog kein statisches Produkt, sondern er wird ständig weiterentwickelt und an die Markterfordernisse angepasst, um mit der Zeit und den technischen Neuerungen mithalten zu können.

An diesem Standard kann jeder mitarbeiten. Auf der Website *www.eclass.de* gibt es ein Formular für Änderungswünsche oder Neuvorschläge. Weitere Informationen und einen guten Überblick gibt auch der Artikel in Wikipedia.[2]

Was ist eCl@ss?

eCl@ss erhebt den Anspruch, ein internationaler Standard zur Klassifizierung und Beschreibung von Produkten und Dienstleistungen zu sein.

Der Verein eCl@ss e. V. mit Sitz in Köln wurde im November 2000 von mehreren großen Unternehmen der deutschen Wirtschaft gegründet. Mittlerweile wird er von über 70 zumeist international operierenden Unternehmen mit Sitz in Europa und Nordamerika getragen. Gemäß aktuellen Veröffentlichungen ist eCl@ss der weltweit mit Abstand am schnellsten wachsende und konsistenteste Standard für Klassifikation und Beschreibung von Produkten. In der Aktion „eCl@ss für den Mittelstand" wird das Projekt vom Bundesministerium für Wirtschaft und Technologie weitreichend unterstützt.

eCl@ss stellt Klassifizierungsmerkmale für Produkte aus allen Branchen und Bereichen zur Verfügung. Für unsere spezielle Aufgabenstellung im Softwareasset- und Lizenzmanagement ist daraus aber nur ein kleiner Teil anzuwenden. Natürlich muss auch das Standardisierungssystem eCl@ss bei einer Neueinführung erst einmal Ihren vorhandenen Produkten zugeordnet und auch in den Systemen eingepflegt werden. Der Aufwand ist aber deutlich geringer, als wenn eine selbst entwickelte Klassifizierung Verwendung finden würde, da der Entwicklungs- und Abstimmungsaufwand von vornherein entfällt. Wenn jeder Hersteller von Software gleich die richtige eCl@ss-Nummer mit auf die Produktverpackung aufdrucken würde, dann hätte der Standard eCl@ss das bestmögliche Ziel erreicht.

Welche Vorteile bringt der Einsatz von eCl@ss?

- Hier handelt es sich um ein fertiges Klassifizierungssystem mit einem normbasierten Datenmodell (DIN 4002),[3] welches eine hohe Planungssicherheit und vereinfachten Datenaustausch ermöglicht.

---

2 *http://de.wikipedia.org/wiki/ECl@ss*

3 Siehe auch: *https://de.wikipedia.org/wiki/Liste_der_DIN-Normen/DIN_1%E2%80%9349999#DIN_4000.E2.80.934999*

- Die vorhandene Klassifikation ist von Fachgremien aus der gesamten Industrie aufgebaut, wird durch sie getragen und von vielen namhaften Herstellern unterstützt.
- Die festgelegten Produktbeschreibungen mit normierten Merkmalen und Merkmalleisten können für viele Anwendungen bzw. Kommunikationspartner verwendet werden, wodurch ein standardisierter Austausch mit Lieferanten und Herstellern möglich wird.
- Sprachprobleme entfallen durch die eindeutige Zuordnung einer Klassennummer.
- eCl@ss ist in mehreren Sprachen verfügbar; Deutsch und Englisch sind obligatorisch.
- Produkte können damit eindeutig gekennzeichnet und beschrieben werden.
- Es sind keine Abstimmungsaufwände mehr notwendig, weil ein fertiger Standard verwendet wird.
- Beschaffungs-, Bestell- und Genehmigungsprozesse lassen sich vereinfachen und optimieren.
- Mit Hilfe von eCl@ss wird ein Überblick über die verschiedenen Lieferanten und deren Angebote leichter möglich; es können elektronische Kataloge von verschiedenen Lieferanten erstellt werden.
- Prozess- und Transaktionskosten werden reduziert.
- Es können eigene, an das Unternehmen anpassbare Strukturen, unabhängig von der eCl@ss-Struktur, aufgebaut werden, falls die vorgegebenen nicht ausreichen.
- Die vorhandenen Softwareprodukte können feiner gefiltert werden, um beispielsweise festzustellen, wie viele unterschiedliche Produkte der Klasse „Grafiksoftware“ zugeordnet wurden.
- Produkte und Produktgruppen in ERP und Katalogsystemen sind über die Suche nach einer bestimmten eCl@ss-Nummer oder festgelegten Merkmalen leichter auffindbar.
- Durch den Einsatz von eCl@ss kann der unternehmensweite sortimentbezogene Einkaufsbedarf besser auf eine bestimmte Branche oder einen Hersteller gebündelt werden.
- eCl@ss ist für alle Prozesse im Unternehmen einsetzbar.

Das sind nur einige der wesentlichen Vorteile, die Sie durch den Einsatz des Klassifizierungssystems eCl@ss gewinnen. Lassen Sie mich noch einige Worte zum Aufbau des eCl@ss-Systems verlieren.

Aufbau des eCl@ss-Systems

eCl@ss liefert keine Produktbeschreibungen, sondern Strukturen. eCl@ss besteht aus einem hierarchischen, vierstufigen Schlüssel mit einem umfangreichen Schlagwortregister und bietet mit über 75000 Suchbegriffen einen hohen Detaillierungsgrad zur Beschreibung von Produkten und Dienstleistungen. Diese numerische Klassenstruktur unterteilt sich in Sachgebiete, Hauptgruppen, Gruppen und Untergruppen mit einer insgesamt achtstelligen Schlüsselnummer. Darüber hinaus können zur jeweiligen achtstelligen Nummer Schlagworte und Synonyme formuliert werden, die einem schnellen, zielgerichteten Auffinden der Produktklassen und ihrer Merkmalleisten (Materialbeschreibungen) dienen. In Bild 8.12 ist der Aufbau der eCl@ss-Struktur am Beispiel eines Sachgebiets grafisch dargestellt.

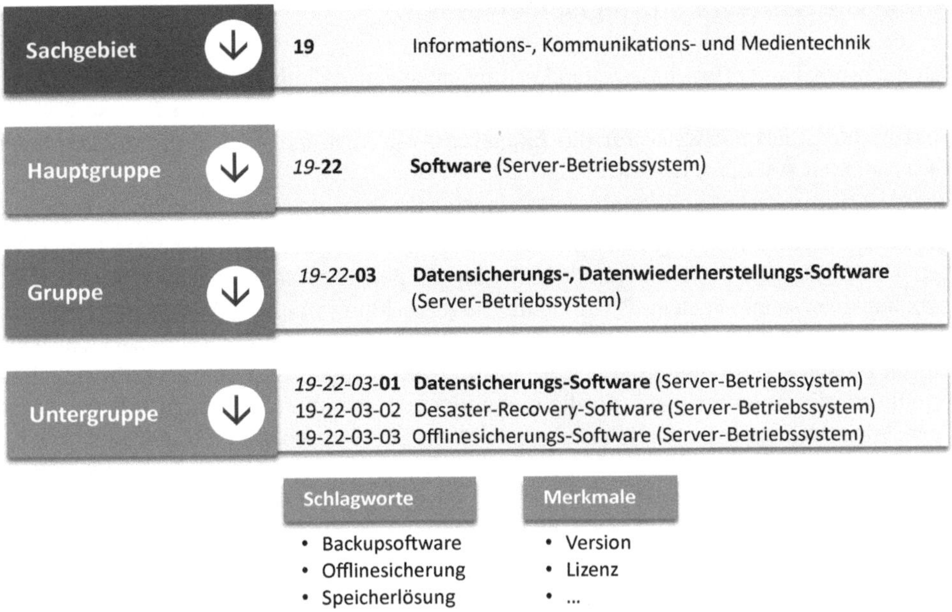

Bild 8.12 Einteilung eines Produkts in den Zweig 19-22-03-01

Für das Lizenzmanagement ist aus der Fülle von Sachgebieten und Hauptgruppen nur das in Bild 8.12 bereits zu sehende Sachgebiet „19 Informations-, Kommunikations- und Medientechnik“ mit seinen Hauptgruppen und den jeweiligen Gruppen und Untergruppen von Bedeutung:

- 19-21 Software (Client-Betriebssystem),
- ***19-22 Software (Server-Betriebssystem),***
- 19-23 Software (Mainframe-, Middleware-Betriebssystem),
- 19-24 Software (Netzwerkbetriebssystem),
- 19-25 Software (Organizer-, Mobiltelefonbetriebssystem),
- 19-26 Software (Spielkonsolenbetriebssystem)

Auf den Webseiten (*http://www.eclass.de*) kann auch über den Online-Katalog nach Klassifizierungen gesucht werden. Wenn mehrere mögliche Klassifizierungsbegriffe angezeigt werden, entscheiden Sie sich einfach für die Ihnen am geläufigsten erscheinende Beschreibung, um das zu klassifizierende Softwareprodukt zu beschreiben.

Wenn Ihr Unternehmen SAP als Warenwirtschaftssystem verwendet, finden Sie dort bereits Unterstützung für den Einsatz von eCl@ss. SAP stellt im MM-Modul Standardtabellen für den Einsatz von eCl@ss zur Verfügung. Diese müssen eventuell nur aktiviert werden und schon können Sie die eCl@ss-Kataloge einlesen und Ihre Produkte klassifizieren. Der eCl@ss-Standard ist aber nur eine Form, wie man eine standardisierte Klassifizierung betreiben kann. Für die Steuerung von internen Prozessen können auch weitere Formen der Softwareklassifizierung von Nutzen sein. Eine solche zusätzliche Klassifizierung ist die Einteilung der Softwareprodukte in strategische Klassen.

8.6.4 Die Software strategisch einteilen

Für ein proaktives Softwareasset- und Vertragsmanagement können Sie eCl@ss sehr gut mit den Softwareklassen verbinden, um Ihre Produktpalette mittel- und langfristig strategisch auszurichten, beispielsweise für die Anpassung von Verträgen und Lizenzzahlen. Jedes Unternehmen versucht, die im Einsatz befindlichen Softwareprodukte zu klassifizieren und zu strukturieren. Ein Hilfsmittel dazu möchte ich Ihnen in diesem Abschnitt vorstellen.

In jedem Unternehmen sind Softwareprodukte zu finden, die für den normalen Geschäftsbetrieb unerlässlich sind. Denken Sie außer an das Betriebssystem (meistens Windows für Arbeitsplatzsysteme) auch an Produkte für die Abwicklung von E-Mail-Verkehr, Anti-Virus-Software usw. Diese Produkte werden oft in ein sogenanntes „Core-Image" gepackt, also ein Subset an Softwareprodukten, das jeder PC im Unternehmen bei einer ersten Installation erhält, um die Anforderungen an die einheitliche IT-Struktur erfüllen zu können. Diese Form wird auch als obligatorische Installation von Softwareprodukten bezeichnet. Je nach Unternehmen können das unterschiedliche Produkte sein, bei dem einen ist beispielsweise Microsoft Outlook der Standard-E-Mail-Client, ein anderes hat sich vielleicht für ein Open-Source-Produkt entschieden. Soll beispielsweise ein neues Softwareprodukt eingeführt werden, kann es durchaus sinnvoll sein, den Software-Life-Cycle-Prozess mit der Einteilung von Softwareklassen zu unterstützen, um den Lebenszyklus eines Softwareprodukts abzubilden.

Dazu sollten mindestens vier Softwareklassen verwendet werden:

- Die ***Softwareklasse 1*** umfasst alle aktiven vorgeschriebenen Softwareprodukte.
- Die ***Softwareklasse 2*** umfasst alle aktiven optionalen Softwareprodukte.
- Die ***Softwareklasse 3*** umfasst alle aktiven Softwareprodukte, die nur noch einen begrenzten Lebenszyklus besitzen, über einen festgelegten Zeitrahmen ausgesondert werden und für die noch freie Lizenzen (bei lizenzkostenpflichtigen Softwareprodukten) im Unternehmen verfügbar sind. Lizenzkostenpflichtige Softwareprodukte der Softwareklasse 3 dürfen nicht mehr nach extern bestellt werden.
- Die ***Softwareklasse 4*** umfasst alle Softwareprodukte, die derzeit nicht für einen Einsatz im Unternehmen vorgesehen oder erlaubt sind.

Hinweis:

Mit Hilfe der Einteilung in strategische Softwareklassen können Sie auch die Erlaubnis für Bestellungen der im Unternehmen einzusetzenden Softwareprodukte steuern. Sobald ein Softwareprodukt beispielsweise von Softwareklasse 2 in die Softwareklasse 3 „versetzt" wird, darf es nach außen (zum Lieferanten) nicht mehr bestellt werden. ■

Sie können die Softwareklassen natürlich beliebig erweitern, mir geht es hier primär um die Erläuterung und Anwendung einer solchen Softwareklassifizierung. Tabelle 8.5 beschreibt die Merkmale und Einsatzvarianten der vier Softwareklassen (SwKl).

Tabelle 8.5 Beispielhafte Einteilung von strategischen Softwareklassen

	SwKl 1 Obligatorisch	SwKl 2 Optional	SwKl 3 Befristet	SwKl 4 Verboten
Beschreibung:	Erlaubte Software mit verpflichtendem Einsatz	Erlaubte Software mit optionalem Einsatz	Erlaubte Software, noch toleriertes Softwareprodukt, nicht mehr nach „extern" bestellfähig	Software darf nicht eingesetzt werden
Anzuwenden bei:	Allen neuen und existierenden Softwareprodukten	Allen neuen und existierenden Softwareprodukten	Nicht bei neuen Softwareprodukten und umfangreichen Änderungen an existierenden Anwendungen	Allen neuen und existierenden Softwareprodukten
Migration erforderlich:	Nein	Nein	Ja, je nach Wirtschaftlichkeits-betrachtung („Investitionsschutz") in ein Softwareprodukt der SwKl 1 oder 2 mit gleichen Funktionen	Nein

8.6.5 Klassifizierung über Geräteklassen

Um die heute vorherrschenden IT-Strukturen auch in der Softwareklassifikation abbilden zu können, habe ich seit geraumer Zeit den Begriff der „Geräteklasse" zusätzlich in die Klassifikationsstruktur aufgenommen. Damit können nun beliebige Matrixen aufgebaut werden, die jeweils alle vier hier aufgeführten Softwareklassen für die jeweilige Geräteklasse abbilden. So können z. B. Client, Server, Mobile Geräte, Drucker, Netzwerk, Telekommunikation, Cloud-Technikumgebungen usw. als einzelne Geräteklassen definiert werden. Tabelle 8.6 zeigt eine beispielhafte Aufstellung und Zuordnung von Geräteklassen, die Aufzählung ist aber bei weitem nicht als vollständig zu betrachten.

Tabelle 8.6 Beispielhafte Übersicht und Beschreibung von Geräteklassen

Geräteklasse	Beschreibung
Client (Windows)	PC, Laptop, Notebook, Netbook
Server (Windows, Linux)	Rechenzentrumsserver (Blades), lokale Server, Stand-alone-Systeme, virtuelle Server
Mobile Geräte	Tablets, Smartphone, (Plattformen: Windows, Apple, Android)
Drucker, Multifunktionsgeräte	Netzwerkdrucker, lokale Drucker, Druckstraßen, Plotter
Netzwerkkomponenten	Router, Switch, Bridges
Telekommunikationssysteme	IP-Telefone, Server-Anlagen und Systeme für Telefonieleistungen
Cloud-Technik	Spezielle Client-Server oder Infrastrukturkomponenten

In Bild 8.13 wird eine beispielhafte Zuordnung von Softwareprodukten zu Geräte- und Softwareklassen dargestellt.

	Windows Client (PC)	Windows Client Cloud	Windows Server	Linux Server
Optionale Software (SWKL2) für die jeweilige Geräteklasse.	• Microsoft Visio • Microsoft Project • Mindjet • Zeugnis Manager	• Salesforce • Adobe Creative Cloud • Tableau	• Microsoft SQL Server 2019 • Microsoft Exchange Server 2019 • VMware Server • Oracle-Datenbank	• VMware ESXi • VMware vCenter Server
Obligatorische Software (SWKL1) Standard für die jeweilige Geräteklasse	• Windows 10 (BS) • McAfee • Outlook, Teams • WinZip • Firefox	• Zoom • WebEx • Dropbox • iCloud	• Microsoft Windows Server 2019 Standard (BS)	• Red Hat Enterprise Linux

Bild 8.13 Beispielhafte Zuordnung von Geräteklassen zu Softwareklassen

Wie ein einfacher Prozessablauf für die Klassifizierung eines Softwareprodukts aussehen könnte, wird in Bild 8.14 dargestellt.

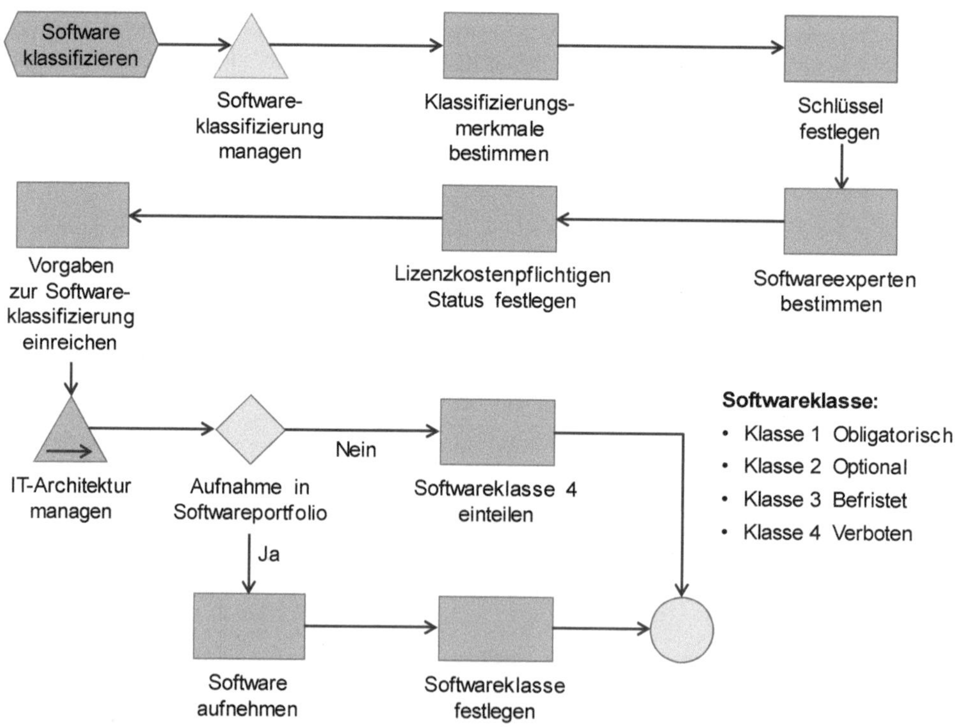

Bild 8.14 Einfacher Prozessablauf zur Softwareklassifizierung

Der hier abgebildete Prozess stellt dar, wie der Ablauf zur Einordnung und Klassifizierung für ein Softwareprodukt aussehen kann. Ein wichtiger Zwischenschritt im dargestellten Prozessablauf ist die Einbeziehung der Prüfung, ob das Softwareprodukt in die vorherrschende IT-Architektur bzw. IT-Strategie passt *(Aktivität: IT-Architektur managen)*. Wenn beispielsweise bereits das Softwareprodukt Microsoft Office (O365) als Standardanwendung (SwKl 1) festgelegt wurde, könnte das für eine weitere Büroanwendung (z. B. ein Open-Source-Produkt) bedeuten, dass es in die ***Softwareklasse 4*** eingeteilt wird, da die IT-Strategie nur eine Büroanwendung erlaubt. Mit der Einteilung in die Softwareklasse 4 (Verboten) würde dann das Softwareprodukt auch nicht bestellbar sein. Die im Unternehmen erlaubten optionalen Softwareprodukte (SwKl 2) können auch noch in eine weitere Ebene unterteilt werden. Das bietet sich besonders an, wenn Sie die Software gezielter einsetzen wollen. Diese weitere Einteilung von Softwareprodukten kann über die Festlegung von definierten Client-Klassen umgesetzt werden.

8.6.6 Die Softwarenutzung für Client-Klassen definieren

Die Einteilung von Client-Klassen (CK) orientiert sich an der Organisationsstruktur des Unternehmens. Ziel dieser Klassifizierung ist, dass Sie bestimmte Softwareprodukte für alle verpflichtend „verordnen" können (SwKl 1) und andere nur bestimmten Abteilungen oder Funktionen wie z. B. der Personalabteilung zur Verfügung stellen. Diese Einteilung bedeutet zwar einen Mehraufwand, doch erhalten Sie dadurch Planungssicherheit und bekommen Ihre Lizenzkosten besser in den Griff. Denn Sie wissen jetzt, welche Abteilung welche Produkte anwenden darf und im Einsatz hat. Auf diese Weise können Sie die benötigten Stückzahlen besser planen.

Client-Klassen

Client-Klassen repräsentieren eine Zuordnung von Softwareanwendungen zu Organisationseinheiten. Sie können für ganze Fachbereiche oder auch nur für spezielle Aufgabenbereiche definiert werden. Die Fachbereiche wirken bei der Festlegung der Klassen mit.

Standardanwendungen

Dies sind alle Softwareanwendungen, die unabhängig vom Fachbereich auf allen Client-PCs bzw. den definierten Geräteklassen installiert sind. Für spezielle Geräte (etwa Laptops) werden zusätzliche Standardanwendungen, z. B. VPN Client, Remote-Einwahl usw., benannt.

Standardanwendungen je Fachbereich

Hier werden Softwareanwendungen definiert, die für den jeweiligen Fachbereich benötigt werden und zugelassen sind. Eine Softwareanwendung kann innerhalb einer Client-Klasse „Standard" (Standard für den Fachbereich) oder „optional" sein.

Optionale Fachbereichsanwendungen

Innerhalb einer Client-Klasse lassen sich neben der obligatorischen Software auch optionale Softwareanwendungen festlegen, die nicht an allen Arbeitsplätzen eines Fachbereichs zum

Einsatz kommen. Optionale Software wird nur auf Anforderung und nach Genehmigung installiert.

Bild 8.15 veranschaulicht das Prinzip der Client-Klassen, wobei die obligatorischen Standardanwendungen schwarzhellgrau, die Standardanwendungen für den Fachbereich (mittelobligatorisch) dunkelgrau und die optionalen Fachbereichsanwendungen dunkelhellgrau dargestellt sind (in der Druckversion des Buchs).

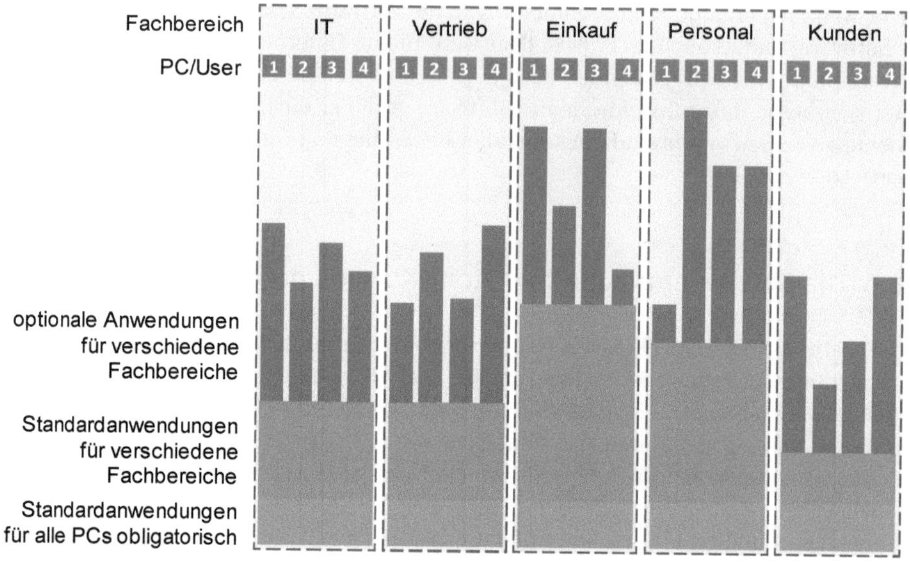

Bild 8.15 Schematischer Überblick über eine mögliche Verteilung in den verschiedenen Clientklassen (Fachbereichen)

Eine Gesamtklassifizierung von Softwareprodukten mit der Nutzung von eCl@ss, strategischen Softwareklassen und einer Einteilung in Client-Klassen zeigt beispielhaft die Aufstellung in Tabelle 8.7.

Mit dieser Methode verschaffen Sie sich einen guten Überblick über die Verteilung der Softwareprodukte in den einzelnen Unternehmensteilen und optimieren gegebenenfalls Ihre Prozesse.

Tabelle 8.7 Beispiel für eine Gesamtklassifizierung in einem Softwareproduktkatalog

Applikationsname	eCl@ss-Nummer	Beschreibung	SwKl	Clientklassen			
				CK1 PC	CK2 Laptop	CK3 ITB	CK4 CS
WinZip	19210703	Komprimierungs-Software	3	S	S	S	n. e.
Microsoft Outlook	19210501	E-Mail-Software	1	S	S		O
VPN-Zugang	19210590	VPN-Netzwerk-Software	2	n. e.	S	n. e.	O

Legende: S = Standard, O = optional, n. e. = nicht erlaubt

Hinweis:
In eine ähnliche Richtung zielt die Einteilung der Softwareprodukte nach Rollen oder Tätigkeitsmerkmalen. Für diese Art der Klassifizierung würden Sie sich ein Subset an Softwarepaketen für jede benötigte Tätigkeitsbeschreibung bzw. Rolle erstellen. Der Vorteil besteht darin, dass Sie bei Neueinstellungen genau wissen, welche Software man für welchen Arbeitsplatz zusätzlich zum Core-Image benötigt. Auch können Sie mit dieser Klassifizierung Ihre Softwareeinkäufe besser planen und steuern. Auf der anderen Seite ist diese Klassifizierung sehr arbeitsintensiv und pflegeaufwendig. Sobald nämlich ein Produkt, aus welchen Gründen auch immer, aus einem Rollenprofil herausgenommen wird, muss das unter Umständen in vielen Bereichen nachgezogen werden. Der größte Aufwand wird dabei in der Anpassung der Installationsskripte liegen. So viel Charme diese Klassifizierungsmethode auch verströmt, überlegen Sie sich vorher genau, was Sie damit erreichen wollen, und wägen Sie die Vor- und Nachteile gegeneinander ab. ■

Die Softwareklassifizierung kann noch um weitere zusätzliche Komponenten ergänzt werden, die beispielsweise eine optimale Steuerung der Serviceprozesse im Software-Life-Cycle-Prozess unterstützen. Das wäre zum Beispiel die Einteilung von Softwareprodukten in Servicekategorien, Supportstufen bzw. in Aufwandskategorien. Erfahren Sie im nächsten Abschnitt mehr darüber.

8.7 Die Software weiter einteilen

Weitere Klassifikationskriterien helfen nicht nur bei der Steuerung des Software-Life-Cycle-Prozesses, sondern beispielsweise auch bei der Preisfindung für eine Leistungsverrechnung bzw. bei der Steuerung von Wartungsverträgen, bei einer Abschätzung von zu erwartenden monetären und zeitlichen Aufwänden für eine Softwarebereitstellung oder aber für die Festlegung von Regelungen im Sinne von SLAs.[4] Wenden wir uns als Erstes den Servicekategorien zu.

8.7.1 Servicekategorien

Die Servicekategorien sind ein weiteres Ordnungskriterium für die Einteilung von Softwareprodukten, um damit den zu leistenden Service und Support für das jeweilige Softwareprodukt abbilden und steuern zu können. Dabei stellt die Einteilung in eine der beschriebenen Servicekategorien die jeweils für das Softwareprodukt festgelegte Serviceleistung dar.

[4] SLA = Service Level Agreement, ein Begriff aus ITIL®

Servicekategorie 1

Die Servicekategorie 1 wird auf alle Softwareprodukte angewendet, die der Softwareklasse 1 oder 2 zugeordnet sind und damit den Mindestlieferumfang für den jeweiligen Standard einer Geräteklasse definieren bzw. als optionales Softwareprodukt eingesetzt werden sollen.

Die Servicekategorie 1 findet Anwendung bei:

- Softwareprodukten, die in den jeweiligen Geräteklassen als obligatorischer Standard definiert sind, immer paketiert werden und über eine zentrale Softwareverteilung gesteuert werden.
- Softwareprodukten, die bei Störungen durch einen Help- oder Service-Desk in der Stufe „First Level" als besonders dringlich betreut werden müssen.

Servicekategorie 2

In die Servicekategorie 2 werden Softwareprodukte der Softwareklasse 2 und 3 eingeteilt, die als optionale Softwareprodukte eingesetzt werden sollen.

Die Servicekategorie 2 findet Anwendung für:

- Softwareprodukte, die bestimmten Fachbereichen und oder Rollen zugeordnet sind und meistens paketiert werden. Die Softwareprodukte werden vorrangig über eine zentrale Softwareverteilung gesteuert, können aber auch dezentral oder manuell installiert werden.
- Softwareprodukte, die nicht paketiert werden können (manuelle Installation ist erforderlich, z. B. Software für spezielle Anwendungsverfahren).
- Softwareprodukte, die bei Störungen durch einen Help- oder Service-Desk in der Stufe „First- und Second-Level" betreut werden.

Servicekategorie 3

In die Servicekategorie 3 werden Softwareprodukte der Softwareklasse 2 und 3 eingeteilt, die in der kaufmännischen und technischen Verantwortung eines Fachbereichs liegen, und auf Testumgebungen, Sonderarbeitsplätzen oder einzelnen Servern installiert werden sollen.

Die Servicekategorie findet Anwendung für:

- Softwareprodukte, die nicht paketiert werden.
- Softwareprodukte, bei denen keine zentrale Bereitstellung bzw. Softwareverteilung erfolgt; der anfordernde Fachbereich muss selbst testen und installieren.
- Softwareprodukte, bei denen die Kosten auf die Kostenstelle des Fachbereichs umgelegt werden.
- Softwareprodukte, bei denen der Fachbereich den erforderlichen Support selbst leisten muss (eigenes Know-how oder Herstellersupport).

Einteilungsmatrix für Servicekategorien

Die folgende Aufstellung in der Tabelle 8.8 dient zur Orientierung bei der Festlegung der Klassifizierung von Softwareprodukten in Servicekategorien. Dabei kann eine UND-, aber auch eine ODER-Regel angewendet werden. Eine Erweiterung der hier beispielhaft aufgeführten Kriterien ist natürlich ebenso möglich.

Tabelle 8.8 Einteilungsmatrix für Servicekategorien

Kriterium	Beschreibung	Software-klasse	Service-kategorie
1	▪ Obligatorische Nutzung: Die Software ist ein Bestandteil des Mindestlieferumfangs der jeweiligen Geräteklasse und wird immer automatisiert zentral verteilt oder installiert (z. B. Office, Outlook, McAfee, Mozilla Firefox). ▪ Der Support erfolgt durch die zuständige IT-Abteilung.	1	1
2	▪ Optional erlaubte Nutzung (z. B. Microsoft Project, Microsoft Visio, Adonis, Adobe-Produkte). ▪ Der Support erfolgt durch die zuständige IT-Abteilung.	2, 3	1
3	▪ Optional erlaubte Nutzung von Software, die bestimmten Fachbereichen/Rollen zugeordnet werden. ▪ Der Support erfolgt durch die zuständige IT-Abteilung.	2, 3	2
4	▪ Softwareprodukte, die in der kaufmännischen und technischen Verantwortung des Fachbereichs liegen. ▪ Softwareprodukte, die **nicht** paketiert werden. ▪ Der Fachbereich muss die Softwareprodukte selbst testen und installieren. ▪ Für das Softwareprodukt erfolgt **keine** zentrale Bereitstellung. ▪ Der Fachbereich muss den erforderlichen Support selbst leisten. ▪ Die Compliance-Verantwortung obliegt dem Fachbereich.	2, 3	3

8.7.2 Supportstufen

Eine weitere Möglichkeit, Software weiter einzuteilen, um bestimmte Prozessabläufe zu unterstützen, ist die Klassifikation in bestimmte Supportstufen, die in der folgenden Beschreibung als Best-Practise-Ansatz zu verstehen sind.

- **Supportstufe S1 „Zentrale Installation“:** Die Software der Supportstufe S1 wird zentral im Softwaremanagementsystem zur automatischen Installation bereitgestellt und verteilt.
- **Supportstufe S2 „Technischer Support“:** Für Software der Supportstufe S2 stellen die verantwortlichen Fachbereiche die technische Betriebsfähigkeit sicher; einschließlich dazugehöriger Betriebssystemkomponenten der jeweiligen System-Plattform bzw. Geräteklasse.
- **Supportstufe S3 „Standard-Anwendersupport-Spezialsoftware“:** Für Software der Supportstufe S3 wird von den verantwortlichen Fachbereichen nur Unterstützung nach Maßgabe der vorhandenen Möglichkeiten (Know-how) geleistet. Das können beispielsweise Administrationswerkzeuge und Entwicklungsumgebungen sein.

- **Supportstufe S4 „Anwendersupportapplikationen“:** Softwareanwendungen, für die der User-HelpDesk Anwenderunterstützung leistet (z. B. SAP, Microsoft Office).
- **Supportstufe S5 „Installation und Support durch externen Dienstleister“:** Softwareanwendungen, die von einem externen Dienstleister unterstützt werden (z. B. DATEV).
- **Supportstufe S6 „Support für Anwendungen im Fachbereich“:** Spezifische Softwareanwendungen im Fachbereich; dabei übernimmt der Fachbereich selbst den Support, z. B. für Anwendungen im Technischen Service oder für spezielle Fachverfahren.
- **Supportstufe S7 „Anwendungen ohne Support“:** Softwareanwendungen, die innerhalb des Unternehmens nicht mehr von den verantwortlichen Fachbereichen unterstützt werden können (z. B. aufgrund nicht vorhandenen Know-hows). Supportanfragen müssen direkt an den Hersteller gerichtet werden (betrifft meistens auch Supportanfragen im Bereich des Third-Level-Stadiums).

Die Supportstufen können natürlich auch in begrenzter Weise miteinander kombiniert werden, damit sich eine Aufgabenstellung bestmöglich abbilden lässt. Ein Beispiel hierfür wäre, für bestimmte Softwareprodukte die Supportstufe S1 und S4 zu kombinieren.

> **Hinweis:**
> Die hier aufgeführten Supportstufen eignen sich auch sehr gut dafür, interne oder externe Verrechnungsmodelle und Service Level Agreements mit den daran Beteiligten zu vereinbaren und zu kontrollieren. Jeder Anwender weiß dann, dass er nicht auf die Unterstützung der hauseigenen IT-Abteilung zählen kann, wenn er ein Produkt der Supportstufe 7 erwerben möchte.

8.7.3 Aufwandskategorien

Ein letztes Beispiel für eine weitere Klassifikation der Softwareprodukte ist die Einteilung nach zu leistenden zeitlichen Aufwänden, bis ein Softwareprodukt genutzt werden kann. Um Softwareprodukte aus einem genehmigten Softwareportfolio in den Software-Life-Cycle-Prozess zu überführen und damit produktiv zu setzen, müssen im Vorfeld zeitliche Aufwände und monetäre Leistungen erbracht werden. Eine Einteilung in verschiedene Aufwandskategorien ermöglicht somit eine genauere Aufwandsplanung und kann auch als ein weiterer Faktor für die Kalkulation von Servicedienstleistungen herangezogen werden. Die hier beispielhaft definierten Kategorien erlauben somit eine grobe Einschätzung der zu erwartenden Aufwände. In Tabelle 8.9 sind Aufwandskategorien nach Best Practise zusammengestellt.

Bisher haben Sie in diesem Kapitel einen sehr umfassenden Überblick erhalten, warum eine Klassifikation von Softwareprodukten den Software-Life-Cycle-Prozess unterstützen kann und mit welchen Methoden und Verfahren das erfolgen kann. Für die Umsetzung sollte aufgrund der doch recht umfangreichen Maßnahmen ein Teilprojekt geplant und durchgeführt werden.

Tabelle 8.9 Einteilungsmatrix der Aufwandskategorie

Aufwandskategorien nach Best Practice	Schwierigkeitsgrad	Aufwand
Kategorie 1 ▪ Updates kleinerer Softwareprodukte mit festen Update-Zyklen ▪ Kleinere Tools und Hilfsprogramme	Leicht	1–3 PT
Kategorie 2 ▪ Ersteinsatz kleinerer Softwareprodukte ohne Client-Server-Beziehungen und sonstige Abhängigkeiten ▪ Produktupdates mittlerer Schwierigkeit	Standard	4–6 PT
Kategorie 3 ▪ Ersteinsatz größerer und auch umfangreicherer Softwareprodukte (z. B. bei Entwicklungsumgebungen, dem erforderlichen Einsatz von speziellen Lizenzmodellen bzw. wenn das Softwareprodukt einer speziellen Lizenzverwaltung und Steuerung unterliegt) ▪ Updates umfangreicher Softwarekomponenten ▪ Updates mit Anbindung an Datenbanken und/oder Server-Komponenten	Umfangreich	7–9 PT
Kategorie 4 ▪ Ersteinsatz und Konzeption komplexer Anwendungen mit Abhängigkeiten zwischen Hardware und Software sowie Anbindung an Datenbanken und/oder Server-Komponenten ▪ Sonderaufgaben und Konfigurationen (Migrationen, Einrichten kompletter Arbeitsplätze usw.)	Komplex	> 9 PT

8.8 Ein Klassifizierungsprojekt planen und initiieren

Das Projekt für eine vernünftige und durchgängige Klassifizierung Ihrer Softwareprodukte läuft in ähnlichen Phasen ab, wie Sie sie aus Abschnitt 5.3 „Projektphasen und Meilensteine erarbeiten" kennen. Auch hier müssen Sie Ihre Ziele und Erwartungen beschreiben und definieren sowie die geeigneten Sponsoren finden. Da sich das Vorgehen im Prinzip mit dem in Abschnitt 5.1 beschriebenen Thema zum Erstellen eines Projektplans deckt, gebe ich Ihnen hier nur noch ein Beispiel für einen Meilensteinplan an die Hand (Bild 8.16).

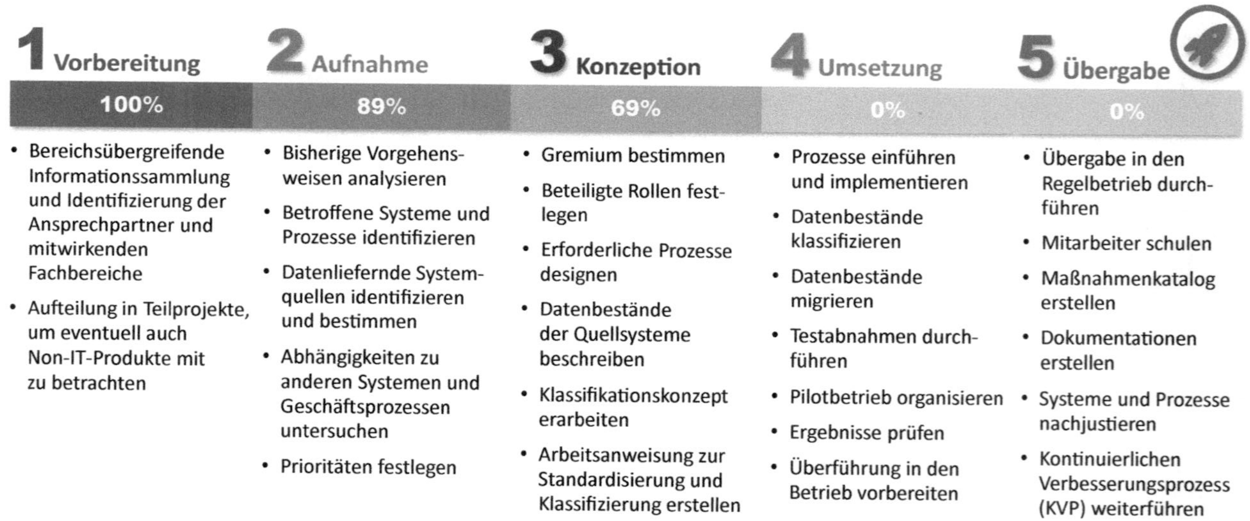

Bild 8.16 Beispiel Meilensteinplan zur Durchführung eines Klassifikationsprojekts

Auf dieser Basis können Sie einen geeigneten Projektplan erstellen, um die Klassifizierung Ihrer Softwareprodukte anzugehen. Das Klassifizierungsprojekt können Sie auch parallel zu Ihrem Softwareasset- und Lizenzmanagementprojekt starten und durchführen.

Fazit:

Um ein Softwareasset- und Lizenzmanagement umsetzen und im Unternehmen betreiben zu können, sind zum einen die bereits vorhandenen Prozesse einer ausführlichen Analyse und Bewertung zu unterziehen, um dann darauf aufbauend die zukünftigen Soll-Prozesse optimal an die neuen Gegebenheiten und Verantwortlichkeiten ausrichten zu können. Ebenso wichtig sind die unterstützenden Rollen und Verantwortlichkeiten für ein Softwareasset- und Lizenzmanagement, die meist erst im Unternehmen neu eingeführt und besetzt werden müssen. Formulierte unternehmensweite einheitliche Richtlinien sind ein weiterer wichtiger Bestandteil, um nachhaltig die geforderte Transparenz und die Compliance sicherstellen zu können. Wenn Sie hier mit der nötigen Sorgfalt zu Werke gehen, werden Sie als Ergebnis neue und optimierte Software-Life-Cycle-Prozesse umsetzen können, die Sie bei der Lösung Ihrer täglichen Softwareasset- und Lizenzmanagement-Aufgaben unterstützen. Ebenso können Sie die hier kennengelernten anwendbaren Klassifizierungen für die „Neu"-Strukturierung ihrer Softwareprodukte im Unternehmen anwenden und erreichen so einen wirtschaftlich optimierten und transparenten Rahmen für die im Einsatz befindlichen Softwareprodukte. Der Einsatz des eCl@ss-Standards ist sicherlich auch eine gute Möglichkeit, den Arbeitsaufwand bei der Klassifikation von Softwareanwendungen erheblich zu verringern. ■

9 Die Beschaffungsprozesse Bedarfsanforderung und Bestellung von Software

In diesem Kapitel erfahren Sie u. a.,

- was bei der Analyse des Beschaffungsprozesses beachtet werden sollte,
- warum es wichtig ist, den Prozess für Softwareanforderung zu kennen,
- weshalb Sie großes Augenmerk auf die Vereinheitlichung und Optimierung der Beschaffungswege legen sollten.

Lesen Sie in diesem Kapitel, warum Ihnen ein optimierter Softwareanforderungsprozess hilft, Ihren Softwarebestellprozess schlank zu halten, und weshalb ein an die Unternehmenssituation gut angepasster und optimierter Beschaffungsprozess die geforderte Transparenz herstellen kann. Erfahren Sie, welche unterschiedlichen Bestellwege genutzt werden, um Software zu beschaffen, und warum Ihnen dadurch die Erreichung der geforderten Compliance erschwert wird. ■

Bei der Analyse und Bewertung der derzeitigen Unternehmenssituation in Bezug auf den Status der SAM-Life-Cycle-Prozesse, wie in Kapitel 6 und 7 beschrieben, wird oft festgestellt, dass beim Softwareanforderungsprozess nicht immer alles so läuft, wie es sein sollte. Dieser Prozess steht am Anfang des SAM-Life-Cycle-Prozesses und kann mit seiner Ausgestaltung wesentlich dazu beitragen, künftige Transparenz für die Beschaffung von Software herzustellen. Außerdem kann so der Prozess schon im Vorfeld dafür sorgen, Ordnung in das Softwareportfolio zu bringen.

9.1 Den Beschaffungsprozess analysieren

Wenn Sie Ihren Beschaffungsprozess untersuchen wollen, sollten Sie das unter den folgenden Gesichtspunkten tun:

- Optimierung der wirtschaftlichen Verwendung von Software- und Softwareserviceprodukten
- Sicherstellung der rechtlichen Compliance im Unternehmen für Software- und Softwareserviceprodukte

Viele Unternehmen haben ihre allgemeinen Anforderungs- und Beschaffungsprozesse recht gut im Griff, vernachlässigen jedoch die damit einhergehenden speziellen Prozesse: Beispielsweise sind die Prozesse für die Beschaffung von „Non-IT"-Gütern sowie für die Beschaffung von jeglicher Hardware oftmals perfekt auf die Geschäftsprozesse im Unternehmen abgestimmt und größtenteils auch bis ins kleinste Detail optimiert. Wenn es aber um die Beschaffung von Software- und Softwareserviceprodukten geht, ist dort meistens ein größeres Durcheinander zu finden. Der Grund: Früher wurde Software einfach so mit dem Computer gekauft, es hat sich keiner groß darum gekümmert, wie Software verwaltet wird, geschweige denn, dass an ein Softwareasset- und Lizenzmanagement gedacht wurde. Oft sind auch „paradiesische" Zustände anzutreffen: Im Prinzip kann jeder seine Softwarewünsche äußern, ohne auf die strategische Ausrichtung von Software im Unternehmen Rücksicht nehmen zu müssen. Hier sammeln sich dann sehr schnell die verschiedensten Produkte an, oft mit denselben Funktionen, nicht zu vergessen, dass durch solche Umstände auch eine Schatten-IT entsteht, die sehr groß werden kann. Im Ergebnis ist in Ihrem Unternehmen buchstäblich ein Softwarezoo entstanden. Schuld daran sind nicht nur möglicherweise komplizierte Prozesse und Einkaufsstrukturen, die das Thema Softwarebeschaffung eigentlich nur nebenbei als Aufgabe sehen, sondern auch viele gewachsene Varianten für Softwarebestellungen. Um sich überhaupt erst einmal einen Überblick darüber verschaffen zu können, sollten Sie versuchen, diese unterschiedlichen Möglichkeiten und Beschaffungswege für Software zu identifizieren. Dazu reicht es schon, sich Gedanken darüber zu machen und einfach aufzuschreiben.

Als eine erste Hilfestellung können Ihnen diese Fragen dienen:

- Kann bzw. darf ein Fachbereich Software- und Softwareserviceprodukte beschaffen, ohne dass der Einkauf involviert ist?
- Gibt es mehrere Wege, um Bestellungen beim Einkauf zu platzieren, wie beispielsweise E-Mail oder ein internes „selbstgestricktes" System, wodurch unerkannt Doppelbestellungen entstehen könnten?
- Besteht bei Ihnen die Möglichkeit, Software über eine Reisekostenabrechnung, Kreditkarte oder eine Zahlungsanweisung zu beschaffen und abzurechnen?
- Kann Software beispielsweise für Projekte, durch die Verrechnung mit Projektaufwänden wie beispielsweise Consulting-Leistungen, beschafft und abgerechnet werden?
- Kann der lokale Einkauf oder der lokale Fachbereich Software beschaffen, ohne dies zentral dokumentieren zu müssen?

Im optimalen Fall gibt es nur noch einen festgelegten Prozess im Unternehmen, wie Software zu beschaffen ist. Da dies aber nur sehr selten zu erreichen oder aus Gründen, die sich aus der Unternehmenssituation ergeben (z. B. ein international aufgestelltes Unternehmen mit vielen dezentralen Niederlassungen, die vielleicht auch noch in verschiedenen Ländern sitzen), nicht wirtschaftlich sinnvoll ist, wäre es besser und nutzbringender, eine zentrale Stelle zu schaffen, an die zumindest alle zukünftigen Softwarebeschaffungen gemeldet werden. Wenn Ihr Unternehmen international aufgestellt ist, spielen die lokalen Beschaffungen von Software aus währungs- und steuerlichen Gründen eine nicht zu unterschätzende Rolle.

Hinweis:
Um den größtmöglichen Nutzen für das Unternehmen zu erzielen, könnten Sie mit den großen Herstellern wie IBM, Microsoft, Adobe, SAP oder Oracle einen globalen Rahmenvertrag für die Beschaffung von Software abschließen, auf den sich dann alle Unternehmensteile weltweit bei der Beschaffung von Software bei dem lokalen Händler berufen können. So erzielen Sie die größte Kosteneinsparung und können dem lokalen Einkäufer bei der Beschaffung von Software vor Ort trotzdem freie Hand lassen. ■

Sie müssen nur sicherstellen, dass erstens die Einkaufsabschlüsse kommuniziert werden (wichtig dafür ist ein zentrales Vertragsmanagementsystem) und zweitens die getätigten Beschaffungen und Bereitstellungen zentral dokumentiert werden. Die größten Risiken birgt diese Vorgehensweise allerdings, wenn Sie kein ausreichendes und zentral verwaltbares Vertragsmanagementsystem im Haus haben: Dann werden Sie die Daten wahrscheinlich nur sehr mühsam und mit viel manuellem Aufwand recherchieren können.

Durch die Optimierung der Anforderungs- und Beschaffungsprozesse können Sie

- eine Erhöhung der Transparenz über ihren Bestand an Software- und Softwareserviceprodukten erreichen,
- die geforderte lizenzkonforme Nutzung von Software- und Softwareserviceprodukten und damit rechtliche Compliance gewährleisten,
- unter Umständen parallele Bestellungen vermeiden und damit doppelte Kosten verhindern sowie
- sicherstellen, dass die vereinbarten Einkaufskonditionen weltweit angewendet und genutzt werden.

Mit den folgenden Maßnahmen können Sie die Vereinheitlichung des Beschaffungsprozesses erreichen:

- Erstellen Sie ein Konzept, um die eventuell sehr vielfältigen Beschaffungswege zu vereinheitlichen, und legen Sie damit den Grundstein für eine einheitliche und zentrale Software- und Softwareserviceprodukt- und Lizenzbeschaffung.
- Reduzieren Sie die bisherigen Beschaffungsprozesse auf ein notwendiges Minimum.
- Erstellen Sie eine einheitliche und unternehmensweit gültige Richtlinie für Ihre künftigen Beschaffungsprozesse.
- Legen Sie Rollen und Verantwortlichkeiten in Bezug auf die künftigen Beschaffungsprozesse fest.

Betrachten Sie bitte auch die möglichen Komplexitätstreiber, die dem Lösen der Aufgabenstellung entgegenstehen können.

Dazu zählen beispielsweise:

- Es existieren mehrere Konditionsvereinbarungen oder Verträge mit den gleichen Lieferanten und/oder Herstellern, die einen ähnlichen Inhalt, aber möglicherweise unterschiedliche oder gleiche Konditionen enthalten.
- Es gibt unterschiedliche Verantwortlichkeiten im zentralen und dezentralen Einkauf.

- Die unterschiedlichen Beschaffungswege erschweren die Dokumentation der Softwarebestellungen. Kompliziert wird es, wenn die Dokumentation auch noch in verschiedenen Systemen gepflegt wird.
- Es gibt keinen einheitlichen Prozess für den Wareneingang von Softwareprodukten, weder zentral noch dezentral.
- Die verschiedenen Unternehmenseinheiten werden über die global vereinbarten Verträge nicht ausreichend informiert.

Um all diesen Dingen gezielter auf den Grund zu gehen, empfehle ich Ihnen, ihren SAM-Life-Cycle-Prozess auf den Prüfstand zu stellen und mit der in Abschnitt 7.6 beschriebenen Reifegradanalyse zu überprüfen. Wenden wir uns dem Prozess zur Softwareanforderung zu.

9.2 Der Anforderungsprozess

Der Anforderungsprozess steuert die Software- und Softwareserviceproduktbedarfe, die von Mitarbeitern gestellt werden, um Aufgabenstellungen im Unternehmen lösen zu können.

Dieser Hauptprozess besteht aus weiteren Teilprozessen:

- Bedarfsanforderung managen (Steuerung: wer, wo und wie soll die Softwareanforderung erfüllt werden?);
- Genehmigung managen (Steuerung zur Genehmigung der Bedarfsanforderung);
- Portfolio managen (Steuerung der zum Einsatz kommenden Softwareprodukte);
- Software- und Softwareserviceprodukte klassifizieren (Steuerung der Klassifizierung und der strategischen Einteilung der Softwareprodukte).

Eine gestellte Anforderung muss alle diese Teilprozesse durchlaufen, um in den nächsten Hauptprozess (Beschaffung/Bestellung) zu gelangen. Wird diese beispielsweise nicht genehmigt, ist es aus prozesstechnischer Sicht nicht mehr sinnvoll, die Anforderung noch weiter durch die anderen Teilprozesse und Prozesse laufen zu lassen. So kann beispielsweise eine Anforderung genehmigt sein, aber beim Durchlaufen des Prozesses „Portfolio managen" wird festgestellt, dass die angeforderte Software nicht der Unternehmensstrategie entspricht und damit an diesem Punkt abgelehnt werden muss. Im Endeffekt werden dadurch natürlich auch Prozesse verschlankt und Prozesskosten verringert.

Hinweis:

Achten Sie darauf, dass die Prozesse untereinander ohne größere Medienbrüche (Systemwechsel) ablaufen können.

Der Anforderer

Der Anforderer im Sinne dieser Prozessbeschreibung ist ein Mitarbeitender, der einen Bedarf für die Bereitstellung einer Software- oder eines Softwareserviceprodukts anfordert. Hier werden meistens zwei grundsätzliche Möglichkeiten unterschieden:

1. Es wird ein bereits im Unternehmen verfügbares Produkt benötigt.
2. Es wird ein noch nicht im Unternehmen verfügbares Produkt benötigt.

Je nach Konstellation wird in den weiteren Prozessen unterschiedlich verzweigt. Bleiben wir beispielhaft bei Variante 1: Ein bereits verfügbares Produkt soll bereitgestellt werden.

9.2.1 Eine Produktanforderung auslösen

Sofern der Prozess in sich stimmig ist, ist der Vorgang der Bedarfsanforderung mit den unterschiedlichsten Methoden und Tools steuerbar. In kleineren Unternehmen mit einer schlanken Organisationsstruktur kann das auch nur das Telefon oder eine E-Mail sein. Hauptsache ist, dass die gestellte Anforderung immer nur auf einem Weg zur Bestellung/Bereitstellung kommt und nicht auf mehreren unterschiedlichen Wegen, um das Risiko doppelter Bestellungen bzw. Bereitstellungen zu minimieren bzw. ganz auszuschließen. In größeren Unternehmen ist der kleine Dienstweg allerdings nicht mehr praktikabel, weil nicht mehr handhabbar, und gleichzeitig steht dem der umfangreichere Genehmigungsprozess gegenüber. Um in kleinen wie in großen Unternehmen die Kontrolle über die Software- und Softwareserviceproduktbestellungen nicht zu verlieren, bietet es sich an, vorher festgelegte und genehmigte Softwarekataloge oder Softwarewarenkörbe zu erstellen. In Abschnitt 3.2 „Die Software- und Serviceprodukte verwalten und managen" bin ich auf diesen Aspekt bereits eingegangen. Wenden wir uns wieder der Variante 1 zu, eine Bedarfsanforderung für ein bereits vorhandenes Software- bzw. Softwareserviceprodukt auszulösen. Üblicherweise wird ein System zur Verfügung gestellt, mit dem die gewünschte Bedarfsanforderung ausgewählt werden kann. Wenn der Anforderer keine Möglichkeit hat, das gewünschte Produkt aus einem Warenkorb auszuwählen, oder wenn ein Produkt benötigt wird, welches noch nicht ausgewählt werden kann, ist in der Regel nur eine sogenannte Freitextbestellung möglich. Diese Möglichkeit sollte durch einen aktuell gehaltenen Softwarewarenkorb möglichst vermieden werden, da die Prüfung dieser Anforderung im weiteren Prozessverlauf sehr arbeitsintensiv werden kann. Nicht selten gehen bis zur endgültigen Klärung mehrere Telefonate oder E-Mails hin und her. Gleichwohl muss diese Situation (z. B. wird für ein Projekt eine Spezialsoftware benötigt) auch in dem Anforderungsprozess berücksichtigt und abgefangen werden. Zu Prozessbeginn wird die gewünschte Bedarfsanforderung gestellt. Im nächsten Schritt wird dieser Bedarf geprüft und dann zur Genehmigung weitergeleitet. Sollte es eine Freitextbestellung sein, wird unter Umständen noch einmal eine Rücksprache per E-Mail oder Telefon mit dem Anforderer erforderlich sein, um die Beschreibung für den Genehmiger so verständlich wie möglich gestalten zu können. Wurde der Genehmigungsprozess durchlaufen und die Produktanforderung genehmigt, wird bei Variante 1 (das Software- bzw. Softwareserviceprodukt ist bereits vorhanden) geprüft, ob auch ausreichend Softwarelizenzen verfügbar sind, um diesen Lizenzbedarf abzudecken. Wenn dem so ist, wird die Bereitstellung des angeforderten Produkts durchgeführt. Sind nicht genügend Lizenzen vorhanden, muss eine externe Bestellung beim Lieferanten ausgeführt werden. Nach Bestelleingang und Buchung der Lizenzen wird der Anforderungsworkflow wieder aufgenommen und das angeforderte Produkt kann installiert bzw. bereitgestellt werden. Sollte die Bedarfsanforderung eine Freitextbestellung sein (Variante 2 „Es wird ein noch nicht im Unternehmen verfügbares Software- bzw. Softwareserviceprodukt benötigt"), muss vor der kaufmännischen Genehmigung oft noch die Genehmigung des IT-Architekturboards eingeholt werden, bevor das Software- bzw. das

Softwareserviceprodukt zertifiziert und in das Portfolio aufgenommen wird. Dieser Prozess für die Variante 2 ist dann zwangsläufig zu durchlaufen, damit das angeforderte Produkt erstmalig bestellfähig gemacht werden kann (passiert im Prozess „Portfolio managen"). Bild 9.1 zeigt diesen soeben beschriebenen beispielhaften Anforderungsprozess.

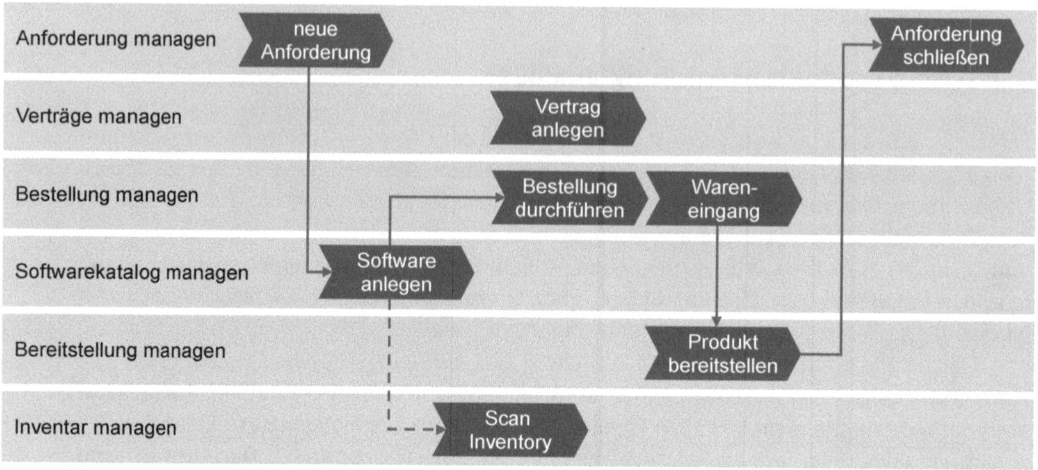

Bild 9.1 Beispielhafter Prozess für eine Softwareanforderung

Wenn Ihr Unternehmen global agiert, muss auch der Anforderungsprozess international ausgerichtet werden. Es wäre eine logistische Herausforderung und wirtschaftlich unsinnig, unter reinen Prozessoptimierungsgesichtspunkten den gesamten Warenfluss für Software- bzw. Softwareserviceproduktanforderungen aus den unterschiedlichsten Lokationen weltweit am Hauptsitz des Unternehmens zu bündeln. Ganz abgesehen davon, dass es Produkte gibt, die nur vor Ort in der jeweiligen Landessprache beim zuständigen Lieferanten gekauft werden können, oder einfach steuerrechtliche Tatsachen dem entgegenstehen. Hier muss also schon im Vorfeld sehr genau auf die adäquaten Anforderungsprozesse geachtet werden.

Wenn der Anforderungsprozess für eine Bereitstellung funktioniert, sollte es kein Problem darstellen, diesen Prozess auch für eine zu beauftragende Deinstallation bzw. Deaktivierung zu verwenden. Viele Unternehmen „vergessen" diesen Prozess recht oft zu designen und berauben sich somit der Möglichkeit, nicht mehr genutzte und zurückgegebene Software- bzw. Softwareserviceprodukte innerhalb des Unternehmens weiterzuverwenden (Stichwort: Einsatz eines Softwarepools).

Hinweis:

Wenn es aufgrund der vorherrschenden Unternehmensstrukturen nicht möglich ist, einen zentralen Kanal für die Produktanforderung zu implementieren, sollten Sie in jedem Fall dafür Sorge tragen, dass die beschafften Produkte in einem zentralen System dokumentiert sind, damit so später eine lizenzkonforme Lizenzbedarfszuweisung möglich ist.

Wenden wir uns nun dem zweiten Schlüsselprozess im Beschaffungsprozess zu: Wie wird Software bestellt?

9.3 Der Softwarebestellprozess

Nach erfolgreichem Durchlaufen des Anforderungsprozesses einschließlich der Genehmigung folgt der Bestellprozess. Hier muss das Prozessdesign zwischen einer internen und einer externen Bestellung unterscheiden können, denn nicht immer löst eine Software- bzw. Softwareserviceproduktanforderung eine externe Bestellung aus – außer, Sie steuern die Bedarfe und die damit einhergehenden Installationen über einen Outsourcing-Partner.

9.3.1 Die interne Bestellung

Wenn ein Softwareprodukt aus dem Warenkorb angefordert wurde (keine Freitextbestellung), gleicht der Prozess „Bestellung managen" diesen Bedarf beispielsweise über einen Softwarepool ab, ob für das angeforderte Produkt der Lizenzbedarf auch kaufmännisch lizenzkonform abgedeckt werden kann. Wird ein Lizenzbedarf beispielsweise durch einen Softwarepool abgedeckt und zugeordnet, erfolgt im weiteren Prozessverlauf die Bereitstellung auf dem System des Anforderers. Dieser Prozess erfolgt fast immer automatisiert. Wenn Softwareserviceprodukte bereitgestellt werden, ist meistens außer einer einzutragenden oder anzulegenden Zugriffsberechtigung nicht mehr viel zu tun, und auch das geschieht heute meistens automatisiert über die Zuweisung von Rollenprofilen. Nach einem Neustart des Systems bzw. einmaligem Ab- und Anmelden steht dann meistens auch schon das Software- bzw. Softwareserviceprodukt zur Nutzung bereit.

Mit diesem Ablauf wird also gleichzeitig eine Compliance erzeugt, da vor der Bereitstellung im Prozessablauf geprüft wird, ob der entstandene Lizenzbedarf kaufmännisch abgedeckt werden kann. In Bild 9.2 sehen Sie einen etwas anderen beispielhaften Prozess dazu.

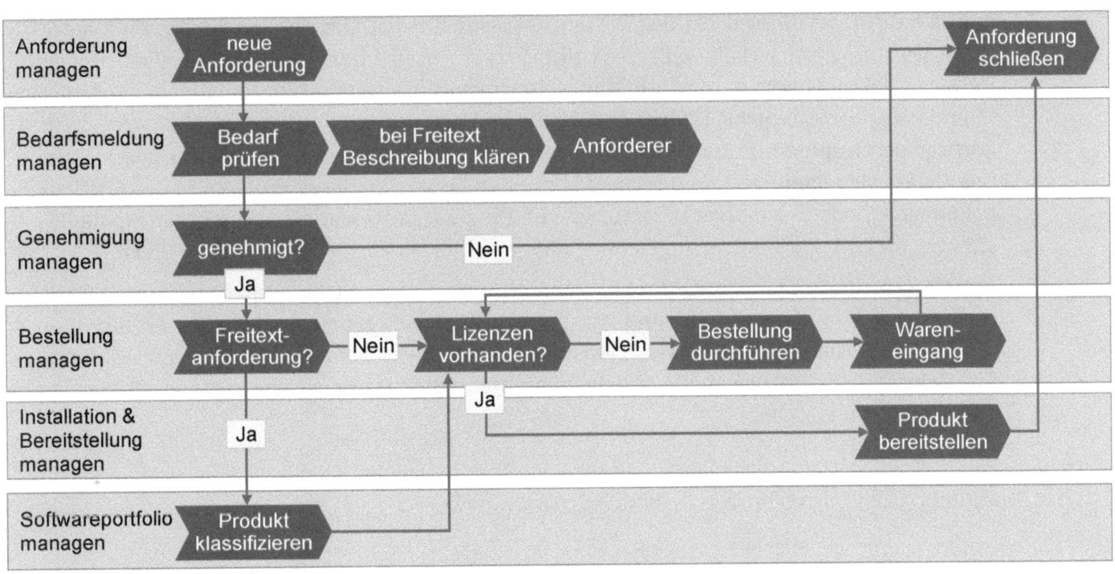

Bild 9.2 Beispielhafter Prozess für eine Softwarebestellung

Doch nicht immer kann eine Anforderung aus einem Softwarepool bedient werden. In diesem Fall muss – je nachdem, wie Sie die Schwellwerte für die Unterschreitung bestimmter Stückzahlen definiert haben – eine externe Bestellung ausgelöst werden.

9.3.2 Die externe Bestellung

Viele Unternehmen beziehen ihre Software von mehreren Lieferanten. Je nachdem, wie die Einkaufsrichtlinien definiert wurden, wird die Bestellung an einen bestimmten Lieferanten abgesetzt oder es bekommen alle „Stammlieferanten" die Bestellanforderung und der kostengünstigste Lieferant erhält dann den Lieferauftrag. Mit diesem Vorgehen lässt sich auch außerhalb der großen Rahmenverträge einiges an Softwarekosten einsparen. Oft sind die Lieferanten auch nach Softwarekategorien eingeteilt. Der eine liefert die Microsoft-Produkte besonders günstig, der andere die IBM- oder SAP-Produkte. Solange Sie diesen Bestellprozess nach extern zentral kontrollieren können, ist alles in Ordnung. Meistens entsteht oder besteht aber gerade hier in diesem Prozess Handlungsbedarf, was die Forderung nach Compliance betrifft.

In vielen Unternehmen unterhalten die Fachabteilungen eigene Budgets, mit denen beispielsweise Softwareprodukte, Services, Dienstleistungen, Hardware, Lizenzen etc. bezahlt werden. Das heißt, der Fachbereich hat die Verantwortung über sein Budget und beschafft das, was benötigt wird. Der Einkauf verhandelt meistens zentral für die Fachbereiche die Softwareverträge, kümmert sich aber nicht um die dann über diese Verträge abgerufenen Software- bzw. Softwareserviceprodukte und Stückzahlen. Mit anderen Worten: Der Einkauf führt nur die von anderen Fachbereichen oder Organisationseinheiten übermittelten Aufträge aus. Oft sind die Prozesse auch so gestaltet, dass der Einkauf auf Aufforderung durch den Fachbereich die angeforderten Produkte bestellt und diese dann direkt durch den Lieferanten an die Fachbereiche geliefert werden. Wird hier der Softwarewareneingang nicht zentral dokumentiert, ist diese Form des Bestellprozesses für das Lizenzmanagement eine harte Nuss. Warum? Wenn es keinen Prozess gibt, der vorschreibt, dass diese Softwarelieferungen irgendwo dokumentiert werden (die Wareneingangsprüfung einmal ausgenommen), bedeutet dies, dass es keine zentrale Übersicht über die im Unternehmen eingesetzten Software- bzw. Softwareserviceprodukte und Stückzahlen gibt. Also von Transparenz keine Spur, geschweige denn, dass sich damit eine Compliance herstellen lässt. Um dieses Problem in den Griff zu bekommen, bedarf es einiger Änderungen im Prozess. Die wichtigste besteht darin, die Bestellung und die Warenlieferung zentral über eine verantwortliche Stelle zu steuern.

Um die geforderte Compliance im Lizenzmanagement zu erreichen, müssen Sie sich auch bewusst machen, dass es aufgrund von gewachsenen Strukturen und Prozessen mehrere Wege im Unternehmen geben wird, Software- bzw. Softwareserviceprodukte zu beschaffen. Im nächsten Abschnitt lesen Sie, welche vielfältigen Beschaffungswege in einem Unternehmen existieren können.

9.3.3 Weitere Beschaffungswege identifizieren

Um Software- bzw. Softwareserviceprodukte zu beschaffen, können ungewollt und teilweise aus der Situation heraus vielfältige Varianten entstehen, welche dann oft über Jahre hinaus genauso weitergelebt werden. Wenn Sie sich an die Aufgabe machen, den Beschaffungsprozess zu untersuchen, zu optimieren und zu vereinheitlichen, sollten Sie sich vor allem auch um solche, nicht immer gewollten, aber existierenden Beschaffungswege kümmern. In der Tabelle 9.1 finden Sie beispielhaft eine Aufstellung von typischen und meistens auch nicht abgestimmten Beschaffungswegen.

Tabelle 9.1 Unterschiedliche Wege und Formen für Softwarebeschaffungen

1	**Elektronische Vorlage:** Wird für externe Bestellungen verwendet, aber nicht immer unter Einbeziehung des Einkaufs, z. B. können die Abteilungen und Fachbereiche eigene Software- bzw. Softwareserviceprodukte oder Infrastrukturkomponenten beschaffen (Server-Systeme mit Spezialsoftware etc.).
2	**E-Mail, Telefon:** Ein Software- bzw. Softwareserviceprodukt kann über E-Mail oder auch Telefon (ohne die Einbeziehung des zuständigen Fachabteilungsleiters) zur Bereitstellung beantragt werden. Es erfolgt keine Prüfung auf eine dafür erforderliche kaufmännische Abdeckung.
3	**BANF über Einkauf:** Aus der elektronischen Vorlage wird ohne einen weiteren Genehmigungsprozess automatisch eine Bestellung (BANF) generiert, hier besteht die Gefahr von nicht abgestimmten Beschaffungen.
4	**Bestellung von Hardware mit einer Softwarelizenz:** Die Fachbereiche können Hardwarekomponenten (z. B. ein Telekommunikationsserver oder Sicherheitssystem) beschaffen, sogenannte Appliances[1], welche evtl. mit Software geliefert werden. Diese Software ist dann im Unternehmen oft nicht bekannt.
5	**Bereitstellung von Testsoftware und Systemen:** Eine Prüfung, ob ein zuvor kostenfreies Testszenario einfach in die Produktionsumgebung überführt wurde und damit Lizenzbedarfe erzeugt, ist nicht transparent abzubilden.
6	**Beschaffung über Privatkauf:** Aufgrund der bestehenden IT-Infrastruktur können privat beschaffte Software- bzw. Softwareserviceprodukte auf Firmensystemen genutzt werden (hier beispielsweise Laptops für den Home-Office-Bereich). Bei einer technischen Erhebung (durch Scan) wird dadurch oftmals Software gefunden, die nicht über einen offiziellen Beschaffungsvorgang ins Unternehmen gekommen ist. Ein Nachweis, dass die Software- bzw. Softwareserviceprodukte lizenzkonform genutzt werden dürfen, fehlt dann dafür.
7	**Beschaffung über Download:** Software- bzw. Softwareserviceprodukte werden heute fast ausschließlich nur noch über elektronische Downloads bereitgestellt. Bei der technischen Erhebung (durch Scan) wird dadurch Software gefunden, die nicht über einen offiziellen Beschaffungsvorgang ins Unternehmen gekommen ist. Ein weiteres Risiko kann z. B. auch sein, dass durch Unkenntnis der Softwarenutzungsbedingungen nicht erkannt wird, ob der Einsatz als kommerzielle oder private Softwarenutzung anzusehen ist.

[1] Als Appliance (engl. appliance, Vorrichtung) wird ein Ansatz zum Design für ein kombiniertes System aus Computer-Hardware und speziell auf diese Hardware optimierter Software bezeichnet, welche im Wesentlichen einer oder wenigen Anwendungen dient. Quelle: *https://de.wikipedia.org/wiki/Appliance*

Tabelle 9.1 (*Fortsetzung*) Unterschiedliche Wege und Formen für Softwarebeschaffungen

8	**Projektbeschaffungen und andere kreative Wege:** Durch zeitkritische Terminsituationen können in Projekten u. U. durch Umgehung von Beschaffungsrichtlinien Beschaffungen ausgelöst werden, die dann über Dienstleistungstage mit dem Projektdienstleister „verrechnet" werden. Bei der technischen Erhebung durch Scan wird dann Software gefunden, die nicht über einen offiziellen Beschaffungsvorgang ins Unternehmen gekommen ist.
9	**Beschaffung über Firmenkreditkarte:** Ein seltenes, aber auch immer wieder auftretendes Szenario ist die Beschaffung von Software über eine Firmenkreditkarte. Heute (2020) wieder verstärkt anzutreffen, da viele Software- und Softwareserviceprodukte über Bezahldienste wie beispielsweise PayPal sowie einen elektronischen Download gekauft und dann genutzt werden, und somit außerhalb der eigentlichen Beschaffungsrichtlinien. Durch die fehlende Buchung im kaufmännischen System des Unternehmens wird dann auch hier bei der technischen Scan-Erhebung Software gefunden, die nicht über den üblichen Beschaffungsvorgang ins Unternehmen gekommen ist.
10	**Automatisierte Beschaffung:** Beispielsweise aufgrund einer automatischen Verlängerung von Wartungsverträgen, welche durchaus ein mögliches Szenario darstellt, da nicht immer gewährleistet werden kann, dass die möglichen Kündigungsfristen rechtzeitig eingehalten und überprüft werden.
11	**Beistellungen von Software** (z. B. für Kunden): Ist das Unternehmen ein IT-Dienstleister, kann es vorkommen, dass die über einen Kundenzugang bestellbaren Software- bzw. Softwareserviceprodukte nicht auf die Lizenzmodelle der Überlassung oder Vermietung ausgerichtet sind. Die Nutzungsbedingungen würden z. B. das Weitervermieten untersagen. Da das Unternehmen aber der offizielle Lizenznehmer gegenüber dem Hersteller ist, kann ein Haftungsrisiko entstehen.
12	**Softwareüberlassung und Softwareübertragung:** Ist das Unternehmen ein IT-Dienstleister oder besitzt es Tochterunternehmen, bei denen die Mutter zentrale IT-Services bereitstellt, kann es im Rahmen von Projekten oder Insourcing vorkommen, dass damit komplette Systeme inkl. Software an die Mutter übergehen und in den Softwarebestand entsprechend aufgenommen werden müssen. Hier sind dann erhebliche Aufwände zu berücksichtigen, um die bestehenden bzw. zu übernehmenden Verträge zu synchronisieren bzw. zusammenzuführen. Ähnliches ist auch beim Verkauf oder bei der Weiterübertragung von Software an Töchter oder andere Gesellschaften zu beachten.

Die aufgeführten und bei weitem nicht vollständigen beispielhaften Möglichkeiten zeigen auf, wie vielfältig die Beschaffungswege für Software sein können.

Erste Schritte, um Beschaffungswege und Warenlieferungen zu vereinheitlichen:

- Erstellen Sie ein Konzept für die zukünftigen gültigen Beschaffungswege und schaffen Sie damit die Basis für eine einheitliche und zentral dokumentierte Software- bzw. Softwareserviceproduktbeschaffung.
- Erstellen Sie eine unternehmensweit gültige einheitliche Richtlinie für zukünftige Beschaffungen.
- Reduzieren Sie die bisherigen identifizierten Beschaffungswege auf ein notwendiges Minimum.

- Sorgen Sie dafür, dass alle Bestellanforderungen von Software- bzw. Softwareserviceprodukten aus unterschiedlichen Fachbereichen zukünftig zentral gebündelt an den Einkauf gerichtet werden.
- Stellen Sie sicher, dass Anforderungen aus den Fachbereichen auch an das Softwareasset- und Lizenzmanagement kommuniziert werden, damit eine Prüfung auf noch Vorhandenes vorgenommen und eine wirtschaftliche Nutzung der Software- bzw. Softwareserviceprodukte sichergestellt werden kann.
- Prüfen Sie, ob es eventuell mehrere Einzelverträge zu einem Hersteller/Lieferanten mit ähnlichen Inhalten zu unterschiedlichen oder gleichen Konditionen gibt, und konsolidieren Sie diese, wenn möglich (auch weltweit).
- Dokumentieren Sie alle Verträge und Einkaufsabschlüsse in einem zentralen Vertragsmanagement und kommunizieren Sie alle Neuabschlüsse an die entsprechenden lokalen Einkäufer.
- Wenn Sie Beschaffungen durch den lokalen Einkauf (in anderen Ländern) nicht unterbinden können oder wollen, sorgen Sie dafür, dass die Einkaufsabschlüsse und Konditionen bei der Bestellung beim Händler vor Ort angewendet werden, und stellen Sie sicher, dass jeder Softwarekauf in einem zentralen System mit Bezug zu den vereinbarten Verträgen dokumentiert wird (bevorzugt im zukünftigen Lizenzmanagement-Tool).
- Verhindern Sie, dass die Lieferanten direkt mit den Fachbereichen Einkaufsverhandlungen führen, wenn das auch durch eine Unternehmensrichtlinie abgedeckt ist.
- Schaffen Sie einen zentral kontrollierten Warenfluss und Wareneingang.
- Schaffen Sie Bewusstsein bei den Mitarbeitern für die Problematik des Softwareasset- und Lizenzmanagements, schulen Sie diese ausreichend und auch immer aktuell, wenn Änderungen bei den Lizenzmodellen der Hersteller vor der Tür stehen.

Hinweis:

Für einen zukünftig optimalen und einheitlichen Beschaffungsprozess sollten Sie auch Ihre Lieferanten mit einbinden und diese mit den neuen Prozessen und Richtlinien vertraut machen. Beispielsweise sollte der Lieferant Softwarebestellungen, die außerhalb der erlaubten Bestellwege beauftragt werden, ablehnen. Vereinbaren Sie einen gültigen Bestellweg und fordern Sie den Lieferanten auf, Bestellungen nur noch über diesen einen Bestellweg abzuarbeiten. Dadurch vermeiden Sie die Gefahr redundanter Bestellungen. Um später die bestellten Software- bzw. Softwareserviceprodukte auch Ihren Systemen zuordnen zu können, sollten Sie nur noch Bestellungen an Ihre Lieferanten ausführen, wenn die Bestellpositionen mit einer in Ihrem System nachvollziehbaren, eineindeutigen Kennung versehen sind, also: **Keine Freitextbestellungen mehr zulassen!** ■

In Abschnitt 8.2 habe ich Ihnen einen Auszug von sogenannten Key Process Indicators vorgestellt, mit denen der SAM-Life-Cycle-Prozess gemessen und geprüft werden kann. Hierbei ist auch der KPI „Überwachung der angeforderten Softwarebeschaffungen mit vorheriger Prüfung auf bereits vorhandene und wiederverwendbare Softwarelizenzen" beschrieben. Um eine ausreichende Transparenz und Ablaufstruktur für den Beschaffungsprozess gewährleisten zu können, sollten Sie diesen „Soll-Ist-Vergleich" immer wieder anhand von Reviews in festgelegten periodischen Abständen (z. B. quartalsweise, jährlich) an dem Erreichten messen.

Fazit:

Der Softwareanforderungs- und -bestellprozess sind die beiden wichtigsten Teilprozesse am Anfang der kaufmännischen Prozesse eines SAM-Life-Cycle-Prozesses. Durch diese beiden Prozesse steuern Sie letztendlich Ihren gesamten Bestand an Software- bzw. Softwareserviceprodukten. Sind diese Prozesse nicht optimal am Unternehmen ausgerichtet, haben Sie hier u. U. höhere Kosten, erhalten keine Transparenz, können keine Compliance herstellen und werden die rechtliche Lizenzkonformität wahrscheinlich nie richtig erreichen. Legen Sie also ein großes Augenmerk auf die Gestaltung und Optimierung dieser Prozesse in Ihrem Unternehmen. ■

IV Teil IV: Die Aufnahme und Sichtung der Daten

- Kapitel 10: Vorbereitungen zur technischen und kaufmännischen Bestandsaufnahme
- Kapitel 11: Technische Bestandsaufnahme von Softwareprodukten
- Kapitel 12: Kaufmännische Bestandsaufnahme von Vertrags- und Softwaredaten
- Kapitel 13: Erfassung von Lizenznachweisen – Best Practise

In der Mitte von Schwierigkeiten liegen die Möglichkeiten.

Albert Einstein

10 Vorbereitungen zur technischen und kaufmännischen Bestandsaufnahme

In diesem Kapitel erfahren Sie u. a.,

- warum es wichtig ist, die Datenquellen für die anstehenden Bestandsaufnahmen zu identifizieren, auf Qualität und Anwendbarkeit zu prüfen, zu bereinigen, ihre Qualität zu sichern und sie zu konsolidieren,
- warum es wichtig ist, Softwareprodukte eindeutig kennzeichnen zu können,
- welche Schritte erforderlich sind, um eine initiale Datenbeladung in das SAM-Tool umfassend zu planen und für die folgende Bestandsaufnahme der Vertrags- und Softwaredaten vorzubereiten.

Dieses Kapitel beschreibt vorbereitende notwendige Schritte, um die erforderlichen Daten für den späteren Compliance-Report und den damit verbundenen Nachweis der rechtlichen Lizenzkonformität in einer wünschenswerten Qualität zu erhalten. Lesen Sie außerdem, warum es bereits zu Beginn des Software-Life-Cycle-Prozesses und für die in den nachfolgenden Kapiteln beschriebene Bestandsaufnahme von Vertrags- und Softwaredaten wichtig und erforderlich ist, Softwareprodukte einheitlich und standardisiert zu kennzeichnen. ■

In den nachfolgenden Kapiteln 11, 12 und 13 erfahren Sie, welche Daten und Informationen zu identifizieren und zu erheben sind, um daraus die erforderlichen technischen, kaufmännischen und lizenzrechtlichen Inventarlisten aufbereiten und erstellen zu können. Je nach vorliegendem Ausgangsszenario (es gibt noch kein SAM-Tool oder ein SAM-Tool ist bereits in der Implementierung bzw. vorhanden), bilden die so erhobenen Daten und Informationen entweder in Excel-Listen, Importdateien oder bereits verfügbar in einem SAM-Tool die Basis für einen zu erstellenden Compliance-Report bzw. zu treffende Compliance-Aussagen. Je nach vorherrschender Ist-Situation in den Unternehmen kann die Erreichung der angestrebten SAM-Ziele einen relativ langen Zeitraum einnehmen und in Abhängigkeit von den vorgefundenen Ausgangslagen bezüglich Transparenz der technischen und kaufmännischen Bestandsdaten eine große Herausforderung für alle daran Beteiligten werden.

Ein SAM-Projekt sollte sich auf insgesamt sechs Aspekte konzentrieren, um die erforderliche Transparenz bereitstellen zu können und um damit die gesetzten Ziele zu erreichen.

- *Softwareinventar (technisch):* Die Grundlage für eine umfassende Transparenz ist die Erfassung der technischen Softwareproduktinstallationen und deren Normalisierung, um erkennen zu können, was tatsächlich aktiv installiert ist und auch gebraucht bzw. genutzt wird.

- *Lizenznachweise (kaufmännisch):* Gewährleistung, dass die aus den Beschaffungsprozessen (z. B. aus den ERP-Systemen) hervorgehenden Informationen und Dokumente gewährleisten, einen auditfähigen Lizenznachweis zu erzeugen (siehe Abschnitt 13.4.1 „Erforderliche Daten für ein Lizenzinventar").
- *Softwarenutzung:* Erfassung der aktiven technischen Installationen von Softwareprodukten bzw. Services von Cloud-Subscriptions, um deren Nutzung nachvollzuziehen und mit den kaufmännischen Gegebenheiten (z. B. Abonnementkosten) abzugleichen, um letztendlich damit Einsparpotenziale aufzeigen zu können.
- *Compliance-Status:* Abgleich der ermittelten (inventarisierten) technischen Lizenzbedarfe mit kaufmännischen Lizenznachweisen nach einer durchgeführten Normalisierung der Bestands- und Bewegungsdaten (z. B. über einen Softwarekatalog).
- *Softwarekosten:* Welche aktiven technischen Lizenzbedarfe werden tatsächlich genutzt (Softwaremetering) und müssen über einen entsprechenden lizenzkonformen Lizenznachweis abgedeckt werden.
- *Vertragstransparenz:* Welche Daten und Informationen sind für den Aufbau einer für das Lizenzmanagement erforderlichen Vertragstransparenz erforderlich und welche Vertragsparameter von Softwareverträgen sind zu erfassen (siehe dazu auch Kapitel 12 „Kaufmännische Bestandsaufnahme der Vertrags- und Softwaredaten" und Abschnitt 12.8 „Erforderliche Daten und Informationen").

Je nach Ausgangssituation der sechs Aspekte kann die Höhe bzw. der Umfang der Transparenz sehr unterschiedlich ausfallen und fällt auch entsprechend aus, wenn es beispielsweise noch kein SAM-Tool im Unternehmen geben sollte. Dann werden sich viele am Anfang des umzusetzenden SAM-Projekts, bei den (beispielhaften) Prozentzahlen des in Bild 10.1 gezeigten Ist-Zustands (1) wiedererkennen. Sobald – und das kann durchaus auch parallel zu den Maßnahmen und Aktivitäten einer SAM-Tool-Evaluierung und -Beschaffung erfolgen – der bisherige SAM-Life-Cycle-Prozess einmal auf seinen Reifegrad hin analysiert und geprüft wird (Abschnitt 7.6 „Die Reifegradanalyse – eine Methode für das Benchmarking und Optimieren von Prozessen") – daraus weitere Optimierungen, Richtlinien, vielleicht auch ein zentraler Softwarebeschaffungsprozess abgeleitet und umgesetzt werden kann, oder aber auch sich dadurch Veränderungspotential im Softwarebereitstellungsprozess und in den Vertragsmanagement- und Einkaufsprozessen aufzeigt –, kann erreicht werden, dass die SAM-Transparenz sich insgesamt gegenüber dem Ist-Zustand der Ausgangssituation bereits signifikant erhöhen lässt (in Bild 10.1 (2) dargestellt). Diese „Vorarbeiten" helfen Ihnen aber gleichzeitig auch dabei, das zukünftige SAM-Tool in Bezug auf die zu formulierenden möglichen Anforderungen unter anderen Gesichtspunkten evaluieren zu können. Wenn dann das SAM-Tool zur Implementierung bereitsteht und über ein umzusetzendes Infrastruktur-, Deployment- und Betriebsführungskonzept (um einmal die wichtigsten zu nennen) die Inbetriebnahme des Startsystems erfolgreich war, werden Sie sehr schnell bei einer hohen Transparenz der SAM-Daten signifikant niedrigere Softwarekosten erreichen, so wie es in Bild 10.1 unter (3) dargestellt ist.

Die nachfolgend beschriebenen Vorgehensweisen und Aktivitäten sind als ein erster Schritt zu mehr Transparenz erforderlich, um je nach vorliegendem Ausgangsszenario diese Daten so miteinander verbinden zu können (zu normalisieren), dass daraus letztendlich ein lizenzrechtlich lesbares Softwareinventar entsteht, welches Ausgangsbasis und Grundlage sämtlicher weiteren Lizenzmanagementaktivitäten und -aufgaben sein wird.

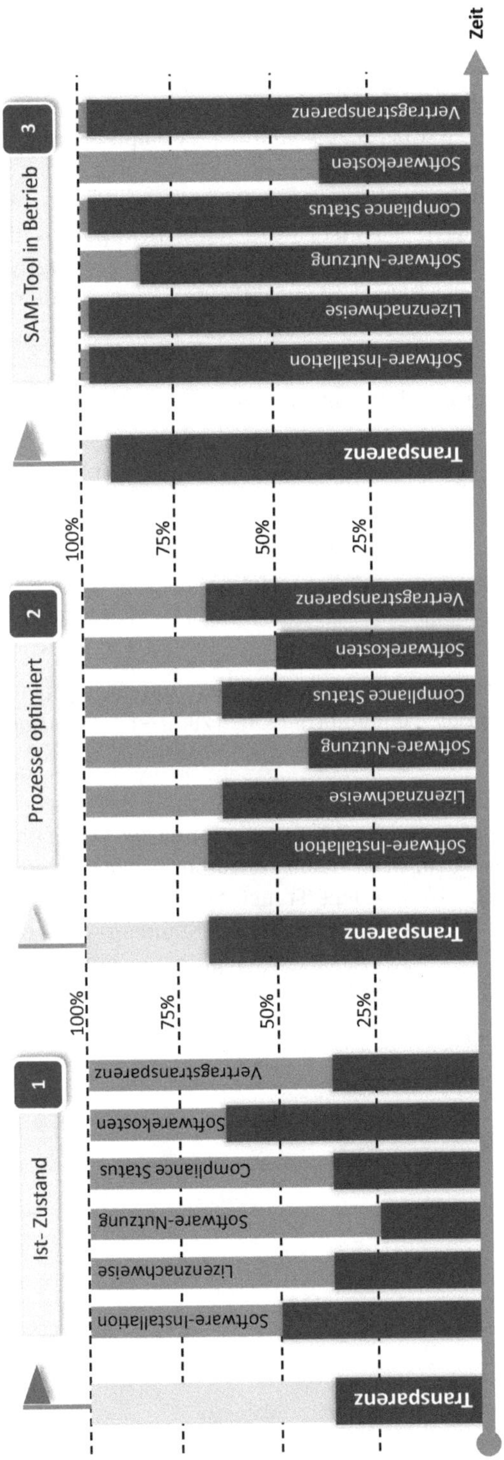

Bild 10.1 Mögliche Szenarien im SAM-Umfeld

10.1 Kaufmännische Daten vorbereiten

Um eine einheitliche und konsistente Datenbasis für die kaufmännische Bestandsaufnahme von Softwarevertrags- und Softwareproduktdaten bereitzustellen, ist es empfehlenswert, im Vorfeld zu recherchieren und zu prüfen, welches kaufmännische System als führendes Quell- und Stammdatensystem beispielsweise für die Erfassung der Softwarebeschaffungen im zukünftigen SAM-Tool verwendet werden soll. Dabei ist es u. a. auch wichtig, dass die in diesen Systemen abgelegten Datenstrukturen und Daten qualitative und quantitative Recherchen zulassen. Erklärtes Ziel ist dabei der Betrieb eines einheitlichen und standardisierten Anforderungs- und Beschaffungsprozesses für die Neubestellung und Pflege von Softwareprodukten.

Welche Aspekte sollten dazu bei der Beurteilung und Prüfung der zum Einsatz kommenden Quellsysteme Beachtung finden?

- Definition von zu erfüllenden bzw. erwartenden Qualitätskriterien (Zielgrößen),
- Festlegen der Kriterien, an denen die Qualität gemessen werden kann, um Aussagen zur aktuellen Datenqualität treffen zu können,
- Erfassung und Auflistung möglicher weiterer datenliefernden Systeme, die an das in Betracht zu ziehende Quellsystem Informationen liefern, und in welcher Qualität dies geschieht,
- Ermittlung, ob diese Daten bzw. Informationen auch Bestandteil der Anlieferung (sein müssen), um im SAM-Tool die erforderlichen Daten und Informationen zur lizenzkonformen Deckung der entstehenden technischen Lizenzbedarfe verarbeiten zu können,
- Liste mit offenen Problempunkten erstellen und abarbeiten.

Nach Betrachtung und Klärung, welche Systeme in welchem Umfang mit welchen Daten und Informationen als Datenquelle in Betracht kommen, ist es genauso erforderlich, diese Daten auf Anwendbarkeit zu prüfen und ggf. einzuschätzen, welche Transformationsarbeiten und -umfänge u. U. noch durchgeführt werden müssen, um wie in Kapitel 12 „Kaufmännische Bestandsaufnahme der Vertrags- und Softwaredaten“ beschrieben eine möglichst hindernisfreie Bestandsaufnahme und Transformation der kaufmännischen Vertrags- und Softwaredaten umsetzen zu können.

10.2 Die kaufmännischen Daten bearbeiten

Die kaufmännischen Daten sind identifiziert und müssen bewertet sowie weiterbearbeitet werden. Eine erste Maßnahme zur Qualitätsverbesserung der Daten ist die Suche nach möglichen Dubletten im festgelegten Quelldatensystem. Die Kontrolle der kaufmännischen Daten sollte also mit der Prüfung auf konsistente Stamm- und Bewegungsdaten beginnen.

Je nachdem, wie die Anforderungs- und Beschaffungsprozesse in ihrem Unternehmen ausgestaltet sind und ob beispielsweise in Ihrem ERP-System eine Materialverwaltung bzw. zumindest eine Materialverwaltung für Softwareprodukte etabliert ist, gibt es unterschiedliche Ausgangsszenarien.

Beispielszenario mit Softwarematerialverwaltung im ERP[1]-System

Ein neues Softwareprodukt soll in die kaufmännischen Prozesse aufgenommen werden, damit es über andere Systeme bestellt bzw. angefordert werden kann. Vielleicht hat der verantwortliche Mitarbeiter keine große Lust zu prüfen, ob dieses Softwareprodukt eventuell schon angelegt wurde. Es wird beispielsweise als neues Softwarematerial mit der Bezeichnung „Microsoft Office 2019 dt." angelegt, die eventuell bestehende Richtlinie zur Softwarematerialanlage wird nicht weiter beachtet. Ein anderer Mitarbeiter hatte sich zuvor an die vereinbarte Richtlinie gehalten und das Softwarematerial mit der Bezeichnung „Microsoft Office 2019 deutsch" angelegt. Jetzt werden Bestellungen mal mit dem einen und mal mit dem anderen Bestelltext im System verarbeitet. Es existieren somit unterschiedliche Bewegungsdaten (Bestellungen) zu ein und demselben Produkt. Eine Prüfung auf mögliche Dubletten im System muss nun diesen Sachverhalt erkennen können, über eine Datenbereinigung die Produktbeschreibungen vereinheitlichen und alle bisherigen Bestellungen zum gleichen Softwareprodukt - aber mit den unterschiedlichen Materialbestelltexten - zusammenführen, um beispielsweise eine Übersicht über die tatsächlich käuflich erworbene Menge von „Microsoft Office 2019 deutsch" zu erhalten. Wenn also im Vorfeld bei der Anlage von Softwarematerialnummern nicht darauf geachtet wird, dass festgelegte Richtlinien auch eingehalten werden, erhöhen Sie damit die spätere Aufwandsrecherche und Transformation der kaufmännischen Bestandsaufnahme von Vertrags- und Softwaredaten.

Hinweis:
Falls Sie noch keine Richtlinie für das Anlegen von Softwarematerialien im Unternehmen haben, sollten Sie eine solche aufstellen und darauf achten, dass sie unbedingt eingehalten wird.

Um eine mögliche Datenbereinigung und Konsolidierung umzusetzen, sind diese mit den Verantwortlichen abzustimmen und umzusetzen. Die Bearbeitung von Bestelldaten (Bewegungsdaten) gestaltet sich hier schon schwieriger. Da Sie wahrscheinlich keine große Chance haben, Altbestelldaten zu ändern (meistens geht das schon aus Revisionsgründen nicht), können Sie nur den Weg des sich selbst reinigenden Systems gehen. Sie sollten also ab einem

[1] Enterprise-Resource-Planning

bestimmten festzulegenden Stichtag in der Zukunft die Bestellungen nur noch mit den zuvor bereinigten und konsolidierten Softwarematerialdaten tätigen. Vor diesem Stichtag getätigte Bestellungen mit unklaren Softwarematerialnummern oder Stammdatensätzen müssen Sie notfalls aus den verschiedenen Systemen Ihres Unternehmens in einem zentralen System mit den neuen, eindeutigen Softwarematerialnummern zusammenführen (vergessen Sie nicht, die alten Softwarematerialnummern mitzuführen) und die beschafften Stückzahlen kumuliert ermitteln. Diese Daten dienen dann für die kaufmännische Bestandsaufnahme von Softwaredaten bei der Initialbeladung des SAM-Tools.

Hier einmal beispielhaft, welche „Stammdaten“ mindestens für die Anlage eines Softwarematerials erforderlich sind:

- ERP-Materialnummer,
- Hersteller,
- Softwareproduktname laut Hersteller
- Version, Edition,
- Hersteller-SKU der Softwarelizenz (wenn vorliegend),
- Hersteller-SKU der Wartungslizenz (wenn vorliegend).

Wenn gewünscht und beispielsweise noch zusätzliche Informationen für andere Systeme wie z. B. einen Softwarewarenkorb, einen Anforderungs- oder Bereitstellungsprozess erforderlich sind:

- Daten zur Softwareklassifizierung, wie:
  - Service-Kategorie,
  - Softwareklasse (Standard, Optional, Spezial, Verboten),
  - Aufwandskategorie (für die Deklaration der zu leistenden Serviceaufwände und Kosten, wie beispielsweise Paketierung und Bereitstellung),
  - Einsatz auf welchen Plattformen (Windows, Terminal Server, Virtual Desktops u. a.).

Anforderungs- und Beschaffungsprozesse, die ohne Bezugnahme auf strukturierte und standardisierte Materialstammdaten betrieben werden und damit Bewegungsdaten erzeugen, haben - oftmals dadurch bedingt - einen sehr hohen Anteil an sogenannten Freitextbestellungen, also beliebig vielfältigen Bezeichnungen bzw. Formulierungen zu möglicherweise ein und demselben Softwareprodukt.

Beispielszenario ohne Softwarematerialverwaltung im ERP-System

In vielen Unternehmen werden die Anforderungs- und Beschaffungsprozesse über vielfältige Systeme oder Tools betrieben. Oft vorzufinden sind im Intranet verortete „Softwarebestell- bzw. Anforderungs- oder auch Bereitstellungsportale, wo des besseren Verständnisses wegen oder auch zur leichteren Orientierung „eigene“ Softwareproduktbezeichnungen kreiert werden. Für die eigentliche Aufgabe, den Bedarf an Softwareanforderungen damit zu steuern, ist das auch völlig legitim, zu empfehlen und sicher auch ausreichend. Aber, sobald diese Prozesse in eine „externe“ Beschaffung der Software übergehen müssen und diese in Bestellpositionen und Rechnungen zu verarbeiten sind, gibt es die ersten Herausforderungen, sowohl für die Beschaffungsabteilungen als auch für das Lizenzmanagement. Denn aufgrund eines nicht vorhandenen standardisierten Softwarematerialstamms (Materialnummer), wo im besten Fall auch bereits eine Artikelnummer des Herstellers mit verknüpft ist (SKU-Nr.), werden von dem „Besteller" bzw. Anforderer die unterschiedlichsten Bezeichnungen bzw. Beschreibungen des „Materials" als Bestellpositionstext formuliert. Besonders komplex wird es dann zusätzlich, wenn faktisch jeder Mitarbeitende einen solchen Anforderungs- und Beschaffungsvorgang nach Extern auslösen kann und es nicht über einige wenige Rollen verantwortet wird. Das mag im Beschaffungsprozess noch weniger gravierend sein, aber spätestens wenn der Wareneingang bzw. Lieferschein und danach dann die Rechnung des Lieferanten auch noch mit eigenen Lieferanten-Artikelnummern auftaucht, hat das Team für die kaufmännische Bestandsaufnahme von Softwaredaten kaum eine Chance, diese Bewegungsdaten zielgerichtet einem Softwareprodukt und dessen vereinbarter Nutzung zuzuordnen - ganz abgesehen davon, dass auch eine zusätzliche Erschwernis bei der Erfassung und Zuordnung der Softwareprodukte zu den Softwareverträgen hinzukommt.

Es gibt dafür einen - auch praktikablen - Ausweg, allerdings unter der Voraussetzung, dass der Anforderer/Besteller im Vorfeld der Beschaffungsauslösung Zugriff auf die Herstellerartikelnummer (SKU) und möglichst auch den vom Hersteller verwendeten Softwareproduktnamen hat.

Das kann verfügbar sein über:

a) Einen vom Hauptlieferanten bereitgestellten Softwareartikelkatalog mit den herstellerspezifischen SKU-Nummern und den dazugehörigen Softwareproduktnamen.

b) Wenn bereits ein (professionelles) SAM-Tool im Unternehmen in Betrieb ist, kann der dort mitgelieferte und bereitgestellte Softwareartikelkatalog verwendet werden. Da dieser über Servicevereinbarungen mit den SAM-Tool-Herstellern entweder mehrmals jährlich, monatlich oder sogar täglich aktualisiert wird, stehen hier auch die erforderlichen SKU-Nummern und Softwareproduktnamen de facto permanent aktuell zur Verfügung.

Vorteile (beispielhaft):

- Es ist nicht erforderlich, eine „Extra"-Softwarematerialnummer im ERP-System anzulegen und zu pflegen.
- Eine zusätzliche Schnittstelle zwischen ERP-System und SAM-Tool (kaufmännisch) kann entfallen.
- Sofern ein SAM-Tool-Softwarekatalog (mit dem auch die Softwarescandaten in ein lizenzrechtlich lesbares Softwareinventar übersetzt und normalisiert werden) vorhanden ist, sind diese SKU-Datensätze immer aktuell und liefern gleichzeitig die Standardlizenzmetriken und Nutzungsrechte mit.
- Auf Bestellungen, Wareneingängen, Lieferscheinen und Rechnungen kann immer eine eineindeutige Zuordnung der Softwarebeschaffungen zu den technischen Lizenzbedarfen hergestellt/verknüpft werden.
- *Nachteile u. a. (beispielhaft):*
- Es gibt Softwareprodukte (Spezialsoftware usw.), die aufgrund von geringer Marktdurchdringung keine Herstellerartikelnummern besitzen (zwischenzeitlich eher seltener).
- Die vom Hersteller festgelegten Softwareproduktnamen sind selten aussagekräftig, was da eigentlich bestellt wird.
- Es muss ein Weg gefunden werden (eventuell über eine Zusammenführung der Herstellerbezeichnungen mit vom Unternehmen festgelegten „sprechenden" Bezeichnungen),

wie in den Softwarebestellkatalogen bzw. -warenkörben des Unternehmensportals eine aussagekräftige Bezeichnung für die anforderbaren bzw. bereitzustellenden Softwareprodukte erreicht wird.

- Bei „alleiniger" Verwendung von Herstellerbezeichnungen, also ohne weitere Klassifikationsmerkmale (bist du eine Grafiksoftware, eine Backupsoftware, bist du Standardsoftware für alle oder nur Spezialsoftware für einige wenige usw.?), ist eine eventuell wünschenswerte oder auch gar geforderte Differenzierung zur Steuerung des Software-Life-Cycle-Prozesses bzw. der Lizenzmanagementprozesse nicht möglich.
- Den Prozessbeteiligten wird es u. U. erschwert, die Anforderungs- und Beschaffungs- sowie Bereitstellungsprozesse einfacher (sprechender) zu handhaben, wenn diese Prozesse nur mit den Herstellerbezeichnungen „betrieben" werden.
- Prozessaufwände und -durchläufe können sich beispielsweise signifikant zeitlich und monetär erhöhen, wenn selbstgebaute Excel-Tabellen mit eigenen (nicht standardisierten) „Klarnamen" und „Bezeichnungen" angelegt werden, damit man in den Prozessabläufen halbwegs arbeitsfähig bleibt.

Sie merken schon, es ist die „Henne und Ei"-Problematik, und auch hier gilt wieder wie so oft die Maxime: mit Fingerspitzengefühl die Geschäftsprozesse optimieren und mit allen beteiligten Fachbereichen und Rollen einen kleinsten gemeinsamen Nenner und Konsens finden, um weder auf der einen noch auf der anderen Seite einen erhöhten Arbeitsaufwand zu erzeugen.

Hinweis:

Für die Ermittlung der lizenzrelevanten (lizenzkostenpflichtigen) Softwareprodukte bzw. Softwarematerialien sollten Sie beachten, dass aus Gründen der Konsistenzwahrung alle Softwareproduktdaten- und Softwarematerialstammsätze berücksichtigt werden müssen, zu denen abhängige aktive oder passive Bestellungen existieren. Im Umkehrschluss bedeutet dies, dass Sie Softwareproduktdaten- und Softwarematerialstammsätze, denen sich keine aktiven oder passiven Bestellungen zuordnen lassen, ignorieren können. Allerdings ist auch für diesen „Bodensatz" ein Verfahren zu definieren, wie damit umzugehen ist (Löschen, Archivieren etc.). ■

Zusätzlich wäre zu empfehlen, dass Sie – wenn noch nicht vorhanden – eine standardisierte Einteilung und Klassifizierung Ihrer Softwareprodukte vornehmen. So können Sie beispielsweise später einmal die Frage beantworten, wie viele unterschiedliche Softwareprodukte der Kategorie „Grafiksoftware", „Backupsoftware" oder „Anti-Virensoftware" eigentlich in Ihrem Unternehmen im Einsatz sind.

10.3 Die Softwareprodukte eindeutig kennzeichnen

Wie bereits zuvor schon erläutert, braucht es einen roten Faden, um im kompletten Software-Life-Cycle-Prozess Softwareprodukte und Lizenzen bewegen zu können und auch mit diesen Steuerungsmechanismen weitere Geschäftsprozesse zu unterstützen (Anlagenbuchhaltung, Risikomanagement etc.).

Als ein absolut wichtiges (und auch fast schon unabdingbares) zentrales Element hat sich in den letzten Jahren immer mehr die Herstellerartikelnummer bewiesen. Mit dieser eineindeutigen Kennzeichnung - auch wenn sich die SKU-Nummer oftmals nicht immer gleich in Bezug zum Softwareproduktnamen erschließt und eine Mehrfachauswahl möglich ist - ist das für die heutigen Enterprise-SAM-Tools *der* Unique Identifier, über den alle anderen lizenzrechtlichen Attribute zu einem Softwareprodukt verknüpft werden (z. B. Voll- oder Upgrade-Lizenz, Lizenzmetrik, Wartung, Subskription, Edition, Version, Upgrade-Pfade, Lebenszyklus usw.).

Was bedeutet das heute?

Vor längerer Zeit wurde (auch von mir) die Ansicht vertreten, dass sich die SAM-Tools nach den Geschäftsprozessen des Unternehmens zu richten haben und nicht die Geschäftsprozesse nach dem SAM-Tool. Das würden wir (alle) so heute nicht mehr verlangen und könnten wir aufgrund der mittlerweile sehr hohen Komplexität (Cloud, SaaS usw.) auch nicht mehr durchhalten.

Denn wie bereits gesagt, die Herstellerartikelnummer mit den dazu verknüpften Attributen kennzeichnet die erlaubten und für den lizenzkonformen Betrieb einzuhaltenden Nutzungsrechte, die wiederum mit der bestehenden IT-Architektur, der Paketierungsform und der Inventarisierungsart im Unternehmen in Einklang zu bringen sind, und zwar jeden Tag aufs Neue.

Das bedeutet also, die Geschäftsprozesse (der Software-Life-Cycle-Prozess) müssen das einhalten, sonst gibt es keine Möglichkeit, die aktiven Softwareprodukte und Anwenderzugriffe mit den erlaubten Nutzungsszenarien transparent, wirtschaftlich und lizenzkonform zu betreiben.

Die Ausrichtung der Geschäftsprozesse beginnt deswegen auch meistens in den kaufmännischen Systemen entweder mit dem Anlegen von Softwarematerialnummern in Verbindung mit den Herstellerartikelnummern, um einen Softwareartikel bestellbar zu machen, und reicht weiter bis zu den Prozessen in den Fachbereichen, die beispielsweise die Aufgabe haben, Softwareprodukte (mit den richtigen Versionen) zu paketieren und zu verteilen. Dieses Thema müssen Sie also mit allen Beteiligten besprechen und festlegen. Herauskommen sollte dabei eine Richtlinie, die genau beschreibt, wie ein Softwarematerial in den kaufmännischen Systemen anzulegen und in den anderen Systemen bis zur Softwareverteilung weiterzuführen ist. Nur so haben Sie eine Chance, die kaufmännischen Daten mit den technischen Daten für einen Compliance-Report zusammenzuführen.

Wenn eine „neue" Softwarebedarfsanforderung erstmals als Freitextbestellung im Anforderungsprozess auftaucht, sollte sie nach dem Genehmigungsprozess als Erstes im kaufmännischen System mit einer Softwarematerialnummer „bestellbar" angelegt werden, um die Softwarematerialnummer dann in allen anderen Prozessschritten gleich mitzuführen.

Beispiel für einen Prozessablauf, um Softwareprodukte eindeutig zu kennzeichnen

Die Anlage eines Softwarematerialstamms erfolgt im Wesentlichen in folgenden Schritten:

- Anlage des Materialstamms im kaufmännischen System oder in einem anderen führenden System,
- technische und kaufmännische Freigabe,
- Freischaltung des Stammdatensatzes für Bestell- und Beschaffungsprozesse.

Beispielhafter Aufbau eines Softwarematerialstamms

- *Materialnummer:* Festlegung einer Materialnummer entweder automatisch oder über einen festgelegten Nummernkreis.
- *Materialart:* Software
- *Materialkurztext:* Der Materialkurztext ist ein Freitextfeld, der Inhalt kann z. B. wie folgt festgelegt werden:
  - *SKU-Nummer (herstellereigene kaufmännische Artikelnummer),*
  - Herstellername,
  - Softwareproduktname,
  - Versionsnummer,
  - Edition,
  - Sprache,
  - Lizenzklasse (Vollversion, Update, Wartung, Subskription).

  Beispiel:
  SKU: 65270823BA01A12
  Adobe Photoshop CC for Teams, 12 Monate Team Licensing Subscription
- *Optional: Klassifizierung:* Die Klassifizierung erfolgt entweder nach dem eCl@ss- oder UNSPSC-Standard. In unserem Beispiel wäre das Grafiksoftware

Diese kurze beispielhafte Beschreibung einer Softwarematerialanlage kann als eine Grundlage für das Kennzeichnen von Softwarematerialien verwendet werden. Allerdings ist es wichtig, dass diese dann auch zukünftig beachtet und eingehalten wird, um eine erforderliche Struktur in die benötigten kaufmännischen Softwarestammdaten zu gewährleisten.

10.4 Planung der technischen Datenlieferungen

Für die technischen Datenlieferungen von Scan- und Inventory-Systemen (siehe Kapitel 11 „Technische Bestandsaufnahme von Softwareprodukten") sollte auch im Vorfeld zur SAM-Tool-Implementierung ein Konzept erarbeitet werden, um zu beschreiben, welche Systeme „wie", in welchem Umfang und mit welcher Datenqualität technische Daten zu liefern haben. Dafür ist es wichtig, noch einmal darauf zurückzukommen, dass die aktuell umgesetzte und betriebene IT-Architektur sowie die Paketierungs- und Inventarisierungsarten bekannt sind. Mit diesen Grundlagen können dann im Rahmen eines aufzustellenden Infrastrukturkonzepts (siehe Abschnitt 16.3.2 „Infrastrukturkonzept erstellen") die zu scannenden Systeme eruiert, festgelegt und in ein Sicherheitskonzept zur Anlieferung der Scandaten eingebunden werden. Ein Infrastrukturkonzept legt u. a. auch fest, in welchen Netzwerksegmenten welche Daten erhoben werden, ob „Agent-based", „Agent-less", mit „Zero-Footprint" oder u. U. in besonders gesicherten Bereichen auch „manuell" mit USB-Stick gescannt werden soll. Des Weiteren muss ein solches Konzept festlegen, ob zum Scannen ein eventuell bereits im Einsatz befindliches Softwareprodukt (wie beispielsweise Microsoft SCCM), eine andere „zusätzliche" Drittanbieter-Software oder die Scan-Komponenten des SAM-Tool-Herstellers zum Einsatz kommen soll. Wenn das abgestimmt auf den Weg gebracht und getestet wurde, können anschließend die oft aus mehreren Scanquellen angelieferten Daten in dem aufnehmenden SAM-Tool verarbeitet und normalisiert werden. Bild 10.2 zeigt ein Beispielszenario mit mehreren Datenquellen, die zusammenzuführen sind. Die heutigen SAM-Tools verarbeiten über spezielle Konnektoren und Integratoren sowie weitere Schnittstellen (wie beispielsweise das Active Directory)

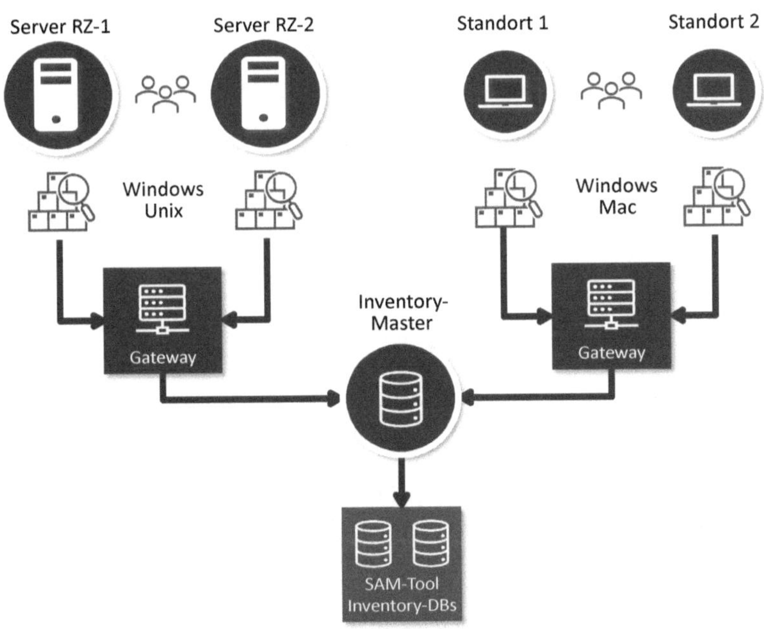

Bild 10.2 Beispielhafte Übersicht verschiedener Scan-Schnittstellen

die aus den unterschiedlichen Quellen angelieferten Daten in ein lizenzrechtlich lesbares Softwareinventar und erzeugen so die technischen Lizenzbedarfe, die dann wiederum mit den kaufmännischen Lizenznachweisen verknüpft werden und schlussendlich den Compliance-Status erzeugen.

Für diese umfangreichen im Vorfeld zu leistenden Planungen und Arbeitsschritte müssen alle beteiligten Fachbereiche und Verfahrensverantwortlichen eingebunden werden. Vergessen Sie bitte nicht, den Datenschutzbeauftragten, den Sicherheitsbeauftragten und bei Softwarenutzungsszenarien auch den Personal- bzw. Betriebsrat mit einzubinden.

Die Planung umfasst folgende Punkte:

- Identifizierung der in die Betrachtung aufzunehmenden Scan-Tools,
- Abstimmung der Auswertungsperiode (Schnappschuss für eine erste Übersicht),
- Festlegen der Qualitätskriterien,
- Festlegen der zu scannenden Software (lizenzkostenpflichtige, nicht lizenzkostenpflichtige, Open Source etc.),
- Festlegen der auszulesenden Werte auf den Systemen (MSI-Pakete, SMS-Pakete, ARP-Programme („Add-Remove-Programms" sind die Softwareprodukte, die in der Systemsteuerung angezeigt werden), Registry-Einträge usw.),
- Beschreiben und Festlegen, in welches Datenbanksystem die Rohdaten geliefert werden sollen,
- Festlegen der Verantwortlichkeiten,
- Programmieren der Skripte für die Datenauswertung,
- Festlegen der Testszenarien,
- Beschreiben, Definieren und Umsetzen der erforderlichen Schnittstellen
- und vieles weitere mehr.

10.5 Die technischen Daten bereitstellen

Nachdem in der Grobplanung festgelegt wurde, wer was wann und wie zu scannen hat, und der Scan durchgeführt wurde, sind die erhobenen Daten für das Lizenzmanagement noch wenig aussagekräftig. Die heutigen SAM-Tools bringen, wie schon erläutert, einen Software-„Übersetzungs"-Katalog mit, der über definierte Erkennungsregeln die angelieferten Software-Rohdaten weiter verbessert, um aus den technischen Daten bzw. Datenpaketen lesbare und auswertbare Softwareproduktbezeichnungen für ein lizenzrechtlich lesbares Softwareinventar zu generieren. Es kann natürlich auch vorkommen, dass -„Roh-Daten" aus dem Softwarescan über das bestehende Regelwerk nicht zugeordnet werden können, was „unassigned"-Software genannt wird. Hierfür bieten die meisten SAM-Tool-Hersteller einen Prozess bzw. Service (meistens durch ein spezialisiertes Clearing-Team des Herstellers), um die nicht identifizierbaren Softwarekomponenten über nachzutragende Regeldatensätze für den Softwarekatalog in ein lesbares Softwareprodukt zu übersetzen, wenn vorhanden, auch gleich mit Herstellerartikelnummer, Lizenzmetriken usw. Eine dauernde Problematik und Komplexität besteht darin, dass nur wenige SAM-Tool-Hersteller einen eigenen Scan-Agent mitbringen, der auf die Belange des SAM-Tools und der dafür erforderlichen Erhebungsdaten ausgerichtet ist. Einige Hersteller binden dafür Scan-Werkzeuge von Drittherstellern ein, wobei es schon mal (aus den unterschiedlichsten Gründen) vorkommen kann, dass innerhalb weniger Jahre die verschiedensten Scan-Softwareprodukte „eingebunden" werden. Dies kann daran liegen, dass Scan-Werkzeuge mit den gestiegenen Anforderungen an die SAM-Tools technologisch einfach nicht mehr mithalten konnten oder aber weil sie bestimmte Daten nicht anliefern können, die mittlerweile für das Lizenzmanagement sehr wichtig sind, was am Beispiel von Microsoft SCCM einmal aufgezeigt werden soll:

- Mit SCCM können nur Add/Remove-Programs-Daten (WMI -Daten) ausgelesen werden, auf denen ein SAM nicht aufgebaut werden kann, denn es fehlen beispielsweise die Editionen.
- Softwaremetering muss im SCCM pro zu betrachtende Anwendung manuell festgelegt und eingeschaltet werden.
- Der SCCM Agent bietet kein SaaS Metering.
- Der SCCM Agent bietet keine App-V-Vermessung.
- Der SCCM Agent bietet keine Möglichkeit zur Vermessung von Citrix-Anwendungen.
- Der SCCM Agent inventarisiert nur Windows-Clients und mit viel Aufwand Linux. UNIX wurde ganz abgekündigt.
- Die Editionserkennung für viele Produkte ist ungenügend oder sogar unvollständig, so beispielsweise bei Adobe-Produkten, weil der SCCM Agent keine Software Identifikation Tag (SWID) auslesen kann, und ohne dieses Merkmal ist keine Editionserkennung möglich (z. B. bei Adobe Acrobat).
- Ebenso kann der SCCM Agent die anzuliefernden Daten nicht verschlüsseln und – bei Softwarenutzungsszenarien oft nicht unwichtig – auch nicht selbst anonymisieren.

Sie sehen schon, es ist enorm wichtig, sich im Vorfeld mit den Scan-Szenarien und „Use Cases" für die Anforderungen des Lizenzmanagements auseinanderzusetzen und Lösungen bzw. umsetzbare Vorgehensweisen zu erarbeiten und abzustimmen.

Einige Hersteller von Lizenzmanagement-Tools haben deswegen entweder eine Präferenz für ein Drittanbieter-Scan-Tool oder aber der Hersteller bietet gleich sein eigenes Scan-Werkzeug mit an. Bei Letzterem liegt natürlich der große Vorteil auf der Hand, dass die zu erhebenden Scandaten perfekt auf die Bedürfnisse des eigenen Lizenzmanagement-Tools abgestimmt sind.

Beispielhaft zu nennen wäre für die Variante ohne eigenes Scan-Tool die Firma Aspera mit ihrem Produkt SmartTrack, welches (aktuell) das Produkt RayVentory[2] für den Scan-Part einsetzt. Als Hersteller einer Variante mit integriertem Scan-Tool wäre die Firma Snow Software[3] zu nennen, die mit ihrem Produkt „Snow Inventory" die erforderlichen technischen Daten erhebt und in ihrem Lizenzmanagement-Tool „Snow License Manager" weiterverarbeitet. In diesem Fall ist der angesprochene Softwareproduktkatalog (mit dessen Hilfe die lizenzrechtlich lesbaren Softwareproduktnamen erzeugt werden) bereits im Snow License Manager integriert und kann über einen kostenpflichtigen Updateservice immer aktuell gehalten werden, um möglichst viele Softwareprodukte erkennen zu können. Je nach vorherrschender Situation in Ihrem Unternehmen kann die eine oder andere Methodik für Sie die richtige sein.

---

2 *https://raynet.de/produkte/rayventory/*

3 *https://www.snowsoftware.com/products/snow-inventory*

10.6 Die Daten für eine Initialbeladung vorbereiten

Um die gesammelten Daten für eine Initialbeladung vorbereiten zu können, ist es nicht nur wichtig, diese zu bereinigen, Dubletten herauszufiltern und erkennbar zu machen. Bevor die Daten in der gewünschten Qualität und mit den geforderten Lizenzinformationen (Lizenzmodelle, Lizenzmetriken) in das Lizenzmanagement-Tool überführt werden können, müssen noch weitere Zwischenschritte erfolgen. Den kaufmännischen Daten, den bereinigten Softwarematerialien (Softwareartikel), müssen die entsprechenden Softwareverträge bzw. Stammdaten zugeordnet werden, um die in den Softwareverträgen festgelegten Nutzungsvereinbarungen (Lizenzmetrik, wie wird gezählt) mitführen zu können. Des Weiteren müssen alle getätigten Bestellungen (Bewegungsdaten) mit Stückzahlen den entsprechenden Softwarematerialien zugeordnet werden, damit ein Überblick über die Gesamtanzahl der beschafften Softwareartikel besteht. Denn im Compliance-Report werden nicht nur die linke und die rechte Seite miteinander verglichen, sondern z. B. auch, wie oft ein Produkt installiert werden darf. Sprich: Zählt eine physische Installation als eine Lizenz (eine 1 : 1-Beziehung) oder wird eventuell in den Nutzungsrechten erlaubt, mehrere Installationen für eine Lizenz zu tätigen (siehe Zweitkopie-Recht, z. B. bei Microsoft)? Vielleicht beherbergen Ihre IT-Architektur-Schemata noch ganz andere Aspekte, die hier Berücksichtigung finden müssen. In Bild 10.3 sind beispielhaft die nötigen Schritte für eine solche Initialbeladung skizziert, die je nach Unternehmenssituation (Systemumfeld, Toolumfeld) auch anders ablaufen können. Das beschriebene Szenario kann je nach verwendetem SAM-Tool und seinen Funktionalitäten auch anders aufgebaut sein.

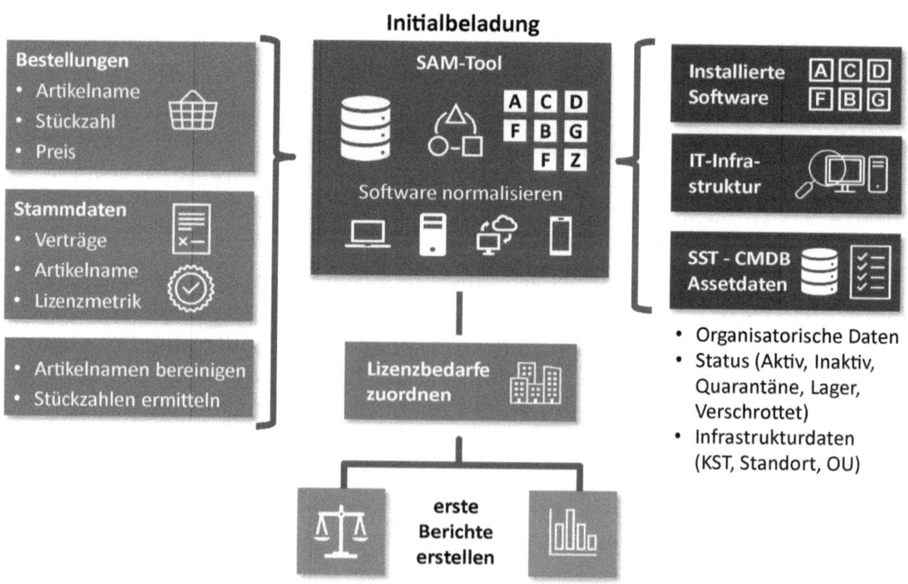

Bild 10.3 Beispielhaftes Übersichtsbild für ein Initialbeladungsszenario

Sicherlich werden Sie nicht gleich beim ersten Mal die gewünschte Datenqualität erreichen. Hier müssen Sie Fehlerlisten erstellen und sich dann in den datenliefernden Systemen auf die Suche machen, um die nicht plausiblen Daten identifizieren und beseitigen zu können, oder aber es fehlen schlicht und ergreifend noch die entsprechenden Übersetzungsregeln für die gefundenen Softwarerohdaten.

Hinweis:

Lassen Sie sich zu Beginn nicht gleich auf eine bestimmte prozentual zu liefernde Datenqualität festlegen. Besser ist hier, auch nach außen zu kommunizieren, dass die Datenqualität im Compliance-Report erst nach und nach besser wird. ■

Um die Reportqualität noch weiter zu erhöhen, sollten Sie in der Anfangsphase das komplette in Bild 10.3 beschriebene Szenario mehrmals durchlaufen, bis Sie sicher sein können, dass die Quellsysteme eine einigermaßen verlässliche Datenbasis liefern.

Fazit:

Eine qualitätsgesicherte Datenbereitstellung und Konsolidierung von Softwareprodukten kommt letztendlich allen Prozessen im Unternehmen zugute. Insbesondere, um die erforderlichen kaufmännischen und technischen Softwareproduktdaten für die weitere Ver- und Bearbeitung im SAM-Tool qualitativ und quantitativ so bereitzustellen, dass der spätere Compliance-Report und der damit verbundene Nachweis der rechtlichen Lizenzkonformität im Betrieb der Softwareprodukte dokumentiert werden kann.

Außer dem Software-Life-Cycle-Prozess kommt es auch anderen Geschäftsprozessen zugute, wenn die zu verarbeitenden Daten und Datenquellen mit Sorgfalt und entsprechender Aufmerksamkeit betrieben werden.

So werden auch Grundlagen geschaffen, um

- die zu pflegenden Softwarematerialstammdaten reduzieren zu können,
- eine erhöhte Transparenz im Softwarebeschaffungsprozess zu erreichen,
- eine fundiertere Steuerung für die Abbildung des strategischen Softwareeinsatzes im Unternehmen zu ermöglichen,
- eine strukturierte und klare Vorgehensweise für den Einsatz der erforderlichen Scan-Werkzeuge und der damit zu erhebenden Softwaredaten zu ermöglichen und umzusetzen. ■

11 Technische Bestandsaufnahme von Softwareprodukten

In diesem Kapitel erfahren Sie u. a.,

- warum die Kenntnis wichtig ist, welche Software- und Softwareserviceprodukte im Unternehmen lizenzkostenpflichtig im Einsatz sind und auf welchen IT-Infrastrukturkomponenten sich diese befinden,
- welche Inventarisierungsverfahren und -methoden angewendet werden und warum die IT-Infrastrukturbereiche hier das Softwareasset- und Lizenzmanagement mit einbeziehen sollten,
- warum ein normalisiertes und lizenzrechtlich lesbares Softwareinventar unabdingbar ist, um Transparenz für die Risikosteuerung und die Einhaltung der lizenzkonformen Nutzung von Software- und Softwareserviceprodukten zu erhalten,
- warum ohne einen Softwarekatalog (der SAM-Hersteller) die Normalisierung der erhobenen Softwareinventarisierungsdaten (Rohdaten) in ein lizenzrechtlich lesbares Softwareinventar für die Ermittlung der tatsächlich anfallenden technischen Lizenzbedarfe fast unmöglich ist,
- welche Merkmale ein Software Metering kennzeichnen und weshalb Cloud-Umgebungen ein permanentes Monitoring erfordern.

Dieses Kapitel beschäftigt sich mit der Frage, warum das Wissen über die aktiv im Unternehmen eingesetzten Software- und Softwareserviceprodukte für das Softwareasset- und Lizenzmanagement so wichtig sind. Es wird ein Überblick gegeben, mit welchen Methoden und Werkzeugen diese Aufgabe erfüllt werden kann, und dargestellt, warum ein Softwarekatalog für die Umwandlung der erfassten Inventory-Daten in ein lizenzrechtlich lesbares Softwareinventar immens wichtig ist. ■

In den letzten Jahren hat sich auch auf dem Sektor der Software- und Hardwareinventarisierung viel getan. Das grundsätzliche „Auffinden" der Hard- und Software zur Ermittlung der eingesetzten Software- und Softwareserviceprodukte ist natürlich geblieben. Verändert hat sich die Aufgabenstellung u. a. durch das Cloud-Computing und die verstärkte Nutzung von Software-as-a-Service-(SaaS-) Anwendungen. So werden die Inventardaten mittlerweile nicht nur von den IT-Infrastrukturfachbereichen und dem Softwareasset- und Lizenzmanagement genutzt, auch die IT-Sicherheit und der Datenschutz (u. a. DSGVO) haben ein berechtigtes Interesse an den Inventory-Daten.

Das bedeutet, wenn keine Kenntnis darüber besteht, welche Software- und Softwareserviceprodukte in welcher Ausprägung und mit welchem Versionsstand im Einsatz sind, kann das u. U. zu geschäftsgefährdenden Situationen führen, insbesondere wenn durch nicht autorisierte Downloads – aus dem Internet oder über E-Mails und somit außerhalb der üblichen Softwareverteilung – Software oder Apps in Umlauf kommen, die das Unternehmensnetzwerk gefährden. Leider gibt es dazu einige „Negativbeispiele". So ist es im Jahr 2020 in der Stadtverwaltung einer hessischen Großstadt passiert, aber auch der Fall des Berliner Kammergerichts in Sommer 2019[1] ging durch die Presse.

> *Die Datenschutzbeauftragte des Landes Berlins wurde angesichts der neuen Erkenntnisse eingeladen, sich am Kammergericht ein eigenes Bild zu machen und dabei insbesondere Fragen des Datenschutzes in den Blick zu nehmen.* – Senatsverwaltung für Justiz, Verbraucherschutz und Antidiskriminierung

Die Schäden waren so immens, dass das Berliner Kammergericht auch im Herbst 2020 noch keine vollständige IT-Infrastruktur betriebsfähig hatte.

> *Das Berliner Kammergericht leidet nach wie vor massiv unter der Emotet-Attacke vom September 2019 und der darauffolgenden weitgehenden Infektion des IT-Systems. Neun Monate nach dem Trojaner-Angriff sei ein Großteil der rund 150 Richter weiterhin nur eingeschränkt arbeitsfähig, schreibt der Tagesspiegel. Sämtliche Richter haben laut dem Präsidenten des Kammergerichts, Bernd Pickel, zwar neue Computer bekommen. Diese könnten wegen fehlender VPN-Verbindungen jenseits des Büros aber nur als „Schreibmaschinen" genutzt werden. Schon vor der Corona-Pandemie sollen gut zwei Drittel der Richter mit ihren Notebooks von zu Hause aus gearbeitet haben, berichtet der Tagesspiegel. Während der Pandemie dürfte sich dieser Anteil deutlich vergrößert haben. Ohne über VPN abgesicherte Tunnel dürfen sich die Justizmitarbeiter aber nicht in das Landesnetz einloggen, somit haben sie auch keinen Zugriff auf Fachverfahren der Berliner Justiz.*[2] – Stefan Krempl

Ein Kommentar dazu findet sich auch auf den Webseiten von Haufe[3]:

> *Die Zahl der Hackerangriffe steigt kontinuierlich. Sie richten sich immer öfter direkt gegen die Unternehmen, um sensibles Know-how zu stehlen oder Schaden anzurichten. Das Risiko steigt nicht nur durch neue, ausgefeilte Spionagetechniken, sondern vor allem durch einen nach wie vor oft sorglosen Umgang mit dem Thema IT-Sicherheit ..., ... flächendeckende Kommunikation und Einhaltung von Regeln und Maßnahmen sind genauso wichtig wie der neueste Softwareschutz. Dieser läuft leer, wenn er aus praktischen Gründen manuell deaktiviert wird oder ungeschützte mobile Endgeräte bis in höchste Sicherheits- und Hierarchieebenen vorkommen.*

---

1 Emotet-Virus am Berliner Kammergericht: *https://www.berlin.de/sen/justva/presse/pressemitteilungen/2020/pressemitteilung.887323.php*

2 Emotet: Arbeit am Berliner Kammergericht nach Monaten weiter eingeschränkt: *https://www.heise.de/news/Emotet-Arbeit-am-Berliner-Kammergericht-nach-Monaten-weiter-eingeschraenkt-4801139.html*

3 Haufe Online Redaktion: *https://www.haufe.de/recht/kanzleimanagement/cyber-attacke-auf-kammergericht-mit-emotet-malware_222_509238.html*

Hinweis:
Ein permanent aktueller und transparenter Überblick über die Hard- und Softwarebestände ist auch für Security-Aspekte von Software oder Apps sehr wichtig geworden, um so mögliche Bedrohungen rechtzeitig zu erkennen bzw. abwenden zu können. Nicht immer kann das aber ein Softwarescanprodukt allein, häufig müssen spezielle Produkte für bestimmte Szenarien zusätzlich eingebunden werden. Durch diese Situationen gibt es kein Unternehmen, welches lediglich ein Produkt für diese Aufgabenstellung im Einsatz hat. Meistens sind es mehrere, deren Datenströme dann zusammengefasst und verarbeitet werden müssen (lesen Sie dazu auch meine Ausführungen zum Integration Manager in Abschnitt 11.3.7 „Weitere Inventarquellen integrieren"). Also auch hier wieder einer von vielen unrühmlichen Komplexitätstreibern, die meistens „vergessen" werden. ■

Eine Übersicht über die installierten und aktiven Softwareprodukte ist also nicht nur für das Softwareasset- und Lizenzmanagement wichtig, um eine lizenzkonforme und risikoarme Nutzung der Software sicherstellen zu können. Auch im Zusammenhang mit der zuvor beschriebenen Thematik sind die Inventory-Daten und ihre Zustände für viele weitere IT-Infrastrukturbereiche von großer Bedeutung, beispielsweise für die Fragestellung, ob alle erforderlichen Updates installiert sind. Weitere Bereiche in einer Geschäftsprozessarchitektur, wie beispielsweise ein Incident-, Capacity-, Change- oder Configuration-Management, benötigen ebenso aktuelle Informationen und Daten aus der IT-Infrastruktur zur Steuerung des Software-Life-Cycle-Prozesses. Je genauer und aktueller diese sind, desto effizienter kann die gesamte IT-Infrastruktur mit ihren Geschäftsanwendungen betrieben werden. Entsprechend wichtig ist der Einsatz von aktuellen, den Markterfordernissen entsprechenden Methoden und Werkzeugen.

Inventarisierung von Server-Umgebungen

Lange Zeit reichte es aus, bei der Dokumentation von Servern, die Betriebssysteme bzw. bei Applikationsservern (z. B. ein E-Mail-Server, ein Dateiserver oder ein SQL-Server), die zu verwaltenden Softwareprodukte beispielsweise in einem Excel-Formular oder in einer kleinen Datenbank zu verwalten, denn es gab meistens kaum wechselnde lizenzkostenpflichtige Softwareinstallationen, im besten Fall wurden Softwareupdates oder Patches eingespielt.

Aber: Die heute vorherrschenden IT-Architekturen richten sich immer mehr auf den Betrieb von virtuellen Strukturen aus und zusammen mit dem Betrieb im Cloud-Umfeld werden jetzt ganz andere Anforderungen an die Verwaltung solcher IT-Infrastrukturen gestellt. Die Konsequenz ist, dass mittlerweile ein physikalisches Server-System oft „nur noch" als Host für eine Vielzahl von weiteren virtuellen Servern und darauf laufenden Anwendungen genutzt wird. Diese sehr starke Dynamisierung hat auch die Komplexität bei der Verwaltung von Server-Betriebssystemen und weiteren – auf den Serversystemen erforderlichen – Softwareprodukten erheblich vergrößert. Nicht nur, dass mit einem Mausklick virtuelle Server-Systeme (je nach Auslastung der physikalischen Systeme) über verschiedene physikalische Server-Systeme oder Cluster hin und her geschoben werden können, auch die Nutzungsbedingungen von Softwareprodukten in virtuellen Umgebungen – insbesondere in der Public Cloud und bei Infrastructure-as-a-Service (IaaS) – müssen bei der Steuerung und Administration von Rechenzentren immer mehr mit einbezogen werden. Gerade weil die Hersteller immer öfter die für Server-Umgebungen anzuwendenden Lizenzmodelle umstellen, gelten dann auch wieder neue Nutzungsbedingungen für den Betrieb von Server-Systemen und deren Softwareanwendungen. Um hierbei nicht die erforderliche Lizenzkonformität und die Wirtschaftlichkeit aus dem Blick zu verlieren, werden immer weitere Analysemethoden und Dokumentationswerkzeuge benötigt, die mit dieser hohen Dynamisierung und Komplexität Schritt halten können. Letztendlich könnte ein Mausklick im Betrieb eines Rechenzentrums ausreichen, um Tausende von Euro an Lizenzkosten zu erzeugen oder aber auch diese vermeiden.

Inventarisierung in Desktop-Umgebungen

In den bisherigen Desktop-Umgebungen wird immer mehr auf virtuelle Desktops, Thin Clients oder die Bereitstellung von Anwendersoftware in Terminal-Server-Umgebungen gesetzt. Damit verändern sich maßgeblich die Methodiken und Vorgehensweisen zur Erhebung von aktiven Softwareprodukten und deren Nutzungsszenarien. Hinzu kommt der Trend, dass immer mehr Hersteller die Abrechnungs- bzw. Lizenzmodelle auf Abonnements (also zeitlich begrenzte Nutzungen) umstellen, beispielsweise Adobe mit seiner Creative Cloud oder Microsoft mit „Microsoft 365“ und ab 2021 auch mit ersten Server-Produkten. Dabei werden die Softwareprodukte über eine festgelegte Mindestlaufzeit (meistens ein Jahr) pro Benutzerkonto oder Systemdomain (Computerkonto) lizenziert. Aufgrund der weiter voranschreitenden Umstellungen, weg von den „on-Premises“-Modellen, hin zu Abonnements, sind auch hierfür neue Methoden und Werkzeuge erforderlich. Auf die Betriebs- und Personalräte werden dadurch auch neue Herausforderungen zukommen, denn wenn eine Softwarelizenz über eine „Nutzung“ lizenziert wird, bleibt es nicht aus, nachzuverfolgen, wann die Software von wem und in welchem Zeitraum aktiv genutzt wird oder wurde. Um diese Aufgaben und das oben beschriebene Szenario wirtschaftlich und lizenzkonform umsetzen zu können, ist auch ein funktionierender Software-Life-Cycle-Prozess unabdingbar, denn die technische Inventarisierung ist davon nur ein Baustein. Bei der technischen Umsetzung einer Desktop- bzw. Applikationsvirtualisierung sollte im Blick behalten werden, dass die erhobenen IT-Assetdaten auch über längere Zeiträume miteinander in Bezug gesetzt werden können. So ist darauf zu achten, dass bei einer dynamischen Virtualisierung zumindest die Identifier erhalten bleiben, damit die Softwarenutzungsdaten zu der jeweiligen lizenzrelevanten Entität (z. B. Computer oder User) in Bezug gesetzt werden können. Eine umfassende Dynamisierung von „flüchtigen“ Clients kann dies nicht gewährleisten, da eine stark erhöhte Menge von Inventardaten auftreten würde. Weiterhin akzeptieren wenige Softwarehersteller sogenannte „Applikations-Blocker“, um die Ausführung von Softwareprodukten aktiv zu verhindern, damit auf diese Weise eine lizenzkonforme Nutzung nachgewiesen werden kann. Dass die Kenntnis der eingesetzten und betriebenen IT-Architektur und über die angewandte Inventarisierungsart ein wichtiger Faktor bei der Erhebung der Lizenznachweise sein muss, beschreibe ich u. a. in Kapitel 13 „Erfassung von Lizenznachweisen – Best Practise“ im Abschnitt 13.1 „Generelle Vorgehensweise“.

11.1 Vorgehen und Planung

Wie bereits in Kapitel 10 „Vorbereitung zur technischen und kaufmännischen Bestandsaufnahme" beschrieben wurde, sollte zunächst die Aufgabenstellung zur technischen Inventarisierung von Software genauer spezifiziert und beschrieben werden, damit dann auf der Basis der erhobenen Daten beispielsweise die folgenden Fragen fundiert beantwortet werden können:

- Welche Softwareprodukte werden im Unternehmen eingesetzt?
- Handelt es sich dabei um die aktuell einzusetzenden Softwareversionen?
- Gibt es unter Umständen ungenutzte Softwareprodukte, deren Lizenzbedarfe anderen Systemen oder Mitarbeitenden neu zugeteilt werden können?
- Hat jeder Mitarbeitende die Software, die er tatsächlich benötigt, und wird diese Software auch regelmäßig genutzt?

Auf der technischen Erfassungsseite unterscheidet man zwei Inventarlisten:

- Softwareinventarliste, die aus dem Inventory-Ergebnis stammt (= *Technisches Ist*),
- Softwareinventarliste, die aus einem IT-Asset-Management-System (ITAM oder auch CMDB) stammt (= *Technisches Soll*).

Hinweis:

Heute ist es aufgrund der massiv angestiegenen zu verarbeitenden Assetdaten oftmals erforderlich, dass die Systeme, die zur Erfassung des „*Technischen Ist*" und des „*Technischen Soll*" verantwortlich zeichnen, sich gegenseitig die Daten zuspielen, um damit dem einen bzw. dem anderen System die Datensätze anzureichern, damit ein möglichst komplettes Abbild der Daten und Quellen im Softwareasset- und Lizenzmanagement entsteht. Die erhobenen Inventory-Daten sind also sowohl für ein ITAM-Tool (CMDB) als auch für ein SAM-Tool von Bedeutung.

Wichtig ist hierbei, dass nur ein System die Inventory-Daten als Quellsystem liefert. Idealerweise eines, welches einen hohen Grad an Normalisierung ermöglicht (weil es mit einem Hersteller-Softwareübersetzungskatalog ausgestattet ist) und so das lesbare lizenzrechtliche Softwareinventar bereitstellt. ■

Inventory bzw. ITAM-Werkzeuge befinden sich oft in der Hoheit von Fachabteilungen, die auch für die Softwareverteilung zuständig sind. Sie müssen sich also zunächst einen Überblick verschaffen, ob und welche Tools in Ihrem Unternehmen für diese Aufgabe eingesetzt werden. Klären Sie bitte auch im Vorfeld möglichst zusammen mit den verantwortlichen IT-Abteilungen, ob das eingesetzte Scan- oder Inventory-Tool die auf den Systemen installierten Softwareprodukte umfassend scannen und ggf. normalisieren kann, um die Belange des Lizenzmanagements abzudecken. Das Lizenzmanagement besitzt meistens nicht die Hoheit über ein solches Inventory-Daten sammelndes System, deshalb sind die Anforderungen für die Erfassung der technischen Daten und deren Weiterverarbeitung durch das Softwareasset- und Lizenzmanagement genau zu formulieren und mit der IT-Abteilung oder den Fachbereichen abzustimmen, die dann diese Daten in einer geeigneten Umgebung zur Verfügung stellen.

Je nach Funktionsumfang der eingesetzten Produkte erhalten Sie reine Inventory-Rohdaten (sogenannte Fingerprints) oder aber schon zusammengefasste (normalisierte) Daten.

Hinweis:

Dieses Kapitel erhebt nicht den Anspruch, Sie in die sehr komplexe Welt der Softwareinventarisierung umfassend einzuführen, sondern möchte Ihnen einen allgemeinen Überblick zu dem Thema geben, damit Sie später mit der zuständigen IT-Abteilung Ihre Anforderungen aus der Sicht des Softwareasset- und Lizenzmanagements ausreichend spezifizieren können.

11.2 Warum Softwareinventarisierung?

Die technische Inventarisierung von Software erfolgt je nach Einsatzszenario manuell oder automatisiert. Unterschiedliche Verfahrens- und Vorgehensweisen erzeugen unterschiedliche quantitative und qualitative – für die Anforderungen eines Softwareasset- und Lizenzmanagements nutzbare – Datenlagen. Je nach Verfahrensweise und Technologieeinsatz der Scan-Agents (mit oder ohne Softwareproduktkatalog, siehe Abschnitt 11.3.8) sind diese Software-Assetdaten noch mit zusätzlichen (erforderlichen) lizenzrechtlich bewertbaren Informationen angereichert. Das geht z. B. von der Erkennung des Lizenzkanals (Einzelprodukt, Volumenlizenz, OEM usw.) über die anwendbaren Lizenzmetriken (pro Gerät, pro User, pro PVU usw.) bis hin zur Erkennung von (lizenzrechtlich erlaubten) Softwarebundles, Upgrade-/Downgrade-Rechten, Editions-Versionen, Sprachversionen usw. Die technischen und lizenzrechtlichen Anforderungen an die Erhebung der zu verarbeitenden Informationen und Lizenzbedarfe sind sehr vielfältig und kann meistens nur über die Kombination von mehreren Quellen in dem gewünschten Umfang und der geforderten Tiefe bewerkstelligt werden.

Eine beispielhafte Aufstellung (ohne den Anspruch auf Vollständigkeit) solcher Anforderungen an das SAM-Tool bzw. -Team wären:

- Kenntnis zu erlangen über die eingesetzten Open-Source- bzw. Freeware-Software-Produkte bzw. deren Teilkomponenten und deren „Härtung" gegenüber Security-Themen sowie die Verwaltung verschiedener Urheber und Versionsverfolgung der Quellcodes u. a.
- Die Inventarisierung von Betriebssystemen wie Linux, macOS, iOS, Aix, UNIX, Solaris, Android.
- Kenntnis zu erhalten über aktive diverse Geräte im Netzwerk, bei denen sich entweder kein Scan-Agent installieren lässt oder die nur über ein Agent-less-Verfahren erfasst werden können.
- Informationen über aktive und genutzte lokale Anwendungsinstallation, sowie bei einer zusätzlichen Nutzung der gleichen Software beispielsweise durch Zugriffe auf Terminal-Server, um lizenzrechtliche Aspekte sauber abbilden und darstellen zu können (Synchronisieren der Lizenzbedarfe).

- Transparenz über Systeme, die keine aktive Anbindung an das Unternehmensnetzwerk haben oder haben dürfen (siehe auch manuelle Inventarisierung über USB-Stick) bzw. die in entsprechenden Subnetzen ihre Inventardaten erheben und in ein anderes Netzsegment übertragen (Stichwort Offline Service Gateways).
- Systeme und Geräte erfassen, die nicht im internen Unternehmensnetzwerk aktiv eingebunden sind, sondern über Remote, VPN oder Ähnliches die Services konsumieren, soweit diese für einen Nachweis der lizenzkonformen Nutzung erforderlich sind und mit betrachtet werden müssen.
- IT-Infrastrukturkomponenten bzw. -bausteine managen können, die sich beispielsweise in extra gesicherten Netzwerksegmenten befinden.
- Erkennung von lizenzrelevanten Softwareprodukten (also nicht nur lizenzkostenpflichtige Produkte, sondern beispielsweise auch Open-Source-Produkte, wenn deren Softwarelizenz eine entsprechende Relevanz aufweist), obwohl diese Softwareprodukte nicht mehr genutzt bzw. auch nicht mehr funktionsfähig auf den jeweiligen Systemen installiert sind.
- Für eine Kostenleistungsverrechnung (KLV) bedarf es der Ergänzung von zusätzlichen Informationen wie z. B. Gerätetyp, Kostenstelle, erforderliche oder genutzte Zugriffe auf spezielle Services mit u. U. lizenzkostenpflichtigen Diensten, wie z. B. Datenbankzugriffe auf Recherche- oder Informationsdienstleistungen.
- Ermittlung und eineindeutige Kennzeichnung der gescannten, erfassten und normalisierten Softwareprodukte in lizenzrelevante, nicht lizenzrelevante, lizenzkostenpflichtige und nicht lizenzkostenpflichtige Softwareprodukte.

Welche Verfahren zur Ermittlung der technischen Lizenzbedarfe sind zu betrachten?

In Abschnitt 13.4.3 „Quality Gate Lizenzinventar – Best-Practise-Tipps" sind die nachfolgend aufgeführten Aufzählungspunkte näher erläutert. Sie sollen aber auch hier schon einmal genannt werden, da diese Aspekte bedeutsam für Sicherstellung einer qualitativen und „sauberen" Zuordnung der technischen Lizenzbedarfe sind. Das bedeutet auch, dass zur Ermittlung der lizenzkonformen Abdeckung der technischen Lizenzbedarfe auch die vorherrschenden IT-Architekturszenarien mit einbezogen werden.

Also, zu beachten ist:

- Für jede Lizenzposition ist möglichst die aktuell bestehende Bereitstellungsarchitektur zu recherchieren und lizenzrechtlich zu bewerten. Erfolgt diese z. B. über Terminal Server, on-Premise Clients (mobiles Gerät, stationärer Desktop), Cloud-Umgebung, virtualisierte IaaS oder aber auch über Shared Desktops?
- Des Weiteren ist für jede Lizenzposition die „möglicherweise" eingesetzte Paketierungsvorgehensweise zu recherchieren und lizenzrechtlich zu bewerten. Gerne werden hier die falschen Softwarelizenzkeys (Einzellizenzkey versus Volumenlizenzkey) „verarbeitet".

  Zu beachten ist, dass man auch erkennen muss, ob ggf. auf das System kopierte Software lizenzrelevant bzw. lizenzkostenpflichtig ist. Es kann z. B. Software geben, die nicht sauber aus dem Anwendungspaket oder über eine Softwareverteilung installiert wurde.

Es sollten also alle spezifischen Inventarisierungsverfahren, die für eine transparente und lizenzkonforme Erhebung und Zuordnung der Lizenzbedarfe erforderlich sind, mit einbezogen werden. Die automatisierten Verfahrensweisen (klassisches Scanning) unterteilen sich in „Agent-based" und „Agent-less" bzw. auch installationslose („Zero Footprint") Verfahren.

Unmittelbar davon abhängig ist die Qualität und Quantität der erfassbaren Rohdaten, um aussagekräftige technische Lizenzbedarfe zu erzeugen (siehe auch die Abschnitte 11.3.1 und 11.3.2).

- *Manuelle Erfassung mit USB-Stick:*
  - Agent-based und Agent-less, für u. a. sicherheitsrelevante Netzwerksegmente, Standalone-Systeme ohne Anbindung an eine Netzwerkinfrastruktur
  - Ergänzend zu den ermittelten Daten dann auch die weitere Zuordnung von Merkmalen (z. B. Kostenstellen, Gerätenamen, Hauptbenutzer)
- *Automatisierte Scan-Verfahren*
  - Agent-based, alle IP-basierten Systeme, die eine lokale Ausführung von Scan-Agent-Komponenten zulassen
  - Agent-less, z. B. Steuerungs-, Überwachungssysteme, Rauchmelder, gebäudetechnische Anlagen, Internet of Things (IoT) und andere IP-fähige Systeme und Geräte
  - Installationslose Verfahren (Zero Footprint), die eine lokale Remote-Ausführung von Scan-Agent-Komponenten zulassen
- *Software Metering* (basierend auf Inventory-Daten aus einem automatisierten Scan-Verfahren)
- *Cloud Monitoring über API- und SaaS-Konnektoren.* Anzumerken wäre hier noch, dass bei SaaS über eine reine Portalabfrage meist keine Softwarenutzungsdaten zur Optimierung bereitgestellt werden. Das betrifft sowohl die Erhebung zur Softwarenutzung als auch die Zuordnung von Lizenzbedarfen bei Systemen bzw. Usern, die diese Software verwenden.

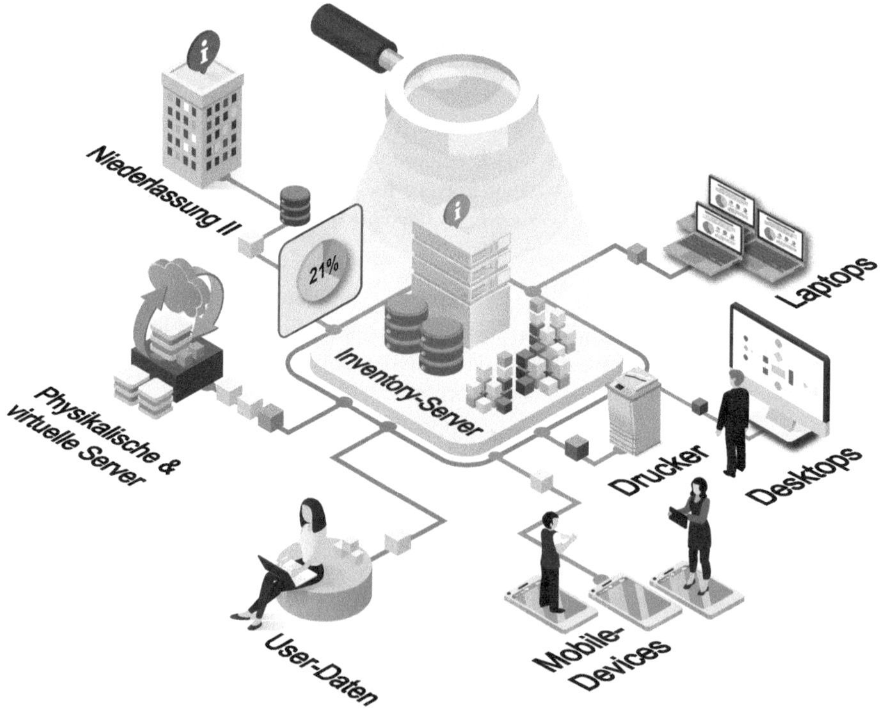

Bild 11.1 Sicht auf die zu erfassenden Inventory-Daten

- *Anbindung an Cloud-Diensteanbieter* wie z. B. Microsoft Azure, Amazon Web Services (AWS), Google Cloud Platform (GCP), Oracle Cloud, Salesforce, SAP u. a.

Bedenken sollten Sie auch, dass für jede Lizenzposition die dafür erforderliche und bestehende Inventarisierungsart zu recherchieren und lizenzrechtlich zu bewerten ist. So sind nicht immer alle Softwareprodukte auch automatisiert erfassbar, wie beispielsweise Client Access License (CALs), aber dennoch wichtig und erforderlich, wenn es um die lizenzkonforme Nutzungszuweisung geht. In Bild 11.1 sind die wichtigsten einzubeziehenden Inventarisierungsobjekte einmal zusammenfassend dargestellt.

11.2.1 Technische Grenzen der Softwareinventarisierung

Auch wenn das Bedürfnis nach der Erhebung von vollumfänglichen Daten und Informationen für das Softwareasset- und Lizenzmanagement verständlich und nachvollziehbar ist, gibt es hier (immer noch) Grenzen. Daten, die nicht so ohne Weiteres mit Scan-Agents ermittelbar sind, müssen ggf. über die Anbindung weiterer Quellen, wie beispielsweise einer CMDB oder über andere Erfassungswerkzeuge und -technologien (z. B. SNMP-Scan) bereitgestellt werden.

Eine beispielhafte Aufstellung wäre (ohne Anspruch auf Vollständigkeit):

- Die erforderliche Zuordnung des Systems zum Eigentümer der Hardware für die lizenzrechtliche Verantwortlichkeit der installierten Software oder aber zur Kosten-Leistungsverrechnung (KLV).
- Die Anforderung, Systeme in bestimmten Staging-Umgebungen unterscheiden zu können, wie z. B. Test-, Referenz- oder Produktivumgebungen (weil u. U. dafür andere Lizenznutzungsrechte anzuwenden sind).
- Die Kenntnis von im Unternehmensnetzwerk aktiven IP-fähigen Endgeräten, wie z. B. Netzwerkdrucker, IP-Telefone oder Multifunktionsgeräte.
- Die (u. U. erforderliche) Möglichkeit zur Feststellung, ob ein System oder Anwender für eine andere Lizenznutzungsform berechtigt ist – wenn es beispielsweise einem System oder einem Anwender erlaubt ist, Education-Lizenzformen zu nutzen, einem anderen im selben Netzwerk befindlichen System oder Anwender aber nicht. Dies ist oft in Campus-Infrastrukturen von Universitäten vorzufinden.
- Es bereitet immer noch große Schwierigkeiten, einen direkten und indirekten Zugriff auf beispielsweise über Terminal-Server bereitgestellte Softwareprodukte nachvollziehbar zu dokumentieren bzw. auch über Berechtigungen zu steuern und nachzuverfolgen. Dies betrifft auch die Kumulierung von externen Zugriffen zur internen lizenzrechtlich erlaubten Nutzung.
- Eine automatisierte Aktualisierung der bestehenden technischen Lizenzbedarfe, nachdem beispielsweise eine Änderung der Nutzungsrechte durch den Hersteller für sein Softwareprodukt erfolgt ist und dies nun vertraglich umgesetzt werden muss.

  Zur Erinnerung: Als Microsoft seine Server-Lizenzierung von CPU auf Core umgestellt hat, war es damals recht komplex, das bestehende Szenario korrekt auf die Core Basis umzurechnen. Hier sollten Sie etwaigen „Fragen“ durch das Vorhalten der Dokumentation begegnen, die nachweisen kann, dass Sie die „Umrechnung“ sauber vollzogen haben.

Herausforderungen

Oftmals sind es auch etliche „kleine“ Herausforderungen, die anstehen und gemeistert werden müssen, um einen quantitativen und qualitativen Informations- und Datenfluss gewährleisten zu können.

- Es kommt oftmals vor, dass aufgrund von nicht erreichbaren Systemen die Inventarisierung nicht in den vereinbarten Perioden durchgeführt werden kann (System-Shutdown, defekte Netzwerkkarten, Subnetze nicht erreichbar etc.).
- Häufige Klassiker sind, dass erforderliche Netzwerk-Ports in den Firewalls für den Scan nicht freigeschaltet sind oder erforderliche Server-Zertifikate ungültig oder abgelaufen sind und deswegen eine Kommunikation „verhindern“.
- Ebenso oft passiert es, dass unterschiedliche Zugriffsberechtigungen in den jeweiligen Netzwerksegmenten einen gewünschten Datenaustausch verhindern.
- Wenn die Kommunikation bzw. Abstimmung zwischen den Fachbereichen nicht ganz optimal ist, kann es vorkommen, dass Systeme ausgerollt werden, die den gleichen Systemnamen oder auch die gleiche IP-Adresse bekommen, aber in unterschiedlichen Netzwerken stehen, sodass dieser Lapsus nicht gleich bemerkt wird und auch technisch nicht gleich auffällt.

11.2.2 Abgrenzung der Softwareinventarisierung

Auch aus Gründen der Abgrenzung der zu übernehmenden Verantwortung für die Durchführung und Weiterverarbeitung der zu erhebenden Daten durch das Softwareasset- und Lizenzmanagement sollte im Vorfeld festgelegt werden, welche Daten in welchem Umfang (Hard- und Software) von welchen Umgebungen (Client, Server, Cloud-Umgebungen, Active-Directory-Daten) und aus welchen IT-Infrastrukturen (Domäne oder Netzwerke) zu erheben und zu transferieren sind. Außerdem sollte festgelegt werden, wie mit der Erhebung von personenbezogenen Daten umzugehen ist. Es könnte sein, dass aufgrund bestimmter Richtlinien bzw. Vorgaben von Seiten des Personalrats, Betriebsrats, des Datenschutz- oder IT-Sicherheitsbeauftragten Daten ggf. zu anonymisieren sind bzw. deren Weiterverarbeitung durch Dritte zu unterbinden ist.

> **Hinweis:**
>
> Ist das Lizenzmanagement aufgrund von Vorgaben nicht in der Lage, auf erforderliche Nutzungsdaten zuzugreifen, oder wird dies aus anderen Gründen eventuell verwehrt, dann sollte das mit allen Beteiligten abgeklärt werden. Wird bei den Nutzungsdaten eine Anonymisierung der Anwendernamen bzw. der anwenderbezogenen Daten gefordert, dann muss geprüft werden, ob mit den verbleibenden Informationen und Daten die gestellten Aufgaben noch erfüllt werden können. Sicher ist ein gesetzlich verankerter Schutz der Mitarbeiter, vor einer Leistungs- und Verhaltenskontrolle ein nicht von der Hand zu weisendes Argument. Allerdings sollte auch hier mit Augenmaß gearbeitet werden, damit auch das Softwareasset- und Lizenzmanagement seine Aufgaben erfüllen kann. Eine gewisse eingeschränkte Compliance-Aussage ist auch mit anonymisiert erhobenen Daten möglich.

> Aufgrund der immer mehr in Richtung Abonnement gehenden Lizenz- und Nutzungsabrechnungsmodelle ist aber meistens dafür ein persönliches Benutzerkonto erforderlich und somit gelangen Sie dann recht schnell in den Geltungsbereich der DSGVO. ■

Legen Sie also zusammen mit der verantwortlichen IT-Abteilung oder den jeweils zuständigen Fachbereichen (z. B. Datenschutzbeauftragter, Betriebs- bzw. Personalrat) fest, welche Daten erforderlich sind, um die Lizenzmanagementaufgaben erfüllen zu können. Sollen z. B. nur die „klassischen" IT-Infrastrukturen oder auch die Virtualisierung- und Cloud-Umgebungen mit eingebunden werden? Stimmen Sie ab, wie mit Testumgebungen, Sonderarbeitsplätzen oder sicherheitsrelevanten Systemen zu verfahren ist. Weiterhin ist es im Vorfeld der Planung wichtig, die Systeme oder Bereiche zu definieren, die in einem ersten Schritt nicht mit in die Inventarisierung aufgenommen bzw. betrachtet werden sollen, also einen Out-of-scope-Bereich festzulegen.

Eine solche Ausschlussliste könnte Folgendes umfassen:

- Pool-Geräte (Laptops, PCs),
- festinstallierte Work-at-Home-Geräte,
- Sonderarbeitsplätze, die sich nicht standardmäßig im Unternehmensnetz befinden,
- Systeme zur Zugangskontrolle,
- Systeme für Telekommunikationsanwendungen,
- Drucker und Kopiersysteme,
- mobile Devices (Tablets, Smartphones usw.),
- aktive Netzwerkkomponenten,
- SaaS-Services, Cloud-Umgebungen (Benutzerzuweisungen).

Eine weitere eventuell erforderliche Abgrenzung kann durch die Beschränkung auf bestimmte IP-Netzwerke oder Netzwerksegmente aufgrund von sicherheitsrechtlichen Aspekten erforderlich sein, sodass ganze Subnetze ausgeschlossen werden müssen. Zur Planung gehört aber auch, mit den beteiligten Fachbereichen festzulegen, wie die Inventarisierung der Softwaredaten in den entsprechenden Systemumgebungen erfolgen soll und welche geeigneten Transferwege zur Übermittlung einzurichten sind. Bild 11.1 visualisiert das, aber auch Bild 16.2 „Beispielhafte Skizze einer Infrastrukturarchitektur" im Abschnitt 16.3.3 „Infrastrukturskizze zur Implementierung". Die Lösung sollte deshalb die gängigsten System- und Softwaredaten zu Komponenten bzw. Funktionen (auf den jeweiligen unterstützten Betriebssystemumgebungen) in diesen Bereichen erkennen und reporten können:

- Physische Systeme (mit allen gängigen Betriebssystemplattformen),
- Virtuelle Systeme bzw. Instanzen (VMware ESXi, Citrix, Hypervisor),
- Virtual Desktop Umgebungen (VDI) und Applikations-Virtualisierung (z. B. App-V),
- SaaS-Konnektoren,
- Microsoft-365- und Adobe -Creative-Cloud-Konnektoren,
- Oracle-Datenbank-Instanzen,
- SAP-Umgebung,

- Mobile Devices (mindestens lizenzrechtliche Anbindung und Verwaltung),
- IP-Geräteerkennung über SNMP.

Außerdem sollte der erforderliche Scan-Agent bzw. dessen Komponenten paketierfähig sein, um ein kontrolliertes Ausrollen in der Infrastruktur über bestehende Softwareverteilungsverfahren zu ermöglichen. Zusätzlich besteht oftmals auch noch die Anforderung an die einzusetzende Lösung, dass beispielsweise die vom Scan-Agent zum Inventory-Server zu übertragenden Datensätze mindesten mit einer 128-Bit-AES-Verschlüsselung versehen werden und/oder das HTTPS-Protokoll sowie der Port 443 genutzt wird.

Inventarisierung von Windows-Systemen

Windows-Systeme erhalten üblicherweise über eine zentrale Softwareverteilung einen Scan-Agent oder alternativ bereits während ihrer Erstinstallation. Ein Initialscan erfasst dann das System vollständig und liefert die Softwaredaten an den zuständigen Inventory-Server. Nachfolgende (meist täglich in einem definierten Zeitfenster erfolgende) Scans werden danach nur noch iterativ ausgeführt, wodurch die tägliche Netzwerkbelastung für Inventory-Scans gering gehalten wird. Ein weiteres Scan-Verfahren ist das „installationslose bzw. Zero-Footprint" genannte Verfahren. Hierbei wird kein Scan-Agent lokal installiert (siehe Abschnitt 11.3.3 „Installationsloses Verfahren (Zero Footprint")).

Inventarisierung von Linux-Systemen

Wenn angewendet, wird das installationslose Verfahren zur Erhebung von Softwaredaten auf Linux-Systemen über Cron-Jobs gesteuert. Die dafür erforderlichen und auf das Linux-System abgestimmten Installationspakete werden beispielsweise über einen Netzwerkshare zur Verfügung gestellt. Nachdem der Cron-Job seinen „Job" getan hat, werden die Daten an den Inventory-Server zur weiteren Verarbeitung übertragen. Ansonsten gilt das zur Inventarisierung von Windows-Systemen Gesagte auch für Linux-Server, für diese stehen heute größtenteils auch umfassende „Agent-based"-Inventarisierungslösungen zur Verfügung.

Hinweis zur Inventarisierung von Linux-Server-Systemen:
Es können hierbei nur die auf den Systemen installierten und aktiven Softwareprodukte inventarisiert werden. Es erfolgt keine detaillierte Softwareprodukterkennung, also ob ein bestimmtes (lizenzkostenpflichtiges) Management-Paket oder eine mögliche eingestellte Optionen einer Oracle-Datenbanken aktiviert ist/wurde. Diese Bestimmung bzw. Feststellung erfolgt in einem SAM-Tool, welches die Inventorydaten über weitere Erkennungsregeln und mit einem Software-Katalog verarbeitet und abschließend dann auch diese Informationen dem Softwareasset- und Lizenzmanagement bereitstellt.

Unter Linux werden installierte Agents jedoch nicht immer für eine Inventarisierung benötigt, da hier keine Softwarenutzung durch einen Endanwender zu erfassen ist. Trotzdem ist ein vollständiger Systemscan zu empfehlen und einem reinen Paketscan (rpm, deb etc.) immer vorzuziehen, um auch „aufkopierte" Software erkennen zu können. Auch hier ist wieder ein aufkopiertes Java Runtime Environment (JRE) oder Java Development Kit (JDK) von Oracle der beispielhafte Klassiker. ■

Eine dauerhafte und möglichst umfassende (empfohlen ist eine Software-Inventarisierung von > 95 % des Datenumfangs) gilt als elementarer Bestandteil der Aufgaben des Softwareasset- und Lizenzmanagements.

11.3 Methoden und Werkzeuge

Im Gegensatz zur klassischen Softwareinventarisierung oder zur grundsätzlichen Inventarisierung von Hardware und Software benötigt das „Cloud Computing" andere Inventarisierungswerkzeuge. Dafür werden meistens weitere Konnektoren vom SAM-Tool zum Cloud-Dienst-Anbieter (wie beispielsweise Microsofts Azure oder Microsoft 365) instanziiert, um den Überblick behalten zu können, welche Dienste in welchem Umfang von wem und wann genutzt werden oder wurden. Fatal ist es, wenn keine Transparenz herrscht und z. B. ein in Microsoft Azure bereitgestellter Server nicht mehr genutzt wird, was aber keiner mitbekommt oder beachtet und dieser Server somit fleißig weiterhin auf der Serviceabrechnung auftaucht. Hier sind dann natürlich auch die SAM-Tool-Anbieter gefragt, sich und ihre Produkte entsprechend weiterzuentwickeln, um mit den Cloud-Überwachungstechnologien Schritt zu halten.

Falls eine Anbindung von Cloud-Umgebungen erforderlich ist, sollte das im Vorfeld als Anforderung an die Fachabteilung, die das Scan-Werkzeug betreiben wird, kommuniziert werden. Bei der Erhebung von Softwaredaten gibt es unterschiedliche Vorgehensweisen und für das „Cloud Computing" sind weitere spezielle Anforderungen einzubeziehen, wie z. B. Analysefunktionen für den Zugriff und die Dauer von „Sitzungen", auf deren Basis dann die Serviceabrechnung erfolgen wird. Beispielsweise bei Adobe und seiner Creative Cloud, wo die Software als Abonnements „verkauft" wird. Nun sind hochentwickelte Inventarisierungswerkzeuge bzw. automatisierte Methoden nicht gleich gut für alle IT-Umgebungen geeignet, denn Aufwand und Nutzen sollten sich auch hier immer noch die Waage halten. Dafür kann man auf dem heutigen Markt bereits gute und umfassende Lösungen beispielsweise im Open-Source-Bereich finden. Bei der klassischen Inventarisierung wird zwischen zwei Hauptmethoden unterschieden: dem „Agent-based"- und dem „Agent-less"-basierten Verfahren. Beide haben ihre Vor- und Nachteile und können mit oder ohne Software-Katalog „betrieben" werden. Schauen wir uns zunächst einmal eine Gegenüberstellung der jeweiligen Vor- und Nachteile in Bild 11.2 an. Die dargestellten Prozentzahlen beziehen sich dabei auf den Anteil der Assetdaten, die für ein Softwareasset- und Lizenzmanagement genutzt werden „könnten", denn nicht alle Scan-Methoden sind gleich gut geeignet.

Bei dem Verfahren zur manuellen Datenerhebung wird der Scan-Agent so konfiguriert, dass dieser über einen USB-Stick eine Softwareinventarisierung des Systems durchführt. Vorher ist natürlich organisatorisch zu regeln, wie dann der USB-Stick oder aber die darauf befindlichen Scandaten in das Gesamtrepository des Inventory-Servers übertragen werden können.

< 25%	< 50%	< 75%	> 95%
Manuelle Datenerhebung mit lokaler Agent-Ausführung und **ohne** Normalisierung über einen Softwarekatalog	Automatisierte Datenerhebung **ohne** lokale Agent-Installation und **ohne** Normalisierung über einen Softwarekatalog	Automatisierte Datenerhebung mit lokaler Agent-Installation **ohne** Normalisierung über einen Softwarekatalog	Automatisierte Datenerhebung mit lokaler Agent-Installation **und** Normalisierung über einen Softwarekatalog (SAM-Tool)
• *Agent-based oder Agent-less, bspw. über USB-Stick* • *Der Scan erfolgt durch eine manuelle Aufnahme am Standort des Systems.*	• *Agent-less* • *Zero-Footprint* • *Erfassung über Scripte*	• *Scan-Software am Markt unterschiedlich „spezialisiert" für Anforderungen eines SAM-Tools* • *IT-Administratoren sind beim Einsatz in Server-Umgebungen sehr zurückhaltend* • *Implementierung und Rollout der Scan-Agents erfordert Planung und Vorlaufzeit* • *Scan-Agent wird automatisiert oder manuell ausgerollt und ist dort dauerhaft in Betrieb* • *Scan-Agent kontaktiert selbstständig seinen Inventory-Server* • *Update der Scan-Agent-Software über Change-Management-Prozesse*	
(+) Genaue Analyse der Systeme vor Ort möglich (+) Für separate Netzwerke mit hohen Sicherheitsanforderungen, Stand-Alone Systeme (+) Erfassung von BIOS-, Registry-, Prozessdaten und Performancedaten (−) Mit diesem Verfahren sind alle Daten pro System manuell zu erfassen (−) Zeit- und Ressourcen-intensiv, mögliche Medienbrüche bei der Datenübermittlung an den Inventory-Server (−) Aktualisierungsintervall sehr gering	(+) Die Inventarisierungssoftware ist schneller implementiert (+) Es muss kein Scan-Agent installiert werden (−) Server muss zum Scan permanent seine Clients „ansprechen", dadurch hohe Last im Netzwerk (−) Es werden nicht alle Betriebssystem-Plattformen unterstützt (−) Statistiken über eine Softwarenutzung (Metering) oder genutzte Speicherkapazitäten sind nicht erfassbar (−) Für eine Lizenzbedarfsermittlung eher ungeeignet, da nicht alle notwendigen Systeminformationen ausgelesen werden können	(+) Liefert große Detailtiefe der zu inventarisierenden Komponenten einschließlich BIOS- und Registry-Informationen (−) Normalisierung der Softwarerohdaten nur bedingt für ein lizenzrechtlich lesbares Softwareinventar verwendbar (−) Software, die inventarisiert werden soll, ist oftmals vorab festzulegen, bspw. über eine Regeldatei wie beim Microsoft SCCM Agent (−) Nicht autorisierte und installierte oder genutzte Software bleibt unentdeckt (−) Hoher Aufwand durch manuelle Standardisierung und Qualitätssicherung	(+) „Greenfield"-Ansatz, sammelt alle automatisiert erhebbaren Inventorydaten (+) Unterstützt auch Legacy-Plattformen wie beispielsweise Unix, Linux, HP-UX, AIX. (+) Hoher Erkennungs- und Normalisierungsgrad der Softwarescandaten durch den Software-Katalog für ein lizenzrechtlich lesbares Softwareinventar (−) Hohe Scan-Ergebnisse erfordern oftmals den Einsatz der jeweiligen proprietären Scan-Agents des SAM-Tools (−) Aktualisierung der Scan-Agent-Softwareversionen muss Schritt halten mit den Technologieveränderungen und neuen Anforderungen durch die SAM-Tools

Bild 11.2 Scan-Inventarisierungsmethoden im Vergleich

11.3.1 Agent-based-Tools

„Agent-based" arbeitende Scan-Tools benötigen ein Programm (den Scan-Agent), welches auf den zu überwachenden Systemen installiert wird, dort Daten sammelt und zu einstellbaren Zeiten an einen zentralen Inventory-Server übermittelt. Die „Agent-based"-Lösung kann auch Systeminformationen wie BIOS-, Registry-, Prozess-, Performancedaten etc. liefern. Die dabei zu übertragende Datenmenge ist sehr gering. Beim allerersten Kontakt mit dem Inventory-Server wird einmalig der komplette Datenscan (Initial Scan, ca. 30–70k) geliefert, danach nur noch die geänderten Daten (Delta Scan, ca. 1–2k). Der Netzwerktraffic reduziert sich dadurch auf ein absolutes Minimum. Außerdem ermöglicht die „Agent-based"-Methodik auch die verschlüsselte Übertragung der Scan-Dateien, was heute oftmals bereits eine Grundanforderung an solche Tools darstellt.

Vorteile:

- Der ausführende Scan-Agent benötigt keine dauerhafte Verbindung zum Inventory-Server.
- Er liefert eine große Detailtiefe der zu inventarisierenden Komponenten einschließlich BIOS- und Registry-Informationen.
- Informationen über Dateizugriffe (wie z. B. Erstellung, Änderung) können geliefert werden, was u. a. für eine mögliche Softwarenutzungsanalyse (Software Metering) sehr wichtig ist.
- Unterstützt auch Legacy-Plattformen wie beispielsweise Unix, Linux, HP-UX, AIX.
- Daten- oder Reportingfunktionen werden nicht eingeschränkt.

Nachteile:

- Softwareagent muss automatisiert oder manuell auf die zu verwaltenden Systeme ausgerollt werden.
- Implementierung und Rollout der Softwareagenten müssen länger geplant werden und benötigen eine gewisse Vorlaufzeit.
- Erforderliche Updates der Scan-Agent-Software aktivieren den Change-Management-Prozess im Unternehmen.

Schauen wir uns einmal exemplarisch die Voraussetzungen an, die für den Einsatz eines „Agent-based" -Inventarisierungsverfahren technisch erforderlich sind.

Konfiguration Inventory-Server

In Abhängigkeit von der vorherrschenden IT-Infrastruktur und dem ggf. bereits erstellten Infrastrukturkonzept gibt es bei der Konfiguration der Inventory-Server zwei Aspekte zu beachten:

- Wenn es nur einen Inventory-Server im gesamten Unternehmensnetzwerk geben soll, ist dieser als sogenannter Master-Server zu konfigurieren.
- Ist das Unternehmensnetzwerk stark strukturiert bzw. in verschiedene Subnetzfunktionen aufgeteilt, sind weitere Inventory-Server als Service-Gateway einzurichten, die alle aus ihrem Subnetz kommenden Inventory-Daten und Anfragen an „ihren" Master-Server zur weiteren Verarbeitung weiterleiten. Das erfolgt entweder in einer direkten Kommunikation zwischen Service Gateway und Master-Server oder über ein weiteres dazwischengeschaltetes Service Gateway.

Die Kommunikation zum Master-Server sollte eingehende Anfragen bzw. Datenübertragungen sowohl über HTTP als auch über HTTPS zulassen können, je nach den gestellten Anforderungen des Szenarios. Die Konfiguration und Administration von Funktionen wie Active Directory (AD), Discovery und Network Discovery können meistens über eine Administrationskonsole des Master-Servers verwaltet werden.

Konfiguration Scan-Agent-Komponente

In unserem Beispiel sind die Scan-Agents für Windows, Unix, Linux und macOS als unterstützte Plattformen verfügbar, die beispielhafte Beschreibung erfolgt für den Windows Scan-Agent. Das Einrichten der Konfiguration der jeweiligen Scan-Agents ist plattformunabhängig in der Master-Server-Administrationskonsole zu erledigen. Dort werden dann die Parameter zu den verschiedenen Plattformen konfiguriert und eingestellt, in den jeweiligen „*.ini"- und „*.XML"-Dateien abgespeichert und für den Rollout bereitgestellt (siehe dazu auch Abschnitt 16.6.1 „Deployment Rollout Prozess").

Beispiel für die Anonymisierung von inventarisierten Computer- und Benutzernamen:

Der Scan-Agent kann so konfiguriert werden, dass die Daten von dem inventarisierten Computer anonymisiert werden, dabei werden die folgenden Daten durch einen SHA-1-Hash[4] ersetzt:

- Benutzernamen von angemeldeten Benutzern
- Benutzernamen innerhalb der Softwareinventarisierung (d. h. Benutzer, die Anwendungen auf dem Computer ausführen)
- IP-Adressen, die den Netzwerkschnittstellen des Computers zugeordnet sind

Damit diese Option aktiviert werden kann, müssen die folgenden Systemeinstellungen der Konfigurationsdatei des Scan-Agents hinzugefügt werden:

- `privacy.hide_user=true`
- `privacy.hide_ip=true`

Damit haben Sie dann erreicht, dass der Scan-Agent keine computer- und benutzerbezogenen Daten übermittelt. Aber denken Sie bitte daran, dass dadurch so gut wie keine Informationen mehr vorliegen, um die erforderliche Transparenz bzw. Nutzung sicherzustellen.

Update einer Scan-Agent-Konfiguration

Über die bereits erwähnte Master-Server-Administrationskonsole werden auch die jeweiligen Agentenkonfigurationen verwaltet. Ist eine Konfigurationsänderung des Scan-Agent erforderlich, werden seine Parameter oder der gesamte Scan-Agent aktualisiert und nach erfolgreichem Test an alle Zielcomputer automatisch verteilt.

Mess- und Erfassungszeiträume planen

Der Scan-Agent wird als Dienst auf dem jeweiligen Windows-System ausgeführt und kann parametrisiert täglich, wöchentlich, monatlich, beim Systemstart oder bei der Anmeldung eine zeitgesteuerte Erhebung der Hard- und Softwareassetdaten durchführen. Bei Systemen mit Linux, macOS und Unix wird das mittels Cron-Jobs durchgeführt.

---

[4] *https://en.wikipedia.org/wiki/SHA-1*

Parametrisierung des Scan-Agent

Die zu liefernden Ergebnisse des Scan-Agent können über eine Reihe von Konfigurationsoptionen mit Hilfe von Variablen gesteuert werden, wie z. B. dass ein bestimmter Verzeichnispfad, ein Dateisystem, ein bestimmtes System oder aber auch bestimmte Dateitypen ein- oder ausgeschlossen werden sollen.

So unterstützen und helfen diese verschiedenen Konfigurationsoptionen des Scan-Agent dabei, die zu erhebenden und zu sammelnden Inventory-Daten zu spezifizieren und auf einfache Weise erfassen zu können. Weiterhin kann das Scan-Verhalten des Scan-Agent über weitere Systemeinstellungen feinjustiert werden. Über eine Reihe von aktivierbaren oder deaktivierbaren Optionen können z. B. weitere Umgebungsvariablen definiert und gesetzt werden, die HTTP-Einstellungen können angepasst werden, Aspekte zu den Datenschutzeinstellungen parametrisiert werden, das Software-Metering kann aktiviert werden und je nach Scan-Agent (Hersteller) noch vieles weitere mehr.

Erstellen einer Blacklist

Eventuell gibt es eine Anforderung bei Ihnen, die besagt, dass nicht erlaubte Software gar nicht erst auf einem Windows-System gestartet werden soll. Hierfür gibt es bei vielen Scan-Agents die Möglichkeit, dies über bestimmte Regeldefinitionen zu konfigurieren. Diese Regel enthält den Pfad zur Binärdatei, die Dateibeschreibung, die Beschreibung und den Firmennamen als Signatur, um dann damit den Prozess zu identifizieren und beenden zu können. Diese Funktion ist meistens nur auf Windows-Systemen verfügbar.

Übermittlung der Scan-Ergebnisse

Die Scan-Agents unterstützen die Übermittlung der Inventarisierungsdaten an mehrere Inventory-Server, entweder direkt an ihren Master-Server oder wenn erforderlich über einen Proxy-Server als Fall back. Kann der meldende Scan-Agent seinen primären Inventory-Server nicht erreichen, versucht er den nächsten für ihn konfigurierten Server (das kann auch ein Service Gateway sein) zu erreichen. Das geschieht so lange, bis der Scan-Agent seine Inventarisierungsdatei übermitteln konnte.

Speicherort der Scan-Ergebnisse

In der Standardkonfiguration sendet der Scan-Agent die jeweilige Scan-Datei an seinen Inventory-Server. Es kann nun sein, dass für Fehleranalysen oder aus anderen Gründen eine Kopie der zu übermittelnden Scan-Daten erforderlich ist. Hierfür besitzen die Master-Server eine Option, um die Daten an einen weiteren Speicherort abzulegen. Sendet ein Scan-Agent seine Scan-Daten an den Master-Server, werden diese gleichzeitig als Kopie in dem definierten Ordner mit abgespeichert. Das kann ein UNC-Pfad, ein Dateiverzeichnis oder auch ein weiterer Web-Endpunkt sein.

Update der Scan-Agent-Software auf „Client"-Windows-Systemen

Sind die Scan-Agents ausgerollt und aktiv, können diese über die Inventory-Server-Administrationskonsole auf dem neuesten Stand gehalten werden. Die Konsole ermöglicht einen genauen Überblick über die Versionen der konfigurierten Scan-Agents, die Gesamtzahl der Scan-Agent-Konfigurationen (Standorte, Konfigurationen) und auch über die aktuell verfügbare Version der Scan-Agent-Software. Steht eine neuere Scan-Agent-Produktversion zur Verfügung, kann diese über einen Updateprozess in der Administrationskonsole den aktiven Scan-Agents übermittelt werden. Dazu erstellt der Administrator einen Scan-Agent-Aktualisierungsauftrag mit den Windows-Systemen, die ein Agent-Update erhalten sollen.

Im Rahmen der Kommunikation zwischen dem Scan-Agent und seinem Inventory-Server prüft der Scan-Agent regelmäßig auf das Vorliegen neuer Anweisungen. Ist für das Windows-System ein Update-Auftrag erteilt worden, holt sich der Scan-Agent dort sein Update und die dazugehörige Anweisung ab. Die Anweisung legt z. B. fest, wann das Upgrade erfolgen soll und ob ein Downgrade erlaubt ist, wenn mit dem Update etwas nicht funktionieren sollte. In geschäftskritischen Produktionsumgebungen sollten die Scan-Agent-Updates so geplant werden, dass sie entweder sofort durchgeführt werden (weil beispielsweise wichtig aus Security-Gründen) oder aber in einem geplanten Service-Wartungsfenster. Zu dem eben Ausgeführten hier noch eine kleine Funktionsgrafik.

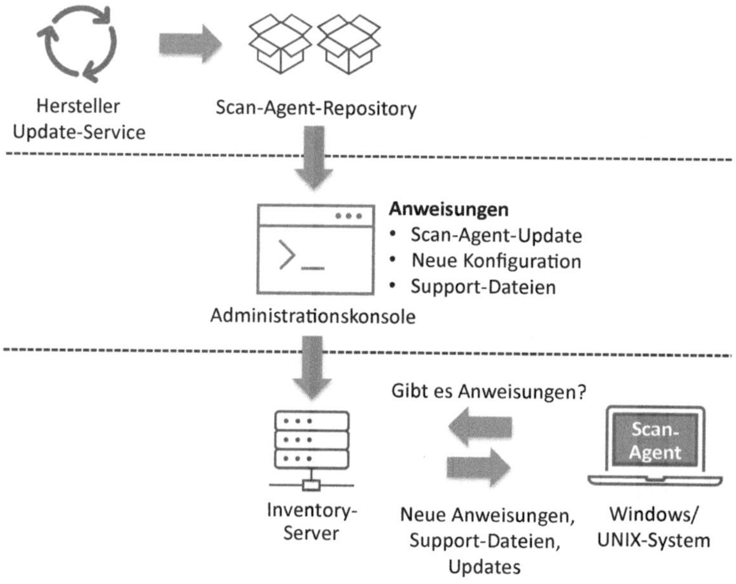

Um diese Anweisungen abzufragen bzw. dann auch übermittelt zu bekommen, sendet der Scan-Agent Heartbeats gemäß einem konfigurierbaren Intervall. Damit erfolgt eine einfache Kommunikation zwischen dem Scan-Agent und dem Inventarisierungsserver, um die diversen bereits beschriebenen und auch in der Grafik aufgezeigten Aufgaben abzufragen. Zufallsgesteuert wird der Heartbeat (nur bei Windows Agents verfügbar) standardmäßig alle 60–120 Minuten durchgeführt und erzeugt 1,4 kB eingehenden Netzwerkverkehr und 0,5 kB ausgehenden Netzwerkverkehr. Pro Scan-Agent-Installation und Tag fallen somit 22,4 kB eingehender und 8 kB ausgehender Netzwerkdatenverkehr an.

Tipp:
Nicht bei allen IT-Administratoren oder IT-Verantwortlichen ist es gerne gesehen, wenn ein Stück fremde Software auf den Unternehmenssystemen ausgerollt wird. Besonders kritisch sind dabei immer die Server-Systeme. Diese können dann beispielsweise mit dem „Agent-less"- oder mit dem installationslosen Verfahren (Zero Footprint) inventarisiert werden, wobei aber unter Umständen Abstriche bei den erhobenen Hard- und Softwaredaten gemacht werden müssen. ■

11.3.2 Agent-less-Tools

Bei diesem Verfahren wird keine Scan-Agentsoftware auf den zu inventarisierenden Systemen installiert, wie zuvor beschrieben. Hier wird die Inventarisierung von einem zentralen Hauptserver gesteuert, der remote-triggerbare Dienste (Webservices) wie SNMP (Simple Network Management Protocol) oder WMI (Windows Management Instrumentation) bzw. verschiedene APIs (über verschiedene Ports anzusprechen) nutzt, um die notwendigen Informationen erfassen zu können. Die „Agent-less"-basierte Methodik ist zuerst einmal prinzipiell von vornherein beschränkt, und zwar auf die Informationen, die die Remote-APIs der zu scannenden Systeme ermöglichen bzw. liefern, darüberhinausgehende erforderliche Informationen können damit nicht ermittelt werden. So ist es beispielsweise enorm wichtig (auch für die Erzeugung eines lizenzkonformen Softwareinventars), dass der Scan-Agent in die erfasste *.exe-Programmdatei „hineinsehen" kann, um z. B. darüber zu erfahren, was die Programmdatei eigentlich „ist" und wie diese Informationen für die Normalisierung (lizenzrechtlich lesbar) genutzt werden können.

Vorteile:

- Die Inventarisierungssoftware ist schneller implementiert.
- Es muss kein Scan-Agent installiert werden.
- Auf Standards basierende Schnittstellen erleichtern die Interoperabilität zwischen der Inventarisierungssoftware und den Endsystemen.

Aber: Das „Agent-less"-Verfahren kann eben nicht den konkreten String von einem Hersteller bzw. einem Softwareprodukt über diese Methodik auslesen, weil es nicht in die *.exe-Programmdatei reinsehen kann.

Nachteile:

- Der Inventory-Server kommt u. U. nicht permanent an die zu scannenden Systeme (aufgrund von Shutdowns, Netzwerkproblemen etc.) ran, um die erforderlichen Infos zu erhalten und muss jede Quelle immer wieder kontaktieren (eventuell sogar mehrfach am Tag, falls das zu scannende System nicht erreichbar ist), um die Infos auszulesen, und so wird meistens auch aufkopierte, nicht installierte, aber ggf. lizenz- bzw. lizenzkostenpflichtige Software nicht erkannt.
- Dadurch erzeugt der Inventory-Server eine hohe Ressourcenlast bei sich selbst und auch für den Netzwerkverkehr. Eine Nutzung von ggf. lizenz- bzw. lizenzkostenpflichtiger Software – die sich nicht lokal auf dem System befindet, weil z. B. über Netzwerkshares oder einen USB-Stick aufgerufen und ausgeführt – wird ggf. nicht erkannt.

- Der Inventory-Server muss so konfiguriert sein, dass dieser auf die verschiedenen API-Ports der zu scannenden Systeme zugreifen kann, dadurch entsteht dann aber auch eine erhebliche Netzwerklast, weil unterschiedliche APIs über unterschiedliche Ports angesprochen werden.
- Einige der zu öffnenden Ports für das Auslesen der entsprechenden API-Information können gesicherte Ports sein (Security-Problematik).
- *Sicherheitsrisiko:* Anmeldeinformationen und Passwörter für alle zu scannenden Remote-Geräte müssen an einer zentralen Stelle hinterlegt werden oder der Scan-Account benötigt Administrator- bzw. Root-Zugang.
- Es werden nicht alle Betriebssystemplattformen unterstützt.
- Eingeschränkte Unterstützung für Speicherverwaltungssysteme mit einem eingeschränkten Reporting darüber.
- Es können keine Statistiken über die Dateinutzung oder die verwendeten Speicherkapazitäten geliefert werden.
- Hohe Netzwerkbelastung durch permanente bidirektionale Kommunikation zwischen dem Inventarisierungsserver und den zu scannenden Systemen.
- Für eine Lizenzbedarfsermittlung eher ungeeignet, da nicht alle notwendigen Systeminformationen ausgelesen und zur Verfügung gestellt werden können.

Ein weiterer Nachteil: Theoretisch könnten auf die geöffneten API-Ports auch Hacker zugreifen, weshalb die Ports meistens schon im Vorfeld aufgrund von Security-Aspekten deaktiviert sind. Also, alles in allem eigentlich eher ein Nachteil und ein Alptraum für gemanagte IT-Umgebungen.

In den letzten Jahren hat auch bei den Werkzeugen, die die „Agent-less“-Methode anbieten bzw. danach arbeiten, eine starke Funktionserweiterung stattgefunden. So sind in den neueren Versionen bereits BIOS- und Registry-Informationen auslesbar bzw. lassen sich auch virtuelle Umgebungen auswerten, allerdings noch mit Einschränkungen. So können z. B. ESX(i)-Server aufgrund der nicht vorhandenen Windows-APIs (im Gegensatz zu Hyper-V) nicht gescannt werden. Hierfür ist dann wieder die SNMP-Methode anzuwenden, die aber in der immer noch häufig genutzten Version 1 und 2 ein Sicherheitsproblem darstellt, da sie keine Anmeldung mit Benutzernamen und Kennwort unterstützt. Die neue Version SNMP 3[5] bietet das zwar und jetzt auch eine Verschlüsselung des Datenverkehrs, wird aber aufgrund der hohen Komplexität eher sehr selten bis gar nicht genutzt.

Noch ein Nachteil: Aufgrund der teilweise nicht umfassend bewertbaren und interpretierbaren Registry-Informationen kommt es oftmals vor, dass fehlerhafte „Installationsinformationen“ ausgelesen bzw. nicht korrekt verarbeitet werden (für das Lizenzmanagement wichtig, wenn es um die Zuordnung der technischen Lizenzbedarfe zum vorhandenen Lizenzinventar geht). In den folgenden Bildern ist dies anhand zweier Microsoft-Office-Installationen beispielhaft dargestellt.

[5] Weitere Informationen dazu finden Sie auch hier: *http://de.wikipedia.org/wiki/Simple_Network_Management_Protocol*

Scan erfolgt „Agent-less": **1**

- In den Dateiheadern von *.EXE - Elementen
- In Einträgen von verschiedenen Registryzweigen
- In beliebigen weiteren Programmdateien (z.B: *.dll, *.xml)
- Über eine Windows Management Instrumentation (WMI) Abfrage

```
vars.wmi_authfile_path = "/etc/ina2/wmi.auth"
vars.wmi_inidir = "/etc/check_wmi_plus/check_wmi_plus.d"
vars.wmi_nodatamode = false
vars.wmi_host = "$address$"
```

- In Eventlogs und *.ini - Dateien
- ...

1. Wird über ein „Agent-less"-Verfahren inventarisiert, kann es durchaus vorkommen, dass bei einer fehlerhaften bzw. nicht korrekten Deinstallation eines Softwareprodukts nicht alle auf dieses Softwareprodukt hinweisenden Einträge (z. B. Registry-Einträge) sauber entfernt werden. Dadurch besteht die Möglichkeit, dass dieses Softwareprodukt vom „Scan-Agent" weiterhin als ***installiert*** dokumentiert wird.

Unformatierte und nicht normalisierte Informationen als Fingerprint, wie z.B.: **2**

- powerpnt.exe (Standard oder Professionel?)
- winword.exe (Welche Version?)
- visio.exe (Welche Sprache?)
- officeappguardwin32.exe
- WINWORD.VisualElementsManifest.xml
- Weitere Registryeinträge
- Systeminformationen, wie bspw. SWID-Tag (wie für Adobe Creative Cloud)

2. Inventory-Software-Rohdaten können bereits Auskunft über installierte Softwareprodukte und deren Bestandteile bzw. Komponenten liefern. ABER: Diesen „rudimentären" Informationen fehlen Daten bzw. auswertbare Kennzeichen, um lizenzrelevante Aussagen treffen zu können.

   So sind z. B. die folgenden Fragestellungen mit den vorliegenden Informationen aus einem Agent-less-Scan nicht zu beantworten:

   - Über welchen Lizenzkanal wurde das Softwareprodukt installiert?
   - Ist erkennbar, welche Softwareproduktkomponenten lizenzkostenpflichtig bzw. auch lizenzrelevant sind und welche nicht?
   - Kann ermittelt werden, ob von diesem System ausgehend auf zusätzliche Remote-Systeme und Software zugegriffen wird und wenn ja, in welcher Ausprägung? (Sind Client-Server, Cloud-Services lizenzkostenpflichtig oder lizenzrelevant?)
   - Wie ist die Nutzung dieses Softwareprodukts, in welcher Form wird es überhaupt genutzt?

- Welcher User ist der Primary User (nach den Definitionen von Microsoft), um damit beispielsweise lizenzkostenpflichtige oder überhaupt entsprechende Nutzungseinschränkungen zu ermitteln?

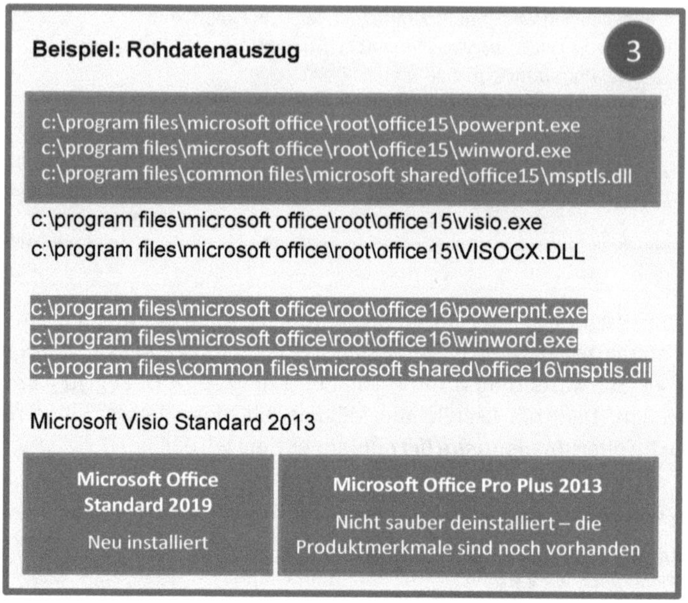

3. Aus den hier zur Verfügung stehenden Informationen können also eher nicht - ich will nicht sagen, es ist unmöglich, aber es ist sehr, sehr zeitaufwendig ohne Scan-Agent und Software-Katalog - die erforderlichen Daten zur Ermittlung des technischen Lizenzbedarfs (mit allem, was dazu notwendig ist) bereitgestellt werden.

Außerdem sind durch die nicht korrekte (und fehlerbehaftete) Deinstallation noch Softwareproduktelemente von Microsoft Office Pro Plus 2013 vorhanden, die einen technischen Lizenzbedarf „vortäuschen", den es in Wirklichkeit so gar nicht mehr gibt. So kann beispielsweise das Microsoft Map Toolkit genau diese Situation nicht erkennen und läuft in die Falle der „false positive"-Erkennung hinein.

Hinweis:

Agentenlose Werkzeuge sind nur dann sinnvoll, wenn man nur einen Snapshot beabsichtigt und auch mit einer vergleichsweise niedrigen Erfassungsrate leben kann. Bei dauerhaftem Einsatz ist die Qualitätssicherung bei der agentenlosen Erfassung erheblich aufwendiger als bei der agentenbasierenden Messung. ■

Beispielhaft einmal eine Übersicht-, welche Standardprotokolle für welche Ziele „genutzt" werden.

Komponente	Protokoll
Active Directory (AD)	Lightweight Directory Access Protocol (LDAP)
Dateisystem	Common Internet File System (CIFS), Server Message Block (SMB)
Exchange-Umgebung (Microsoft)	Windows Power Shell
Linux, macOS, Berkeley Software Distribution (BSD) (Unix-Variante)	Secure Shell (SSH)
Microsoft SQL-Server	Transact-SQL (TSQL)
SNMP-fähige Geräte	Simple Network Management Protocol (SNMP)
VMware	VMware-API
Windows	Windows Management Instrumentation (WMI)

Das Scan-Agent-Verfahren (Agent-less) kann also offenbar nicht alle erforderlichen Informationen für das Softwareasset- und Lizenzmanagement dauerhaft und in der erforderlichen Quantität und Qualität bereitstellen. Und noch ein ganz wichtiger Punkt: Es braucht mindestens einen Software-„Übersetzungs"-Katalog (siehe Abschnitt 11.3.8 „Softwareproduktkatalog"), auch für die Daten aus einem „Agent-less"-Scan. Mittlerweile gibt es auch noch eine Mischung aus agentenbasierendem und agentenlosem Verfahren, das sogenannte installationslose Verfahren. Der große Vorteil dieser Methodik ist, dass kein permanenter Dienst (Scan-Agent) auf dem System laufen muss, aber die Qualität und der Umfang der erfassbaren Softwaredaten dem agentenbasierenden Verfahren in nichts nachstehen. Auch ist es oftmals sehr sinnvoll für eine gesamthafte Sicht auf die IT-Assets, auch einen „Agent-less"-Scan (Discovery beispielsweise mit Nmap[6]) durchzuführen, um so einen möglichen Differenzbericht zum Inventory, also „was gibt es?" versus „was ist inventarisiert?", zu erhalten.

11.3.3 Installationsloses Verfahren (Zero Footprint)

Beim installationslosen Verfahren wird der auszuführende Scan-Agent auf dem zu analysierenden System Remote (d. h. ohne lokale Installation) ausgeführt. Zuvor wurden über einen geplanten Task die erforderlichen Dateien heruntergeladen und ausgeführt. Im Anschluss dieses Scans werden die Ergebnisse an den (den Task ausführenden) Inventory-Server zurückgeliefert. Jedes System, welches die Netzlaufwerkfreigabe erreicht, kann dann über ein zeitgesteuertes eingebundenes Log-On- oder Log-Off-Skript diesen Scan-Agent ausführen. Der Scanablauf mit der Erhebung der Softwaredaten funktioniert dann wie beim agentenbasierten Verfahren. So können die Vorteile von beiden Verfahren kombiniert werden.

Voraussetzungen:

- Der Netzwerkpfad „NETLOGON" ist eingerichtet und mit entsprechenden Rechten versehen, damit die Inventory-Dateien zurückgeschrieben werden können.
- Ein Installationsordner für das zugreifende System ist mit Leserechten eingerichtet.
- In einem weiteren freigegebenen Netzwerkshare sind die für den Scan erforderlichen Dateien abgelegt.

---

[6] *https://nmap.org/*

Sind die Voraussetzungen gegeben, erfolgt über einen geplanten Task Scheduler die Ausführung des Skripts und die Systemsoftwaredaten werden erhoben. Um diese Daten anschließend zu senden, muss eine entsprechende Konfigurationsdatei im freigegebenen Netzwerkpfad mit den erforderlichen Parametern konfiguriert sein.

Vorteile:

- Die zu nutzende Inventarisierungssoftware ist schnell über einen Netzwerkshare bereitgestellt und implementiert.
- Es muss kein Scan-Agent installiert werden.
- Es wird eine große Detailtiefe einschließlich BIOS- und Registry-Informationen geliefert.
- Informationen zu den Parametern und Spezifikationen der CPUs können erfasst werden.
- Informationen über Plattenkapazitäten und deren Partitionierung können erfasst werden.
- Informationen über Dateizugriffe (wie z. B. Erstellung, Änderung) können geliefert werden.
- Erforderliche Daten- oder Berichtsfunktionen werden nicht eingeschränkt.

Nachteile:

- Um den Scan-Agent ausführen zu können, muss immer das Netzlaufwerkshare verfügbar sein.
- Das Verfahren verwendet zum Scan die Zugriffsrechte des initiierenden Benutzers. Das bedeutet, dass der Zugriff des Scan-Agent auf dem zu erfassenden System von den Rechten des jeweiligen initiierenden Benutzers abhängt.

11.3.4 Regeldatei vs. Greenfield-Ansatz in der Softwareinventarisierung

Die Werkzeuge, die Softwareagenten für die Inventarisierung nutzen, lassen sich noch einmal in zwei Gruppen unterscheiden:

- Systeme, die eine vorher erstellte Regeldatei benötigen
- Systeme mit Greenfield-Ansatz

Scan-Produkte mit Regeldatei

Tools zur Inventarisierung von Software, die mit einer Regeldatei arbeiten, in der zuvor die genauen Daten wie Dateiname, Dateiversion, Größe usw. eingetragen werden müssen, können auch nur diese Softwareprodukte suchen bzw. finden. Der große Nachteil dabei ist, dass nicht autorisierte installierte oder genutzte Software unentdeckt bleibt (Stichwort: Schatten-IT). Damit können Sie keine umfassende Datenerhebung durchführen und Sie hätten damit auch u. U. ein erheblich größeres Sicherheitsrisiko!

Scan-Produkte mit Greenfield-Ansatz

Anders verhält es sich bei den Tools, die für die Inventarisierung den Greenfield-Ansatz anwenden, auch in Kombination mit einem „Agent-less"-Scan. Damit werden zunächst alle Daten eingesammelt und in einer zentralen Datenbank gespeichert. Bei der automatisierten Weiterverarbeitung innerhalb des Tools werden die eingesammelten kryptischen Daten (Fingerprints) mit einer internen Produktdatenbank abgeglichen. Diese Produktdatenbank dient dazu, eine im Inventory-Scan beispielsweise gefundene „snagit32.exe" dem Klarnamen *„Snagit"* und eine gefundene „Snagiteditor.exe" dem Klarnamen „Snagit-Editor" zuzuordnen.

Der große Vorteil dieser Methode ist, dass sämtliche Software ermittelt werden kann, die auf den Systemen installiert ist, unter der Voraussetzung, dass dafür auch bereits eine entsprechende Erkennungsregel im Software-Übersetzungskatalog existiert. Ein weiterer Vorteil ist, dass mit den Ergebnissen eine wirklich umfassende Normalisierung des aktiven Softwareportfolios aufgebaut werden kann. Das wäre dann eine Voraussetzung, um die Softwareproduktvielfalt (Stichwort: genehmigtes Softwareportfolio) reduzieren zu können. Damit wird gleichzeitig eine mögliche Grundlage für eine unternehmensweite Standardisierung von Softwareprodukten geschaffen.

Hinweis:

Die eben beschriebene Vorgehensweise ist vor allem auch deswegen für das Lizenzmanagement sehr wichtig, weil nur so eine „lizenzrechtlich lesbare" technische Softwareinventarliste (Lizenzbedarfe) erzeugt werden kann. Die erzeugten Daten müssen dann noch mit der in Ihrem Unternehmen vorhandenen IT-Architektur abgeglichen werden, um ein wirklich korrektes Ergebnis zu erhalten. Nur so können Sie die erworbenen Nutzungsrechte an den technischen Ist-Beständen (Lizenzbedarfen) korrekt spiegeln. ■

Ein weiterer nicht außer Acht zu lassender Gesichtspunkt ist – nicht zuletzt wegen dem immer stärker werdenden Trend der Transformation von Softwarelizenzen in die Cloud – die Messung der Softwarenutzung, auch Software Metering genannt, welche in der Lage sein muss, die Nutzung von SaaS-Produkten bei einer rein browserbasierten Nutzung zu erkennen.

11.3.5 Softwareinventarisierung vs. Software Metering

Softwareinventarisierung

Eine manuelle oder automatisierte technische Softwareinventarisierung erfasst die auf einem System installierte Software und kann auch den Bedarf und die Art der Softwareaktivitäten und -nutzung ermitteln, wenn Software Metering mit aktiviert wurde. Eine automatische Softwareinventarisierung wird auch umgangssprachlich als Software Scanning bezeichnet.

Software Metering

Bezeichnet ein technisches Vermessungsverfahren, welches über gesteuerte Parameter beispielsweise in Konfigurationsdateien für die Scan-Agents aktiviert wird und eine Softwarenutzung in den „klassischen" Client-Server-Infrastrukturen periodisch erfasst. Software Metering erfordert hierfür eine dauerhafte aktive Softwareinventarisierung, um Interaktionen mit Softwareprodukten bzw. Services verfolgen zu können.

Software Metering in Cloud-Umgebungen

Für die Erfassung von Verbrauchs- und Nutzungsdaten der Workloads in Cloud-Umgebungen werden spezielle Monitoring-Werkzeuge bereitgestellt, andere sind bereits in den Administrationskonsolen integriert, wie beispielsweise bei „Microsoft 365", wo die Benutzer und deren Aktivitäten angezeigt werden. Ein Beispiel dazu zeigt Bild 11.3.

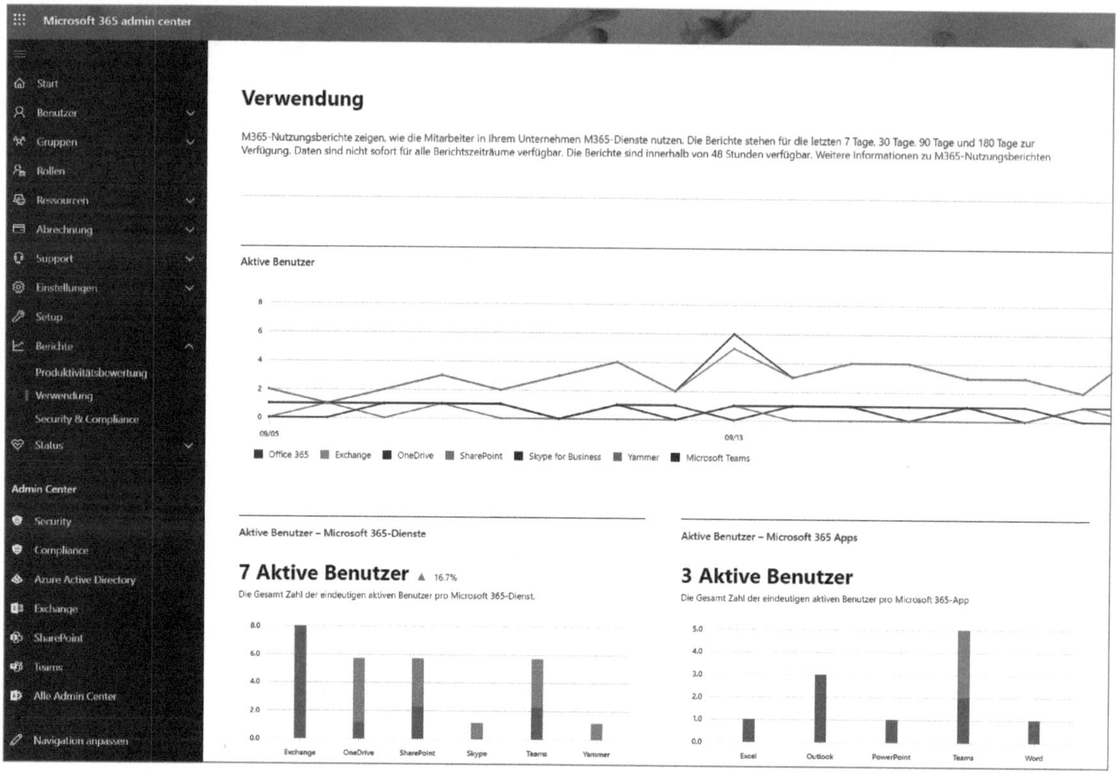

Bild 11.3 Nutzungsaktivitäten von Microsoft-365 ohne Visio und Project-Nutzung

> **Hinweis:**
> Das Microsoft 365 Admin Center erfasst keine Project- und Visio-Softwarenutzung. Um hier entsprechende Optimierungen ausführen zu können, ist eine Kombination aus Daten vom klassischen Software Metering (über einen lokalen Scan-Agent) in Verbindung mit den Portaldaten unabdingbar.

Für die verantwortlichen Administratoren (und letztendlich auch für den zuständigen Lizenzmanager) sind diese Auswertungen sehr wichtig geworden, da hierüber jetzt u. a. auch die Abrechnung der aktiven und genutzten Benutzeraccounts erfolgt. Entsprechend ist es wichtig, inaktive Benutzeraccounts erkennen zu können, um die Subscriptions wirtschaftlich zu steuern. Auch um aktuelle Informationen darüber zu erhalten, welche der gebuchten Infrastrukturkomponenten in der Cloud aktiv oder passiv sind, ist das nicht nur für das Capacity Management wichtig, sondern auch für eine möglichst ressourcenschonende monetäre Steuerung der Cloud-Nutzung.

Microsoft stellt hierfür beispielsweise den „Azure Monitor“[7] zur Verfügung, mit dem die Kunden ihre bei Microsoft in der Azure Cloud bzw. auch in ihren lokalen Umgebungen ihre aktiven Softwareprodukte und Services sowie die virtualisierten „Hardware“-Systeme verwalten, steuern und überwachen können.

Ein Überblick zu den Funktionen des Azure Monitors aus den offiziellen Microsoft-Unterlagen[8] beschreibt die wichtigsten Merkmale wie folgt:

- Erkennen und Diagnostizieren von Problemen in Anwendungen und Abhängigkeiten mit Application Insights.
- Korrelieren von Infrastrukturproblemen mit dem „Azure Monitor für VMs“ und „Azure Monitor for Containers“.
- Mit Log Analytics können über Drilldowns der Überwachungsdaten, Fehlerbehebung und tiefere Diagnosen durchgeführt werden.
- Es werden im großen Maßstab Vorgänge mit intelligenten Warnungen und automatisierten Aktionen unterstützt.
- Über Azure-Dashboards und Arbeitsmappen können Visualisierungen der Daten bereitgestellt werden.
- Mit Hilfe von „Azure Monitor Metrics“ können Daten aus überwachten Ressourcen gesammelt werden.

Die folgende Grafik zeigt den Azure Monitor mit seinen Funktionen auf seiner obersten Ansichtsebene. In der Mitte des Diagramms befinden sich die Datenspeicher für Metriken und Protokolle, d. h. die beiden grundlegenden Datentypen, die von Azure Monitor verwendet werden.

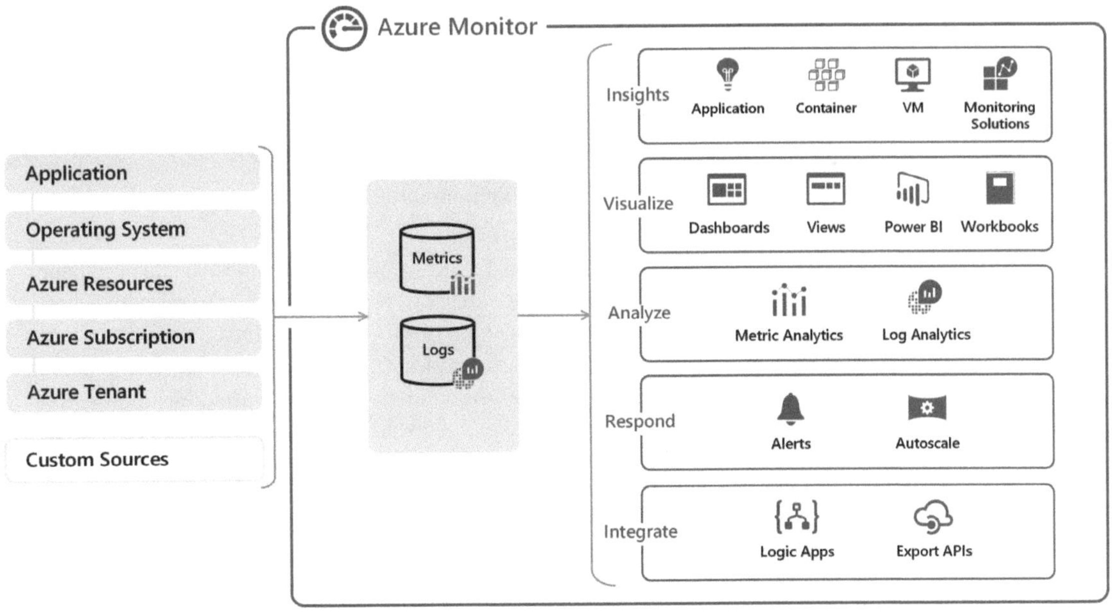

[7] Microsoft Azure Monitor – *https://azure.microsoft.com/de-de/services/monitor/*

[8] Azure Monitor overview – Azure Monitor | Microsoft Docs – *https://docs.microsoft.com/en-us/azure/azure-monitor/overview*

Auf der linken Seite befinden sich die Quellen für Überwachungsdaten, die diese Datenspeicher beliefern. Auf der rechten Seite befinden sich die verschiedenen Funktionen, die Azure Monitor mit diesen gesammelten Daten ausführt. Weiterhin gehören dazu Aktionen wie Analyse, Warnung und Streaming auf externe Systeme.[9] Ein Nachteil ist hier aber, dass neben dem bereits erwähnten Aspekt, keine Project- und Visio-Softwarenutzung bereitzustellen, auch keine Finanzdaten verfügbar sind (beispielsweise kann Snow das in seinem Snow License Manager und über den M365-Konnektor bereitstellen). Man sieht, die Cloud-Infrastrukturthemen und deren Verwaltung sind mittlerweile auch sehr umfassend und intensiv in unserem Softwareasset- und Lizenzmanagement angekommen, weshalb die Rolle des Lizenzmanagers wieder lernen muss, neue Aspekte zu berücksichtigen, anzuwenden und aktiv zu verfolgen.

11.3.6 Cloud-Anwendungen und ihr Metering

Anders als bei den klassischen Softwareinventarisierungsmethoden und deren Aufgabe, Hard- und Software-Assetdaten zu erheben, um die technischen Lizenzbedarfe zu ermitteln, ist bei Anwendungen, die in der Cloud ausgeführt werden, die Herstellung der Software Compliance in der Regel nicht die hauptsächliche Aufgabenstellung. Der lizenzkonforme Zugriff auf die genutzten Cloud-Anwendungen wird bereits über die Administration der Onlineabonnements gesteuert. Hier stehen die tatsächlichen Nutzungen und die Ausgabenoptimierungen der Cloud-Anwendungen und Subskriptions im Vordergrund. Dazu muss jedoch verstanden werden, wie und in welchem Umfang die Cloudservices genutzt und wie viele erforderliche aktive Abonnements dazu benötigt werden.

Scan-Agents verfügen mittlerweile über integrierte Funktionen, um die Nutzung vieler Cloud-basierter Anwendungen bis hin zur Anwender- und Funktionsnutzungsebene nachzuverfolgen. So können damit beispielsweise Abonnements einfacher optimiert werden, wenn Daten zu Benutzergruppen und zur Nutzung aus den unterschiedlichen Abonnementplänen wie beispielsweise „Microsoft 365 E5“ oder „Microsoft 365 E3“ bereitgestellt werden können, um zugeordnete teure und ungenutzte Abonnementpläne abzukündigen oder anderen Anwendern zuzuweisen.

Besonders dann ist das Nutzen von Scan-Agents relevant, wenn die Cloud-Portale entweder keine Nutzungsdaten oder nur unvollständige Nutzungsdaten bereitstellen können. So ist der Erhebung von Inventory-Daten mittels Scan-Agents – für eine qualitative Vollständigkeit der Nutzungsdaten – weiterhin gegenüber einer reinen Netzwerkanalyse (Netzwerkverkehr) der Vorzug zu geben. Eine Analyse mittels Scan-Agent, beispielsweise um die Nutzung von SaaS-Software auch außerhalb vom Unternehmensnetzwerk (Homeoffice, Reisen) erfassen zu können, ist hierbei der reinen Netzwerkanalyse überlegen. Beispielsweise würde die reine Analyse von SaaS-basierten Finanzanwendungen, wie beispielsweise Reisekostenabrechnungen oder andere Abrechnungssysteme, keine nutzbaren Aussagen erzeugen, um die bereits angesprochenen wichtigen tatsächlichen Nutzungsdaten von SaaS-Produkten zu erhalten. Daher wäre für eine erforderliche Optimierung der Lizenzbedarfe und Lizenzzuordnungen auch hier eine Scan-Agent-Lösung zu bevorzugen.

---

[9] (Maschinell) übersetzt von *https://docs.microsoft.com/en-us/azure/azure-monitor/overview*

Neue Anforderungen, die bestehenden On-Premises -IT-Infrastrukturen effizient zu digitalisieren und zu transformieren, erfordern von den verantwortlichen Fachbereichen, diese Infrastrukturkomponenten zunehmend in Cloud-Umgebungen wie Amazon Web Services (AWS) und Microsoft Azure zu verlagern. Diese Bereitstellungen sind zwar effizient, flexibel und werden auch von vielen Anwendern genutzt, stellen aber die IT-Verantwortlichen in der Regel vor große Herausforderungen, denn um diese zu verfolgen und zu optimieren, ist eine umfassende Sichtbarkeit und Transparenz der Technologienutzung und ihrer Ausgaben erforderlich.

Das Managen von Infrastructure-as-a-Service (IaaS) beginnt mit der erforderlichen Transparenz, um die Nutzung und Optimierung zu vereinfachen, um nicht ausgelastete Ressourcen zu erkennen, zu melden und bei Bedarf zu entfernen oder neu zuzuordnen. Die heutigen Scan-Agents der SAM-Tool-Hersteller können die Nutzung von Cloud-Anwendungen, auch bekannt als Software-as-a-Service (SaaS), erkennen und melden, so beispielsweise die Nutzung von Cloud-Anwendungen, auf die über einen Webbrowser zugegriffen wird. Beispielhaft zu nennen wären hier: Messaging, Office-Software, Rechnungsstellung oder auch Service-Desk-Dienste wie beispielsweise Jira-Helpdesk von Atlassian.

Wie läuft das technisch ab?

Beispiel einer Erweiterung für den Internet Explorer 11

Die Funktionsweise läuft über ein Add-on, welches als eingebettete Ressource im bzw. mit dem Scan-Agent zusammen aktiviert wird. So eine Add-on-Datei nennt sich beispielsweise „WebApplicationMetering.dll“.

1. *Installation:* Wenn eine Datei namens „`rules`“ im Stammordner des Agenten auf dem Client-Computer vorhanden ist und der Inventarisierungsagent seinen Dienst startet, entpackt der Scan-Agent die Datei „WebApplicationMetering.dll“ und installiert somit das Add-on. Bei Beendigung des Inventarisierungs-Agent, wenn der Client-Computer neu gestartet wird, wird auch das Add-on entfernt. Nach einem Neustart und wenn der Scan-Agent-Dienst erneut startet, wird das Add-on auch wieder, wie eben zuvor beschrieben, neu installiert. Erforderliche Updates des Add-ons, werden über einen Update-Lauf vom zuständigen Inventory-Agent mit durchgeführt.
2. *Funktionsweise:* Die Erweiterung des Internet Explorers (meistens werden hier auch Firefox, Chrome, Edge und Safari unter MacOS unterstützt) erfasst jetzt mögliche gestellte Webanfragen (URLs), die aufgerufen werden und speichert diese Informationen in versteckten Dateien auf dem Client-Computer:

   Bei Windows 10 und Windows Server 2016 werden diese Dateien beispielsweise pro Benutzer im Ordner `%SystemDrive%\Users\Public\%UserName%\AppData\Local\Microsoft\Windows\INetCache\Virtualized\%SystemDrive%\ProgramData\SnowSoftware\Inventarisierung\Agent\Cloudmetering\extension-output` abgespeichert.
3. Die Browser-Erweiterung sammelt Informationen über die Aktivität auf der Website (der aufgerufenen Website-URL anhand einer zu definierenden Whitelist für die SaaS-Zugriffe), das aktuelle Datum und den Benutzer, der den Browser gestartet hat. Alle drei Minuten gleicht der Inventarisierungs-Agent die Muster dieser Dateien mit seinen erhaltenen Regeln und speichert dann daraus die relevanten Daten in der Datei „`rules`“ ab. Wenn der Abgleich abgeschlossen ist, werden alle Daten im Ordner „`extension-ouput`“ gelöscht.

4. Die Daten werden dann zusammen mit den Scan-Agent-Inventory-Dateien des Client-Computers an den Inventory-Server übertragen, um sie dann normalisiert über den Software Recognition Service (Softwarekatalog) im SAM License Manager „lesbar“ anzuzeigen. Über Reports können nun entsprechende Auswertungen und Analysen – basierend auf den erfolgten Aufrufen und Nutzungen der Webanwendungen – bereitgestellt werden.

   Hier sollte darauf geachtet werden, dass die eingesetzte Lösung die zu übermittelnden Dateien über entsprechende Verschlüsselungstechnologien überträgt, sodass insbesondere keine personenbezogenen Daten durch nicht berechtigte Dritte mitgelesen werden können.

Damit das funktionieren kann, schauen wir uns einmal an, wo und wie die erforderliche Normalisierung und Erkennung stattfinden.

Der Software Recognition Service speichert die Informationen über Anwendungskennungen und Regeln (Pattern), die für die Websites einer identifizierten Cloud-Anwendung definiert wurden. Über ein spezielles Tool werden die Kommunikationsmuster aufgezeichnet, wenn verschiedene Teile einer Website verwendet werden. So werden unterschiedliche Muster für verschiedene Webmodule erkannt, auf die der Benutzer zugreift. Wenn der Software Recognition Service eine Anwendung mit ihren verschiedenen Mustern identifiziert hat, wird diese in der Datenbank mit „`IsWebApplication=1`“ hinzugefügt. Dabei werden die erfassten Muster zusammen mit einer eindeutigen ID zu einer Liste von Regeln hinzugefügt. Diese Erkennungsregeln werden an den Inventory Server gesendet, der sie dann mit den von den Client-Systemen (mit eingeschaltetem Web-Metering) angelieferten Scan-Daten abgleicht.

Beispiel

- Ein Beispiel dafür ist der Zugriff auf Excel Online, wo Microsoft nicht anzeigt, dass Sie Excel in der Webseiten-URL verwenden.
- Ein anderes Beispiel ist ServiceNow, bei dem Sie unterscheiden müssen, ob eine kostenlose Funktionalität genutzt wird, oder eine Funktionalität, für die Sie bezahlen müssen.

Bekannte Einschränkungen

Wenn auf Windows-Systemen die verstärkte Sicherheitskonfiguration für den Internet Explorer aktiviert ist, beispielsweise standardmäßig bei Windows-Server-Systemen, sind Add-ons von Drittanbietern deaktiviert, auch wenn diese im Dialogfeld „Add-ons verwalten“ als aktiviert aufgeführt werden. Dadurch müssen Add-ons von Drittanbietern manuell oder über eine Policy aktiviert werden. Nach der Aktivierung des Add-ons in den Internetoptionen ist ein Neustart des Windows-Systems erforderlich.

> **Hinweis:**
>
> Für den Webbrowser Microsoft Edge muss das erforderliche Add-on über den Microsoft Store for Business (MSfB) erworben und dann entsprechend über den Change-Management-Prozess verteilt und ausgerollt werden. Das Gesagte gilt analog für die erforderlichen Chrome- und Firefox-Add-ons. ■

11.3.7 Weitere Inventarquellen integrieren

Aufgrund der Vielzahl an Inventarquellen, die für das heutige Managen der IT-Infrastrukturen erforderlich sind, würde es nicht mehr ausreichen, nur die klassischen Hard- und Softwarescan-Methodiken einzusetzen, um die Aufgaben eines Softwareasset- und Lizenzmanagements entsprechend erfüllen zu können. Diesen Aspekt haben die SAM-Tool-Hersteller schon frühzeitig erkannt und damit begonnen, Datenkonnektoren und Application-Programming-Interface-(API-)Schnittstellen zu entwickeln, um die verschiedensten Technologien (Virtualisierung, IaaS, SaaS, ITSM, ITAM, EMM[10], MDM[11]) an bzw. in das SAM-Tool einbinden zu können.

Der folgende Themenüberblick zur Anbindung von weiteren Inventarquellen soll Ihnen helfen, in Ihrer Rolle als Lizenzmanager mit den verantwortlichen Fachbereichen fachlich fundiert kommunizieren zu können. Für die Anbindung weiterer Quellen wird in der Regel eine sogenannte „Integration-Manager-Komponente" benötigt, welche als ein Stück Software in Form einer Komponente oder eines Moduls im oder mit dem SAM-Tool agiert und, wie der Name schon sagt, die Integration weiterer Inventarquellen managen soll.

Was kennzeichnet diese Komponente?

Eine Integration-Manager-Komponente unterstützt das Einbinden bestehender Inventory-Produkte, aber auch die Weitergabe normalisierter Daten an das IT-Asset Management (ITAM) und IT-Service Management (ITSM) mittels Integrationen, die im Unternehmen betrieben werden, und unterstützt eine Implementierung bzw. Anbindung dieser Technologien an das SAM-Tool und hilft, Technologieduplizierungen zu vermeiden.

Die Integration der bestehenden Technologien erfolgt hauptsächlich über zwei Kategorien:

Inventory-Konnektoren von Drittherstellern

Ein Integration Manager kann angelieferte Scan-Daten aus verschiedenen Scan-Quellen automatisch in eine einzige Sicht aller Software- und Hardwareressourcen des gesamten Netzwerks und darüber hinaus konsolidieren. Alle Scan- und Überwachungsdaten, die über einen Konnektor importiert werden, werden automatisch über einen Software Recognition Service verarbeitet, um die Genauigkeit von Softwaretiteln, -versionen und mehr zu gewährleisten.

Von den SAM-Tool-Herstellern werden oftmals standardmäßig Konnektoren angeboten, wie z. B.:

- BMC Helix Discovery (vormals ADDM)[12]
- Quest KACE[13] (vormals Dell)
- Ivanti Neurons for Discovery (ehemals Landesk & Heat, Heat entstand aus FrontRange & Lumension)[14]
- HP Discovery & Dependency Mapping Inventory (HP DDMI)[15]

---

[10] *https://de.wikipedia.org/wiki/Enterprise_Mobility_Management*
[11] *https://de.wikipedia.org/wiki/Mobile-Device-Management*
[12] *https://www.bmcsoftware.de/it-solutions/bmc-helix-discovery.html*
[13] *https://www.quest.com/de-de/kace/*
[14] *https://www.ivanti.de/products/ivanti-neurons-discovery*
[15] *https://docs.microfocus.com/UCMDB/10.33/cp-docs/docs/eng/doc_lib/Content/DDM_Chapter.htm*

- IBM License Metric Tool (ILMT)[16]
- HCL BigFix-Inventar[17] (vormals IBM BigFix)
- Microsoft System Center Configuration Manager (SCCM)[18]

Für die Anbindung von Mobile Device Management:

- VMware Workspace ONE (ehemals AirWatch)
- Ivanti (MobileIron[19] – wurde zum 1.12.2020 von Ivanti übernommen; *https://www.ivanti.de/company/press-releases/2020/ivanti-acquires-mobileiron-and-pulse-secure)*

Für Hypervisor-Technologien wie VMware vSphere, Citrix Hypervisor[20], Microsoft Hyper-V, IBM PowerVM und Red Hat Enterprise Virtualization werden meistens virtuelle Management-Optionen für eine Anbindung bzw. Integration bereitgestellt. Oft können weitere, nicht so weit verbreitete Lösungen, wie die o. g., über einen generischen Datei- und Datenbankinventarisierungskonnektor auch mit an das SAM-Tool angebunden werden.

Datenaustauschkonnektoren

Mit einer Bereitstellung von bereits normalisierten Daten und Informationen aus dem SAM-Tool können über Datenaustauschkonnektoren ITSM-Lösungen wie beispielsweise ServiceNow davon profitieren, wertvolle zusätzliche Informationen zu erhalten, die erforderlich sind, um sowohl die Effizienz einer Service-Desk-Funktion zu maximieren als auch eine hohe Serviceproduktivität zu gewährleisten.

Diese bereitgestellten Daten aus einem SAM-Tool unterstützen:

- Eine Verbesserung der Qualität und Quantität des aktiven Incident- und Problemmanagements, indem präzisere normalisierte Softwareproduktdaten, wie z. B. Herstellerartikelnummer, Produktname, Versionsnummer oder bestehender Patch-Level, bereitgestellt werden.
- Erforderliche ***neue*** Softwarebereitstellungen werden prozessual unterstützt, indem vorhandene Daten bestätigen können, dass im Unternehmen ausreichend geeignete Softwarelizenzen zur Deckung der technischen Lizenzbedarfe zur Verfügung stehen und für diese Prozesse die Softwarenamen nicht zuvor manuell gepflegt werden müssen, sondern sich über den Softwarekatalog eines SAM-Systems normalisieren lassen.
- Die Unterstützung der Change-Management-Prozesse über die Bereitstellung von identifizierten Software- und Hardwareassetdaten, die beispielsweise nicht den festgelegten Standards entsprechen, aber dringend eine Update- oder eine Patchlevel-Aktualisierung erfordern.
- Durch eine Visualisierung der installierten und normalisierten Software, verbunden mit den dazugehörenden Softwarenutzungsdaten, kann so u. a. die Mean time to resolution (MTTR) im Incident Management verbessert werden.

Die jeweiligen Konnektoren werden dabei entweder als API-Connection oder als Database-Connection instanziiert.

[16] *https://www.ibm.com/mysupport/s/topic/0TO5000000025w5GAA/license-metric-tool?language=de&productId=01t50000004XlvCAAW*
[17] *https://www.hcltechsw.com/products/bigfix*
[18] *https://de.wikipedia.org/wiki/System_Center_Configuration_Manager*
[19] *https://www.mobileiron.com/de/products/uem*
[20] *https://www.citrix.com/de-de/products/citrix-hypervisor/*

Beispiele (ohne Anspruch auf Vollständigkeit):

- Database connection
  - Microsoft SCCM
  - Ivanti Neurons for Discovery
  - ILMT (ältere Versionen)
- API connection
  - Microsoft Intune (basierend auf Microsoft Graph API)
  - Microsoft Hyper-V, Microsoft 365
  - Ivanti (MobileIron)
  - IBM PowerVM
  - Red Hat Enterprise Virtualization
  - HCL Bigfix (über BigFix API)
  - ServiceNow Express
  - VMware vSphere

Zum Abschluss dieses Überblicks noch kurz etwas zu den Software-as-a-Service-(SaaS-) Konnektoren.

Software-as-a-Service-(SaaS-)Konnektoren

SaaS ist eine Konnektorengruppe, die für die Integration mit mehreren SaaS-Anbietern verwendet wird. Von den SAM-Tool-Herstellern werden faktisch fast jede Woche neu unterstützte SaaS-Anbieter aufgenommen, die über den SaaS-Konnektor der Integration-Manager-Komponente eingebunden werden können, dazu hier ein paar Beispiele:

- Aha! for Product, Asana, Box, Dropbox, Freshdesk, Freshsales, Freshservice, GitHub Enterprise
- GitLab Enterprise, GoToMeeting, GoToWebinar, GSuite, HubSpot, Okta, Salesforce SalesCloud, Tableau Online, Taskworld, TeamSupport, Trello, WebEx, Workplace, Wrike, Zendesk, ZoHo CRM, Zoom, Kayko, monday.com, Pipedrive

Am Beispiel von „Tableau Online" möchte ich hier kurz aufzeigen, wie das im Großen und Ganzen funktioniert. Der Integration Connector für „Tableau Online" wird verwendet, um über das Tableau-Online-Konto eines Unternehmens folgende Informationen zu ermitteln:

- Anzahl der Benutzer
- Angenommene Abonnementlizenz jedes Benutzers (basierend auf der Standortrolle des Benutzers)[21]
- Anmeldeaktivitäten[22]

[21] Diese Informationen bieten eine allgemeine Ansicht, da einem bestimmten Benutzer eine Site-Rolle mit eingeschränkteren Berechtigungen zugewiesen worden sein kann, als es seine tatsächliche Lizenz erlaubt.

[22] Zu beachten ist, dass die Anmeldeinformationen auf dem letzten Anmeldedatum basieren; dadurch ist keine gesamthafte Sicht auf Benutzeraktivitäten auswertbar.

Die Konfiguration des Tableau-Online-Konnektors im Integration Manager erfordert Folgendes:

1. Den Tableau-Site-and-Domain-Namen.
   Folgendermaßen zu finden: In Tableau Online mit dem Benutzeraccount einloggen und die benötigten Informationen auslesen.
   - Site Name: alles kopieren, was in der URL nach „...site/“ in der Adressleiste steht.
   - Domain Name: alles kopieren, was in der URL nach „https://“ und vor „/#/site...“ steht.
2. Den Benutzernamen und das Passwort eines bestehenden Tableau-Online-Kontoinhabers mit einer der folgenden Administrator-Site-Rollen:
   - SiteAdministratorCreator
   - SiteAdministratorExplorer

Mit diesen Informationen wird nun der Konnektor in der Integration-Manager-Komponente des SAM-Tools eingerichtet.

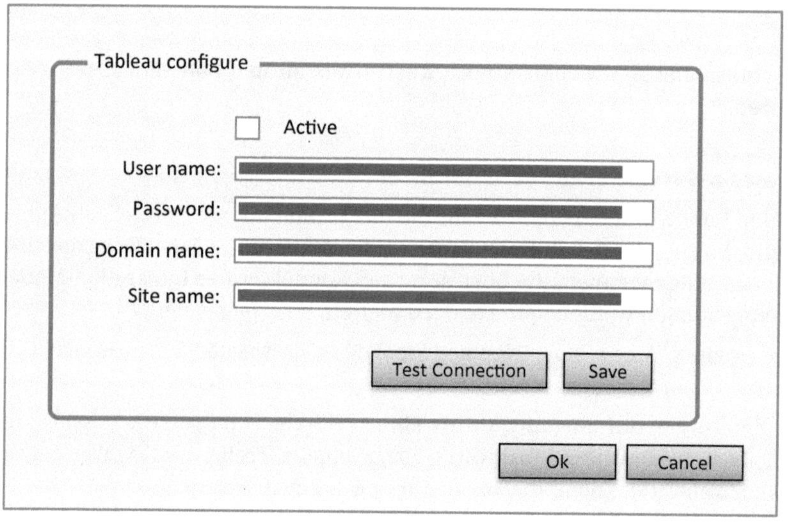

Nach dem erfolgreichen Test der Verbindung kann der Konnektor auf „Active“ gesetzt und gespeichert werden. Damit ist jetzt die SaaS-Anwendung „Tableau Online“ aktiv eingerichtet. Das SAM-Tool beginnt nun mit der Sammlung und Aggregation der erforderlichen Daten.

Die SaaS-Konnektoren werden verwendet, um Informationen darüber zu erhalten, a) wie viele berechtigte Anwender in den bereitgestellten SaaS-Anwendungen aktiv sind und b) welche Kosten die genutzten bzw. ungenutzten Abonnements pro Monat erzeugen. Diese Informationen werden dann (üblicherweise) über das SaaS-Dashboard im SAM-Tool dargestellt. Also eigentlich keine Raketenwissenschaft. Sie können sich das so ähnlich vorstellen, wie es bereits in Bild 11.3 „Nutzungsaktivitäten von Microsoft-365 ohne Visio und Project-Nutzung“ exemplarisch zu sehen ist, nur dass dort dann anstatt der Benutzer die SaaS-Anwendungen und deren Nutzungsszenarios zu sehen sind.

11.3.8 Softwareproduktkatalog

Auch Produktbibliothek, Berechtigungswissensdatenbank, Master-Katalog mit Produkt- und Lagerhaltungsdaten, Software- und SKU-Katalog, Software Recognition Service (SRS), License Intelligence Service (LIS), Softwarebibliothek - das Kind hat vor allem viele Marketing-Namen erhalten.

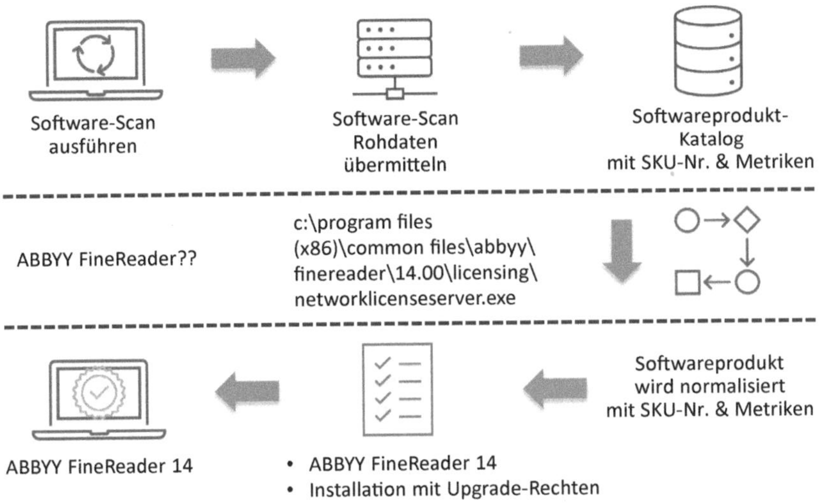

Bild 11.4 Umwandlung der Softwarerohdaten in ein lizenzrechtlich lesbares Softwareprodukt

Im Grunde sind aber die wichtigsten Eigenschaften, egal ob die Hersteller ihren Software-Katalog als den besten und umfangreichsten bewerben, die folgenden:

- Die Verarbeitung der angelieferten Inventarisierungsdaten erfolgt in einer hohen Qualität mit sauberen, umfassenden Erkennungsregeln.
- Zu den identifizierten, lizenzrechtlich lesbaren Softwareprodukten wird die Softwareartikelnummer des Herstellers (SKU) eineindeutig zugordnet.
- Die vom Hersteller standardmäßig vorgegebenen Produktnutzungsmerkmale (Vollversion, Upgrade, Downgrade, Subskription) und Nutzungsrechte (Lizenzmodell, Lizenzmetrik) werden eindeutig zugeordnet.
- Umfangreiche Softwarekataloge liefern außerdem auch Merkmale mit dazu, um eine Kategorisierung z. B. nach eCl@ss oder UNSPSC-Merkmalen (gehört das Produkt beispielsweise zur Familie der Grafiksoftware oder Backupsoftware?) anwenden zu können.
- Von Vorteil wäre es, wenn zu einem Softwareprodukt auch noch seine End-of-Life-Daten ergänzt werden.

Die Softwarekataloge der Enterprise-SAM-Tool-Hersteller enthalten Hunderttausende Produkte (bei ständiger Aktualisierung und Erweiterung der Repositories) mit anwendbaren Softwareprodukt- und Versionsinformationen, um aus den angelieferten Softwarerohdaten lizenzrechtlich lesbare technische Lizenzbedarfe zu erstellen.

Es gibt eigentlich nur Vorteile

Die Softwarekataloge werden kontinuierlich gepflegt, aktualisiert, mit zusätzlichen Attributen und Merkmalen erweitert und – wie beispielsweise bei Snow Software – trägt auch der Kundenkreis dazu bei, den Softwareerkennungskatalog ständig zu erweitern und qualitativ zu verbessern. Das geschieht, indem die Snow-Kunden weltweit ihre noch nicht zugeordneten Softwareprodukte (unassigned Software) an den Data Intelligence Service (DIS) übermitteln. Spätestens nach 30 Tagen haben alle an diesen Service angeschlossenen Kunden weitere normalisierte Softwareprodukte in ihrem Software Repository, auch wenn dieses Softwareprodukt bei dem einen oder anderen noch gar nicht im aktiven Softwareinventar auftauchen sollte. So tragen viele Kunden dazu bei, den Katalog ständig wachsen zu lassen, zum Vorteil für alle jetzigen und zukünftigen Snow-Kunden.

- Durch die Bereitstellung der Kataloge erlangen die nutzenden Kunden eine erhebliche Zeitersparnis, da die Normalisierung der inventarisierten Software nicht manuell (und entsprechend fehleranfällig) von Mitarbeitern recherchiert und durchgeführt werden muss.
- Wenn Software inventarisiert wird, die der Softwarekatalog noch nicht „kennt", wird durch die oben beschriebene Vorgehensweise sehr schnell die „unassigned Software" normalisiert und über Katalogupdates bereitgestellt. Somit können auch die bisher unbekannte Software und deren technische Lizenzbedarfe lizenzrechtlich sauber erkannt und zugeordnet werden.
- Ganz wichtig: Durch die Regelverarbeitung der Softwarerohdaten wird verhindert, dass bei eventuell nicht korrekter Deinstallation (und damit verbliebenen Softwareproduktfragmenten) fälschlicherweise ein Softwareprodukt noch als technischer Lizenzbedarf „ausgewiesen" wird, was vermeintlich eine Lizenz verlangt (wie ja bereits ausgeführt bei der „Agent-less"-Verfahrensweise).
- Durch die Regelverarbeitung werden außerdem die Herstellerartikelnummern den Softwareprodukten eineindeutig zugewiesen, was wiederum Voraussetzung ist, um die kaufmännischen Lizenznachweise lizenzkonform den technischen Lizenzbedarfen zuordnen zu können.

Die SAM-Hersteller werben so oder so ähnlich mit den Eckdaten ihrer Softwarekataloge:

- Es werden mehr als 9000 unterschiedliche Softwareproduktfamilien bereitgestellt.
- Ein hoher Prozentsatz an normalisierten Softwareprodukten wird automatisiert den korrekten SKU-Artikelnummern der Hersteller zugeordnet.
- Weit über eine Million Produktnutzungsrechte von mehr als 3000 Softwareanbietern normalisieren automatisch über 80 % des typischen Softwareinventars.
- Mehr als 134000 Softwareproduktdatensätze.
- ...

Wer von Ihnen sich spaßeshalber einmal die Mühe machen will und sich auf den im Gartner-Quadranten aufgeführten Webseiten der SAM-Tool-Hersteller informiert, wird feststellen, dass hier teilweise extreme Marketingaussagen zu lesen sind. Deshalb ist es umso wichtiger, dass Sie einen Proof of Concept durchführen, bei dem auch der Aspekt mit abgeprüft werden sollte, inwieweit der Softwarekatalog Ihrem Unternehmen einen entsprechend großen Mehrwert bieten kann.

11.3.9 Inventarisierung – kommerzielle Werkzeuge

Im kommerziellen Bereich ist die Zahl der am Markt verfügbaren Produkte sehr vielfältig. Beispielhaft zu erwähnen wäre hier der Scan-Agent von Snow Software, welcher sehr gute Inventory-Daten für die Belange eines Softwareasset- und Lizenzmanagements liefert, aber nur in Verbindung mit der SAM-Tool-Lösung von Snow (Snow License Manager als Hauptkomponente) eingesetzt werden kann. Der Scan-Agent wurde extra für diese Aufgabenstellung entwickelt und ist damit ein sogenannter proprietärer Scan-Agent. Der Snow Scan-Agent ist in die Gruppe der „Agent-based"-Verfahren einzuordnen und folgt der Client-Server-Kommunikation. Die permanente eigene Produktweiterentwicklung des Herstellers verwischt aber bereits die ehemals strenge Abgrenzung und Einordnung von klassischer Scan-Software in agentenbasierende und agentenlose Verfahren. Neben dem Einsatz als Offline-Scanner, um die nicht an einem Netzwerk angeschlossenen Systeme über eine spezielle USB-Stick-Konfiguration zu erfassen, ist das Produkt auch in der Lage, das bereits beschriebene installationslose Verfahren anzuwenden. Zusätzlich kann der Scan-Client über ein Add-on auf einem Citrix- oder Windows-Terminal-Server installiert und eingesetzt werden, um damit auch Anwendungen in einer Terminal-Server-Umgebung erfassen zu können. Darüber hinaus wird auch die Inventarisierung von Applikationsvirtualisierungs- (beispielsweise App-V) und von Virtual-Desktop-Umgebungen unterstützt. Außerdem ist über eine zusätzliche Parametrisierung der Scan-Agent-Komponenten Software Metering möglich, um nicht mehr genutzte Software zu identifizieren, die dann beispielsweise der Wiederverwendung an anderer Stelle zugeordnet werden kann.

Andere SAM-Tool-Hersteller entwickeln keine eigenen Scan-Agents, sondern nutzen Produkte von Drittherstellern und bieten dann dazu in ihren SAM-Tools entsprechende Schnittstellen an. Das ist einerseits ein Vorteil, weil der Entwicklungsaufwand dafür nicht beim SAM-Tool-Hersteller liegt, anderseits aber auch ein Nachteil, falls es den Scan-Agent-Hersteller mal nicht mehr geben sollte oder andere Gegebenheiten eintreten, wodurch dann dieser Scan-Agent nicht mehr weiter genutzt werden kann.

Im Umfeld der großen IT-Umgebungen wäre noch der Microsoft System Center Configuration Manager (SCCM)[23] zu nennen. Dieser stellt neben den bekannten Funktionen für die Verteilung und Bereitstellung von Software u. a. auch Verwaltungs- und Managementfunktionen in Cloud-Umgebungen bereit. Es gibt mittlerweile auch einige Werkzeuge im Client-Management- und Softwareasset- und Lizenzmanagementumfeld, die für den Microsoft SCCM Schnittstellen bieten, um beispielsweise über einen Workflow im Werkzeug eine Deinstallation eines Softwareprodukts auslösen zu können (z. B. weil die Software nicht mehr genutzt wird), und damit nicht nur das Softwareasset-Management, sondern auch das Lizenzmanagement proaktiv unterstützen. Der SCCM fällt „leider" in die Kategorie der „Scan-Produkte mit Regeldatei" und hat außerdem einen Scan-Agent „Client", der eine erhebliche Dateigröße an Installationsdateien aufweist (je nach Konfigurationsstatus bis zu 64 MB, normal wären so um die 4–6 MB). In den letzten Projekten habe ich immer wieder erfahren müssen, dass anfangs der SCCM als Datenlieferant an das SAM-Tool angebunden wurde, aber nach relativ kurzer Betriebszeit bemerkt wurde, dass dieser die benötigten Daten nicht in dem erforderlichen Umfang und der gewünschten Datenqualität liefert und es dann letztendlich doch wieder darauf hinauslief, entweder einen weiteren zusätzlichen

[23] Microsoft SCCM Wiki: *http://de.wikipedia.org/wiki/System_Center_Configuration_Manager*

Scan-Agent auszurollen oder – bei den Snow-Kunden – dass dann letztendlich doch der Snow Scan-Agent eingesetzt wurde und der SCCM seine Softwareverteilungsaufgaben wahrnahm.

Hinweis

Microsoft hatte bereits Ende März 2019 bekanntgegeben, dass Linux- und UNIX-Server ab der Version 1902 des Configuration Managers nicht mehr von diesem unterstützt werden und somit auch (je nach Einsatzszenario im Unternehmen) ein großer IT-Infrastrukturbaustein wegfällt, der auch vom Softwareasset- und Lizenzmanagement mit zu verantworten ist.[24]

Ziehen Sie deshalb Microsoft Azure Management zum Verwalten von Linux-Servern in Betracht. Azure-Lösungen verfügen über eine umfangreiche Linux-Unterstützung, die i. d. R. über den Funktionsumfang des Configuration Manager hinausgeht (einschließlich der End-to-End-Patchverwaltung für Linux). Beachten Sie aber bitte die bereits getroffene Aussage, dass ein rein paketbasierter Scan (rpm/deb) unter Linux aufkopierte Software nicht finden kann, wie auch schon erwähnt, wäre hierfür beispielsweise ein Klassiker das Java Runtime Environment (JRE) oder Java Development Kit (JDK) von Oracle.

Mit der Abkündigung der Linux-Unterstützung des SCCM können Unternehmen ihre Linux-Infrastruktur nicht mehr so einfach verwalten. Microsoft zielt vielmehr darauf ab, mit dem „Microsoft Endpoint Manager“ bestehend aus einer Kombination des Microsoft System Center Configuration Manager (ConfigMgr) und Microsoft Intune die bisherigen noch verschiedenen Verwaltungslösungen zusammenzuführen[25]. Das neue Management System soll auf der Basis des derzeit bestehenden ConfigMgr funktionieren und stetig mit neuen Funktionen erweitert werden. Zudem hat Microsoft angekündigt, das Lizenzmodell zu verändern. Microsoft-Intune-Lizenzen sollen die Möglichkeit bieten, auch den bestehenden ConfigMgr ohne den Erwerb von neuen Lizenzen zu nutzen. Im Rahmen des Updates 1910, veröffentlicht am 4. Dezember 2019 für den ConfigMgr, wurde der Client bereits in den Microsoft Endpoint Manager umbenannt. Zurzeit sind die verschiedenen Verwaltungslösungen von Microsoft als alleinstehende Software oder Cloud Lösung verfügbar. Laut Angaben von Microsoft verwaltet der ConfigMgr zusammen mit Microsoft Intune etwa 200 Millionen Geräte. Microsoft möchte ein zentrales Programm, aus dem die Einrichtung, Bereitstellung, Verwaltung und Sicherung von Endpunkten und Anwendungen im Unternehmen als auch das Co-Management deutlich vereinfacht wird.

Zurzeit umfasst die Verwaltung von Endgeräten folgende Produkte:

- ConfigMgr
- Intune
- Desktop Analytics
- AutoPilot
- Verwaltungskonsole für die Geräteverwaltung

[24] Microsoft Docs: *https://docs.microsoft.com/de-de/mem/configmgr/core/clients/manage/manage-clients-for-linux-and-unix-servers*

[25] System Center Configuration Manager – Wikipedia – *https://de.wikipedia.org/wiki/System_Center_Configuration_Manager*

Die Verwaltung der bestehenden Lösungen soll ab dem Jahr 2020 unter dem Namen Microsoft Endpoint Manager laufen. Stetig neue kommende Funktionen sollen im Laufe der Zeit implementiert werden und langfristig gesehen, soll nur noch die Cloud-(Azure-)Unterstützung präferiert werden. Dieser End-of-Life (EOL) bringt viele Unternehmen, die den SCCM auch zur Verwaltung von Linux-Maschinen einsetzen, in eine schwierige Lage und verursacht (wieder einmal) eine von den Unternehmen so nicht gewollte Änderung der IT-Infrastruktur und erhöht im Softwareasset- und Lizenzmanagementumfeld die Komplexitäten.

11.3.10 Inventarisierung – Open-Source-Werkzeuge

Die Open-Source-Gemeinde bietet in diesem Bereich eine Vielzahl von Tools an. Informieren Sie sich am besten in einschlägigen Userforen zu den verschiedenen Tools und wie sie im praktischen Einsatz bestehen. Hier können Sie davon profitieren, dass andere das eine oder andere Tool ausprobieren und ihre Erfahrungen mitteilen. So brauchen Sie sich nicht mit aufwendigen Tests aufhalten und können ein empfohlenes Produkt ausprobieren.

Im Forum *www.administrator.de* wurden beispielsweise folgende Produkte von den Anwendern lobend erwähnt:

- OCS Inventory NG (*www.ocsinventory-ng.org*),
- Spiceworks (*www.spiceworks.com*).

Oder auch dieses Produkt:

- Opsi (open pc server integration) des Herstellers uib gmbh aus Mainz, ein auf Linux-Servern basierendes Client-Management-System, dessen Kernkomponenten Open Source sind[26]. Im Internet finden Sie eine Fülle von weiteren Werkzeugen und Informationen, vor allem auch aktuelle Erfahrungsberichte.

11.4 Der Scanumfang

Für das Softwareasset- und Lizenzmanagement sind bestimmte Hardware- und Softwaredaten der Systeme zu erfassen, um für lizenzkostenpflichtige Softwareprodukte eine lizenzkonforme Nutzung sicherstellen zu können. Diese teilen sich dann auch noch einmal auf in erforderliche Daten und Parameter für Clients bzw. Server-Systeme.

Erfasste Merkmale der Clients

Die zu erfassenden Daten sollen u. a. folgende Informationen liefern:

- Gerätename
- IP-Adresse
- BIOS-Daten

[26] Open pc server integration: *http://de.wikipedia.org/wiki/Open_PC_Server_Integration*

- CPUID des Prozessors und Chipsatzinformationen
- Festplatteninformationen
- Hauptspeicher
- Betriebssystem (Name, Version, Edition)
- Installierte Anwendungen auf dem Client
  - Name
  - Version
  - Edition
  - Installationspfad
- WMI[27]-Daten
- laufende Windows-Dienste
- ausführbare Dateien (EXE, WFD, WFI, WTD, WTI, SYS2) im Ordner „Programme“ und „Programme(x86)“
- Abfrage von weiteren installierten und aktiven Programmen und Funktionen
- angeschlossene Drucker und Peripheriegeräte

Hinweis:

Bei den zu erfassenden Merkmalen ist sicherzustellen, dass keine schutzwürdigen personenbezogenen Daten im Sinne des Bundesdatenschutzgesetzes bzw. der DSGVO erhoben und verarbeitet werden.

Bei einigen Tools werden durch den Aufruf von bestimmten Powershell-Scripten innerhalb des Inventory-Vorgangs weitere qualitative Verbesserungen der zu erfassenden Softwaredaten erzielt. So kann damit u. a. der Software Identification Tag[28] erhoben bzw. ausgelesen werden, wenn das Softwareprodukt diesen mitführt. Dadurch wird das Softwareprodukt eindeutiger identifizierbar.

Die für Server-Systeme zu erfassenden Daten sind noch um einiges vielfältiger, da die Software auf Servern gänzlich anderen Nutzungsbedingungen unterliegt und die anzuwendenden Lizenzmetriken teilweise sehr stark an die Hardware- oder Virtualisierungskomponente gebunden sind.

Erfasste Merkmale der Server

Dabei werden u. a. die folgenden Merkmale von Server-Systemen erfasst:

- Server-Name
- Hardwareeigenschaften
  - Anzahl der Prozessoren
  - Anzahl der Kerne pro Prozessor

[27] WMI = Windows Management Instrumentation

[28] Uneindeutige Kennzeichnung durch den Hersteller z. B. bei Produkten von Adobe, Autodesk, wird aber erst von wenigen Herstellern unterstützt.

  - Hauptspeicher
  - Festplatten
- Netzwerkinformationen
  - IP-Adresse, Ports
- Virtualisierungseigenschaften
  - Name des virtuellen Hostbetriebssystems des physikalischen Servers
  - Anzahl der installierten virtuellen Server
  - Anzahl der in virtuellen Server-Umgebungen installierten Softwareprodukte
- Anzahl der Geräte- oder Nutzerzugriffe z. B. bei einem Terminal-Server pro Anwendung (wenn aktiviert)
- Software des Servers
  - Betriebssystem des physischen Servers mit Version, Edition
  - Betriebssystem des virtuellen Servers mit Version, Edition
- installierte Softwareanwendungen auf dem Server
  - Softwareprodukte mit Version, Edition
  - Installationspfade
- installierte Datenbanken auf Servern
  - Name
  - Version
  - Edition
  - Installationspfad
  - laufende Windows-Dienste
  - aktivierte lizenzkostenpflichtige Management-Optionen (beispielsweise bei Oracle-Datenbanken)

Hinweis:

Die Notwendigkeit des Erfassungsumfangs für Client, Server und Datenbanken ergibt sich aus der Abdeckung und Zuordnung von Softwareprodukten über:

- hardwarebasierte Metriken (z. B. pro CPU, pro Core, pro PVU)
- gerätebasierte Metriken (z. B. pro Installation, pro Transaktion, pro Terabyte)
- datenbankbasierte Metriken (z. B. lizenzkostenpflichtige Management-Optionen)

Des Weiteren mittels Erhebung und Zuordnung von Benutzerzugriffen über:

- benutzerbasierte Metriken (z. B. pro User, Named User, Concurrent User, Terminal-Server-Zugriffe)

Damit alle diese Daten und Informationen überhaupt ausgelesen und gesammelt werden können, muss ein solches Tool natürlich wissen, wo die Informationen auf den zu erfassenden Systemen zu finden sind.

11.5 Nutzbare Datenquellen zur Inventarisierung

Damit das Lizenzmanagement mit verwertbaren Informationen aus dem Softwareassetmanagement versorgt werden kann, müssen die dafür erforderlichen technischen Daten auch gefunden und über eine gewisse Tiefe analysiert werden.

Dafür dienen beispielsweise folgende Inventarquellen:

- Add/Remove Programs bei Windows bzw. die Paket Repositories (z. B. rpm/deb) bei Linux/UNIX.
  Jede Softwareinstallation trägt sich (wenn es so programmiert wurde) in die Liste der installierten Softwareprogramme ein, worüber dann auch wieder eine Deinstallation erfolgen kann.
- Hier können z. B. die folgenden Daten ausgelesen werden:
  - Name, Hersteller, Version, Sprache
  - Datum der Installation
  - Pfad zur Installationsquelle
  - Pfad zum Deinstallieren (Uninstall String)
  - ausführbare Programmdateien

> Natürlich wäre es gut, wenn sich alle Softwareprodukte an die Eintragung in die oben beschriebene Liste halten würden, aber nicht jedes Softwareprodukt benötigt zur Ausführung eine Installation. Genauso lässt sich auch nicht jedes Softwareprodukt eineindeutig durch bestimmte Eintragungswerte in der Registry identifizieren. Deswegen ist für eine Gesamtübersicht die Erhebung der ausführbaren Programmdateien auf einem System erforderlich. Beispielsweise werden installierte Komponenten einer Microsoft Office Suite nicht aufgeschlüsselt. ■

- Die Informationen von ausführbaren Programmdateien (*.exe) können z. B. folgende Informationen liefern:
  - Hersteller, Softwareproduktname, Produktversion, Sprache
  - Treiber- oder Programmversion
  - Installationsgröße
  - vom Hersteller verwendeter Name der Programmdatei

Weitere mögliche Quellen

Zusätzlich zu den oben bereits angesprochenen Informationsquellen wurde es für die Erhöhung der Genauigkeit erforderlich, noch weitere Quellen zu analysieren. Das wären z. B. die Registry-Einträge bzw. die Registry-Datenbank. So wird der Wert für eine Microsoft-SQL-Server-Installation in der Registry-Datenbank mitgeführt. Diese enthält die Information, ob eine Standard oder Enterprise Edition installiert wurde. Für dieses Beispiel muss also der Scan-Agent auch die Registry-Informationen auslesen.

- *Powershell-Scripte:* Als Beispiel ist hier aufzuführen, dass ab der Version Microsoft Exchange Server 2003 die installierte Version/Edition nur noch über ein Powershell-Script auslesbar ist. Ein weiteres Beispiel sind Autodesk-Softwareprodukte, bei denen der Lizenzschlüssel auch nur noch über ein Powershell-Script ermittelbar ist. Heutige auf dem Markt befindliche und dem Stand der Technik entsprechende Scanwerkzeuge führen selbstständig solche Scripte aus, um weitere Informationen für die Softwareprodukterkennung zu erhalten.
- *Software-Identification-(SWID-)Tags nach der Norm ISO 19770-2*[29]*:* Mit dem SWID-Tag werden dem zu installierenden Softwareprodukt zusätzliche Informationen mitgegeben, welche dann eine spätere, zuverlässigere Erkennung ermöglichen. Das SWID-Tag wird dann auch detailliertere Informationen wie z. B. eine Versionsnummer mitliefern. Die Informationen werden in einer XML-Datei abgelegt und dienen, wie schon gesagt, der Identifikation und auch dem Verwalten der Softwareprodukte über Managementwerkzeuge. Weitere denkbare Szenarien betreffen die Ermittlung, ob das Softwareprodukt Bestandteil einer Suite oder eines Programmpakets ist.

Zum Abschluss ist noch anzumerken, dass nicht immer nur Softwareproduktdaten ermittelt werden müssen, sondern es aufgrund bestimmter anzuwendender Lizenzmetriken auch erforderlich sein kann, zusätzlich verschiedene Hardwaredaten zu erheben, um z. B. Lizenzmetriken auf Basis von Prozessoren, Prozessorkernen o. Ä. für die Darstellung einer lizenzkonformen Nutzung anwenden zu können.

11.6 Daten analysieren, auswerten und aufbereiten (Beispiel des Verfahrensablaufs)

Diesen Kapitelabschnitt lasse ich (nach reiflicher Überlegung) als Grundlageninformation weiter im Buch bestehen. Ich denke, dass wahrscheinlich heute kein IT-Mitarbeiter mehr über diesen Weg Inventory-Daten ausliest - außer vielleicht noch für Ursachenforschung und Troubleshooting bei Treiberproblemen.

Hinweis:

Der Abschnitt vermittelt, wie Inventory-Werkzeuge grundsätzlich arbeiten. Dass die Routinen und erforderlichen Datenbanken, die für eine automatisierte und lizenzkonforme Normalisierung der inventarisierten Datenströme zuständig sind, bei Weitem komplexer sind, versteht sich von selbst. Vor allem sind hier die permanent zu aktualisierenden Softwareübersetzungskataloge der Hersteller das Herzstück, um überhaupt ein normalisiertes und lizenzrechtlich lesbares Softwareinventar erzeugen zu können (siehe Abschnitt 11.3.8 „Softwareproduktkatalog“).

[29] *http://www.iso.org/iso/home/store/catalogue_ics/catalogue_detail_ics.htm?csnumber=65666*

Betrachten wir im Folgenden, nach welchen Grundprinzipien Scan-Tools funktionieren, um eine Inventarisierung durchzuführen, und die Grundlagen für eine Normalisierung der Rohdaten liefern.

Als Beispiel wird das Standard-Windows-Programm „*MSInfo32*" von Microsoft verwendet. Die erforderliche Programmdatei – `msinfo32.exe` – befindet sich im Verzeichnis `C:\Windows\System32`.

1. Über den „Windows-Startbutton" auf „Ausführen" klicken und mit „CMD" und „OK" ein sogenanntes „Dos-Fenster" aufrufen.

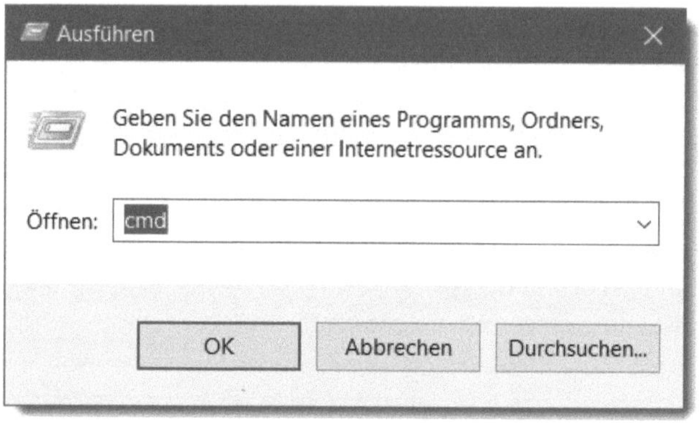

2. Im nächsten Schritt den Befehl `msinfo32.exe/report C:\temp\Test.txt` absetzen.

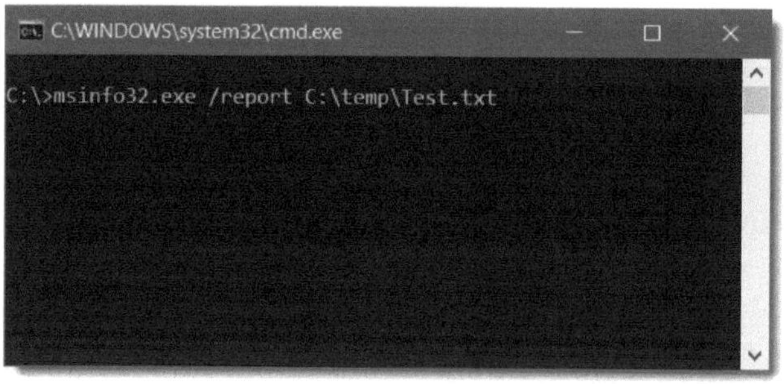

Damit wird der aktuelle Status des Computers in eine Plain-TXT-Datei geschrieben.

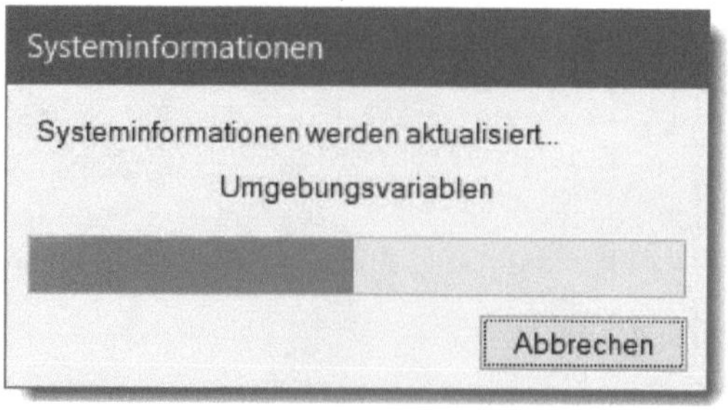

Diese TXT-Datei enthält eine Vielzahl an Informationen zum Hardware- und Softwareinventar, zu den aktiven Services, Treibern, Netzlaufwerkverbindungen und mehr von dem Computer, auf dem das Programm gestartet wurde. Ein Auszug davon (zusammengestellt aus der Originalversion) ist in Bild 11.5 zu sehen. Die gelb markierten Einträge heben den Eintrag zum „snagit32.exe“ hervor.

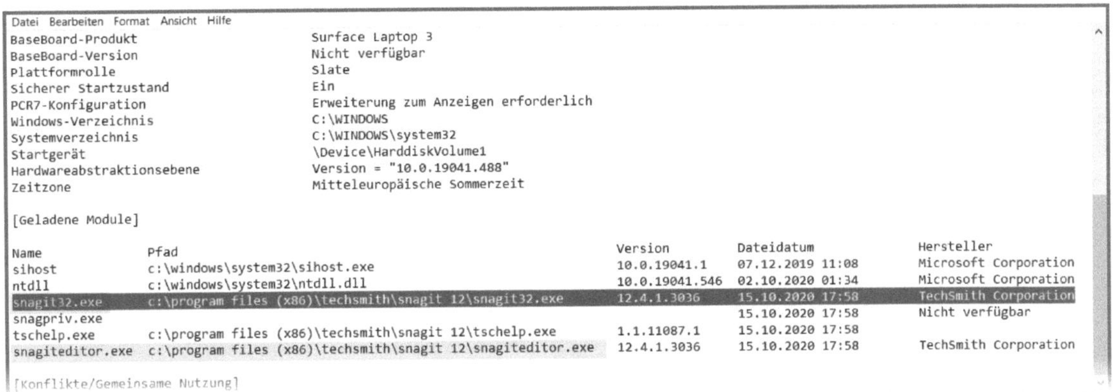

Bild 11.5 Auszug der mit *„msinfo32.exe“* erstellten TXT-Datei mit Systeminformationen

Wenn über „Windows-Startbutton“ und „Ausführen“ die Programmdatei *„msinfo32.exe“* ohne Parameter ausgeführt wird, erscheint das Fenster der Systeminformation (Bild 11.6).

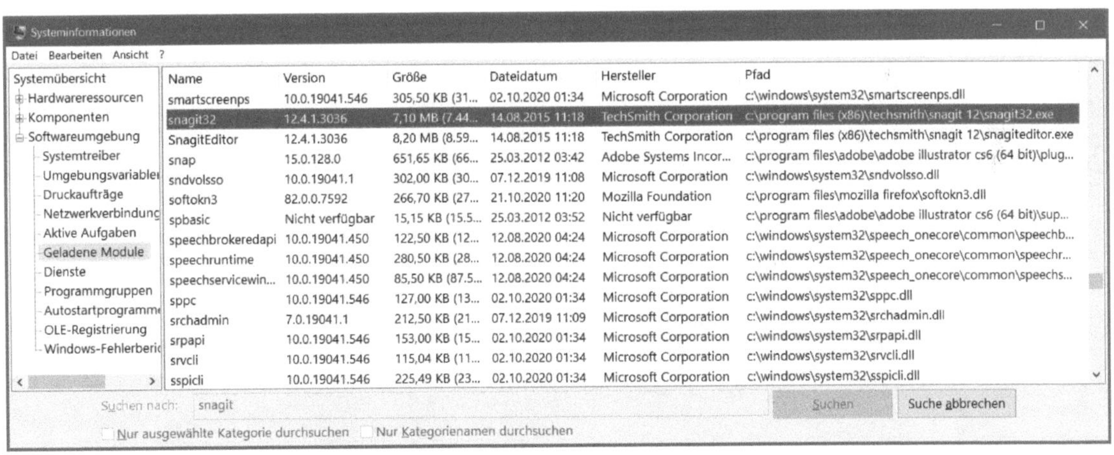

Bild 11.6 Über die Windows-Oberfläche gestartete Systeminformation

Wenn man Bild 11.5 und Bild 11.6 mit den gelb markierten Einträgen betrachtet, kann man sehr gut erkennen, welche Informationen beispielsweise ein Scan-Werkzeug durch einen Inventarisierungsvorgang erfasst. Wenn wir bei dem Beispiel *„Snagit32.exe“* bleiben, dann hat das SAM-Tool darin mit diesen Informationen und unter (zwingender) Zuhilfenahme eines Softwareübersetzungskatalogs folgende Aufgabenstellung: a) Die Informationen zum installierten Softwareprodukt richtig interpretieren, b) erkennen, ob es ein lizenzkostenpflichtiges Produkt ist, c) den erforderlichen „zu zählenden“ Lizenzmetrikparameter bestimmen, d) erkennen, ob der Dateiname „Snagiteditor.exe“ zu „snagit32.exe“ dazugehört, ein eigenständiges Produkt ist oder aber als „Bundeling“ mit „snagit32.exe“ zu bewerten ist. Es muss also festgelegt werden, ob für beide Produkte aus der gleichen Anwendungsfamilie „Snagit“ nur ein Lizenzbedarf erzeugt wird bzw. nur eine Lizenzzuweisung (also eine verbrauchte Lizenz) dieser Installation zuzuweisen ist (entweder automatisiert aus dem SAM-Tool oder manuell im SAM-Tool durch das Lizenzmanagement).

Ist Ihnen vielleicht etwas aufgefallen?

Bei dem Dateinamen *„Snagit“* ist „snagit32.exe“ komplett klein geschrieben, „Snagiteditor.exe“ aber nicht. Das wäre ein Beispiel dafür, dass u. U. die Inventory-Systeme bzw. die nachfolgenden Routinen für die Normalisierung der Rohdaten auf solche Kleinigkeiten achten müssen. ■

Nun lässt sich ungefähr erahnen, was Scan-Werkzeuge leisten müssen, damit am Ende des Tages unsere dringend benötigte Softwareinventarliste mit den technischen Lizenzbedarfen im SAM-Tool entstehen kann. Einen kritischen Punkt haben Sie vielleicht aber jetzt auch schon erkannt. Die Datenstrukturen und Dateinamen, die in den oben aufgeführten Abbildungen zu lesen sind, erklären sich nicht immer von selbst. Um das Ganze verständlicher zu machen, müssen diese Daten jetzt noch durch eine Art Übersetzer laufen, der z. B. mit einem ständig aktuell gehaltenen technischen Softwarekatalog die erhobenen Softwaredaten normalisiert und so ein lizenzrechtlich lesbares Softwareinventar erzeugt. Bild 11.7 zeigt exemplarisch, wie so etwas aussieht.

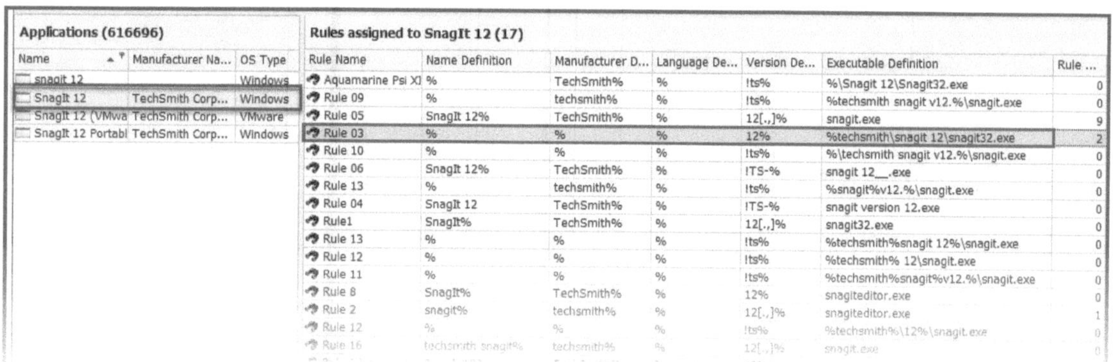

Applications (616696)

Name	Manufacturer Na...	OS Type
snagit 12		Windows
SnagIt 12	TechSmith Corp...	Windows
SnagIt 12 (VMwa	TechSmith Corp...	VMware
SnagIt 12 Portabl	TechSmith Corp...	Windows

Rules assigned to SnagIt 12 (17)

Rule Name	Name Definition	Manufacturer D...	Language De...	Version De...	Executable Definition	Rule ...
Aquamarine Psi XI	%	TechSmith%	%	!ts%	%\Snagit 12\Snagit32.exe	0
Rule 09	%	techsmith%	%	!ts%	%techsmith snagit v12.%\snagit.exe	0
Rule 05	SnagIt 12%	TechSmith%	%	12[.,]%	snagit.exe	9
Rule 03	%	%	%	12%	%techsmith\snagit 12\snagit32.exe	2
Rule 10	%	%	%	!ts%	%\techsmith snagit v12.%\snagit.exe	0
Rule 06	SnagIt 12%	TechSmith%	%	!TS-%	snagit 12__.exe	0
Rule 13	%	techsmith%	%	!ts%	%snagit%v12.%\snagit.exe	0
Rule 04	SnagIt 12	TechSmith%	%	!TS-%	snagit version 12.exe	0
Rule1	SnagIt%	TechSmith%	%	12[.,]%	snagit32.exe	0
Rule 13	%	%	%	!ts%	%techsmith%snagit 12%\snagit.exe	0
Rule 12	%	%	%	!ts%	%techsmith% 12\snagit.exe	0
Rule 11	%	%	%	!ts%	%techsmith%snagit%v12.%\snagit.exe	0
Rule 8	SnagIt%	TechSmith%	%	12%	snagiteditor.exe	0
Rule 2	snagit%	techsmith%	%	12[.,]%	snagiteditor.exe	1
Rule 12	%	%	%	!ts%	%techsmith%\12%\snagit.exe	0
Rule 16	techsmith snagit%	techsmith%	%	12[.,]%	snagit.exe	0

Bild 11.7 Auszugsweise Darstellung einer Normalisierungsaktion am Beispiel von „Snagit“

Die im Bild dargestellte Information bedeutet, dass in dem auf der linken Seite des Bilds dargestellten Abschnitt „Applikation“ dem Softwareprodukt „SnagIt 12“ vom Hersteller „TechSmith Corporation“ unter dem Operating System „Windows“ eine bzw. mehrere „Erkennungsregeln“ zugeordnet wurden, was auf der rechten Seite im Bild zu sehen ist.

In diesem Fall wurde der „*Rule 03*" Folgendes zugewiesen:

- Suche alle „Namensdefinitionen" (z. B. bestimmte Paketierungsbezeichnungen), deswegen der Parameter „%"
- Suche alle möglichen Varianten der „Herstellerbeschreibungen", deswegen auch hier der Parameter „%"
- Suche alle „Sprachdefinitionen", deswegen der Parameter „%"
- Suche alle Versionsnummern, die mit „12.x" beginnen, und z. B. alle weiteren Minor-Versionen wie „12.1", 12.2" usw. - deswegen der Parameter „%"
- Suche den Pfad „%techsmith\snagit 12\snagit32.exe"

Wurden jetzt vom Scan-Agent Rohdaten angeliefert, die über die eben beschriebenen Regeln eine Softwareerkennung (Normalisierung in einem ersten Schritt) ermöglichen, dann sieht das Ergebnis so wie im Bild 11.8 aus.

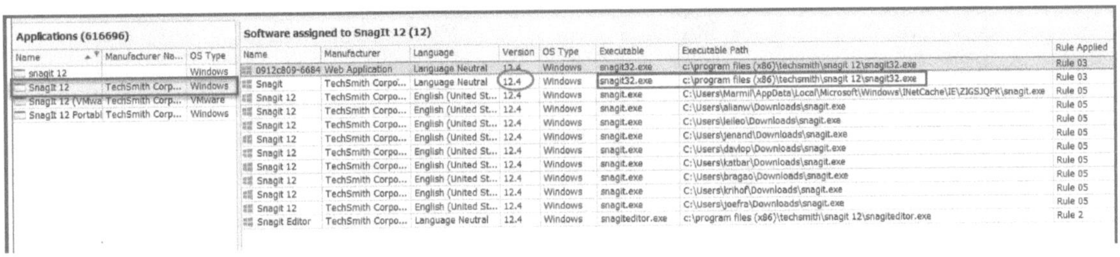

Bild 11.8 Normalisierung (Übersetzung von Rohdaten) am Beispiel von „snagit32"

In Bild 11.8 ist jetzt auf der rechten Seite zu sehen, dass ein angelieferter Softwarerohdatensatz über die konfigurierten Erkennungsregeln (hier „Rule 03") einem Softwareprodukt „Software assigned to SnagIt 12" zugeordnet werden konnte.

Aufgeführt werden: a) der Name (SnagIt), b) der Hersteller (TechSmith), c) die Sprache (Neutral), d) die gefundene Softwareversion (12.4), e) das Operating System (Windows), f) der Name der Programmdatei („snagit32.exe") und g) in welchem Installationspfad die Programmdatei snagit32.exe gefunden wurde (hier „c:\program files (x86)\techsmith\snagit 12\". Zu guter Letzt wird aufgeführt, über welche der konfigurierten Regeln das Softwareprodukt gefunden wurde, hier war es die Regel 03 (Rule 03).

Natürlich sind hier auch viele Softwareprodukte enthalten, die zwar gescannt wurden, aber wofür es noch keine definierten Erkennungsregeln gibt - man bezeichnet sie auch als „Unassigned Software" - weil sie noch nicht in einen lesbaren Softwareproduktnamen „übersetzt" werden können. Unter „Unassigned Software" können auch Einträge enthalten sein, die der Hersteller in seinem Produktkatalog und seinen Fingerprints bereits als „nicht relevant zur Produkterkennung" eingestuft hat.

Nun werden diese Datensätze über einen speziellen Update-Mechanismus dem Normalisierungsteam übermittelt, welches dann die Aufgabe hat, solche „Unassigned Software" zu qualifizieren, zu normalisieren und, wenn die Software eindeutig identifiziert werden konnte, als „Assigned Software" wieder in den Katalog-Update-Zyklus einzufügen, damit dann die partizipierenden Kunden eine „erkannte" Software vorfinden, wie im Abschnitt 11.3.8 „Softwareproduktkatalog" schon beschrieben.

Zum Abschluss zeige ich Ihnen noch, welche möglichen Szenarien betrachtet werden können. Abhängig von den vorzufindenden Voraussetzungen im Unternehmen kann das eine oder andere Szenario auf Ihre Unternehmenssituation zutreffen.

Die Softwareinventarisierung und das Monitoring in Cloud-Umgebungen bilden eine nicht zu unterschätzende Aufgabenstellung. Das gilt auch für die im folgenden Kapitel beschriebene Erhebung und Aufnahme der kaufmännischen Daten wie Softwareverträge und Bestellungen, deren Erfassung Sie in Bild 11.9 bereits mit abgebildet sehen.

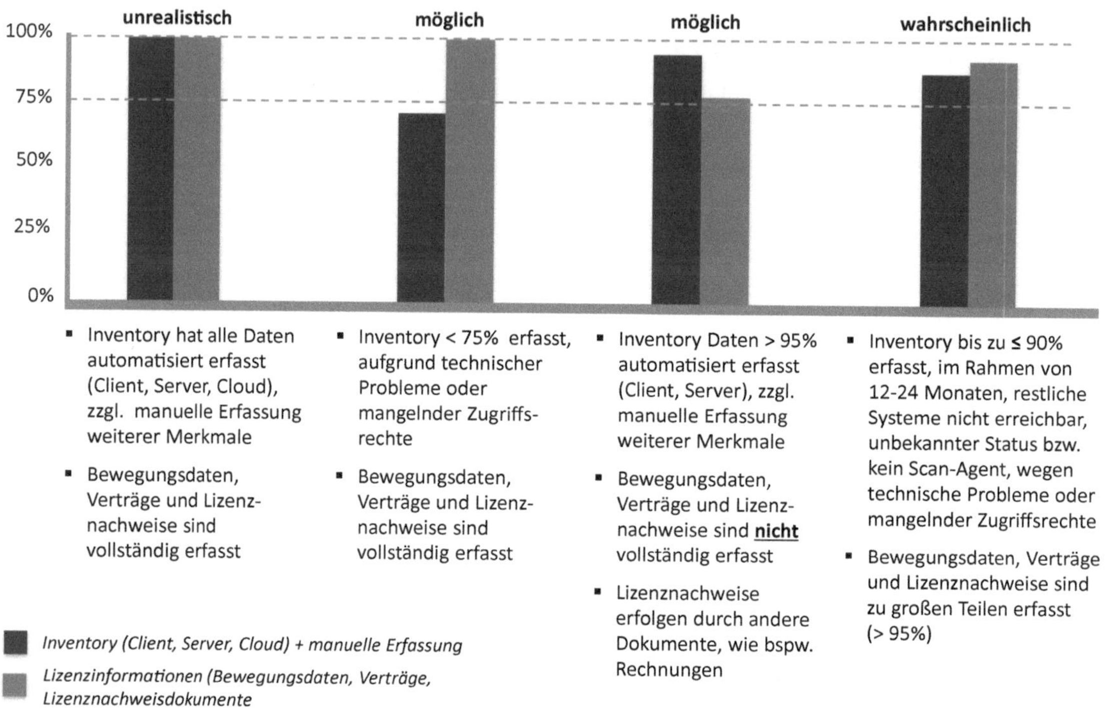

Bild 11.9 Mögliche umsetzbare Datenbestandsszenarien bis zum 31.12.20xx

Fazit:

Wenn Sie die Bestandsaufnahme zur technischen Inventarisierung von Softwaredaten in Ihrem Unternehmen über die verschiedenen Verfahren wie „Agent-based", „Agent-less" oder Cloud Monitoring erstmalig planen, sind dafür bereits in diesem Kapitel einige Empfehlungen ausgesprochen worden, an was alles dabei zu denken ist und wie man vorgehen kann. Nun ist es aber nicht nur wichtig, sich das Einverständnis des Datenschutzbeauftragten, IT-Sicherheitsbeauftragten oder des Personal- bzw. Betriebsrats einzuholen, wenn beispielsweise ein Software Metering erforderlich sein sollte, sondern Sie sollten auch die Mitarbeiter in Ihrem Unternehmen über eine solche Maßnahme rechtzeitig vor Beginn in Kenntnis setzen. Das können Sie über eine E-Mail erledigen, worin Sie kurz beschreiben, was für eine Maßnahme zu welchem Zweck und in welchem Zeitrahmen durchgeführt werden soll. Ein Überblick über die tatsächliche Situation seiner Hard- und Softwarebestände ist für das Softwareasset- und Lizenzmanagement eine wichtige Voraussetzung, um in Verbindung mit den kaufmännischen Daten die an das Lizenzmanagement gestellten Aufgaben zur Einhaltung der Compliance und zur wirtschaftlichen Verwendung von Software zu erfüllen. In der Welt der Inventarisierungstools werden dafür zwei Methoden angewendet: Die eine installiert ein zusätzliches Stück Software auf die Systeme und berichtet dann die entsprechenden Daten an einen zentralen Server. Die andere kommt ohne zusätzliche Software aus, allerdings erzeugt der verantwortliche Server viele Anfragen an die Client-Systeme und damit einen recht hohen Netzwerkverkehr. Diese „Agent-less"-Methode liefert auch nicht immer alle erforderlichen Daten, die z. B. für eine Zuordnung der Hardwarekomponenten zu bestimmten Lizenzmetriken oder für eine Softwarenutzungsanalyse erforderlich sind. Deshalb wird diese Variante oft nur in kleineren IT-Netzwerkumgebungen eingesetzt, bei Momentaufnahmen (Snapshot) bzw. zur Verwaltung und Kontrolle von Serversystemen. Eine Alternative, wenn kein Scan-Agent installiert werden soll oder darf, sind Tools, die das beschriebene installationslose Verfahren unterstützen. Für alle Methoden gleich wichtig ist aber der Hinweis, dass aus den erhobenen technischen Daten (Rohdaten) eine lizenzrechtlich lesbare Softwareinventarliste erstellt werden muss, und dafür ist ein entsprechend umfangreicher und für diese Aufgabenstellung speziell entwickelter Softwarekatalog erforderlich. ■

12 Kaufmännische Bestandsaufnahme der Vertrags- und Softwaredaten

In diesem Kapitel erfahren Sie u. a.,

- warum ein Vertragsmanagement und die Übersicht über die zu den Verträgen gehörenden Softwareprodukte, -daten und -lizenzen für das Lizenzmanagement wichtig sind,
- welche erforderlichen Arbeitspakete für die Recherche und Erfassung von Softwareverträgen zu definieren sind,
- lernen Sie anhand eines Praxisbeispiels, wie die Vorgehensweise zur Erfassung von Softwareverträgen in einem Unternehmen umgesetzt werden kann,
- wie Ihnen eine Checkliste zur Vertragsoptimierung und beispielhafte Maßnahmenbeschreibungen zur Recherche und Konsolidierung von Verträgen eine mögliche Vorgehensweise aufzeigen,
- welche erforderlichen Daten und Informationen für den Aufbau einer Vertragsstruktur vorliegen sollten und welche Vertragsparameter zur Erfassung von Softwareverträgen zu definieren sind,
- wie ein Exceltemplate als Vertragsdatenbank erstellt werden kann, um die zu recherchierenden erforderlichen Softwarevertragsdaten und Informationen aufzunehmen,
- welche Voraussetzungen dafür zu schaffen sind und wie die Vorgehensweise für die Vertragsrecherche erfolgen sollte,
- welche Mindestinformationen aus Softwareverträgen bei den jeweiligen Vertragsstrukturen Haupt-, Unter- und Abonnementvertrag, als Datengrundlage in einem SAM-Tool bereitzustellen sind.

Die Aufnahme der kaufmännischen Vertrags- und Softwaredaten ist eine wichtige Voraussetzung, damit das Lizenzmanagement Transparenz und Lizenzkonformität herstellen kann. Die dafür benötigten kaufmännischen Daten sind in Verträgen und Einkaufsabschlüssen zu finden. Im Rahmen der Aktualisierung für diese Auflage habe ich das Kapitel in zwei Abschnitte unterteilt. Ein großer Abschnitt des Kapitels behandelt die Vorgehensweise zur Bestandsaufnahme von Vertrags- und Softwaredaten außerhalb eines SAM-Tools. Zum Abschluss des Kapitels erfahren Sie, was die heutigen SAM-Tools an Vertragsdetails benötigen, um die lizenzkonforme Nutzung sicherzustellen (Compliance-Aussage). ■

Unternehmen erfassen und verwalten vertragsrelevante Dokumente und Informationen in Vertragsmanagementsystemen. So weit, so gut. Diese sind aber oftmals nicht darauf ausgerichtet, dass auch die speziellen Merkmale von Softwareverträgen (wie beispielsweise Lizenzmetriken) miterfasst werden können. Auf der anderen Seite benötigen die SAM-Tools nur bestimmte Informationen aus den Vertrags- und Lizenzdatendokumenten, um die Abdeckung der entstehenden technischen Lizenzbedarfe lizenzkonform im SAM-Tool abzubilden und zu gewährleisten.

An dieser Stelle entsteht oft schon ein erstes Konfliktpotenzial, weil die Vertragsmanagementsysteme fast immer von anderen Fachbereichen wie dem Einkauf oder der Rechtsabteilung verantwortet werden. Jetzt fordert das Lizenzmanagement hier auf einmal ein Mitspracherecht und stellt eventuell auch noch Forderungen zum Umfang der Bereitstellung von Informationen. Ganz abgesehen davon, dass es dann Themen gibt, wie die Strukturen in dem Vertragsmanagementsystem angelegt sind und wie und in welchem Umfang die benötigten Daten in das SAM-Tool gelangen (sollen) und welches System die Quelle ist oder zu sein hat. Auch bei den Vertrags- und Softwaredaten gilt die Maxime „Sichtbarkeit erfordert Transparenz". Das bedeutet, um einen möglichst umfassenden Überblick zu bekommen bzw. zu haben, sind Strukturen und Vorgehensweisen erforderlich, die das gewährleisten. Insofern sind zu Beginn einer Suche nach einem geeigneten SAM-Tool diese Aspekte umfassend zu betrachten und es ist zu entscheiden, welche Informationen in welchem Erfassungsgrad wo abzubilden sind. Es sollte also ausreichend geprüft werden, ob der Schwerpunkt auf einem möglichst umfangreichen Vertragsmanagement im zukünftigen SAM-Tool-Betrieb liegen soll oder ob die erforderlichen Vertragsinformationen für die Softwareprodukte aus anderen Quelldaten anzuliefern sind. Diese wichtige Entscheidung sollten Sie möglichst schon getroffen haben, bevor Sie die Anforderungsliste für eine SAM-Tool-Evaluierung erstellen (siehe auch Kapitel 15 „Das SAM-Tool evaluieren"). Um aber erst einmal den Weg zur Erfassung der erforderlichen Daten gehen zu können, sollte verstanden werden, warum ein Software-Vertragsmanagement für das Lizenzmanagement so wichtig ist.

12.1 Vertragsmanagement und der Nutzen für das Lizenzmanagement

Verträge sind in unseren Lebensbereichen allgegenwärtig, denn nicht nur schriftliche Vertragsformen, sondern auch mündliche Vereinbarungen können juristisch betrachtet einen vertraglichen Charakter besitzen. Nun sollten Sie sich aber im Lizenzmanagementumfeld nicht auf mündliche Vereinbarungen oder Empfehlungen einlassen, sondern immer alles schriftlich dokumentieren. Sollte es nämlich einmal bei einem Software-Audit zu einem Interpretationsspielraum kommen, ob Ihre bestehende IT-Architektur mit den vertraglichen Nutzungsbedingungen übereinstimmt, sollte das schriftlich belegt sein, denn es ist nicht gerade selten, dass ein bestehendes Standardlizenzmodell eines Herstellers von diesem kundenspezifisch „abgewandelt" wurde, um ein bestimmtes Szenario besser abbilden zu können, und das sollte dann aber auch irgendwo nachvollziehbar schriftlich dokumentiert sein.

Das Vertragsmanagement, vor allem in Bezug auf die Verwaltung von Softwareverträgen, wird ähnlich wie das Lizenzmanagement häufig als Kostenverursacher gesehen. Dabei kann ein gut geführtes Vertragsmanagement neben qualitativem Nutzen auch durchaus quantitative Nutzeneffekte erzeugen.

Die wichtigsten Punkte, die ein Vertragsmanagement erfüllen sollte, sind ähnlich wie beim Lizenzmanagement:

- *Transparenz herstellen*
  - Überblick verschaffen über die vorhandenen Verträge und Bestellungen
  - Einhaltung der gesetzlichen und unternehmensrelevanten Compliance-Anforderungen
  - Einhaltung der Revisionsrichtlinien und Risikomanagementvorgaben
- *Prozesse einhalten*
  - automatisierte Abläufe der erforderlichen Workflows und Informationsweitergaben
  - effizientes Verwalten von Terminen und Vertragslaufzeiten
  - Verwendung von standardisierten Vorlagen und Reports
- *Wirtschaftlichkeit erzeugen*
  - Überblick über abgeschlossene Verträge, Volumen und Konditionen
  - rechtzeitige Verlängerung oder Abkündigung von Verträgen
  - Vermeidung von nicht gewünschten kostenpflichtigen Vertragsbestandteilen4

Hinweis:

Sie merken schon, an das Softwarevertragsmanagement werden die unterschiedlichsten Erwartungen gestellt. So sollen dort Informationen zu Umfang und Rahmen, Laufzeiten, Kündigungsfristen, Kostenaspekten, Preisstaffeln, Sondervereinbarungen wie z. B. kostenfreie Teststellungen oder andere mit den Herstellern oder Lieferanten getroffene Nebenabreden und Zusatzabsprachen verwaltet werden. Des Weiteren benötigt ein Lizenzmanagement aber auch Informationen über die rechtliche Nutzung der Softwareprodukte, die mögliche Art und Anzahl der Nutzungsrechte, mögliche Upgrade-Pfade, den erlaubten Einsatzort oder beispielsweise die vereinbarten Wartungs- und Dienstleistungen zum Vertrag. ■

12.2 Ausgangssituation zur Erfassung von Softwareverträgen

Am häufigsten anzutreffen ist die Situation, dass es (falls vorhanden) im Einkaufssystem oder im Vertragsmanagementsystem keine ausreichende Sicht auf die Metadaten der Softwareverträge oder für die ebenso wichtige Dokumentenablage (Lizenznachweise) gibt (Ursachen dafür können sein, dass unterschiedliche Ablageformen verwendet werden, beispielsweise unter „Sonstige Vertragsdokumente" oder innerhalb von „Einzelbestellungen"). Dadurch ist es oftmals sehr schwierig bis manchmal unmöglich, wichtige Lizenzinformationen zu recherchieren, aufzubereiten bzw. zu erhalten, obwohl diese ja auch in ein SAM-Tool übernommen werden müssen.

Weitere Ursachen sind oft:

- Es ist kein zentrales Vertragsmanagementsystem für Softwareverträge vorhanden.
- Eine zentrale Dokumentation von Softwareverträgen und deren Lizenzmodellen wird nicht umgesetzt.
- Es existiert keine zentrale Sicht über die verantwortlichen Ansprechpartner der einzelnen Softwareverträge.
- Eine automatisierte Überwachung von Vertragslaufzeiten ist nicht umgesetzt.
- Die Dokumentation von Lizenzbeständen aufgrund unterschiedlicher Beschaffungswege und -systeme sowie nicht vorhandenem zentralen Dokumentationstool ist unzureichend.
- Ein Prozess für einen zentral kontrollierten Warenfluss (Wareneingang bei Software/ Lizenzen) ist nicht vorhanden oder unzureichend.
- Die bestehenden SAM-LifeCycle-Prozesse verhindern nicht, dass möglicherweise redundante Softwarebestellungen ausgeführt werden können.

Zu den beispielhaft genannten Ursachen sind möglicherweise weitere Komplexitätstreiber zu beachten:

- Es existieren teilweise mehrere Einzelverträge zu einem Hersteller/Lieferanten mit ähnlichen Inhalten zu unterschiedlichen oder gleichen Konditionen.
- Unterschiedliche Lizenzmodellvarianten in ein und denselben Vertrag erschweren eine einheitliche Abbildung der Lizenzmetriken und erhöhen damit die Komplexität des Compliance-Prozesses.
- Um eine Vereinheitlichung von Lizenzmodellen und Lizenzmetriken in Verträgen steuern zu können, fehlen entsprechende Verantwortlichkeiten.
- Unterschiedliche Beschaffungswege mit fehlender bzw. ungenügender Dokumentation der Lizenzbestände erschweren die geforderte Compliance-Aussage.
- Es gibt keinen einheitlichen Prozess für den Softwarewarenfluss (zentraler/dezentraler Wareneingang) und dessen Dokumentation.
- Fachbereiche bzw. Tochterunternehmen haben keine oder keine ausreichende Übersicht über vereinbarte Verträge und mögliche zentral verhandelte Einkaufsabschlüsse.

Welche Auswirkungen entstehen in solchen Situationen?

- Es können doppelte Beschaffungen erfolgen aufgrund fehlender Information über die vorherrschende Vertragssituation.
- Ebenso können vom lokalen Einkauf Beschaffungen ausgelöst werden, zu teureren Konditionen, weil es keine Information über eventuell global verhandelte Verträge gibt, die günstigere Einkaufskonditionen ermöglichen.
- Aufgrund fehlender zentraler Dokumentationsmöglichkeiten ist nicht bekannt, dass es lokale Beschaffungen zu Softwareprodukten und -lizenzen gibt.
- Ein fehlender Überblick über die aktiven Softwarewartungsverträge begünstigt mögliche Risiken, wenn nicht erkannt wird, dass Wartungsverträge auslaufen und somit gar nicht oder nicht rechtzeitig verlängert werden. Dadurch besteht eine Gefährdung des IT-Betriebs, weil u. U. systemkritische Softwareupdates nicht erfolgen oder der Hersteller keinen Support mehr leistet.

Welche Empfehlungen wären auszusprechen, um den Ursachen und möglichen Komplexitätstreibern begegnen zu können?

- Es sollten Maßnahmen umgesetzt werden, damit ein mehrfaches Vorliegen von Verträgen mit Lieferanten/Hersteller reduziert und möglichst auch konsolidiert werden kann, wie beispielsweise durch die Zusammenführung unterschiedlicher regionaler Verträge in einen globalen Vertrag.
- Legen Sie einheitliche Geltungsbereiche für die abgeschlossenen Softwareverträge fest, wenn beispielsweise an Tochterunternehmen eine Mehrheitsbeteiligung von über 50 % besteht.
- Bestimmen Sie Verantwortlichkeiten, um eine zukünftige Vereinheitlichung der Lizenzmodelle und Lizenzmetriken in Verträgen sicherstellen zu können.
- Vereinheitlichen Sie Lizenzmodelle und Lizenzmetriken und verringern Sie damit die Heterogenität der Lizenzmodelle. Überprüfen Sie die bestehenden Einkaufsbedingungen und passen Sie diese, wenn erforderlich, an eine bessere SAM-Handhabbarkeit an.
- Versuchen Sie eigene, besser handhabbare Lizenzmodelle in Abstimmung mit den Herstellern zu definieren, um die Komplexität für den gesamten Compliance-Prozess zu reduzieren.
- Der Aufbau einer zentral geführten Vertragsdatenbank unterstützt eine transparente Sicht auf die vorhandenen Softwareverträge und Lizenzdokumente.
- Implementieren Sie einheitliche Beschaffungswege beispielsweise über einen für alle Unternehmensbereiche geltenden Rahmenvertrag mit definierten Lieferanten und reduzieren Sie so Beschaffungswege auf ein Minimum.
- Evaluieren Sie Maßnahmen, um eine zentrale Dokumentation von Beschaffungen (hier für Softwareverträge) in einem auch möglichst zentralen Tool zu erfassen und zu verwalten (ein SAM-Tool ist hierfür meistens nicht vollumfänglich ausreichend).

Damit Sie sich das Ganze besser vorstellen können und sich einen besseren Überblick über die Situation und deren Komplexität schaffen können, erläutere ich das einmal anhand eines Praxisbeispiels.

12.3 Praxisbeispiel: Erfassung von Softwareverträgen

Betrachten wir uns dazu zwei Beispiele, auch „Use Case" oder „Anwendungsfall" genannt, wie das zuvor beschriebene in einer Praxiskonstellation aussieht. Etwas abgeändert stammen die Beispiele aus einem von mir begleiteten SAM-Projekt (vor einigen Jahren) eines großen internationalen deutschen Konzerns.

Bestehende Grundproblematik

- Es existiert kein einheitliches System mit einer strukturierten Ablage und Verwaltung für Softwareverträge.
- Durch eine Analyse der Ist-Situation wurde festgestellt, dass über die bisher abgeschlossenen Softwareverträge keine gesamthafte Übersicht im Konzern besteht.
- Eine Auswertung der in den Softwareverträgen vereinbarten Lizenzmodelle kann dadurch nicht erfolgen.
- Eine Konsolidierung von Softwareverträgen und Vertragsinhalten ist aufgrund der o. g. Situation nicht möglich, dadurch können auch mögliche Kosteneinsparungen nicht vollumfänglich erzielt werden.
- Eine konzerninterne Kommunikation über die Einkaufsabschlüsse im Bereich der Softwareverträge wird nur teilweise vollzogen.
- Es existiert ein Einkaufssystem, in dem Dokumente abgelegt werden, für die aber unterschiedliche Ablagestrukturen verwendet werden (beispielsweise unter „Sonstige Vertragsdokumente" oder innerhalb von „Einzelbestellungen").
- Im Einkaufssystem gibt es keine Sicht auf die Metadaten von Softwareverträgen.
- Es kann nicht gewährleistet werden, dass die zu jedem Softwarevertrag gehörenden Softwareprodukte innerhalb des Einkaufsystems identifiziert werden können (diese sind derzeit nur als PDF-Anhang und auch nicht immer vollständig erfasst). Dadurch ist ein erheblicher manueller Ressourcenaufwand für Nacharbeiten zur Erfassung erforderlich.
- Das Einkaufssystem ist kein explizites Vertragsmanagementsystem für Softwareverträge, die erforderlichen Vertragsdokumente werden nur als PDF-Dokument angehängt.
- Eine gesamthafte Übersicht zu den Ansprechpartnern für einzelne Softwareverträge ist im Einkaufssystem nicht abrufbar.
- Gezielte Recherchen im Einkaufssystem nach inhaltlichen Informationen in Softwareverträgen ist nur schwer möglich, eine exakte Suche ist nur über die bekannten Bestellnummern (SAP-Bestellung) sinnvoll und zielführend.
- Bei der bestehenden Ist-Situation ist eine Überwachung von Vertragslaufzeiten und möglichen Vertragsabläufen nicht möglich.
- Die verschiedenen Werke und Standorte haben keine Übersicht über Einkaufsabschlüsse und vereinbarte Konditionen zu den Softwareverträgen, das Einkaufssystem kann nur von den Mitarbeitenden aus dem Einkauf genutzt werden.

Mögliche Komplexitätstreiber zur Grundproblematik

- Auf das Einkaufssystem kann nicht aus allen Werken und Standorten zugegriffen werden, was die Vertrags- und Vertragsinhaltsrecherche erschwert.
- Im Einkaufssystem fehlen u. U. Daten aus einer Altdatenmigration des Vorsystems.
- In den lokalen Werken und Standorten werden eigenständige lokale Einkaufssysteme betrieben, die keine Schnittstelle zum zentralen Einkaufssystem in der Konzernzentrale haben.
- Die Nacherfassung von Softwareverträgen aus dem Einkaufssystem in ein zukünftiges Vertragsmanagementsystem ist mit hohem manuellen Aufwand verbunden.
- Für die Recherchen von Softwareverträgen und einer anschließenden Befüllung in eine zukünftige Vertragsdatenbank, können hohe Ressourcenaufwände (monetär, zeitlich, personell), entstehen.
- Eine teilweise Abbildung von Vertragshistorien ist notwendig bzw. erforderlich.

Tauchen wir einmal etwas tiefer in die einzelnen Aspekte hinein und beginnen mit einer zusammengefassten Ist-Situation von den eben beschriebenen Problemstellungen.

12.3.1 Ist-Situation

- **Keine Übersicht über die heutigen Softwareverträge.** Vertragsdetails sind heute nur wenigen Mitarbeitenden im Einkauf, in der Rechtsabteilung und/oder den Fachbereichen bekannt! Bestehende globale Einkaufsabschlüsse sind nicht in allen Werken und Tochterunternehmen bekannt.
- **Beschaffungen von Software am SAM-LiMa vorbei.** Software wird über verschiedene Wege beschafft, dadurch fehlt der gesamthafte Überblick über die Softwareprodukte. Software wird oftmals am SAM-LiMa-Team vorbei - ohne dieses zu informieren - beschafft.
- **Unstrukturierte Vertragsdaten verhindern rasche Konsolidierung.** Die bisherige Form der Datenablage von Bestellungen/Rahmenverträgen erschweren die Recherchen zu vorhandenen Softwareverträgen!
- **Mehrere Verträge zu gleichen Produktinhalten.** Fehlendes zentrales Budget führte zum Abschluss von mehreren „gleichartigen“ Verträgen. Fehlende Kommunikationswege verhindern eine Vereinheitlichung und Konsolidierung.
- **Das Unternehmen hat zu viele Vertragsmodelle.** Das Unternehmen lässt sich auf unterschiedliche Vertrags- und Lizenzmodelle ein. Dadurch erhöht sich die Komplexität der Verträge und der abzubildenden Lizenzmetriken und das erschwert die Herstellung einer belastbaren Compliance-Aussage.

Um die Problematik strukturiert anzugehen, sollten dazu Arbeitspakete und - ganz wichtig - das, was nicht betrachtet werden soll (Out-of-Scope), definiert und beschrieben werden.

12.3.2 Erforderliche Arbeitspakete

1. Die zu erfassenden Softwareverträge benennen, beispielsweise die Softwareverträge von den Herstellern mit dem höchsten Risikopotenzial für eine eventuell vorliegende Unterlizenzierung bei den lizenzkostenpflichtigen Softwareprodukten.

   Aufgaben:

   - Informationen für die aufzustellende Softwarevertragsliste sammeln.
   - Prüfung der damit verbundenen Schlüssellieferanten.
   - Überblick verschaffen, über weitere von anderen Fachbereichen betreute Verträge.
   - Festlegen der in einer ersten Umsetzungsphase zu analysierenden Softwareverträge, unterteilt nach Risikokriterien (hoch, mittel, niedrig).

   Ergebnisse:

   - Liste mit den zu untersuchenden Softwareverträgen liegt vor.
   - Bestimmung der jeweiligen Vertragsverantwortlichen für die erstellte Liste.
   - Kategorisierung der Softwarevertragsliste nach Vertragsarten (Kauf, Miete, Wartung).

   Risiken:

   - Fehlende Verfügbarkeit weiterer erforderlicher Vertragsexperten.
   - Erforderliches Wissen im Projektteam ist eventuell unvollständig oder nicht vorhanden.
   - Die zur Erfüllung der Aufgabe erforderlichen Dokumente bzw. auch die Recherchesysteme stehen nicht zur Verfügung.
   - Der vorgefundene Ist-Zustand (von Dokumenten bzw. Informationen) ist nicht von den Vertragsverantwortlichen geprüft und bestätigt worden.

2. Erarbeitung eines groben Konzepts für den Umfang und Aufbau eines Exceltemplates für eine Vertragsdatenbank mit Festlegung der zu erfassenden Vertragsparameter.

   Aufgaben:

   - Strukturierung und Aufbau des Excel-Dokuments.
   - Erarbeitung der erforderlichen Feldnamen, Feldattribute und Beschreibungen.
   - Definition der erforderlichen zu erfassenden Werteparameter.

   Ergebnisse:

   - Prototyp als Excel-Datei zur Eingabe von Werten in den festgelegten Vertragsfeldern.

3. Nach Fertigstellung des Exceltemplates erfolgt eine Praxisverprobung zur Vertragserfassung.

   Aufgabe:

   - Befüllung des erstellten Exceltemplates durch die Eingabe von Vertragsdaten mit den jeweils bereits festgelegten Vertragsverantwortlichen aus den Fachbereichen und der Rechtsabteilung.

   Ergebnisse:

   - Praxisverprobung, Befüllung des Exceltemplates mit den Softwareverträgen aus der aufgestellten und priorisierten Softwarevertragsliste.
   - Pro zu erfassendem Softwarevertrag wird eine (1) Excel-Tabelle für die Praxisverprobung befüllt.

- Abfragen des Feedbacks von den Vertragsverantwortlichen, um das Exceltemplate zu verbessern und zu optimieren.

Risiken:

- Die festgelegten Vertragsansprechpartner, die für die Erfüllung der Aufgabe erforderlich sind, haben wenig Ressourcen aufgrund des Tagesgeschäfts.
- Die Befüllung des Exceltemplates durch den Vertragsverantwortlichen wird nicht umfassend geprüft und auf Korrektheit bestätigt.
- Es fehlen zur Befüllung erforderliche Vertragsdokumente bzw. Vertragsbestandteile.

Damit Sie nicht vom Hölzchen aufs Stöckchen kommen, was bei der hier vorliegenden Größenordnung an Komplexität sicher recht schnell passieren kann, sollte von vornherein auch abgestimmt sein, was im Moment dieser Phase nicht mit betrachtet werden soll – man spricht hier auch von einer „Out-of-Scope"-Definition.

12.3.3 Arbeitspakete – Out of Scope

- Das Exceltemplate ist erst einmal nur ein Erfassungs- und Dokumentationssystem für die zu untersuchenden Softwareverträge – es erfolgt keine Ablage der Softwareverträge, es werden nur die Vertragsinhalte recherchiert und ausgelesen, um das Exceltemplate zu befüllen.
- Nicht betrachtet werden Softwareverträge für: mobile Geräte, Smartphones, Telekommunikation, Netzwerkdrucker, eigenentwickelte und produktionsrechnerspezifische sowie Mainframe-Softwareprodukte und -verträge.
- Nicht betrachtet werden Einzelbestellungen von Softwareprodukten ohne Bezug zu einem Softwarevertrag.
- Ein Abgleich mit anderen Systemen aus dem Einkauf erfolgt nicht.
- Eine vollständige Aufnahme aller Softwareverträge über diese Excel-Tabellen erfolgt nicht.
- Das Exceltemplate wird nur als Dokumentationssystem für die zu erfassenden Softwareverträge verwendet, es ist nicht als „Produktiv"-Ablage für Softwareverträge konzipiert. Es werden dort nur die erforderlichen, vorher festgelegten Softwarevertragsinhalte erfasst.
- In dieser Phase erfolgt keine vollständige Befüllung der Excel-Tabellen (der Vertragsdatenbank) mit allen existierenden Softwareverträgen.
- Es erfolgt keine technische Spezifikation für eine Datenbank, um zukünftige Softwareverträge zu erfassen, bzw. es erfolgt auch keine Implementierung bzw. Umsetzung des Exceltemplates in eine Datenbank (beispielsweise SQL).
- Die Excel-Tabellen werden nicht für eine Prozessimplementierung herangezogen.
- Aus den gewonnenen Erkenntnissen werden keine neuen Lizenzmodelle für die allgemeinen Einkaufsbedingungen definiert.
- Mit den Ergebnissen werden keine Neuverhandlungen von Softwareverträgen initiiert.
- Es werden nur lizenzkostenpflichtige Softwareverträge betrachtet, keine Softwareverträge zu Open-Source-Softwareprodukten (beispielsweise Wartungsverträge).
- Der Fokus liegt nur auf der rechtlichen Compliance-Erfüllung, es wird nicht nach Einsparungen gesucht.

12.4 Praxisbeispiel: Use Cases

Die folgende Aufstellung zeigt beispielhafte „Use Cases" zur zuvor beschriebenen Ist-Situation.

Übersicht der identifizierten Use Cases

1. **Keine Übersicht über die aktuellen Softwareverträge.**
2. Beschaffungen von Software am SAM-LiMa-Team vorbei.
3. Unstrukturierte Daten verhindern rasche Konsolidierung des Vertragsmanagements.
4. Es existieren weltweit verteilt drei IBM-Verträge.
5. **Es gibt zu viele Vertragsmodelle für Softwareprodukte.**

Betrachten wir dazu in den nächsten Abschnitten exemplarisch den *„Use Case 1"* und den *„Use Case 5"* etwas ausführlicher.

12.4.1 Use Case 1: Keine Übersicht über die aktuellen Softwareverträge

Das erste Beispiel behandelt die Situation, dass kein ausreichender Überblick über die aktuellen Softwareverträge besteht, weil es dafür keine zentrale bzw. strukturierte Erfassung gibt.

Problemstellung

- Metadaten der Softwareverträge werden nicht zentral erfasst, das Auffinden der Vertragsdokumente ist schwierig.
- Wichtige Vertragsdetails (zu Softwareverträgen) sind nur wenigen Mitarbeitenden vom Einkauf bzw. in der Rechtsabteilung bekannt.
- Eine gesamthafte Übersicht über alle abgeschlossenen Softwareverträge ist nicht möglich.
- Ein performanter Zugriff auf bereits abgeschlossene Softwareverträge ist nicht möglich, es bestehen mehrere Medienbrüche in der Prozesskette.
- Die erforderlichen Faktoren für eine aussagekräftige Lizenz-Compliance sind nicht umfassend bekannt (beispielsweise die vereinbarten bzw. anzuwendenden Lizenzmetriken).

Auswirkungen

- Die anzuwendenden Vertragsinhalte und Konditionen sind nicht allen Werken, Standorten bzw. Tochterunternehmen bekannt, dadurch werden mögliche vereinbarte Konditionen zur Kostenersparnis nicht oder kaum genutzt.
- Das bei einigen wenigen Mitarbeitenden verankerte Know-how ist nicht erfasst. Wenn diese Mitarbeitenden das Unternehmen verlassen, fehlt Wissen.
- Es gibt keine ausreichende Recherchemöglichkeit, um Informationen aus abgeschlossenen Softwareverträgen außerhalb des Einkaufssystems zu erhalten.
- Softwareverträge zu gleichen Produkten wurden mehrfach abgeschlossen (Deutschland, weltweit).

- Die Software-Compliance-Aussagen werden aufgrund der fehlenden Transparenz erschwert bzw. sind nicht umfassend möglich.

Zielempfehlung

- Die aktiven Softwareverträge in einem zentralen Vertragsmanagement-Tool erfassen, welches auch die speziellen Softwarevertragsinformationen mit abbilden kann.
- Aufnahme und Erfassung der vereinbarten Lizenzmodelle als Voraussetzung zur Schaffung einer fundierten Compliance-Aussage.
- Sicherstellung des Kopfwissens der Vertragsverantwortlichen.
- Den dezentralen Einheiten (Werke, Standorte, Tochterunternehmen) den Zugriff auf die Einkaufsabschlüsse ermöglichen, damit bei Beschaffungen auf die vereinbarten Konditionen zugegriffen werden kann.
- Die zuständigen Vertragsverantwortlichen nach Hersteller oder Waren bestimmen/festlegen und nicht nach Budgetverantwortung, ähnlich der Rolle des Softwareproduktverantwortlichen.
- Juristische Vertragsverantwortung in der Rechtsabteilung verorten.
- Bestehende Softwareverträge, die noch im Einkauf oder in anderen Fachbereichen liegen, in den Verantwortungsbereich der Rechtsabteilung überführen.

Umsetzungsempfehlungen

- **Voraussetzungen**
  - Umsetzung des Aufbaus einer zentralen Softwarevertragsdatenbank für die Erfassung und Ablage aller abgeschlossenen Softwareverträge mit der Erfassung der vereinbarten Lizenzmodelle bzw. Lizenzmetriken.
  - Evaluierung eines geeigneten Tools oder Prüfung auf Erweiterung der bestehenden Tools, um die benötigten Softwarevertrags- und Lizenzdaten erfassen zu können.
  - Bereitstellung von Werkzeugen und Systemen, die eine Recherche in den bestehenden Vertragssituationen ermöglichen.
  - Das Management unterstützt die umzusetzenden Maßnahmen zur Anlage und Befüllung einer Vertragsdatenbank.
  - Im Vorfeld ist die Zuordnung von Verantwortlichkeiten für einzelne Softwareverträge abgestimmt worden und die Übertragung der Verantwortung ist erfolgt.
  - Es besteht ein gemeinsamer Konsens, dass Softwareverträge zu konsolidieren sind.
- **Abhängigkeiten**
  - Ein einheitlicher und umsetzbarer Prozess für ein Software-Vertragsmanagement muss vorhanden sein.
  - Formulierung und Verabschiedung von Richtlinien, die eine einheitliche Befüllung der Vertragsdatenbank beschreiben und festlegen.
  - Definieren und festlegen von Verantwortlichkeiten, Rollen und Zugriffsrechten (Vertragsmanager).
  - Prüfung, ob das bestehende Vertragsmanagement-Tool um die Erfordernisse und Belange zur Verwaltung von Softwareverträgen erweiterbar ist.

- Wenn erforderlich, Prüfung, um den Aufbau einer Schnittstelle zwischen den bestehenden Tools und einem neuen Vertragsmanagementtool zu initiieren.
- Die jeweiligen Vertragsverantwortlichen zur Befüllung der Vertragsdatenbank sind identifiziert.
- Mögliches Kopfwissen von Vertragsverantwortlichen wurde aufgenommen und gesichert.
- Die zu erfassenden Vertragsdokumente und Informationen aus dem Einkaufssystem stehen zur Verfügung.

Ergebnisse

- Die Softwareverträge der wichtigsten Softwarelieferanten sind benannt.
- Ein Prototyp zur Vertragsdatenbank mit den erforderlichen zu erfassenden Vertragsparametern wurde als Exceltemplate erstellt.
- Es erfolgt ein Praxistest zur Vertragserfassung im Prototyp der Vertragsdatenbank mit ausgewählten Softwareverträgen der im Vorfeld definierten wichtigsten Softwarelieferanten.
- Der Prozess (siehe auch Bild 12.3) zum zukünftigen Steuern und Verwalten von Softwarevertragsaufgaben ist definiert.

Zusatzinfos Vertragsverwaltung

- Der Prozess startet auf zwei Wegen (Neuvertrag und Vertragsänderung/-ende).
- Eine Vertragsänderung wird durch Zeit (automatisch) bzw. Aktionstrigger (intern/extern) initiiert.
- Die dezentrale Vertragsverwaltung erfolgt durch lokale Rollen (lokaler Vertragsmanager), aber im zentralen Vertragsmanagementsystem.
- Der Zugriff auf die Vertragsdaten soll durch die Rolle Vertragsmanager, das SAM-LiMa-Team sowie durch den globalen und lokalen Einkauf und die Rechtsabteilung erfolgen.
- *Out of Scope*
  - Dokumentenmanagement
  - Lieferantenbeziehungen
  - Kundenbeziehungen

Das zweite Beispiel behandelt die Situation, dass es durch fehlende Transparenz zu viele Vertragsmodelle für Softwareprodukte gibt und dadurch u. U. unterschiedliche Lizenzmodelle zu ein und derselben Softwareanwendungsfamilie (beispielsweise Adobe Acrobat) abgeschlossen bzw. vereinbart wurden.

12.4.2 Use Case 5: Zu viele Vertragsmodelle für Softwareprodukte

Im zweiten Praxisbeispiel liegt der Schwerpunkt darauf, dass es offensichtlich aufgrund verschiedener Rahmenbedingungen zu viele verschiedene vereinbarte Lizenznutzungsvarianten gibt.

Problemstellung

- Es besteht kaum Transparenz über die tatsächlich abgeschlossenen Softwareverträge und die darin vereinbarten und anwendbaren Lizenzmodelle.
- Dadurch wird eine Abbildung von anzuwendenden einheitlichen Lizenzmetriken erschwert und die Komplexität des gesamten Compliance-Prozesses erhöht.
- Es gibt derzeit keine Verantwortlichkeit, um eine zukünftige Vereinheitlichung der Lizenzmodelle und Lizenzmetriken in Softwareverträgen umzusetzen.
- Damit gibt es nur wenig Verhandlungsflexibilität gegenüber Lieferanten bzw. Herstellern, um die Lizenzmodelle zu vereinfachen.
- Das Einkaufsvolumen für Softwareverträge ist zu klein, um über diesen Hebel den Lieferanten bzw. Herstellern Vorgaben zu machen, damit optimierte bzw. vereinfachte Lizenzmodelle vereinbart werden können.
- Aufgrund fehlender Übersicht über die gesamthafte Komplexität des Softwareasset- und Lizenzmanagements existiert kein Verhandlungsfokus auf eine zu erreichende vereinfachende Handhabbarkeit der Lizenzmodelle über alle Softwareverträge hinweg.
- Es besteht keine Definition von handhabbaren bzw. gewünschten Lizenzmodellen, um diese als Grundlage mit in die Softwareverträge aufzunehmen bzw. mit den Herstellern zu vereinbaren.
- Aktuell vereinbarte Softwareverträge bzw. deren Vertragsinhalte sind nicht allen Mitarbeitenden im lokalen Einkauf bekannt.

Auswirkungen

- Es besteht keine umfassende Kenntnis über die tatsächlich vereinbarten Lizenzmodelle.
- Im aktuellen bzw. im zukünftigen SAM-Tool müssen komplexere Compliance-Regeln abgelegt, verwaltet und gesteuert werden.
- Eine vorhandene Komplexität der aktuellen Softwareverträge – in Bezug auf Lizenzmodelle – kann dadurch nicht reduziert werden.
- Etwaige mögliche kosteneinsparende Konsolidierungen können nicht umgesetzt werden.
- Eine fehlende Bündelung von möglichen Einkaufsvolumina erschwert die Chance, bei Vertragsverhandlungen mit Lieferanten oder Herstellern einfachere Lizenzmodelle vorzugeben.

Komplexitätstreiber

Um eine Lösungsmöglichkeit für die Problemstellung und die Auswirkungen erarbeiten zu können, sind in diesem „Use Case“ auch die möglichen Komplexitätstreiber mit einzubeziehen und zu beachten.

- Es bestehen oft Unterschiede bei den Lizenzmodellen, im Umfeld der Client-, Server- und Cloud-Umgebungen, weil u. U. unterschiedliche Hardwareinfrastrukturen berücksichtigt werden müssen.
- Zu viele verschiedene anzuwendende Lizenzmetriken (z. B. Installation per System, per User, Named user, pro CPU, pro CPU-Kerne, Concurrent User usw.) erschweren eine lizenzkonforme Nutzung der Softwareprodukte.

- Oftmals sind unterschiedliche Geltungsbereiche für bestimmte Softwareverträge zu beachten (Unternehmensbereiche, länderspezifisch, Standorte, u. a.).
- Es existieren verschiedene Vertragshierarchien (mehrere Verträge mit unterschiedlichen Bedingungen).
- Bei den Wartungs- bzw. Softwarepflegeverträgen sind oft auch unterschiedliche Laufzeiten vorhanden, aber es ist nicht ungewöhnlich, dass dabei eine Vermischung der Softwareverträge erfolgt (Wartungsverträge und „normale“ Verträge).
- Die Transparenz über mögliche Vertragshistorien (Wechsel von Lizenzbedingungen und Lizenzmetriken) ist nicht einheitlich und umfassend nachzuvollziehen.
- Oftmals werden Spezialbereiche wie Teststellungen, Testumgebungen oder mögliche Zweitnutzungsrechte nicht ausreichend oder gar nicht mitbetrachtet.
- Weitere Komplexitätsgrößen sind Transfermöglichkeiten - sogenannte „Carve outs“[1] -, wo die vereinbarten Lizenzmodelle und Nutzungsbedingungen (z. B. Lizenzmetriken, Sprach-, Plattform- und/oder auch der Organisationswechsel) berücksichtigt werden müssen.
- Mögliche Versionswechsel der vereinbarten Softwareprodukte (Update-/Downgrade-Möglichkeit) sind ebenso zu beachten.
- Es sind die vorliegenden Lizenznachweise, wie z. B. EULAs, Datenträger, Lizenzkeys, Lieferscheine, möglicherweise auch noch Bestellungen mit einzubeziehen, um Softwarevertragskonsolidierungen umsetzen zu können (in Abschnitt 12.2 „Erfassung von Lizenznachweisen - Best Practise“ wird darauf näher eingegangen).

Zielempfehlung

- Es soll geprüft werden, ob die bestehenden Lizenzmodelle in Softwareverträgen zu gleichen Lieferanten/Herstellern konsolidiert werden können.
- Wenn noch kein Vertragsmanagement-Tool existiert, mit dem auch spezielle Informationen zu Softwareverträgen abgebildet werden können, sollte dies in einem zukünftigen zentralen Vertragsdatenbank-Tool umgesetzt werden.
- Das bestehende Kopfwissen der Vertragsverantwortlichen muss gesichert werden.
- Die Verantwortlichkeiten zu den Softwareverträgen soll klar definiert werden (beispielsweise zwischen dem Einkauf und der Rechtsabteilung).
- Softwareverträge sind entsprechend aus den Fachbereichen an den Einkauf bzw. die Rechtsabteilung zu überführen.
- Ein Management Board soll in Abstimmung mit dem Lizenzmanagement einheitliche Vorgaben zu handhabbaren Lizenzmodellen machen, die dann bei neuen Vertragsverhandlungen einzubeziehen und möglichst umzusetzen sind.
- Es sollten Maßnahmen definiert und beschrieben werden, um die Anzahl der vorhandenen Lizenzmodelle verringern zu können.
- Eine Checkliste sollte erarbeitet werden, um zukünftige Richtlinien für weitere Vertragsverhandlungen bereitzustellen und damit auch zu erreichen, dass die Komplexität der Lizenzmodelle verringert werden kann.

[1] Equity Carve-out: *https://de.wikipedia.org/wiki/Equity_Carve-out*

Ergebnis

- Zu erreichende einheitliche und weniger komplex abzubildende Lizenzmodelle in den Softwareverträgen.
- Maßnahmen zur Vereinfachung von Lizenzmanagementprozessen werden umgesetzt.
- Die Herstellung der geforderten Software-Compliance ist weniger komplex.
- Eine Checkliste für den Einkauf liegt vor, um Vertragsverhandlungen schneller und weniger komplex abwickeln zu können.

12.5 Checkliste zur Vertragsoptimierung von Lizenzmodellen

In der folgenden Aufstellung finden Sie beispielhafte Empfehlungen (Best Practises), die für Softwarevertragsverhandlungen berücksichtigt werden sollten.

I. Prüfen der bestehenden allgemeinen Einkaufsrichtlinien, inwieweit diese bereits den EVB-IT-Einkaufsrichtlinien entsprechen, und ggf. diese dann daran ausrichten.

II. Die zu nutzenden Sprachen und zugelassenen Systemplattformen für das Softwareprodukt sollten mit in die Softwareverträge aufgenommen werden.

III. Es ist darauf zu achten, dass Beschaffungen, die nicht über das eigene Warenwirtschaftssystem gesteuert werden, also beispielsweise von einem Serviceprovider durchgeführt werden, aber für den Kunden bereitgestellt werden und auch von diesem über den Service mit bezahlt werden, in den Softwareverträgen mitberücksichtigt werden und auch so gestattet sind (vor allem wichtig, wenn es um Outsourcing und der Beistellung von Software geht).

IV. Wartungs- und Softwarepflegeverträge sollten nicht automatisch verlängert werden. Der Lieferant sollte hier eine Bringschuld haben. Damit erreichen Sie, dass der Lieferant bzw. Hersteller selbst seine Wartungsverträge zur Verlängerung aktiv steuern muss.

V. In weltweit aufgestellten Unternehmen sollten globale Softwareverträge möglichst so vereinbart werden, dass auch alle Unternehmensteile daran partizipieren können, um vereinfachte Beschaffungen an lokalen Standorten in den dezentralen Einkaufsabteilungen zu ermöglichen.

VI. In einem zentral geführten Vertragsmanagement-Tool sollten einheitliche Ablagerichtlinien und Namenskonventionen definiert sein, damit die Verantwortlichen es einfacher haben, über bestimmte Kriterien in der Datenlage recherchieren zu können.

VII. Bevor Beschaffungen durch den lokalen bzw. dezentralen Einkauf getätigt werden, sind immer bestehende Einkaufsabschlüsse auf Anwendbarkeit zu prüfen.

VIII. In den abzuschließenden Vereinbarungen zu den Softwareverträgen ist darauf zu achten, dass modulare und flexible Anpassungsmöglichkeiten seitens des Vertragsgebers eingeräumt werden, um z. B. einen erforderlichen Lizenzmetrik-, Sprach-, Plattform- oder Organisationswechsel einfach umsetzen zu können.

Sehen wir uns einmal exemplarisch an, wie eine Beschreibung und die Strukturierung von Maßnahmen aussehen kann.

12.6 Beispielhafte Maßnahmenbeschreibung zur Recherche und Konsolidierung von Verträgen

Als Erstes betrachten wir den allgemeinen Aufbau einer Maßnahmenbeschreibung und deren inhaltliche Struktur.

Struktur der Maßnahmenbeschreibung

1. Welche **Potenziale** ergeben sich aus dieser Maßnahme?
2. Was sind die **genauen Inhalte der Maßnahme**?
3. Mit welchem **Aufwand** ist die Maßnahme umzusetzen (Zeit und Ressourcen)?
4. Welche **Voraussetzungen** müssen für die Umsetzung der Maßnahme erfüllt sein und welche **Abhängigkeiten** gibt es?
5. Welche **Risiken** bestehen für die Umsetzung dieser Maßnahme?
6. **Wer** muss an der Umsetzung der Maßnahme **beteiligt** sein?
7. In welchem **Zeitrahmen** sollte die Umsetzung erfolgen – **eingebunden in den Gesamtzeitplan**?

Starten wir mit der Benennung der Maßnahme.

Titel der Maßnahme: Recherche und Konsolidierung von Verträgen

- Welche **Potenziale** ergeben sich aus dieser Maßnahme?
  - Transparenz herstellen bzw. erhöhen
  - Voraussetzung schaffen für die Erfassung von kaufmännischen Daten in einer zukünftigen Vertragsdatenbank (VDB)
  - Bereitstellung einer gesamthaften Übersicht über alle aktuellen Softwareverträge und -lizenzen
  - Möglichkeiten und Voraussetzungen schaffen, um Einkaufsvolumen bündeln zu können
  - Verringerung der momentan bestehenden Komplexität in den Softwareverträgen
- Was sind die genauen **Inhalte der Maßnahme**?

  Ausgewählte Verträge/Produkte/Lieferanten (nach Risikofaktoren) konsolidieren:
  - Erstellung eines Exceltemplates mit einer anschließenden initialen Befüllung der zu recherchierenden bzw. zu konsolidierenden Softwareverträge und deren Softwareprodukten
  - Identifizierung der Vertragsverantwortlichen aus dem Bereich lokaler Einkauf und der Rechtsabteilung
  - Durchführung von Recherchen in den bereitgestellten bzw. vorhandenen Vertragsablagesystemen und in Fachbereichen, die bis dato Softwareverträge aufbewahren
  - Umsetzung der Befüllung des Exceltemplates mit den gewonnenen Erkenntnissen und Daten sowie weiterer recherchierter Daten durch lokalen Einkauf
  - Nachfolgende Auswertung und Analyse der erfassten Informationen und Daten als Ergebnisgrundlage für weitere anzustrebende Konsolidierungsmaßnahmen

- Mit welchem **Aufwand** ist die Maßnahme umzusetzen (Zeit und Ressourcen)?

  Zeit:

  - 30 Tage für: Verträge vorauswählen und Lieferanten identifizieren, Softwarevertragsliste erstellen
  - Acht Wochen für: Befüllung des Exceltemplates durch lokalen Einkauf

  Aufwand:

  - Gering, < 50 TEUR, mit internen Mitarbeitenden zu bewerkstelligen
  - Weitere Umfänge und Rechercheaufwendungen durch den lokalen Einkauf sind derzeit nicht bezifferbar aufgrund des weiterlaufenden Tagesgeschäfts.
- Welche **Voraussetzungen** müssen für die Umsetzung der Maßnahme erfüllt sein und welche **Abhängigkeiten** gibt es?
  - Die Bedarfsplanung wurde abgeschlossen.
  - Die einzusetzenden Ansprechpartner sind identifiziert und informiert.
  - Das anzuwendende Exceltemplate mit Beschreibung und Ausfüllanleitung ist erstellt und abgestimmt.
  - Eine initiale Beladung des Exceltemplates ist mit den vorausgewählten Softwareverträgen und -produkten sowie Lieferanten erfolgt.
  - Das vorbefüllte Exceltemplate wurde an die festgelegten Ansprechpartner zur weiteren Vervollständigung versendet, ein Zeitplan für den Rücklauf ist aufgestellt.
- Welche **Risiken** bestehen für die Umsetzung dieser Maßnahme?
  - Die erforderlichen Ansprechpartner und Vertragsverantwortlichen konnten nicht umfassend identifiziert werden.
  - Das existierende individuelle Kopfwissen einzelner Personen kann nicht aufgeschrieben und erfasst werden.
  - Die bestehenden lokalen Einkaufssysteme können nicht die erforderlichen Informationen und Daten in der geforderten Qualität und Quantität bereitstellen.
  - Möglicherweise in Papierform vorliegende Softwareverträge, die sich noch vor Ort befinden, können nicht erfasst werden, weil zu aufwendig oder durch die Gegebenheiten nicht möglich.
  - Es gibt im Team zu der umzusetzenden Maßnahme Verständigungsprobleme (sprachlich, fachlich) oder in Bezug auf das Ziel - was wollen wir erreichen?
  - Die erforderliche lokale Kooperationsbereitschaft ist nicht gegeben oder vorhanden.
  - Die im Fokus stehenden Hersteller/Lieferanten lassen eine Konsolidierung der Softwareverträge nicht zu.
- **Wer** muss an der Umsetzung der Maßnahme **beteiligt** sein?
  - Einkaufsbereich, Rechtsabteilung, Jurist bzw. Rechtsanwalt, Projektbeteiligte
  - Mitarbeitende des lokalen Einkaufs in den jeweiligen Werken, Standorten oder Regionen
  - Mitarbeitende des lokalen IT-Betriebs mit den Servicebeteiligten
  - Das eingesetzte Team zur Entwicklung und Bereitstellung des Exceltemplates als Vertragsdatenbank

- In welchem **Zeitrahmen** sollte die Umsetzung erfolgen – **eingebunden in den Gesamtzeitplan**?

  Zeitrahmen:

  - Ab „Monat“ beginnend mit Umsetzung der Vorbereitungen
  - Schulung und Einweisung zur Nutzung des auszufüllenden Exceltemplates
  - Ab „Monat“ + vier Wochen beginnend Verteilung der Exceltemplates
  - Erfassung der Daten und Informationen in das Exceltemplate: laufend bis Jahresende mit stetiger Erweiterung der zu erfassenden Softwareverträge und -produkte sowie weiterer aufzunehmender Lieferanten nach Priorisierung durch das SAM-LiMa-Team.

  Gesamtzeitplan:

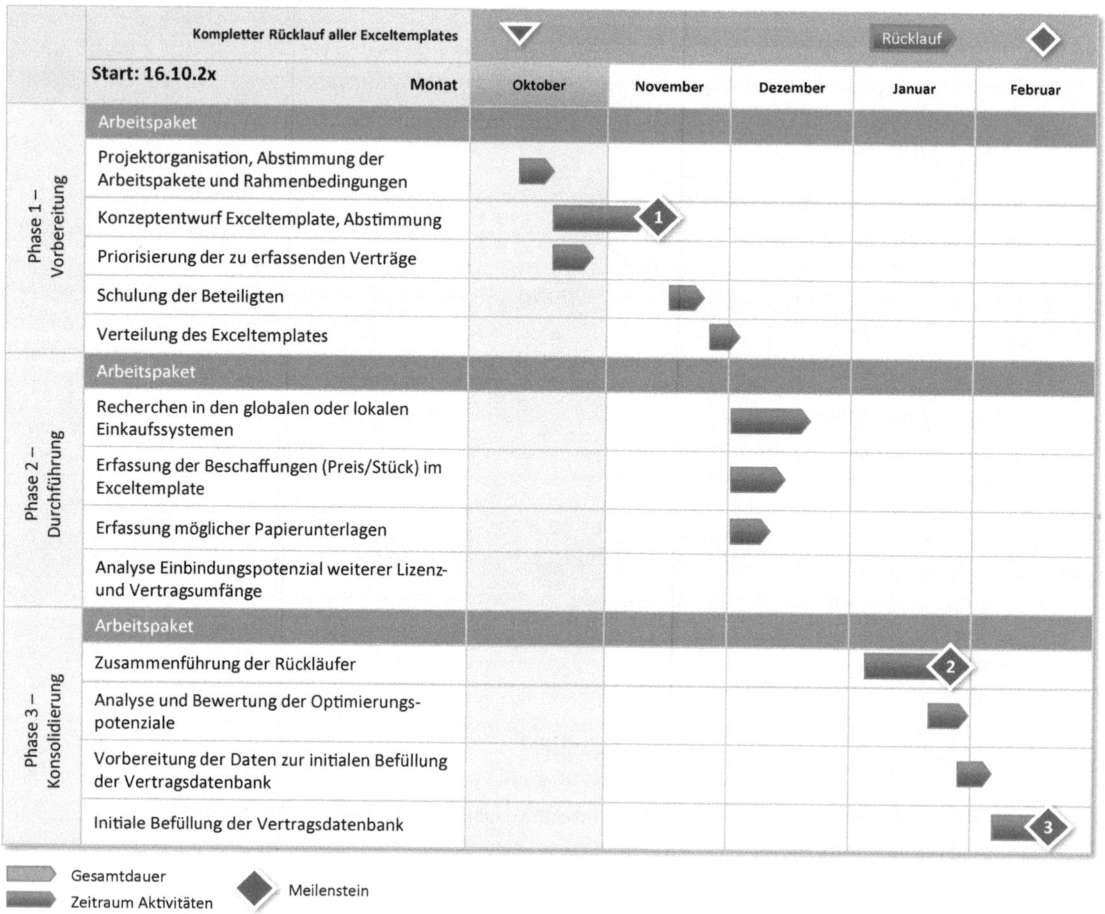

Bild 12.1 Beispielhafter Phasen- und Gesamtzeitplan für die Recherche von Verträgen

Die beiden Praxisbeispiele haben aufgezeigt, dass es unterschiedliche Schwerpunkte bei den Problemstellungen zur Verwaltung von Softwareverträgen gibt und auch die entsprechenden Komplexitätstreiber mit beachtet werden müssen. Die folgenden Kapitelabschnitte beschreiben dazu eine mögliche Vorgehensweise.

12.7 Prozessschritte zum Erfassen der Softwareverträge

Im Bild 12.2 sind die grundlegenden Prozessaktivitäten für die Umsetzung der Ergebnisbeschreibung zum „Use Case 1“ abgebildet.

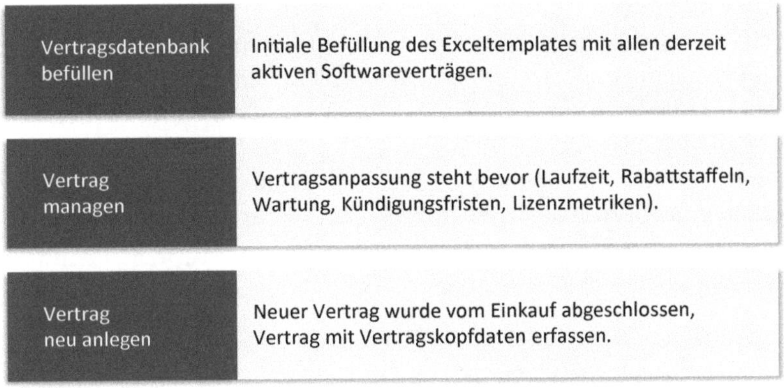

Bild 12.2 Grundprozesse zur Anlage und Erfassung von Softwareverträgen

Hinweis:

Das hier in der Ergebnisaufstellung beschriebene Exceltemplate „Prototyp Vertragsdatenbank“ wird im Abschnitt 12.8.4 „Beispielhafte Vertragsdatenbank mit Excel“ dargestellt und erläutert.

Exemplarisch sind im Bild 12.3 die groben Prozessschritte für den Prozess „*Vertragsdatenbank befüllen*“ grafisch dargestellt.

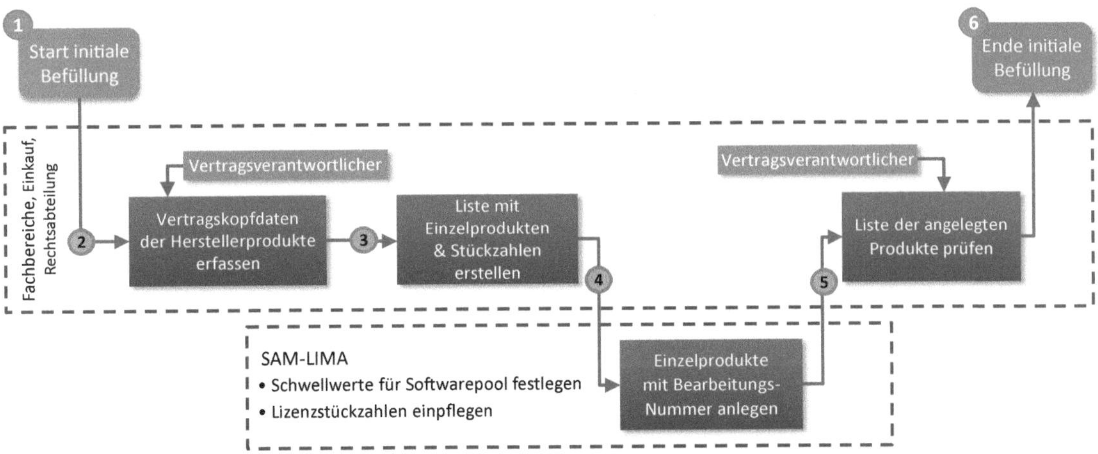

Bild 12.3 Grober Prozessablauf zur Anlage und Erfassung von Softwareverträgen

Die Prozessschritte dazu lauten:

1. Das initiale Befüllen der Vertragsdatenbank (Exceltemplate) wird gestartet.
2. Die identifizierten Vertragsverantwortlichen aus den angesprochenen Bereichen befüllen das Exceltemplate mit ihren Softwareverträgen auf der Ebene der Vertragskopfdaten.
3. Die Vertragsverantwortlichen erstellen daraus eine Liste mit den zu verantwortenden Einzelprodukten, mit Stückzahlen und anzuwendender Lizenzmetrik und übergeben diese Liste an das SAM-LiMa-Team, um daraus pro Datensatz eine eineindeutige Bearbeitungsnummer zu generieren.
4. SAM-LiMa erstellt aus der Excel-Liste zum jeweiligen Einzelprodukt eine eineindeutige Bearbeitungsnummer mit Lizenzmetrik und Stückzahlen. Die angelegten Daten mit den jeweiligen Bearbeitungsnummern werden wieder an die Vertragsverantwortlichen zur Qualitätsprüfung zurück übermittelt.
5. Der Vertragsverantwortliche prüft die für seine Produkte vom SAM-LiMa-Team angelegten Bearbeitungsnummern und ob Stückzahlen und Lizenzmetriken stimmig sind.
6. Das Anlegen der Softwarevertrags- und Produktdaten eines Vertragsverantwortlichen ist abgeschlossen.

12.8 Erforderliche Daten und Informationen

Bei einer geplanten Neueinführung eines Vertragsmanagementsystems sollte gleich zu Beginn darauf geachtet werden, dass dieses System auch Software-, Wartungs- und Lizenzverträge mit verwalten kann. Soll ein bestehendes Vertragsmanagement um die Verwaltung von Softwareverträgen erweitert werden, muss eine Abgrenzung erfolgen, welche Informationen im Vertragsmanagement und welche beispielsweise in einem SAM-Tool gepflegt werden sollen.

Hinweis:

Die heutigen SAM-Tools verarbeiten nur ein paar wenige wichtige Daten aus den Verträgen, und zwar genau so viele, wie für die Verarbeitung und Herstellung der Software-Compliance im SAM-Tool erforderlich sind. Deswegen eignen sich die SAM-Tools auch weniger dafür, ein komplettes Softwarevertragsmanagement abzubilden und zu steuern. Die gängige Praxis zeigt, dass in einem „sowieso" bereits existierenden Vertragsmanagement-Tool meistens auch die Softwareverträge mit abgelegt werden, mit den Einschränkungen und Konsequenzen, wie bereits zuvor beschrieben.

Auch aus diesem Aspekt heraus ist es wichtig, dass bei dem bereits vorhandenen oder neu zu implementierenden Vertragsmanagement-Tool darauf geachtet wird, die Anforderungen zu Erfassung und Abbildung von Softwareverträgen einzuhalten.

Dazu gehört auch, auf mögliche entsprechende Datenschnittstellen zu achten, damit später (oder überhaupt) ein möglichst automatisierbarer und medienbruchfreier Datenaustausch zwischen Vertragsmanagement-Tool, SAM-Tool und ggf. auch einem ERP-Tool (z. B. SAP) erfolgen kann. ■

Daraus würden sich dann mindestens zwei Ablageorte ergeben, wo Informationen zu den Verträgen bzw. daran gekoppelte Lizenzinformationen abgelegt werden:

- Ein System, das die Software- und Wartungsverträge verwaltet, mit den Daten zu den Softwareverträgen und deren Vertragslaufzeiten sowie juristischen und kaufmännischen Informationen (z. B. Informationen, die mit einem SAP-System ausgetauscht werden, beispielsweise eine Verknüpfung der angelegten Materialnummern zu Artikeln in den Vertragspositionen der Softwareverträge).
- Ein SAM-Tool, welches Lizenzinformationen (vereinbarte Nutzungs- und Wartungsrechte (z. B. erlaubte Upgrade-Pfade), anwendbare Lizenzmetriken (z. B. „pro Gerät" oder „pro Prozessor") oder die anwendbaren Mengen) abbildet.

12.8.1 Welche Vertragsformen sind für ein Lizenzmanagement relevant?

In einem SAM-Tool sollten mindestens alle benötigten Softwareverträge (sowohl als Haupt- als auch als Unterverträge anlegbar) verwaltet werden können.

Die Unterteilung der Vertragsstruktur wird häufig durch die folgenden Vertragsbegriffe definiert:

- *Hauptvertrag:* Im Hauptvertrag werden die Bestimmungen und Regelungen sowie der Zeitrahmen für die untergeordneten Verträge oder Aufgaben festgelegt. An Hauptverträge werden üblicherweise auch Lizenzen angehängt.
- *Untervertrag:* Der Untervertrag wird im Kontext und im Rahmen eines übergeordneten Hauptvertrags angelegt.
- *Abonnementvertrag:* Dieser gilt nur für einen festgelegten Zeitraum. Lizenzen, die Teil eines Abonnementvertrags sind, gelten nur innerhalb des Gültigkeitszeitraums des Vertrags und sind nach dessen Ablauf „ungültig".

Hinweis:

In der Praxis gibt es zwei verschiedene Möglichkeiten zur Verwaltung von Abonnements, abhängig davon, wie der Ablauf anhand der Nutzungsrechte für die Softwareanwendungen gehandhabt wird:

a) Laufen alle Softwarelizenzen innerhalb der Laufzeit eines solchen Vertrags ab, sollte ein Abonnementvertrag erstellt werden. Hier entfällt das einzelne Hinzufügen von Zeiträumen an jede einzelne Softwarelizenz, die mit diesem Vertrag verbunden werden soll.

b) Sollen einem Vertrag Softwarelizenzen mit unterschiedlichen Ablaufzeiten zugeordnet werden oder laufen Softwarelizenzen erst nach der Verlängerung eines Vertrags ab, sollte dafür kein Abonnementvertrag verwendet werden.

c) Im Fall von b) sollten die einzelnen Ablaufzeiten den Softwarelizenzen zugeordnet werden und nicht dem zuzuweisenden Vertrag.

Die sechs wichtigsten Standardvertragstypen sind:

- *Softwarevertrag:* Diesem Vertragstyp werden auch die *Softwarelizenzen* zugeordnet.
- *Wartungsvertrag:* Dieser Vertragstyp wird nur für die Abbildung der *Wartung von Hardwareprodukten* angewendet.
- *Supportvertrag:* Dieser Vertragstyp wird nur für die Abbildung von *Supportvereinbarungen von Hardwareprodukten* angewendet.
- *Kaufvertrag:* Dieser Vertragstyp wird nur für das *Erfassen von Kaufverträgen für Hardwareprodukte* verwendet.
- *Individuelle Verträge:* Das SAM-Tool sollte einen allgemeinen Vertragstyp bereitstellen können, der sich für Verträge jeder Art verwenden lässt.
- *Oracle-Vertrag:* Viele SAM-Tools haben bereits spezifische „Standardvertragsvorlagen" der gängigen Hersteller im Portfolio. Dieser hier würde exemplarisch ausschließlich für Oracle-Verträge angewendet werden, z. B. Oracle Support and Software Updates Agreement oder Oracle ULA (Unlimited License Agreement).

Tipp:

Für die Zuordnung von Lizenznachweisen, sowohl für Softwarenanwendungen mit einem Vertragsbezug als auch für Einzellizenzen, bzw. Beschaffungen wird empfohlen, eine entsprechende Vertragsstruktur und -beschreibung im SAM-Tool bzw. in einer (auch möglichen) Excel-Tabelle anzulegen.

Vorteil: Wie bereits zuvor ausgeführt, werden angelegte Vertragsattribute (Laufzeiten, Upgrade-Rechte) vom Vertrag an die ihm zugeordneten Softwarelizenzen vererbt, so können auch relativ unkompliziert alle dem Vertrag zugeordneten Softwarelizenzen automatisch mit gelöscht werden, sobald dieser Vertrag gelöscht wird.

Nicht alle aktiven Softwareproduktlizenzen in einem Unternehmen sind über spezielle Herstellerverträge beschafft bzw. diesen zuzuordnen. So gibt es durchaus immer eine signifikante Anzahl von sogenannten „einzelnen Softwarelizenzen". Damit auch diese in einer strukturierten Form erfasst und verwaltet werden können, hat sich die folgende Best-Practise-Vorgehensweise bewährt.

12.8.2 Empfohlener Aufbau der Vertragsstrukturen

Bereits bei der Überlegung, wie am besten die Strukturen zur Verwaltung der Softwareverträge aussehen sollen und in Bezug auf die Empfehlung aus den vorher Gesagten - dafür auch Haupt- und Unterverträge anzuwenden -, wäre der folgende Strukturaufbau eine mögliche Umsetzung.

Haupt- und Untervertrag

Als Erstes sollte immer ein Hauptvertrag angelegt werden (hier als Softwarevertrag), unter diesem können dann beliebige weitere Unterverträge angelegt/strukturiert werden.

Ein Beispiel: Es sollen alle Microsoft-Verträge unter einem „großen" Hauptvertrag angelegt werden, der Aufbau wäre dann wie in der folgenden Tabelle dargestellt:

Vertragsname	Hauptvertragsnummer	Untervertragsnummer	Vertragstyp	Abonnementvertrag	Gültig von	Gültig bis
Microsoft	MS-10000		SOFTWARE	Nein	01.01.2000	31.12.2099
Microsoft Global		MS-10001	SOFTWARE	Nein	01.01.2000	31.12.2099
Microsoft Global 2019	Bezieht sich auf MS-10001	MS-10002	SOFTWARE	Ja	01.06.2019	31.05.2020
Microsoft Global 2020	Bezieht sich auf MS-10001	MS-10003	SOFTWARE	Ja	01.06.2020	31.05.2021
Microsoft Einzel 2019	Bezieht sich auf MS-10000	MS-10004	SOFTWARE	Nein	01.01.2000	31.12.2099
Microsoft Einzel 2020	Bezieht sich auf MS-10000	MS-10005	SOFTWARE	Nein	01.01.2000	31.12.2099

Die Tabelle enthält auch ein Beispiel (Microsoft Einzel 2019, 2020) für das Handhaben der Erfassung und Zuordnung von einzelnen Softwarelizenzen, um diese in eine Vertragsstruktur zu bekommen.

In einem SAM-Tool würde das dann ungefähr folgendermaßen aussehen:

Vertrag	Vertragstyp	Vertragsnummer	Vertragspartner	Aktive Vertragslaufzeit	Abonnement	Upgrade-Rechte
Microsoft	Softwarevertrag	MS-10000	Microsoft	01.01.2000 - 31.12.2099	Nein	Nein
Microsoft Global	Softwarevertrag	MS-10001	Microsoft	01.01.2000 - 31.12.2099	Nein	Nein
Microsoft Global 2019	Softwarevertrag	MS-10002	Microsoft	01.06.2019 - 31.05.2020	Ja	Ja
Microsoft Global 2020	Softwarevertrag	MS-10003	Microsoft	Kein aktiver Zeitraum	Ja	Ja

Die nächste Tabelle beschreibt eine Struktur zum Anlegen von Verträgen für die Zusammenführung von Softwareeinzellizenzen mit beschränkter Laufzeit (möglicher vereinbarter Wartung) – hier exemplarisch mit dem Hersteller „*TechSmith*" und einem vereinbarten Gültigkeitszeitraum vom „*19.09.2018 bis zum 30.09.2021*". In diesem speziell angelegten Szenario werden Softwareeinzellizenzen als „*Volumenlizenzen mit Wartung*" deklariert.

Vertragsname	Hauptvertragsnummer	Untervertragsnummer	Vertragstyp	Abonnementvertrag	Gültig von	Gültig bis
TechSmith	TS-10000		SOFTWARE	Nein	01.01.2000	31.12.2099
TechSmith Vertrag	Bezieht sich auf TS-10000	TS-10001	SOFTWARE	Nein	01.01.2000	31.12.2099
TechSmith 2018-2021	Bezieht sich auf TS-10001	TS-10002	SOFTWARE	Nein	19.09.2018	30.09.2021

In der folgenden Abbildung ist noch einmal ein Screenshot aus einem SAM-Tool mit dem Beispiel eines „Abbyy Einzelvertrags“ und den dort zugeordneten Softwarelizenzen zu sehen.

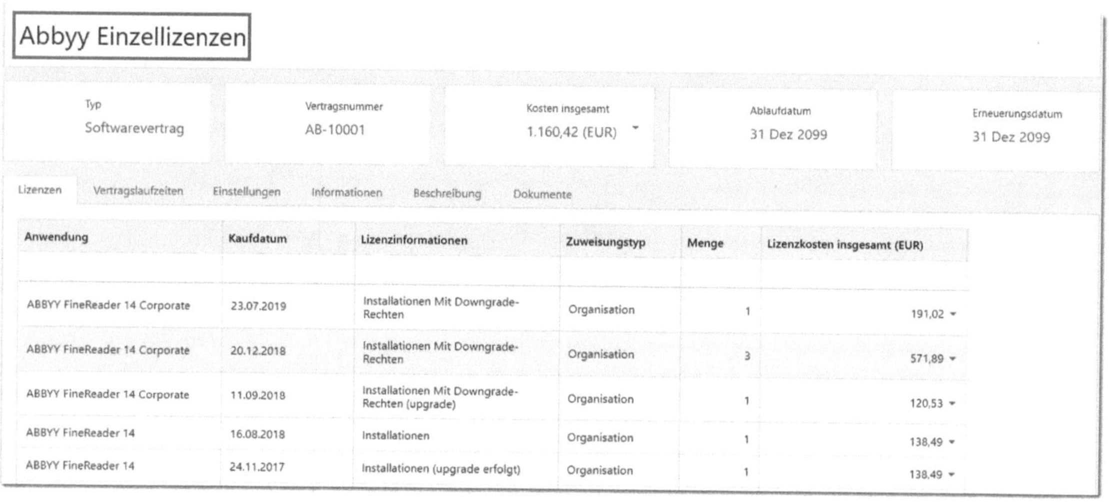

Damit wurde jetzt eine Grundlage geschaffen, um die in einem nächsten Schritt anzulegenden Lizenznachweise für aktive Softwareanwendungen den entsprechenden Herstellern und Wartungsverträgen zuordnen zu können.

12.8.3 Definition der zu erfassenden Vertragsparameter

Welche Informationen erwartet nun das Lizenzmanagement aus einem Vertragsmanagement? Teilen wir die Informationen noch einmal auf in generelle Daten, sogenannte Vertragskopf- bzw. Stammdaten, und spezifische Daten. Diese spezifischen, zusätzlich zu erfassenden Daten können sich dann auch noch einmal in den jeweiligen Vertragsarten (wie Mietverträge, Kaufverträge, Abonnementverträge, Werkverträge, Wartungsverträge etc.) unterscheiden.

Zu den grundlegenden Vertragskopf- bzw. Stammdaten sollte mindestens erfasst werden:

- Vertragsnummer als eindeutiger technischer Schlüssel,
- eindeutige Vertragsbezeichnung (Vertragsgegenstand),
- Vertragsnehmer,

- Vertragsgeber,
- wenn erforderlich die externe Vertragsnummer des Vertragspartners,
- Vertragsart bzw. Vertragstyp (z. B. Kauf, Miete),
- Vertragskategorie (z. B. Lizenzen, Wartung),
- Adress- bzw. Stammdaten des Vertragspartners/Lieferanten/Herstellers/Lizenzgebers,
- verantwortlicher Vertragsansprechpartner oder Fachbereich,
- Vertragsstatus (in Vorbereitung, zur Unterschrift, aktiv usw.),
- Vertragssprache,
- Laufzeit und Kündigungsfristen,
- Gültigkeitsbereich,
- Abschlussdatum,
- Ablageort des Vertragsdokuments.

Als spezifische Daten können z. B. allgemeine Informationen erfasst werden:

- verbundene Verträge (z. B. weitere Rahmen- oder Einzelverträge),
- vereinbarte Volumen (Mengen oder Preise),
- nutzbare Preisstaffeln,
- Zahlungspläne,
- Kostenstellen,
- vereinbarte Softwareprodukte mit eingeschlossenen Rechten, wie z. B. Update, Upgrade, Downgrade, Release, Patch,
- gültige Produktnutzungsrechte (meistens als Dokumentenanhang oder Link mit zum Vertrag abgelegt),
- vereinbarte Serviceleistungen,
- mit dem Vertragsgeber spezifisch getroffene Nebenabreden,
- Wiedervorlagefristen.

Der Teil für die erforderlichen Lizenzinformationen sollte Daten enthalten zu:

- im Einsatz für welches Umfeld (Client, Server, Cloud, Host, Mobile),
- Einsatz zulässig auf welchen Plattformen (z. B. als Windows Client, für Windows Server, Linux Server, Mac OS) oder ob die „On-Premise“-Lizenz in einer Cloud-Installation bzw. -Umgebung eingesetzt und genutzt werden darf,
- Produktsprache(n) für die Software,
- Lizenzklasse (Vollversion, Update),
- Lizenztyp (z. B. pro Gerät, pro User, pro Named User),
- Lizenzmetrik (z. B. gezählt wird pro CPU, pro Gerät),
- Downgrade-fähig (darf für ein aktuelles Softwareprodukt auch ein älteres noch verfügbares Softwareprodukt eingesetzt werden?),
- Wartungslaufzeit (pro Softwareprodukt oder Anwendungsfamilie); diese muss u. U. mit auf der im SAM-Tool anzulegenden Lizenz vermerkt sein und wird nicht unbedingt immer vom Wartungs- oder Softwarevertrag „mitvererbt“,

- Wartung: gültig ab, gültig bis,
- Wartung: Kündigungsfristen,
- Vorabinstallationsrecht in Tagen (Recht, die Software schon zu installieren, obwohl noch keine kaufmännische Lizenz vorhanden ist), wobei dieser Aspekt immer seltener auftritt, da es von den Herstellern meist großzügige Einsatztoleranzen gibt, wenn nicht beispielsweis ein Dongle erforderlich ist, um das Softwareprodukt aktivieren zu können,
- Nebenabreden,
- Zusatzleistungen Vertragsgeber, Vertragsnehmer,
- Produktgruppe, auch Warengruppe genannt (z. B. Datenbanksoftware, Datensicherung, Grafiksoftware); eine mögliche standardisierte Klassifizierung ermöglicht das eCl@ss-System (siehe dazu auch Abschnitt 8.6.3 „eCl@ss – ein Standard mit Zukunft“).

Nun sind bereits die Daten angesprochen worden, die empfohlenermaßen im Softwarevertragsmanagement zu erheben sind bzw. die ein Lizenzmanagement zusätzlich an Informationen benötigt. Um diese Informationen und Daten aufnehmen zu können, müssen u. a. die getätigten Bestellungen und die bestehenden Vertragsdaten gesichtet und erfasst werden. Dafür müssen Voraussetzungen geschaffen werden, wie beispielsweise die im folgenden Abschnitt beschriebene beispielhafte Vertragsdatenbank mit einem Exceltemplate.

12.8.4 Beispielhafte Vertragsdatenbank mit Excel

In Abschnitt 12.7 „Prozessschritte zum Erfassen der Softwareverträge“ ist von einem Prototyp (Exceltemplate) zur Erfassung von recherchierten Softwareverträgen die Rede. In den folgenden Abbildungen sehen Sie Screenshots, wie das Exceltemplate strukturiert und aufgebaut ist. Die darin befindlichen Registerkarten dokumentieren Folgendes:

- **Stammdaten** – *„Stammdatenblatt für Vertragskopfdaten“*: Erfassung von vertragsrelevanten Daten und Informationen
- **Lizenzinfos** – *„Datenblatt für Lizenzinfos“*: Erfassung von Lizenzrelevanten Informationen
- **Sonstiges** – *„Optionale Felder“*: Erfassung von Zusatzinformationen wie Nebenabreden, Haftungsklauseln usw.
- **Vertragsprodukte** – *„Lizenzinfos für Vertragsprodukte“*: also die mit dem Vertrag zu verknüpfenden Softwareprodukte mit der lizenzrechtlichen Kennzeichnung, wie z. B. „Produktgruppe nach eCl@ss“, „Im Einsatz für welches Umfeld, z. B. Client, Server“, „Lizenztyp“, „Produktsprache“ usw.

Beginnen wir mit der Legende für das Ausfüllen der einzelnen Feldinhalte. Um die Eingabearbeiten zu erleichtern, sind Dropdown-Auswahlfelder (z. B. die gelben Felder) angelegt, wo der Erfasser nur den richtigen bzw. den zu nutzenden Eintrag auswählen muss. Zudem wird gleichzeitig damit sichergestellt, dass immer die korrekte Ausdrucks- und Schreibweise für dieses Feld verwendet wird.

Merke: Wo immer möglich in solchen Fällen, sollten Freitexteintragungen vermieden bzw. unterbunden werden.

Prototyp	**Vertragsdatenbank für die Erfassung der Verträge**
Vertragsnehmer	**Fett** markierte Überschriften kennzeichnen Muss-Eingabefelder
	Gelb hinterlegte Felder sind Drop-down-Felder
	Diese Felder werden automatisch ausgefüllt (F9 drücken, falls automatisches berechnen ausgeschaltet ist)
	Gepunktete Zellen kennzeichnen Freitextfelder für die Eingabe von Informationen
Vertragsgeberstatus	Das rote Dreieck kennzeichnet Bemerkungen zu den Vertragsüberschriften bzw. Ausfüllhilfen
Nachfolgend finden Sie einen Screenshot der jeweiligen Tabellenblätter als Ausfüllhilfe	

Auf der Registerkarte „*Stammdaten*" sind die grundlegenden Softwarevertragsmerkmale zu erfassen.

Der Screenshot im Bild 12.4 zeigt das erste wichtige Subset an zu erfassenden Daten, fast alle Überschriften sind „**fett**" gekennzeichnet, also gemäß unserer Legende „Muss-Eingabefelder".

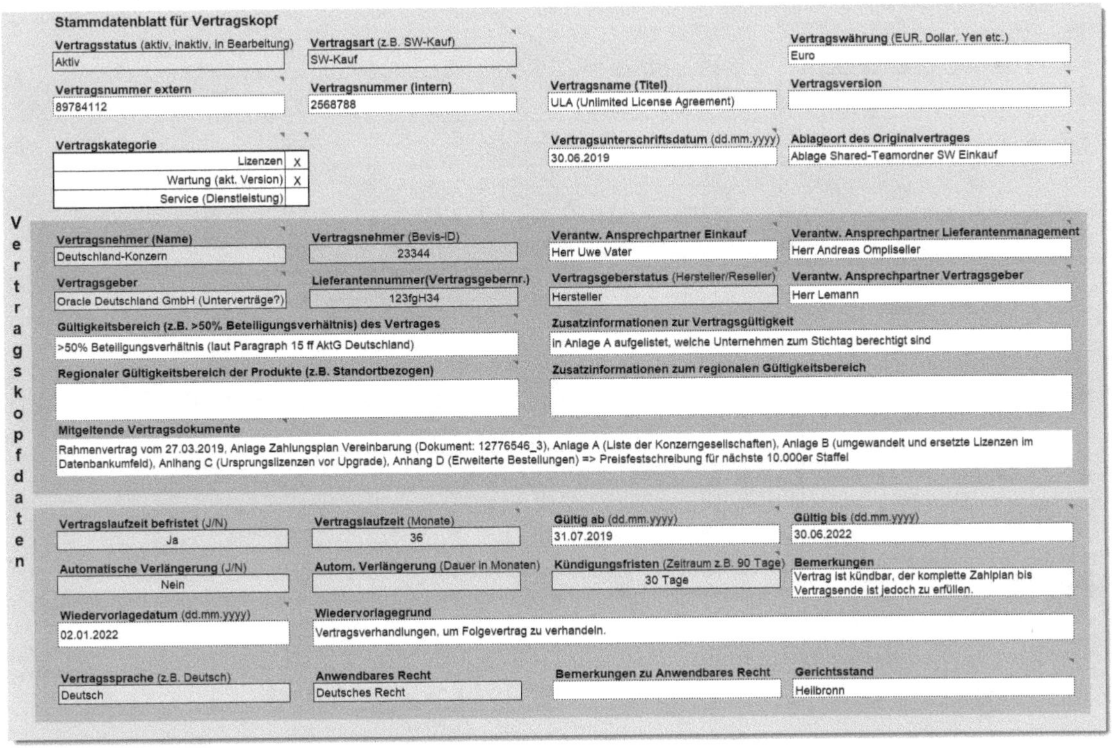
Stammdatenblatt für Vertragskopf

Vertragsdaten / Vertragskopfdaten

Vertragsstatus (aktiv, inaktiv, in Bearbeitung): Aktiv
Vertragsart (z.B. SW-Kauf): SW-Kauf
Vertragswährung (EUR, Dollar, Yen etc.): Euro
Vertragsnummer extern: 89784112
Vertragsnummer (intern): 2568788
Vertragsname (Titel): ULA (Unlimited License Agreement)
Vertragsversion:
Vertragskategorie: Lizenzen X; Wartung (akt. Version) X; Service (Dienstleistung)
Vertragsunterschriftsdatum (dd.mm.yyyy): 30.06.2019
Ablageort des Originalvertrages: Ablage Shared-Teamordner SW Einkauf

Vertragsnehmer (Name): Deutschland-Konzern
Vertragsnehmer (Bevis-ID): 23344
Verantw. Ansprechpartner Einkauf: Herr Uwe Vater
Verantw. Ansprechpartner Lieferantenmanagement: Herr Andreas Ompliseller
Vertragsgeber: Oracle Deutschland GmbH (Unterverträge?)
Lieferantennummer(Vertragsgebernr.): 123fgH34
Vertragsgeberstatus (Hersteller/Reseller): Hersteller
Verantw. Ansprechpartner Vertragsgeber: Herr Lemann
Gültigkeitsbereich (z.B. >50% Beteiligungsverhältnis) des Vertrages: >50% Beteiligungsverhältnis (laut Paragraph 15 ff AktG Deutschland)
Zusatzinformationen zur Vertragsgültigkeit: in Anlage A aufgelistet, welche Unternehmen zum Stichtag berechtigt sind
Regionaler Gültigkeitsbereich der Produkte (z.B. Standortbezogen):
Zusatzinformationen zum regionalen Gültigkeitsbereich:
Mitgeltende Vertragsdokumente: Rahmenvertrag vom 27.03.2019, Anlage Zahlungsplan Vereinbarung (Dokument: 12776546_3), Anlage A (Liste der Konzerngesellschaften), Anlage B (umgewandelt und ersetzte Lizenzen im Datenbankumfeld), Anhang C (Ursprungslizenzen vor Upgrade), Anhang D (Erweiterte Bestellungen) => Preisfestschreibung für nächste 10.000er Staffel

Vertragslaufzeit befristet (J/N): Ja
Vertragslaufzeit (Monate): 36
Gültig ab (dd.mm.yyyy): 31.07.2019
Gültig bis (dd.mm.yyyy): 30.06.2022
Automatische Verlängerung (J/N): Nein
Autom. Verlängerung (Dauer in Monaten):
Kündigungsfristen (Zeitraum z.B. 90 Tage): 30 Tage
Bemerkungen: Vertrag ist kündbar, der komplette Zahlplan bis Vertragsende ist jedoch zu erfüllen.
Wiedervorlagedatum (dd.mm.yyyy): 02.01.2022
Wiedervorlagegrund: Vertragsverhandlungen, um Folgevertrag zu verhandeln.
Vertragssprache (z.B. Deutsch): Deutsch
Anwendbares Recht: Deutsches Recht
Bemerkungen zu Anwendbares Recht:
Gerichtsstand: Heilbronn

Bild 12.4 Registerkarte „Stammdatenblatt für Vertragskopf" zur Erfassung von Softwareverträgen

In der folgenden Aufstellung sind die Feldnamen aufgeführt:

- Vertragsstatus (z. B. Aktiv, in Arbeit), Vertragsart (z. B. SW-Kauf), Vertragswährung (z. B. Euro)
- Vertragsnummer (extern), Vertragsnummer (intern), Vertragsname/Titel, Vertragsversion

- Vertragskategorie (z. B. Lizenzen, Wartung, Service), Vertragsunterschriftsdatum, Ablageort des Originalvertrags
- Vertragsnehmer, verantwortlicher Ansprechpartner Einkauf, verantwortlicher Ansprechpartner Lieferantenmanagement
- Vertragsgeber (Hersteller), Vertragsgeberstatus, verantwortlicher Ansprechpartner Vertragsgeber
- Gültigkeitsbereich des Vertrags, mitgeltende Vertragsdokumente
- Vertragslaufzeit befristet (J/N), Vertragslaufzeit (Monate), gültig ab, gültig bis
- Automatische Verlängerung (J/N), automatische Verlängerung (Dauer in Monaten), Kündigungsfristen
- Wiedervorlagedatum, Wiedervorlagegrund
- Vertragssprache, anwendbares Recht, Gerichtsstand

Der nächste Screenshot in Bild 12.5 zeigt das Registerblatt *„Lizenzinfos - Teil 1"* und die hier zu erfassenden Informationen.

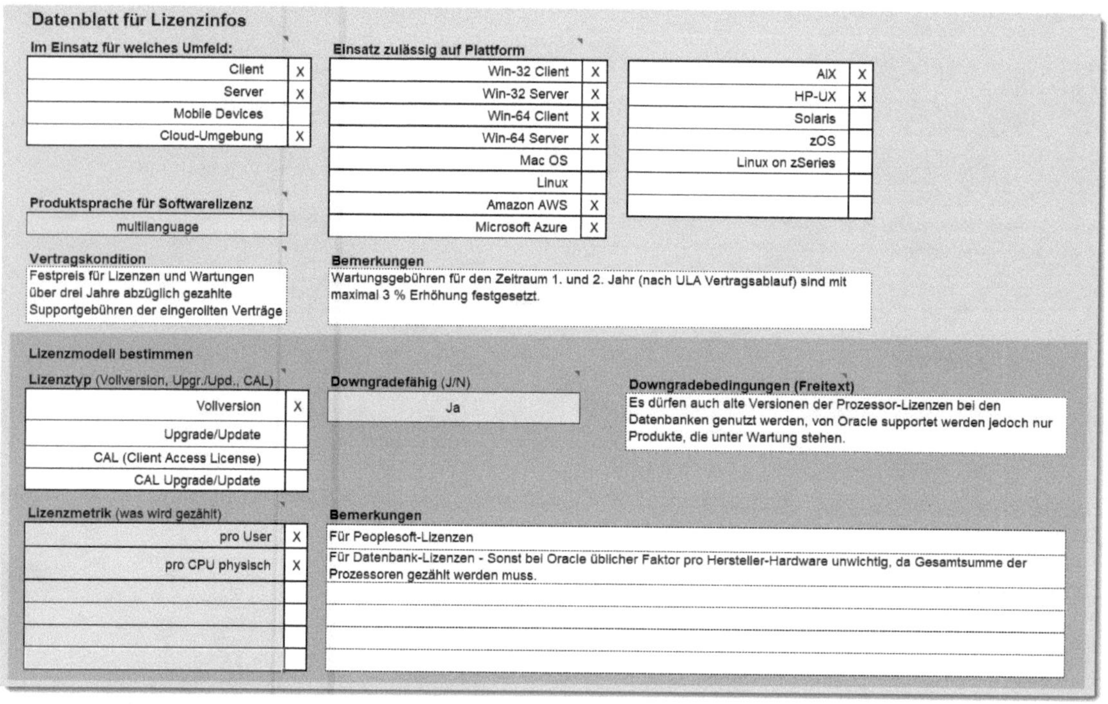

Bild 12.5 Registerblatt „Lizenzinfos" - Teil 1

In der folgenden Aufstellung sind die Feldnamen aufgeführt:

- Im Einsatz für welches Umfeld (z. B. Client, Server, Mobile Device, Cloud-Umgebung), Einsatz zulässig auf Plattform
- Produktsprache
- Vertragskonditionen

- Lizenzmodell bestimmen
- Lizenzmetrik

Registerblatt „Lizenzinfos" - Teil 2 auf der nächsten Seite enthält diese Feldnamen:

- Wartung vereinbart (J/N), Wartungslaufzeit (in Monaten), Wartung gültig ab, gültig bis
- Kündigungsfristen, Wiedervorlagedatum, Wiedervorlagegrund
- Virtualisierung der Lizenzen erlaubt (J/N)
- Beistellungen der Lizenzen erlaubt (J/N), Neuzuweisung eingeschränkt (J/N), Anzahl der geblockten Tage, bis eine erneute Zuweisung erfolgen kann
- Softwarevermessung erlaubt (J/N), z. B. gerne ein Knackpunkt bei SAP-Verträgen
- Einschränkung von Systemumgebungen (J/N), Vorabinstallationsrecht (J/N), Dauer (Tage/Monate)
- Werden Unterschiede zur Lizenznutzung bei Produktiv-, Entwicklungs- oder Testsystemen gemacht (J/N)?
- Schulungslizenzen kostenlos (J/N)
- Anzahl der erlaubten Schulungslizenzen

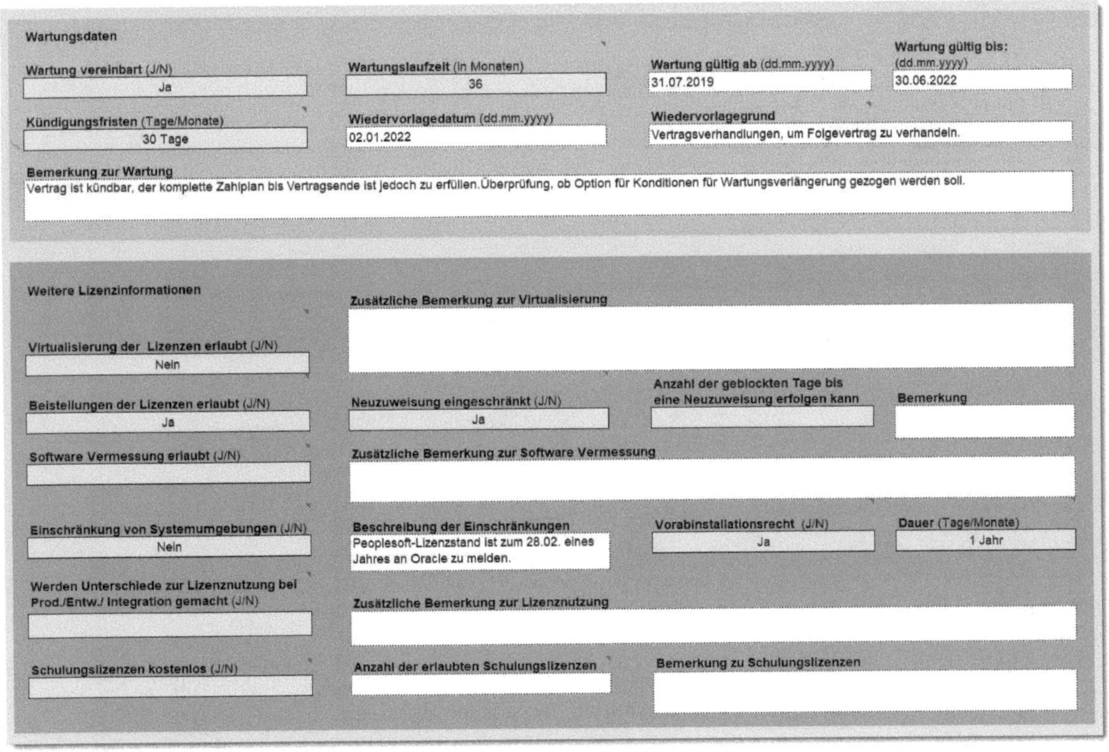

Wartungsdaten

Wartung vereinbart (J/N): Ja
Wartungslaufzeit (in Monaten): 36
Wartung gültig ab (dd.mm.yyyy): 31.07.2019
Wartung gültig bis: (dd.mm.yyyy): 30.06.2022
Kündigungsfristen (Tage/Monate): 30 Tage
Wiedervorlagedatum (dd.mm.yyyy): 02.01.2022
Wiedervorlagegrund: Vertragsverhandlungen, um Folgevertrag zu verhandeln.
Bemerkung zur Wartung: Vertrag ist kündbar, der komplette Zahlplan bis Vertragsende ist jedoch zu erfüllen.Überprüfung, ob Option für Konditionen für Wartungsverlängerung gezogen werden soll.

Weitere Lizenzinformationen

Zusätzliche Bemerkung zur Virtualisierung
Virtualisierung der Lizenzen erlaubt (J/N): Nein
Beistellungen der Lizenzen erlaubt (J/N): Ja
Neuzuweisung eingeschränkt (J/N): Ja
Anzahl der geblockten Tage bis eine Neuzuweisung erfolgen kann
Bemerkung
Software Vermessung erlaubt (J/N)
Zusätzliche Bemerkung zur Software Vermessung
Einschränkung von Systemumgebungen (J/N): Nein
Beschreibung der Einschränkungen: Peoplesoft-Lizenzstand ist zum 28.02. eines Jahres an Oracle zu melden.
Vorabinstallationsrecht (J/N): Ja
Dauer (Tage/Monate): 1 Jahr
Werden Unterschiede zur Lizenznutzung bei Prod./Entw./ Integration gemacht (J/N)
Zusätzliche Bemerkung zur Lizenznutzung
Schulungslizenzen kostenlos (J/N)
Anzahl der erlaubten Schulungslizenzen
Bemerkung zu Schulungslizenzen

Bild 12.6 Registerblatt „Lizenzinfos" – Teil 2

Das nächste Registerblatt „*Sonstiges*" erfasst zusätzliche Informationen, die u. U. mit in den Softwareverträgen aufgeführt sind und miterfasst werden sollen.

In der folgenden Aufstellung sind die Feldnamen aufgeführt:

- Ausschließlichkeit (J/N)
- Nebenabreden vereinbart (J/N)
- Zusatzleistungen Vertragsnehmer – z. B.: „Irrtümlich eingerollte Verträge werden wieder aus dem Vertrag herausgenommen"
- Zusatzleistungen Vertragsgeber – z. B.: „Irrtümlich ausgerollte Verträge werden wieder aus dem Vertrag herausgenommen"
- Besondere Haftungsklauseln AEBs – z. B.: „Haftungsumfang 3,57 Mio. Euro pro Jahr"
- Besondere zu beachtende Vertragsklauseln – z. B.: „Bei Unternehmenskauf oder Fusion, Abspaltung, Konzernübernahme durch Dritten muss Vertrag überprüft werden."
- Bedarfsplanungsprozess (J/N)
- Bestandszahlen vorhanden – z. B.: „Für Peoplesoft-Datenbankbestände relativ genau über die eingerollten Verträge – aber keine Nutzungsdaten dazu."

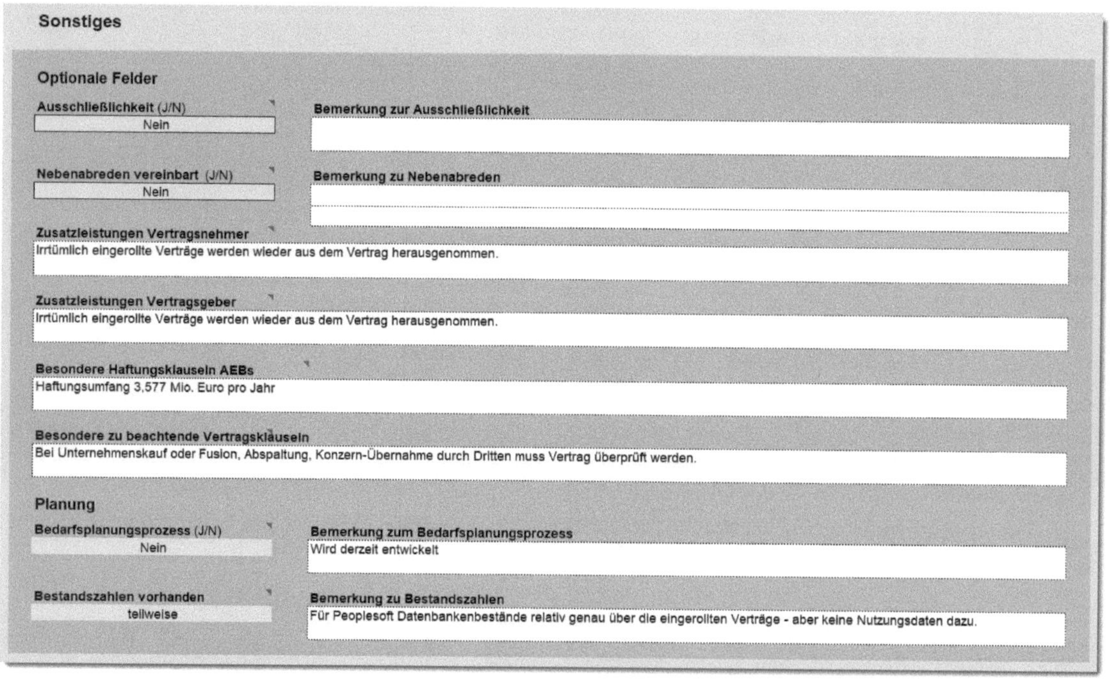

Sonstiges

Optionale Felder

Ausschließlichkeit (J/N): Nein

Bemerkung zur Ausschließlichkeit

Nebenabreden vereinbart (J/N): Nein

Bemerkung zu Nebenabreden

Zusatzleistungen Vertragsnehmer: Irrtümlich eingerollte Verträge werden wieder aus dem Vertrag herausgenommen.

Zusatzleistungen Vertragsgeber: Irrtümlich eingerollte Verträge werden wieder aus dem Vertrag herausgenommen.

Besondere Haftungsklauseln AEBs: Haftungsumfang 3,577 Mio. Euro pro Jahr

Besondere zu beachtende Vertragsklauseln: Bei Unternehmenskauf oder Fusion, Abspaltung, Konzern-Übernahme durch Dritten muss Vertrag überprüft werden.

Planung

Bedarfsplanungsprozess (J/N): Nein

Bemerkung zum Bedarfsplanungsprozess: Wird derzeit entwickelt

Bestandszahlen vorhanden: teilweise

Bemerkung zu Bestandszahlen: Für Peoplesoft Datenbankenbestände relativ genau über die eingerollten Verträge - aber keine Nutzungsdaten dazu.

Bild 12.7 Registerblatt „Sonstige" – Informationen aus Vertragserfassung

Auf der letzten Registerkarte „Vertragsprodukte", Bild 12.8, werden die dem Vertrag zugehörenden bzw. unter diesem zu erfassenden Softwareprodukte mit ihren lizenzrechtlichen Spezifika eingetragen. Aus dieser Liste, Sie erinnern sich an Bild 12.3 „**Grober Prozessablauf zur Anlage und Erfassung von Softwareverträgen**" und den dort aufgeführten Prozessschritts 3 *„Die Vertragsverantwortlichen erstellen ihre Liste mit den zu verantwortenden Einzelprodukten mit Stückzahlen und Lizenzmetrik und übergeben diese Liste an das SAM-Li-Ma-Team, um daraus pro Datensatz eine eineindeutige Bearbeitungsnummer zu generieren"*.

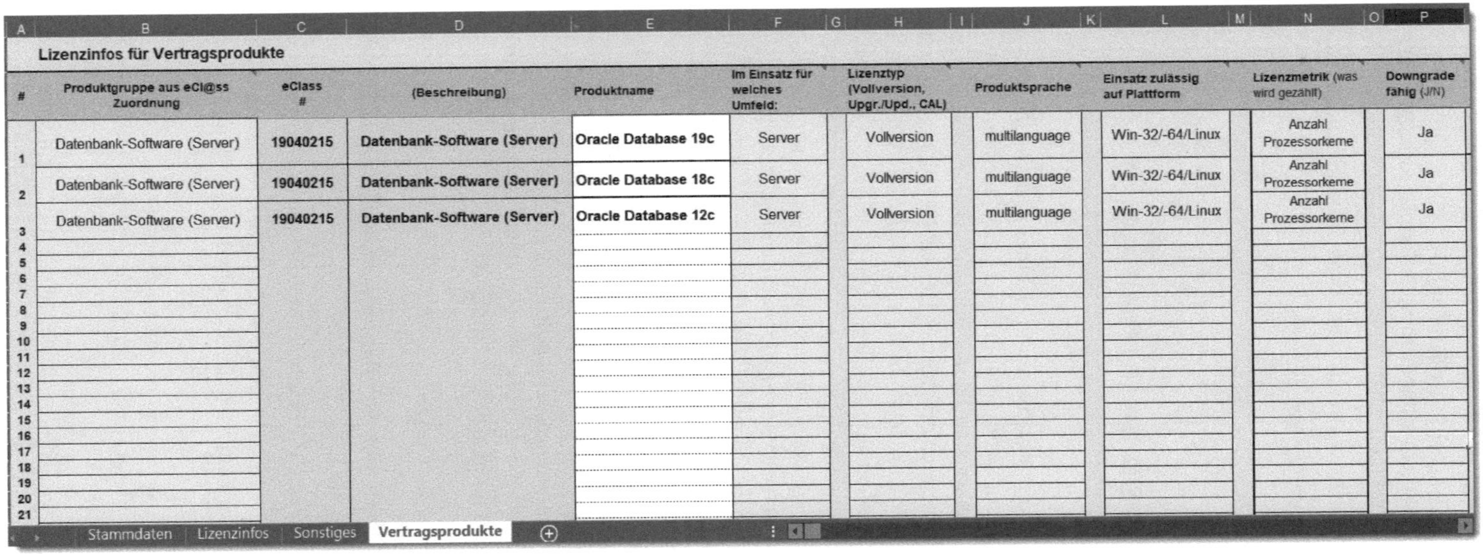

Bild 12.8 Registerblatt „Vertragsprodukte“ – Erfassung der einzelnen zu diesem Vertrag gehörenden Softwareprodukte

Mit der Erfassung der Softwareprodukte auf der Registerkarte „Vertragsprodukte" wird genau dieser Prozessschritt seitens der Vertragsverantwortlichen vorbereitet, um dann das ausgefüllte Exceltemplate an das SAM-LiMa-Team zu übermitteln, damit diese dann die eindeutige Bearbeitungsnummer dafür anlegen können.

Damit u. a. die in diesem Kapitelabschnitt beschriebene Erfassung von Vertrags- und Softwareproduktdaten umgesetzt werden kann, benötigt es noch einiges an weiteren Voraussetzungen.

12.9 Voraussetzungen schaffen

Um das kaufmännische Softwarelizenzinventar aufbauen zu können, muss meistens auf verschiedene Systeme mit Daten zu kaufmännischen Bestellungen und relevanten Softwareverträgen zugegriffen werden. Diese Daten werden häufig in den Systemen des Einkaufs verwaltet und sind leider meistens nicht in einem einzigen System abgespeichert, sondern eher verteilt vorhanden. So sind in den kaufmännischen Systemen die Artikelnamen, Stückzahlen und Preise zu finden, aber meistens eben keine weiteren Daten, wie z. B. die anwendbaren Lizenzmodelle oder Lizenzmetriken. In einer klassisch geführten Vertragsdatenbank, die nicht auf die Verwaltung von Software- und Lizenzverträgen ausgelegt ist, sucht man die für das Lizenzmanagement notwendigen Softwarelizenzinformationen aber auch meistens vergebens. Denn wenn ein solcher Softwarevertrag mit einem klassischen Vertragsmanagement verwaltet wird, werden nur sehr selten die für das Lizenzmanagement erforderlichen Informationen mitgeführt. Wenn überhaupt, dann sind dies häufig nur an den erfassten Softwarevertrag als PDF-Dokumente angehängte Produktlisten oder die beim Kauf gültigen Produktnutzungsrechte. Für die zentrale Erfassung der Vertragsdaten, insbesondere wenn sie bisher in keinem Ihrer Systeme umfassend geführt wurden oder eventuell hauptsächlich noch in Papierform vorliegen (sogenannte Schrankware), müssen Sie sich also erst einmal eine rudimentäre Grundlage schaffen. Um Softwareverträge und deren Softwareprodukte erfassen zu können, müssen diese erst einmal identifiziert werden.

Vertragsdaten identifizieren

Das Erfassen der erforderlichen Daten kann sich aus den unterschiedlichsten Gründen schwierig gestalten. Beispielhaft zu nennen sind:

- In Ihrem Einkaufssystem gibt es keine Sicht auf die Metadaten der Softwareverträge.
- Für die Dokumentenablage werden Ablageformen verwendet, die nicht so einfach auswertbar sind (beispielsweise PDF-Dokumente); somit ist es sehr schwierig, wichtige Lizenzinformationen zu erhalten.
- Ihr Einkaufssystem ist kein Vertragsmanagementsystem für Softwareverträge, somit steht keine ausreichende Dokumentation von Softwareverträgen und deren Lizenzmodellen zur Verfügung.
- Sie erhalten keine gesamthafte Übersicht über die Ansprechpartner für die einzelnen Softwareverträge, sodass es schwierig wird, die Vertragsverantwortlichen zu identifizieren.

Sollte Ihr Unternehmen global agieren, müssen Sie gewährleisten, dass Ihnen alle abgeschlossenen Softwareverträge von allen Standorten und allen lokalen Einkaufsabteilungen kommuniziert werden, damit Sie diese Daten miterfassen können. Dies ist die Voraussetzung für eine mögliche Vertragskonsolidierung – das Zusammenfassen mehrerer Softwareverträge des gleichen Lieferanten/Herstellers zur Hebung von Einsparpotenzialen.

Stellen Sie sich für die gesamthafte Betrachtung auch die folgenden Fragen:

- Wie viele Verträge existieren jeweils von einem Lieferanten zu einem Softwareprodukt/einer Softwareproduktgruppe – für alle Unternehmensstandorte?
- Fehlen eventuell Softwareverträge aus anderen Unternehmensstandorten?
- Sind alle abgeschlossenen Softwareverträge im Einkaufs- oder Vertragsmanagementsystem erfasst?
- Wie lässt sich eine Identifikation der zu jedem Softwarevertrag gehörenden Softwareprodukte gewährleisten?
- Existieren Softwareverträge und Einkaufsabschlüsse möglicherweise nur in Papierform? Muss deshalb Schrankware in erheblichem Umfang nacherfasst werden?
- Wie soll die Nacherfassung abgewickelt werden und durch wen?

Welche Komplexitätstreiber sind außerdem noch in Betracht zu ziehen?

- Ihr Einkaufs- oder Vertragsmanagementsystem ist nicht an allen Unternehmensstandorten verfügbar, d. h., es ist zu klären:
  - Wer hat wo und wie viel eingekauft?
  - Welche Produkte wurden von welchem Lieferanten geliefert?
  - Welcher Geltungsbereich wurde für die Verträge und Einkaufsabschlüsse definiert?
- Wo werden Softwareverträge und Einkaufsabschlüsse von den Standorten verwaltet, die keinen Zugriff auf das zentrale Einkaufs- bzw. Vertragsmanagementsystem haben?
- Die lokalen Einkaufs- und Vertragsmanagementsysteme können nicht wie gewünscht ausgewertet werden.
- Wer erfasst diese Softwareverträge nach, wenn eine Nacherfassung notwendig sein sollte?
- Haben Sie dafür genügend Ressourcen? Wer steuert sie, wer überwacht?

Die Aufzählung ist bei Weitem nicht vollständig, es gibt eine Fülle weiterer Komplexitätstreiber, die je nach Unternehmenssituation betrachtet werden müssen. Lesen Sie im nächsten Abschnitt eine Best-Practise-Vorgehensweise für die Recherche von Softwareverträgen.

12.10 Vorgehen für die Vertragsrecherche

1. Legen Sie als Erstes die wichtigsten Softwareverträge entweder gruppiert nach Lieferant/Hersteller und/oder Softwareprodukten fest. Es kann außerdem sinnvoll sein, diese außerdem noch nach Risikoklassen (hohes, mittleres, niedriges) einzuteilen.
2. Erstellen Sie eine geeignete Vorlage zur Abfrage von Vertragskonditionen und Beschaffungsstückzahlen für diese Softwareverträge, so wie Ihnen das Abschnitt 12.8.4 „Beispielhafte Vertragsdatenbank mit Excel“ aufgezeigt hat.
3. Befüllen Sie die erstellte Vorlage mit den von Ihnen unter „1.“ festgelegten Softwareverträgen und Softwareprodukten.
4. Verteilen Sie die Vorlage an alle Unternehmensstandorte, die einen eigenen lokalen Einkauf betreiben und keinen Zugang zum zentralen Einkaufs- oder Vertragsmanagementsystem haben. Fordern Sie, dass die vorgegebenen Einträge geprüft und bei Bedarf zu ergänzen sind (vor allem die lokal bestellten Stückzahlen sind wichtig).
5. Legen Sie einen ausreichend großen Bearbeitungszeitraum für den Rücklauf fest.
6. Führen Sie die Ergebnisse zusammen und bereiten Sie die Daten für eine Befüllung des Lizenzinventars auf (siehe auch Kapitel 13 „Erfassung von Lizenznachweisen - Best Practise“).
7. Ergänzen Sie, wenn erforderlich, von den Softwareprodukten die Lizenzmetriken im Exceltemplate (Vertragsdatenbank wie in Abschnitt 12.8.4 „Beispielhafte Vertragsdatenbank mit Excel“ beschrieben).
8. Analysieren und bewerten Sie die erfassten Daten auf Konsolidierungsmöglichkeiten.

Was erreichen Sie mit diesen Maßnahmen?

- Sie erhöhen die Transparenz Ihrer Softwareverträge signifikant.
- Sie schaffen Voraussetzungen, um die Anzahl der Softwareverträge mit Lieferanten/Herstellern zu reduzieren und zu konsolidieren. Eventuell können Sie verschiedene bestehende Softwareverträge mit gleichen Produkten in einem globalen Herstellervertrag zusammenfassen.
- Sie schaffen die Voraussetzung für die Erfassung der kaufmännischen Daten in einer zukünftigen Vertragsdatenbank, wo auch Lizenzinformationen mit abgelegt werden können.
- Sie können sich eine umfassendere Übersicht über alle Softwareverträge verschaffen.
- Sie schaffen Grundlagen, um Ihr Einkaufsvolumen weiter zu bündeln.
- Sie verringern damit die Komplexität in den Softwareverträgen, Beschaffungsvorgängen und Bestellungen.
- Sie können beschaffte, aber nicht tatsächlich im Einsatz befindliche und/oder genutzte Softwareprodukte erkennen.
- Sie vermeiden übermäßige Softwarekäufe und erzielen mit einer besseren Umverteilung der Softwarelizenzen signifikante Kosteneinsparungen für Ihr Unternehmen.

Nachdem in diesem Kapitel die grundlegenden Aspekte für die kaufmännische Bestandsaufnahme von Softwareverträgen und -produkten ausgeführt wurden, beschäftigen wir uns im letzten Abschnitt noch mit der Fragestellung, was SAM-Tools eigentlich für Informationen in ihren Systemen benötigen, um die Softwarecompliance sicherstellen zu können.

12.11 Welche Vertragsinformationen benötigen SAM-Tools?

Wie bereits in Abschnitt 12.8.1 „Welche Vertragsformen sind für ein Lizenzmanagement relevant?" ausgeführt, sind Haupt- und Unterverträge in Verbindung mit dem Standardvertragstyp „Softwarevertrag" und „Abonnementvertrag" die Schlüsselkomponenten, um in einem SAM-Tool Softwareverträge und deren zugeordnete Softwarelizenzen abzubilden. Dafür benötigen die SAM-Tools bestimmte Informationen.

Die vier heute noch ernsthaft im Spiel befindlichen SAM-Tool-Hersteller (in alphabetischer Reihenfolge genannt) Aspera, Flexera, Matrix42 und Snow Software (mit dem Snow License Manager) werden das im Allgemeinen ähnlich mit der Erfassung von Softwareverträgen handhaben, denn es ist eine unabdingbare Grundlage für alle SAM-Tools. Betrachten wir das einmal im Folgenden exemplarisch und neutral.

Für die spätere Zuordnung von Softwarelizenznachweisen, sowohl für Softwareprodukte mit einem bestehenden Vertragsbezug als auch für Einzellizenzen bzw. Beschaffungen, wird empfohlen, eine entsprechende Vertragsstruktur und -beschreibung anzulegen.

Vorteil:

Wie bereits im Abschnitt 12.8.2 „Empfohlener Aufbau der Vertragsstrukturen" ausgeführt, werden angelegte Vertragsattribute (wie Laufzeiten, Upgrade-Rechte) vom Vertrag an die ihm zugeordneten Softwarelizenzen vererbt bzw. es können so auch relativ unkompliziert alle dem Softwarevertrag zugeordneten Softwarelizenzen automatisch mit gelöscht werden, sobald der Softwarevertrag gelöscht wird. Es müssen also die diesem Softwarevertrag zugeordneten Softwarelizenzen nicht noch einmal aufwendig einzeln gelöscht werden.

Tabelle 12.1 gibt einen Überblick, welche Mindestinformationen für das Anlegen von Softwareverträgen - exemplarisch aufgeführt - ein SAM-Tool erfordert. Bis auf das Feld „Master agreement number" sind alle anderen Felder sogenannte „Mandatory (Pflichtfelder)", wo das SAM-Tool also beispielsweise bei einem Importvorgang Daten erwartet.

Tabelle 12.1 Übersicht der von einem SAM-Tool mindestens erwarteten Softwarevertragsdaten

Bezeichner	Wert	Anmerkung
Manufacturer	Text	Herstellername
Agreement name	Text	Sollte idealweise eine Nummer sein, ist auf 50 Zeichen begrenzt
Agreement number	Text	Softwarevertragsnummer
MASTER AGREEMENT NUMBER	Text	Hier wird die Nummer des Hauptvertrags angegeben, wenn der anzulegende Softwarevertrag ein „Untervertrag“ dazu sein soll. *Nutzbar, um Struktur und Verschachtelung von Softwareverträgen (Haupt- und Unterverträge) zu ermöglichen.*
Agreement type	Text	Mögliche Auswahl: ▪ SOFTWARE ▪ MAINTENANCE ▪ SUPPORT ▪ PURCHASE ▪ ORACLE ▪ OTHER
Activate automatic upgrade	Boolean	Yes or no
Subscription agreement	Boolean	Yes or no
Valid from	Datum	Gültigkeitszeitraum, Beginn
Valid to	Datum	Gültigkeitszeitraum, Ablauf
Alert on expiration	Boolean	Yes or no
Legal organisation	Text	Organisationsname, der im SAM-Tool angelegt wurde, nicht der Alias bzw. Friendly name der Organisationsstruktur. Zum Beispiel als oberste Ebene wäre „Root“ einzutragen.
Restrict organisation	Boolean	Yes or no
[Custom fields]		Wenn spezielle benutzerdefinierte Felder im SAM-Tool angelegt wurden (im Vertragsbereich) und mit befüllt werden sollen.

Sehen wir uns dazu ein Beispiel in Tabelle 12.2 an. Für die Anlage einer Softwarevertragsstruktur zu Verträgen mit dem Hersteller „*TechSmith*“, um dann z. B. nachfolgend in einem weiteren Importlauf die SnagIt- oder Camtasia-Softwareprodukte – „Lizenzen“ dort hinzuzufügen.

Tabelle 12.2 Beispieleintrag: Schritt 1: Anlegen von Master-Vertrag „TechSmith“

Bezeichner	Wert
Manufacturer	TechSmith
Agreement name	TechSmith (Master Vertrag)
Agreement number	TS-10000
Master agreement number	
Agreement type	SOFTWARE
Activate automatic upgrade	no
Subscription agreement	no
Valid from	01.01.2000
Valid to	31.12.2099
Alert on expiration	no
Legal organisation	Root
Restrict organisation	no
[Custom fields]	

Im Schritt 2, wird ein erster Untervertrag – „*TechSmith Vertrag*“ (**TS-10001**) – angelegt (Tabelle 12.3), der sich auf den Master-Vertrag „*TechSmith*“ (**TS-10000**) bezieht und selbst einen „Hauptvertrag“ darstellt, hier für den befristeten Untervertrag „*TechSmith 2018–2021*“ in der Tabelle 12.4.

Tabelle 12.3 Beispieleintrag: Schritt 2: Anlegen des ersten Untervertrags „*TechSmith Vertrag*“

Bezeichner	Wert
Manufacturer	TechSmith
Agreement name	TechSmith Vertrag
Agreement number	TS-10001
Master agreement number	**TS-10000**
Agreement type	SOFTWARE
Activate automatic upgrade	no
Subscription agreement	no
Valid from	01.01.2000
Valid to	31.12.2099
Alert on expiration	no
Legal organisation	Root
Restrict organisation	no
[Custom fields]	

Tabelle 12.4 Beispieleintrag: Schritt 3: Anlegen eines Untervertrags „*TechSmith 2018-2021*" zum Hauptvertrag „*TechSmith Vertrag*" (**TS-10001**)

Bezeichner	Wert
Manufacturer	TechSmith
Agreement name	TechSmith 2018-2021
Agreement number	TS-10002
MASTER AGREEMENT NUMBER	**TS-10001**
Agreement type	SOFTWARE
Activate automatic upgrade	yes
Subscription agreement	no
Valid from	19.09.2018
Valid to	30.09.2021
Alert on expiration	yes
Legal organisation	Root
Restrict organisation	no
[Custom fields]	

Im dritten Schritt wird jetzt ein weiterer „Untervertrag" angelegt, der sich auf den Untervertrag „*TechSmith Vertrag*" (**TS-10001**)" als „Hauptvertrag" bezieht und selbst ein zeitlich befristeter Softwarevertrag ist. Dort können dann beispielsweise Abonnement-Lizenzen zugeordnet werden, die mit dem Ablauf des Vertragszeitraums ungültig werden.

Der folgende Abschnitt beschreibt die Weiterverarbeitung der Daten aus den Tabellen Tabelle 12.2 bis Tabelle 12.4 nach dem Import in das SAM-Tool.

12.12 Importierte Vertragsstruktur (Sicht) in einem SAM-Tool

Die folgende Abbildung zeigt das Ergebnis nach dem Import der Vertragsstruktur. Durch die eingerückte Darstellung in der Listenansicht ist sehr gut zu erkennen, wie die Vertragsstruktur und die Hierarchieebene angelegt wurden. Rot umrandet auf der rechten Seite der Abbildung sind die zuvor schon beschriebenen Vertragsnummern zu erkennen.

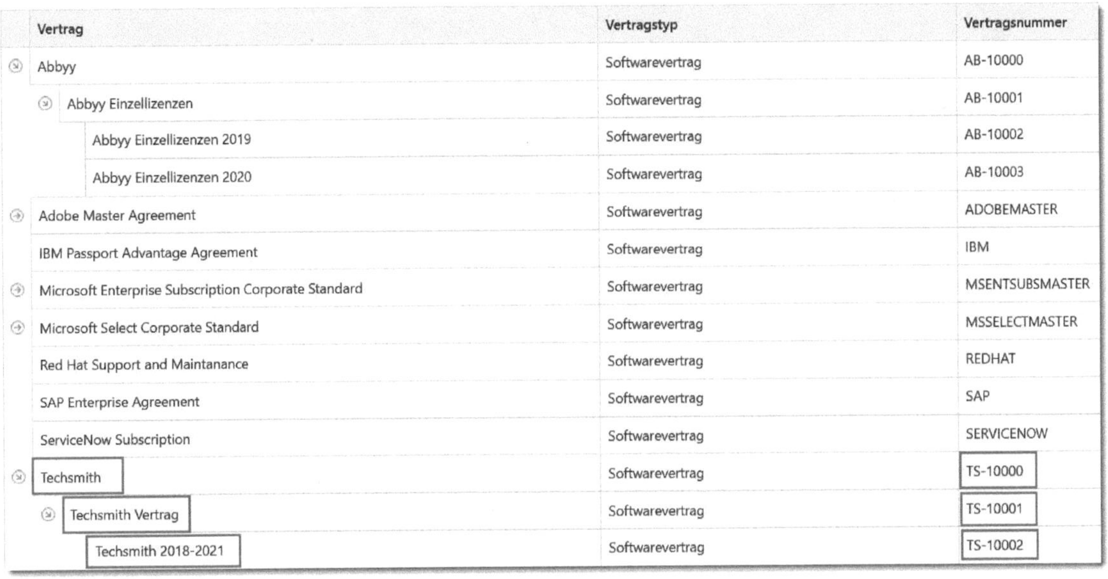

Vertrag	Vertragstyp	Vertragsnummer
Abbyy	Softwarevertrag	AB-10000
Abbyy Einzellizenzen	Softwarevertrag	AB-10001
Abbyy Einzellizenzen 2019	Softwarevertrag	AB-10002
Abbyy Einzellizenzen 2020	Softwarevertrag	AB-10003
Adobe Master Agreement	Softwarevertrag	ADOBEMASTER
IBM Passport Advantage Agreement	Softwarevertrag	IBM
Microsoft Enterprise Subscription Corporate Standard	Softwarevertrag	MSENTSUBSMASTER
Microsoft Select Corporate Standard	Softwarevertrag	MSSELECTMASTER
Red Hat Support and Maintanance	Softwarevertrag	REDHAT
SAP Enterprise Agreement	Softwarevertrag	SAP
ServiceNow Subscription	Softwarevertrag	SERVICENOW
Techsmith	Softwarevertrag	TS-10000
Techsmith Vertrag	Softwarevertrag	TS-10001
Techsmith 2018-2021	Softwarevertrag	TS-10002

Bild 12.9 Abbildung der Haupt- und Unterverträge am Beispiel von „*TechSmith*“

Schauen wir uns nun noch an, welche weiteren Informationen (zu den bereits mindestens zu erfassenden Daten) in einem SAM-Tool erfasst werden, um sicherzustellen, dass die dem Vertrag zugeordneten Softwarelizenzen richtig „gezählt“ werden, wenn die Software Compliance berechnet wird.

Der „Master Vertrag“ mit der Nummer „*TS-10000*“ sieht im Bearbeitungsmodus folgendermaßen aus:

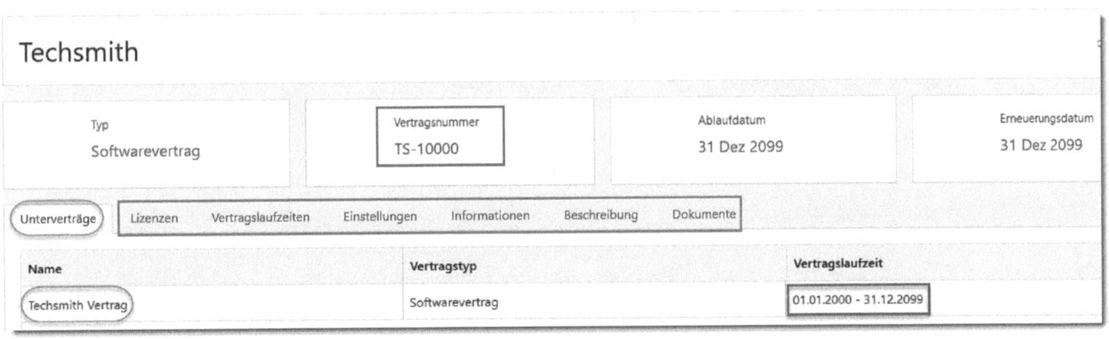

Hier ist gut zu erkennen, dass dieser „Master-Vertrag“ einen Untervertrag besitzt, in diesem Fall „*TechSmith Vertrag*“, so wie es über den Import angelegt wurde. Der folgende Bildausschnitt zeigt eine zusammenfassende Informationsdarstellung der „*Einstellungen*“, wie sie mit dem Import zuvor angelegt wurden.

Unterverträge | Lizenzen | Vertragslaufzeiten | **Einstellungen** | Informationen | Beschreibung | Dokumente

Name	Wert
Ablaufdatum	31.12.2099 (28920 Tage verbleibend)
Erneuerungsdatum	31.12.2099 (28920 Tage verbleibend)
Upgrade-Rechte	Nein
Abonnementvertrag	Nein
Nach Ablauf auswählbar	Ja
Eingeschränkter Organisationszugriff	Nein
Alarme aktiviert	Nein
Warnstufe (Tage)	90
Kritische Stufe (Tage)	60

Hier ist zu sehen, dass der Vertrag unbefristet ist (eigentlich, da das Jahr 2099 als Ablaufdatum gewählt wurde; wer weiß, ob es dann noch Computer und Software gibt, wie wir es heute kennen), dass er keine Upgrade-Rechte besitzt, kein Abonnementvertrag ist und nach Vertragsablauf noch „auswählbar" ist, also noch durch eine Rolle „Vertragsmanager" oder Lizenzmanager bearbeitet werden kann. Im nächsten Bild sind noch weitere Informationen zu sehen, u. a. wer der Vertragspartner (hier „*TechSmith*") ist.

Unterverträge | Lizenzen | Vertragslaufzeiten | Einstellungen | **Informationen** | Beschreibung | Dokumente

Typ	Name	Wert
i	Abonnementvertrag	Nein
i	Aktiver Zeitraum	01.01.2000 - 31.12.2099
i	Erstellt	Montag, 26. Oktober 2020 [22:25]
i	Erstellt von	ImportTool
i	Organisation	XYZ Company
i	Upgrade-Rechte	Nein
i	Vertragspartner	Techsmith

Im nächsten Bild sehen wir den „*TechSmith Vertrag*" (TS-10001) im Bearbeitungsmodus und können erkennen, dass diesem als „Hauptvertrag" ein Untervertrag „*TechSmith 2018-2021*" mit einer befristeten Laufzeit vom „*19.09.2018-30.09.2021*" zugeordnet ist, in dem Softwarelizenzen zugeordnet werden (können), was dann auch eines der folgenden Bilder zeigen wird.

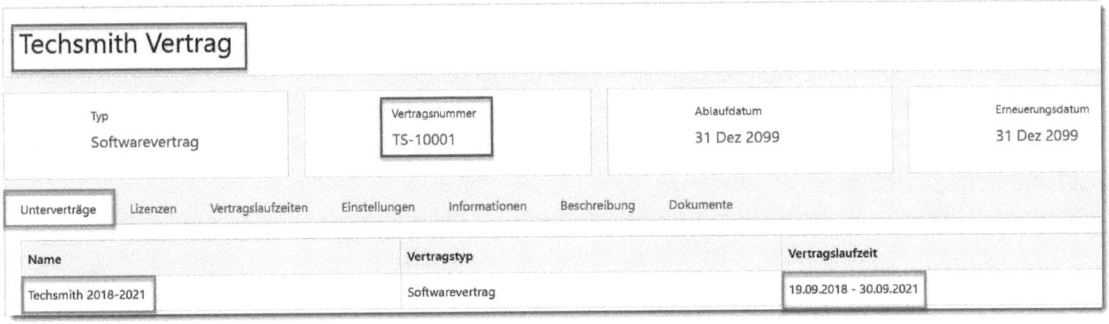

Wenn jetzt auf den Eintrag „*TechSmith 2018-2021*" geklickt wird, geht es in den Bearbeitungsmodus des Vertrags. Hier sieht man dann, dass dieser Vertrag keinen weiteren Untervertrag hat, sondern „nur" noch die Registerkarte „*Lizenzen*" (links) zu sehen ist. In dieser Rubrik werden die hinzugefügten Softwarelizenzen aufgelistet sein, wie es in den folgenden Bildern gleich exemplarisch zu sehen sein wird.

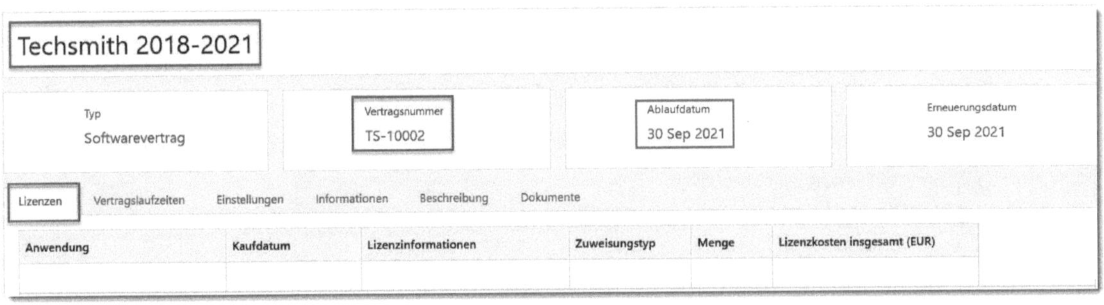

In diesem Bild ist zu sehen, dass dem „*TechSmith 2018-2021*" eine Softwarelizenz zugeordnet wurde (SnagIt 12), es ist auch gut zu sehen, dass diese Softwarelizenzen – durch den Vertrag geerbt – eine befristete Nutzungszeit haben, nämlich nur bis zum 30.09.2021.

Schalten wir wieder zurück zum Vertragsmodul, können wir in der folgenden Abbildung sehen, dass diese Softwarelizenz „SnagIt 12“ jetzt in der Liste der Anwendungen (mit Kaufdatum) aufgeführt und somit diesem Vertrag zugeordnet ist.

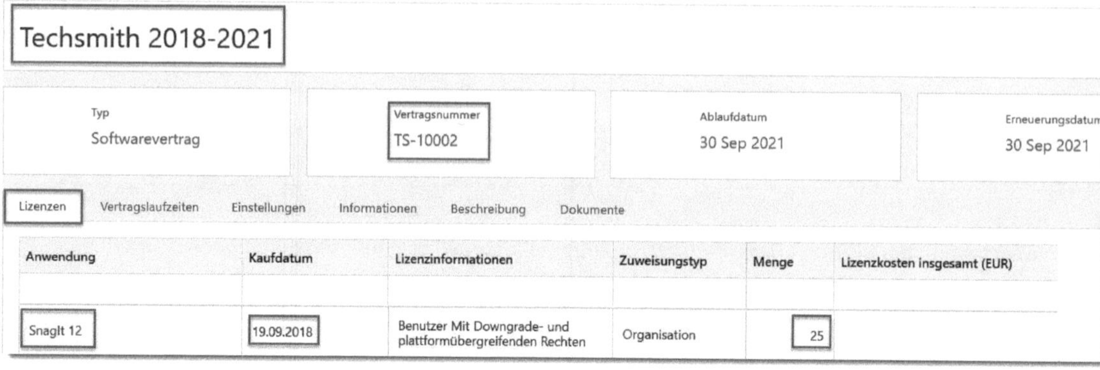

Die beiden folgenden Abbildungen zeigen noch exemplarisch die eben beschriebenen Vertragsinhalte zu einem „Adobe Cumulative Licensing Program“-Vertrag, dem mehrere Softwarelizenzen zugeordnet sind. In der Abbildung (rot eingerahmt) ist zu sehen, dass der Vertrag *„ADOBECLP“* schon seit Dezember 2015 abgelaufen ist.

Im letzten Bild ein Beispiel, wo über ein anklickbares Dropdown-Feld aufgezeigt wird, welche Lizenz- und Wartungskosten in diesem Vertrag stecken, wobei hier die Wartungs- und Supportkosten auf null stehen, nachdem der Vertrag bereits seit längerem abgelaufen ist.

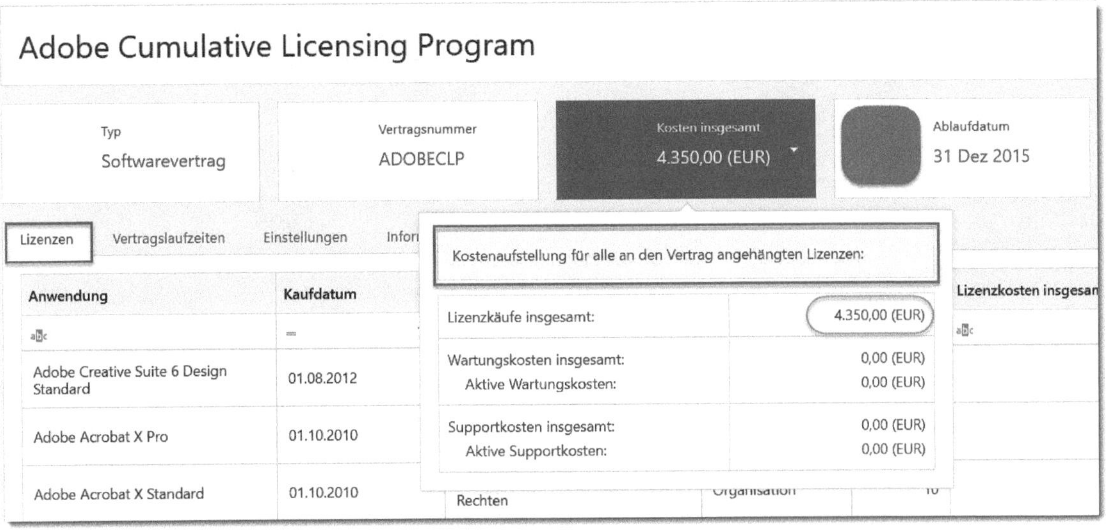

Das waren Vorgehensweisen und Erläuterungen zur Anlage, Strukturierung und Erfassung von Softwareverträgen und wie man zu diesen dann die entsprechenden Softwareprodukte und -lizenzen je nach unbefristetem oder befristetem Ablaufzeitraum zuordnet.

Im nächsten Kapitel erfahren Sie, wie Lizenznachweise von lizenzkostenpflichtigen Softwareprodukten zunächst auch in einem Excel-Template erfasst werden können (für eine spätere Erfassung in einem SAM-Tool und ähnlich wie hier beim Anlegen der Softwareverträge), was eigentlich einen Lizenznachweis definiert und warum ein Lizenzkanal für die korrekte lizenzkonforme Nutzung von Softwareprodukten wichtig ist.

Fazit:

Die Voraussetzungen für ein rechtmäßiges Lizenzmanagement zu schaffen, ist mit viel Arbeit verbunden. Der Lohn der Anstrengungen wird aber sein, dass Sie eine bessere Transparenz über Ihre Softwareverträge und Produkte erhalten und schneller in der Lage sind, die geforderte Rechtskonformität herzustellen. Schließlich werden sich die Mühen für Ihr Unternehmen auch in möglichen Kosteneinsparungen widerspiegeln, da Sie einen besseren Gesamtüberblick über die im Unternehmen aktiv genutzten Softwareprodukte erhalten und somit einer erhöhten Sichtbarkeit ihrer IT-Infrastruktur Vorschub leisten. ■

13 Erfassung von Lizenznachweisen – Best Practise

In diesem Kapitel erfahren Sie u. a.,

- welche Best-Practise-Vorgehensweise zu empfehlen ist, um strukturiert das Einsammeln und Erfassen von Softwarelizenzdaten und -nachweisen zu ermöglichen,
- weshalb Lizenznachweise als Beleg eines rechtmäßigen Erwerbs von Softwarelizenzen wichtig sind,
- was ein Lizenzkanal und was ein Lizenznachweis ist, was ein „Lizenz"-Indiz beschreibt und warum diese Informationen u. a. benötigt werden, um für die erforderlichen Lizenznachweise die Lizenznutzungsrechte zu definieren, zu beschreiben und klar abzugrenzen,
- weshalb die Lizenznachweistypen eines Softwareprodukts je nach Lizenzkanal unterschiedlich sein können und auch zwischen den einzelnen Herstellern variieren,
- wie ein Lizenzinventar zu strukturieren ist, um einen kaufmännischen Nachweis über die erworbenen Lizenzstückzahlen führen zu können und um für den Betrieb eines SAM-Tools eine importierbare Datengrundlage zu schaffen,
- warum Ihnen das Herstellerportal oder Ihr Lieferant bei der Bestandsaufnahme und -kontrolle der getätigten Bestellungen helfen kann.

Im vorherigen Kapitel wurde erläutert, warum für die Erfassung von Softwareverträgen und deren kaufmännischen Softwaredaten eine klare Struktur erforderlich ist. Gleichzeitig ist dies auch eine wichtige Voraussetzung, um die erforderliche Transparenz und Lizenzkonformität herstellen zu können. Dafür sind aber auch – als ein weiterer Baustein – Kenntnisse zu Umfang und Relevanz der von den Herstellern festgelegten Nutzungsbedingungen erforderlich, die sich in einer lizenzkonformen Bewertung der Lizenznachweise widerspiegeln. Die dafür benötigten kaufmännischen Daten können vielfältig verteilt sein: in Verträgen, in Einkaufsabschlüssen sowie auch in Bestellungen. ■

Haben Sie eigentlich eine ausreichende Übersicht über Ihren kaufmännischen Bestand an Softwareprodukten? Studien von verschiedenen Analysten weltweit heben immer wieder hervor, dass gekaufte oder gemietete Software während der eigentlichen Nutzungsdauer oft zu mehr als einem Drittel ungenutzt bleibt. Sind beispielsweise für diese nicht mehr genutzten Softwareprodukte noch Wartungsgebühren zu zahlen, können erhebliche Mehrkosten entstehen.

Die Studien zeigen aber auch, dass fehlende oder nicht ausreichend optimierte Beschaffungsprozesse mitunter eine Ursache dafür sein können. Diese Kosten könnten mit mehr Transparenz teilweise vermieden oder aber wenigstens reduziert werden.

Das Problem bei vielen Unternehmen ist aber, dass keine ausreichenden Übersichten über die Einkaufs- und Beschaffungsprozesse für die Softwareprodukte bereitgestellt werden können. Wenn dann u. U. auch noch viele dezentrale Einheiten Beschaffungen lokal vor Ort durchführen, ist kaum noch eine komplette Gesamtsicht darzustellen und abrufbar. Von dem gewünschten optimalen Prozessablauf, dass die Einkaufsdaten in einer verwendbaren Datenqualität vorliegen und abrufbar sind, ohne dass größere Nachrecherchen und Transformationsarbeiten erforderlich wären – davon sind viele sehr weit entfernt. Um diese Aufgabenstellung mit einer sehr guten Datenqualität zu erfüllen, benötigen Sie Hilfsmittel und Werkzeuge, die dabei unterstützen können. So ist es sehr wichtig, bereits in den Anforderungs- und Beschaffungsprozessen, sowohl unternehmensintern wie beispielsweise über eine interne Bereitstellungsplattform, auf der Softwareprodukte angefordert werden können, als auch in den ERP-Systemen, mit den eineindeutigen Herstellerartikelnummern (SKU) zu agieren und diese als Identifier zu verwenden. Mit diesen kann dann der anzuwendende Softwarekatalog des SAM-Herstellers die Softwareprodukte identifizieren und normalisieren. Dies hilft Ihnen dabei, Ihre Softwareprodukte mit entsprechenden Lizenznachweisen eineindeutig den durch das technisch erhobene Inventory erzeugten Lizenzbedarfen zuzuordnen, sodass schlussendlich Ihre Compliance sichergestellt ist. Das Bild 13.1 stellt das noch einmal grafisch dar.

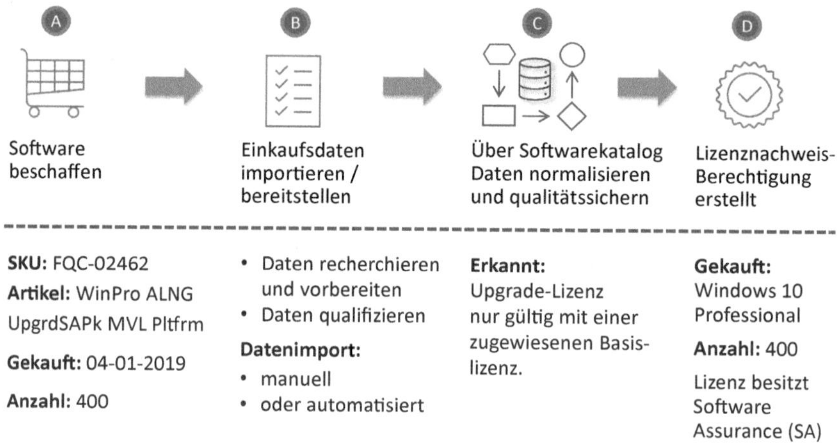

Bild 13.1 Vorzubereitende Schritte für eine kaufmännische Normalisierung von Lizenznachweisen

Schauen wir uns eine empfohlene (Best-Practise-)Vorgehensweise an, um ein qualitativ hochwertiges Datenerfassungsszenario abzubilden.

13.1 Generelle Vorgehensweise

Bei der Festlegung, welche Softwareprodukte bzw. Hersteller zuerst zu betrachten wären, ist es hilfreich, sich an der folgenden Aufstellung von anwendbaren Ordnungskriterien zu orientieren.

Fokus Hersteller:

Die zu betrachtenden Hersteller wurden im Vorfeld durch das Projekt, den Einkauf oder andere verantwortlich Beteiligte bestimmt.

Für die Auflistung und Benennung können verschiedene Kriterien herangezogen werden:

- strategisch relevant,
- Komplexität der Erfassung,
- Risikoklasse (wenn dafür eine Einteilung erfolgt, z. B. hohes, mittleres, geringes oder kein Risiko in Bezug auf die Sicherstellung der Software Compliance).

Weitere mögliche Kriterien einer Auswahl wären:

Auswahl der Softwareprodukte:

- Installationsbasis und/oder Nutzungsvolumen,
- Geschäftsprozessrisiken, wenn keine Software Compliance vorhanden ist,
- Änderung der IT-Architektur/Migration/Transformation in die Cloud,
- monetäre Risiken zur Herstellung der Lizenzkonformität.

Hinweis: Abgrenzung

Es sollten nur Lizenznachweise für lizenzkostenpflichtige Softwareprodukte ermittelt und erfasst werden, zu denen es auch nachvollziehbare Belege gibt und die zum Scope der ausgewählten Fokus-Hersteller gehören. Sind diese einmal aufgearbeitet, können sie sukzessive auf alle aktiven lizenzkostenpflichtigen Softwareprodukte erweitert werden.

Wenn ein Stichtag festgelegt wurde, sollte von da an eine möglichst lückenlose Belegung bzw. Aufstellung der Beschaffungen bzw. Bestellungen und Wareneingänge erfolgen (das ist nicht immer ganz einfach, weil oftmals bedingt durch System- oder Produktwechsel die Recherchemöglichkeiten erschwert werden). Ab diesem Datum sollten dann die aktiven lizenzkostenpflichtigen Softwareprodukte mit den erforderlichen Lizenznachweisketten dokumentiert werden.

Bei Basislizenzen bzw. Softwareprodukten, die vor diesem Stichtag beschafft wurden und Teil einer aktuellen Lizenznachweiskette sein müssen, ist im Einzelfall zu prüfen, ob eine Lizenznachweisführung – vom Stichtag an rückwärts ausgehend – wirtschaftlich angemessen ist, um den Compliance-Status zu belegen. Bei Erfordernis sollte geprüft werden, ob eine Ersatz- oder Neubeschaffung eventuell ressourcenschonender und wirtschaftlicher wäre.

Bild 13.2 beschreibt die zu durchlaufenden Schritte, um prinzipiell für jede aktiv genutzte Softwareanwendung die erforderlichen Softwarelizenzdaten zu erfassen.

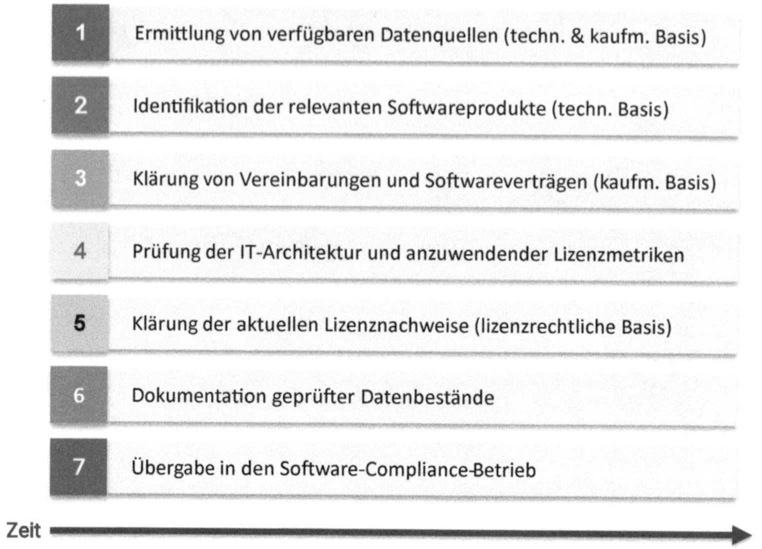

Bild 13.2 Vorgehensweise zur Ermittlung und Sichtung von lizenzkostenpflichtigen Softwareprodukten

1. Im ersten Schritt sind die verfügbaren Datenquellen zu ermitteln, um sie a) auf permanente Verfügbarkeit und b) auf die entsprechend erforderliche Datenqualität zu prüfen.
2. Für den zweiten Schritt sind die aktiven, automatisiert ermittelbaren bzw. manuell angelegten Lizenzbedarfe für aktive und genutzte Softwareprodukte zu identifizieren. Wenn bereits ein Inventory-Scan (und eine Normalisierung) von Softwareprodukten möglich ist, sollten diese ermittelten Daten verwendet werden.
3. Im dritten Schritt sind für die aus dem Schritt 2 ermittelten bzw. festgelegten Softwareprodukte mögliche Abweichungen von den Hersteller-„Standard"-Nutzungsbedingungen zu überprüfen. Es kommt schon öfter vor, dass die eigentlich anzuwendenden Standardlizenzmodelle kundenspezifisch durch den Hersteller angepasst wurden und unter Umständen ein völlig anderes Lizenzmodell oder eine „andere" Lizenzmetrik beachtet werden muss.
4. Wichtig ist, bereits in diesem Schritt die IT-Architektur (z. B. wie wird das vom Hersteller vorgegebene Nutzungsmodell umgesetzt bzw. wie wurde die Softwareanwendung innerhalb der Organisation ausgerollt) mit einzubeziehen und möglichst das anzuwendende Lizenzmodell festzulegen bzw. zu prüfen. Nur so lässt sich beispielsweise gewährleisten, dass das vereinbarte oder anzuwendende Lizenzmodell mit den erlaubten Nutzungsrechten korrekt auf die technisch inventarisierbaren Installationen abgebildet werden kann, um dann im Compliance-Bericht die korrekten Werten zu erhalten und entsprechend belastbar interpretieren zu können.
5. Für die anschließende Dokumentation der erforderlichen Lizenznachweise pro Hersteller - für die Lizenzbedarfe der aktiven lizenzkostenpflichtigen Softwareprodukte - ist die jeweilige Anzahl der erworbenen Softwarelizenzen (beispielsweise aus den Bestellungen oder über eine aktuelle Lieferantenliste) zu ermitteln. Für eine spätere korrekte

Compliance-Betrachtung ist außerdem zu empfehlen, auch Beschaffungen ohne direkt zugrundeliegende Softwareverträge einen „eigenen“ Vertrag mit den darin anwendbaren Lizenzmodellen zuzuordnen. Siehe dazu auch Abschnitt 13.4.1 „Erforderliche Daten für ein Lizenzinventar“.

Hinweis: Nach erfolgter Analyse und Bereinigung der erforderlichen Lizenznachweise – beispielsweise in Excel-Dokumenten – ist beim Eintrag der Lizenznachweise im SAM-Tool (z. B. über eine Importvorlage) möglichst eine Bündelung der Stückzahlen vorzunehmen, damit nicht zu viele einzelne Softwarelizenzdatensätze entstehen.

6. Alle relevanten aktiven Softwareverträge sind im SAM-Tool bzw. im Lizenzinventar (Excel-Liste) anzulegen, und zwar historisierend bis zum festgelegten Stichtag mit der Maßgabe, bei Bedarf auch ältere Softwareverträge anzulegen, wenn diese für die Sicherstellung der Basislizenzen erforderlich sind.

   Hinweis: Es sollten nur aktive Lizenzbedarfe von lizenzkostenpflichtigen Softwareprodukten mit den erfassten Lizenznachweisen verknüpft werden, die entweder über automatisiert erfassbare Daten, wie Systeme oder Anwender, oder über manuell angelegte Lizenzbedarfe inventarisiert wurden. Alle bis zum Stichtag ermittelten Lizenznachweisdokumente (Bestellung, Rechnung) sollten zusätzlich – zur Ablage in einem Belegarchiv – auch möglichst im SAM-Tool mit dem entsprechenden Softwarelizenzdatensatz verknüpft oder (idealerweise) als Dokumentenanhang mit abgespeichert werden.

7. Mit der Durchführung der Schritte 1 bis 6 stehen dann die erforderlichen Softwaredaten für die weitere Verarbeitung – zur Erstellung einer Software-Compliance-Aussage (für die entsprechenden ausgewählten Hersteller oder Softwareprodukte) – zur Verfügung.

Ergänzende Hinweise zu Punkt 4:

Es ist wichtig, zur Abdeckung der anfallenden (technischen) kostenpflichtigen Lizenzbedarfe diese nicht nur gemäß den bereits oben beschriebenen Aspekten zu betrachten, sondern dazu auch die vorherrschenden IT-Architekturszenarien mit einzubeziehen.

- Für jede Lizenzposition ist möglichst die aktuell bestehende Bereitstellungsarchitektur zu recherchieren und lizenzrechtlich zu bewerten, also erfolgt diese z. B. über Terminal Server, On-Premises-Clients (mobiles Gerät, stationärer Desktop) oder aber auch über Shared Desktop.
- Des Weiteren ist für jede Lizenzposition die „möglicherweise“ eingesetzte Paketierungsvorgehensweise zu recherchieren und lizenzrechtlich zu bewerten, gerne werden hier die falschen Softwarelizenzkeys (Einzellizenzkey versus Volumenlizenzkey) „verarbeitet“.
- Zu guter Letzt ist auch für jede Lizenzposition die bestehende Inventarisierungsart zu recherchieren und lizenzrechtlich zu bewerten. So sind nicht immer alle Softwareprodukte auch automatisiert erfassbar (z. B. Client Access Licenses, CALs), die automatisierte Variante kann sich auch noch einmal unterteilen in „Agent-based“ und „Agent-less“ bzw. auch „Zero Footprint“. Davon abhängig sind die erfassbaren Rohdaten und deren Umfang, um aussagekräftige technische Lizenzbedarfe zu erzeugen (siehe auch die Abschnitte 11.3.1 und 11.3.2). ■

13.2 Checklisten zur Vorgehensweise

Nachfolgend eine Beschreibung von erforderlichen Arbeitsschritten:

- Pro Hersteller oder Softwareprodukt sind die erforderlichen Lizenznachweise bzw. EULAs sowie relevante Softwareverträge bzw. Nebenabreden für die Klärung und Ermittlung der korrekt anzuwendenden Nutzungsrechte oder Lizenzmetriken bereitzustellen.
- Lizenzrechtlich relevante, aber nicht recherchierbare Inhalte bei nicht vertragsgebundenen Softwareprodukten (wie beispielsweise zur anwendbaren Lizenzmetrik, Architekturprämissen etc.) müssen u. U. beim Softwarelieferanten abgefragt werden.
- Ggf. müssen manuelle „Basislizenzen" im SAM-Tool bzw. im Lizenzinventar (Excelliste) angelegt werden, weil beispielsweise die Basislizenzen zu „alt" oder nicht mehr belegbar sind. Diese sind dann als solche zu kennzeichnen (über eine einheitliche Nomenklatur) und auch auf Korrektheit zu prüfen - so ist die Historisierung plausibel abbildbar.
- Ab Stichtag sind auch die Softwareverträge zu historisieren bzw. „eigene" anzulegen und für die Anlage von Lizenznachweisen im SAM-Tool bzw. im Lizenzinventar (Excelliste) „komprimiert" abzubilden, so sollte beispielsweise eine historisierte Darstellung nur über eine Vertragsposition zusammengefasst abgebildet werden.

13.3 Die Lizenznachweise sammeln und bewerten

In einem parallelen Arbeitsschritt sollte dafür Sorge getragen werden, dass alle erforderlichen Lizenznachweise eingesammelt werden und - wenn organisatorisch möglich und abbildbar -an einer Stelle zentral verwaltet werden. Den Kaufnachweisen wird oftmals nicht die gebührende Aufmerksamkeit zuteil und u. U. werden sie versehentlich vernichtet. Ein möglicher Software-Audit könnte allerdings diese Unterlagen erforderlich machen, um aufzuzeigen, dass Ihr Unternehmen für den gesamten Softwarebestand (das technische Ist) über gültige Softwarelizenzen verfügt. Falls Bestandteile der Nachweiskette fehlen oder der Nachweis nicht erbracht werden kann, ist es durchaus möglich, dass Ihr Unternehmen neue „Basis"-Softwarelizenzen beschaffen muss.

Die Lizenznachweise unterteilen sich in (siehe auch Tabelle 13.2):

- direkte prüffähige Lizenznachweise,
- prüffähige indirekte, nicht auditierbare Lizenznachweise,
- prüffähige Indizien; dienen der Lizenzerfassung, sind aber meistens nicht als alleiniger Nachweis **auditierbar** (beispielsweise Rechnungen),
- nicht prüffähige und heranziehbare andere Dokumente (z. B. Lizenzkeys, CDs, DVDs, Lieferscheine) sind keine auditierbare Lizenznachweise

Die Art der Dokumente, die ein Hersteller als einen gültigen Lizenznachweis akzeptiert, sind bei jedem Softwarehersteller unterschiedlich (siehe dazu auch Tabelle 13.2). Um bei einem Audit den Beweis zu erbringen, dass die im Einsatz befindliche Software auch rechtmäßig beschafft wurde, sollten also die Lizenznachweise am besten zentral aufbewahrt bzw. archiviert (z. B. eingescannt) werden.

Hinweis:

Rechnungen über Softwarebestellungen dokumentieren ausschließlich, dass Sie eine Softwarelizenz, ein Softwareprodukt oder Wartungslizenzen erworben haben. Weil eine solche Bestellung/ein Kauf auch u. U. rückabgewickelt werden kann, ist die Rechnung lediglich ein „***Indiz***". Deshalb akzeptieren viele Softwarehersteller diese nicht allein als rechtsgültigen Lizenznachweis. Microsoft und auch viele andere Softwarehersteller haben hierfür eine weitere Prüfstufe mit den herstellereigenen Portalen geschaffen.

Bitte beachten Sie: Auch wenn oftmals die Herstellerportale (aus unterschiedlichsten Aspekten) nicht immer ganz die aktuelle Erwerbssituation des Kunden widerspiegeln, so wird doch der dort dokumentierte Lizenzerwerb als ein offizieller Lizenznachweis für eine möglicherweise erforderliche Beweisführung in einem möglichen Auditfall als ordnungsgemäßer Lizenzerwerb akzeptiert. ■

Welche Arten von Softwarelizenzen gibt es?

- *Basis- bzw. Volllizenz:* Die Basis- bzw. Volllizenz dokumentiert die vom Hersteller festgelegten Nutzungsrechte für eine bestimmte Version eines Softwareprodukts bzw. von Softwaremodulen oder -komponenten.
- *Basis- bzw. Volllizenz plus Softwarepflege (Wartung):* Die Kombination einer Basis- bzw. Volllizenz plus Softwarepflege gewährt im Regelfall ein (entsprechend der zeitlich vereinbarten Periode von beispielsweise 12, 24, 36 Monate bestehendes) Recht auf kostenfreie Updates und -Patches für die erworbenen Basis- bzw. Volllizenzen.
- *Upgrade- bzw. Updatelizenzen:* Sie erfordern immer eine lizenzkonform nutzbare Basislizenz (Volllizenz). Ist eine Upgrade- bzw. Updatelizenz ohne Verweis/Verknüpfung auf eine Basislizenz im Einsatz, wird das Softwareprodukt bezogen auf die erlaubten Nutzungsrechte nicht lizenzkonform betrieben. Upgrade- oder Updatelizenzen sind (in der Regel) immer nur in erlaubten Updatepfaden einsetzbar.
- *Subscription:* Zeitlich befristete Softwarelizenzen (immer mehr auch in Cloud-Umgebungen zu finden) laufen nach einer mit dem Hersteller vereinbarten Nutzungsperiode (12, 24, 36 Monate) aus und sind entweder danach nicht mehr nutzbar (weil deaktiviert) oder müssen in eine Volllizenz umgewandelt werden, wenn es der Hersteller anbietet. Ansonsten muss die Software deinstalliert werden.

> **Hinweis:**
> In den zeitlich befristeten Softwarelizenzen (Subskription-Produktlizenzen) ist immer automatisch auch die Softwarepflege bzw. Wartung mit enthalten. Achten Sie also bitte darauf, bei der Erfassung von Lizenznachweisen für Subscriptions keine Wartungspositionen mit zu erfassen.

Was ist Softwarepflege bzw. -wartung?

Softwarehersteller bieten ihre Softwareprodukte über den entsprechenden Lizenzkanal auch mit Softwarepflege bzw. Wartung (Maintenance) an. Der Vertrieb von Basis- bzw. Volllizenzen plus Softwarepflege wird aber leider von den Softwareherstellern nicht einheitlich gestaltet. Üblich ist eine zeitlich befristete Wartungsperiode (12, 24, 26, 48 Monate), innerhalb derer der Lizenznehmer berechtigt ist, immer die aktuell verfügbare Version des Softwareprodukts zu nutzen. Bei On-premises-Softwarelizenzen behält der Kunde in der Regel das Recht zur Nutzung der am Ende der Wartungsperiode aktuellen Version. Aus diesem Grund ist es wichtig, Anfangs- und Enddatum von Wartungsperioden zu dokumentieren und zu verfolgen, um die Wartungsverträge rechtzeitig zu verlängern bzw. aktiv zu steuern (durch eine mögliche Erhöhung oder Verringerung der erforderlichen Wartungslizenzen). Bei Microsoft nennt sich diese Softwarewartung „Software Assurance“ und ist bei bestimmten Softwareprodukten für bestimmte IT-Architekturbetriebsszenarien erforderlich. Sie erfolgt entweder gleich mit dem Erwerb beispielsweise über einen Volumenvertrag oder aber auch noch unter bestimmten Umständen bis zu 90 Tage nach dem Kauf.

13.3.1 Was ist ein Lizenznachweis? Was ist ein Indiz?

Jeder Softwarehersteller definiert das Aussehen seiner Lizenznutzungsrechte selbst. Üblich sind Lizenzzertifikate, aber es gibt auch hier einige Ausnahmen.

Eine Rechnung ist nur ein *Indiz* dafür, dass zu irgendeinem Zeitpunkt in der Vergangenheit aufgefordert wurde, einen bestimmten Betrag für eine Softwarelizenz zu bezahlen. Die Rechnung selbst ist meistens kein Nachweis dafür, dass dieses Recht jemals gehalten wurde oder noch gehalten wird.

Beispiel: Es ist gestattet, ein Microsoft-Einzelhandelsprodukt weiterzuverkaufen. Aber: Wenn nur die Rechnung, aber nicht das Paket selbst aufbewahrt wurde, ist nicht nachweisbar, dass ein gültiges Nutzungsrecht an der Software besteht.

> **Hinweis:**
> Nur wenn die vom Hersteller geforderten Dokumente in physischer oder elektronischer Form vorgelegt werden können, kann das Nutzungsrecht plausibel nachgewiesen werden. Mit der Bereitstellung von Rechnungen können im Rahmen der Datenerfassung Indizien für das Vorhandensein von Nutzungsrechten geliefert werden. Es bleibt aber dem Hersteller vorbehalten, ob er diese im Fall eines Audits als alleinigen Lizenznachweis akzeptiert oder ablehnt.

Qualifizierung von Lizenznachweisen

Nachfolgend werden die bevorzugten Lizenznachweise, Kanäle und Anforderungen der Hersteller dargestellt. Dabei kann der geforderte Nachweistyp für ein Softwareprodukt in jedem Lizenzkanal unterschiedlich sein und auch zwischen den einzelnen Herstellern variieren.

Tabelle 13.1 Relevanz und Auditierbarkeit

Relevanz	Lizenznachweisdokumente	Beispiel

1	Direkter, auditierbarer Nachweis der Übertragung von Nutzungsrechten	▪ **Paketprodukt:** Umverpackung + CD + Handbuch (+ EULA)
		▪ **Volumenlizenz:**
		  ▪ Lizenzzertifikat
		  ▪ Eintrag im Herstellerportal
		▪ **OEM-Lizenz:** OEM-Aufkleber (+ Handbuch + CD)

2	Indirekter, auditierbarer Nachweis der Übertragung von Nutzungsrechten	▪ **Volumenlizenz:** Lizenzregistrierung des Handelspartners
3	Indirekter, nicht auditierbarer Nachweis	▪ **Volumenlizenzen und Paketprodukte:** Einkaufsübersicht des Handelspartners
4	Indiz; dient der Lizenzerfassung, ist aber meistens nicht als alleiniger Nachweis **auditierbar**!	▪ **Rechnungen:** Eine Rechnung allein beinhaltet nicht die Übertragung von Nutzungsrechten.

Was ist *kein* Lizenznachweis?

Dokumente anderer Art als die vorgenannten werden mit großer Wahrscheinlichkeit von den Herstellern nicht, auch nicht ersatzweise, als Nachweis eines gültigen Nutzungsrechts akzeptiert.

Dies sind beispielsweise:

- leere Umverpackungen, lose Handbücher, lose CDs, Sicherungskopien,
- lose, einzelne EULAs (EULA = End User License Agreement),
- Lizenzschlüssel (Ausnahme: VMWare akzeptiert Lizenzschlüssel als Indiz),
- lose OEM-Aufkleber,
- Lieferscheine, interne Verrechnungen,
- Angebote,
- Bestellungen.

Sie haben auch hier sicherlich bereits festgestellt, dass Sie u. U. eine weitere Baustelle im Lizenzmanagement aufmachen müssen und das Erheben und Verwalten von Lizenznachweisen nicht so einfach erledigt werden kann.

Hinweis:

Im Rahmen eines Kundenprojekts wurde u. a. bei Wirtschaftsprüfungsgesellschaften nachgefragt, wie lange denn die eben besprochenen Lizenznachweise aufzubewahren sind. Entgegen der allgemein verbrieften Meinung, dass Lizenznachweise (wenn z. B. Basislizenzen nachzuweisen sind) maximal zehn Jahre (ähnlich den Steueraufbewahrungsfristen) aufzubewahren sind, gab es als Antwort:

> *Der Lizenznachweis ist so lange aufzubewahren, wie das Softwareprodukt aktiv im Einsatz ist. Das wären am Beispiel von Windows 7 schon mehr als zehn Jahre, sollte es noch im Einsatz sein (und ja, ich habe selbst 2020 bei einem Projekt noch Windows 7 auf einem mir zur Verfügung gestellten Laptop als „Remotezugriffsumgebung" über eine lokale Windows-10-Installation zur Projektarbeit genutzt). Übrigens wurde Windows 7 am 22.7.2009, also vor deutlich über 10 Jahren, veröffentlicht.*

■

13.3.2 Was ist ein Lizenzkanal?

Software kann über verschiedene Kanäle erworben werden. Üblicherweise wird Software gekauft über

- den Einzelhandel als Paketprodukt, auch Boxprodukt oder Full Packaged Product (FPP) genannt,
- einen Handelspartner, mit dem ein Softwarevertrag (beispielsweise ein Volumenvertrag mit festgelegter Preisstaffel) abgeschlossen wurde,
- einen Original Equipment Manufacturer (OEM), der Software in Verbindung mit Hardware (Bundle) liefert (z. B. ein Microsoft-Betriebssystem).

Hinweis:

Heutzutage kommt es nur noch sehr selten vor, dass ein Softwarekauf (über das Internet) mit Umverpackung, gedrucktem Handbuch und einem Datenträger an den Käufer ausgeliefert wird. In Fachmärkten (Elektronik-Handelsketten) gibt es allerdings noch FPPs, allerdings ist es sehr unwahrscheinlich, dass ein Hersteller eine Privatperson bzw. eine kleinere Firma in einen Software-Audit aufnimmt, wo dann ggf. die Paket- bzw. Boxprodukte als Lizenznachweis gefordert werden. Wenn die Rechnung über den ordnungsgemäßen Erwerb eines „FPPs" aufbewahrt wird, genügt das meistens den heute üblichen Prüfungsszenarien in einem möglichen Software-Audit.

■

In Tabelle 13.2 sind beispielhafte Hersteller und deren jeweilige Anforderungen pro Lizenzkanal aufgeführt, ohne den Anspruch auf Vollständigkeit zu erheben.

Tabelle 13.2 Anforderungen der Hersteller je Lizenzkanal

Hersteller	Lizenzkanal		
	OEM	Volumen/ Handelspartner	FPP oder System Builder
Adobe	N/A	▪ Lizenzzertifikat oder Portaleintrag	Paket
Microsoft	**Betriebssysteme:** OEM- bzw. CAO-Label, ggf. Handbuch und Medien (optional Rechnung)	▪ Lizenzzertifikat oder VLSC-Portaleintrag und Rechnung	Umverpackung + Handbuch + CD (+ optional EULA und Rechnung)
Corel	N/A	▪ Lizenzzertifikat und Rechnung	Umverpackung + Handbuch + CD (+ optional EULA und Rechnung)
Mindjet	N/A	▪ Lizenzzertifikat und Rechnung	Umverpackung + Handbuch + CD (+ optional EULA und Rechnung)
Nero	N/A	▪ Lizenzzertifikat und Rechnung	Umverpackung + Handbuch + CD (+ optional EULA und Rechnung)
Ultraedit	N/A	▪ Lizenzzertifikat und Rechnung	Umverpackung + Handbuch + CD (+ optional EULA und Rechnung)
WinZip	N/A	▪ Lizenzzertifikat und Rechnung	Umverpackung + Handbuch + CD (+ optional EULA und Rechnung)
VMware	N/A	▪ Lizenzzertifikat und Rechnung	Umverpackung + Handbuch + CD (+ optional EULA und Rechnung)

Als letzte Instanz (bei einem Softwarekauf in Unternehmen) für einen „Lizenznachweis" in der Nachweiskette wird die Rechnung gesehen. Diese ist aber eigentlich auch nur als ein ***Indiz*** zu deuten, da üblicherweise auf einer Rechnung keine Hinweise oder Anmerkungen für beispielsweise die Übertragung von Nutzungsrechten zu finden sind.

Hinweis:
Die gleiche Softwarelizenz kann mit sehr unterschiedlichen Zusatzrechten ausgestattet sein, abhängig davon, über welchen Lizenzkanal die Software gekauft wurde. ■

13.3.3 Was sollte aufbewahrt bzw. archiviert werden?

Was heute nur noch selten vorkommt:

- Originalmedien (z. B. DVD, USB),
- bei Einzelsoftwarelizenzen das Lizenzdokument, das häufig als „Endbenutzer-Lizenzvertrag" (EULA) bezeichnet wird,
- Echtheitszertifikate, COA-Label,

- Handbücher und Anleitungen, wenn sie mit dem Softwarepaket mitgeliefert wurden, also bei den FPPs (Full Packaged Products),

Was heute noch aufzubewahren bzw. abzulegen ist:

- eine ausgedruckte Version der online abgeschlossenen Softwareverträge,
- per E-Mail erhaltene Softwarelizenzkeys, sollten auch ausgedruckt und mit den entsprechenden Softwarelizenzverträgen abgelegt werden.

Hinweis:

Ein Full Packaged Product ist bei Microsoft ein traditionelles Einzelhandelspaket. Diese Box mit Datenträger, Lizenzpapier und Dokumentation können Sie sich in ein Regal stellen. Diese Pakete sind für den Vertrieb über den Einzelhandel gedacht. Zielgruppen sind private Anwender und kleine Firmen. FPPs enthalten kein Downgrade-Recht auf ältere Versionen und auch kein Recht für das Reimaging. Ein Datenträger zur Installation (oder der Produktschlüssel und Downloadlink im Fall von ESD) wird immer mitgeliefert, daher fallen gegenüber Download-Versionen zusätzliche Versandkosten an.

Die Software muss auf jedem Gerät separat aktiviert werden, darf aber zusätzlich durch das Zweitkopie-Recht auf einem weiteren tragbaren Gerät installiert werden. FPP-Versionen sind nur noch für wenige Microsoft-Produkte, wie beispielsweise Visual Studio, verfügbar.

Nutzungseinschränkungen bei FPPs:

- Die Software muss auf jedem Gerät separat aktiviert werden, da dies ein Einzellizenzkey ist, der keine Volumenlizenzkey-Aktivierung erlaubt.
- Bei FPPs ist kein Downgrade-Recht enthalten.
- Softwareprodukte, die als FPPs verkauft werden, dürfen nicht paketiert und als Image verteilt werden (kein Re-Imaging-Recht = kein Recht für das Anfertigen und Verteilen eines an die Unternehmensarchitektur angepassten Softwareimages).
- Softwareprodukte, die als FPPs verkauft werden, dürfen nicht in virtuellen Umgebungen bereitgestellt und betrieben werden.

Softwareprodukte, die als FPPs verkauft werden, enthalten aber meistens ein Zweitkopie-Recht. Damit darf das Softwareprodukt auf einem weiteren tragbaren Gerät, Laptop oder Tablet, zusätzlich lizenzkonform genutzt werden. Die Aktivierung muss dabei auf jedem Gerät separat durchgeführt werden. ■

13.3.4 Wo sind die Lizenzinformationen je Lizenzkanal zu finden?

Der Lizenzkanal (worüber die Softwareprodukte erworben werden) ist gleichzeitig maßgebend für die Lizenzinformationen zu den erforderlichen Lizenznachweisen. Bild 13.3 stellt in einer kurzen Übersicht die wichtigsten Aspekte für die Recherche und Identifizierung der Lizenznachweise dar.

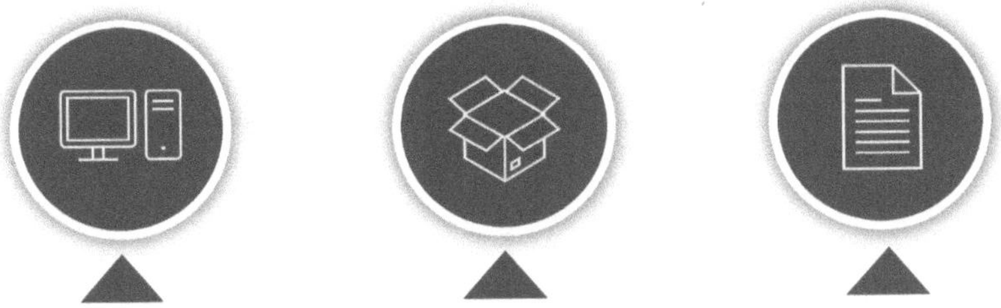

Bild 13.3 Lizenznachweise je Lizenzkanal

OEM (Original Equipment Manufacturer)

Bei erworbener Computerhardware ist oftmals ein OEM-Betriebssystem im Lieferumfang enthalten, sodass man das System recht schnell und ohne weitere Kosten in Betrieb nehmen kann (siehe auch Abschnitt „2.3.1 Überlizenzierung"). Diese Softwarelizenz erlaubt allerdings keine Erstellung eines Re-Imaging-Datenträgers aus einem OEM[1]-, SB[2]- oder FPP[3]-Datenträger).

Bei einer OEM-Softwarelizenz stellt das sogenannte COA-Label („Certificate of Authenticity (COA)", oftmals auf der Unter- oder Rückseite des Systems bzw. bei Laptops auch durchaus einmal im Batteriefach oder auf dem Netzteil zu finden) in Verbindung mit der ausgewiesenen Rechnung eine ordnungsgemäß erworbene Softwarelizenz dar. Achten Sie darauf, dass in diesem Fall des Lizenzerwerbs der Hardware-Lieferant das ursprünglich vorinstallierte Betriebssystem auf seiner Rechnung mit vermerkt hat.

> **Hinweis:**
>
> Wenn sich an Ihrem System noch ein solcher COA-Aufkleber befinden sollte, dürfen Sie diesen nicht entfernen, auch wenn Sie sich den Lizenzkey anderweitig notiert haben sollten.
>
> **Warum?**
>
> Dieser Aufkleber enthält nicht nur den Lizenzkey für eine mögliche Neuinstallation des Betriebssystems, sondern dient auch gleichzeitig als Kaufnachweis. Sie sollten also der eventuellen Versuchung widerstehen, diesen entfernen zu wollen, denn damit berauben Sie sich des Legimitationsnachweises einer gültigen Windows-Lizenz, die Sie übrigens benötigen, sollten Sie das System später einmal weiterveräußern.

1 OEM = Original Equipment Manufacturer
2 SB = System Builder, eine von Fachhändlern genutzte Version, meistens auch bereits vorinstalliert
3 FPP = Full Packaged Product (Elektronikmarktvariante)

Werden alle Microsoft-Lizenzen mit einem Echtheitszertifikat (Certificate of Authenticity, COA) ausgeliefert?

Nur die OEM- und Microsoft-Einzelhandelslizenzen (Full Packaged Product, FPP) werden mit einem COA ausgeliefert. FPP-COAs sind heute kaum noch auf der Hardware angebracht, sondern auf einer Karte oder der mitgelieferten physischen Verpackung.

Auf den Systemen selbst, z. B. bei einem Microsoft Surface Laptop (2020) ist dieses kaum Briefmarkengröße erreichende Windows-Label auf dem Netzteil angebracht, bei einem Dell 2-1 Convertible (2020) beispielsweise auf der Geräteunterseite.

Ausnahme: OEM-COAs für ein Server-Windows-Betriebssystem müssen auf dem Server angebracht werden, mit Ausnahme von Produkten mit Neuzuordnungsrechten, bei denen das COA wie bei OEM-CALs auf einer Karte angebracht ist.

Zu finden ist das COA für das OEM-Betriebssystem (standardmäßig) an folgenden Stellen:

- Bei Systemen mit Towergehäusen an der Vorderseite.
- Bei Blade-Systemen befindet sich das COA-Label auf der Oberseite des Blades.
- Bei Rack-Systemen auf der Serverseite, zu sehen, wenn das Rack herausgezogen ist.

Die OEM COAs sind bekanntermaßen an die erworbene Hardware gebunden und können somit nicht auf ein anderes System übertragen werden. Die Ausnahme davon ist, wenn innerhalb von 90 Tagen nach dem Kauf des Servers in Verbindung mit einer OEM-Serverbetriebssystemlizenz Microsoft Software Assurance für diese OEM-Lizenz erworben wird.

■

Full Packaged bzw. auch Box-Produkte genannt

Sind Softwareeinheiten, die den Datenträger, die Dokumentation und die Lizenz in einem Paket (Softwarebox) zusammenfassen. Dadurch befinden sich viele dieser zu den Box-Produkten dazugehörenden Dokumente oftmals beim Endanwender, mit dem Risiko, dass die das Box-Produkt kennzeichnenden Unterlagen nach einiger Zeit nicht mehr auffindbar sind.

Volumenlizenzen

Die erworbenen Volumenlizenzen werden in der Regel in den jeweiligen Portalen der Softwarehersteller bereitgestellt und können von berechtigten Personen verwaltet werden. Bei Microsoft nennt sich das Portal „Volume Licensing Service Center (VLSC)“.

Unternehmen können damit die folgenden Volumenlizenzierungsprogramme verwalten:

- Microsoft Enterprise,
- Enterprise-Abonnement,
- Select Plus,
- Select Academic – Education-Beitritt und Schul- oder Uni-Beitritt,
- Open Value, Open-Value-Abonnement und Open-License-Programme.

Zu beachten ist, dass über das „Microsoft Product Services Agreement (MPSA)" erworbene Softwareproduktlizenzen über das separate Microsoft Business Center verwaltet werden.

Das Volume Licensing Service Center (VLSC) ermöglicht:

- Herunterladen von Softwareprodukten und Lizenzkeys,
- Zugriff auf die bereitgestellten Volumenlizenzierungsinformationen,
- Detailansichten zu den erfassten und registrierten Softwarelizenzen,
- Anzeigen des Status der erfolgten Beitritte,
- Aktivieren und Nutzen von Software-Assurance-Vorteilen,
- Registrieren und Zuweisen von Berechtigungen oder Zugreifen auf eigene Lizenzen

Der folgende Abschnitt beschreibt die verschiedenen Arbeitsabläufe, um die Evaluierung der verschiedenen Lizenznachweistypen des jeweiligen Lizenzkanals aufzunehmen.

13.3.4.1 Vorgehensweise OEM-Microsoft-Betriebssysteme

- *Variante 1 - mit Bezug auf die Lizenznutzungsbestimmungen des Herstellers:*
  Dokumentieren Sie von den im Einsatz befindlichen Systemen die OEM COA-Label und - sofern vom Hersteller mitgeliefert - Handbuch und die dazugehörenden Installationsmedien.
- *Variante 2 - kein Lizenznachweis, nur ein „Indiz" und deswegen ohne Gewähr für die Anerkennung durch den Hersteller:*
  - Recherchieren der Rechnungs- bzw. Bestelldokumente als Lizenznachweis,
  - Erfassung der Softwareprodukte und Verknüpfung mit Bestell- und oder Rechnungsnummer bei der Erfassung des Lizenznachweises im Excel-Sheet (siehe Abschnitt 13.4).
- *Variante 3 - Aufstellung vom Hardwarelieferanten, kein Lizenznachweis, nur ein „Indiz" und deswegen ohne Gewähr für die Anerkennung durch den Hersteller:*
  - Rechnungsdokument mit Rechnungsnummer und -datum
  - Ausgelieferte Hardwareprodukte mit dem OEM-Softwareprodukt:
    - Herstellerbezeichnung des Softwareprodukts (z. B. Windows 10 Professional)
    - Stückzahl

Zur Beachtung: Die konforme Aufbewahrung der geforderten Lizenznachweise (Foto des COA-Labels, ggf. Handbuch und DVD/CD) sollte über eine entsprechende Unternehmensrichtlinie angeordnet und sichergestellt werden.

Wenn es (eventuell auch aus politischen Gründen) nicht möglich ist, den Lieferanten anzusprechen, dann sollten Sie die Erhebung der Lizenznachweise gemäß Variante 1 durchführen.

13.3.4.2 Vorgehensweise für andere OEM-Produkte

- *Variante 1 - mit Bezug auf die Lizenznutzungsbestimmungen des Herstellers:*
  Recherchieren Sie, ob mit dem Kauf des Systems die dazugehörenden Medien wie Handbuch und/oder CD (Box) bzw. und/oder ein Lizenzzertifikat mitgeliefert wurden, sofern es kein Download aus dem Internet gewesen ist.
- *Variante 2 - kein Lizenznachweis, nur ein „Indiz" und deswegen ohne Gewähr für die Anerkennung durch den Hersteller:*
  Recherche von entsprechenden Rechnungen beispielsweise im ERP- bzw. Einkaufssystemen.

- *Variante 3 – Aufstellung vom Hardwarelieferanten, kein Lizenznachweis, nur ein „Indiz“ und deswegen ohne Gewähr für die Anerkennung durch den Hersteller:*
  - Rechnungsdokument mit Rechnungsnummer und -datum
  - Ausgelieferte Hardwareprodukte mit dem OEM-Softwareprodukt:
    - Herstellerbezeichnung des Softwareprodukts (z. B. Windows 10 Professional)
    - Stückzahl

Zur Beachtung: Gemäß den Nutzungsbedingungen für OEM-Softwareprodukte sind diese an die jeweils gelieferte Hardware gebunden und können somit nicht davon losgelöst betrieben oder auf anderer Hardware genutzt werden. Wurde das mit der OEM-Software ursprünglich vom Hersteller gelieferte System verschrottet, kann die dazugehörige OEM-Software nicht mehr genutzt werden.

Dokumentation von OEM-Lizenznachweisen

Um nicht später die zuvor beschriebenen Arbeitsabläufe mühselig und mit viel Ressourceneinsatz nachholen zu müssen, empfiehlt sich die sofortige Dokumentation der Lizenznachweise bei der Vorbereitung und Bereitstellung von IT-Equipment für die Mitarbeitenden und diese in einem entsprechenden CMDB-System zu erfassen. ■

13.3.4.3 Vorgehensweise zu FPPs/Boxprodukten

Der Vollständigkeit halber dienen die nachfolgend beschriebenen Varianten der empfohlenen Vorgehensweise zur Erhebung des Nachweises von Softwareprodukten, die in dieser Form (und auch mengenmäßig) heute kaum noch vorkommen. Vorzufinden sind diese Konstellationen nur noch, wenn die IT-Infrastruktur stark dezentral aufgestellt ist (z. B. viele Außendienstmitarbeiter oder eine Vielzahl von kleineren, dezentralen lokalen Einheiten, die dadurch bedingt Administrationsrechte auf ihren mobilen Geräten haben und FPPs kaufen und installieren können bzw. über Internet, ähnlich einem FPP, Software herunterladen und betreiben können).

- *Variante 1 – mit Bezug auf die Lizenznutzungsbestimmungen des Herstellers:*
  - Zentrale Ablagepunkte in der IT-Abteilung bzw. bei dezentraler Struktur in den jeweiligen lokalen IT-Abteilungen.
  - Nachfragen über die jeweiligen Fachbereichsleiter, ob sich an den Arbeitsplätzen von Mitarbeitenden FPPs (und deren Bestandteile) befinden, die sich auf die Nutzung von noch aktiven Softwareprodukten beziehen.
  - Recherchieren Sie im ERP-System nach möglichen Bestellungen und den damit verknüpften Rechnungsdokumenten für die FPPs bzw. Box-Produkte (Systembuilder-Produkte). Klären Sie wenn möglich und aufgrund der Stichtagsfestlegung, ob es eventuell Lizenzdokumente zu diesen Vorgängen gibt.
  - Führen Sie die ermittelten Rechercheergebnisse in einer zentralen Excel-Liste zusammen und bewerten Sie die erhobenen Informationen hinsichtlich ihrer Verwendbarkeit für einen konformen Lizenznachweis.

- *Variante 2 - kein Lizenznachweis, nur ein „Indiz" und deswegen ohne Gewähr für die Anerkennung durch den Hersteller:*
  Recherche von Rechnungen beispielsweise im ERP- bzw. Einkaufssystemen.
- *Variante 3 - Aufstellung vom Lieferanten, kein Lizenznachweis, nur ein „Indiz" und deswegen ohne Gewähr für die Anerkennung durch den Hersteller:*
  - Rechnungsdokument mit Rechnungsnummer und -datum
  - Ausgelieferte Softwareprodukte mit:
    - Herstellerartikelnummer (SKU)
    - Herstellerbezeichnung des Softwareprodukts - zum Beispiel Windows 10 Professional
    - Stückzahl, Preis

Wenn es (eventuell auch aus politischen Gründen) nicht möglich ist, den Lieferanten anzusprechen, dann sollten Sie die Erhebung der Lizenznachweise gemäß Variante 1 durchführen.

13.3.4.4 Vorgehensweise Volumenlizenzen

- *Variante 1 - mit Bezug auf die Lizenznutzungsbestimmungen des Herstellers:*
  - Recherchieren Sie in der IT-Abteilung bzw. bei dezentraler Struktur in den jeweiligen lokalen IT-Abteilungen oder/und Einkaufsabteilungen zu Informationen über den Erwerb von Volumenlizenzprodukten.
  - Recherchieren Sie im ERP-System nach möglichen Bestellungen und den damit verknüpften Rechnungsdokumenten für Volumenlizenzprodukte. Klären Sie wenn möglich und aufgrund der Stichtagsfestlegung, ob es dazu mögliche Lizenzdokumente gibt und wo diese abgelegt sein könnten.
  - Führen Sie die ermittelten Rechercheergebnisse in einer zentralen Excel-Liste zusammen und verifizieren Sie die erhobenen Informationen hinsichtlich ihrer Verwendbarkeit für einen konformen Lizenznachweis.
- *Variante 2 - mit Bezug auf die Lizenznutzungsbestimmungen des Herstellers:*
  - Prüfen Sie die in den Herstellerportalen aufgelisteten Softwareprodukte und deren Lizenznachweise auf Konsistenz und Vollständigkeit der von Ihrem Unternehmen erworbenen Softwarelizenzen (z. B. im Microsoft VLSC-Portal).
  - Erfassung der Softwareprodukte und Verknüpfung mit Bestell- und/oder Rechnungsnummer bei der Erfassung des Lizenznachweises im Excel-Sheet (siehe Abschnitt 13.4).
- *Variante 3 - kein Lizenznachweis, nur ein „Indiz" und deswegen ohne Gewähr für die Anerkennung durch den Hersteller:*
  - Recherchieren der Rechnungs- bzw. Bestelldokumente als Lizenznachweis in den ERP- bzw. Einkaufssystemen.
  - Erfassung der Softwareprodukte und Verknüpfung mit Bestell- und/oder Rechnungsnummer bei der Erfassung des Lizenznachweises im Excel-Sheet (siehe Abschnitt 13.4).
- *Variante 4 - Aufstellung vom Lieferanten, kein Lizenznachweis, nur ein „Indiz" und deswegen ohne Gewähr für die Anerkennung durch den Hersteller:*
  - Rechnungsdokument mit Rechnungsnummer und -datum

- Ausgelieferte Softwareprodukte mit:
  - Herstellerartikelnummer (SKU)
  - Herstellerbezeichnung des Softwareprodukts – zum Beispiel Windows 10 Professional
  - Stückzahl, Preis

Wenn es (eventuell auch aus politischen Gründen) nicht möglich ist, den Lieferanten anzusprechen, sollten Sie die Erhebung der Lizenznachweise gemäß den Varianten 1 und 2 durchführen.

Zusammenfassend ist zu sagen: Die – möglichst nach Softwareprodukt und Beschaffungsdatum strukturierten – Lizenz- und Kaufnachweise sowie alle Belege, auf denen die Originalkaufdaten angegeben sind, sollten – wie bereits zuvor erwähnt – möglichst in einem zentralen Ablagesystem verwaltet werden. Entscheidend ist, dass man sich vor einem Audit in einem angemessenen Zeitraum einen Überblick über den Softwarelizenzbestand verschaffen kann. Um beispielsweise die erforderlichen abzulegenden Softwarelizenznachweise richtig bestimmen zu können, ist es u. a. wichtig zu wissen, über welchen Lizenzkanal eine Softwarebeschaffung erfolgt ist.

13.4 Aufbau eines Lizenzinventars

Für den Aufbau des Lizenzinventars (Nachweis der erworbenen Lizenzstückzahlen; auch Nutzungsrechte genannt) müssen die für das Unternehmen beschafften Softwareprodukte mit den jeweiligen abgerufenen Stückzahlen erfasst werden. Um später im Compliance-Bericht richtig zählen zu können, benötigen diese Bewegungsdaten eine Verbindung zu den Softwarevertragsdaten. Wichtig ist, bereits in diesem Schritt die vorherrschende IT-Architektur zu berücksichtigen. Nur so lässt sich beispielsweise gewährleisten, dass das vereinbarte Lizenzmodell mit den erlaubten Nutzungsrechten korrekt auf die technisch ermittelte Anzahl der getätigten Installationen – den entstandenen Lizenzbedarfen – abgebildet werden kann, um im Compliance-Bericht mit korrekten Werten rechnen zu können. Der Aufbau einer strukturierten Softwarevertragsdatenbank sollte der erste Schritt zum Aufbau eines kaufmännischen Lizenzinventars sein. In Abschnitt 10.2 „Die kaufmännischen Daten bearbeiten“ wird beschrieben, warum alle Softwareprodukte mit einer eindeutigen Materialnummer und/oder mit einer eindeutigen Software-Identifikationsnummer (SKU[4]) zu kennzeichnen sind, um die beschafften Softwareprodukte (Bestell- und Bewegungsdaten) mit den Softwareverträgen verknüpfen zu können.

> **Hinweis:**
> Die Vorgehensweise mit einer eindeutigen Materialnummer ist heutzutage nur noch für die Steuerung der eigenen Unternehmens-Software-LifeCycle-Prozesse und deren Anforderungs- und Beschaffungsprozesse erforderlich bzw. zu empfehlen.

[4] SKU = Stock Keeping Unit, siehe auch *https://de.wikipedia.org/wiki/Artikelnummer*

Bei der Aufstellung eines Softwarelizenzinventars (in Form einer Excel-Datei) zur Erfassung der Softwarelizenznachweise bzw. als Vorbereitung eines initialen Datenimports in ein SAM-Tool ist die eindeutige Softwareidentifikationsnummer (SKU) vom Hersteller mittlerweile das Maß aller Dinge.

Die heutigen SAM-Tool-Hersteller liefern (und das ist unabdingbar) Softwareübersetzungskataloge aus, womit anhand der Herstellerartikelnummer (SKU) bereits die erforderlichen lizenzrechtlichen Verknüpfungen zu Produktbezeichnung bzw. den anzuwendenden Standardlizenzmodellen und -metriken hergestellt werden kann. Das bedeutet: Wenn in dem SAM-Tool ein Softwarelizenznachweis angelegt wird, kann (sofern das Softwareprodukt sich bereits im Repository des Softwarekatalogs befindet) die eindeutige Hersteller-SKU und die damit verbundene Herstellerproduktbezeichnung über diesen Softwarekatalog ermittelt und verwendet werden.

Das bedeutet auch: Für einen konsistenten kaufmännischen Bedarfsanforderungs- und Beschaffungsprozess sowie die Weiterverarbeitung beispielsweise in einem ERP-System sollten bevorzugt diese „korrekten" Herstellerproduktnamen und SKU-Nummern im Software-Life-Cycle-Prozess verwendet werden. „Freitextbestellungen" sind möglichst zu unterlassen. ■

In einigen wenigen Punkten (den Kopfdaten bzw. teilweisen Informationen für das Lizenzmanagement) sind im Lizenzinventar auch Daten zu erfassen, die evtl. bereits im Vertragsmanagement unter den spezifischen Daten aufgenommen wurden. Um doppelte Informationen zu vermeiden bzw. eine eindeutige Quelle zu bekommen, ist je nach vorherrschender Situation im Unternehmen zu entscheiden, ob diese Daten im Vertragsmanagement, im Lizenzinventar (falls es noch kein SAM-Tool gibt) oder im SAM-Tool mit den dort erforderlichen Daten aufgenommen und verwaltet werden sollen. Das hängt u. U. auch von den verwendeten Werkzeugen bzw. Systemen ab und wie umfangreich diese bereits über automatisierte Prozesse bedient und gesteuert werden können.

Gehen wir im Kapitelthema weiter mit der Annahme, dass das Lizenzinventar zunächst einmal erstellt wird und erst (wie auch die gewählte Kapitelreihenfolge im Buch das aufzeigt) zu einem späteren „zeitlichen" Punkt eine Evaluierung und Implementierung des SAM-Tools erfolgen wird. Dann kann mit diesen bereits durchgeführten Projektschritten eine sehr gute Grundlage aufgebaut werden, um nach einer ersten Initialbeladung der Daten das SAM-Tool relativ schnell in einen betriebs- und auskunftsfähigen Zustand zu bekommen.

13.4.1 Erforderliche Daten für ein Lizenzinventar

- Vertragsnummer, wenn sich das zu erfassende Softwareprodukt darauf bezieht (wie beispielsweise ein Rahmenvertrag oder ein Einkaufsabschluss).

  Hinweis: Auch ***Softwareeinzellizenzen*** sollten einem Softwarevertrag (dann geflaggt als Softwareeinzelvertrag) zugeordnet werden (beispielsweise nach Hersteller), um eine Komplettsicht über alle aktiven Softwarelizenzen zu erhalten, wie hier im Beispielbild zu sehen.

Vertrag	Vertragstyp	Vertragsnummer
Abbyy	Softwarevertrag	AB-10000
Abbyy Einzellizenzen	Softwarevertrag	AB-10001
Abbyy Einzellizenzen 2019	Softwarevertrag	AB-10002
Abbyy Einzellizenzen 2020	Softwarevertrag	AB-10003

- Vertragsart zur Vertragsnummer (Kauf, Miete, Wartung),
- Rechnungsnummer oder Bestellnummer zum Beschaffungsvorgang (meistens eine Nummer aus einem kaufmännischen System),
- Rechnungsdatum,
- Lieferantenname,
- Lieferantenartikelnummer für das jeweilige bestellte Softwareprodukt,
- optional und wenn vorhanden – die eigene Softwareidentifikationsnummer (Materialnummer),
- Herstellerartikelnummer (SKU – Stock Keeping Unit) für das jeweilige Softwareprodukt,
- Herstellerproduktname (Materialkurztext),
- Stückzahl des beschafften Softwareprodukts (Lizenzstückzahlen),
- Stückpreis.

Optionale Punkte, wenn mit der Hersteller-SKU-Nr. bzw. dem Herstellerproduktnamen agiert wird, um diese Datenerfassung initial zur Weiterverarbeitung in ein SAM-Tool zu laden:

- Versionsnummer des gekauften Produkts,
- Sprache des Produkts (deutsch, Multilanguage usw.),
- Lizenzklasse (beispielsweise Update oder Vollversion),
- Lizenztyp (pro Gerät, pro Nutzer), kommt meistens über den Vertragslink mit in das Lizenzinventar oder mit dem Softwareprodukt (durch den EULA, siehe auch Abschnitt 2.6.1 „End User License Agreement (EULA)“),
- Lizenzmetrik (wie wird gezählt, beispielsweise pro Seite, Named User), kommt meistens über den Vertragslink mit in das Lizenzinventar oder wird durch den EULA des beschafften Softwareprodukts bestimmt (siehe auch Abschnitt 2.6.1 „End User License Agreement (EULA)“),
- Lizenzkey (beispielsweise bei Einzelprodukten wichtig),
- Lizenzkostenrelevanz (ist das Softwareprodukt lizenzkostenpflichtig?),

Wie schon zuvor ausgeführt, ist das eine beispielhafte und nicht vollständige Aufzählung zur Darstellung von erforderlichen Informationen für das Lizenzmanagement, aber von der Sache her als Basis zu verstehen. Je nach Zielsetzung für die zu erfassenden Daten und Informationen können es auch weniger zu erfassende Attribute sein, denn üblicherweise (sofern diese Excel-Daten zugleich als Importdaten für eine Initialbeladung in ein SAM-Tool genutzt werden sollen) reichen auch die Herstellerartikelnummer (SKU) und die Herstellerproduktbezeichnung aus, da die heutigen SAM-Tools über diese beiden Identifier die restlichen Zuordnungen (Lizenzmetrik, Lizenztyp, Lizenzklasse, Lizenzkostenpflichtigkeit) automatisiert über den Normalisierungsvorgang ergänzen (siehe auch Abschnitt 13.4.3 „Quality-Gate-Lizenzinventar – Best-Practise-Tipps“).

Hinweis:

Die erfassten Angaben sollten mindestens die letzten drei Jahre widerspiegeln. Am vorteilhaftesten ist es, wenn Sie sich einen Stichtag festlegen, bis zu welchem die Erfassung und Recherche von Softwarelizenzdaten und -produkten als Basislizenzen und Updates erfolgen soll.

Außerdem ist zu empfehlen, jeweils pro Hersteller eine Excel-Datei mit den zu erfassenden Informationen anzulegen, um a) die Menge an Datenzeilen überschaubar zu halten und b) mögliche Trennungen (weil unterschiedliche Erfasser und Bearbeiter eingesetzt werden) einfacher zu steuern und c) bei einer späteren Aufbereitung und Transformation in eine Importvorlage gezielte initiale Beladungen durchführen zu können. ■

Auch wenn Sie bereits Vertragsdaten in einem Ihrer Systeme verwalten, werden Sie wahrscheinlich einige der hier aufgeführten Dateninhalte in Ihrem System so nicht vorfinden bzw. so nicht dort miterfassen können, abgesehen davon, dass mögliche erforderliche Berichte und Analysen nicht gefahren werden können, weil die auszuwertenden Informationen in Datei- oder PDF-Anhängen „schlummern". Für das Lizenzmanagement ist es aber wichtig, genau diese Informationen elektronisch unterstützt auswerten zu können. Je nach vorherrschender Situation zum Status des Vertragsmanagements in ihrem Unternehmen sind Lösungen zu entwickeln, die es dem Lizenzmanagement ermöglichen, auf strukturierte und transparente Daten und Informationen zuzugreifen.

Tipp 1:

Das SAM-Tool ist betriebsbereit und kann bereits automatisiert erfassbare lizenzkostenpflichtige aktive Softwareprodukte inventarisieren und normalisieren? Dann wäre es bei Weitem vorteilhafter, zeit- und ressourcensparender, wenn Sie eine bereits lizenzrechtlich lesbare, normalisierte Liste aller „entdeckten" Softwareprodukte als Ausgangsbasis nehmen, um damit die zuzuordnenden Softwareverträge und Softwarebeschaffungen (Lizenzen) im SAM-Tool zu erfassen und somit die technischen Lizenzbedarfe abdecken.

Warum? Sie benötigen die erforderliche Transparenz und Sichtbarkeit nur für ihre aktiv genutzten lizenzkostenpflichtigen Softwareprodukte. ■

In vielen Unternehmen werden beispielsweise betriebswirtschaftliche Daten in einer SAP-Umgebung verarbeitet. Darin sind Stammdaten (Kreditoren, Debitoren) und Bewegungsdaten (Beschaffungen, Bestellungen, Anlagenbuchhaltung) so zu verwalten, dass jederzeit über betriebswirtschaftliche Vorgänge Auskunft erteilt werden kann. Das Lizenzmanagement ist nun auch über entsprechende Schnittstellen oder Datenaustauschformate auf diese Informationen und Daten angewiesen, um seinerseits den vorliegenden Compliance-Status, aber auch Informationen über Kosten und mögliche Einsparpotenziale an das Management weitergeben zu können.

Tipp 2:

Um nicht in einem Meer von Arbeit zu versinken, versuchen Sie am besten nicht, sofort alle Softwareprodukte aufzunehmen, die Sie im kaufmännischen Bestand oder über die Inventarisierung gefunden haben. Das wäre in einer ersten Phase nicht zielführend. Erstellen Sie sich eine Liste mit den in Ihrem Unternehmen wichtigsten Herstellern oder Softwareprodukten, wie beispielsweise Adobe, IBM, Microsoft, Oracle, und lassen Sie sich dabei auch von dem jeweiligen Preis- und Stückzahlvolumen leiten, denn so können Sie eine fundierte Risikobewertung umsetzen und sich den Herstellern bzw. Softwareprodukten mit dem größten Risiko einer Unterlizenzierung widmen. Ist dieser Schritt erledigt, können Sie sukzessive die Liste erweitern. ■

Ich möchte Ihnen das gerne einmal für eine SAP-Umgebung beispielhaft aufzeigen:

Für die Verwaltung von für das Lizenzmanagement relevanten Daten und Informationen, die auch aus dem SAP-System über Schnittstellen dem SAM-Tool zur Verfügung gestellt werden sollen, sind mindestens die folgenden Daten im SAP-System erforderlich und zu pflegen:

- *Stammdaten*
  - Kreditorendaten, die im SAP-System gepflegt werden (Lieferanten, Hersteller).
  - Softwarematerialstammdaten – SAP-Materialnummer (wenn mit dem Modul MM gearbeitet wird und Materialnummern für Software- und Wartungsprodukte angelegt und gepflegt werden), diese müssten dann (entscheidungsbedingt) mit an den Softwarelizenzdatensatz im SAM-Tool gehängt werden.
  - Herstellername, Produktname, Produktversion, Produktedition, ***SKU-Nummer***, Produktsprache
  - Kaufmännische Daten (z. B. Preis, Menge, Materialart) können dazu ergänzend aufgenommen werden.
  - Stammdaten im Softwarematerialstammdatensatz für die weitere Verwendung in einem Vertragsmanagement wären Kreditor, Mandant, Lizenz (Stückzahlen/Mengen), zu referenzierende Vertragsnummer, Lizenzmetrik bzw. Lizenzmodell
- *Bewegungsdaten (Bestellungen)*
  - Der Bestellkopf sollte enthalten: Bestellnummer und -datum, Kreditor.
  - Die jeweilige Bestellposition sollte enthalten: Positionsnummer, Mandant, Lizenz (Stückzahlen/Mengen), bei befristeten Lizenznutzungen Anfangs- und Enddatum für Nutzungsdauer und für Wartungslaufzeiten, zu referenzierende SAP-Softwarematerialnummer, Anlagennummer, zu referenzierender Kontrakt- oder Rahmenvertrag, Vertragsnummer aus dem Vertragsmanagement.
  - Wenn der Wareneingang im SAP mit verwaltet wird: Wareneingangsnummer, -datum und Liefermenge.
  - Wenn die Rechnungseingänge im SAP miterfasst werden, sind auf der Bestellung noch mit aufzuführen: Rechnungsnummer (Kreditor), -datum, Menge/Stückzahl.

13.4.2 Bestelldaten identifizieren

Für die Erfassung der Bestelldaten müssen Sie - genau wie bei den Vertragsdaten - die Systeme identifizieren, in denen Softwarebestellungen abgewickelt werden. Das kann ein einziges System sein, es kann aber auch über mehrere unterschiedliche Systeme gehen, vor allem wenn an verschiedenen Standorten eigene Bestellsysteme im Einsatz sind. Zu jedem identifizierten Softwareprodukt gilt es jetzt, alle vorgenommenen Bestellungen zu recherchieren und im Lizenzinventar zu dokumentieren. Denken Sie bitte auch daran, dass es u. U. durch Freitextbestellungen bedingt mehrere unterschiedliche Bestelltexte geben kann, die aber alle auf ein und dasselbe Softwareprodukt verweisen können.

Hinweis:

Als Erstes ist der Softwarevertrag, ein Lizenzschein oder ein anderer Lizenznachweis maßgebend und erst als allerletzte Möglichkeit (als „*Indiz*") auch eine Rechnung. Über die Sichtung, Konsolidierung und Analyse der Rechnungsbelege können Sie weitere Informationen gewinnen, die für den Aufbau des Lizenzinventars wichtig sind. So sind diese Belege vor allem wichtig, um Bestellungen (meistens mit Freitextangaben) mit eventuell unterschiedlichen Bestelltexten von eigentlich ein und demselben Softwareprodukt zusammenfassen zu können. ■

Nun ist es nicht gerade ungewöhnlich, dass im Einkaufssystem die Bestellnummer (z. B. 4500123199) als eineindeutiges Ordnungskriterium Verwendung findet und nachfolgende Einkaufsprozesse wie Rechnungslegung oder Erfassung von Lieferantenrechnungen eben auf diese Bezug nehmen. Oftmals wird dann auch in anderen Systemen (z. B. im Vertragsmanagementsystem) darauf abgestellt. Das bedeutet, dass bei der Erhebung der Daten für das Lizenzinventar auf diese Prozesse geschaut werden muss, ggf. in Vorbereitung auf das zukünftige SAM-Tool, um später in diesem immer einen Bezug zu den Informationen aus eben diesen Drittsystemen zu haben. Es sollte auch bereits im Vorfeld der Implementierung eines SAM-Tools festgelegt werden, welche (evtl. konsolidierten) Quellen in welcher Richtung (nur lesend oder auch schreibend, direktional oder bi-direktional) genutzt werden, damit nicht die Gefahr besteht, Informationen doppelt verwalten zu müssen. Ebenfalls wichtig ist bei dem oben beispielhaft beschriebenen Bezug auf die Bestellnummer als Ordnungskriterium, dass diese Information sowohl im Lizenzinventar (Excel-Liste) als auch im SAM-Tool angelegt und mitgeführt wird.

Des Weiteren ist es auch wichtig, bereits vorab festzulegen, ob und welche Rollen außer dem Lizenzmanagement-Team auf das SAM-Tool Zugriff erhalten. Das ist deshalb so wichtig, weil entschieden werden muss, woher zukünftig die Quellinformationen kommen sollen und wer dafür die Verantwortung zu tragen hat. Wenn also beispielsweise das Softwarevertrags-Management zukünftig mit im SAM-Tool abgebildet und gesteuert wird, müssen (in diesem Beispiel) die Rollen aus dem Einkauf und der Rechtsabteilung auch auf das SAM-Tool zugreifen können. Das bedeutet aber auch mehr Benutzer und somit einen höheren Schulungsaufwand. Falls diese Stakeholder bereits zu Beginn des Projekts einzubinden sind, kann es durchaus - durch erweiterte Informationsanforderungen dieser Rollen - zu erhöhter Komplexität kommen.

13.4.3 Quality-Gate-Lizenzinventar – Best-Practise-Tipps

In meiner langjährigen Projektarbeit sind mir die vielfältigsten Vorgehensweisen untergekommen, um die Lizenzinventare a) im Vorfeld einer SAM-Tool-Implementierung oder b) bei einem bereits implementierten SAM-Tool für die Initialbeladung zu erstellen bzw. aufzubereiten.

Dabei ist mir immer wieder aufgefallen, dass nicht selten vom Lizenzmanagementprojekt an das Management (nicht haltbare) Zusagen für schnelle Ergebnisse oder vom Management an das Lizenzmanagementprojekt Forderungen nach schnellen Ergebnissen kommuniziert werden – ich unterstelle jetzt einmal, schlicht wegen Unterschätzung der Komplexität.

Woran scheitert es?

Oft erfolgt „stumpf" ein Datenimport über CSV- bzw. XLSX-Templates aus Quellen (mit unterschiedlichster Qualität) in das SAM-Tool, ohne darauf Rücksicht zu nehmen, dass möglicherweise dieser Ansatz initial nicht die beste Wahl ist, sowohl aus fachlicher Sicht als auch in Bezug auf die bereitzustellenden Ressourcen.

Das Lehrbuchvorgehen (damit ist nicht dieses Buch gemeint 😉), womit viele SAM-Consultants auf ihren Job vorbereitet werden, geht davon aus, dass bereits alle erforderlichen und zu betrachtenden Parameter, die für eine Compliance-Zuordnung erforderlich sind, über eine SKU-Artikelnummer „mitkommen". Das mag sicher auch in dem einen oder anderen Fall so sein, aber das Thema wäre nicht immer noch so komplex, wenn es denn so einfach wäre.

Dafür müssten nämlich viele Voraussetzungen erfüllt sein, wie beispielsweise:

- Es wurden auf Bestellungen und Rechnungspositionen konsequent „mindestens" eineindeutige Hersteller-SKU (Artikelnummern) verwendet und im besten Falle auch die eindeutigen „Langtext"-Artikelbeschreibungen der Hersteller.
- Der SAM-Tool-Hersteller liefert einen umfangreichen Softwareartikelkatalog mit aktuellen Erkennungsregeln für die erforderliche lizenzrechtliche Normalisierung von Softwareprodukten sowie ein umfangreiches Repository von Herstellern und deren SKU-Artikelnummern, um so die korrekten Lizenznutzungsrechte und -metriken sowie verschiedene weitere Kennzeichen (Upgradefähigkeit, Zweitnutzungsrecht, Version, Edition usw.) dem jeweiligen eigenen Softwareinventar zuordnen zu können.

Das ist aber erst einmal nur eine Prämisse von vielen weiteren. Im „Hinweiskasten" in Abschnitt 13.1 bin ich bereits kurz darauf eingegangen und erläutere es weiter unten etwas ausführlicher.

> **Hinweis:**
> Es sagt sich immer so leicht, ein Excel-Dokument (hier das Lizenzinventar) für eine „erste" Initialbeladung in das zukünftige oder bereits implementierte SAM-Tool einzusetzen. Nun kommt es aber auf die Sicht des Erstellers der Excel-Liste (Zusammenführung der Lizenznachweise) an. Entweder, die Sicht (und auch die Struktur der Liste) wurde so gewählt, dass die zu erfassenden Informationen für den Lesenden leicht erfassbar und auswertbar sind, also beispielsweise vielfältige Informationen über mehrere Spalten verteilt zusammengeführt werden, oder die Excel-Tabelle wurde bereits so aufgebaut und strukturiert, dass nur wenig Transformationsarbeit für eine Überführung der Daten in eine Importvorlage erforderlich ist.

Ein Beispiel für einen möglichen **hohen Transformationsaufwand** in eine Importvorlage für eine initiale Beladung in ein SAM-Tool wäre diese Datenstruktur:

SKU-Nr. Lizenz	SKU-Nr. SW-Pflege	Hersteller	Produktfamilie	Produktname	Lizenzmetrik	Stück/ Menge	Preis
D55V1LL	E0256LL	IBM	IBM MQ (Message Queueing) LuW	IBM MQ Processor Value Unit (PVU) License + SW Subscription & Support 12 Months	PVU	200	29,54 €

Warum?

Für die Transformation in die Importvorlage müssen aus der einen Datenzeile mindestens zwei Datenzeilen erstellt werden. Eine Zeile mit der SKU-Nr. für die Softwarelizenz (D55V1LL) und eine für die SKU-Nr. mit der Softwarewartung (E0256LL), und hier werden dann beispielsweise auch noch die Preiseinträge anders sein, jeweils für die Software- und die Wartungs-„Lizenz“.

Ein Beispiel für einen möglichen **niedrigen Transformationsaufwand** in eine Importvorlage für eine initiale Beladung in das SAM-Tool wäre diese Datenstruktur:

SKU-Nr.	Produktname	Stück/Menge	Preis
D55V1LL	IBM MQ Processor Value Unit (PVU) License	200	19,77 €
E0256LL	IBM MQ Processor Value Unit Subscription & Support 12 Months	100	9,77 €

Warum?

Das zweite Beispiel trennt a) den Datensatz in zwei Datenzeilen auf und ermöglicht so eine einfachere Bearbeitung der Importvorlage bzw. den Import, b) werden in den modernen SAM-Tools bereits über die SKU-Nr. des Herstellers alle erforderlichen Informationen bereitgestellt (hier eine Einteilung über UNSPSC bzw. eCl@ss, siehe auch Abschnitt 8.6.3 „eCl@ss – ein Standard mit Zukunft“): die Produktfamilie, die vom Hersteller für dieses Softwareprodukt festgelegte Standardlizenzmetrik, mögliche Kennzeichnung, ob es eine Voll-, Upgrade- oder Subscription-Lizenz ist, Versionsnummer, Edition, Paketbestandteile, Suite und noch einiges andere mehr, wie beispielsweise die End-of-Life-Daten der Software.

Um den erforderlichen Ressourcenaufwand möglichst gering zu halten, sollten Sie die Excel-Datenstruktur und ihren anzulegenden Umfang in Abhängigkeit zur zeitlichen Verfügbarkeit eines SAM-Tools bestimmen. Sollte sich bereits ein SAM-Tool in der Phase der Implementierung befinden, mit dem dann die Lizenznachweiserfassung umgesetzt werden soll, müssen Sie nicht unbedingt eine komplexe Excel-Datenstruktur anlegen, sondern es würde dann ausreichen, ein Excel-Dokument für einen späteren Import der Daten in das SAM-Tool zu erstellen, oftmals stellen die SAM-Tool Hersteller dafür auch bereits Import-Vorlagen zur Verfügung. ■

Wir wissen – und das ist heute immer noch die größte Herausforderung für das Softwareasset- und Lizenzmanagement –, dass die IT-Infrastrukturen den Geschäftsprozessen folgen bzw. diese unterstützen müssen. Deswegen haben IT-Architekten und Administratoren mit dem Thema Softwarelizenzen eigentlich nur Berührungspunkte, wenn es darum geht, den Fachverfahren betriebsbereite Infrastrukturkomponenten bzw. Bausteine bereitzustellen. Die wenigsten beachten oder kümmern sich im Vorfeld darum, welche lizenzrechtlichen Auswirkungen entstehen oder entstehen könnten, wenn das eine oder das andere IT-Architekturmodell ausgewählt wird, um die gestellten Anforderungen zu erfüllen.

Da diese Szenarien eigentlich mehr oder weniger an der Tagesordnung sind, ist es wichtig für die Aufstellung und Bereitstellung eines qualitativ gut recherchierten Lizenzinventars, diese Aspekte zu untersuchen und abzuklären. Denn erst dann können belastbare Compliance-Aussagen in Richtung Management, Risikosteuerung, Revision oder Auditabteilung getroffen werden. Für die zu erfassenden Softwarelizenzpositionen ist es also wichtig, mit abzuprüfen, ob die folgenden Aspekte der IT-Architektur zur Klärung betrachtet bzw. beachtet werden müssen.

1. Umgesetzte IT-Architektur

- Für jede Lizenzposition ist die aktuell bestehende Bereitstellungsvariante zu recherchieren und lizenzrechtlich zu bewerten.
- Erfolgt die Bereitstellung des Softwareprodukts z. B. über Terminal Server, on-Premise Client (mobiles Gerät, stationärer PC) oder aber auch über Shared Desktop.

2. Umgesetzte Paketierung

- Weiterhin ist es erforderlich, für jede Lizenzposition die „möglicherweise“ eingesetzte Paketierungsvorgehensweise zu recherchieren und lizenzrechtlich zu bewerten, gerne werden hier die falschen Softwarelizenzkeys (Einzellizenzkey versus Volumenlizenzkey) „verarbeitet“.

3. Umgesetzte Inventarisierung

Die bestehende Inventarisierungsart ist ein weiterer wichtiger Aspekt, welcher für jede Lizenzposition zu recherchieren und lizenzrechtlich zu bewerten ist. Dieser Aspekt geht auf den Umstand ein, dass ein technischer Lizenzbedarf entweder durch eine automatisierte oder eine manuelle Inventarisierung erzeugt werden kann.

- Es sind nicht immer alle Softwareprodukte auch automatisiert erfassbar (z. B. Client Access License, CALs).
- Eine automatisierte Variante kann sich auch noch unterteilen in ein „Agent-based“-, „Agentless“- bzw. auch „Zero Footprint“-Verfahren (siehe auch die Abschnitte 11.3.1 und 11.3.2).
- Die erfassbaren Rohdaten und deren Umfang sind unmittelbar von dem eingesetzten Inventarisierungsverfahren abhängig, um aussagekräftige technische Lizenzbedarfe zu erzeugen.

4. Herstellung der korrekten Lizenznutzung

- Aus den Punkten 1–3 ist pro Hersteller und herstellerkonform eine Herleitung der lizenzrechtlich korrekten IT-Architekturumsetzung abzuleiten und zu dokumentieren.

- Wenn die Prüfung der Aspekte aus den Punkten 1–3 ergibt, dass die eigentliche herstellerkonforme Nutzung falsch umgesetzt wurde, ist entweder die IT-Architektur mit den entsprechenden Bausteinen und Komponenten auf eine lizenzkonforme Nutzung anzupassen oder, wenn das aufgrund von Rahmenparametern nicht mehr möglich ist, mit dem Hersteller das Gespräch zu suchen, um eine Anpassung der Softwareverträge zu erreichen bzw., wenn das nicht möglich ist, eine alternative Neulizenzierung des Softwareprodukts zu verhandeln.

Wurde ein Konsens zur aktuellen IT-Architekturumsetzung erzielt, kann der Lizenznachweis zum zu verknüpfenden Lizenzbedarf des aktiven Softwareprodukts lizenzkonform erfolgen und die hierfür recherchierten Daten und Informationen bilden eine korrekte Lizenzposition ab.

13.4.4 Empfehlungen und weitere Fragestellungen

Basierend auf den bereits in diesen Kapitelabschnitten genannten Aspekten und Vorgehensweisen zum Erreichen einer strukturierten und qualitativ umfassenden Recherche und Erfassung von Lizenznachweisen, nachfolgend einige Best-Practise-Empfehlungen und – an sich selbst als Verantwortlichen oder an die Personen, die an der Erfassung von Lizenznachweisen mitwirken, adressiert – einige Fragestellungen.

Dringende Empfehlungen:

- Alle relevante Lizenznachweise sind im SAM-Tool als Dokument (möglichst nicht als Verknüpfung) abzulegen, damit bei Bedarf eine schnelle Recherche zu Vereinbarungen oder Vertragsinhalten gewährleistet ist, und das unabhängig von anderen Systemen, die Softwarevertrags- und Einkaufsdaten verwalten.
- Falls es bereits im SAM-Tool erfasste Softwarelizenzen gibt, sollten alle nicht relevanten Softwarelizenzen (solche ohne aktive technische Lizenzbedarfe) aus dem SAM-Tool entfernt werden, um die erforderliche Transparenz und Übersichtlichkeit zu den aktuellen und aktiven Softwareprodukten zu gewährleisten (ohne Ballast).
- Es sollten alle relevanten aktiven – und wenn dafür erforderlich, auch alle zu historisierenden – Softwareverträge im SAM-Tool abgebildet werden, und zwar in einer geordneten, sinnvollen und auch für Dritte nachvollziehbaren Struktur (siehe auch Abschnitt 12.8.2 „Empfohlener Aufbau der Vertragsstrukturen“).
- Nach abschließender Bereinigung und Analyse gilt es, die Lizenzeingaben zu optimieren (z. B. Bündelung von Lizenzbeschaffungen zur Vermeidung von Komplexität).

Fragen, die dabei immer wieder zu stellen sind:

- Wird mit dem letzten Versionsstand der erfassten Lizenznachweise gearbeitet?
- Die Recherche und Erfassung der Lizenznachweise wurden bis zu **welchem Stichtag** erhoben und abgeschlossen?
- Liegen alle recherchierten und erforderlichen Lizenznachweise in elektronischer Variante (Scan, PDF) bzw. u. U. auch noch in Papierform (in einem Belegarchiv) vor?

- Wurden (wenn erforderlich) EULAs geprüft und wurden bei einer fehlenden SKU die folgenden Werte recherchiert?
  - Welche Standardlizenzmetrik ist anzuwenden?
  - Besitzt das zu erfassende Softwareprodukt bzw. die Lizenz Upgrade- oder Downgrade-Rechte?
  - Ist das zu erfassende Softwareprodukt eine Basis- oder eine Upgrade-Lizenz?
  - Enthält eine mögliche Wartungslizenz des Softwareprodukts auch ein Upgrade-Recht?

Weiterhin zu klärende Punkte wären u. a.:

Primär:

1. Umfassende Aufarbeitung und Klärung der o. g. Fragestellungen.
2. Gibt es zu den bisher erfolgten (geplanten) Aktivitäten dezidierte Meilenstein- bzw. Ergebnisberichte (aus den Themengebieten zur Recherche von Softwarelizenzen, deren eventuelle Umwandlung in andere Nutzungsrechte, deren Aufbereitung, deren Import bzw. Nachbereitung und Transformation beispielsweise in ein Import-Template für ein SAM-Tool)?
3. Ist die Softwarelizenz- und Softwarevertragshistorisierung für sämtliche (bereits im Vorfeld festgelegten) Fokus-Hersteller erfolgt?
4. Wurde auch das entsprechende Inventarisierungskonzept zu den zu erhebenden Softwareprodukten mit einbezogen bzw. beachtet?
5. Wird/kann eine automatisierte Softwareinventarisierung des Softwareprodukts erfolgen? Wenn ja, wurden die möglichen unterschiedlichen Inventarisierungsarten mitberücksichtigt?
6. Wurde eine Bewertung der korrekten Inventarisierungsart pro Softwareprodukt aufgrund der bestehenden Nutzungsrechte zu der umgesetzten Bereitstellungsarchitektur vorgenommen (z. B. eine gerätebasierte Lizenzmetrik und -nutzung über eine Terminal-Server-Umgebung bzw. User-basierte Lizenzmetrik und -nutzung über Shared Desktop-Clients)?

Sekundär:

- Wurde bei der Erfassung und Erhebung der Lizenznachweise der Fokus auch u. a. auf die folgenden Punkte gelegt?
  - Wurde bzw. konnte eine SKU erfasst bzw. zugeordnet werden?
  - Wurde geprüft, ob dieser dann auch die richtige Softwareapplikation aus dem Softwarekatalog zugeordnet wurde?
  - Wurde auch die damit einhergehende (zu verknüpfende) Softwarelizenzmetrik geprüft?
  - Konnte ein Kaufdatum recherchiert bzw. erfasst werden?
  - Konnte ein Kaufpreis recherchiert, erfasst und korrekt zugeordnet werden?
  - Wurde geprüft, ob die zu erfassenden Lizenznachweise zu einer Subskription gehören? Wenn ja, darf dann dazu keine Wartungsposition erfasst werden?
  - Wenn vorhanden, wurde geprüft, dass der Softwarelizenzkey miterfasst wurde?

Zu den ausgesprochenen Empfehlungen und anzuwendenden Fragestellungen gesellen sich natürlich (aufgrund der Thematik) noch weitere zu beachtende Problemstellungen und mögliche Komplexitätstreiber.

13.4.5 Wo finden sich oft die größten Probleme und Komplexitäten?

Bei der Recherche und Erfassung von Lizenznachweisen werden Sie auf die unterschiedlichsten „Hindernisse“ treffen, mit denen Sie umgehen müssen, um eine entsprechend saubere Datenlage zu bekommen.

1. *Die zeitliche „Range“ zur Erhebung von Softwarelizenznachweisen über Recherchen in Rechnungsdokumenten:* Aufgrund meist unterschiedlicher Ablageformen und -inhalte der Rechnungsdokumente ist eine Bewertung des zeitlichen Aufwands oftmals nur schwer im Vorfeld zu definieren.
   - Die Ablage von PDF-Dokumenten und deren „sortierte“ Inhalte – aber auch mögliche „Schrankware“, also Papierordner – sind oftmals heterogen befüllt, u. a. mit Rechnungen über Dienstleistungen, Hardware, Software, Wartungen usw. Hier sind die Rechercheaufwendungen, um das auseinander zu bekommen, oftmals sehr viel langwieriger.
   - Die Ablage von PDF-Dokumenten und deren „sortierte“ Inhalte sind oft nicht chronologisch und damit zeitlich durcheinander, was eine strukturierte Erfassung erschwert.

Um einen Überblick und halbwegs verwertbare Daten zu erhalten, ist (auch wenn es erst einmal nur ein „Indiz“ für einen Lizenznachweis ist) eine Evaluierung über Rechnungsdokumente durchaus zielführend, da die steuerliche Aufbewahrungspflicht mindestens zehn Jahre (meist länger) beträgt und daher mit einem hohen Vollständigkeitsgrad zu rechnen ist.

Parallele Tasks

- Recherchieren und prüfen, ob die zugrundeliegenden Softwareverträge (beginnend mit den ausgewählten Fokus-Herstellern) verfügbar sind, beispielsweise in einem Softwarevertrags- oder Vertragsmanagement-Tool.
- Oftmals ergeben sich auch verwendbare Daten- und Informationslagen, wenn in den Herstellerportalen oder bei den Lieferanten recherchiert werden kann.
- Ebenso ist wichtig, dass eine frühzeitige Ableitung der anzuwendenden Lizenzmetriken mit der Erfassung der Lizenznachweise und -positionen erfolgt, um eine Grundlage für die Architekturprüfung und Ableitung der benötigten Inventarisierungsarten zu erhalten (wie z. B. eine automatisierte Erfassung der Clients bzw. Server über Scan-Agents, manuelle Inventarisierung, Active Directory „Nutzung“ für User-basierte „Zählung“ bzw. Inventarisierung, weitere Tools wie ein Identity Manager oder über eine Schnittstelle zum VMware V-Center etc.).

2. *Zeitnahe Umsetzung der eingesetzten bzw. anzuwendenden Inventarisierung:*
   - Die Ermittlung der Softwarearchitektur – wie Cloud-Umgebung, Terminal-Server-Struktur, das angewendete Client-Server-Modell, Einbindung von Mobile Devices und der Anwender-/Nutzerarchitektur, das Unternehmen selbst mit seiner Organisationsstruktur und Kostenstellen, seine Kunden- bzw. Mandantenstrukturen – ist beliebig komplex.
   - Eine erste technische Bestandsaufnahme von automatisiert erfassbaren Softwareassets sollte – wenn möglich – kurzfristig umgesetzt werden, um eine erste Übersicht über die aktiven Softwareprodukte zu erhalten, zu denen dann die kaufmännischen Lizenznachweise und Softwareverträge nachzuerfassen und zu verknüpfen sind.
   - Darauf aufbauend erfolgt dann die weitere Umsetzung anderer benötigter Inventarisierungsarten, wie bereits zuvor schon beschrieben.

3. *Wenn dann durch die Aktivitäten aus dem Punkt 2. die tatsächliche aktive Softwareasset-Umgebung bekannt ist, also die eingesetzten Softwareprodukte und die bestehende Softwarearchitektur:*
   - Ermittlung der erforderlichen – zu den entstandenen technischen Lizenzbedarfen – zuzuordnenden relevanten Softwarelizenzen und -verträge und deren Aufnahme, wie bereits unter Punkt 1. ausgeführt.
   - Wenn erforderlich, sind diese Softwarelizenzen und -verträge (Basislizenzen und -verträge) zu historisieren.
   - Wenn erforderlich, sind entsprechende Änderungen im SAM-Tool einzubauen (Customizing), um die durch die analysierte Softwarearchitektur und anzuwendende Inventarisierungsarten umzusetzenden Aspekte abbilden zu können.

Wenn diese Aktivitäten durchgeführt wurden und über Qualitätskontrollen eine saubere Daten- und Informationslage geschaffen wurde, können jetzt die noch erforderlichen Transformationsarbeiten angegangen werden.

- Aufbereitung der Inventarisierungsdaten im SAM-Tool.
- Aufbereitung und initiale Übernahme (Import) der relevanten (und auch historisierten) Softwarelizenz- und Vertragsdaten der ausgewählten Fokus-Hersteller in das SAM-Tool.
- Normalisierung der technischen Lizenzbedarfe mit der vom SAM-Tool bereitgestellten Logik, um eine Verknüpfung der technischen Lizenzbedarfe mit den erfassten und initial geladenen Softwarelizenznachweisen und Nutzungsrechten zum jeweiligen eingesetzten Softwareprodukt herzustellen (Herstellung der Compliance-Sicht).

Nachdem ein, zwei Hersteller „durchgespielt“ wurden und die möglichen Baustellen identifiziert wurden, können dann sukzessive weitere Hersteller erfasst und initial in das SAM-Tool geladen werden, um auch diese Daten entsprechend zu normalisieren und in eine Compliance zu bringen.

Die Daten (Lizenznachweise und -verträge), die im Excel-Template erfasst wurden und nicht für die aktuellen Softwareprodukte als Lizenznachweise im SAM-Tool erforderlich sind, werden a) nicht importiert und b) verbleiben in dem Excel-Portfolio als Datenbackup.

Hinweis:

Alle erfassten bzw. zu dokumentierenden Softwarelizenznachweise haben entweder in Papierform oder als elektronisches Dokument im PDF-Format vorzuliegen. Es sind möglichst keine Verlinkungen auf Dokumente in anderen Datenquellen zu setzen, denn das ist bei einer späteren Nachrecherche bzw. Prüfung nicht zielführend. Die abzulegenden Dokumente sollten auch möglichst einer transparenten Ablagestruktur im SAM-Tool folgen, also, wenn erforderlich, ist ein sprechendes benutzerdefiniertes Feld im SAM-Tool anzulegen.

Tipp:
Um mit den zuvor beschriebenen Szenarien, Aspekten und Vorgehensweisen ein zügiges und qualitativ annehmbares Ergebnis zu bekommen, empfiehlt es sich aus Best Practise heraus, das mit dem Hersteller Microsoft umzusetzen. Der Hintergrund hierfür ist, dass die bei den Microsoft-Produkten bestehende heterogene Softwarelizenz- und Vertragsvielfalt sowie die damit einhergehende umgesetzte Softwarearchitektur gut in einen Gesamtkontext zu bringen ist. ■

13.4.6 Historisierung und Stichtag – warum ist das wichtig?

Trotz aller Vorsätze, die kaufmännischen Softwarelizenznachweise zu erfassen und die damit verbundenen Daten umfassend abzubilden, sollten Sie sich einen Stichtag überlegen, bis zu dem Sie die Historien und Altdatenerfassung rückwirkend abbilden wollen. Es ist nämlich nicht sehr sinnvoll, mehrere Tage für irgendeinen Softwarelizenznachweis im Keller herumzukramen, wenn es entweder nicht mehr notwendig ist oder aber der Neukauf einer Volllizenz die weitaus wirtschaftlichere Methode darstellt, um die rechtliche Lizenzkonformität herzustellen. Hier sollten Sie also im Zweifelsfall immer der wirtschaftlicheren Methode den Vorzug geben. Oft sind solche stichtagsbezogenen Betrachtungen allein durch bestimmte Umstände in Ihrem Unternehmen gesetzt, wie beispielsweise die Abschaltung und Migration von Altsystemen oder der Rollout eines neuen Betriebssystems, bei dem ja meistens komplett neue Desktopsoftware mit ausgerollt wird (beispielsweise die Umstellung von Microsoft Office auf Microsoft O365). Besteht eine solche Situation, sollte dies der Anlass sein, einen Stichtag zu bestimmen, bis zu dem dann die Erhebung und Erfassung betrachtet werden.

13.4.7 Warum kann Ihnen Ihr Lieferant helfen?

Um einen vollständigen Überblick über alle Bestellungen zu bekommen, kann es nicht verkehrt sein, die Lieferanten des Unternehmens zu befragen. Diese müssen ja über ihre getätigten Bestellungen zumindest genauso Bescheid wissen wie Sie. Somit haben Sie bereits eine zusätzliche Möglichkeit, die bei Ihnen in den Systemen recherchierten Bewegungsdaten (Bestellungen) gegenzuprüfen. Der Lieferant wird Sie sicherlich gerne unterstützen, auch wenn es für den einen oder anderen etwas Mehraufwand bedeutet. Denken Sie daran, dass die Hauptaufgabe im Lizenzmanagement darin besteht, Transparenz herzustellen und dafür Sorge zu tragen, dass alle (lizenzkostenpflichtigen und nicht lizenzkostenpflichtigen) Softwareprodukte, die im Unternehmen aktiv sind, gemäß den vereinbarten Nutzungsbedingungen mit den Herstellern bzw. den Open-Source-Bedingungen verwendet werden.

V

Teil V: Die Einführung eines SAM-Tools

Mache die Dinge so einfach wie möglich,
aber nicht einfacher.

Albert Einstein

14 Lastenheft für das SAM-Tool

In diesem Kapitel erfahren Sie u. a.,

- worin der Unterschied zwischen einem Lastenheft und einem Pflichtenheft besteht,
- wie Gliederung und Inhaltsbeschreibung eines Lastenhefts aussehen sollen,
- worauf bei einer Lastenhefterstellung geachtet werden sollte.

Dieses Kapitel beschreibt den Unterschied zwischen einem Lasten- und einem Pflichtenheft, geht auf die notwendigen Schritte bei der Erstellung eines Lastenhefts ein und gibt Ihnen Hinweise, wie Sie ein qualitativ gutes Lastenheft erstellen. Sie erfahren, welche Voraussetzungen dafür eine gute Hilfestellung geben können und worauf Sie achten sollten. ■

In Kapitel 7 „Prozesse: Strukturen analysieren, bewerten, optimieren" wurde u. a. von mir empfohlen, die bisherigen Strukturen und Prozesse zu untersuchen und zu bewerten. In den meisten Situationen kristallisiert sich dabei heraus, dass Teilprozesse auf den Prüfstand gestellt werden müssen. Die erforderliche Prozessoptimierung zeigt aber dann auch meistens gleich mit auf, dass ab einem bestimmten Punkt der Software-Life-Cycle-Prozess mit einem SAM-Tool unterstützt werden sollte.

Hinweis:

Bevor *„unmögliche"* Anforderungen an ein SAM-Tool gestellt werden, sollte der bestehende Software-Life-Cycle-Prozess auf Optimierungspotenzial untersucht werden. So können dann mögliche, den Software-Life-Cycle-Prozess unterstützende Anforderungen und gewünschte Funktionen klarer beschrieben und spezifiziert werden. ■

Ähnlich wie bei einem Hausbau, sollten gewünschte Funktionen beschrieben und in einem Anforderungskatalog zusammengefasst werden. Mit dieser Ausgangsbasis wird dann über einen standardisierten Aufbau das Lastenheft erstellt (beim Hausbau ist das bekanntlich die Baubeschreibung). Ein Pflichtenheft benötigen Sie (der Umfang kann stark variieren), um diese Anforderungen dann zusammen mit dem Auftragnehmer oder Hersteller weiter zu verfeinern bzw. auf eine wirtschaftliche Umsetzung durch den Hersteller/Anbieter prüfen zu lassen.

Die Anforderungen aus dem Lastenheft sollten in einem ersten Schritt als Grundlage genommen werden, um diese mit den verfügbaren Out-of-the-box-Funktionen der bereits am Markt befindlichen SAM-Tools abzuprüfen.

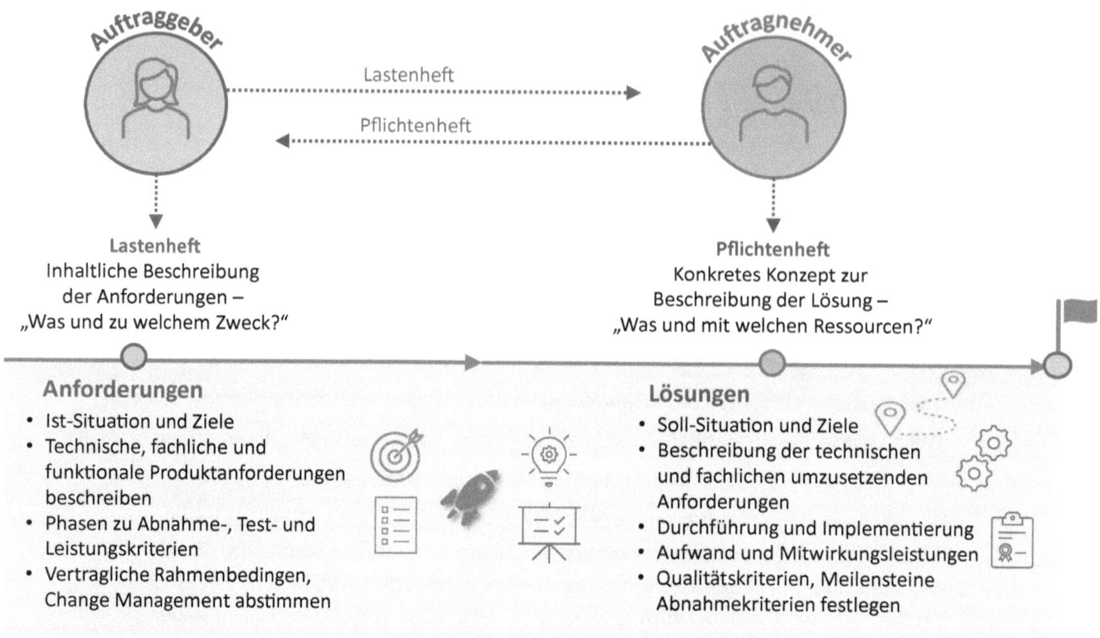

Bild 14.1 Lasten- und Pflichtenheft – die wichtigsten Punkte im Überblick

14.1 Lastenheft und Pflichtenheft – ein kurzer Überblick

Das Lastenheft dient als Richtlinie und Grundlage für die Einholung von internen und/oder externen Angeboten. Manchmal wird das Lastenheft auch als Leistungsverzeichnis (LV) bezeichnet.

14.1.1 Das Lastenheft

Nach der DIN 69905 beschreibt ein Lastenheft ergebnisorientiert die „Gesamtheit der Forderungen an die Lieferungen und Leistungen eines Auftragnehmers". Dabei sollte grundsätzlich der Auftraggeber die Anforderungen für das Lastenheft beschreiben und formulieren.

Das Lastenheft sollte mindestens die folgenden Inhalte beschreiben:

- die gewünschten technischen und fachlichen Anforderungen (Spezifikationen) des zu erstellenden Produkts bzw. der zu erstellenden Lösung,
- die mitgeltenden Rahmenbedingungen für das Produkt, die Lösung und die Leistungserbringung (z. B. sollen Standards und Normen wie beispielsweise eCl@ss enthalten sein?),

- geltende vertragliche Konditionen und Absprachen über die Phasen der Leistungsabnahme oder Erstellung eines Prototypen,
- Anforderungen an den Auftragnehmer (z. B. Praxiserfahrungen, Referenzprojekte, Zertifizierungen),
- Anforderungen an das Projektmanagement des Auftragnehmers, wie ausreichende Dokumentation oder die Erstellung von Schulungsunterlagen bzw. Handbüchern.

Obwohl es empfehlenswert ist, dass der Auftraggeber das fachliche Lastenheft selbst erstellt, kommt es oft vor, dass die verantwortlichen Fachbereiche dies – meist aufgrund des speziellen Themas (SAM) und der damit oft einhergehenden unzureichenden Erfahrungen – an externe Berater vergeben, in enger Abstimmung mit dem Auftraggeber.

Ich habe aber auch bereits oft genug die unrühmliche Erfahrung machen müssen, dass die auftraggebenden Fachbereiche (eben wegen zu wenig Erfahrung bezüglich des Themas) sich „blindlings" auf die externen Empfehlungen (inhaltliche Beschreibung von Anforderungen) verlassen „müssen" und es schon vorkommt, dass dann Anforderungen aufgestellt werden, die aufgrund der fortschreitenden Technologien entweder obsolet werden, nicht mehr dem Stand der Technik entsprechen oder schlicht und ergreifend auch mal Unfug sind.

Das Risiko liegt bei dieser Vorgehensweise aber ganz eindeutig beim Auftraggeber, da die vertraglich vereinbarte Leistung u. U. nicht genau den Bedürfnissen des Auftraggebers entspricht. Wurde das Lastenheft bzw. das Leistungsverzeichnis erstellt, wird es nun meistens im Rahmen einer Form der Ausschreibung an potenzielle Auftragnehmer, Hersteller oder Dienstleister weitergegeben, mit der Aufforderung zur Abgabe der Leistungsfähigkeit und eines Angebots, diese „Lasten" „pflichtgemäß" den Anforderungen entsprechend und wirtschaftlich umzusetzen.

Hinweis:
In einem Lastenheft wird beschrieben und definiert, *„was"* *„wofür"* gefordert wird, um damit eine Lösung zu erzielen. ■

14.1.2 Das Pflichtenheft

Das Pflichtenheft enthält die komplette Beschreibung, wie die Anforderungen aus dem Lastenheft zu realisieren sind. Damit wird das Lastenheft zum Bestandteil des Pflichtenhefts, in dem die Vorgaben und Anforderungen des Auftraggebers um Ansätze zur Realisierung ergänzt werden. Der Auftragnehmer hat dabei zu gewährleisten, dass alle beschriebenen Anforderungen mit seinen formulierten Lösungsansätzen realisiert werden können.

Hinweis:
Im Pflichtenheft wird beschrieben und definiert, *„wie"* und *„womit"* die gestellten Anforderungen vom Auftraggeber zu erfüllen und zu realisieren sind. ■

Noch einmal kurz zur Erinnerung: Im Lastenheft werden die wesentlichen Spezifikationen bzw. Anforderungen des Produkts bzw. der zu entwickelnden Lösung beschrieben und es enthält den erstellten Projektstrukturplan.

Das Pflichtenheft beschreibt, wie der Auftragnehmer die gestellten Anforderungen umsetzen will und in welchen Phasen. Somit ist der Projektstrukturplan mit seinen definierten Arbeitspaketen und Meilensteinen ein wichtiger Bestandteil des Pflichtenhefts. Das Pflichtenheft kann auch die vollständige Projektplanung umfassen, einschließlich der geplanten Termine und Ressourcen. Ist das Projekt von Anfang an zeitkritisch geplant, sollten die aufgestellten Terminpläne zum bindenden Vertragsbestandteil werden.

In der Praxis empfiehlt es sich, das Pflichtenheft einerseits in einen rechtlich/organisatorischen und andererseits einen technisch/fachlichen Teil zu unterteilen. Das Pflichtenheft sollte dabei ein Bestandteil des Vertrags zwischen dem Auftraggeber und dem Auftragnehmer sein.

Wenn das Pflichtenheft auf beiden Seiten keine offenen Fragen hinterlässt, ist es umfassend erstellt und beschrieben worden und stellt eine gute Grundlage für die Zusammenarbeit dar. Nach der endgültigen Abnahme durch den Auftraggeber und den Auftragnehmer sollte das Pflichtenheft verbindlich sein. Für eventuell notwendige Änderungen sollten Sie einen Änderungsindex pflegen und das geänderte Pflichtenheft vor jeder neuen Freigabe einem Review unterziehen. In den meisten Projekten werden Anforderungsänderungen über einen Change Request beantragt, der gleichzeitig im Change Management dokumentiert wird.

Der Auftragnehmer, der das Pflichtenheft auf der Basis des Lastenhefts erstellt, sollte jede einzelne Anforderung mit den folgenden Fragen überprüfen:

- Wurde diese Anforderung eindeutig formuliert?
- Ist die beschriebene Anforderung inhaltlich vollständig?
- Ist diese Anforderung in sich widerspruchsfrei?
- Ist die gestellte Anforderung auch machbar?

Der Auftragnehmer muss dafür sorgen, dass diese Fragen im Vorfeld ausreichend geklärt sind und die sich daraus ergebenden Änderungen im Pflichtenheft dokumentiert werden.

Hinweis:

Legen Sie großen Wert auf die Erstellung eines ausführlichen Lasten- und Pflichtenhefts, egal ob Sie Auftraggeber oder Auftragnehmer sind. So lassen sich später Missverständnisse und Unstimmigkeiten leichter klären und aus dem Weg räumen. ■

14.2 Struktur und Aufbau eines Lastenhefts

Zahlreiche Ansätze, Standards und Normen beschreiben die grundlegende Struktur eines Lastenhefts. Die folgende Gliederung beschreibt den Aufbau eines Lastenhefts und orientiert sich am Standard IEEE 830-98.[1] Aus Platzgründen sind hier nur die Gliederungsebenen 1 und 2 dargestellt.

1. Einleitung
1.1 Zweck
1.2 Produktumfang
1.3 Definitionen, Akronyme, Abkürzungen
1.4 Referenzen
1.5 Übersicht
2. Allgemeine Übersicht
2.1 Beschreibung der Ausgangssituation (Ist-Zustand)
2.2 Produkteinsatz
2.3 Produktumfeld
2.4 Produktfunktionalität
2.5 Benutzercharakteristik
2.6 Randbedingungen
2.7 Annahmen und Abhängigkeiten
2.8 Verzögerungen
3. Anwendungsszenarien
4. Beschreibungen der Anforderungen (Soll-Zustand)
4.1 Fachkonzept
4.2 Anforderungen an die Datenhaltung
4.3 Anforderungen an die Benutzeroberfläche
4.4 Leistungsanforderungen
4.5 Anforderung für Inbetriebnahme und Einsatz
4.6 Qualitätsanforderungen
4.7 Anforderungen an die Entwicklung
5. Anhang
6. Index

Damit Sie einen Eindruck erhalten, wie ein Lastenheft für ein SAM-Projektaussehen könnte, zeige ich Ihnen hier ein gekürztes Beispiel mit einem Tool. Sie können es als Basis für Ihr eigenes Lastenheft verwenden.

---

[1] *www.ieee.org*

14.2.1 Beispiel eines Lastenhefts für ein SAM-Tool (gekürzte Fassung)

Management Summary

Das Lastenheft beschreibt nach einer Analyse der bisherigen Prozesse im Umfeld des Lizenzmanagements die Anforderungen für einen möglichst automatisierten Prozess der Steuerung und Verwaltung von Softwareasset-, Softwarelizenz- und Softwarevertragsdaten. Im vorliegenden Lastenheft werden hierfür die Anforderungen beschrieben. Ermittelt wurden die Anforderungen durch Mitarbeiter des Projekts.

Zielsetzung

Die in unterschiedlicher Struktur und heterogener Qualität vorhandenen lizenzrelevanten Daten und Informationen sollen – unterstützt durch organisatorische Maßnahmen – mit einem passenden Werkzeug, einer zentralen Datenhaltung (bzw. Schnittstellen zwischen oder zu bereits eingesetzten Produkten), verbindlich eingeführten Prozessabläufen und Qualitätskontrollen zu einem handhabbaren Softwareasset- und Lizenzmanagement ausgebaut werden. Die zentral geführten Daten sollen außerdem für andere Prozesse zur Verfügung stehen.

Die zukünftigen Verantwortlichen für Softwareasset- und Softwarelizenzdaten sollen sich schnell und komfortabel einen Überblick über das von ihnen betreute Softwareprodukt verschaffen können. Das Lizenzmanagement soll in die Lage versetzt werden, auf Knopfdruck umfassende Informationen zum Bestand und Einsatz der Softwareasset- und Softwarelizenzdaten zu erhalten.

Was bedeutet Softwarelizenz- und Softwarevertragsmanagement?

Das Softwarelizenz- und Softwarevertragsmanagement konzentriert sich dabei im Wesentlichen auf:

- Die Verwaltung von bereitgestellten technischen und kaufmännischen Informationen zu Softwareassets (hier Konfigurationsdaten oder potenzielle Configuration Items, kurz CI genannt); die Abbildung von relevanten Beziehungen im SAM-Tool zwischen einzelnen Komponenten (CIs, wie Hardware, Software, Dokumentation) in einem logischen Datenmodell.
- Betriebsinformationen zu Hard- und Software werden von der CMDB übernommen. Das bedeutet: Die Beziehungen zwischen einzelnen Komponenten werden sichtbar, reproduzierbar und beispielsweise für das Softwarelizenz- und Softwarevertragsmanagement als Bewertungskriterium nutzbar gemacht.
- Die Überwachung und Überprüfung erfolgt in der Configuration Management Database (CMDB) der eingestellten Daten. Somit ist die produktive Nutzung der Daten jederzeit auf einem qualitativ sehr hohen Niveau möglich. Dies wiederum erleichtert Entscheidungen, die auf diesen Daten basieren.

Wie wird das Softwarelizenz- und Softwarevertragsmanagement eingeführt?

Die Einführung erfolgt durch zwei zeitgleich verlaufende Maßnahmen:

- Definition und Implementierung von Rollen und Prozessen
- Evaluierung, Auswahl und Implementierung eines dem aktuellen Technologiestand entsprechenden Tools bzw. Werkzeugs

Ausgangssituation und Motivation für das Projekt

- Einführung eines Softwarelizenz- und Softwarevertragsmanagements
- Einbindung in bestehende Prozesse des Unternehmens
- Rechtliche Absicherung durch größere Transparenz
- Reduzierung von Haftungsrisiken und operativen Risiken durch illegalen Softwareeinsatz
- Verbesserung des Vertragsmanagements, des Vertragscontrollings und somit gleichzeitig Verbesserung der Position bei Vertragsverhandlungen
- Verursachergerechte Verrechnung der Softwarekosten
- Optimierung der Prozesskosten
- Einsparungen durch Standardisierung und Lizenzpooling

Toolauswahl

Es wird angestrebt, die Softwarelösung eines in diesem Bereich führenden Anbieters einzusetzen. In Phase 1 wird eine Marktanalyse der in diesem Segment erhältlichen Tools durchgeführt. Im Rahmen dieser Analyse werden die bis dato bekannten Anforderungen auf Realisierbarkeit mit den angebotenen Produkten beleuchtet. Zusätzlich werden Technologie, Strategie und Professionalität der Tools untersucht. Auf Basis dieses Lastenhefts erfolgt anschließend eine Ausschreibung.

Systemlandschaften

Bisher wurden im Unternehmen mehrere als Asset-Management-Systeme bezeichnete bzw. in Teilen entsprechende Funktionalitäten beinhaltende Systeme identifiziert. Durch die Implementierung eines marktführenden Tools können mittel- bis langfristig einzelne dieser Systeme abgelöst werden. Viele von ihnen beinhalten jedoch weitere Komponenten, die zur Erfüllung anderweitiger Funktionalitäten zwingend erforderlich sind. Aus diesem Grund können nicht alle vorhandenen Systeme ersetzt werden. Redundanzen von Daten lassen sich somit derzeit nicht vollends vermeiden. Durch eine Definition von führenden Systemen kann aber die Qualität des zu nutzenden Datenbestands erhöht werden.

Abgrenzungen

Die folgenden Funktionen und Prozesse sind nicht Bestandteile des Softwarelizenz- und Softwarevertragsmanagement-Projekts:

- Auftragsabwicklung (z. B. für Softwarebereitstellung und -verteilung)
- Prozesse im operativen Einkauf
- Fakturierung und Rechnungsstellung
- Technische Prozesse (von anderen Fachbereichen geleistet)
- Prozesse im Warenwirtschaftssystem (beispielsweise das Anlegen von Stammdaten)

Nun haben Sie bereits einen ersten Einblick erhalten, wie ein Lastenheft aufgebaut und strukturiert sein kann. Im nächsten Abschnitt lesen Sie, worauf noch bei der Erstellung des Lastenhefts geachtet werden sollte.

14.2.2 Worauf Sie bei der Erstellung des Lastenhefts achten sollten

Das Lastenheft ist Grundvoraussetzung, um die gewünschten Anforderungen an das Produkt oder die Dienstleistung zu formulieren, und somit eine wichtige Basis für die weitere Zusammenarbeit (siehe Bild 14.2).

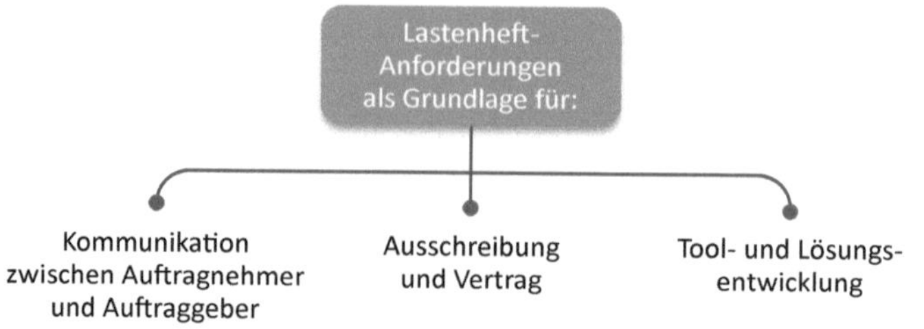

Bild 14.2 Lastenheftanforderungen, Strukturgramm

Gerade wenn der Auftraggeber die Erstellung des Lastenhefts an externe Dritte beauftragt hat, sind Missverständnisse vorprogrammiert. Deshalb ist es notwendig, dass Auftraggeber und der externe Dienstleister ein gemeinsames Verständnis für die Problemstellung entwickeln.

Worauf sollten Sie dabei besonders achten?

- Erläutern Sie die verwendeten Begriffe und vermeiden Sie doppelte Belegungen von Abkürzungen.
- Formulieren Sie Ihre erwarteten Qualitätsansprüche an die jeweilige zu beschreibende Anforderung. (Beispiel: Der zu erstellende Quellcode soll umfassend dokumentiert werden.)
- Nehmen Sie sich ausreichend Zeit, um die Anforderungen so umfassend wie möglich definieren zu können.
- Entwickeln Sie eine gemeinsame und einheitliche Sichtweise auf das zu entwickelnde Tool bzw. auf die angeforderte Lösung.
- Bringen Sie die Außensicht (externer Dienstleister) mit der Innensicht (Auftraggeber/Fachbereiche/Anwender) in Einklang.

Was sind die häufigsten Ursachen für Probleme bei der Erstellung eines Lastenhefts?

- Unklare Zielvorstellungen für das zu entwickelnde Tool bzw. die zu erstellende Lösung.
- Die formulierten Anforderungen besitzen eine schlechte Qualität, sie sind mehrdeutig, redundant, widersprüchlich oder ungenau.
- Die zu lösende Aufgabe besitzt eine sehr hohe Komplexität, die im Vorfeld unterschätzt wurde.
- Kommunikationsprobleme zwischen Auftraggeber und externem Dienstleister, wie beispielsweise Sprachbarrieren und nicht geklärte Begriffsbestimmungen; es wird keine gemeinsame Sprache gesprochen.
- Durch unzureichend formulierte Ziele und Anforderungen werden ständige Änderungsanforderungen erzeugt.
- Unnötige Produktmerkmale werden gefordert.
- Die erstellte Projektplanung ist ungenau.

- Der Auftraggeber überlässt die Anforderungsbeschreibung dem externen Dienstleister.
- Dadurch entsteht die Gefahr, dass die Beschreibung für den Auftraggeber unverständlich ist und ein anderes Tool bzw. eine andere Lösung als die gewünschte beinhaltet.
- Der Auftraggeber hat eine eigene fachlich nicht saubere Anforderungsbeschreibung (Pflichtenheft) erstellt, die der externe Dienstleister „unreflektiert" übernimmt.
- Dadurch können u. U. die Beschreibungen für den Hersteller/Auftragnehmer unverständlich oder unvollständig sein, mit dem Risiko, dass das Tool bzw. die Lösung nicht wie gewünscht fertiggestellt wird.

So können Sie die meisten der oben genannten Probleme vermeiden:

- Der Auftraggeber kennt seine Anforderungen und hat diese in einem Lastenheft umfassend und fachlich genau beschrieben, auf dessen Grundlage der externe Dienstleister das Pflichtenheft erstellen kann.
  - Die Anforderungen sind vollständig und verständlich beschrieben.
  - Die Anforderungen sind dem derzeitigen Wissenstand angepasst, aktuell und korrekt.
  - Die Anforderungen besitzen klare rechtliche Beschreibungen.
  - Die Anforderungen sind konsistent, testbar und bewertbar.
  - Die Anforderungen sind eindeutig, realisierbar und auch notwendig.
- Beide Seiten entwickeln und haben ein gemeinsames Verständnis vom Tool bzw. der zu erstellenden Lösung und arbeiten zügig an deren Umsetzung und Fertigstellung.

Wenn Sie die oben aufgeführten Problemstellungen vermeiden können, reduzieren Sie die statistische Fehlerrate bei der Erstellung eines Lastenhefts um bis zu 25 % und verhindern damit natürlich auch unnötige Kosten und Zeitaufwände.

Fazit:

Um ein Lastenheft zu erstellen, benötigt man zunächst eine ganze Menge an notwendigen Vorarbeiten und genauen Spezifikationen der gewünschten Anforderungen. Diese dann verständlich zu formulieren und in einen lesbaren Rahmen zu bringen, ist ein weiterer Schritt. Mit einer umfassenden und exakten Anforderungsbeschreibung schaffen Sie eine gute Basis, auf der ein umfassendes und umsetzbares Pflichtenheft erstellt werden kann. Je genauer und spezifischer Sie dabei vorgehen, desto weniger Probleme werden Sie bei der Umsetzung der Anforderungen haben. Lernen Sie im nächsten Kapitel die erforderlichen Schritte kennen, um ein SAM-Tool zu evaluieren. ■

15 Das SAM-Tool evaluieren

In diesem Kapitel erfahren Sie u. a.,

- wie die aktuelle Lage (2020) auf dem SAM-Tool-Markt ist und weshalb die Marktstudien von Gartner eine wichtige Informationsquelle geworden sind,
- was alles für die Vorbereitung von Ausschreibungsunterlagen zu tun ist,
- warum eine Wirtschaftlichkeitsbetrachtung ein zusätzliches nützliches Instrument für die Anbieterauswahl sein kann,
- welche Kriterien bei der Auswahl des Tool-Anbieters relevant sind,
- welche Methoden und Vorgehensweisen bei der Analyse und Bewertung der Angebote am effektivsten sind,
- warum eine Machbarkeitsstudie (Proof of Concept) in der Schlussauswahl so wichtig ist.

Dieses Kapitel vermittelt Ihnen grundlegende Strukturen, um Ausschreibungsdokumente für die Evaluierung eines SAM-Tools zu erstellen. Es erläutert auch, was ein „Request of Proposal", ein „Proof of Concept" und ein „Memorandum of Understanding (MoU)" mit der Evaluierung eines SAM-Tools zu tun haben. ■

In Kapitel 14 lag der Schwerpunkt der Erläuterungen auf der Erstellung eines Lastenhefts, das als Grundlage für die Beschreibung der weiteren Anforderungen für die Evaluierung eines SAM-Tools dient. Die Erstellung eines Pflichtenhefts, in dem je nach Situation die noch anzupassenden oder zu entwickelnden Funktionen und Prozesse vom Auftragnehmer genau beschrieben werden sollten, ist außerdem zu empfehlen. Wenn Sie keine Eigenentwicklung beabsichtigen, ist das erstellte Lastenheft jetzt Ihre Grundlage für die weiteren Schritte, um ein geeignetes Tool auszusuchen, das Sie künftig im Softwareasset- und Lizenzmanagement unterstützen soll.

15.1 Aktuelle Lage auf dem SAM-Tool-Markt

Die heutigen immer stärker und schneller voranschreitenden Änderungen und Transformationen in den IT-Infrastrukturen verlangen auch den SAM-Tool-Herstellern und deren Strategieausrichtung Immenses ab. Aber auch als „Kunde“ muss man sich zwangsläufig mit den stetig steigenden Komplexitäten und Anforderungen – die oftmals von den Fachbereichen und den angrenzenden Geschäftsprozessen erhoben und eingefordert werden – auseinandersetzen. Als Beispiel sei hier der Ruf nach Einhaltung der DSGVO genannt, also welche Merkmale bei den eingesetzten Softwareprodukten zu „scannen“ sind, um entscheiden zu können, dass ein Softwareprodukt DSGVO-konform „tickt“ und keine personenbezogenen Daten mal so eben in die USA-Cloud weiterroutet. Weiterhin ist heute ein Risikomanagement zur lizenzkonformen Nutzung von lizenzkostenpflichtigen Softwareprodukten immer wichtiger. Aber auch vom Softwareassetmanagement kommen immer häufiger Anforderungen, mit denen sich das heutige Softwareasset- und Lizenzmanagement auseinandersetzen muss (Malware, Trojaner, Sicherheitslücken in Software, die nicht up-to-date sind usw.). Bereits seit vielen Jahren – wobei diese Marktstudien bisher kaum beachtet wurden – untersucht Gartner in seinem „Magic Quadrant for Software Asset Management Tools“ u. a. SAM-Tools auf ihren aktuellen Stand und mögliche Technologieerweiterungen sowie deren zukünftige Strategien im Enterprise-Umfeld. So sind mittlerweile bestimmte unabdingbare Funktionen und Faktoren, wie beispielsweise die Möglichkeit, Verbräuche in Cloud-Umgebungen zu messen, oder aber SAP-Softwarenutzung transparent aufzuzeigen, sehr wichtig geworden. Diese Ergebnisse ordnet Gartner schon seit Jahren im „Gartner Magic Quadrant“[1] ein, wo bestimmte Kriterien von Gartner an die SAM-Tools angelegt und gut nachvollziehbar bewertet werden (siehe Grafik im Abschnitt 15.1.1). Damit können sich Unternehmen an den dort bewerteten SAM-Tools orientieren, falls diese für eine Implementierung und Nutzung in Frage kommen. Dabei bekommt auch der Aspekt zur Einbindung von Industriesystemen (Produktionsrechner, Steuerungssysteme etc.) von Gartner immer mehr Gewicht, weil diese mittlerweile auch in alle Prozesse des klassischen Softwareasset- und Lizenzmanagements mit einbezogen werden müssen. Es kommt dann auch schon einmal vor, dass bei einer neuen Marktstudie der eine oder andere Kandidat „rausfällt“, abgestuft wird oder aber auch sich höher gewichtet im Quadranten wiederfindet. Das ist natürlich für die SAM-Tool-Hersteller enorm wichtig und gleichzeitig auch Marketingunterstützung für den eigenen Vertrieb, deswegen werden Sie dann auch oftmals (bei positiven Veränderungen) auf den Herstellerwebseiten mit Pop-up-Hinweisen regelrecht überflutet. Die Verbesserung der Leistung des Software-Life-Cycle-Prozesses mit den angebundenen Geschäftsprozessen wird für Unternehmen aufgrund der extrem schnellen digitalen Transformation immer wichtiger, das Corona-Jahr 2020 hat hier noch einmal als Beschleuniger gewirkt und zwar auf allen Ebenen (also auch bei den sonst eher gemächlich agierenden Behörden und deren Einstellung zur Digitalisierung). Infolgedessen wird es immer wichtiger für das Management, eine umfassende, aktuelle und transparente Sicht auf die IT-Infrastrukturen, die Softwareassets und die Softwareservices zu bekommen, um mit einem umfassenden Risikomanagement möglichst ressourcenschonend den IT-Betrieb zu steuern. Wir sind uns einig, dass das nicht mehr mit Excel-Dateien zu stemmen ist, also müssen entsprechend leistungsfähige Tools her.

[1] Gartner, „Magic Quadrant for Software Asset Management Tools“, by Ryan Stefani, 20th July, 2020, IDG00401012

Aufgrund der umfangreichen Vorarbeiten, wie in den folgenden Abschnitten zu lesen sein wird, gibt es aber oftmals ein Henne-Ei-Problem. Denn insbesondere im behördlichen Umfeld ist es allein den Gesetzesvorgaben für Ausschreibungen geschuldet, dass enorm viel Zeit ins Land gehen kann, bevor Entscheidungen oder Maßnahmen aktiv umgesetzt werden bzw. eine Ausschreibung erfolgt (oftmals bis zu drei Monate Dauer). Unter Umständen sind dann die einmal erfassten und vorgetragenen Anforderungen vielleicht schon wieder obsolet geworden.

Nun sind 12–18 Monate, auf die sich u. a. Gartner mit seinen Analysen im SAM-Umfeld bezieht, eine große Zeitspanne und SAM-Tool-Hersteller können da teilweise enorme Entwicklungssprünge machen (u. a. durch Aufkäufe von spezialisierten Firmen, wie beispielsweise der Aufkauf der Firma Embotics durch Snow Software, um im Cloud-Umfeld das Thema Softwareasset- und Lizenzmanagement noch stärker managen zu können).

> *NEU: Snow Commander. Embotics (jetzt Snow Commander) bietet eine plattformneutrale Cloud-Management-Lösung mit einer der schnellsten Wertschöpfungszeiten in der Branche. Es bietet eine schnelle und einfache Möglichkeit, die Bereitstellung zu automatisieren, Kosten zu senken und die Governance in privaten, öffentlichen, hybriden und Multicloud-Umgebungen sicherzustellen. Führende Unternehmen wie Nordstrom, NASA und HBO sowie Dienstleister wie LG CNS und NTT Data nutzen Embotics, um ihre digitale Transformation voranzutreiben.*[2] *– https://www.snowsoftware.com/company/news/snow-software-acquires-embotics#.Xu0V1GgzYaY*

Gartner schreibt in seinem aktuellen Bericht u. a.:

> *Im Jahr 2019 schätzte Gartner die Größe des SAM-Toolmarkts auf 290 bis 310 Millionen US-Dollar. Dies entspricht einer geschätzten Wachstumsrate von etwa 12 % gegenüber dem Vorjahr.*[3] *Die Tiefe und der Umfang der SAM-Tools werden weiter wachsen. Wenn SAM-Anbieter Cloud-, virtualisierte und mobile Software unterstützen, werden sich neue Ansätze entwickeln. Die Investition in ein SAM-Tool birgt Risiken im Zusammenhang mit der sich rasch ändernden Natur der Softwarelizenzierung und der zunehmenden Vielfalt von Plattformen. ITSM, Client-Management und andere IT-Tool-Anbieter, die keine robusten SAM-Funktionen anbieten, beginnen, Beziehungen zu SAM-Tool-Anbietern aufzubauen, Partnerschaften zu schaffen und neue Produktfunktionen hinzuzufügen, um SAM-Automatisierungs- und Optimierungslücken in ihren Lösungen zu schließen. Aufgrund dieser Trends erwartet Gartner, dass sowohl die Partnerschaft als auch die Fusions- und Akquisitionsaktivitäten fortgesetzt werden, da SAM-spezifische Werkzeuganbieter versuchen, die Verkaufschancen zu erweitern, und größere IT-Betriebsmanagement-Suite-Anbieter versuchen, diese Funktionalität hinzuzufügen.*
>
> ***Unternehmen müssen sicherstellen, dass ihre Werkzeugauswahl sowohl ihre bestehenden als auch die zukünftigen Bedürfnisse sowie neue Trends auf dem Markt berücksichtigt.***
>
> *Auf dem SAM-Toolmarkt ist es üblich, dass vor dem Kauf eines Werkzeugs ein Proof-of-Concept-Test (PoC) durchgeführt wird. Auf diese Weise kann das Unternehmen überprüfen, ob seine Anforderungen an das Softwareasset- und Lizenzmanagement effektiv umgesetzt werden.* – Gartner, „Magic Quadrant for Software Asset Management Tools“, by Ryan Stefani, 20th July, 2020, IDG00401012

[2] *https://apogiz.com/snow-technology-intelligence-platform/*

[3] Gartners „Marktanteilsanalyse: ITOM, Experience Management, Worldwide, 2019“ analysiert den Marktanteil des ITOM-Erfahrungsmanagements, zu dem SAM, ITAM und ITFM gehören.

15.1.1 Marktdefinition und Beschreibung

Gartner definiert den SAM-Tool-Markt über Anbieterprodukte, die automatisiert die Einhaltung der lizenzkonformen Nutzung von Softwareprodukten unterstützen können. Diese Tools müssen u. a. heutzutage über Softwarescans in der Lage sein, die gefundenen Softwareassets über definierte Regelwerke zu normalisieren, um ein lizenzrechtlich lesbares Softwareinventar mit den entsprechenden Nutzungsberechtigungen zu erstellen. Dabei hat die Erfassung von Softwarenutzungs- und -verbrauchsdaten automatisiert zu erfolgen, um mit diesen Daten die Nutzung und Bereitstellung von Softwareprodukten zu optimieren und Informationen darüber mit anderen Geschäftsprozessen oder Stakeholder austauschen zu können.

Um die Marktstudien einer geregelten Analyse unterziehen zu können, unterteilt Gartner deshalb die zu bewertenden SAM-Tools in sieben separat zu bewertende Aktivitätenebenen:

- *Erkennen und Identifizieren von Softwarebedarfen:* Möglichkeit der Integration von Stamm- und Bewegungsdaten über Einkaufsprozesse, um Softwarevertrags-, Kauf- und Beschaffungs- bzw. Lizenznachweise zu erhalten. Es muss eine manuelle Eingabe dieser Daten in das SAM-Tool unterstützt werden. Weiterhin wird untersucht, ob die SAM-Tools umfangreiche Softwarekataloge nutzen, um über die SKU-Nr. der Softwarehersteller die korrekten Softwarenutzungsbestimmungen zu verstehen und den Lizenzbedarfen (techn. Bedarfe) zuordnen zu können, und ob diese aktuell gehalten werden.
- *Softwarelizenzbedarfe normalisieren:* Können die SAM-Tools Softwarelizenzbedarfe so normalisieren, dass daraus einzelne, genaue und lizenzrechtlich kategorisierte Softwareinventare mit den gültigen Nutzungsberechtigungen der jeweiligen Hersteller erstellt werden.
- *Software inventarisieren und identifizieren:*Sind die SAM-Tools bzw. deren Komponenten in der Lage, in ausreichendem Umfang (Quantität und Qualität) die IT-Infrastrukturen so zu analysieren, dass möglichst jedes aktive Softwareprodukt, welches in physischen und virtuellen Plattformen (damit ist auch die Cloud-Umgebung gemeint) gefunden, identifiziert und betrieben wird, korrekt erkannt wird. Geprüft wird auch, ob weitere Informationen geliefert werden (z. B. Anzahl der Prozessoren, Kerne, Hauptbenutzer), um z. B. Verbrauchswerte bzw. Nutzungsdauer von Software ermitteln zu können.
- *Können SAM-Tools die erhobenen Software-„Roh"-Daten ausreichend normalisieren (übersetzen):* Das Zusammenfassen der vom Inventory angelieferten Softwaredatensätze und anderer Informationen für die Entdeckung von doppelten oder widersprüchlichen Softwarelizenzbedarfe ist wichtig, um dadurch ein genaues und lizenzrechtlich lesbares Softwareinventar zu erstellen, auch mit entsprechend zuordenbaren Verbrauchs- und Nutzungsdaten.
- *Softwarelizenzbedarfe (techn. normalisiertes Softwareinventar) sind mit Lizenznachweisen (kaufm. Lizenzinventar mit erlaubten Nutzungsrechten) abzugleichen:* Die jeweiligen Softwareproduktnutzungsrechte aus dem kaufm. Lizenzinventar, sind mit den erhobenen normalisierten Softwarelizenzbedarfen so in Einklang zu bringen, dass (gegenüber dem Hersteller) eine lizenzkonforme Nutzung (Compliance) dokumentiert und nachgewiesen werden kann.
- *Optimierung der erhobenen Softwarelizenzbedarfe und -verbrauche:* Überwachung und Nachverfolgung von Lizenzmodelländerungen und Nutzungsrechten, Identifizieren von ungenutzter Software bzw. Funktionen. Möglichkeit der Darstellung zur lizenzkonformen Nutzung von Upgrade- und Downgrade-Rechten sowie Aufzeigen von potenziellen Einsparungen über Standardreports.

- *Softwareassetdaten aus dem SAM-Tool für andere Geschäftsprozesse freigeben:* Kann das SAM-Tool über ein zentrales Aufzeichnungssystem von IT-Assetdaten diese Informationen anderen Stakeholdern bereitstellen, um zu ermöglichen, dass diese Daten mit dazugehörenden Lieferanten und deren Softwareprodukten über ihren gesamten Lebenszyklus verwaltet werden können.

Wie ist der Gartner-Quadrant zu lesen?[4]

Source: Gartner (July 2020)

Challengers (Herausforderer)

Anbieter im Challengers-Quadranten können ihre Vision ausführen; diese Vision ist jedoch nicht so gut mit der aktuellen Marktrichtung abgestimmt wie die der Anbieter im Leaders-Quadranten. Herausforderer verfügen in der Regel über erhebliche Größen- und Finanzressourcen

[4] Gartner, „Magic Quadrant for Software Asset Management Tools“ by Ryan Stefani, 20th July, 2020, IDG00401012, aus dem Englischen ins Deutsche übersetzt und lesbar formuliert.

und bieten ein solides SAM-Produkt an. Sie haben einen gewissen Markterfolg unter Beweis gestellt, was die zufriedenen Kunden beweisen, und führen effiziente Operationen durch. Herausforderer können jedoch in ihrem allgemeinen Verständnis der Marktbedürfnisse, ihrer Marketing- und Vertriebsstrategien und ihrer Fähigkeit, neue und innovative Funktionen innerhalb einer Roadmap mit längerer Reichweite einzuführen, hinter Leaders und Visionären zurückbleiben.

Leaders (Führer)

Anbieter, die im Leaders-Quadranten positioniert sind, bieten ausgereifte Angebote mit einer umfassenden Palette von SAM-Funktionen. Sie zeigen eine überlegene Vision im Vergleich zu aktuellen und erwarteten Kundenanforderungen und setzen diese Vision erfolgreich um, indem sie aktiv Kompetenzen aufbauen und Funktionen hinzufügen oder verbessern, die ihre Marktposition erhalten, während sich die Marktanforderungen weiterentwickeln. Leaders haben in der Regel einen großen und zufriedenen Kundenstamm. Sie haben durch dynamische Marketingaktivitäten, innovative Produkte, produktive Vertriebskanäle und effektive Produktunterstützungsstrategien ihre Markenbekanntheit auf dem Markt erfolgreich entwickelt. Ihre Größe und Finanzkraft ermöglichen es ihnen, neue Herausforderungen aus der Wirtschaft umzusetzen und damit „Leader“ zu bleiben.

Niche Players (Nischenspieler)

Nischenspieler konzentrieren sich erfolgreich auf ein kleines Segment des Markts oder sie sind weniger fokussiert und nicht innovativ genug, um andere zu übertreffen. Beispielsweise kann sich ein Nischenspieler auf dem SAM-Markt auf mittelständische Organisationen konzentrieren, während Anbieter in anderen Quadranten ein breiteres Feld bedienen. Ebenso kann sich ein Niche Player auf dem SAM-Markt darauf konzentrieren, SAM als Teil eines größeren Angebots bereitzustellen, das mit IT-Operationen oder IT-Sicherheit verbunden ist. Dies kann seine Fähigkeit einschränken, seine Wettbewerber zu übertreffen oder innovativ zu sein. Hersteller in diesem Quadranten verfügen in der Regel über kleinere installierte Basen, um als Anbieter in anderen Quadranten fungieren zu können. Die Einbeziehung in diesen Quadranten spiegelt jedoch nicht negativ den Wert der Anbieter in dem enger fokussierten Markt wider, den sie bedienen.

Visionaries (Visionäre)

Anbieter, die im Quadranten für Visionäre positioniert sind, zeigen ein gutes Verständnis dafür, wohin der Markt geht, oder sie haben eine überzeugende Vision, wie sie Marktregeln ändern können. Sie können jedoch aufgrund einer Unterkapitalisierung, einer begrenzten Marktpräsenz, mangelnder Erfahrung, geringerer Unternehmensgröße oder kleiner Marktreichweite aufgefordert werden, diese Vision konsequent umzusetzen. Wie der Name des Quadranten andeutet, sind Visionäre oft Innovatoren, die neue Funktionen früher einführen als die Anbieter, die normalerweise in den Quadranten Herausforderer und Nischenspieler zu finden sind. Auf dem SAM-Markt bieten Visionäre innovative Funktionen und Fähigkeiten, die es SAM-Praktiken ermöglichen, ihren potenziellen Beitrag für Unternehmen zu erweitern.

Hinweis:

In den beiden letzten Auflagen des Buchs hatte ich im Anhang eine zusammenfassende Aufstellung der am Markt befindlichen (und eventuell bei einer Toolanfrage zu berücksichtigenden) Hersteller und ihrer Produkte aufgeführt.

Nicht nur, dass einige davon (nach nicht mal fünf Jahren) schon gar nicht mehr auf dem Markt sind, sondern auch weil sich die Zahl der noch verbliebenen stark reduziert hat (wie man sehr gut im Gartner-Quadrant erkennen kann - es sind nämlich gerade mal noch acht Hersteller), ist es kaum noch möglich, einem Unternehmen bzw. einer Behörde eine größere Auswahlmöglichkeit aufzuzeigen. Selbst Gartner beschreibt in seinem Bericht, dass es nur noch eine Handvoll Anbieter gibt und deshalb die Anforderungen möglichst genau auf die eigenen Bedürfnisse abzustimmen sind. Und wie schon geschrieben (und auch von Gartner gesagt), man sollte tunlichst bei der Erstellung der Anforderungen mindestens zwei bis drei Jahre in die Zukunft blicken, um das richtige SAM-Tool bzw. den richtigen Hersteller auszuwählen.

Die folgenden Abschnitte werden Ihnen eine grundlegende Struktur aufzeigen, um die wichtigsten Aspekte bei der SAM-Tool-Suche und -Auswahl berücksichtigen zu können.

15.2 Vorbereitung der Ausschreibungsunterlagen

Für Ihre Ausschreibungsunterlagen sollte immer gelten: Egal, ob es eine kleine interne Ausschreibung im eigenen Unternehmen oder eine vielleicht durch Gesetzgebungen bedingte Ausschreibung in ganz Europa sein wird - je genauer und detaillierter die Dokumente erstellt werden, desto weniger Aufwand haben Sie später bei der Auswertung der potenziellen Angebote.

Nicht immer finden sich alle in einem Lastenheft beschriebenen Anforderungen gleichzeitig und umfassend in den Ausschreibungsunterlagen wieder. Es ist durchaus üblich, dass am Anfang nicht alle im Lastenheft niedergeschriebenen Anforderungen auch mit in die Ausschreibung übernommen werden, sondern das Ganze in mehrere Stufen bzw. Meilensteine aufgeteilt wird (im behördlichen Umfeld wird das auch „Lose“ genannt). Weil das Softwareasset- und Lizenzmanagement immer stärker mit den Servicemanagement-Prozessen im Unternehmen verwoben wird (Bestandsverwaltung in einer CMDB), setzen immer mehr Hersteller darauf, ihre Softwarelösungen modular aufzubauen, sodass der Kunde später die Möglichkeit hat, ein komplettes Softwareasset- und Lizenzmanagement über den gesamten Software-Life-Cycle-Prozess zu betreiben.

Folgende Dokumente sind Bestandteil einer umfassenden Ausschreibungsunterlage:

- Das Dokument „Request for Proposal" (zu Deutsch „Aufforderung zur Angebotsabgabe"), in dem der Zweck der Ausschreibung aufgeführt wird, die verantwortlichen Ansprechpartner für Rückfragen u. v. m.
- Ein Dokument, das als „Memorandum of Understanding" den Rahmen, Inhalte und die Abgrenzung der Aufgaben innerhalb der Ausschreibung zwischen dem Auftraggeber und Auftragnehmer beschreibt (z. B. wer stellt die Infrastruktur zur Verfügung, müssen Mitarbeiter des Auftraggebers zur Verfügung stehen etc.).
- Eventuelle Richtlinien, die der Auftragnehmer zu erfüllen hat (z. B. Sicherheitsrichtlinien)
- Sehr oft ist auch ein zusätzlicher Fragenkatalog in den Ausschreibungsunterlagen zu finden, den die potenziellen Auftragnehmer beantworten müssen (Fragen zur Softwarelösung, belegbare Referenzen, Erfahrungen im Branchenkontext usw.).
- Meistens ist das Lastenheft als Word-Dokument verfasst und die verfeinerten, definierten funktionalen Anforderungen stehen in einem Excel-Dokument als Anforderungskatalog, weil sie sich so besser auswerten lassen.
- Die erarbeiteten neuen, das Lizenzmanagement betreffenden Soll-Prozesse
- Bei internationalen Ausschreibungen müssen diese Dokumente u. U. zusätzlich in eine weitere Sprache übersetzt werden.

Hinweis:
Ausschreibungen von öffentlichen Auftraggebern unterliegen bestimmten Vergaberichtlinien, die auch EU-weit geregelt sind. Diese Vergaberichtlinien können Sie im Internet auf den Seiten des Bundesministeriums für Wirtschaft und Technologien (*www.bmwi.de*) nachlesen.

Die weitere Feinplanung, die Aufgliederung der Testkonzepte usw. werden in separaten Dokumenten beschrieben, die je nach Bedarf mit zu den Ausschreibungsunterlagen gehören, beispielsweise wenn es bestimmte gesetzlich vorgeschriebene Testverfahren einzuhalten gilt.

Damit Sie ein Gefühl dafür bekommen, was alles im Einzelnen in ein Request of Proposal aufgenommen werden muss, gebe ich Ihnen hier eine Mustergliederung für ein solches Dokument.

Gliederung eines Request for Proposal

1 Request for Proposal – Zusammenfassung

1.1 Kurzbeschreibung des Projekts

1.2 Zielsetzung

1.3 Zeitplan

1.4 Ansprechpartner im Unternehmen

2 Teilnahmebedingungen

2.1 Bestätigungen des Erhalts

2.2 Verzichtserklärungen

2.3 Kosten

2.4 Angebotsformen

2.5 Vertraulichkeiten

3 Geltende Rahmenbedingungen

3.1 Allgemeine gültige und besondere Einkaufsbedingungen

3.2 Kontinuierliche Verbesserungsmaßnahmen

4 Ausschreibungsanforderung

4.1 Ausgangssituationen

4.2 Allgemeine Anforderungen

4.3 Projektmanagement-Prozesse, durch den Auftragnehmer zu leisten

4.4 Unterstützung Einführung

4.5 Post Go-Live

5 Einzureichende Dokumente

Am Beispiel des Punkts *Teilnahmebedingungen* möchte ich Ihnen zeigen, wie der Request for Proposal konkret gestaltet werden kann.

2 Teilnahmebedingungen
Unter diesem Gliederungspunkt werden die Teilnahmebedingungen beschrieben, die der potenzielle Auftragnehmer zu erfüllen und zu akzeptieren hat.

2.1 Bestätigungen des Erhalts
Der Erhalt der Ausschreibungsunterlagen muss dem verantwortlichen Ansprechpartner des Auftraggebers innerhalb von zwei Arbeitstagen schriftlich per Mail bestätigt werden.

2.2 Verzichtserklärungen
Der RFP (Request for Proposal) stellt eine unverbindliche Anfrage dar und führt zu keiner Bestellung oder Beauftragung. Durch diesen RFP entstehen für den Auftraggeber keinerlei rechtliche oder vertragliche Verpflichtungen.

Die Durchführung dieser Ausschreibung verpflichtet den Auftraggeber weder, das in der Ausschreibung beschriebene Projekt durchzuführen, noch das günstigste Angebot anzunehmen. Der Auftraggeber behält sich das Recht vor, diese Ausschreibung jederzeit abzubrechen oder den genannten Zeitplan zu verändern.

2.3 Kosten
Sämtliche Kosten, die im Rahmen der Angebotserstellung und -abgabe für den potenziellen Auftragnehmer entstehen, gehen zu dessen Lasten. Das Angebot und die mit der Ausschreibung verbundenen Aufwendungen des Anbieters sind grundsätzlich für den Auftraggeber kostenlos.

2.4 Angebotsformen
Die Angebotsunterlagen müssen per E-Mail eingereicht werden. Das Angebot muss ein auf die Ausschreibung bezogenes Anschreiben mit Titel, Datum und Ausschreibungsnummer beinhalten. Die Preise sind exklusiv MwSt. anzugeben.

- Das Angebot muss in rechtsverbindlicher Form abgegeben werden.
- Das Angebot muss mindestens 120 Tage nach Abgabe gültig bleiben.

- Angebote müssen im vorgegebenen Dateiformat bearbeitet werden, Änderungen führen zum Ausschluss von der Ausschreibung.
- Mit Rücksendung des Angebots werden die Bedingungen der Ausschreibung anerkannt.

Fehleinschätzungen im abgegebenen Angebot werden nicht anerkannt, es handelt sich dabei um das Unternehmerrisiko des jeweiligen Bieters. Fragen dürfen nur schriftlich und nur an den verantwortlichen Ansprechpartner email@mustergmbh.de gerichtet werden. Der geforderte Abgabetermin muss eingehalten werden. Verspätete Abgaben Ihres Angebots werden nicht berücksichtigt und führen automatisch zum Ausschluss von der Ausschreibung. Die abgegebenen Preise werden vertraglich auf ein Jahr festgeschrieben und können in diesem Zeitraum nicht verändert werden.

2.5 Vertraulichkeiten

Jegliche Informationen in den Ihnen zugehenden Dokumenten sind Eigentum des Auftraggebers. Sie sind angehalten, diese Informationen streng vertraulich zu behandeln. Sollten Sie sich nach Erhalt der Ausschreibungsunterlagen dazu entscheiden, kein Angebot abzugeben, müssen Sie den Auftraggeber innerhalb von zehn Arbeitstagen nach Erhalt der Unterlagen darüber in Kenntnis setzen. Alle Ihnen zugegangenen Unterlagen und Dokumente, die im Zusammenhang mit dieser Ausschreibung stehen, müssen unverzüglich vernichtet werden. Über die ordnungsgemäße Vernichtung der Unterlagen haben Sie eine schriftliche Erklärung gegenüber dem Auftraggeber abzugeben.

Die Erstellung der Ausschreibungsunterlagen nimmt einige Zeit in Anspruch und sollte in Ihrem Zeitplan berücksichtigt werden. Je nach Umfang der Ausschreibung sollten Sie den potenziellen Auftragnehmern entsprechend Zeit einräumen, auf Ihre Unterlagen zu antworten. Für SAM-Projekte, die eine Ausschreibung für bereits am Markt vorhandene Tools durchführen, ist eine Bearbeitungsdauer von mindestens vier Wochen angemessen. Im Übrigen können Sie den in Bild 15.1 dargestellten Zeitstrahl als Richtschnur nehmen.

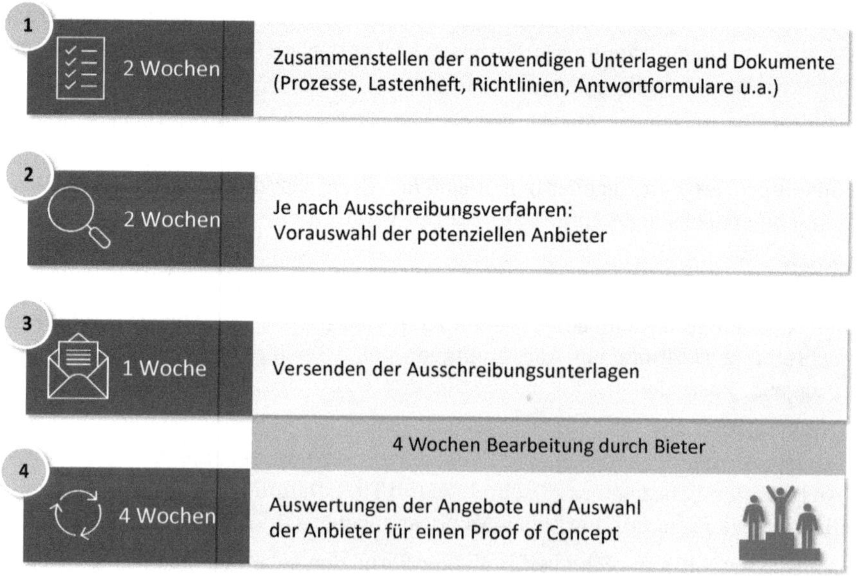

Bild 15.1 Grober Ablaufzeitplan für ein Ausschreibungsprojekt

Bedenken Sie, dass jeder Hersteller/Lieferant/Systemintegrator, der in die engere Auswahl kommt, noch einmal zu einem mindestens zwei bis drei Tage dauernden „Proof of Concept“ eingeladen werden sollte, um die Vorzüge seiner Softwarelösung mit Beispieldaten aus Ihrem Unternehmen demonstrieren zu können. Alles in allem ist es nicht verkehrt, für die Ausschreibung zwei bis drei Monate Zeit einzukalkulieren. Das Gesagte gilt nicht, wenn Sie (beispielsweise als öffentlicher Auftraggeber) der Ausschreibungspflicht von Gesetzes wegen unterliegen und zu einer deutschland- oder sogar EU-weiten Ausschreibung verpflichtet sind. Hier müssen Sie sich auf weit längere Ausschreibungszyklen einrichten, bei EU-weiten Ausschreibungen unter Umständen auf bis zu ein Jahr.

Das in Bild 15.2 als Ausschnitt zu sehende Excel-Dokument für die zu erfüllenden Anforderungen unterteilt sich in die folgenden Abschnitte:

- **Überblick**:
  - Anbieterinformationen
  - Zweck des Dokuments
  - Inhalt des Dokuments (mit Aufteilungsübersicht, wie hier beschrieben)
- **Ausfüllhinweise:** Hier geben Sie Hinweise, wie das Dokument auszufüllen ist, und legen fest, in welcher Form die Bewertung zu erfolgen hat, z. B. mit den Schulnoten sehr gut, gut, befriedigend, ausreichend, mangelhaft, ungenügend.
- **0 Allgemeine Tool-Beschreibungen:** Fordern Sie den Anbieter auf, seine Lösung in kurzen und prägnanten Sätzen zu beschreiben.
- **1 Tool-Architektur:** In diesem Abschnitt soll der Anbieter beschreiben und bewerten, ob und wie gut die gestellten Anforderungen zur IT-Architektur von seinem Tool erfüllt werden können.
- **2 Tool-Anforderungen (technisch):** Dieser Abschnitt enthält die Beschreibung der zu erfüllenden technischen Anforderungen und ist vom Anbieter auszufüllen und zu bewerten.
- **3 Funktionale Anforderungen:** Dieser Abschnitt enthält die Beschreibung der zu erfüllenden funktionalen Anforderungen und ist vom Anbieter auszufüllen und zu bewerten.
- **4 Schnittstellenanforderung:** Dieser Abschnitt enthält die Beschreibung der Schnittstellenanforderungen und ist vom Anbieter auszufüllen und zu bewerten.
- **5 Supportanforderungen:** Hier soll der Anbieter beschreiben, ob und wie seine Lösung die gewünschten Supportanforderungen durch das Tool erfüllt (beispielsweise Schulungen, Dokumentation, Hotline vom Hersteller usw.).
- **6 Preiskalkulationen:** Hier soll der Anbieter beschreiben, für welchen Preis er seine Lösung anbieten will, unterteilt in:
  - *Implementierung:* Erstellung und Anpassung der Systemkomponenten, Integration der Schnittstellen, Test und Abnahme einschließlich Test- und Abnahmedokumentation, Erstellung der Systemdokumentation
  - *Betriebseinführung:* Erstellen von Anwenderdokumentationen oder Betriebshandbüchern, von Schulungskonzepten und deren Durchführung
  - *Weiterentwicklung des Systems:* Denken Sie bereits jetzt daran, Tagessätze für mögliche Dienstleistungen (z. B. Anbindung von Schnittstellen oder Module, die zu einem späteren Zeitpunkt eingesetzt und implementiert werden sollen) mit abzufragen, bevorzugt gekoppelt an bestimmte Beraterprofile (SAM-Consultant, Technical Consultant, Projektleiter etc.)

- *Lizenzen:* Preise für Lizenzen (Produktivsysteme, Konsolidierungssystem, Entwicklungs-/Testsystem und Softwarewartung)
- *Support:* Preise für Hotline-Kosten, telefonischen Support rund um die Uhr usw.
- *Trainings, Workshops, Anwenderschulungen:* Das wird gerne immer mal wieder vergessen, auch mit dem Kalkül, dass sich im Selbststudium der Auftraggeber schon ausreichend dem Thema widmen wird. Seriöse Dienstleister, die eine Ausschreibung von Ihnen bearbeiten, in der eventuell die Schulungen als Punkt vergessen wurden, machen darauf aufmerksam, denn ein gut geschultes Personal vermindert auch die Support-Tickets beim Hersteller.

Das Excel-Dokument besitzt den Vorteil, dass sich alle zu beantwortenden Aspekte besser strukturieren lassen als beispielsweise in Word oder PowerPoint. In Bild 15.2 sehen Sie den Aufbau des Tabellenkopfs, der für jeden Abschnitt - wie oben beschrieben - Verwendung findet, ausgenommen die Registerblätter Ausfüllhinweise und Preiskalkulation. In dieser Struktur können Sie die erforderlichen Anforderungen umfassend beschreiben und erhalten damit gleichzeitig eine gute Übersicht. In der Spalte A mit der Überschrift „Kapitel" können Sie außerdem die einzelnen Anforderungsabschnitte noch einmal fortlaufend nummerieren. Das vereinfacht Ihnen die Erstellung einer Auswertungsmatrix, um die von den Bietern angegebenen Daten und Fakten zu übertragen. So können Sie nach Ihren eigenen Bewertungskriterien und Schwerpunkten entscheiden, welche der angeschriebenen SAM-Tool-Anbieter zu einem vertiefenden Proof of Concept eingeladen werden sollen.

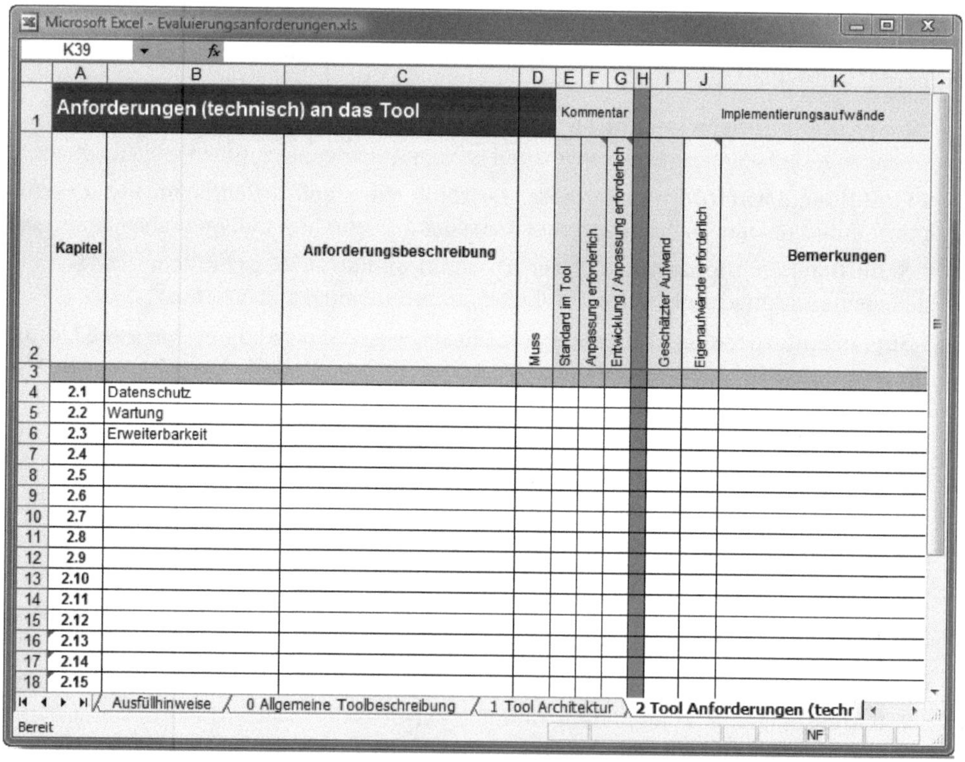

Bild 15.2 Aufbau Tabellenkopf für das Dokument „Evaluierungsanforderungen"

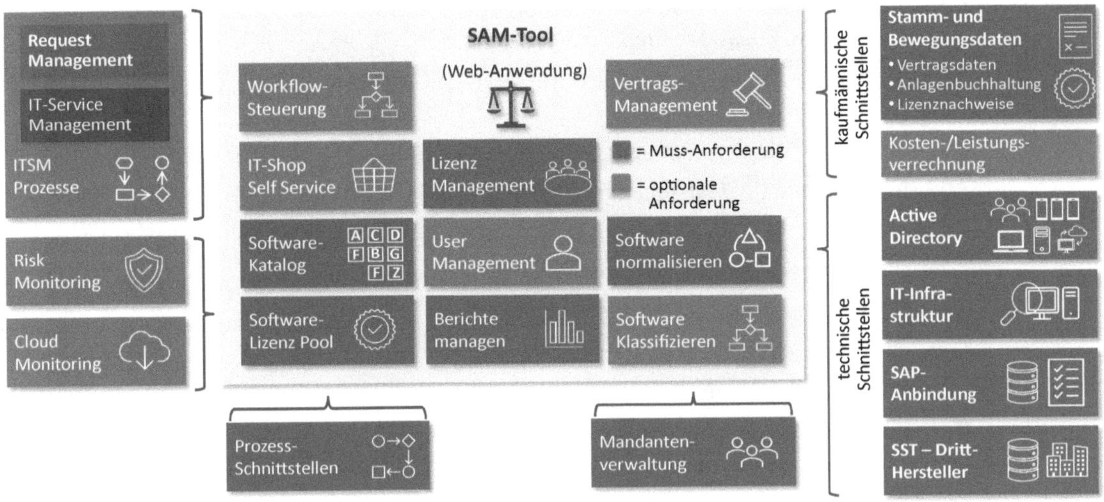

Bild 15.3 Erforderliche Mindestfunktionen für ein Softwareasset- und Lizenzmanagement-Tool

In den vergangenen Projekten hat sich gezeigt, dass es sehr hilfreich sein kann (für beide Seiten), wenn dem Anforderungskatalog eine IT-Infrastruktur-Skizze mitgegeben wird, in der die vom Auftraggeber gewünschten bzw. auch geforderten Funktionen an das Werkzeug grob dargestellt sind. So kann sich der Lösungsanbieter bereits im Vorfeld der Ausschreibung einen besseren Überblick verschaffen, was das SAM-Tool leisten soll. In Bild 15.3 können Sie sich eine solche beispielhafte Skizze anschauen.

Warum eine Wirtschaftlichkeitsbetrachtung nützlich sein kann

Eine weitere Möglichkeit, um bei der Bieterwahl mehr Transparenz über die dann angebotenen Lösungen und Dienstleistungen zu erhalten, ist die Erstellung einer Wirtschaftlichkeitsbetrachtung, auch „WiBe“[5] genannt, die mit Hilfe von bestimmten Analysemethoden eine konkretere Einzelbewertung der Lösungen und Bieter ermöglicht. In der Öffentlichen Verwaltung der Bundesrepublik Deutschland ist das Instrument u. a. bei der Auswahl und Beurteilung von IT-Investitionen zu verwenden. Die derzeit aktuelle Dokumentation (Fachkonzept) mit dem Titel „Empfehlung zur Durchführung von Wirtschaftlichkeitsbetrachtungen in der Bundesverwaltung, insbesondere beim Einsatz der IT“ wurde von der „Koordinierungs- und Beratungsstelle der Bundesregierung für Informationstechnik in der Bundesverwaltung (KBSt)“ publiziert. Das Fachkonzept konzentriert sich hauptsächlich auf die Wirtschaftlichkeitsbetrachtungen bei IT-Maßnahmen und beschreibt sehr umfassend die Vorgehensweise bei der Erstellung einer WiBe. Um den Aufwand überschaubar zu halten, möchte ich Ihnen eine verkürzte, aber gut anzuwendende Vorgehensweise beispielhaft darstellen.

Die komplette WiBe setzt sich dabei aus verschiedenen Dokumenten bzw. Erhebungen zusammen und besteht im Einzelnen aus diesen Abschnitten:

- **Kalkulation**: Für die Erstellung der Kalkulation werden folgende Inhalte vom Hersteller abgefragt:

---

[5] *http://wibe.de/*

- Einmallizenzkosten, zusätzlich erforderlicher Aufwand (z. B. Funktionserweiterung oder Nach- bzw. Zusatzarbeiten, zu beziffern in geschätzter Anzahl von Personentagen),
- kostenmäßiger Anteil, der für Softwarepflege und Software-Updates pro Jahr zu kalkulieren ist,
- Kosten, die für die Bereitstellung von Systemen (Hardwarekosten) entstehen können,
- Kostenaufwände für Teststellungen (System- und Integrationstest(s)),
- mögliche Kosten für die Umsetzung bzw. Anbindung von Schnittstellen zu Drittsystemen,
- Bereitstellungskosten (Installation, Pilot, Übergabe Betrieb),
- Einführungskosten Hersteller (betriebsbereit),
- erforderliche Schulungskosten (betriebsbereit),
- Angaben zu den erforderlichen Betriebskosten.

- **Nutzwertanalyse**: Die Nutzwertanalyse stellt die insgesamt erreichten Punktzahlen bzw. Werte dar, die über die Auswertung des Anforderungskatalogs zu ermitteln sind.
- *Die Abschnitte dazu sind:*
  - Architektur,
  - technische Anforderungen,
  - funktionale Anforderungen,
  - Schnittstellenanforderungen,
  - Software-Vertragsmanagement,
  - Supportanforderungen.
- **Portfolio-Analyse:** Über die Portfolio-Analyse werden folgende Inhalte dargestellt und über Marktrecherchen bewertet:
  - *Marktattraktivität:*
    - Marktwachstum (Marktführerschaft),
    - Konkurrenzsituation (Marktpotenzial, Aufmerksamkeit bei Analysten),
    - Marktgröße (Intensität des Wettbewerbs).
  - *Innovationsattraktivität:*
    - Weiterentwicklung der Produkte (Innovationsfreude),
    - Alleinstellungsmerkmale der Produkte (Anwendung neuer Technologien),
    - Produktstrategie (Erweiterung von Produkten und Dienstleistungen).
  - *Branchenattraktivität:*
    - relativer Marktanteil (Anteil Kundeninstallationen und Betrieb),
    - Produktqualität (Produktlebenszyklus),
    - Vertriebsaktivitäten (Ausbau und Wachstum).

Die Bewertung für eine Portfolio-Analyse ist sehr stark an die Marktmeinung und an Studien bzw. Auswertungen von Analysten wie z. B. Gartner oder IDC gekoppelt. Um eine transparente und auch einigermaßen faire Bewertung durchzuführen, sollten für die erforderliche Recherche auch die Herstellerwebseiten, Kommentare in Internetforen bzw. Anwenderberichte herangezogen werden. Die Portfolio-Analyse hat demzufolge auch einen großen Anteil einer subjektiven Sicht, ist aber trotzdem für einen guten Marktüberblick zu empfehlen. In Bild 15.4 ist eine grafisch aufbereitete Auswertung einer Portfolio-Analyse dargestellt.

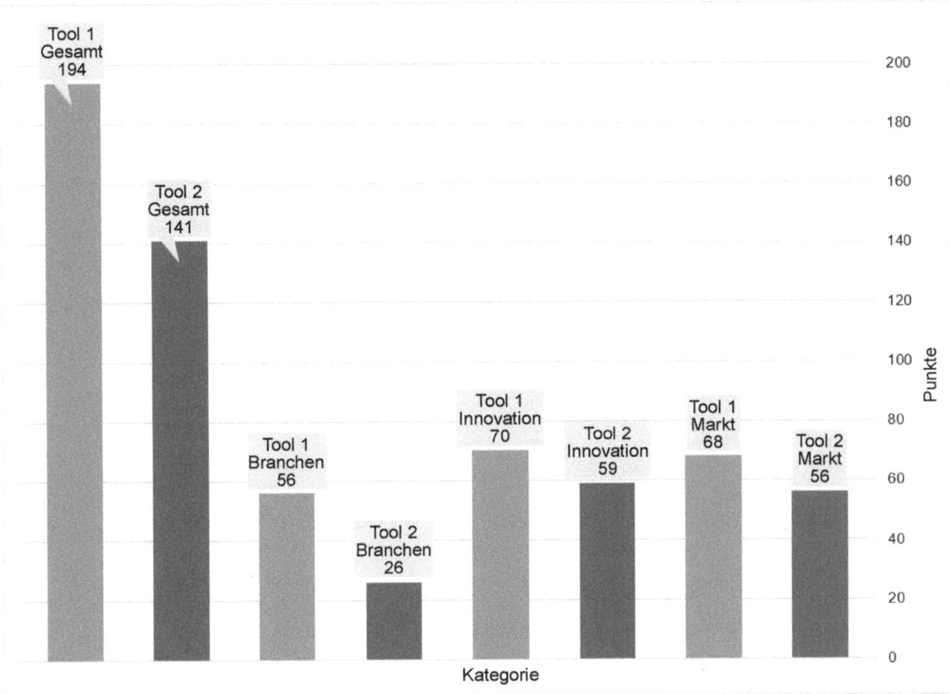

Bild 15.4 SAM-Tool – Auswertung einer Portfolio-Analyse

- **Selbsteinschätzung:** Über die Selbsteinschätzung wird mit einer Bewertung nach Punkten (1–5) vom Hersteller Folgendes abgefragt:
  - Schwierigkeitsgrad seiner Produktanpassung an eine Kundenumgebung,
  - Periodizität von Produktaktualisierungen (Updates) und des Softwareartikelkatalogs,
  - Produktlebensdauer (seit wann ist das Produkt auf dem Markt?),
  - Anzahl bisheriger Produktinstallationen in den letzten drei Jahren,
  - Zufriedenheit der Anwender/Kunden mit Produkt und Hersteller,
  - Flexibilität bei Datenaustauschformaten mit Drittsystemen,
  - Grad der Anpassungsfähigkeit bei der Weiterentwicklung des Systems mit eigenen Änderungen,
  - Folgekosten (Systemanpassungen oder -erweiterungen).
- **Aufwandsschätzung zur Implementierung und Umsetzung der Lösung:** Der Hersteller/ Bieter wird befragt, wie viele Personentage durchschnittlich für die benannten Phasen anzusetzen sind:
  - Phase 1 – Projektdurchführung vorbereiten,
  - Phase 2 – Fachkonzept erstellen,

- Phase 3 – Projektumsetzung und Implementierung,
- Phase 4 – Abschlussarbeiten am System durchführen,
- Phase 5 – Projekt-Go-Live starten und unterstützen.

Wenn Sie diese Informationen beispielsweise in einem Excel-Dokument aufbereiten, könnte das in einer zusammengeführten Gesamtsicht wie in Bild 15.5 dargestellt werden.

	Tool1	Tool2	Bemerkung
Punktbewertung			
Selbsteinschätzung	38	0	Maximale Punkte = 40
Nutzwertanalyse	273	236	Punktevorgabe = 280
Portfolio-Analyse	**194**	**141**	Maximal erreichbare Punkte = 240
Preisaufstellung Dienstleistung			
Umsetzungsaufwand (PT)	27	25	Aufwand geplante Personentage
Zusatzaufwand (PT)	15	30	Zusatzaufwand Funktionsanpassungen
PT Gesamtkosten	**42.751 €**	**67.651 €**	Grober Gesamtaufwand
Preisaufstellung Lizenzkosten			
Kalkulation Lizenzkosten	20.064 €	18.550 €	Lizenzkosten für 1.200 Stück
Wartungskosten	4.008 €	3.450 €	Wartungskosten für 1.200 Stück
Gesamtkosten	**66.823 €**	**89.651 €**	Kosten Dienstleistung + Lizenzen

Platzierung Punkte	1.	2.
Platzierung Preis	1.	2.

Bild 15.5 Überblick und Zusammenfassung der ermittelten Ergebnisse einer Wirtschaftlichkeitsbetrachtung

Mit diesen Informationen, Kostenübersichten und Bewertungen haben Sie nun eine gute Hilfestellung, um eine fundierte Auswahl der Hersteller bzw. Lösungsanbieter treffen zu können. Außer dem vorgestellten Hilfsmittel der WiBe sollten Sie aber auch noch andere Kriterien und Maßstäbe berücksichtigen.

15.3 SAM-Tool – zentrale Anforderungen formulieren

Um im Vorfeld eine möglichst überschaubare Anzahl von Herstellern oder Lösungsanbietern anzusprechen, sollten die zentralen Anforderungen und Kriterien für ein SAM-Tool bestimmt werden und mit dem Produktportfolio der in Frage kommenden Hersteller bzw. Lösungsanbieter abgeglichen werden. Nachfolgend finden Sie hierfür eine beispielhafte Best-Practice-Aufstellung.

Zentrale Anforderungen an ein SAM-Tool:

- Erfassung, Identifizierung und Normalisierung von Softwareprodukten (auch Open Source), Hardware & Lizenzen im Tool, auch über Schnittstellen hinweg mit Anbindung an Drittherstellersysteme
- Abgleich von Softwareinstallationen (techn. Lizenzbedarfe) und erworbenen Lizenzen (kaufm. Lizenzinventar) im Tool unter Einbeziehung der gültigen Lizenzmodelle und anzuwendenden Nutzungsrechte der jeweiligen Herstellerlizenzmetriken (Stichwort: Compliance-Erstellung)
- bevorzugt zu verwalten und zu administrieren über eine Webanwendung
- bedarfsgerechte, manuelle und automatisch generierte Reportausgaben
- Vertragsverwaltung mindestens mit Erfassung, Ablage und Steuerung von Informationen aus Softwareverträgen bzw. Standardschnittstellen zu Vertragsmanagementsystemen

Weitere Kriterien für die Toolauswahl:

- Die Plattformunabhängigkeit für den Betrieb der Lösung auf unterschiedlichen Systemen und Datenbanken ist wichtig für die Integration der Lösung in die bestehende IT-Architektur.

  Update: Über die letzten Jahre haben sich die SAM-Tool-Hersteller bei der Weiterentwicklung ihrer Produkte auf die Datenbankprodukte von Microsoft und teilweise auch (zusätzlich) auf Oracle-Technologie ausgerichtet. Das bedeutet, dass eigentlich die Plattformunabhängigkeit als Kriterium nicht mehr herangezogen werden sollte.
- Der modulare Aufbau der vom Toolhersteller angebotenen Komponenten sollte gegeben sein (beispielsweise benötigen Sie im ersten Schritt das Vertrags- und Lizenzmanagement, wollen später aber noch Ihre Hardware- und Softwareassets verwalten – dann sollte das Modul Assetmanagement später hinzuschaltbar sein).
- Die Mandantenfähigkeit (um eventuell zentral gesteuert andere Unternehmenseinheiten im Lizenzmanagement mit verwalten zu können) ist ein weiteres sehr wichtiges Kriterium.
- Die vom Tool zur Verfügung gestellten Rechte- und Rollenkonzepte sollten in die Berechtigungsstruktur Ihres Unternehmens integrierbar sein.
- Die Konnektoren zum Datenaustausch über die heute üblichen Schnittstellen im ERP- und Inventory-Umfeld (in beide Richtungen) sollten eine umfangreiche Bandbreite abdecken können.
- Das Tool sollte einen möglichst umfassenden Softwareproduktkatalog mitbringen, um die vom Inventory gelieferten Rohdaten in ein lizenzrechtlich lesbares Softwareinventar umwandeln zu können, idealerweise mit einem Service, der permanent auch weitere übersetzte Signaturen liefert.

- Das Vertragsmanagementmodul sollte nicht nur rudimentär vorhanden sein, sondern die Möglichkeit bieten, Vertragskopfdaten (Rahmenverträge, Einkaufsabschlüsse) und die dazugehörigen Vertrags- bzw. Bestellpositionen abzubilden.
- Es sollten Eskalationsmöglichkeiten vorhanden sein, um beispielsweise Kündigungsfristen von Verträgen überwachen zu können.
- Es sollten Möglichkeiten im Tool angeboten werden, um verschiedene (virtuelle und physische) Software-Pools verwalten zu können.
- Eine Workflow-Engine sollte enthalten sein oder als Zusatzmodul bzw. Komponente eingebunden werden können, mit der sich bestimmte geforderte Unternehmensprozesse abbilden lassen (Genehmigungsprozesse, Softwareverteilungsprozess antriggern usw.).
- Ein integrierter Abgleich sollte möglich sein, der die erfassten (auch über Schnittstellen eintreffenden) technischen Daten mit den kaufmännischen Daten (Compliance-Report) zusammenführt.
- Die Änderungen von Lizenzmodellen und Lizenzmetriken müssen im Tool über einen Updateworkflow verhältnismäßig einfach zu gewährleisten sein.
- Die Lizenz- und Vertragsdaten müssen historisierungsfähig abgebildet werden können.
- Die Reporting-Möglichkeiten sollten aus einem vorgefertigten Standardlizenzmanagement-Report bestehen, aber auch die Möglichkeit bieten, Ad-hoc-Auswertungen durchzuführen.

Die Liste ließe sich um etliche Punkte erweitern. Da jedes SAM-Projekt seine unternehmensspezifischen Eigenheiten aufweisen kann, ist es umso wichtiger, die Anforderungen genau zu beschreiben. Damit Sie nicht mit dem LKW vom Hof fahren müssen, obwohl ein kleiner Transporter völlig ausgereicht hätte.

Hinweis:

Betrachten Sie die angebotenen Softwarelösungen auch unbedingt von der Technologieseite aus, um später die Lösung problemlos in Ihre IT-Landschaft integrieren zu können. Lesen Sie dazu auch im folgenden Abschnitt, was Gartner u. a. dazu empfiehlt.

15.4 Auswahl der Anbieter

Ausgehend von Ihren Zielen, sollten Sie bei der Vorauswahl der potenziellen Auftragnehmer bzw. Bieter einen möglichst kleinen Kreis von Toolanbietern auswählen, eventuell hat sich ja schon der Kreis durch die Verwendung der oben beschriebenen WiBe und bei der Auswertung des Anforderungskatalogs entsprechend verkleinert. Bedenken Sie bei der Auswahl der Anbieter, dass diese auch zu Ihrer Unternehmensumgebung und Struktur passen müssen und die angestrebte Lösung außerdem auch auf Ihre Unternehmensgröße und Ihre Branche abgestimmt sein sollte. Konzentrieren Sie sich dabei auf Ihre Anforderungen und deren wirtschaftlichste Umsetzung.

Praxistipp:

Achten Sie bei der Festlegung ihrer Auswertungskriterien darauf, dass die zu erzielenden Leistungspunkte zu Out-of-the-Box-Funktionen im Vergleich zu den Preispunkten immer eine stärkere Gewichtung erhalten. Denn was nützt ein günstiges Tool, wenn Sie später (und das geht schneller als Ihnen lieb sein wird) zusätzliche Funktionen oder Module oder vielleicht auch zusätzliche benutzerdefinierte Informationen verwalten wollen oder müssen (aufgrund Änderungen in der IT-Architektur oder -Strategie) und diese dann sehr teuer nachgekauft oder im ungünstigsten Fall sogar programmiert werden müssen. Also Augen auf bei der Tool-Auswahl – und falls Sie externe Dienstleister als Berater hinzuziehen, versichern Sie sich, ob diese auch „up-to-date" sind, was SAM-Tools und deren Funktionen betrifft. Nehmen Sie im Zweifelsfall immer die aktuelle Gartner-Studie mit zur Hand und orientieren Sie sich an den Bewertungen. ■

Achten Sie außerdem darauf, dass die angebotenen Lösungen des Softwareanbieters modular aufgebaut sind (zukunftsorientiert) und Sie erst einmal nur die Module kaufen und einsetzen, die im ersten Schritt für die geplante Unterstützung des Softwareasset- und Lizenzmanagements wichtig sind. Sollten später weitere umzusetzende Anforderungen aufkommen, ist es immer von Vorteil, auf eine Lösung gesetzt zu haben, die unkompliziert erweitert werden kann.

Tipp:

Wenn Sie sich im Vorfeld mehrere Hersteller ausgesucht haben, sollten Sie sich diese jeweils für eine kurze Präsentation ihrer Produkte ins Haus holen. Dabei bekommen Sie schon einmal ein Gefühl dafür, ob der Hersteller auf Ihre Situation eingehen kann oder ob es nur eine reine Marketingveranstaltung wird. So können Sie auch eine mögliche Vorauswahl für die spätere Zusendung der Ausschreibungsunterlagen treffen. ■

Beispielhafte Herstellerauswahl in alphabetischer Reihenfolge (mit Bezug auf den aktuellen Gartner-Quadrant) wären:

- Flexera Software (Flexera Software Inc.) mit dem Produkt FlexNet Manager (*www.flexera.de*)
- Matrix 42 AG mit dem Produkt Matrix42 Corporate Suite (*www.matrix42.com*)
- Snow Software GmbH mit dem Produkt Snow License Manager (*www.snowsoftware.com*)
- USU AG – hat das Produkt SmartTrack von Aspera (Aspera als Tochter der USU AG existiert seit 01.02.2021 nicht mehr als eigenständiges Unternehmen) in sein „USU Software Asset Management"-Portfolio integriert – (*https://www.usu.com/de-de/loesungen/usu-software-asset-management/license-management/*)

Tipp:

Besuchen Sie Kongresse oder IT-Foren, die sich mit dem Thema IT-Assets und Lizenzen beschäftigen. Hier können Sie im Austausch mit den anderen Fachbesuchern den einen oder anderen wertvollen Hinweis erhalten (hoffentlich bald auch wieder in Präsenzform auf Kongressen). ■

Nachdem Sie die Ausschreibungsunterlagen an die potenziellen Auftragnehmer verschickt haben, können Sie sich jetzt den Vorbereitungen für den Proof of Concept (PoC) widmen. Nutzen Sie also die Zeit, die Sie auch den potenziellen Auftragnehmern zur Beantwortung der Ausschreibungsunterlagen gegeben haben, denn danach müssen Sie die abgegebenen Angebote analysieren und auf ihre Einsetzbarkeit hin bewerten.

15.5 Die Angebote analysieren und bewerten

Wenn Sie die Ausschreibungsunterlagen von den Anbietern zurückerhalten haben, müssen Sie nun prüfen, ob und in welchem Detaillierungsgrad die Unterlagen beantwortet wurden. Aus den Anforderungsunterlagen müsste hervorgehen, in welchen Punkten und in welchem Grad die Anbieter die Anforderungen erfüllen können. Auch das Kalkulationsblatt mit den Preisen sollte mit in die Vorbewertung einfließen. Um sich die Arbeit zu erleichtern, stellen Sie sich ein Tabellenblatt zusammen, auf das Sie die Werte aus den Anbieterunterlagen übertragen. In einer abschließenden Gewichtung nach Ihren Kriterien werden dann die Angebote bewertet. Daraus sollten sich die Favoriten hoffentlich deutlich ergeben, die für einen Proof of Concept in Betracht kommen.

In Bild 15.6 sehen Sie eine beispielhafte Bewertungstabelle. Für jedes zu bewertende Softwaretool sollten Sie eine eigene Bewertungstabelle anlegen. Nachdem Sie alle in Frage kommenden Angebote ausgewertet haben, müssen Sie jetzt die Gesamtpunkte aus den einzelnen Bewertungstabellen in eine kumulative Tabellensicht übertragen, um die abschließende Gesamtauswertung darstellen zu können.

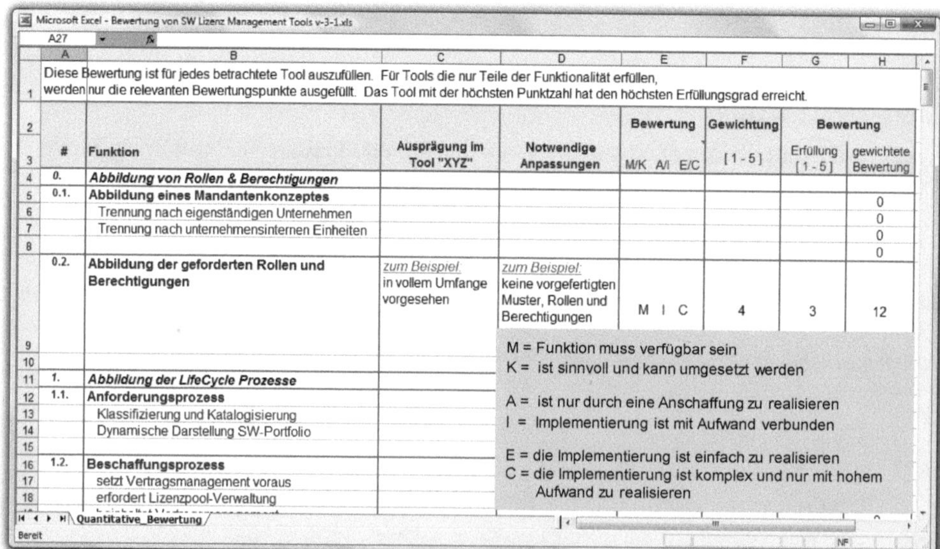

Bild 15.6 Beispielhafte Bewertungstabelle für die Angebotsauswertung

Mit einer solchen Gesamtübersicht über alle zu bewertenden Tools sollten sich die Hersteller/ Lösungsanbieter herauskristallisieren, die zu einem Proof of Concept eingeladen werden. Stellt sich wider Erwarten heraus, dass keiner der in der Endauswahl stehenden Hersteller/ Lösungsanbieter die gestellten Anforderungen mit mehr oder weniger realistischem Aufwand erfüllen kann, müssen Sie in Erwägung ziehen, die Ausschreibung abzubrechen und zu überarbeiten, oder die Anforderungen aus Ihrem Lastenheft sind so umfangreich und speziell für Ihr Unternehmen, dass Sie die Lösung selbst entwickeln müssen.

15.6 Die Teststellung – der Proof of Concept (PoC)

Nun sind alle Beteiligten ihrem Ziel, der Evaluierung eines SAM-Tools, schon ein ganz beträchtliches Stück nähergekommen. Jetzt heißt es, sich für einen Hersteller und seine angebotene Softwarelösung zu entscheiden. Als Basis dafür hat sich die schon erwähnte Durchführung eines Proof of Concept (Machbarkeitsstudie) bewährt. Dabei muss der Anbieter in einem maximal einwöchigen Testszenario auf den Systemen Ihrer Unternehmens-IT seine Softwarelösung implementieren und mit beispielhaften Echtdaten aus Ihren Systemen arbeiten. Dazu wird ein Testlabor aufgestellt mit allen vom Anbieter zu definierenden Hard- und Softwarevoraussetzungen. Zuvor sollten Sie die zu leistenden Aufgaben jeder Partei in einem Dokument festhalten und auch von beiden Seiten (Auftraggeber und Anbieter) unterzeichnen lassen. In dem Dokument „Memorandum of Understanding (MoU)“ werden üblicherweise die entsprechenden zu vereinbarenden Leistungen für die Tests innerhalb des Proof of Concept festgehalten.

Dabei sollte das MoU-Dokument folgende Mindestvereinbarungen beinhalten:

1. Einleitung
2. Zielsetzung
3. Generelle Aufgaben
   3.1 Aufgaben des Toolanbieters
   3.2 Aufgaben der Auftraggeber
4. Erforderliche Ressourcen
5. Abgrenzung
6. Testkonzept
   6.1 Welche Teststrategien werden eingesetzt (Umgebung, Infrastruktur)
   6.2 Zu definierende Testfälle
   6.2.1 Durchzuführende Positiv- und Negativtests
7. Unterschriften

Unter Punkt 5 „Abgrenzung“ sollten Sie beispielsweise festlegen, was alles nicht Bestandteil des Proof of Concept ist. Das könnte beispielsweise sein:

- Es werden keine Tests zur Fehlersuche in der Programmlogik der zu prüfenden Tool-Software durchgeführt.
- Der Proof of Concept ist nicht für die Ergebnisse und Qualität der zur Verfügung gestellten Beispieldaten zuständig und verantwortlich.
- Es werden keine Tests für die eingesetzten Hardware- und Betriebssystemplattformen (wie Performance-, Ausfall-, Cluster-Tests usw.) sowie der Netzinfrastruktur und der zum Einsatz kommenden Datenbanksysteme durchgeführt und bewertet, sofern sie nicht Bestandteil der Tool-Evaluierung sind.
- Es werden keine Tests im Rahmen des PoC auf Entwicklungsumgebungen zur Unterstützung der Softwareentwicklung durchgeführt.

Das Testkonzept für den PoC

Zum Proof of Concept gehört auch, ein Testkonzept zu erstellen und zu beschreiben. Dabei sollte das Testkonzept folgendermaßen gegliedert werden:

- In die allgemeinen Leitlinien des zu veranstaltenden Proof of Concept:
  - Testinhalte werden im Detail mit den einzelnen Fachbereichsverantwortlichen abgestimmt.
  - Es wird ein möglichst hoher Anteil automatisierter Tests angestrebt (für eine möglichst hohe Testfrequenz).
- Die geplante Vorgehensweise im Einzelnen für:
  - Ressourcenplanung zur Erstellung und Durchführung von Tests;
  - Testplan;
  - zu testende Funktionen (Positiv-, Negativtests);
  - nicht zu testende Funktionen (Ausschluss von Funktionen, Modulen);
  - zu verwendende Testwerkzeuge und Testumgebung;
  - auszuführende Testfälle (Festlegung, was wie getestet werden soll).
- Pro Testfall muss ein eigenes Dokument erstellt und darin Folgendes beschrieben und definiert werden:
  - der Testfall selbst (mit einer eindeutigen Nummer);
  - der Testzweck;
  - die zu tätigenden Eingaben (Daten, Werte, Funktionen, Workflows);
  - die zu erwartenden Ausgaben (Daten, Werte, Funktionen, Workflows);
  - der auszuführende Testvorgang;
  - zusätzliche Informationen (Appendix) zum Testfall bzw. Testablauf.

Hinweis:

Um den Proof of Concept, der je nach definiertem Umfang meistens nur auf eine Woche ausgelegt ist, ausführlich für Ihre Tests nutzen zu können, sollten Sie sich schon im Vorfeld überlegen, welche Module des Tools Sie umfassend prüfen wollen, um Ihre Teststrategie daran ausrichten zu können. ■

Die einzelnen Testfälle sollten Sie dabei aus zwei Blickrichtungen betrachten:

- **Funktionsorientierte Tests:** Bei den funktionsorientierten Tests stehen isolierte, einzelne Module im Blickfeld.

  Beispiel: Kaufmännische Wareneingangsbuchung, Zuordnung von Softwarelizenzen zu Verträgen
- **Prozessorientierte Tests:** Bei den prozessorientierten Tests werden die einzelnen Module im Prozessablauf getestet.

  Beispiel: Zuordnung von Softwarelizenzen zu Systemen, Deinstallation von Softwarelizenzen und Anpassung der Lizenzzuordnung

Für beide Testverfahren (funktionsorientierte und prozessorientierte) sollten bei der Beschreibung der Testabläufe klare Anfangs- und Endbedingungen definiert werden. Je nach Anforderung - siehe Erläuterung - wird dazu noch ein Positiv- und/oder Negativtest durchgeführt.

- **Positivtest:** Beim Positivtest wird geprüft, ob die angebotenen Tool-Funktionen den fachlichen Vorgaben entsprechen.
- *Beispiel:* Der Geschäftsvorfall (GEVO) „Erstellung einer Lizenzbilanz" wird dahingehend getestet, ob dieser Prozess in der beschriebenen Art und Weise erfolgreich mit dem Tool durchgeführt werden kann.
- Ein Positivtest sollte möglichst weitgehend automatisiert erfolgen können.
- **Negativtest:** Negativtests sind in der Regel prozessorientierte Tests (Geschäftsvorfall). Bei einem Negativtest wird geprüft, ob die implementierten Funktionen für den Alltagsbetrieb stabil und genügend störsicher sind. Dabei wird bewusst versucht, Fehlersituationen herbeizuführen, die das System jedoch abfangen sollte.

Das Ergebnis aller Testfälle sollten Sie in einem Dokument festhalten und auch gleich bewerten. Eine große Kommentarspalte für Beobachtungen hat sich dabei immer als sehr hilfreich erwiesen.

> **Hinweis:**
>
> Bitte denken Sie daran, die eben beschriebenen Testvorgaben und Abläufe so zu formulieren und aufzubauen, dass Sie diese in jedem Proof of Concept anwenden können. Nur so erreichen Sie Ergebnisse zu jedem Lösungsanbieter, die sich später auch vergleichen lassen. ■

Wenn Sie alle Proof of Concept durchgeführt haben, müssen Sie eine abschließende Bewertung der Ergebnisse mit allen beteiligten Fachbereichen und Verantwortlichen durchführen, um den „Sieger" zu küren. Zu guter Letzt hat natürlich immer noch der Einkauf die Aufgabe, ein akzeptables Preisangebot mit dem Finalisten auszuhandeln. Wenn all dies erfolgreich abgeschlossen wurde, steht der Einführung und Implementierung des ausgewählten SAM-Tools nichts mehr im Weg.

Fazit:

Nachdem das Lastenheft erstellt wurde, wie im vorhergehenden Kapitel 14 beschrieben, können darauf basierend die Vorbereitungen zur Erstellung der Ausschreibungsunterlagen starten. Über klare Auswertungskriterien sollten Sie ausreichend präzise Ihre Anforderungen beschreiben, um bei der Analyse und Bewertung der Angebote eine für Sie effektive Auswahl der Tool-Anbieter zu erreichen. Über eine mögliche Wirtschaftlichkeitsbetrachtung in Verbindung mit den Ergebnissen aus der Angebotsauswertung können Sie so fundiert das mögliche Teilnehmerfeld steuern. Für die Bewertung der SAM-Funktionen und -Module sollten Sie sich im Rahmen eines „Proof of Concepts“ mit vorher von Ihnen definierten und aufgestellten Testfallszenarien die SAM-Betriebsfähigkeit (für Ihre Anforderungen) im Vorfeld demonstrieren lassen. Oftmals stellen Ihnen die SAM-Tool-Hersteller diese „Testinstallation“ für einen längeren Zeitraum zur Verfügung, damit Sie sich in Ruhe mit den SAM-Funktionen beschäftigen und diese testen können. So können Sie dann über Ihre Bewertungsfaktoren und mit den Testergebnissen eine fundierte Auswahl treffen. ■

16 Das SAM-Tool implementieren

In diesem Kapitel erfahren Sie u. a.,

- wer bei der Vorbereitung und Umsetzung der Implementierung einer SAM-Tool-Lösung was leisten muss,
- weshalb Sie den Unterschied zwischen einer Verfahrens- und Betriebsverantwortung aufzeigen und wissen sollten,
- weshalb die Aufstellung eines Implementierungsplans zu empfehlen ist,
- welche Konzepte, wie z. B. ein Infrastruktur-, Staging-, Deployment- oder Betriebsführungskonzept, erforderlich sind und was diese mit der Implementierung zu tun haben,
- was der Unterschied zwischen einem technischen, fachlichen und organisatorischen Staging ist, weshalb zwei weitere zusätzliche technische Staging-Umgebungen bei der Umsetzung der Implementierung zu empfehlen sind und wie ein Staging-Prozess für den Betrieb eines SAM-Tools durchgeführt werden sollte,
- warum ein Betriebsführungskonzept erforderlich ist, was es mit einer Anbieterdomäne auf sich hat und warum es wichtig ist, die Aufgaben der Rollen Serviceanbieter und Servicebereitsteller zu kennen,
- welche Methoden und Vorgehensweisen bei der Erstellung von Testablaufplänen und beim Aufbau der Testumgebung und des Testprozesses angewendet werden sollten.

Dieses Kapitel beschreibt anhand von beispielhaften Aufstellungen und Erläuterungen eine Best-Practise-Vorgehensweise für eine SAM-Tool-Implementierung und die dafür zu erstellenden Konzepte. Der Abschluss des Kapitels vermittelt Ihnen einen Überblick über die Planung und Erstellung von Testplänen und Testfällen. Erfahren Sie, was eine Testvorschrift ist und worin der Unterschied zwischen einem Testbericht und einer Testbedarfsanforderung besteht. Lesen Sie gleich anschließend als Erstes, welche Voraussetzungen Auftraggeber und Auftragnehmer schaffen müssen, damit eine SAM-Tool-Implementierungsphase überhaupt starten kann. ■

Nachdem das SAM-Tool evaluiert und beschafft wurde, beginnt die Phase der Implementierung. Üblicherweise wird diese zusammen mit dem Hersteller bzw. Lösungsanbieter (je nachdem, in welchem Umfang Dienstleistungstage bzw. Service- und Consultingleistungen angeboten und geordert wurden) vorbereitet, beplant und umgesetzt. Je nach bereits im Vorfeld erfolgtem Vorbereitungsgrad (technisch und organisatorisch) kann der Start zügig erfolgen oder benötigt noch Vorbereitungen.

16.1 Die Umsetzung und Implementierung – wer leistet was?

Neben vielen organisatorischen Maßnahmen müssen von beiden Seiten vor allem die notwendigen Voraussetzungen geschaffen werden, um möglichst nicht schon im Vorfeld einen Projektverzug zu riskieren.

Tipp:

Einige allgemeine Worte vorweg: Damit die Implementierung erfolgreich umgesetzt werden kann, ist es auch wichtig, dass das Projekt im eigenen Haus die notwendige Unterstützung erhält. Formulieren Sie realistische Erwartungen und sprechen Sie diese frühzeitig mit allen Beteiligten ab.

Leider mal wieder ein vor kurzem erlebter Klassiker: Die Auswahl und die Beschaffung wurden mehr oder weniger hoppla-hopp abgewickelt, Fragen und Probleme des Kunden im Proof-of-Concept wurden vom SAM-Tool-Hersteller nicht so richtig ernst genommen und es wurde auf einen schnellen Abschluss hingewirkt.

Die Folge: Der Kunde – hat noch die gemachten Versprechungen vom PoC im Ohr – erstattet Bericht an das Management und „verspricht“, dass Implementierung und Inbetriebnahme ein Kinderspiel seien. Ein paar Wochen nach dem Kick-off zeigt sich, dass weder die technische Implementierung richtig „beplant“ wurde, noch dass der eigentlich angedachte Import und die initiale Beladung der kaufmännischen Daten in dem Maße vorbereitet waren, dass das Importtemplate des Herstellers qualitätsgesicherte Daten importieren konnte.

Projektstatus: Gesteckte Ziele sind nicht erreichbar, Zeitplan futsch, keine Konzepte für Datenbeladung, Betriebsführung, Scan-Agent-Rollout, Staging der Datenbanken, Infrastrukturkonzept, Sicherheitskonzept usw.

Deswegen ist es wichtig: Vergewissern Sie sich, dass Ihnen ein starker Projektsponsor zur Seite steht, um die Phase der Implementierung möglichst reibungslos umzusetzen, und sorgen Sie für ein gutes Projektmanagement. Eine vorausschauende und zielgerichtete Steuerung der Projektmitarbeitenden ist für einen erfolgreichen Projektverlauf ebenso von großer Wichtigkeit. ■

Durch die Implementierung eines SAM-Tools werden zwangsläufig Änderungen im Unternehmensumfeld, den Prozessen, Strukturen und Organisationseinheiten umzusetzen sein. Dass diese nicht von allen Beteiligten unbedingt als positiv empfunden werden, liegt in der Natur der Sache. Gehen Sie deswegen rechtzeitig auf die zu beteiligenden Personen und Einheiten zu, um die zu erwartenden Veränderungen aufzuzeigen, abzustimmen und erfolgreich zu kommunizieren. Dafür sind auch vom Auftraggeber und Auftragnehmer entsprechende Voraussetzungen zu schaffen.

16.1.1 Vom Auftraggeber zu schaffende Voraussetzungen

Die folgenden organisatorischen und technischen Voraussetzungen sollten vom Auftraggeber möglichst vor dem Projektstart geschaffen werden.

Organisatorische Maßnahmen

- Verantwortliche Mitarbeiter für diese Projektphase benennen.
  Achten Sie darauf, dass Ihnen ausreichende Kapazitäten zugesagt werden. Das Tagesgeschäft Ihrer Mitarbeiter gefährdet Ihren Projektzeitplan, wenn Sie dieses Risiko nicht ausreichend abfedern können.
- Projektorganigramm erstellen sowie Liste mit allen Namen, Telefonnummern, Bereichen, Verantwortung im Projekt, Arbeitspaketzuteilung, Stellvertreter benennen
- Den benannten Projektmitarbeitern die bisherigen erarbeiteten Unterlagen übermitteln und das zu erreichende Projektziel klar kommunizieren (Phasen, Meilensteine, Arbeitspakete)
- Benennung von Teilprojektleitern
- Projektplan erstellen (mit den Phasen Entwicklung, Test, Pilot, Produktiv)
- Projektstart an alle Beteiligten kommunizieren
- Bereitstellung der benötigten Infrastruktur (Projektbüros, Besprechungsräume, IT, Telefon, Projektassistenz, Zugriffs- und Zugangsberechtigungen für die internen und externen Projektmitarbeiter, Einrichtung von E-Mail-Kommunikation, Projektbriefkasten, elektronische Dokumentenablage u. v. m.)
- Benennung des Lenkungsausschusses, der die im Verlauf des Projekts anstehenden Entscheidungen trifft
- Beauftragungen und Projektbudget sicherstellen
- Eventuell notwendiges externes Beratungs-Know-how einkaufen (kann auch als neutrales Instrument zur Qualitätssicherung gegenüber dem Auftragnehmer dienen)

Technische Maßnahmen

- Bereitstellung der benötigten technischen Infrastruktur für die zu installierenden und konfigurierenden Server-Systeme gemäß den aufgestellten Anforderungen des Herstellers
- Freischaltung von Berechtigungen und Useraccounts, Firewall-Konfiguration, mögliche Subnetztopologien rechtzeitig mit adressieren und einbinden usw.
- Sicherstellung von automatisierten Backup-Diensten zur Datensicherung der Entwicklungs- und Projektarbeiten

- Einrichtung einer von der Produktivumgebung abgetrennten Test- bzw. auch Referenzumgebung (siehe Abschnitt 16.4 „Staging-Konzept")
- Bereitstellung der eventuell erforderlichen Software und Lizenzen, wie beispielsweise Werkzeuge zur Datenbankadministration, Software zur Versionierung der erzeugten Dokumente und Programmskripte, Software zum automatisierten Testen und für die Qualitätssicherung
- Stellen Sie einen Notfallplan auf, der bei eventuell missglückten Updates in der Produktivumgebung einen Rollback zulässt.

16.1.2 Vom Auftragnehmer zu schaffende Voraussetzungen

Die folgenden organisatorischen und technischen Voraussetzungen sollte möglichst der Auftragnehmer vor dem Projektstart erledigen.

Organisatorische Maßnahmen

- Übergabe des Projekts vom Vertrieb an die Beratung
- Projektleiter benennen
- finalen Projektplan mit dem Auftraggeber abstimmen, vor allem bzgl. Termin und Personalressourcen
- Sicherstellen, dass die benötigten und gegenüber dem Auftraggeber zugesagten fachlichen Ressourcen (Entwickler, Berater) zur Verfügung stehen
- Projektunterlagen zusammenstellen
- Organigramm des Auftraggebers mit eigenen Projektmitgliedern ergänzen
- Projektmitarbeiterliste des Auftraggebers mit eigenen Daten ergänzen (Name, Telefon, E-Mail, Zuteilung zum Arbeitspaket, Verantwortung usw.)

Technische Maßnahmen

- Prüfen, ob die vorgegebenen Infrastrukturanforderungen durch den Auftraggeber erfüllt wurden
- Prüfen, ob die geforderten technischen Umgebungen bereitstehen und performant sind
- Prüfen, ob alle Bedingungen für die Installation der zu implementierenden Softwarelösung auf den bereitgestellten Systemen des Auftraggebers erfüllt sind
- Prüfen, ob für Last- und Performancetests in der Umgebung des Auftraggebers die geforderten Systeme und Programme bereitstehen
- Prüfen, ob im Vorfeld benötigte „Spieldaten" vom Auftraggeber zur Verfügung gestellt werden können
- Konzept abstimmen, um den Aufbau mehrerer sogenannter „Stages" (Abschnitte) umsetzen zu können (siehe dazu auch Abschnitt 16.4 „Staging-Konzept"). Diese Staging-Umgebungen sollten mindestens aus diesen drei Systemumgebungen bestehen:
  - Test- oder Entwicklungsumgebung
  - Referenzumgebung (auch Konsolidierungsumgebung genannt)
  - Produktivumgebung

- Einrichten der Zugangsberechtigungen und Rollen in der Entwicklungsumgebung für alle dafür vorgesehenen Projektmitarbeiter

Aufbauend auf einem im Vorfeld erstellten Projektplan, sollte jetzt ein Implementierungsplan definiert, erstellt und beplant werden.

16.2 Vorbereitung: Implementierungsplan erstellen

Der Implementierungsplan wird meistens vom Auftragnehmer in enger Abstimmung mit dem Auftraggeber erstellt. In Bild 16.1 habe ich eine beispielhafte Struktur für einen möglichen Implementierungsphasenplan skizziert. Der Plan setzt sich aus sechs Hauptphasen mit bis zu acht Meilensteinpaketen zusammen.

Die hier abgebildeten einzelnen Phasen enthalten durch Meilensteine voneinander getrennte Projektschritte. Jede Phase endet mit der Prüfung und Abnahme der erbrachten Leistungen durch den Auftraggeber. Damit können eventuell vom Auftraggeber kommende Änderungswünsche, Ergänzungen und Kurskorrekturen rechtzeitig adressiert und eingebracht werden. Definieren Sie die Aufgaben in jeder einzelnen Phase und ergänzen Sie diese um die erkannten Produktabhängigkeiten. Damit erzeugen Sie für das Implementierungsprojekt über die gesamte Laufzeit für alle Beteiligten die notwendige Transparenz.

Die Meilensteine müssen natürlich auch zeitlich festgelegt werden, genauso wie weitere eventuell notwendige Workshops und Interviews mit den zuständigen Fachbereichen. Nachdem der erste grobe Entwurf steht, gilt es in weiteren Feinabstimmungen Termine aufeinander abzustimmen und den kritischen Pfad festzulegen. Der Projektplan wird sehr dynamisch sein. Die Erfahrung zeigt, dass sich immer irgendwo eine weitere kleine Baustelle ganz plötzlich und unerwartet auftut. Im Vorfeld kann einfach nicht an alles gedacht werden, dazu gibt es zu viele Faktoren und Größen, die sich gegenseitig beeinflussen. Am wichtigsten ist es, von Anfang an ein funktionierendes Risikomanagement zu implementieren und zu steuern. Auch wenn es jetzt unwichtig erscheinen mag: Dazu gehört auch ein ständig aktualisierter Anwesenheitsplan inklusive Urlaubszeiten von allen Projektmitgliedern.

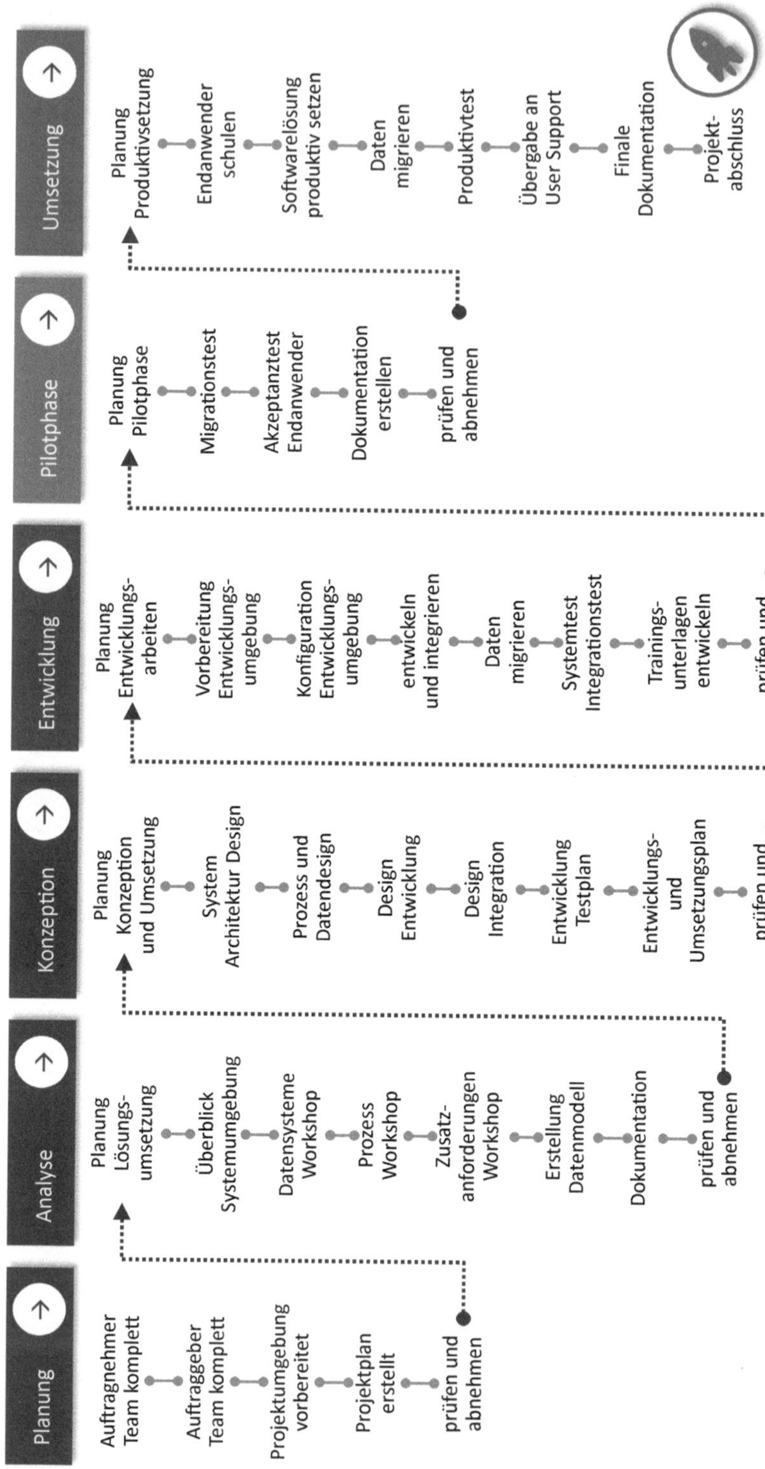

Bild 16.1 Phasenplan für die Implementierung

16.3 Implementierung umsetzen

Es bleibt natürlich jedem selbst überlassen, ob die hier wiedergegebenen Best-Practise-Erfahrungen als Leitlinien Anwendung finden oder einfach losgelegt wird mit einer mehr oder weniger „guten" Vorabplanung (was aber meistens zeit- und ressourcentechnisch eher ins Abseits führt). In den folgenden Abschnitten möchte ich Ihnen aufzeigen, mit welchen Methodiken und Konzepten SAM-Projekte in der Regel mit mehr oder weniger Problemen umsetzbar sind. Auch wenn es Situationen gibt, in denen es dem Anschein nach, trotz vorhandenem Projektplan, auch ohne einen solchen funktionieren kann, ein Projekt zu beginnen und schlussendlich erfolgreich in Betrieb zu bekommen (unser Sohn hat uns da regelmäßig staunen lassen, wenn er selbst komplexe Lego-Bausätze ohne Anleitung zusammengesteckt hat). Trotz alledem (das sind meine Erfahrungen) ist dieses Vorgehen doch mit erheblichen Risiken behaftet (Ressourcen- und Budgetrahmen sage ich nur).

Im Grunde ist die Implementierung eines SAM-Tools wie jedes andere Softwareeinführungsprojekt zu handhaben. Es benötigt dazu einige Prozesse, Standards und Konzepte, die vorbereitend oder parallel während den Implementierungsstufen erstellt und verwendet werden.

Hinweis:

Vorweg noch eine wichtige Anmerkung und für die Implementierung eine wichtige Abgrenzung: In einem solchen Implementierungsprojekt (oder auch in anderen Softwareeinführungsprojekten) gibt es immer unterschiedliche Interessensgruppen, auch Stakeholder genannt. Zwei der wichtigsten werden hier einmal beschrieben, sie sollten auch unbedingt miteinander ihre Verantwortlichkeiten bereits im Vorfeld abgestimmt haben. Meine Empfehlung ist hier, die Rollen zwischen dem Verfahrensverantwortlichen (VV), der das SAM-Tool fachlich zu betreiben hat, (meist das Lizenzmanagementteam) und dem Betriebsverantwortlichen (BV), der Fachbereich, der den technischen Betrieb verantwortet, klar abzugrenzen. Eine Aufstellung der jeweiligen Aufgaben finden Sie im folgenden Abschnitt.

16.3.1 Verfahrens- und Betriebsverantwortung

Tabelle 16.1 Abgrenzung der Rollen Fachverfahrens- und Betriebsverfahrensverantwortlichkeit

Verfahrensverantwortlicher (VV)	Betriebsverantwortlicher (BV)
Kernaufgabe/Gremien/Standards/Lizenzen/Support-Verträge	
▪ definiert fachliche Anforderungen ▪ verantwortet Budget und Ressourcen für die Weiterentwicklung des Fachverfahrens ▪ initiiert Gremienbeteiligungen (z. B. für einen geplanten Software-Metering-Einsatz)	▪ verantwortet den technischen Betrieb des SAM-Tools inkl. seiner Module und Komponenten ▪ stellt die erforderlichen Softwareprodukte und Komponenten – gemäß den fachlichen Anforderungen des Verfahrensverantwortlichen bereit

Tabelle 16.1 (*Fortsetzung*) Abgrenzung der Rollen Fachverfahrens- und Betriebsverfahrensverantwortlichkeit

Verfahrensverantwortlicher (VV)	Betriebsverantwortlicher (BV)
▪ beantragt Ausnahmegenehmigungen von möglichen Changes bezüglich des Betriebs von IT-Architekturkomponenten und Bausteinen, wenn dies für den weiteren Betrieb des Fachverfahrens erforderlich ist, in Abstimmung mit dem Betriebsverantwortlichen ▪ steuert notwendige Maßnahmen zur Softwarelizenzbeschaffung in Abstimmung mit den verantwortlichen Lizenzmanagement-Rollen	▪ vereinbart für den Betrieb des Fachverfahrens erforderliche Service Level Agreements ▪ sichert den Betrieb des SAM-Tools und seiner Module und Komponenten anhand vereinbarter fachlicher Anforderungen ▪ verantwortet die Einhaltung der geforderten Datenschutz- und Sicherheitsstandards ▪ verantwortet erforderliche Support- und Wartungsverträge mit dem SAM-Tool-Hersteller (z. B. die rechtzeitige Verlängerung von Systemwartung)
Auditierung/Compliance/Software-Lifecycle-Management/Konzepte	

▪ ist Ansprechpartner für die Prozesse Audit und Compliance-Bericht
▪ ist Ansprechpartner für die Rolle IT-Sicherheitsbeauftragter
▪ organisiert das Erstellen und Aktualisieren fachbezogener Konzepte wie:
  ▪ Fachverfahren-Fachkonzept (hier für das Softwareasset- und Lizenzmanagement)
  ▪ Rollenkonzept
  ▪ Testkonzept und Testfall-Beschreibungen
  ▪ Fachspezifische Anwendungsdokumentation für den Betrieb des Fachverfahrens (SAM-Betriebskonzept)
	▪ steuert das Life-Cycle-Management des Fachverfahrens – hier die Wartungs- und Serviceintervalle von Komponenten und Modulensteuert die Wartungsverlängerung
	▪ führt auftretende Supportfälle einer Lösung zu, in Abstimmung mit dem Verfahrensverantwortlichen
	▪ identifiziert technisch bedingten Änderungsbedarf und beantragt Changes
	▪ setzt fachliche und technische Changes gemäß Change-Prozess um
	▪ steuert technische Aktivitäten im Capacity Management (z. B. Bereitstellung weiterer Ressourcen, wie Server, zusätzliche Firewall Ports, Server-Zertifikate, Änderungen der Netztopologien usw.)
	▪ organisiert das Erstellen und Aktualisieren technisch bezogener Konzepte wie:
	  ▪ Infrastrukturkonzept
	  ▪ Betriebskonzept
	  ▪ Rollenkonzept
	  ▪ Sicherheitskonzept
	  ▪ Verschlüsselungskonzept
	  ▪ Berechtigungskonzept
	  ▪ ...

Test/Schulung/Patches/Changes/Störungen	
▪ organisiert die Durchführung von fachlichen Tests ▪ initiiert Schulungen für benannte Fachanwender ▪ steuert den Change-Prozess unter Maßgabe der gültigen Prozess-Standards	▪ verantwortet die Durchführung erforderlicher technischer Tests ▪ initiiert Schulungen für Technikpersonal, wie z. B. Administratoren ▪ steuert den Change-Prozess für technisch erforderliche Softwarepatches, insbesondere notwendiger Sicherheitspatches

Tabelle 16.1 (*Fortsetzung*) Abgrenzung der Rollen Fachverfahrens- und Betriebsverfahrensverantwortlichkeit

Verfahrensverantwortlicher (VV)	Betriebsverantwortlicher (BV)
▪ überwacht und steuert erforderliche fachliche Updates der SAM-Tool-Komponenten und -Module sowie erforderlicher Softwarepatches und Serviceupdates, wie z. B. die Aktualisierung von Softwareartikelkatalogen durch den SAM-Tool-Hersteller oder neue Schnittstellen-Anbindungen	▪ verantwortet und steuert Incident-, Problem- und Change-Management-Prozesse, bindet bei Bedarf externe Ressourcen mit ein ▪ verantwortet Freigabeerklärungen für den technischen Betrieb des Fachverfahrens ▪ steuert die Monitoring-Aktivitäten für die zu überwachenden Systeme und Datenbanken ▪ steuert und verantwortet das Berechtigungsmanagement für das Fachverfahren

In den Aufgabenstellungen sind bereits einige der wichtigen und erforderlichen Konzepte genannt worden. Um dieses Kapitel nicht zu umfangreich werden zu lassen, greife ich einmal die wichtigsten heraus und werde in den folgenden Kapiteln in mehr oder weniger umfangreichen Beschreibungen darauf eingehen.

Erforderliche SAM-Tool-Konzepte

Die nachfolgend genannten Konzepte sind oftmals auch, ganz- oder teilweise, in einem Konzeptpapier zusammengeführt.

- Infrastrukturkonzept,
- Staging-Konzept,
- Sicherheitskonzept,
- Rollenkonzept,
- Betriebskonzept,
- Schnittstellenkonzept,
- Deployment-Konzept (Scan-Architektur und Rollout) und
- Testkonzept.

Das Infrastrukturkonzept ist eines der ersten und auch wichtigsten Konzepte, das erstellt werden sollte, da einige der bereits genannten Konzepte, wie z. B. das Staging-, Sicherheits- und Betriebskonzept darauf aufbauen.

> **Hinweis:**
> Die folgenden Formulierungen und Beschreibungen sind beispielhaft für eine Einführung und Implementierung eines Enterprise SAM-Tools. ■

16.3.2 Infrastrukturkonzept erstellen

Das SAM-Tool-Fachverfahren soll die Inventarisierung von automatisch erfassbaren Softwareprodukten, Hardware von Clients, Servern sowie SNMP-fähigen Systeme wie z. B. IP-Endgeräte, Multifunktionsdrucker, aktive Netzwerkkomponenten (Appliances) gewährleisten. In der hier aufzubauenden Umgebung, werden erst einmal nur die Plattformen Client, Server (Windows, Linux, Unix) und installierte Oracle-Datenbanken betrachtet.

16.3.2.1 Verfahrenszweck beschreiben

In der aufzubauenden Umgebung werden die festgelegten Daten (Hard- und Software, Benutzer) von Clients und Servern sowie von Oracle Datenbankinstallationen erhoben. Über eine umzusetzende Stufigkeit in den Umgebungen werden sukzessive alle physischen und virtuellen eigenen Campus-Systeme sowie die im Rahmen von Services für die Kunden bereitgestellten und betriebenen Systeme mit einbezogen. Das sind:

- Pool-Geräte (Laptops, Arbeitsplatz-PCs)
- Sonderarbeitsplätze, die sich nicht standardmäßig im Unternehmens-Netz befinden
- Nicht mit einbezogen werden vorerst:
- fest installierte Work-at-Home-Geräte
- Systeme zur Zugangskontrolle
- Systeme für TK-Anwendungen
- netzwerkfähige Drucker und Kopiersysteme
- mobile Devices
- aktive Netzwerkkomponenten

> Arbeitsplätze (Clients), die nicht über die bestehende Softwareverteilung administriert werden können, sind manuell mit einem Scan-Agent des SAM-Tools zu versorgen. ■

16.3.2.2 Umgebung bereitstellen

Aufgabenstellung: Im Rahmen der geplanten Verfahrenseinführung sind in der Cloud-/(Test-) Infrastruktur die erforderlichen technischen Voraussetzungen zu schaffen. Dabei ist gemäß den Vorgaben, eine möglichst komplette automatische Installation und Konfiguration im Infrastrukturbaustein „Server- und Virtualisierungs-Service“ bereitzustellen, die Installation der SAM-Tool-Softwarekomponenten hat über einen wiederholbaren Automatisierungsprozess zu erfolgen.

Im Nachgang zur automatisierten Installation sind erforderliche Konfigurationsschritte gemäß des bestehenden Rollenberechtigungskonzepts durch

- Administratoren des Fachbereichs „Betrieb“ oder
- Anwendungsadministratoren von Kunden bzw. Kundenpartnern

über automatisierte Verteilungs-Scripte umzusetzen.

16.3.3 Infrastrukturskizze zur Implementierung

Das Fachverfahren ist im Rechenzentrum zentral als On-Premise-Lösung zu betreiben. Dafür ist eine Infrastrukturskizze zu erstellen, die die dafür aufzubauende erforderliche Infrastrukturarchitektur abbildet. Eine Abstimmung mit den verantwortlichen Fachbereichen Infrastruktur, Server, Netzwerke und Datenbanken ist dafür erforderlich und umzusetzen. Bild 16.2 zeigt die erforderlichen Komponenten und Spezifikationen exemplarisch auf.

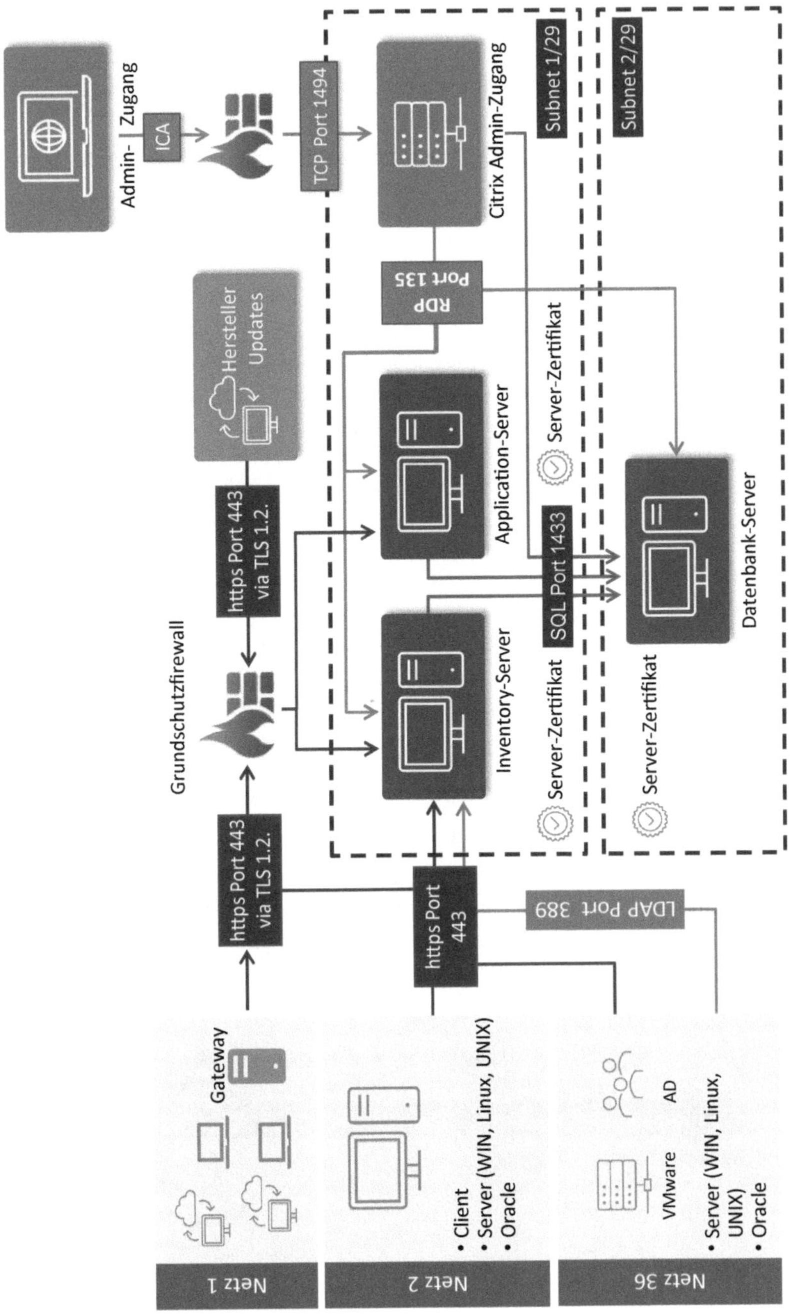

Bild 16.2 Beispielhafte Skizze einer Infrastrukturarchitektur

16.3.4 Technische Spezifikationen

Aufgabenstellung: Die folgenden Komponenten der SAM-Tool-Software sind möglichst umfassend automatisiert im Rechenzentrum zu installieren und zu konfigurieren:

- SAM Integration Manager 7.3.1 (SIM), für Schnittstellenanbindung erforderlich
- SAM Inventory 6.1.5 (SI)
- SAM License Manager 9.10 (SLM)
- SAM Inventory Agents (6.5.2)

Die Modulkomponente SAM Inventory ist im SAM License Manager integriert. Das Modul SAM Inventory leitet die erhobenen Hard- und Softwareinventarisierungsdaten an die Datenbank des SAM License Managers weiter. Die angelieferten Daten (Fingerprints bzw. Rohdaten) werden dort über Erkennungsregeln und einen vom SAM-Tool-Hersteller bereitgestellten Softwareartikelkatalog automatisiert weiterverarbeitet. Im Ergebnis entsteht so ein normalisiertes und lizenzrechtlich lesbares technisches Softwareinventar. ■

16.3.4.1 Standardinstallation laut Herstellerempfehlung

Die erforderlichen Standardkomponenten der SAM-Software sind abhängig vom Umfang der zu erwartenden Mengen und wie folgt zu installieren:

- bis 1.000 Computer: ein Server (alle Komponenten)
- bis 5.000 Computer: zwei dedizierte Server
- ab > 30.000 Computer: drei dedizierte Server

Die vom Hersteller empfohlene Aufteilung der SAM-Tool-Hauptkomponenten auf drei einzelne Server erfolgt aufgrund des im Vorfeld festgelegten, zu erwartenden Mengengerüsts von > 30.000 Systemen. Darauf bezugnehmend sind die Komponenten gemäß der folgenden Tabelle auf die dafür bereitzustellenden Server zu installieren und zu konfigurieren wie in Bild 16.2 dargestellt.

Aufteilung der Komponenten zum Betrieb des Fachverfahrens			
	Applikations-Server	Inventory-Server	SQL-Datenbank-Server
SAMXLM01	X		
SAMXIN01		X	
SAMXSQL01			X

Die Hard- und Softwarespezifikationen sind für alle drei benannten Stages anzuwenden (siehe auch Abschnitt 16.4 „Staging-Konzept“). ■

16.3.4.2 Hard- und Softwarevoraussetzungen

Auf dem Server „SAMXLM01“ werden die erforderlichen Komponenten für den License Manager, auf dem Server „SAMXIN01“ die Komponenten für den Inventory Server und auf dem Server „SAMXSQL01“ die Komponenten und erforderlichen Datenbanken und Schemas für einen Microsoft SQL-Server angelegt. In den folgenden Tabellen werden die erforderlichen Mindestanforderungen an die Hard- und Softwarekomponenten für den Betrieb der SAM-Software aus diesem Beispiel beschrieben.

SAMXLM01 (Applikations-Server) Hardwarebasis	
IP: 10.134.124.4 Subnet: 1/29	
Betriebssystem	Microsoft Windows Server 2019
Prozessor	Single Xeon 2.0 Quad Core
Plattenplatz	Minimum 100 GB freier Speicherplatz
Hauptspeicher	32 GB RAM
Netzwerk	100/1000 MB Ethernet Full Duplex

SAMXIN01 (Inventory-Server) Hardwarebasis	
IP: 10.134.124.5 Subnet: 1/29	
Betriebssystem	Microsoft Windows Server 2019
Prozessor	Single Xeon 2.0 Quad Core
Plattenplatz	Minimum 200 GB freier Speicherplatz
Hauptspeicher	32 GB RAM
Netzwerk	100/1000 MB Ethernet Full Duplex

SAMXSQL01 (Datenbank-Server) Hardwarebasis	
IP: 10.136.124.5 Subnet: 2/29	
Betriebssystem	Microsoft Windows Server 2019
Prozessor	Single Xeon 2.0 Quad Core
Plattenplatz	Minimum 200 GB freier Speicherplatz
Hauptspeicher	32 GB RAM
Netzwerk	100/1000 MB Ethernet Full Duplex

Die Gesamtarchitektur des Verfahrensaufbaus ist in Abschnitt 16.3.2 dargestellt. Anmerkung: Die Kommunikation und Datenübertragung hat mit https-Protokoll über Port 443 und eingeschaltetem TLS 1.2 verschlüsselt zu erfolgen.

16.3.4.3 SAM-Tool-Komponenten: Übersicht

Die folgenden Komponenten sind auf dem SAM Inventory Server und SAM License Manager zu installieren und in Betrieb zu nehmen:

Komponente	SAMXIN01	SAMXLM01	SAMXSQL01
SAM Inventory Server (SI)	X	—	—
SAM License Manager (SLM)	—	X	—
SAM Update Service (SUS)	X	X	—
SAM Integration Manager (SIM)	X	—	—
SAMDB = SI und SLM (DB)	—	—	X

16.3.5 Nutzung des Update Service

Für die Nutzung des SAM Update Service benötigen die Server „SAMXIN01" und „SAMXLM01" Zugriff auf folgende Webservices über https und Port 443 bzw. via http über Port 8080:

Updates der Komponenten SAM Inventory Server, SAM License Manager, SAM Update Service, SAM Management Console und SAM Inventory Agent: https://updates.samhersteller.com/updateservice.asmx

Es ist zu konfigurieren, dass die SAM Inventory Agents ihre Updates nicht per automatisierter Abfrage an den SAM Inventory Server von diesem bereitgestellt bekommen und von diesem ausgerollt werden. Die Scan-Agent-Updates werden zur Sicherung der Integrität grundsätzlich per hauseigener Softwareverteilung (SCCM) über den Standard-Change-Prozess bereitgestellt.

Updates für den SAM Recognition Service (Softwareartikelproduktkatalog mit SKU-Nummern für die Softwarenormalisierung): https://updates.samhersteller.com/samrecognitionservice.asmx

Der SAM Recognition Service (SRS) wird während der Installation des SAM License Managers mit eingerichtet und aktiviert. Der Service enthält eine Datenbank mit Softwareerkennungsalgorithmen und -regeln, um die von den Scan-Agents angelieferten Softwarerohdaten (Fingerprints) zu erkennen und in ein lesbares Softwareinventar zu übersetzen. Nach der Datenanlieferung werden die erhobenen Scandaten in ein qualifiziertes und lesbares Softwareprodukt übersetzt. Für die Aktualisierung dieser Datenbank durch den SAM Update Service ist eine ausgehende Web-Verbindung via Proxy auf die Adresse http://updates.samhersteller.com/updateservice.asmx erforderlich.

Der Normalisierungsprozess wird in mehreren Schritten durchgeführt:

1. Beseitigung von Schreibfehlern in Dateibeschreibungen - beispielsweise enthalten die verschiedenen Microsoft-Produkte mittlerweile mehr als 86 verschiedene Schreibweisen des Herstellernamens Microsoft.
2. Identifizierung von lizenzrelevanten Einträgen - welche Installation führt zu welchem Produkt?
3. Zusammenführung lizenzrelevanter Einträge - viele Softwareprodukte lassen sich nur an mehreren Informationen identifizieren, z. B. über *.EXE + Registry-Wert + Software Identification (SWID) Tag[1] = Softwareprodukt.
4. Konsolidierung zu Suiten - falls auf einem Computer mehrere eigenständige Softwareprodukte gefunden werden, sind diese lizenzrechtlich häufig zusammengefasst - beispielsweise Microsoft Office Professional Plus.

[1] *https://nvd.nist.gov/products/swid*

Der SAM Software Recognition Service steuert und überwacht die dafür erforderlichen Scriptausführungen, um ein lizenzrechtlich lesbares Softwareinventar bereitzustellen.

Für die Nutzung des Updateservices ist ein Proxy „Service User" erforderlich und einzurichten bzw. aus der Kunden-Domain zu verwenden, dieser benötigt für die Dienste-Anmeldung auf den SAM-Systemen „SAMXIN01" und „SAMXLM01" lokale Administrationsrechte.

16.3.5.1 Erforderliche Portfreigaben

Über die einzubindenden Router, Switches und Firewalls müssen Datenpakete in weitere Subnetze über die folgenden Ports weitergeleitet werden:

Komponente	Quelle	Ziel	Port und Protokoll
SAM Inventory Server (SI)	SAMXIN01	Intranet	TCP und UDP 53 (Name Service) TCP und UDP Port 389 (LDAP) TCP Port 135 (Remote Procedure Call)
SAM Inventory Server (SI)	Intranet	SAMXIN01	TCP und UDP 53 (Name Service) TCP Port 443 (HTTPS für Inventory Agents) TCP Port 135 (Remote Procedure Call)
SAM License Manager (SLM)	SAMXLM01	Intranet	TCP und UDP 53 (Name Service) TCP und UDP Port 389 (LDAP) TCP Port 135 (Remote Procedure Call)
SAM License Manager (SLM)	Intranet	SAMXIN01	TCP und UDP 53 (Name Service) TCP Port 443 (HTTPS für Applikation SLM) TCP Port 135 (Remote Procedure Call)
SAM Update Service (SUS)	SAMXLM01	Internet	TCP Port 8080 (Proxy für Internetzugriff)
SAM Update Service (SUS)	SAMXIN01	Internet	TCP Port 8080 (Proxy für Internetzugriff)
SAM Integration Manager (SIM)	SAMXIN01	Intranet	TCP Port 443 (HTTPS für vCenter)
Browser, nur für Betriebssystem kleiner Windows 7	Intranet	SAMXLM01	UDP Port 137 (NetBIOS Namensauflösung) TCP Port 139 (NetBIOS Session Services) UDP Port 138 (NetBIOS Datagram Services) TCP Port 443 (HTTPS)
SAMDB = SI und SLM (DB)	SAMXLM01 SAMXIN01	SAMXSQL01	TCP Port 139 (NetBIOS Session Services)

> Der SAM Update Service wird für die Pilotphase die bereitgestellten Updatefiles vom Herstellerportal nur herunterladen, aber nicht automatisiert den Softwarekatalog-Updatevorgang ausführen.
>
> Die Gegenrichtung (Upload von noch nicht identifizierten, noch nicht im Herstellerkatalog befindlichen Fingerprints) wird zu einem späteren Zeitpunkt eingeschaltet. Für die temporäre Deaktivierung dieser Funktion ist im SAM License Manager Server der Registry-Wert „`SAMReadonly=1`" zu setzen. ■

16.3.5.2 Erforderliche Berechtigungen und Konten

Die in der folgenden Tabelle aufgeführten, erforderlichen Benutzerkonten und Zugriffsberechtigungen sind auf den jeweiligen SAM-Tool-Servern anzulegen und einzurichten.

Komponente	SAM Inventory Server (SAMXIN01)	SAM License Manager (SAMXLM01)	SAM Datenbank (SAMXSQL01)
Standarduser	Domainuser als lokaler Admin für die Zeit der Installation	Domainuser als lokaler Admin für die Zeit der Installation	▪ „`sa user`" mit Standardsprache English für die Zeit der Installation ▪ Der Benutzer zum Anwendungsbetrieb muss DB-Owner-Rechte für beide SAM-Datenbanken besitzen.
SAM Update Service	Service Account zur Proxy-Authentifizierung	Service Account zur Proxy-Authentifizierung	–
SAM Integration Manager	*VMware:* lesender User zur Abfrage des Connectors	–	–
SAM AD Discovery	Ein Domänenuser pro Domäne, Subdomäne, Forest, der auch lokaler Administrator ist.	–	–
SAM Inventory Agent oder Komponente für Oracle Scan			Alle zu scannenden Oracle-Datenbanken gemäß Berechtigungs-Matrix.

16.3.6 Erhebung und Umfang der Scandaten

Zu inventarisierende Systeme:

- physische Client- und Server-Systeme (mit allen gängigen Betriebssystemplattformen),
- virtuelle Systeme bzw. Instanzen (VMware ESXi, Citrix, Hypervisor),

- Virtual-Desktop-Umgebungen (VDI),
- Oracle-Datenbank-Instanzen,
- IP-Geräteerkennung über SNMP.

Für die Erhebung der Daten sind Clients und Server aus den folgenden IP-Netzen zu betrachten:

Adress-Bereich:

- 10.15.52.0/22
- 10.15.135.192

Informationen und Daten, die je Client abzufragen sind:

- Gerätename (Hostname), IP-Adresse, BIOS-Daten, CPUID Prozessor,
- Chipsatz-Informationen, Festplatten und Kapazitäten, Hauptspeicher,
- Virtualisierungseigenschaften, virtuell/physisch, virtueller Host des Clients,
- Anzahl der Geräte- oder Nutzerzugriffe pro Anwendung (wenn Metering aktiviert),
- Betriebssystem (Name, Version, Edition),
- installierte Anwendungen auf dem Client, Name, Version, Edition,
- Installationspfad, installierte Datenbanken, Name, Version, Edition,
- aktivierte lizenzkostenpflichtige Management-Optionen (z. B. bei Oracle-Datenbanken),
- laufende Windows-Dienste, WMI-Daten,
- ausführbare Dateien (EXE, WFD, WFI, WTD, WTI, SYS) im Ordner „Programme" und „Programme(x86)",
- Abfrage von weiteren Programmen und Funktionen, die installiert und aktiv sind,
- angeschlossene Drucker und Peripheriegeräte.

Inventarisierung Oracle-Datenbanken

Für die Inventarisierung der Oracle-Datenbanken ist mittels des SAM Inventory Agents ein Java Runtime Environment (JRE) in der Version >= 1.6, jedoch nicht 1.7.0, bereitzustellen. Es wird empfohlen, die jeweils neueste Version des JRE einzusetzen, sowohl unter Sicherheits- als auch aus Performance-Gründen. Dies gilt für alle zu inventarisierenden Plattformen (Windows, Linux, UNIX). Für den Scan der Oracle-Datenbanken wird ein entsprechend angelegter und mit den erforderlichen Leseberechtigungen ausgestatteter User in den zu scannenden Oracle-Datenbanken benötigt.

Anbindung von Active Directory

Das Fachverfahren erhält eine Anbindung zum Active Directory (AD-Konnektor), um die Erfassung der dort definierten Benutzergruppen, wie z. B. die Zuordnung von Benutzern zu Gruppenberechtigungen für den Zugriff auf Applikationen, durch Terminalserver bereitstellen zu können. Ebenso werden Geräte, die sich im Active Directory aktiv gemeldet haben, mit ausgelesen. Dies dient zur Bereitstellung einer Differenzliste von bekannten Geräten gegenüber zu inventarisierenden Geräten.

Für die Anbindung der AD ist ein Service User „`Service_SAM`" in der Domain „One" erforderlich, um die benötigten AD-Daten auslesen zu können. Dieser Service User muss auf den SAM-Servern „SAMXIN01" und „SAMXLM01" in die Gruppe der lokalen Administratoren aufgenommen sein sowie die Berechtigung zur Anmeldung als Dienst auf den genannten Servern haben. Die erforderlichen Scan-Agents werden paketiert und über ein definiertes Deployment-Verfahren (siehe Abschnitt 16.6.1) durch das bestehende Softwareverteilungsverfahren kontrolliert ausgerollt. Für eine erforderliche Integritätsprüfung des Scan-Agents ist ein MD5-Hash-Wert des Scan-Agents zu erstellen und in das Installationspaket zu integrieren. ■

Informationen und Daten, die je Benutzer abzufragen sind

Hinweis:

Bei den zu erfassenden Merkmalen ist sicherzustellen, dass keine schutzwürdigen personenbezogenen Daten im Sinne der Datenschutzgrundverordnung erhoben und verarbeitet werden. ■

Die Notwendigkeit des Erfassungsumfangs für Client, Server und Datenbanken ergibt sich aus der Abdeckung und Zuordnung von Softwareprodukten mit

- hardwarebasierten Metriken (z. B. pro CPU, pro Core, pro PVU),
- gerätebasierten Metriken (z. B. pro Installation, pro Transaktion, pro Terrabyte),
- datenbankbasierten Metriken (z. B. lizenzkostenpflichtige Management-Optionen),

sowie der Erhebung und Zuordnung von Benutzerzugriffen zu

- benutzerbasierten Metriken:
  - z. B. pro User, Named User, Concurrent User,
  - Terminal-Server Zugriffe.

Zur Datenübertragung der Benutzerdaten

Die erhobenen Inventory-Daten sind über eine 256-Bit-verschlüsselte XML-Datei an den SAM Inventory Server zu übertragen, der diese Daten dann über einen Update Job an den SAM License Manager weitergibt und dort dann von den bereits festgelegten berechtigten Personen verarbeitet werden kann.

Rollout Scan-Agents Windows-Umgebung

Windows Clients in der Kunden-Domain erhalten über die hauseigene Softwareverteilung ein entsprechend konfiguriertes MSI-Paket, welches den Scan-Agent lokal installiert und einen ersten sogenannten Full-Scan startet. Die nachfolgenden Scans werden zufallsgesteuert täglich zwischen 9 und 10:30 Uhr ausgeführt. In den darauffolgenden fünf Tagen sind inkrementelle Scans vorzunehmen, dadurch verringert sich die anfallende Datenmenge bei gleichem Scanumfang. Es werden dann nur die „neuen" bzw. geänderten Scandaten neu generiert und übermittelt. Der erste initiale vollständige Scanlauf erzeugt ein Datenpaket in der Größe von ca. 60 KB, die nachfolgenden inkrementellen Scans erzeugen nur noch ca.

10 bis 25 KB Datenvolumen pro Scanlauf. Für das Versenden der Scandaten baut der Scan-Agent über den Port 443 eine Kommunikation zum SAM-Inventory-Server auf und liefert sein Datenpaket dort ab. Einzig ein Bestätigungsbefehl „ack back“[2] für den erfolgreichen Transfer, wird vom SAM-Inventory-Server an den Scan-Agent zurückgesendet. Scan-Agents, die nicht dauerhaft mit der Kunden-Domain verbunden sind (z. B. Work-at-Home-Geräte), melden ihre Daten ebenfalls an den SAM-Inventory-Server, sofern sie sich an irgendeinem Zeitpunkt mit dem internen Netzwerk verbinden können. Damit die Scandaten übermittelt werden können, versucht der Scan-Agent alle drei Stunden, seine Scandaten zu senden.

Rollout Scan-Agents Linux-Umgebung

Für Linux-Systeme sind Installationspakete als RPM bereitzustellen, welche per Script-Verfahren ausgerollt werden. Zur Ausführung wird hierfür ein spezifischer User benötigt, welcher über bestimmte Rechte verfügen muss, um das Scan-Agent-Paket auf dem Linux-System ausführen zu können. Für einen https-Zugriff und die Übermittlung der Scandaten ist für die Paketierung der Linux-Agents eine Zertifikatdatei erforderlich.

Einrichtung TSL und Zertifikate

Die gesicherte Kommunikation aus der Kunden-Domain über https und Port 443 zu den Servern „SAMXIN01“ und „SAMXLM01“ hat über einen verschlüsselten Transport über das Protokoll TLS 1.2 und entsprechend auf den Servern eingerichtete Zertifikate zu erfolgen.

16.3.7 Management der technischen Funktionen

Das Management der technischen Funktionen des Fachverfahrens hat über die folgenden Komponenten zu erfolgen:

Komponente	SAM Inventory Server (SAMXIN01)	SAM License Manager (SAMXLM01)	SAM Datenbank (SAMXSQL01)
SAM Management Center	X	X	-
SAM Web Configurator	-	X	-
SAM Update Service (SUS)	X	X	-
SAM Inventory Server Manager	-	X	-
Microsoft SQL Server Manager	-	-	X
Microsoft IIS Server Manager	-	X	-

2 *https://en.wikipedia.org/wiki/Acknowledgement_(data_networks)*

16.3.7.1 Komponenten: Monitoring

Zur Sicherstellung des Betriebs der Infrastruktur des Fachverfahrens sind die folgenden Komponenten zu überwachen:

Komponente	Ort	Art
SAM License Manager Webseite	https://SAMXLM01:443	Erreichbarkeit
SAM Inventory Server Webservice	https://SAMXIN01:443	Erreichbarkeit
SAM Dienste	SAMXIN01 & SAMXLM01	Aktivität
Eventlog	SAMXIN01 & SAMXLM01	Regelmäßig auf Fehlereinträge zu prüfen
SI Fehlerverzeichnis	\\SAMXIN01\C$\Programme\SAMSoftware\Inventory\processing\Error	Regelmäßig auf Fehlereinträge zu prüfen

16.3.7.2 Komponenten: Wartung

Wenn die Funktion „Automatische Software-Updates über das Internet bereitstellen" aktiviert wurde (Update-Service aktiv auf „SAMXIN01" und „SAMXLM01") und die Scan-Agents ein automatisches Softwareupdate erhalten, dann ist nur die Aktualität der Komponente „SAM Integration Manager" auf „SAMXIN01" regelmäßig manuell zu prüfen. Auf jeden Fall ist das bereits in der vorhergehenden Tabelle aufgeführte „SI Fehlerverzeichnis" regelmäßig auf Fehlereinträge zu prüfen.

Weiterhin ist ein Logging der SAM-Komponenten über die folgenden Pfade zu aktivieren:

Komponente	Ort	Lokaler Pfad
SAM Inventory Server (SI)	SAMXIN01	%programdata%\SAMSoftware\Inventory\Server
SAM License Manager (SLM) und Dienste	SAMXLM01	%programfiles%\SAMSoftware\Logs
SAM Update Service (SUS)	SAMXIN01 & SAMXLM01	%programfiles%\SAMSoftware\Logs
SAM Integration Manager (SIM)	SAMXIN01	%programfiles%\SAMSoftware\Logs
SAMDB = SI und SLM (DB)	SAMXSQL01	SQL Server Logs
SAM Inventory Agent	Lokales Endgerät	%programfiles%\SAMSoftware\Inventory\Agent\data

16.3.7.3 Komponenten: Datensicherung

Für das Fachverfahren ist regelmäßig (Standard-Service-Level-Vereinbarung mit dem Fachbereich Datenbanken und Backup & Restore) eine Sicherung der erforderlichen Datenbankinstanzen durchzuführen. Dabei sind aus der Stage-„Produktion" die folgenden Komponenten und Datenbanken zu sichern:

Komponente	Ort	Art
SLM-Datenbank: SAM License Manager	SAMXSQL01	Regelmäßige Datenbanksicherung, wenn nicht bereits durch Standardverfahren „Plattform- und Datenbanken-Service“ gewährleistet.
SI-Datenbank: SAM Inventory	SAMXSQL01	
SAM-Applikations-server	SAMXIN01 & SAMXLM01	Regelmäßige Snapshots der installierten Umgebung, wenn nicht bereits durch Standardverfahren „Server- und Virtualisierung-Service“ gewährleistet.

Damit die zuvor beschriebenen Anforderungen auch zu einem erfolgreichen Fachverfahrensbetrieb führen, ist (wie in der Softwareentwicklung üblich) über bestimmte Verfahrensstufen der Infrastrukturbetrieb dauerhaft sicherzustellen. Am geeignetsten hat sich hierbei das sogenannte Staging-Verfahren bewährt, das im nächsten Abschnitt beschrieben wird und auch für ein erfolgreiches SAM-Tool-Implementierungsprojekt unabdingbar ist.

16.4 Staging-Konzept

Ein Staging-Konzept beschreibt eine empfohlene Umsetzung zum Betrieb der erforderlichen Fachverfahrensumgebung. Über den Infrastrukturbetrieb und dessen Bausteine wird der Fachverfahrensbetrieb dafür meistens über drei Verfahrensumgebungen bereitgestellt:

- eine Testumgebung,
- eine Referenzumgebung,
- die eigentliche Produktivumgebung.

Das umzusetzende Staging-Verfahren sollte immer im Projektkontext definiert, beschrieben und erstellt werden und erste grobe Festlegungen für die Umsetzung des Betriebs nach der Erstinbetriebnahme des Startsystems enthalten. Wenn später dann das Betriebsführungskonzept erstellt wird, sollte dieses Staging-Konzept davon ein Bestandteil werden.

Grundsätzlich sind für das Staging-Verfahren verschiedene Szenarien zu unterscheiden, welche jeweils eine eigene Test- und Staging-Strategie benötigen und u. U. auch nicht zeitgleich durchgeführt werden können. Deshalb ist es wichtig, immer im Vorfeld festzulegen, in welche Kategorie der vorzunehmende Change-Management-Prozess einzuteilen ist. So ist beispielsweise darauf zu achten und auch so zu planen, dass – wenn z. B. technische Updates/Upgrades in der Testumgebung durchgeführt werden – hier nicht gerade zeitgleich Changes zu inhaltlich-fachlichen Aspekten (wie z. B. benutzerdefinierte Berichte, neue Rollen, weitere Lizenzmetriken, administrative Konfiguration usw.) in der Produktivumgebung ausgeführt werden. Ebenso ist im täglichen Verfahrensbetrieb (Produktionsumgebung) über den Change-Management-Prozess zu gewährleisten, dass Änderungen im Vorfeld in den jeweiligen Test- und Referenzumgebungen auf Funktion und Umsetzung geprüft und getestet wurden.

16.4.1 Rahmenbedingungen

Für den Betrieb des Staging-Verfahrens ist es wichtig (auch um die genaue Abfolge in den entsprechenden zugehörigen Change-Management-Prozessen einzuhalten), dass zwischen verschiedenen Staging-Abschnitten unterschieden wird.

Diese Abschnitte sind:

- Technisches Staging
- Fachliches Staging
- Organisatorisches Staging

Denn innerhalb der einzurichtenden Umgebungen (Test, Referenz, Produktiv) wird bei erforderlichen Change-Management-Prozessen nach technischen und fachlichen Änderungen unterschieden und entsprechend eingesteuert. Eine Staging-Strategie beschreibt hierbei den empfohlenen Ablauf für die Installation von beispielsweise SAM-Tool-Hersteller-Updates oder eine Vorgehensweise für einen Transport der Produktivdatenbank als Datenabzug für die jeweilige Test- bzw. Referenzumgebung auf einer groben Ebene.

Scoping

Das Staging-Konzept mit der umzusetzenden Staging-Strategie beschreibt nicht die dem Verfahrensbetrieb zugrundeliegenden Change-Prozesse für die bereitgestellten IT-Infrastrukturbausteine. Eine erforderliche Detailplanung (was, wann, in welchem Umfang) obliegt dem Verfahrensverantwortlichen in Zusammenarbeit mit dem Betriebsverantwortlichen (siehe dazu auch die Aufgaben im Abschnitt 16.3.1) und dem daraus resultierenden umzusetzenden Change-Management-Prozess und ist nicht Bestandteil eines Staging-Konzepts.

Voraussetzung

Grundlage für die Staging-Umsetzung sind:

- Das erforderliche Rollenmodell für die Aufgaben des Verfahrens- und Betriebsverantwortlichen ist umgesetzt.
- Der Change-Management-Prozess ist etabliert und wird gemäß der festgelegten Betriebsverantwortung umgesetzt.
- Ein Backup- und Recovery-Prozess für IT-Infrastruktur-Bausteine ist definiert und wird regelmäßig durchgeführt.

Die technischen Betriebs- und Infrastrukturkomponenten sollten auch für die Test- und Referenzumgebung mit der Produktivumgebung identisch sein, damit mögliche Fehlerursachen in der Produktivumgebung 1:1 nachgestellt und bearbeitet werden können. Dabei ist es oftmals so (schon aus technischen Gegebenheiten), dass nur für die Produktivumgebung die erforderlichen Schnittstellen und Datenanlieferungen von anderen Systemen (z. B. Vertragsmanagement, ERP-System, CMDB) aktiv angebunden werden und diese hierhin ihre Daten melden. Es ist also geboten, über das Staging-Verfahren und den Staging-Prozess dafür Sorge zu tragen, dass möglichst immer aktuelle (max. vier Wochen alte) Datenbestände aus der Produktivumgebung in die Referenz- und Testumgebung überspielt (transportiert) werden. Somit erhalten die Test- und die Referenzumgebung im Rahmen des Backup- und Recovery-Prozesses jeweils in (zeitlich abzustimmenden) Change-Prozessen eine Kopie der Produktivdatenbank mit der dann in der Test- bzw. Referenzumgebung das Incident-, Problem- und Change-Management umgesetzt werden kann.

Staging-Prozess-Rollenmatrix

Staging-Prozess	Rolle	Erläuterungen
Change-Management	Verfahrensverantwortlicher	SAM- und LiMa-Team
Staging-Prozess managen	Betriebsverantwortlicher	Fachbereiche
Staging-Prozess durchführen	Verfahrensverantwortlicher	Tester festlegen
Incident- und Problem-Management	Verfahrensverantwortlicher	Eskalation betreiben

Die nachfolgenden Aufgabenstellungen erläutern die Vorgehensweise, um sowohl in der Test- als auch in der Referenzumgebung mit einem identischen Datenbestand und Systemzustand arbeiten zu können (u. a. für Tests, Schulungen, Konfigurationen, Prüfung von Hersteller und Systemupdates usw.).

16.4.2 Technisches Staging

Das technische Staging sorgt dafür, dass u. a. Maßnahmen, Aktivitäten und Parametereinstellungen umgesetzt werden, die den technischen Betrieb des SAM-Tools und seiner Komponenten sicherstellen, wie beispielsweise in Abschnitt 16.4.3 „Technisches Staging - Beispiel ‚Hersteller-Updates'" erläutert wird.

Change-Management im technischen Staging kann betreffen:

a) Serverseitig (Windows Operating System, SAM-Tool-Applikationsserver):

- Updates/Upgrades von einzelnen Softwarekomponenten
- Hinzunahme neuere/weitere Betriebssysteme und Devices
- Anbindung neuer Schnittstellen (z. B. CMDB, ERP-System, Dokumentenmanagement, weitere Mandanten-Systeme)

b) Clientseitig (SAM-Tool-Komponenten, konfigurative Änderungen):

- Updates/Upgrades vom SAM Inventory Agent
- Changes an SAM-Konfigurationsdateien (um Parameter neu zu setzen, z. B. für das Einschalten von SaaS-Metering, Web-Anwendungen)

c) IT-Infrastruktur:

- Updates/Upgrades von Hard- oder Softwarekomponenten (beispielsweise innerhalb der Serverlandschaft)
- Changes an Firewall- oder Netzwerkinfrastrukturkomponenten
- Changes an Datenbanksystemen, Backup- und Recovery Prozessen

d) Mischformen der Aktivitäten aus den aufgeführten Punkten a) bis c)

16.4.3 Technisches Staging-Beispiel „Hersteller-Updates"

Im folgenden Bild 16.3 wird das empfohlene Szenario zum Herunterladen und Testen der Hersteller-Updates dargestellt. Fachlich wird dieser Change-Management-Prozess vom Verfahrensverantwortlichen gesteuert, durchgeführt wird er vom Betriebsverantwortlichen.

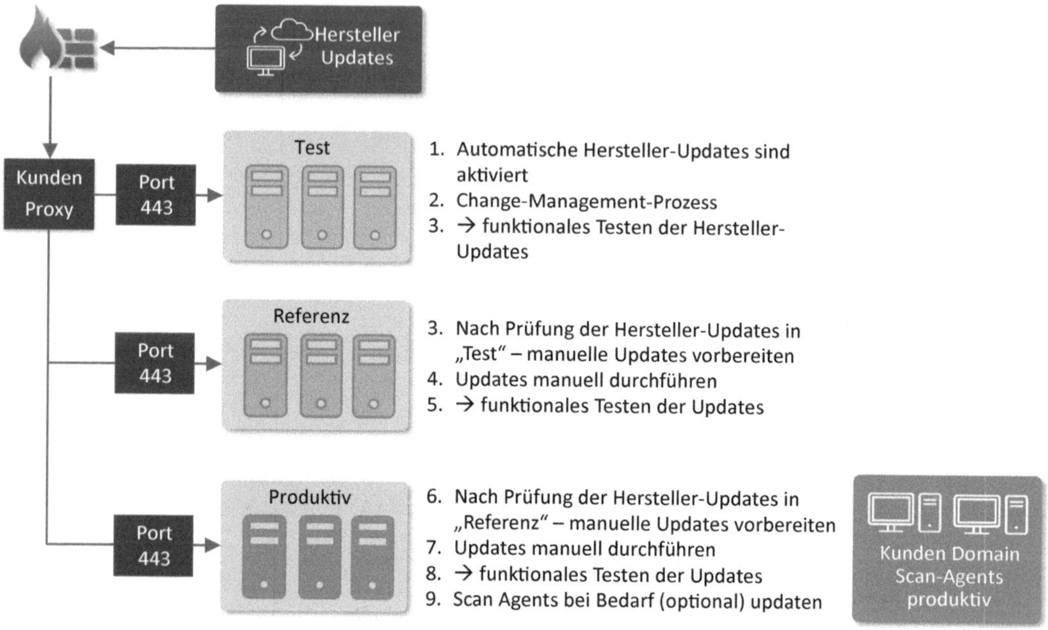

Bild 16.3 Staging-Prozessablauf SAM-Tool-Hersteller Produktupdates

In der Testumgebung sind erst einmal nur die automatischen Softwarekatalogupdates zu konfigurieren, zu aktivieren und regelmäßig durch den Betriebsverantwortlichen zu überwachen. Ebenso sind die Referenz- und Produktivumgebung über den eingerichteten Proxyzugang anzubinden. Das automatische Softwarekatalogupdate wird in der Pilotphase deaktiviert. Die durchzuführenden Systemupdates, die vom SAM-Tool-Hersteller bereitgestellt werden, werden zuerst auf dem Test- und Referenzsystem eingespielt und getestet. Nach bestandenem Funktionstest werden dann über den weiteren Change-Management-Prozess die Updatevorgänge auf den Referenz- und Produktivumgebungen manuell durchgeführt. Somit ist für das Verarbeiten der Hersteller-Updates ein einheitlicher Prozess definiert. Dieser gewährleistet für alle Staging-Umgebungen einen standardisierten Change-Management-Prozess, um den Update- und Patchlevelstand synchron halten zu können. Nachfolgend sehen Sie beispielhaft in Bildern dokumentiert und erläutert, wie dieser manuelle Update Prozess durchgeführt wird.

Softwareübersetzungskatalog (Update-Softwarekatalog)

In den folgenden Bildern sehen Sie einmal exemplarisch, wie solch ein manuell aktivierter Update-Service abläuft, um die Softwareprodukte im Katalog zu aktualisieren bzw. die Herstellerartikelnummern upzudaten. In einem ersten Schritt werden die Updatefiles für den Softwarekatalog über die Webseite des Herstellerportals zusammengestellt.

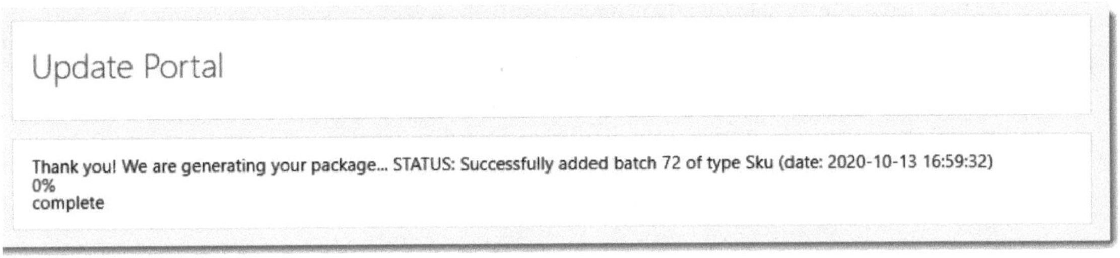

Im zweiten Schritt wird das fertige Paket zum Download bereitgestellt.

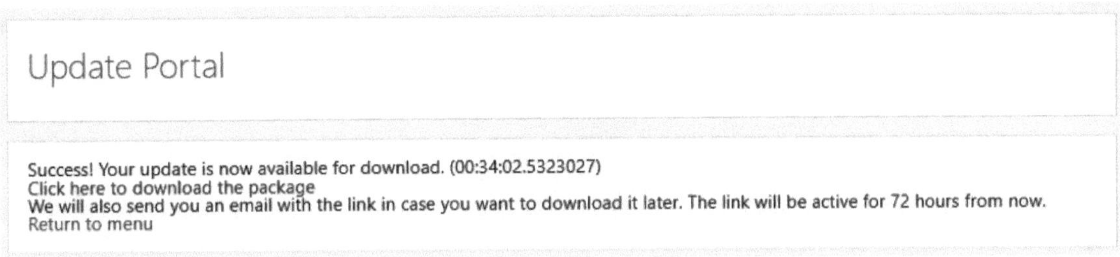

Im dritten Schritt wird nach dem Herunterladen das Update Package in der für die Aktualisierung des Softwarekatalogs zuständigen Anwendung gestartet.

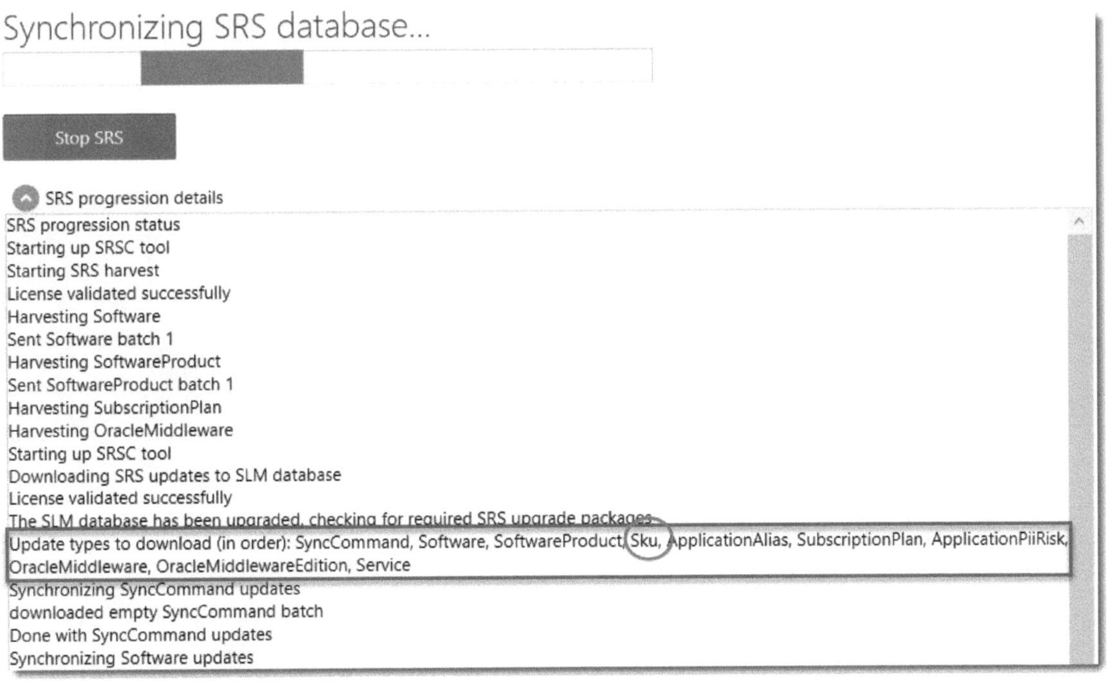

Zu beachten ist in diesem Bild (blau eingerahmt), dass verschiedene Komponenten wie Software-Produkt, SKU-Nummern, Anwendung-Aliase, Informationen zu Subskription-Plänen und hier in diesem Beispiel auch noch Daten zu Oracle verarbeitet werden. Im oberen Teil des Screenshots ist auch zu sehen, dass der Software Recognition Service (SRS) gestartet wird, die Lizenzgültigkeit geprüft wird und der Download der SRS Updates in die SAM-Tool-Datenbank startet. Jetzt werden einzelne „Gruppenbatches" ausgeführt und in die entsprechenden Datenbanken geschrieben, wie im nächsten Bild zu sehen ist.

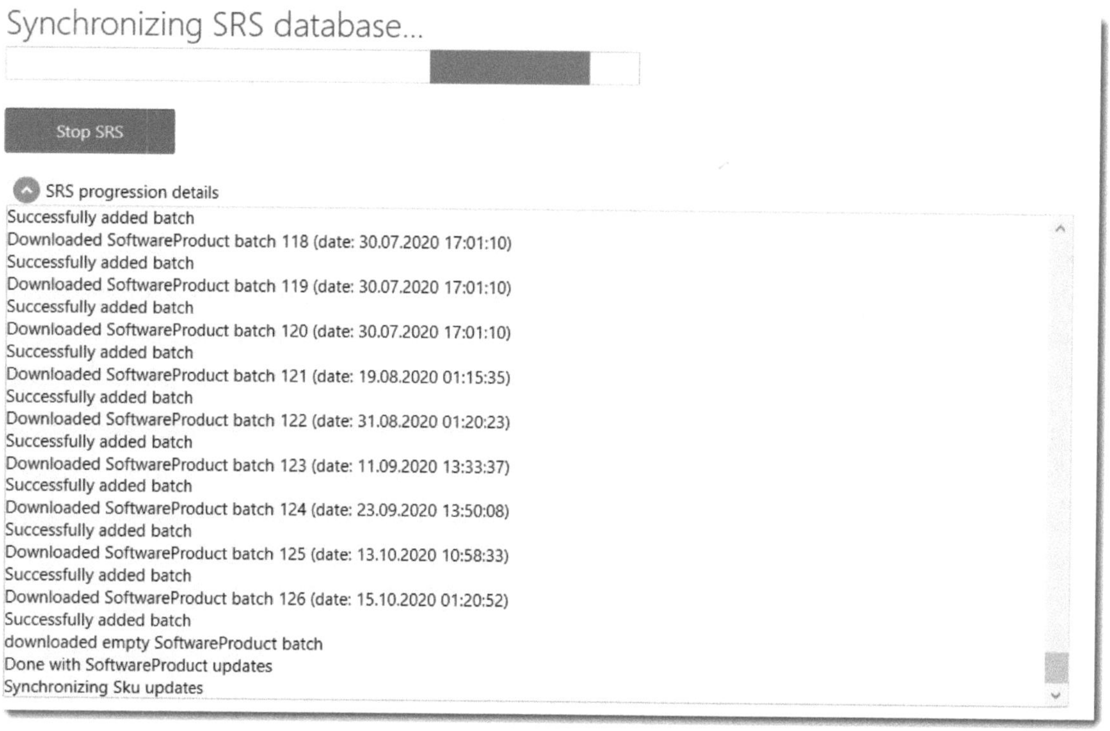

Nachdem die Software-Updates durchgelaufen sind, werden als letzter Updateschritt neue bzw. zu aktualisierende Herstellerartikelnummern eingespielt, im Bild zu sehen mit dem Eintrag „`Synchronizing Sku updates`", der Ablauf dazu ist im nächsten Bild zu erkennen. Hier sieht man auch, in welchen kurzen Zeitabschnitten die „SKU Batch-Dateien" erstellt werden, manchmal liegen da nur wenige Tage dazwischen.

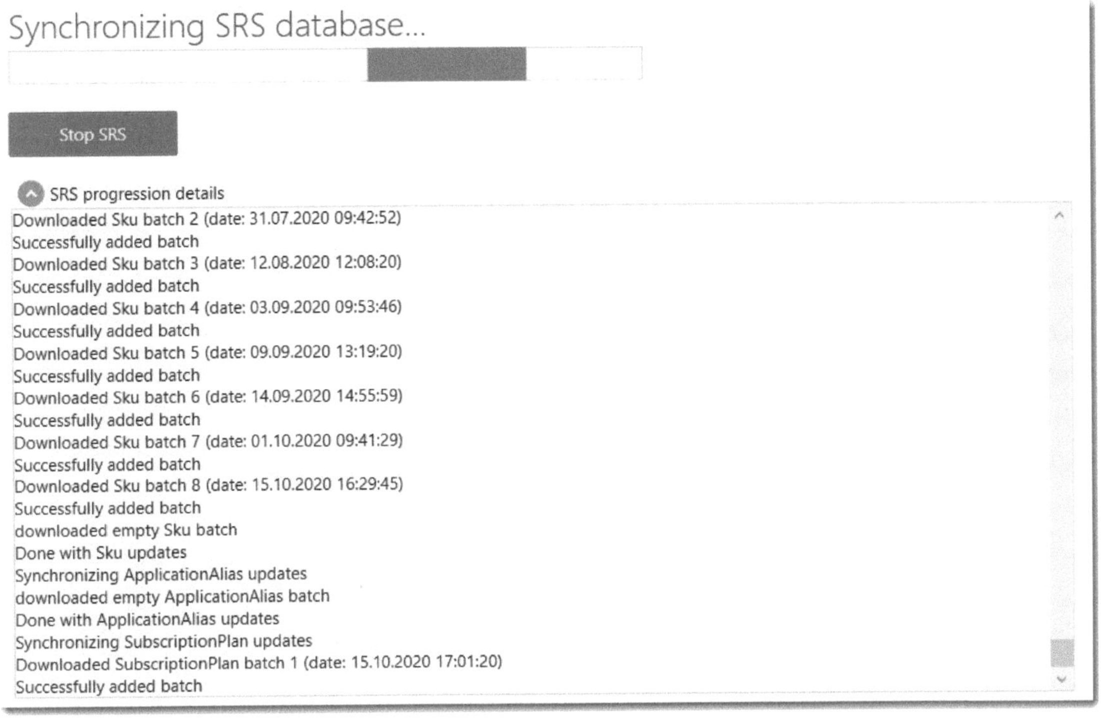

Nach Abschluss des kompletten Updatelaufs für die Aktualisierung des Softwareübersetzungskatalogs ist erst einmal alles wieder auf dem aktuellen Stand. Beschrieben und erläutert wurde hier ein Szenario für ein sogenanntes „Offline"-Update. Im Normalfall kann das als ein automatisch ablaufender Prozess eingestellt und aktiviert werden. Es gibt für diesen Prozess unterschiedliche Verfahrensvorgänge, so aktualisiert z. B. Aspera im Standardservice seinen Softwarekatalog nur alle drei Monate, Snow Software faktisch fast täglich, um so aktuellste Verfügbarkeitsdaten zu den Herstellerprodukten bereitzustellen.

16.4.4 Fachliches Staging

Das fachliche Staging verantwortet das Transportieren von Anpassungen, Änderungen, Ergänzungen, wie neue benutzerdefinierte Felder, angepasste Berichte, veränderte Rollen- und Berechtigungs-parameter, Anbinden weiterer fachlicher Quellen u. a. aus der Testumgebung in die Referenz- und dann qualitätsgesichert in die Produktivumgebung.

Das Change-Management im fachlichen Staging kann betreffen:

a) Serverseitig (SAM-Tool-Applikationsserver administrieren):

- anzulegende Benutzer, Zugriffs- und Berechtigungsverwaltung,
- Erstellung und Anlegen weiterer erforderlicher Rollen im SAM-Tool,
- Änderungen an der im SAM-Tool abgebildeten (für die Zuordnung von Lizenzkäufen wichtigen) Organisationsstruktur,

- Änderung und Verwalten von Konfigurationseinstellungen (beispielsweise Justierung der Parameter für den „Quarantäne-Status" von Systemen),
- erforderliche (sich aus dem Tagesgeschäft ergebende) Änderungen und Ergänzungen für die Zuordnung von Parametern zur korrekten Erkennung und Zuordnung von Softwareprodukten im Softwareartikelkatalog des Herstellers,
- Konfigurationsanpassungen in den jeweiligen Staging-Umgebungen, wie z. B. einen neuen SAM-Tool-Lizenzkey einspielen,
- Durchführung des Imports von Softwarelizenzdaten und Vertragsdaten über z. B. Excel-Templates.

b) Clientseitig (SAM-Tool-Web-Oberfläche):

- Umsetzung konfigurativer Änderungen für Berichte, Analysen, Dashboards,
- Erstellen und Anlegen weiterer benutzerdefinierter Felder, Berichte oder Lizenzmetriken,
- Aktualisierung von Änderungen bei Erfassung von kaufmännischen Lizenznachweisen zur Steuerung von kostenstellenspezifischen Softwarelizenz-Pools,
- Anlegen und Freigeben von speziellen Suchverläufen bzw. -filtern, Zusammenstellung von herstellerspezifischen Berichten, Management- und Risikoanalysen usw. und deren Bereitstellung an vordefinierte Rollen oder Fachbereiche.

c) Durchführung von Testfällen:

- Verfahrensverantwortlicher benennt Testaufgaben und Testpersonen,
- Testdurchführung und Beobachtung durch die benannten Tester oder einzubeziehenden Systeme gemäß den Change-Management-Prozessvorgaben zur Durchführung und Überprüfung von z. B. neuen oder geänderten Konfigurationsparametern,
- „Defect"-Kontrolle und Problem-Management, bis die Tests in der Testumgebung erfolgreich durchgeführt werden können,
- Durchführung der Testfälle in der Referenzumgebung mit Rückmeldung zur „Defect"-Kontrolle und erforderliches Problem-Management,
- Umsetzung der Incident-, Problem-, Change-Management-Prozesse in Bezug auf die aufgetretenen „Defects",
- erneuter Testlauf und Abnahmetests in der Referenzumgebung,
- Umsetzung der erfolgreichen Konfigurations- und Parameteränderungen in die Produktivumgebung.

16.4.5 Organisatorisches Staging

Das organisatorische Staging verantwortet das Umsetzen von Anpassungen und Änderungen aus Sicht von erforderlichen Maßnahmen, die für den administrativen und fachlichen Betrieb des SAM-Tools und seiner Komponenten erforderlich sind. Auch hier werden die Änderungen zuerst in die Testumgebung eingespielt, um zu prüfen, ob die Änderungen die gewünschten Effekte abbilden. Bei Erfolg werden die Änderungen über die Change-Management-Prozesse erst in die Referenz- und abschließend qualitätsgesichert in die Produktivumgebung überführt.

Change-Management im organisatorischen Staging kann betreffen:

a) Serverseitig (SAM-Tool-Applikationsserver, SAM Inventory Server, SAM-SQL-Datenbanken):
   - Die Backup- und Restore-Zeitplanung (periodisch, Ad-hoc, Notfall),
   - eine erforderliche Festlegung weiterer Rollen oder Änderungen an den Standardberechtigungen der Rollen Lizenzadministrator, Lizenzviewer (für den SAM License Manager),
   - erforderliche Änderungen in den Rollen des Betriebsverantwortlichen bzw. des Verfahrensverantwortlichen.

b) Clientseitig (SAM-Tool Web-Oberfläche):
   - Änderungen von geplanten zeitlichen Perioden für zugeordnete Rollen, um darüber definierte Ergebnisberichte zu versenden bzw. auszuliefern,
   - inhaltliche Änderungen bzw. Ergänzungen von Zugriffsberechtigungen für festgelegte Rollen,
   - Änderungen von Verantwortlichkeiten beispielsweise gegenüber der Rolle Softwareproduktverantwortlicher,
   - Änderungen von Verantwortlichkeiten in Bezug auf die Pflege von Softwareverträgen, wie z. B. Wartungsverträge, Softwarelizenzdaten, Weiterverrechnungen, Kostenaufteilung etc.,
   - erforderliche bzw. notwendige Umsetzung der Durchführung von System- und inhaltlich-fachlichen Schulungen bzw. speziellen Trainingsmaßnahmen für Administratoren (auf technischer und fachlicher Ebene).

Um das eben Geschriebene über strukturierte und standardisierte Maßnahmen umzusetzen, braucht es einen abgestimmten einheitlichen Prozessablauf, wie er im folgenden Abschnitt beispielhaft dargestellt und beschrieben wird.

16.5 Umsetzung Staging-Prozess im Betrieb

In Bild 16.4 sind die erforderlichen Kommunikations- und Prozesswege für die Umsetzung des technischen, fachlichen und organisatorischen Change dargestellt. Wenn nach der Umsetzung des jeweiligen Change dann auch noch Abschnitt 16.8.1 „Aufbau und Gliederung der Testvorschrift“ Beachtung findet, ist Ihr Change-Management-Prozess für das Fachverfahren sehr gut aufgestellt.

Um Ihnen abschließend zu diesem Kapitelabschnitt noch zu zeigen, wie beispielsweise die in Abschnitt 16.4.4 „Fachliches Staging“ beschriebenen Aufgaben zwischen Verfahrensverantwortlichen und Betriebsverantwortlichen zugeordnet werden können, wird sicher die folgende Tabelle 16.2 mit der Verantwortungs- und Durchführungsmatrix für Sie von Interesse sein.

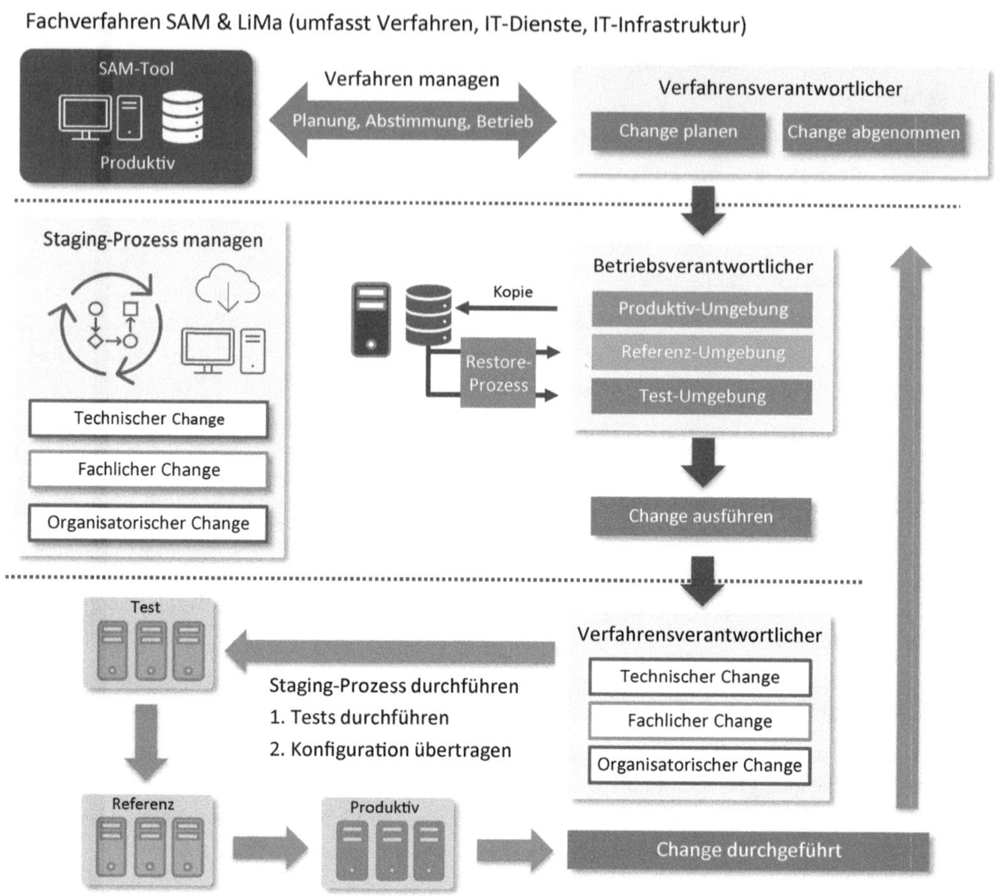

Bild 16.4 SAM-Tool-Staging-Verfahren, Kommunikationswege im Prozess

16.5.1 Beispiel einer Verantwortungsmatrix (fachliches Staging)

Die Aufstellung sollten Sie auch für die Aufgaben des technischen und organisatorischen Stagings mit umsetzen, aus Platzgründen habe ich das nur für das fachliche Staging dokumentiert.

In diesem Kapitelabschnitt hatte ich bereits in Zusammenhang mit den drei Staging-Umgebungen ausgeführt, dass nur die Produktivumgebung mit den zuliefernden Datenquellen, wie Scan-Agents, VMware (vCenter), Active Directory, ERP-Systeme, Dokumentenmanagement, SaaS-, Cloud- und andere Konnektoren, eingerichtet und angebunden wird. Im Endeffekt bedeutet das also, dass auch für die Anbindung dieser Schnittstellen und Datenquellen ein Konzept her muss, damit so etwas strukturiert und möglichst fehlerfrei angegangen und umgesetzt werden kann. Lesen Sie dazu mehr im folgenden Kapitelabschnitt.

Tabelle 16.2 Beispiel Staging-Prozess, Verantwortungs- und Durchführungsmatrix für das fachliche Staging

E – Entscheidungsverantwortung D – Durchführungsverantwortung A – Aktive Mitwirkung I – wird informiert	Betriebs-verantwortlicher	Verfahrens-verantwortlicher
Serverseitig (SAM-Tool-Applikationsserver administrieren)		
Angelegte Benutzer, Zugriffs- und Berechtigungsverwaltung	D	E
Erstellung und Anlegen weiterer erforderlicher Rollen im SAM-Tool	D	E
Änderungen an der im SAM-Tool abgebildeten Organisationsstruktur (für die Zuordnung von Lizenzkäufen wichtig)		D
Änderung und Verwalten von Konfigurationseinstellungen (z. B. Justierung der Parameter für den „Quarantäne-Status“ von Systemen		D
Erforderliche (aus dem Tagesgeschäft sich ergebende) Änderungen und Ergänzungen für die Zuordnung von Parametern zur korrekten Erkennung und Zuordnung von Softwareprodukten im Softwareartikelkatalog des Herstellers	D	E
Konfigurationsanpassungen in den jeweiligen Staging-Umgebungen, wie beispielsweise Einspielen eines neuen SAM-Tool-Lizenzkeys	D	I
Durchführung des Imports von Softwarelizenzdaten und Vertragsdaten beispielsweise über Excel-Templates		D
Clientseitig (SAM-Tool Web-Oberfläche)		
Umsetzung konfigurativer Änderungen für Berichte, Analysen, Dashboards	I	D
Erstellen und Anlegen weiterer benutzerdefinierter Felder, Berichte oder Lizenzmetriken	A	D
Aktualisierung von Änderungen bei Erfassung von kaufmännischen Lizenznachweisen zur Steuerung von kostenstellenspezifischen Softwarelizenz-Pools	I	D
Anlegen und Freigeben von speziellen Suchverläufen bzw. -filtern, Zusammenstellung von herstellerspezifischen Berichten, Management- und Risikoanalysen usw. und deren Bereitstellung an vordefinierte Rollen oder Fachbereiche		D
Durchführung von Test- und Testfällen		
Verfahrensverantwortlicher benennt Testaufgaben und Testpersonen	I	D
Testdurchführung und Beobachtung durch die benannten Tester oder einzubeziehende Systeme gemäß den Change-Management-Prozessvorgaben zur Durchführung von beispielsweise Konfigurationen	A	D
Defect-Kontrolle und Problem-Management, bis die Tests in der Testumgebung erfolgreich durchgeführt werden können	A	D
Durchführung der Testfälle in der Referenzumgebung mit Rückmeldung zur Defect-Kontrolle und erforderliches Problem-Management	A	D
Umsetzung der Incident-, Problem-, Change-Management-Prozesse in Bezug auf die aufgetretenen Defects	D	A
Erneuter Testlauf und Abnahmetests in der Referenzumgebung	A	D

16.6 Deployment-Konzept

Das Deployment-Konzept beschreibt die Vorgehensweise des Rollouts zur Umsetzung der in Betrieb zu nehmenden SAM-Tool Scan-Agents.

Voraussetzung

Grundlage für die Deployment-Strategie ist:

- Das erforderliche Rollenmodell für die Aufgaben des Verfahrens- und Betriebsverantwortlichen ist umgesetzt.
- Der Deployment-Prozess ist etabliert und wird gemäß der festgelegten Betriebsverantwortung durchgeführt.
- Der Change-Management-Prozess für die IT-Infrastruktur-Bausteine ist definiert und etabliert.

Abgrenzung

Die Deployment-Strategie sollte im Gesamtprojektkontext erstellt werden und erste grobe Festlegungen für die Umsetzung innerhalb des eigenen Campus – für eine Erstinbetriebnahme des Startsystems – beschreiben. Wenn dieser Projektabschnitt erfolgreich abgeschlossen werden konnte, sollten Sie dann (falls bei Ihnen gegeben) die weiteren Prozesse, Rollen und Maßnahmen beschreiben, um zusätzliche Tochtergesellschaften oder Mandanten anzubinden und zu integrieren. Im Zuge dessen sind dann die zuzuordnenden IT-Servicebausteine und -Prozesse durch die verantwortlichen Fachbereiche weiter zu detaillieren. Sie könnten das dann beispielsweise wie folgt unterteilen:

- *Erster Abschnitt:* Deployment-Strategie für den eigenen Campus ohne Schnittstellenbetrachtung zu Kundendomänen und ggf. Dritten.
- *Zweiter Abschnitt:* Deployment-Strategie für Kundendomänen – betrachtet werden dann auch Schnittstellen vom bzw. zum eigenen Campus und ggf. Dritten.

Die Deployment-Strategie sollte das empfohlene Rollout für die Installation der SAM Scan-Agents auf einer groben Ebene beschreiben. Eine erforderliche Detailplanung (was, wann, in welchem Umfang) obliegt dann den verantwortlichen durchführenden Fachbereichen.

Scoping

In der aufzubauenden Umgebung werden die festgelegten Daten (Hard- und Software, Benutzer) von Clients und Servern sowie von Oracle-Datenbankinstallationen erhoben. Über eine umzusetzende Stufigkeit in den Umgebungen werden sukzessive alle physischen und virtuellen eigenen Campus-Systeme sowie die im Rahmen von Services für die Kunden bereitgestellten und betriebenen Systeme mit einbezogen.

Das sind:

- Pool-Geräte (Laptops, Arbeitsplatz-PCs)
- Sonderarbeitsplätze, die sich nicht standardmäßig im Unternehmensnetz befinden

Nicht mit einbezogen werden vorerst:

- fest installierte Work-at-Home-Geräte,
- Systeme zur Zugangskontrolle,
- Systeme für TK-Anwendungen,
- Netzwerkfähige Drucker und Kopiersysteme,
- mobile Devices,
- aktive Netzwerkkomponenten.

16.6.1 Deployment-Rollout-Prozess

Das Deployment und der Rollout der SAM Scan-Agents erfolgt in drei Stufen. Im Vorfeld zu jeder Stufe wird den benannten Testpersonen (und deren Systemen) dann der jeweils aktuell freigegebene SAM Scan-Agent installiert. Innerhalb eines vom Deployment-Prozess festgelegten Zeitraums werden mögliche auftretende Defects dokumentiert, bewertet und über den Problem-Management-Prozess einer Lösung zugeführt. Nach den erfolgten Korrekturen bzw. Anpassungen des bereitzustellenden SAM Scan-Agent-Softwarepakets und einem abschließenden Testergebnis kann die Freigabe für die nachfolgende Rollout-Stufe erfolgen. Im Bild 16.5 wird der empfohlene Deployment-Rollout-Prozess abgebildet, gesteuert wird dieser von den dafür zuständigen Fachbereichen und seinen Betriebsverantwortlichen.

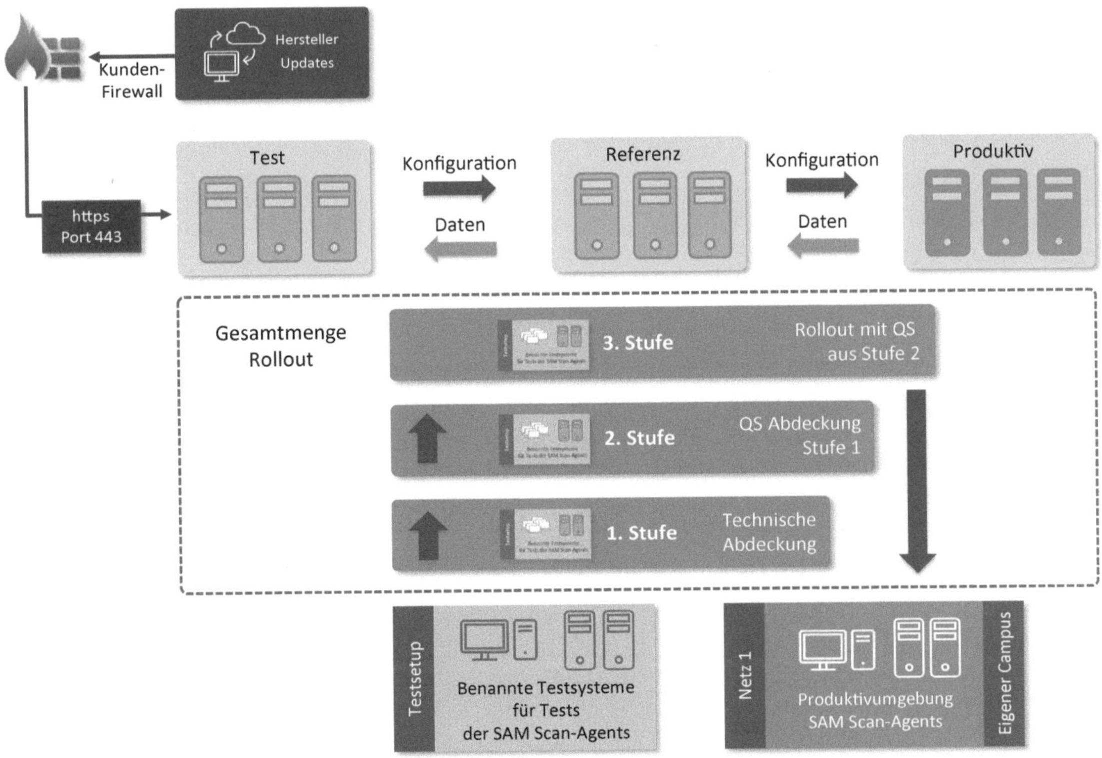

Bild 16.5 Deployment-Rollout-Prozess für SAM Scan-Agents-Rollout

Der Deployment-Rollout-Prozess stützt sich dabei auf die Service-Operation-Prozesse:

- Incident Management (Störungsmanagement),
- Problem Management (Problemmanagement),
- Change-Management (Änderungsmanagement),
- Configuration Management (Versionsmanagement),
- Release Management (Konfigurationsmanagement).

Der umzusetzende Rollout-Ablauf über insgesamt drei Stufen soll wie folgt umgesetzt werden:

1. Stufe:

a) SAM Scan-Agent-Rollout erfolgt auf den benannten Testsystemen aus den für die 1. Stufe vorgesehenen Fachbereichen.

b) Es erfolgt ein Monitoring und permanentes Fehlertracking mit Dokumentation der erstellten Defects über einen Zeitraum von zwei Wochen.

c) Sind Defects- und Problemtickets abgearbeitet, kann die Freigabe zum kompletten Rollout der benannten Fachbereiche erfolgen.

2. Stufe:

a) SAM Scan-Agent-Rollout erfolgt auf weiteren benannten Testsystemen aus weiteren für die 1. Stufe vorgesehenen Fachbereichen.

b) Es erfolgt ein Monitoring und permanentes Fehlertracking mit Dokumentation von erstellten Defects über den Zeitraum von zwei Wochen.

c) Sind Defects- und Problemtickets abgearbeitet, kann die Freigabe zum kompletten Rollout der benannten weiteren Fachbereiche erfolgen.

3. Stufe:

a) SAM Scan-Agent-Rollout erfolgt auf benannten Test-Systemen (Server Windows, Linux, Oracle).

b) Es erfolgt ein Monitoring und permanentes Fehlertracking mit Dokumentation der erstellten Defects über einen Zeitraum von zwei Wochen.

c) Sind Defects- und Problemtickets abgearbeitet, kann die Freigabe zum weiteren Rollout auf Serversysteme der noch verbleibenden Fachbereiche im Campus erfolgen.

d) SAM Scan-Agent-Rollout erfolgt auf der Terminal-Server-Umgebung (Citrix Farm).

Nachdem die 3. Stufe erfolgreich durchgelaufen ist, erfolgt ein Fehlertracking und Qualitätsmanagement der angelieferten Scandaten über einen Abgleich mit den von Fachbereichen zur Verfügung gestellten „Soll"-Listen (oftmals ein Datenauszug aus einem CMDB-System). Bild 16.6 zeigt die umzusetzenden Arbeitspakete mit den Hauptaktivitäten in einem groben Zeitplan. Die Periodizität zwischen den einzelnen Abschnitten ist als Empfehlung zu verstehen und muss ggf. mit den Verfahrens- und Betriebsverantwortlichen detailliert abgestimmt werden.

Der Prozessablauf unterteilt sich in insgesamt sechs Schritte:

- Die erforderlichen SAM Scan-Agent-Software-Sourcen werden vom Hersteller mit der Installationsdokumentation dem Betriebsverantwortlichen bereitgestellt.
- Der Verfahrensverantwortliche benennt das Testfeld mit den Testpersonen in den vorausgewählten Fachbereichen (Schritt 1).

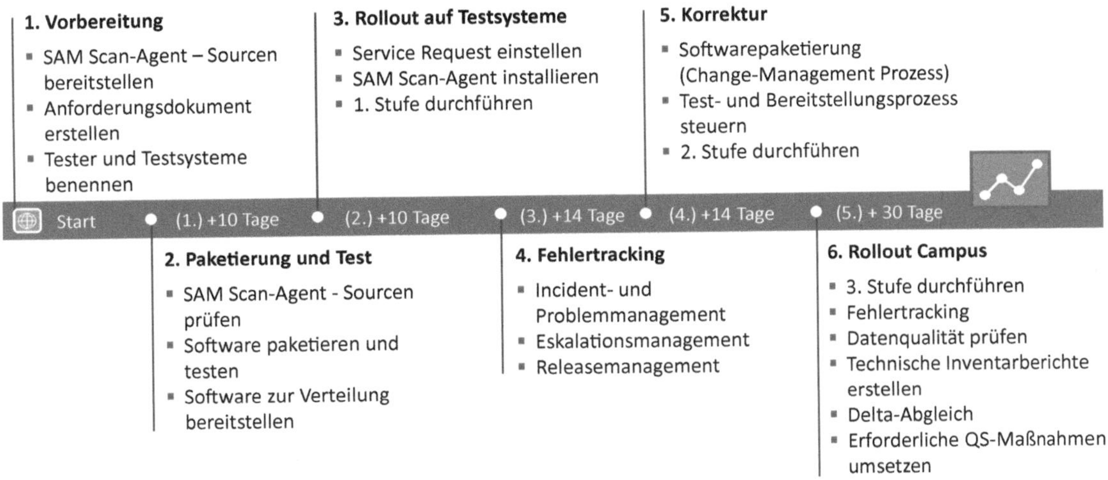

Bild 16.6 Deployment-Rollout-Prozess, Zeitplan für die SAM Scan-Agent-Installation

- In Abstimmung mit dem Betriebsverantwortlichen erstellt der dafür zuständige Fachbereich die Versionen der Softwarepakete und Installationsscripte für die jeweiligen Plattformen, testet und stellt diese dann über die Softwareverteilung bereit (Schritt 2).
- Für den Start des ersten Rollouts wird ein Service Request an den ausführenden Fachbereich (IT-Infrastruktur) übermittelt (Schritt 3).
- Nach dem erfolgten Rollout (Schritt 3) folgt (Schritt 4), es beginnt die Testdurchführung und Beobachtung durch die benannten Testpersonen auf den ausgewählten Testsystemen, mit Rückmeldung zum Fehlertracking über die Defect- und Problem-Management-Prozesse.
- Die gemeldeten Defects werden zur Korrektur und Umsetzung einer Lösung über das Problem- und Change-Management an die Softwarepaketierung übermittelt und über einen weiteren Testlauf erneut dem Softwareverteilungsprozess bereitgestellt (Schritt 5).
- Sind die korrigierten bzw. angepassten Softwarepakete des SAM Scan-Agents fehlerfrei, können die weiteren Systeme über die 3. Stufe im gesamten Campus ausgerollt und installiert werden (Schritt 6).

Zu den bisher vorgestellten Vorgehensweisen und Abläufen sollte auch zwischen den beteiligten Fachbereichen ein gemeinsamer Konsens herrschen, wie und wer in der Prozesskommunikation zum Deployment des Rollouts des SAM Scan-Agents anzusprechen bzw. mit einzubinden ist. Lesen Sie dazu im folgenden Abschnitt mehr.

16.6.2 Deployment-Rollout-Prozesskommunikation

Die oberste Prämisse lautet: Der Verfahrensverantwortliche verantwortet seine für den Verfahrensbetrieb erforderlichen Softwarekomponenten und hat hierfür die Standard-Prozesskommunikationswege einzuhalten. Damit das etwas verständlicher wird, zeigt Bild 16.7, wie die Kommunikationswege zwischen dem Verfahrens- und dem Betriebsverantwortlichen zur Durchführung des Rollouts ablaufen (sollten).

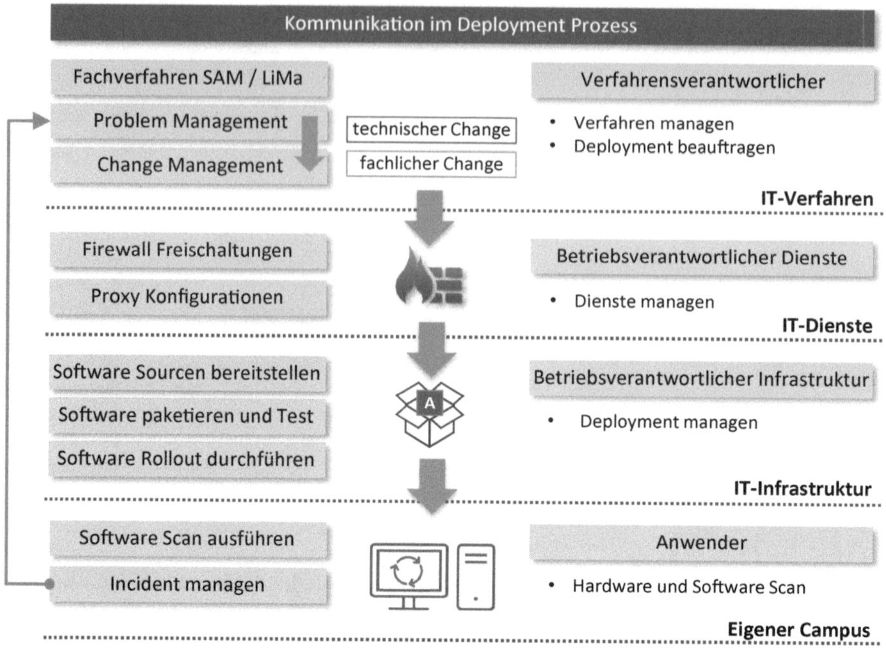

Bild 16.7 Deployment-Rollout-Prozess Kommunikationsablauf

Die Umsetzung des Rollouts des SAM Scan-Agents erfordert außerdem auch verschiedene gebündelte und abgestimmte Services der IT-Dienste und der IT-Infrastruktur. So sind beispielsweise die erforderlichen Infrastrukturservices und -bausteine mit der dafür zuständigen Serviceverantwortung in den Deployment-Rollout-Prozess mit einzubeziehen.

Infrastrukturservices

- Infrastrukturdienste Betriebssysteme Windows, Linux, UNIX
- Infrastrukturdienste Softwarebereitstellung und Paketierung
- Infrastrukturservice Netze
- Betrieb Fachverfahren

Infrastrukturbausteine

- Client Hardware
- Server Hardware
- Cloud
- Router/Firewalls

Verantwortlichkeiten

Die Abgrenzung zwischen der fachlichen Verantwortung für die Applikationsumgebung (SAM-Tool und seine Softwarekomponenten) und hier für den SAM Scan-Agent muss zwischen den zuständigen Fachbereichen und deren Betriebsverantwortlichen erfolgen. Der Verfahrensverantwortliche hat die für sein Fachverfahren erforderlichen Vorgaben zu Umfang und Durchführung des Deployments für den Rollout zu erstellen und zu überwachen. Ebenso hat der Verfahrensverantwortliche die Aufgabe, im Vorfeld Testpersonen aus den für die jeweiligen „Vor"-Rollouts ausgewählten Fachbereichen zu benennen, damit so eine geführte erste Überprüfung des Scan-Rollouts mit seinen möglichen technischen und fachlichen Auswirkungen erfolgen kann. Diese Liste der Ansprechpartner (Testpersonen) und deren Systeme ist dem für das technische Rollout zuständigen Fachbereich rechtzeitig bekanntzugeben.

16.6.3 Ablaufmatrix Prozesskommunikation

Tabelle 16.3 Zuordnung der Aufgaben und Aktivitäten mit Durchführungsverantwortung im Deployment-Rollout-Prozess

E – Entscheidungsverantwortung D – Durchführungsverantwortung A – Aktive Mitwirkung I – wird informiert	Betriebsverantwortlicher	Verfahrensverantwortlicher
Bereitstellung der erforderlichen SAM Scan-Agent-Software-Sourcen vom Hersteller mit Installationsdokumentation	I	D
Testfeld und Testpersonen in den vorausgewählten Fachbereichen benennen	I	D
Softwarepakete und Installationsskripte erstellen und testen	D	I
Service Request an den ausführenden Fachbereich übermitteln	I	D
Testdurchführung auf den ausgewählten Testsystemen mit Fehlertracking über die Defect- und Problem-Management-Prozesse	A	D
Defects werden über das Problem- und Change-Management bearbeitet	D	I
Softwarepakete des SAM Scan-Agents werden erneut getestet und installiert	D	A
Softwarepakete des SAM Scan-Agents sind fehlerfrei, weitere Systeme können ausgerollt und installiert werden	D	I

Mit der Aufstellung und Zuordnung der Aufgaben und Aktivitäten in der Ablaufmatrix zur Prozesskommunikation zwischen den einzubeziehenden und beteiligten Fachbereichen beende ich diesen Kapitelabschnitt über das Deployment-Konzept und möchte im folgenden Abschnitt noch etwas auf ein „Betriebsführungskonzept" eingehen.

16.7 Betriebsführungskonzept

Der Titel „Betriebsführungskonzept“ klingt in der Tat etwas sperrig. Im Grunde kann es aber auch mit „Bedienungskonzept oder -anleitung“ übersetzt werden. Gegenüber diesen - im Alltag allgegenwärtig zu findenden - Bedienungsanleitungen (mal gut, mal weniger gut) sind im Betriebsführungskonzept allerdings etwas andere inhaltliche Aspekte zu finden.

Man könnte es auch ungefähr so formulieren:

> *In einem Betriebsführungskonzept werden - in eine Servicestruktur eingebettet - alle erforderlichen IT-Prozesse beschrieben und dokumentiert, die über die bestehende Systemarchitektur und deren Systemanforderungen für das Betreiben eines Fachverfahrens in der IT-Infrastruktur erforderlich sind.*

Üblicherweise geht aus einem Betriebsführungskonzept das Betriebshandbuch (BHB) hervor, in dem die umzusetzenden und durchzuführenden operativen Prozesse für den Betrieb des Fachverfahrens erstellt und dokumentiert werden. So u. a. ganz wichtige wie das Vorgehen für den fachlichen (nicht technischen) Backup- und Restore-Prozess, um beispielsweise die Produktiv-Datenbank mit allem, was dazugehört, zu kopieren (siehe Bild 16.4 „SAM-Tool-Staging-Verfahren, Kommunikationswege im Prozess“) und in die Referenz- bzw. Testumgebung zu transportieren. Hierzu gehört dann auch, dass alle Zugriffsberechtigungen und z. B. auch Passwörter und Rollenzuordnungen exakt mit zurückkopiert werden.

Ein BHB beschreibt z. B. detailliert:

- IT-Services und -Bausteine für erforderliche Hardware-, Software- oder Infrastrukturkomponenten
- Eine konkrete Rollenbesetzung zu den Aufgaben und Aktivitäten im Servicebetrieb, wie Administratoren oder Verfahrens- und Betriebsverantwortliche
- Erforderliche operative Prozesse - also die Aufstellung der Aufgaben und Aktivitäten an den IT-Service-Erbringer

Als Grundlage für die Erstellung eines Betriebsführungskonzepts sollten die dafür zu verwendenden Unterlagen bzw. bestimmten Dokumente explizit genannt werden.

Das könnten sein:

- ITIL - das Prozessmodell in der Version V2 oder V3,
- das anzuwendende definierte Rollenmodell des Unternehmens,
- Dokumente, die Service-Level-Bausteine definieren und beschreiben,
- organisatorische Schnittstellen und Verantwortlichkeiten zwischen Auftraggeber und internen oder externen Serviceerbringern.

Aufgabenstellung: Das BFK soll das Fachverfahren SAM/LiMa in einer groben Version mit den erforderlichen betrieblichen Prozessen und Schnittstellen innerhalb des Unternehmens und erste Festlegungen der Verantwortlichkeiten für die Prozesse und Services beschreiben.

Das Betriebsführungskonzept muss nicht zwingend vor Projektbeginn bereits vollumfänglich auf dem Tisch liegen, es ist eher von Vorteil, auch dieses im Projektkontext mit zu erstellen, und es ist auch zu empfehlen, dass Auftraggeber und Serviceerbringer (Fachbereiche oder auch der Hersteller/Dienstleister bzw. Implementierungspartner) gemeinsam das Konzept erstellen, damit die Testphase und Abnahmen der Erstinbetriebnahme des Startsystems dann einfacher umzusetzen sind (letzter Kapitelabschnitt). Ein beispielhaftes Inhaltsverzeichnis, aus dem ich auszugsweise **zwei Elemente** herausgreife und beschreibe, sehen Sie hier.

16.7.1 Inhaltsstruktur eines BFK (Beispiel)

Ein komplettes BFK umfassend zu beschreiben, würde die Seitenanzahl beträchtlich nach oben schrauben. Im Web finden sich aber auch genügend Beispiele, wo Sie sich gerne weiter informieren können. Ein Standard wäre beispielsweise das V-Modell XT des Bundes.[3]

1. Allgemeine Festlegungen
    - 1.1 Dokumentationshinweise
2. Übersicht
    - 2.1 Verfahrenszweck
        - 2.1.1 Abgrenzung
    - 2.2 Methodik und Definitionen
3. Domänen
    - 3.1 Kundendomänen
    - **3.2 Anbieterdomänen**
        - 3.2.1 Serviceanbieter (Auftraggeber)
        - 3.2.2 Servicebereitsteller (Auftragnehmer)
    - **3.3 Organisatorische Schnittstellen (Domänen)**
4. Prozesse
5. Rollenmodell
    - 5.1 Rollenmodellierung
        - 5.1.1 Rollen organisatorisch Serviceanbieter
        - 5.1.2 Rollen Anwender
        - 5.1.3 Rollen Fachverfahren SAM/LiMa
        - 5.1.4 Rollen organisatorisch Auftragnehmer
        - 5.1.5 Rollen Betrieb Auftragnehmer
6. Service Management
    - 6.1 Vereinbarungen
        - 6.1.1 Service Level Agreements (SLAs)
        - 6.1.2 Form der Störungsmeldung
        - 6.1.3 Operational Level Agreements (OLAs)
7. Komponenten Betriebsführung
    - 7.1 Erforderliche Infrastrukturservices
    - 7.2 Erforderliche Softwarekomponenten
    - 7.3 Erforderliche Infrastrukturbausteine

---

[3] *https://www.itzbund.de/DE/Produkte/V-Modell-XT/v-modell-xt_node.html*

8. Betriebsführungsmatrix: für Zuordnung der Aufgaben und Verantwortungen zu Infrastruktur, IT-Services, Datenbanken, Fach-(Verfahrensverantwortlicher)
   8.1 Verantwortlichkeiten Verfahrensadministration
   8.2 Rollenzuordnungen
      8.2.1 Service Support Auftraggeber
      8.2.2 Service Support Auftragnehmer
      8.2.3 Service Operation Auftraggeber
      8.2.4 Service Operation Auftragnehmer
      8.2.5 Service Delivery Auftraggeber
      8.2.6 Service Delivery Auftragnehmer
9. Anhang
   9.1 Abkürzungsverzeichnis
   9.2 Anlagenverzeichnis

Je nach Detaillierungsgrad der ausgestalteten inhaltlichen Aspekte kann ein solches Betriebsführungskonzept einen erheblichen Seitenumfang erreichen. Wegen der wichtigen inhaltlichen Bedeutung gebe ich Ihnen hier noch ein beispielhaftes Tabellenverzeichnis mit an die Hand, welches die zu beachtenden fachlichen und organisatorischen Punkte aufzeigt.

Tabellenverzeichnis Betriebsführungskonzept (BSK)
Tabelle 1: Informationen zur Dokumentenlenkung
Tabelle 2: Rollen IT-Verfahren LiMa
Tabelle 3: Rollen organisatorisch Auftragnehmer
Tabelle 4: Rollen Service Operation Auftragnehmer
Tabelle 5: Rollen Service Support Auftragnehmer
Tabelle 6: SLAs – über zu vereinbarende inhaltliche Punkte
Tabelle 7: Reaktions- und Wiederherstellungszeiten Auftragnehmer
Tabelle 8: Servicezeiten Auftragnehmer
Tabelle 9: Zuordnung Teilleistungen (OLAs) der beteiligten Fachbereiche
Tabelle 10: Zuordnung erforderliche Infrastrukturservices mit Serviceverantwortung
Tabelle 11: Zuordnung Verantwortlichkeiten Softwarekomponenten Fachverfahren SAM/LiMa
Tabelle 12: Zuordnung Verantwortlichkeiten für die Infrastrukturbausteine
Tabelle 13: Betriebsführungsmatrix
Tabelle 14: Zuordnung Administration Objekte und Verantwortlichkeiten
Tabelle 15: Zuordnung Rollen Service Support Auftraggeber
Tabelle 16: Zuordnung Rollen Service Support Auftragnehmer
Tabelle 17: Zuordnung Rollen Service Operation Auftraggeber
Tabelle 18: Zuordnung Rollen Service Operation Auftragnehmer
Tabelle 19: Zuordnung Rollen Service Delivery Auftraggeber
Tabelle 20: Zuordnung Rollen Service Delivery Auftragnehmer

In den folgenden Abschnitten werde ich aus dem beispielhaften Inhaltsverzeichnis ein paar Aspekte herausgreifen und zur leichteren Einordnung und Verwendung beschreiben.

16.7.2 Domäne, Rolle, Prozess

Eine Domäne definiert hierbei das hierarchische Gerüst der Aufbauorganisation und stellt die allgemeinste organisatorische Einheit und den Verantwortungsbereich der am jeweiligen Geschäftsprozess Beteiligten dar. Ebenso wird mit einer Domäne auch der Verantwortungsbereich der betriebsausführenden Organisationseinheit mit den definierten und zugeordneten Verantwortlichkeiten für die durchzuführenden IT-Maßnahmen beschrieben.

Hierbei werden zwei Typen von Domänen definiert:

- Die Unternehmens-(Kunden-)Domäne, die abstrakt
  - die Geschäftsprozessebene durch den „Auftraggeber" und
  - die operative Ebene durch den „Servicekonsumenten" beschreibt.
- Die Anbieterdomäne, die abstrakt
  - die Geschäftsprozessebene durch den Servicebereitsteller (Auftragnehmer) - hier in diesem Kontext das SAM-Tool - implementiert und damit bereitstellt und
  - die operative Ebene durch den Serviceanbieter (Auftraggeber) - der aber auch wiederum selbst „Servicebereitsteller" für seine (Fachbereiche, Endanwender) Servicekonsumenten ist - beschreibt.

Rollenstruktur

Die Rolle stellt die kleinste organisatorische Einheit dar. Dieser werden Funktionen, Aufgaben und Verantwortlichkeiten zugeordnet und zusammengefasst, um diese dann entsprechenden Personen in einem der beiden Domänentypen zuzuordnen.

Prozessunterstützung

Unterstützende Prozesse sind üblicherweise strukturierte Teilabläufe, um z. B. Verantwortlichkeiten, Berechtigungen, Schnittstellen unterhalb der Geschäftsprozessebene zu regeln und um den Betrieb eines Fachverfahrens zu beschreiben. In einem ersten Schritt sind die Verantwortungsbereiche der an dem Fachverfahren zu beteiligenden (fachlichen) Geschäftsprozesse nach Domänen und Rollen sowie den erforderlichen Unterstützungsprozessen zu strukturieren. Beispielhaft beschreibe ich das nachfolgend an der „Anbieterdomäne".

16.7.3 Anbieterdomäne Servicebereitsteller

Der Auftragnehmer ist für die Bereitstellung und Weiterentwicklung der für das Fachverfahren SAM/LiMa erforderlichen Softwaremodule und -komponenten verantwortlich und implementiert das definierte Startsystem. Nach der Abnahme und Erstinbetriebnahme des Startsystems unterstützt der Auftragnehmer den weiteren Betrieb des Fachverfahrens über die vereinbarten Service-Level-Stufen. In nachfolgenden Abschnitten wird gemeinsam mit dem Auftraggeber (Serviceanbieter) die Weiterentwicklung des Systems und der Ausbau des Fachverfahrens geplant und umgesetzt.

Serviceaufgaben

- Lieferung und Implementierung der Module und Komponenten für die Erstinbetriebnahme des Startsystems,
- Unterstützung bei der Weiterentwicklung und dem Ausbau des Fachverfahrens, wie z. B. die Anbindung von Mobile Devices sowie weiterer Schnittstellen oder Drittsysteme und Prozesse,
- Unterstützung bei der Recherche und Aufbereitung zur Erfassung von Softwarelizenznachweisen und Softwareverträgen zuvor benannter Softwarehersteller (z. B. Microsoft, Oracle),
- Bereitstellung von (über den SAM Scan-Agent) automatisiert erfassbaren Hard- und Softwareprodukten,
- Erfassung und Verarbeitung der kaufmännischen Softwarelizenznachweise und weiterer Vertragsdaten,
- Bereitstellung eines regelmäßigen Compliance-Statusberichts für zuvor benannte Hersteller mit definierten Softwareprodukten und deren wirtschaftliche Risikobewertung,
- Übermittlung von Berichten zur Warnung bei Nichteinhaltung der Compliance mit Handlungsempfehlungen an das Lizenzmanagement-Team.

Servicebausteine

- Initiale Implementierung, Bereitstellung aller erforderlichen Komponenten für die Erstinbetriebnahme des produktiven Startsystems,
- Abnahme zur Herbeiführung der Betriebsbereitschaft des Fachverfahrens gemäß den vereinbarten und geplanten Projektmeilensteinen.

Systemservice

Unterstützung und Erbringung von Serviceleistungen (wie Inventarisierung und Normalisierung von automatisch erfassbaren Softwareprodukten, Bereitstellung rollenspezifischer Berichte und Analysen), um den Betrieb des Fachverfahrens SAM/LiMa zu gewährleisten.

Weiterentwicklung der Lösung

Bereitstellung von Beratungsleistungen zur Anpassung und Einbindung der erforderlichen Prozesse und Schnittstellen von und zum Software-Life-Cycle-Prozess sowie weiterer damit zusammenhängender Serviceprozesse.

16.7.4 Anbieterdomäne Serviceanbieter

Der Serviceanbieter ist meistens der Hauptverantwortliche, um für den Betrieb des Fachverfahrens die erforderlichen Software- und Infrastrukturkomponenten bereitzustellen.

Serviceaufgaben

- Umsetzung der Vorgaben (auch vom Hersteller) und Aufgaben des IT-Architekturboards für den Betrieb des Fachverfahrens,
- Bereitstellung und Betrieb einheitlicher Prozesse und Werkzeuge zur Verwaltung der verfahrensunabhängigen Softwarelizenzen (also beispielsweise Microsoft-SQL-Server-Lizenzen),
- Unterstützung des wirtschaftlichen Softwareeinsatzes bei der Sicherstellung der Compliance gegenüber den Herstellern (also hier das funktionsfähige SAM-Tool),
- stufenweise Anbindungen weiterer Kundendomänen (Mandantenausbau).

Servicebausteine

- Bereitstellung und Betrieb des Anforderungsmanagements,
- bedarfsgerechte standardisierte Bereitstellung von Softwarelizenzen und deren Verwaltung,
- Bereitstellung und Betrieb des Beschaffungsmanagements,
- Unterstützung zur wirtschaftlichen und transparenten Beschaffung von Softwareprodukten mit zentraler Verwaltung der Softwarelizenznachweise und Wartungsverträge (beispielsweise über die Bereitstellung von Berichten zu bestimmten Herstellerprodukten über das SAM-Tool an den Einkauf),

Verwendung und Betrieb

Sicherstellung des wirtschaftlichen und lizenzkonformen Einsatzes des aktiven technischen und kaufmännischen Datenbestands für die anfordernden Geschäftsprozesse (beispielsweise über einen Risikobericht zur Unterlizenzierung an das Management).

Berichtsmanagement

Gemäß vereinbarter Service Levels erfolgt die Auswertung und Bereitstellung von rollenspezifischen Berichten und Analysen von definierten Ergebnistypen innerhalb der aufgestellten Zeiträume.

Im nächsten Abschnitt sehen Sie beispielhaft den Aufbau und das Zusammenwirken der organisatorischen Schnittstellen innerhalb der Anbieterdomäne zwischen Auftraggeber (Serviceanbieter) und Auftragnehmer (Servicebereitsteller).

16.7.5 Organisatorische Schnittstellen (Domänen)

Der Betrieb des Fachverfahrens wird über definierte Schnittstellen zwischen dem Serviceanbieter und dem Servicebereitsteller (Auftragnehmer und SAM-Tool-Implementierer) sichergestellt. Die jeweiligen Verantwortungsbereiche und Rollen werden über entsprechende Service Level Agreements (Servicezeiten, Service Desk, Reaktions- und Wiederherstellungszeiten usw.) festgelegt. Bild 16.8 stellt das auf einer groben Ebene dar.

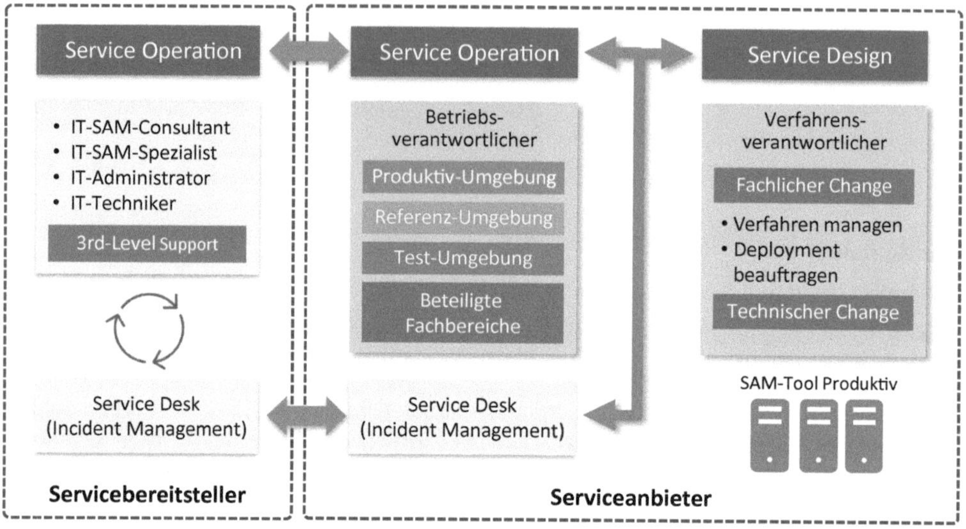

Bild 16.8 Kommunikationsfluss zwischen Servicebereitsteller (AN) und Serviceanbieter (AG)

Service Operation

Service Operation umfasst alle Aktivitäten und erforderlichen Maßnahmen wie z. B. die Bereitstellung der Systeme, die Definition der Administrationsaufgaben und Systemanalysen, die für die Bereitstellung und Instandhaltung der IT-Infrastruktur erforderlich sind.

Unter Service Operation werden nach ITIL folgende Managementtypen subsummiert:

- *Prozesse:*
  - Request Fulfilment
  - Event Management
  - Incident Management
  - Problem Management
  - Access Management
- *Funktionen:*
  - IT-Betriebsmanagement
  - **Service Desk**
  - Technisches Management
  - Anwendungsmanagement

Der ITIL-Prozess Service Design umfasst die in der folgenden Aufzählung aufgeführten Hauptprozesse. Zu einigen habe ich in Bezug auf unser SAM-Tool-Implementierungsprojekt - zum Prozessziel - Ergänzungen formuliert.

Service Design

- Design-Koordinierung
  Prozessziel: Der Verfahrensverantwortliche für das Fachverfahren hat die Aufgabe, alle damit in Verbindung stehenden Aktivitäten, die einzubeziehenden Prozesse und Ressourcen im Zusammenhang mit dem Design neuer bzw. zu ändernder Services zu koordinieren. Dabei ist über den fachlichen oder technischen Change zu gewährleisten, dass neue oder geänderte IT-Services konsistent und effektiv die weitere Bereitstellung des Services (SAM-Tool) unter Berücksichtigung der vereinbarten KVPs und deren KPIs sicherstellen.
- Service Catalogue Management (SCM)
- Service Level Management (SLM)
- Risikomanagement
- Capacity Management
- Availability Management
  Prozessziel: Der Verfahrensverantwortliche stellt in Zusammenarbeit mit dem Betriebsverantwortlichen sicher, dass Faktoren und Aktivitäten analysiert werden, um Maßnahmen zu planen, um die Verfügbarkeit der IT-Services wesentlich zu erhöhen und qualitativ verbessern zu können.
- IT Service Continuity Management (ITSCM)
- Information Security Management
- Compliance Management
  Prozessziel: Stellt sicher, dass die bereitzustellenden IT-Services, Prozesse und Systeme mit den Unternehmensrichtlinien und gesetzlichen Bestimmungen konform gehen - in unserem Fall, dass mit der Einführung und dem Servicebetrieb des SAM-Tools eine lizenzkonforme Nutzung aller aktiven Softwareassets gegenüber Hersteller und Gesetz (Urheberrecht) eingehalten wird.
- Architecture Management
  Prozessziel: (Als Verfahrensverantwortlicher) über geeignete Vorhaben die mittel- und langfristige Weiterentwicklung der Technologielandschaft in Verbindung mit der Bereitstellung und dem Betrieb des SAM-Tools zu planen und über geeignete Maßnahmen - die die Servicestrategie und innovative Technologien mit einbeziehen - umzusetzen.
- Supplier Management

Das Bild 16.9 fasst das eben Gesagte noch einmal visuell zusammen.

Mit diesen Kapitelabschnitten habe ich Ihnen (hoffentlich) einen grundlegenden Überblick über die - bei einer zu planenden SAM-Tool-Implementierung - bedeutsamen Aspekte aufzeigen können. Wenn der Implementierungsstatus soweit ist, die Tests und ihre Durchführung für die Abnahmespezifikation zu planen und umzusetzen, haben Sie einen umfangreichen und auch teilweise sehr komplexen Implementierungspart des SAM-Tools umgesetzt. Um den nächsten Schritt zum Meilenstein „Erstinbetriebnahme des Startsystems" zu machen, gilt es jetzt, die Testphase zu organisieren und durchzuführen.

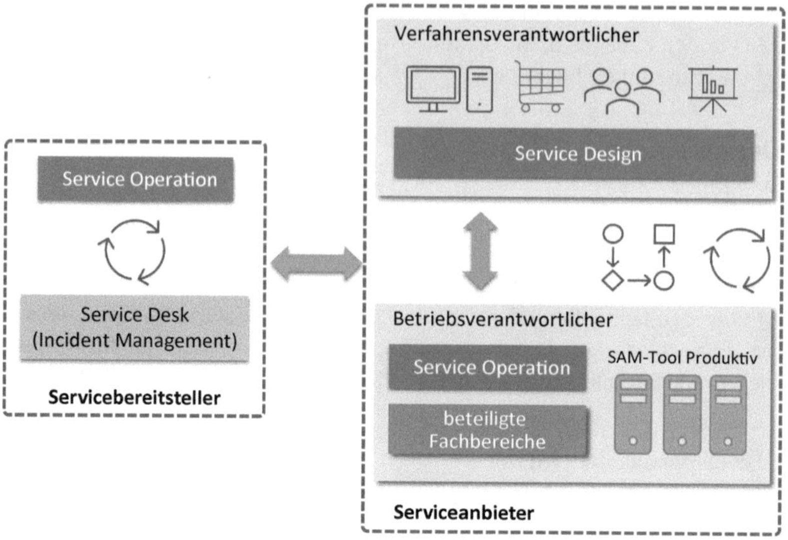

Bild 16.9 Wechselbeziehung Servicebereitsteller und Serviceanbieter

16.8 Die Testphase organisieren

Betrachten wir einen wichtigen Teilabschnitt, die Pilotphase und die darin enthaltenen Arbeitspakete zum Aufbau der notwendigen Testumgebung. Je nach Größe des Projekts können die Pilotphasenplanung und die damit einhergehenden durchzuführenden Tests einen erheblichen Umfang annehmen. So ist es nicht allein damit getan, Testpersonen festzulegen und diese einen hoffentlich vorher erstellten Testplan mit entsprechenden Aufgaben abarbeiten zu lassen, sondern der erforderliche Testablauf sollte auf die jeweiligen Entwicklungsabschnitte und Phasen abgestimmt sein. Das Testen der zu implementierenden und zu entwickelnden SAM-Lösung ist eine sehr wichtige Qualitätssicherungsmaßnahme, der Testprozess daher ein Bestandteil des (übergeordneten) Projektplans.

Dieser gliedert sich in mindestens drei Abschnitte mit weiteren Unterabschnitten:

- Die **Testplanung** setzt sich zusammen aus:
  - Testvorschrift
  - Testplan
  - Strukturierung der Testprozesse
- Die **Testdurchführung** bestehend aus:
  - Positivtest
  - Negativtest (Fehlervermeidung)
  - Gebrauchstauglichkeitstest

- Informationsdarstellung
- Benutzerführung
- Dialoggestaltung
- Sachliche und logische Richtigkeit

- Die **Testdokumentation** und das **Reporting** setzen sich zusammen aus:
  - Testbericht
  - Abschlussbericht

Für die im Abschnitt Testdurchführung enthaltenen Unterabschnitte gibt es jeweils eine weitere Unterteilung in:

- Einzeltest
- Integrationstest
- Systemtest
- Abnahmetest

Bei kleineren Projekten können Sie sich (optional) an den im Folgenden beschriebenen Normen und Standards orientieren. In größeren, vielleicht sogar international aufgestellten Projekten ist es allerdings empfehlenswert, sich aufgrund des erhöhten Kommunikationsbedarfs an den Normen von SOX[4] oder ANSI bzw. IEEE auszurichten. Das erleichtert Ihnen die Qualitätskontrolle und das Einhalten der gesetzlichen Bestimmungen.

Operational Testing der SOX-Konformität bedeutet:

- Dokumentierte und kommentierte Testpläne für SOX
- Vorlagen für die notwendigen Nachweise für SOX
- Dokumentierte Ablagestruktur der Nachweise
- Dokumentierte Testergebnisse (inkl. Testfallbeschreibung) für SOX
- Die gefundenen Fehler und deren Bereinigung müssen dokumentiert werden.
- Bericht über das Ergebnis des Operational Testing der SOX-Konformität
- Jede IT-Anwendung muss vor Inbetriebnahme ausreichend getestet werden!
- Durchgeführte Tests und deren Ergebnisse müssen auch für Dritte (Revision/Controlling) in angemessener Zeit nachvollziehbar sein.
- Die gesamte Testdokumentation ist zehn Jahre aufzubewahren.

Die ANSI/IEEE-Normen zum Thema Testen:

- ANSI/IEEE 829-1983 (Software Test Documentation)
- ANSI/IEEE 1008-1987 (Standard for Software Unit Testing)
- ANSI/IEEE 1012-1986 (Standard Verification and Validation Plans)

Die gemäß diesen ANSI/IEEE-Normen erforderlichen Testdokumente listet Tabelle 16.4 auf.

[4] Sarbanes Oxley Act of 2002

Tabelle 16.4 Die nach ANSI/IEEE für das Testen erforderlichen Dokumente

Test Plan (abstrakter Testplan)
Test Design Specification (Testvorschrift bzgl. einer konkreten Planung)
Test Case Specification (Testvorschrift bzgl. der Testfälle)
Test Procedures Specification (Testvorschrift bzgl. Testdurchführung)
Test Item Transmittal Report (Übersichtsliste der zu prüfenden Softwareabschnitte)
Test Log (Testprotokoll; für jeden einzelnen Test auszufüllen)
Test Defect Report (Übersichtsliste aller Fehler- und Problemmeldungen)
Test Summary Report (Zusammenfassung der durchgeführten Tests)

Für einen erfolgreichen Testprozess müssen Sie ein ständig wiederholbares Testszenario aufstellen und beschreiben. Als Erstes wird ein Testplan benötigt, der beschreibt, in welcher Abfolge die Tests gesteuert und kontrolliert werden und welche zeitlichen und personellen Ressourcen einzuplanen sind. Aufbauend auf dem Testplan wird die Testvorschrift erstellt, die durchaus für verschiedene Testszenarien unterschiedlich sein kann.

16.8.1 Aufbau und Gliederung der Testvorschrift

Die Testvorschrift setzt sich aus mehreren Abschnitten zusammen und strukturiert damit den Ablauf des Testprozesses. Über den Abschnitt „Einleitung" werden der Zweck, der geplante Testumfang sowie die dafür erforderlichen mitgeltenden Dokumente beschrieben. Im nächsten Abschnitt wird die notwendige Testumgebung beschrieben und im letzten Abschnitt werden die für die Testdurchführung erforderlichen Abnahmekriterien formuliert.

1 Einleitung
  1.1 Zweck des Tests
  1.2 Testumfang
  1.3 Mitgeltende Unterlagen
2 Aufbau der Testumgebung
  2.1 Überblick
  2.2 Test-Software und -Hardware
  2.3 Testdaten, Testdatenbanken
3 Abnahmekriterien
  3.1 Kriterien für Erfolg und Abbruch
  3.2 Kriterien für Unterbrechungen
  3.3 Voraussetzungen für Wiederaufnahme

Aus der Testvorschrift gehen zwei weitere Dokumente hervor: die Testbedarfsmeldung und der Testbericht. Die Testbedarfsmeldung wird von den Mitarbeitern verfasst, die an bestimmten Abschnitten in der Entwicklung arbeiten und genau beschreiben können, was der Tester durchführen soll und welche Ergebnisse erwartet werden.

Vom Ablauf her sind alle Tests nach dem klassischen EVA-Prinzip aufgebaut:

- Eingabe (erforderliche Eingangsbedingungen des Tests, ggf. mit einer Beschreibung, wie diese herzustellen sind)
- Verarbeitung (Verarbeitungsvorschrift, z. B. Folge von Benutzereingaben)
- Ausgabe (Prüfbedingungen, erwartetes Ergebnis des Tests, z. B. Feldprüfungen)
- Testnummer und Dokumentname

Jeder Einzeltest erhält eine eindeutige Testnummer. *Beispiel:* LimaV4-AP-23-01

Für jeden Einzeltest sollte eine eigene Testbedarfsmeldung mit den wichtigsten fachlichen Vorgaben des jeweiligen Tests erstellt werden. Schauen wir uns den Aufbau einer beispielhaften Testbedarfsmeldung einmal an.

16.8.2 Beispiel einer Testbedarfsmeldung

- *Bezeichnung des zu testenden Arbeitspakets:* LimaV4-AP-23-01 „Vertragsdaten erfassen"
- *Testnummer und Bezeichnung des Tests:* LimaV4-AP23-01-01: „Anzeige der Verträge in ‚Nur lesen'-Ansicht"
- *Inhaltsbeschreibung:* Die in das Tool eingespielten Vertragsdaten sollen im Tool über Berichte und Listenansichten angezeigt werden können.
- *Ziel des Tests:* Fachliche Prüfung der Vollständigkeit der angezeigten Daten.
- *Eingangsbedingungen:*
  1. Verfügbarkeit der Softwarevertragsdaten im Tool
  2. Verfügbarkeit der Berichte und Views für Vertragsanzeige
- *Verarbeitungsvorschrift/Vorgehensweise:*
  1. Reine Datenanzeige (nur Lesen)
  2. Vergleich mit Datenanzeige aus dem quelldatenliefernden System (beispielsweise aus einem SAP-System)
- *Prüfbedingungen/erwartete Ergebnisse des Tests:* Stichproben einzelner Vertragsdaten, Datenanzeige, Plausibilitätsprüfung der Dateninhalte
- *Beteiligte Schnittstellen:* Keine
- *Hinweise:* Keine

16.8.3 Testbericht erstellen

Der auf der Basis der Testbedarfsmeldung durchgeführte Test wird vom Tester in einem Testbericht protokolliert. Der einen einzelnen Testfall beschreibende Testbericht sollte die folgenden Informationen enthalten:

- die Testzusammenfassung,
- das Testprotokoll,
- eine Liste aller Problemmeldungen, wenn möglich mit einem Screenshot des Problems.

Beim Ausfüllen des Testprotokolls sollten Sie die folgenden Punkte beachten:

- **Kurze Beschreibung.** Formulieren Sie eine klare Angabe, auf welchen Abschnitt sich die folgende Fehlerbeschreibung bezieht.

  Beispiel: Bezeichnung eines Dialogs oder Prozessschritts

- **Fehlerbeschreibung.** Sie soll so klar und unmissverständlich wie möglich den Fehler bzw. den Ablauf beschreiben, wie es zu dem Fehler gekommen ist.

  Formulieren Sie im Zweifelsfall lieber etwas ausführlicher. Ist die Fehlermeldung nicht ausreichend klar und ausführlich, kommt es bei der Klärung des Fehlers zu Verzögerungen. Fügen Sie am besten möglichst immer einen Screenshot mit in das Testprotokoll ein.

Nach diesen Ausführungen werden Sie mir zustimmen, dass es eine Menge Arbeit bedeutet, wenn man die komplette Dokumentation der Testfälle manuell abbilden würde. Für eine kleinere Testumgebung sind Word und Excel noch ganz gut geeignet, doch ab einer bestimmten Projektgröße und – damit einhergehend – einem erhöhten Testbedarf und Aufwand sollten Sie sich nach einer professionellen Testsoftware umsehen. Diese kann sehr viel automatisieren und gleichzeitig Statistiken und Grafiken über die Testverläufe und Auswertungen zur Verfügung stellen. In Ihrem Unternehmen ist eine solche Software bestimmt schon im Einsatz, denn es wird immer noch sehr viel Software (selbst) entwickelt, und die muss ja auch getestet werden.

In Bild 16.10 sehen Sie eine schematische Darstellung des Ablaufs einer Testdurchführung.

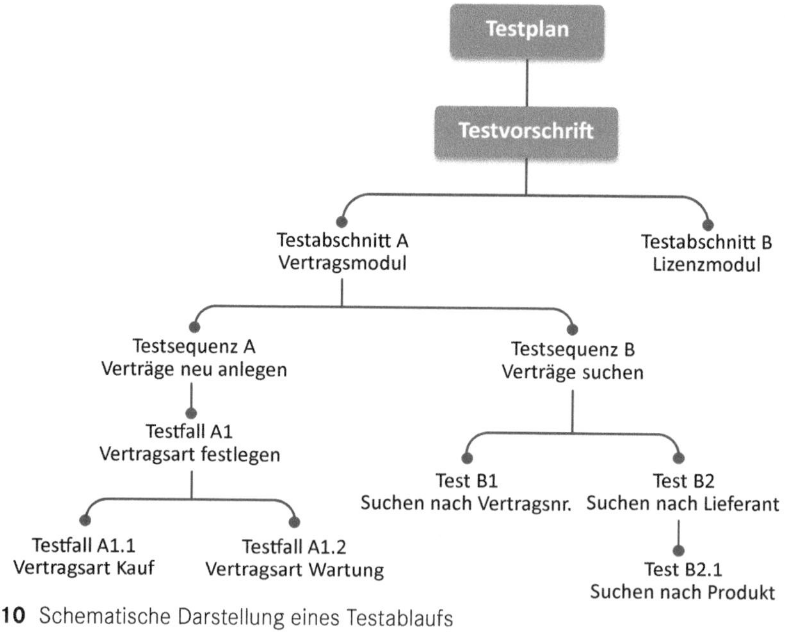

Bild 16.10 Schematische Darstellung eines Testablaufs

16.8.4 Rahmenbedingungen formulieren

Vergessen Sie nicht, eventuell wichtige Rahmenbedingungen zu formulieren und im Vorfeld abzustimmen bzw. festzulegen. Der Testbetrieb wird Ihnen sonst über den Kopf wachsen.

Nachfolgend eine beispielhafte Aufstellung, welche Rahmenbedingungen und Besonderheiten das sein können:

- Test eines SAM-Tools
- Der Test wird auf eigenständigen Unternehmenssystemen durchgeführt.
- Test der Module Lizenz- und Vertragserfassung
- Test aus Sicht eines zentralen Imports von bereitgestellten Lizenzdaten
- Test aus Sicht einer zentralen manuellen Erfassung von bereitgestellten Vertragsdaten
- Es wird keine individuell entwickelte Software getestet.

Besonderheiten

- Die benötigte Hard- und Software wurde bereitgestellt.
- Es gilt eine verkürzte Testzeit von zwei statt vier Wochen als vereinbart.
- Die Initialbeladung mit ausgewählten Datenbeständen bestehend aus Inventory-, Vertrags- und Lizenzdaten ist erfolgt.
- Es wird während der Tests keine Anpassungen im Tool geben.
- Das Erkennen nicht lizenzkostenpflichtiger Software (Open Source, Freeware etc. wird nicht getestet).

> **Hinweis:**
> Legen Sie eventuelle Zahlen und Datenmengen fest, wie etwa: Die Anzahl der Verträge für das Testen der Vertragsanlage ist auf insgesamt fünf Stück zu begrenzen. ■

Bild 16.11 zeigt einen groben Plan zur Vorgehensweise bei der Testdurchführung.

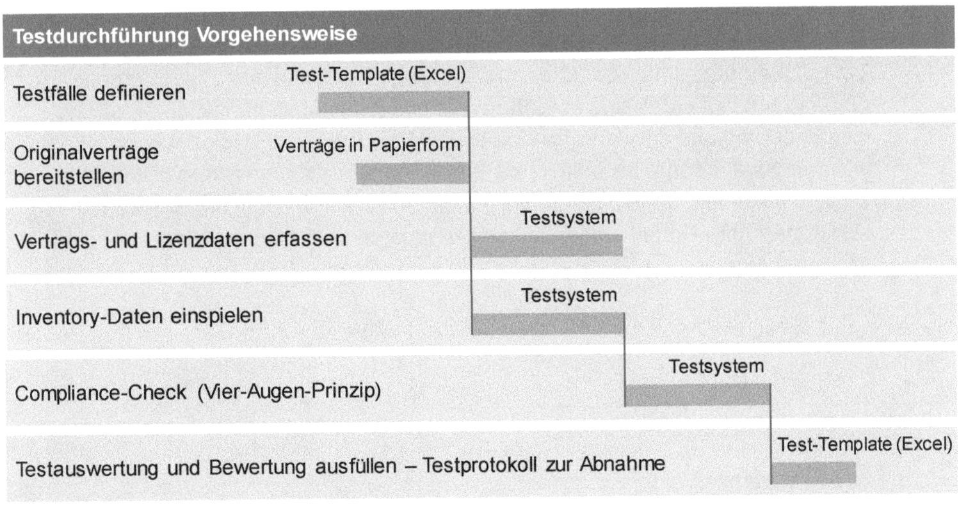

Bild 16.11 Ablaufplan für eine Testdurchführung

16.9 Abnahmetest und Erstinbetriebnahme

Wenn die Implementierung des SAM-Tools und die erforderlichen Zwischentests erfolgreich waren, kann der endgültige Abnahmetest erfolgen. Dieser ist oftmals eine technische und auch vertragliche Voraussetzung für die Erstinbetriebnahme des SAM-Tools als Produktivsystem. Die Produktivsetzung einer Softwarelösung in die Geschäftsprozesse des Unternehmens ist immer eine hochanstrengende und diffizile Angelegenheit. Bevor Sie das Tool oder die Softwarelösung produktiv setzen, sollten alle Beteiligten ausreichend und ihrer zukünftigen Rolle entsprechend im Umgang mit der Software geschult worden sein. Denken Sie auch daran, dass Ihr User Help Desk im Vorfeld auf die neue Software geschult wurde und eine erste Checkliste zur Hand hat, wenn es zu Beginn Probleme bei der Softwarenutzung geben sollte. Stellen Sie hierfür genügend Ressourcen ab. Bewährt hat sich auch, dass in den ersten zwei bis vier Wochen Mitarbeiter des Tool-Herstellers im User Help Desk Unterstützung leisten. Geben Sie rechtzeitig eine vorher eingerichtete Hotline-Nummer und E-Mailbox bekannt, damit Ausfall und Problemmeldungen sofort an die richtige Stelle kommuniziert werden können. Haben Sie an alles gedacht, werden sich die Anrufe der Mitarbeiter in Grenzen halten und die Akzeptanz für die Nutzung der Software wird gleich viel höher sein. Ist bei der Überführung in die Produktion alles gut verlaufen, können Sie und alle Beteiligten mit Recht stolz auf die in den letzten Wochen und Monaten geleistete Arbeit sein.

Fazit:

Die Phase der Implementierung eines SAM-Tools und seiner Komponenten erfordert immer ein großes Maß an planerischen Aufmerksamkeiten und Ressourcen aus allen beteiligten Fachbereichen, um erforderliche Konzepte, Aufgaben, Maßnahmen mitunter so ein- und umzusetzen, dass trotz der arbeitsaufwendigsten Phase Ihres SAM-Projekts kein Pessimismus entsteht und immer möglichst mit großer Motivation gearbeitet wird. Die Organisation im Vorfeld und das Funktionieren der notwendigen technischen Systeme sind dabei genauso projekt- und zeitbestimmend wie eine große Akzeptanz des Projekts bei allen Beteiligten.
Die präzise Aufstellung des Infrastruktur-, Staging-, Deployment- und Betriebsführungskonzepts (das sind mitunter die wichtigsten Konzepte) während der Implementierung und der darauf aufbauenden Testpläne und Testdokumente ist ein weiterer Garant dafür, dass Sie diese Phase mit der nötigen Professionalität abschließen können. Stellen Sie im Vorfeld der Produktivsetzung der Softwarelösung sicher, dass Ihre Notfall- und Rollback-Szenarien erstellt und mindestens einmal geprobt wurden.

VI

Teil VI: Der Betrieb des SAM-Tools

Lernen ist Erfahrung.
Alles andere ist einfach nur Information.

Albert Einstein

17 SAM-Daten – Berichte erstellen und monitoren

In diesem Kapitel erfahren Sie u. a.,

- warum das SAM-Tool verschiedensten Interessengruppen im Unternehmen, auf unterschiedlichsten Kontextebenen und mit unterschiedlichsten Schwerpunkten Daten bereitstellt, damit die Geschäftsprozesse gesteuert werden können,
- weshalb es sinnvoll ist, Anwendungsfälle zu definieren, um den verschiedenen Stakeholdern ihre angeforderten Informationen zu übermitteln,
- welche Berichte ein SAM-Tool bereitstellt, um den Unternehmensstatus zu managen,
- was der Unterschied ist zwischen Berichtskonfigurationen und Berichtsdaten,
- mit welchen Berichten häufige Aufgaben – wie eine Compliance-Zusammenfassung, Aufstellung der Anzahl von ungenutzten Anwendungen oder beispielsweise die Ermittlung von Computern ohne installierte Antivirussoftware – ausgeführt werden können,
- wie ein Soll-Prozess für die Anforderung von SAM-Daten aufgebaut sein kann.

Dieses Kapitel vermittelt Ihnen einen beispielhaften Überblick, über die in einem Enterprise SAM-Tool, standardmäßig bereitgestellten Berichte und Übersichten (Dashboards), mit denen die SAM-Daten sowohl in kaufmännischer als auch technischer Hinsicht ausgewertet und dargestellt werden können. Weiterhin wird darauf eingegangen, wie ein Monitoring über Dashboards mit verschiedensten Auswertungen und Ansichten helfen kann, die SAM-Daten zu administrieren. ■

Die Erstinbetriebnahme des SAM-Tool-Startsystems konnte erfolgreich abgeschlossen werden und wurde jetzt dem SAM- bzw. LiMa-Team für den produktiven Fachverfahrensbetrieb bereitgestellt. Jetzt beginnt die eigentliche Aufgabenstellung, die SAM-Daten zusammenzuführen, zu analysieren und zu bewerten, um dem Unternehmensmanagement die erforderlichen Zahlen und Fakten in der entsprechenden Form zur Verfügung zu stellen.

Eine der wichtigsten Aufgaben eines operativen Softwareasset- und Lizenzmanagements ist die Zusammenführung der – über das Erheben der Inventorydaten und deren Normalisierung über einen Software-Katalog – entstandenen technischen Lizenzbedarfe mit den ebenfalls im SAM-Tool erfassten und beispielsweise über die Herstellerartikel-Nummer (SKU) normalisierten kaufmännischen Stamm- und Bewegungsdaten. Es ist die Grundlage, um eine effektive, wirtschaftliche und lizenzkonforme Nutzung der Softwareprodukte im Unternehmen gewährleisten zu können. Ein aktives Managen der SAM-Daten liefert aber auch Informationen, um die Ausgangspositionen für Verhandlungen mit Softwareherstellern oder Lieferanten zu verbessern. Diese Daten wiederum liefern aber nur Systeme, die über Berichte und Monitoring aussagekräftige und belastbare Zahlen bzw. Daten bereitstellen. Um diese auch ständig überprüfen und kontrollieren zu können, sind entsprechende Auswertungen und Berichte für die unterschiedlichsten Datenkonsumenten und Stakeholder erforderlich.

Bild 17.1 Phasen der SAM-Tool-Implementierung

17.1 SAM-Daten-Stakeholder

Heute sind es sehr vielfältige Rollen, Stakeholder und Geschäftsprozesse, die Zugriff auf die SAM-Daten wünschen bzw. fordern. Die häufigsten davon habe ich Ihnen einmal im Bild 17.2 in einer Übersicht zusammengestellt.

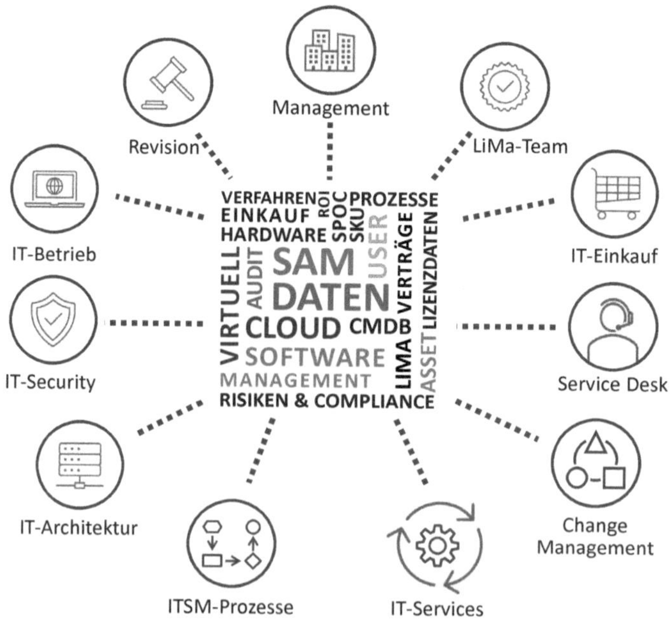

Bild 17.2 SAM-Daten und ihre Stakeholder

- **Management.** Hat insgesamt vier KPI-Treiber:[1]
  - *Transparenz* - Optimierung der SAM-Prozesse und deren Einbindung in die Geschäftsprozesse des Unternehmens
  - *Kostensenkung* - Aufdecken von Einsparpotenzialen, Identifizierung von Kostentreibern, Sicherstellen der wirtschaftliche Nutzung von Softwareprodukten
  - *Compliance* (Hersteller) - fortlaufende Sicherstellung der lizenzkonformen Nutzung der Softwareprodukte und -services, Dokumentieren der Lizenznachweise und Nutzungsrechte
  - *Rechtmäßigkeit* (Gesetz) - Einhaltung des Urheberrechts, Vermeidung von Haftungsrisiken und Schadensersatzzahlungen (im Auditfall), Schutz des Unternehmens vor zivil- und strafrechtlicher Haftung, Einhaltung handelsrechtlicher Verantwortlichkeit
- **LiMa-Team.** Das SAM- bzw. LiMa-Team verantwortet als Verfahrensbetreiber den SAM-Tool-Betrieb und die Weiterentwicklung des Systems, um letztendlich die Einhaltung der Herstellervorgaben (Nutzungsrechte) im IT-Betrieb zu gewährleisten, es unterstützt die anderen SAM-Stakeholder zur Erreichung ihrer Geschäftsziele, wie z. B. IT-Einkauf, Revision, Management, IT-Architekt und stellt eine transparente und stets aktuelle Sicht auf die Softwarelizenzsituation sicher. Weiterhin plant und überwacht es die Umsetzung das Lizenzmanagement betreffender Richtlinien, Standards und Anweisungen, berät den Einkauf, wirkt mit an der Erstellung, Abstimmung und Umsetzung von Maßnahmen im Change-Management-Prozess des ITSM, plant, setzt um und verantwortet Lizenzmanagementprozesse.
- **IT-Einkauf.** Ist zuständig für die Beschaffungsprozesse von Softwareanforderungen für Fachbereiche und Projekte. Pflegt Stamm- und Bewegungsdaten in den Systemen des Einkaufs, führt Preis- und inhaltliche Vertragsverhandlungen mit Lieferanten und Herstellern, schließt Verträge ab und überwacht diese, gewährleistet das Verwalten und Dokumentieren der Softwarelizenznachweise und unterstützt das SAM-/LiMa-Team bei der bedarfsgerechten Optimierung der Lizenzmodelle und Verträge.
- **Service Desk.** Ist Ansprechpartner (Single Point of Contact, SPOC) für alle Mitarbeitenden und Geschäftsprozesse, um eine reibungslose Bereitstellung von Softwareanforderungen zu gewährleisten, unterstützt das SAM-/LiMa-Team bei der Zuweisung von Softwarelizenzen und Softwareberechtigungen, um eine lizenzkonforme Softwarenutzung sicherzustellen. Erfasst Anfragen und Anforderungen zu Softwareprodukten. Benötigt für die Erledigung seiner Arbeitsaufgaben Informationen aus SAM-Daten, die u. a. über die Schnittstelle CMDB (Gerätestandort, Eigentümer, Kostenstelle usw.) oder vom Scan-Agent (z. B. Hardwaretyp, IP-Adresse, Benutzerberechtigung usw.) an das SAM-Tool geliefert werden.
- **Change-Management.** IT-Architekturen erfordern eine tägliche Übersicht der eingesetzten Hard- und Softwarebetriebsmittel, sowohl im „klassischen" als auch im Cloud- und SaaS-Umfeld. Um den Technologieeinsatz zu verwalten und um Kosten zu senken, Risiken zu minimieren und die digitale Transformation zu beschleunigen, sind auch hierfür die SAM-Daten eine wichtige Quelle und Voraussetzung.

  Es sind Fragestellungen zu beantworten wie:
  - Welche IT-Assets sind in welchem Umfang in der IT-Infrastruktur aktiv?

[1] KPI - Key Performance Indicator, *https://de.wikipedia.org/wiki/Key_Performance_Indicator*

- Werden alle aktiven Softwareprodukte auch tatsächlich genutzt?
- Wie groß ist der Umfang der Workloads in die Cloud?
- Wie können Unternehmensanwendungen in Schatten-IT-Umgebungen identifiziert werden?

- **IT-Services.** Die Wertschöpfungskette von IT-Services orientiert sich an den verschiedenen Aspekten, wie ein Service-Life-Cycle entsteht und wirkt.
  - *Serviceplanung* – basierend auf Informationen und Anforderungen, aus der Unternehmensorganisation und seinen anfordernden Fachbereichen, werden Produkte und Services übergreifend geplant und bereitgestellt.
  - *Servicebereitstellung* – Sicherstellung der erforderlichen Servicekomponenten entsprechend den vereinbarten Spezifikationen und Verfügbarkeiten.
  - *Servicebetrieb* – Gewährleistung einer durchgängigen Sicht und Transparenz auf die Bereitstellung der Anforderungen für einen störungsfreien Servicebetrieb.
  - *Servicesupport* – unterstützt die Servicekonsumierung mit den vereinbarten Spezifikationen.
  - *Servicedesign und -transition* – laufende Services unterliegen einem ständigen Monitoring, um über fortlaufende Optimierungen deren Wertschöpfungsaktivitäten qualitativ und quantitativ zu erhöhen und dabei den Erwartungen an Qualität, Kosten und Marktbereitschaft zu entsprechen.
- **ITSM-Prozesse.** Im Sinne eines Stakeholders sind diese auch auf die Bereitstellung von SAM-Daten in Form von Berichten und Analysen angewiesen, um übergreifend den Geschäftsprozessen im Unternehmen die erforderlichen Informationen und Daten bereitzustellen. Ein sehr wichtiger Bestandteil ist dabei der Software-Life-Cycle-Prozess mit seinen Anforderungs-, Beschaffungs- und Bereitstellungsprozessen. Die speziellen Lizenzmanagementprozesse sind ebenso im Umfeld der ITSM-Prozesse zu verorten, um die Unternehmensprozesse in ihren Abläufen zu unterstützen. Vor allem sind die Prozesse des Capacity- und Performance-Managements, Availability Managements und Service Continuity Managements stark auf die bereitzustellenden SAM-Daten angewiesen, um den transparenten Einsatz von Softwareprodukten und deren lizenzkonforme Verwendung zu gewährleisten.
- **IT-Architektur.** Verantwortet in Zusammenarbeit mit dem strategischen IT-Management, dem operativen IT-Betrieb und dem SAM-/LiMa-Team die IT-Infrastruktur. Unterstützt die Projektierung und Umsetzung der Transformationen von IT-Infrastrukturkomponenten in den Cloud-Betrieb. Liefert Was-wäre-wenn-Szenarien für einen transparenten und wirtschaftlichen Einsatz der Softwareassets auf Basis der aus dem SAM-Tool bereitgestellten SAM-Daten.
- **IT-Security**[2]. Um die Schutzziele der Informationssicherheit (Vertraulichkeit, Integrität, Verfügbarkeit, Authentizität) zu unterstützen und um somit zu gewährleisten und sicherzustellen, dass Gefahren und Bedrohungen rechtzeitig erkannt und mit möglichst wenig invasivem Schadenspotenzial abgewendet werden können, benötigen die dafür verantwortlichen Fachbereiche ebenso eine umfassende Transparenz und Sichtbarkeit der im Unternehmen eingesetzten und aktiven IT-Assets. Hierzu bedarf es ebenso Informationen und

[2] Weitere Informationen dazu siehe auch: *https://de.wikipedia.org/wiki/Informationssicherheit*

Analysen der Softwareassets, basierend auf vom SAM-Tool bereitgestellten SAM-Daten. Besonders wichtig sind hierbei diese Informationen, um rechtzeitig auf mögliche Bedrohungsszenarien hinweisen und mögliche Schutzmaßnahmen rechtzeitig umzusetzen zu können (siehe auch Kapitel 18 „SAM-Daten - Risiken managen und monitoren“).

- **IT-Betrieb.** Steuert und verantwortet den technischen Betrieb von Fachverfahren, setzt Vorgaben des Verfahrensverantwortlichen gemäß Anforderungen zur Weiterentwicklung des Systems um, stellt sicher, dass z. B. für die Betriebssysteme, Datenbanken und das SAM-Tool die erforderlichen Herstellerupdates umgesetzt werden, bezieht das SAM-/LiMa-Team bei anstehenden IT-Infrastruktur- und -Architekturänderungen (Change-Prozesse) mit ein, achtet auf einen lizenzkonformen Bereitstellungs- und Softwareverteilungsprozess. Unterstützt das SAM-/LiMa-Team mit der Benennung von Softwareproduktverantwortlichen.
- **Revision.** Verantwortet die Treiber im Risikomanagement (siehe auch Kapitel 18 „SAM-Daten - Risiken managen und monitoren“), u. a. auch die Prüfung zur Sicherstellung der lizenzkonformen Softwarenutzung, erstellt Prüfanforderungen an das Management und das SAM-/LiMa-Team, führt interne Audits durch und ist aktiv im Hersteller-Software-Audit-Prozess involviert. Schreibt Abschlussberichte und formuliert Maßnahmen, um eine transparente und stets aktuelle Sicht auf die Softwarelizenzsituation zu gewährleisten.

Für alle hier aufgezählten und dargestellten Rollen, Prozesse und Stakeholder sind Informationen und deren periodische Bereitstellung von großer Bedeutung. Nur auf Fakten und Zahlen basierende Entscheidungen können die angestrebten Unternehmensziele umfassend unterstützen. Berichte sind deshalb eine ideale Möglichkeit, um Daten zu sammeln und damit Erkenntnisse über den Status von IT-Assets in ihren jeweiligen Umgebungen zu gewinnen. Mit Berichten und Analysen können fundierte Entscheidungsfindungen im IT-Assetmanagement getroffen werden, um Aktivitäten wie Prüfungs-verfolgung und Ausgabenoptimierung zu unterstützen.

In der Regel wird über die Zugriffsrechte eines am SAM-Tool angemeldeten Benutzers gesteuert, welche Berichte und Dashboards mit Informationen der Benutzer zu sehen bekommt. Berichte können über verfügbare Funktionen und Filtermöglichkeiten (auf die dahinterliegenden Datenbanken) SAM-Daten in standardisierten Ansichten zusammenführen, diese anpassen, speichern und auch für andere Benutzer freigeben. Als Ausgabemedien stellen die SAM-Tools meistens Standard-Exportschnittstellen in den Formaten *.pdf, *.xlsx, *.csv oder *.xml zur Verfügung.

17.2 SAM-Daten-Berichte

Für verschiedene Fragestellungen (Use Cases) werden unterschiedliche Berichte und Auswertungen benötigt. Im Allgemeinen kann man diese in kaufmännische, technische und Lizenzberichte unterteilen. Bei der Erstellung bzw. Ausführung der Berichte sollten bestimmte Rahmenbedingungen im Vorfeld definiert werden, so beispielsweise die Periodizität bzw. der Umfang (Einzelübersichten, Gruppenübersichten, Gesamtübersichten, unterteilt nach weiteren Kriterien wie Organisation, Fachbereich Kostenstelle usw.).

Definition „Bericht“

Ein Bericht erlaubt es, gefilterte Berichtsdaten zu generieren und das Ergebnis weiterzuverarbeiten (Ausdruck bzw. Export in ein anderes Datenformat, z. B. in eine Excel-Datei). ■

Eine beispielhafte Unterteilung von kaufmännischen, technischen bzw. Lizenzberichten finden Sie in der folgenden Aufstellung. Die bereitzustellenden Daten sind u. U. über verschiedenen Abfragen in unterschiedlichen Datenbankinstanzen abzurufen:

Kaufmännische Berichte

Alle erfassten Verträge im System

- *Kaufdaten für Lizenzen pro Vertrag* – Kaufdaten von Softwarelizenzen, gruppiert nach Vertragsnamen
- *Angehängte Mobilgeräte pro Vertrag* – Verträge mit Mobilgeräten, gruppiert nach Vertragsnamen
- *Oracle-Verträge* – Übersicht der Oracle-Verträge und deren Bestellungen
- *Alle Oracle-Bestellungen* – Übersicht der erfassten Oracle-Bestellungen
- *Oracle-Bestellungen mit noch nicht zugewiesenen Prozessor-Lizenzen*

Technische Berichte

- *Computer ohne installierte Antivirussoftware* – Übersicht von Computern, auf denen eine Antivirussoftware fehlt
- *Computer, auf denen die angegebene Anwendung fehlt* – Übersicht von Computern, auf denen eine oder mehrere angegebene (gesuchte) Anwendungen fehlen
- *Computer-Hardwareinformationen* – Übersicht der Hardwareeigenschaften für alle inventarisierten Computer
- *Vergleich physischer und virtueller Prozessoren für Anwendungen in einem Rechenzentrum* – Vergleichsbericht der physischen Kapazitäten eines Rechenzentrums mit anderen Hosts bezüglich der Prozessor- und Corekapazitäten und der darauf gehosteten virtuellen Maschinen. Dieser Bericht zeigt auf, welche Zuordnung von Lizenzen zu den physikalischen oder virtuellen Computern erlaubt ist. Zum Beispiel „Microsoft SQL-Server in der Lizenzierungsmetrik Core“.
- *Daten aus Inventory-Scan (über den Inventory-Server bereitzustellender Bericht)* Aufstellung der von allen Scannern angelieferten Softwarerohdatensätze

Erkannte Assets, die nicht inventarisiert sind – zeigt alle bekannten IT-Assets, die nicht inventarisiert wurden. Das wäre ein möglicher Differenzbericht von Geräten, die in einem Unternehmensnetzwerk vorhanden sind (siehe auch Kapitel 11 „Technische Bestandsaufnahme von Softwareprodukten, Abschnitt 11.4 „Der Scanumfang“), von denen jedoch keine durch einen Scan Agent bereitgestellte Inventarisierungsdaten existieren.

- *Alle Softwareanwendungen* – Übersicht der installierten, normalisierten bzw. genutzten Anwendungen

- *Softwareanwendungen pro Computer* – Übersicht der installierten, normalisierten oder genutzten Anwendungen pro Computer
- *Alle Benutzer* – Übersicht der inventarisierten Benutzer (inkl. benutzerdefinierter Felder)
- *Alle Oracle-Datenbankserver* – Übersicht aller Server mit aktiven Oracle-Datenbanken

Lizenzberichte

- *Alle unvollständigen Lizenzen* – Übersicht der Kaufdaten von unvollständigen Softwarelizenzen
- *Alle Lizenzen* – Übersicht der Kaufdaten von erfassten Softwarelizenzen im System
- *Einsparpotenziale bei Software* – Übersicht über Software-Compliance, Lizenzbeschaffungen und Anwendungskosten sowie Einsparpotenziale durch ungenutzten Softwareinstallationen

Lizenzverfolgung pro Computer bzw. User – dieser Bericht ermöglicht es, Applikationen und die Lizenzmetrik pro Gerät oder User so auszuwerten, dass dadurch aufgezeigt werden kann, aus welchem getätigten Kauf der entstandene Lizenzbedarf abgedeckt wird.

- *Nicht genutzte Lizenzen für die Adobe Creative Cloud* – Übersicht von Lizenzen, die einem Benutzer zugewiesen, aber innerhalb von 90 Tagen nicht genutzt wurden
- *Zusammenfassung für Compliance* – Zusammenfassung für Compliance von Softwareprodukten
- *Zusammenfassung für Compliance nach Anwendungsfamilie* – Übersicht des Compliancestatus für Softwareprodukte, gruppiert nach Anwendungsfamilie
- *Compliance Oracle-Produkte* – Übersicht des Compliancestatus aller inventarisierten Oracle-Produkte

Weitere Beispielberichte aus einem SAM-Tool

- *Alle Oracle Datenbank-Benutzer auf NUP[3]-lizenzierten Oracle-Datenbank-Servern*
- *Überzuweisung von Oracle-Prozessor-Lizenzen* – Übersicht des Compliancestatus von Oracle-Produkten
- *Erkannte Oracle-Datenbankinstallationen* – Übersicht von inventarisierten Computern, auf denen möglicherweise Teile von Oracle-Datenbankprodukten installiert sind, die aber nicht über den Scan-Agent für Oracle-Datenbanken gefunden wurden
- *Lizenz-Tracking pro Cloud-Server* – zeigt Lizenz-Tracking pro Cloud-Server und die jeweils über IaaS[4] laufende Software
- *Nicht verwaltete Adobe-Creative-Cloud-Anwender* – Übersicht von Benutzern, die Adobe-Creative-Cloud-Anwendungen ohne eine entsprechende Lizenzzuordnung im SAM-Tool benutzen
- *Alle Computer mit Red Hat als Betriebssystem* – Übersicht der inventarisierten Systeme mit Red Hat als Betriebssystem
- *Computer mit PVU[5]-basierten IBM-Produkten ohne ILMT[6]-Daten* – Computer mit PVU-basierten IBM-Produkten, die nicht durch ILMT-Daten bereitgestellt wurden

---

[3] NUP – Named User Plus

[4] IaaS – Infrastructure-as-a-Service

[5] PVU – Processor Value Unit (Lizenzmetrik für IBM-Softwareprodukte

[6] ILMT – IBM License Metric Tool

- *Anwendungen mit Ablauf ihres Lebenszyklus* – Übersicht von Anwendungen, die sich laut Herstellerdaten dem Ende ihres Lebenszyklus nähern
- *Drucker pro Computer* – Übersicht von installierten, genutzten, freigegebenen oder verbundenen Druckern pro Computer
- *Nutzeraktivität und Kosten pro Abonnement-Plan für Microsoft 365* – Übersicht der Nutzeraktivitäten hinsichtlich unterschiedlicher Komponenten, um eine Optimierung von Abonnement-Plänen für Microsoft 365 zu unterstützen
- *Cloud-Anwendungen pro Benutzer* – dieser Bericht stellt alle Nutzer von Cloud-Anwendungen bereit, basierend auf Organisationseinheiten, Nutzungszeit (erstmals, zuletzt, Ausführungsdauer).

Anhand der beispielhaften Aufstellung, die nur einige wenige mittlerweile von Enterprise SAM-Tools bereitgestellte Berichte (wohlgemerkt als „Out-of -the-Box"-Berichte) abbildet, kann man in etwa erahnen, mit welchen umfangreichen Informationen und Daten die SAM-Tools die in Bild 17.2 dargestellten Stakeholder unterstützen. Die Anforderungen an ein SAM-Tool, um weitere Berichte für das Softwareasset- und Lizenzmanagement zur Verfügung zu stellen, ergeben sich zum einen aus den Unternehmensprozessen und zum anderen aus den technischen Möglichkeiten, über Schnittstellen zum SAM-Tool weitere Datenquellen anzubinden, um so weitere Informationen für das Fachverfahren LiMa bereitzustellen. Über sogenannte Ad-hoc- bzw. spezifische Berichte, die über Filterungen der bereitgestellten SAM-Daten erstellt werden können, sind nahezu alle Informationsbedürfnisse der Stakeholder erfüllbar. Ein sehr großer Vorteil für die Arbeit eines Lizenzmanagement-Teams ist es, wenn ein SAM-Tool möglichst viele Berichte von alltäglichen Anwendungsszenarien „Out-of -the-Box" bereitstellen kann. Erforderlicher Aufwand und Zeitbedarf eines effektiven Berichtswesens können so stark verringert und somit ressourcenschonend erledigt werden. Weiterhin besteht bei „Out-of -the-Box"-Berichten weniger die Gefahr, dass diese bei erforderlichen Updates des SAM-Tools „überschrieben" werden, was dazu beiträgt, dass ein verminderter Aufwand bei den Softwareupdates entsteht. Mit der im nächsten Abschnitt folgenden Aufstellung von beispielhaften Anwendungsszenarien und deren Zuordnung zu Berichten möchte ich Ihnen eine mögliche Struktur und Vorgehensweise aufzeigen, wie Sie für den Betrieb des Fachverfahrens „LiMa" Berichte beschreiben und aufstellen können.

17.2.1 Anwendungsszenarien

Im Vorfeld möchte ich noch kurz erwähnen, dass die folgenden Anwendungsszenarien möglichst immer auf einem anfordernden Prozess oder Stakeholder basieren sollten. Dies bedeutet, dass Sie sich auch mit Ihren Software-Life-Cycle- und Lizenzmanagement-Prozessen und deren geforderten oder gewünschten Outputdaten auseinandergesetzt haben sollten und diese bereits dokumentiert und beschrieben sind, um darauf die Aufstellung und Beschreibung der Anwendungsszenarien abzustellen. Die hier beispielhaft aufgeführten Szenarien stellen auf Standardberichte und deren Zuordnung ab, spezielle Berichte werden nicht dargestellt.

Die ersten Fragen, die Sie sich stellen sollten:

- Wer benötigt in welcher Form, mit welchem Inhalt und mit welcher Periodizität SAM-Daten?
- Welche Prozesse sind daran zu beteiligen bzw. beteiligt?

- Welche möglichen Komplexitätstreiber sind zu erwarten?
  - Medienbrüche in den angebundenen oder anzubindenden Datenquellen
  - Verfügbarkeit der Datenquellen und -qualitäten
  - Komplexe Daten- und Schnittstellenstrukturen
  - Verfügbarkeit der Scan-Datenanlieferungen und deren Normalisierungen
- Sind die Berichte mit den „Out-of-the-Box“-Informationen und -Daten erstellbar, sind eventuell sogar Customizing-Aktivitäten durch den SAM-Tool-Hersteller oder eines Dienstleisters erforderlich bzw. werden weitere benutzerdefinierte Felder und Daten benötigt, die es noch anzulegen und zu befüllen gilt?
- Erfordern die Berichte Zugriff auf andere Datenquellen, die das SAM-Tool über Schnittstellen erhält, und wer sichert die erforderlichen Qualitäten und Quantitäten dieser Datenströme?
- Stehen die erforderlichen externen Services betriebsbereit zur Verfügung (z. B. der Hersteller-Software-Katalog zur Normalisierung der technischen und kaufmännischen Softwareproduktdaten)?

Die Fragestellungen sollen zunächst nur einen ersten Rahmen bilden und Anregung sein, sich mit dem Thema „Berichte“ zu beschäftigen. Unternehmen haben oftmals auch noch spezielle Gegebenheiten und Anforderungen - auch je nach Reifegrad der Geschäfts- und Software-Life-Cycle-Prozesse (siehe Abschnitt 7.6 „Die Reifegradanalyse - eine Methode für das Benchmarking und Optimieren von Prozessen“) - an den Umfang der gewünschten bzw. geforderten bereitzustellenden SAM-Daten.

17.2.2 Use Case (Beispiele)

In diesem Abschnitt möchte ich Ihnen bezogen auf einen jeweiligen Use Case beispielhafte Berichtsformen vorstellen, die auf Standardberichten eines Enterprise SAM-Tools basieren.

1. **Compliance-Übersicht von Softwareprodukten** - Zusammenfassung für Compliance von Softwareprodukten, „out-of -the-Box“ und filterbar z. B. nach Hersteller-Anwendungsfamilie oder Anwendung
2. **Lizenz-Compliance pro Organisation** - Übersicht der Lizenz-Compliance, Lizenzkosten und Anwendungskosten
3. **Übersicht ungenutzter Softwareinstallationen** - Übersicht über Software-Compliance, Lizenzbeschaffungen und Anwendungskosten sowie Einsparpotenziale basierend auf ungenutzten Softwareinstallationen
4. **Unterlizenzierte Anwendungen** - Übersicht von allen unterlizenzierten Anwendungen
5. **Wirtschaftliches Optimierungspotenzial** - Übersicht der Kosten von ungenutzten Anwendungen mit Lizenzbedarf pro Computer
6. **Computer, auf denen die angegebene Anwendung fehlt** - Anzeige aller Computer, auf denen eine oder mehrere der angegebenen Anwendung(en) fehlen
7. **Kaufdaten für Lizenzen pro Vertrag** - Übersicht zu den Kaufdaten von erworbenen Softwarelizenzen, gruppiert nach Vertragsnamen
8. **Wartungs- und Supportübersicht** - Übersicht von Wartungs- und Supportzeiträume und deren Kosten

17.2.2.1 Use Case 1 – Compliance-Übersicht von Softwareprodukten

Einer der wichtigsten Berichte ist zweifellos der Compliance-Bericht. Er bildet, vereinfacht gesagt, den Abgleich zwischen den kaufmännischen und technischen Ist-Daten ab und ist somit der Bericht, der Ihnen (je nach Qualität der Ursprungs- und laufenden Daten) immer „belastbar“ mitteilt, ob Sie über- oder unterlizenziert sind.

Die Aufgaben eines Compliance-Berichts sind u. a.:

- Über- oder Unterlizenzierung darstellen und vermeiden helfen,
- Installationsbestand (technischer Lizenzbedarf) mit dem kaufmännischen Lizenzbestand permanent abgleichen,
- fortlaufende Darstellung der Lizenzierungssituation gewährleisten,
- Umverteilung von nicht genutzten Softwarelizenzen unterstützen,
- Übersicht über die Lizenzkosten insgesamt (je nach Filterung pro Hersteller, pro Anwendung).

Der Bericht wird meistens in festgelegten Intervallen erstellt, ein Auslöser dafür könnte beispielsweise die Aufforderung der Revision sein, einen sogenannten „Self Audit“ durchzuführen. Die Periodizität kann unterschiedlich festgelegt sein. Mögliche Zeiträume wären wöchentlich, monatlich, quartalsweise, halbjahresweise, jahresweise oder auf Anforderung. Die Anforderer für einen Compliance-Bericht können die unterschiedlichsten Stakeholder aus Fach- oder Unternehmensbereichen sein.

Beispielhafte Auslöser können sein:

- Die Zeit für das Berichten ist erreicht.
- Eine Anforderung für eine aktuelle Darstellung der Software-Compliance liegt vor.
- Es wird eine spezielle SAM-Daten-Auskunft angefordert, beispielsweise im Rahmen eines Hersteller-Audits.

In einem anstehenden Audit ist der Auditor derjenige, der diesen Bericht zu bestimmten zu prüfenden Softwareprodukten von Ihnen anfordern wird. In Tabelle 17.1 ff. sind zu Grunde liegende Datenfelder und Ergebnistypen dargestellt.

Tabelle 17.1 Use Case 1 – Compliance-Übersicht von Softwareprodukten

Use Case 1 – Compliance-Übersicht von Softwareprodukten		
Beschreibung	**Übersicht des Compliancestatus über alle Softwareprodukte.** **Die Auswertung erfolgt über alle inventarisierten Softwareprodukte oder mit Filterung auf einzelne Anwendungen oder Hersteller.**	
Inhalt	Der Bericht stellt die folgenden Daten/Ergebnisse dar: Aggregierte Sicht auf einen *Anwendungshersteller* in der Form: Anwendung, Anwendungsfamilie, Metrik, Lizenzen insgesamt, Lizenzbedarf, Installationen, verfügbare Lizenzen, Abdeckung, Compliance, Lizenzkosten insgesamt (EUR).	
Nutzer/Rolle	SAM-/LiMa-Team, Softwareproduktverantwortlicher, Einkauf	
Periodizität	nach Bedarf	
Ausgabemedien	Webbrowser, Drucker, Export nach Excel oder PDF	
Gruppierungsebene	**Datenfeld**	**Beschreibung**
Anwendungshersteller	Anwendung	Name der Anwendung laut Hersteller
	Anwendungsfamilie	Das Beispiel filtert auf den Hersteller „Adobe Systems Inc." und beinhaltet die Anwendungsfamilie „Adobe Acrobat" und „Adobe Creative Suite".
	Metrik	Lizenzmetrik der Anwendung
	Lizenzen insgesamt	Anzahl der verfügbaren Lizenzen
	Lizenzbedarf	Anzahl technischer Lizenzbedarf
	Installationen	Anzahl der ermittelten Installationen
	Verfügbare Lizenzen	Anzahl der verfügbaren Softwarelizenzen (Nutzungsrechte)
	Abdeckung	Anzahl der durch die vorhandenen Softwarelizenzen abgedeckten Installationen bzw. Instanzen
	Compliance	Differenz zwischen Abdeckung und Lizenzbedarf
	Lizenzkosten insgesamt (EUR)	Kostenaufstellung für alle der Anwendung zugeordneten Softwarelizenzen
Berichtskriterien	*Anwendungshersteller* ist gleich: **„Adobe Systems Inc."**	

Eine nach den Berichtskriterien gefilterte Ergebnisansicht würde wie folgt aussehen:

Anwendung	Anwendungsfamilie	Metrik	Lizenzen insgesamt	Lizenz-bedarf	Installationen	Verfügbare Lizenzen	Abdeckung	Compliance	Lizenzkosten insgesamt
Adobe Acrobat 2017 Professional	Adobe Acrobat	Basierend auf Installationen	70	82	82	70	70	-12	32.200,00 €
Adobe Acrobat 2017 Standard	Adobe Acrobat	Basierend auf Installationen	55	43	43	43	43	0	16.500,00 €
Adobe Acrobat 6 Pro	Adobe Acrobat	Basierend auf Installationen	0	3	3	3	3	0	- €
Adobe Acrobat 7 Pro	Adobe Acrobat	Basierend auf Installationen	50	26	26	47	47	21	23.000,00 €
Adobe Acrobat 7 Standard	Adobe Acrobat	Basierend auf Installationen	150	44	44	150	150	106	45.000,00 €
Adobe Acrobat 8 Pro	Adobe Acrobat	Basierend auf Installationen	0	21	21	21	21	0	- €
Adobe Acrobat 9 Pro	Adobe Acrobat	Basierend auf Installationen	250	199	201	229	229	30	115.000,00 €
Adobe Acrobat 9 Standard	Adobe Acrobat	Basierend auf Installationen	250	156	156	241	241	85	75.000,00 €
Adobe Acrobat DC	Adobe Acrobat	Basierend auf Gesamtanzahl der Benutzer	0	0	36	0	0	0	- €
Adobe Acrobat DC 2019	Adobe Acrobat	Basierend auf Gesamtanzahl der Benutzer	0	26	0	0	0	-26	- €
Adobe Acrobat DC Professional	Adobe Acrobat	Basierend auf Gesamtanzahl der Benutzer	1300	1171	1293	1300	1300	129	280.800,00 €
Adobe Acrobat X Pro	Adobe Acrobat	Basierend auf Installationen	700	606	619	700	700	94	322.000,00 €
Adobe Acrobat X Standard	Adobe Acrobat	Basierend auf Installationen	135	82	82	135	135	53	40.500,00 €
Adobe Acrobat XI Pro	Adobe Acrobat	Basierend auf Installationen	580	566	570	580	580	14	266.800,00 €
Adobe Acrobat XI Standard	Adobe Acrobat	Basierend auf Installationen	0	77	77	12	12	-65	- €
Adobe Creative Suite 3 Master Collection	Adobe Creative Suite	Basierend auf Installationen	0	1	1	0	0	-1	- €
Insgesamt: 16			3540	3103	3254	3531	3531	428	1.216.800,00 €

Der Compliance-Bericht kann natürlich nur mit belastbaren Ergebnissen aufwarten, wenn die auszuwertenden (technischen, kaufmännischen) Stamm- und Bewegungsdaten im SAM-Tool in der entsprechenden Datenqualität und Aktualität vorliegen. Das muss bzw. sollte im Vorfeld beachtet und auch sichergestellt sein.

17.2.2.2 Use Case 2 – Lizenz-Compliance pro Organisation

Um Inventar- und Kostendaten von Software- und Hardwareprodukten einer bestimmten Kostenstelle, einem Fachbereich oder einer bestimmten Abteilung zuordnen zu können, bedarf es einer Organisationsstruktur mit dazugehörenden rechtlichen Organisationseinheiten (als Knoten abbildbar und auch „Rechtliche Einheit“ genannt). So können bestimmten Organizational units (OUs) bestimmten Hard- und Softwareprodukten zugeordnet werden, beispielsweise weil eine OU diese dezentral beschafft hat und somit auch erst einmal der Eigentümer ist. Es kann aber auch sein, dass die IT-Abteilung das komplette Budget für die Beschaffung von IT-Gütern verantwortet (eine sogenannte zentrale Kostenstelle), worüber sämtliche IT-Assets eingekauft und anlagenmäßig gebucht werden. Das bedeutet, dass auch bei einem neuen Kauf von Softwarelizenzen diese auf die zentrale OU (Kostenstelle) „gebucht“ werden und dann von dort an alle anderen Knoten, die berechtigt sind, automatisiert weiterverteilt werden. Für die administrative Einrichtung in einem SAM-Tool würde das bedeuten, dass nicht die organisatorisch „höchste“ OU des Unternehmens (z. B. der Vorstand) als rechtlich höchster Organisationsknoten im SAM-Tool definiert wird, sondern hier in diesem Beispiel würde die IT-Abteilung bzw. die definierte „zentrale OU (Kostenstelle)“ die oberste OU-Ebene im SAM-Tool abbilden.

Weshalb? Die gekauften Softwarelizenzen werden so beispielsweise der OU „IT-Abteilung“ zugeordnet, um dann (wie bei einem Wasserfall) die bestehenden technischen Lizenzbedarfe in anderen OUs automatisiert mit den gekauften Softwarelizenzen abzudecken, also in

Compliance zu bringen (Prinzip eines Software-Pools). Softwarelizenzen werden grundsätzlich für einen Knoten registriert, bei dem es sich um eine rechtliche Organisationseinheit handelt. Sie können aber Knoten zugeteilt werden, die keine rechtlichen Einheiten sind. Üblicherweise werden in den SAM-Tools Computer, Geräte und Benutzer einem Knoten in der Organisationsstruktur zugeordnet.

Tabelle 17.2 Use Case 2 – Lizenz-Compliance pro Organisation

Use Case 2 – Lizenz-Compliance pro Organisation		
Beschreibung	**Lizenz-Compliance pro Organisation** **Übersicht der Lizenz-Compliance, Lizenzkosten und Anwendungskosten über eine gefilterte Organisation/Einheit/Kostenstelle**	
Inhalt	Der Bericht stellt die folgenden Daten/Ergebnisse dar: Aggregierte Sicht innerhalb einer Organisation/Einheit auf Anwendungen in der Form Organisation, Anwendung, Hersteller, Metrik, Lizenzen insgesamt, Lizenzbedarf, verfügbare Lizenzen, Abdeckung, Compliance, Lizenzkosten insgesamt (EUR).	
Nutzer/Rolle	SAM-/LiMa-Team, Softwareproduktverantwortlicher, Einkauf	
Periodizität	nach Bedarf	
Ausgabemedien	Webbrowser, Drucker, Export nach Excel oder PDF	
Gruppierungsebene	**Datenfeld**	**Beschreibung**
Organisation	Organisation	Name der Organisation/Einheit, nach der gefiltert werden soll
	Anwendung	Name der Anwendung
	Hersteller	Name des Herstellers
	Metrik	Lizenzmetrik der Anwendung
	Lizenzen insgesamt	Anzahl gekaufter Softwarelizenzen (pro OU/Einheit)
	Lizenzbedarf	Anzahl technischer Lizenzbedarf
	Verfügbare Lizenzen	Anzahl verfügbarer Softwarelizenzen (Nutzungsrechte)
	Abdeckung	Anzahl der durch die vorhandenen Softwarelizenzen abgedeckten Installationen bzw. Instanzen
	Compliance	Anzahl (Wert) aus Differenz zwischen Abdeckung und Lizenzbedarf
	Lizenzkosten insgesamt (EUR)	Kostenaufstellung für alle der Anwendung zugeordneten Softwarelizenzen
Berichtskriterien	*Organisation* ist gleich **„CORP/EMEA/Germany/IT"** und *Anwendung* wie **„Windows Server%"**	

Eine nach den Berichtskriterien gefilterte Ergebnisansicht würde wie folgt aussehen:

Organisation	Anwendung	Hersteller	Metrik	Lizenzen insgesamt	Lizenzbedarf	Verfügbare Lizenzen	Abdeckung	Compliance	Lizenzkosten insgesamt (EUR)
CORP/EMEA/Germany/IT	Windows Server 2008 R2 Enterprise	Microsoft Corporation	Basierend auf Installationen	0	1	0	0	-1	- €
CORP/EMEA/Germany/IT	Windows Server 2012 R2 Standard	Microsoft Corporation	Basierend auf Gesamtzahl der Prozessoren	50	50	50	50	0	24.300,00 €
CORP/EMEA/Germany/IT	Windows Server 2012 Standard	Microsoft Corporation	Basierend auf Gesamtzahl der Prozessoren	0	6	0	0	-6	- €
CORP/EMEA/Germany/IT	Windows Server 2016 Datacenter	Microsoft Corporation	Basierend auf Gesamtzahl der Prozessoren	60	60	60	60	0	36.930,00 €
CORP/EMEA/Germany/IT	Windows Server 2016 Standard	Microsoft Corporation	Basierend auf Gesamtzahl der Prozessoren	0	16	0	0	-16	- €
	Insgesamt: 5			110	133	110	110	-23	61.230,00 €

Die Ergebnisse aus dem Use Case Nr. 2 sind vom Prinzip her ähnlich wie die von Use Case Nr. 1, mit dem Unterschied, dass hier die Compliance-Sicht auf die Aggregation der Organisationseinheit abzielt, um beispielsweise einer dezentralen OU aufzuzeigen, wie es um ihren Software-Compliancestatus steht.

17.2.2.3 Use Case 3 – Übersicht ungenutzte Softwareinstallationen

Es ist in fast allen IT-Infrastrukturumgebungen so, dass aufgrund verschiedenster Umstände installierte und aktive Softwareprodukte auch mal ungenutzt bleiben. In einem Fall ist es vielleicht nur ein kurzer Zeitraum, in einem anderen Fall kann das eine oder andere System auch schon mal „vergessen" worden sein. Wenn Sie einen Scan-Agent im Einsatz haben, der Ihnen einen ziemlich hohen Prozentsatz an Scan-Erfassungsrate bringt, haben Sie die Chance, ungenutzte Softwareinstallationen zu entdecken, und können so ungenutzte Installationen reduzieren. Ausreichend Transparenz und Sichtbarkeit kann bei vielen Problemen helfen und Risiken minimieren. Bitte beachten Sie, dass dieser Bericht auf den Daten eines sogenannten Software Metering (siehe Kapitel 11 „Technische Bestandsaufnahme von Softwareprodukten" im Abschnitt 11.3.5 „Softwareinventarisierung vs. Software Metering") beruht.

Tabelle 17.3 Use Case 3 – Übersicht ungenutzter Softwareinstallationen

Use Case 3 – Übersicht ungenutzter Softwareinstallationen		
Beschreibung	**Übersicht ungenutzter Softwareinstallationen** **Die Auswertung erfolgt über alle aktiven, inventarisierten Softwareprodukte, mit Filterung auf eine einzelne Anwendung, einen Hersteller oder weitere Filterungskriterien (beispielsweise Anwendungsfamilie).**	
Inhalt	Der Bericht stellt die folgenden Daten/Ergebnisse dar: Aggregierte Sicht auf ungenutzte Softwareinstallationen von Anwendungen in der Form Anwendung, Hersteller, Metrik, Abdeckung, Lizenzbedarf, Compliance, ungenutzte Installationen, Wert der ungenutzten Software (EUR)	
Nutzer/Rolle	SAM-/LiMa-Team, IT-Betrieb, Einkauf	
Periodizität	nach Bedarf	
Ausgabemedien	Webbrowser, Drucker, Export nach Excel oder PDF	
Gruppierungsebene	**Datenfeld**	**Beschreibung**
Anwendungshersteller	Anwendung	Name der Anwendung laut Hersteller
	Hersteller	Name des Herstellers
	Metrik	Lizenzmetrik der Anwendung
	Abdeckung	Anzahl der durch die vorhandenen Softwarelizenzen abgedeckten Installationen bzw. Instanzen
	Lizenzbedarf	Anzahl technischer Lizenzbedarf
	Compliance	Anzahl (Wert) aus Differenz zwischen Abdeckung und Lizenzbedarf (gemäß Filterung).
	Ungenutzte Installationen	Anzahl der (gemäß Filterung) ungenutzten Installationen
	Wert der ungenutzten Software (EUR)	Gesamtsummen der (gemäß Filterung) ungenutzten Installationen
Berichtskriterien	*Anwendungshersteller* ist **„Microsoft Corporation“** und *Anwendung* ist **„Microsoft Office 2016“**	

Eine nach den Berichtskriterien gefilterte Ergebnisansicht würde wie folgt aussehen:

Anwendung	Hersteller	Metrik	Abdeckung	Lizenzbedarf	Compliance	Ungenutzte Installationen	Wert der ungenutzten Software (EUR)
Microsoft Office 2016 Access	Microsoft Corporation	Basierend auf Installationen	0	3	-3	3	0,00
Microsoft Office 2016 Excel	Microsoft Corporation	Basierend auf Installationen	0	6	-6	6	0,00
Microsoft Office 2016 Home and Student	Microsoft Corporation	Basierend auf Installationen	0	1	-1	1	150,00
Microsoft Office 2016 Professional Plus	Microsoft Corporation	Basierend auf Installationen	693	545	148	78	32.760,00
Microsoft Office 2016 Project Professional	Microsoft Corporation	Basierend auf Installationen	50	979	-929	944	1.424.496,00
Microsoft Office 2016 Project Standard	Microsoft Corporation	Basierend auf Installationen	121	3	118	3	2.547,00
Microsoft Office 2016 Publisher	Microsoft Corporation	Basierend auf Installationen	0	5	-5	5	0,00
Microsoft Office 2016 Word	Microsoft Corporation	Basierend auf Installationen	0	6	-6	6	0,00
Insgesamt: 8			864	1548	-684	1046	1.459.953,00

Das Berichtsergebnis vom Use Case Nr. 3 zeigt hier die erforderliche Transparenz auf, um Kosteneinsparungen realisieren zu können, wenn beispielsweise im Ergebnis die ungenutzten Softwareinstallationen aus der aktiven IT-Infrastruktur „entfernt“ werden. Auch wenn möglicherweise noch aktive Wartungsverträge nicht gleich mit reduziert werden können, so vermindert eine Deinstallation den Ressourcenaufwand im IT-Betrieb doch u. U. signifikant.

17.2.2.4 Use Case 4 – Unterlizenzierte Anwendungen

Dieser Bericht gibt Ihnen eine Übersicht (je nach Filterung) über alle aktiven (inventarisierten, gefundenen und normalisierten) Anwendungen, bei denen (bei einer negativen Compliance) die bisherige Anzahl der erworbenen Softwarelizenzen bzw. weitere mögliche Softwarelizenzübertragungen von anderen Anwendungen/Versionen nicht ausreichen, um die bestehenden technischen Lizenzbedarfe abzudecken, verbunden mit den monetären (aufgelisteten) Risiken in Euro.

Tabelle 17.4 Use Case 4 – Unterlizenzierte Anwendungen

Use Case 4 – Unterlizenzierte Anwendungen		
Beschreibung	**Übersicht der unterlizenzierten Anwendungen** **Die Auswertung erfolgt über alle aktiven, inventarisierten Softwareprodukte oder mit Filterung auf einzelne Anwendungen oder Anwendungshersteller.**	
Inhalt	Der Bericht stellt die folgenden Daten/Ergebnisse dar: Aggregierte Sicht auf Anwendungen oder Anwendungshersteller in der Form Anwendung, Hersteller, Lizenzbedarf, Menge, Übertragen, Compliance, Anwendungskosten insgesamt, Lizenzkosten insgesamt (EUR), Risiko (EUR).	
Nutzer/Rolle	SAM-/LiMa-Team, Einkauf, Management, Revision, Softwareproduktverantwortlicher	
Periodizität	nach Bedarf	
Ausgabemedien	Webbrowser, Drucker, Export nach Excel oder PDF	
Gruppierungsebene	**Datenfeld**	**Beschreibung**
Hersteller	Anwendung	Name der Anwendung laut Hersteller
	Hersteller	Name des Herstellers
	Lizenzbedarf	Anzahl technischer Lizenzbedarf
	Menge	Anzahl der Softwarelizenzen (Nutzungsrechte)
	Übertragen	Anzahl von Übertragungen aufgrund von Upgrade- oder Downgrade-Rechten von anderen Anwendungsversionen, um den Lizenzbedarf abzudecken
	Compliance	Anzahl (Wert) aus Differenz zwischen kaufmännischer Abdeckung und technischem Lizenzbedarf
	Anwendungskosten insgesamt (EUR)	Kostenaufstellung für alle der Anwendung zugeordneten Softwarelizenzen
	Lizenzkosten insgesamt (EUR)	Kostenaufstellung für alle der Anwendung zugeordneten Softwarelizenzen
	Risiko (EUR)	Summe der nicht abgedeckten Softwarelizenzkosten
Berichtskriterien	*Anwendungshersteller* ist *wie* **„Microsoft%“**	

Eine nach den Berichtskriterien gefilterte Ergebnisansicht würde wie folgt aussehen:

Anwendung	Hersteller	Lizenzbedarf	Menge	Übertragen	Compliance	Anwendungskosten insgesamt (EUR)	Lizenzkosten insgesamt (EUR)	Risiko (EUR)
Microsoft Office 2016 Project Professional	Microsoft Corporation	979	50	0	-929	1.477.311,00 €	75.450,00 €	- 1.401.861,00 €
Windows Server 2016 Standard	Microsoft Corporation	464	256	256	-208	451.008,00 €	- €	- 202.176,00 €
Microsoft Visio 2016 Professional	Microsoft Corporation	1008	850	0	-158	504.000,00 €	425.000,00 €	- 79.000,00 €
Windows Server 2012 Standard	Microsoft Corporation	140	0	0	-140	136.080,00 €	- €	- 136.080,00 €
Microsoft SQL Server 2014 Enterprise	Microsoft Corporation	1146	760	284	-98	7.219.800,00 €	7.318.080,00 €	- 1.481.760,00 €
Microsoft Office 2010 Project Professional	Microsoft Corporation	276	209	209	-67	416.484,00 €	- €	- 101.103,00 €
Microsoft Visio 2013 Professional	Microsoft Corporation	51	0	0	-51	25.500,00 €	- €	- 25.500,00 €
Microsoft SQL Server 2012 Standard	Microsoft Corporation	464	390	-931	-48	697.856,00 €	6.283.104,95 €	- 202.137,40 €
Microsoft SQL Server 2014 Standard	Microsoft Corporation	1064	926	364	-46	1.600.256,00 €	2.028.597,92 €	- 166.041,78 €
Microsoft SQL Server 2016 Standard	Microsoft Corporation	821	659	563	-36	1.234.784,00 €	231.012,00 €	- 86.629,50 €
Microsoft SQL Server 2016 Enterprise Core	Microsoft Corporation	97	65	65	-32	611.100,00 €	- €	- 201.600,00 €
Microsoft SQL Server 2012 Enterprise	Microsoft Corporation	65	30	-284	-23	409.500,00 €	6.985.440,00 €	- 405.720,00 €
Windows Server 2012 R2 Standard	Microsoft Corporation	394	378	0	-16	382.968,00 €	191.484,00 €	- 7.776,00 €
Insgesamt: 13		6.969	4573	526	-1.852	15.166.647,00 €	23.538.168,87 €	- 4.497.384,68 €

Das Ergebnis aus dem Use Case Nr. 4 kann zur weiteren Entscheidungsfindung an das Management, den Einkauf und auch an den Bereich IT-Architektur übermittelt werden, um basierend auf den monetären Risikowerten der Softwareprodukte Maßnahmen zu ergreifen (wie z. B. Deinstallation, Beschaffung, usw.).

17.2.2.5 Use Case 5 – wirtschaftliches Optimierungspotenzial

Dieser Bericht mit den hier angegebenen beispielhaften Filterkriterien ermöglicht eine Erhebung von „nicht mehr genutzten Softwareanwendungen“ (meist sinnvoll bei teuren Anwendungsprodukten, die nicht als Standardsoftware per se auf jedem Computer installiert werden), um entweder diese einem anderen Benutzer oder System zuordnen zu können (Software-Pooling) oder aber um Maßnahmen zu ergreifen, wie z. B. Wartungskontingente anpassen, Softwarelizenzen an andere Organisationseinheiten transferieren usw. Der Bericht zielt darauf ab, dass die Ausführung der (gefilterten) Anwendung „null“ (Zeitraum) ist, lizenzkostenpflichtig und nicht Bestandteil eines anderen Pakets oder einer Software Suite, also eine „eigenständige“ Softwareanwendung ist. Aus diesen Informationen ergibt sich dann ein mögliches Optimierungspotenzial, entweder im monetären Sinn oder durch Umverteilen auf andere Benutzer oder Systeme.

Tabelle 17.5 Use Case 5 – wirtschaftliches Optimierungspotenzial

Use Case 5 – wirtschaftliches Optimierungspotenzial		
Beschreibung	**Übersicht zu ungenutzten Anwendungen (pro Computer) mit Kosteninformationen, um Optimierungspotenzial aufzuzeigen** **Die Auswertung erfolgt über eine gefilterte Organisationseinheit oder alle, zu einer gefilterten Anwendung oder alle, die keine Ausführung (Nutzungszeit) mehr aufweisen und lizenzkostenpflichtig sind.**	
Inhalt	Der Bericht stellt die folgenden Daten/Ergebnisse dar: Aggregierte Sicht auf eine Organisationseinheit in der Form: Organisationseinheit, Computername, häufigster Benutzer, Anwendung, Anwendungskosten pro Metrik (EUR)	
Nutzer/Rolle	SAM-/LiMa-Team, Kostenstellenverantwortlicher	
Periodizität	nach Bedarf	
Ausgabemedien	Webbrowser, Drucker, Export nach Excel oder PDF	
Gruppierungsebene	**Datenfeld**	**Beschreibung**
Organisation	Organisation	Name der Organisation/Einheit nach der gefiltert werden soll
	Computername	Name des Systems, auf dem die seit längerem ungenutzte Anwendung entdeckt wurde
	Häufigster Benutzer	Name des häufigsten Benutzers (meist Primary User bzw. Hauptbenutzer), der im Zweifelsfall diese Anwendung nicht mehr nutzt bzw. nicht mehr benötigt, sodass diese einem anderen Anwender zugeordnet werden könnte
	Anwendung	Name der (gefilterten) Anwendung
	Anwendungskosten pro Metrik (EUR)	Kostenaufstellung für die (nicht genutzte) Anwendung
Berichtskriterien	*Organisation* ist gleich **„FUNCP/EUROPE/Germany/Marketing“** und *Ausführung* ist gleich **„0“** und *Betriebssystem* ist gleich **„Nein“** und *Anwendung* ist **„Adobe Photoshop CS%“**	

Eine nach den Berichtskriterien gefilterte Ergebnisansicht mit einer Aggregation auf die Organisation würde wie folgt aussehen:

Computername	Häufigster Benutzer	Anwendung	Anwendungskosten pro Metrik (EUR)
Organisation: FUNCP/EUROPE/Germany/Marketing			
FUNCP0A111D7	Chrissie Norst (FUNCP\chrissieNorst)	Adobe Photoshop CS3	676,00
FUNCP2D3988B	Tina Schmitz (FUNCP\tinaschmitz)	Adobe Photoshop CS3	676,00
FUNCP21123E0	Michael Paul (FUNCP\michaelpaul)	Adobe Photoshop CS6	676,00
FUNCP9CCAA8F	Lorena Pursal (FUNCP\lorenapursal)	Adobe Photoshop CS6	676,00
FUNCPA78971D	Werner Weber (FUNCP\wernerweber)	Adobe Photoshop CS5.1	676,00
Insgesamt: 5		Insgesamt: 5	3.380,00

Mit dem Ergebnis liegt nun eine fundierte Entscheidungsgrundlage vor, um die nicht mehr genutzten Anwendungen entweder anderen Anwendern zuzuordnen oder von den Systemen zu deinstallieren und diese in dem „virtuellen“ Software-Pool für andere Bedarfsanforderer bereitzustellen.

17.2.2.6 Use Case 6 – Computer, auf denen die angegebene Anwendung fehlt

Frage: Wie kann der IT-Betrieb herausfinden, ob ein geplanter Software-Rollout auch tatsächlich alle „gewünschten“ Systeme (eventuell in unterschiedlichen OUs) erreicht hat? Nun, es gibt sicherlich verschiedene Varianten, eine davon wäre der hier beschriebene Use Case 6, der mit seinen Auswahlattributen eine solche Auswertung bereitstellen kann. Ein gutes Praxisbeispiel hierfür wäre festzustellen bzw. zu kontrollieren, ob – hier beispielhaft – die Anwendung „SAP GUI“ tatsächlich dort installiert wurde, wo sie geplant und erforderlich ist, oder als ein weiteres Praxisbeispiel, ob die Softwareinstallation des Virenscanners überall erfolgreich ausgebracht werden konnte.

Tabelle 17.6 Use Case 6 – Computer, auf denen die angegebene Anwendung fehlt

Use Case 6 – Computer, auf denen die angegebene Anwendung fehlt		
Beschreibung	**Computer, auf denen die angegebene Anwendung fehlt** **Computer anzeigen bzw. aggregiert auf eine Organisationseinheit, auf denen eine oder mehrere angegebene Anwendungen fehlen, um so herauszufinden, ob eine erforderliche Standardanwendung auf allen Computern vorhanden ist bzw. auf welchen diese fehlt.**	
Inhalt	Der Bericht stellt die folgenden Daten/Ergebnisse dar: Aggregierte Sicht auf Organisationseinheit in der Form Organisation, Hersteller, Modell, Computername, zuletzt gescannt, Status	
Nutzer/Rolle	SAM-/LiMa-Team, IT-Betrieb, IT-Architekt	
Periodizität	nach Bedarf	
Ausgabemedien	Webbrowser, Drucker, Export nach Excel oder PDF	
Gruppierungsebene	**Datenfeld**	**Beschreibung**
Rechtliche Einheit	Organisation	Name der Organisation/rechtliche Einheit, nach der gefiltert werden soll
	Hersteller	Name des Herstellers
	Modell	Computermodell (PC/Laptop)
	Computername	Name des Computers
	Zuletzt gescannt	Datum der letzten „Meldung“ des Systems
	Status	Status des Systems (Aktiv, in Quarantäne, Inaktiv)
Berichtskriterien	*Anwendung fehlt* wie **„SAP GUI%“** und *Organisation* ist gleich **„FUNCP/EUROPE/Germany/Operations“** und gefiltert zusätzlich in den angezeigten Spalten nach *Status* **„In Quarantäne“** und **„Aktiv“** und *Modell* **„ThinkPad T450“**	

Eine nach den Berichtskriterien gefilterte Ergebnisansicht würde wie folgt aussehen:

Organisation	Hersteller	Modell	Computername	Zuletzt gescannt	Status
FUNCP/EMEA/Germany/Operations	Lenovo	ThinkPad T450	FUNCPD7FED27	05.11.2020	In Quarantäne
FUNCP/EMEA/Germany/Operations	Lenovo	ThinkPad T450	FUNCPAC5E3D4	05.11.2020	In Quarantäne
FUNCP/EMEA/Germany/Operations	Lenovo	ThinkPad T450	FUNCP850A38F	18.10.2020	In Quarantäne
FUNCP/EMEA/Germany/Operations	Lenovo	ThinkPad T450	FUNCPE881482	18.09.2020	In Quarantäne
FUNCP/EMEA/Germany/Operations	Lenovo	ThinkPad T450	FUNCP00FB972	13.12.2020	Aktiv
FUNCP/EMEA/Germany/Operations	Lenovo	ThinkPad T450	FUNCP0529379	13.12.2020	Aktiv
FUNCP/EMEA/Germany/Operations	Lenovo	ThinkPad T450	FUNCP1D315F5	13.12.2020	Aktiv
FUNCP/EMEA/Germany/Operations	Lenovo	ThinkPad T450	FUNCP1F5F812	06.12.2020	Aktiv
FUNCP/EMEA/Germany/Operations	Lenovo	ThinkPad T450	FUNCP2065422	13.12.2020	Aktiv
			Insgesamt: 9		

Mit dem Ergebnis wäre jetzt ein umsetzbarer Maßnahmenkatalog bereitgestellt, um die Systeme zu prüfen, die a) in Quarantäne sind (also weshalb sind diese solange schon nicht mehr aktiv gewesen) und b) weswegen fehlt bei den aufgelisteten Systemen die Anwendung „SAP GUI".

17.2.2.7 Use Case 7 – Kaufdaten für Lizenzen pro Vertrag

Mit dem Bericht des Use Case 7 können Sie sich einen „Berichts"-Überblick verschaffen, welche Anwendungen in welcher Menge als Kauflizenz, mit welchem Kaufdatum einem Vertrag hinzugefügt wurden. Hier in diesem Beispiel noch aggregiert auf die Organisationseinheit (OU) bzw. rechtliche Einheit.

Tabelle 17.7 Use Case 7 – Kaufdaten für Lizenzen pro Vertrag

Use Case 7 – Kaufdaten für Lizenzen pro Vertrag		
Beschreibung	**Übersicht Kaufdaten von Lizenzen, gruppiert nach Vertragsnamen** **Die Auswertung erfolgt über „rechtliche Einheit" als Aggregationsmerkmal und Filterung nach einem „Herstellervertrag" mit einer Übersicht der darauf beschafften Anzahl der Softwarelizenzen (Nutzungsrechte) und dem Erwerbsdatum (Kaufdatum bzw. Rechnungsdatum).**	
Inhalt	Der Bericht stellt die folgenden Daten/Ergebnisse dar: Aggregierte Sicht auf rechtliche Einheit und Vertragsnummer in der Form rechtliche Einheit, Vertragsname, Anwendung, Metrik, Menge, Kaufdatum.	
Nutzer/Rolle	SAM-/LiMa-Team, Softwareproduktverantwortlicher, Einkauf	
Periodizität	nach Bedarf	
Ausgabemedien	Webbrowser, Drucker, Export nach Excel oder PDF	
Gruppierungsebene	**Datenfeld**	**Beschreibung**
Rechtliche Einheit	Rechtliche Einheit	Name der Organisationseinheit (OU), rechtliche Einheit, die diesem Vertrag zugeordnet wurde
Vertragsname	Vertragsname	Name des angelegten Softwarevertrags
	Anwendung	Name der Anwendung laut Hersteller
	Metrik	Lizenzmetrik der Anwendung
	Menge	Anzahl der Softwarelizenzen (Nutzungsrechte)
	Kaufdatum	Datum der Bestellung/Rechnungsdatum
Berichtskriterien	*Rechtliche Einheit* ist gleich **„FUNCP"** und *Vertragsnummer* ist wie **„IBM%"** und aggregiert nach *Rechtliche Einheit* und *Name* (der Vertragsname)	

Eine Ergebnisansicht nach den Berichtskriterien gefilterte würde wie folgt aussehen:

Anwendung	Metrik	Menge	Kaufdatum
Rechtliche Einheit: FUNCP			
Vertragsname: IBM Passport Advantage Agreement			
IBM DB2 9.7 Advanced Enterprise Server Edition	Basierend auf PVU	5.000	01.01.2017
IBM DB2 9.7 Workgroup Server Edition	Basierend auf PVU	5.200	01.01.2017
IBM InfoSphere DataStage 11.5 Server	Basierend auf PVU	700	01.01.2017
IBM InfoSphere DataStage 11.7 Server	Basierend auf PVU	1.260	01.01.2017
IBM InfoSphere Guardium 8.0	Basierend auf PVU	2.000	01.01.2017
IBM InfoSphere Information Server 8.7	Basierend auf PVU	2.000	01.01.2017
IBM Spectrum Protect 7.1	Basierend auf PVU	32.000	01.01.2017
IBM Spectrum Protect 7.1 Extended Edition	Basierend auf PVU	38.500	30.09.2017
IBM Spectrum Protect 7.1 for Mail	Basierend auf PVU	4.500	01.01.2018
IBM Spectrum Protect 8.1 for Databases	Basierend auf PVU	40.000	30.09.2018
IBM WebSphere Application Server 8.5	Basierend auf PVU	4.000	31.08.2019
Menge: 11	Summe: 135.160		
Insgesamt: 11	Insgesamt: 135.160		

Dieser Bericht wurde zuerst gruppiert nach der rechtlichen Einheit (Organisationseinheit) und dann nach Vertragsname und hat im Ergebnis (hier in diesem Beispiel) eine Übersicht aller IBM-Produkte, die unter dem „IBM Passport Advantage“-Vertrag erfasst wurden. So ein Bericht wäre beispielsweise eine Standardsicht für den IBM-Produktverantwortlichen im Unternehmen. Mit diesen Berichtsergebnissen hat der Produktverantwortliche dann u. a. auch eine Kontrolle, ob die Werte mit den Beschaffungen im ERP-System übereinstimmen, also in beiden Systemen eine identische Sicht auf die Zahlen gegeben ist. Sollten Abweichungen auftreten, muss geprüft werden, in welchem System diese auftritt und über entsprechende Maßnahmen korrigiert werden.

17.2.2.8 Use Case 8 – Wartungs- und Supportübersicht

Die Werte des Berichts aus Use Case 7 sind u. a. auch eine wichtige Grundlage für den letzten Use Case. Besteht eine Sicht auf die aktiven Softwarelizenzen, wird so auch eine transparente Sicht auf die dazugehörigen aktiven Wartungsverträge ermöglicht. Im nachfolgenden Beispiel anhand von Microsoft-Produkten.

Tabelle 17.8 Use Case 8 – Wartungs- und Supportübersicht

Use Case 8 – Wartungs- und Supportübersicht		
Beschreibung	**Übersicht der Wartungskosten von Softwareprodukten in ihren jeweiligen Wartungsverträgen** **Die Auswertung erfolgt über alle aktiven Softwareprodukte oder mit Filterung auf einzelne Anwendungen oder Hersteller.**	
Inhalt	*Der Bericht stellt die folgenden Daten/Ergebnisse dar:* Aggregierte Sicht auf Anwendungen in der Form rechtliche Einheit, Anwendung, Vertragsname, Vertragsnummer, Menge, Metrik, Kaufdatum, Wartungskosten (EUR), Zeitraum von, Zeitraum bis, aktiver Zeitraum	
Nutzer/Rolle	SAM-/LiMa-Team, Einkauf, IT-Betrieb (Produktverantwortlicher)	
Periodizität	nach Bedarf	
Ausgabemedien	Webbrowser, Drucker, Export nach Excel oder PDF	
Gruppierungsebene	**Datenfeld**	**Beschreibung**
Rechtliche Einheit (OU)	Rechtliche Einheit	Name der Organisationseinheit
	Anwendung	Name der Anwendung laut Hersteller
	Vertragsname	Name des zugehörigen Vertrags
	Vertragsnummer	Zugehörige Vertragsnummer
	Menge	Anzahl verfügbarer Softwarelizenzen (Nutzungsrechte)
	Metrik	Lizenzmetrik der Anwendung
	Kaufdatum	Kaufdatum der Wartungsrechte
	Wartungskosten (EUR)	Wartungskosten Gesamt pro Anwendung
	Zeitraum von	Wartungszeitraum Beginn
	Zeitraum bis	Wartungszeitraum Ende
	Aktiver Zeitraum	Kennzeichnung aktiver Zeitraum (Ja/Nein)
Berichtskriterien	*Aktiver Zeitraum* ist **„Ja“** und *Rechtliche Einheit* ist **„CORP“** und *Wartungskosten* größer als **„0“**	

Eine nach den Berichtskriterien gefilterte Ergebnisansicht würde wie folgt aussehen:

Rechtliche Einheit	Anwendung	Vertragsname	Vertragsnummer	Menge	Metrik	Kaufdatum	Wartungskosten (EUR)	Zeitraum von	Zeitraum bis	Aktiver Zeitraum
CORP	Microsoft System Center Endpoint Protection 2016	Microsoft Enterprise Agreement	MSENTMASTER	18.000	Installationen	01.01.2018	79.200,00	01.01.2020	31.12.2020	Ja
CORP	Windows Server 2016 Datacenter	Microsoft Enterprise Agreement	MSENTMASTER	2.880	Anzahl der Prozessorkerne	01.01.2018	221.580,00	01.01.2020	31.12.2020	Ja
CORP	Microsoft SQL Server 2012 Standard	Microsoft Enterprise Agreement	MSENTMASTER	342	Anzahl der Prozessorkerne	01.01.2012	102.873,00	01.01.2020	31.12.2020	Ja
CORP	Microsoft SQL Server 2014 Standard	Microsoft Enterprise Agreement	MSENTMASTER	562	Anzahl der Prozessorkerne	01.01.2014	169.050,00	01.01.2020	31.12.2020	Ja
CORP	Microsoft SQL Server 2016 Standard	Microsoft Enterprise Agreement	MSENTMASTER	96	Anzahl der Prozessorkerne	01.01.2018	28.876,00	01.01.2020	31.12.2020	Ja
CORP	Microsoft SQL Server 2012 Enterprise	Microsoft Enterprise Agreement	MSENTMASTER	158	Anzahl der Prozessorkerne	01.01.2012	199.080,00	01.01.2020	31.12.2020	Ja
CORP	Microsoft SQL Server 2014 Enterprise	Microsoft Enterprise Agreement	MSENTMASTER	484	Anzahl der Prozessorkerne	01.01.2014	609.840,00	01.01.2020	31.12.2020	Ja
CORP	Microsoft SQL Server 2012 Standard	Microsoft Enterprise Agreement	MSENTMASTER	1.150	Anzahl der Prozessorkerne	01.01.2012	345.920,00	01.01.2020	31.12.2020	Ja
CORP	Microsoft SQL Server 2012 Enterprise	Microsoft Enterprise Agreement	MSENTMASTER	238	Anzahl der Prozessorkerne	01.01.2012	299.880,00	01.01.2020	31.12.2020	Ja
CORP	Microsoft SQL Server 2014 Enterprise Core	Microsoft Enterprise Agreement	MSENTMASTER	154	Anzahl der Prozessorkerne	01.01.2014	194.040,00	01.01.2020	31.12.2020	Ja
	Insgesamt: 10			**24.064**			**2.250.339,00**			

Mit den Ergebnissen aus Use Case 8, haben jetzt beispielsweise die Stakeholder „Einkauf" bzw. „Vertragsmanagement" Zahlen und Daten, um fundierte Entscheidungen treffen zu können.

Hinweis:

Damit die Auswertungen und Berichte von den entsprechend autorisierten Personen gelesen werden bzw. weiterverarbeitet werden können (bei geplanten Berichten), ist es wichtig, die Berichte auch den entsprechenden Rollen zuzuweisen und, wenn es möglich ist, diese auch noch durch spezifische Rechte (Ändern oder Lesen) zu steuern. Heutige SAM-Tools können ohne Weiteres diese Aufgabenstellung erfüllen. ■

Berichte sind immer das Mittel der Wahl, wenn es um Auswertungen und Ergebnisse geht, die von verschiedenen Stakeholdern weiterverarbeitet werden sollen. In Form von geplanten (periodisch zu erstellenden) Berichten werden dann die Daten zu bestimmten Aufgabenstellung wie beispielsweise die Bereitstellung von Ergebnissen für andere Geschäftsprozesse – über definierte Schnittstellen oder Datenaustauschverzeichnisse – den anfordernden Rollen bzw. Stakeholdern bereitgestellt. Für das operative Managen und Beobachten von SAM-„Situationen" ist dann eher das im folgenden Abschnitt beschriebene Monitoring mit seinen verschiedenen Darstellungsmöglichkeiten über Dashboards, Alarmgruppierungen usw. das hilfreichere (weil auch besser visualisierbare) Werkzeug.

17.3 SAM-Daten monitoren

Die aktuellen SAM-Tools haben meistens aus ihrer Entwicklungsgeschichte heraus so ihre Methoden, die SAM-Daten zu visualisieren. Am gebräuchlichsten sind Berichte in Form von Tabellen, über Kreis-, Torten-, Balken- und Säulendiagrammen, je nach Einsatzzweck der Datenbereitstellung.

> Die hier gezeigten Screenshots wurden aus dem aktuellen Snow License Manager von der Firma Snow Software erstellt.[7] Der besseren Darstellung und Lesbarkeit wegen zeigen die Screenshots meistens nur die relevanten Bildausschnitte.

17.3.1 Dashboards

Über ihre Startseite stellen viele SAM-Tools einen ersten Überblick über die wichtigsten SAM-Daten bereit. Hierfür hat sich auch der Begriff „Dashboard" etabliert, wo bereits einige wichtige Informationen in Form von gruppierten, „anklickbaren" Übersichten bereitgestellt werden. Beim Snow License Manager wird diese Ansicht „Snowboard" genannt. Das bereitgestellte „Default Snowboard" mit bestimmten Informationen ist für alle Benutzer gleich und kann nicht angepasst werden, es ist sozusagen ein „System-Snowboard". In Bild 17.3 ist das „Default-Snowboard" mit seinen verschiedenen Informationssichten dargestellt. Andere bzw. weitere Dashboardansichten können aus den vorhandenen Widgets zu benutzerspezifische Dashboards zusammengestellt werden, und dies auch individuell für die verschiedenen Stakeholder. Diese benutzerspezifischen Dashboards ermöglichen damit einen schnellen ersten Überblick über die zu beobachtenden Daten und es kann bei Bedarf frühzeitig reagiert werden.

Bild 17.4 zeigt einen Ausschnitt aus dem Default Snowboard mit den beiden Widgets *„Inventarisierungsstatus der Computer"* und *„Meistgenutzte Anwendungen"*. Bei den meisten auswählbaren Widgets steht (rechts oben im Screenshot) ein Link mit der Beschriftung *„Daten anzeigen"* zur Verfügung. Klickt man darauf, werden die zuvor im Kreisdiagramm dargestellten Informationen in Form einer Berichtsliste angezeigt (zu sehen in Bild 17.5). Mit dieser Datenliste können dann weitere Filterungen ausgeführt und über die Standardformate (.csv; .pdf; .xls/.xlsx; .xlm) auch exportiert und weiterverarbeitet werden.

Bild 17.5 zeigt die zugehörige Berichtsliste zum Kreisdiagramm-Widget *„Inventarisierungsstatus der Computer"*.

In Bild 17.6 ist der zugehörige Berichtsauszug für das Kreisdiagramm-Widget *„Meistgenutzte Anwendungen"* zu sehen.

Die in Bild 17.5 und Bild 17.6 dargestellten Inhalte und Informationen beziehen sich auf „Standardberichte", die über die Widgets aus dem „Default Snowboard" abgerufen werden können.

[7] Die abgebildeten Screenshots des hier beispielhaft beschriebenen SAM-Tools, beziehen sich auf die Softwareprodukte und -Komponenten der Firma Snow Software, die laut dem aktuellen Gartner „Magic Quadrant for Software Asset Management Tools", im Feld der „Leaders" zu finden ist. Der Abdruck erfolgt mit freundlicher Genehmigung der Snow Software GmbH.

Zu den bereits beschriebenen Dashboard-Ansichten gibt es auch noch weitere Möglichkeiten, visualisierte Informationen zu erhalten. Im nächsten Beispielszenario interessieren uns: Die Top 5 der kostenintensivsten Hersteller und parallel dazu die Rangliste der Hersteller mit den am häufigsten installierten Softwareanwendungen im Unternehmen (in Bild 17.7 dargestellt).

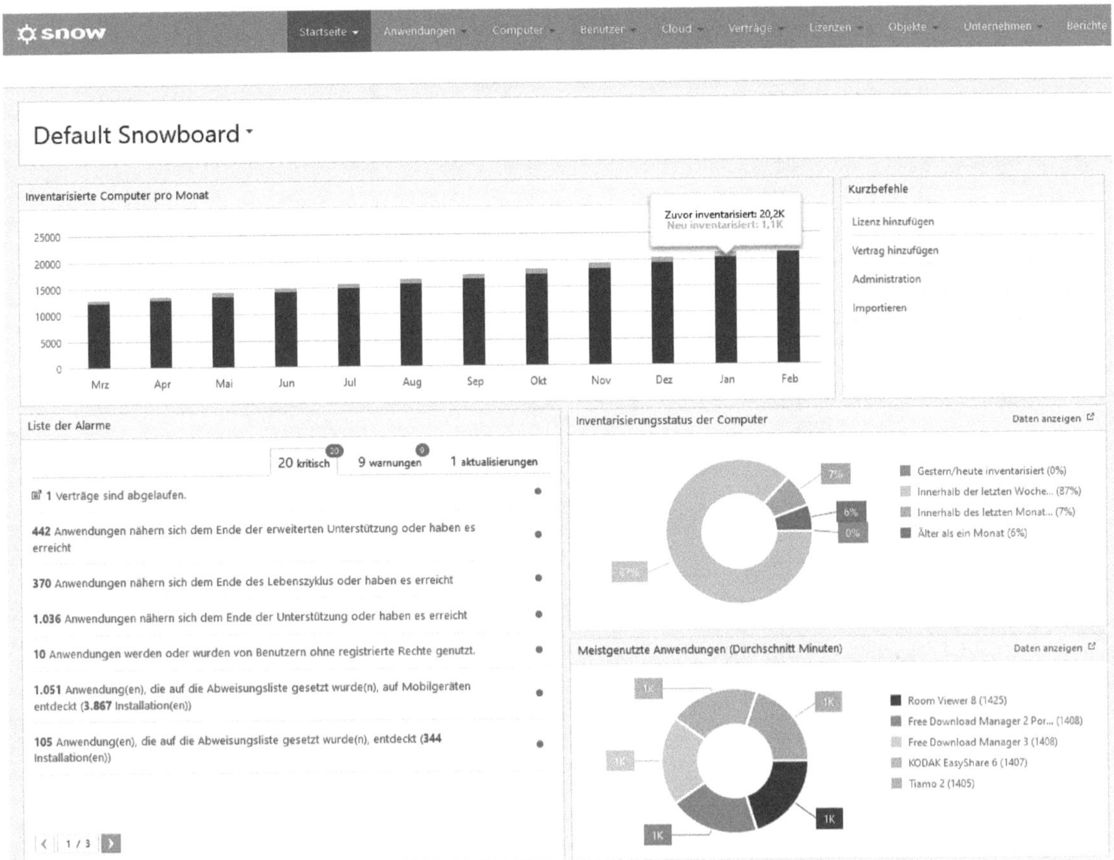

Bild 17.3 Dashboard Übersicht[8] – „Default Snowboard“

---

[8] Screenshot aus Snow License Manager von Snow Software GmbH (*www.snowsoftware.com*).

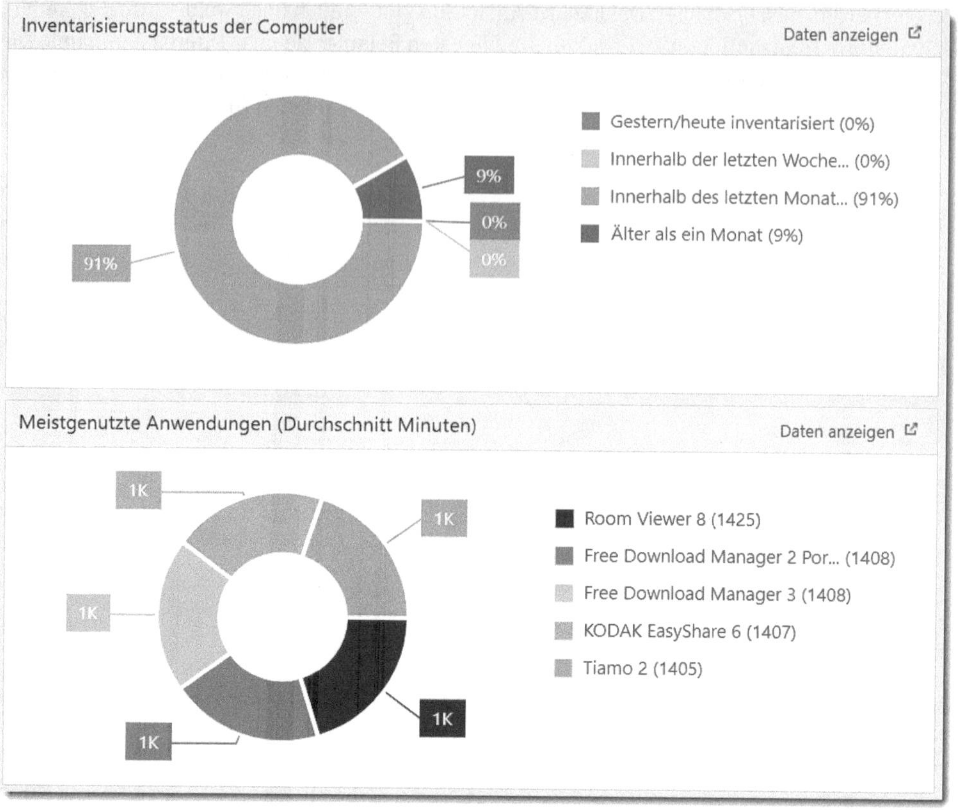

Bild 17.4 Widget – „Inventarisierungsstatus der Computer“ und „Meistgenutzte Anwendungen“

Inventarisierungsstatus der Computer

Inventarisierungsstatus der Computer anzeigen

Inventarisiert	Computername	Zuletzt ge... ↓	Hersteller	Modell	Betriebssystem
(Alle)					10
Gestern/heute inventarisiert	CORP1177393	23.12.2020	Lenovo	ThinkPad X270 W10DG	Microsoft Windows 10 Pro
Gestern/heute inventarisiert	CORPB053818	23.12.2020	Lenovo	ThinkPad X260	Microsoft Windows 10 Pro
Gestern/heute inventarisiert	CORP023A555	23.12.2020	Lenovo	ThinkPad T460	Microsoft Windows 10 Pro
Gestern/heute inventarisiert	CORPCC1C692	23.12.2020	Lenovo	ThinkPad T460	Microsoft Windows 10 Pro
Gestern/heute inventarisiert	CORP722F44E	23.12.2020	Lenovo	ThinkPad T460	Microsoft Windows 10 Pro
Gestern/heute inventarisiert	CORP0F977AA	23.12.2020	Lenovo	ThinkPad T460	Microsoft Windows 10 Pro

Bild 17.5 Beispiel Berichtsauszug für Dashboard-Widget – „Inventarisierungsstatus der Computer“

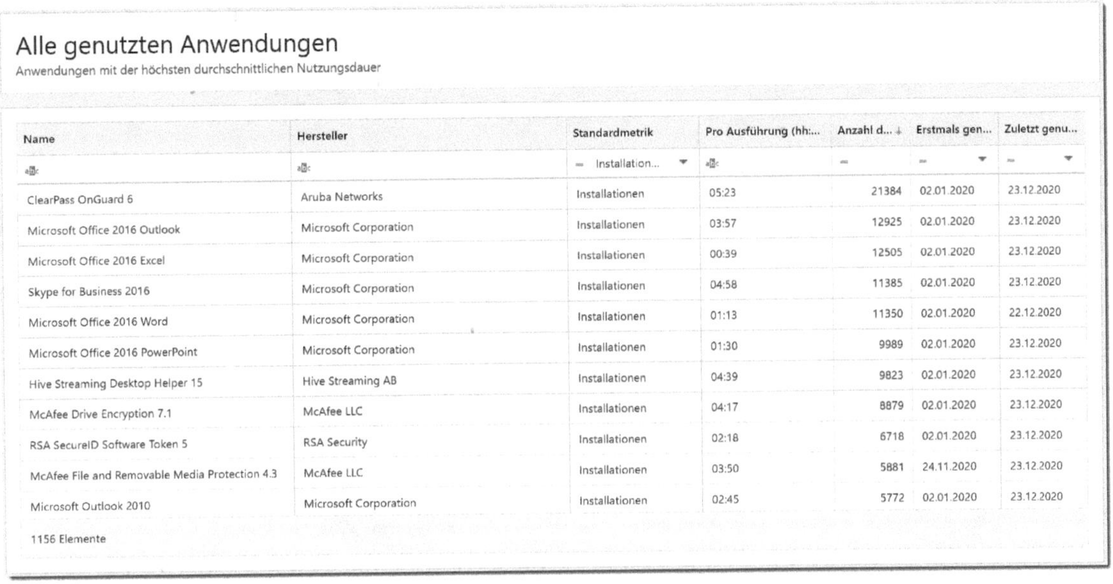

Alle genutzten Anwendungen
Anwendungen mit der höchsten durchschnittlichen Nutzungsdauer

Name	Hersteller	Standardmetrik	Pro Ausführung (hh:...	Anzahl d...	Erstmals gen...	Zuletzt genu...
ClearPass OnGuard 6	Aruba Networks	Installationen	05:23	21384	02.01.2020	23.12.2020
Microsoft Office 2016 Outlook	Microsoft Corporation	Installationen	03:57	12925	02.01.2020	23.12.2020
Microsoft Office 2016 Excel	Microsoft Corporation	Installationen	00:39	12505	02.01.2020	23.12.2020
Skype for Business 2016	Microsoft Corporation	Installationen	04:58	11385	02.01.2020	23.12.2020
Microsoft Office 2016 Word	Microsoft Corporation	Installationen	01:13	11350	02.01.2020	22.12.2020
Microsoft Office 2016 PowerPoint	Microsoft Corporation	Installationen	01:30	9989	02.01.2020	23.12.2020
Hive Streaming Desktop Helper 15	Hive Streaming AB	Installationen	04:39	9823	02.01.2020	23.12.2020
McAfee Drive Encryption 7.1	McAfee LLC	Installationen	04:17	8879	02.01.2020	23.12.2020
RSA SecureID Software Token 5	RSA Security	Installationen	02:18	6718	02.01.2020	23.12.2020
McAfee File and Removable Media Protection 4.3	McAfee LLC	Installationen	03:50	5881	24.11.2020	23.12.2020
Microsoft Outlook 2010	Microsoft Corporation	Installationen	02:45	5772	02.01.2020	23.12.2020

1156 Elemente

Bild 17.6 Beispiel Berichtsauszug für Dashboard-Widget „Meistgenutzte Anwendungen"

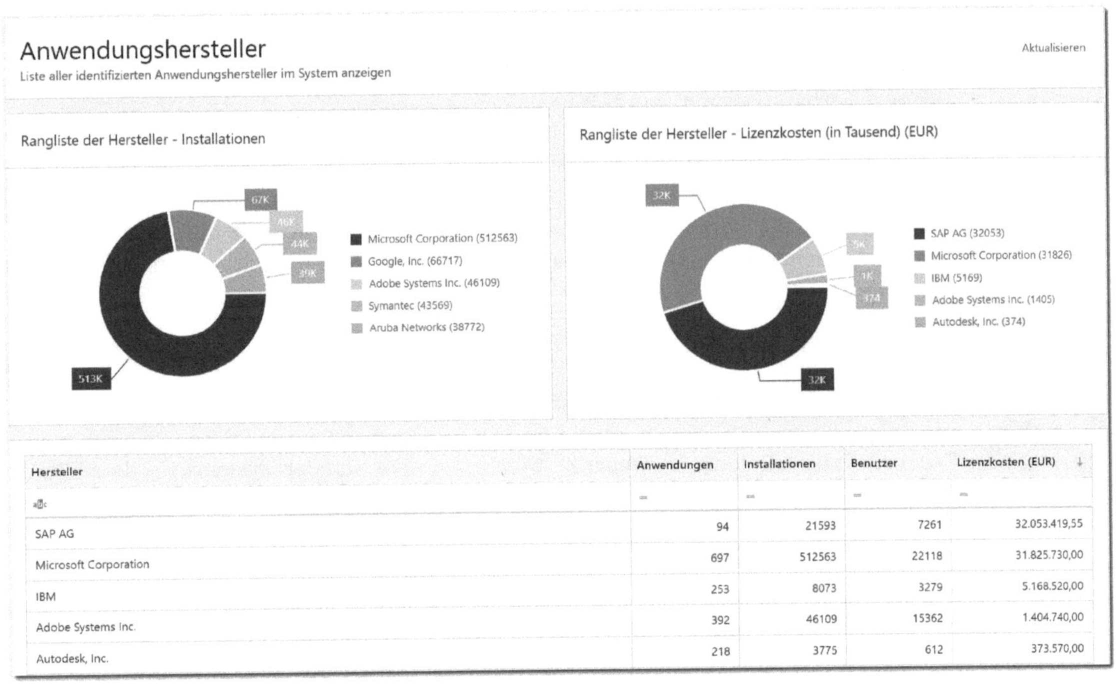

Hersteller	Anwendungen	Installationen	Benutzer	Lizenzkosten (EUR)
SAP AG	94	21593	7261	32.053.419,55
Microsoft Corporation	697	512563	22118	31.825.730,00
IBM	253	8073	3279	5.168.520,00
Adobe Systems Inc.	392	46109	15362	1.404.740,00
Autodesk, Inc.	218	3775	612	373.570,00

Bild 17.7 Überblick Rangliste und Lizenzkosten Top 5 – Anwendungshersteller

Die in Bild 17.7 dargestellten Softwarekosten beinhalten auch durchaus Kosten zu Softwarelizenzen für Cloud- bzw. SaaS-Subskriptions. Sehen wir uns ein Beispiel dazu an. Aus der in Bild 17.7 dargestellten Herstellerliste wurde der Hersteller „IBM" ausgewählt und über einen weiteren Drill-Down ist jetzt eine Top-5-Produktliste des Herstellers IBM zu sehen (siehe Bild 17.8).

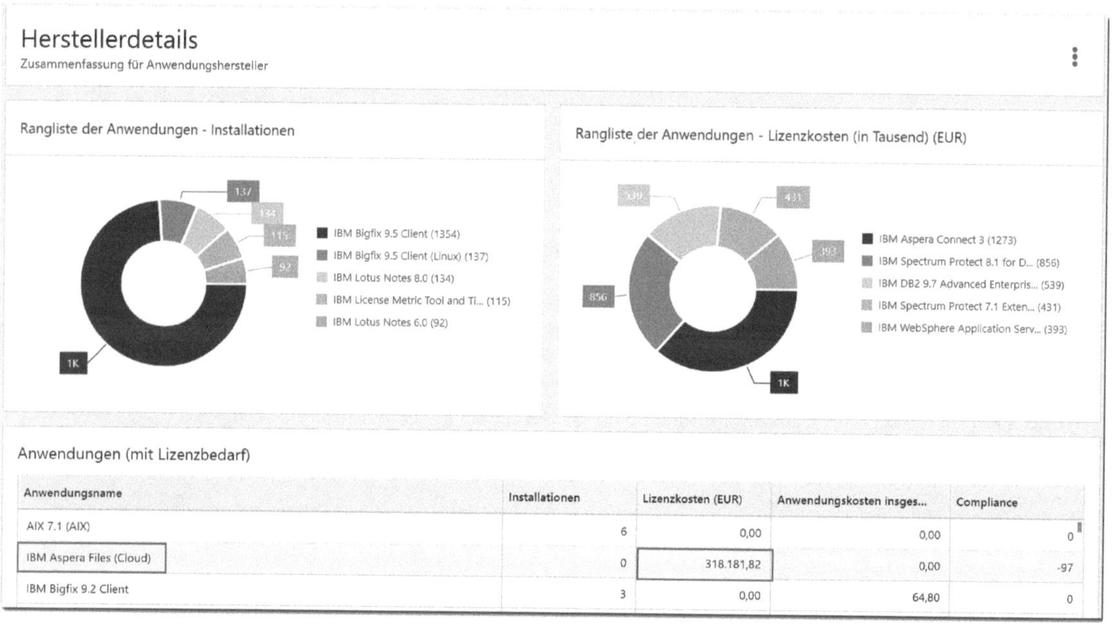

Bild 17.8 Sicht Anwendungshersteller mit Drill-Down auf IBM mit Rangliste der Anwendungen (Lizenzkosten) am Beispiel IBM Aspera Files Cloud

Die hier (rot) eingerahmte Anwendung ist eindeutig eine Cloud-Anwendung, zu erkennen daran, dass diese eine Anzahl von „0" Installationen anzeigt, aber trotzdem Lizenzkosten ausweist. Nun sind die Standard-Ansichten bereits eine gute Möglichkeit, durch die ganzen Datenpools zu navigieren, es lassen sich aber auch weitere eigene Ansichten erstellen und konfigurieren.

17.3.2 Benutzerdefinierte Sichten

Im Gegensatz zum „Default Snowboard", welches ja eine Standardsystemsicht darstellt, können im jeweiligen Benutzerkontext (wie bereits erwähnt) eigene Sichten konfiguriert und als ein weiteres „Dashboard" erstellt werden. Im Bild 17.9 sind einige Beispiele bzw. Anregungen für benutzerdefinierte Dashboards zu sehen.

Greifen wir hier die Dashboards „Cloud-Daten", „Überblick Compliance" und „Hardware Lifecycle Management" beispielhaft in den folgenden Screenshots heraus.

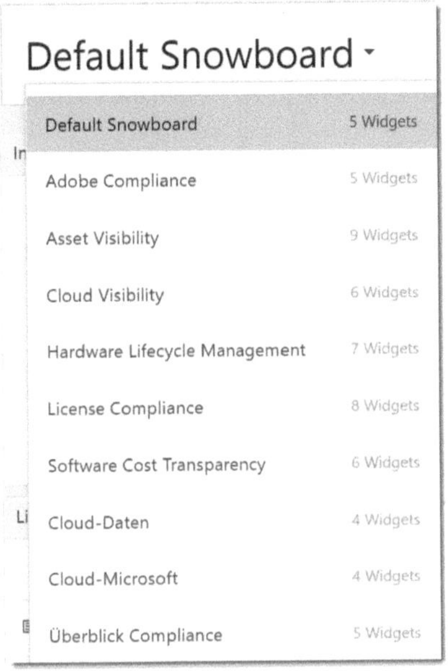

Bild 17.9
Beispielhafte benutzerdefinierte „Dashboards“

17.3.2.1 Cloud-Daten

Das Dashboard *„Cloud-Daten“* (Bild 17.10) bildet Informationen ab, die über die Inventarisierungsdaten im Snow License Manager bereitgestellt werden, hier z. B. Daten zur Benutzeraktivität im Microsoft Office 365 E1 Plan, Daten mit Sicht auf die *„Meist verwendeten Cloud-Anwendungen“* und mit Sicht auf *„Anzahl an Cloud-Servern und virtuellen Servern im On-Premise-Betrieb“*. Die Ermittlung der Daten erfolgt über spezielle für das Cloud-Metering erstellte Funktionen und Konnektoren, um die Ergebnisse im Dashboard in Form von Listenansichten bzw. Kreisdiagrammen bereitzustellen.

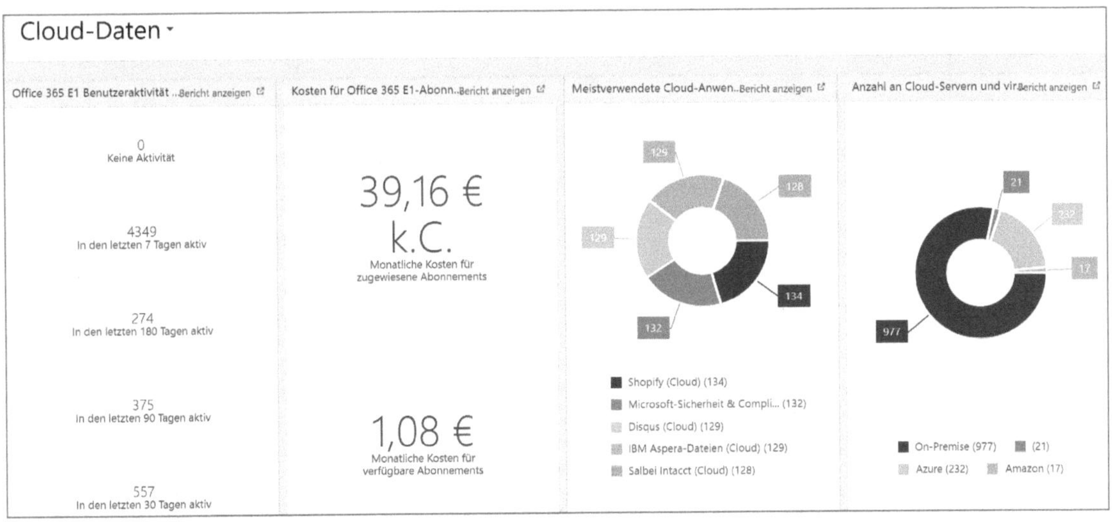

Bild 17.10 Benutzerspezifisches Dashboard – „Cloud-Daten“

Widget: Office 365 E1 Benutzeraktivität und Kosten für Office 365 E1-Abonnement

Das Widget zeigt auf, dass *„4.349“* Anwender in den letzten sieben Tagen dieses Abonnement aktiv genutzt haben, und es sind weitere Daten von Anwendern zu sehen, die es in den letzten 30, 90 bzw. 180 Tagen genutzt haben. Zusätzlich wird in diesem Widget angezeigt, dass *„39,16 €“* pro zugewiesenem Abonnement und *„1,08 €“* für verfügbare Abonnements an monatlichen Kosten anfallen.

Für eine weitergehende Analyse der Daten schauen wir uns die folgenden Screenshots an.

Über das Menü „Cloud“ und mit der Auswahl „Microsoft 365“ wird eine Übersicht über die aktiven Microsoft-365-Applikationen aufgerufen.

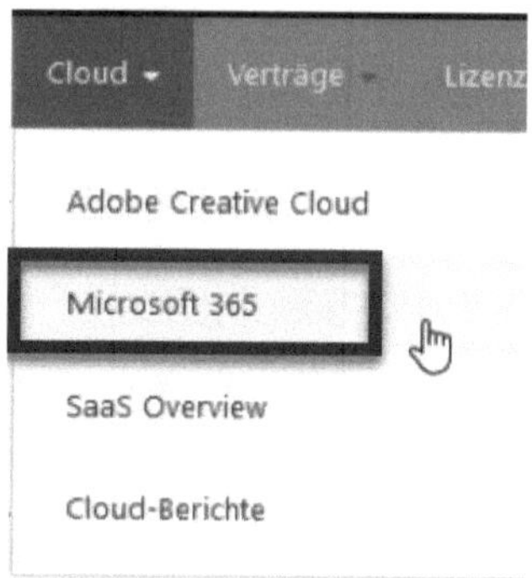

Microsoft 365 / Applications

Applications

Filter

	Produktname	Benutzer insgesamt	Inaktive Benutzer	Vor mehr als 90 Tagen aktiv	Vor weniger als 90 Tagen aktiv	Im Abonnement enthalten
	Microsoft Exchange	622	0	170	452	Microsoft Office 365 E3 Microsoft Office 365 E1
	Microsoft Skype for Business	622	0	170	452	Microsoft Office 365 E3 Microsoft Office 365 E1
	Microsoft Project	46	46	0	0	Microsoft Project Pro for Office 365
	Microsoft 365 Apps for Enterprise	496	496	0	0	Microsoft Office 365 E3
	Microsoft Visio	36	36	0	0	Microsoft Visio Plan 2
	Microsoft OneDrive	622	258	0	364	Microsoft Office 365 E3 Microsoft Office 365 E1
	Microsoft SharePoint	496	435	0	61	Microsoft Office 365 E3
	Microsoft Yammer	622	545	0	77	Microsoft Office 365 E3 Microsoft Office 365 E1
	Microsoft Teams	622	535	0	87	Microsoft Office 365 E3 Microsoft Office 365 E1

Der Überblick enthält die Gesamtzahl der Benutzer der jeweiligen Applikation, wie viele inaktive Benutzer festgestellt wurden und wie viele Benutzer vor über 90 Tagen bzw. innerhalb der letzten 90 Tage aktiv gewesen sind. Des Weiteren werden die zu den Applikationen gehörenden Abonnement-Pläne mit angezeigt. In einer zweiten Übersicht können die kumulierten Daten angezeigt werden, wie es der folgende Screeshot zeigt.

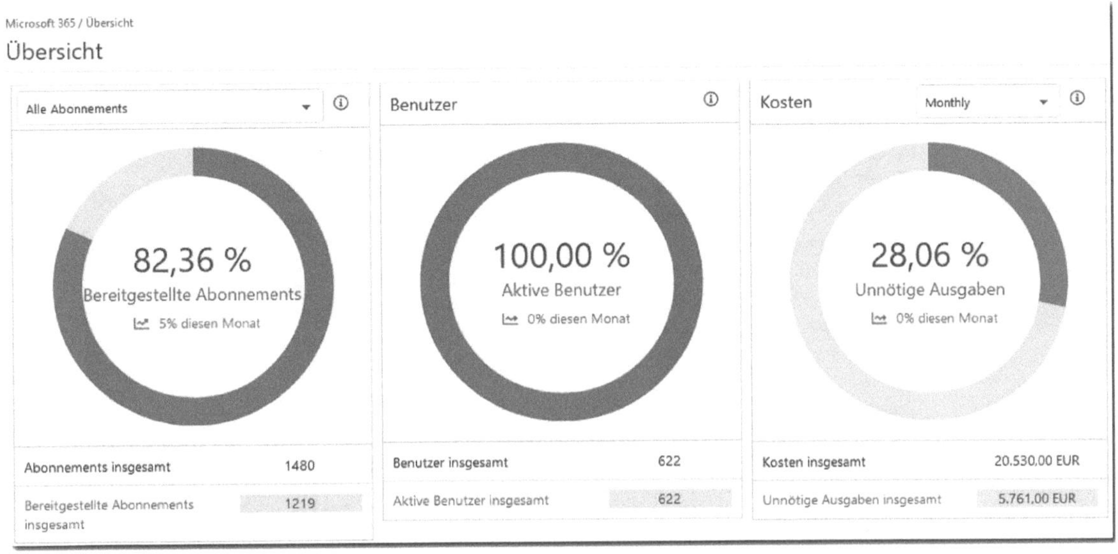

Zuerst ist die Gesamtsicht der zusammengefassten Werte in Form von Kreisdiagrammen zu sehen. Für einen weiteren Drill-down sollte dann (im nächsten Bild rot eingerahmt) „*Microsoft Visio Plan 2*“ ausgewählt werden.

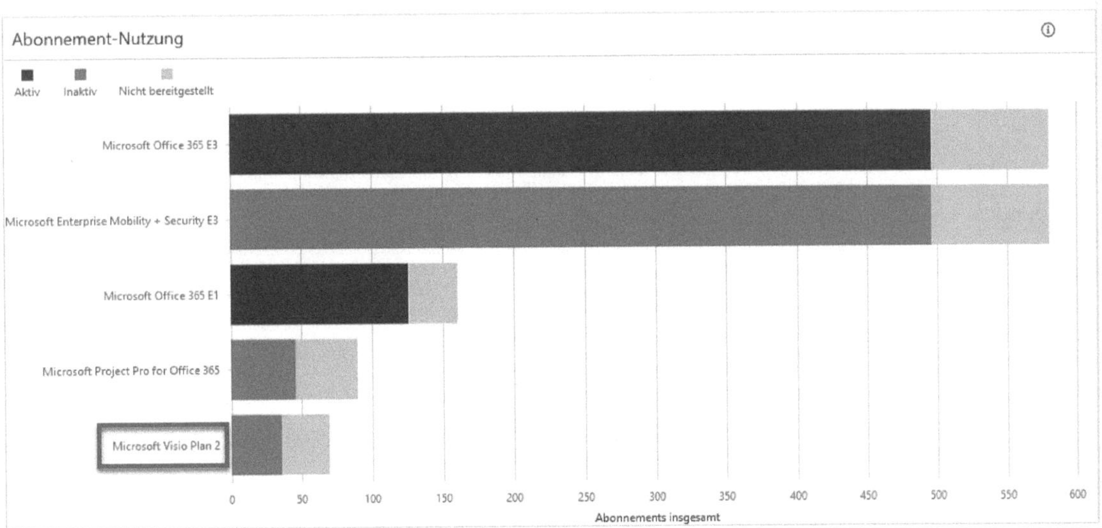

Damit wird eine detailliertere Datenansicht aufgerufen, wie im Bild 17.11 dargestellt.

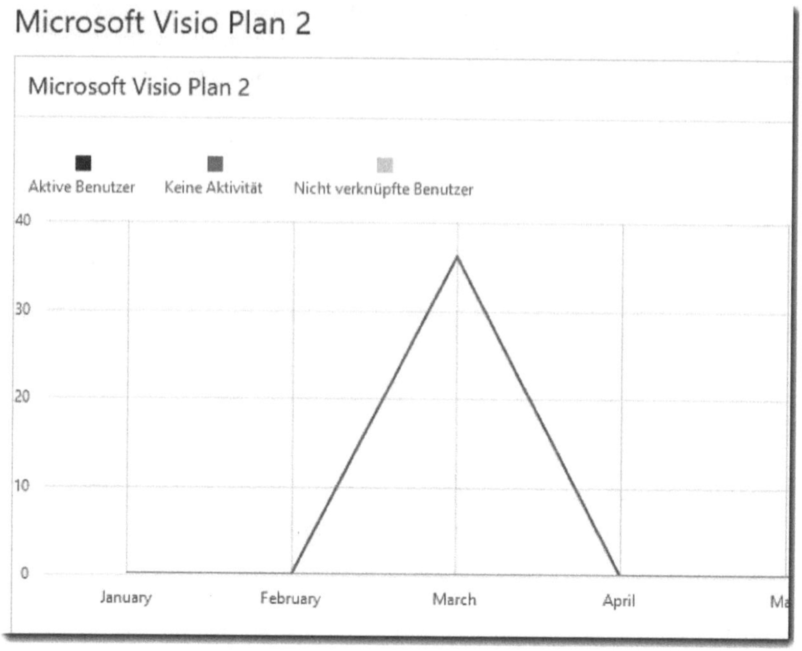

Bild 17.11 Benutzeraktivitäten für Microsoft Visio Plan 2 – Drill down

Im folgenden Screenshot wäre dann die dazugehörige Aufstellung der Benutzer zu sehen, die einem Microsoft Visio Plan 2 zugeordnet wurden.

Microsoft Visio Plan 2 Benutzer

Vollständiger Name	Microsoft 365-Benutzername	Benutzeraktivität
Adam Sørensen	adamsrensen@company.com	Keine Aktivität
Adrianne Sharp	adriannemsharp@company.com	Keine Aktivität
Annabella Iadanza	annabellaiadanza@company.com	Keine Aktivität
Arber Desruisseaux	arberdesruisseaux@company.com	Keine Aktivität
Arlinda Quiñónez	arlindaquinoneztejeda@company.com	Keine Aktivität
Brian Banks	brianjbanks@company.com	Keine Aktivität
Dakota Breen	dakotabreen@company.com	Keine Aktivität
Dominic Svensson	dominicsvensson@company.com	Keine Aktivität
Durandana Rouleau	durandanarouleau@company.com	Keine Aktivität
Edmee Chrétien	edmeechretien@company.com	Keine Aktivität
36 Items		

Im folgenden Screenshot sehen Sie noch eine gesamthafte Sicht auf die Benutzer-Aktivitäten in Form eines Graphendiagramms.

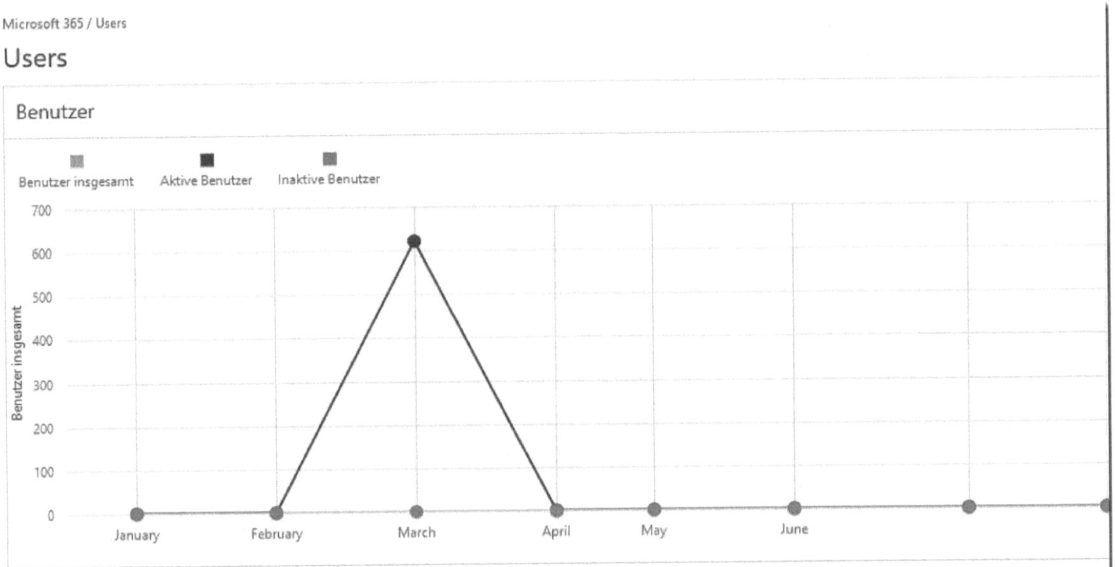

Benutzerdetails

Vollständiger Name	Benutzername	Microsoft 365-Benutzername	Benutzeraktivität
Aaron Hansen	COMPANY\USER004472	aaronhansen@company.com	In den letzten 30 Tagen
Abbey Theodore	COMPANY\USER005441	abbeytheodore@company.com	In den letzten 7 Tagen
Abby O'Connor	COMPANY\USER004303	abbyoconnor@company.com	In den letzten 30 Tagen
Abdennour Scholten	COMPANY\USER004237	abdennourscholten@company.com	In den letzten 90 Tagen

Zur Erläuterung: Das Microsoft Administrations-Portal „M365“ sammelt, wie bereits an anderer Stelle erwähnt, keine Nutzungsdaten für die Subskriptions-Pläne Project und Visio und somit fehlen für eine Optimierung der beiden teuersten Microsoft-365-Office-Pläne „Project“ und „Visio“ die dafür erforderlichen Nutzungsdaten. Snow kann beispielsweise diese Aufgabenstellung lösen, indem die lokalen Softwarenutzungsdaten – die von den Snow Scan-Agents für „Project“ und „Visio“ angeliefert wurden – mit in die Subskriptions-Pläne aus dem M365-Portal für „Project“ und „Visio“ im Snow License Manager Dashboard integriert werden. So können jetzt die für eine Optimierung fehlenden Nutzungsdaten für „Project“ und „Visio“ bereitgestellt werden. Softwarenutzungsdaten sind zwar für den Microsoft-Office-365-E3-Plan oder auch andere Pläne im M365-Portal verfügbar, jedoch ohne eine erforderliche direkte Verknüpfung zu Finanzdaten. Somit fehlen essenziellen Informationen, damit das Lizenzmanagement hierfür Optimierungsvorschläge ausarbeiten und bereitstellen kann. Mit der hier vorgestellten Verknüpfung von Informationen kann ein SAM-Tool so dem LiMa-Team im Umgang mit SaaS-Applikationen wertvolle Unterstützung liefern.

Der folgende Screenshot zeigt beispielsweise anhand der ermittelten Daten und Analysen auf, wo Einspar- bzw. Optimierungspotenziale zu finden sind bzw. überprüft werden sollten.

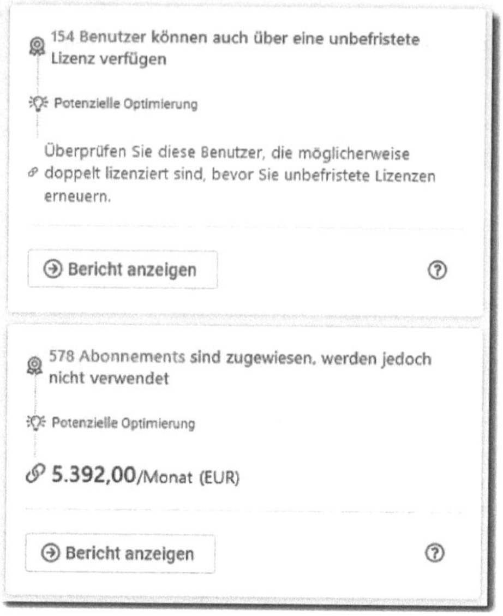

Die Aussage im oberen Bildabschnitt lautet, dass die Möglichkeit von doppelten Lizenzierungen geprüft werden sollte, weil laut Analyse 154 Benutzer „On-Premises"-Lizenzen in Nutzung haben und ein zugeordnetes Microsoft-365-Abonnement. Im unteren Bildabschnitt wird aufgezeigt, dass 578 Abonnements zugewiesen sind, aber nicht genutzt werden. Auch hier sollte im Zuge eines wirtschaftlichen SAM-Betriebs dieser Umstand geprüft werden. So kann dann damit, wie im folgenden Screenshot abschließend hier zum Thema Microsoft 365 zu sehen, auf einen Blick die Kostensituation dargestellt werden.

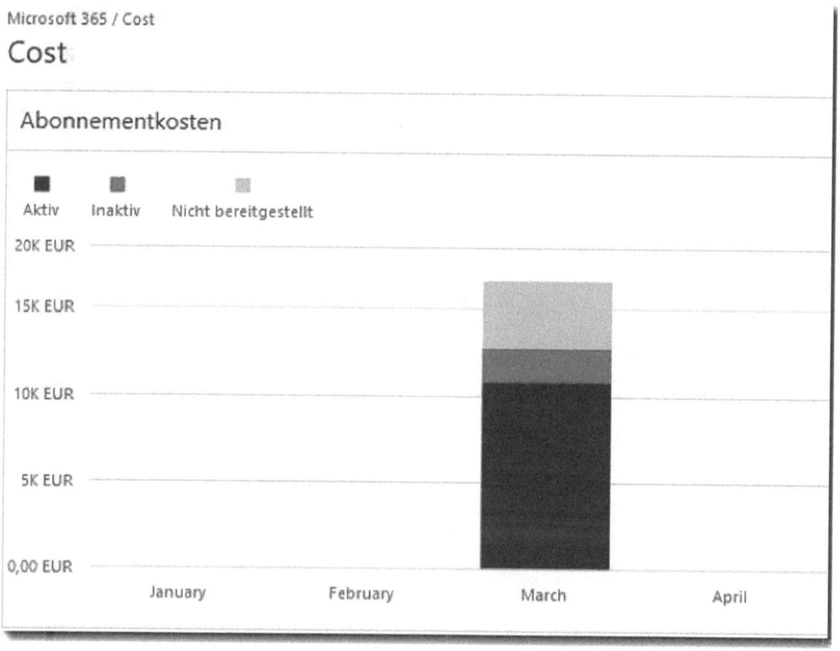

Auf dieser Ebene können Sie auch beispielsweise nach Anwendern filtern, die schon über einen längeren Zeitraum in diesem Abonnement nicht mehr aktiv waren, um daraus entsprechende Maßnahmen abzuleiten.

Widget: Meist verwendete Cloud-Anwendungen

Das Widget zeigt bei einem Drill-down über den Link „Daten anzeigen“ den im folgenden Bild zu sehenden beispielhaften Datenauszug. Von einem (gefilterten) Anwender und dessen genutzten Cloud-Anwendungen mit Sicht auf die Metrik – also ob „Keine Lizenz erforderlich“ oder „Basierend auf Gesamtanzahl der Benutzer“ – sowie auf die Daten zur Anzahl der Ausführungen, der durchschnittlichen Dauer pro Ausführung und wann die Anwendung zuletzt genutzt wurde. Alles Daten, die zukünftig immer mehr gebraucht werden, um die Cloud-Anwendungen und die damit verbundenen Subskriptions wirtschaftlich managen zu können.

Anwendung	Anwendungshersteller	Metrik	Erstmals genutzt	Zuletzt genutzt	Anzahl Ausführung	Pro Ausführung (hh:mm)
Name: Aaron Eliasson (FUNCP\aaroneliasson) Organisation: FUNCP/EMEA/Austria/Operations						
Adobe Sign (Cloud)	Adobe Systems Inc.	Basierend auf Gesamtanzahl der Benutzer	27.12.2019	17.12.2020	177	00:30
Discord (Cloud)	Hammer & Chisel	Keine Lizenz erforderlich	03.01.2020	17.12.2020	130	02:25
ePlan Services (Cloud)	Paychex Inc.	Basierend auf Gesamtanzahl der Benutzer	31.12.2019	16.12.2020	116	02:22
Google Drive (Cloud)	Google, Inc.	Keine Lizenz erforderlich	30.12.2019	17.12.2020	129	03:27
Microsoft Azure SQL Database (Cloud)	Microsoft Corporation	Basierend auf Gesamtanzahl der Benutzer	02.01.2020	11.12.2020	166	02:35
Microsoft Outlook Online (Cloud)	Microsoft Corporation	Basierend auf Gesamtanzahl der Benutzer	25.12.2019	15.12.2020	208	02:29
Microsoft To-Do (Cloud)	Microsoft Corporation	Basierend auf Gesamtanzahl der Benutzer	31.12.2019	18.12.2020	242	01:31
Microsoft Word Online (Cloud)	Microsoft Corporation	Basierend auf Gesamtanzahl der Benutzer	03.01.2020	15.12.2020	190	02:31
Mindmeister (Cloud)	MeisterLabs	Basierend auf Gesamtanzahl der Benutzer	02.01.2020	21.12.2020	199	00:32
ServiceNow (Cloud)	ServiceNow	Basierend auf Gesamtanzahl der Benutzer	30.12.2019	21.12.2020	237	01:29
Shopify (Cloud)	Shopify Inc	Basierend auf Gesamtanzahl der Benutzer	03.01.2020	18.12.2020	182	01:31
Menge: 11					Summe: 1976	

Widget: Anzahl an Cloud-Servern und virtuellen Servern im On-Premise-Betrieb

Das vierte Widget aus der Übersicht in Bild 17.10 zeigt bei einem Drill-down über den Link „Bericht anzeigen“ den im folgenden Bild zu sehenden beispielhaften Datenauszug von Cloud- und virtuellen Servern. Hier wurden aufgrund der Möglichkeit, das Datenset noch über zusätzliche Spalten erweitern zu können, weitere Informationen hinzugefügt (Environment, Computername, Betriebssystem, Anwendungskosten). Auch hier noch einmal ein Beispiel dafür, dass die Berichte meistens auf die speziellen Informationsbedürfnisse der Informationskonsumenten ausgerichtet werden können.

Environment	Computername	Betriebssystem	Service-Update	Hersteller	Virtuelle Prozessoren	Virtuelle Kerne	Zuletzt gescannt	Anwendungskosten insgesamt (EUR)
Organisation: CORP/EMEA/Germany/IT								
Kein Hostcomputer								
Production	CORPB689BE5	Microsoft Windows Server 2016 Datacenter		Microsoft	2	16	23.12.2020	6.165,80 €
Production	CORPA266442	Microsoft Windows Server 2016 Datacenter		Microsoft	1	8	23.12.2020	7.137,80 €
Production	CORPB26B860	Microsoft Windows Server 2016 Datacenter		Microsoft	2	16	23.12.2020	6.165,80 €
Production	CORPAAEB5B5	Microsoft Windows Server 2016 Datacenter		Microsoft	1	8	23.12.2020	7.137,80 €
Production	CORPC2DAB5B	Microsoft Windows Server 2016 Datacenter		Microsoft	1	8	23.12.2020	7.137,80 €
Production	SERVER00017	Microsoft Windows Server 2016 Standard		Microsoft	1	8	17.04.2020	972,00 €
	Menge: 6							**34.717,00 €**
Name des Hostcomputers: CORP0322EFF								
Production	CORP03A47B4	Microsoft Windows Server 2012 R2 Standard		VMware, Inc.	1	8	23.12.2020	982,80 €
Production	CORP134DDE6	Microsoft Windows Server 2012 R2 Standard		VMware, Inc.	1	4	20.12.2020	2.486,80 €
Production	CORP34B9B6F	Microsoft Windows Server 2012 Standard		VMware, Inc.	1	4	23.12.2020	2.486,80 €
Production	CORPFF8D18B	Microsoft Windows Server 2012 Standard		VMware, Inc.	1	4	20.12.2020	2.486,80 €
	Menge: 4							**8.443,20 €**
Name des Hostcomputers: CORP0ACD9FB								
Production	CORP243FA82	Microsoft Windows Server 2012 Standard		VMware, Inc.	2	4	23.12.2020	7.272,00 €
Production	CORP5808B90	Microsoft Windows Server 2012 Standard		VMware, Inc.	4	4	23.12.2020	972,00 €
Production	CORP5C90DFB	Microsoft Windows Server 2008 R2 Standard	Service Pack 1	VMware, Inc.	2	4	23.12.2020	1.272,00 €
Production	CORPC1BAF87	Microsoft Windows Server 2008 R2 Standard	Service Pack 1	VMware, Inc.	1	1	23.12.2020	13.572,00 €
	Menge: 4							**23.088,00 €**
	Gesamtmenge: 14							66.248,20 €

Über weitere Auswertungen der von den Scan-Agents bereitgestellten Inventorydaten, in Kombination mit dem Wissen über die verwendeten Cloud-Infrastrukturen durch Cloud- und SaaS-Konnektoren, kann eine umfassende Übersicht und Transparenz der bereits eingesetzten Technologien erzielt werden. Denn um eine Compliance auch in einem Cloud-Umfeld zu steuern, benötigt man den Überblick über die On-Premise-Datencenter (und deren Lasten), um damit einen einfacheren und kostengünstigeren Technologiebetrieb in Richtung – hin zum Übergang zu Infrastructure-as-a-Service-(IaaS)-Modellen – umsetzen zu können.

17.3.2.2 Compliance-Überblick

Das zweite beispielhafte Dashboard stellt eine Übersicht zu den konfigurierten Compliance-Sichten bereit. Die in Bild 17.12 zu sehenden Widgets sind der erste Teil des Dashboards (aus Lesbarkeitsgründen habe ich den Dashboard-Screenshot auf zwei Ansichten aufgeteilt). Diese bedeuten:

- **Widget: Anwendungszusammenfassung.** Anzeigen von allen Anwendungen, die erkannt wurden, virtuell sind, auf der Abweisungsliste (Ausschlussliste – Software nicht erlaubt) oder auf der Zulassungsliste (Positiv-Liste – Software darf installiert sein) stehen.

  Die beispielhaften Zahlen bedeuten, dass *„15.708"* Anwendungen erkannt wurden (auch normalisiert und lizenzrechtlich lesbar sind), zwei (2) davon sind virtuelle Anwendungen, *„1.188"* Anwendungen wurden gefunden, die eigentlich auf der Ausschlussliste stehen, und *„168"* Anwendungen, die auf die Zulassungsliste gesetzt wurden. Beispielhaft folgt hier ein Screenshot-Auszug des Exports nach Excel mit den *„1.188"* Anwendungen, die auf der Ausschlussliste stehen (meist sind das Games oder File-Sharing-Programme).

Bild 17.12 Benutzerspezifisches Dashboard – „Überblick Compliance" (Teil 1)

Anwendungsname	Hersteller	Auf Abweisungsliste gesetzt
Games - 123 Free Solitaire	TreeCardGames.com	Ja
Games - 2048 Portable	PortableApps.com	Ja
Games - 3D Live Pool	www.etiumsoft.com	Ja
Games - 3D Ultra Cool Pool	Dynamix	Ja
Games - Age of Empires III	Microsoft Corporation	Ja
Games - Age of Wonders	Triumph Studios	Ja
Games - Angry Birds Rio	Rovio Entertainment Ltd	Ja
Games - Arc	Perfect World Entertainment Inc.	Ja
Games - Chessmaster Grandmaster	Ubisoft Entertainment	Ja
Games - Chicken Invaders 2	Interaction Studios	Ja
Games - Counter-Strike 1.6	Valve Corporation	Ja
Games - Dead Space	Electronic Arts Inc.	Ja
Games - Delicious - Emily's Childhood	GameHouse	Ja
Games - Delicious - Emilys Holiday	shockwave.com	Ja
Games - Fallout 4	Bethesda Softworks	Ja
Games - Feeding Frenzy	PopCap Games	Ja
Games - Half-Life	Valve Corporation	Ja

- **Widget: Anwendungen mit den meisten Benutzern.** Bei den „Anwendungen mit den meisten Benutzern" wird eine Übersicht bereitgestellt, die sehr gut aufzeigt, welche Anwendungen am häufigsten genutzt werden. In der Kreisdiagrammansicht, kann bereits gesehen werden, dass der Microsoft Internet Explorer 11 hier in diesem Beispielunternehmen wohl noch der Standard-Webbrowser zu sein scheint, aber dicht gefolgt von Google Chrome (in der Version 71), des Weiteren scheint auch eine Mobile-Anwendung sehr stark genutzt zu werden (Cisco AnyConnect Secure Mobile), und ebenso scheint noch Microsoft Outlook 2016 seinen Dienst hier zu versehen. Im folgenden Excelauszug habe ich Ihnen einmal die Filterung auf nicht lizenzkostenpflichtige Produkte („Keine Lizenz erforderlich") gesetzt.

Name	Hersteller	Standardmetrik	Pro Ausführung (hh:mm)	Anzahl der Benutzer	Erstmals genutzt	Zuletzt genutzt
360 safebox 11	Qihoo 360 Technology Co. Ltd	Keine Lizenz erforderlich	00:16	1	25.04.2020	28.11.2020
3CXPhone for Windows 15	3CX	Keine Lizenz erforderlich	13:54	12	02.01.2020	22.12.2020
3D Viewer 5 (Windows Apps)	Microsoft Corporation	Keine Lizenz erforderlich	00:03	93	10.01.2020	22.12.2020
3rd Party Analytics - Heap (Cloud)	Heap Inc.	Keine Lizenz erforderlich	01:55	224	25.12.2019	22.12.2020
Account Lockout Status 1	Microsoft Corporation	Keine Lizenz erforderlich	02:23	30	18.04.2020	22.12.2020
Ad-Aware Web Companion 4	Lavasoft	Keine Lizenz erforderlich	04:03	11	20.04.2020	22.12.2020
Adobe Acrobat Reader DC 2015	Adobe Systems Inc.	Keine Lizenz erforderlich	00:04	532	04.01.2020	22.12.2020
Adobe Acrobat Reader DC 2017	Adobe Systems Inc.	Keine Lizenz erforderlich	00:06	1941	02.01.2020	22.12.2020
Adobe Acrobat Reader DC 2018	Adobe Systems Inc.	Keine Lizenz erforderlich	00:06	2060	02.01.2020	22.12.2020
Adobe Acrobat Reader DC 2019	Adobe Systems Inc.	Keine Lizenz erforderlich	00:11	8574	02.01.2020	23.12.2020

So kann man gut erkennen, dass noch etliche unterschiedliche Versionen vom Adobe Acrobat Reader DC im Einsatz sind. Das wäre beispielsweise ein Ansatz, diese Erkenntnis an das IT-Betriebs-Team weiterzuleiten, damit festgelegt wird, welche Version Standard sein soll, um dann die anderen „alten" Versionen zu deinstallieren oder zumindest upzudaten.

- **Widget: Microsoft Compliance.** Wir sind immer noch bei der Erläuterung der dargestellten Inhalte von Bild 17.12 und betrachten kurz dazu die dargestellte Microsoft Compliance. Das Widget stellt jetzt im Kreisdiagramm keine absoluten, sondern Prozentzahlen dar, was auch oft für Management-Aussagen genutzt wird. Hier ist nun dargestellt, dass von allen aktiven Microsoft-Anwendungen nur „12 %" konform sind, „6 %" sind überlizenziert und der Löwenanteil von „82 %" der Anwendungen ist unterlizenziert. Einem Manager würde diese Aussage sicher in einer ersten Momentaufnahme genügen. Möchte man mehr erfahren, auf welcher Basis diese Prozentaussagen getroffen wurden, sollte/müsste man auch wieder auf *„Daten anzeigen"* klicken und sich dann die Berichtsliste näher anschauen. Im Prinzip dann ähnlich wie der Use Case Nr. 2 in Abschnitt 17.2.2.2 „Lizenz-Compliance pro Organisation", hier eben „nur" nach Microsoft-Anwendungen „vorgefiltert".

  Eine weitere Sicht der Compliance (Teil 2) – am Beispiel von Adobe und IBM – sehen Sie jetzt in Bild 17.13, welches in gleicher Weise zu interpretieren ist wie die zuvor beschriebene Microsoft Compliance.

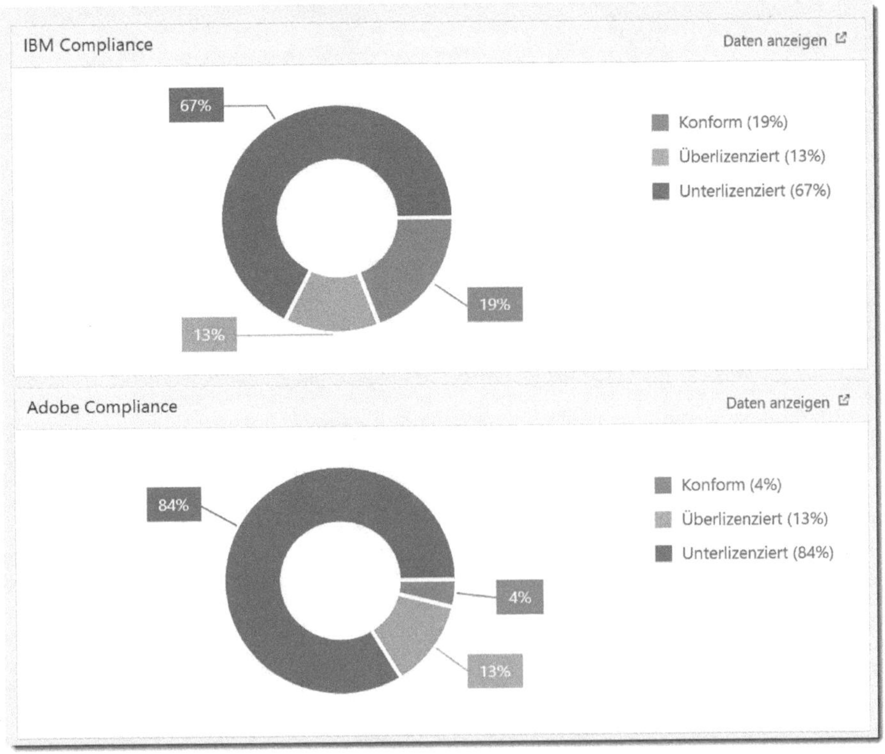

Bild 17.13 Benutzerspezifisches Dashboard – „Überblick Compliance“ (Teil 2)

Sie haben sicher bemerkt, dass diese Dashboards relativ schnell und übersichtlich die wichtigsten Daten und Informationen des operativen Tagesgeschäft einem SAM-/LiMa-Team bereitstellen können. Möchte man mehr erfahren, geht das relativ einfach über einen Drill-down-Ansatz mit *„Daten anzeigen“*, um dann in und mit der Berichtsliste weiterzuarbeiten bzw. dann auch direkt mit den Berichten, wie bereits im Abschnitt 17.2.2 „Use Case (Beispiele)“ vorgestellt und beschrieben. Schauen wir uns noch das dritte Dashboard-Beispiel an.

17.3.2.3 Hardware Lifecycle Management

Damit auch mal etwas andere Daten besprochen werden, hier ein Dashboard, welches sich um andere Assetdaten „kümmert“. Es wurde ja bereits schon mehrfach von mir erwähnt, dass ein SAM-Tool mehrere Prozesse und Stakeholder mit Daten beliefert. Da die SAM-Tools oftmals mit sehr guten Scan-Agents betrieben werden, die dann auch sehr umfangreiche und vielfältige Daten und Informationen liefern, ist natürlich so ein SAM-Tool auch für die Fachbereiche interessant, die den IT-Infrastrukturbetrieb zu verantworten haben. Bild 17.14 zeigt hier eine beispielhaft konfigurierte Informations- und Datenansicht.

Bild 17.14 Benutzerspezifisches Dashboard – „Hardware Lifecycle Management"

Das Dashboard zeigt hier – wie auch im *„Default Snowboard"* – das Säulendiagramm, welches die inventarisierten Computer pro Monat abbildet. Das Widget *„Computerinventarstatus"* geht etwas detaillierter darauf ein und bildet die erfassten, auf eine Tages-, Wochen- und Monatsperiode bezogenen Prozentzahlen ab. So kann bereits auf einen Blick erkannt werden, ob der Scan-Agent und die Inventarisierungsprozesse ordnungsgemäß arbeiten. Das nächste Widget *„Computertypen"* zeigt auf, welche Computer von welchem Typ (Desktop, Laptop, Server usw.) in welcher Größenordnung in der IT-Infrastruktur aktiv im Betrieb sind. Dazu passend stellt das nächste Widget *„Die am meisten installierten Betriebssysteme"* – in Form einer Top-5-Liste – diese mit den entsprechenden Mengen bereit.

In den anderen drei Widgets wird über Summenaussagen dargestellt, wie viele aktive Systeme es gibt (die sich regelmäßig melden), ob es inaktive Systeme gib, welche archiviert wurden und wie viele in Quarantäne sind (weil sie sich in einem festgelegten Zeitraum nicht mehr gemeldet haben oder erreichbar waren). Des Weiteren erfahren wir, dass es *„3.518"* nicht inventarisierte Einheiten gibt, wo also beispielsweise der entsprechende (für diese Plattform erforderliche) Scan-Agent fehlt. Zu guter Letzt werden wir noch darüber informiert, dass es momentan *„20.931"* Windows-Systeme gibt, *„0"* MacOS-X-, *„193"* Linux- und *„37"* Unix-Systeme. Auch hier, wie bereits mehrfach schon erläutert, können die dargestellten Informationen über „Daten anzeigen" tiefergehend recherchiert werden. Das Ergebnis, dass *„3.518"* Einheiten nicht inventarisiert sind, sollte an den Betriebsverantwortlichen weitergeleitet werden. Der Fachbereich sollte dann dafür die Ursachen untersuchen und ggf. über den Change-Management-Prozess schnellstmöglich die fehlenden Scan-Agents ausrollen.

17.3.3 „Liste der Alarme“

Die Dashboard-Ansicht bietet auch Möglichkeiten, um Alarme einzurichten und anzuzeigen. Z. B. ob Verträge auslaufen oder abgelaufen sind, Anwendungen entdeckt wurden, die auf der Negativliste stehen, keine Nutzung von Anwendungen registriert wurden, es Computer gibt, die nur noch ganz wenig Festplattenspeicher haben und noch einiges andere mehr kann hier eingestellt werden. Das Widget „Liste der Alarme“, wie in Bild 17.15 zu sehen, ist im „Default-Snowboard“ standardmäßig mit eingebettet.

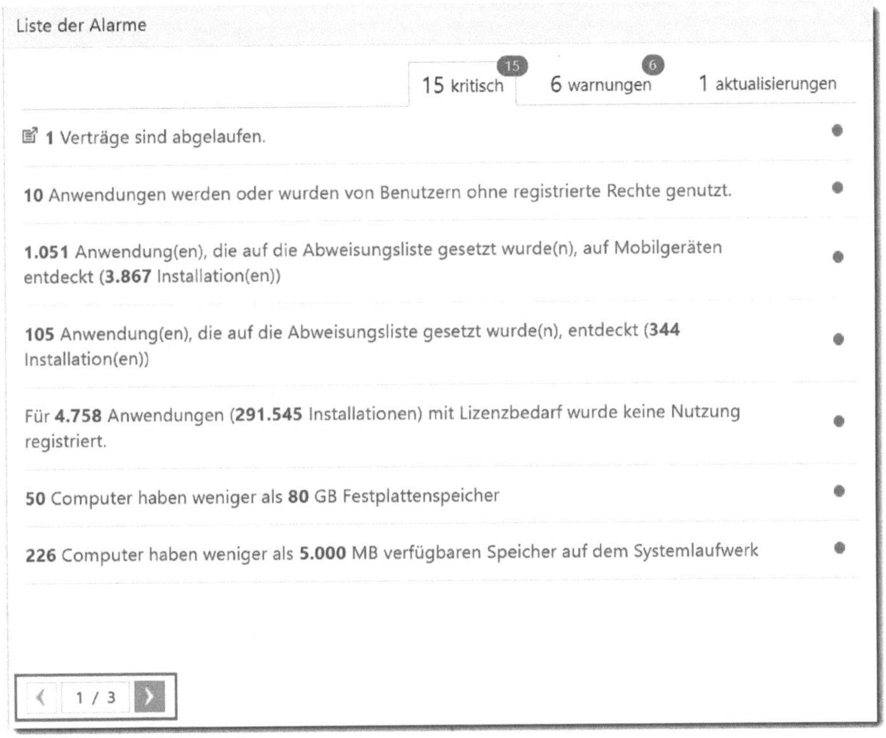

Bild 17.15 Default-Snowboard – Widget „Liste der Alarme“

Das Widget stellt die konfigurierten und aktivierten Alarm- bzw. Statusmeldungen in Form von klickbaren Listenaussagen mit den entsprechenden darunterliegenden Datensichten bereit. Die oberen Registerkarten gruppieren dabei die Kategorien Alarme, Warnungen und Aktualisierungen. Im Snow License Manager kann die Startseite der Benutzeroberfläche nach der ersten Anmeldung auch so eingestellt werden, dass nicht das „Default-Snowboard“, sondern die Übersicht zu den aktiven Alarmen, Warnungen und Aktualisierungen angezeigt wird, wie in Bild 17.16 dargestellt.

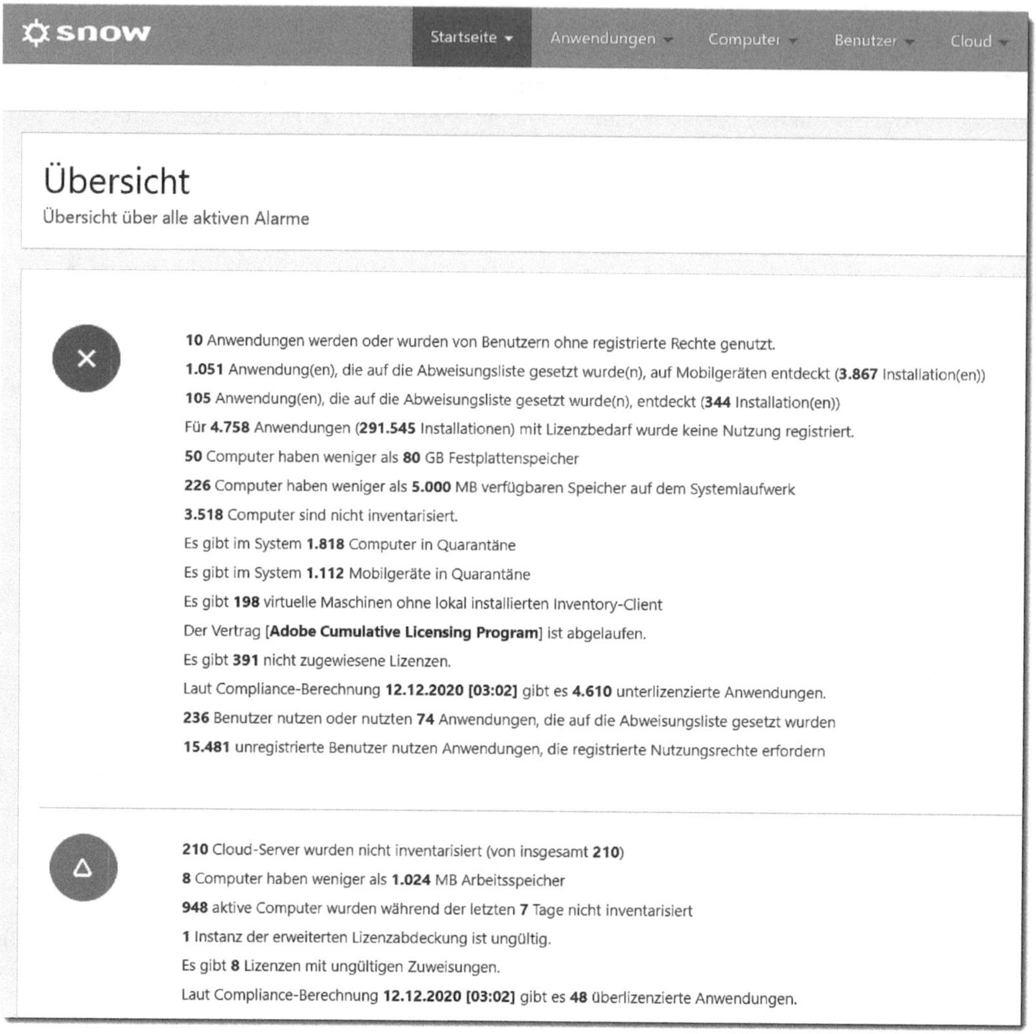

Bild 17.16 Snow License Manager – Startseite mit „Liste der Alarme“-Ansicht

Die Handhabung ist die gleiche wie im Widget „Liste der Alarme“ im „Default-Snowboard“. Betrachten wir als Beispiel einmal dazu den Listeneintrag aus dem Abschnitt der Alarme mit der Meldung *„Der Vertrag (Adobe Cumulative Licensing Program) ist abgelaufen.“* Nach einem Klick darauf würde der entsprechende „abgelaufene“ Vertrag angezeigt werden (siehe Bild 17.17).

Bild 17.17 Liste der Alarme – Vertrag abgelaufen – Drill-down in die Vertragsansicht

Die Anzahl der Alarme und deren Inhalte lassen sich benutzerspezifisch einrichten und aktivieren, nachfolgend ein beispielhafter Auszug aus den Konfigurationsmöglichkeiten. Es gibt eine Vielzahl von aktivierbaren Meldungen.

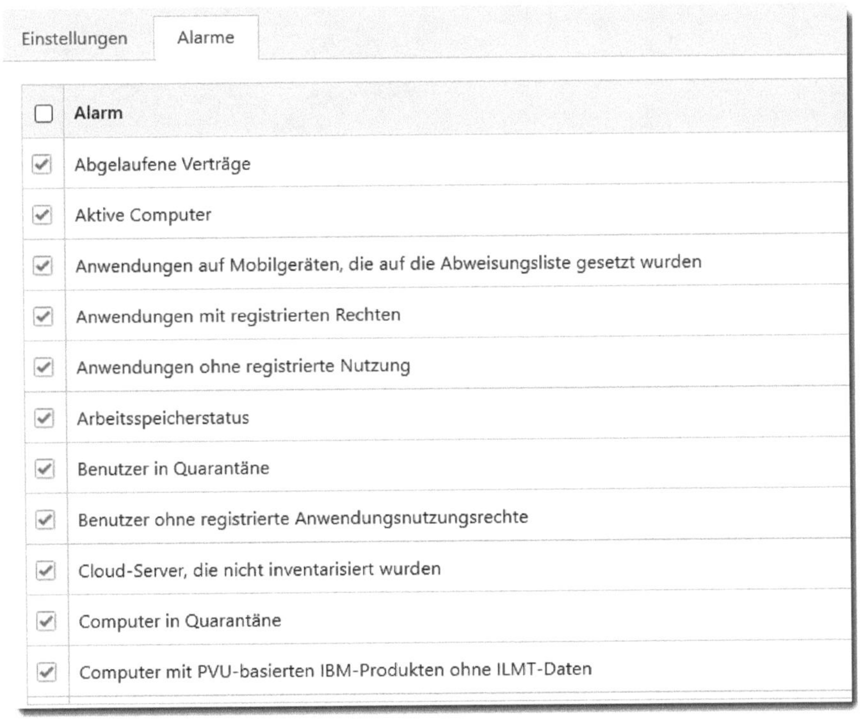

Die aus den Berichts- und Monitoringdaten kommenden Informationen und SAM-Daten bedingen oftmals weitere Maßnahmen, die es umzusetzen gilt, um die Softwareasset- und Lizenzmanagement-Aufgaben erfüllen zu können.

17.4 Maßnahmen erstellen und umsetzen

Im in Bild 17.18 dargestellten Prozessablauf werden die Berichte durch unterschiedliche Eintrittsereignisse ausgelöst. Sollte die Ergebnisqualität nicht ausreichend sein, müssen die Rahmenparameter (meistens die erhobenen Daten aus dem Inventory-Scan oder die Daten aus den kaufmännischen Systemen) justiert bzw. neu erzeugt werden, bis die Ergebnisqualität für die Erstellung eines qualitativ und quantitativ ausreichenden Berichts genügen. Je nachdem, welches Ergebnis aufgezeigt wird, sind Anschlussaktivitäten erforderlich, die sich aus dem dann festzulegenden Maßnahmenkatalog ableiten lassen.

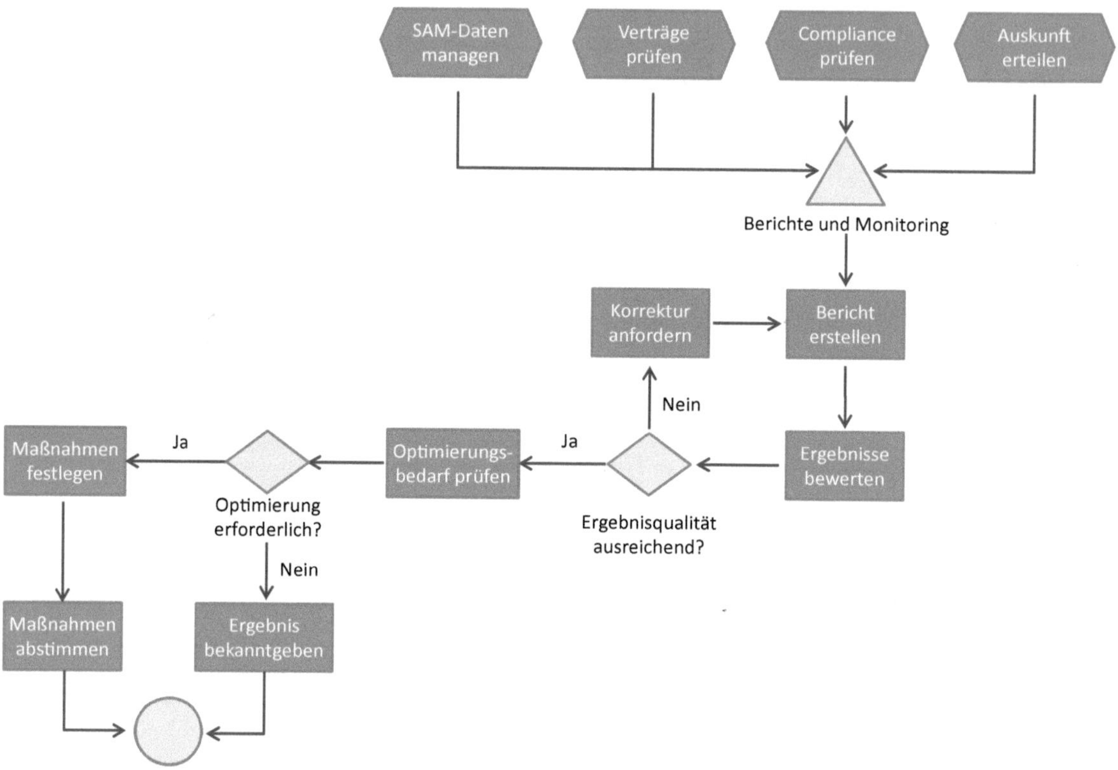

Bild 17.18 Soll-Prozess für Prozessschritt Berichte & Monitoring

Eintrittsereignisse für das Erstellen des Berichts können sein:

- SAM-Daten sind zu managen, weil Stakeholder eine Ad-hoc- oder eine periodische Berichtsauskunft zu ihren – zu verantwortenden – Daten wünschen bzw. anfordern.
- Das SAM-/LiMa-Team führt eine Überprüfung des Compliance-Status aus, für einzelne Herstellerprodukte, Organisationseinheiten, Fachbereiche oder Kostenstellen-Verantwortliche.
- Aus dem Verfahrensbetrieb bzw. Einkauf kommt eine Anforderung, weil eine Software-Subskription abläuft und die aktiven Anwender ermittelt werden müssen. Beispielsweise

bei SaaS-Anwendungen über die Zugriffe auf die Herstellerportale wie z. B. Microsoft 365, Adobe Creative Cloud, Salesforce, Tableau usw.).

- Es sind zum Zwecke des ressourcenschonenden Einsatzes von SaaS-Softwareanwendungen Nutzungsszenarien zu bestimmen und zu monitoren. Hier können übrigens SAM-Tools, welche auch SaaS und Cloud managen, einen entscheidenden Vorteil mitbringen, denn mit der Datenhistorie sind langfristige Planungen für Optimierungsansätze - weit vor der Fälligkeit von Wartungs- oder Subskription-Verlängerungen - ohne größere Aufwände möglich.
- Ein Softwareproduktverantwortlicher fordert die Erstellung einer aktuellen Softwarebilanz.
- Ein periodischer Zeitpunkt für eine Aktualisierung der Softwarelizenzbilanz ist erreicht.
- Ein Software-Life-Cycle-Prozess benötigt Aussagen über den aktuellen Softwarelizenzbestand einer Softwareanwendung, um eine Anforderung für eine Softwarebereitstellung genehmigen zu können (Software-Pooling).

Für die Erstellung eines Berichts werden benötigt:

- Einkaufs- und Lizenznachweisdaten,
- Softwareverträge,
- Normalisierte Softwaredaten (technische Lizenzbedarfe aus den Inventory-Scan-Daten).

An Output wird erzeugt:

- Verschiedene Berichtsformen mit Datenergebnissen über die gewählten Filterungen und Sortierungen, weiter verarbeitbar beispielsweise über einen Export nach Excel,
- Berichte, die gestellte/gewünschte Anforderungen der Stakeholder umsetzen und die Ergebnisse an diese liefern,
- Ad-hoc-Berichte oder Auskünfte zu einem bestimmten Vorgang bzw. einer bestimmten Anforderung.

Die zu startenden Aktivitäten können sein:

- Softwarelizenz(en) müssen beschafft werden.
- Softwarelizenz(en) müssen neu zugeordnet werden (Anwender, System, Service).
- Softwarelizenz(en) sind zu entfernen (ITSM-Deinstallations-Prozess).
- Softwarelizenzdaten sind zu korrigieren (Lizenzmetrik anpassen, Zuordnung managen, Bedarf managen).
- SAM-Daten sind zu optimieren (Forderung zur Anpassung von Ergebnisqualitäten, Bestandsmanagement, Vertragsmanagement, ITSM-Prozesse).

Wenn die Berichtsergebnisse stimmig sind bzw. der geforderten Qualität entsprechen, werden sie an den Anforderer (Auditor, Hersteller, Fachbereich, Management, weitere Stakeholder) übergeben.

Hinweis:

Ein Compliance-Status ist oftmals nur stichtagsbezogen zu erstellen, deswegen ergibt eine tägliche Auswertung auch keinen großen Sinn. In den ersten Wochen und Monaten nach der Implementierung des SAM-Tools haben Sie sowieso erst einmal die Aufgabe, die SAM-Daten auf Plausibilität zu prüfen und die Qualität stufenweise zu verbessern. Erwarten Sie bitte nicht gleich am Anfang eine hohe Qualität. Die Systeme und die Beteiligten müssen sich erst einmal aufeinander einspielen, ebenso benötigt auch der Aufbau von historischen Daten – zur Erkennung von Trends und darauf basierend zur Ableitung von längerfristiger Maßnahmen und Optimierungen – entsprechend Zeit zum Sammeln dieser Daten und Informationen.

Der Bericht zum Compliance-Status der SAM-Daten hat primär die Aufgabe, die technischen Lizenzbedarfe mit den kaufmännischen Lizenznachweisdaten zu vergleichen und dabei die Deltas aufzuzeigen. Für ein transparentes, dynamisches und proaktives Softwareasset- und Lizenzmanagement werden heutzutage noch weitere Steuerungsparameter und Bewegungsdaten benöti/gt. Erfahren Sie im Kapitel 18 „SAM-Daten – Risiken managen und monitoren“, wie das SAM-/LiMa-Team – mit zusätzlichen SAM-Komponenten – das ITSM-Team und das IT-Security-Betriebsteam dabei unterstützen kann, Schwachstellen von Softwareanwendungen und Apps aufzuzeigen, damit die Sicherheitskonzepte aktualisiert und angepasst werden können.

Fazit:

SAM-Daten zu erheben und zu managen, um damit das IT-Assetmanagement und dessen wirtschaftlichen Betrieb zu unterstützen, ist heute eine der wichtigsten Aufgabenstellungen im SAM-Betrieb und im Lizenzmanagement. Denn nur durch die gebotene Übersicht und Transparenz sämtlicher eingesetzter und aktiver IT-Assets können die Stakeholder mit qualitativen und quantitativen Informationen und Daten versorgt werden. Der Compliance-Status ist dabei immer noch mit einer der wichtigsten Berichte, aber auch alle anderen datenliefernden Systeme, tragen dazu bei, die Geschäftsprozesse und IT-Prozesse wirtschaftlich managen und steuern zu können. Einen aktuellen Überblick zum Status der rechtskonformen Nutzung zu haben, ist das eine, das andere ist, gegenüber den vielen Stakeholdern aussagefähig zu sein und Ihnen ihre angeforderten SAM-Daten liefern zu können. Aber selbst, wenn die ersten Berichtsergebnisse noch nicht zufriedenstellend sind: Es wird mehr sein, als Sie bis dahin je an SAM-Daten zur Verfügung hatten. Sie werden erstmals in der Lage sein, über die in diesem Kapitel beschriebenen Aktivitäten und Vorgehensweisen automatisierte Berichte, Statistiken und Aussagen zu erstellen, um so eine transparente und wirtschaftliche Nutzung der IT-Assets in ihrem Unternehmen zu unterstützen.

18 SAM-Daten – Risiken managen und monitoren

In diesem Kapitel erfahren Sie u. a.,

- warum die heutigen SAM-Tools wichtige Datenlieferanten für die ITAM-Prozesse sind,
- weshalb es sinnvoll ist, Risiken und Schwachstellen zu identifizieren und entsprechend zu monitoren,
- wie ein Risiko-Monitoring funktioniert und welche Aspekte dabei zu beachten sind,
- warum es wichtig ist, auch Softwareanwendungen bzw. Apps zu identifizieren, die personenbezogene Daten verarbeiten, und zu untersuchen, welche Schwachstellen oftmals dabei auftreten,
- ob es einen Unterschied zwischen „personenbezogenen Daten" gemäß DSGVO und der im Nicht-EU-Raum verwendeten Begriffsbezeichnung „persönlich identifizierbare Informationen (PII)" gibt und was verknüpfte und verknüpfbare Informationen sind.

Dieses Kapitel vermittelt Ihnen einen beispielhaften Überblick, wie mit ermittelten Inventory-Daten aus dem ITAM- und ITSM-Umfeld und bereitgestellten SAM-Daten – über ein Risiko-Monitoring – Schwachstellen im Softwareasset Management und bei der Erfassung und Weiterverarbeitung von personenbezogenen Daten entdeckt und gemanagt werden können. ■

Die vorhandenen Technologien der IT-Infrastrukturen mit ihren Computern und Informationssystemen sind wesentliche Bestandteile der Geschäftsprozesse und beeinflussen somit auch die Sicherheit der zu verarbeitenden Informationen.

Die zwei großen Fragen lauten:

- Wie kann eine ständig wachsende digitale Technologielandschaft mit unzähligen verschiedenen Softwareanwendungen vor möglichen Schwachstellen – sowohl im Sinne von Bedrohungsrisiken für den IT-Infrastrukturbetrieb als auch beispielsweise im Sinne von Cyberrisken – geschützt werden?
- Wie kann sichergestellt werden, dass auf Ihren Systemen befindliche personenbezogene Daten gemäß den entsprechenden Datenschutzbestimmungen verwaltet und kontrolliert werden?

Berichte und Monitoring des Risiko-Managements als Teil der Software Compliance

In Kapitel 17 konnten Sie lesen, welche wichtige Aufgabenstellung das Berichtswesen für das Managen von SAM-Daten einnimmt. Im Zusammenhang mit einem Risiko-Monitoring und -Reporting füllen beide eine transparenzstiftende Rolle auf verschiedensten Ebenen im Unternehmen aus. Berichte ermöglichen eine strukturierte Bereitstellung von SAM-Daten und das Monitoring in Verbindung mit Alarmmeldungen steuert und interpretiert diese. So können Risiken entdeckt und für die verschiedenen Stakeholder aufbereitet und bereitgestellt werden. Ein Risiko-Management hat primär die Aufgabenstellung, den Managern aufzuzeigen, wo sich Schwachstellen befinden. Ebenso ist es heute wichtig zu wissen, wo personenbezogene Daten gespeichert sind und ob die Verarbeitung dieser Daten bzw. der Umgang mit ihnen nicht die zwingend anzuwendenden Datenschutzgesetze verletzt. Die damit verbundenen Risiken sind aufzuzeigen und mit Maßnahmen zu mindern. Das Risiko Monitoring von Software-Schwachstellen und PII[1]-Daten, ist u. a. auch ein Baustein eines unternehmensweiten Compliance-Management-Systems (CMS).[2]

18.1 Die Risiken managen

Wenn der Reifegrad einer Organisation auf einem Stand ist, dass auch die gewonnenen SAM-Daten mit anderen Fachbereichen geteilt werden können, unterstützt das ein nutzbringendes Risiko-Monitoring von aktiven Softwareanwendungen. So können damit Softwareschwachstellen mit einem Bedrohungsrisiko für den IT-Infrastrukturbetrieb entdeckt und geschlossen werden. Ebenso verbessert sich damit auch die Qualität des CMDB-Prozesses und es können Risiken für die Erfassung und Verarbeitung von personenbezogenen Daten (DSGVO) aufgezeigt werden. Der SAM-Kreislauf (Bild 18.1) visualisiert die wichtigsten Datenquellen und Aktivitäten, die für alle Technologieumgebungen bereitgestellt werden müssen, um das Softwareasset- und Lizenzmanagement gemäß seinen Aufgabenstellungen betreiben und unterstützen zu können.

Die beiden Aspekte „Security“ und „Risiken“, die in Bild 18.1 mit einem gestrichelten (roten) Kreis markiert sind, haben mittlerweile einen derart hohen Stellenwert im kompletten Life-Cycle eingenommen, dass es sich eigentlich kein Unternehmen mehr leisten kann, diese Punkte außer Acht zu lassen oder nur halbherzig anzugehen. Ausgehend von einer echten verfügbaren Transparenz über die gesamten IT-Infrastruktur-Umgebungen sind die zu verwaltenden Softwareanwendungen und -assets auf Schwachstellen im eigenen Programmcode zu prüfen, aber auch auf die immer größer werdenden Gefahren durch bestehende und möglicherweise unternehmensgefährdende Cyberrisiken. Hierzu zählt, dass zum Punkt Sicherheit auch die Kenntnis gehört, welche der aktiven Softwareassets gewollt oder ungewollt personenbezogene Daten verarbeiten und ob dabei die Richtlinien der anzuwendenden Datenschutzgesetze eingehalten werden.

---

[1] PII – „Persönlich Identifizierbare Informationen“

[2] *https://de.wikipedia.org/wiki/Compliance_Management_System*

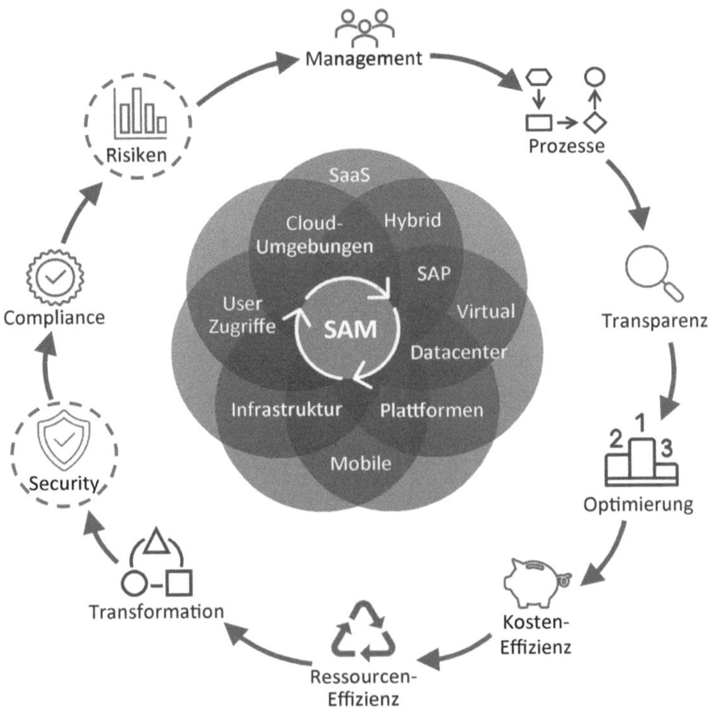

Bild 18.1 Für alle Technologieumgebungen stehen die SAM-Daten im Mittelpunkt

Wir sind uns einig, dass die bisherigen Inventory-Daten diese Aufgabenstellung nicht für sich allein lösen können. Hierfür werden Technologien benötigt, welche die erhobenen und normalisierten technischen Inventory-Daten auf die angesprochenen Aspekte abprüfen können. Auch hierfür ist ein entsprechendes Daten-Repository erforderlich, welches im besten Fall alle weltweit erkannten, identifizierten Schwachstellen und Gefahrenpotenziale von Softwareprodukten sammelt und klassifiziert. Damit können dann diese Daten gegen die eigenen Inventory-Daten gestellt werden, um aufzuzeigen, ob in dem Unternehmensdatenbestand Schwachstellen und Risiken zu finden sind. Das Ganze wird auch unter dem Begriff Vulnerability[3] im IT-Umfeld gehandhabt und ist ein Themenaspekt in der Informationssicherheit.[4] Sie werden jetzt sagen, das ist ja nun wirklich kein Aufgabengebiet für das SAM-/LiMa-Team. Aber diesen Themenaspekt nicht mit einzubeziehen, kann sich heute kein Softwareassetmanagement mehr erlauben, zu tief sind die gegenseitigen Abhängigkeiten zwischen den Verfahrens- und Betriebsverantwortlichen eines Softwareassetmanagements. Aufgrund dessen, dass die Enterprise SAM-Tools (so wie Snow) über ihre Softwarekataloge permanent immense Erkennungsdaten mitliefern und normalisieren, sodass diese Inventory- und Softwareartikeldaten überhaupt erst handhabbar werden, kann auf diesen durch die SAM-Tools bereitgestellten Service kein IT-Infrastruktur Fachbereich mehr (mit den darauf

[3] In der Informatik ist mit Vulnerabilität meist eine konkrete Sicherheitslücke eines Computersystems oder Netzwerks gemeint, die sich durch einen Exploit ausnutzen lässt. (*https://de.wikipedia.org/wiki/Vulnerabilität)*

[4] Informationssicherheit – *https://de.wikipedia.org/wiki/Informationssicherheit*

basierenden Erkenntnissen für den IT-Betrieb) verzichten. Wenn Sie Bild 18.1 noch einmal betrachten, werden Sie sehen, dass alles und jedes mittlerweile zusammenhängt und aufeinander angewiesen ist. Die Zeiten, wo wir noch ausschließlich nur IT- und Datensilos zu managen hatten, sind seit dem Start der Cloud-Ära lange vorbei. Im Enterprise-Umfeld sind laut aktuellem Gartner-Quadrant 2020[5] einzig noch Snow Software und Flexera als Leader im rechten oberen Quadrant aufgeführt. Am wichtigsten sind den Unternehmen aber – das untermauert auch der vorliegende aktuelle KPMG Cloud-Monitor[6] –, dass die Datenrelevanz und deren Sicherheit gewährleistet sind. Das bedeutet im Umkehrschluss, dass nur noch SAM-Tools mit integrierbaren Software-Vulnerability-Management-Lösungen im Markt erfolgreich bleiben werden.

18.2 Die Risiken monitoren

Über ein Echtzeit-Risiko-Monitoring werden die bereitgestellten Inventory-Assetdaten – u. a. über das Einbeziehen der NVD[7]-Datenbank – auf Schwachstellen untersucht und ausgewertet.

Was sind Schwachstellen?

Laut dem Industriestandard CVE[8] wird eine Schwachstelle wie folgt definiert:

> *Eine Schwachstelle in der Berechnungslogik (beispielsweise Code), die in Software- und Hardwarekomponenten gefunden wird und ausgenutzt werden kann, hat negative Auswirkungen auf Vertraulichkeit, Integrität oder Verfügbarkeit der Komponenten. Die Minderung der Sicherheitsanfälligkeiten in diesem Zusammenhang beinhaltet in der Regel Codierungsänderungen, kann aber auch Spezifikationsänderungen oder sogar veraltete Spezifikationen (z. B. das Entfernen betroffener Protokolle oder Funktionen in ihrer Gesamtheit) umfassen. – https://nvd.nist.gov/vuln*

Was schreibt u. a. das National Institute of Standards and Technology (NIST) dazu, wie diese Produktidentifikationen in der Regel durchgeführt werden und ablaufen?[9]

18.2.1 Die Produktidentifikation

Ein grundlegender Teil des CVE-Analyseprozesses besteht darin, die anfälligen Produkte, die von einer bestimmten Sicherheitsanfälligkeit betroffen sind, eindeutig zu identifizieren. Die NVD verwendet derzeit die Spezifikationen CPE 2.3[10], um dieses Ziel zu erreichen.

[5] Gartner, „Magic Quadrant for Software Asset Management Tools“ by Ryan Stefani, 20th July, 2020
[6] KPMG/Bitkom Research „Cloud-Monitors 2020“
[7] National Vulnerability Database (NVD) *https://nvd.nist.gov/vuln*
[8] CVE – Common Vulnerabilities and Exposures – *https://de.wikipedia.org/wiki/Common_Vulnerabilities_and_Exposures*
[9] NVD – Products (nist.gov), *https://nvd.nist.gov/products*
[10] NVD – CPE (nist.gov), *https://nvd.nist.gov/products/cpe*

CPE ist ein strukturiertes Benennungsschema für IT-Systeme, Software und Pakete. Basierend auf der generischen Syntax für Uniform Resource Identifiers (URI) enthält CPE ein formales Namensformat, eine Methode zum Überprüfen von Namen mit einem System und ein Beschreibungsformat für die Bindung von Text und Tests an einen Namen. Diese Übereinstimmungszeichenfolgen sollen mit CPEs korrelieren, die im offiziellen CPE-Wörterbuch enthalten sind.

Interessant finde ich hier die vom NVD getroffene Aussage, die auf einen auch im Buch schon erwähnten Punkt zum Thema Software Tagging (SWID) eingeht (wer nachlesen möchte, im Abschnitt 11.5 „Nutzbare Datenquellen zur Inventarisierung").

> *Die NVD ist immer bestrebt, die von ihr angewendeten Methoden zu verbessern. Als solches wird SWID*[11] *als möglicher Ersatz für CPE geprüft. SWID-(Software Identification-)Tags sind eine Software-Produktidentifikationsspezifikation. SWID-Tags unterstützen die Automatisierung der Softwareinventur als Teil eines Software-Asset-Management-(SAM-)Prozesses, die Bewertung von Softwareschwachstellen auf einem Computergerät, die Erkennung fehlender Patches, die Ausrichtung von Bewertungen von Konfigurationsprüflisten, die Überprüfung der Softwareintegrität, die Installation und Ausführung von Whitelists/Blacklists sowie andere Sicherheits- und Betriebsanwendungsfälle.*

Klar zu lesen, dass auch die NVD unterstreicht, dass SAM-Tools jetzt oder zukünftig über Technologiebestandteile verfügen oder diese bereitstellen müssen, um hier das Thema Vulnerability im gesamten ITAM-Kontext weiter zu unterstützen. Heute, wo die IT-Infrastrukturumgebungen immer komplexer werden und es leider auch immer Gruppen geben wird, die IT-Systeme angreifen, um möglichst großen Schaden anzurichten, ist es dringender denn je, dass das IT-Assetmanagement (ITAM) dafür Sorge trägt bzw. tragen sollte, Transparenz und Sichtbarkeit in allen IT-Infrastrukturkomponenten und -assets permanent zu gewährleisten.

Wie wäre es, wenn ...

- ... das Softwareasset- und Lizenzmanagement dem IT-Security-Team Daten und Informationen rechtzeitig bereitstellen kann, um damit Schwachstellen aufzuzeigen?
- ... Schwachstellen von Softwareanwendungen und Apps identifiziert werden, die kritische Daten in Bezug auf die Verarbeitung von personenbezogenen Daten bzw. persönlich identifizierbaren Informationen (PII) enthalten, und diese automatisiert entdeckt, klassifiziert, bewertet und in Risikoklassen eingestuft werden?
- ...Software und Hardware, die ihren End-of-Life oder End-of-Support überschritten haben, gekennzeichnet werden, um so geschäftskritische Funktionen sichtbar zu machen, die u. U. auf kompromittierten oder auf veralteten Systemen laufen und damit ein Geschäftsrisiko darstellen?
- ... Vorschriften zur Datenschutz-Grundverordnung (DSGVO bzw. GDPR[12]) automatisiert überwacht und dadurch auch beachtet werden?
- ... Ihr Unternehmen einen risikobasierten Ansatz für das Schwachstellenmanagement verfolgen kann, um bis zu 80 % weniger Securityvorfälle managen zu müssen?
- ... dem Unternehmensvorstand über regelmäßige Updates belastbare Zahlen zu Cybersicherheits- und Technologierisiken berichtet werden?

---

[11] Software Identification Tag (SWID) – *https://csrc.nist.gov/projects/Software-Identification-SWID*

[12] GDPR – Europe's General Data Protection Regulations

Damit diese Fragen entsprechend beantwortet werden können, benötigt es stetige Aktualität der dafür erforderlichen Daten, sowohl die normalisierten Daten aus dem Unternehmens-Inventory (ihre IT-Assets) als auch die von der National Vulnerability Database (NVD) des National Institute of Standards and Technology (NIST), um aufzuzeigen, wo sich bekannte Schwachstellen in Ihrer Organisation befinden und welches mögliche Schadenspotenzial für die Unternehmensprozesse kritisch sein könnten.

18.2.2 Wie kann ITAM unterstützen?

Mit Hilfe geeigneter Tools, die das klassische Inventory und das Cloud-Assetmanagement unterstützen das aber mit seinen Daten auch als Grundlage für die weitere Datenanalyse erforderlich ist, kann der ITAM-Betrieb dem IT-Security-Betrieb bestehende oder zukünftige Schwachstellen aufzeigen, damit der IT-Security-Betriebsbereich dahingehend seine IT-Sicherheitskonzepte stetig optimieren kann.

Bild 18.2 ITAM zeigt der IT-Security Schwachstellen auf

Wenn überlegt wird, wie Schwachstellen gefunden und behoben werden können, lautet die Antwort von den Betriebsverantwortlichen oftmals: Unsere IT-Umgebung wird immer komplexer und es ist schwierig, einen vollständigen Überblick über alle Software-Schwachstellen und die Nutzung dieser Anwendungen zu erhalten. Dazu ist noch folgender Aspekt wichtig, der sich wie ein roter Faden durch die gesamten ITAM- und ITSM-Prozesse zieht.

Transparenz erfordert Sichtbarkeit.

Was dafür erforderlich ist

- vollständige Transparenz und Sichtbarkeit über alle Geräte, Benutzer und Anwendungen vor Ort, in der Cloud und in mobilen Umgebungen,
- bekannte Schwachstellen kennen und finden können – nicht nur die in den Standard-Softwareprodukten, sondern auch in Add-ons und Komponenten von Softwareprodukten wie beispielsweise in Open-Source-Produkten,
- eine Klassifizierung von Anwendungen, um aufzuzeigen, wo personenbezogene Daten gespeichert und verarbeitet werden könnten und welche Art von Daten dabei gespeichert sind oder werden,

- aufgezeigt zu bekommen, welche Anwendungen mit Schwachstellen im Einsatz sind, wie der Kritikalitätsfaktor aussieht und auf welchen Systemen sich diese Anwendungen befinden,
- Berichte mit detaillierten Daten, welcher Anwender hat Zugriff auf welche Anwendungen und Cloud-Dienste und wie werden diese genutzt,
- Identifizierung von bestimmten Angriffsvektoren, die mögliche Sicherheitslücken zulassen könnten,
- Risiken bewerten nach Schweregrad der identifizierten Risiken auf Basis erweiterter Informationen,
- einen Überblick über risikobehaftete Daten zu erhalten und wie diese über das gesamte Unternehmen verteilt sind.

Die Komponente „Snow Risk Monitor“ trägt zur Minderung von Cybersicherheitsrisiken bei, indem es die aktiven Softwareanwendungen eines Unternehmens mit der National Vulnerability Database (NVD) des NIST (National Institute of Standards and Technology) abgleicht und bekannte Schwachstellen markiert.

18.2.3 Funktionsweise des Snow Risk Monitor

Betrachten wir das Risiko-Monitoring und dessen Funktionsweise. In Bild 18.3 sehen Sie eine vereinfachte visualisierte Vorgehensweise dazu.

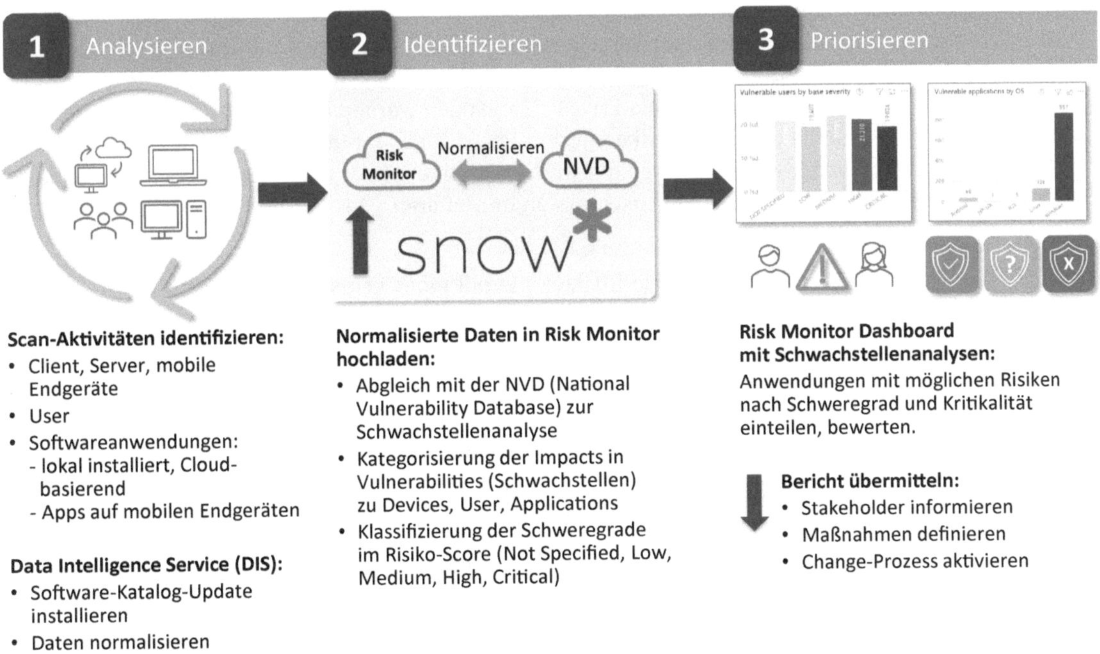

Bild 18.3 Risk Monitor (Snow) – Funktionsweise[13]

[13] Snow-Risk-Monitor-Beschreibung (engl.) – *https://www.snowsoftware.com/sites/default/files/documents/snow-risk_monitor-datasheet_0.pdf*

- ***Schritt 1 – Analysieren.*** Die angelieferten Asset-Scandaten (entweder über den Scan-Agent von Snow oder von anderen Herstellern wie beispielsweise Microsoft SCCM) werden über den Softwarekatalog in Verbindung mit dem „Data intelligence service (Dis)" normalisiert. Je nach Ausprägung der eingesetzten Scanfunktionen und -werkzeuge, werden hierbei die Assetdaten von Clients, Servern, Cloud, SaaS, Apps auf mobilen Geräten verarbeitet.
- ***Schritt 2 – Identifizieren.*** Nachdem die normalisierten Assetdaten bereitstehen, werden diese über Snow-Komponenten zum Risk Monitor (eine Cloud-Anwendung) hochgeladen und unter Bezugnahme auf das vorliegende Repository der NVD Database abgeglichen und mögliche Schwachstellen identifiziert.
  - Kategorisierung der Impacts in Vulnerabilities (Schwachstellen) zu:
    - Devices,
    - User,
    - Applications,
  - Klassifizierung der Schweregrade über den Risiko-Score:
    - Not Specified,
    - Low,
    - Medium,
    - High,
    - Critical.
- ***Schritt 3 – Priorisieren.*** Über das Risk Monitor Dashboard werden die Assetdaten mit den gefundenen Schwachstellen über verschiedene Torten-, Balken- und andere Berichtsdiagramme visualisiert und über verschiedene Analysebewertungen in ihren Schweregrad und ihre Kritikalität eingeteilt. Sobald vorhandene Risiken visualisiert und priorisiert sind, ist zu entscheiden, was als Erstes angegangen werden muss. Mit weiteren kontextbezogenen Daten um diese Risiken herum liefert Risk Monitor jetzt Entscheidungshilfen zur Bestimmung, welche Risiken mit welcher Kritikalität für das Unternehmen eine hohe Priorität haben, um diese im Anschluss zu minimieren.

  Zum Beispiel:
  - aufgetretene und visualisierte Risiken, die mit einer kritischen Schwachstelle aus der NVD Database gekennzeichnet wurden,
  - Risiken auf aktiven Systemen, die vom Management oder anderen wichtigen Anwendern im Unternehmen verwendet werden.

Warum Risiko-Monitoring einen hohen Mehrwert besitzt

- Es ermöglicht einen ganzheitlichen, transparenten Überblick zu Softwareanwendungen und -versionen, die mögliche Sicherheitsrisiken aufweisen.
- Trotz eventuell bereits im Einsatz befindlicher Sicherheits-Tools – denen eine lizenzrechtlich lesbare Software-„Normalisierung" eher egal ist, weil hier u. a. keine Organisationsdaten zu den Inventory-Daten mit angereichert werden „können" –, kann es leicht passieren, dass Risikobereiche übersehen werden. Zwar liefern diese speziellen Scansysteme ausreichend Daten zu möglichen Netzwerkverwundbarkeiten, aber mit dem auf normalisierten Inventory-Daten basierenden Risiko-Monitoring wird sichergestellt, dass alle möglichen „bekannten Risiken in der NVD Database" analysiert und entdeckt werden können.

- Mit dem automatisierten Risiko-Monitoring können manuelle Risikobewertungsprozesse zur Schwachstellenidentifikation signifikant reduziert werden, um die vorhandenen IT-Ressourcen zu schonen.
- Es wird sichergestellt, dass das von Cybersecurity Frameworks geforderte aktive Managen der Softwarelebenszyklen (beispielsweise durch Sicherheitspatches) entsprechend erfüllt werden kann, denn wenn die Schwachstellen und die Stelle ihres Auftretens erkannt wurden, können sie gezielt beseitigt werden. Das Risiko-Monitoring zentralisiert so alle Informationen, damit die für eine Entscheidungsfindung erforderlichen Daten und Ergebnisse, wie beispielsweise das End-of-Life-Datum einer Softwareanwendung, an einem Ort zu finden sind.

In Bild 18.4 sehen Sie einen Dashboard-Screenshot des Snow Risk Monitor, beispielhaft gefiltert nach dem Hersteller „Adobe". Aus diesem Demo-Datenbestand ist auch zu erkennen, dass hier primär die Laptops betroffen sind (14.000 Stück), zudem 3.267 Desktops und nur wenige Server, virtuelle Server bzw. virtuelle Desktops. Diese Übersicht ist insbesondere im Hinblick auf die Kritikalität – also die Einfachheit der Ausnutzung und die Schwere des eventuell eintretenden Schadens – der gefundenen Schwachstellen für ein effektives Risikomanagement essenziell.

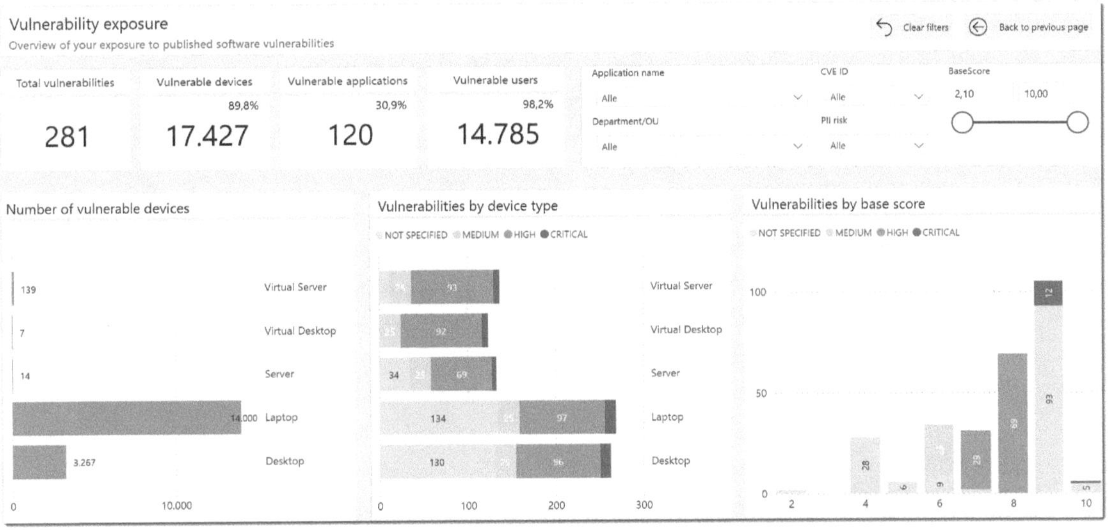

Bild 18.4 Dashboard Vulnerability exposure – Schwachstellenexposition für den Hersteller Adobe[14]

Der nächste Screenshot zeigt beispielhaft kritische Schwachstellen in Adobe Acrobat 2017 auf (der untere Bildschirmteil des Screenshots aus Bild 18.4). Diese Schwachstellen lassen sich durch einen Drill-down aus dem vorangegangenen Dashboard sehr einfach im Detail abbilden.

[14] Snow-Risk-Monitor-Beschreibung (engl.) – *https://www.snowsoftware.com/sites/default/files/documents/snow-risk_monitor-datasheet_0.pdf*

Vulnerability details by application

Application name	BaseSeverity	BaseScore	VectorString	CVEID	Details
Adobe Acrobat 2017	CRITICAL	9,80	CVSS:3.0/AV:N/AC:L/PR:N/UI:N/S:U/C:H/I:H/A:H	CVE-2017-11293	An issue was discovered in Adobe Acrobat and Reader: 2017.012.20098 and earlier versions, 2017.011.30066 and earlier versions, 2015.006.30355 and earlier versions, and 11.0.22 and earlier versions. An exploitable memory corruption vulnerability exists. Successful exploitation could lead to arbitrary code execution.
Adobe Acrobat 2017	CRITICAL	9,80	CVSS:3.0/AV:N/AC:L/PR:N/UI:N/S:U/C:H/I:H/A:H	CVE-2017-16398	An issue was discovered in Adobe Acrobat and Reader: 2017.012.20098 and earlier versions, 2017.011.30066 and earlier versions, 2015.006.30355 and earlier versions, and 11.0.22 and earlier versions. This vulnerability is an instance of a use after free vulnerability in the JavaScript engine. The mismatch between an old and a new object can provide an attacker with unintended memory access -- potentially leading to code corruption, control-flow hijack, or an information leak attack. Successful exploitation could lead to arbitrary code execution.
Adobe Acrobat 2017 Professional	CRITICAL	9,80	CVSS:3.0/AV:N/AC:L/PR:N/UI:N/S:U/C:H/I:H/A:H	CVE-2017-11293	An issue was discovered in Adobe Acrobat and Reader: 2017.012.20098 and earlier versions, 2017.011.30066 and earlier versions, 2015.006.30355 and earlier versions, and 11.0.22 and earlier versions. An exploitable memory corruption vulnerability exists. Successful exploitation could lead to arbitrary code execution.
Adobe Acrobat 2017 Professional	CRITICAL	9,80	CVSS:3.0/AV:N/AC:L/PR:N/UI:N/S:U/C:H/I:H/A:H	CVE-2017-16398	An issue was discovered in Adobe Acrobat and Reader: 2017.012.20098 and earlier versions, 2017.011.30066 and earlier versions, 2015.006.30355 and earlier versions, and 11.0.22 and earlier versions. This vulnerability is an instance of a use after free vulnerability in the JavaScript engine. The mismatch between an old and a new object can provide an attacker with unintended memory access -- potentially leading to code corruption, control-flow hijack, or an information leak attack. Successful exploitation could lead to arbitrary code execution.

Bild 18.5 Detailsicht der kritischen Schwachstellen von Adobe Acrobat 2017 mit CVEID[15]

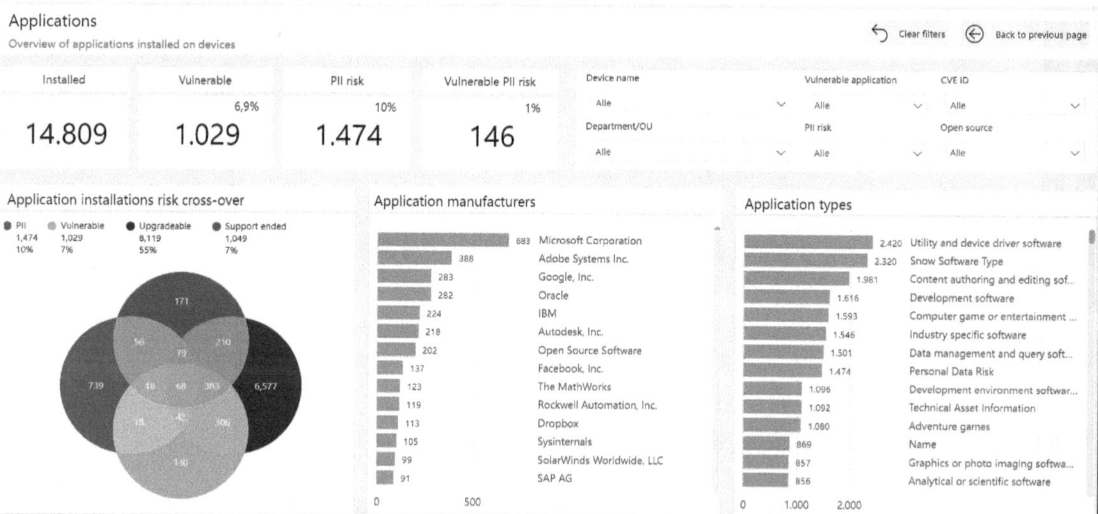

Bild 18.6 Dashboard-Überblick von installierten Anwendungen und Schwachstellenpotenzialen

[15] CVE – Common Vulnerabilities and Exposures – *https://de.wikipedia.org/wiki/Common_Vulnerabilities_and_Exposures*

Im folgenden Bild sehen Sie eine Detailansicht zum „Application manufacturer“ Microsoft.

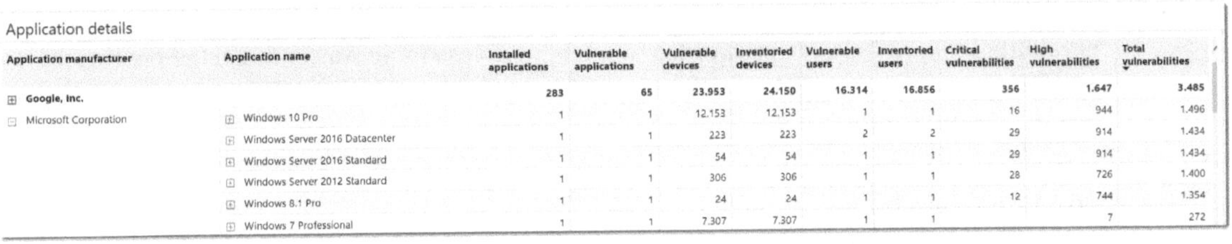

Application details

Application manufacturer	Application name	Installed applications	Vulnerable applications	Vulnerable devices	Inventoried devices	Vulnerable users	Inventoried users	Critical vulnerabilities	High vulnerabilities	Total vulnerabilities
Google, Inc.		283	65	23.953	24.150	16.314	16.856	356	1.647	3.485
Microsoft Corporation	Windows 10 Pro	1	1	12.153	12.153	1	1	16	944	1.496
	Windows Server 2016 Datacenter	1	1	223	223	2	2	29	914	1.434
	Windows Server 2016 Standard	1	1	54	54	1	1	29	914	1.434
	Windows Server 2012 Standard	1	1	306	306	1	1	28	726	1.400
	Windows 8.1 Pro	1	1	24	24	1	1	12	744	1.354
	Windows 7 Professional	1	1	7.307	7.307	1	1		7	272

Bild 18.7 Detailauszug zu zum Hersteller Microsoft Corporation

Abschließend noch eine beispielhafte Sicht auf Anwendungen, die innerhalb der nächsten zwölf Monate in einen „End of support“ laufen werden. Mit dieser Übersicht werden erforderliche Entscheidungen und umzusetzende Maßnahmen unterstützt, um mit diesen kritikalen Anwendungen umzugehen. So könnten die Maßnahmen lauten, ein Austauschen bzw. Migrieren der Applikation vorzunehmen oder aber auch – wenn diese nicht zu patchen sind, sie aber trotzdem unverzichtbare Applikationen bzw. Fachverfahren sind – hier entsprechend geeignete Maßnahmen zu ergreifen, z. B. diese in einen Infrastrukturbereich mit erhöhter Sicherheit zu migrieren oder anderweitige Maßnahmen zur Härtung der Systeme bzw. Anwendungen umzusetzen.

Bild 18.8 Applications, die in den nächsten zwölf Monaten in einen „End of Support“ laufen

Das hier vorgestellte Risiko-Monitoring stellt nicht nur Daten bereit, um Sicherheitslücken und Schwachstellen in Softwareanwendungen zu ermitteln und zu managen. Es kann auch über Snow-eigene proprietäre Logiken die Verarbeitung personenbezogener Daten in den Inventory-Assetdaten analysieren und im Sinne der DSGVO bewerten, was somit auch ein wichtiger Teil eines Compliance-Management-Systems ist. Lesen Sie dazu die Ausführungen im folgenden Abschnitt 18.2.4 „Best Practise Use Cases“.

18.2.4 Best Practise Use Cases

Der erste Anwendungsfall zeigt auf, wie leicht auszunutzende Schwachstellen mit dem „Vulnerability Explorer“ analysiert werden können, und der zweite Anwendungsfall beschreibt, wie Sie sich sehr schnell einen Überblick über betroffene Systeme mit kritischen Sicherheitslücken verschaffen können.

Anwendungsfall 1

Sie haben sicher schon öfter den Begriff „Script Kiddie“-Attacken gehört.[16] Dies beschreibt die Ausnutzung von – auch bereits schon länger bekannten – Schwachstellen mittels Zusammenkopieren von Schadcode aus einschlägigen Internetseiten, um dann damit wiederum auch Webseiten anzugreifen. Um solche Informationen in den eigenen Inventory-Beständen sichtbar machen zu können, kann der „Vulnerability Explorer“ angewendet werden.

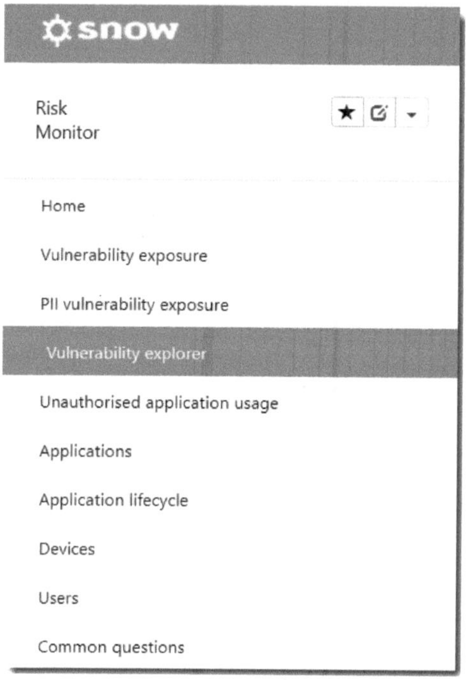

Das in den folgenden Screenshots dargestellte Beispiel ist gefiltert auf:

- *Privileges needed: „none“* – ein Angreifer benötigt also keinerlei erhöhte Rechte oder überhaupt Zugriffsrechte, das pure Vorhandensein eines Systemzugangs genügt.
- *Attack Vector: „Adjacent Network“* – es wird kein Zugang zum Unternehmensnetz per se benötigt, Internet genügt oder aber wenn ein Gerät z. B. in einem anderen Netz sichtbar wird, wie bei einer Dienstreise etc.

[16] *https://en.wikipedia.org/wiki/Script_kiddie*

- *User Interaction: „none"* – es wird keine Userinteraktion zum Ausnutzen benötigt, wie z. B. das aktive Klicken bzw. Ansurfen einer Webseite oder das Öffnen von infizierten Dateien etc.
- *Attack Complexity: „low"* – charakterisiert die Schwierigkeit der Attacke und das Know-how des Angreifers, wie bereits schon oben unter „Script Kiddie" genannt.

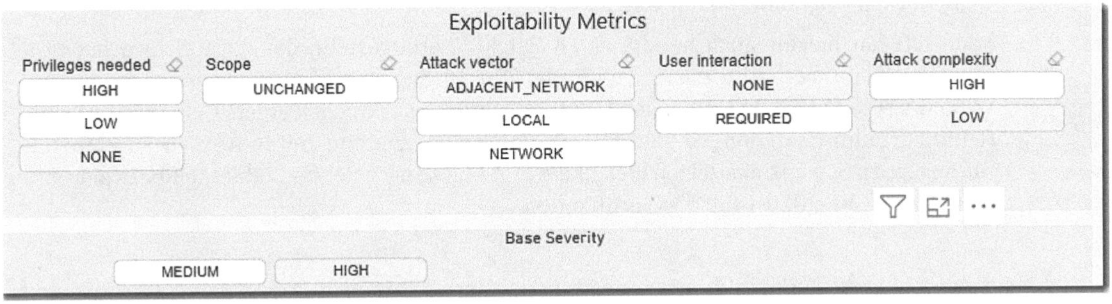

Mit der eingestellten Filterung werden jetzt entsprechende Systeme und User mit ausgewiesenen Schwachstellen angezeigt und können näher analysiert werden, wie in dem folgenden Screenshot zu sehen ist.

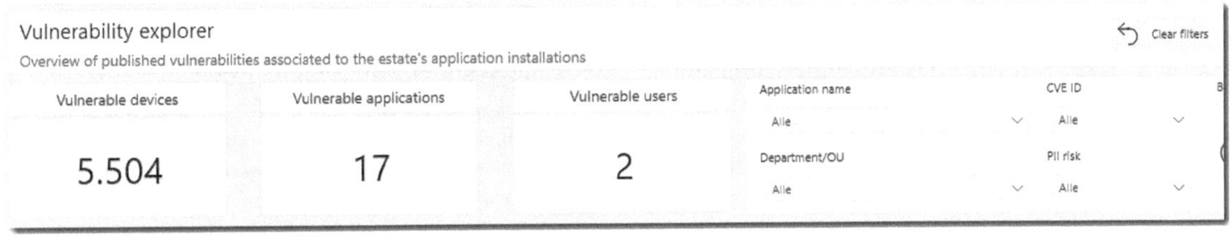

Anwendungsfall 2

Der zweite Anwendungsfall beschreibt, wie man sich einen schnellen Überblick über extrem kritische Sicherheitslücken und die ggf. davon betroffenen Systeme verschaffen kann. Im Beispiel hierzu betrachten wir den Fall vom 17.7.2020, den „CVE-2020-1350" – er beschreibt eine gefährliche Schwachstelle im DNS von Windows Server.[17] Die Schwachstelle hat vom NIST den höchstmöglichen Base Score von „10" erhalten, es handelt sich also um eine gefährliche und kritische Sicherheitslücke. Die gute Nachricht: Cyberkriminelle können sie nur ausnutzen, wenn das System im DNS-Server-Modus läuft.

> *Mit CVE-2020-1350 kann ein Cyberkrimineller DNS-Server, die Windows Server verwenden, zur Remote-Ausführung von bösartigen Codes zwingen. Demnach gehört die Schwachstelle zur RCE-Klasse.[18] Um CVE-2020-1350 auszunutzen, muss man nur eine speziell präparierte Anfrage an den DNS-Server senden.*

---

[17] *https://www.kaspersky.de/blog/cve-2020-1350-dns-rce/24721/*

[18] *https://encyclopedia.kaspersky.com/glossary/remote-code-execution-rce/*: RCE – Remotecodeausführung – eine der gefährlichsten Arten von Computer-Schwachstellen. Es ermöglicht einem Angreifer, bösartigen Code im Zielsystem im lokalen Netzwerk oder über das Internet remote auszuführen. Physischer Zugriff auf das Gerät ist nicht erforderlich. Eine RCE-Schwachstelle kann zu einem Verlust der Kontrolle über das System oder seine einzelnen Komponenten sowie zum Diebstahl sensibler Daten führen.

> *Der Code, der als „LocalSystem" ausgeführt wird, verfügt somit über umfangreiche Berechtigungen auf dem lokalen Computer und agiert auch im Netzwerk. Darüber hinaus erkennt das Sicherheits-Subsystem LocalSystem nicht. Laut Microsoft besteht die Hauptgefahr der Schwachstelle darin, dass sie dazu verwendet werden kann, eine Bedrohung über das lokale Netzwerk zu verbreiten. Demnach wird CVE-2020-1350 als wurmgefährdete Sicherheitsanfälligkeit eingestuft.* – Zitat von der Webseite

Microsoft hat hierfür auch bereits einen Patch[19] bereitgestellt, der diese Schwachstelle schließt. Allerdings muss dieser Patch (der nur DNS-Server betrifft) dazu auf mögliche Windows DNS-Server in der eigenen IT-Infrastruktur ausgebracht werden. Gerade in großen IT-Infrastruktur-Umgebungen kann das mitunter eine geraume Zeit in Anspruch nehmen. Die folgenden Screenshots zeigen hierfür die Ergebnisse nach der im „Vulnerability Explorer" gefilterten „CVE-2020-1350[20]"-Klassifikation.

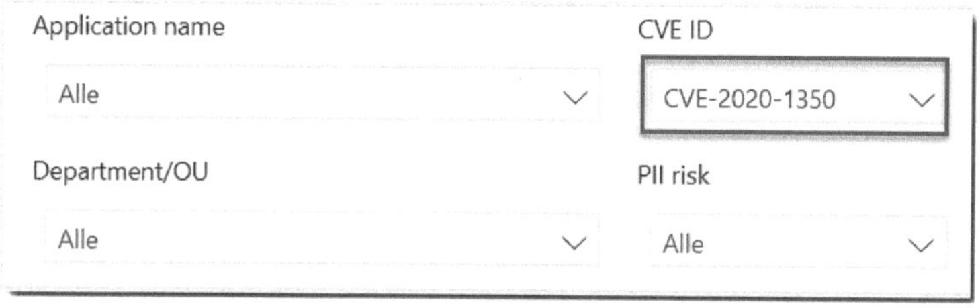

Das Ergebnis der Filterung ist, dass 583 betroffene Systeme gefunden wurden.

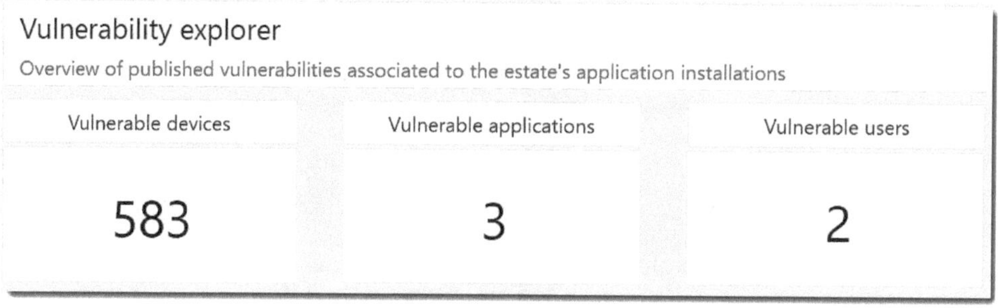

In der folgenden Detailansicht werden die Anzahl der betroffenen Geräte und Betriebssystem-versionen angezeigt. Ein weiterer „Drill-through" zu den betroffenen „Devices" gibt mit nur wenigen Klicks Auskunft darüber, ob die aktiven Windows-DNS-Server davon direkt betroffen sind. So können dann fundierte Entscheidungen getroffen werden, um mit einem eventuellen Emergency-Change[21] die betroffenen Windows-DNS-Server mit dem von Microsoft bereitgestellten Sicherheits-Patch upzudaten, oder aber ob die Ergebnisliste aufzeigt, dass der Sicherheits-Patch über einen normalen Change-Management-Prozess ausgerollt werden kann.

---

[19] *https://msrc.microsoft.com/update-guide/vulnerability/CVE-2020-1350*

[20] A remote code execution vulnerability exists in Windows Domain Name System servers when they fail to properly handle requests, aka ‚Windows DNS Server Remote Code Execution Vulnerability'.

[21] *https://de.wikipedia.org/wiki/Change_Management_(ITIL)#Emergency_%E2%80%93_Notfall*

Vulnerable devices, applications and users

Application manufacturer	Application name	Software Version	Vulnerable devices	Vulnerable applications	Vulnerable users
⊟ Microsoft Corporation	⊟ Windows Server 2012 Standard		302	1	1
		6.2	4	1	1
	⊟ Windows Server 2016 Datacenter		165	1	2
		1607	58	1	1
	⊟ Windows Server 2016 Standard	1607	34	1	1
			20	1	1

Lesen Sie im nächsten Abschnitt, warum und wie Risiken in Bezug auf den Umgang mit personenbezogenen Daten zu managen sind und wie auch hier der Snow Risk Monitor Sie dabei unterstützen kann. Beginnen wir dazu zum besseren Verständnis der Thematik mit einem Überblick zur DSGVO und PII-Daten und verschiedenen damit zusammenhängenden Begriffserläuterungen bzw. Definitionen.

18.3 DSGVO (GDPR), PII-Daten managen

Am 25. Mai 2018 ist die EU-Datenschutzgrundverordnung (DSGVO)[22] in Kraft getreten und regelt den Umgang mit personenbezogenen Daten von Bürgern der EU durch Unternehmen und andere juristische Personen. Für unsere Themen sind daraus insbesondere die Artikel 4 und 5 sowie 30 und 32 (im Nachfolgenden auszugsweise) für eine Betrachtung der Rahmenbedingungen zur Verarbeitung von personenbezogenen Daten heranzuziehen.

Warum es so wichtig ist

Die möglichen monetären Risiken bei Nichteinhaltung der DSGVO-Bestimmungen können beträchtliche Größenordnungen annehmen und u. U. damit die gesamte Geschäftstätigkeit eines Unternehmens erheblich beeinträchtigen, ganz abgesehen von möglichen Image-Schäden.

DSGVO-Bußgelder/-Strafen

Für besonders gravierende Verstöße (siehe Artikel 83 Abs. 5 DSGVO[23]) lässt der Bußgeldrahmen Strafen von bis zu 20 Millionen Euro oder im Fall eines Unternehmens bis zu 4 % des gesamten Jahresumsatzes zu, bei geringen Verstößen (Artikel 83 Abs. 4) sind es bis zu 10 Millionen Euro oder im Fall eines Unternehmens bis zu 2 % des Jahresumsatzes, je nachdem, welcher der Beträge höher ist. ■

[22] *https://de.wikipedia.org/wiki/Datenschutz-Grundverordnung*
[23] *https://dejure.org/gesetze/DSGVO/83.html*

18.3.1 Artikel 2, 4 und 5 DSGVO

Artikel 2 „Sachlicher Anwendungsbereich“

(1) Diese Verordnung gilt für die ganz oder teilweise automatisierte Verarbeitung personenbezogener Daten sowie für die nichtautomatisierte Verarbeitung personenbezogener Daten, die in einem Dateisystem gespeichert sind oder gespeichert werden sollen.

In der DSGVO sind personenbezogene Daten laut

Artikel 4 „Begriffsbestimmungen“[24]

wie folgt definiert:

> *Im Sinne dieser Verordnung bezeichnet der Ausdruck* ***(1) „personenbezogene Daten“*** *alle Informationen, die sich auf eine identifizierte oder identifizierbare natürliche Person (im Folgenden „betroffene Person“) beziehen. Als identifizierbar wird eine natürliche Person angesehen, die direkt oder indirekt identifiziert werden kann, insbesondere mittels Zuordnung zu einer Kennung wie einem Namen, zu einer Kennnummer, zu Standortdaten, zu einer Online-Kennung oder zu einem oder mehreren besonderen Merkmalen, die Ausdruck der physischen, physiologischen, genetischen, psychischen, wirtschaftlichen, kulturellen oder sozialen Identität dieser natürlichen Person sind.*

Artikel 5 „Grundsätze für die Verarbeitung personenbezogener Daten“:[25]

(1) Personenbezogene Daten müssen

a) auf rechtmäßige Weise, nach Treu und Glauben und in einer für die betroffene Person nachvollziehbaren Weise verarbeitet werden („Rechtmäßigkeit, Verarbeitung nach Treu und Glauben, Transparenz“);

b) für festgelegte, eindeutige und legitime Zwecke erhoben werden und dürfen nicht in einer mit diesen Zwecken nicht zu vereinbarenden Weise weiterverarbeitet werden; eine Weiterverarbeitung für im öffentlichen Interesse liegende Archivzwecke, für wissenschaftliche oder historische Forschungszwecke oder für statistische Zwecke gilt gemäß Artikel 89 Absatz 1 nicht als unvereinbar mit den ursprünglichen Zwecken („Zweckbindung“);

c) dem Zweck angemessen und erheblich sowie auf das für die Zwecke der Verarbeitung notwendige Maß beschränkt sein („Datenminimierung“);

d) sachlich richtig und erforderlichenfalls auf dem neuesten Stand sein; es sind alle angemessenen Maßnahmen zu treffen, damit personenbezogene Daten, die im Hinblick auf die Zwecke ihrer Verarbeitung unrichtig sind, unverzüglich gelöscht oder berichtigt werden („Richtigkeit“);

e) in einer Form gespeichert werden, die die Identifizierung der betroffenen Personen nur so lange ermöglicht, wie es für die Zwecke, für die sie verarbeitet werden, erforderlich ist; personenbezogene Daten dürfen länger gespeichert werden, soweit die personenbezogenen Daten vorbehaltlich der Durchführung geeigneter technischer und organisatorischer Maßnahmen, die von dieser Verordnung zum Schutz der Rechte und Freiheiten der betroffenen Person gefordert werden, ausschließlich für im öffentlichen Interesse liegende Archivzwecke oder für wissenschaftliche und historische Forschungszwecke oder für statistische Zwecke gemäß Artikel 89 Absatz 1 verarbeitet werden („Speicherbegrenzung“);

---

[24] *https://dejure.org/gesetze/DSGVO/4.html*

[25] *https://dejure.org/gesetze/DSGVO/5.html*

f) in einer Weise verarbeitet werden, die eine angemessene Sicherheit der personenbezogenen Daten gewährleistet, einschließlich Schutz vor unbefugter oder unrechtmäßiger Verarbeitung und vor unbeabsichtigtem Verlust, unbeabsichtigter Zerstörung oder unbeabsichtigter Schädigung durch geeignete technische und organisatorische Maßnahmen („Integrität und Vertraulichkeit");

(2) Der Verantwortliche ist für die Einhaltung des Absatzes 1 verantwortlich und muss dessen Einhaltung nachweisen können („Rechenschaftspflicht").

18.3.2 Artikel 30 und 32 DSGVO

Artikel 30 „Verzeichnis von Verarbeitungstätigkeiten"[26] besagt:

(1) Jeder Verantwortliche und gegebenenfalls sein Vertreter führen ein Verzeichnis aller Verarbeitungstätigkeiten, die ihrer Zuständigkeit unterliegen. Dieses Verzeichnis enthält sämtliche folgenden Angaben:

a) den Namen und die Kontaktdaten des Verantwortlichen und gegebenenfalls des gemeinsam mit ihm Verantwortlichen, des Vertreters des Verantwortlichen sowie eines etwaigen Datenschutzbeauftragten;

b) die Zwecke der Verarbeitung;

c) eine Beschreibung der Kategorien betroffener Personen und der Kategorien personenbezogener Daten;

d) die Kategorien von Empfängern, gegenüber denen die personenbezogenen Daten offengelegt worden sind oder noch offengelegt werden, einschließlich Empfänger in Drittländern oder internationalen Organisationen;

e) gegebenenfalls Übermittlungen von personenbezogenen Daten an ein Drittland oder an eine internationale Organisation, einschließlich der Angabe des betreffenden Drittlands oder der betreffenden internationalen Organisation, sowie bei den in Artikel 49 Absatz 1 Unterabsatz 2 genannten Datenübermittlungen die Dokumentierung geeigneter Garantien;

f) wenn möglich, die vorgesehenen Fristen für die Löschung der verschiedenen Datenkategorien;

g) wenn möglich, eine allgemeine Beschreibung der technischen und organisatorischen Maßnahmen gemäß Artikel 32 Absatz 1.

Dabei geht es darum, mit der gebotenen Transparenz (Artikel 12 bis 23) in der Lage zu sein auf diese Fragen eine Antwort geben zu können:

- Welche personenbezogenen Daten werden wo verarbeitet?
- Wo befinden sich diese Daten im Unternehmen?
- Wer verarbeitet sie und wie werden sie verarbeitet?
- Wer sendet personenbezogene Daten an wen?
- Um welche Art von Daten handelt es sich und wer zeichnet diese auf?

[26] *https://dejure.org/gesetze/DSGVO/30.html*

Artikel 32 „Sicherheit der Verarbeitung"[27] fordert:

(1) Unter Berücksichtigung des Stands der Technik, der Implementierungskosten und der Art, des Umfangs, der Umstände und der Zwecke der Verarbeitung sowie der unterschiedlichen Eintrittswahrscheinlichkeit und Schwere des Risikos für die Rechte und Freiheiten natürlicher Personen treffen *der Verantwortliche und der Auftragsverarbeiter geeignete technische und organisatorische Maßnahmen, um ein dem Risiko angemessenes Schutzniveau zu gewährleisten*; diese Maßnahmen schließen gegebenenfalls unter anderem Folgendes ein:

a) die Pseudonymisierung und Verschlüsselung personenbezogener Daten;

b) die Fähigkeit, die Vertraulichkeit, Integrität, Verfügbarkeit und Belastbarkeit der Systeme und Dienste im Zusammenhang mit der Verarbeitung auf Dauer sicherzustellen;

c) die Fähigkeit, die Verfügbarkeit der personenbezogenen Daten und den Zugang zu ihnen bei einem physischen oder technischen Zwischenfall rasch wiederherzustellen;

d) ein Verfahren zur regelmäßigen Überprüfung, Bewertung und Evaluierung der Wirksamkeit der technischen und organisatorischen Maßnahmen zur Gewährleistung der Sicherheit der Verarbeitung.

(2) Bei der Beurteilung des angemessenen Schutzniveaus sind insbesondere die Risiken zu berücksichtigen, die mit der Verarbeitung verbunden sind, insbesondere durch – ob unbeabsichtigt oder unrechtmäßig – Vernichtung, Verlust, Veränderung oder unbefugte Offenlegung von bzw. unbefugten Zugang zu personenbezogenen Daten, die übermittelt, gespeichert oder auf andere Weise verarbeitet wurden.

Quintessenz

... der für die *Verarbeitung Verantwortliche und der Auftragsverarbeiter treffen geeignete technische und organisatorische Maßnahmen, um ein dem Risiko angemessenes Sicherheitsniveau zu gewährleisten.* ■

Nun sollte vielleicht noch kurz erwähnt werden, dass per definitionem „personenbezogene Daten" nicht gleichbedeutend sind mit „persönlich identifizierbaren Informationen (PII)".

18.3.3 Unterschied zwischen personenbezogenen, PII- und Nicht-PII-Daten

Die unscharfe Abgrenzung zwischen den rechtlichen Festlegungen zur Definition „personenbezogene Daten" in der DSGVO (Abschnitt 18.3.1 „Artikel 4") und dem Begriff „persönlich identifizierbare Informationen (PII)" führt oftmals zu Missverständnissen in der Handhabung und Umsetzung. Auf den ersten Blick kann vermutet werden, dass beide Definitionen das Gleiche umschreiben, im Detail betrachtet gibt es aber Unterschiede.

Auch in den USA, wo der Begriff „PII" zwar verwendet wird, aber in keinem offiziellen Dokument rechtlich definiert ist, wie im Fall der DSGVO, definieren und klassifizieren die verschiedenen Bundes- und Landesgesetze verschiedene Informationen unter dem Begriff „persönlich identifizierbare Informationen (PII)".

[27] *https://dejure.org/gesetze/DSGVO/32.html*

Definition „persönlich identifizierbare Informationen (PII)“[28]

Im Anhang des OMB M-10-23 (Guidance for Agency Use of Third-Party Website and Applications) wurde die Definition der *Persönlich Identifizierbare Informationen (PII)* wie folgt aktualisiert:

> *Der Begriff „PII“, wie er im OMB-Memorandum M-07-1616 definiert ist, bezieht sich auf Informationen, die verwendet werden können, um die Identität einer Person zu unterscheiden oder zu verfolgen, entweder allein oder in Kombination mit anderen persönlichen oder identifizierenden Informationen, die mit einer bestimmten Person verknüpft sind. Die Definition der personenbezogenen Daten ist in keiner einzelnen Kategorie von Informationen oder Technologien verankert. Vielmehr erfordert sie eine Einzelfallbewertung des spezifischen Risikos, dass eine Person identifiziert werden kann. Bei dieser Bewertung ist es wichtig, dass eine Agentur erkennt, dass Nicht-PII zu personenbezogenen PII werden können, wenn zusätzliche Informationen öffentlich zugänglich gemacht werden – in jedem Medium und aus jeder Quelle –, die in Kombination mit anderen verfügbaren Informationen verwendet werden könnten, um eine Person zu identifizieren.*

Auch Daten von Anwendern und Besuchern von Websites, die ihre Datenspuren hinterlassen (wie z. B. Cookies, IP-Adressen) könnten kritisch sein, und zwar immer dann, wenn sich damit mögliche Personen identifizieren lassen. Dementsprechend sollten die Unternehmen möglichst einen Gesamtüberblick zur Datensicherheit bereitstellen können, um die gesetzlichen Bestimmungen einzuhalten.

Die „persönlich identifizierbaren Informationen (PII)“ werden noch einmal per definitionem durch das NIST in „**verknüpfte**“ und „**verknüpfbare**“ Informationen unterschieden.

18.3.3.1 Verknüpfte PII-Daten

Informationen, die persönliche Details enthalten und damit eine natürliche Person sofort identifizieren können, werden ***verknüpfte*** PII-Daten genannt.

Diese können sein:

- Name, Vorname, Anschrift, E-Mail-Adresse, Login-Daten
- Steuernummer, Sozialversicherungsnummer, Personalausweis bzw. Passnummer, Führerscheinnummer, Kreditkartennummern
- Geburtsort und -datum
- Private Telefonnummer (Festnetz, Mobil)
- Persönlicher Besitz, z. B. von einem Auto die Fahrzeugidentifikationsnummer (FIN)

Laut NIST auch:

„Asset-Informationen, wie z. B. Internet-Protocol-(IP)- oder Media-Access-Control-(MAC)-Adresse oder andere Host-spezifische dauerhafte statische Kennungen, die konsistent mit einer bestimmten Person oder einer kleinen, genau definierten Gruppe von Personen verknüpft sind.“ – NIST[29]

[28] Rules and Policies – Protecting PII – Privacy Act | GSA – *https://www.gsa.gov/reference/gsa-privacy-program/rules-and-policies-protecting-pii-privacy-act*

[29] Abschnitt 2.2, S. 14; „Examples of PII Data“ *https://nvlpubs.nist.gov/nistpubs/Legacy/SP/nistspecialpublication800-122.pdf*

Das bedeutet, dass auch die folgenden Kennzeichen mit unter die Definition von verknüpften PII-Daten fallen:

- Seriennummer des Prozessors oder Systems,
- MAC-Adresse (Media-Access-Control)
- IP-Adresse (Internet-Protokoll)
- Geräte-IDs
- Cookies

18.3.3.2 Verknüpfbare PII-Daten

Als alleinstehende Daten können verknüpfbare Informationen keine Person bzw. Personen identifizieren. Könnten diese aber mit weiteren Informationen verknüpft werden, können darüber durchaus Personen identifiziert werden.

Beispiele verknüpfbarer Informationen:

- Land, Bundesland, Stadt, Postleitzahl
- Nationalität, Geschlecht (m/w/d)
- Zugehörigkeit zu einer bestimmten Ethnie
- Unpräzise Altersangaben (z. B. 35–45, anstatt 37)
- Allgemeine Persönlichkeitsmerkmale, wie Augenfarbe, Haarfarbe und -länge, Körpergröße und -statur, Links- bzw. Rechtshänder, Brillenträger usw.
- Beschäftigungsort, Berufstitel, Berufsbezeichnung, Branche
- ...

18.3.3.3 Keine PII-Daten im Sinne von DSGVO

Informationen und Daten, die alleinstehend (und nicht verknüpfbar sind) und nicht zur Identifizierung von Personen verwendet werden können, sind z. B.:

- anonymisierte Daten, wie maskierte IP-Adressen, Benutzernamen oder Gerätenamen,
- erhobene Statistiken über Produktnutzungen, Dienstleistungen, auch in aggregierten Formen.

Ein allgemeiner Streitpunkt ist, ob Cookies und Geräte-IDs (wie beispielsweise vom iPhone in Verbindung mit Apps) zu den verknüpfbaren PII-Daten hinzuzurechnen sind. Deshalb betrachten viele Unternehmen, die auf die Auswertung von Cookies angewiesen sind, diese als nicht persönlich identifizierbare Informationen. Aber diese „Haltung“ steht in einem krassen Widerspruch zu der Definition von personenbezogenen Daten laut der DSGVO.

18.3.3.4 Personenbezogene Daten

Wie bereits in Abschnitt 18.3.1 zum Artikel 4 und der Definition „Personenbezogene Daten“ ausgeführt, gilt die Festlegung nicht nur für den Vor- und Nachnamen einer Person, ebenso gilt diese für weitere Details, mit denen Personen in Verbindung gebracht und identifiziert werden könnten. So sind dies beispielsweise auch Informationen, die in Cookies gespeichert werden, und die von uns allen doch gerne genutzte Funktion der Speicherung von Login-Informationen, mit deren Hilfe eine Person dann als ein wiederkehrender Besucher gekennzeichnet und erkannt wird.

Bezugnehmend auf den hier angeführten Artikel 4 beschreibt die DSGVO im Erwägungsgrund (30) die Cookies als personenbezogene Daten:

> *Natürlichen Personen werden unter Umständen Online-Kennungen wie IP-Adressen und Cookie-Kennungen, die sein Gerät oder Software-Anwendungen und -Tools oder Protokolle liefern, oder sonstige Kennungen wie Funkfrequenzkennzeichnungen zugeordnet. Dies kann Spuren hinterlassen, die insbesondere in Kombination mit eindeutigen Kennungen und anderen beim Server eingehenden Informationen dazu benutzt werden können, um Profile der natürlichen Personen zu erstellen und sie zu identifizieren.* – Datenschutzgrundverordnung, Erwägungsgründe (30)[30]

Die Definition des Artikel 4 zu „personenbezogenen Daten“ beinhaltet somit auch u. a. weitere Informationen wie:

- Transaktionsverlauf auf Webseiten, wenn Waren- oder Dienstleistungen bezogen und bezahlt werden,
- verwendete dynamische oder statische (vom Service Provider zugewiesene) IP-Adressen,
- Browserverläufe, sofern die temporären Internetdaten nicht nach Beendigung der Websessions automatisch gelöscht werden,
- Postings von Beiträgen in den sozialen Medien, die eine Klarnamenanmeldung verlangen.

Diese Informationen beziehen sich also mehr oder weniger auf verknüpfte Daten, wenn sich so damit direkt oder indirekt einzelne Personen identifizieren lassen.

18.3.3.5 Nicht personenbezogene Daten

Nicht personenbezogene Daten sind Daten, mit denen sich laut der rechtlichen Definition der DSGVO keine Personen identifizieren lassen, wie beispielsweise bei der Verarbeitung anonymisierter Daten unter Erwägungsgrund (26)

> *... Die Grundsätze des Datenschutzes sollten daher nicht für anonyme Informationen gelten, d. h. für Informationen, die sich nicht auf eine identifizierte oder identifizierbare natürliche Person beziehen, oder personenbezogene Daten, die in einer Weise anonymisiert worden sind, dass die betroffene Person nicht oder nicht mehr identifiziert werden kann. Diese Verordnung betrifft somit nicht die Verarbeitung solcher anonymen Daten, auch für statistische oder für Forschungszwecke.* – Datenschutzgrundverordnung, Erwägungsgründe (26)[31]

Ein weiteres Beispiel, ergänzend zu den bereits im Abschnitt 18.3.3.3 genannten, wären Informationen zu Steuereinnahmen für öffentlich finanzierte Projekte oder Daten zu Wählerumfragen, Statistiken usw.

18.3.3.6 Unterschiede zwischen PII und personenbezogenen Daten

Die allgemeinen Definitionen von PII und personenbezogenen Daten sind in bestimmten Sachlagen recht unspezifisch. Eine verhältnismäßig klare Abgrenzung kann deshalb nur über die geltenden rechtlichen Rahmen vollzogen werden.

---

30 Erwägungsgrund (30) – *https://dejure.org/gesetze/DSGVO/Erwaegungsgruende.html*

31 Erwägungsgrund (26) – *https://dejure.org/gesetze/DSGVO/Erwaegungsgruende.html*

DSGVO, PII – rechtlicher Rahmen

Die Erhebung der personenbezogenen Daten von EU-Bürgern wird mit allen Regeln und Verpflichtungen von der DSGVO festgelegt und begründet damit eine vereinheitlichte und standardisierte Datenerfassung. Die Kehrseite ist, dass damit auch seit dem Inkrafttreten der DSGVO im Mai 2018 eine einheitliche Vorgehensweise für Abmahnungen festgelegt ist, die leidlich ausgenutzt wird und stetig zunimmt.

Da es in den Vereinigten Staaten von Amerika zur DSGVO äquivalentes einheitliches Gesetz gibt, um die Verarbeitung von personenbezogenen Daten zu kontrollieren, gibt es verschiedene Gesetze und Legislativen, die eine Erfassung und Verarbeitung von „persönlich identifizierbaren Informationen (PII)“ regeln – zu nennen wären:

- NIST – National Institute of Standards and Technology
- U.S. Privacy Act – beschreibt und regelt die Erfassung, Verwaltung und Verwendung von PII-Daten
- FCC – Federal Communications Commission
- FTC – Federal Trade Commission and Department of Consumer Protection

Geltungsbereich für PII und personenbezogene Daten

Wenn es um die Erfassung und Weiterverarbeitung von personenbezogenen Daten geht, betrifft die rechtliche Verbindlichkeit der DSGVO alle Einwohner und Bürger der Mitgliedstaaten des europäischen Wirtschaftsraums (EU). Dabei beschränkt sich die DSGVO nicht nur auf die EU, sondern gilt weltweit auch für alle Unternehmen und Organisationen, die sich mit der Datenerfassung und Weiterverarbeitung personenbezogener Daten von EU-Bürgern befassen oder es noch vorhaben.

Die Unterschiede zwischen den laut DSGVO rechtlich definierten Aussagen zu „personenbezogenen Daten“ und den „persönlich identifizierbaren Informationen (PII)“ werden durch die aktuelle Weiterentwicklung abnehmen, da auf beiden Seiten, in der EU und der Nicht-EU, die gesetzlichen Anforderungen stringenter und umfassender werden. Das bedeutet für die Unternehmen stetig neue Herausforderungen aller Art, um die zu sammelnden personenbezogenen Daten genauer zu betrachten, damit mit den sich ändernden rechtlichen Rahmenbedingungen und Anforderungen Schritt gehalten werden kann und um letztendlich damit die erforderliche Unternehmens-Compliance gewährleisten zu können.

18.4 Snow Risk Monitor (DSGVO/PII) – Funktionsweise

Um die Anforderungen nach DSGVO und PII erfüllen zu können, bedarf es geeigneter Informationen über Anwendungen, die durch die Verarbeitung von personenbezogenen Daten ein Risiko darstellen. Der Snow Risk Monitor unterstützt hierbei mit Analysen und Klassifizierungen der gefundenen Risiken und ermöglicht es so, Informationen zu erhalten, die benötigt werden, um die Risiken über weitere Maßnahmen entsprechend minimieren zu können. Für die Einhaltung der DSGVO und für Datenschutzzwecke werden die aktiven Softwareanwendungen und Apps entsprechend danach klassifiziert, wo personenbezogene Daten verarbeitet werden und welcher Art diese Daten sind. Über eine Reihe von intuitiven Dashboards werden die Ergebnisse mit den möglichen Schwachstellen und ihrer Kritikalität angezeigt und gemonitort.

Haben Sie Antworten auf folgende Fragen:

- Wie viele Geräte genau sind in der gesamten IT-Infrastruktur im Einsatz?
- Sind die Standorte der Geräte bekannt und welche Anwender haben darauf Zugriff?
- Haben alle diese Geräte eine aktivierte Datenverschlüsselung und einen aktuellen Virenschutz?
- Sind die installierten Softwareanwendungen auf den Geräten bekannt und enthalten oder verarbeiten diese Anwendungen personenbezogene Daten?
- Haben Sie einen Überblick über die im Einsatz befindlichen Cloud-Anwendungen und -Dienste?
- Wenn ein Anwender Zugriff auf personenbezogene Daten durch aktive Softwareanwendungen auf seinem Gerät hat, welche könnten im Sinne der DSGVO ein Compliance-Risiko darstellen?
- Könnten Sie „beweisen", welche Softwareanwendungen auf einem verloren gegangenen System bzw. Gerät personenbezogene Daten enthielten, um über geeignete Maßnahmen diese Daten vor einem unbefugten Zugriff zu schützen, beispielsweise über eine Remote-Löschung des Datenspeichers?
- Könnten Sie Änderungen in ihrer IT-Infrastruktur so überwachen, dass diese kein erhöhtes Risiko für die Einhaltung der DSGVO darstellen und dieses auch kontinuierlich gewährleisten?
- Könnten Sie jederzeit aufzeigen, welche Softwareanwendungen gemäß den DSGVO-Erfordernissen ein Risiko darstellen, weil diese personenbezogene Daten enthalten oder übertragen?
- Könnten Sie aufzeigen, welche Art von personenbezogenen Daten von Ihren Softwareanwendungen verarbeitet werden?

Wie wäre es, wenn ...

- ... Endpunkte mit einem hohen Risiko, sowohl in Bezug auf die Weiterverarbeitung von personenbezogenen Daten als auch mit kritischen Schwachstellen, zuerst gesichert werden,

- ... ein Compliance-Bericht eine vollständige Übersicht über die Softwareanwendungen bereitstellt, die personenbezogene Daten enthalten, und deren Verwendung innerhalb des Unternehmens, um dadurch mögliche Risiken aufzuzeigen und um diese damit minimieren zu können,
- ... gefundene Schwachstellen schneller als durch die vorgeschriebenen Fristen der Datenschutzbestimmungen beseitigt werden könnten,
- ... die Genauigkeit der erfassten IT-Infrastruktur-Informationen verbessert werden können.

Der Erhebungs- und Analysevorgang für die Risikobewertung von Schwachstellen zu personenbezogenen Daten gemäß DSGVO läuft in ähnlicher Weise ab, wie schon in Bild 18.3 dargestellt. Die bereitgestellten IT-Infrastruktur- und Assetdaten, werden in die Datenbankstruktur des Snow Risk Monitors hochgeladen und dort auf mögliche Risiken mit Snow-eigenen Informationen zur DSGVO abgeglichen und über verschiedene Berichte bereitgestellt. Im Bild 18.9 wird dies grafisch dargestellt.

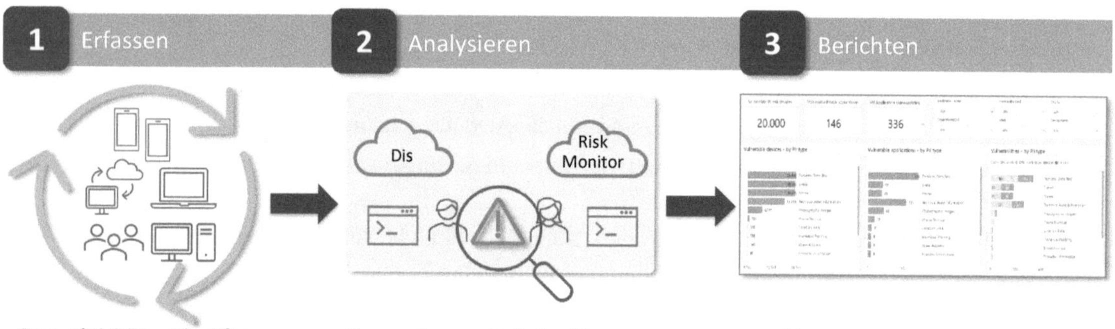

Bild 18.9 DSGVO-Risikobewertung von Schwachstellen (Funktionsweise)

- ***Schritt 1 – Erfassen.*** Die erfassten Assetdaten werden in die Datenbankstruktur des Risk Monitor hochgeladen und dort weiterverarbeitet.
- ***Schritt 2 – Analysieren.*** Snows eigener „Data Intelligence Service“ (DIS), mit erweiterter zusätzlicher proprietärer Logik zur DSGVO, identifiziert aus den angelieferten Assetdaten Geräte, Benutzer und Anwendungen, die einen Zugriff auf personenbezogenen Daten haben bzw. diese verarbeiten.
- ***Schritt 3 – Berichten.*** Über das Risk Monitor Dashboard werden über verschiedene Berichtsdiagramme die gefundenen Schwachstellen und Risiken zu personenbezogenen Daten über die PII-type-Kategorien „Vulnerable devices“, „Vulnerable applications“ und „Vulnerabilities (Kritikalität)“ visualisiert und gemäß den gefundenen Schwachstellen in die eben genannten Kategorien eingeteilt. In Bild 18.10 sehen Sie eine beispielhafte Gesamtsicht dazu.

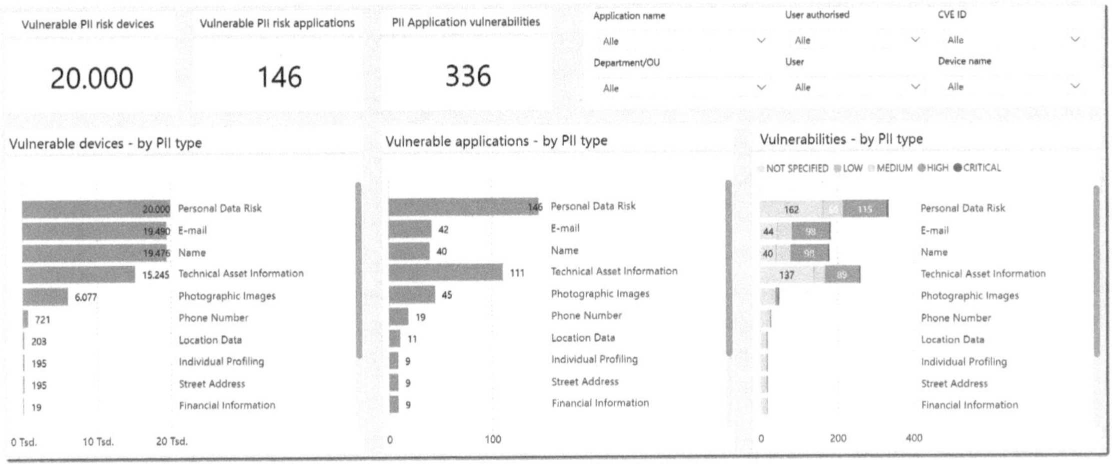

Bild 18.10 Gesamtsicht – PII-Schwachstellen-Exposition

In Bild 18.11 ist eine detailliertere Ansicht zur Darstellung der „Vulnerabilities" by PII type zu sehen.

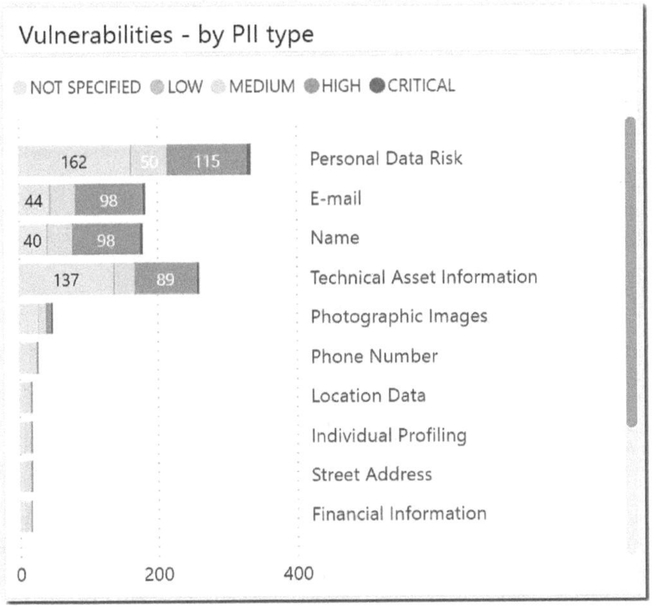

Bild 18.11 Detailsicht – „Vulnerabilities" by PII type

Weitere spezifischere Informationen können durch einen Rechtsklick auf einen Wert über einen weiteren Drillthrough angezeigt werden, wie in diesem Beispiel für „Location Data" und „Applications".

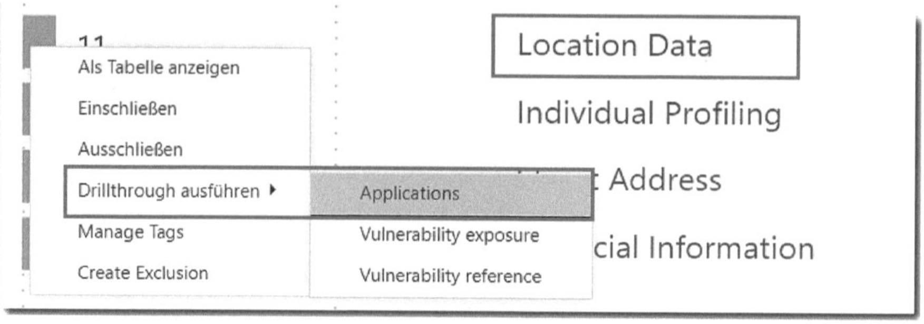

Im Ergebnis des Drillthrough werden (gefiltert) die – hier elf – betroffenen Applications angezeigt, wie im folgenden Bild zu sehen.

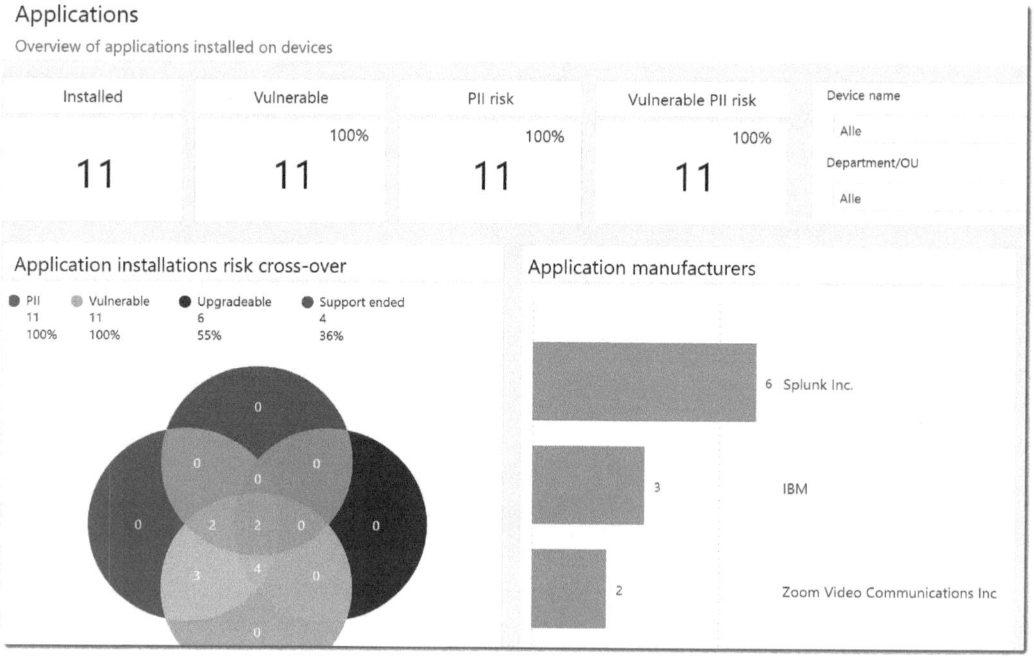

Die folgende Listenansicht zeigt auf, welche Softwarehersteller – in diesem Fall „Splunk Inc.“, „IBM“ und „Zoom Video Communications Inc.“ – Vulnerabilities aufweisen, die jeweilige Anzahl der betroffenen Produkte und, wenn die bestehende Gruppierung angeklickt wird, welche einzelnen Softwareversionen des Produkts betroffen sind, im folgenden Bild am Beispiel von „Zoom“ zu sehen.

Application details

Application manufacturer	Application name	Installed applications	Vulnerable applications	Vulnerable devices	Inventoried devices	Vulnerable users	Inventoried users	Critical vulnerabilities	High vulnerabilities	Total vulnerabilities
⊞ Splunk Inc.		6	6	10	10	2	2		2	17
⊞ IBM		3	3	9	9	2	2			1
⊟ Zoom Video Communications Inc	⊞ Zoom Meetings 4.0	1	1	3	3	3	3	1		1
	⊞ Zoom Meetings 4.1	1	1	182	182	180	180	1		1
	Gesamt	**2**	**2**	**185**	**185**	**183**	**183**	**1**		**1**
Gesamt		**11**	**11**	**203**	**203**	**185**	**185**	**1**	**2**	**19**

Bei einem weiteren Rechtsklick und Drillthrough in der Spalte „Critical vulnerabilities" würde über die Auswahl „Vulnerability reference" die Beschreibung des (hier Critical) CVE-2018-15715 dargestellt, in diesem Beispiel für „Zoom Meeting".

Vulnerability references

CVEID	Details
⊟ CVE-2018-15715	⊟ Zoom clients on Windows (before version 4.1.34814.1119), Mac OS (before version 4.1.34801.1116), and Linux (2.4.129780.0915 and below) are vulnerable to unauthorized message processing. A remote unauthenticated attacker can spoof UDP messages from a meeting attendee or Zoom server in order to invoke functionality in the target client. This allows the attacker to remove attendees from meetings, spoof messages from users, or hijack shared screens.

Die kritische Meldung hierfür lautet:

> *Zoom-Clients unter Windows (vor Version 4.1.34814.1119), Mac OS (vor Version 4.1.34801.1116) und Linux (2.4.129780.0915 und niedriger) sind anfällig für nicht autorisierte Nachrichtenverarbeitung. Ein entfernter, nicht authentifizierter Angreifer kann UDP-Nachrichten von einem Meeting-Teilnehmer oder Zoom-Server fälschen, um Funktionen im Ziel-Client aufzurufen. Dies ermöglicht es dem Angreifer, Teilnehmer aus Meetings zu entfernen, Nachrichten von Benutzern zu fälschen oder freigegebene Bildschirme zu kapern.*

Zum Abschluss möchte ich Ihnen noch die Funktion „Application installations risk cross-over" näherbringen. Es ist eine Funktion vom Snow Risk Monitor, die u. a. auch aufzeigen kann, ob entdeckte Schwachstellen beispielsweise über „Upgrades" beseitigt werden können. In der Darstellung der Schnittmengen können Sie hier die Zahl vier (4) erkennen. Diese sagt aus, dass in diesem Beispiel von vier (4) erkannten Schwachstellen alle vier (4) über ein durchzuführendes Upgrade der Anwendungen beseitigt werden können. Als ein weiteres Beispiel dazu wäre noch auf die Zahl Drei (3) im Diagramm einzugehen, wo Applikationen subsumiert sind, welche eine Vulnerability aufweisen, personenbezogene Daten führen können und gleichzeitig das Ende des Applikationssupports aufweisen. Mittels dieser Übersichten werden das Berichtswesen und eine Priorisierung im Umgang mit den ausgewiesenen Risiken für das Risiko-Management deutlich erleichtert.

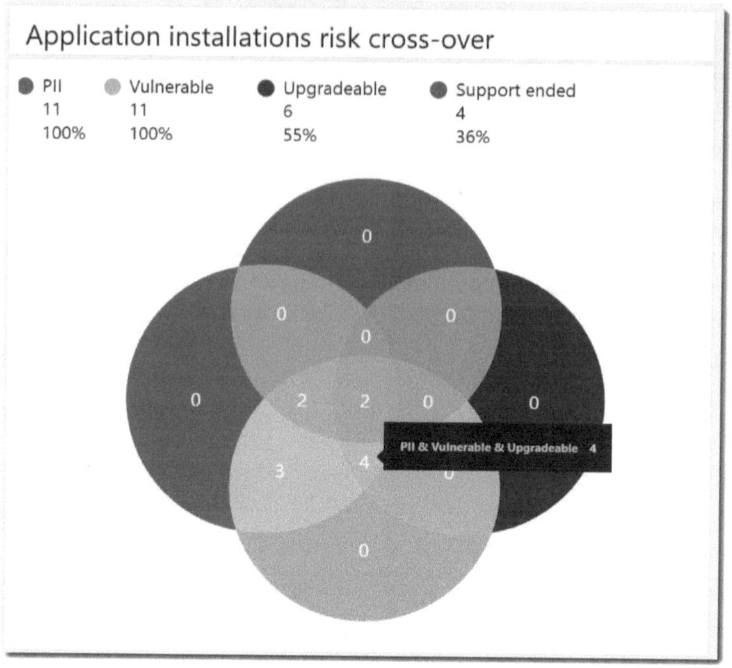

Sobald vorhandene Risiken visualisiert und priorisiert sind, ist zu entscheiden, welche Informationen mit welcher Kritikalität für das Unternehmen eine hohe Priorität haben, um diese Schwachstellen im Anschluss als Bericht an den ITAM-Change-Management-Prozess und an die Rollen Compliance Manager und Datenschutzbeauftragter weiterzuleiten.

■ 18.5 DSGVO Compliance für Dokumente

Mit dem Thema DSGVO Compliance beschäftigen sich außer Snow natürlich auch andere Unternehmen und Hersteller von Risk-Monitoring-Analyse-Tools. Abschließend zu unserem Thema schauen Sie einmal beispielhaft auf den Webseiten von Veritas[32] vorbei. Hier erfahren Sie, neben vielen Statistiken und Studien[33] zum Thema DSGVO in Dokumentenumgebungen, über eine bereitgestellte Demo-Version „Veritas Risk & Compliance Analyzer", dass ein Unternehmen auch die rechtlichen Bedingungen der DSGVO über und mit seinem Dokumentenbestand erfüllen muss. Mit der Demoversion des Tools (mit Beispieldaten von Veritas oder auch eigenen Dokumenten) erhalten Sie auch in einer Dashboard-Ansicht Informationen zu bestehenden Schwachstellen, deren Risikostufe – hier im Umfeld von Dokumenten – und wie diese sich kategorisieren.

[32] Bewertung der DSGVO-Einhaltung und -Strategie (Datenschutz-Grundverordnung) | Veritas – *https://www.veritas.com/de/de/gdpr*

[33] *https://www.veritas.com/content/dam/Veritas/docs/reports/gdpr-report-en.pdf*

Im Bild 18.12 sehen Sie einen Screenshot-Ausschnitt vom Dashboard „Risk & Compliance Analyzer“ des Herstellers Veritas.

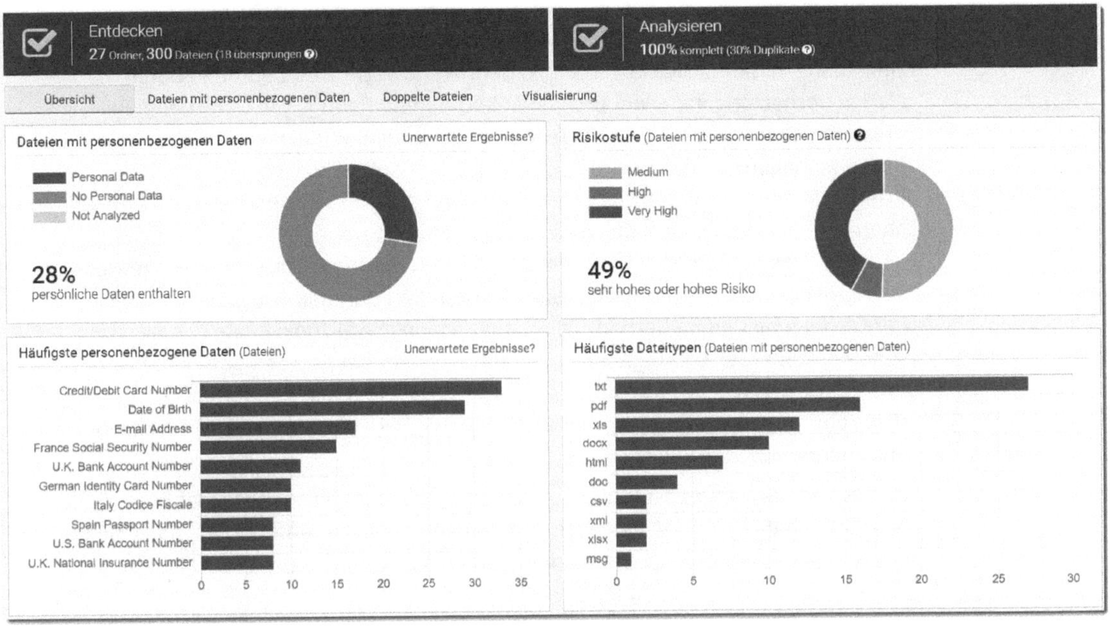

Bild 18.12 Demoversion des Veritas Risk & Compliance Analyzer – mit Demobeispielen zu Dokumenten[34]

Der „Risk & Compliance Analyzer“ von Veritas ist kein Tool für die Schwachstellenanalyse von Software- und Hardwareassets, sondern speziell ausgelegt für Dokumentenumgebungen und -prozesse. Ich möchte Ihnen mit diesem Tool-Hinweis aufzeigen, dass die Einhaltung der DSGVO in vielen Unternehmensumfeldern zu beachten ist. Um bei der Menge der heutigen Daten diese auf rechtlich ordnungsgemäße Nutzung gemäß der DSGVO untersuchen und aktuell halten zu können, kommt heute kein Unternehmen mehr darum herum, hierfür automatisierbare Prozesse und Tools einzusetzen.

[34] Veritas Risk & Compliance Analyzer – *https://riskanalyzer.apps.veritas.com/#!/admin/analyze*

Fazit:

Konsistente SAM-Daten sind heute ein sehr wichtiger Baustein für den Betrieb der Geschäftsprozesse. Ebenso sind die IT-Infrastrukturen im Gegensatz zu den Zeiten vor dem Internetboom heute keine abgeschlossenen und eigenständigen Umgebungen mehr. Die Gefahren aus dem World Wide Web bedrohen durch die stetige Vernetzung mit allem und jeden heute mehr denn je die Unternehmensprozesse. Umso wichtiger ist es deswegen geworden, mit einem umfassenden Risiko-Management bestehende Schwachstellen entdecken, bewerten und ihre Kritikalität gegenüber den Geschäftsprozessen einordnen zu können. Das ist heute bei der Menge an Softwareanwendungen und Daten nur noch über geeignete Werkzeuge möglich, die wiederum selbst auf aktuelle Datenlagen angewiesen sind. Die Quintessenz daraus ist, dass – vor Jahren durchaus noch akzeptabel in der Umsetzung und im Betrieb – die „klassischen" SAM-Tools heute anderen und sehr viel komplexeren Aufgabenstellungen aus dem Bereich des Softwareasset- und Lizenzmanagements gegenüberstehen. SAM-Tools und deren Hersteller, die das nicht erkennen und entsprechend reagieren, werden bald vom Wettbewerb überrundet und verschwinden.

Das heutige Softwareasset- und Lizenzmanagement muss eine ganzheitliche Sicht über alle ITAM- und ITSM-Prozesse einnehmen und auch dafür sorgen, dass die für einen risikoarmen IT-Betrieb erforderlichen IT-Asset- und SAM-Daten allen Stakeholdern permanent und immer aktuell bereitgestellt werden. ■

19 Softwarenutzung – Softwareassets proaktiv managen

In diesem Kapitel erfahren Sie u. a.:

- wie Sie sich einen gesamthaften Überblick über die Softwarenutzung in Ihrem Unternehmen verschaffen können,
- welche möglichen Berichtsformen Ihnen die dafür benötigten Ergebnisse liefern können,
- ein paar Ergebnisbeispiele aus der Praxis und ein Beispiel eines Anwendungssteckbriefs, anhand dessen die ausgewerteten Nutzungen zum Produkt „Microsoft Project 2019 Standard", mögliche Einsparpotenziale aufzeigen.

In diesem Kapitel lesen Sie, wie ungenutzte IT-Assets im Unternehmen identifiziert werden können und welche Potenziale dabei die Ergebnisse aufzeigen können. Am Ende des Kapitels finden Sie ein paar Fallbeispiele und einen Anwendungssteckbrief vor, die aufzeigen, welche Einspareffekte mit der Ermittlung von ungenutzten IT-Assets erzielt werden können. ■

Die IT-Welt hat sich in den letzten Jahren rasant weiterentwickelt und vor allem in Richtung Cloud-Nutzung sind enorme Transformationen erfolgt. Waren es zu Beginn eher noch „nur" Server-Systeme und deren Softwareanwendungen, so ist es heute auch „Alltags-"Software wie Microsoft 365. Nicht nur, dass immer kürzere Entwicklungszeiten und die damit einhergehenden, in immer kürzeren Abständen erforderlichen Softwareupdates eine immer größere Rolle spielen, es ist auch aus wirtschaftlichen und Ressourcen bedingten Gründen wichtig geworden, die Sichtbarkeit und Nutzung von Softwareanwendungen und Services (beispielsweise Subscriptions) auf Computersystemen und Apps auf mobilen Geräten umfassend als Asset und in der Verwendung managen zu können. Waren es vor ein paar Jahren noch spezialisierte Tools und Werkzeuge (wie beispielsweise die Produkte von Scalable[1]), die es gebraucht hat, um einen detaillierteren Einblick in die Nutzung von Softwareanwendungen zu erlangen, sind die heutigen SAM-Tools mit ihren spezialisierten Scan-Agents auch dazu in der Lage, zumindest durchschnittliche Nutzungsszenarien über Standardberichte aufzuzeigen (für laufende Softwareanwendungen auf lokalen Systemen, wie auch Nutzungs- und Zugriffsdaten von Benutzern auf Softwareanwendungen, Services oder Cloud-Produkte), die in dieser Form auch erst einmal für eine ressourcenschonende Steuerung der Softwareassets ausreichen. In jedem größeren Unternehmen werden pro Jahr mehrere Hundert Entscheidungen über den Kauf oder die Miete von Softwareanwendungen getroffen, ohne eine wirkliche

[1] IT Asset Intelligence and Digital Agility Analytics – Scalable Software – *https://www.scalable.com/*

Sicht darüber zu haben, ob die beschafften bzw. zu beschaffenden Softwareprodukte dann auch tatsächlich im erwarteten bzw. prognostizierten Umfang genutzt werden. Aufgrund der sich ändernden IT-Bereitstellungs- und Betriebsprozesse (abgesehen von den immer noch aktuellen Themenaspekten wie Arbeitszeitkontrolle und Datenschutz) sind die Sichten auf den Nutzungsgrad und die Nutzungszeit von Softwareanwendungen ein sehr starker wirtschaftlicher Faktor geworden, der größtmögliche Transparenz erfordert.

19.1 Ungenutzte IT-Assets identifizieren

Früher (und in Teilen auch heute noch für on-Premises Gültigkeit besitzend) galt: Lizenzkostenpflichtige Software, die installiert ist, ob aktiv oder ungenutzt, wird über die Wartungsverträge und deren Updates, über einen Zeitraum von 36 bis 48 Monaten noch ein weiteres Mal bezahlt, darin eingeschlossen auch die ungenutzten Softwareanwendungen. In Richtung Cloud geschaut, mit den dort angewendeten Miet- und Abonnement-Abrechnungsmodellen, wird das noch viel interessanter, weil ja dann pro Monat und Anwendung Geld zu zahlen ist. Wenn diese Softwareprodukte nicht mit einer entsprechend hohen Nutzung verwendet werden, fallen diese eventuell vermeidbaren Kosten noch viel stärker ins Gewicht. In Kapitel 17 hatte ich bereits ein Beispiel dazu aufgezeigt, wie hier im Bild 19.1 noch einmal zu sehen. Das Dashboard zeigt hier zum einen die Benutzeraktivitäten in verschiedenen Nutzungsperioden, zum anderen, was eine „Benutzerlizenz" – hier beispielsweise das Subscription für Office 365 E1 – kostet, und damit stellt es auch die Grundlagen für die Frage nach einer Kostenoptimierung bereit.

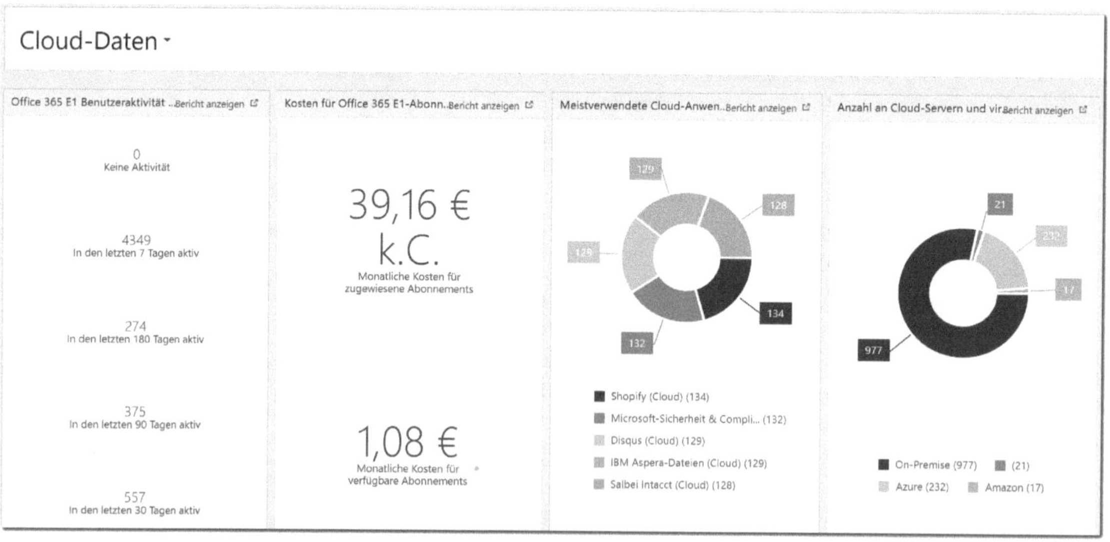

Bild 19.1 Dashboard mit Nutzungsdaten für Cloud-Anwendungen

Wenn also Transparenz über die Softwareassets besteht, können Einsparungen erzielt werden, indem die nicht oder nur wenig genutzten Softwareassets entdeckt und aufgezeigt werden. Ob diese dann sofortige Kosteneinsparungen ermöglichen, hängt auch mit den bestehenden „Bereitstellungsverträgen" zusammen und ob diese es erlauben, beispielsweise monatliche Nutzungszahlen über die Subscription-Pläne reduzieren zu können. Auf alle Fälle aber sind die Erkenntnisse darüber für mittel- und langfristige Optimierungen der Softwarekosten eine wichtige Grundlage. Oftmals hängen die Erkenntnisse über ungenutzte Softwareassets auch damit zusammen, dass die eigentlichen Systeme nicht mehr aktiv sind. Hier gibt es nun mehrere Varianten, warum das so ist. Entweder die Systeme sind aufgrund technischer Aspekte nicht mehr erreichbar oder sie befinden sich in Reparatur, im Wartungsmodus oder sie sind defekt, eventuell auch einfach nicht mehr im Bestand vorhanden und wurden vielleicht nicht richtig (Prozess) aus dem Anlagenbestand herausgenommen.

Da es also sehr viele Ursachen dafür geben kann, warum Softwareanwendungen gar nicht oder nur noch sehr wenig genutzt werden, sollten Maßnahmen ergriffen werden, die etwas Licht ins Dunkel bringen können. Nun können Sie schlecht mit einem Block in der Hand durch Ihr Unternehmen laufen, in der Hoffnung, hier und da einen mit Staub bedeckten Computer zu finden. Damit werden Sie nur mäßigen oder gar keinen Erfolg haben. Der richtige Weg beginnt mit dieser Frage:

Sind alle installierten oder aktiven Softwareassets bekannt?

Wussten Sie, dass das Verhältnis von gekauften zu tatsächlich genutzten Softwareprodukten, je nach Unternehmensgröße, betreffendes Softwareprodukt und Reifegrad der Bedarfsanforderungs- und Bereitstellungsprozesse einen Faktor von 1,2 bis 1,5 aufweisen kann? Das bedeutet: Über die Hälfte der erworbenen Softwareprodukte bleiben völlig oder zum Teil ungenutzt.

Weitere Fragen, um sich ein Bild von der Situation zur Softwarenutzung zu machen, wären z. B.:

- Welche Softwareanwendungen werden beispielsweise täglich aktiv genutzt?
- Welche Softwareanwendungen werden selten oder im Wesentlichen gar nicht genutzt?
- Gibt es unterschiedliche Nutzungsszenarien derselben Softwareanwendung im Unternehmen?
- Existieren Softwareanwendungen, die genutzt werden, aber offiziell nicht lizenziert sind oder auf der „Blacklist" geführt werden, also gar nicht erlaubt sind?

Keine ausreichende Sichtbarkeit und Transparenz über die Nutzung der Softwareassets zu haben, kann u. U. folgende Auswirkungen haben:

- Es gibt einen verringerten Return on Invest (ROI) beim Ausrollen neuer Softwareanwendungen.
- In ungenutzte oder redundante Betriebsmittel werden unnötig Gelder investiert.
- Es werden zum Teil überflüssige Updates oder Migrationen für vielleicht gar nicht mehr in dem Umfang genutzte Softwareprodukte getätigt (Kostenfaktor).
- Wenn Sie keinen Überblick über Ihre aktuellen Zahlen und die tatsächlich genutzten Softwarelizenzen haben, ist Ihre Position bei den Verhandlungen zur Anpassung Ihrer bestehenden oder neu zu erwerbenden Softwareverträge gegenüber dem Lieferanten oder den Softwareherstellern eher schwach.

- Bei einer notwendigen physischen Inventur erzeugen Sie mithilfe manueller Arbeitsschritte hohe Aufwände und haben eine geringere Produktivität in den nachgeordneten Verwaltungsprozessen (Bestandsaufnahmen, Historisierung).

Die Softwarenutzungsanalyse, auch „Software Metering" genannt, ist ein Instrument, das von den Betriebsräten oder Personalräten in Deutschland nicht gerne gesehen wird. Sie geben zu bedenken, dass damit in unzulässiger Weise eine Leistungs- und Verhaltenskontrolle ausgeübt werden könnte. Dabei sind die Systeme längst alle in der Lage, die Anwenderdaten zu anonymisieren und bei den durchschnittlichen Nutzungszeiten, die mit angegeben werden, handelt es sich immer um kumulierte Zeiten (in Tagen, Stunden und Minuten), die somit keine detaillierten Rückschlüsse für Leistungs- und Verhaltenskontrolle (bezogen auf einen bestimmten 8 h-Arbeitstag) zulassen. Maßnahmen, nicht genutzte Softwareanwendungen zu identifizieren, um damit die Gesamtkosten für Softwareanwendungen zu reduzieren, werden aber mittlerweile von den Betriebs- und Personalräten als Argument akzeptiert, wenn damit auch u. U. sichergestellt werden kann, Arbeitsplätze zu erhalten und zu sichern.

Für ein proaktives Managen bedarf es einer Reihe von Ausgangsparametern.

1. Die Sicherstellung einer ausreichenden und umfassenden Sicht auf die technischen Hard- und Softwareasset-Inventory-Daten sowie die Informationen aus Konnektoren zu den Cloud-Anwendungen wie beispielsweise Microsoft 365 (siehe Kapitel 11, Bild 11.1 „Sicht auf zu erfassende Inventory-Daten").
2. Die Anbindung des Active Directory, um zu wissen, welche Benutzer aktiv im Unternehmensnetzwerk sind und mit welchen Systemen (Desktop, Laptop, mobile Geräte) Benutzer Software nutzen bzw. auf Software zugreifen.
3. Übersicht über die Vertragssituationen der eingesetzten Softwareassets, für Kaufsoftware, Wartung, Miete und Subscription, um die Einsparungen beziffern zu können.
4. Als i-Tüpfelchen eine Übersicht über die Schwachstellen (Risk Monitoring, siehe Abschnitt 18.2.3 „Funktionsweise des Snow Risk Monitor") der eingesetzten Softwareassets, um beispielsweise beurteilen zu können, ob Schwachstellen über ein Softwareupdate behoben werden können und mit welchen Kosten das einhergeht, im Vergleich zu den möglichen wirtschaftlichen Risiken, wenn die Schwachstelle(n) nicht behoben werden.

Um auf die gestellten Fragen Antworten zu erhalten, sind Berichte erforderlich, die aus den vorliegenden SAM-Daten die Informationen bereitstellen. Als Beispiel nachfolgend zwei Berichte, die für die ITAM-Prozesse und die Change-Management-Prozesse eine wichtige Grundlage bilden, um den IT-Betrieb ressourcenschonend durchführen zu können.

19.2 Berichtsformen

Um Informationen zu erhalten, bedarf es natürlich auch entsprechender Berichtsformen. Zuerst sollte man sich einen Überblick über die Systeme verschaffen, um zu wissen, welche aktiv, inaktiv oder in Quarantäne sind. Beispielhaft könnte das dann wie im Bild 19.2 aussehen.

Bild 19.2 Dashboard, Überblick technisches Inventory

Neben dem Überblick zum Inventarisierungsstatus der Computersysteme und wie diese sich auf die Computertypen verteilen, zeigt uns das Dashboard auch den Status der Computer an, die in Quarantäne sind und dementsprechend in einem ersten Schritt zu analysieren wären. Systeme im Status „Quarantäne[2]“ gelten noch als aktiv und die darauf befindlichen lizenzkostenpflichtigen Softwareassets erzeugen nach wie vor einen technischen Lizenzbedarf und müssen deshalb auch noch mit den entsprechenden Lizenznachweisen abgedeckt werden. Es sollte also zuerst untersucht werden, warum diese Computer den Status „Quarantäne“ bekommen haben und welche Ursachen dafür in Frage kommen. Denn diese - oder Anteile davon - Menge an Computern stellt auch ein großes Kosteneinsparpotenzial dar, sofern eine große Anzahl davon tatsächlich aus der Compliance-Bewertung herausnehmbar wäre, also keine technischen Lizenzbedarfe mehr erzeugen würden.

19.2.1 Bericht „Computer in Quarantäne“

In der Tabelle 19.1 werden die Berichtskriterien dargestellt, um von den angezeigten „**1.423**“ Computern im Bild 19.2 die tragbaren Computer herauszufiltern, die sich seit September in Quarantäne befinden und wo sich kein Benutzer mehr angemeldet hat. In einem nächsten Schritt würde der IT-Betrieb die Ergebnisliste erhalten, um abzuprüfen, warum die Computer schon so lange keine Scan-Daten mehr abgeliefert haben. Das könnten durchaus technische Probleme sein, so beispielsweise, dass der Scan-Agent keine Verbindung zu seinem Inventory-Server aufnehmen kann, um seine Daten zu übermitteln.

[2] Quarantäne: Ein System hat über eine bestimmte Anzahl von Tagen (zu definieren) keine Inventardaten mehr übermittelt.

Tabelle 19.1 Übersicht tragbare Computer in Quarantäne mit „zuletzt angemeldetem Benutzer“ – „hat keinen Wert“

Übersicht tragbare Computer in Quarantäne		
Beschreibung	**Übersicht tragbare Computer in Quarantäne** ***Anzeige der tragbaren Computer mit Status „Quarantäne“ anzeigen***	
Inhalt	*Der Bericht stellt die folgenden Daten/Ergebnisse dar:* Eine aggregierte Sicht der tragbaren Computer, die in Quarantäne sind in der Form: Organisation, Computername, Modell, Status, Zuletzt gescannt.	
Nutzer/Rolle	SAM-/LiMa-Team, Softwareproduktverantwortlicher, Einkauf	
Periodizität	Nach Bedarf	
Ausgabemedien	Webbrowser, Drucker, Export nach Excel oder PDF	
Gruppierungsebene	**Datenfeld**	**Beschreibung**
Organisation	Organisation	Name der Organisation
	Computername	Name des Computers
	Modell	Name des Computermodells
	Status	Wert des Status des Computers
	Zuletzt gescannt	Datum des letzten Scanlaufs und Meldung an den Inventory-Server
Berichtskriterien	*Tragbarer Computer* ist gleich ***„Ja“*** und *Organisation* ist gleich ***„CORP/EMEA/Germany/Operations“*** und *Zuletzt angemeldeter Benutzer* ***„hat keinen Wert“***. In der Berichtsansicht ist dann in der Spalte auszuwählen: *Status* gleich ***„In Quarantäne“***	

Eine Ergebnisansicht gefiltert nach den Berichtskriterien würde wie in Bild 19.3 aussehen.

	Computername	Modell	Zuletzt gescannt	Status
Organisation: CORP/EMEA/Germany/Operations				
	CORP5C55AD8	ThinkPad T470 W10DG	26.09.2020	In Quarantäne
	CORPE85630F	ThinkPad T470 W10DG	27.09.2020	In Quarantäne
	CORP504AFE3	ThinkPad T470 W10DG	27.09.2020	In Quarantäne
	CORPB828CE5	ThinkPad T430	09.10.2020	In Quarantäne
	CORP75367EC	ThinkPad X270 W10DG	12.10.2020	In Quarantäne
	CORPE2C1C76	ThinkPad T440p	16.10.2020	In Quarantäne
	CORP55B6C18	ThinkPad X270 W10DG	19.10.2020	In Quarantäne
	CORPE1EFB74	ThinkPad T440p	31.10.2020	In Quarantäne
	CORP0C75BDA	ThinkPad T480	16.11.2020	In Quarantäne
	Insgesamt: 9			

Bild 19.3 Übersicht tragbare Computer in Quarantäne

Ein weitere Berichtsvariante, um Softwareassets proaktiv zu managen, ist herauszufinden, auf welchen Computern sich ungenutzte „lizenzkostenpflichtige" Softwareanwendungen befinden. Mit den Ergebnissen daraus könnten dann Change-Management-Prozesse angetriggert werden, die dann beispielsweise die nicht mehr genutzten Softwareanwendungen deinstallieren und für eine weitere andere Nutzung in den virtuellen Softwarepool zurückführen, getreu der Maxime eines wirtschaftlichen und ressourcenschonenden Managen von Softwareanwendungen und deren Lizenzen. Der folgende Bericht zeigt dies anhand eines Beispiels, um auf einem Computer die ungenutzten Anwendungen zu ermitteln.

19.2.2 Bericht „Ungenutzte Anwendungen pro Computer"

Der Bericht wertet aus, auf welchen Computern ungenutzte Anwendungen installiert sind, und stellt so Informationen für mögliche Optimierungsmaßnahmen bereit. Die Berichtskriterien in der Tabelle 19.2 ergeben das Ergebnis wie in Bild 19.3.

Tabelle 19.2 Übersicht „Ungenutzte Anwendungen pro Computer"

Ungenutzte Anwendungen pro Computer		
Beschreibung	**Übersicht „Ungenutzte Anwendungen pro Computer"** ***Alle gänzlich ungenutzte Anwendungen anzeigen (im angegebenen Zeitraum des Nutzungsverlaufs)***	
Inhalt	*Der Bericht stellt die folgenden Daten/Ergebnisse dar:* Eine aggregierte Sicht auf die ungenutzten *Anwendungen* pro Computer in der Form: Organisation, Computername, Anwendung, Standardmetrik, Anwendungsfamilie, Zuletzt gescannt.	
Nutzer/Rolle	SAM-/LiMa-Team, Softwareproduktverantwortlicher, Einkauf	
Periodizität	Nach Bedarf	
Ausgabemedien	Webbrowser, Drucker, Export nach Excel oder PDF	
Gruppierungsebene	**Datenfeld**	**Beschreibung**
Organisation	Organisation	Name der Organisation
Computername	Computername	Name des Computers
	Anwendung	Name der Anwendungen
	Standardmetrik	Lizenzmetrik der Anwendung
	Anwendungs-familie	Anzeige der jeweiligen Anwendungsfamilie für die Anwendung laut Ergebnisliste
	Lizenzkosten insgesamt (EUR)	Kostenaufstellung für alle der Anwendung zugeordneten Softwarelizenzen
Berichtskriterien	*Anwendung* wie **„Microsoft%"** und *Tragbarer Computer* ist gleich ***„Ja"*** und *Computerstatus* ist gleich ***„Aktiv"*** Aggregiert in den Spalten des angezeigten Berichts nach: *Organisation* ist gleich **„CORP/EMEA/Germany/Operations"** und *Computername* ist gleich ***„CORP0007293"***	

Eine Ergebnisansicht gefiltert nach den Berichtskriterien zeigt Bild 19.4.

Anwendung	Standardmetrik	Anwendungsfamilie	Zuletzt gescannt
Organisation: CORP/EMEA/Germany/Operations			
Computername: CORP0007293			
Microsoft Office 2016 Access	Basierend auf Installationen	Microsoft Access	23.11.2020
Microsoft Office 2016 Publisher	Basierend auf Installationen	Microsoft Publisher	23.11.2020
Microsoft System Center Server Configuration Manager 2012 Client ML	Basierend auf Installationen	Microsoft System Center Server	23.11.2020
Menge: 3			

Bild 19.4 Ergebnisliste aus den in Tabelle 19.2 aufgeführten Berichtskriterien „Ungenutzte Anwendungen" von einem Computers

Bild 19.5 zeigt als ein zweites Beispiel eine weitere Filterung: Wie viele tragbare Computer haben Versionen von Microsoft Project Standard 20XX ungenutzt auf ihren lokalen Datenträgern installiert?

Computer	Standardmetrik	Anwendung	Zuletzt gescannt
Organisation: CORP/EMEA/Germany/Operations			
CORP0561F0A	Basierend auf Installationen	Microsoft Project Standard 2010	23.07.2020
CORP0B25161	Basierend auf Installationen	Microsoft Project Standard 2010	23.07.2020
CORPCEDEE81	Basierend auf Installationen	Microsoft Project Standard 2010	14.08.2020
CORPD0E511C	Basierend auf Installationen	Microsoft Project Standard 2013	18.08.2020
CORPD48697D	Basierend auf Installationen	Microsoft Project Standard 2013	19.08.2020
CORPD59064E	Basierend auf Installationen	Microsoft Project Standard 2013	20.08.2020
CORPDD8793A	Basierend auf Installationen	Microsoft Project Standard 2016	27.08.2020
CORPDEC3612	Basierend auf Installationen	Microsoft Project Standard 2016	31.08.2020
CORPDEC3612	Basierend auf Installationen	Microsoft Project Standard 2019	12.09.2020
CORPECBB9F2	Basierend auf Installationen	Microsoft Project Standard 2019	24.09.2020
CORPF1204CE	Basierend auf Installationen	Microsoft Project Standard 2019	30.09.2020
CORPF163647	Basierend auf Installationen	Microsoft Project Standard 2019	04.10.2020
		Menge: 12	

Bild 19.5 Ergebnisliste aus den in Tabelle 19.2 aufgeführten Berichtskriterien

Auch hier können die Ergebnisse dazu verwendet werden, um ggf. diese ungenutzten Versionen zu deinstallieren, und die freigewordenen Softwarelizenzen können dann anderen Benutzern zugeordnet werden bzw. die überzähligen Softwarelizenzen können in den Softwarepool zurückgeführt werden.

19.3 Ergebnisbeispiele aus der Praxis

Nachfolgend ein paar Beispiele, wie mit dem Ermitteln von ungenutzten Softwareanwendungen signifikante Kosteneinsparpotenziale aufgezeigt werden konnten.

Fallbeispiel 1: Produzierendes Gewerbe – 5242 Desktops

Durch Adobe wurde ein Audit angekündigt, es drohte nach ersten Einschätzungen eine massive Unterlizenzierung in Höhe von ca. 160.000 Euro.

- *Maßnahme 1:* Nach der Ermittlung und Deinstallation von nicht genutzter Adobe-Software ergab sich anschließend lediglich noch ein mögliches Nachlizenzierungspotenzial von ca. 24.000 Euro.
- *Maßnahme 2:* Es konnte weiterhin aufgezeigt werden, dass es für einige Fachabteilungen ausreichend wäre, auch andere PDF-erzeugende Produkte einzusetzen, die die gleichen Aufgabenstellungen erfüllen können. So konnte weitere lizenzkostenpflichtige Adobe-Software eingespart werden.

Damit ergab sich eine Nachlizenzierung von: **0,00** Euro!

Fallbeispiel 2: Dienstleistung – 254 Desktops

Der Klassiker: Microsoft-Project-Produkte

Aus der Berichtsauswertung wurden 28 Installationen von Microsoft Project aufgezeigt, die keine Nutzung mehr in den letzten 90 Tagen hatten.

- *Maßnahme 1:* Basierend auf den Ergebnissen, wurden die nicht mehr aktiv genutzten Produkte von Microsoft Project deinstalliert.
- *Maßnahme 2:* Die überzähligen Softwarelizenzen wurden an die Tochtergesellschaft übertragen.

Dadurch konnten nach Prüfung und anschließender Umsetzung der Maßnahmen Erlöse in Höhe von ca. 19.544 Euro durch den Verkauf an die Tochtergesellschaft erzielt werden.

Fallbeispiel 3: Mittelständischer Finanzdienstleister – 1532 Desktops

Es erfolgten eine Analyse und Bewertung im Bereich der eingesetzten Business Intelligence Software.

Ein Produkt von Microstrategy

Bisher wurden ca. 120.000 Euro an Wartungskosten pro Jahr für die Software bezahlt. Installiert war das Produkt auf insgesamt zwölf Systemen. An aktiver Nutzung gemessen wurden aber nur 20 h pro Monat auf – im Wesentlichen – drei PCs.

Maßnahme: Die Ergebnisse zeigten, dass die nicht genutzten Installationen ohne Weiteres entfernt werden konnten. Das Produkt wurde insgesamt nur noch auf fünf Systemen belassen. Damit einhergehend ließen sich die Wartungskosten durch Anpassung der Verträge mittelfristig stark reduzieren.

Ein Softwareprodukt von SAS Institute

Die bisherigen Mietkosten für das Produkt betrugen ca. 125.000 Euro pro Jahr.

Die im Analysezeitraum gemessene Nutzung des Softwareprodukts betrug 120 h pro Monat. Die Nutzungszeit wurde durch zehn Poweruser erzeugt.

Maßnahme: Nach Prüfung des Nutzungsverhaltens wurde das Softwareprodukt auf wenige Arbeitsplatzsysteme beschränkt und durch eine Anpassung der Mietverträge konnten die zu zahlenden Mietkosten erheblich gesenkt werden.

Durch die Umsetzung der beschriebenen Maßnahmen konnten damit über eine verteilte Laufzeit von drei Jahren die Kosten für die beiden Softwareprodukte um 980.000 Euro nachhaltig reduziert werden.

Anhand dieser Fallbeispiele konnten Sie sich einen kleinen Eindruck verschaffen, dass es auch schon bei kleineren Mengen durchaus respektable Kosteneinsparung geben kann, wenn sich die IT-Organisationen stärker um das Thema Kostentreiber und Optimierung bemühen. So kann das Softwareasset- und Lizenzmanagement einen nachhaltigen Beitrag zur Senkung der laufenden IT-Kosten leisten.

19.4 Ergebnisbeispiel Anwendungssteckbrief

Um die vorgestellten Fallbeispiele mit einem konkreten Szenario zu ergänzen, möchte ich Ihnen dazu einen Anwendungssteckbrief als Blaupause mitgeben, mit dem Sie als unterstützende Maßnahme eine kleine Wirtschaftlichkeitsbetrachtung erstellen können. Dazu sehen Sie im Bild 19.6 eine auszugsweise Auswertung nach „Microsoft Project Standard 2019", wo u. a. der „Zuletzt genutzt"-Wert „keinen Datumswert" anzeigt und der Ausführungswert „0" ist. Es sind die gleichen Computernamen, wie im Bild 19.5 zu sehen, die das Project 2019 installiert haben und keine Nutzungs- bzw. Ausführungszeit aufweisen.

Aus der Berichtsliste lässt sich entnehmen, dass einige Systeme eine hohe, einige eine mittlere und einige eine geringe Zahl von Ausführungen aufweisen. Die hier dargestellten Ausgangszahlen würden im Rahmen einer Interpolation auf größere Stückzahlen natürlich sehr hohe Einsparungswerte ergeben. Der abgebildete Anwendungssteckbrief zeigt Ihnen aber bereits mit einer kleinen Stückzahl ein doch recht großes Einsparpotenzial auf.

Hinweis:

Project Standard (2019) wird mit Beginn ab 2022 durch die Abschaffung des Open-License-Programms für gewerbliche Kunden ausschließlich nur noch als CSP[3]-Kauflizenz oder im Open-Value-Volumenlizenzprogramm verfügbar sein. Die Ausnahmen davon sind Bildungseinrichtungen und Behörden, diese können Project-Standardlizenzen weiterhin über das Open-License-Programm beziehen.

[3] *https://partner.microsoft.com/de-de/licensing*

Computer	Erstmals entdeckt	Zuletzt genutzt	Ausführung	Pro Ausführung (hh:mm)
Organisation: CORP/EMEA/Germany/Operations				
Anwendung: Microsoft Project Standard 2019				
CORPCFE3451	06.06.2019	02.01.2021	17	04:52
CORP12A9130	06.06.2019	02.01.2021	2	04:41
CORP09F0BBB	06.06.2019	02.01.2021	7	02:02
CORP00FB972	06.06.2019	31.12.2020	5	01:13
CORPFA40427	06.06.2019	02.01.2021	2	00:30
CORP9EC26AD	06.06.2019	13.12.2020	2	00:23
CORPE80B0C7	06.06.2019	12.12.2020	1	00:21
CORP7107BD2	06.06.2019	13.12.2020	12	00:17
CORP14DAB55	06.06.2019	28.12.2020	1	00:03
CORP1D85A0A	06.06.2019	06.12.2020	2	00:01
CORP0642126	06.06.2019	14.12.2020	1	00:07
CORP08F72F2	06.06.2019	02.01.2021	1	00:11
CORP094EC44	06.06.2019	01.01.2021	1	00:05
CORPDEC3612	06.06.2019		0	00:00
CORPECBB9F2	06.06.2019		0	00:00
CORPF1204CE	06.06.2019		0	00:00
CORPF163647	06.06.2019		0	00:00
Menge: 17		Menge: 13	Menge: 4	

Bild 19.6 Ungenutzte Anwendungen von „Microsoft Project Standard 2019" (Ausführung 00:00)

Mit Ergebnissen aus so einem Bericht (Bild 19.6) ist es u. a. möglich abzuprüfen, welche Einsparpotenziale zu erzielen wären, würde man nichtgenutzte Softwareanwendungen konsequent „managen". Stellt man die ermittelten Zahlen mit den Beschaffungskosten ins Verhältnis und betrachtet man diese über einen Zeitraum von vier Jahren, ist der Einspareffekt oftmals recht erheblich.

Noch eine kurze Erläuterung zu den Zahlen im Bild 19.7. Im Bericht (Bild 19.6) sehen Sie die Anzahl der Ausführungen und die pro Ausführung angezeigten Nutzungszeiten. Um es verständlich und einfach zu halten, habe ich für die Zusammenstellung der Werte im Anwendungssteckbrief einmal nur die angezeigten Nutzungszeiten verwendet und nicht noch mit den jeweiligen Ausführungszeiten multipliziert. Deshalb sind als Gesamtnutzungszeit „nur" 13,26 Stunden aufgeführt. Für die Erläuterung zur Vorgehensweise ist dies aber ausreichend.

Sie können sehen, dass ausgehend vom Bericht (Bild 19.6) 17 Project-Installationen ermittelt wurden (für Version 2019). Davon sind vier (4) gänzlich ungenutzt. Von den 13 genutzten Anwendungen sind wiederum nur vier (4) den sogenannten Powerusern (hohe Anzahl an Ausführungen und hohe Ausführungszeiten) zuzuordnen. Die anderen neun (9) sind meistens nur sogenannte „Informationsuser". Wir nennen diese so, wegen der beispielsweise eher geringen Ausführungszeiten, weil z. B. ein Projektplan nur kurz geöffnet wird, um etwas darin zu recherchieren. An einem Projektplan kann mit so kurzen Ausführungszeiten demnach nicht wirklich gearbeitet werden.

Anwendungssteckbrief

Version	Gesamtnutzung in Stunden	Installiert	genutzt	ungenutzt
MS Projekt	**13,26**	17	13	4
Poweruser (Top 20%)	**12,08**	17	**4**	13
Informationsuser (Top 20%)	1,18	17	9	4
Lizenz und Kosten	**Stück**	**Kosten**	**Gesamtkosten**	
Microsoft Project Standard 2019 Neulizenz – Lizenz	50	636 €	31.779 €	
Wartung	50	369 €	18.428 €	
Einsparpotentiale	**Wartung**	**Lizenzen**	**Gesamtkosten**	
Kosten auf 4 Jahre	73.710 €	31.779 €	105.489 €	
Reduzierung der Lizenzen auf 10 Stück	14.742 €	6.356 €	21.098 €	
Netto Einsparung auf 4 Jahre	**58.968 €**	**25.423 €**	84.391 €	
Erforderliche Anzahl nach Optimierung	**10**			

Bild 19.7 Anwendungsteckbrief für Microsoft Project Standard 2019 – Einsparpotenziale

Es gibt sehr viele Fälle, wo Softwareanwendungen als Volllizenz beschafft und installiert werden, aber eben – wie schon beschrieben – von einigen nur als „Informationskonsument" genutzt werden. Ein Klassiker hierfür ist u. a. auch Microsoft Visio. Hier ist zu empfehlen, auf allen Systemen den kostenfreien Visio-Viewer bereits vorab mit in das Standardimage eines Systems aufzunehmen und auszurollen und nur, wer definitiv mit Visio „Prozesse, Pläne" etc. erstellt und bearbeitet, sollte dann die Vollversion auf seinem System bereitgestellt bekommen. ■

Zurück zu unserem Beispiel mit Microsoft Project. Anhand der dargestellten Zahlen und Werte ist gut erkennbar, dass die „50" beschafften Softwarelizenzen zu viel sind. Eigentlich würden noch weniger als die hier aufgezeigten „optimierten" zehn Lizenzen ausreichend sein, wenn man sich ausschließlich nur auf die Poweruser konzentrieren würde.

Meine empfohlene Strategie wäre hier, die Informationskonsumenten – wir haben hier ja neun (9) – zu interviewen, ob ...

a) ... es nicht auch ausreichen würde, einen Projektplan in Form einer PDF-Datei zu bekommen, oder

b) ... ich hier ein Open-Source-Produkt für den Einsatz eines Project Viewers nutzen sollte, der kostenfrei ist und so auch Projektpläne lesen lässt, ohne dass diese erst in PDF konvertiert bzw. exportiert werden müssen.

Mit ein wenig Willen und den richtigen Fragestellungen und Auswertungswerkzeugen können bereits kleinere Optimierungsmaßnahmen eine große Kosteneffizienz in der wirtschaftlichen Verwendung von Softwareanwendungen aufzeigen, die **nicht** als Standardsoftware gleich auf alle Computer verteilt werden (aber teuer sind). Allein ein Blick auf die Einsparmöglichkeiten von Wartungskosten lohnt sich da schon.

Hier ist aber auch gleich noch ein positiver Aspekt mit zu nennen. Eine Strategie, die in Richtung Subskription ausgerichtet und über eine monatliche Nutzungsabrechnung der Softwareanwendungen gesteuert wird, erlaubt es im Prinzip, so zu agieren, dass nur das bezahlt wird, was auch genutzt wird. So ist es bei dem neuen Programm von Microsoft, dem Cloud Solution Provider, möglich – weil es gegenüber den Volumenlizenzprogrammen (Open License oder Open Value) keine Einstiegshürden mehr gibt –, die Produkte ab einer (1) Nutzerlizenz zu buchen, mit einer Laufzeit von normalerweise auch einem Monat oder aber auch einem Jahr. Ebenso erfolgt dann die Rechnungsstellung monatlich bzw. jährlich im Voraus. Die vielfältigen Möglichkeiten und auch neuen Wege, die es heute möglich machen, die Softwareassets proaktiv zu managen, bieten auch große Chancen, um die IT-Assets transparent und wirtschaftlich zu betreiben.

Fazit:

Immer noch wird der überwiegende Anteil der aktiven lizenzkostenpflichtigen Softwareanwendungen nur zu etwa 10 % bis 18 % effektiv genutzt. Größtmögliche Sichtbarkeit und Transparenz bei den eingesetzten IT-Assets ist eine wichtige Voraussetzung, damit die IT einen großen Beitrag zur Wertschöpfung in den Geschäftsprozessen beitragen kann. Mit der vorhandenen Transparenz kann eine ressourcenschonende Transformation – weg von teuren On-Premises-Lizenzen hin zu Cloud-Abonnements – gelingen und durch eine intelligente Steuerung der tatsächlichen Nutzung von Softwareanwendungen über Berichte und Analysen lässt sich der Einsatz von Softwarelizenzen im Unternehmen optimieren. Nicht gesteuerte ungenutzte Softwareanwendungen verursachen mehr als 60 % der klassischen Softwaremanagementkosten. Über eine permanente Softwarenutzungsanalyse lassen sich beträchtliche Kosteneinsparungen erzielen, wenn sich Softwarelizenzen aufgrund des ermittelten Nutzungsverhaltens umverteilen lassen bzw. ungenutzte Softwarelizenzen identifiziert und dadurch beispielsweise Wartungsverträge oder Update-Stückzahlen verringert werden können. Wenn Sie Ihre IT-Umgebung von einem „Cost Center“ zu einem „Profit Center“ umwandeln können und damit auch noch gleichzeitig die angestrebte Einhaltung der Rechtmäßigkeit der Softwarenutzung voranbringen, sichern Sie als IT-Manager letztendlich auch die immer wieder geforderte und angemahnte wirtschaftliche Nutzung von Software. ■

VII

Teil VII: Die IT-Technologien managen

Man muss die Welt nicht verstehen,
man muss sich nur darin zurechtfinden.

Albert Einstein

20 SAM und Enterprise Architecture

In diesem Kapitel erfahren Sie u. a.,

- weshalb es wichtig ist, dass das IT-Asset-Management die IT-Architektur des Unternehmens kennen sollte und umgekehrt die IT-Architektur wissen muss, dass es ein Softwareasset- und Lizenzmanagement gibt,
- welche Voraussetzungen notwendig sind, um das IT-Asset- und Softwareasset-Management bei der Planung, Erweiterung und Änderung der IT-Architektur aktiv mit einbinden zu können,
- warum es „mittlerweile“ wichtig ist, dass sich auch das Softwareasset- und Lizenzmanagement mit den Aufgaben und Zielen eines Enterprise Architecture Managements vertraut macht und aktiv dort mit eingebunden werden sollte,
- welche Voraussetzungen notwendig sind, um das Softwareasset- und Lizenzmanagement bei der Planung, Erweiterung und Änderung der IT-Architektur aktiv mit einbinden zu können,
- weshalb das Softwareasset- und Lizenzmanagement als eine Funktion der IT-Architektur betrachtet werden sollte und welche Stufen der Konformität eine optimale Unterstützung der Geschäftsstrategie und Informations- und Datenarchitektur gewährleisten können.

Dieses Kapitel beschreibt, weshalb ein Enterprise Architecture Management für das effektive Steuern eines Softwareasset- und Lizenzmanagements wichtig ist, um die Geschäftsstrategie über die Geschäftsobjekte und über die Informations- und Technologiearchitekturen erfolgreich umzusetzen. Als ein erster Einstiegspunkt für das Zusammenspiel zwischen EA und SAM, bezogen auf die IT- und Softwareasset-Management-Thematik, kann hier u. a. eine Standardisierung des Softwareanwendungs- und Applikationsportfolios dienen, um so auch Kenntnisse über mögliche Schwachstellen in Softwareanwendungen (Technologierisikomanagement) zu erlangen und entsprechend den möglichen Risikofaktoren handeln zu können. ■

Wo am besten anfangen? Vor nicht allzu langer Zeit konnte beim Design und der Umsetzung von IT-Architekturen mehr oder weniger traditionell vorgegangen werden, um mit intelligenten Analysen der vorhandenen IT-Infrastrukturen und entsprechenden Skalierungen der IT-Assets neue Anforderungen umzusetzen. Dem IT-Management und den beteiligten Fachbereichen hing lange das Etikett an, sie würden dafür sorgen, die aktuell betriebenen IT-Assets und -Systeme zu überwachen und zu warten und – wenn sich ein System oder

Softwareprodukt seinem End-of-life nähert – dieses über ein ausgewogenes Migrationskonzept zu modernisieren bzw. durch ein neues Asset zu ersetzen, immer unter ganzheitlichen Gesichtspunkten betrachtet, um die Unternehmensprozesse mit den entsprechenden Informationstechnologien zu unterstützen.

Zu dieser Zeit wurde ein Enterprise-Architecture-Szenario eher für einen Fünf-Jahres-Bebauungsplan aufgestellt, denn eine Herausforderung für jeden IT-Manager waren und sind die im Unternehmen gewachsenen heterogenen Systemlandschaften und deren ständige Anpassung an die aktuellen IT-Technologien. Denn es sind nicht nur die technischen Infrastrukturen zu berücksichtigen, sondern auch die Vielfalt der Anwendungslandschaften mit ihren Systemen, deren gegenseitigen Abhängigkeiten und den oft auftretenden Redundanzen. Was die IT-Landschaften so komplex macht, ist die notwendige Verknüpfung der unterschiedlichsten Anwendungen, die bei Umstrukturierungen, Organisationsänderungen (wie beispielsweise Outsourcing) und wechselnden Verantwortlichkeiten zum Problem werden können.

Ein IT-Architekt ist heute eher Portfoliomanager und Motivator, um dabei konkrete Unternehmensstrategien zu unterstützen und diese mit umsetzbaren Lösungen im Portfolio abzubilden. Gleichzeitig ist deren Umsetzung in die IT-Architekturlandschaft auch von diesem zu kontrollieren. Dafür bedarf es der entsprechenden Informationen als neue Basis. Somit ist die ***Informationsarchitektur*** (in der Wortwolke im Bild 20.1 auch deutlich hervorgehoben) das neuere und erforderliche Grundgerüst für die Enterprise-Architektur, um zu gewährleisten, dass alle Beteiligten die für sie erforderlichen Daten und Informationen wirtschaftlich und ressourcenschonend erhalten und verarbeiten können.

Bild 20.1 Enterprise-Architecture-(EA-)Schlüsselbegriffe

Enterprise Architecture (EA) ist eine Management-Disziplin und hat als Hauptaufgabe, durch Harmonisierung und Konsolidierung von IT-Landschaften eine Verbindung zwischen den Anforderungen der Unternehmensgeschäfte und dem IT-Management zu schaffen. Über die Einführung unternehmensweiter Standards sichert EA so eine optimale Nutzung der verfügbaren Ressourcen.

> *Enterprise Architecture bezeichnet „die der Gestaltung von Geschäftsprozessen und IT-Infrastruktur zugrunde liegende Logik, welche die Integrations- und Standardisierungsanforderungen an der Leistungsinfrastruktur des Unternehmens reflektiert.* – „The organizing logic for business process and IT infrastructure capabilities reflecting the integration and standardization requirements of the firm's operating model.“, vgl. [Thomas 2006][1]

[1] [Thomas 2006] Knowledge Leadership @ ThomasGroup, Ausgabe 2006, S. 71

Mit den Leitplanken der EA bekommen IT-Architekten eines Unternehmens ein gut strukturiertes nutzbares Hilfsmittel bereitgestellt, um

- eine aktuelle Ist-Situation der im Unternehmen vorherrschenden IT-Assets und IT-Infrastrukturen zu erstellen,
- die damit verbundenen Abhängigkeiten und Schnittstellen zwischen den einzelnen Architekturebenen und deren Elementen zu identifizieren und somit
- nachhaltige, am Unternehmensziel ausgerichtete Projekte zur Unternehmensentwicklung zu initiieren.

Enterprise-Architecture-Steckbrief

- **Kategorie:** Management-Disziplin
- **Abgrenzung:** Funktionen bzw. Fähigkeiten (Capabilities) identifizieren und entwickeln, um eine Konsolidierung und Harmonisierung der IT-Landschaften voranzutreiben
- **Zielsetzung:** IT-Geschäftsstrategien entwickeln und mit der Informationsarchitektur verknüpfen
- **Planelemente und Designebene:** IT-Anwendungslandschaften, Schnittstellen, Prozesse, Workflows
- **Verantwortung/Steuerung:** Rolle Enterprise Architect und die verantwortlichen Fachbereiche für die Entwicklung der Geschäftsprozesse
- **Herausforderungen:** Funktionen bzw. Fähigkeiten (Capabilities) zur Umsetzung erforderlicher Strategien benennen und gegenüber den Sponsoren bzw. Projektbeteiligten priorisieren, um die geplanten und gewünschten Unternehmensziele – über die jeweiligen Projektziele – zu erreichen.
- **Komplexitäten:** Heterogenität, Datenredundanz, Insellösungen, durch Fachverfahren genutzte nicht so ohne Weiteres ablösbare veraltete Technologien, rigide konzeptionelle Architekturmodelle, Silo-Bebauung, getrennte Verantwortlichkeiten, fehlende Abgrenzungen von Rollen, Verantwortlichkeiten und Prozessabläufen, starre Verträge, fehlende Standardisierung bei Lieferanten von Software, Hardware, Services, Softwarewildwuchs, fehlende Transparenz bei IT-Assets.

20.1 Enterprise-Architecture-Struktur

Eine anerkannte Definition des Begriffs „Enterprise Architecture“ bzw. „Unternehmensarchitektur“[2] wurde bisher noch nicht einheitlich verabschiedet. Eine Ableitung von Gemeinsamkeiten für eine solche Definition wäre die Norm ISO/IEC/IEEE 42010,[3] die allgemeine Anforderungen definiert. Hier wird die Architektur als ein beschreibendes Modell

2 Siehe auch „Unternehmensarchitektur – Wikipedia“ – *https://de.wikipedia.org/wiki/Unternehmensarchitektur*

3 ISO – ISO/IEC/IEEE 42010:2011 – Systems and software engineering – Architecture description – *https://www.iso.org/standard/50508.html*

der zugrunde liegenden Struktur und der Teile eines Systems mit ihrem Zusammenwirken zwischen den Elementen verstanden. Hierbei wird noch in zwei Kategorien unterschieden. Die erste Kategorie beschreibt die zu einem bestimmten Zeitpunkt vorhandene IT-Architektur - ähnlich der Vorgehensweise wie im Abschnitt 7.6.2 „Reifegradbestimmung mit der Norm ISO/IEC 19770-1" beschrieben - in einer „Ist-Aufnahme" und die zweite Kategorie beschreibt mit Schwerpunkt auf die Unternehmensprozesse die zu erfolgende Weiterentwicklung der IT-Architekturen - also die umzusetzende Soll-Situation und deren Strategien.

In beiden Kategorien werden bestimmte Architekturbereiche und darin enthaltenen beschreibenden Elemente abgefragt, um den Ist-Zustand oder den gewünschten Soll-Zustand der IT-Architekturen aufzuzeigen. Davon ausgehend, um über einen strategischen, konzeptionellen und organisatorischen Rahmen einen Gesamtüberblick zu erhalten und die Komplexität aufzulösen, sind die folgenden Ebenen zu betrachten. Deren Elemente und Komponenten lassen sich dabei jedoch stets auch Ebenen übergreifend betrachten:

- **Geschäftsarchitektur (fachliche Architektur).** Geschäftsarchitekturen beschreiben auf der festgelegten Strategie basierend die Aufgabenebenen im Unternehmen. Ziele werden dabei als Bausteine dieser Strategie definiert und geben so den geplanten Veränderungen und damit verbundenen Vorteilen die notwendige Transparenz gegenüber den Anwendern.

  Weitere Bestandteile einer Geschäftsarchitektur sind:

  - eine Prozesslandkarte, die ausgehend von den Hauptprozessen mit seinen jeweiligen Teilprozessen - ggf. mit damit verbundenen einzelnen Arbeitsanweisungen - eine Gesamtprozesssicht bietet,
  - eine Sicht auf die Organisationsstrukturen (Organisationseinheiten auch oftmals aus dem englischen „Organizational unit" mit OUs abgekürzt) und deren Ressourcen (Rollen, Schnittstellen),
  - eine Capability Map (Funktionslandkarte) - für dokumentierte Beziehungen von Geschäfts- und Investitionsstrategien, um die Auswirkungen struktureller Veränderungen und deren Verbindung zu den Prozessen zu erkennen.

- **Anwendungsarchitektur.** Die Anwendungsarchitektur beschreibt, welcher Fachbereich welche Aufgaben mit welchen Anwendungssystemen zu erfüllen hat, eingeschlossen die erforderlichen Interaktionen zu den Kerngeschäftsprozessen.

  Die Ein- und Unterteilung erfolgen begriffstechnisch auch in sogenannte Fachdomänen, wobei das Domänenmodell als oberstes Ordnungskriterium die gesamte IT-Landschaft beschreibt und die Geschäfts- und Fachbereiche in fachliche Domänen unterteilt werden.

- **Informationsarchitektur (Datenarchitektur).** Die Informationsarchitektur umfasst und beschreibt die Strukturen der Datenmodelle und seiner Datenobjekte sowie deren Ressourcen zur Datenhaltung, aber auch deren Beziehung und Abbildung auf die Ebene der Anwendungsarchitekturen. Die Aufgaben einer Informationsarchitektur bestehen u. a. auch darin, zu definieren und festzulegen, welche Daten unternehmensweite Relevanz besitzen, und die Daten zu identifizieren, für die die einzelnen Fachbereiche (Vertrieb, Buchhaltung, Einkauf) bzw. Fachverfahren (Kfz-Zulassung, Rentenauskunft usw.) verantwortlich sind, um ihnen so auch die erforderlichen Werkzeuge zur Verwaltung ihrer Strukturen und Inhalte übertragen zu können.

  Sowohl die Anwendungs- als auch die Informationsarchitekturen beziehen sich auf die entsprechenden einzubeziehenden Prozesse und zeigen somit beispielsweise auf, welche

Prozessschritte über welches System mit welchen In- und Output-Daten ausgeführt und welche Daten wo generiert, gelesen oder geändert werden. Dies ist auch wichtig, um die Belange der DSGVO entsprechend im Sinne von Complianc“ erfüllen zu können.

- **Technologiearchitektur.** Die technologische Architektur beschreibt die Sicht des operativen Betriebs. Hier stehen physische oder virtualisierte IT-Asset-Komponenten wie Rechner, Netzwerke oder Datenspeicher im Mittelpunkt. Die Architektur bildet auch Protokolle, Service Level oder Service Provider Services sowie deren regionale Verteilung ab.

20.1.1 Enterprise Architecture Management – Metamodell

Unternehmen, die ihre Geschäftsprozesse und organisatorischen Abläufe mit der Unterstützung von IT-Strukturen und IT-Landschaften betreiben, benötigen eine Übersicht über die dafür erforderlichen IT-Assets. Um einen solchen Bebauungsplan zu erstellen und an der Geschäftsstrategie ausrichten und messen zu können, bedarf es einer entsprechend definierten Unternehmensarchitektur, auch Enterprise Architecture (EA) genannt.

Eine Enterprise Architecture beschreibt sämtliche Prozesse, Bausteine, Komponenten, Ebenen und Elemente, die zur Gestaltung der Unternehmens-IT-Landschaft und deren Betrieb erforderlich sind. Die Enterprise Architecture beschreibt somit die zur Unterstützung der Geschäftsprozesse erforderlichen Infrastrukturen und deren Organisationsabläufe. Innerhalb der Enterprise Architecture werden über einzelne Strukturebenen die jeweiligen Teilarchitekturen beschrieben. Das Enterprise Architecture Management wird hierbei als übergreifende Klammer und Steuerungseinheit gesehen, u. a. mit der Aufgabe, die Harmonisierung und Konsolidierung von heterogenen IT-Landschaften sowie deren transparenten und wirtschaftlichen Betrieb – über einen hohen Standardisierungsgrad mit einer möglichst niedrigen Komplexität – im Einklang mit den Unternehmenszielen und -strategien wettbewerbsfähig sicherzustellen.

Um einen nachhaltigen Wettbewerbserfolg für das Unternehmen zu generieren, ist die Aktualität der Ausgestaltung der IT-Landschaft – und deren transparenter und wirtschaftlicher Betrieb – von enormer Wichtigkeit. Nur über ein Enterprise Architecture Management (EAM), welches die Beziehungen zwischen der Geschäftsstrategie, den Business-, Informations- und Infrastruktur-Funktionen (Capabilities) und der Technologie- und Datenarchitektur analysiert und abbildet, können Optimierungen und Neuausrichtungen die Wettbewerbsfähigkeit des Unternehmens sicherstellen.

Das Bild 20.2 stellt das Meta-Modell mit seinen Abläufen, Ebenen und Elementen in einer vereinfachten Form dar.

Um Enterprise Architecture als Managementdisziplin für eine ganzheitliche Unternehmensentwicklung anwenden zu können, bedarf es einer permanenten Kontrolle und Anpassung der Unternehmensziele und der darauf ausgerichteten Strategien über das Enterprise Architecture Management.

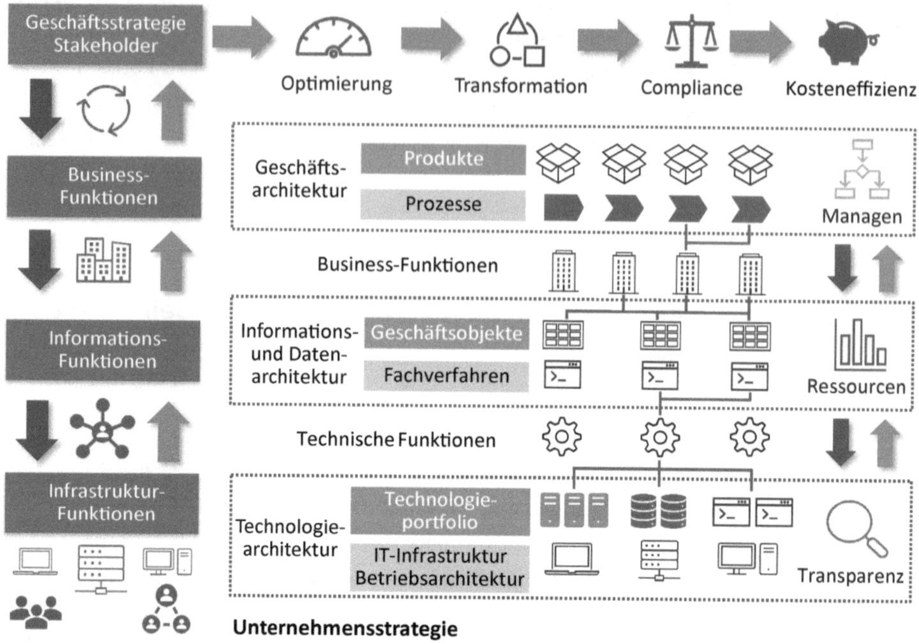

Bild 20.2 Enterprise-Architecture-Management-Metamodell

20.1.2 Herausforderungen und Problemfelder

Organisches Wachstum der IT-Infrastrukturen und IT-Assets, besonders im Umfeld von mittleren und großen Unternehmen, hat eine Vielzahl unterschiedlicher Technologien, Anwendungs- und Verfahrenslandschaften entstehen lassen. Durch diese Heterogenität bedingt, werden viele verschiedene Softwareanwendungen und Werkzeuge eingesetzt, die nicht selten eine große Schnittmenge an identischen oder ähnlichen Funktionalitäten aufweisen, einhergehend mit einer hohen Komplexität der erforderlichen Schnittstellen, die zudem noch gesteuert und verwaltet werden müssen.

Die Herausforderungen bestehen darin:

- Zusammenführen der IT-Systeme und IT-Landschaften, dabei die Komplexitäten erkennen und analysieren, um eine Vereinfachung und Konsolidierung der Anwendungs-, Verfahrens- und Technologieumgebungen zu ermöglichen
- Sicherstellen, dass bei der Planung und Umsetzung von Architekturentscheidungen die angedachten Lösungen, die Konformität der eingesetzten bzw. einzusetzenden Technologien beachtet werden
- Einbeziehung der auftretenden Komplexität der zu berücksichtigenden Schnittstellen bei Planung und Umsetzung von Migrations- bzw. Konsolidierungsprojekten

Die Problemfelder sind bzw. können sein:

- Es werden aus dem Tagesgeschäft heraus zu viele – oftmals aufgrund von Einzelfallentscheidungen und wegen fehlender Strategieorientierung bzw. Gesamtsicht auf die IT – Ad-hoc-Fire-Fighter-Einsätze durchgeführt, um den IT-Betrieb am Laufen zu halten.
- Die Heterogenität – über viele Jahre gewachsen und oft nicht mehr ganz nachvollziehbar – erzeugt zwangsläufig eine sehr hohe Komplexität in der Unternehmens-IT und erschwert dadurch die Planung von strategischen Migrationen, um die existierenden Architekturen in neue optimierte konsolidieren zu können.
- Wenn Unternehmen die Rolle eines IT-Architekten nicht besetzt haben oder das Thema EA u. U. überhaupt nicht fokussiert wird, fehlen für die IT-Assets wichtige Steuerelemente. Wegen der fehlenden Transparenz und Sichtbarkeit erhöhen sich dann die betrieblichen und wirtschaftlichen Risiken.
- Die Mengen an Softwareanwendungen mit ihrer Funktionsvielfalt stehen oft einer hohen Diversität von Anforderungen gegenüber, sodass dadurch oftmals auch unkoordinierte Entscheidungen für den IT-Betrieb getroffen werden, die dann mit dafür verantwortlich sind, dass es vielfach nicht mehr nachvollziehbar ist, welche IT-Assets für welche Geschäftsprozesse oder Fachverfahren zuständig sind. Das ist beispielsweise häufig in Situationen zu finden, wo aufgrund nicht ordnungsgemäßer Aufzeichnungen die Zuordnungen von Software- und Hardwarekomponenten zu Fachverfahren fehlerhaft sind und somit auch keine optimale Steuerung von Risiken erfolgen kann.
- Schlicht und ergreifend haben viele Unternehmen ein eher rudimentär dokumentiertes Infrastrukturkonzept und oftmals keinen sauber durchdokumentierten strategischen und operativen IT-Bebauungsplan, um auf Änderungsanforderungen umfassend reagieren zu können.

Das Zusammenwirken der Herausforderungen und Problemfelder, wenn man diesen nicht begegnet, bewirken aufgrund des hohen Individualisierungsgrads von IT-Systemen und Fachanwendungen mit oftmals monolithischen Strukturen einen hohen Administrations- und Verwaltungsaufwand. Es wird kaum Raum für wirtschaftliche Standardisierungslösungen gelassen und führt so in Summe zu einer deutlichen Reduzierung der Servicequalitäten in der IT-Organisation und den Business-Einheiten (Fachbereichen).

20.1.3 Ziele des Enterprise Architecture Management

Wo früher noch Monolithen und Produktsilos die IT-Architekturen kennzeichneten, die von verschiedenen – auf die einzelnen Silos spezialisierten – IT-Managern administriert und verwaltet werden mussten, weil das Überblickswissen zur gesamten IT-Infrastrukturlandschaft fehlte, wird heute im EAM Wert darauf gelegt, den Beteiligten ein gemeinsames Verständnis zu vermitteln, um kontrollierte Entscheidungen für die notwendigen digitalen Transformationsprozesse im Sinne der Unternehmensbereiche umsetzen zu können.

Blicken wir einmal kurz auf die nicht mehr aktuelle Norm ISO/IEC 19770-1:2012 mit den dort beschriebenen vier Stufen, Tier 1–4, dann liegen die Ziele eines EAM und eines „reinen" Softwareasset-Managements gar nicht so weit auseinander (siehe auch Abschnitt 7.6.2 „Reifegradbestimmung mit der Norm ISO/IEC 19770-1").

- **Erzeugung verlässlicher Daten** (Tier 1, Trustworthy Data)
  Kenntnis zu erlangen über die exakte Anzahl der eingesetzten Software und der vorhandenen Lizenzen
- **Kontrolle des Umfelds** (Tier 2, Practical Management)
  Definition und Abbildung von standardisierten Prozessen und Verfahren im Software-Life-Cycle-Prozess
- **Einbindung in die Geschäftsprozesse** (Tier 3, Operational Integration)
  Die Schaffung eines SPOC (Single Point of Contact) für alle Belange „das Softwareasset-Management betreffend" (organisatorisch, administrativ, technisch und lizenzrechtlich)
- **Vollständige Integration** (Tier 4, Full ISO/IEC ITAM Conformance)
  Die Umsetzung eines dauerhaften operativen Softwareasset- und Lizenzmanagements mit den in die Geschäftsprozesse des Unternehmens integrierten Prozessen, Rollen und Richtlinien

Ein EAM hat nach seiner Einführung den Betrieb eines systematischen IT-Architekturmanagements mit wesentlichen Zielsetzungen zu unterstützen:

- Das EAM definiert und stellt zur Unterstützung der Geschäftsstrategie eine ganzheitliche IT-Architektur und IT-Prozesse für das Unternehmen bereit, damit darauf bezogene und sinnvolle Business- und IT-Betriebsfunktionen definiert und abgeleitet werden können.
- Es unterstützt über Maßnahmen und Entscheidungen die Verringerung der heterogenen IT-Landschaften und ist somit ein wichtiger Baustein und Gradmesser für die erfolgreiche Standardisierung von IT-Assets und Services.
- Durch die Bereitstellung von Transparenz – wie beispielsweise über Inventory-Tools und die Möglichkeit, damit die aktiven Softwareanwendungen zu normalisieren – lässt sich ermitteln, in welchem Umfang Softwareanwendungen genutzt werden. Darauf basierend kann eine effizientere, ressourcenschonendere Auslastung der IT-Assets erfolgen.
- Durch die Sichtbarkeit von IT-Strukturen und deren IT-Assets mit entsprechenden Daten und Informationen können faktenbasierende Konsolidierungen von IT-Architekturen umgesetzt werden, um eine wirtschaftliche Nutzung sicherzustellen. Indem die dafür erforderlichen Entscheidungen für das Managen von Risiken unterstützt werden, kann so gleichzeitig die vorhandene Komplexität von IT-Landschaften verringert werden. Damit reduzieren sich außerdem auch die Verwaltungs-, Administrations- und Supportaufwände signifikant.
- Zu guter Letzt sind diese Aspekte und Komponenten die erforderlichen Bausteine, um über eine Bereitstellung und Realisierung optimierter Zielarchitekturen – mit Hilfe von flexiblen IT-Assets und strategischen Entscheidungen – die angeforderten Lösungen umzusetzen.

  Die Rolle der IT-Architekten und des EAM wandelt sich durch die gravierende Schnelligkeit der digitalen Transformationen (Cloud, SaaS) vom „Planen – Erstellen – Ausführen" hin zum „Erstellen - Messen - Lernen", also weg vom Image des lediglichen „Dokumentierens, Konsolidierens" hin zum Innovator als Entscheider und Gestalter. - Torsten Groll

20.1.4 Aufgaben der Enterprise Architecture

Für die Durchführung und Umsetzung von Maßnahmen aus dem EA-Wirkungsbereich ist es wichtig, zuvor die Ausgangsbasis im Unternehmen (Ist-Situation) zu analysieren. Dies betrifft insbesondere die vorhandenen Prozesse zur strategischen Planung (mit der Fragestellung, ob bereits eine Zielarchitektur vorliegt), die Prozesse zur Strategieumsetzung (Anwendungs-, Produkt- und Projektportfolio-Management) sowie die Betriebsprozesse. Darüber hinaus sind bestehende Steuerungsstrukturen (z. B. vorhandene Gremien, deren Aufgaben, Kompetenzen und Verantwortlichkeiten) zu analysieren sowie für das EAM verwendbare Methoden (beispielsweise Modellierungs- und Dokumentationsmethoden wie Gartners EA-Framework[4], FEAF[5], TOGAF[6], Zachmann Framework[7]) und Tools (z. B. ADOIT[8], Alfabet[9], BiZZdesign[10], LeanIX[11]) zu evaluieren, falls diese nicht bereits für den EA-Einsatz schon feststehen. Wie bereits im Anhang zu den SAM-Tools genannt, ist es auch hier mittlerweile für eine neutrale Informationsbewertung und Marktsichtung besser, sich an den „Magic Quadrant"-Reports von Gartner zu orientieren. Der aktuelle zu den EA-Tools nennt sich „2020 Gartner Magic Quadrant for Enterprise Architecture Tools".[12]

Die Hauptaufgaben eines Enterprise Architecture Managements unter Zuhilfenahme der Frameworks und EA-Tools sind:

- Komplexität der IT-Assets verringern
  - Zusammenführung und Transformation von IT-Assets und Technologien unterstützen
  - Rationalisierung von redundanten Softwareanwendungen durch Standardisierung, Klassifizierung und Normierung über alle Technologieplattformen hinweg
  - Über intelligentes Datenmanagement die Integrationen zwischen Applikationen, Datenflüssen und Schnittstellen optimieren und vereinfachen
- Compliance über die IT-Assets sicherstellen
  - Aufzeigen von Technologierisiken durch eine vollständige Übersicht der genutzten und ungenutzten Anwendungen
  - Ermittlung von Software und Hardware mit End-of-Life oder End-of-Support, um so geschäftskritische Funktionen sichtbar zu machen, die u. U. auf kompromittierten oder auf veralteten Systemen laufen und damit ein Geschäftsrisiko darstellen

4 Greta A. James, Robert A. Handler, Anne Lapkin, and Nicholas Gall. „Gartner Enterprise Architecture Framework: Evolution 2005." October 25, 2005. Gartner ID: G00130855

5 US Federal Enterprise Architecture Framework - Wikipedia - *https://de.wikipedia.org/wiki/US_Federal_Enterprise_Architecture_Framework*

6 TOGAF | The Open Group Website - *https://www.opengroup.org/togaf*

7 Zachman Framework - Wikipedia - *https://de.wikipedia.org/wiki/Zachman_Framework*

8 ADOIT Enterprise Architecture Suite - *https://www.boc-group.com/de/adoit*

9 Enterprise Architecture Management | Alfabet | Software AG - *https://www.softwareag.com/de_de/platform/alfabet/enterprise-architecture.html*

10 BiZZdesign Enterprise Architecture and Business Process Management Software - *https://bizzdesign.com/*

11 EA und Cloud Governance | LeanIX - *https://www.leanix.net/de/*

12 Gartner, Magic Quadrant for Enterprise Architecture Tools, Derek Miers, Akshay Jhawar, 14th December 2020

  - Identifikation von Schwachstellen bei Softwareanwendungen und Apps, die kritische Daten enthalten in Bezug auf die DSGVO bzw. persönlich identifizierbaren Informationen (PII)
  - Standards festlegen und Steuerung über agile serviceorientierte Architekturstrukturen, um neuen Technologien in den Architekturebenen einzusetzen
- Wachstum durch Flexibilität erzeugen
  - Erhebung von Datengrundlagen für das Auftrennen der komplexen monolithischen Architekturen und Strukturen in flexiblere Micro Services, um so mit hohen Skalierungseffekten schnelle Änderungen bei den Release-Zyklen zu erreichen
  - Unterstützung bei der Erhebung von komplexen Faktoren und Prozessen über die aktuellen Funktionsfähigkeiten in den Architekturebenen, um Strategien zur Transformation von Anwendungen und Systemen in Cloud-Architekturen bereitzustellen
  - Vorbereitungen und Maßnahmen zur Umsetzung, Implementierung und Integration von komplexen Internet-of-Things-(IoT-)Strategien unterstützen, Potenziale aufzeigen für neue Anforderungen an Applikationen und den damit einhergehenden Risiken bei Schwachstellen und der Verarbeitung personenbezogener Daten

Bild 20.3 visualisiert grob die drei Hauptaufgaben, unabhängig von den dafür ausgewählten Architecture Frameworks bzw. EA-Tools.

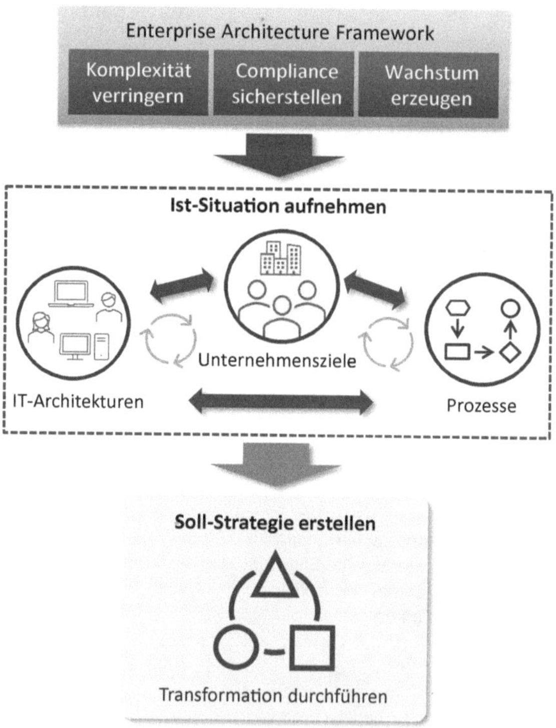

Bild 20.3 Enterprise-Architecture-Aufgaben, Ist-Situation analysieren

Weitere Aufgabenstellungen der Enterprise Architecture

- Unterstützt das IT- und Softwareasset Management, um Transparenz und Sichtbarkeit in den vernetzten IT-Infrastrukturumgebungen zu erreichen
- Sicherstellung des Innovationspotenzials zur Planbarkeit und Entwicklung neuer Strategien, um alle wesentlichen Bausteine der Unternehmensarchitekturen zu erfassen und abzubilden
- Gewährleisten, dass durch ein ständiges Monitoring über das Zusammenspiel der IT-Bausteine und IT-Services, wie z. B. Anwendungen, Infrastrukturen, Fachverfahren, Risk Management, die Gestaltung, Umsetzung und Implementierung neuer Geschäftsstrategien, -prozesse, -produkte und Fähigkeiten optimal unterstützt wird
- Fehlerhafte Prozesse aufzeigen, damit die zur Verfügung stehenden Mittel und Ressourcen wirtschaftlich und nachhaltig zur dynamischen Entwicklung von Informationstechnologien und deren erforderlichen Transformationen verwendet werden können
- Die Rolle einer ganzheitlichen Steuerungsinstanz einnehmen, damit die verschiedensten Informations- und Datenquellen erfasst, analysiert, katalogisiert und eingeordnet werden können, um ungeplante (Incidents) oder geplante (Change- und Problemmanagement) Ereignisse zu lösen

20.1.5 SAM im Enterprise Architecture Management

Wie zuvor schon ausgeführt, sind heute 360-Grad-Sichten erforderlich, um die Unternehmensstrategien und die dafür erforderlichen IT-Architekturen in einen Dreiklang zu bringen (Transparenz, Compliance, Wirtschaftlichkeit). Die althergebrachten (perpetual) Lizenzmodelle werden immer mehr durch Sourcing- und Servicemodelle ersetzt, wodurch zukünftig vielfältigere Parameter zu berücksichtigen sein werden. Gartner Research kommt beispielsweise zu der Erkenntnis, dass von den heutigen SAM-Tools in etwa drei Jahren bis zu 90 % wegen gestiegener Anforderungen nutzlos sein werden.[13] Damit wird die starke Marktkonsolidierung der SAM-Tool-Anbieter in den vergangenen Jahren weitergehen. Im Enterprise-Umfeld sind laut aktuellem Gartner-Quadrant 2020[14] einzig noch Snow Software und Flexera im „Leader"-Quadranten aufgeführt. Am wichtigsten ist den Unternehmen aber – das untermauert der vorliegende aktuelle Cloud-Monitor-Report[15] einmal mehr –, dass die Datenrelevanz der eingesetzten Softwareanwendungen und deren Sicherheit gewährleistet werden. Das bedeutet im Umkehrschluss, dass nur noch IT- und Softwareasset-Management-Lösungen mit integrierbarem Software Vulnerability Management (Risikoanalyse zu möglichen fachlichen Codeschwächen in Softwareanwendungen und auf mögliche Schwächen in Softwareanwendungen in Bezug auf die Verarbeitung von personenbezogenen Daten gemäß DSGVO, PII) im Markt erfolgreich bleiben werden.

[13] Gartner Research: Augment Your Discovery Tools for Cloud Software Asset Management Right Now, Februar 2016

[14] Gartner, „Magic Quadrant for Software Asset Management Tools" by Ryan Stefani, 20th July, 2020

[15] KPMG/Bitkom Research „Cloud-Monitors 2020"

Es wurde von mir ja bereits in den vorhergehenden Abschnitten dieses Kapitels ausgeführt, dass auch das Enterprise Architecture Management u. a. auf transparente und valide Daten angewiesen ist, um bestimmte Analysen zu fahren und Risikobewertungen für die IT-Assets u. a. in Echtzeit vornehmen zu können. So sind zum einen normalisierte Softwareanwendungsdaten (aus einem technischen Softwareinventory) erforderlich, um a) potenzielle technische Schwachstellen im Sinne von möglichen Geschäftsrisiken - durch nicht sauber durchgepachte Softwareupdates - aufzuzeigen und um b) aktive Nutzungsszenarien zu erstellen, damit Prioritäten bei eventuellen Redundanzen von Softwarefunktionen für eine Auslistung und damit auch für eine Straffung des Softwareanwendungsportfolios umgesetzt werden können und c) um Compliance-Risiken bei der Verarbeitung von personenbezogenen Daten durch „fehlerhafte" Softwareanwendungen feststellen zu können und d) um wirtschaftliche Compliance-Risiken beispielsweise wegen Unterlizenzierung zu vermeiden. Im Gesamtkontext einer IT-Unternehmensstrategie betrachtet, ist die Management-Disziplin (EAM) hierfür ein wichtiger Baustein. Ein EAM liefert mit seinen Analysen, Bewertungen, Risikoeinschätzungen und Umsetzungsempfehlungen dem Unternehmen wichtige Informationen und Entscheidungsgrundlagen, um seinen Wettbewerbsvorteil halten oder auch verbessern zu können.

Aufgrund der gewonnenen Erkenntnisse und mit den empfohlenen Maßnahmen sind auf diese Weise schnellere, flexiblere und schlankere Strategien und Prozesse umsetzbar. In Bild 20.4 ist visualisiert, welche Geschäftstreiber von den Ergebnissen des Enterprise Architecture Management signifikant positiv beeinflusst werden können.

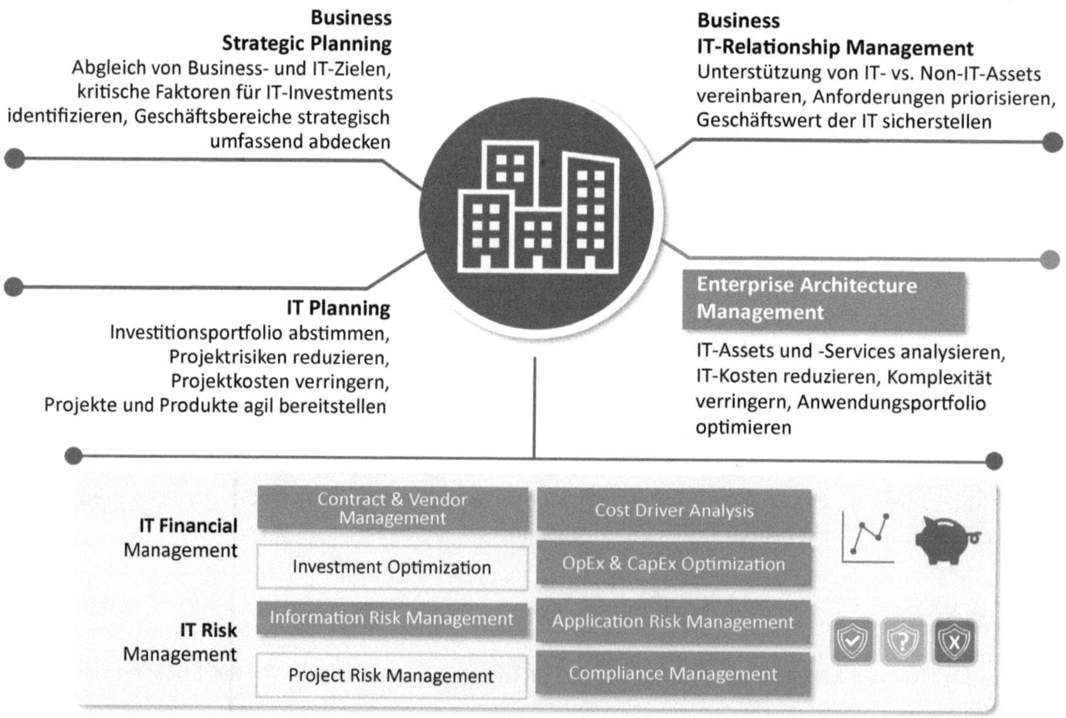

Bild 20.4 Vom Enterprise Architecture Management unterstützte Geschäftstreiber

So sind die erwartbaren Daten aus einem SAM-Tool bzw. einem ITAM-Implementierungsprojekt eine erforderliche Grundlage, um darauf aufbauend die wichtigsten Anwendungsszenarien zu erhalten, wie z. B.

- eine Überblicksmatrix über alle Softwareanwendungen (Portfoliokonsolidierung von Softwareassets auf Basis von Nutzungsszenarien, Technologieunterstützung, Einsatzprioritäten),
- eine Übersicht über deren End-of-Life- bzw. End-of-Support-Daten,
- ein Überblick über mögliche Technologierisiken in Bezug auf Security-Code-Schwächen, PII-Datenverarbeitung oder
- ein Überblick über die (pro Fachverfahren bzw. Einsatzszenario) aktiven Softwareanwendungen, um diese beispielsweise auf eine weitere fachliche Eignung zu prüfen und zu klassifizieren, zu bewerten und daraus Maßnahmenempfehlungen ableiten zu können.

Wir haben hier eine Win-Win-Situation, denn das Unternehmensmanagement, die Enterprise-Architekten und IT-Planer können mit dem EA-Tool auf aktuelle und durch ein SAM- bzw. ITSM-Tool normalisierte Daten aufbauen und so den Geschäftstreibern (siehe Bild 20.4) wichtige Entscheidungsgrundlagen für die Ausrichtung bzw. „Korrektur" der Unternehmensstrategie bereitstellen. In der folgenden Aufstellung finden Sie einige Aspekte, wie ein EAM mit Daten aus dem SAM- bzw. ITSM-Tool die Funktionsbereiche „IT Financial Management" und „IT Risk Management" für eine optimierte Unternehmensstrategie unterstützen kann.

IT Financial Management

Um die Unternehmensstrategien zu justieren, erfordert es eine permanente Kostentransparenz in der IT, um so IT-Investitionen zu beurteilen und darauf Entscheidungen zur Kostenoptimierung treffen zu können. Hierfür bietet das IT-Finance-Management den Stakeholdern die erforderliche Transparenz zur Optimierung der IT-Ausgaben.

- *Contract & Vendor Management.* Über das Vertrags- und Lieferantenmanagement stehen einer Organisation fundierte Informationen zur Verfügung, um bei erforderlichen Architekturänderungen unter Berücksichtigung der vertraglichen Beziehungen mit IT-Lieferanten oder Dienstleistern Entscheidungen treffen zu können, die beispielsweise eine Änderung bzw. Anpassung der bestehenden Vertrags-SLAs erfordern, damit diese mit der neuen Architekturstruktur abgestimmt sind. Außerdem ist es wichtig zu verstehen, mit welchen Lieferanten bzw. Dienstleistern welche Verträge bestehen, um daraus mögliche Risikobewertungen abzuleiten. Aufgrund der Datenanalyse (Softwareanwendungen, Nutzungsszenarien, Durchdringung im Unternehmen, Bewertung der „Wichtigkeit" einer Anwendung durch ein EA-Tool usw.) können so mittel- und langfristig Hersteller- und Lieferantenverträge optimiert auf den Geschäftsbedarf und an möglichen Architekturänderungen ausgerichtet werden.
- *Cost Driver Analysis.* Eine Analyse über die vorhandenen Finanzdaten von IT-Assets wie beispielsweise Softwareanwendungen gibt nicht nur Aufschluss darüber, wie und in welchem Umfang diese potenzielle Kostentreiber sind (z. B. über Nutzungsszenarien der damit verbundenen Wartungsverträge und deren Einsparpotenziale), sondern liefert auch auf entsprechenden Abstraktionsebenen die Kosten für die damit verbundenen Geschäfts- und Managementprozesse, d. h., die Analysen stellen entscheidende Informationen bereit, um finanziell solide Geschäftsentscheidungen – bei gleichzeitiger Optimierung der IT-Ausgaben – treffen zu können.

- *OpEx & CapEx Optimiziation*
  - **OpEx** *(„operational expenditure" - Betriebskosten, laufende Kosten, Miete, Leasing, Subscriptions).* Für eine Optimierung ist es wichtig, die kostentreibenden Bereiche in der IT-Asset- und Softwareanwendungslandschaft transparent zu machen. Hierfür bedarf es Scan-Tools und SAM-Tools aus dem Enterprise-Umfeld, damit über deren Softwarekataloge „lesbare und interpretierbare" Softwareartikel aus den Inventory-Daten erzeugt und normalisiert werden können. Die Analysen unterstützen hierbei auch bei der gezielten Kostenverteilung auf die jeweiligen Fachbereiche und Fachverfahren und somit einer transparenten Ausrichtung an den Geschäftsanforderungen. Dies ist u. a. auch ein Ansatzpunkt für eine Konsolidierung bei IT-Assets und Softwareanwendungen, um deren Kosten senken zu können. Weiterhin ermöglichen es die „OpEx"-Optimierungsaktivitäten, bestehende Service Level Agreements (SLAs) auf den Prüfstand zu stellen, um mögliche Einsparpotenziale auch entsprechend umsetzen und heben zu können. Insbesondere für Cloud- und SaaS-Nutzungen ist das ein wichtiger Aspekt, da die Subscriptions so wirtschaftlicher und ressourcenschonender genutzt und administriert werden können.
  - **CapEx** *(„capital expenditure" - Investitionskosten, Kauf).* Um IT-Geschäftsstrategien anpassen zu können, sind detaillierte Kenntnisse über die aktuellen und zukünftigen Prioritäten und Investitionsausgaben eine wesentliche Voraussetzung. Mit Hilfe dieser Daten wird aufgezeigt, wo Kosten gesenkt werden müssen und welche Auswirkungen das auf die IT-Geschäfts- und Unternehmensstrategie hat. Durch die CapEx-Optimierung können aktuelle und geplante Projekte untersucht werden, ob diese die gewünschten Skaleneffekte erzeugen und somit dadurch auch das Projektportfolio optimieren. Diese Methodik bietet durch Inventarisierung und Analyse der Daten die Möglichkeit, unrentable Projekte zu erkennen. Durch Einstellen oder Beenden können CapEx-Kosten reduziert bzw. optimiert werden.

IT Risk Management

IT-Risikomanagement ist für jedes Unternehmen ein wesentlicher Geschäftsbestandteil, um das Unternehmen vor möglichen Risiken bzw. auch Schwachstellen zu schützen.

- *Information Risk Management (IRM).* IRM beschreibt den Prozess zur Identifizierung von Schwachstellen und Bedrohungen für die im Unternehmen bestehenden und verwendeten Informationsressourcen und die einzuleitenden Gegenmaßnahmen, um die Risiken auf ein managebares Niveau zu reduzieren. Dabei ist bei der Auswahl von einzuleitenden Gegenmaßnahmen bzw. Kontrollen darauf zu achten, in welchem eingeordneten Sicherheitslevel sich die zu schützenden Informationswerte befinden, um ein ausgewogenes Verhältnis von Aufwänden für die Schutzmaßnahmen zu dem Vermögenswert der Information zu gewährleisten. So sind u. a. folgende Bewertungen durchzuführen:
  - Welche Daten werden erhoben und sind diese sicherheitsrelevant in Bezug auf DSGVO, PII-Verarbeitung?
  - Wie und wo werden diese Daten über welche Service Level (Backup & Restore) gespeichert?
  - Wie werden schutzbedürftige Daten dokumentiert und gesichert?
  - Welche Aufbewahrungs- bzw. Archivierungsfristen sind anzuwenden?
  - Welche Rollen bzw. Personen oder Dienstleister haben welchen internen und/oder externen Zugriff darauf?

   - Wie wird die ordnungsgemäße (u. a. durch gesetzliche Richtlinien geforderte) Aufbewahrung und Speicherung der Daten sichergestellt, wer ist verantwortlich dafür?
- *Application Risk Management.* Dieses IT-Risiko beschreibt die Risiken, die mit dem Betrieb und der Nutzung von IT-Assets in einem Unternehmen auftreten können. Beim Risiko-Management für Anwendungen liegt der Fokus auf dem Zusammenwirken von SAM- bzw. ITSM-Tools und -Prozessen, um mögliche Sicherheitsrisiken innerhalb einer Softwareinfrastruktur eines Unternehmens zu identifizieren, zu melden, zu priorisieren und zu beheben. Dabei beschränkt sich das Risiko-Management für Anwendungen nicht nur auf Desktop- und Webanwendungen, sondern bezieht auch alle eigenentwickelten Anwendungen, Open-Source-Produkte und Dritthersteller mit ein.

  Die allgemeinen Regeln dazu lauten:

   - Erheben des Softwareinventars und Analysierung der auf das Unternehmen bezogenen Geschäftskritikalität,
   - Analysierung der Softwaredaten auf Schwachstellen und deren Kritikalität in Bezug auf den IT-Infrastrukturbetrieb der IT-Assets,
   - Einteilung der Schwachstellenkritikalität der Softwaredaten in eine Gesamtrisikobewertung,
   - Planung von möglichen Maßnahmen (Updates einspielen, Deaktivierung von Anwendungen), um ein akzeptables Risiko managen zu können.

  Enterprise SAM-Tool-Hersteller wie z. B. Snow Software haben in ihrem Portfolio Komponenten, um Risk Monitoring auf einen Inventarbestand ausführen zu können (in Verbindung mit der „National Vulnerability Database (NVD)[16] des „National Institute of Standards and Technology (NIST)") und um damit Schwachstellen aufzuzeigen (siehe dazu auch Kapitel 18 „SAM-Daten - Risiken managen und monitoren"). So können rechtzeitig definierte und beschriebene Schwachstellen im Softwareinventar entdeckt und gemäß ihrer Kritikalität bewertet und in Risikocluster eingeteilt werden.

  Bild 20.5 zeigt in Punkt 3 „**Berichten**" ein paar Beispiele (die dort eingebetteten Screenshots sind in Kapitel 18 größer abgebildet).
- *Compliance Management.* Beschreibt die Summe aller Maßnahmen und der damit verbundenen Prozesse, um geltende rechtliche Rahmenbedingungen im Unternehmen zu gewährleisten. Hierzu zählt auch die Einhaltung der vorgegebenen Softwarelizenznutzungen gegenüber dem Hersteller. Das Zusammenspiel der bereitgestellten Daten und Informationen aus den SAM-, ITSM- und EA-Tools unterstützt dabei, dass Projekt-, Anwendungs- und Datenrisiken zur Absicherung von IT-Investitionen geringer ausfallen und die Geschäftsprozesse - bezogen auf die Umsetzung und Einhaltung der gesetzlichen Compliance-Anforderungen - fortgesetzt werden können. Hierzu zählen auch mögliche Compliance-Risiken für Softwareanwendungen, wenn diese nicht lizenzkonform gemäß der Herstellervorgaben (Lizenzmodelle) im Einsatz sind (siehe auch Kapitel 2 „Eine Softwarelizenz - was ist das?").

Um u. a. dem IT Risk Management bzw. den beteiligten Stakeholdern wertvolle Informationen über IT-Assetdaten bereitstellen zu können (möglichst in Echtzeit), bedarf es einer Integration eines EA-Tools mit einem ITSM-Tool bzw. SAM-Tool. In Bild 20.5 habe ich Ihnen eine solche Vorgehensweise visualisiert.

---

[16] NVD - Home (nist.gov) - *https://nvd.nist.gov/*

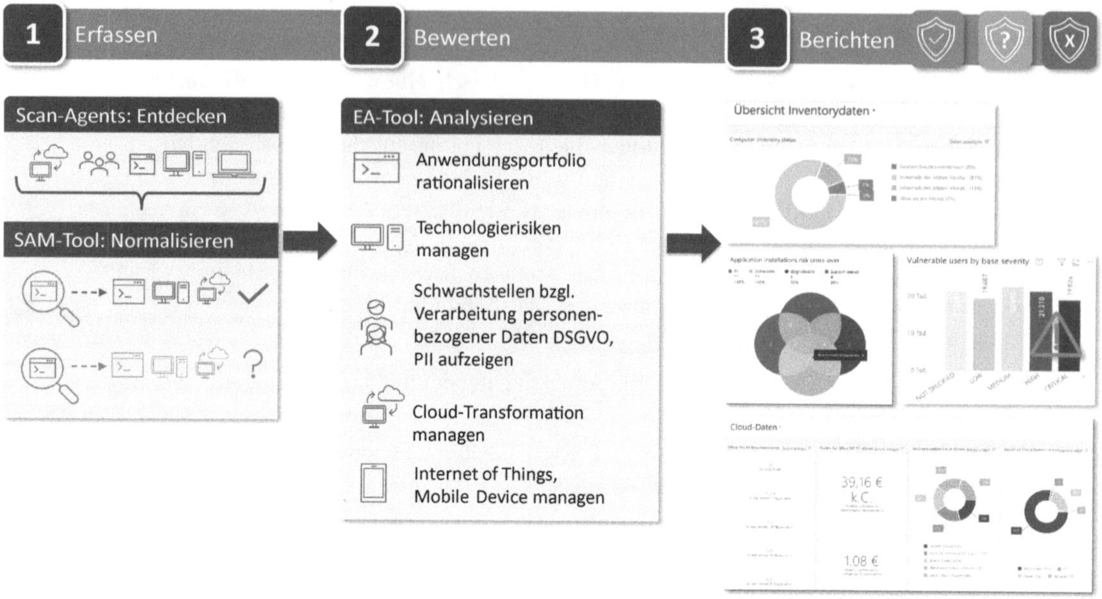

Bild 20.5 Überblick zur Integration von SAM-/ITSM-Daten in ein EA-Tool für Berichte

Probleme in der Praxis

Die Akzeptanz von EAM ist mittlerweile größer geworden, denn gerade bedingt durch die immer schneller werdenden Digitalisierungs- und Transformationsprozesse veralten die oftmals manuell dokumentierten Informationsbasen sehr schnell. Wenn früher noch in Excel oder Visio dokumentiert werden konnte, ist dies heute aufgrund der IT-Dynamik nicht mehr praktikabel, weil eine Vielzahl von umzusetzenden internen IT-Projekten die IT-Landschaften der Unternehmen innerhalb kurzer Zeit verändern. Trotz aller Anstrengungen wird es aber immer eine Herausforderung bleiben, die IT-Assets und Prozess-Repositories auf dem Stand der technologischen Weiterentwicklung von IT-Assets und IT-Landschaften aktuell zu halten, bedingt durch die oftmals verschiedenen Sichten der Verantwortlichen. So haben die Fachbereiche andere Anforderungen für den IT-Betrieb und den Betrieb von Fachverfahren als der IT-Betrieb selbst, der sich wiederum nur für seine Technologie-Stacks verantwortlich sieht. Um aber sowohl den Fachbereichen als auch dem IT-Betrieb gerecht werden zu können bzw. auch dem Management, müssen Daten und Informationen bereitgestellt werden. Im Endeffekt bedeutet das nichts anderes als im Rahmen eines Enterprise-Architecture-Management-Projekts eine formale Erfassung durchzuführen. Nun benötigen die Fachbereiche aber oftmals keine übergeordnete formalisierte Erfassung und Dokumentation ihrer Betriebsmittel, denn die Mitarbeitenden sind entsprechend für die Sicherstellung des Verfahrensbetriebs ausgebildet und besitzen auch oftmals jahrelange Erfahrung darin. In der Praxis führt das dann oft dazu, dass das Project „EAM" dem IT-Betrieb zugeschoben wird, obwohl wichtige Aspekte daraus, wie Engineering, Geschäftsmodelle, Prozesslandkarten und Wertschöpfungen, zentrale Bestandteile der IT-Unternehmensarchitektur und IT-Strategie darstellen.

Das Dilemma: Ohne ein systematisches Einbeziehen der beteiligten Fachbereiche werden die Informationen nicht ausreichend erhoben und gepflegt. Hinzukommen, wie so oft und überall, fehlende Ressourcen, die sich um eine aktuelle Erfassung und Datenpflege kümmern können, selbst wenn entsprechende Profi-EA-Tools dafür eingesetzt werden. Dadurch bedingt kommt oftmals die Einführung und Umsetzung eines EAM-Projekts nur für größere Unternehmen in Frage, obwohl es – aufgrund der digitalen Transformation – für alle „digitalen" Unternehmen eklatant wichtig geworden ist, auf Sicherheitsrisiken in den IT-Infrastrukturen und IT-Assets hinreichend schnell reagieren zu können. Dazu bedarf es neben entsprechenden Risiko-Management-Prozessen und Tools auch eines aktuellen Bebauungsplans, der als Ergebnis eines EAM-Projekts entsteht und gepflegt werden muss, und eines EA-Architekten.

Hinweis

Sicherlich geht es in erster Linie um die effiziente und korrekte Steuerung der unternehmenseigenen IT-Architektur sowie der damit als Ziel verbundenen erhöhten Wirtschaftlichkeit der eingesetzten IT-Landschaften. Bedacht werden sollte dabei aber auch, die Aufstellung und Beschreibung der IT-Geschäftsstrategie und IT-Architektur so zu gestalten, dass auch auf außerordentliche Ereignisse, wie z. B. eine Fusion oder die Zusammenlegung von Rechenzentren, flexibel reagiert werden kann.

20.2 Einige Gedanken zur IT-Architektur

Eine permanente Herausforderung für jeden IT-Manager sind die im Unternehmen gewachsenen heterogenen Systemlandschaften und deren ständige Anpassung an den aktuellen technologischen Fortschritt in den IT-Architekturen. Die IT-Architektur beschreibt, definiert und stellt die geforderten IT-Services zur Unterstützung der Geschäftsprozesse bereit. Schon an diesem Punkt sollte auch das Softwareassetmanagement berücksichtigt werden, damit sich die IT-Strategie später wie vorgesehen umsetzen lässt. Wenn Sie hier nicht mit dem nötigen Augenmaß arbeiten, müssen Sie unter Umständen Lösungen einsetzen, die nicht wirtschaftlich sind. Wenn über IT-Architektur gesprochen wird, werden fast immer die jeweiligen Anwendungslandschaften in den Vordergrund gestellt, was primär natürlich richtig ist, da die Geschäftsprozesse unterstützt und die erforderlichen Ressourcen möglichst wirtschaftlich eingesetzt werden sollen. Oft genug werden aber die Anwendungslandschaften nur in Bezug auf Performance und höhere Verfügbarkeit getrimmt. Systeme bzw. ganze Anwendungslandschaften zu konsolidieren und zu virtualisieren, um Allgemeinkosten (Strom, Kühlung, Räume usw.) einzusparen, heißt aber noch lange nicht, dass das auch für Softwarekosten gilt. Sehr häufig entstehen bei den geplanten Konsolidierungs- und Migrationsszenarien Fehler aufgrund unzureichender Kenntnis der Softwareverträge und der darin vereinbarten Nutzungsbedingungen. So ist es beispielsweise von entscheidender Wichtigkeit, ob ein System als aktives Backupsystem oder nur als sogenanntes „Cold-Stand-By"-System dienen soll. Je nachdem kann es lizenzkostenfrei oder lizenzkostenpflichtig sein. Das Problem dabei ist oftmals, dass das Softwarelizenzmanagement in Fällen, in denen es um die Beurteilung von

Änderungen an der IT-Architektur geht, nicht oder nicht rechtzeitig mit einbezogen wird. Denn es sind nicht nur die technischen Infrastrukturen zu berücksichtigen, sondern auch die Vielfalt der Anwendungslandschaften mit ihren Systemen, deren gegenseitigen Abhängigkeiten und den oft auftretenden Redundanzen. Was die IT-Landschaften so komplex macht, ist die notwendige Verknüpfung der unterschiedlichsten Anwendungen, die bei Umstrukturierungen, Organisationsänderungen (wie z. B. Outsourcing) und wechselnden Verantwortlichkeiten zum Problem werden können. Dabei geht leicht der Überblick verloren und es entstehen vermehrt höhere Risiken, z. B. durch mangelnde Transparenz bei der Softwarebeschaffung, fehlerhafte Lizenzierung oder Bereitstellung von Softwareanwendungen. Bild 20.6 verdeutlicht die Verortung des Softwareassetmanagements als eine wichtige Systemkomponente in der Technologiearchitektur und als ein Bestandteil der gesamthaften Geschäftsprozess- und Geschäftsfunktionsarchitektur.

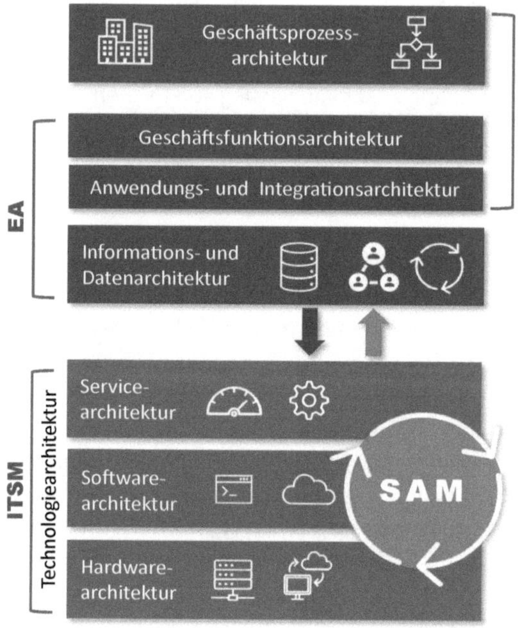

Bild 20.6 Verortung von SAM in der Technologiearchitektur

Wie bereits in den vorhergehenden Kapitelabschnitten zur Enterprise-Architecture-Struktur ausgeführt, ist die Unternehmensstrategie der Rahmen für die Erstellung der Geschäftsprozessarchitektur und diese wiederum die Grundlage für die weiteren Architekturebenen. Über die Technologiearchitektur werden dann mit den anzuwendenden Technologie-Stacks und IT-Assets die Bausteine und Services bereitgestellt, um den Betrieb für die Applikationen, Fachverfahren und letztendlich für die Geschäftsobjekte (Produkte) ressourcenschonend zu gewährleisten. In Bild 20.7 finden Sie eine vereinfachte Darstellung der Architekturebenen mit deren Datenobjekten und Beziehungen.

Im Folgenden finden Sie zum besseren Verständnis für die Ebenen ein paar „praxisbezogene" Beispiele und nicht die reinen Definitionsbeschreibungen der Architekturelemente:

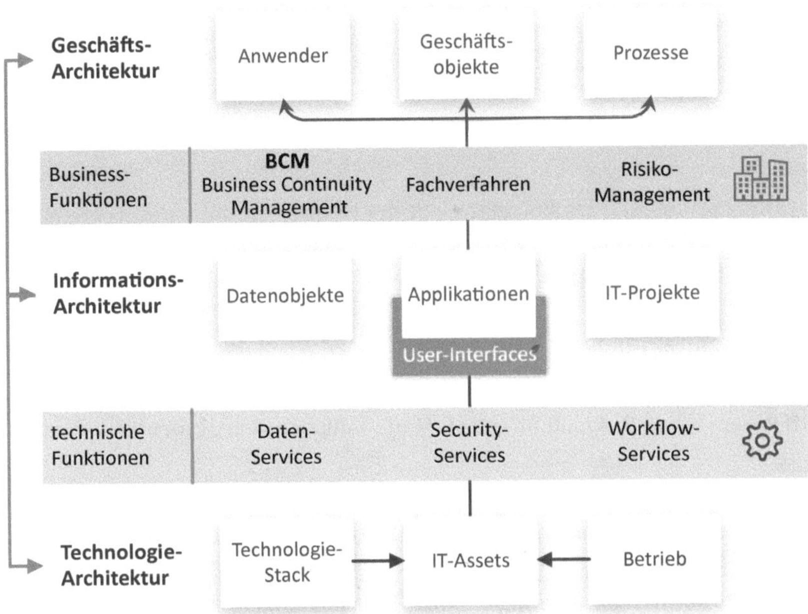

Bild 20.7 Übersicht Schichtenmodell Enterprise-Architecture-Ebenen

Geschäftsarchitektur

- *Anwender*
  - Rollen, Management, Stakeholder, Provider
  - Verfahrensverantwortung, Betriebsverantwortung, Service-Konsumenten
- *Geschäftsobjekte*
  - B2B-Plattformen, Cloud-Anwendungen, Auftragssysteme
  - Customer Relationship, Supplier Management
  - Behörden-Portale, Auskunftsdatenbanken sowie die dafür erforderlichen Stamm-, Bewegungs- und Metadaten als fachliche Entitäten und Regeln für Datenvalidierung und -qualitätskriterien usw.
- *Prozesse*
  - Steuerung von Lebenszyklen, Prozessen, Produktentwicklungen, Bestell- und Lieferprozesse
  - Prozesse zur Unterstützung der Business-Funktionen wie beispielsweise Risiko-Management
  - Beschreibung der Datentransformations- und -Verteilungsprozesse usw.

Informationsarchitektur

- *Datenobjekte*
  - Domain Services (z. B. Active Directory, Exchange-Adressbücher)
  - Berechtigungs-Management, Web Service, Druck-Management, Backup-Management
  - Archivierungs-Management, weitere Services für Applikationen und IT-Projekte

- *Applikationen*
  - Webbrowser, Messaging (z. B. Outlook, Yammer), Dokumentenbearbeitung (z. B. Adobe, M365)
  - ERP-Systemzugang (z. B. SAP, Ariba, Mach), Anti-Viren (z. B. Kaspersky, McAfee)
- *IT-Projekte*
  - Migrationsprojekte, Transformationsprojekte, Risk Monitoring, Softwareeigenentwicklungen, Fachverfahren, Umsetzung von Normen und Standards wie beispielsweise BSI-Standards (ISO-27001-Zertifizierung auf Basis von IT-Grundschutz[17])

Technologiearchitektur

- *Technologie Stack*
  - Plattformen, wie z. B. Applikations-, E-Mail-, Kollaboration-, Datenbank-Server
- *IT-Assets*
  Definition nach der Norm ISO/IEC 19770-1:2017: *Gegenstand, Sache oder Einheit, die zum Erfassen, Verarbeiten, Speichern und Verteilen von digitalen Informationen verwendet werden kann und einen potenziellen oder tatsächlichen Wert für eine Organisation hat.*[18]
  - Ausführbare Softwareanwendungen, wie z. B. Datenbankprodukte (Microsoft SQL, Oracle, MySQL, Maria DB usw.)
  - Erforderliche Softwarelizenzen, physische und digitale Medien
  - Anwendungen, die beispielsweise über „Software-as-a-Service" bereitgestellt werden, wie z. B. Datenspeicher (OneDrive, Dropbox, iCloud, Google Drive)
  - IT-Komponenten/Bausteine (physisch und virtuell)
  - Informationsinhalt-Assets, wie z. B. Dateien oder andere Einheiten mit digitalen Informationsinhalten

  Anmerkung zur Definition: Die Gesamtheit der IT-Assets wird auch als IT-Infrastruktur bezeichnet.
- Betrieb
  - Hardwarekomponenten – Server (physisch und virtuell), Storage (Speichersysteme und Komponenten), Netzwerkkomponenten
  - Endgeräte – PCs, Laptops, Tablets, Smartphones, Drucker, Multifunktionsgeräte
  - Hardwarenahe IT-Systeme – Betriebssysteme (Windows, Unix, Linux, Mac), Virtualisierungs-Plattformen (VMware, Hyper-V, Citrix, Proxmox, VirtualBox), Administrations- und Monitoring-Tools, Netzwerkanalyse-Tools, Inventory-Scan-Komponenten

---

[17] *https://www.bsi.bund.de/DE/Themen/Unternehmen-und-Organisationen/Standards-und-Zertifizierung/IT-Grundschutz/it-grundschutz_node.html*

[18] Übersetzt aus dem englischen Dokument zur ISO/IEC 19770-1:2017: This document was prepared by Technical Committee ISO/IEC JTC 1, Information technology, Subcommittee SC 7, Software and system engineering. Participation and contributions were requested in particular from ISO/IEC JTC 1/SC 27 IT Security Techniques, ISO/IEC JTC 1/SC 40 IT Service Management and IT Governance, and ISO/TC 251 Asset Management. This third edition cancels and replaces the second edition (ISO/IEC 19770-1:2012), which has been technically revised to be a Management System Standard. A list of all parts in the ISO/IEC 19770 series can be found on the ISO website.

Das Softwareasset- und Lizenzmanagement soll und muss die Frage beantworten, ob ein bestimmtes System- oder Anwendungsszenario mit den vorherrschenden und vereinbarten Softwarenutzungsbedingungen abbildbar ist. Dazu müssen unter Umständen nicht nur die bestehenden Verträge, sondern auch die aktuellen PURs (Product Use Rights) und oft auch noch zusätzlich Experten der Softwarehersteller zu Rate gezogen werden.

Die Kernfragen lauten nun:

- Welche Voraussetzungen sind für die Einbindung von SAM in die IT-Architektur zu schaffen?
- Wie lässt sich das SAM aktiv in die Steuerung der EA-Architektur einbinden?

Um beide Fragen beantworten zu können, müssen Sie im Vorfeld Ihren aktuellen Software-Life-Cycle-Prozess betrachten und prüfen, ob Sie überhaupt an die Einbindung des Softwareasset- und Lizenzmanagements – in Bezug auf die IT-Architektur-Steuerung – gedacht haben. Zum Zweiten sollten weitere Voraussetzungen gegeben sein.

20.3 SAM – Voraussetzungen für die Einbindung schaffen

Die zu schaffenden Voraussetzungen sind sehr vielfältig und bedürfen der Mitwirkung diverser Fachbereiche und Rollen, um letztendlich eine aktive Einbindung von SAM zu erreichen:

- *Bebauungspläne einsehen.* Das Softwareasset- und Lizenzmanagement sollte sich immer eine aktuelle Übersicht über die IT-Architektur und die bestehenden IT-Infrastrukturen verschaffen können. Dafür lassen sich normalerweise sogenannte Bebauungspläne zu Rate ziehen, die es für jedes einzelne Szenario in der IT-Anwendungslandschaft und als Gesamtplan geben sollte. Diese Pläne bilden die Grundlage, um die bestehenden IT-Infrastrukturen lizenzrechtlich betrachten und verstehen zu können.

Eine saubere Darstellung von Anwendungsszenarien ist natürlich nicht nur für das Softwareasset- und Lizenzmanagement wichtig, sondern auch für viele andere Bereiche, wie z. B. das Service Management, um etwa die Verfügbarkeiten von Anwendungen zu regeln und zu bestimmen.

- *Zugriff auf die Vertragsmanagementsysteme und Daten.* Um überhaupt beurteilen zu können, ob sich eine geplante Veränderung in der IT-Infrastruktur auch auf die vereinbarten Nutzungsbedingungen auswirkt, sollte das Lizenzmanagement ausreichenden Zugriff auf die Softwareverträge erhalten. Im besten Fall sollte das Lizenzmanagement selbst die Softwareverträge verwalten.
- *Software-Life-Cycle-Prozess prüfen.* Stellen Sie fest, ob in Ihrem aktuellen Software-Life-Cycle-Prozess das Lizenzmanagement überhaupt mit eingebunden ist, wenn es um Neuplanungen (IT-Architekturboard) oder Veränderungen (Change-, Problem- und Release-Management) innerhalb der IT-Landschaft geht (dazu gehören auch Konsolidierungs- und Migrationsprojekte).

Das Softwareasset- und Lizenzmanagement sollte dabei an mehreren Stellen im Software-Life-Cycle-Prozess mit eingebunden sein:

1. Im Anforderungsprozess, um hier bereits eine Softwareanforderung auf bestimmte Kriterien prüfen zu können (z. B., ob ein für das Unternehmen festgelegtes Softwareprodukt genutzt werden kann).
2. Im Beschaffungsprozess, um z. B. prüfen zu können, ob der Fachbereich die richtige Produktversion (in Bezug zur Aufgabenstellung) ausgewählt hat (z. B. Microsoft Office Standard und nicht Microsoft Office Professional).
3. Im Prozess „Installation“ und hier insbesondere im Prozess „Paketierung und Abnahme“, um zu prüfen, ob z. B. die korrekten Softwarelizenzkeys verwendet wurden.
4. Im Prozess „Verwendung und Betrieb“, um bei Veränderungen an der IT-Architektur, z. B. bei einer Erweiterung der Ressourcen eines Servers (Prozessorerweiterung), prüfen zu können, ob die Nutzungsbestimmungen noch zutreffen und keine Unterlizenzierung auftreten kann.

Je nach Gestaltung Ihrer Software-Life-Cycle-Prozesse und deren Teilprozesse, könnten weitere Prozesse mit eingebunden sein, so z. B. der Prozess „Providersteuerung“.

- *Mitsprache im IT-Architekturboard.* Zumindest der strategische Lizenzmanager sollte an den vom IT-Architekturboard getroffenen Entscheidungen beteiligt sein. In bestimmten Situationen, etwa wenn das vorgesehene Szenario recht komplex ist und mit den bisherigen Nutzungsbedingungen nicht abbildbar scheint, sollten Sie sich nicht scheuen, den Hersteller um Unterstützung zu bitten, und sich eventuell ein bestimmtes Szenario absegnen lassen – schriftlich festgehalten, damit bei einem späteren Audit die lizenzkonforme Nutzung nachweisbar ist.
- *Einbindung des Softwareasset- und Lizenzmanagements im Release- und Change-Management.* Das Softwareasset- und Lizenzmanagement sollte über alle Veränderungen im Release- und Change-Management informiert und bei der Planung größerer Konsolidierungs-, Migrations- oder Rolloutprojekte rechtzeitig mit einbezogen werden. Nur so ist es möglich, Entscheidungen zu treffen, um später mögliche lizenzrechtliche Probleme zu vermeiden.

Hinweis:

Das Lizenzmanagement trifft keine Entscheidungen, ob eine bestimmte Anwendung in der Unternehmens-IT-Architektur zum Einsatz kommen soll oder nicht – das entscheiden allein die Fachbereiche mit ihren Anwendungsverantwortlichen bzw. die Produktverantwortlichen.

Für die Integration der vielfältigen Systeme eines Unternehmens zu einem einheitlichen Ganzen stehen die Produktverantwortlichen und IT-Strategen in der Pflicht, wobei insbesondere die Anbindung der Standardsoftware an proprietäre Schnittstellen und Anwendungslandschaften zu gewährleisten ist.

Bei der Entscheidungsfindung kann das Softwareasset- und Lizenzmanagement beraten und unterstützen, indem es die notwendigen Werkzeuge, Daten und Prozesse verwendet, um die benötigten Informationen fach- und sachgerecht zur Verfügung zu stellen. ■

20.4 Verteilte IT-Landschaften

Seit einigen Jahren werden diverse Strategien für die Optimierung der IT-Landschaften erprobt oder aus anderen Gründen wie beispielsweise durch Firmenfusionen vorangetrieben. In den seltensten Fällen lagert man bei solchen Aktivitäten die kompletten IT-Landschaften und Architekturen an einen Servicedienstleister aus. Meist sind es spezielle Formen von IT-Leistungen, die aus einem internen Rechenzentrum an einen Servicedienstleister (Provider) ausgelagert werden, in der Hoffnung, diese Leistungen kostengünstiger abzuwickeln. Im einfachsten Fall könnte es sich um einen Druckservice handeln, aber auch ganze SAP-Systeme und Speicherfarmen können ausgelagert werden. Dass diese Formen der Optimierung und Kostenreduktion von IT-Leistungen noch immer nicht der Weisheit letzter Schluss sind, zeigt die Tatsache, dass man ständig neue Visionen und Strategien ausprobiert und mittlerweile das Ganze immer häufiger in und über „Cloud Computing“ abgebildet wird.

Risiken einer teilweise ausgelagerten IT-Landschaft

Abgesehen vom Risiko, dass der ausgewählte Servicedienstleister möglicherweise seine Aufgaben nicht befriedigend erfüllt und die vereinbarten Dienstleistungen (SLAs) darunter leiden, gibt es weitere Aspekte, die zu berücksichtigen sind, beim Vertragsabschluss aber oft vergessen werden. Vorweg sei erwähnt, dass ich mich im Folgenden auf die Softwareprodukte konzentriere.

Ein Grund, Teile der IT-Landschaft und IT-Services auszulagern, sind sicherlich Kosteneinsparungen. Meistens werden der Betrieb von Servern bis zur Oberkante Betriebssystem und eventuell noch Services für den IT-Infrastrukturbetrieb (z. B. Help Desk, Softwarebereitstellung, Softwareverteilung, PC-Umzüge usw.) ausgelagert. Die von einem Serviceprovider zu erbringenden Dienstleistungen im Infrastrukturbetrieb des Kunden sind in Bezug auf das Softwareasset- und Lizenzmanagement eher unkritisch, wenn eine saubere Trennung der Prozesse (interne und externe Verantwortung) erzielt werden kann. Anders sieht es bei dem Betrieb von Systemen mit Software aus (z. B. Server). Hier herrscht immer noch große Unsicherheit, was die lizenzrechtlich korrekte Verwendung der eingesetzten Software betrifft.

Viele Hersteller lassen in ihren Nutzungsbedingungen nicht zu, dass ein Dienstleister „ihre“ Software „weitervermietet“. Das ändert sich nun auch im Zuge der immer umfangreicheren „Auslagerung“ eines Softwarebetriebs und Anwendungsnutzungen in die Cloud. Einige Hersteller bieten für solche Fälle besondere Lizenzen an (z. B. Microsoft mit dem SPLA-Programm), doch gibt es hier immer noch eine Grauzone mit entsprechenden Risiken für sowohl den Kunden als auch den Serviceprovider, dass sie unlizenzierte oder sogar unrechtmäßige Software einsetzen, wenn diese „on-Premises“ installiert werden.

Hinweis:

Textauszug von der Website von Microsoft:

„Das Microsoft Services Provider License Agreement (SPLA) eignet sich für Unternehmen, die beabsichtigen, Kunden gehostete Software und Services (z. B. Webhosting, Plattform-Infrastruktur, gehostete Anwendungen für das Messaging und die Zusammenarbeit etc.) anzubieten. Mit der Einführung von SPLA wurde es Service-Providern erleichtert, ihre Lösungen auf den Markt zu bringen (Lizenzierungsoptionen: Dienstanbieter | Microsoft-Volumenlizenzierung – https://www.microsoft.com/de-de/licensing/licensing-programs/spla-program.aspx?activetab=spla-program:primaryr2). Über die Webseiten https://www.microsoftvolumelicensing.com können benutzerspezifische Lizenzdokumente je nach Einsatzsituation bzw. Szenario vom Anwender zusammengestellt werden. Das Word-Dokument kann in verschiedenen Sprachversionen heruntergeladen werden (Microsoft Volume Licensing – Product Licensing Search – https://www.microsoftvolumelicensing.com/DocumentSearch.aspx?mode=1). Es beschreibt auf ca. 70 Seiten die Produktnutzungsrechte für Serviceprovider, die Sie als Anwender ebenfalls kennen sollten, z. B. für die Vertragsverhandlungen und die spätere Kontrolle, ob im Rahmen der geplanten IT-Architektur der Part Ihres Serviceproviders richtig umgesetzt wurde.“

Auch wenn sich immer mehr Unternehmen in Richtung Cloud und Cloud-Services orientieren und migrieren, kaufen nach wie vor Unternehmen ihre Software auch noch häufig selbst in der Form „On-Premises“. Das hat vielerlei Gründe, wie z. B. steuerrechtliche oder vertragliche Aspekte, aber häufig geht es auch um die direkt an den Kunden (Lizenznehmer) zu erbringenden Wartungs- und Supportleistungen durch den Softwarehersteller. Ein weiterer Aspekt ist, dass die Kunden bei einem Wechsel des Serviceproviders „ihre“ Software zum neuen Serviceprovider mitnehmen wollen und die Serviceleistungen für Hosting dadurch auch leichter vergleichbar sind. Die Unternehmen geben dann ihre Softwareprodukte und Lizenzen an den Serviceprovider weiter (Beistellung von Software), damit dieser die vereinbarten Dienstleistungen erbringen kann. Umgekehrt untersagen die Nutzungsbedingungen der Softwarehersteller den Serviceprovidern meistens, Lizenzpools aufzubauen, um die Software auch für andere Kunden nutzen zu können. So steckt jeder für seinen Teil in einem Dilemma und die Komplexität der Szenarien verringert sich dadurch nicht gerade.

Welche Risiken bestehen?

- Es werden keine ausreichenden und korrekten Aufzeichnungen geführt (weder vom Kunden noch vom Serviceprovider), wann Serviceprovider welche Softwareprodukte auf welchen Systemen einsetzen (Lizenzmanagement gegen null).
- Es gibt keine ausreichende Verwaltung der Softwareprodukte, die vom Kunden bzw. vom Serviceprovider zur Erfüllung der vereinbarten Serviceleistungen beigestellt werden (keine Übersicht auf beiden Seiten über die Anzahl der anfallenden Softwarelizenzbedarfe und der damit verbundenen Lizenzverbräuche).
- Die vereinbarten Leistungsscheine werden nicht genau genug beschrieben und dann fehlerhaft umgesetzt.

- Änderungen an der Konfiguration der Systeme bzw. der Anwendungslandschaft, sowohl aus dem Fachbereich des Kunden, der die Anwendungen betreut, als auch vom Serviceprovider in Richtung des Kunden werden nicht ausreichend und nicht rechtzeitig kommuniziert – weil nicht ausreichend bei der Vertragsgestaltung mitberücksichtigt wurde, besteht ein mangelhaftes Change- und Release-Management.
- Es erfolgt keine regelmäßige Überprüfung, ob die Systeme noch mit den vereinbarten Leistungsscheinen übereinstimmen.
- Der Serviceprovider achtet bei der dynamischen Verwaltung der Systeme nicht auf mögliche lizenzrechtliche Probleme (z. B. bei der Verschiebung von virtuellen Umgebungen (Servern) oder bei der Erweiterung von Hardwareressourcen durch Hinzufügen weiterer Prozessoren).
- Wird beim Serviceprovider ein Herstelleraudit durchgeführt, können diese Aktivitäten bei eventuellen Unregelmäßigkeiten unter Umständen auch auf die Kunden des Serviceproviders ausgedehnt werden, vor allem dann, wenn der Kunde und der Serviceprovider identische Produkte beistellen.

20.5 SAM als Funktion der IT-Architektur

In den bisherigen Erläuterungen führte ich aus, wie wichtig es ist, dass das Betreiben der IT-Landschaften und IT-Architekturen Unterstützung durch einen fachkundigen SAM-Bereich erhält, der ein Auge darauf hat, dass die lizenzrechtlich vereinbarten Nutzungsbedingungen von Softwareprodukten eingehalten, aber auch optimiert genutzt werden.

Insofern kann also gesagt werden: Ja, das Softwareasset- und Lizenzmanagement ist eine erforderliche Funktion in der Technologie-Architektur! Warum? Weil die permanente Einhaltung der lizenzkonformen Nutzung von Software gewährleistet sein muss, nicht nur gegenüber dem Hersteller und dem Gesetzgeber (Urheberrecht), sondern auch, weil dadurch die Gefahr von unlizenzierter Softwarenutzung verringert oder sogar verhindert wird. Damit schützt das Softwareasset- und Lizenzmanagement wiederum das Unternehmen vor erhöhten Risiken. Wenn die erforderlichen Software-Life-Cycle-Prozesse und Lizenzmanagement-Prozesse optimal aufeinander abgestimmt sind, können diese Bereiche auch bei der optimalen Ausnutzung der vorhandenen IT-Assets unterstützen, um einen wirtschaftlichen Betrieb sicherzustellen. In Bild 20.8 werden die eben genannten Zusammenhänge verdeutlicht.

Damit das Softwareasset- und Lizenzmanagement verlässliche und belastbare Informationen und Daten bekommen kann, sind die technischen und kaufmännischen Daten aus der IT-Architektur umfassend und transparent bereitzustellen. Hierfür braucht es Informationen, möglichst über alle Hardware-, Software- und Service-Assets.

Bild 20.8 Softwareasset Management als Funktion der IT-Architektur

20.5.1 Konformitätsstufe 1 (aktiv)

Die Konformität der Stufe 1 beschreibt die grundlegend erforderlichen Aktivitäten und Voraussetzungen zur Erfassung und Bereitstellung von Informationen für das Softwareasset- und Lizenzmanagement und umfasst folgende Anforderungen:

- Alle Softwareprodukte von Servern und Clients werden erfasst (manuell, halb- oder vollautomatisch).
- Infrastrukturdaten stehen zur Verfügung (z. B. aus dem Active Directory, E-Mail-Adressbücher oder die Benutzerdaten aus dem SAP-System – hier werden nur namentlich benannte Benutzer für die Lizenzierung angewendet).
- Kaufmännische Daten stehen zur Verfügung (z. B. aus einem zentralen Vertragsmanagementsystem).
- Der Software-Life-Cycle-Prozess ist etabliert (mit der zentralen Anforderung und Beschaffung von Software als dem wichtigsten Prozess).
- Die Rollen (z. B. Lizenzmanager) und Richtlinien (z. B. darf keine Software unautorisiert installiert werden) sind bekannt und werden „gelebt".
- Aus den erforderlichen Daten und Informationen können bereits belastbare Compliance-Reports erstellt werden.

Die Konformität der Stufe 1 sieht bereits eine aktive Unterstützung zur Erfassung und Verarbeitung der für das Softwareasset- und Lizenzmanagement notwendigen Daten vor. Die größte Herausforderung besteht darin, die erforderliche Datenqualität und oft auch die erforderlichen Quantitäten zu erhalten. Nicht selten sind verschiedene Scanner-Systeme mit unterschiedlichen Datenstrukturen im Einsatz, sodass bereits im Vorfeld eine relativ umfangreiche Datenzusammenführung, Verdichtung und Bereinigung der Softwarerohdaten erfolgen muss. Die zweite Maßnahme besteht darin, die Ergebnisse noch einmal einer Qualitätsanalyse zu unterziehen, damit auch wirklich nur verwertbares Datenmaterial beim Abgleich Verwendung findet. Das eben Gesagte gilt auch für die Bereitstellung der kaufmännischen Daten und Informationen, also der Vertragsdaten mit den getroffenen Vereinbarungen (z. B. wurden eventuell spezielle von den normalen Nutzungsbedingungen der Software abweichende Lizenzmetriken oder -modelle festgelegt), weiterhin die für einen Softwarevertrag wichtigen Lizenzinformationen (wie z. B. Lizenzmetriken, Wartungsfristen) usw. Zusätzlich müssen die getätigten Bestellungen (Bewegungsdaten) in den Datenabgleich mit einfließen.

Im nächsten Schritt werden die im SAM-Tool zusammengeführten Daten einer Testauswertung unterzogen und über eine erste Plausibilitätsprüfung ausgewertet. Sind die Testergebnisse plausibel, kann der erste Compliance-Bericht erstellt werden. Sicherlich wird nicht gleich die gewünschte Datenqualität zu erwarten sein, sie muss sich erst langsam aufbauen und konsistenter werden. Deswegen kommt es beim ersten Compliance-Bericht öfter zu Rückfragen und es muss geprüft werden, welche Daten unter Umständen korrigiert oder neu justiert werden müssen. Das ist insgesamt ein recht langwieriger, iterativer Prozess, der sich oftmals über mehrere Wochen und Monate hinziehen kann.

Hinweis:
Das SAM-Tool verarbeitet nur die ihm über Schnittstellen übermittelten Informationen und ist selbst nicht der Eigentümer dieser Informationen. Aus den erstellten Berichten des SAM-Tools kann der Fachverfahrensbetreibende nur Hinweise geben und den Eigentümern der Daten Maßnahmen empfehlen, damit eine bessere Datenqualität erzielt werden kann. ■

Sind die ersten Berichte erstellt und das eine oder andere justiert worden, kann zur Stufe 2 übergegangen werden.

20.5.2 Konformität Stufe 2 (proaktiv)

Die Konformität der Stufe 2 bindet bereits verantwortliche Experten aktiv in die Aufgabenstellungen des SAM mit ein und umfasst folgende Anforderungen:

- Das Softwareasset- und Lizenzmanagement ist bereits permanent und aktiv in Entscheidungsfindungen zur Änderung oder Neuausrichtung der IT-Architektur und/oder Anwendungslandschaft eingebunden.
- Das Softwareasset- und Lizenzmanagement führt proaktive Beratung bei Technologieänderungen und bei der Beschaffung von Software durch (ist zentraler Ansprechpartner für die Fachbereiche und für die Produktverantwortlichen).
- Das Softwareasset- und Lizenzmanagement Team berät die Produktverantwortlichen in den Fachbereichen im Vorfeld von Projekten und unterstützt somit die IT-Strategie.
- Bereitstellung von Kennzahlen zu Softwareassets (z. B. Anzahl der Installationen eines bestimmten Softwareprodukts, räumliche Verteilung eines bestimmten Softwareprodukts usw.).

Die Stufe 2 bindet bereits gezielt Beratungs- und Unterstützungsleistungen aus den Fachbereichen und vom operativen Lizenzmanager ein. Insbesondere werden hier aktiv die angewendete IT-Strategie mit den IT-Landschaften, die IT-Architektur mit den Bebauungsplänen der Anwendungslandschaften und das Veränderungsmanagement (Change-Management) über alle diese Ebenen hinweg gemeinsam mit dem Softwareasset- und Lizenzmanagement gesteuert. Dies setzt auch – wie bereits erwähnt – voraus, dass die Rolle des strategischen Lizenzmanagers aktiv an den Entscheidungen aus den IT-Strategie- und IT-Architektur-Meetings beteiligt wird. Die Fachbereiche und die Produktverantwortlichen sehen das Softwareasset- und Lizenzmanagement bereits als SPOC (Single Point of Contact) für Fragen rund um den Software-Life-Cycle-Prozess in Bezug auf Anforderung, Beschaffung und Change-Management von Softwareprodukten und Lizenzen.

20.5.3 Konformität Stufe 3 (optimiert)

Die Stufe 3 der Konformität benutzt zusätzliche Informationen, ob eine Softwareinstallation (und damit auch die Lizenz) ausreichend genutzt wird (Kapitel 19 „Softwarenutzung – Softwareassets proaktiv managen" geht auf diesen Aspekt ausführlich ein). Die Konformität der Stufe 3 ist die höchste erreichbare Stufe und unterstützt proaktiv die komplette Steuerung der in einem Unternehmen verfügbaren IT-Assets und Softwarelizenzen.

Sie umfasst folgende Anforderungen:

- Die Softwarenutzungsdaten können dauerhaft erhoben und verarbeitet werden.
- Das Software- und Applikationsportfolio wird anhand der Nutzungsdaten proaktiv verwaltet und gesteuert.
- Die Standardisierung der Anwendungslandschaft wird durch die Erhebung der Softwarenutzungsdaten unterstützt.
- Das Softwareasset- und Lizenzmanagement hilft, Kosten zu reduzieren, und unterstützt aktiv die Optimierung des vorhandenen Softwarelizenzbestands.
- Die Fachbereiche und Produktverantwortlichen steuern zusammen mit dem Softwareasset- und Lizenzmanagement die Anwendungslandschaften in Bezug auf bestmögliche Ausnutzung der mit den Herstellern vereinbarten Nutzungsbedingungen.
- Bei Konsolidierungsvorhaben und Migrationsprojekten werden bereits im Vorfeld die zusätzlichen Softwarenutzungsdaten mit einbezogen und unterstützen Entscheidungen im IT-Architekturboard bzw. bei der Ausrichtung der IT-Strategie unter Einbeziehung der Enterprise-Architecture-Planungen.
- Die Informationen helfen, die Dienstleistungen eines Serviceproviders aktiv zu steuern, auch in Bezug auf Anpassung und Optimierung der vom Serviceprovider betriebenen Systeme und Anwendungen (z. B. Konsolidierung von Servern durch Virtualisierung).
- Aus den verarbeiteten Daten können Informationen zur Ableitung weiterer Optimierungsmaßnahmen gewonnen und zur Steuerung für andere Prozesse verwendet werden.

Die Stufe 3 wird in der Regel erst erreicht, wenn alle Systeme und Prozesse aufeinander eingespielt sind und in puncto Qualität und Quantität gleichbleibende Datenlieferungen vorausgesetzt werden können. Eine weitere wichtige Voraussetzung ist die Möglichkeit, die permanent erhobenen Softwarenutzungsdaten in den Datenabgleich mit aufzunehmen, um beispielsweise Aussagen über installierte, aber nicht mehr genutzte Softwareprodukte treffen zu können. Hieraus lassen sich weitere Maßnahmen ableiten und durchführen (z. B. die Deinstallation nicht genutzter Software und deren Rückführung in einen gemeinsamen Software-Pool oder die Verteilung nicht genutzter Software an andere Standorte oder Unternehmensteile, soweit es die Nutzungsbedingungen des Herstellers gestatten). Diese Ergebnisse sind dann für viele anderen Fachbereiche und Verantwortliche von enormer Wichtigkeit. So können beispielsweise nicht mehr genutzte Softwareprodukte aus dem genehmigten Softwareportfolio entfernt werden, was u. a. die Service- und Infrastrukturkosten reduziert (Help Desk, Patch- und Release Management). Der Einkauf und das Vertragsmanagement benötigen diese Informationen, um die notwendigen Softwarelizenz- bzw. Subskriptionsbeschaffungen und die bereits bestehenden Verträge (mit und ohne Wartung) aktiv steuern und anpassen zu können.

Hinweis:
Das Thema Enterprise Architecture Management (EAM) ist sehr umfangreich und sollte bei seiner Betrachtung im Rahmen des Softwareasset Managements (SAM) auch entsprechend mit einbezogen werden, gerade wenn es um Transparenz und Sichtbarkeit der IT-Assets (also auch der Softwarelizenzen) geht sowie das Thema Anwendungs-Portfolio-Management und Technologie & Risk Management auf Softwareanwendungsebenen. Das Buch behandelt diese Themen auch in einigen Kapitelabschnitten entsprechend ausführlicher, als es die Vorgaben der Frameworks im EAM aufzeigen.

Wenn Sie Interesse an einer erweiterten zusammengefassten Form zum Thema EAM haben, empfehle ich Ihnen im „Handbuch IT-Management“ (Hanser Verlag, 7. Auflage, Hrsg.: Ernst Tiemeyer) das Kapitel 4 „Enterprise Architecture Management (EAM)“ von Ernst Tiemeyer zu lesen. ■

Fazit:
Eine Enterprise Architecture (Unternehmensarchitektur) beschreibt die grundlegende Geschäftsstruktur eines Unternehmens und seiner dafür erforderlichen Informationssysteme, mit den entsprechenden Strukturen, Prozessen und den jeweiligen Hard- und Softwarelandschaften (die IT-Infrastrukturumgebungen). Unternehmensarchitekturen können (auch aufgrund von Historien und monolithischen Strukturen) sehr umfangreich und komplex sein, sich auch an unterschiedlichen Zielen ausrichten und über unterschiedliche Nutzungsszenarien betrieben werden. Als nützlich hat sich erwiesen, dass über verschiedene Ebenen und Sichten die anzuwendende Unternehmensarchitektur definiert und abgebildet wird. Auch hier werden, vorgegeben durch die IT-Unternehmensstrategie, die IT-Landschaften architektonisch geplant und umgesetzt. Dabei muss den – von den Herstellern – vorgegebenen Regeln und Nutzungsbedingungen gefolgt werden. Ein Enterprise Architecture Management (EAM) bildet hierbei die Beziehungen der Geschäftsstrategie zu den Business-, Informations- und Infrastruktur-Funktionen (Capabilities) und der Technologie- und Datenarchitektur ab. Grob definiert besteht eine Enterprise Architecture aus der umzusetzenden Geschäftsarchitektur mit ihren dafür erforderlichen IT-Architekturebenen und IT-Assets.

Veränderungen innerhalb der IT-Landschaften und deren Architektur sind immer möglichst unter der Mitwirkung des Softwareasset- und Lizenzmanagements zu planen, zu prüfen und umzusetzen. Dabei sollten geplante und ungeplante Änderungen sowie Konsolidierungs- und Migrationskonzepte immer auch unter dem Aspekt der korrekten Einhaltung der Nutzungsbedingungen betrachtet werden, um im Fall eines Audits durch den Hersteller ungemütliche Situationen für das Unternehmen zu vermeiden. Scheuen Sie sich nicht, bei unklaren Szenarien einen Experten des Softwareherstellers um Rat zu fragen. Ein gutes Verhältnis zum Hersteller hilft oftmals beim Lösen von Problemen und dem gemeinsamen Festlegen von eventuell abweichenden Nutzungsbedingungen für das erforderliche IT-Szenario. Denn die Hersteller haben auch ein berechtigtes Interesse daran, die Einhaltung ihrer Nutzungsbedingungen möglichst ohne großen eigenen Aufwand überprüfen und ggf. auch kontrollieren zu können. Sicherlich ist es wünschens- und erstrebenswert, die Stufe 3 der angesprochenen Konformität (optimiert) in einem möglichst kurzen Zeitraum zu erreichen. Umso eher kann damit das Ziel erreicht werden, das Software- und Lizenzmanagement von einem Cost- in ein Profitcenter zu verwandeln.

■

21 SAM in Server-Umgebungen

In diesem Kapitel erfahren Sie u. a.,

- welche Parameter in einem Technologie-Stack zu ermitteln sind, um Lizenzbedarfe im Umfeld von Server-Software- und Datenbankprodukten klassifizieren und identifizieren zu können, damit eine lizenzkonforme Nutzung gewährleistet werden kann,
- weshalb es wichtig ist, neben Hard- und Softwareparametern auch kontextbezogene Parameter aus der IT-Infrastruktur zu ermitteln, um diese mit in die Gesamtbetrachtung einer korrekten Lizenzierung aufzunehmen, und warum diese Informationen außerdem auch Auswirkungen auf mögliche noch zu beachtende Lizenzierungsparameter haben können,
- welche Lizenzmodelle und -metriken für Server-Software- und Datenbankprodukte in physischen und virtuellen Umgebungen zu beachten sind und wie deren lizenzkonforme Nutzung zu gewährleisten ist,
- wie mit beispielhaften Berichten mögliche Einsparpotenziale bei Hardware- und Softwareassets in IT-Infrastrukturen aufgezeigt werden können, um damit Optimierungsmaßnahmen zu unterstützen.

Das Verwalten und Überwachen von Server-Software- und Datenbankprodukten, um deren lizenzkonformen Einsatz zu gewährleisten, ist nach wie vor eine Königsdisziplin im Umfeld eines IT-Asset-Managements. Lesen Sie in diesem Kapitel, welche möglichen Stolperfallen es dabei geben kann und wie diese zu behandeln sind. Außerdem erhalten Sie einen Überblick über die aktuellen Lizenzmodelle und -metriken zu den Server-Softwareprodukten von Microsoft und IBM sowie zu dem Einsatz der Datenbankprodukte von Oracle, die für viele Unternehmenskunden und Behörden mitunter einen hohen Anteil an den gesamten Softwarelizenzkosten im IT-Betrieb ausmachen. ■

Zu Beginn der Computerära waren Server noch sehr groß in ihren Ausmaßen und entsprechend teuer in der Anschaffung und im Betrieb. Die Softwareprodukte, die darauf liefen bzw. betrieben wurden, konnten über relativ einfache Lizenzmodelle abgebildet werden. Dabei wurde entweder die Anzahl der installierten Softwareanwendungen ermittelt oder die auf das Server-System zugreifenden Anwender waren bekannt, sodass sich eine einfache und schnell anwendbare Lizenzmetrik ergab. Mit dem zunehmenden Verfall der Hardwarepreise und dem gleichzeitig ständig steigenden Ressourcenhunger durch die Softwareanwendungen wurde auch der Bedarf an Server-Systemen massiv nachgefragt.

Um die Abrechnungsmodelle an den fortschreitenden Technologiewandel anzupassen, ist man dazu übergegangen, die Leistungsfähigkeit der eingesetzten Hardware als Maß für die Ermittlung der Lizenzkosten zu nutzen. Für auf Server-Systeme anzuwendende Lizenzmodelle und -metriken wird fast ausschließlich die Anzahl der CPUs und der CPU-Kerne (Cores) als Kriterium für die Berechnung der erforderlichen Lizenzen herangezogen. Über teilweise recht komplizierte Umrechnungsfaktoren gilt es – oftmals eine sehr große Herausforderung – die korrekte Anzahl der erforderlichen kaufmännischen Lizenzbedarfe, bezogen auf die zu lizenzierende Ziel-IT-Architektur, zu ermitteln.

Im Zuge der immer stärker voranschreitenden Virtualisierung (Cloud-Umgebungen, IaaS) bestehen auch oftmals darin die größten Unsicherheiten, wenn es um eine optimale Ausgestaltung der erforderlichen Softwarelizenzen geht, um physische und darauf wiederum virtuelle Server-Architekturen zu betreiben. Die aufzuwendenden Budgets sind mittlerweile in solche Höhen gestiegen, dass es kaufmännisch überaus sinnvoll ist, die erforderlichen Softwarelizenzen transparent zu machen und für die aktive Verwendung zu optimieren.

Aus der Natur der Sache heraus zwingen einen die Feinheiten der anzuwendenden Lizenzmetriken für die Server-Systeme dazu, jede einzelne dieser Lizenzmetriken anzuschauen, zu verstehen und zu bewerten, um zu einem guten Management und Optimierungsmodell zu gelangen. Selbst dann, wenn die zu betrachtenden und einzubeziehenden lizenzrelevanten Parameter (beispielsweise Prozessorkerne) bei vielen Lizenzmodellen identisch sind. Denn das berühmte Kleingedruckte in den Nutzungsbedingungen der Verträge bzw. der Produktnutzungsrechte der einzelnen Softwarehersteller macht hier den Unterschied aus und dieser Unterschied kann u. U. recht teuer werden, nämlich immer dann, wenn die eigene Ziel-IT-Architektur nicht an den einzuhaltenden Bestimmungen ausgerichtet ist bzw. in Teilen oder komplett anders betrieben wird.

Heute hat sich aber auch die Herangehensweise zur Einrichtung von Server-Umgebungen sehr stark verändert. Waren es vor Jahren schwerpunktmäßig noch physische Server-Umgebungen, die aufgebaut wurden, veränderte sich das mehr und mehr in Richtung virtualisierte Server-Umgebung oder auch in Richtung Cloud mit dem Servicemodell „Infrastructure-as-a-Service“ (mehr dazu siehe auch Kapitel 22, Abschnitt 22.4.3.2 „Servicemodell Infrastructure-as-a-Service (IaaS)“). Auch diesem Aspekt ist es geschuldet, dass die Server-Lizenzierung „immer“ noch auf das zu lizenzierende „Blech“ abstellt und dadurch auch eine Abhängigkeit entsteht, wie die darauf betriebenen virtuellen Systeme zu lizenzieren sind. Hinzukommt, dass bestimmte Szenarien wie beispielsweise ein lastabhängiges Verschieben von virtuellen Instanzen nur unter bestimmten Bedingungen, wie z. B. Software Assurance, oder im Umfeld von „IaaS“ erlaubt ist. IT-Manager und Enterprise-Architekten müssen heute bei der Planung und Umsetzung der IT-Infrastrukturen, basierend auf den zu unterstützenden Geschäftsobjekten die Frage nach dem zu verwendenden Technologie-Stack und den darauf zum Einsatz kommenden Enterprise-Applikationen stellen. Besonders wenn es darum geht, mögliche Kosten über den gesamten Stack zu planen und in welcher Ausprägung ein Dauerbetrieb der einzusetzenden IT-Assets und IT-Bausteine erforderlich ist.

21.1 Technologie-Stack – Parameter ermitteln

Ein Technologie-Stack definiert, mit welchen IT-Assets der Betrieb sicherzustellen ist, um die Applikationen in der Informationsarchitektur-Ebene betreiben und somit die Geschäftsobjekte bedienen zu können. Die Komponenten können sowohl in lokalen RZ-Strukturen als auch über Cloud-Liefer- und Servicemodelle (IaaS, PaaS) bereitgestellt werden. Selbst in mittelständischen Unternehmen laufen mittlerweile Server-Systeme verstärkt in virtuellen Umgebungen oder man ist – immer öfter – geneigt, über Managed Services nachzudenken, bei denen der Serviceanbieter alle erforderlichen Services und Komponenten bereitstellt. Die Virtualisierung bringt aber auch Probleme mit sich, da das bei Server-Systemen am häufigsten anzutreffende Lizenzmodell – bzw. die Lizenzmetrik – auf Prozessoren oder Prozessorkernen basiert und dieser ein wichtiger zu überwachender Parameter ist – denn u. U. könnten Änderungen an der Hardware (Systemtausch mit neuen, „anderen" Prozessoren) den bis dato eigentlich lizenzkonformen Betrieb der virtuellen Systeme beeinflussen. Welche Mechanismen im Einzelnen dazu führen, wird noch detaillierter betrachtet. Während also in der Client-Umgebung die anzuwendenden lizenzrelevanten Parameter – die für die Bedarfsermittlung eine Rolle spielen – ziemlich statisch sind bzw. nur zu Beginn der Bereitstellung einer Softwareanwendung in Bezug auf die Zielarchitektur zu berücksichtigen sind, ist das in der Server-Umgebung mittlerweile eine sehr komplexe Angelegenheit geworden, je nachdem wie und in welcher IT-Infrastruktur die physischen und virtuellen Server-Systeme bereitgestellt werden.

Ermittlung des Lizenzbestands

Betrachten wir einmal die Ermittlung des Lizenzbestands. Hier hat die Client-Umgebung ihre Komplexität. Die Marketingabteilungen der Hersteller haben es über die vergangenen Jahre erfolgreich geschafft, die am meisten verbreiteten Softwareprodukte in so unendlich vielen Editionen und Bundles auf den Markt zu bringen, dass es für das Lizenzmanagement zu einer schier unendlichen Herkulesaufgabe geworden ist, diese Lizenzmodelle und die dahintersteckenden kaufmännischen Lizenzinformationen in einer ausreichenden Lizenzkonformität auf die reale Situation im Unternehmen abzubilden. Es wird gesagt, dass allein das Office-Paket von Microsoft in mehr als 80 (!) verschiedenen Varianten existiert – nachgeprüft hat das aber noch keiner so richtig. Heute liefern die SAM-Tool-Hersteller aus dem Enterprise-Umfeld für diese Aufgaben hochspezialisierte Softwarekataloge, damit die von den Inventarisierungswerkzeugen gelieferten Daten in lizenzrechtlich lesbare Softwareprodukte **normalisiert** werden können. dies ist eine wichtige Voraussetzung, um die vereinbarten Nutzungsbedingungen der Softwarehersteller transparent einhalten zu können. Trotz allem ist dieser Arbeitsschritt nach wie vor einer der größten Komplexitätstreiber im Lizenzmanagement für die Endgeräte-(Client)-Umgebung. **Warum?**

Wichtig: Die Umsetzung in der unternehmenseigenen IT-Architektur ist zu prüfen

I. Es muss bzw. sollte für jedes Softwareprodukt in Verbindung mit „seinen" Lizenznachweispositionen die bestehende Bereitstellungsarchitektur recherchiert und lizenzrechtlich bewertet werden.

II. Ebenso muss bzw. sollte die bestehende Vorgehensweise recherchiert und lizenzrechtlich bewertet werden, wie Softwareprodukte über beispielsweise einen Softwareverteilungsprozess bereitgestellt werden.

III. Und außerdem ist auch die bestehende bzw. anzuwendende Inventarisierungsart zu recherchieren und lizenzrechtlich zu bewerten. Stichwort: Terminal-Server bzw. Remote-Desktop-Zugriffe.

Wurde ein Konsens in den Schritten I bis III zur aktuellen IT-Architekturumsetzung erzielt, kann der Lizenznachweis - zum zu verknüpfenden Lizenzbedarf der aktiven Softwareanwendung - lizenzkonform erfolgen und an den Software-Compliance-Betrieb übergeben werden (z. B. an den Produktverantwortlichen). Wurden Aspekte erarbeitet, die aufzeigen, dass der bisherige „Betrieb" der Softwareanwendung nicht lizenzkonform erfolgte, ist entweder ein Change im Betrieb der IT-Architektur oder die Anpassung der Verträge/Nutzungsrechte erforderlich. Beide Fälle sind dann entsprechend im SAM-Tool zu aktualisieren bzw. neu anzulegen.

In einer Server-Umgebung ist das etwas einfacher handhabbar. Die Softwareprodukte für Server-Systeme werden oftmals nur in wenigen verschiedenen Editionen angeboten und auch ein Softwareupdate (Release-Wechsel) findet deutlich seltener statt als bei den Softwareprodukten für die Client-Umgebung. Selbst Microsoft hat ein Einsehen damit und beschert uns „nur noch" wenige Lizenzmodelle für seine Server-Softwareprodukte. Damit verringern sich auch signifikant die Vielzahl von Editionsversionen, die von den Inventorytools auf den Servern gefundenen werden und zu normalisieren sind. Das ist aber nur die eine Seite der Medaille - und auch die einfachere. Denn die andere Seite - und heute auch weitaus kompliziertere - ist die Tatsache, dass die kompletten Server-Strukturen, z. B. im Clusterbetrieb, einer enormen technischen Betriebsdynamik unterworfen sind und dadurch die Wahrung eines möglichst permanent lizenzkonformen Betriebs ein äußert komplexes Unterfangen geworden ist. Im Unterschied zur Client-Umgebung, die durch Stückzahlen und unterschiedliche Varianten bzw. Editionen gekennzeichnet ist, besteht in der Server-Welt eine hohe Volatilität. Um nun für Server-Softwareprodukte einen lizenzkonformen Betrieb sicherstellen zu können, bedarf es für die Ermittlung der Lizenzbedarfe einer Reihe von Parametern, die je nach Technologie-Stack auch unterschiedlich sein können.

21.1.1 Hardwareparameter

Die Ermittlung der zugrunde liegenden Hardware ist in der Regel eine recht einfach zu lösende Aufgabe für das Managen von Serverlizenzbedarfen. Im Wesentlichen sind das der Prozessortyp, die Anzahl der Prozessoren oder Sockel, die Anzahl der Kerne je Prozessor und - kaum noch relevant - die Größe des installierten Hauptspeichers. Bei IBM und im Oracle-Umfeld wird für bestimmte Prozessortypen noch die Information benötigt, wie viele physische Sockel[1] auf einem Mainboard montiert sind, egal ob diese auch tatsächlich mit einem Prozessor bestückt sind oder nicht. In Tabelle 21.1 sind einige der zu beachtenden und zu ermittelnden Hardwareparameter mit aufgeführt.

[1] Fassungen, in die ein CPU-Chip aufgenommen werden kann

Tabelle 21.1 Zu beachtende Hardwaremerkmale bei einer Server-Lizenzierung

Zu beachtendes Hardwaremerkmal	z. B. abgefragt durch Hersteller
Prozessortyp	IBM, Oracle (Microsoft sehr gering)
Prozessorhersteller, Anzahl Prozessoren, Sockets, Chipsatz	IBM, Oracle, Microsoft
Anzahl Prozessorkerne (je CPU-Chip bzw. Gesamtanzahl)	IBM, Oracle, Microsoft
Threads, logische Prozessoren	Microsoft
Anzahl der vorhandenen CPU-Sockets auf Mainboard	IBM, Oracle

21.1.2 Softwareparameter

Das Vorgehen im Client-Umfeld, über Scanmethoden die Softwareprodukte zu ermitteln und dann einem Computersystem zuzuordnen bzw. damit auch einem Anwender, ist auf das Server-Umfeld gleichsam nur bedingt anwendbar, denn hier ist es erst einmal erforderlich, das Server-System zu identifizieren, auf dem die zu betrachtende Software installiert ist und betrieben wird. Das Ermitteln der installierten Softwareprodukte, z. B. über einen Scan der Festplatte und das Übersetzen der gefundenen Resultate mit Hilfe eines Softwarekatalogs, ist dabei oft nur ein erster Schritt. Sobald identifiziert wurde, dass eine Software tatsächlich auch ausgeführt wird, gibt es meistens noch weitere Fragen zu beantworten. Zum Beispiel stellt sich häufig bei dem Betrieb von Datenbanken die Frage, ob es sich hierbei um eine produktive Datenbank handelt oder ob sich das Datenbanksystem im Status „Cold Standby“ oder „Hot Standby“[2] befindet. Genauso könnte es sich möglicherweise um eine Test- und Entwicklungsumgebung handelt, was u. U. große Auswirkungen auf die anzuwendende Zählweise des Nutzungsrechts und die tatsächliche Ermittlung des erforderlichen Lizenzbedarfs hat.

Eine weitere Komplexität ergibt sich aus den sogenannten „Application Specific License (ASL)“-Formen (auch „Application Specific Full Use (ASFU))“ genannt), die oft auch als „Embedded License“ bezeichnet werden. Ein sehr großes (häufig unerkanntes) Risiko geht davon aus, dass eine ASL- bzw. ASFU-Lizenz über einen Drittanbieter und nicht über den Anwendungsanbieter erneuert wird, was meistens vom Lizenzgeber (z. B. Oracle, SAP) so nicht erlaubt wird. Für die Bezeichnung zur Einbindung von weiteren Softwareprodukten aus dem eigenen Produktportfolio oder von Drittanbietern hat leider jeder Softwarehersteller seine eigenen Begrifflichkeiten geprägt. Das Softwareasset- und Lizenzmanagement hat dabei aber immer die gleiche Aufgabe zu bewältigen: die korrekte Anwendung und den wirtschaftlichen Betrieb der vereinbarten Nutzungsrechte lizenzkonform sicherzustellen.

Beispiel

Mit dem Kauf eines SAP-Systems wurde auch eine dafür erforderliche Oracle-Datenbanklizenz erworben. Wird diese nun beispielsweise durch einen spezialisierten Scan-Agent (mit Oracle-spezifischen Parametern) als neue Software identifiziert, muss das Lizenzmanagement beurteilen können, ob diese Konstellation eine zusätzliche Softwarelizenz erfordert oder die

[2] Diese Bezeichnung wird in IT-Infrastrukturumgebungen für die Zurverfügungstellung von redundanten Komponenten (Hard- bzw. Software) verwendet und beschreibt damit, ob eine vollautomatische (Hot Standby) oder eine manuelle Redundanz (Cold Standby) besteht.

Datenbank – wie hier – durch den Kauf des SAP-Systems bereits lizenziert wurde (Stichwort: *ausreichende Kenntnis der eigenen IT-Architektur*).

Nun sind nicht nur Informationen zur Version bzw. auch Edition von Softwareprodukten für Server für die Bestimmung der Lizenzbedarfe erforderlich, häufig gibt es auch noch weitere spezielle, vom Hersteller als lizenzkostenpflichtige Funktionen bzw. Optionen implementierte Parameter, die mit betrachtet werden müssen. Um diese Informationen zu erhalten und lizenzrechtlich bewerten zu können, ist es oftmals notwendig – zum Beispiel bei Datenbankeninstallationen –, diese Informationen bzw. die gesetzten Parameter über bereitgestellte Administrationstools oder Skripte zu extrahieren. Dabei müssen häufig auch die Registrierungsdatenbanken der Server-Systeme abgefragt werden, denn nicht immer sind die aktivierten zusätzlichen Funktionen bzw. möglichen nutzbaren Zusatzoptionen in den Administrationswerkzeugen oder Parameterskripten ausreichend (aus Lizenzmanagementsicht) dokumentiert.

Ein „klassisches" Beispiel wäre hier die Identifizierung von lizenzkostenpflichtigen Aktivierungen von „bereits mitinstallierten" oder aktivierten Datenbank-Zusatzfunktionen, sogenannte Optionen bzw. Management Packs) – besonders bei Oracle ein beliebtes Frage/Antwort-Spiel. Im Fall von SAP zusätzlich zu nennen wäre, dass auch keine direkten Datenbankverbindungen zur Oracle-Datenbank, z. B. über ODBC, erlaubt sind, wenn diese als OEM (auf das obige Beispiel bezogen) lizenziert wurde. Denn oftmals werden diese (vor allem bei automatisierten Installationen) einfach mitinstalliert und wenige Produktverantwortliche, Lizenzmanagement-Rollen oder auch die Datenbank-Administratoren „kümmern sich" um diese Aufgabenstellung. *Ein paar Beispiele dazu:*

- Oracle Datenbank Management Diagnostics Pack
- Oracle Tuning Pack
- Oracle Database Lifecycle Management Pack
- Oracle Data Masking and Subsetting Pack

Ein wichtiger Hinweis hierfür ist, dass die vorzunehmende Lizenzierung für die lizenzkostenpflichtigen Zusatzoptionen auch der eingesetzten Oracle-Datenbank-Edition entsprechen muss.

Mit der Ermittlung der Hardware- und eventuell zu beachtender Softwareparameter wurde eine erste Wissensgrundlage geschaffen, um festzustellen, welche Softwareprodukte mit welchen Eigenschaften und Ausprägungen auf welchen Hardwaresystemen aktiv sind und wie diese für die Einhaltung der Lizenzkonformität betrachtet werden müssen.

21.1.3 Kontextparameter

Weiterhin ist es von Bedeutung, ob das Server-System, das die zu betrachtende Software ausführt, ein physisches oder ein virtuelles Server-System ist. Darauf basierend kann das Lizenzmanagement eine korrekte und vor allem optimale Lizenzierung sicherzustellen. Über weitere zu ermittelnde Kontextparameter wird die virtuelle Infrastruktur im „aktuellen" Betriebszustand dargestellt. Dabei ist jedoch zu beachten: Die grundsätzliche virtuelle Infrastruktur ist zwar statisch angelegt, lässt sich aber in ihrer Ausprägung (welche VM[3] läuft auf welchem Server-Host und wie viele virtuelle Ressourcenzuweisungen besitzt eine VM)

[3] VM = Virtual Machine

schnell und einfach verändern. Im Ergebnis ist das also eine hochdynamische Angelegenheit und sehr volatil ausgeprägt.

Wer bin ich?

Wurde das virtuelle Server-System identifiziert, ist in einem weiteren Schritt der die VM bereitstellende physische Server-Host zu bestimmen. Um also diesen wichtigen Teil der Kontextinformationen zu erhalten, gibt es entweder die Möglichkeit, dass aus den offiziellen Quellen – der Managementdatenbank der jeweiligen eingesetzten Virtualisierungstechnologien – zu beschaffen, oder aber es wird bereits ein Enterprise SAM-Tool eingesetzt, welches diese Informationen (über entsprechende Konnektoren) ebenso zuliefern kann. In Bild 21.1 sehen Sie ein Beispiel, wie so etwas im Endergebnis aussehen kann.

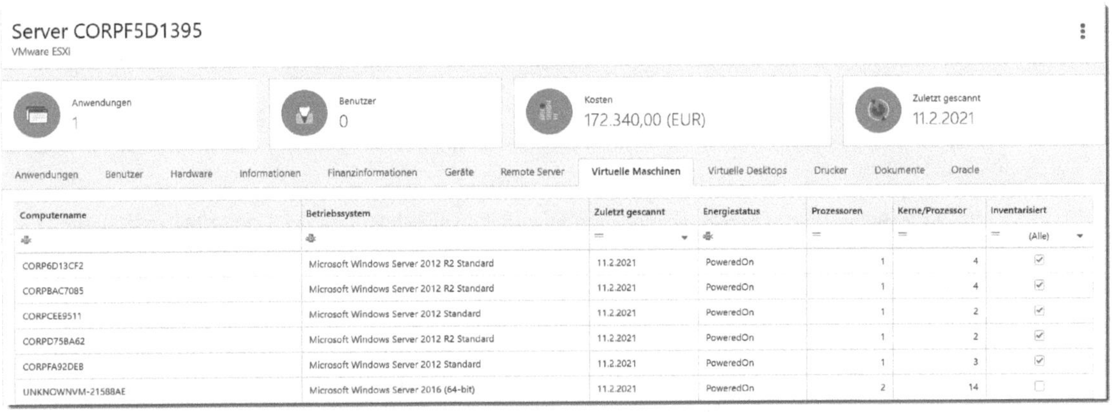

Bild 21.1 Aufstellung Server „CORPF5D1395" mit seinen virtuellen Servern

> **Beachten Sie bitte:**
>
> Auch die Hardwaredaten der physischen Server-Host-Systeme müssen aus diesen Managementdatenbanken mit ermittelt werden, weil die Hypervisoren (Begriffserläuterung unter *http://de.wikipedia.org/wiki/Hypervisor*) mittlerweile so gehärtet sind, dass eine direkte Ermittlung der Werte über den physischen Server-Host nicht mehr möglich ist. Die VM-Umgebungen lassen sich hingegen problemlos über die entsprechende API in Bezug auf die virtuell zugewiesenen Hardwareressourcen scannen. ■

Wo bin ich?

Bisher wurde beschrieben, wie erkannt bzw. ermittelt werden kann, welche virtuelle Maschine auf welchem physischen Server-Host-System betrieben wird. Nun muss noch geklärt werden, ob sich der gerade identifizierte physische Server-Host in einer weiteren logischen Managementebene, dem sogenannten Cluster[4], bzw. frei übersetzt in einem „Rechnerverbund", befindet. Dieser Cluster wird im Prinzip nur durch Metadaten in der Management-

---

[4] Begriffserläuterung Cluster siehe: *http://de.wikipedia.org/wiki/Rechnerverbund*

datenbank der Virtualisierungssoftware beschrieben. Trotzdem ist diese Information für die korrekte Lizenzierung von Server-Software- bzw. Datenbankprodukten, wie beispielsweise bei Oracle, extrem wichtig.

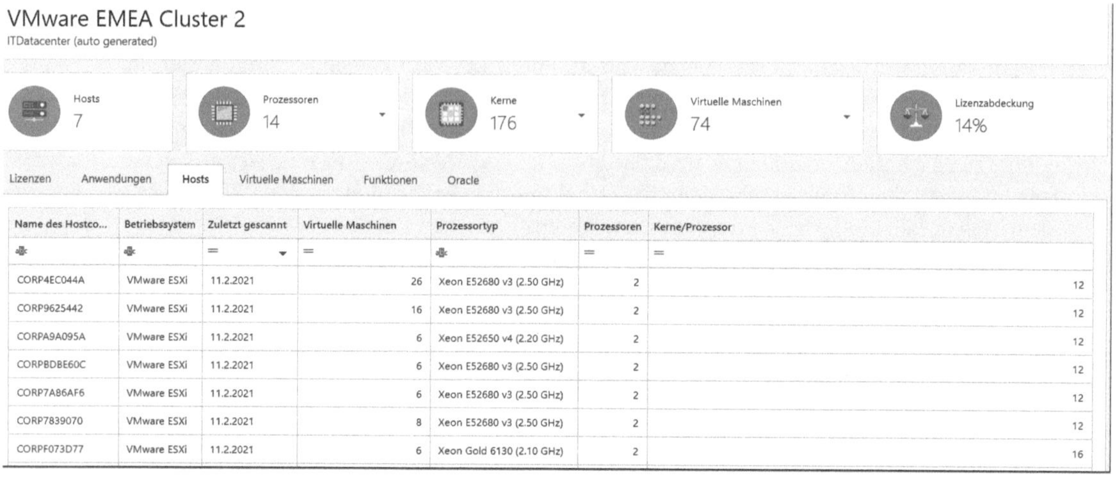

Name des Hostco...	Betriebssystem	Zuletzt gescannt	Virtuelle Maschinen	Prozessortyp	Prozessoren	Kerne/Prozessor
CORP4EC044A	VMware ESXi	11.2.2021	26	Xeon E52680 v3 (2.50 GHz)	2	12
CORP9625442	VMware ESXi	11.2.2021	16	Xeon E52680 v3 (2.50 GHz)	2	12
CORPA9A095A	VMware ESXi	11.2.2021	6	Xeon E52650 v4 (2.20 GHz)	2	12
CORPBDBE60C	VMware ESXi	11.2.2021	6	Xeon E52680 v3 (2.50 GHz)	2	12
CORP7A86AF6	VMware ESXi	11.2.2021	6	Xeon E52680 v3 (2.50 GHz)	2	12
CORP7839070	VMware ESXi	11.2.2021	8	Xeon E52680 v3 (2.50 GHz)	2	12
CORPF073D77	VMware ESXi	11.2.2021	6	Xeon Gold 6130 (2.10 GHz)	2	16

Bild 21.2 Beispielhafte Abbildung einer Struktur zu „Cluster-Host-VMs“ in einem VMware-Cluster

Die Organisation von physischen Server-Host-Systemen in einer weiteren logischen Struktur (dem Cluster) ist oftmals technisch bedingt und wird durch die Vorgabe von festgelegten Netzwerk- bzw. Rechenzentrumsgrenzen oder anderen technischen Strukturierungsebenen beeinflusst. Die Abbildung solcher Cluster wird aber rein logisch in den Virtualisierungs-Managementdatenbanken erzeugt und kann auch nur dort wieder ausgelesen werden. Das Auslesen erfolgt über die gleichen Schnittstellen und Werkzeuge wie die bereits beschriebene Vorgehensweise zur Ermittlung des physischen Server-Host-Systems für eine virtuelle Maschine. Da diese Information – wie bereits erwähnt – für die Server-Lizenzierung durch das Softwareasset- und Lizenzmanagement ein wichtiger Aspekt ist, darf sie auf keinen Fall vernachlässigt werden.

Hinweis:

Im Gegensatz zur Ermittlung von Softwareprodukten in Client-Umgebungen ist die Kenntnis von zusammenhängenden Kontextparametern in Server-Umgebungen sehr wichtig, denn hieraus erwächst später eine der größten Möglichkeiten zur Optimierung von Softwareprodukten für Server-Umgebungen. Viele Hersteller bieten in ihren Lizenzmetriken und -modellen Möglichkeiten an, um den erforderlichen Lizenzbedarf rein auf der virtuellen Ebene zu ermitteln, also ohne hierbei die Virtualisierungssoftware miteinzubeziehen. Diese Möglichkeiten sind häufig einfach in der Handhabung und erfordern auch nur einfache Werkzeuge. Vertraut man darauf, führt das aber sehr oft zu erheblich höheren Lizenzierungskosten, weil die Umgebung, in der die Virtualisierungssoftware betrieben wird, keine Berücksichtigung findet und darin liegende Optimierungsmöglichkeiten nicht ausgeschöpft werden. ■

Wenden wir uns nun dem wichtigen Punkt zu, dass sich Lizenzierungsparameter und lizenzrelevante Kennzahlen durch die Virtualisierung dynamisch verändern können und damit zu einer Herausforderung für das Softwareasset- und Lizenzmanagement geworden sind.

21.1.4 Lizenzierungsparameter

Die Server-Virtualisierung war in den letzten 20 Jahren sicherlich eine der bedeutsamsten Veränderungen im Betrieb von Rechenzentren. Damit konnte eine hohe Flexibilisierung im Betrieb von Server-Systemen mit weiteren positiven Effekten erreicht werden. So wurde u. a. die Auslastung der Hardware erheblich gesteigert, die administrative Arbeit für das Rechenzentrumspersonal wurde weniger, Fehler konnten einfacher korrigiert werden und die Möglichkeiten zur Bereitstellung von neuen Server-Systemen wurden umfassender und ermöglichten so schnellere Bereitstellungsprozesse bzw. Services. Das wiederum ermöglichte es, die Kerngeschäftsprozesse eines Unternehmens schneller und effizienter zu unterstützen. Wo Licht ist, ist auch Schatten, denn diese Flexibilität für die Nutzung und Bereitstellung der virtuellen Server-Hardware wurde über die dafür erforderliche Software teuer bezahlt. Auf dem Höhepunkt der rasch voranschreitenden Virtualisierungseuphorie kamen die Softwarehersteller auf höchst kreative Ideen, wie ihre Softwareprodukte in virtuellen, dynamischen Umgebungen lizenziert werden müssten. Als die ersten Lizenzmetriken an die damals rasant wachsenden Virtualisierungstechniken angepasst wurden, kam bei den Softwareherstellern eine richtige Goldgräberstimmung auf. Es gab Lizenzierungsmodelle, die durchaus das Potenzial hatten, die nun erkennbaren Kostenvorteile einer Virtualisierung – die flexible und effiziente Nutzung der Hardware – wieder schlagartig zunichte zu machen bzw. sogar ins Gegenteil zu verkehren. Denn nicht mehr die tatsächliche aktive Nutzung der lizenzierten Softwareprodukte stand im Vordergrund, sondern die mögliche potenzielle Nutzung, wenn die Software eine theoretisch maximale Verbreitung über alle virtuellen Server bzw. Cluster erreichen würde. Da die Dynamik zu Beginn der Virtualisierung bei weitem nicht so ausgeprägt war wie heute, sind diese Lizenzmetriken damals nur als Sonderfälle betrachtet worden und man hatte sie deswegen nicht weiter beachtet und auch bald vergessen. Einige Jahre später wurden dann aber diese Sonderfälle der Lizenzmetriken zum Standard und das hat sehr viele Unternehmen nach einem Audit in erhebliche Nöte gebracht, weil große Summen für den Nachkauf von Softwarelizenzen gezahlt werden mussten. Ein dabei immer wieder oft genannter Hersteller ist die Firma Oracle, die bis heute versucht, diese Position durchzusetzen. Andere Hersteller, wie z. B. Microsoft und IBM, haben ihre Lizenzmodelle und -metriken mittlerweile deutlich abgemildert und vereinfacht, aber es sind nach wie vor genügend Fallstricke im Kleingedruckten verborgen, die für das Lizenzmanagement die korrekte Lizenzierung von Server-Software in virtuellen Umgebungen zu einer anstrengenden und komplexen Aufgabe machen.

Ein aktuelles Beispiel

Sind die Lizenzmodelle der Oracle-Datenbankprodukte in den klassischen Umgebungen mittlerweile ganz gut zu managen (wenn man auf die bereits oben angeführten Besonderheiten in Bezug auf lizenzkostenpflichtige Optionen und Management Packs achtet), wird das im Cloud-Umfeld wieder komplexer, denn dort gibt es nur wenig Kompatibilität. Vorweg, die zu zahlenden Lizenzgebühren orientieren sich auch hier, wie bereits bei dem leidigen

Thema des Verschiebens von Datenbanken im Clusterverbund, an den maximal verfügbaren CPU-Cores einer Plattformumgebung, auf der die Software aktiv im Einsatz ist, also hier in dem folgenden fiktiven Beispiel an der kompletten Cloud-Umgebung.

Noch ein Beispiel

Stellen Sie sich vor, Sie betreten ein Restaurant mit zehn Sitzmöglichkeiten und einem Mindestverzehr in Höhe von 10 Euro pro Tisch. Es sind keine weiteren Gäste anwesend. Sie nehmen Platz, essen für den Mindestverzehr und verlangen die Rechnung. In Erwartung der wahrgenommenen Rahmenparameter wollen Sie Ihren 10-Euro-Schein auf den Tisch legen, um zu bezahlen. Just in diesem Moment eröffnet Ihnen die Servicekraft, dass Sie 100 Euro zu zahlen haben, denn Sie hätten ja schließlich auch an allen anderen verbliebenen neun (freien) Tischen Platz nehmen und essen können. Ergo die Schlussfolgerung der Servicekraft, dass Sie auch die Mindestverzehrgebühr für die anderen Tische zu bezahlen haben. Kommt sicher etwas unerwartet, weil es ja auch nirgends so stand bzw. vorab von der Servicekraft erklärt wurde.

Der Grund hierfür ist, dass Oracle sich nicht unbedingt mit der Definition des Begriffs „Cloud“[5] des National Institute of Standards and Technology (NIST) als einem „Shared pool“ zufriedenstellt.

> *Cloud computing is a model for enabling ubiquitous, convenient, on-demand network access to a shared pool of configurable computing resources (e.g., networks, servers, storage, applications, and services) ...*

Oracle betrachtet stattdessen für die Lizenzkostenbetrachtung die komplette verfügbare Kapazität der Plattform. Man sollte sich also wirklich Zeit lassen und die verschiedenen Lizenzmodelle und Varianten für eine lizenzkonforme Nutzung **vorher** genau bedenken, und zwar immer in Abhängigkeit von der erforderlichen Technologiearchitektur, die die Geschäftsobjekte unterstützen soll. Die Zielarchitektur richtig zu definieren ist dabei die wichtigste Aufgabenstellung (auch mit welchen Lizenzkosten zu rechnen ist) und es sollte vielleicht auch einmal überlegt werden, ob es wirklich ein Cloud-Shift sein muss. Die heute am Markt vorherrschenden Virtualisierungslösungen erlauben sehr starke dynamische Betriebsszenarien, um die Effizienz von Rechenzentren zu erhöhen - leider aber auch die damit einhergehenden Softwarekosten. Ursache dafür sind mittlerweile Funktionen wie das VMotion[6] des Herstellers VMware, die je nach Auslastungsgrad das Verschieben vollständiger virtueller Server-Systeme auf einen anderen physischen Host mit Virtualisierungssoftware im laufenden Betrieb ermöglichen, ohne dass die Anwender die Server-Verbindung beenden müssen. Was für den optimalen Betrieb eines Rechenzentrums gut ist - in der Regel bemerkt der Anwender diese Veränderung gar nicht -, ist für das Lizenzmanagement wenig optimal, denn das bekommt diesen (prozessualen) Change meistens nicht rechtzeitig mit (Prozessthema) und kann dadurch eventuell auch nicht reagieren, falls durch diese Aktion eines Administrators eine lizenzrechtlich ungünstige Situation geschaffen wird. Es stellt sich auch hier wieder die Frage, *wie die Zielarchitektur verglichen mit der aktuellen Architektur aussieht.* Das Ausmaß dieser Komplexität wird beispielsweise auch daran ersichtlich, dass die Virtualisierungslösung „IBM Power VM“ die einem virtuellen Server zugeordneten Prozessor-

[5] The NIST Definition of Cloud Computing | NIST – *https://www.nist.gov/publications/nist-definition-cloud-computing*

[6] *http://de.wikipedia.org/wiki/VMware_vSphere#vMotion*

anteile sogar im laufenden Betrieb in Zehntel-Prozessorschritten zuweisen kann - ja, eine virtuelle Maschine unter IBM Power VM kann damit auch „3,4 virtuelle Prozessoren" haben. Die Konfigurationsmöglichkeiten von Virtualisierungstechnologien sind also mittlerweile so umfassend, dass das Lizenzmanagement vor einer großen Herausforderung steht, wenn die Software auf Server-Systemen wirtschaftlich betrieben werden soll. Das größte Problem aus der Sicht des Lizenzmanagements ist, dass viele der erforderlichen Managementprozesse für den Betrieb der Virtualisierung im Rechenzentrum vollständig automatisiert und mit einer hohen Frequenz ablaufen. Das bedeutet, virtuelle Maschinen werden häufig auf einen anderen physischen Server-Host verlagert oder andere wesentliche (virtuelle) Hardwareparameter werden an den Lastbedarf dynamisch angepasst. Damit werden aber meistens auch die lizenzrelevanten Parameter der Softwareprodukte verändert. So kann beispielsweise das Verschieben einer virtuellen Maschine auf einen anderen physischen Server-Host bedeuten, dass dort möglicherweise ein anderer physischer Prozessortyp arbeitet. Das sind z. B. für IBM und Oracle signifikante Lizenzierungsparameter, Microsoft hat sich Gott sei Dank davon seit den 2016er-Versionen von dieser „**Core-Faktor-basierten**" Lizenzierung verabschiedet.

The SQL Server Core Factor Table is no longer used to calculate the required number of core licenses needed for SQL Server 2016 and later versions. For earlier versions of SQL Server, the number of licenses required equals the number of physical cores on the server multiplied by the applicable core factor located in the SQL Server Core Factor Table.[7]

With the Enterprise Edition, for each server to which you have assigned the required number of licenses, you can run on the licensed server any number of instances of the server software in a number of physical and/or virtual OSEs equal to the number of licenses assigned to that server. Thereafter, for each additional license that you assign to the licensed server, you can run instances of the server software in an additional OSE on that licensed server. [8]

The use of hyper-threading technology does not affect the number of core licenses required when running SQL Server software in a physical OSE.

Ein weiterer zu betrachtender Umstand ist die Entwicklung, wenn aus kleineren Server-Umgebungen größere Rechenzentren werden. Hier nimmt die erforderliche Transparenz bezüglich der Einhaltung der Lizenzkonformität üblicherweise weiter ab und der Informationsfluss zwischen IT-Administration und Lizenzmanagement versiegt zunehmend, weil die erforderlichen Kommunikations- bzw. Bereitstellungsprozesse dafür fehlen oder nicht im ausreichenden Maße definiert wurden.

Noch einmal zur Rekapitulation: Die Kenntnis der aktuellen IT-Architektur und der Zielarchitektur ist deshalb von großer Wichtigkeit, weil sich für den optimalen technischen Betrieb eines Rechenzentrums erforderliche Maßnahmen sehr schnell umsetzen lassen, aber dabei oftmals lizenzrelevante Auswirkungen nicht ausreichend beachtet werden.

[7] *http://download.microsoft.com/download/4/4/5/445627B4-9AB0-4AED-BCCD-C7AC5ADAF6B2/CoreFactorTable_4_1_2014.pdf*

[8] *https://download.microsoft.com/download/3/d/4/3d42bdc2-6725-4b29-b75a-a5b04179958b/percorelicensing_definitions_vlbrief.pdf*

Der Inventarisierungslauf zur Erhebung der Hard- und Softwaredaten erfasst diese Zustände häufig erst nach der durchgeführten Änderung (mit erheblicher Zeitverzögerung), also mit dem Risiko einer möglichen Unterlizenzierung. Wie schon erwähnt, bieten alle Softwarehersteller Lösungen für die beschriebene Problematik an, sie machen es sich dabei aber auch sehr einfach. Entweder soll der Kunde entsprechende Softwarelizenzen nach dem Motto „All you can eat" kaufen oder mit einer mengenmäßigen Abdeckung durch zusätzliche Softwarelizenzen alle potenziell möglichen Betriebszustände vorauseilend abdecken. Beide Varianten sind natürlich sehr teuer und die Unternehmen bekommen dadurch eigentlich kaum einen für sie nutzbaren Gegenwert, denn die Menge an genutzter Software ist in beiden Fällen gleich, egal auf welchem physischen Server-Host eine virtuelle Maschine jetzt läuft. Trotzdem sind bereits für diesen einfachen Fall zwei Lizenzen erforderlich und verdoppeln damit die Softwarelizenzkosten. Die Wertschöpfung, die mit dieser Software erreicht werden kann, wird aber leider für das Unternehmen nicht verdoppelt, insbesondere wird oftmals die zu erwartende Kostenersparnis für Betrieb und das Business Continuity mit z. B. „vMotion" von den Mehrkosten für die zusätzlich nötigen Softwarelizenzen wieder ins Gegenteil verkehrt.

Eine Faustregel besagt, dass Maßnahmen zur **Minimierung** von Hardwareressourcen direkt zu **höheren** Softwarebeschaffungs- und -lizenzkosten führen können. ■

Viele Jahre waren die Unternehmen den Lizenzgebern und ihren meist marketingbasierten Lizenzmodellen hoffnungslos ausgeliefert, doch mittlerweile gibt es Werkzeuge und Methoden, um die Komplexität dieser Lizenzmetriken abbilden und verwalten zu können. Dadurch ist nun das Softwareasset- und Lizenzmanagement in der Lage, die Softwarelizenzkosten im Griff zu behalten bzw. erheblich abzumildern.

■ 21.2 Lizenzmodelle für Server-Softwareprodukte

In diesem Abschnitt werden die wichtigsten Lizenzmetriken der Hersteller Microsoft, Oracle und IBM detaillierter betrachtet. Diese nehmen aufgrund der Verbreitung ihrer Softwareprodukte in den meisten Unternehmen eine zentrale Schlüsselstellung ein und bieten damit auch das größte Risikopotenzial für eine Unterlizenzierung. Mit der genauen Kenntnis der Lizenzmodelle und der möglichen Anwendungsszenarien entsteht aber auch gleichzeitig die Chance, die Softwarelizenzkosten zu minimieren. Als eine sehr effektive erste Herangehensweise hat sich dabei in vielen von mir durchgeführten Beratungsprojekten erwiesen, die Softwarelizenzen zu zerlegen in die Grundlizenzmetriken (Prozessor, Core, Installation usw.) und in deren abgebildete Eigenschaften (z. B. die erlaubte Anzahl der zu nutzenden virtuellen Betriebssystemumgebungen pro physischem Server-Host oder unter welchen Bedingungen die Softwarelizenz „verschoben" werden kann). Gerade bei Microsoft mit seinen Lizenzmodellen sowie deren verschiedensten Lizenzierungsvarianten ist diese Vorgehensweise oftmals sehr hilfreich.

21.2.1 Microsoft-Lizenzbestimmungen – was hat sich geändert?

Veränderungen bei der Lizenzdokumentation[9] von Microsoft

Wenn Sie das bisher übliche „PUR"-Word-Dokument für die Volumenlizenzierung herunterladen und öffnen, erhalten Sie den folgenden Hinweistext gleich auf der ersten Seite:

> *Bitte beachten Sie, dass dies das letzte Word-Dokument mit Produktbestimmungen ist. In Zukunft werden die Bestimmungen auf der Website „Produktbestimmungen" veröffentlicht, verfügbar unter https://www.microsoft.com/licensing/terms/productoffering.*
> *Archivierte Versionen sind weiterhin verfügbar. Weitere Einzelheiten finden Sie unter https://www.microsoft.com/Licensing/product-licensing/products.* – Produktbestimmungen, 1. Februar 2021

Was ist mit den Produktbenutzungsrechten und der Produktliste passiert?

Die Webseite mit den Produktbestimmungen ersetzt die bisherigen Word-Dokumente für die Produktbenutzungsrechte und die Produktlisten (PURs). Mehr Information zur Beziehung zwischen diesen Dokumenten und welche Dokumente auf Sie zutreffen, finden Sie in unter „Häufig gestellte Fragen zu den Produktbestimmungen".[10]

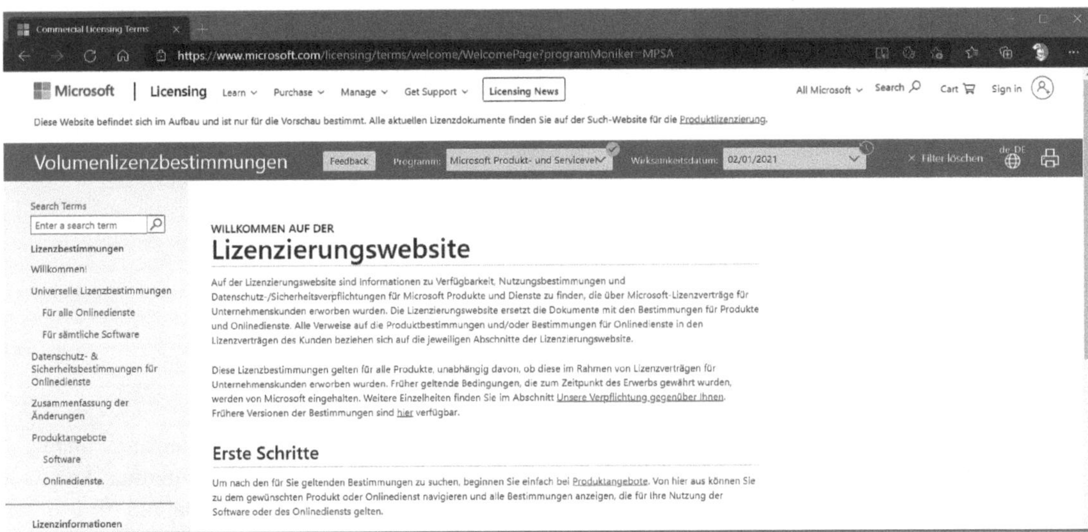

Bild 21.3 Microsofts neue Webseite für Lizenzbestimmungen

---

[9] Lizenzbedingungen | Microsoft Neue Website mit Produktbestimmungen – *https://www.microsoft.com/licensing/terms/de-DE/welcome/WelcomePage*

[10] *https://download.microsoft.com/download/9/E/D/9EDB41C1-04EC-442A-9B3A-41B226658D0B/Produktbestimmungen-einfach-erklaert.pdf*

Die neue Lizenzierungswebsite wurde in die Hauptbereiche Verfügbarkeit, Nutzungsrechte, Lizenzmodell und Software Assurance unterteilt. Wenn ein Programm (z. B. Microsoft Produkt- und Servicevertrag (MPSA)) im Menü auf der Startwebseite unter „Programm" ausgewählt wurde (siehe Screenshot), wird man auf die Produktübersichtseite weitergeleitet und kann jetzt hier das gesuchte Produkt auswählen. Hat man ein Produkt ausgewählt, werden dann in einem nächsten Schritt die entsprechenden Informationen angezeigt. In den Produktbestimmungen werden vor allem die Lizenzmodelle und die generell anzuwendende Grundmetrik sowie alle Eigenschaften der Softwarelizenz beschrieben. Nachfolgend sehen Sie ein Beispiel[11] dazu.

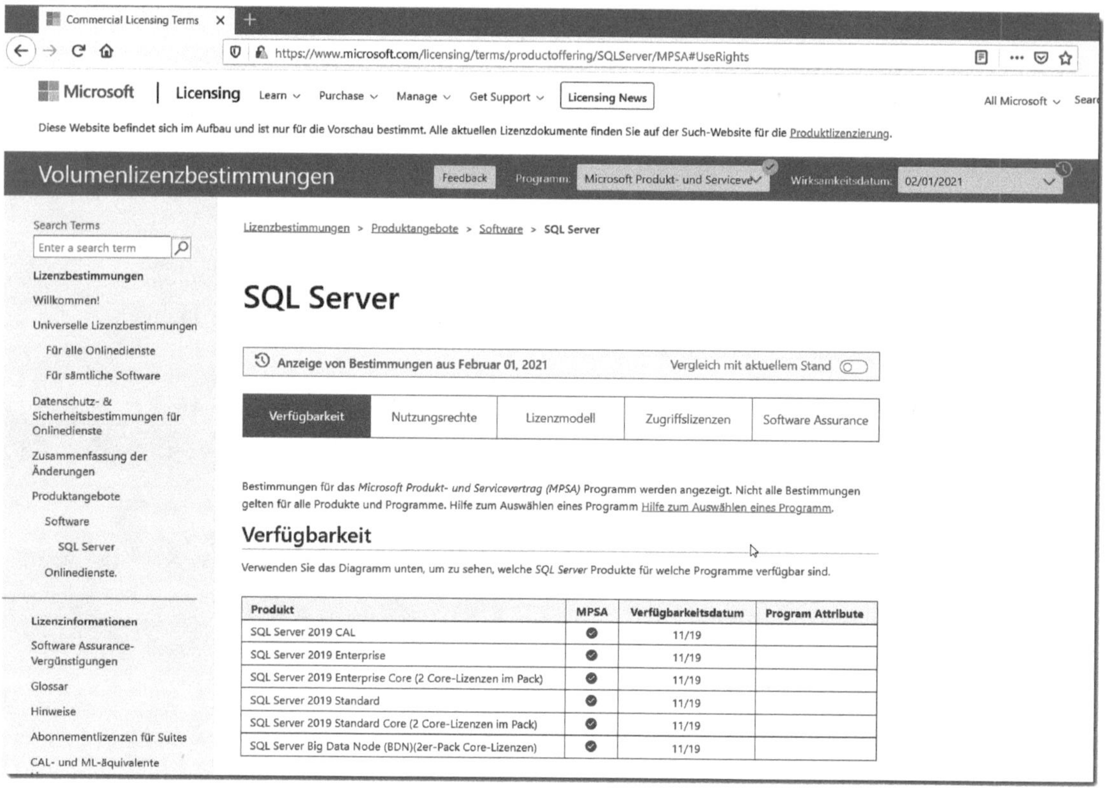

Welchen Wert dabei eine Eigenschaft einer Softwarelizenz einnimmt, ist allerdings nicht immer zwingend aus den Produktbestimmungen zu entnehmen. Erlaubte Nutzungseigenschaften können auch durch den Distributionskanal (wie im folgenden Beispielbild für SQL Server zu sehen), unter dem die Software bezogen wurde, bzw. durch den anzuwendenden Wartungsstatus (mit oder ohne Software Assurance „SA") beeinflusst werden (ein weiterer Screenshot aus dem bereits zuvor zitierten *„SQL Server 2019 Licensing guide.pdf"*) .

[11] *https://www.microsoft.com/licensing/terms/productoffering/SQLServer/MPSA#UseRights*

SQL Server 2019	Retail	Volume licensing programs			Third party	
	FPP/ESD	OPEN	MPSA	EA/EAS/SCE	ISVR	SPLA
Enterprise Edition		•	•	•	•	•
Standard Edition	•	•	•	•	•	•
Web Edition						•
Express Edition	Free download					
Developer Edition	Free download					

This table shows the primary channel availability for SQL Server 2019 software licenses. Every edition may not be available in all channels or licensing programs in all regions.

Im Folgenden finden Sie weitere informative Weblinks zu den Themen der Lizenzierung für Microsoft-Produkte.

Weitere Weblinks für die Microsoft-Thematik

- **Die Microsoft-Produktbestimmungen einfach erklärt**
  (allerdings immer noch mit Stand 2015)
  Der Leitfaden erläutert auf eine recht übersichtliche Weise anhand von verschiedenen „Projekt-Fallbeispielen" die Grundlagen der unterschiedlichen Lizenzierungen im Client- und Server-Umfeld mit den anzuwendenden verschiedenen Lizenzmodellen und der Erläuterung von wichtigen Begriffen und Abkürzungen (*http://www.microsoft.com/de-de/download/details.aspx?id=3497*).

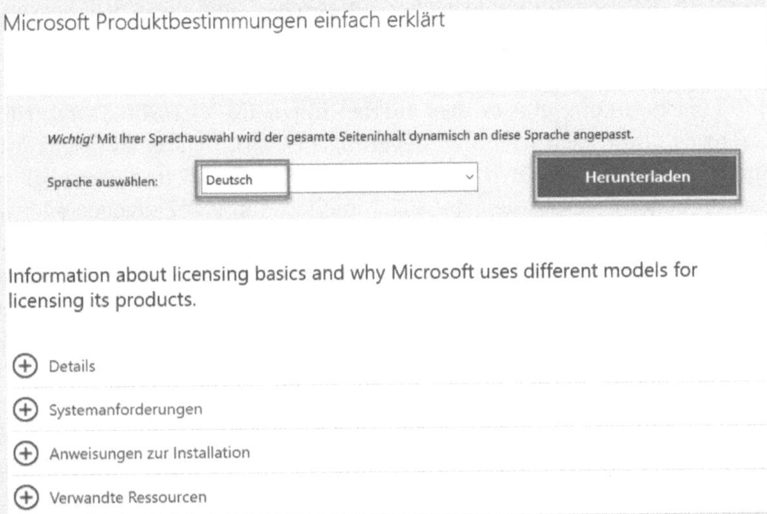

- **Microsoft-Lizenzierungsressourcen**
  (*https://www.microsoft.com/de-de/licensing*)
  Eine der grundsätzlichen Aufgaben eines Lizenzmanagements bzw. einer Rolle „Produktverantwortlicher" besteht darin, die Produktbestimmungen der im Unternehmen eingesetzten Softwareanwendungen ständig aktuell zu halten und dort auch ab und zu einmal hineinzuschauen. ■

Wenden wir uns nun im nächsten Abschnitt der Frage zu, was lizenziert wird.

21.2.2 Microsoft: Was wird lizenziert?

Microsoft hat sich bei den Serverlizenzen davon verabschiedet, eine Softwarelizenz für das reine Installieren der Software zu verlangen. Das vereinfacht das Leben im Lizenzmanagement sehr, denn somit verlangt Microsoft nur für die Softwareinstanz eine lizenzkonforme Nutzung, die auch tatsächlich ausgeführt wird. Das bedeutet, für ein installiertes Softwareprodukt in einer ausgeschalteten virtuellen Maschine wird keine gültige Softwarelizenz benötigt. Aber ist diese **VM** nur im Ruhemodus, so wird sehr wohl eine Softwarelizenz für alle Microsoft-Server-Produkte und gegebenenfalls auch für das Betriebssystem (falls es sich um einen Windows-Server handelt) benötigt. Haben Sie beispielsweise nicht mehr genutzte VMs im Rechenzentrum, die auf ihre Entsorgung warten, stellt dies erst einmal kein Risiko bezüglich der erforderlichen Softwarelizenzen dar, vorausgesetzt, es handelt sich dabei um Microsoft-Produkte - bei IBM und Oracle und so gut wie allen anderen Softwareherstellern ist das leider anders.

Wurden beispielsweise für eine SQL-Server-Enterprise-Edition allen physischen Prozessorkernen eines physischen Server-Hosts die Menge der erforderlichen Core-Lizenzen zugewiesen und sind diese mit Software Assurance ausgestattet, haben diese unbegrenzte Virtualisierungsrechte und können dadurch auch beliebig auf andere physische Server-Systeme mit SQL-Server-Umgebungen verschoben werden, ohne die 90-Tage-Regel beachten zu müssen. Dasselbe Szenario ohne Software Assurance gestattet nur die Anzahl an aktiven Betriebssystemumgebungen mit einer SQL-Server-Installation, die der tatsächlich zugewiesenen Anzahl an physischen Core-Lizenzen entsprechen, und diese SQL-Server-Instanzen dürfen auch nicht innerhalb der 90-Tage-Regelung auf andere physische Server-Systeme mit SQL-Server-Umgebungen verschoben werden.

Eine kleine Einschränkung gibt es aber hierbei trotzdem: Microsoft verbirgt hinter dem Begriff Lizenzmobilität auch noch den geografischen Ort, der für die Neuzuweisung an einen anderen Server zu beachten ist. Die Softwarelizenz darf in diesem Fall nur einem anderen Server zugewiesen werden, der sich innerhalb von vier Zeitzonen oder weniger zu dem anderen Server-System befindet. Als Beispiel kann also eine Softwarelizenz aus einem Rechenzentrum in Amsterdam einem Server in einem Rechenzentrum in Rom problemlos neu zugewiesen werden. Nicht mehr erlaubt ist die Zuweisung der Softwarelizenz einem Server in einem Rechenzentrum in Singapur. Bleiben wir noch kurz bei den Besonderheiten der Lizenzmobilität. Für die Cloud-Umgebung ist es je nach Softwareprodukt möglich, die Softwarelizenz aus dem eigenen Rechenzentrum in die Microsoft Azure Cloud umziehen zu lassen bzw. wieder zurück (das wird beispielsweise unter dem Produkt „Azure Hybrid Benefit für SQL Server[12]) lanciert bzw. angeboten. Voraussetzung ist hier natürlich eine aktive Software Assurance bzw. Server Subscription).

> Lizenzmobilität für die Zuweisung von Core-Lizenzen an physische Server-Systeme ist für die Microsoft-Server-Betriebssystem-Lizenzen wie Windows Server Standard und Datacenter nicht erlaubt.[13]

[12] Azure-Hybridvorteil - Hybridcloud | Microsoft Azure - *https://azure.microsoft.com/de-de/pricing/hybrid-benefit/*

[13] Lizenzierungsprogramme - Qualifikationsanforderungen | Microsoft Azure - *https://azure.microsoft.com/de-de/pricing/license-mobility/*

Die wesentlichen Lizenzeigenschaften

Die bereits mehrfach erwähnte Zuweisung einer Core-Softwarelizenz zu **einem physischen Server** ist eine Besonderheit bei Microsoft, die das Lizenzmanagement in Server-Umgebungen zu einer Herausforderung werden lässt. Microsoft selbst schreibt dazu, dass dieser Vorgang ein nicht formaler Akt ist, der aber vor der Nutzung der entsprechenden Software zu erfolgen hat. Nicht formal bedeutet also, man kann die zugewiesenen Softwarelizenzen als Strichliste auf dem Server-Gehäuse führen, alternativ geht natürlich auch eine Excel-Tabelle oder ein Stück Holz, in das man Kerben macht. Die eingesetzte Automatisierungssoftware für virtuelle Umgebungen in Rechenzentren verschiebt aber in der Regel ständig die aktiven virtuellen Maschinen auf neue Server, um die Lastverteilung über alle physischen Server zu verteilen bzw. zu optimieren. Das nun nachzuhalten, ist eine der großen Herausforderungen und kaum zufriedenstellend zu lösen. Problematischer wird die Ermittlung der Client Access Licences (CALs), also der Zugriffslizenz, die entweder für den namentlich bekannten Benutzer (User CAL) oder für die erforderliche Endgerätezahl (Device CAL) zusätzlich zur Windows-Server-Standard- oder Datacenter-Core-Lizenz beschafft werden muss. Jeder User bzw. jedes Endgerät, das auf die Server-Software zugreift, benötigt eine solche entsprechende Server CAL bzw. im SQL-Server-„Server/CAL"-Modell eine SQL-Server CAL. Komplexität verursacht hier zusätzlich, dass jede CAL ihre eigenen „Zählregeln" hat.

Leider lassen sich die erforderlichen CALs messtechnisch nicht erfassen, da sie sich durch nichts auf den Endgeräten oder bei den Benutzerkonten manifestieren. Bei Datenbankzugriffen könnte man noch auf die Idee kommen, die auf den Client-Geräten installierten Anwendungen oder im Falle von User CALs die User zu zählen, die auf die Unternehmensdatenbanken zugreifen. Dabei darf aber nicht der sogenannte Multiplexer vergessen werden, der immer wieder eine Ursache für signifikante Unterlizenzierungen darstellt. Ein Multiplexer kann zum Beispiel eine Webanwendung sein, die von vielen Usern benutzt wird, aber intern nur mit einer einzigen Verbindung zur Datenbank arbeitet. Hier müssen alle User, die mit einem Web-Frontend arbeiten, bzw. die Endgeräte, auf denen das Web-Frontend ausgeführt wird, mit einer zugewiesenen CAL lizenziert werden. Ist die Menge der zugreifenden User bzw. Endgeräte unbekannt, bleibt nur die Möglichkeit, beispielsweise einen Datenbankserver mit der SQL Server 2019 Enterprise Edition mit den für den physischen Server erforderlichen Core-Lizenzen korrekt zu lizenzieren.

Windows Server

Die Server-Betriebssysteme werden heute ausschließlich nach Prozessorkernen lizenziert, im Gegensatz zu früheren Versionen, die es auch unter dem Lizenzmodell einer „Server: Server/CAL"-Lizenzierung gab, mit einer auch heute noch gültigen Ausnahme: *Windows Server Essentials*. Eine der Problematiken bei einem Umstieg ist die dafür festgelegte Mindestlizenzierung von acht Cores je physischem Prozessor und die Mindestlizenzierung von 16 Cores pro physischem Server für einen lizenzkonformen Betrieb. Wurde der gesamte physische Server mit Windows Server Datacenter durchlizenziert, wird das Recht erworben, eine unbegrenzte Anzahl von weiteren virtuellen Instanzen als Standard oder Datacenter auf diesem durchlizenzierten physischen Server-System zu betreiben.

Microsoft hat für seinen aktuellen Windows Server 2019 folgende drei Lizenzmodelle mit unterschiedlichen Lizenzmetriken definiert (ich gehe hier und im Weiteren nur noch auf die Server-2019-Versionen ein):

- *Windows Server Standard Edition:* Prozessorkern (Core) und Zugriffslizenzen (CAL)
- *Windows Server Datacenter Edition:* Prozessorkern (Core) und Zugriffslizenzen (CAL)
- *Windows Server Essentials:* Pro Server sind keine Zugriffslizenzen (CAL) erforderlich, begrenzt auf maximal 25 User und 50 Endgeräte, nur für kleine Unternehmen und Umgebungen

Achtung: In einer Unternehmensorganisation oder einem Netzwerk darf bestimmungsgemäß nur jeweils ein Windows Server Essentials betrieben werden, er **muss** gleichzeitig auch die Rolle „Domain Controller" erhalten bzw. so installiert werden. Außerdem darf diese Edition nur auf einem physischen bzw. virtuellen Server mit maximal zwei (2) Prozessoren (CPU) bzw. (vCPU) zum Einsatz kommen. Das - bereits oben erwähnte - Verwaltungslimit sind maximal 25 User und 50 Endgeräte. Bedingt durch seine „Muss"-Rolle, verwaltet der Windows Server Essentials die Einhaltung der gesetzten Limits selbst.

SQL Server

Microsoft hat auch bei den aktuellen Datenbankprodukten das Lizenzmodell von einer prozessorbasierten Lizenzierung hin zu einer Core-Lizenzierung geändert. Bei einer vollständigen Lizenzierung aller physischen Cores des Servers, auf dem dann eine SQL Server Enterprise Edition zum Einsatz kommt, wird das Recht erworben, eine unbegrenzte Anzahl von weiteren Instanzen an SQL Server Editionen (Standard oder Enterprise) zu betreiben. Mit der Möglichkeit, in diesem Fall die vorhandenen physischen Prozessoren zu lizenzieren, entsteht also ein Effekt, der vollkommen legal zur Minimierung der erforderlichen Lizenzkosten genutzt werden kann, weiteres zum SQL Server siehe Abschnitt 21.2.3.2.

21.2.3 Microsoft: Server-Lizenzierung im Überblick

Die aktuellen Windows Server werden (mit einer Ausnahme) nach Prozessorkernen (Core) lizenziert. Zusätzlich erfordert eine lizenzkonforme Nutzung von Windows-Serverprodukten entsprechende Zugriffslizenzen - Client Access License (CAL). Diese werden wiederum über zwei Lizenzmodelle abgebildet - Device CAL, um die auf einen Server zugreifenden Geräte zu lizenzieren, und User CAL, die Anwendern (Usern) den Zugriff auf den Server gestatten. Hierbei ist - wie so oft - die geforderte Zielarchitektur ein wichtiger Aspekt bei der Auswahl des richtigen CAL-Lizenzmodells. Wenn beispielsweise ein User von mehreren Geräten auf den Server zugreift, ist die User CAL zu bevorzugen, wenn mehrere User über ein „gemeinsames" Gerät auf den Server zugreifen (müssen), ist die Device CAL die richtige Wahl. Als Szenario - zur Auswahl der optimalen CAL-Lizenzmodelle - sollte aber auch noch beachtet werden, dass auch Multifunktionsgeräte oder andere IoT-fähige Geräte mit IP-Adressen, wie Sensoren mit in die Betrachtung einzubeziehen sind. Ab einem gewissen Punkt könnte dann die User-CAL-Variante die kosteneffizientere sein.

Wie definiert Microsoft die anzuwendenden Begriffe physischer Server, physischer Prozessor, physische und virtuelle Kerne, virtuelle Maschinen und physische Betriebssystemumgebung?

Tabelle 21.2 Begriffsdefinitionen Environment

Physischer Server	Ein Server ist ein physisches Hardwaresystem, auf dem Serversoftware ausgeführt werden kann. Eine Hardwarepartition oder ein Blade wird als separates physisches Hardwaresystem betrachtet.
Physischer Prozessor	Ein Prozessor ist im Allgemeinen ein physischer Chip, der sich in einem physischen Sockel auf einer Hardwareplatine befindet und einen oder mehrere Kerne enthält.
Physischer Kern (Core)	Ein physischer Prozessor enthält einen oder mehrere Verarbeitungseinheiten, die auch als physische Kerne bezeichnet werden. Diese Prozessoren können z. B. zwei (2), vier (4), sechs (6), acht (8) oder auch mehr Kerne enthalten.
Virtueller Kern (Core)	Ein virtueller Kern bildet einen oder mehrere Hardware-Threads ab.
Hardware-Thread	Ein Hardware-Thread definiert entweder einen physischen Kern oder einen Hyper-Thread in einem physischen Prozessor.
Physische Betriebssystemumgebung (Physical Operating System Environment)	Eine physische Betriebssystemumgebung „Operating System Environment (OSE)" wird direkt auf einem physischen Hardwaresystem ausgeführt und ist ganz oder teilweise Teil einer Betriebssysteminstanz.
Virtuelle OSE	Ist so konfiguriert, dass diese direkt auf einem virtuellen Hardwaresystem als „Operating System Environment" ausgeführt wird.

In Bild 21.4 ist die dafür zugrunde liegende Struktur visualisiert.

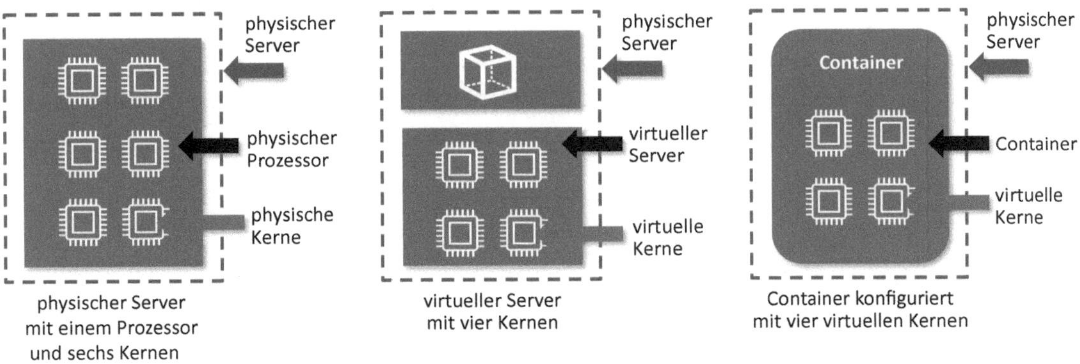

Bild 21.4 Übersicht zur Definition der anzuwendenden Lizenzmodell Umgebungen

Das Windows-Containerfeature ist unter Windows Server (halbjährlicher Kanal), Windows Server 2019, Windows Server 2016 und Windows 10 Professional und Enterprise-Editionen (Version 1607 und höher) verfügbar. Jede Instanz mit Hyper-V-Isolierung, die zum Hosten eines oder mehrerer Windows-Server-Container verwendet wird, gilt als eine virtuelle OSE (vOSE). Von Microsoft werden Windows-Server-Container, Hyper-V-Container und Linux-Container unterstützt, es können jedoch nicht alle Hostkonfigurationen alle Containertypen unterstützen, Microsoft unterstützt Windows-Container im LTSC- und Semi-Annual-Channel (SAC)-Versionen (siehe auch Abschnitt 21.2.3.1.1).

21.2.3.1 Windows Server 2019

Wie bereits erwähnt, wird Windows Server ausschließlich per Prozessorkern sowie Zugriffslizenzen (CAL) lizenziert, nur der Windows Server Essential wird „Server-basiert" lizenziert und benötigt keine CAL. Die Windows-Server-2019-Datacenter- und Standard-Editionen werden nach physischen Prozessorkernen lizenziert. Die hierfür erforderlichen Lizenzen werden in 2er- und 16er-Packs verkauft. Je nach Anwendungsszenario können diese dann kombiniert bzw. ergänzt werden, beispielsweise wenn ein Windows-Server-Standard-Szenario erweitert werden soll.

> Bitte beachten Sie, dass die CAL-Lizenzen immer versionsabhängig sind und beispielsweise mit einer Windows Server 2016 CAL nicht auf einen Windows Server 2019 zugreifen dürfen, umgekehrt dürfen Windows Server 2019 CAL auf einen Windows Server 2016 zugreifen. Deswegen sollten Sie die CAL-Lizenzen nur mit Software Assurance bzw. über eine gebündelte Subscription „Core CAL Suite" oder „Enterprise CAL Suite" betreiben (siehe dazu auch den „Commercial Licensing brief" Stand Sept. 2018, *https://download.microsoft.com/download/3/d/4/3d42bdc2-6725-4b29-b75a-a5b04179958b/licensing_core_cal_and_enterprise_suite.pdf*). ■

Mindestlizenzanforderungen für Standard- und Datacenter-Editionen:

- Alle physischen Kerne des einzusetzenden Hostserver müssen lizenziert werden.
- Acht Prozessorkerne **pro Prozessor** sind mindestens zu lizenzieren.
- 16 Prozessorkerne sind mindestens **pro physischer Servereinheit** zu lizenzieren.

Im folgenden Screenshot sehen Sie dazu eine beispielhafte Aufstellung, wann wie viele Lizenzpacks benötigt werden.[14] Dabei ist zu beachten, dass ein Core-Pack zwei Core-Lizenzen abdeckt, zur leichteren Visualisierung ist die Abbildung mit der Summe der erforderlichen 2-Core-Packs dargestellt.

Physical Cores per Processor	2	4	8	10	12	14	16	Processors per server
Number of 2-core packs needed	8	8	8	8	8	8	8	1 processor
	8	8	8	10	12	14	16	2 processors
	12	12	12	15	18	21	24	3 processors

[14] Quelle: Windows_Server_2019_licensing_datasheet_EN_US.pdf

Windows Server Standard

Beispiel: Ein physisches Server-System besitzt zwei Prozessoren mit jeweils acht Prozessorkernen, hierfür sind insgesamt 16 Core-Lizenzen zu erwerben (acht 2-Core-Packs, wie im Screenshot zu sehen) und diesen mindestens 90 Tage als Lizenzierung zuzuweisen. So weit, so gut.

Mit der Windows Server Standard Edition dürfen aber insgesamt (auf diesem physischen Server) nur zwei „Windows Server Standard"-Betriebssystemumgebungen (OSE[15]) installiert und betrieben werden, also entweder eine Windows-Server-Standard-Installation auf der physischen Maschine und dann noch eine als virtuelle oder – bei einer nicht auf Windows basierenden Virtualisierungssoftware – zwei virtuelle in zwei Gast-VMs.

Achtung: Werden zwei weitere zu den zwei „erlaubten" Windows-Server-**Standard**-Installationen auf diesem „einen" physischen Server benötigt und diese sollen auch gleichzeitig ausgeführt werden, muss die identische Anzahl an Core-Lizenzen, wie zuvor für die Lizenzierung des physischen Servers, noch einmal zusätzlich erworben und diesem Server zugewiesen werden. ■

Microsoft formuliert das so: Für **jeweils** zwei **weitere** ausgeführte OSEs müssen alle physischen Cores im Server, also entweder die Mindestlizenzierung von 16-Core-Lizenzen oder die tatsächliche Anzahl an physischen Prozessorcores, ein weiteres Mal lizenziert werden.

Das bedeutet: Soll der im Beispiel benannte physische Server (zwei Prozessoren, acht Cores) mit **vier** Windows-Server-Standard-Editionen (OSEs) **installiert und betrieben** werden, sind insgesamt **32 Core**-Lizenzen diesem physischen Server zuzuweisen, um vier Betriebssystemumgebungen (OSE) mit Windows Server Standard auf diesem physischen Server lizenzkonform betreiben zu können. Entweder eine Windows-Server-Standard-Installation auf der physischen OSE und drei als Gast-VMs (virtuelle OSEs) oder alle vier als Gast-VMs.

Hinweis:

Wenn die physische Betriebssystemumgebung (OSE) nur zur Unterstützung für die Ausführung der Virtualisierungssoftware verwendet wird, erlauben die 32 Core-Lizenzen die Verwendung von Windows Server Standard als Betriebssystem für den physischen Host (Server) ohne „Lizenzeinbuße", sozusagen dann eine „fünfte" Installation. ■

Entscheidungsfaktor Hyper-V: Ab der Version Microsoft Windows Server 2016 gibt es mit Hyper-V „Shielded Virtual Machines" ein Sicherheitskonzept der zweiten Generation, welches durch die Nutzung aus einer Kombination von Secure Boot, der BitLocker-Verschlüsselung, einem virtuellen Trusted Platform Module (TPM) und dem neuen Dienst „Host Guardian" die Hyper-V Maschinen vor Fremdzugriff oder Sabotage abschirmen und nur bestimmten Besitzern den berechtigten Zugriff gestatten soll. Weil die Funktion zur Host-Überwachungsunterstützung für „Hyper-V" nicht Bestandteil der Windows Server 2019 Standard Edition ist, lassen sich somit mit der Windows Server Standard Edition keine hochsicheren Virtualisierungsinfrastrukturen erstellen.

---

[15] Operating System Environment – OSE (Microsofts Definition einer Betriebssystemumgebung)

Windows Server Standard Edition eignet sich deshalb nur für kleine und mittlere Infrastrukturlösungen, die keinen hohen Virtualisierungsbedarf haben, da der Break-even für einen Einsatz der Datacenter Edition - mit unbegrenzten virtuellen Maschinen - je nach Preisgefüge recht bald erreicht ist. Sollen mehr als sechs zusätzliche virtuelle Windows Server Standard auf ein und demselben physischen Server gleichzeitig ausgeführt und betrieben werden, sollte ein Wechsel auf die Datacenter Edition in die wirtschaftliche Betrachtung einbezogen werden. ■

Des Weiteren gilt es zu beachten, wie schon zuvor erwähnt, dass Windows Server Standard und Datacenter in der Regel anders als andere Microsoft-Server-Produkte keine Lizenzmobilität für physische Server-Systeme besitzen, unabhängig davon, ob sie mit oder ohne Software Assurance bzw. Server Subscription erworben wurden. Deshalb müssen die Core-Lizenzen, die einem physischen Server-System zugewiesen wurden, mindestens 90 Tage bei diesem verbleiben. Somit können diese Core-Lizenzen nicht (innerhalb des 90-Tage-Zeitraums) anderen physischen Server-Systemen zugewiesen werden, weder manuell noch dynamisch. Es gibt aber eine Ausnahme, wenn es um die Nutzung von in Azure bereitgestellten dedizierten Servern geht, auf denen ausschließlich der Servicenehmer (mit seiner Unternehmensorganisation) zugreift. Über **Authorized Mobility Partners** bereitgestellte dedizierte gehostete Server können Lizenzmobilität durch Software Assurance nutzen.

Lizenzmobilität über Software Assurance in Azure[16]

Lizenzmobilität über Software Assurance bietet Microsoft-Volume-Licensing-Kunden die Flexibilität, berechtigte Server-Anwendungen mit aktiver Software Assurance in Azure bereitzustellen. Mit diesem Software-Assurance-Vorteil müssen Sie keine neuen Lizenzen erwerben und keine entsprechenden Mobilitätsgebühren bezahlen, sodass Sie Ihre vorhandenen Softwarelizenzen problemlos in der Azure-Cloudplattform für den Betrieb bereitstellen können.

Berechtigungsvoraussetzungen

Wenn Sie ein Microsoft-Volumenlizenz-Kunde mit berechtigten[17] und von der aktiven Software Assurance abgedeckten Anwendungsserverlizenzen sind, können Sie sich für die Verwendung der Lizenzmobilität über Software Assurance entscheiden. Zu den teilnahmeberechtigten Volumen-Lizenzprogrammen gehören das Enterprise, Enterprise Subscription (EAS) und das Microsoft Open Value Agreement, in denen Software Assurance enthalten ist, sowie andere Volumenlizenzprogramme, bei denen Software Assurance eine Option ist, wie z. B. Microsoft Open License oder Select Plus.

[16] Licensing Programs - Eligibility requirements | Microsoft Azure - *https://azure.microsoft.com/en-us/pricing/license-mobility/*

[17] *Berechtigte Produkte sind in den Microsoft-PUR-Dokumenten unter dem Anhang „Software Assurance Benefits" aufgeführt. Microsoft-Dynamics-ERP-Produkte (Enterprise Resource Planning) werden nicht über die Volumenlizenzierung und nicht online lizenziert, aber es gibt Mobilitätsregeln, die eine ähnliche Verwendung bei der Bereitstellung in freigegebenen Umgebungen ermöglichen.*

Im Folgenden finden Sie die wichtigsten Anforderungen für die Verwendung von Lizenzmobilität über Software Assurance mit Ihren berechtigten Volumenlizenzprodukten in Azure-Umgebungen.

- Lizenzmobilität über Software Assurance gilt nur für berechtigte Produkte gemäß dem Produktnutzungsrechtedokument „Product Use Rights (PUR)". Alle Produkte, die derzeit für „Lizenzmobilität innerhalb von Serverfarmen" in Frage kommen und von Software Assurance abgedeckt sind, sind für Lizenzmobilität über Software Assurance berechtigt. Darüber hinaus kann bestimmten anderen Produkten auch Lizenzmobilität durch Software Assurance gewährt werden (Anhang 1 der PUR-Dokumente nachzulesen).
- Dynamics ERP-Produkte sind zwar nicht über die Microsoft-Volumenlizenzierung verfügbar und nicht online lizenziert, verfügen jedoch über Mobilitätsregeln, die eine ähnliche Verwendung wie über Software Assurance bei der Bereitstellung in freigegebenen Umgebungen ermöglichen.
- Windows Server, Windows-Desktopbetriebssysteme und Desktopanwendungsprodukte sind in der Lizenzmobilität über Software Assurance nicht enthalten.
- Für berechtigte Lizenzen ist eine aktive Abdeckung durch Software Assurance erforderlich. Alle Lizenzen, die zum Ausführen und Zugriff auf Ihre lizenzierte Software verwendet werden, z. B. Server-Lizenzen, Prozessorlizenzen, CALs, EC-Lizenzen (External Connector) und Server-Verwaltungslizenzen, erfordern eine aktive Abdeckung durch Software Assurance. Ihre Rechte zum Ausführen lizenzierter Software und Verwalten von Instanzen in Azure enden mit dem Ablauf der Software-Assurance-Abdeckung für diese Lizenzen.
- Sie müssen berechtigte Lizenzen in Azure für einen Mindestzeitraum von 90 Tagen verwalten.

Mit License Mobility durch Software Assurance können Sie bestimmte Serveranwendungslizenzen, die Sie unter Ihrer Volumenlizenzierungsvereinbarung erworben haben, in einem Rechenzentrum eines Authorized-Mobility-Partners bereitstellen (*https://www.microsoft.com/de-de/licensing/licensing-programs/software-assurance-by-benefits*).

Eine Liste der unterstützten Software in Azure finden Sie unter *https://support.microsoft.com/kb/2721672*.

Weitere Informationen zu den Anforderungen für den Vorteil der Lizenzmobilitätssoftware und eine vollständige Liste der berechtigten Server-Anwendungsprodukte finden Sie unter *https://www.microsoft.com/licensing/terms/productoffering*. ■

Windows Server Datacenter

Beispiel: Für einen Server mit vier Prozessoren und jeweils acht Prozessorkernen sind 32 Core-Lizenzen zu erwerben und diesem dann für mindestens 90 Tage zuzuweisen - damit wurde auch die Mindestlizenzierung erfüllt. Auf diesem physischen Server dürfen jetzt zu der physischen Betriebssystemumgebung (OSE) mit Windows Server Datacenter beliebig viele virtuelle Server-Betriebssystemumgebungen (OSEs) mit Windows Server Data Center oder Windows Server Standard (Down-Edition-Recht) als Betriebssystem in einer Virtualisierungssoftware installiert und betrieben werden. Weiterhin dürfen diese virtuellen OSEs zwischen anderen physischen Servern mit Windows Server Datacenter als physischer Betriebssystemumgebung (OSE) und Virtualisierungssoftware beliebig verschoben werden. Shielded Virtual Machines zu erstellen und zu betreiben ist ebenso mit der Datacenter Edition möglich.

- **Downgrade:** Microsoft verkauft immer nur die aktuelle Produktversion, in diesem Fall Windows Server Standard und Datacenter 2019. Mit dem Erwerb der Version 2019 dürfen natürlich auch „ältere" Versionen, die denselben Lizenzierungsregeln unterliegen (beispielsweise Version 2016), betrieben werden.
- **Down-Edition:** Wird eine Windows Server Datacenter Edition gekauft, darf damit auch eine Windows Standard Edition betrieben werden.

Downgrade- und Down-Editionen-Varianten dürfen auch in Kombination eingesetzt werden, es gelten aber immer die Lizenzbestimmungen der erworbenen „höheren" Edition, auch für die „früheren", eventuell noch im Einsatz befindlichen Editionen und Versionen. *Wichtig:* Hierbei können dann allerdings früher eingeräumte Nutzungsrechte verloren gehen.

Wird beispielsweise Windows Server Datacenter 2019 erworben, darf Windows Server Standard 2016 in beliebig vielen OSEs auf dem physisch lizenzierten Server (Windows-Server-Datacenter-Core-Lizenzen wurden zugewiesen) installiert werden.

Fassen wir zusammen:

- **Jeder** Prozessorkern der ausführenden physischen Hardware ist zu lizenzieren (von Standard und Datacenter Edition).
- Acht Kerne pro Prozessor sind mindestens zu lizenzieren.
- Es sind **mindestens** 16 Prozessorkerne **pro Server** zu lizenzieren. Wird eine Server Hardware mit weniger als 16 Prozessorkernen eingesetzt, sind trotzdem 16 Prozessorkerne zu lizenzieren.
- Die Prozessorkernlizenzen werden in 2er- und 16er-Packs verkauft. Bezugnehmend auf die Mindestlizenzierungsanforderung, werden am häufigsten 16er-Packs verkauft. In der Regel werden 2er-Core-Packs zusätzlich verwendet, um für weitere benötigte Prozessorkerne entsprechend eine lizenzkonforme Nutzung zu gewährleisten.
- Die erworbenen und einem physischen Host-Server zugewiesenen Lizenzpakete müssen zusammenbleiben und können nicht einfach nach Bedarf (oder Lastspitzen) aufgeteilt werden. Zu installierende bzw. zu konfigurierende OSEs (VMs) dürfen nur auf dem physisch lizenzierten Host-Server ausgeführt werden.
- Wird neue Hardware bereitgestellt und es werden dadurch zusätzliche 2er- oder 16er-Packs für eine Nachlizenzierung erforderlich, können diese nachbeschafft werden. Darauf achten: Hier bzw. bei einem kompletten Austausch ist die 90-Tage-Regelung (Lizenzverschiebung) zu beachten. Eine Ausnahme bildet der Desaster-/Recovery-Fall.

- Wird eine erforderliche Nach- bzw. Aufrüstung der Hardware durchgeführt, ist ebenso eine Nachbeschaffung der Lizenzen möglich. Die 90-Tage-Regelung gilt in diesem Fall nicht, da es sich bei der Aufrüstung um das gleiche physische Host-Server-System handelt und deshalb die Lizenzen nicht verschoben werden müssen.

Lizenzmodelle für Zugriffslizenzen (CAL)

- **Device CAL** - eine Device CAL berechtigt ein Gerät (z. B. ein Client-System, Multifunktionsgerät, Mobile Device) zu einem Zugriff auf alle im Unternehmen aktiven Windows Server. Eine Faustregel dazu besagt schlicht: „Alles, was eine Netzwerk-IP-Adresse hat, gilt als Device."

  Device CALs sind einem definierten Gerät zuzuweisen und müssen mindestens die gleiche Windows-Server-Version oder höher ausweisen. Bei der Device-CAL-Lizenzierung ist es unerheblich, welcher Anwender das zugewiesene Gerät benutzt bzw. wie viele weitere Anwender diesen mitbenutzen, wie beispielsweise bei einem Computer, der in einem Lager verortet ist.
- **User CAL** - eine User CAL wird einer natürlichen Person zugewiesen. Sie berechtigt zum Zugriff auf alle Windows Server im Unternehmen, die mindestens die gleiche Windows-Server-Version ausweisen. Hierbei ist es unerheblich, mit welchem und mit wie vielen Geräten diese Person auf die Windows-Server-Umgebungen zugreift.

Einen Überblick über die Anwendung und Definitionen der wichtigsten Begriffe im Zusammenhang mit der Server-Lizenzierung und die Grundlagen der verschiedenen Per-Core-Lizenzierungsmodelle für wichtige Microsoftprodukte und -Software enthalten:

- **Commercial Licensing brief** „*Introduction to Per Core Licensing and Basic Definitions*", zu finden unter *http://download.microsoft.com/download/3/D/4/3D42BDC2-6725-4B29-B75A-A5B04179958B/PerCoreLicensing_Definitions_VLBrief.pdf*
- **Commercial Licensing brief** „*Licensing Microsoft server products for use in virtual environments*", zu finden unter *https://download.microsoft.com/download/3/d/4/3d42bdc2-6725-4b29-b75a-a5b04179958b/microsoftservervirtualization_licensemobility_vlbrief.pdf* ■

21.2.3.1.1 Windows Server-Wartungskanäle: LTSC und SAC

Windows-Server-Kunden stehen zwei primäre Release-Kanäle zur Verfügung, der „Long-Term Servicing Channel" und der halbjährliche Kanal „Semi Annual Channel (SAC)".[18]

Long-Term Servicing Channel (LTSC)

Das LTSC wurde früher „Long-Term Servicing Branch" genannt und hat über diesen Kanal alle zwei bis drei Jahre eine neue Produkthauptversion von Windows Server bereitgestellt.

[18] Zusammengefasst aus: Windows Server-Wartungskanäle | Microsoft Docs – *https://docs.microsoft.com/de-de/windows-server/get-started-19/servicing-channels-19*

In diesem Kanal wird von Microsoft für jeweils fünf Jahre Mainstream-Support und anschließend erweiterter Support bereitgestellt. Über diesen „Standard"-Kanal bezieht ein Großteil der Kunden ihre Serverprodukte, u. a. auch um eine längere Wartungsoption und funktionale Stabilität für die IT-Infrastrukturen zu ermöglichen. Der Long-Term Servicing Channel erhält weiterhin sicherheitsrelevante und nicht sicherheitsrelevante Updates, jedoch kommen darüber keine neuen Features und Funktionen. Aktuell im LTSC-Kanal ist Windows Server 2019. Um diesen Produkt- und Wartungskanal beizubehalten, sind die Windows Server 2019 im Server-Core-Installationsmodus oder als Server mit der Desktopdarstellungs-Installationsoption zu installieren.

Halbjährlicher Kanal – Semi Annual Channel (SAC)

Im Zuge des raschen Wandels in Bezug auf die IT-Asset-Ausstattungen in IT-Infrastrukturen und Cloud-Umgebungen, insbesondere zur Bereitstellung von neuen Technologien in Containern und Microservices, haben Entwickler das Bedürfnis, ihre Produkte flexibler und schneller zu entwickeln, upzudaten und auf den Markt zu bringen. Dafür hat Microsoft den halbjährlichen Kanal „SAC" vorgesehen, der sich für Kunden eignet, die von neuen Betriebssystemfunktionen frühzeitig profitieren wollen. Um das zu gewährleisten, werden für Windows-Server-Produkte, die sich im halbjährlichen Kanal befinden, zweimal im Jahr neue Versionen bereitgestellt und nach der Veröffentlichung von Microsoft für 18 Monate unterstützt. Die meisten der im halbjährlichen Kanal eingeführten Features werden in der nächsten Long-Term Servicing Channel-Release von Windows Server zusammengefasst. Die Editionen, die Funktionen und die unterstützenden Inhalte können sich dabei je nach Kundenfeedback von Release zu Release unterscheiden. Der halbjährliche Kanal steht Kunden mit Volumenlizenz mit Software Assurance zur Verfügung sowie über den Azure Marketplace oder andere Cloud-/Hosting-Dienstanbieter und Treueprogramme wie z. B. Visual-Studio-Abonnements. Releases im halbjährlichen Kanal stellen keine Updates dar – bei ihnen handelt es sich um das nächste Release von Windows Server in diesem halbjährlichen Kanal. In diesem neuen Modell werden Windows-Server-Versionen nach Jahr und Monat der Veröffentlichung gekennzeichnet, z. B. wird eine Version aus dem 9. Monat im Jahr 2017 (September) als Version 1709 bezeichnet.

	Recommended Scenarios	New Release	Supported For	Editions	Who can use	Installation Options
Long-term Servicing Channel	General purpose file Servers, first and third party workloads, traditional apps, and other infrastructure roles	Every **2–3** years	**5** years of Mainstream support **+5** years of Extended support	**All** available Windows Server editions	**All** customers through all channels	**Server Core** and **Server with Desktop Experience**
Semi-annual Channel	Containerized applications, container hosts, and application scenarios benefiting from **faster innovation**	Every **6** months	**18** months	**Standard** and **Datacenter**	**Software Assurance** and **cloud** customers only	**Server Core** and **Nano Server** container image

Hier ein Screenshot aus dem PDF-Dokument „Windows_Server_2019_licensing_datasheet_EN_US.pdf", der Link dazu ist in Tabelle 21.3 zu finden.

21.2.3.1.2 Lebenszyklen im LTSC-Kanal (Microsoft Server 2008–2019)

In der folgenden Tabelle habe ich einmal die Daten der bisherigen Versionen (beginnend mit 2008) mit dem Datum der Veröffentlichung, dem Mainstream End of Support (die ersten fünf Jahre) und dem Extended End of Support (den zweiten fünf Jahren) zusammengestellt.[19]

Produkt	Edition	Veröffentlicht	Mainstream End of Support	Extended End of Support
Windows Server 2008 for Windows Essential Server Solutions	Standard	18.02.2009	13.01.2015	14.01.2020
Windows Server 2008 R2	Datacenter	22.10.2009	13.01.2015	14.01.2020
Windows Server 2008 R2	Enterprise	22.10.2009	13.01.2015	14.01.2020
Windows Server 2008 R2	Standard	22.10.2009	13.01.2015	14.01.2020
Windows Server 2012	Datacenter	30.10.2012	09.10.2018	10.10.2023
Windows Server 2012	Essentials	30.10.2012	09.10.2018	10.10.2023
Windows Server 2012	Standard	30.10.2012	09.10.2018	10.10.2023
Windows Server 2012 R2	Datacenter	25.11.2013	09.10.2018	10.10.2023
Windows Server 2012 R2	Essentials	25.11.2013	09.10.2018	10.10.2023
Windows Server 2012 R2	Standard	25.11.2013	09.10.2018	10.10.2023
Windows Server 2016	Datacenter	15.10.2016	11.01.2022	12.01.2027
Windows Server 2016	Essentials	15.10.2016	11.01.2022	12.01.2027
Windows Server 2016	Standard	15.10.2016	11.01.2022	12.01.2027
Windows Server 2019	Datacenter	13.11.2018	09.01.2024	09.01.2029
Windows Server 2019	Essentials	13.11.2018	09.01.2024	09.01.2029
Windows Server 2019	Standard	13.11.2018	09.01.2024	09.01.2029

21.2.3.1.3 Windows Server 2019 – weitere Ressourcen

Hier habe ich Ihnen ein paar (hoffentlich) für Sie nützliche Quellen – zum Zeitpunkt der Erstellung des Manuskripts aktuelle – von Microsoft für den Windows Server 2019 zusammengestellt.

[19] *https://docs.microsoft.com/de-de/lifecycle/products/export*

Tabelle 21.3 Windows Server 2019 – weitere Ressourcen im Web

Windows Server 2019	*www.microsoft.com/de-de/windows-server*
Windows Server Dokumentation	*https://docs.microsoft.com/de-de/windows-server/*
Windows Server 2019 Licensing Datasheet	*https://download.microsoft.com/download/7/C/E/7CED6910-C7B2-4196-8C55-208EE0B427E2/Windows_Server_2019_licensing_datasheet_EN_US.pdf*
Windows Admin Center	*https://www.microsoft.com/de-de/windows-server/windows-admin-center*
Windows-Server-Versionsvergleich	*https://www.microsoft.com/de-de/windows-server*
Versionsinformationen zu Windows Server	*https://docs.microsoft.com/de-de/windows-server/get-started/windows-server-release-info*
Erste Schritte mit Windows Server 2019	*https://docs.microsoft.com/de-de/windows-server/get-started-19/get-started-19*
Windows Server 2019 auf Azure	*https://azure.microsoft.com/de-de/*
Windows Server mit Azure Hybrid verbinden	*https://docs.microsoft.com/de-de/windows-server/manage/windows-admin-center/azure/*
Azure Stack HCI	*https://azure.microsoft.com/de-de/products/azure-stack/hci/*
Azure Kubernetes Service (AKS)	*https://azure.microsoft.com/de-de/services/kubernetes-service/*
Microsoft-Software-Lizenzbestimmungen zu Azure Information Protection	*https://docs.microsoft.com/de-de/legal/information-protection/software-license-terms-de-de*
Windows Server 2019 und Kompatibilität von Microsoft-Serveranwendungen	*https://docs.microsoft.com/de-de/windows-server/get-started-19/app-compat-19*
Windows Server Community (microsoft.com)	*https://techcommunity.microsoft.com/t5/windows-server/ct-p/Windows-Server*
Windows Server Blog – News & Best Practices	*https://cloudblogs.microsoft.com/windowsserver/*
DSGVO-Zusagen von Microsoft an Kunden allgemein verfügbarer Enterprise-Software-Produkte	*https://docs.microsoft.com/de-de/legal/gdpr*
Windows Server 2008 End of support	*https://www.microsoft.com/de-de/cloud-platform/windows-server-2008*
Lebenszyklus-Datenexport	*https://docs.microsoft.com/de-de/lifecycle/products/export*

Wenden wir uns im nächsten Abschnitt dem SQL Server 2019 zu.

21.2.3.2 SQL Server 2019

Den SQL Server 2019 gibt es in mehreren Editionen:

- *SQL Server Express* (kostenlos) für Entwicklungs- und Produktionsumgebungen von Desktop-, Web- und kleinen Serveranwendungen,
- *SQL Server Developer* mit vollem Funktionsumfang für die Nutzung als Entwicklungs- und Testdatenbank in Nicht-Produktionsumgebungen,
- *SQL Server Standard,*
- *SQL Server Enterprise.*

Nachfolgend gehe ich auf die Standard- und Enterprise-Editionen ein. Beide können in der Pro-Core-Lizenzierung über zwei Varianten lizenziert werden. SQL Server Standard kann alternativ noch über ein weiteres Lizenzmodell, das „Server/CAL"-Modell, lizenziert werden.

Das Lizenzmodell Pro Core

Ein großer Unterschied zu der Windows-Server-Lizenzierung besteht zum einen in der Mindestanzahl von vier anstatt acht Core pro Prozessor und **keiner** Mindestanzahl von Core-Lizenzen **pro Server** (bei Windows Server sind das bekanntermaßen 16).

- **Option 1:** Nach physischen Cores, d. h. die Lizenzierung erfolgt gemäß der vorhandenen physischen Prozessorleistung. Hier gilt: Mindestens vier Core-Lizenzen bzw. entsprechend viele Core-Lizenzen wie der physische Server Prozessorkerne besitzt.
- **Option 2:** Nach einzelner virtueller Betriebssystemumgebung (OSE), d. h. nach Anzahl der einer einzelnen virtuellen OSE (VOSE) zugewiesenen virtuellen Cores, in der die SQL Server Edition ausgeführt wird, aber auch mindestens vier pro vOSE.

Beide Optionen beinhalten bereits die Zugriffslizenzen (CAL).

Das Lizenzmodell Pro Server/CAL

Nur die SQL Server Standard Edition kann alternativ zum Pro-Core-Modell auch mit dem Lizenzmodell „Server/CAL" lizenziert werden, hier spielen dann die physischen bzw. virtuellen Prozessorkerne keine Rolle. Für jede Betriebssystemumgebung (OSE), in der SQL Server Standard ausgeführt wird, ist eine Server/CAL-Lizenz erforderlich, zuzüglich der SQL-Server-Zugriffslizenzen als Geräte- oder User-CAL. Diese müssen mindestens in der gleichen oder einer höheren Version wie SQL Server vorliegen.

SQL Server 2019 *Standard* hat eine „physische" Limitierung, diese Edition kann nur bis maximal vier Prozessorsockel mit maximal 24 Prozessorkerne und bis zu 128 GB Hauptspeicher **pro Instanz** eingesetzt werden, ebenso gilt das für SQL Server 2019 *Standard* mit dem Lizenzmodel Server/CAL. ■

Downgrade und Down-Edition

Anstelle der lizenzierten Version (2019) können auch frühere Versionen genutzt werden (z. B. 2017, 2016) und anstelle der SQL Server Enterprise Edition die SQL Server Standard Edition. Beide Rechte können ebenso wie bei den Windows Server Editions zuvor schon beschrieben auch kombiniert werden. Ein Beispiel: Wird SQL Server Enterprise 2019 erworben, kann stattdessen auch der SQL Server Enterprise 2016 genutzt werden oder der SQL Server Standard 2019 oder der SQL Server Standard in einer früheren Version.

Multiplexing-Szenarien

Wenn eine gemischte SQL-Server-Lizenzierung eingesetzt wird (Server/CAL, pro Core) ist unbedingt darauf zu achten, dass die SQL Server mit dem „Server/CAL"-Lizenzmodell strikt von den SQL Server mit „pro Core"-Lizenzmodell getrennt betrieben werden.

Warum?

Wird das nicht beachtet bzw. technisch nicht „unterbunden", müssen alle zugreifenden Geräte bzw. User aus dem Lizenzmodell „pro Core", auch noch zusätzliche SQL-Server-CAL-Lizenzen für den Zugriff auf den Server mit dem Lizenzmodell „Server/CAL" erwerben. Dies ist natürlich wirtschaftlich nicht zu empfehlen.

Weitere Informationen dazu unter *http://download.microsoft.com/download/8/7/3/8733d036-92b0-4cb8-8912-3b6ab966b8b2/multiplexing.pdf*

21.2.3.2.1 SQL Server 2019 – Lizenzierung im Detail

SQL-Server-Instanzen, die auf einem physischen oder virtuellen Betriebssystem ausgeführt werden, sind über die Anzahl der Prozessorkerne (physisch, virtuell, Hardware-Threads) des „Host-Servers" zu lizenzieren, auf dem SQL-Server-Instanzen ausgeführt werden. Dabei deckt eine SQL-Server-Core-Lizenz zwei Prozessorkerne ab, es müssen aber mindestens vier Cores pro Server lizenziert werden, also die Hälfte von der Mindestlizenzierung des Windows Servers. Die Mindestlizenzierung ist selbst dann erforderlich, wenn der „Host-Server" mit weniger als vier physischen Cores bereitgestellt wurde oder diesem weniger als vier vCores zugewiesen wurden. Beim SQL Server 2019 Enterprise Edition bzw. bei der Standard Edition im „pro Core"-Modell werden keine separaten SQL-(CAL)-Zugriffslizenzen benötigt.

SQL Server 2019	Description	Licensing options		
		Server+CAL	Per Core	Requirements
Enterprise	For applications requiring mission critical in-memory performance, security and high availability		•	
Standard	Delivers fully featured database capabilities for mid-tier applications and data marts	•	•	SQL Server CALs required when licensing Server+CAL

This table compares the licensing options for each of the main SQL Server 2019 editions.

(Quelle: Microsoft, Suchbegriff im Web in *SQL Server 2019 Licensing guide.pdf*)

21.2.3.2.2 SQL Server 2019 „pro Core"-Modell

Im Vorfeld muss man sich für jeden physischen Server, auf dem SQL Server betrieben werden soll, für eine der folgenden Optionen entscheiden und diese dem physischen Server dann zuweisen, also entweder sind die physischen Core-Lizenzen dem physischen Server zuzuweisen oder es sind die Anzahl der vCore dem physischen Server zuzuweisen.

Option 1: Lizenzierung der physischen Cores, mindestens vier Core pro physischen Prozessor bzw. die Anzahl an physischen Cores, die in dem physischen Server vorhanden sind.

Beispiel: Ein physischer Server mit vier Prozessoren und jeweils acht Prozessorkernen erfordert 32 SQL-Server-Core-Lizenzen.

Nutzungsrechte: Wenn dem physischen Server die lizenzkonforme Anzahl an Core-Lizenzen zugewiesen wurde:

- Die Enterprise-Edition-Core-Lizenzen, die **mit Software Assurance** ausgestattet sind oder als Server-Subscription erworben wurden, haben eine unbegrenzte Anzahl an Ausführungen in virtuellen Betriebssystemumgebungen (OSEs) auf diesem physischen Server. Das bedeutet, dass die SQL-Server-Enterprise- oder Standard-Edition in beliebig vielen Betriebssystemumgebungen (vOSE) ausgeführt werden kann.
- Die Enterprise-Edition-Core-Lizenzen **ohne Software Assurance** dürfen nur in so vielen virtuellen Betriebssystemumgebungen (vOSE) ausgeführt werden, wie dem physischen Server zugewiesen wurden, bezogen auf das obige Beispiel dann in bis zu 32 virtuellen Betriebssystemumgebungen (vOSE).
- Die Standard-Edition (lizenziert nach den physischen Core-Lizenzen) besitzt **keine Virtualisierungsrechte** und darf **ausschließlich** in der **physischen Betriebssystemumgebung** (OSE) **ausgeführt werden,** und zwar unabhängig davon, ob die Core-Lizenzen mit oder ohne Software Assurance ausgestattet sind.

Option 2: Lizenzierung nach einzelnen virtuellen Betriebssystemumgebungen (vOSE) mit mindestens vier zu lizenzierenden vCore bzw. der Anzahl (über vier hinausgehend), die der vOSE zugewiesen wurden.

> Das ist für den SQL Server Standard die einzige Option, um in virtuellen Betriebssystemumgebungen (vOSE) betrieben zu werden, für den SQL Server Enterprise wäre das eine weitere Variante, anstatt über das physische „pro Core"-Modell. ■

Besteht die Anforderung, die SQL Server jederzeit auf einen anderen physischen Server mit SQL-Server-Enterprise-Editionen im Unternehmens-Rechenzentrum zu verschieben, ist Lizenzmobilität über eine aktive Software Assurance oder Server-Subscription erforderlich.

Beispielszenario SQL-Server-Core-Lizenzen

Sehen wir uns dazu abschließend eine Wirtschaftlichkeitsbetrachtung in Bezug auf die zu empfehlende Core-Lizenzierung an.

Tabelle 21.4 Beispielszenario SQL-Server-Core-Lizenzierung

Physischer Server	Use Case
Beispiel 1	
Zwei physische Prozessoren mit sechs Prozessorkernen	Installation von SQL Server Enterprise in einer virtuellen Betriebsumgebung (vOSE) mit vier zugewiesenen virtuellen Cores (vCore).
Lizenzierungsoptionen	a) Nach physischen Cores = 12 Core-Lizenzen für SQL Server Enterprise. b) Nach virtueller OSE = vier Core-Lizenzen für SQL Server Enterprise.
Empfehlung	Variante b) – wenn nicht der komplette physische Server für die Bereitstellung von SQL Server Enterprise genutzt wird und dieser nur in einer vOSE betrieben werden soll.
Beispiel 2	
Zwei physische Prozessoren mit acht Prozessorkernen	Installation von SQL Server Standard in zehn virtuellen Betriebsumgebung (vOSE) mit jeweils vier zugewiesenen virtuellen Cores (vCore).
Lizenzierungsoptionen	a) SQL Server Standard kann nur in einer virtuellen Betriebsumgebung (vOSE) betrieben werden, also müssten hier 40 Core-Lizenzen zugewiesen werden. b) Alternative: Dem physischen Server werden 16 physische Core-Lizenzen der SQL Server Enterprise Edition zugewiesen.
Empfehlung	Variante b) – mit der Nutzung des Rechts auf „Down-Edition" werden nur 16 Core-Lizenzen benötigt, um alle SQL-Server-Standard Installationen in „beliebig" vielen vOSE betreiben zu können.

Abhängig vom Vertriebskanal und der noch zu prüfenden Option, ob auch Software Assurance oder Server-Subscription erforderlich wären, ist dieses Fallbeispiel wieder einmal ein klassisches Szenario, dass die Ziel-Architektur im Vorfeld bekannt und mit einbezogen werden sollte, und zum anderen auch dass die damit zu unterstützenden Geschäftsobjekte im Vorfeld dem IT-Architekten bekannt sind und dem Fachbereich, der den Betrieb der Datenbanken verantwortet, auch mitgeteilt wird.

Wenn die Anzahl der zugreifenden Nutzer oder Geräte nicht festgestellt werden kann oder es sich um Intranet- oder Extranet-Zugriffsszenarien handelt, dann ist das Server-Core-Lizenzmodell das zu bevorzugende Lizenzierungsmodell. Wenn allerdings die Anzahl der Nutzer und Geräte bekannt ist bzw. auch unkompliziert erhoben werden kann, gibt es für SQL Server Standard (und nur dafür) noch das Lizenzmodell Server/CAL. ■

21.2.3.2.3 SQL Server Standard Server/CAL-Modell

Im Lizenzmodell Server/CAL, welches als weitere Lizenzierungsmöglichkeit für SQL Server Standard (und nur dafür) angeboten wird, werden die SQL-Server-Software und die darauf erfolgten Zugriffe separat lizenziert. Die Anzahl der Prozessoren und deren Prozessorkerne des zu verwendenden physischen Servers bzw. der virtuellen Betriebssystemumgebung (vOSE) und deren zugewiesenen vCPU bzw. vCore spielen bei der Betrachtung der lizenzkonformen Nutzung keine Rolle.

Szenario SQL-Server-Core- oder SQL-Server/CAL-Modell

Betrachten wir ein Szenario, in dem die wirtschaftlichste Variante zu ermitteln wäre (mit den jeweiligen Gegebenheiten aus der Zielarchitektur).

Tabelle 21.5 Szenario SQL-Server-Core- oder SQL-Server/CAL-Modell

Physischer Server	Use Case
Vier physische Prozessoren mit acht Prozessorkernen	Installation von **SQL Server Standard** in 14 virtuellen Betriebsumgebung (vOSE) mit vier zugewiesenen virtuellen Cores (vCore)
Core-Modell	
Lizenzierungsoptionen	a) Nach physischen Cores = 32 Core-Lizenzen für SQL Server Enterprise, Installation von SQL Server Standard in alle 14 vOSEs mit Inanspruchnahme des Down-Edition-Rechts b) Nach virtueller OSE = 56 Core-Lizenzen für SQL Server Standard oder SQL Server Enterprise
Server/CAL-Modell	
Lizenzierungsoptionen	SQL Server Standard kann nur in einer virtuellen Betriebsumgebung (vOSE) betrieben werden, also sind 14 Server-Lizenzen erforderlich zuzüglich den erforderlichen SQL Server CALs pro User bzw. pro Device.
Empfehlung	Variante a) mit der Nutzung des Rechts auf „Down-Edition“, so werden nur 32 Core-Lizenzen benötigt, um alle SQL-Server-Standard-Installationen in „beliebig“ vielen vOSE betreiben zu können. Alternativ kann die Variante c) „geprüft“ werden, ob diese in Abhängigkeit von den Umgebungsparametern das wirtschaftlichere Szenario bieten würde.

Auch dieses Fallbeispiel zeigt auf, wie wichtig es ist, im Vorfeld der Beschaffungsprozesse die Kenntnis der Rahmenbedingungen und Parameter der Zielarchitektur zu kennen bzw. mitgeteilt zu bekommen, damit das Risiko von teuren Ad-hoc-Entscheidungen vermieden werden kann.

Die SKU-Bestellnummern sowohl für die physischen als auch die virtuellen Core-Lizenzen (im 2er-Pack) unterscheiden sich nicht und können für beide Lizenzmodelle genutzt werden. SQL Server CALs sind weder in der Core CAL noch in der Enterprise CAL Suite enthalten und müssen separat erworben werden. ■

Mit dem SQL Server 2019 bietet Microsoft eine einheitliche und dadurch von der auszuwählenden Edition unabhängige Anwendungsplattform an. Somit muss nicht mehr zwingend eine Entscheidung für ein erforderliches Anwendungsszenario auf Basis der **geforderten Funktionen** getroffen werden, ob nun SQL Server Standard oder die Enterprise Edition genommen werden soll, sondern man kann sich ausschließlich an den Erfordernissen der umzusetzenden Enterprise-Architektur orientieren, also ob beispielsweise eine erforderliche Skalierbarkeit in Betracht zu ziehen ist. Dies gilt auch für die SQL-Server-Varianten für Linux-Umgebungen und ggf. in Azure bei SQL-Server-Bereitstellungen im Servicemodell „PaaS".

Zugriffslizenzen SQL Server (CALs)

- **Device CAL** - eine Device CAL berechtigt ein Gerät, wie z. B. ein Clientsystem, Multifunktionsgerät, Mobile Device, eine Kamera, ein Sensor, zum Zugriff auf die im Unternehmen verfügbaren aktiven SQL-Server-Instanzen.

  Device CALs sind einem definierten Gerät zuzuweisen und müssen die gleiche oder eine höhere SQL-Server-Version ausweisen. Bei der Device-CAL-Lizenzierung ist es unerheblich, welcher Anwender das zugewiesene Gerät benutzt bzw. wie viele weitere Anwender diesen mitbenutzen, z. B. bei einem Computer, der in einem Lager verortet ist.
- **User CAL** - eine User CAL wird einer natürlichen Person zugewiesen, die damit zum Zugriff auf alle Windows Server im Unternehmen berechtigt ist. User CALs müssen die gleiche oder eine höhere SQL-Server-Version ausweisen. Hierbei ist es unerheblich, mit welchem und mit wie vielen Geräten diese Person auf die SQL-Server-Umgebungen zugreift.

Multiplexing oder Pooling zur Verringerung der direkten Verbindungen mit dem SQL Server reduzieren nicht die Anzahl der erforderlichen CALs, dazu gehört beispielsweise auch der direkte Zugriff über eine Customer-Relation-Management-Anwendung oder über webbasierte Applikationen.

21.2.3.2.4 Lebenszyklen im LTSC-Kanal (Microsoft SQL Server 2008 – SQL Server 2019)

In der folgenden Tabelle habe ich die Daten zu den bisherigen Versionen (beginnend mit 2008) mit dem Datum der Veröffentlichung, dem Mainstream End of Support (die ersten fünf Jahre) und dem Extended End of Support (den zweiten fünf Jahren) zusammengestellt.[20]

Produkt	Edition	Veröffent-licht	Mainstream End of Support	Extended End of Support
Microsoft SQL Server 2008	Datacenter	06.11.2008	08.07.2014	09.07.2019
Microsoft SQL Server 2008	Enterprise	06.11.2008	08.07.2014	09.07.2019
Microsoft SQL Server 2008	Standard	06.11.2008	08.07.2014	09.07.2019
Microsoft SQL Server 2008 R2	Datacenter	20.07.2010	08.07.2014	09.07.2019
Microsoft SQL Server 2008 R2	Enterprise	20.07.2010	08.07.2014	09.07.2019
Microsoft SQL Server 2008 R2	Standard	20.07.2010	08.07.2014	09.07.2019
Microsoft SQL Server 2012	Enterprise	20.05.2012	11.07.2017	12.07.2022
Microsoft SQL Server 2012	Standard	20.05.2012	11.07.2017	12.07.2022

[20] *https://docs.microsoft.com/de-de/lifecycle/products/export*

Produkt	Edition	Veröffent-licht	Mainstream End of Support	Extended End of Support
Microsoft SQL Server 2014	Enterprise	05.06.2014	09.07.2019	09.07.2024
Microsoft SQL Server 2014	Standard	05.06.2014	09.07.2019	09.07.2024
Microsoft SQL Server 2016	Enterprise	01.06.2016	13.07.2021	14.07.2026
Microsoft SQL Server 2016	Standard	01.06.2016	13.07.2021	14.07.2026
SQL Server 2019	Alle Versionen	04.11.2019	07.01.2025	08.01.2030

21.2.3.2.5 SQL Server 2019 – weitere Ressourcen

Auch hier habe ich Ihnen ein paar (hoffentlich nützliche) Quellen für den SQL Server 2019 – zum Zeitpunkt der Erstellung des Manuskripts aktuell – von Microsoft zusammengestellt.

Tabelle 21.6 SQL Server 2019 – weitere Ressourcen im Web

SQL Server 2019	*https://www.microsoft.com/de-de/sql-server/sql-server-2019*
SQL Server 2019 Licensing Guide	*https://download.microsoft.com/download/6/6/0/66078040-86d8-4f6e-b0c5-e9919bbcb537/SQL%20Server%202019%20Licensing%20guide.pdf*
SQL Server Multiplexing	*http://download.microsoft.com/download/8/7/3/8733d036-92b0-4cb8-8912-3b6ab966b8b2/multiplexing.pdf*
SQL Server 2019 Licensing Datasheet	*https://download.microsoft.com/download/f/0/d/f0d7004e-9e39-4991-853b-2aa09e4ce456/SQL%20Server%202019%20%20Licensing%20Datasheet.pdf*
Editionen und unterstützte Funktionen von SQL Server 2019	*https://docs.microsoft.com/de-de/sql/sql-server/editions-and-components-of-sql-server-version-15?view=sql-server-ver15*
SQL-Server-Versionsvergleich	*https://www.microsoft.com/de-de/sql-server/sql-server-2019-comparison*
Versionsinformationen zu SQL Server 2019	*https://docs.microsoft.com/de-de/sql/sql-server/sql-server-version-15-release-notes?view=sql-server-ver15*
Azure SQL	*https://azure.microsoft.com/de-de/services/azure-sql/*
SQL Server Community (microsoft.com)	*https://techcommunity.microsoft.com/t5/sql-server/bd-p/SQL_Server*
SQL Server Blog – News & Best Practices	*https://cloudblogs.microsoft.com/sqlserver/*
SQL-Server-Versionen – Liste für End of support	*https://docs.microsoft.com/de-de/lifecycle/products/?alpha=sql%20server%202017&filter-products=sql&products=sql-server*
Lebenszyklus-Datenexport	*https://docs.microsoft.com/de-de/lifecycle/products/export*

Lassen Sie uns im nächsten Abschnitt die Lizenzmodelle für die Datenbanksoftware von Oracle etwas näher beleuchten.

21.2.4 Oracle: Server-Lizenzierung im Überblick

Seit über 40 Jahren (seit 1977) bietet die Firma Oracle Dienstleistungen, Technologien und Anwendungen an, mit denen die Unternehmen ihre Geschäftsprozesse unterstützen können. In den letzten Jahren hat Oracle durch vermehrte Firmenzukäufe eine große Menge an weiteren Softwareprodukten in sein Produktportfolio aufgenommen. Wie bei vielen anderen Herstellern auch, tut man sich dann aber schwer damit, diese Zukäufe in das eigene Portfolio zu subsumieren. Das ist bei Oracle leider nicht viel anders. Die Lizenzmodelle und Lizenzmetriken, von der klassischen Oracle-Datenbanksoftware bis zu den anderen neu hinzugekommenen Anwendungen, sind von Oracle nicht harmonisiert bzw. vereinheitlicht worden. Das bedeutet, dass eine vielfältige Auswahl an Lizenzmetriken zu betrachten ist, um die Softwareprodukte lizenzkonform betreiben zu können. Selbst Oracle weiß über diese Problematik sehr gut Bescheid, denn nicht umsonst werden vom Oracle-LMS-Team (License Management Services) regelmäßig Software-Audits durchgeführt. Die Aktivitäten des Oracle-LMS-Team, welches übrigens eine vom Vertrieb getrennte Organisationseinheit ist, sollen für die strikte Einhaltung der Lizenzbestimmungen sorgen. Es ist Ihnen sicherlich bekannt, dass Sie Oracle das Recht dazu bei der Annahme des Oracle Master Agreement (OMA[21]) eingeräumt haben. Um die Ausführungen zu den Oracle-Lizenzmodellen in diesem Kapitelabschnitt überschaubar zu halten, werden hier erst einmal nur die Möglichkeiten der Oracle-Datenbanklizenzierung angesprochen. Zu der bestehenden Lizenzierungspolitik seiner Datenbankprodukte sei noch zu erwähnen, dass es Oracle immer wieder schafft, über die bestehende Komplexität ein hohes Maß an Intransparenz und Unsicherheit auf Seiten der Unternehmenskunden zu erzeugen. Obwohl diese Vorgehensweise schon mehrfach von vielen Kunden bei Oracle angemahnt wurde, zeigt Oracle keine große Bereitschaft, hier für mehr Klarheit und Transparenz zu sorgen.

Oracle bietet die Nutzung seiner Datenbanksoftwareprodukte über zwei Lizenzmodelle an:[22]

- Prozessorlizenz PL (jeder Prozessor des Rechners wird über festgelegte Core-Faktoren multipliziert und ergibt dann die Anzahl der zu erwerbenden Prozessorlizenzen),
- Named User Plus (NUP; namentlich benennbarer Benutzer).

Das Lizenzmodell „Prozessorlizenz“ lässt auf den ersten Blick erst einmal vermuten, dass es ein doch recht einfach anzuwendendes Lizenzmodell ist. Oracle bietet wie viele andere Hersteller auch seine Datenbanksoftware in verschiedenen Editionen an. Diese Editionen können auch erst einmal über hardwarebasierte Parameter mit der Metrik „Prozessorlizenz“ lizenziert werden.

Zu beachten ist aber hierbei, dass der Begriff „Prozessorlizenz“ für alle Editionen von Oracle verwendet wird und diese Editionen je nach Ausprägung auf verschieden zu zählende Lizenzobjekte anzuwenden sind. So werden beispielsweise bei der „Standard Edition Two (SE2)“ in der Tat die physischen Prozessoren des Servers gezählt. Im Fall der „Enterprise Edition“ sind aber die Kerne der Prozessoren zu zählen. Obwohl im ersten Beispiel physische Prozessoren betrachtet werden und im zweiten Beispiel die „Kerne“ eines Prozessors, wird in beiden Fällen als Lizenzmodell von einer „Prozessorlizenz“ gesprochen. Das war der „klassische“ physische Part.

---

[21] Oracle Master Agreement (OMA) = Oracle-Lizenzvertrag

[22] *http://www.oracle.com/us/corporate/pricing/databaselicensing-070584.pdf*

Kurze Übersicht über die aktuellen Oracle-Datenbanken

- *Standard Edition Two (SE2)* - ab Release 12.1.0.2, der physische Server darf mit maximal zwei Prozessor-Sockets bestückt sein, bei einem aktiven Oracle Real Application Cluster (RAC) darf davon nur ein Socket belegt sein, die Mindestanforderungen bei der Lizenzierung nach Named-User-Plus-(NUP)-Metrik sind zehn NUP-Lizenzen pro Server. Nur tatsächlich belegte Prozessor-Sockets müssen lizenziert werden.
- *Enterprise Edition (EE)* - hier gibt es keine Einschränkungen bezüglich der Prozessor-Sockets. Die Mindestanforderungen bei der Lizenzierung nach Named-User-Plus-(NUP-) Metrik sind 25 NUP-Lizenzen pro Server.

Server-Systeme mit vier Sockets müssen mit der Enterprise Edition lizenziert werden (ca. 47.500 Dollar pro Prozessor; Oracle Technology Global Price List - September 8, 2020 - *http://www.oracle.com/us/corporate/pricing/technology-price-list-070617.pdf*)

Nun zum Thema Virtualisierung: Oracle hat hierfür zwei weitere Begriffe eingeführt, um die Art und Weise, wie Oracle-Produkte in Virtualisierungsumgebungen zu lizenzieren sind, festzulegen:

- **Hard Partitioning**[23]: Bei Virtualisierungssystemen, die der Rubrik Hard Partitioning zugeordnet werden, sind nur die der *virtuellen Maschine* zugewiesenen Prozessoren für die Ermittlung der erforderlichen Lizenzbedarfe anzuwenden.
- **Soft Partitioning:** Bei Virtualisierungssystemen, die der Rubrik Soft Partitioning zugeordnet werden (wie z. B. VMware oder Hyper-V[24]) und auf denen die Oracle-Software in virtuellen Maschinen ausgeführt wird, muss die gesamte zugrunde liegende *physische Hardware*, also Prozessoren oder Cores bzw. Clusters, lizenziert werden.

Weitere Informationen zur Oracle Partitioning Policy sind auf der Webseite *http://www.oracle.com/us/corporate/pricing/partitioning-070609.pdf* nachlesbar.

Die Einordnung der am Markt verfügbaren Virtualisierungstechnologien in eine dieser beiden Kategorien erfolgt von Oracle jedoch offensichtlich rein willkürlich und stellt damit ein erhebliches Risikopotenzial für Unternehmen dar, die dann bei der Umsetzung und Anwendung ungewollt Fehler machen. So wurde der Marktführer bei den Virtualisierungstechnologien VMware und auch die aus dem Hause Microsoft bekannte Hyper-V-Technologie von Oracle als Soft-Partitioning-Lösungen eingestuft. Hier müssen also sämtliche physischen Prozessoren oder Cores lizenziert werden. Warum das aber u. U. eine teure Angelegenheit werden kann, wird im nächsten Abschnitt beleuchtet.

[23] Server/Hardware Partitioning (oracle.com) - *http://www.oracle.com/us/corporate/pricing/partitioning-070609.pdf*

[24] *https://de.wikipedia.org/wiki/Hyper-V*

Hinweis:

Für die Windows-Plattform gibt es kein einziges Virtualisierungssystem, das von Oracle als „Hard Partitioning“ anerkannt wird. Aber auch bei den wenigen Virtualisierungssystemen, die von Oracle in die „Hard Partitioning“-Rubrik eingeteilt wurden, hängt es noch weitgehend von der Konfiguration dieser Server-Systeme ab, ob tatsächlich nur nach virtuellen Parametern zu lizenzieren ist oder ob doch der komplette physische Host, auf dem die virtuellen Maschinen betrieben werden, zur Berechnung der erforderlichen Lizenzbedarfe herangezogen werden muss. Obwohl es in der Praxis nur in sehr seltenen Fällen vorkommt, dass tatsächlich nach den „Soft Partitioning“-Regeln zu lizenzieren ist, können hohe Risiken entstehen, wenn bei der Einrichtung und Konfiguration oder auch beim Betrieb der eingesetzten Virtualisierungstechnologie Fehler gemacht werden.

- *Szenario 1:* In eine virtuelle Maschine, die mit der Virtualisierungstechnologie von VMware oder Microsoft Hyper-V betrieben wird, wurde eine Oracle-Datenbank Standard Edition installiert. In diesem Fall sind – beim Betrieb der VM mit der Oracle-Datenbank – alle physischen *Prozessoren* des Server-Hosts zur Berechnung des erforderlichen Lizenzbedarfs heranzuziehen.
- *Szenario 2:* Wird wie oben im Szenario 1 beschrieben anstelle der Standard Edition eine Enterprise Edition eingesetzt, sind alle physischen *Cores* des Server-Hosts zu zählen.
- *Szenario 3:* Eine erhöhte Komplexität kommt jetzt noch hinzu, wenn der physische Server-Host, auf dem die VM mit der Oracle-Datenbank läuft, in ein logisches Cluster eingebunden ist. Das bedeutet, eine beliebige Anzahl von *physischen* Server-Hosts, die wiederum virtuelle Maschinen bereitstellen, tauschen ihre VMs aus Kapazitäts- und Auslastungsgründen untereinander aus. In diesem Fall besteht Oracle darauf, dass *alle* Prozessoren bzw. Cores *aller* physischen Server in diesen bestehenden Cluster-Verbund mit in die Lizenzbedarfsberechnung einzubeziehen sind.

Dazu ein Rechenbeispiel:

Eine Oracle-Datenbank Enterprise Edition wird in einer VM mit zwei zugewiesenen virtuellen Prozessoren installiert. Wird nun beispielsweise diese VM mit dem VMware-Betriebssystem „ESXi“ auf einem physischen Server-Host mit vier Quad-Core-Prozessoren betrieben, sind in diesem Fall 4 × 4 = 16 Prozessorlizenzen für die Oracle-Datenbank zu erwerben.

Um das oben beschriebene Szenario 3 mit dem Server-Cluster-Verbund noch einmal aufzunehmen, würde sich daraus jetzt die folgende Fallkonstellation ergeben:

In der Annahme, dass der physische Server-Host in einem Cluster-Verbund eingebunden ist, der aus zehn identischen Systemen besteht, müssten aus Oracle-Sicht hierfür tatsächlich 160 Prozessorlizenzen vorgehalten werden, um den Betrieb des Server-Clusters lizenzkonform sicherzustellen. Anhand der bestehenden Oracle-Preise für eine Prozessorlizenz der Enterprise Edition ist leicht nachvollziehbar, dass dieser Konfigurationsfehler schnell in einen Kostenbereich gehen kann, der u. U. für ein mittelständisches Unternehmen den finanziellen Ruin bedeuten könnte.

Viele Kunden von Oracle und auch Juristen halten diese Art der Lizenzierung für juristisch extrem fragwürdig, denn die meisten von ihnen vertreten den Standpunkt: Es ist nur zu lizenzieren, was auch tatsächlich genutzt wird, und nicht das, was potenziell genutzt werden könnte.

Allerdings ist es in Deutschland noch nicht zu einer juristischen Klärung dieser Fragestellung gekommen, sodass weiterhin eine massive Rechtsunsicherheit besteht, zumal die vertragliche Grundlage, auf deren Basis Oracle die Lizenzierung des gesamten Server-Clusters verlangt, nicht wirklich eindeutig in den Lizenzverträgen beschrieben ist.

21.2.4.1 Oracle: Was wird lizenziert?

Im Gegensatz zu anderen Herstellern muss auch die reine Installation der Software in einer VM-Umgebung lizenziert werden, unabhängig davon, ob diese aktiv und produktiv ist oder eventuell nur noch auf ihre Entsorgung wartet.

Was letztendlich zu lizenzieren ist, wird in den Oracle-Lizenzverträgen über den folgenden Passus beschrieben:

> *„Was installiert und/oder betrieben wird“* (im englischen Original: Installed and/or Running).

Eine weitere Komplexitätsstufe, die das Lizenzmanagement und der Softwareproduktverantwortliche bei der Ermittlung der korrekten Lizenzbedarfe zu beachten haben, ist die von Oracle aufgestellte Prozessortabelle. Hier werden verschiedenen physischen Prozessortypen festgelegte Gewichtungsfaktoren mit einem Wert zwischen 0,25 und 1,0 zugeordnet. Dieser Wert (Gewichtungsfaktor) ist mit der Anzahl der Prozessoren zu multiplizieren und ergibt dann die für den Server erforderlichen Prozessorlizenzen für den lizenzkonformen Betrieb der Oracle-Umgebung.

Bleiben wir bei unserem Beispiel von vorhin, wo ein Bedarf von 160 Prozessorlizenzen für den Betrieb eines Clusters mit einer Oracle Enterprise Edition ermittelt wurde. Nehmen wir weiterhin an, dass die physischen Server-Host-Systeme des Clusters mit einem gängigen Intel-Prozessor bestückt sind, ist der ermittelte Bedarf von 160 Prozessorlizenzen mit dem aus der Prozessortabelle ermittelten Faktor von 1,0 zu multiplizieren. Es wären also für dieses Szenario tatsächlich 160 Prozessorlizenzen zu beschaffen. Wären anstatt der Intel-Prozessoren AMD-Prozessoren verbaut, wären die 160 Prozessorlizenzen nur mit dem Faktor von 0,5 zu multiplizieren, sodass nur 80 Prozessorlizenzen bereitgestellt werden müssten. Auch die anzuwendende Prozessortabelle (ein Ausschnitt davon ist in Bild 21.5 zu sehen) wird von Oracle kontinuierlich angepasst und ist somit ein wichtiges Dokument für die herstellerkonforme Oracle-Lizenzierung.

Die aktuelle Liste (der Link ist weiterhin gültig mit dem aktuell letzten Update vom 22.10.2019) wird von Oracle unter der Webadresse *http://www.oracle.com/us/corporate/contracts/processor-core-factor-table-070634.pdf* zum Herunterladen und Nachlesen zur Verfügung gestellt.

> **Hinweis:**
> Sollte der gesuchte Prozessortyp in der Tabelle nicht aufgelistet sein, so ist in diesem Fall immer der Faktor 1,0 für die Berechnung des erforderlichen Lizenzbedarfs an Prozessorlizenzen anzuwenden. ■

ORACLE

Oracle Processor Core Factor Table

Effective Date: March 16, 2009
Updated: October 22, 2019

Vendor and Processor	Core Processor Licensing Factor
Sun and Fujitsu UltraSPARC T1 processor (1.0 or 1.2 GHz) **Only named servers including:** Sun Fire T1000 Server, SPARC Enterprise T1000 Server*, with 6 or 8-core 1.0 GHz UltraSPARC T1 processor Sun Fire T2000 Server, SPARC Enterprise T2000 Server*, with 4, 6, or 8-core 1.0 GHz, or 8 core 1.2 GHz UltraSPARC T1 processor	0.25
Sun Netra T2000, 1.0 or 1.2 GHz UltraSPARC T1 processor	0.25
SPARC T3 processor	0.25
Sun and Fujitsu UltraSPARC T1 1.4 GHz **Only named servers including:** Sun Fire T2000 Server and SPARC Enterprise T2000 Server*, with 8-core, 1.4 GHz UltraSPARC T1 processor	0.5
Sun T6300, 1.4 GHz UltraSPARC T1 processor	0.5
AMD EPYC™ 7XX1, 7XX2 and AMD Opteron™ Models 13XX, 23XX, 24XX, 32XX, 41XX, 42XX, 43XX, 61XX, 62XX, 63XX, 83XX, 84XX or earlier Multicore chips	0.5
Intel® Xeon® Platinum 92XX, Intel® Xeon® Platinum 82XX, Intel® Xeon® Platinum 81XX, Intel® Xeon® Gold 62XX, Intel® Xeon® Gold 61XX, Intel® Xeon® Gold 52XX, Intel® Xeon® Gold 51XX, Intel® Xeon® Silver 42XX, Intel® Xeon® Silver 41XX, Intel® Xeon® Bronze 32XX, Intel® Xeon® Bronze 31XX, Intel Xeon Series 56XX, Series 65XX, Series 75XX, Series E7-28XX, E7-28XX v2, Series E7-48XX, E7-48XX v2, E7-48XX v3, E7-48XX v4, Series E7-88XX, E7-88XX v2, E7-88XX v3, E7-88XX v4, Series E5-24XX, E5-24XX v2, E5-24XX v3, Series E5-26XX, E5-26XX v2, E5-26XX v3, E5–26XX v4, Series E5-46XX, E5-46XX v2, E5-46XX v3, E5-46XX v4, E3-15XX v5, E3-15XX v6, Series E3-12XX, E3-12XX v2, E3-12XX v3, E3-12XX v4, E3–12XX v5, E3-12XX v6, E5-14XX v3, E5-14XX v2,, E5-16XX v4, E5-16XX v3, E5-16XX v2, and E5-16XX or earlier Multicore chips	0.5
Intel Itanium Series 93XX or earlier Multicore chips *(For servers purchased prior to Dec 1st, 2010)*	0.5
Intel or AMD Desktop, Laptop/Notebook, or Netbook Multicore chips	0.5
Sun UltraSPARC T2+	0.5

Bild 21.5 Auszug aus der Oracle-Prozessortabelle mit Stand 22.10.2019

Wichtige Hinweise:[25]

Running Oracle Licenses in the Oracle Cloud

When installing and deploying perpetual or term licenses in the Oracle Cloud, for example, installing and running Oracle SOA Suite for Oracle Middleware licenses on Oracle Java Cloud Service (see list of certified programs in the Oracle Cloud documentation), you must have a sufficient number of licenses to cover your use in the Oracle Cloud.

For this purpose, the following ratios of Processor licenses to Oracle Cloud usage applies: every one (1) Processor license covers use of the program on two (2) OCPUs. For deploying Named User Plus (NUP) licenses in the Oracle Cloud, you must always have a sufficient number of NUP licenses to cover your use of the program in the Cloud. This means you must have the greater of: a) the actual number of users, or b) the minimum number of NUP licenses per Processor. For programs with a license minimum of 25 NUP per Processor, you must have a minimum of 25 NUP licenses for every two (2) OCPUs, and for programs with a license minimum of 10 NUP per Processor, you must have a minimum of 10 NUP licenses for every two (2) OCPUs.

For the purposes of deploying your licenses on Oracle Ravello, every one (1) Processor license covers the use of the program on 4vCPUs (equivalent to two (2) Ravello R1 or R2 compute units). For the purposes of deploying Standard Edition, Standard Edition One or Standard Edition 2 in the program name, each socket is considered equivalent to 4 vCPUs. For deploying Named User Plus (NUP) licenses on Oracle Ravello, you must always have a sufficient number of NUP licenses to cover your use of the program in the Cloud. This means you must have the greater of: a) the actual number of users, or b) the minimum number of NUP licenses per Processor. For programs with a license minimum of 25 NUP per Processor, you must have a minimum of 25 NUP licenses for every four (4) vCPUs, and for programs with a license minimum of 10 NUP per Processor, you must have a minimum of 10 NUP licenses for every four (4) vCPUs.

When licensing Oracle programs with Standard Edition One, Standard Edition 2 or Standard Edition in the product name (with the exception of WebCenter Enterprise Capture Standard Edition, Java SE Support, Java SE Advanced, and Java SE Suite), where a processor license is counted equivalent to an occupied socket, every one (1) Processor license covers the use of the program on four (4) OCPUs. Regarding NUP minimums for Standard Edition 2, which has license minimum of 10 NUP per Server, you must have the greater of: a) the actual number of users of the program or b) a minimum of 10 NUP licenses for every eight (8) OCPUs. If the instance is less than eight (8) OCPUs, the minimum is still 10 NUP.

Statement of Change:

On 7/29/2019, added Intel Chip Models: Intel® Xeon® Platinum 92XX, Intel® Xeon® Platinum 82XX, Intel® Xeon® Gold 62XX, Intel® Xeon Gold 52XX, Intel® Xeon® Silver 42XX, Intel® Xeon® Bronze 32XX - with a core factor of 0.5

On 10/22/2019, added AMD Chip Model: 7XX2, with a core factor of 0.5 ■

[25] *http://www.oracle.com/us/corporate/contracts/processor-core-factor-table-070634.pdf*

Etwas absurd wird die geforderte Lizenzierung, wenn beispielsweise eine VM-Installation mit einer darauf installierten Oracle Enterprise Edition gar nicht auf einem physischen Server ausgeführt wird bzw. dort noch nicht einmal abgespeichert liegt. Die VM könnte irgendwo auf einem Netzwerkspeicher abgelegt sein, auf dem diese VM-Installation mit der Oracle Enterprise Edition gar nicht ausgeführt werden könnte. Gemäß den aktuellen Oracle-Lizenzbedingungen müsste diese Installation zu den erforderlichen Lizenzbedarfen hinzugezählt werden, aber auf welcher Basis sollte das geschehen? Der Lizenzbedarf wird ja in Abhängigkeit von dem Prozessor oder Kern des physischen Servers mit dem entsprechenden Core-Faktor ermittelt. Bekanntermaßen hat in den meisten Fällen ein passiver Netzwerkspeicher so etwas ja nicht. Den Lizenzbedarf dafür zu ermitteln, wäre hier also eigentlich völlig unsinnig. Oracle konnte bis heute leider keine vernünftige Antwort darauf geben, wie in diesen Situationen zu verfahren ist.

Mit den Weiterentwicklungen der Virtualisierungstechnologien können aber auch noch weit größere Herausforderungen auf das Lizenzmanagement zukommen. Um zu verdeutlichen, was damit gemeint ist, lassen Sie uns noch einmal auf das Beispiel mit den zu lizenzierenden Prozessorlizenzen in einem Server-Cluster zurückkommen.[26, 27]

- *Variante 1:* Der Server-Cluster wird mit dem VMware-Softwareprodukt „VCenter 5.0“ betrieben. Hier wären die vorhergehenden Erläuterungen und Betrachtungen mit dem Ergebnis, dass ein Lizenzbedarf von 160 Prozessorlizenzen entsteht, aus der Sicht der Oracle-Lizenzierung korrekt und somit der komplette Cluster zu lizenzieren.
- *Variante 2:* Wird der Server-Cluster aber bereits mit einer Version VCenter 6.x oder höher betrieben, ergibt sich aus der Sicht von Oracle ein noch viel höherer Lizenzbedarf.

Warum? Ab der Version VCenter 6.x des VMware-Cluster-Managements können virtuelle Maschinen auch über die physischen Server-Cluster-Grenzen hinweg verschoben werden. Daraus ergibt sich nach der Oracle-internen Lizenzlogik – für die beispielhafte VM mit der Oracle Enterprise Edition – ein Lizenzbedarf, der sich aus allen Cores von allen verfügbaren physischen Servern aus allen im Rechenzentrum für die VM erreichbaren Clustern zusammensetzt. Somit kann sich also – je nach Größe des Rechenzentrums und der Art und Weise, wie die virtuellen Strukturen organisiert sind – der Lizenzbedarf noch einmal um ein Vielfaches erhöhen. Auch bezüglich dieser Oracle-eigenen Auslegung der Lizenzverträge äußern sich die Juristen mit den gleichen Bedenken, wie zuvor schon erwähnt. Da die bestehenden Risiken für eine nicht lizenzkonforme Nutzung aber sehr groß sein können, sollte sich kein Unternehmen dieser potenziellen Unterlizenzierung aussetzen. Es ist also immer im Zweifelsfall eine entsprechende Anzahl der erforderlichen Lizenzen zu beschaffen. Unter diesem doch recht teuren Gesichtspunkt überlegen sich aber immer mehr Unternehmen, die Datenbanksysteme von Oracle durch andere Systeme mit einfacheren oder wenigstens transparenteren Lizenzmodellen zu ersetzen, um damit ihre virtuellen Infrastrukturen wirtschaftlicher zu reorganisieren.

---

[26] Lizenzierung in virtualisierten Umgebungen: Oracle nimmt Gespräch mit der DOAG auf: *https://www.doag.org/de/home/news/lizenzierung-in-virtualisierten-umgebungen-oracle-nimmt-gespraech-mit-der-doag-auf/detail/*

[27] Ein großer Schritt für die Oracle-Lizenzierung in virtuellen Umgebungen: DOAG e.V. – *https://www.doag.org/de/home/news/ein-grosser-schritt-fuer-die-oracle-lizenzierung-in-virtuellen-umgebungen/detail/*

21.2.4.2 Oracle-Lizenzierung: Named User Plus (NUP)

Das zweite Lizenzmodell für Oracle-Datenbanken beschreibt die Lizenzierung der genutzten Datenbankinstallationen über eine zugewiesene User-Lizenzierung. Die Vorgehensweise zur Ermittlung der lizenzkonformen Nutzung von Oracle-Datenbanken über die User-Lizenzierung ist eine komplett andere und **nur anwendbar**, wenn die **Anzahl der Benutzer ermittelbar** ist. Allerdings verbergen sich auch hier hohe Unterlizenzierungsrisiken, wenn bestimmte Lizenzmetrikvorgaben von Oracle, wie beispielsweise eine je nach Edition und Version zu erwerbende Mindestbenutzerzahl, nicht befolgt werden. Das Lizenzmodell „Named User Plus (NUP)[28]" beschreibt, dass eine benannte natürliche Person über ein Endgerät zur Nutzung von Softwareprodukten berechtigt ist, die auf einem oder mehreren Servern installiert sind. Dabei ist es - wir haben diese Oracle-Besonderheit bereits bei den Prozessorlizenzen beschrieben - völlig unerheblich, ob die installierten Softwareprodukte auch tatsächlich aktiv von der benannten natürlichen Person genutzt werden. Sind weitere Endgeräte vorhanden, die beispielsweise automatisiert bzw. ohne Eingriff eines Users auf die installierten Oracle-Datenbankprodukte zugreifen können, werden diese als ein „nicht benutzerbedientes Gerät" gezählt und sind ebenfalls mit einer „Named User Plus"-Lizenz bei der Ermittlung der erforderlichen Lizenzbedarfe zu berücksichtigen. Eine Besonderheit ist dabei die **automatische Stapelverarbeitung** zwischen zwei Systemen, die in diesem Fall keine NUP-Lizenz erfordert, denn diese Verbindung bzw. diese Kommunikation ist aus Oracle-Sicht ohne separate Lizenz zulässig.

Wie sind nun diese Konstellationen eigentlich zu bewerten bzw. zu ermitteln?

Um eine Zählung der erforderlichen berechtigten Personen oder der „nicht benutzerbedienten Geräte" überhaupt durchführen zu können, muss das sogenannte Multiplexer-Objekt betrachtet werden:

1. **Multiplexing.** Über diese Lizenzmetrik wird von Oracle am Eingang über das eingesetzte Multiplexing-Hardware- oder -Software-Frontend (wie z. B. ein Transaktionsmonitor[29] oder ein Webserver) die Anzahl der zugreifenden Personen oder Geräte auf die Oracle-Datenbank ermittelt. So sind als Multiplexer alle Systeme zu betrachten, die zwischen einer bestimmten Menge an zugreifenden Usern und einer Oracle-Datenbank liegen.

   Ein Beispiel dazu: Über ein Webshop-System greift eine große Menge von Usern auf eine Microsoft-SQL-Datenbank zu, welche wiederum auf ein Oracle-basiertes System zur Lagerhaltung und zum Auftragsmanagementsystem zugreift, also eine typische Multiplexer-Situation. Je nachdem, wie dieser Systemdurchgriff implementiert wurde, kann es sein, dass Oracle der Meinung ist, dass alle User, die über den Webshop auf die Microsoft-Datenbank zugreifen, gleichzeitig als Named User Plus auch für die Oracle-Datenbank zu lizenzieren sind. Da aber hier bereits die Situation darlegt, dass die Benutzeranzahl nur schwer zu ermitteln ist (Kundenwachstum des Webshops), ist hier - bei einer Forderung von Oracle, dieses Beispiel zu lizenzieren - das Lizenzmodell „Prozessorlizenz" anzuwenden.

2. **non-human operated device[30].** Einfacher zu verstehen ist die Definition eines „non-human operated device", auf Deutsch ein „nicht benutzerbedientes Gerät". Hinter diesem Begriff verbergen sich jegliche Art von Sensoren bzw. technischen Geräten, die Daten in Oracle-Datenbanken schreiben oder von dort auslesen.

[28] *http://www.doag.org/wissen/competence-center/lizenzierung/lizenzierung-der-technischen-oracle-produkte.html*

[29] *http://de.wikipedia.org/wiki/Transaktionsmonitor*

[30] Database Licensing (oracle.com) - *http://www.oracle.com/us/corporate/pricing/databaselicensing-070584.pdf*

Ein Beispiel dazu: Eine vollautomatisierte Versandstraße bei einem großen Online-Versandhaus oder in einem Logistikzentrum wird mit einer auf Oracle-Datenbanken basierenden Softwarelösung betrieben. Die Transportbänder sind für die Sortierung mit einer Vielzahl von Barcode-Scannern, Sensoren oder anderen technischen Geräten ausgestattet, um ein vorbeikommendes Paket über das Scannen des Barcodes für den richtigen Zielort zu bestimmen. Diese Sensoren übertragen die erfassten Daten in eine Oracle-Datenbank. Damit gelten diese als „non-human operated device" und sind im Lizenzmodell als „Named User Plus" mit einer entsprechenden User-Lizenz zu lizenzieren.

3. **Mindestlizenzierung von Named-User-Plus-Lizenzen pro ermittelter Anzahl von Prozessorlizenzen.** Zu guter Letzt ist je nach eingesetzter Version und Edition und darunterliegender Hardwareumgebung eine bestimmte Mindestanzahl an NUP-Lizenzen zu erwerben, wenn man sich für das NUP-Lizenzmodell entscheidet und die zugreifenden User auch ermittelbar sind. Dabei wird von Oracle vorgegeben, dass je nach Edition eine bestimmte Mindestanzahl von Usern zu beschaffen ist. Diese erforderliche Mindestanzahl wird durch die Hardwareparameter der eingesetzten Server (physische Prozessoren bzw. Cores) bestimmt. Durch die Anzahl der Prozessoren multipliziert mit dem vorgegebenen Core-Faktor wird die Anzahl der Prozessorlizenzen ermittelt und damit die erforderliche Menge der NUP-Lizenzen bestimmt. Dabei gilt dann außerdem noch, dass der im Ergebnis größere „Lizenzmodell-Wert" lizenziert werden muss. Tabelle 21.7 stellt die eben beschriebenen Zusammenhänge noch einmal übersichtlich für eine Auswahl von Oracle-Datenbankprodukten dar.

Tabelle 21.7 Auszug von anzuwendenden Mindestbenutzerzahlen bei der Lizenzierung mit Named User Plus (NUP)

Programm	Named-User-Plus-Mindestanzahl
Oracle Database Enterprise Edition	25 Named User Plus (NUP) **pro Prozessorlizenz** (also physische Prozessoranzahl * Core-Faktor = Anzahl der Prozessorlizenzen)
Oracle Standard Edition Two (SE2)	Zehn Named User Plus (NUP) (Oracle Standard Edition Two kann nur auf Servern mit einer Kapazität von maximal zwei Sockets lizenziert werden.)
Optionen für Oracle Database Enterprise Edition sowie Enterprise Manager	Enterprise Edition Options & Enterprise Managers müssen mit der Anzahl der zugehörigen Oracle Database Enterprise Edition übereinstimmen. Zusätzlich müssen 25 Named-User-Plus-Lizenzen erworben werden. (Als zugehörige Datenbank werden die Datenbanken bezeichnet, die von der jeweiligen Option verwaltet werden.)

So können Sie für Ihre Datenbankinstallation die erforderliche Mindestanzahl von NUP-Lizenzen bestimmen:

1. *Anzahl der physischen Prozessoren pro Server,* anschließend aus der Core-Faktor-Tabelle den Prozessorwert bestimmen, auf dem die Datenbank installiert werden soll, und den Wert ermitteln
2. Der ermittelte Wert wird mit der aus der Tabelle abzuleitenden Mindestbenutzerzahl multipliziert.
3. Das Ergebnis ist die erforderliche Gesamtmindestbenutzeranzahl der Named-User-Plus-Lizenzen (NUP) für die angedachte Oracle-Installation.

Für eine beispielhafte Installation einer Oracle Database Enterprise Edition auf einem Server mit sechs physischen AMD-Prozessoren (Faktor 0,5) ergibt sich jetzt folgender Rechenweg:

I. Anzahl der ermittelten Prozessoren = sechs; (6*0,5) ergibt drei Prozessorlizenzen

II. Die Gesamtanzahl der Prozessorlizenzen (hier drei) wird mit der erforderlichen Mindestbenutzeranzahl für eine Database Enterprise Edition (hier 25 Named User Plus pro Prozessorlizenz) multipliziert: 3*25 = 75 Named User Plus Lizenzen.

Für die beispielhafte Hardwarekonfiguration eines Servers mit sechs AMD Prozessoren werden für die Database Enterprise Edition in diesem Beispiel also mindestens 75 Named-User-Plus-Lizenzen benötigt. Sind dann beispielsweise noch sogenannte „non-human operated devices“ mit im Spiel, ist die Anzahl an NUP-Lizenzen zu erwerben, die bei der Berechnung den höheren Wert ergibt. Wenn wir das oben aufgeführte Beispiel noch mit zusätzlich zu lizenzierenden 400 Sensoren, die Daten in die zu installierende Datenbank schreiben, erweitern, würde Folgendes gelten:

I. Gesamtanzahl der Prozessorlizenzen des Servers = 3 × 25 (Mindestbenutzeranzahl) = 75 NUP-Lizenzen

II. 400 Sensoren = 400 NUP-Lizenzen

Die Anzahl der zu lizenzierenden Sensoren (400) ist in diesem Beispiel größer als die erforderliche Mindestbenutzeranzahl (75) für die Anzahl der zu lizenzierenden Prozessorlizenzen (3), also sind 400 NUP-Lizenzen zu erwerben. Man kann auch bei der Anwendung der Named-User-Plus-Lizenzierung nicht völlig unabhängig von den Hardwareparametern die Datenbankprodukte installieren und in Betrieb nehmen. Denn die oben bereits beschriebene Abhängigkeit zwischen den einzusetzenden Datenbankversionen und den zugrunde liegenden Hardwareparametern sowie der dafür erforderlichen Mindestlizenzierung ist pro Einsatzszenario genau zu prüfen und muss außerdem im Produktivbetrieb kontinuierlich überwacht werden.

Welches Lizenzmodell soll es nun sein, die „Named User Plus“ oder die „Prozessorlizenz“?

Generell können für eine erste Einstufung die folgenden Prämissen angewendet werden:

- Das Lizenzmodell „Prozessorlizenz“ ist anzuwenden, wenn
  - nicht ermittelt werden kann, welche Anzahl von Anwendern bzw. von „non-human operated devices“ zu erwarten ist;
  - eine bestehende Datenbankinstallation steigende Anwenderzugriffe bekommt;
  - eine allgemeine Datenbankanwendung für eine Vielzahl von Anwendern mit geringem Konfigurationsaufwand und geringer Auslastung zur Verfügung gestellt werden soll;
  - die erforderlichen Kosten mehr als den Preis für 50 Named-User-Plus-Lizenzen ausmachen (50 Named-User-Plus-Lizenzen haben in etwa den Preisrahmen für eine „Prozessorlizenz“ bei der Datenbank Standard Edition oder Enterprise Edition).
- Das Lizenzmodell „Named User Plus“ ist anwendbar, wenn
  - die Anzahl der Anwender bzw. Zugriffe durch „non-human operated devices“ zu ermitteln sind, sonst geht nur „Prozessorlizenz“;
  - eine gleichbleibende Anwenderanzahl bzw. Zugriffsanzahl besteht und eine skalierbare Hardwarekonfiguration durch zusätzliche Prozessoren möglich ist;

- es sich um sehr komplexe Datenbankanwendungen mit einer intensiven Auslastung handelt, bei der wenige Anwender bzw. Zugriffe durch „non-human operated devices“ erfolgen;
- die für dieses Lizenzmodell erforderlichen Kosten sich unter dem Preis für 50 Named-User-Plus-Lizenzen wiederfinden.

Seit 2002 verwendet Oracle bereits mit einigen Anpassungen die Regeln für die Lizenzmetriken „Named User Plus“ und „Prozessorlizenz“. Sie haben erfahren, dass immer die vorhandene oder auch geplante IT-Architektur ein wichtiger Bestandteil bei der Auswahl des anzuwendenden Lizenzmodells ist, vor allem wenn es darum geht, die geforderte lizenzkonforme Nutzung der Oracle-Produkte sicherzustellen. Sie sollten sich also regelmäßig fragen, ob das einmal ausgewählte Lizenzszenario immer noch das wirtschaftlich sinnvollste ist.

- Ist das Lizenzmodell „Named User Plus“ immer noch für die aktuelle IT-Architektur das richtige bezüglich Anwender-, Gerätezugriffe und Datenschnittstellen?
- Auch im Bereich der angewendeten Virtualisierungstechniken?
- Stimmt die eingesetzte Datenbankversion und -edition noch mit dem aktuellen Betriebsszenario überein und ist das auch immer noch das wirtschaftlichste Szenario im Hinblick auf die lizenzkonforme Nutzung der Softwareprodukte? ■

Im Folgenden finden Sie weitere informative Weblinks zum Thema Oracle-Lizenzierung.

Weitere Weblinks für die Oracle-Thematik:

- Oracle-Produktpreisliste (Global Pricing and Licensing | Oracle – *https://www.oracle.com/corporate/pricing/*)
- Oracle Technology Global Price List – September 8, 2020 – *https://www.oracle.com/assets/technology-price-list-070617.pdf*
- Oracle Software Delivery Cloud – *https://edelivery.oracle.com/*
- Oracle bietet seit geraumer Zeit in seiner Cloud-Umgebung den elektronischen Download aller verfügbaren und zu lizenzierenden Softwareprodukte an, für die ein Zugang zu beantragen ist.
- Oracle License and Service Agreement – *https://www.oracle.com/corporate/contracts/contract-documents/*
- Oracle License Management Services – *https://www.oracle.com/corporate/license-management-services/*
- DOAG Deutsche ORACLE-Anwendergruppe e. V. – *https://www.doag.org/de/home/*
- DOAG: Der Themenbereich Standard Edition befasst sich mit dem Einsatz der Oracle Database Standard Edition Two bzw. auch den bis 2015 verfügbaren Standard Edition One und Standard Edition – *https://www.doag.org/de/themen/datenbank/standard-edition/*

Webseite Oracle, Globale Preise und Lizenzierung – Spezialthemen – *https://www.oracle.com/corporate/pricing/specialty-topics.html*

- Oracle Database Licensing (PDF) – *https://www.oracle.com/assets/databaselicensing-070584.pdf* Übersicht der Datenbanklizenzrichtlinien.
- Oracle Technology Hosting (PDF) – *https://www.oracle.com/assets/oracle-technology-hosting-1531497.pdf* Übersicht über Oracle Technology Hosting-Richtlinien.
- Partitionierung (PDF) – *https://www.oracle.com/assets/partitioning-070609.pdf* Überblick über Lizenzierungsrichtlinien für partitionierte Umgebungen.
- Formulare und Berichte (PDF) – *https://www.oracle.com/assets/forms-reports-070602.pdf* Übersicht über die Lizenzierungsrichtlinien für Formulare 6i und Berichte 6i.
- Lizenzierung von Oracle Software in der Cloud Computing Environment (PDF) – *https://www.oracle.com/assets/cloud-licensing-070579.pdf* Übersicht über die Lizenzierungsrichtlinie, die für EC2, RDS und andere gilt.
- Lizenzierung von Datenwiederherstellungsumgebungen (PDF) – *https://www.oracle.com/assets/data-recovery-licensing-070587.pdf* Übersicht über die Lizenzierungsrichtlinie, die für Datenwiederherstellungsumgebungen wie Standby, Failover und Remote Mirroring gilt.
- Oracle Software Licensing Basics (PDF) – *https://www.oracle.com/a/ocom/docs/corporate/oracle-software-licensing-basics.pdf* Grundlegende Übersicht der allgemeinen Lizenzierungsrichtlinien.
- Anwendungslizenztabelle (PDF) – *https://www.oracle.com/assets/application-licensing-table-070571.pdf* Dieses Dokument bietet einen Überblick über die Lizenzvoraussetzungen von Oracle für die zugrundeliegende Datenbank und andere Technologien bei der Lizenzierung von Oracle-E-Business-Suite-Anwendungen, da es sich auf die Ebene der Änderungen bezieht, die an den Anwendungsprogrammen vorgenommen werden.

■

Nun gibt es aber zu dem Lizenzmodell „Prozessorlizenz", welches bisher auf die physischen und virtuellen Hardwareparameter und Merkmale abstellte, noch eine weitere lizenzbestimmende Komponente, die sich auf die Art und Weise der Installation einer Oracle-Datenbank bezieht, also hier bildhaft gesprochen die „inneren Werte" mit einbeziehen möchte. Dies sind die zusätzlichen Optionen und Management Packs.

21.2.4.3 Oracle: zusätzliche Optionen und Funktionspacks

Wer die Oracle-Datenbankprodukte kennt, weiß, dass diese ein extrem breites Leistungs- und Funktionsspektrum zur Verfügung stellen können, das durch eine Vielzahl von Optionen modular strukturiert wird. Beispielhaft zu nennen sind die Partitioning-Option[31, 32], das Real Application Clusters (RAC)[33] oder von den verfügbaren Management Packs beispielsweise das Tuning Pack[34]. Dies sind nur einige von vielen weiteren Optionen aus dem zur Verfügung gestellten Funktionsspektrum.

Die bisher beschriebene Ermittlung der physischen und virtuellen Hardwareparameter für die erforderlichen Prozessorlizenzen ist von der Sache her noch recht einfach zu handhaben, selbst wenn nicht immer gleich auf den ersten Blick klar ist, welche physischen Systeme in die Zählung mit einzubeziehen sind. Eine weit größere Herausforderung ist dagegen das nun erforderliche Ermitteln der ebenso lizenzkostenpflichtigen installierten bzw. genutzten Optionen und Packs.

Warum ist das eine Herausforderung?

Weil für die Verwendung der vielfältigen Funktionen und Optionen keine separaten Lizenzschlüssel oder andere Freischaltmechanismen erforderlich sind, werden schnell einmal bei der Installation einer Oracle-Datenbanksoftware viele der angebotenen Optionen gleich mit installiert. Bereits ein Klassiker ist es, wenn große Unternehmen für eine automatisierte Softwareverteilung Installationspakete erzeugen und in solchen Fällen oft den kompletten Funktionsumfang für die Datenbankinstallation bzw. Installationskonfiguration auswählen, mit dem berechtigten Anliegen, dadurch weniger Installationspakete bereitstellen zu müssen. Wird aber später eines dieser vorgefertigten Installationspakete verwendet, sind immer auch gleich alle lizenzkostenpflichtigen Funktionen bzw. zusätzlichen Optionen aktiv und müssen aus Sicht des Herstellers lizenziert werden.

Selbst dann, wenn der verantwortliche Datenbankadministrator mit Umsicht agiert und auch weiß, was er bei der Datenbankinstallation aktiviert, ist die Oracle-Welt hier nicht so einfach zu handhaben. Denn nicht alle Optionen bzw. auswählbaren Funktionen bzw. Packs können so einfach per se von der Installation ausgeschlossen werden. Einige der darin enthaltenen Funktionen sind beispielsweise für den ordnungsgemäßen Betrieb der Datenbank erforderlich und werden daher automatisch mit installiert, selbst wenn diese gar nicht ausgewählt wurden. Es kommt auch nicht selten vor, dass sich Funktionen automatisch und meist ohne weitere Interaktion nachinstallieren, wenn erforderliche Patches oder Hot Fixes im Rahmen einer Datenbanksystemwartung auf eine bestehende Datenbankinstallation angewendet werden. Ein Klassiker darunter ist Partitioning, welches aber nur als lizenzkostenpflichtig gilt, wenn es nicht für Systemtabellen verwendet wird. Es bleibt also immer ein wenig spannend für den Datenbankadministrator, selbst wenn explizit beim Installationsvorgang nichts an zusätzlichen Optionen oder Packs ausgewählt wurde, welche weiteren aktiven Komponenten letztendlich seine Datenbankinstallation hat. Zum Trost für das Lizenzmanagement bzw. den verantwortlichen Datenbankadministrator kann Oracle hier wenigstens - mit Hilfe seiner internen Verwaltungstabellen - sehr fein unterscheiden, ob das Datenbanksystem selbst und ohne Fremdbestimmung agiert hat oder ob ein Datenbankanwender eines dieser Features genutzt bzw. aktiviert hat.

[31] Partitionierte Tabellen können als interne Heap- oder Indextabellen, als externe Tabellen und beginnend mit Oracle Database 19c als hybrid partitionierte Tabellen erstellt werden, dabei hängt die Verfügbarkeit einzelner Partitionierungsmethoden vom Typ der Tabelle ab.

[32] *http://www.oracle.com/technetwork/database/options/partitioning/overview/index.html*

[33] *https://www.oracle.com/de/database/real-application-clusters/*

[34] *https://www.oracle.com/technical-resources/articles/enterprise-manager/oem-packs-overview.html*

Im ersteren Fall sind die vom Datenbanksystem automatisch installierten Funktionen für den Kunden nicht lizenzkostenpflichtig, wenn sie denn auch nicht genutzt wurden. De facto kann aber u. U. über den Zugriff von Drittsoftware auf eine Oracle-Datenbank unwissentlich eine lizenzkostenpflichtige Funktion bzw. Option durch einen Anwender ausgelöst werden.

Wie sind nun diese zusätzlichen Funktionen und Optionen ermittelbar?

Oracle speichert in speziellen Verwaltungstabellen detaillierte Daten über die Nutzung der technischen Funktionen und Optionen. Damit diese Daten ausgelesen werden können, stellt Oracle im Internet fertige Dateien in Form von SQL-Skripten zur Verfügung, mit denen die Nutzung von Datenbankbestandteilen im Detail dokumentiert werden kann. So begrüßenswert diese von Oracle zur Verfügung gestellte Funktion auch ist, diese Dokumentation der technischen Datenbankbestandteile zeigt nur in sehr wenigen Fällen auf, ob die ermittelten Funktionen bzw. Optionen über die Oracle-Preisliste zu lizenzieren sind. In einzelnen Fällen, wie beispielsweise der „Advanced Compression Option", entspricht eine einzelne technische Funktion auch genau einer zu lizenzierenden Option. In den meisten Fällen setzt sich jedoch eine zu lizenzierende Option aus mehreren technischen Funktionen zusammen. Jetzt könnte man meinen, dass Oracle diese Zusammensetzung dokumentieren würde, aber leider ist dem nicht so. Viele Oracle-Anwender versuchen sich dadurch zu helfen, dass in mühevoller Kleinarbeit versucht wird, diese Abbildung eigenständig zu erstellen. Das sind aber keinesfalls offizielle Informationen von Oracle und sie beinhalten mit an Sicherheit grenzender Wahrscheinlichkeit auch nicht immer die aktuellen Veränderungen durch Oracle. Im Grunde macht es damit also Oracle seinen Kunden nur unnötig schwer, die geforderte Compliance der Datenbanknutzung einzuhalten und kontinuierlich proaktiv zu managen.

Hinweis:

Fordern Sie regelmäßig Oracle (beispielsweise das Oracle License Management Services LMS Team)[35] schriftlich dazu auf - mit dem Nachweis des schriftlichen Zugangs bei Oracle - diese zwingend notwendigen Informationen zur Einhaltung Ihrer Lizenz-Compliance an Sie zu liefern und auch aktuell zu halten. Sicherlich werden Sie darauf keine größeren Reaktionen erhalten. Trotzdem sollten Sie diese schriftliche Aufforderung noch einmal nach ca. vier bis sechs Monaten wiederholen, damit Sie - falls es durch einen Software-Audit im Nachgang zu einer juristischen Auseinandersetzung kommt - dokumentiert haben, dass Oracle es Ihnen nicht ermöglichen konnte, die korrekte Nutzung der Datenbankanwendungen lizenzkonform zu überwachen und mögliche Fehler unmittelbar zu korrigieren. ■

Tabelle 21.8 zeigt den beispielhaften Auszug aus einer Verwaltungstabelle, die durch ein SQL-Skript abgefragt wurde und den Teil der installierten bzw. genutzten technischen Funktionen wiedergibt.

Diese hier beispielhaft und nicht vollständig aufgeführten Parameter einer Oracle-Datenbankinstanz sind noch in lizenzkostenpflichtige bzw. nicht lizenzkostenpflichtige Funktionen bzw. Optionen zu übersetzen.

[35] License Management Services | Oracle - *https://www.oracle.com/corporate/license-management-services/*

Tabelle 21.8 Beispielhafter Auszug von genutzten technischen Funktionen in Oracle

DATABASE OPTIONS			
ID	PARAMETER	VALUE	HOST_NAME
0	Advanced replication	TRUE	xxxx
0	Application Role	TRUE	xxxx
0	Bit-mapped indexes	TRUE	xxxx
0	Block Change Tracking	TRUE	xxxx
0	Connection multiplexing	TRUE	xxxx
0	Database queuing	TRUE	xxxx
0	Database resource manager	TRUE	xxxx
0	Enterprise User Security	TRUE	xxxx
0	Export transportable tablespaces	TRUE	xxxx
0	Fast-Start Fault Recovery	TRUE	xxxx
0	File Mapping	TRUE	xxxx
0	Flashback Database	TRUE	xxxx
0	Flashback Table	TRUE	xxxx
0	Heap segment compression	TRUE	xxxx
0	Instead-of triggers	TRUE	xxxx
0	Parallel backup and recovery	TRUE	xxxx

Um ein möglichst vollständiges Bild über die zu lizenzierenden Oracle-Komponenten zu erhalten, sind folgende Schritte notwendig:

1. Finden aller installierten und oder laufenden Oracle-Datenbankinstanzen im Unternehmensnetzwerk
2. Import der erforderlichen SQL-Skripte auf die physischen Server, auf denen Oracle-Instanzen betrieben werden
3. Anmelden mit den entsprechenden Zugriffsdaten auf der jeweiligen Oracle-Instanz und Ausführung der SQL-Skripte auf jedem der identifizierten Systeme und Oracle-Datenbankinstanzen
4. Export aller erzeugten Ergebnisdateien der analysierten Server und Oracle-Instanzen
5. Analyse und Zusammenfassen der Ergebnisdateien

Das erforderliche Analysieren der Ergebnisdaten kann je nach Anzahl der zu analysierenden Dateien einen enormen zeitlichen Aufwand bedeuten. In der Regel lässt sich das auch nicht mehr mit einer Microsoft-Excel-Datei bewerkstelligen. Hierfür ist bereits ein gewisses Maß an Programmieraufwand zu kalkulieren, um die ermittelten Ergebnisdaten sinnvoll zusammenzufassen und für eine Analyse vorzubereiten. Sind alle diese Aufgaben erfolgreich bewältigt worden, besteht jetzt noch die Herausforderung, die ermittelten aktiven Funktionen, Optionen und Management Packs auf die Lizenzpositionen der Oracle-Preisliste abzubilden, um die tatsächlichen Lizenzkosten für den Betrieb der Oracle-Datenbankumgebung zu ermitteln.

Die zuvor beschriebene Vorgehensweise habe ich zum Verständnisgewinn noch in der hier aktualisierten Fassung der 4. Auflage belassen. Mit den heute am Markt verfügbaren SAM-Tools bzw. den Tools von Herstellern, die Oracle verifiziert hat – um das LMS-Team[36] bei seiner Compliance-Tätigkeit zu unterstützen –, müssen heute kaum noch die oben beschriebenen Aktivitäten „manuell" durchgeführt werden. Nachfolgend ein kurzer Abriss, wie die Vorgehensweise vom LMS-Team in einer Überprüfung umgesetzt und gehandhabt wird.

Analyse und technische Werkzeuge

Während eines Auditprozesses kann Oracle LMS eine Reihe von Tools bereitstellen, um Nutzungsdaten über die Oracle-Umgebung eines Kunden zu sammeln. In der Regel definieren das LMS-Team und der Kunde zusammen die Option, welche für die zu auditierende spezifische Umgebung am besten geeignet ist. Mit einer Reihe von Funktionen und Tools können Nutzungs- und Installationsinformationen erfasst werden:

- Eigenständige Skripte – produktspezifische Messoptionen, die eine einfache Möglichkeit zum Extrahieren von Daten bieten
- Oracle LMS Collection Tool – erkennt und sammelt Nutzungsdaten
- Oracle Server Worksheet – eine Deklaration aller Oracle-Produkte, die Kunden in ihrem Unternehmen installiert haben
- Oracle Enterprise Manager – robuste Erkennungs- und Messfunktionen für mehrere Oracle-Produkte

Weiterhin hat Oracle auch Drittanbieter-Tools zertifiziert.

Verifizierte Tools von Drittanbietern

Die Tools der unten aufgeführten Hersteller wurden von Oracle überprüft und verifiziert, um die erforderlichen Datensätze bereitzustellen, die das LMS-Team für die Lizenzüberprüfung anfordert bzw. mit diesen ergänzen kann. Oracle sagt, dass zur Lizenzüberprüfung nur die Daten im Zusammenhang mit der Installation und Verwendung bestimmter Oracle-Produkte gesammelt werden, so die zu prüfenden Oracle-Datenbank-Produkte und zugehörige lizenzkostenpflichtige Optionen. Die durchgeführte Überprüfung erfasst dabei keine anderen im Einsatz befindlichen Oracle-Produkte. Das Oracle-LMS-Team akzeptiert die bereitgestellten Ergebnisdaten aus einem der unten aufgeführten Tools als Alternative für den Einsatz der Oracle-LMS-Messtools, trotz allem müssen die Ergebnisse aber auch noch normalisiert werden, um sie lizenzkonform zu interpretieren.

> Zu beachten: Die Installation und Nutzung eines der unten aufgeführten Tools von verifizierten Anbietern ersetzt kein Oracle License Audit oder das vertragliche Recht von Oracle zur Durchführung einer Lizenzüberprüfung. Die über so ein Drittanbieter-Tool bereitgestellten Nutzungsdaten werden weiterhin von der Oracle-LMS-Organisation analysiert, um den erforderlichen Lizenzbedarf zu bewerten, damit so eine fundierte und von Oracle bestätigte Lizenzkonformitätserklärung dem Kunden ausgehändigt werden kann. ■

[36] Tooling | License Management Services | Oracle – *https://www.oracle.com/corporate/license-management-services/tooling.html*

Folgende Hersteller bzw. Tools sind von Oracle (aktuell) zertifiziert:

- Aspera SmartCollect[37]
- Certero
- CloudSphere
- Eracent
- Flexera
- Lime Software
- Micro Focus
- Servicenow

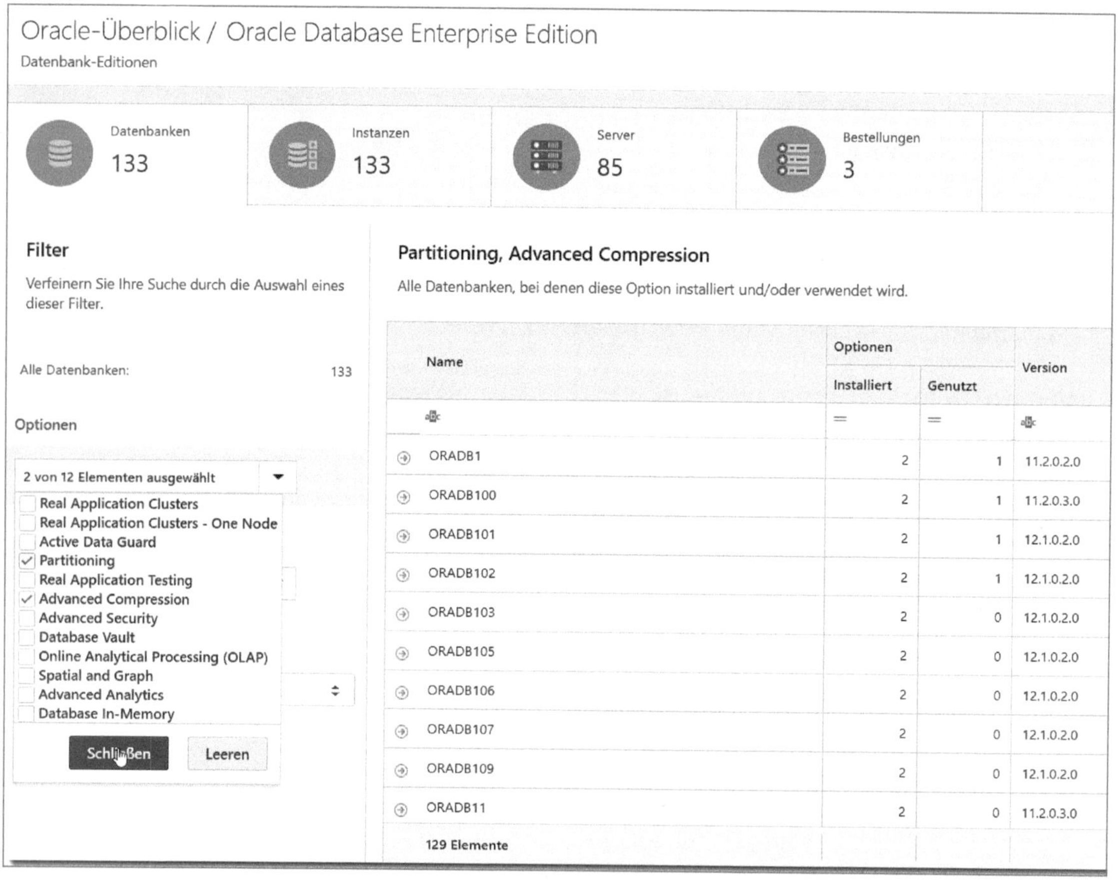

Bild 21.6 Beispielhafter Überblick zu einer Oracle DB Enterprise Edition mit lizenzkostenpflichtigen Optionen

[37] Hinweis: Aspera als Marke gibt es so nicht mehr, die Verlinkung von der Oracle-Webseite dorthin funktioniert nicht, Aspera wurde zum 1.2.2021 in die USU-Organisation komplett integriert.

Snow Software hat zwar noch keine Zertifizierung von Oracle erhalten (der Zertifizierungsprozess dazu wird von Oracle nur alle Jubeljahre und ohne Hinweis auf einen zyklischen Prüfrhythmus durchgeführt), entwickelt aber seine Oracle-Funktionen im Snow License Manager aktuell immer weiter und stellt seinen Kunden sehr fundierte und nachvollziehbare Informationen bereit, so u. a. auch über lizenzkostenpflichtig installierte Optionen bzw. Management Packs. Ein paar davon stelle ich Ihnen noch im Abschnitt 21.4.4 „Compliance-Übersicht für Oracle-Software“ vor. Das Bild 21.6 zeigt exemplarisch, wie der Snow License Manager die Informationen für beispielsweise lizenzkostenpflichtige Optionen bereitstellt. Snow stellt in seinem Berichtsmodul – in der aktuellen Produktversion des Snow License Manager – über 45 sogenannte Out-of-the-box-Berichte zu den vielfältigsten Fragestellungen und Use Cases in Bezug auf die Lizenzierung von Oracle-Produkten zur Verfügung.

Bei einem weiteren Drill down auf die „ORADB1“ werden dann auch die zuvor besprochenen lizenzkostenpflichtigen Optionen mit ihrem Status angezeigt.

Bild 21.7 Beispielhafte Übersicht der installierten und genutzten Oracle-Zusatzfunktionen bei einer Oracle DB Enterprise Edition

Hier noch ein Beispiel für die Management Packs „Nutzung“.

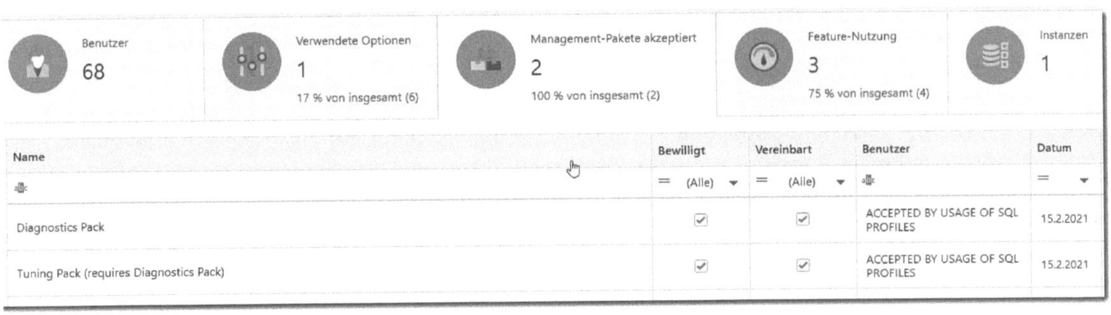

Und im folgenden Bild die Aufstellung der genutzten Funktionen dieser Datenbank-Installation.

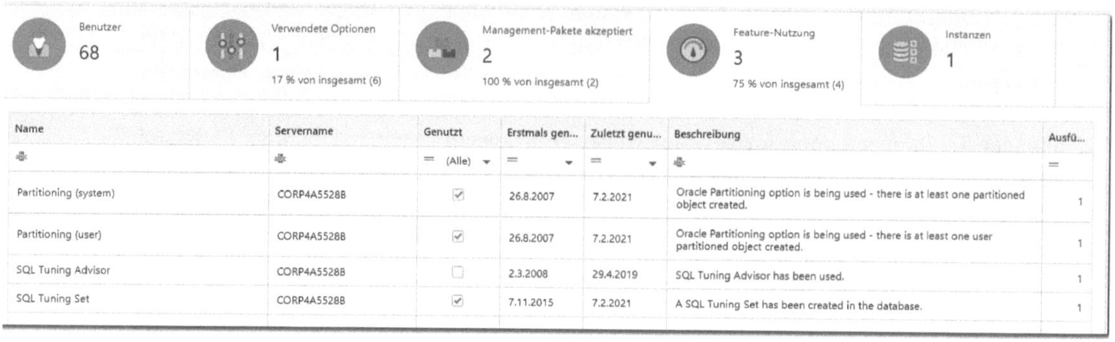

Warum empfiehlt es sich, diesen Aufwand zur Erhebung der lizenzkostenpflichtigen Komponenten zu betreiben?

Verdeutlichen Sie sich bitte noch einmal, dass bereits der Grundpreis einer Prozessorlizenz für eine Oracle Enterprise Edition (je Core) leicht den Gegenwert eines sehr ordentlich ausgestatteten Kleinwagens darstellt, und wenn dann auch noch zusätzliche Funktionen und Optionen bzw. Management Packs aktiviert werden, können Sie sehr schnell mit den doppelten Softwarelizenzkosten rechnen.

21.2.4.4 Oracle-Lizenzierung: Wo liegen mögliche Stolperfallen?

Bereits das Identifizieren von Server-Systemen, die Oracle-Datenbankinstallationen enthalten, ist nicht ganz trivial, denn die reine Inventarisierung von lokalen Server-Festplatten reicht nicht aus, um zuverlässig eine zu lizenzierende Oracle-Datenbankinstanz zu erkennen. Dafür sind mindestens noch die Hauptprozesse einer Oracle-Datenbank zu finden. Oracle selbst empfiehlt, dafür auch den Hauptkommunikationsprozess – den „TNSListener (Transparent Network Substrat)[38]“ – als Identifikationsmerkmal zu suchen und zu überwachen. Sobald eine Oracle-Datenbankinstallation gefunden und identifiziert wurde, muss noch abgeklärt werden, ob diese möglicherweise durch eine Drittanwendung wie beispielsweise SAP installiert wurde und genutzt wird und dadurch bereits ein gültiger Nachweis für diesen Lizenzbedarf besteht. Deshalb haben auch die heutigen Scan-Werkzeuge, wie beispielsweise Snow Software bei seinem Scan-Agent, spezifische Konfigurationseinstellungen und Parameter, die es ermöglichen, die Informationen aus den oben gezeigten Bildausschnitten, über die entsprechenden Inventory-Daten in Bezug auf die Oracle-Thematik zu erheben und zu analysieren, sodass das Softwareasset- und Lizenzmanagement mit diesen Informationen auch etwas anfangen kann und ggf. erforderliche Maßnahmen zur Risikominimierung planen und umsetzen kann. Hier noch einmal zur besseren Veranschaulichung ein Gesamt-Dashboard zu Oracle-Produkten aus einem Snow License Manager.

---

[38] *http://en.wikipedia.org/wiki/Transparent_Network_Substrate*

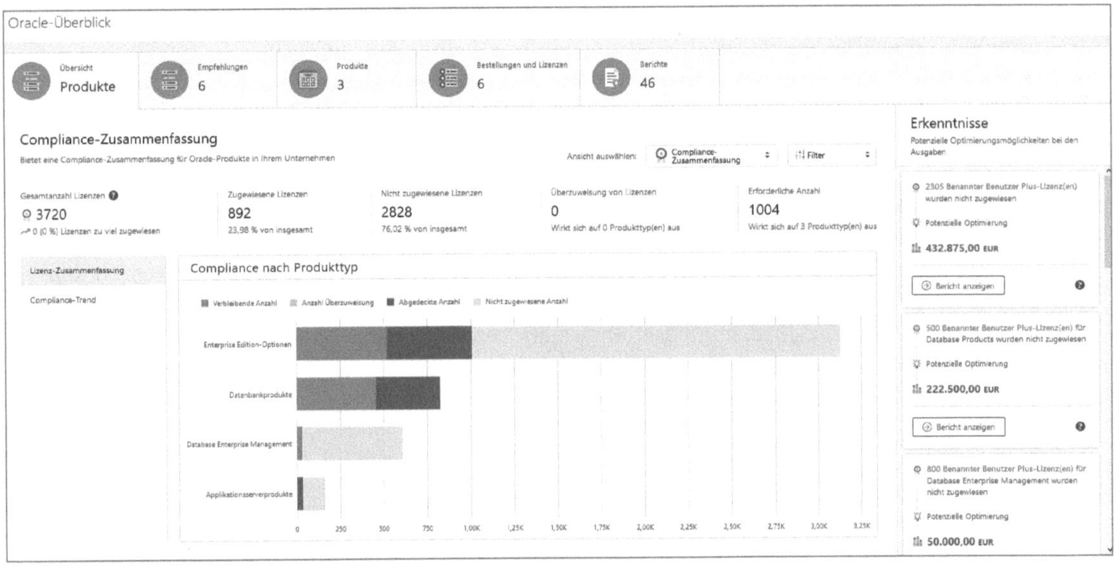

Bild 21.8 Oracle Dashboard aus Snow License Manager

Aus diesen erhobenen Informationen und gesammelten Daten gibt es dann auch für den Lizenzmanager bzw. den Softwareproduktverantwortlichen für die Oracle-Produkte beispielsweise eine große Anzahl von Hinweisen, um damit entsprechende Maßnahmen steuern und Risiken managen zu können.

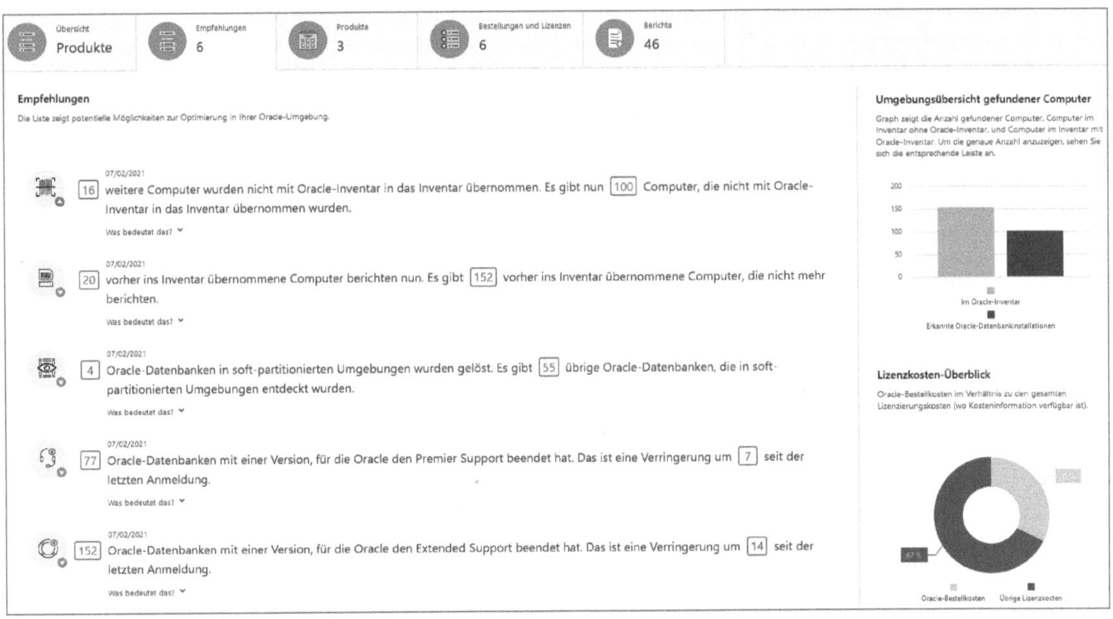

Bild 21.9 Übersicht der Empfehlungen und Maßnahmen zur Optimierung der Oracle-Produkte

Ein weiterer zu beachtender Fall sind eingesetzte, sogenannte Stand-by-Server-Systeme mit einer Oracle-Datenbankinstallation, die nur bei einem Ausfall der primären Server-Systeme mit der Hauptdatenbank aktiviert werden. Für diesen Fall muss klar ermittelt werden, in welcher Betriebsart sich diese Datenbankinstanz befindet und ob dann dafür eine separate Prozessorlizenz erforderlich ist oder ob diese Datenbankinstallation ohne eine eigene Softwarelizenz lizenzkonform eingesetzt werden kann. Um die erforderlichen Daten für das Lizenzmanagement zusammenstellen und bewerten zu können, sind oftmals immer noch sehr viele manuelle Aktivitäten (z. B. Verträge und Lizenznachweise anlegen und erfassen) durchzuführen, damit diese Informationen dann in ein SAM-Tool eingepflegt werden können und bei einer Lizenzbilanzierung Berücksichtigung finden. Wenn das erledigt ist, kann Ihnen ein SAM-Tool u. a. mit diesen Informationen die entsprechende Unterstützung geben.

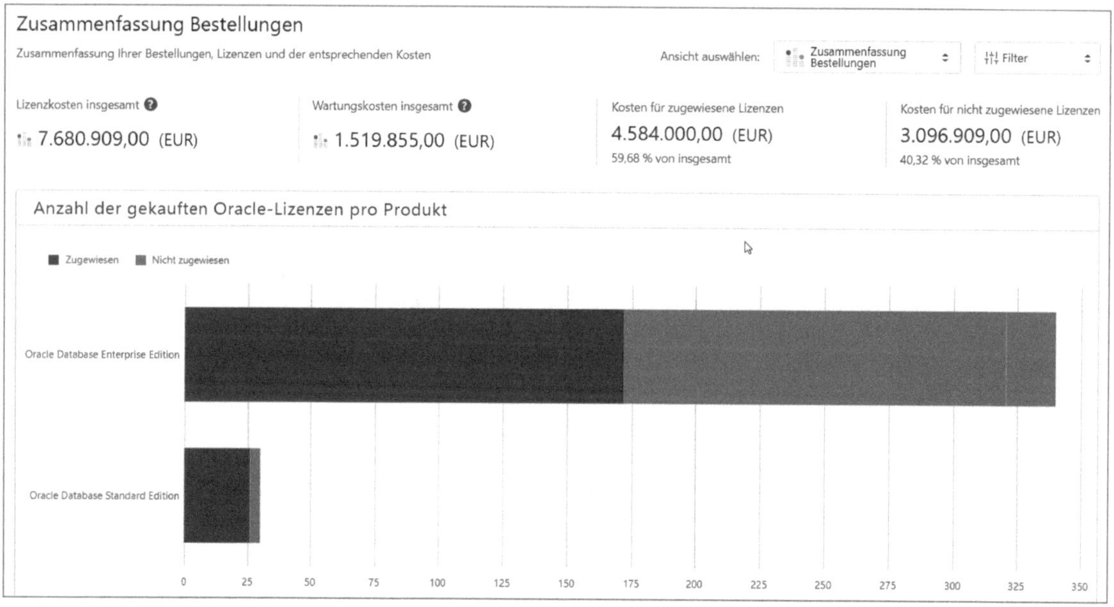

Bild 21.10 Übersicht der Oracle-Bestellungen mit Zuweisungs- und Kostenstatus

Wenden wir uns nun dem Hersteller IBM und seinen Lizenzmodellen und Lizenzmetriken zu.

21.2.5 IBM: Server-Lizenzierung im Überblick

IBM wurde vor über 100 Jahren gegründet und gilt damit als einer der ältesten Softwarehersteller am Markt. Durch sein umfangreiches Softwareportfolio verfügt IBM naturgemäß über eine Vielzahl an unterschiedlichsten Lizenzmodellen, nicht zuletzt auch bedingt dadurch, dass IBM durch ständige Softwareproduktzukäufe das bestehende Software- und Produktportfolio laufend erweitert. Viele der heutigen Lizenzmodelle und deren Lizenzmetriken, die in allen relevanten Bereichen der Unix-, Linux- bzw. Windows-Server-Welt zu finden sind, haben ihren Ursprung bei den Großrechnern der IBM.

IBM unterscheidet bei seinen Lizenzmodellen zwei grundlegende Formen:

- *Benutzer*basierte Lizenzierung:
  - Berechtigter Benutzer
  - Gleichzeitig angemeldeter Benutzer
  - Floating-Benutzer
  - Benutzer-Value-Unit
- *Kapazitäts*basierte Lizenzierung:
  - Installation
  - Prozessor-Value-Unit (PVU)
  - Server
  - Virtueller Server

Unter „sonstiger Lizenzierung" führt IBM noch auf:

- Clienteinheit
- Ressourcen-Value-Unit (RVU)

Lizenzerteilung[39]

Im Rahmen von „International Program License Agreement (IPLA)" und „Passport Advantage" erteilt IBM dem Lizenznehmer eine nicht ausschließliche Lizenz zur Nutzung der Software, sofern der Lizenznehmer sie bis zu der im Berechtigungsnachweis angegebenen Nutzungsberechtigung rechtmäßig erwirbt. IBM lizenziert die Software zur Nutzung entweder für eine feste oder eine unbegrenzte Laufzeit (abhängig von der Art der erworbenen Lizenz) und solange der Lizenznehmer die Bedingungen der Lizenzvereinbarung einhält.

Unbegrenzte Nutzung der Software – „Lizenz und Software-Subscription und -Support für 12 Monate"

„Lizenz und Software-Subscription und -Support für 12 Monate" erteilt folgende Rechte:

- Unbegrenzte Nutzung der jeweiligen Version bzw. des jeweiligen Release der erworbenen Software
- Erhalt von Software-Subscription und -Support (früher Software-Maintenance) für einen Zeitraum von zwölf Monaten
- Während der Laufzeit von Software-Subscription und -Support kann der Lizenznehmer die aktuellen im Handel erhältlichen Versionen, Releases oder Updates nutzen und Unterstützung für das Programm erhalten.

Am Ende einer Laufzeit kann Software-Subscription und -Support für weitere zwölf Monate (zum aktuellen Preis) verlängert werden. Dies wird als „Jährliche Verlängerung von Software-Subscription und -Support für 12 Monate" bezeichnet. In einigen Ländern wird Software-Subscription und -Support automatisch verlängert, es sei denn, der Lizenznehmer benachrichtigt IBM oder seinen IBM Business Partner über seine Absicht, keine Verlängerung vorzunehmen. Ohne Verlängerung erhält der Lizenznehmer nicht mehr länger die Vorteile von Software-Subscription und -Support, kann jedoch die Software weiterhin in Übereinstimmung mit der Lizenzvereinbarung nutzen.

---

[39] *https://www.ibm.com/software/de/passportadvantage/about_software_licensing.html*

Lizenz mit fester Laufzeit der Software – „Erstlizenz mit fester Laufzeit + Software-Subscription und -Support"

„Erstlizenz mit fester Laufzeit + Software-Subscription und -Support" erteilt folgende Rechte:

- Nutzung der Software vor Ort für einen begrenzten Zeitraum (meist zwölf Monate)
- Erhalt von Software-Subscription und -Support (früher Software-Maintenance) für die Laufzeit
- Während der Laufzeit von Software-Subscription und -Support kann der Lizenznehmer die aktuellsten im Handel erhältlichen Versionen, Releases oder Updates nutzen und Unterstützung für das Programm erhalten.

Am Ende einer festen Laufzeit (meist zwölf Monate) kann die Lizenz für eine weitere feste Laufzeit von zwölf Monaten (zum aktuellen Preis) verlängert werden. Wenn der Lizenznehmer die Lizenz mit fester Laufzeit im zweiten Laufzeitjahr und danach in jedem Laufzeitjahr verlängert, wird dies als „Nachfolgende Lizenz mit fester Laufzeit + Software-Subscription und -Support für 12 Monate" bezeichnet. Falls die Lizenz nicht verlängert wird, hat der Lizenznehmer nicht länger das Recht zur Nutzung der Software. Er erhält nicht länger die Vorteile von Software-Subscription und -Support und muss sämtliche Kopien der Software vernichten.

Im folgenden Abschnitt zur IBM-Lizenzierung konzentrieren wir uns auf die Erläuterung des Processor-Value-Unit-(PVU)-Lizenzmodells, welches heute das mit Abstand am weitesten verbreitete IBM-Lizenzmodell für Server-Umgebungen in der deutschen Wirtschaft ist.

> *IBM-Informationen zur Softwarelizenzierung – Deutschland*
>
> Generelle Informationen zur Lizenzierung und Erläuterungen der anzuwendenden Definitionen und Begrifflichkeiten, sind zu finden unter *https://www.ibm.com/software/de/passportadvantage/about_software_licensing.html*

21.2.5.1 IBM: das PVU-Lizenzmodell

Das PVU-Lizenzmodell beschreibt als Maßeinheit den anzuwendenden Lizenzierungsfaktor – er dient zur Bestimmung der Leistungsfähigkeit der eingesetzten Hardware, auf der die zu lizenzierenden IBM-Softwareprodukte ausgeführt werden. Damit ist dieser Wert das entscheidende Kriterium für den erforderlichen Lizenzbedarf und die damit entstehenden Lizenzkosten. IBM verwendet zur Bestimmung des PVU-Faktors, ähnlich wie Oracle, eine umfangreiche tabellarische Aufstellung der unterschiedlichen Prozessorarchitekturen und Hardwarehersteller. Diese Tabelle ist auch bekannt unter dem Namen „PVU-Tabelle" und listet den für die Ermittlung des Lizenzbedarfs zu verwendenden Berechnungsfaktor (PVU-Wert) für nahezu alle am IT-Markt etablierten Prozessortypen auf. In Bild 21.11 sehen Sie einen Auszug aus einer im Excel-Format dargestellten PVU-Tabelle, die von IBM ständig aktualisiert wird.

Processor Value Units table							
17/02/2021		02:52 PM					
Processor architecture	**Server Vendor and Brand**	**Processor Vendor and Brand**	**Processor type**	**Processor model number**	**Value units per core**	**Start date**	**End date**
x86	Dell PowerEdge	AMD Opteron	Single-core	All Existing	**100**	01/16/2007	12/31/9999
x86	Dell PowerEdge	AMD Opteron	Multi-core	All Existing	**50**	01/18/2007	12/31/9999
x86	Fujitsu PRIMERGY	Intel® Xeon®	Multi-core	3400-3699 or 5500-5699	**70**	03/16/2010	12/31/9999
x86	Fujitsu PRIMERGY	Intel® Xeon® or Pentium®	Single-core	All Existing	**100**	01/18/2007	12/31/9999
x86	HP ProLiant	AMD Opteron	Multi-core	All Existing	**50**	01/18/2007	12/31/9999
x86	HP ProLiant	Intel® Xeon® or Pentium®	Single-core	All Existing	**100**	01/18/2007	12/31/9999
x86	HP ProLiant	Intel® Xeon® 1 or 2 Socket	Multi-core	6500-6599 or 7500-7599	**70**	04/02/2010	12/31/9999
x86	HP ProLiant	Intel® Xeon® Scalable 3 or 4 Socket	Multi-core	Platinum, Gold, Silver, Bronze	**100**	03/16/2020	12/31/9999
x86	HP ProLiant	Intel® Xeon® Scalable more than 4 Socket	Multi-core	Platinum, Gold, Silver, Bronze	**120**	03/16/2020	12/31/9999
x86	HP BladeSystem	AMD Epyc	Multi-core	All Existing	**70**	03/16/2020	12/31/9999
x86	HP BladeSystem	Intel® Xeon® or Pentium®	Single-core	All Existing	**100**	01/18/2007	12/31/9999
x86	IBM ® System x „C	AMD Opteron	Single-core	All Existing	**100**	01/16/2007	12/31/9999
x86	IBM ® System x „C	AMD Opteron	Multi-core	All Existing	**50**	01/18/2007	12/31/9999
Other	Other	Other	One core	All Existing	**100**	01/18/2007	12/31/9999

Bild 21.11 Auszug aus der aktuellen IBM-PVU-Tabelle (Stand Februar 2021)[40]

[40] IBM Processor value unit calculator – *https://www-112.ibm.com/software/howtobuy/passportadvantage/pvucalculator/pvucalc.wss#*

> Der Einfachheit und besseren Lesbarkeit halber habe ich die offizielle PVU-Tabelle vor dem Screenshot heruntergeladen und diese mit ein paar Beispielen belassen, die anderen Zeilen/Werte herausgelöscht.
>
> In dem auf Bild 21.11 folgenden Screenshot ist der Link zum Download der PVU-Tabelle zu erkennen, worüber ich die PVU-Tabelle heruntergeladen habe. ■

Der über diese Vorgehensweise ermittelte PVU-Faktor ist der Multiplikator, der für die Ermittlung des erforderlichen Lizenzbedarfs unter Einbeziehung der physischen bzw. der virtuellen Prozessorkerne (Sub-Capacity)[41] anzuwenden ist. Im Ergebnis erhält man damit die für einen physischen Server oder eine virtuelle Maschine zu verrechnenden und zu lizenzierenden PVU-Stückzahlen. Im folgenden Bild sehen Sie eine (über den Online-Konfigurator erfolgte) beispielhafte Konfiguration und Berechnung der anzusetzenden PVU-Werte, nach Auswahl der geplanten einzusetzenden Hardwareparameter. Die Quelle dafür ist im Weblink mit der Fußnote „[45]“ aufgeführt.

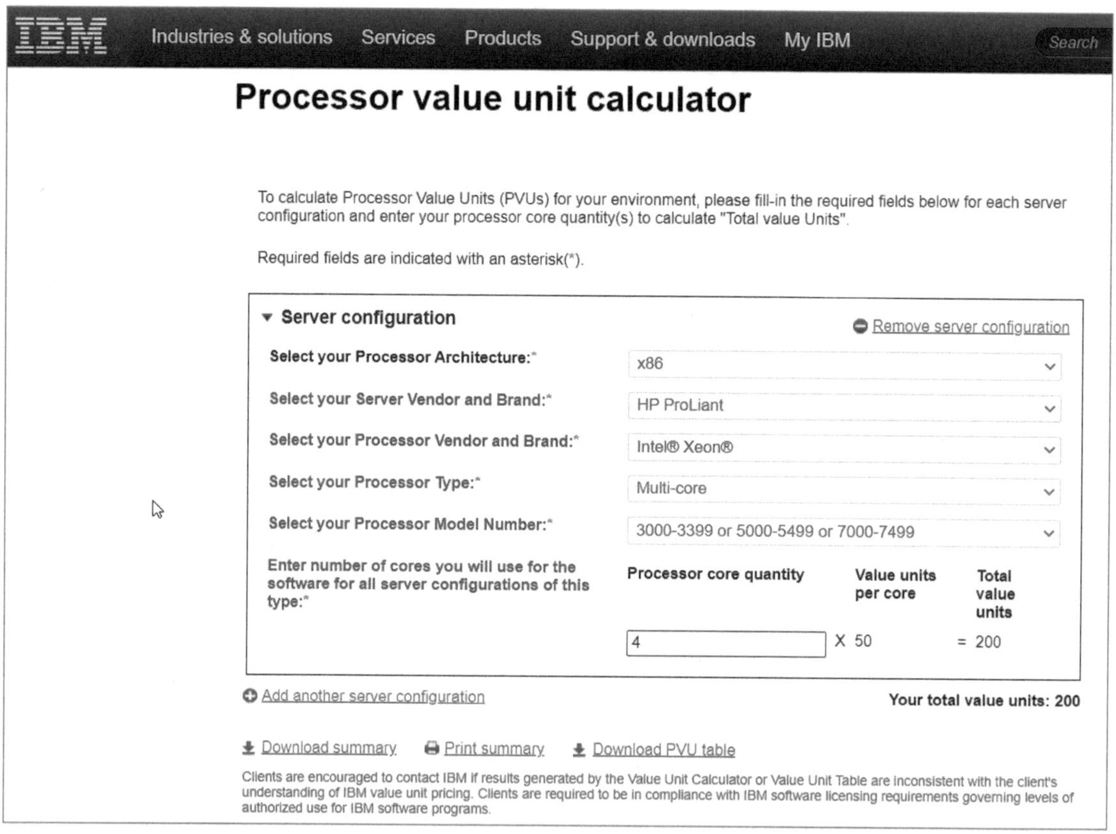

[41] Passport Advantage Virtualization Capacity (Sub-capacity) Licensing (Deutsch) unter *https://www.ibm.com/software/de/passportadvantage/subcaplicensing.html*

Keine Regel ohne Ausnahmen. Dort, wo IBM von diesem Parameter abweichen möchte, wird das „Ressourcen Value Unit (RVU)[42]"-Modell eingeführt, bei dem dann abweichend von der PVU-Lizenzmetrik die aktivierten Prozessorkerne zur Berechnung herangezogen werden. Dabei wird definiert, dass ein aktiver Prozessorkern von einem Softwareprodukt verwaltet oder genutzt wird, und zwar unabhängig davon, ob es über eingesetzte Virtualisierungstechnologien zu einer Kapazitätsbegrenzung des Prozessorkerns kommen kann. Die dafür anzuwendenden Lizenznutzungsrechte können wiederum dem Full-Capacity- oder Sub-Capacity-Modell wie bei der PVU-Lizenzmetrik folgen.

Ermittlung der PVU-Werte für einen physischen Server

Auf einem physischen Server soll das Softwareprodukt WebSphere Application Server[43] installiert werden. Um es lizenzkonform einsetzen zu können, muss die korrekte Anzahl der erforderlichen PVU-Werte ermittelt und erworben werden.

Verwendete physische Hardware: Server-System x86 HP ProLiant, Intel® Xeon®, 1 or 2 Socket, Multi-core, Chipsatz: E5-14xx, 16xx, 24xx, 26xx, 46xx, E7-48xx, 88xx

1. Laut PVU-Tabelle beträgt der dafür anzuwendende PVU-Wert 70.
2. Jetzt gilt es, die eingesetzten Dual- oder Quad-Core-Prozessoren zu bestimmen und zu ermitteln, ob ein oder zwei Sockel bestückt sind.

In diesem Beispiel sind beide Sockel mit je einem Dual-Core-Prozessor bestückt. Insgesamt sind also vier physische Prozessorkerne zu lizenzieren.

3. Der zuvor über die Tabelle ermittelte PVU-Faktor (hier 70) muss nun mit der Anzahl der ermittelten Prozessorkerne (4) multipliziert werden.
4. Daraus ergibt sich ein zu lizenzierender PVU-Wert von 280 PVU.

Es sind also 280 PVUs zu kaufen, um den „WebSphere Application Server" auf diesem physischen Server lizenzkonform betreiben zu können.

Die sehr gute und umfassende Erläuterung (in deutscher Sprache) zum Aufbau und zur Anwendung von PVU-Lizenzmetriken „Prozessor-Value-Unit-Lizenzierung (PVU) für Software für dezentrale Plattformen" finden Sie unter dieser Webadresse:

- IBM Prozessor-Value-Unit-Lizenzierung (PVU) für Software für dezentrale Plattformen – Deutschland – *https://www.ibm.com/software/de/passportadvantage/pvu_licensing_for_customers.html*
- Einen Online-Kalkulator für die zu ermittelnden PVU-Werte finden Sie unter: *https://www-112.ibm.com/software/howtobuy/passportadvantage/pvucalculator/pvucalc.wss*
- Von IBM wird ein Leitfaden zur Identifizierung des Prozessors bereitgestellt und auch schrittweise erläutert: *„IBM Guide to identifying your Processor Technology – United States"*. Er ist zu finden über diesen Weblink: *https://www.ibm.com/software/passportadvantage/guide_to_identifying_processor_family.html*

[42] *Resource value unit (RVU MAPC) (ibm.com)*

[43] *http://de.wikipedia.org/wiki/WebSphere* bzw. *IBM WebSphere Application Server – Überblick – Deutschland*

Die Ermittlung der PVU-Werte ist aufgrund des Umfangs der aktuellen PVU-Tabelle und der teilweise sehr feinen Differenzierung bei gängigen Prozessormodellen nicht immer einfach. Ohne ein Werkzeug wie das von IBM zur Verfügung gestellte IBM License Metrik Tool (ILMT)[44] (bei Einsatz einer Virtualisierungstechnologie, siehe dazu auch den folgenden Abschnitt „Ermittlung der PVU-Werte für einen Sub-Capacity-Betrieb“) ist es eher schwierig, die PVU-Faktoren den genutzten Prozessoren korrekt zuzuordnen. Sollte bei Ihnen eine manuelle Verwaltung der PVU-Werte erfolgen, achten Sie in periodischen Abständen immer wieder darauf, ob IBM die PVU-Faktoren angepasst hat, denn diese können durchaus beim Erscheinen neuer Prozessoren gesunken sein. Daraus können sich eventuell Einsparpotenziale ergeben, wenn u. U. ältere Hardware ausgetauscht werden soll. Wird das bereits genannte ILMT eingesetzt, ist das nicht erforderlich, da IBM regelmäßig die PVU-Tabelle im ILMT updatet und damit periodisch auf dem aktuellen Stand hält. Da oftmals die Lizenzierung eines physischen Servers in Gänze eine sehr teure Angelegenheit werden kann, bietet IBM auch die Möglichkeit des Server-Betriebs in einer Virtualisierungsumgebung an, über den sogenannten Sub-Capacity-Betrieb.

Ermittlung der PVU-Werte für einen Sub-Capacity-Betrieb

Um nur einen kleineren Teil des Servers lizenzieren zu müssen und damit weniger PVU-Lizenzen zu benötigen, ist es u. U. möglich, den physischen Server in einer berechtigten Virtualisierungsumgebung zu betreiben. Im Grunde werden über dieses Verfahren ein Server und seine physische Leistung aufgeteilt, aber seine verfügbare Prozessorkapazität wird dadurch auch eingeschränkt.

> Definition der berechtigten Virtualisierungsumgebung:
> *Ein physischer Server oder eine Server-Gruppe (Cluster), die als eine Datenverarbeitungseinheit zusammenarbeiten und auf ihren Systemen eine berechtigte Betriebssystem-, Prozessor- und Virtualisierungstechnologie betreiben, beschreiben die berechtigte Virtualisierungsumgebung.*

Um einen physischen Server im Lizenzmodell Sub-Capacity betreiben zu können, sind aber bestimmte, durch IBM festgelegte Voraussetzungen zu erfüllen. Diese sind in der Anlage für Sub-Capacity-Lizenzbedingungen zum International Passport Advantage Agreement (IPAA) beschrieben.

So sind für den berechtigten Betrieb von IBM-Softwareprodukten in Sub-Capacity-Umgebungen laut dieser Anlage die folgenden Voraussetzungen zu erfüllen:

In einem allerersten Schritt muss ermittelt werden, ob das zum Einsatz kommende Softwareprodukt überhaupt für den Betrieb in einer Sub-Capacity-Umgebung durch IBM zugelassen ist.

1. Softwareprodukt bestimmen[45]

Wurde überprüft, dass ein Sub-Capacity-Betrieb möglich ist, wird im nächsten Schritt die Betriebssystemtechnologie ermittelt.

2. Berechtigte Betriebssystemtechnologie – das anzuwendende Betriebssystem für die Sub-Capacity-Lizenzierung bestimmen

---

[44] IBM License Metric Tool information – *https://www.ibm.com/software/passportadvantage/ibmlicensemetrictool.html*

[45] *http://public.dhe.ibm.com/software/passportadvantage/SubCapacity/Sub_Capacity_Eligible_Programs.pdf*

Im nächsten Schritt ist die einsetzbare Prozessortechnologie[46] festzulegen.

3. Berechtigte Prozessortechnologie für die Sub-Capacity-Lizenzierung bestimmen

Zu guter Letzt muss noch die erlaubte anzuwendende Virtualisierungstechnologie[47] ermittelt werden.

4. Berechtigte Virtualisierungstechnologie für die Sub-Capacity-Lizenzierung bestimmen

Unterstützt werden beispielsweise alle gängigen Virtualisierungstechnologien wie PowerVM, IBM LPAR, VMware, Citrix XenApp oder Microsoft Hyper-V.

Mit der berechtigten Virtualisierungstechnologie kann die Prozessorkapazität auf eine Teilmenge der gesamten physischen Kapazität (auch Partition, LPAR oder virtuelle Maschine genannt) beschränkt werden. Die mit den Schritten 1 bis 4 benannte Vorgehensweise und die damit verbundene Ermittlung der jeweils berechtigten Produkte werden von IBM unter dem Weblink *https://www.ibm.com/software/de/passportadvantage/subcaplicensing.html* zur Verfügung gestellt. ■

> Definition laut IBM: *Eine Prozessor-Value-Unit (PVU) ist eine Maßeinheit, die verwendet wird, um die Lizenzierung von Software auf dezentralen Prozessortechnologien (definiert nach Prozessoranbieter, Marke, Typ und Modellnummer) zu unterscheiden. IBM definiert einen Prozessor für die PVU-basierte Lizenzierung weiterhin als einen Prozessorkern auf einem Chip (Socket).*
>
> *Ein aktivierter Prozessorkern ist ein Prozessorkern, der zur Verwendung in einem physischen oder virtuellen Server verfügbar ist, unabhängig davon, ob die Kapazität des Prozessorkerns durch Virtualisierungstechnologien, Betriebssystembefehle, BIOS-Einstellungen oder vergleichbare Beschränkungen begrenzt werden kann oder wird. – IBM Prozessor-Value-Unit-Lizenzierung (PVU) für Software für dezentrale Plattformen – Deutschland*

Weiterführende Information mit Fragen & Antworten sind hier zu finden: IBM Processor Value Unit (PVU) licensing FAQs (*https://www.ibm.com/software/passportadvantage/pvufaqgen.html*)

Jetzt gibt es aber noch weitere Bedingungen, die IBM an den Betrieb von Sub-Capacity-Umgebungen knüpft:

Berechtigungen

a) Für die Gesamtzahl der PVUs, die der Virtualisierungskapazität eines berechtigten Sub-Capacity-Produkts zugeordnet sind, muss ein Berechtigungsnachweis erworben werden.

b) Vor einer Erweiterung der Virtualisierungskapazität eines berechtigten Sub-Capacity-Produkts müssen zuerst zusätzliche Berechtigungen, einschließlich ggf. Software-Subscription und -Support, erworben werden.

IBM stellt für die Einhaltung des berechtigten Sub-Capacity-Betriebs das schon genannte ILMT[48]-Werkzeug (ein Scanner) kostenfrei zur Verfügung, aber der Kunde muss innerhalb von 90 Tagen nach der Erstimplementierung eines berechtigten Sub-Capacity-Produkts das

[46] *http://public.dhe.ibm.com/software/passportadvantage/SubCapacity/Eligible_Processor_Technology.pdf*

[47] *http://public.dhe.ibm.com/software/passportadvantage/SubCapacity/Eligible_Virtualization_Technology.pdf*

[48] IBM License Metric Tool information – *https://www.ibm.com/software/passportadvantage/ibmlicensemetrictool.html*

ILMT in einer Sub-Capacity-Betriebsumgebung installiert haben, um damit die von IBM geforderten Prüfberichte erstellen zu können. Nun kann nicht jeder IBM-Kunde aufgrund von unterschiedlichen vorhandenen Rechenzentrumsressourcen einen solchen Aufwand betreiben, um in den Genuss der Sub-Capacity zu gelangen.

Für diese Fälle hat IBM auch Ausnahmen definiert:

1. Wenn ILMT noch keine Unterstützung für die anzuwendende berechtigte Virtualisierungsumgebung bietet (die einzusetzende Technologie kennt das ILMT dann de facto noch nicht, was aber sehr selten vorkommen dürfte)
2. Wenn das Kundenunternehmen weniger als 1000 Mitarbeiter und Auftragnehmer hat, der Kunde kein Service-Provider ist und er keinen Service-Provider mit dem Management seiner berechtigten Virtualisierungsumgebung beauftragt hat
3. Wenn die physische Gesamtkapazität der Unternehmensserver des Kunden mit einer berechtigten Virtualisierungsumgebung (gemessen ausgehend von der vollen Kapazität, jedoch zu Sub-Capacity-Bedingungen lizenziert) weniger als 1000 PVUs beträgt
4. Wenn die Server des Kunden mit berechtigten Sub-Capacity-Produkten für die volle Kapazität der Server lizenziert werden

Die Ausnahmen, um das vorgeschriebene ILMT-Werkzeug vermeiden zu können, sind nicht immer anwendbar. Wer das nicht will, muss dann doch den Punkt (4) der Ausnahmen wählen, was aber bedeuten würde, dass Kostenoptimierungspotenzial verschenkt wird, weil ja trotz Sub-Capacity-Berechtigung des Softwareprodukts der komplette physische Server mit den anzuwendenden PVU-Werten lizenziert werden muss.

Erschwerend kommt noch hinzu (für das Lizenzmanagement und den Softwareproduktverantwortlichen), dass IBM in diesem Fall vom Kunden fordert, die berechtigte Virtualisierungsumgebung manuell zu verwalten und zu überwachen sowie die geforderten Prüfberichte manuell zu erstellen. Daraus muss dann die Virtualisierungskapazität der einzelnen berechtigten Sub-Capacity-Produkte für die berechtigte Virtualisierungsumgebung des Kunden während der einzelnen Kalender- oder Geschäftsquartale hervorgehen. Diese Prüfberichte müssen die im Beispielprüfbericht[49] enthaltenen Informationen enthalten.

Weiterhin verpflichtet sich der Kunde, die mindestens einmal pro Kalender- oder Geschäftsquartal entweder mit dem ILMT oder manuell erstellten Prüfberichte für einen Zeitraum von mindestens zwei Jahren aufzubewahren und IBM auf Anforderung zur Verfügung zu stellen.

Achtung: Versäumt es der Kunde, diese Prüfberichte rechtzeitig zu erstellen bzw. IBM zur Verfügung zu stellen, führt dies zu einer Berechnung der berechtigten Sub-Capacity-Produkte nach dem Full-Capacity-Lizenzmodell, sprich die komplette physische Server-Umgebung ist dann zu lizenzieren. Das wäre wirklich ein sehr teures „Update".

Betrachten wir nun das genannte Ausgangsbeispiel in der Variante des Sub-Capacity-Lizenzmodells.

- *Verwendete physische Hardware:* Server-System x86 HP ProLiant, Intel® Xeon®, 1 or 2 Socket, Multi-core, Chipsatz: E5-14xx, 16xx, 24xx, 26xx, 46xx, E7-48xx, 88xx
- Es wurde für die Lizenzierung des kompletten physischen Servers (Full-Capacity) ein PVU-Wert von 280 PVUs ermittelt.

[49] Excel-Dokument-Vorlage (02/2021 noch erreichbar) – *http://public.dhe.ibm.com/software/passportadvantage/SubCapacity/Manual_Calculation_of_Virtualization_Capacity.xls*

Nun ist nach den oben beschriebenen Vorgehensweisen zu ermitteln, ob ein Sub-Capacity-Betrieb mit dem Beispielserver und WebSphere Application Server möglich ist. Laut der von IBM zur Verfügung gestellten Produktliste,[50] wo aufgeführt ist (ist nur eine Seite – und im Februar 2021 auch immer noch erreichbar), welche Produkte nicht erlaubt sind, ist das so. Es darf also Sub-Capacity verwendet werden. Vorausschauend ist noch einmal zu erwähnen, dass die physischen Prozessorkerne eines Prozessors zu zählen sind, da in virtuellen Umgebungen (VMs) folgende IBM-Definition Gültigkeit besitzt:

> *Virtual Core – each VM is assigned a virtual core quantity. Each virtual core is equal to one core for PVU licensing.*[51]
>
> Übersetzt: „Virtueller Kern – jeder VM wird eine Menge an virtuellen Kernen zugeteilt. Damit entspricht ein virtueller Kern einem physischen Prozessorkern für das Ermitteln des erforderlichen anzuwendenden PVU-Werts."

In der Annahme, dass jetzt über eine der genannten Virtualisierungstechnologien, z. B. VMware, auf dem physischen Server zwei virtuelle Maschinen bzw. Partitionen mit jeweils zwei zugewiesenen vCPU – Virtual CPU – eingerichtet werden und auf einer dieser VMs der WebSphere Application Server installiert wird, sind nun nur noch (2) virtuelle Prozessorkerne zu lizenzieren. In unserem Rechenbeispiel verringern sich jetzt also die eigentlich erforderlichen PVUs um 50 % auf 140 PVUs.

Das Verwalten des Sub-Capacity-Lizenzmodells ist von der anzuwendenden Logik eigentlich ganz gut umzusetzen. Aber auch hier ist für die beteiligten Personen eine erhöhte Aufmerksamkeit von Nöten, um bei dem Design der IT-Architektur und vor allem auch bei dem Aufbau von physischen und virtuellen Cluster-Umgebungen die lizenzkonforme Nutzung der IBM-Softwareprodukte einzuhalten.

21.2.5.2 Weitere Aspekte zur Virtualisierung im IBM-Umfeld

Wenn sich die Kunden von IBM über den Einsatz von intelligenten Virtualisierungstechnologien Flexibilität im Rechenzentrum verschaffen, setzen sie sich natürlich auch bei den zu erwartenden Softwarekosten großen Risiken aus. Denn wie bei Microsoft und Oracle wird durch die flexible Ausnutzung von Hardware für einen kostengünstigeren Rechenzentrumsbetrieb das Risiko von Fehleinschätzungen bei der Ermittlung einer lizenzkonformen Nutzung nicht unbedingt geringer, weil hierfür ein u. U. sehr großer technischer und administrativer Aufwand betrieben werden muss. Dazu gehört u. a. auch, wie schon weiter oben ausgeführt, die Implementierung des IBM License Metric Tool (ILMT) mit allen seinen Vor- und Nachteilen. Im Übrigen, das hatte ich vergessen zu erwähnen, verlangt IBM für den Einsatz dieses Werkzeugs keine weiteren Lizenzkosten. Durch das ILMT wird jetzt aber eine recht genaue Protokollierung der tatsächlichen Lizenzbedarfe in den virtuellen Maschinen (LPAR[52]) möglich. Manuelles Eingreifen ist aber auch hier noch oft an der Tagesordnung, wie das Berichtigen von Fehlern im Betrieb oder aber auch beispielsweise das Ausschließen von nicht zu zählenden OEM-DB2-Datenbanklizenzen. Wenn diese bereits im Zusammenhang mit einem SAP-Produkt erworben wurden, dann sollten sie nicht mit in den Prüfbericht einfließen, um die Lizenzbedarfe nicht zu verfälschen.

---

50 *http://public.dhe.ibm.com/software/passportadvantage/SubCapacity/Sub_Capacity_Eligible_Programs.pdf*

51 *http://public.dhe.ibm.com/software/passportadvantage/SubCapacity/Sub_capacity_Licensing_Overview_for_customers.pdf*

52 LPAR-Erläuterung im Wiki: *http://de.wikipedia.org/wiki/LPAR*

Vor allem die für die IBM-Softwareprodukte einzuhaltenden Nutzungsregeln können bei falscher Anwendung bzw. Auslegung den Betrieb in Cluster-Umgebungen sehr teuer machen. Dazu gehört zum Beispiel die Bedingung, dass als PVU-Faktor für alle virtuellen Maschinen in einem Cluster der PVU-Faktor zu wählen ist, der den höchsten PVU-Wert im gesamten Cluster darstellt. Es gibt mehrfach Beispiele, dass ein Unternehmen genau aus diesem Wissen heraus seine Cluster-Umgebung mit völlig einheitlichen Servern aufgebaut hat, um so den lizenzkonformen Betrieb mit einem PVU-Faktor für alle Server im Cluster sicherstellen zu können. Das ging so lange gut, bis ein erstes System wegen eines Defekts durch ein anderes ersetzt wurde, das deutlich moderner war und damit auch einen höheren PVU-Faktor verursachte. Die Homogenität des Clusters war damit nicht mehr gegeben und die Lizenzkostenfalle hatte zugeschnappt. Denn mit dieser Konstellation mussten alle anderen VMs im Server-Cluster mit dem neuen PVU-Faktor berechnet werden. Dass damit, weil eben auch diese Situation leicht unterschätzt wird, die Lizenzkosten für alle IBM-Softwareprodukte unkalkulierbar in die Höhe steigen können, hat man aber oftmals erst bei einem Software-Audit bemerkt – die Folgen kann man sich leicht ausmalen.

Genauso problematisch ist das Verschieben von virtuellen Maschinen von einem Server-Host auf einen anderen im Cluster. IBM erlaubt solche Aktionen zwar grundsätzlich, aber das führt laut IBM zu einer schlussendlich nicht mehr nachvollziehbaren Lizenzierung, die dann auch noch in absteigender Reihenfolge die beteiligten PVU-Faktoren in einem Cluster berücksichtigen soll. Die Komplexität erreicht ihren Höhepunkt, wenn AIX-Systeme unter IBMs eigener Virtualisierungstechnologie Power VM zum Einsatz kommen. Diese extrem leistungsfähige Virtualisierungstechnologie eröffnet dem Rechenzentrumsbetreiber eine sehr große Konfigurationsvielfalt, um das Lastverhalten seiner Systeme optimal steuern zu können. Die Anzahl der zu ermittelnden Parameter, die in den Lizenzbedarf einfließen, steigt dabei signifikant. In diesen hochkomplexen Rechenzentrumsszenarien ist natürlich auch das Risiko, dass die Lizenzkosten unbeabsichtigt in enorme Höhen wachsen, sehr hoch und letztendlich nicht wirtschaftlich sinnvoll in den Griff zu bekommen. Selbst große DAX-Unternehmen mussten feststellen, dass die potenziellen Auswirkungen bestimmter IT-Architekturszenarien auf den erforderlichen Lizenzbedarf nicht kalkulierbar waren und häufig auch zu unerwünschten Situationen geführt haben. Wenn Sie das ILMT-Werkzeug im Einsatz haben, werden natürlich solche Konfigurations- und Einrichtungsfehler gnadenlos mitprotokolliert, sodass im Fall eines Software-Audits durch IBM solche Ausrutscher zu hohen Nachzahlungen führen können.

Um sich vor solchen Überraschungen zu schützen und gleichzeitig auch die wirtschaftlich sinnvolle Flexibilität der Virtualisierungsumgebungen sinnvoll nutzen zu können, sollten Echtzeitalarmsysteme für die dynamische Anzeige und Ermittlung der erforderlichen Lizenzbedarfe implementiert werden. Wenn dann unerwünschte Effekte auftreten, können diese unmittelbar behoben werden. Die IBM-Lizenzregeln erlauben es, diese entstandenen Betriebsfehler im ILMT-Prüfbericht nachträglich zu korrigieren, sofern diese Korrektur relativ zeitnah erfolgt, d. h., die hier entstandene Lizenzbedarfsspitze führt dann im Resultat nicht zu erhöhten Lizenzkosten.

Anders verhält es sich, wenn diese Bedarfsspitze nicht rechtzeitig als Fehler entdeckt wird und diese Situation über Tage, Wochen oder sogar noch länger bestehen bleibt. Denn in diesem Fall sagt IBM, dass das Unternehmen aus dieser fehlerhaften Betriebskonfiguration einen Geschäftsvorteil erzielt hat, und dann muss auch diese Lizenzbedarfsspitze bezahlt werden. Weil oftmals diese historischen Bedarfsspitzen in einem Software-Audit entdeckt werden, führen sie regelmäßig zu ungeplanten zusätzlichen Lizenzkosten.

Zum Abschluss noch ein Best-Practise-„Problem“ beim Einsatz von elegiblen Sub-Capacity-Produkten.

Wir resümieren kurz:

IBM verlangt, dass für jede Software, die über Sub-Capacity lizenziert werden soll, ein Nachweis erbracht wird. Sollten die Voraussetzungen **nicht** gegeben sein, dass **kein** ILMT eingesetzt werden muss, erledigt das das ILMT. Damit das lizenzkonform erfolgen kann, muss der BigFix Agent auf allen Sub-Capacity elegiblen Umgebungen in der gesamten dafür genutzten IT-Infrastruktur installiert sein. Wurde beispielsweise durch ein IBM-Audit der Nachweis erbracht, dass eine über Sub-Capacity gefahrene Software diesen nicht auf seinem System hat, muss die betreffende Software über Full Capacity nachlizenziert werden.

Ein Beispiel dazu: Es wird ein WebSphere Server bereitgestellt, aber versäumt, den BigFix (ILMT) Agent mit auf die betreffende VM zu installieren. Wird dieser „Lapsus“ in einem Audit ermittelt, dann wird anstatt „nur“ Sub-Capacity für die betreffende VM jetzt ein Full-Capacity für die gesamte der VM zugrundeliegende Hardware „fällig“. Wenn so etwas - aus welchen Gründen auch immer - in komplexen Umgebungen vorkommt, kann das u. U. sehr kostspielig werden.

Aus diesem Grund ist es immer wichtig, nachverfolgen zu können, wo mit dem „PVU“-Lizenzmodell zu lizenzierende Softwareprodukte laufen, das auch hier mit den entsprechenden Change-Management- und Bereitstellungsprozesse zu steuern und so dafür Sorge zu tragen, dass mit der Bereitstellung (vor Betriebsübergabe) gleichzeitig auch der BigFix (ILMT) Agent installiert wird.

Snow Software unterstützt beispielsweise dieses Szenario mittels einer Kombination aus den bereits erhobenen Inventardaten und deren Normalisierung sowie den vom ILMT bereitgestellten Daten zu den über Sub-Capacity lizenzierten Produkten. Mit einem „Differenzbericht“ - „Computer mit PVU-basierten IBM-Produkten ohne ILMT-Daten“ - kann dann das mögliche bestehende Risiko ausgewiesen werden. Im folgenden Bild sehen Sie dazu einen Screenshot aus dem genannten Snow-License-Manager-Standardbericht.

Computer mit PVU-basierten IBM-Produkten ohne ILMT-Daten

Computer mit PVU-basierten IBM-Produkten ohne ILMT-Daten anzeigen

Computername	Betriebssystem	Anwendungen
CORPFC6948A	SUSE Linux Enterprise Server 10 (x86_64)	IBM DB2 10.1 Server (Linux), IBM DB2 9.5 Server (Linux), IBM DB2 9.5 Workgroup Server Edition (Linux), IBM InfoSphere Guardium 8.0 (Linux)
CORPF73BFAD	SUSE Linux Enterprise Server 10 (x86_64)	IBM DB2 10.1 Server (Linux), IBM DB2 9.5 Server (Linux), IBM DB2 9.5 Workgroup Server Edition (Linux)
CORPE5E48E3	SUSE Linux Enterprise Server 11 (x86_64)	IBM InfoSphere Guardium 8.0 (Linux)
CORPDC2E93D	SUSE Linux Enterprise Server 10 (x86_64)	IBM DB2 9.5 Server (Linux), IBM DB2 9.5 Workgroup Server Edition (Linux)
CORPD1A509D	SUSE Linux Enterprise Server 12 (x86_64)	IBM DB2 10.5 Server (Linux)

21.2.5.3 IBM – weitere Ressourcen

Auch hier habe ich Ihnen ein paar (hoffentlich) nützliche Quellen – zum Zeitpunkt der Erstellung des Manuskripts aktuell – von IBM in der Tabelle 21.9 zusammengestellt.

Tabelle 21.9 IBM License Information documents

IBM Software and Solutions	*https://www.ibm.com/products/software*
IBM Passport Advantage (PA) and PA Express	*https://www.ibm.com/software/passportadvantage* **International Program License Agreement (IPLA) – DEUTSCH** *http://www-03.ibm.com/software/sla/sladb.nsf/pdf/ipla/$file/ipla_de.pdf*
License Information documents	*http://www-03.ibm.com/software/sla/sladb.nsf/bydate/*
Repository for licenses under the IPLA family	**Base license Agreements** *http://www-03.ibm.com/software/sla/sladb.nsf/sla/bla/*
IBM Passport Advantage – Subcapacity licensing FAQs (ILMT)	*https://www.ibm.com/software/passportadvantage/subcapfaqilmt.html*
IBM License Metric Tool (ILMT) Frequently asked questions	*http://public.dhe.ibm.com/software/passportadvantage/SubCapacity/ILMTandHCL_FAQ.pdf*
IBM Support Portal	*https://www.ibm.com/support/entry/portal/support/*
IBM Software Subscription and Support	*https://www.ibm.com/software/passportadvantage/software_subscription_support_ov.html*
IBM Software Support Handbook	*https://www.ibm.com/support/customercare/sas/f/handbook/*
IBM Software maintenance	*http://www-03.ibm.com/software/sla/sladb.nsf/sla/iaasm*
IBM Software policies	*http://www-03.ibm.com/software/sla/sladb.nsf/sla/software_policies/*
IBM Publications Center: Licensed Program Specifications (LPS)	*https://www.ibm.com/e-business/linkweb/publications/servlet/pbi.wss*
IBM Appliance Support Handbook	*https://www.ibm.com/support/customercare/sas/f/applhandbook/home.html*

Wenden wir uns nun möglichen Maßnahmen und Optimierungsmöglichkeiten zu.

21.3 Maßnahmen und Optimierungsmöglichkeiten

In den vorangegangenen Kapitelabschnitten war zu lesen, dass der Betrieb von Server-Systemen in virtuellen Umgebungen über alle Hersteller hinweg mit signifikanten Kosten- und Lizenzrisiken verbunden ist. Nicht nur die drei hier betrachteten Hersteller Microsoft, Oracle und IBM, sondern auch alle anderen relevanten Hersteller lassen sich die damit verbundene hohe Flexibilität und die gesteigerte Hardwareeffizienz durch den Einsatz von Virtualisierungstechnologien gerne durch komplexe Lizenzmodelle und -metriken höher vergüten. Der Kunde hat aber auch gute Chancen für Optimierungsmöglichkeiten durch diese komplexen Lizenzmodelle und -metriken. Die Nutzung von Virtualisierungstechnologien in den Rechenzentren, bedingt auch durch die Cloud-Thematik, steigt ständig und ist heute schon sehr weit verbreitet. Selbst kleinere mittelständische Unternehmen setzen auf diese Technologien für den effizienten Betrieb ihrer Server-Umgebungen, zwar nicht unbedingt in derselben Tiefe und Konsequenz, wie es die großen Unternehmen tun, aber das Interesse nimmt auch hier beständig zu. Weil diese Tendenz zur Virtualisierung weiter steigen wird, besteht für immer mehr Unternehmen jeder Größenordnung ein Handlungsbedarf, der nicht mehr ignoriert werden kann. Eine erste grundsätzliche Maßnahme, die beim Einsatz von Servern und Softwareprodukten in virtuellen Umgebungen zu treffen ist – über alle Hersteller hinweg –, ist die Entscheidung, sich entweder auf die einfache und dann auch für ein Lizenzmanagement vernachlässigbare Variante der „all you can eat"-Lizenzierung einzulassen oder lieber den mit Risiken behafteten und auch in der gesamten Steuerung aufwendigeren Weg der verwalteten und optimierten individuellen und verbrauchsgerechten Lizenzierung zu gehen.

Die „all you can eat"-Variante ist dabei natürlich de facto die teure bis fast unbezahlbare Art und Weise, seine Server-Umgebungen lizenzkonform zu betreiben. So ist das bei Microsoft beispielsweise die Windows Server Datacenter Edition, die für einen kompletten Cluster alle physischen Prozessoren bzw. Cores berücksichtigt, die SQL Server Enterprise Edition oder bei allen IBM-Softwareprodukten (die einen Sub-Capacity Betrieb erlauben) die Full-Capacity-Lizenzierung aller physischen Server und deren Prozessorkerne.

Sollte diese Variante präferiert werden, sind natürlich keine Optimierungspotenziale vorhanden und es besteht auch kein Risiko einer Unterlizenzierung. Dieses Betriebsszenario wird dann aber auch mit den höchstmöglichen Lizenzkosten für die eingesetzte Software bezahlt. Die zu treffende Entscheidung, ob die „all you can eat"-Variante oder die optimierte individuelle und verbrauchsgerechte Lizenzierung die richtige ist, kann eigentlich nur seriös getroffen werden, wenn in einer Wirtschaftlichkeitsbetrachtung diese „Vollkosten" in Bezug zu einer verwalteten und verbrauchsgerechten Lizenzierung über ein geeignetes Lizenzmanagementwerkzeug und das dafür notwendige ausgebildete Personal im Bereich des Lizenzmanagements bewertet werden. Die Erfahrungen aus vielen Kundensituationen zeigen auf, dass ab einer bestimmten Unternehmensgröße die Kosten der „all you can eat"-Variante erheblich schneller wachsen als die der verwalteten und optimierten Lizenzierungsstrategie. Leider kann keine seriöse Aussage getroffen werden, bei welcher Unternehmensgröße die Grenze für einen Strategiewechsel zu ziehen ist. Dafür sind einfach zu viele Faktoren zu berücksichtigen. Bei mehr als 50 einzelnen virtuellen Servern empfiehlt sich aber bereits eine Wirtschaftlichkeitsbetrachtung. Sollte eine Cluster-Umgebung aufgebaut werden, so ist das auch schon bei einer kleineren Anzahl geplanter Server zu empfehlen. Bei großen Unternehmen, die beispielsweise mehr als 10000 virtuelle Server-Systeme betreiben werden, können die möglichen Einsparpotenziale bei den Softwarelizenzkosten in gut verwalteten und optimierten Rechenzentren deutlich in den dreistelligen Millionenbereich reichen. Etwaige Zusatzkosten, für die zur Verwaltung solcher Umgebungen erforderlichen Werkzeuge und Mitarbeiter, können sich dadurch sehr schnell amortisieren.

Paradigmenwechsel zwingend erforderlich

Wurde die Variante der individuellen und verbrauchsgerechten Lizenzierung für den Betrieb der Server-Umgebungen gewählt, sind ein paar Eckpfeiler für den bisherigen Rechenzentrumsbetrieb in Frage zu stellen. Unter wirtschaftlichen Aspekten betrachtet, haben die Rechenzentrumsleiter erst einmal die Minimierung der primären Betriebskosten wie die Reduzierung der eingesetzten Hardware, der damit verbundenen Personalressourcen und Energieressourcen als primäres Ziel vor Augen. Nun wurde bereits mehrfach beschrieben und auch mit Beispielen unterlegt, dass es nicht immer nur darum gehen kann, die erforderlichen Hardwareressourcen durch virtuelle Umgebungen zu ersetzen, um damit die erhofften energetischen und infrastrukturellen Einsparungen erzielen zu können. Mit diesem gewollten Strategiewechsel des Rechenzentrumsbetriebs in Richtung Virtualisierung und Cloud-Umgebungen werden natürlich automatisch hochdynamische virtuelle Umgebungen aufgebaut, die dann allerdings ein ganz anderes Augenmerk verlangen. Jetzt spielen die Hardwarekosten auf einmal eine eher untergeordnete Rolle, denn für viele Softwareprodukte der in diesem Kapitel detaillierter betrachteten Hersteller wäre es völlig kontraproduktiv, die Hardware-, Energie- und Personalkosten zu optimieren und die Softwarelizenzkosten zu vernachlässigen. Mit dem Ändern der Betriebsstrategie muss auch ein Umdenken erfolgen. Nicht mehr die „harten“ Ressourcen sind jetzt die Hauptkostentreiber, sondern die Softwarelizenzkosten für bestimmte Server-Umgebungen bzw. aufzusetzende IT-Architekturen sind jetzt der bestimmende Faktor im Rechenzentrumsbetrieb. Im Zuge dessen sind jetzt auch bei kleinen Unternehmen mit einer geringen Anzahl von virtuellen Umgebungen die Softwarelizenzkosten aktiv zu verwalten und zu beobachten.

Lassen Sie uns das an einem Beispiel verdeutlichen:

In einem Fachbereich werden zwei Oracle-Datenbanken für ein geplantes Projekt benötigt. Der Projektleiter, noch etwas unerfahren, hat sich nur oberflächlich mit den anzuwendenden Lizenzmodellen und Lizenzmetriken, die für Oracle-Datenbanken gelten, beschäftigt. Für die Projektaufgabe sind zwei Server mit Multicore-Prozessoren gewünscht. Es wurde dazu eine Wirtschaftlichkeitsbetrachtung erstellt, in der sowohl die Kosten für die erforderliche Hardware als auch die zu erwartenden Lizenzkosten für die beiden Oracle-Datenbanken aufgestellt wurden. Dabei wurde bereits festgestellt, dass allein die Lizenzkosten ca. 70 % von den Gesamtkosten ausmachen. Nun wurde die geplante Investition genehmigt und sie wird auch nur wenige Monate später nach dem erfolgreichen Abschluss der Systemtests im IT-Infrastrukturumfeld implementiert.

Hinweis:

Mehrfach habe ich schon angesprochen, dass bei der Erstellung bzw. Betrachtung solcher IT-Szenarien immer die gesamte IT-Infrastruktur zu betrachten ist. In unserem Beispiel wurde eben dieses nicht beachtet und so kommt es, wie es kommen muss. ■

Die Oracle-Datenbanken wurden in den bestehenden physischen Rechenzentrumsbetrieb und zusätzlich in eine bestehende virtuelle Server-Umgebung installiert. Um die neuen Server mit einer optimalen Lastverteilung betreiben zu können, wurden diese in ein bestehendes Server-Cluster mit eingebunden. Nun werden diese beiden neuen Server so in Betrieb genommen, dass die neue Last auf den bestehenden Systemen optimal verteilt wird – das ist die Vorgabe des bis dato hardwareoptimierten Rechenzentrums. So weit, so gut. Oder doch nicht? Denn dadurch, dass die neuen virtuellen Server mit den beiden Oracle-Datenbanken in einem Cluster organisiert sind, werden nicht mehr die geplanten Prozessoren (Cores) der virtuellen Server einzeln betrachtet, sondern die Cluster-Umgebung mit ihrer Gesamtanzahl an Kernen bestimmt nach den Oracle-Lizenzbestimmungen für virtuelle Umgebungen die erforderlichen Lizenzkosten für die Oracle-Datenbankinstallation.

> *„Stichwort: Soft Partitioning bei Virtualisierungssystemen, die der Rubrik Soft Partitioning zugeordnet werden (wie z. B. VMware oder Hyper-V) und auf denen die Oracle-Software in virtuellen Maschinen ausgeführt wird, müssen alle gemäß der zugrundeliegenden physischen Hardware, also Prozessoren oder Cores, bzw. des Clusters lizenziert werden.“*

Das Beispiel Oracle wird vor allem deswegen immer wieder gerne herangezogen, weil die Auswirkungen des Einsatzes von Oracle-Datenbanken und des damit verbundenen Lizenzmodells in VMware-Umgebungen mit zu den größten Treibern bei den Softwarekosten gehören. Um Abhilfe zu schaffen, muss man berücksichtigen, dass eine Minimierung der Hardware zwar immer ein erstrebenswertes Ziel ist, aber sich auch oft in das Gegenteil verkehren kann (kostenmäßig betrachtet), wenn die erforderlichen Lizenzkosten für eine virtualisierte Umgebung nicht ausreichend berücksichtigt werden.

Um noch einmal kurz zu dem eben beschriebenen Beispiel zurückzukommen: Wären diese beiden neuen Oracle-Datenbanken in einem Rechenzentrum in Betrieb gegangen, welches bereits seine eingesetzten Softwareprodukte über einen optimierten Lizenzbedarf verwaltet, wäre die folgende Lösung sinnvoll: Die beiden erforderlichen Oracle-Datenbanken sind in einer hoch verdichteten VMware-Umgebung, die ausschließlich virtuelle Maschinen mit Oracle-Datenbank-Software betreibt, zu installieren und zu betreiben – und im besten Fall wären gar keine zusätzlichen Softwarekosten entstanden.

Dieses Beispiel zeigt noch einmal sehr deutlich, dass das rechtzeitige Ermitteln und Einbeziehen der erforderlichen Lizenzbedarfe, in diesem Fall das Betreiben von Datenbanksoftwareprodukten, für einen kostenoptimierten Rechenzentrumsbetrieb zu den wichtigsten Schritten gehören, um das erforderliche Umdenken zu erreichen.

Hinweis:

Eine Faustregel besagt, dass Maßnahmen zur Minimierung von Hardwareressourcen direkt zu höheren Software- und Softwarelizenzkosten führen können. ■

Um diese Faustregel nicht immer gültig werden zu lassen, sollten die zu erwartenden Softwarelizenzkosten, die durch den Betrieb eines Rechenzentrums entstehen, zumindest in der Vorabplanung miteinbezogen werden und auch auf das gesamte IT-Architekturszenario angewendet werden, um später vor unliebsamen Überraschungen geschützt zu sein. Das ist auch ein erster Schritt auf dem Weg zu einer möglichen Optimierung der Softwarekosten.

21.4 Berichte zum Optimieren von Softwarelizenzkosten

Der immer größer werdende Kostendruck und die geforderte Senkung der laufenden Betriebskosten in Rechenzentrumsumgebungen zwingen die verantwortlichen IT-Manager, einmal mehr nach Optimierungslösungen zu suchen. Eine davon ist natürlich das in diesem Kapitel behandelte Thema des lizenzbedarfsgerechten Einsatzes von Softwareprodukten. Eine recht einfache und unabhängig vom laufenden Rechenzentrumsbetrieb mögliche Option ist die Optimierung des Lizenzbezugs durch eine Analyse der abgeschlossenen Softwareverträge. Dazu gibt es auch mittlerweile vielfältige Dienstleistungsangebote einer Lizenzkostenoptimierung, die von externen Beratern, aber auch von Softwareherstellern angeboten wird. Hierbei simuliert eine Software die Auswirkungen von anderen Vertragsformen oder einfach zu ändernden Vertragsparametern auf die bestehenden Gesamtlizenzkosten. Zugegebenermaßen sind hierbei die Gestaltungsmöglichkeiten gering und oft auch nur mittel- bis langfristig - aufgrund der Vertragslaufzeiten - umsetzbar. Zumal hier auch der Kunde belastbares Zahlenmaterial vorweisen muss, um die anvisierten Einsparmöglichkeiten bei den Vertragsanpassungen (z. B. die Verringerung von Wartungslizenzen) untermauern zu können. Eine sinnvolle Option ist - aber bitte möglichst lange vor dem anstehenden Termin zu erforderlichen Neuverhandlungen von ausgelaufenen Verträgen oder bei einem Neuabschluss -, diese Art der Optimierung anzuwenden.

Die Durchführung einer Softwarenutzungsanalyse kann beispielsweise auch eine Reduzierung von Client-Softwareprodukten und -lizenzen hervorbringen bzw. hier ggf. Einsparpotenzial aufzeigen, was u. U. auch dazu führen kann, dass weniger Lizenzkosten für Server-Softwareprodukte anfallen. Diese Optimierungen zu erkennen bzw. auch umzusetzen, ist heute ohne technische Hilfsmittel nicht mehr möglich. Um entsprechende Ergebnisse zu erzeugen, bedarf es hierfür auch eines sehr gut ausgebildeten Personals. Grundsätzlich macht es aber durchaus Sinn, immer wieder die Auslastung der im Rechenzentrum betriebenen Softwareprodukte auf den Prüfstand zu stellen, ob diese wie ursprünglich geplant auch weiterhin noch benutzt werden. Die größten Einsparpotenziale sind in virtuellen Server-Umgebungen zu finden, wenn die vorhandenen Möglichkeiten der vom Hersteller vorgeschriebenen Lizenzmodelle und -metriken geschickt angewendet werden.

Maßnahmen

Eine wesentliche Maßnahme, um das zu erreichen, ist die Neuzuordnung der virtuellen Server (VMs) zu ihrem physischen Server-Host. Dadurch entsteht eine neue Zuordnung der Systeme, die eine Optimierung bewirken kann. Denn für die gleiche bisherige Bereitstellung der Softwareprodukte, über die Anzahl der virtuellen Server, wird dieselbe Leistung wie vorher erbracht, nur werden eben Lizenzkosten optimiert. Außerdem kann damit erreicht werden, dass die gleiche Anzahl an User-Zugriffen sichergestellt wird, nur mit erheblich weniger Lizenzkosten. Natürlich kann diese Optimierung der virtualisierten Umgebung nach Lizenzgesichtspunkten nicht im luftleeren Raum durchgeführt werden. Hierfür müssen sowohl technische Gegebenheiten beachtet werden als auch die Grenzen für das theoretisch maximal erreichbare Optimierungspotenzial aufgezeigt werden.

Um aber überhaupt eine Optimierung der IT-Infrastruktur durchführen zu können, werden dafür die entsprechenden Daten und Parameter benötigt, die eine solche Art der Optimierung unterstützen können. In den folgenden Kapitelabschnitten sehen Sie noch ein paar Praxisbeispielberichte für die hier im Kapitel behandelten Hersteller, die (in diesem Fall) vom Snow License Manager bereitgestellt werden können. Es handelt sich hierbei jeweils um sogenannte „Out-of-the-box"-Standardberichte, die ohne weitere Customizing-Aktionen die Daten und Informationen bereitstellen können.

21.4.1 Microsoft Windows Server (Hardware ersetzen)

Im Umfeld von Microsoft gibt es eine Vielzahl von Berichten, die unterschiedlichste Fallkonstellationen abbilden können. Das Beispiel im Bild 21.12 zeigt eine mögliche Kostenaufstellung durch eine Datenfilterung auf IT-Assets (hier Hardware), die beispielsweise noch aktiv im Einsatz sind, aber veraltet und im Rahmen eines geplanten Changes ersetzt werden sollen. Um zu erfahren, welche Maschinen das sind und mit welchen Kosten zu rechnen ist, bzw. um die Kosten für eine Ersatzbeschaffung an den Einkauf weitergeben zu können, kann dieser Bericht dabei unterstützen.

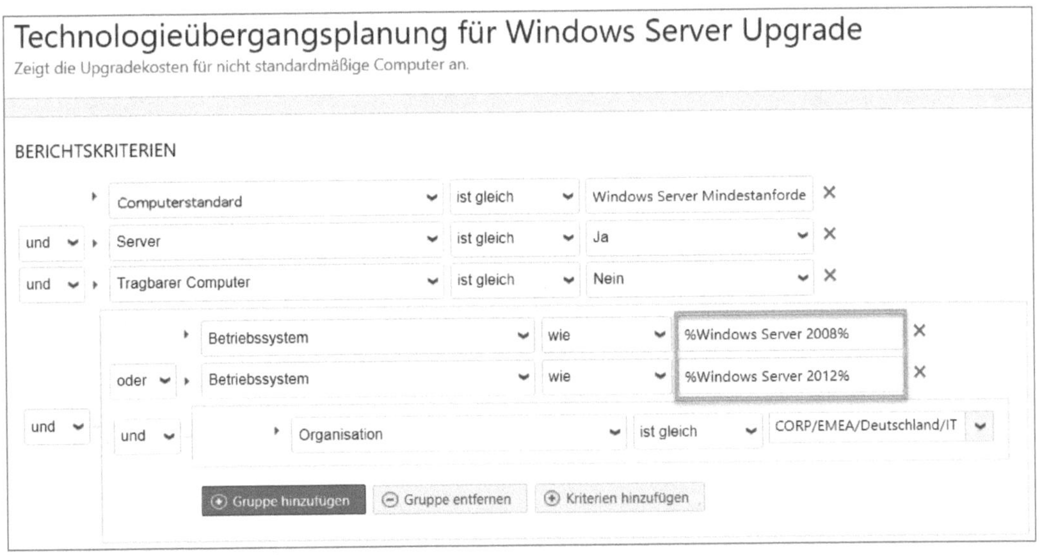

Bild 21.12 Auswahlkriterien für Bericht: Welche Server müssen ausgetauscht werden?

Das Ergebnis des gefilterten Berichts ist im Bild 21.13 zu sehen, mit Gesamtkosten für einen Austausch der Systeme (hardwareseitig) in Höhe von 6360 Euro. Dazu würden dann aber auch noch weitere Softwarekosten kommen, wenn auf die neu zu beschaffenden Systeme auch gleich neuere Windows-Server-Versionen installiert werden sollen.

Diese Ergebnisliste könnte jetzt im Rahmen des Life-Cycle-Prozesses an den Einkauf weitergereicht werden, um die Beantragung der Ersatzbeschaffung und Bestellung durchzuführen. Damit der Einkauf auch gleich noch Software dazu bestellen kann, zeigen die nächsten Abbildungen, wie ein beispielhafter Compliance-Bericht für Windows Server aussehen kann.

Ziehen Sie einen Kopfzeilenfeld hierher, um die Liste nach der betreffenden Spalte zu gruppieren.

Computername	Hersteller	Betriebssystem	Modell	Status	Prozessortyp	Upgrade-Gebühren (EUR)	Ersatzbeschaffungskosten (EUR)
			Proliant BL	Aktiv			
CORP9FFD0D9	Hp	Windows Server 2008 R2 Standard Edition	ProLiant BL460c Gen8	Aktiv	Intel Core i3/i5/i7 (2,40 GHz)	1.151,25	2.120,00
CORP177BCED	Hp	Microsoft Windows Server 2008 R2-Standard	ProLiant BL460c Gen8	Aktiv	Intel Xeon E5 2640 (2,50 GHz)	1.125,00	2.120,00
CORP7B7AC98	Hp	Microsoft Windows Server 2008 R2-Standard	ProLiant BL460c Gen8	Aktiv	Intel Xeon E5 2640 (2,50 GHz)	1.125,00	2.120,00
Insgesamt: 3						Insgesamt: 3.401,25	Insgesamt: 6.360,00

Bild 21.13 Ergebnisliste für Bericht: Welche Server müssen ausgetauscht werden?

21.4.2 Compliance-Übersicht für Microsoft Windows Server

Zur Abwechslung nehme ich hier einmal nicht den Weg über den Menüpunkt „Berichte“, sondern über das Dashboard „Compliance“ und grenze dann die Auswahl ein, indem in der Spalte „Anwendungen“ nach „Server 2016 Standard“ gefiltert wird. Die folgenden Bilder zeigen den Ausgangspunkt (das Dashboard) und das Ergebnis.

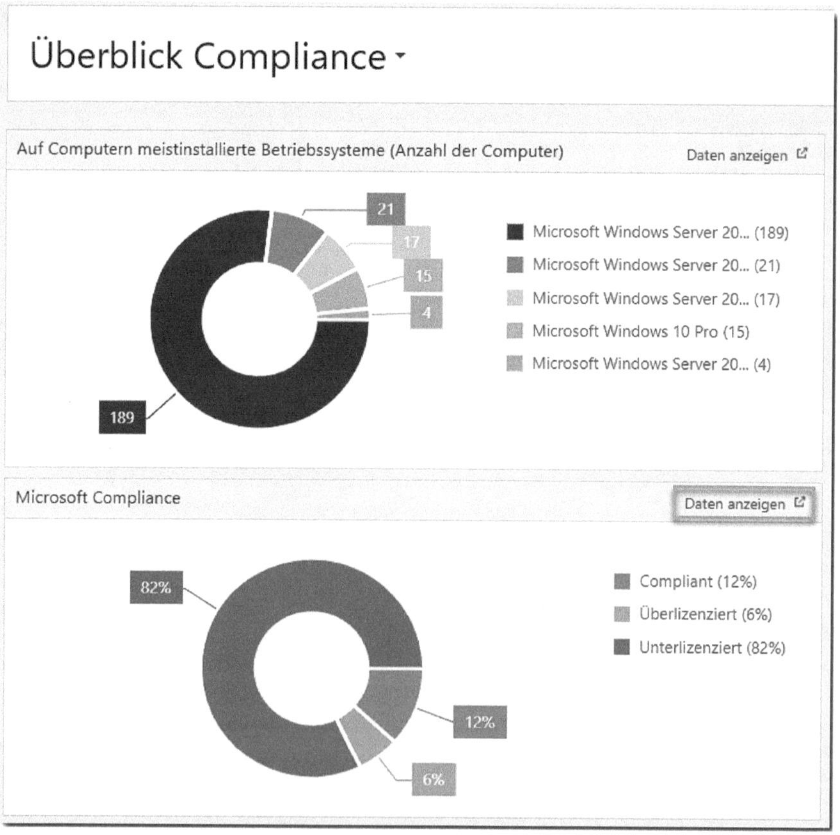

Bild 21.14 Dashboard „Überblick Compliance“ – mit Microsoft Compliance (*Daten anzeigen*)

Nachfolgend sehen Sie die Ergebnisliste mit der bereits angesprochenen Auswahleinschränkung auf „Server 2016 Standard“, weil ich auch gleich mit anzeigen lassen wollte, wie es denn um den Compliance-Status vom Microsoft SQL Server 2016 Standard bestellt ist.

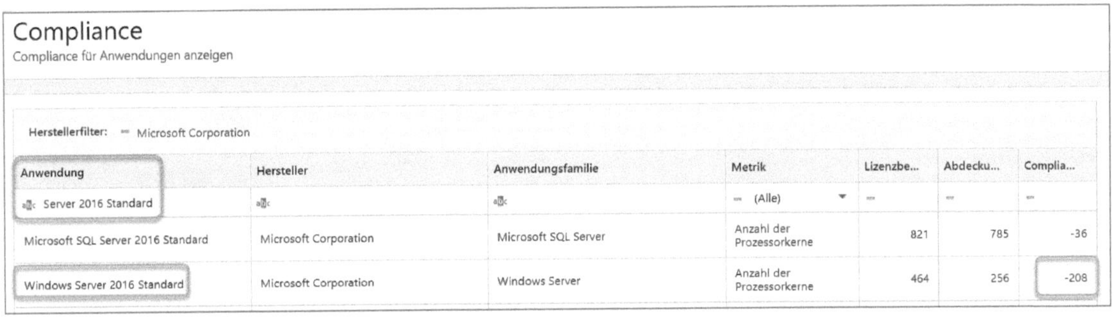

Bild 21.15 Ergebnisliste Compliance-Bericht „Server 2016 Standard“ – Produkte

Zusammen mit der Ersatzbeschaffung der neuen Server-Systeme könnten somit jetzt auch gleich noch die fehlenden Prozessorkerne mit auf die Bestellung, sofern es der gleiche Lieferant sein sollte 😉.

Kurze Erinnerung (siehe Abschnitt 21.2.2 „Microsoft: Was wird lizenziert?“) zu den *Mindestlizenzanforderungen:*

- Alle physischen Kerne des einzusetzenden Hostservers müssen lizenziert werden.
- Acht Prozessorkerne **pro Prozessor** sind mindestens zu lizenzieren.
- 16 Prozessorkerne sind mindestens **pro physischer Servereinheit** zu lizenzieren.

Also sind 104 (208/2 = 104) 2-Core-Packs zu beschaffen, in der Annahme, dass die abzudeckenden Server-Systeme (dann 13 Stück) in der Hardwareausstattung „nur“ die Mindestlizenzanforderungen zu erfüllen haben, also jeweils mit maximal zwei Prozessoren und mit jeweils maximal acht Prozessorkernen oder weniger bestückt sind. Das folgende Bild zeigt das auch noch einmal auf.

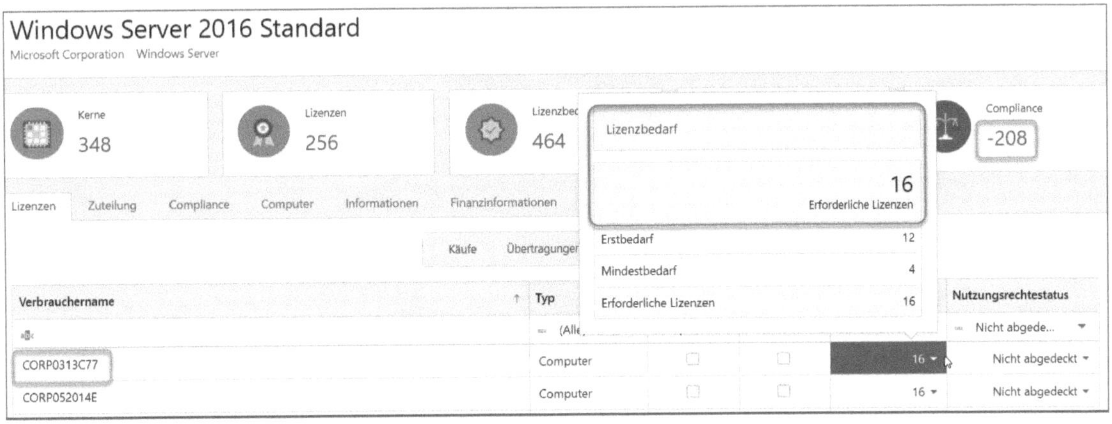

Ein anderer interessanter Bericht beschreibt, welche Edition in der vorgefundenen Hardwareausstattung empfohlen wird, um beispielsweise hierdurch eine größtmögliche Kosteneffizienz im Betrieb der Windows Server zu erreichen. Das folgende Bild zeigt hierfür einen beispielhaften (auszugsweisen) Bericht für „Windows Server Assessment – Lizenzierung 2019".

Windows Server Assessment – Lizenzierung 2019

Verwenden Sie diesen Bericht, wenn Sie Windows Server nach den Regeln auf Basis des Prozessors von 2019 lizenzieren. Falls Ihre Lizenz auf einer höheren Version von Windows Server basiert, siehe den für Ihre Version geltenden Windows Server Assessment-Bericht. In diesem Bericht wird die empfohlene Art der Lizenzierung jedes Hosts basierend auf dem Vergleich der jeweiligen Kosten für die Lizenzierung jeder Edition von 2019 und der Auswahl der günstigsten Option angezeigt. Änderungen der Anwendungskosten für Windows Server 2019 werden angezeigt, nachdem die Compliance neu berechnet wurde.

Spaltenauswahl

Hostname	Prozessoren	Prozessorkerne insgesamt ↑	Empfohlene Edition	Empfohlene Pakete	Empfohlene Kosten (EUR)	Ermittelte Risiken
CORPB3D2A68	1	4	Standard	8 x 2 core pack	15.552,00	Host mit weniger als acht Kernen pro Prozessor. Host mit weniger als 16 Kernen pro Server.
CORPE59A057	1	4	Standard	8 x 2 core pack	15.552,00	Host mit weniger als acht Kernen pro Prozessor. Host mit weniger als 16 Kernen pro Server.
CORP232D7C2	1	4	Standard	8 x 2 core pack	15.552,00	Host mit weniger als acht Kernen pro Prozessor. Host mit weniger als 16 Kernen pro Server.
CORP573ED72	1	4	Standard	8 x 2 core pack	15.552,00	Host mit weniger als acht Kernen pro Prozessor. Host mit weniger als 16 Kernen pro Server.

Zum Abschluss zu den beispielhaften Microsoft-Berichten noch ein paar Beispiele zum SQL Server.

21.4.3 Optimierungsbericht (Beispiel) für SQL Server 2019

Im Bild 21.15 ist u. a. auch der Eintrag für den Microsoft SQL Server Standard mit 36 fehlenden „Core"-Lizenzen zu sehen (im Screenshot der nicht markierte Eintrag). Hier im Bild 21.16 dazu die Aufstellung der betreffenden Systeme.

Lizenzen | Zuteilung | Compliance | Computer | Benutzer | Paketinhalt | Informationen | Finanzinformationen | SKU

Käufe | Übertragungen | Verfolgung

Verbrauchername	Typ	Genutzt	Virtuell ↑	Erforderlich	Nutzungsrechtestatus
	(Alle)	(A...	(A...		Nicht abgede...
CORP8724EFB	Computer	☐	☐	4	Nicht abgedeckt
CORP7F4A281	Computer	☐	☑	4	Nicht abgedeckt
CORP0B31CAF	Computer	☐	☑	4	Nicht abgedeckt
CORP0A2104A	Computer	☐	☑	4	Nicht abgedeckt
CORPC83C5C2	Computer	☐	☑	4	Nicht abgedeckt
CORPC0BA92B	Computer	☐	☑	4	Nicht abgedeckt
CORP168A0FB	Computer	☐	☑	4	Nicht abgedeckt
CORP417AFB6	Computer	☐	☑	8	Nicht abgedeckt

Bild 21.16 Übersicht SLQ Server Standard, Lizenzbedarfe

In der Auflistung ist jetzt u. a. zu erkennen, dass es eine physische Maschine gibt, die eine SQL-Server-Standard-Installation trägt (mit vier Prozessorcore-Lizenzen als Bedarf – „nicht abgedeckt“). Die anderen sind virtuelle Server, von denen einer acht konfigurierte vCore sein Eigen nennt, dem also somit auch acht Core-Lizenzen zugewiesen werden müssen. Macht in der Summe 36 Core-Lizenzen, geteilt durch zwei ergibt 18 2-Core-Packs, die es zu beschaffen gilt, damit dann bald die Compliance für den SQL Server Standard in Gänze wiederhergestellt werden kann. Auch hier kurz zur Erinnerung: Es sind alle Prozessorkerne (mindestens vier) des physischen Host Servers bzw. der VM zu lizenzieren bzw. die einer VM zugewiesene Anzahl an vCore. Wenn diese die Mindestmenge von vier überschreitet (siehe folgenden Textauszug in der Hinweisbox und Screenshot der Illustration aus dem „SQL Server 2019 Licensing data sheet“),[53] ist dann die tatsächliche Anzahl der vCore zu lizenzieren.

- To license a physical server–when running SQL Server in a physical OSE–all physical cores on the server must be licensed. A minimum of four core licenses are required for each physical processor on the server.
- To license a VM or container with core licenses, purchase a core license for each virtual core (virtual thread) allocated to the VM or the number of cores configured for access by the container (with a minimum of 4 core licenses per VM or container).
- To license a single VM or container with a server license (for Standard Edition only), purchase a server license for each VM or container, and a CAL for each user or device.

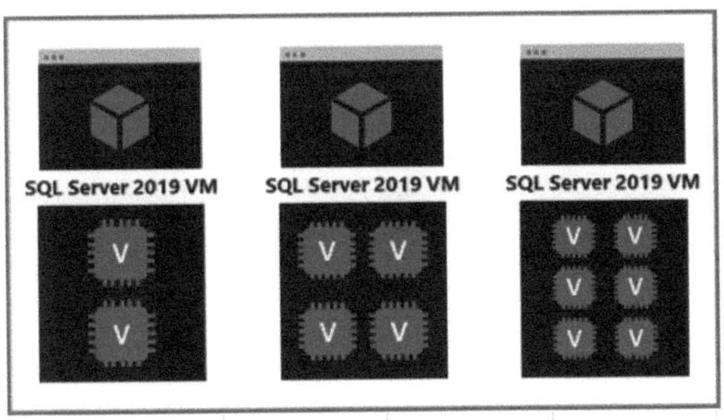

Virtual cores	2	4	6	
Licenses	4	4	6	**14** Total core licenses Purchase seven 2-pack SKUs of core licenses

This figure illustrates the licensing requirements for three different virtual machines under the Per Core licensing model.

SQL Server 2016 und 2019 werden identisch lizenziert, weil in dem Microsoft-Dokumenten-Screenshot SQL Server 2019 zu lesen ist und in den anderen Screenshots zu den Snow-License-Manager-Beispielen die Version SQL Server 2016 Standard genannt wird.

53 *https://download.microsoft.com/download/f/0/d/f0d7004e-9e39-4991-853b-2aa09e4ce456/SQL%20Server%202019%20%20Licensing%20Datasheet.pdf*

Wollen Sie auch gleich dem Einkauf die korrekte Stock Keeping Unit (Nummer) – die besagte SKU – mit übermitteln, dann ist auch die schnell herausgefunden. Im Snow License Manager gibt es dafür die Registerkarte „SKU“, wo – nicht erschrecken – mehrere tausend SKU-Nummern angezeigt werden können, mit einer Filterungseinschränkung ist das aber auch sehr schnell eingrenzbar. Im folgenden Bild auch dafür ein Beispiel.

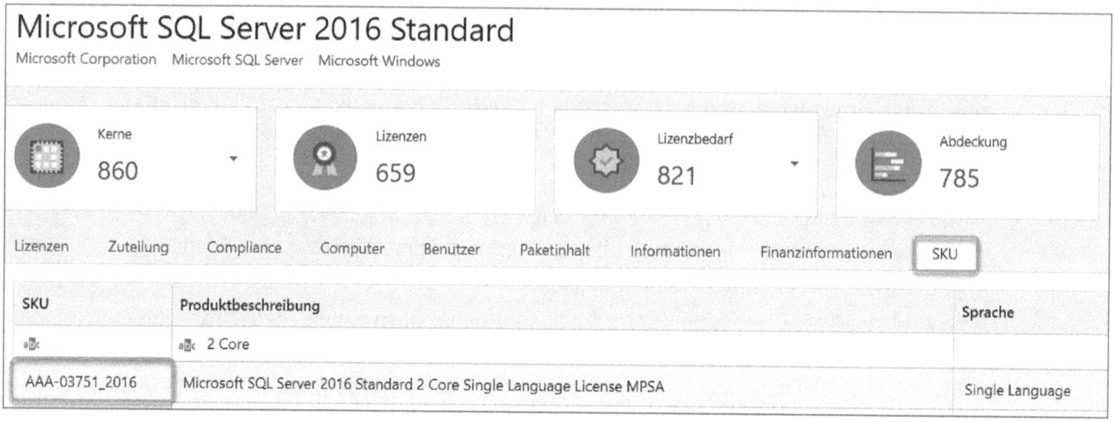

Jetzt sind alle Informationen zusammengestellt und können nun dem Einkauf für die Anlage einer Bestellung bereitgestellt werden.

21.4.4 Compliance-Übersicht für Oracle-Software

Für Oracle-Produkte gibt es (um hier beispielhaft bei den Berichten vom Snow License Manager zu bleiben) ebenso eine Fülle vorgefertigter „Out-of-the-box“-Berichte (hier im Screenshot aktuell 45 an der Zahl).

Nachfolgend stelle ich Ihnen eine kleine Auswahl daraus vor. Eine erste wichtige Information wäre, ob es im Unternehmen Systeme gibt, die möglicherweise eine Oracle-Datenbankinstallation aufweisen und noch nicht über die speziellen Oracle-Scan-Agents erfasst werden bzw. wurden. Denn es werden spezielle Scan-Agent-Konfigurationen benötigt, um die Oracle-Datenbankinstallationen zu erkennen und zu analysieren (mit allen diesen Aspekten und Thematiken, wie bereits im Abschnitt 21.2.4.3 „Oracle: zusätzliche Optionen und Funktionspacks“ ausgeführt). Im Bild 21.17 ist so eine Auswertung zu sehen und es gibt tatsächlich ein aktuelles System, welches dem für die Datenbankadministration verantwortlichen IT-Betrieb genannt werden kann (die anderen Systeme sind anscheinend nicht mehr aktiv, weil der Datumsstempel „Zuletzt gescannt“ sehr weit zurückliegt).

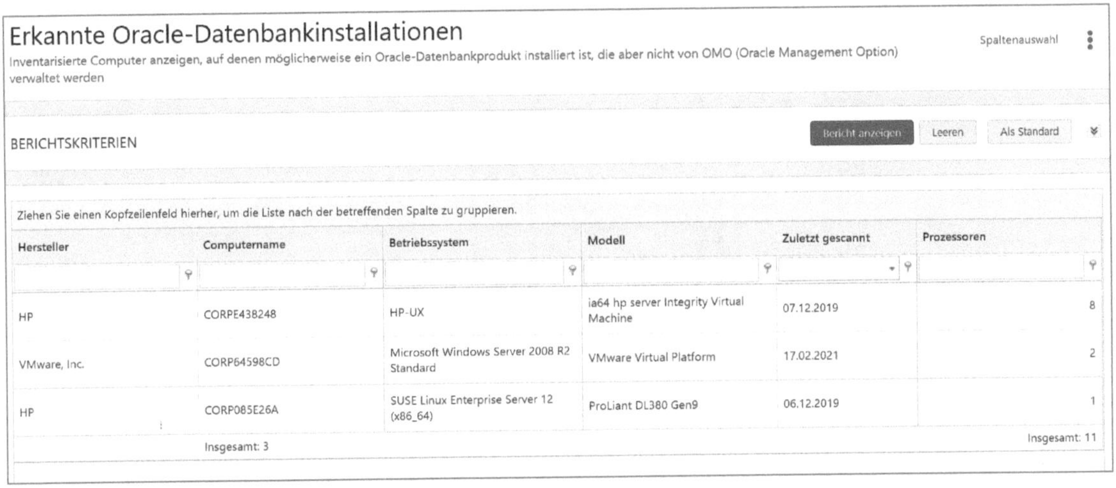

Bild 21.17 Systeme mit vermutlichen Oracle-Datenbankkomponenten oder Datenbankinstanzen

Ein anderer Bericht (bei dem die Spaltenanzahl stark verringert wurde, um sich auf die wichtigsten Informationen zu konzentrieren und im Screenshot auch noch etwas erkennbar bleibt) ist das viel zitierte „Oracle Server Worksheet (OSW) 2.0“, welches die Aufgabe hat, alle inventarisierten Oracle-Datenbanken laut OSW-Standarddokumentenformat anzuzeigen. Im Bild 21.18 ist dies in Auszugsform zu sehen.

Hier ist gut zu erkennen, welche Optionen installiert sind und welche davon genutzt werden. Zudem ist hier auch noch die Aufstellung der Anzahl der Datenbankbenutzer zu sehen. Zum Abschluss noch im nachfolgenden Bild 21.19 ein Beispiel für einen auf eine Organisationseinheit, eine Compliance-Metrik (Prozessor) und einen Produktnamen (Enterprise Edition) gefilterten Oracle-Compliance-Bericht.

Bei diesem beispielhaften Compliance-Bericht ist also Handlungsbedarf angesagt, entweder müssen bereits erworbene Lizenznachweise „nur“ noch in das SAM-Tool eingepflegt und dann den Systemen zugewiesen werden oder es sind tatsächlich noch Beschaffungen für Neu-Lizenzen zu tätigen. Lassen Sie uns abschließend noch eine Compliance-Übersicht zu IBM betrachten.

Servermodell	Hostname	Betriebssystem	Datenbank	Edition	Version	Installiert	Optionen installiert (Beschreibung)	Optionen genutzt (Beschreibung)	Kernfaktor	Anzahl der DBA-Benutzer	Prozessorkennung
Organisation: CORP/EMEA/Germany/IT											
Serverhersteller: HP											
ProLiant DL380 Gen9	CORPAE70E0B	SUSE Linux Enterprise Server 12 (x86_64)	ORADB133	Enterprise	12.1.0.2.0	22.09.2016	Active Data Guard, Advanced Analytics, Advanced Compression, Advanced Security, Database In-Memory, Online Analytical Processing (OLAP), Partitioning, Real Application Testing		0.50	48	Intel(R) Xeon(R) CPU E5-2623 v3 (3.00 GHz)
ProLiant DL380 Gen9	CORP7ADACDC	Microsoft Windows Server 2012 Standard	ORADB155	Enterprise	12.1.0.2.0	29.04.2017	Active Data Guard, Advanced Analytics, Advanced Compression, Advanced Security, Database In-Memory, Online Analytical Processing (OLAP), Partitioning, Real Application Testing, Spatial and Graph		0.50	68	Intel Xeon E5 v3 (3.00 GHz)
ia64 hp server Integrity Virtual Machine	CORP36F3A49	HP-UX	ORADB207	Enterprise	11.2.0.4.0	16.06.2014	Active Data Guard, Advanced Analytics, Advanced Compression, Advanced Security, Online Analytical Processing (OLAP), Partitioning, Real Application Testing	Partitioning	1.00	241	Intel(R) Itanium(R) Processor 9560 (2.53 GHz, 32 MB), 1 core, 1 logical processor per socket

Bild 21.18 Datenauszug für das Oracle Server Worksheet

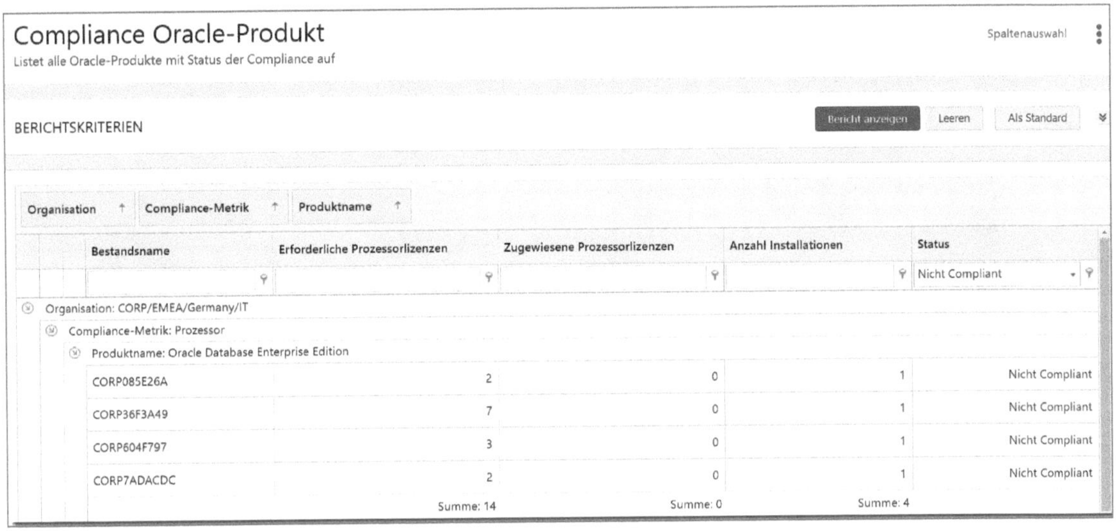

Compliance Oracle-Produkt
Listet alle Oracle-Produkte mit Status der Compliance auf

BERICHTSKRITERIEN

Organisation | Compliance-Metrik | Produktname

Bestandsname	Erforderliche Prozessorlizenzen	Zugewiesene Prozessorlizenzen	Anzahl Installationen	Status
				Nicht Compliant
Organisation: CORP/EMEA/Germany/IT				
Compliance-Metrik: Prozessor				
Produktname: Oracle Database Enterprise Edition				
CORP085E26A	2	0	1	Nicht Compliant
CORP36F3A49	7	0	1	Nicht Compliant
CORP604F797	3	0	1	Nicht Compliant
CORP7ADACDC	2	0	1	Nicht Compliant
	Summe: 14	Summe: 0	Summe: 4	

Bild 21.19 Auszug „Compliance-Bericht“ Oracle Enterprise Edition

21.4.5 Compliance-Übersicht für IBM DB2 Software

Das Bild 21.20 zeigt eine Zusammenfassung der Compliance-Situation für IBM-DB2-Softwareprodukte, in diesem Fall als Full-Capacity, da in diesem Bericht noch keine ILMT-Daten mit eingebunden sind. Der ILMT-Konnektor kann über zusätzliche Konfigurationsschritte „angedockt“ werden, um seine Analysedaten dem Snow License Manager bereitzustellen. Dabei ist aber zu beachten, dass IBM meistens nicht auf die zusätzlichen Berichte des ILMT-Tools verzichten wird. IBM akzeptiert im Rahmen eines Audits meistens nur die Daten seines eigenen ILMT-Tools.

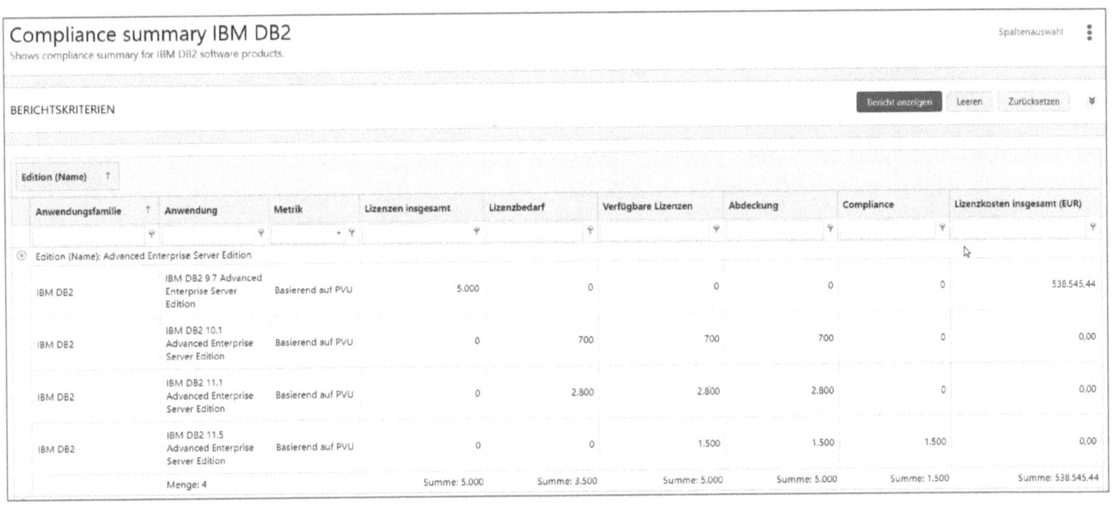

Compliance summary IBM DB2
Shows compliance summary for IBM DB2 software products.

BERICHTSKRITERIEN

Edition (Name)

Anwendungsfamilie	Anwendung	Metrik	Lizenzen insgesamt	Lizenzbedarf	Verfügbare Lizenzen	Abdeckung	Compliance	Lizenzkosten insgesamt (EUR)
Edition (Name): Advanced Enterprise Server Edition								
IBM DB2	IBM DB2 9.7 Advanced Enterprise Server Edition	Basierend auf PVU	5.000	0	0	0	0	538.545,44
IBM DB2	IBM DB2 10.1 Advanced Enterprise Server Edition	Basierend auf PVU	0	700	700	700	0	0,00
IBM DB2	IBM DB2 11.1 Advanced Enterprise Server Edition	Basierend auf PVU	0	2.800	2.800	2.800	0	0,00
IBM DB2	IBM DB2 11.5 Advanced Enterprise Server Edition	Basierend auf PVU	0	0	1.500	1.500	1.500	0,00
	Menge: 4		Summe: 5.000	Summe: 3.500	Summe: 5.000	Summe: 5.000	Summe: 1.500	Summe: 538.545,44

Bild 21.20 Compliance-Bericht für IBM-DB2-Softwareprodukte, gruppiert nach Editionen

Anwendungsfamilie	Anwendung	Metrik	Lizenzen insgesamt	Lizenzbedarf	Verfügbare Lizenzen	Abdeckung	Compliance	Lizenzkosten insgesamt (EUR)
Advanced Enterprise Server Edition								
IBM DB2	IBM DB2 9.7 Advanced Enterprise Server Edition	Basierend auf PVU	5000	0	0	0	0	538545,44
IBM DB2	IBM DB2 10.1 Advanced Enterprise Server Edition	Basierend auf PVU	0	700	700	700	0	0,00
IBM DB2	IBM DB2 11.1 Advanced Enterprise Server Edition	Basierend auf PVU	0	2800	2800	2800	0	0,00
IBM DB2	IBM DB2 11.5 Advanced Enterprise Server Edition	Basierend auf PVU	0	0	1500	1500	1500	0,00
	Menge: 4		**Summe: 5000**	**Summe: 3500**	**Summe: 5000**	**Summe: 5000**	**Summe: 1500**	**Summe: 538545,44**
Enterprise Server Edition								
IBM DB2	IBM DB2 9.7 Enterprise Server Edition	Basierend auf PVU	2600	0	0	0	0	298805,00
IBM DB2	IBM DB2 10.5 Enterprise Server Edition	Basierend auf PVU	0	1260	2600	2600	1340	0,00
IBM DB2	IBM DB2 11.1 Enterprise Server Edition	Basierend auf PVU	0	560	0	0	-560	0,00
	Menge: 3		**Summe: 2600**	**Summe: 1820**	**Summe: 2600**	**Summe: 2600**	**Summe: 780**	**Summe: 298805**
Workgroup Server Edition								
IBM DB2	IBM DB2 9.7 Workgroup Server Edition	Basierend auf PVU	5200	4340	0	0	-4340	272204,53
IBM DB2	IBM DB2 10.1 Workgroup Server Edition	Basierend auf PVU	0	2240	2120	2120	-120	0,00
IBM DB2	IBM DB2 10.5 Workgroup Server Edition	Basierend auf PVU	0	3080	3080	3080	0	0,00
	Menge: 3		**Summe: 5200**	**Summe: 9660**	**Summe: 5200**	**Summe: 5200**	**Summe: -4460**	**Summe: 272204,53**
	Insgesamt: 10		Insgesamt: 12800	Insgesamt: 14980	Insgesamt: 12800	Insgesamt: 12800	Insgesamt: -2180	Insgesamt: 1109554,97

Bild 21.21 Excel-Datenauszug Compliance-Darstellung von IBM-DB2-Softwareeditionen

Über einen Export in ein Excel-Format würde dann dieser Compliance-Bericht, wie im Bild 21.21 zu sehen, für eine weitere Bearbeitung bereitgestellt.

Zu dem im Bild 21.20 gezeigten Bericht könnte man jetzt noch einen Schritt weitergehen und prüfen, ob die aufgelisteten DB2-Produkte so noch lizenzkonform sind oder ob eventuell Handlungsbedarf besteht. Dazu wechseln wir zu den Lizenzen und sehen uns einmal die Vertragssituation an.

Wartung der DB2 Advanced Enterprise Edition ist abgelaufen

Im Bild 21.22 ist zu erkennen, dass für „DB2 Advanced Enterprise Edition Version 9.7“ die Wartung abgelaufen ist. Es wird im Weiteren beispielhaft nur diese Edition mit den darauf basierenden weiteren „gültigen“ aktuelleren Versionen betrachtet. Zum Zeitpunkt des Wartungsablaufs war die „DB2 Advanced Enterprise Edition Version 11.1“ lizenzkonform durch die „DB2 Advanced Enterprise Edition Version 9.7“ mit Softwarewartung abgedeckt. Gemäß der geltenden Nutzungsbedingungen von IBM wäre also bis zum Zeitpunkt des Ablaufs der Wartung noch der Einsatz und Betrieb der „DB2 Advanced Enterprise Edition“ kleiner oder gleich bis zur Version 11.2 lizenzkonform. In Bild 21.20 wird aber auch eine „DB2 Advanced Enterprise Edition“ in der Version 11.5 ausgewiesen. Deren Lizenzbedarf kann aber nun aufgrund des eben ausgeführten lizenzrechtlichen Sachverhalts nicht mehr von der ursprünglich erworbenen „DB2 Advanced Enterprise Edition Version 9.7“ mit Softwarewartung abgedeckt werden. Hier wird also die wichtige IBM-Regel des „IPLA“ zur „all or none S&S“[54]-Lizenzregel verletzt und damit ist keine der bestehenden aktiven „DB2 Advanced Enterprise Edition“-Lizenzen mehr verwertbar. In diesem Szenario wäre der Kunde also komplett unlizenziert unterwegs.

Bild 21.22 Übersicht zu Lizenznachweisen „DB2 Advanced Enterprise Edition Version 9.7“

[54] IBM Software Subscription and Support (S&S) ist eine umfassende Lösung für Produkt-Upgrades und technischen Support, die beim Kauf jedes IBM-Softwareprogramms, das unter dem IBM International Passport Advantage Agreement (IPLA) lizenziert ist, enthalten ist.

Sehen wir uns einmal das Veröffentlichungsdatum der „DB2 Advanced Enterprise Edition Version 10.5“ an. Das ist der 26.07.2013, wie es im Bild 21.23 zu sehen ist. Damit fällt dieses Datum in die laufende Wartung der Lizenz für „DB2 Advanced Enterprise Edition Version 9.7“ und es dürfen die Upgrade-Rechte auf diese Version in Anspruch genommen werden. Gepoolt wird auf der Version „DB2 Advanced Enterprise Edition Version 10.5“, da dies die letzte lizenzkonform nutzbare Version mit Bezug zur Wartung der „DB2 Advanced Enterprise Edition Version 9.7“ ist.

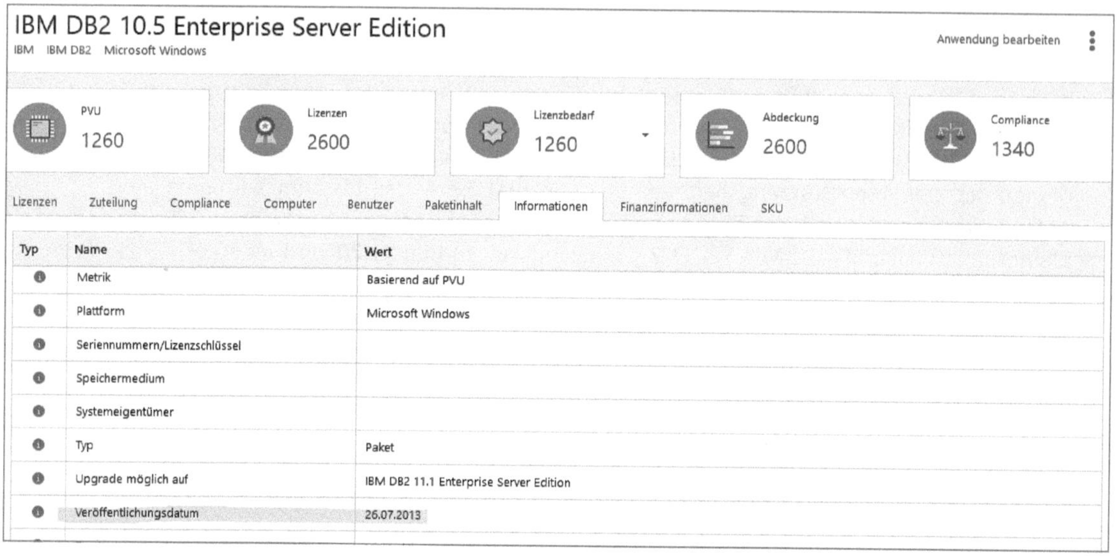

Bild 21.23 Veröffentlichungsdatum „DB2 Advanced Enterprise Edition Version 10.5“

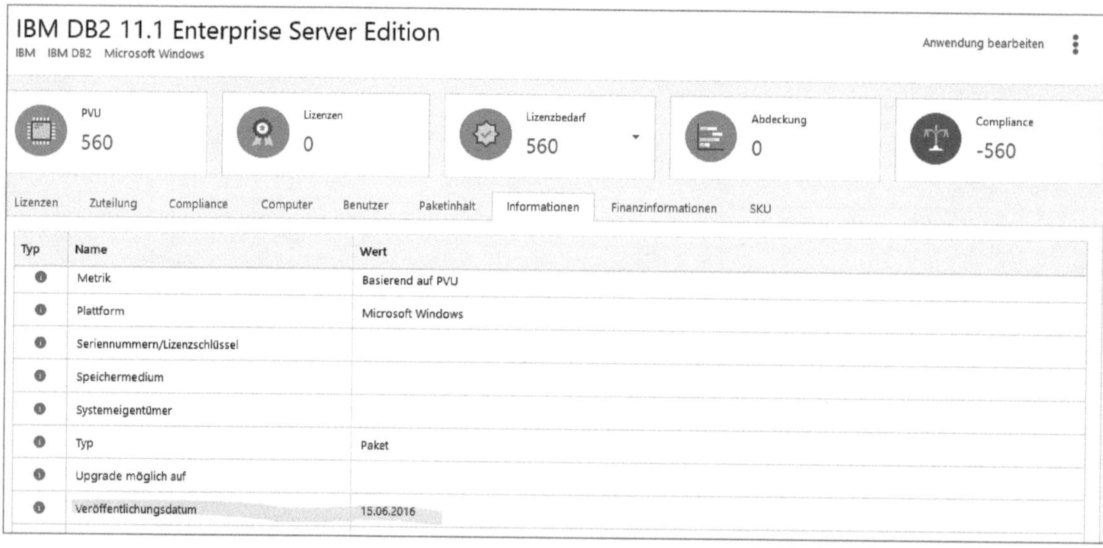

Bild 21.24 Veröffentlichungsdatum „DB2 Advanced Enterprise Edition Version 11.1“

Im Bild 21.24 wird das Veröffentlichungsdatum der „DB2 Advanced Enterprise Edition Version 11.1" angezeigt, welches der 15.06.2016 ist. Dieses Datum liegt aber bereits ein halbes Jahr nach dem Wartungsablauf 31.12.2015 für die „DB2 Advanced Enterprise Edition Version 9.7". Demzufolge sind die Installation und der Betrieb der „DB2 Advanced Enterprise Edition Version 11.1" nicht mehr lizenzkonform und somit eine unlizenzierte Software.

Resümee

Die Nutzungsbedingungen bei IBM geben vor, dass entweder für alle Softwareprodukte einer Produktfamilie (hier DB2) die Wartung verlängert wird oder keine Wartung für alle Softwareprodukte dieser Produktfamilie besteht („all or nothing"). Da in diesem beispielhaften Szenario eine „neuere" Version („DB2 Advanced Enterprise Edition Version 11.1") installiert wurde, aber die Wartung für die „DB2 Advanced Enterprise Edition Version 9.7" nicht weiter verlängert wurde, impliziert diese Situation, dass „**alle**" Versionen der „DB2 Advanced Enterprise Edition" nicht mehr lizenzkonform genutzt werden dürfen.

Wie hätte das verhindert werden können?

Zum einen hätte das Datenbankbetriebsteam „**vor**" dem Versions-Change auf die „DB2 Advanced Enterprise Edition Version **11.1**" das SAM-Team mit einbeziehen müssen, um zu klären, ob die vertragliche Situation den geplanten Versionswechsel überhaupt zulässt, bzw. mit dem Produktverantwortlichen abstimmen müssen, bis zu welcher Version ein lizenzkonformer Betrieb möglich wäre.

Wäre das SAM-Team rechtzeitig angesprochen und eingebunden gewesen, wäre sichtbar geworden, dass ein lizenzkonformes Upgrade auf die „DB2 Advanced Enterprise Edition Version 11.1" aufgrund der bestehenden Vertragssituation nicht hätte durchgeführt werden dürfen. So ist aber der Kunde in diesem Szenario mit dem fehlerhaften (weil nicht lizenzkonformen) Umsetzen des Upgrades mit einem Schlag für alle seine DB2-Produkte nicht mehr lizenzkonform gegenüber den IBM-Nutzungsbedingungen.

Je nachdem, welche Überlegungen und Auslöser zum Versionswechsel geführt haben (IT-Architekt, neue Produktfunktionen usw.), er bedeutet, dass hier eine Menge Geld in die Hand genommen werden muss, um wieder alle aktiven Softwareproduktversionen der Produktfamilie „DB 2" lizenzkonform nutzen zu können. Verhindert hätte man diese Situation, indem entweder rechtzeitig die Wartung der „DB2 Advanced Enterprise Edition Version 9.7" verlängert oder aber die „DB2 Advanced Enterprise Edition Version 11.1" nicht installiert worden wäre.

Anhand dieses beispielhaften Szenarios konnten Sie miterleben, wie wichtig die Erstellung von Berichten ist und dass ggf. auch noch an anderen Punkten Informationen zu interpretieren sind, um eine Gesamtsituation auf Lizenzkonformität untersuchen zu können, um Risiken bewusst zu erkennen und zu steuern. Nachfolgend noch ein paar Hintergrundinformationen zu dem hier beispielhaft dargelegten Szenario.

IBM International Passport Advantage Agreement (IPLA)

Overview:

Revision 3: November22 2017

Section 1a: Passport Advantage Agreement Change Timing

Question: When do the changes to the Passport Advantage Agreement and the Passport Advantage Express Agreement come into effect?

Answer: Simple answer: November 1st, 2017 for new PA Agreements and PA Express transactions, February 1st, 2018 for most PA Agreements that existed before November 1st, 2017.

Detail:

(1) For existing Passport Advantage Agreements (Originating Sites) that existed before November 1st, 2017, email, and in some cases hardcopy letters as well, were sent notifying them of the updates to their PA Agreement in late October, 2017, the effective date of the change is February 1st, 2018. Existing Additional Sites that existed before November 1st, 2017 under such Agreements were also sent courtesy copies of the notification letters for their information.

(2) for all new Passport Advantage Additional Sites that are already enrolled as of November 1st, 2017 under a Passport Advantage Agreement that existed before November 1st, 2017, or Passport Advantage Additional Sites which enroll under such an Agreement between November 1st, 2017 and January 31st, 2018, the new Passport Advantage terms apply as of the effective date of the change applicable to the Passport Advantage Agreement of their Originating Site under which that Additional Site is enrolled;

(3) for all completely new Passport Advantage Agreements (Originating Sites) that enroll on or after November 1st, 2017, and for all Additional Sites that subsequently enroll under that new Passport Advantage Agreement, the new terms apply as of the date of enrollment

(4) for Passport Advantage Express transactions the new terms come into effect for all transactions on or after November 1st, 2017.

Question: are PA enrollment forms changing?

Answer: No, the enrollment forms that were introduced in September 2014 remain the current ones to use.

Section 2: „all or none S&S" requirement – the customer has two options:

(1) to have S&S in effect for all of their installed license inventory of a product they have (whether in current use or not), or

(2) to have S&S for none of their installed license inventory of a product they have. There is no third option to have S&S for only some of their installed license inventory of a product they have.

Of course, the customer may also obtain S&S for some or even all of their uninstalled licenses which may save them money if they want to bring them back into service later and avoid paying S&S Reinstatement charges.

Question: What does the term „Partial renewal“ mean?

Answer: A partial renewal means a renewal where the quantity of a given line-item is lower than the quantity for the same line item in the prior period - i.e., the customer is renewing less S&S for a product this time than they did last time.

Question: Does the customer lose the right to use the licensed software if they do not renew S&S?

Answer: No, their licenses are unaffected, but the cost of restarting S&S for some or all of their license inventory for which they have allowed S&S to lapse will be significantly more costly.

Question: What is the scope of the „all or nothing S&S“ requirement? Is it on a per product basis for each renewal Site or does it operate across multiple Sites and even across the customer's entire Enterprise?

Answer: The scope is at the same level as we perform renewals - at the per product per Site level. If a customer has 100 licenses of Product A installed at Site 123, and another 200 licenses for Product A installed at Site 345, they will get two renewal quotes, one from each Site. The customer can renew all or none of the 100 licenses at Site 123, and can renew all or none of the 200 licenses at Site 345 - there is no requirement for them to have to renew S&S for all 300 or for none of them.

Question: Will current customers be grandfathered so they don't have to comply with the „all or nothing S&S“ requirement?

Answer: There will be no grandfathering. The requirement to cover all or nothing of installed licenses comes into effect with the customer's first renewal after the effective date of the agreement change; For most customers, this will be December 1st, 2014.

Question: Will we require customers to state, in writing, how many of their total inventory of licenses for a given product at a Site are installed and how many are not?

Answer: If a customer has acquired 1000 licenses for a given product and at their last renewal had S&S for all 1000, but they now tell us they only have 500 installed and only want to renew S&S for those 500, we will ask for documentation of their installed software that shows that they will be compliant with all PA terms, including the „all or none“ for installed licensed software requirement under that reduced quantity renewal.

Question:

(a) If a customer with 1000 total inventory of licenses for a given product has installed the product to that same level (1000) but is using 500 of them to license an old version of the product where that particular version has gone „end of service“(EOS) even though the product continues to be sold and is available in newer versions for which support is still available as part of S&S, do they still need to have S&S for all 1000 or none at all?

(b) If a customer is actively using their entire inventory (e.g., 400) of their licenses for a given product but using 200 of them to license an older version, perhaps because that older version is required for a stable application or is being used for an application that doesn't yet work with a more up-to-date version of the product, do they still need to have S&S for all 400 or none at all?

Answer: Yes, the requirement covers all installed use regardless of the type of deployment or version of the software in use. The requirement is at the product level, not at the product version level. Our S&S terms have always allowed for the fact that a customer might keep their S&S current while still using their licenses to deploy older versions than those currently available or even older than we are still supporting. They may do this in order to keep their upgrade and support options open for the time when they do want to upgrade. Our terms do not guarantee that product updates will be made available during a coverage term of S&S, and they explicitly state that in order to receive support for a product, the customer must be using a version of that product for which we currently offer support, but S&S is required for all installed licenses or for none.

Siehe dazu auch: ftp://public.dhe.ibm.com/software/passportadvantage/PAO_Reseller/Passport_Advantage_2018_FAQ_BP.pdf – unter dem Abschnitt „all or none S&S"

Fazit:

In aktuellen IT-Asset-Management-Umgebungen mit den mittlerweile hochkomplexen IT-Infrastruktur-Szenarien und deren dynamischen Betriebszuständen ist die Sicherstellung der lizenzkonformen Nutzung der erforderlichen Server-Software und Datenbankprodukte eine der wichtigsten Aufgabenstellungen für das Softwareasset- und Lizenzmanagement. Sind die dafür erforderlichen Prozesse, Richtlinien, Rollen und Werkzeuge implementiert und betriebsbereit, haben Sie für die Zielsetzung, ein optimiertes Lizenzmanagement in allen Belangen zu betreiben, alles richtig gemacht.

Um größtmögliche Transparenz und Sichtbarkeit über die eingesetzten IT-Assets zu erhalten, sollte im Vorfeld von geplanten bzw. erforderlichen Changes das Lizenzmanagement-Team rechtzeitig von den beteiligten Fachbereichen und Verfahrensverantwortlichen eingebunden werden. So können zu treffende Entscheidungen, beispielsweise welches Lizenzmodell mit welcher Lizenzmetrik für eine lizenzkonforme, aber auch möglichst kosten- und ressourceneffiziente Lösung auf die Zielarchitektur anzuwenden ist, auch mit der „Lizenzmanagement-Brille" beantwortet werden. Das Lizenzmanagement-Team kann außerdem im Rahmen von Wirtschaftlichkeitsbetrachtungen verschiedene Szenarien bewerten, um aus den Ergebnissen heraus Empfehlungen für die Wahl und Umsetzung des bestmöglichen Lizenzmodells auszusprechen. Zu beachten sind dabei auch immer mögliche Veränderungen bei Lizenzmodellen, Lizenzmetriken oder lizenzrelevanten Parametern, wenn Erweiterungen oder Veränderungen an der Rechenzentrumsinfrastruktur vorgenommen werden, um nicht das Risiko einer möglichen Unterlizenzierung zu erhöhen, unnötige Softwarekosten durch die Wahl des falschen Lizenzmodells zu riskieren bzw. dadurch eventuell auch weitere Risiken von so nicht gewollten kostentreibenden Szenarien managen zu müssen.

22 SAM in Cloud-Umgebungen

In diesem Kapitel erfahren Sie u. a.,

- wie der Begriff „Cloud“ definiert wird, welche Charakteristiken eine „Cloud“ be- und umschreiben, welche Liefer- und Servicemodelle (Public, Private, Hybrid, Community - „IaaS“, „PaaS“, „SaaS“) in Cloud-Umgebungen anzutreffen sind, wie diese beschrieben und definiert werden,
- welche Ziele mit dem Einsatz von Cloud-Technologien verfolgt werden,
- weshalb auf den operativen SAM-Betrieb und das Lizenzmanagement neue Anforderungen zukommen, um den Betrieb in Cloud-Umgebungen wirtschaftlich und risikoarm sicherzustellen,
- welche neuen Komplexitäten im SAM-Betrieb durch die Cloud-Umgebungen entstehen,
- welche Risiken bei der Nutzung von „Software-as-a-Service“ (SaaS), „Infrastructur-as-a-Service“ (SaaS) und „Platform-as-a-Service“ (PaaS) zu betrachten sind,
- ob der „neue“ Trend „Bring-your-own-device“ (BYOD) wirklich die Nutzung und Servicekonsumierung in Verbindung mit Cloud-SaaS-Services vereinfacht und welche Datenschutzanforderungen es beim Einsatz von BYOD zu beachten gilt,
- was eigentlich zu beachten ist, wenn „On-Premises“-Softwarelizenzen in der Cloud genutzt werden sollen (Bring-your-own-License, BYOL),
- welche Punkte zu beachten sind, in Bezug auf SAM in der Cloud, BYOD und Datensicherheit.

Das althergebrachte Lizenzmanagement - mit Messen, Wiegen, Zählen - hat in den letzten Jahren eine immer stärkere Transformation erfahren - hin zum IT- und Software Asset Management -, um mit der Dynamik und Komplexität Schritt halten und letztendlich auch das Verwalten von Softwareprodukten und deren lizenzkonformen Einsatz in physischen und virtualisierten Server-Umgebungen sicherstellen zu können. Transparenz und Sichtbarkeit über die eigenen IT-Assets zu erlangen, gehört aber auch zu den wichtigen erforderlichen Grundlagen, um in den virtualisierten Umgebungen und damit einhergehend auch im Cloud-Computing einen wirtschaftlichen und risikoarmen Betrieb - sowohl aus Sicht lizenzkonformer Nutzung, aber auch aus Sicht von Cyberrisiken und DSGVO - sicherstellen und managen zu können.

Gerade weil heute die Hybrid-Cloud das dominierende Cloud-Liefermodell ist und dadurch sehr viel mehr darauf geachtet werden muss (für eine lizenzkonforme Nutzung), ob die „On-Premises"-Softwarelizenzen überhaupt so „einfach" in der Cloud genutzt werden können - auch ein enorm wichtiges Thema bei Bring-your-own-License (BYOL - siehe auch Abschnitt 22.8).

So sind hier nun nicht mehr nur die Softwareverträge mit den vereinbarten Nutzungsrechten das Maß aller Dinge, sondern aufgrund neuer Abrechnungsmodelle verschieben sich die vom klassischen SAM-Betrieb bisher bekannten anzuwendenden Parameter in Richtung einer nutzungsbasierten Verbrauchsabrechnung. Beispielsweise werden bei Mietmodellen (IaaS) die Bereitstellungszeiträume auf Minutenbasis abgerechnet. Andere Modelle, beispielsweise Pay-per-Use-Abonnements wie Microsoft 365, werden monatlich oder über eine vorauszuzahlende Jahresgebühr (Subscription) abgerechnet. Diese neuen Gegebenheiten erhöhen allerdings auch die Verwaltung, Steuerung und Komplexität im IT- und SAM-Betrieb beträchtlich, weil hier einerseits überwacht und gesteuert werden muss (SAM-Berechtigungsmanagement), wer einen Zugriff (Benutzerkonto) für die SaaS-Anwendung erhält (z. B. Microsoft 365) und wer es dann auch tatsächlich von seinem Gerät aus „nutzt". Diese beiden Analysedaten müssen dann „zusammengebracht" werden, damit hier eine Optimierung der Zugriffe und Kosten erfolgen kann.

Um den Buch- und Kapitelrahmen hier nicht zu sprengen, werde ich teilweise nur im Fließtext auch auf „Cloud-Besonderheiten" von z. B. Microsoft oder Oracle eingehen, denn momentan ändert sich hier jeden Moment etwas an den Abrechnungs- und Lizenzmodellen. Ich denke, dass es bei weiterem Informationsbedarf dann zielführender ist, sich dazu auf den aktuellen Herstellerwebseiten zu informieren.

Um das Wesen des IT-Asset-Managements in Cloud-Umgebungen in etwa zu beschreiben, finde ich hierfür diesen Spruch von Albert Einstein ganz passend:

Nicht alles, was zählt, kann gezählt werden und nicht alles, was gezählt werden kann, zählt.

Ich höre immer wieder die Aussage, dass doch sicherlich für das Verwalten der IT-Assets mit dem Cloud Computing der Anfang vom Ende der Sorgen um die Einhaltung des lizenzkonformen SAM-Betriebs kommt. Die Ressourcen stellt jetzt ja der „Cloud Service Provider" bereit und mit dem Konsumieren der Services, die ja dann „einfach" abgerechnet werden, hat sich doch mehr oder weniger alles „erledigt". Keine Verwirrungen mehr um Softwarelizenzen und um deren lizenzkonformen Einsatz, keine Unterlizenzierung mehr, keine Audits mehr, keine rechtlichen Risiken.

Nun - leider ist das ein Stück weit immer noch Utopie und so auch immer noch aus vielerlei Gründen nicht umsetzbar. Es werden zwar mit dem Cloud Computing bestehende Herausforderungen besser gelöst, aber auch neue Herausforderungen geschaffen. Die Frage, ob SAM bei einem Wechsel in die Cloud noch notwendig ist, kann mit einem deutlichen „Ja" beantwortet werden. Trotz der Unterschiede zwischen einem traditionellen IT-Asset-Betrieb mit verteilten Softwareanwendungen und den Cloud-Services, bleibt die Notwendigkeit der effektiven Verwaltung des Lebenszyklus von IT-Softwareassets auch in einer Cloud-Umgebung genauso zwingend bestehen. Trotz der fortschreitenden Transformation der IT-Assets in Cloud-Servicestrukturen, wird es erforderlich sein, „On-Premises"- und Cloud-Technologie-Stacks zu betreiben. Deshalb sollten Unternehmen im Rahmen der Transformationen sorgfältig und proaktiv die Auswirkungen auf die Cloud-Strategien und die SAM-Strategie im Allgemeinen und speziell im Hinblick auf das Managen des lizenzkonformen Einsatzes der Softwareanwendungen betrachten und ständig nachjustieren. Ein Unternehmen benötigt

Transparenz für seine IT-Assets, wie diese genutzt werden und welche möglichen Auswirkungen zu erwarten sind, z. B. im Hinblick auf Ressourcen- und Kosteneffizienz. Wenn die Umstellung auf eine Cloud-Architektur vollzogen wird, ohne im Vorfeld die SAM-Strategie zu beachten bzw. anzupassen, wird es zu hohen Komplexitäten und möglicherweise schwerwiegenden Fehlern im Enterprise Architektur Management kommen. Schon aus diesen Gesichtspunkten heraus entstehen bei der Durchführung eines SAM-Projekts, einhergehend mit der Implementierung eines SAM-Tools in den Betrieb, vielfältige neue Aufgaben und Verantwortlichkeiten.

Viele IT-Manager haben oftmals noch immer große Herausforderungen zu meistern, wenn es um den wirtschaftlichen, lizenzkonformen und risikoarmen Betrieb ihrer IT-Assets geht. Als wäre das für sich allein nicht schon eine große Aufgabenstellung, kommt noch hinzu, dass bisherige erfolgreiche Vorgehensweisen aus verschiedenen anderen SAM-Projekten nicht so ohne Weiteres adaptiert werden können. Weiterhin denken immer noch viele IT-Verantwortliche beim Buzz-Wort „Cloud" nur an das Cloud-Servicemodell „IaaS".[1] Dadurch wird oftmals, als ein allererster Schritt, das lokale RZ in die Cloud „transferiert", damit sich Infrastrukturkosten und Betriebskosten einsparen lassen (deswegen auch der Gedanke nur an „IaaS"). Über die dafür auch weiterhin erforderlichen Softwareanwendungen und deren lizenzkonformen Betrieb wird häufig kaum oder nur unzureichend nachgedacht. Recht häufig wird ebenso nicht an eine Flexibilisierung des Transformations- bzw. Cloud-Migrations-Shift nachgedacht. Das bedarf auch erheblicher Vorbereitungen, wie die Planung von Ramp-up-Szenarien und auch im Zuge dessen die Auflösung von nicht genutzter Software (Shelfware). Alle diese Faktoren zusammengenommen machen es nicht immer einfach, ein gut geplantes SAM-Projekt einführen und umsetzen zu können. So kommen vielfältige weitere Aspekte und Faktoren hinzu, um IT- und Software-Assets, Apps und Entwicklungsumgebungen in den Cloud-Servicemodellen „Infrastructure-as-a-Service (IaaS)[2]" (beispielsweise Amazon Web Services (AWS)), „Platform-as-a-Service (PaaS)[3]" (beispielsweise Microsoft Azure[4], IBM Cloud[5]), „Software-as-a-Service (SaaS)[6]" (z. B. Salesforce, Microsoft M365 oder Google Apps) zu managen bzw. betreiben zu können (siehe auch Abschnitt 22.4.3 „Cloud-Servicemodelle").

Die führenden Cloud-Technologie-Anbieter – Amazon Web Service, Microsoft Azure, Google Cloud Platform – haben mittlerweile einen erheblichen Marktanteil im Cloud-Ökosystem, IBM ist momentan mit seiner IBM Cloud (laut Gartner Magic Quadrant for Cloud Infrastructure and Platform Services[7]) nur ein „Nischenplayer". Alibaba Cloud scheint sich aus dem Feld der Nischenplayer herauszuarbeiten, denn diese befindet sich bereits an der Schwelle zum „Challenger". Gleichwohl sind aber auch dafür neue Verwaltungs- und Steuerungstechniken erforderlich, um die Herausforderungen zur Administration dieser Cloud-Technologien und -Anbieter aufgrund der neuen Abrechnungs- und Zählweisen (andere Lizenzmodelle und -metriken) bei der Erfassung der lizenzkonformen Nutzung der Serviceangebote zu bewerkstelligen.

---

1 Infrastructure-as-a-Service (IaaS)
2 Everything as a Service – Wikipedia – *https://de.wikipedia.org/wiki/Everything_as_a_Service#Infrastructure_as_a_Service_(IaaS)*
3 Platform-as-a-Service – Wikipedia – *https://de.wikipedia.org/wiki/Platform_as_a_Service*
4 Microsoft Azure – Wikipedia – *https://de.wikipedia.org/wiki/Microsoft_Azure*
5 Cloud-Computing-Lösungen – IBM Cloud – Deutschland – *https://www.ibm.com/de-de/cloud*
6 Software as a Service – Wikipedia – *https://de.wikipedia.org/wiki/Software_as_a_Service*
7 Gartner Magic Quadrant for Cloud Infrastructure and Platform Services – *https://www.gartner.com/doc/reprints?id=1-1ZDZDMTF&ct=200703&st=sb*

Selbst Gartner hatte bereits vor einiger Zeit dazu eine Studie[8] durchgeführt. Diese zeigte dabei auf, dass althergebrachte Lizenzmodelle immer mehr durch Sourcing- und Servicemodelle ersetzt und somit zukünftig vielfältigere Parameter zu berücksichtigen sein werden. Gartner Research kommt beispielsweise zu der Erkenntnis, dass von den heutigen SAM-Tools – in etwa drei Jahren – bis zu 90 % wegen gestiegener Anforderungen für die SAM-Kunden nutzlos sein werden.

So wird u. a. aus den Ergebnissen der Studie heraus empfohlen:

- Vorhandene Discovery-Tools sind auf ihren „Cloud-Einsatz" zu prüfen und bei Bedarf zu ergänzen.
- Klassische Inventory- und Discovery-Tools, die für andere Zwecke erworben wurden, sind für ein „SaaS"-Management von geringem Nutzen.
- Um „SaaS" zu managen, sind erhebliche Änderungen an den bisherigen technologischen Ansätzen zur Datenerhebungen im Software- und IT-Asset Management erforderlich.

Von Gartner in der Studie empfohlene Maßnahmen:

- Überdenken und „lenken" der bestehenden SAM-Strategie in Richtung Verwaltung der Lizenzbedarfe und -verbräuche für SaaS-Anwendungen
- Evaluierung und Implementierung von Discovery-Tools, die auf verbrauchsbasierte Datenerhebungen ausgerichtet sind bzw. werden können
- Ständiges „Watching" der eigenen SAM-Lösung, um rechtzeitig auf die sich entwickelnden neuen Tool-Funktionen bzw. Anforderungen reagieren zu können
- ... und was Ich Ihnen noch mitgeben möchte – darauf achten, dass das SAM-Tool in Bezug auf Software Vulnerability Management (Schwachstellenanalyse) ausgerichtet werden kann bzw. Möglichkeiten (Funktionen oder Komponenten) bereitstellen kann, um auch Themen wie Cyberrisiken und Schwachstellen in Bezug auf die Erfüllung von DSGVO-Themen in naher IT-Zukunft managen zu können.

Aufgrund der von Gartner analysierten Daten und Marktgegebenheiten wird die starke Marktkonsolidierung bzw. -bereinigung von SAM-Tools in den nächsten Jahren weitergehen. Das bedeutet für Sie, wenn Sie gerade die Aufgabenstellung erhalten haben, sich Gedanken zu einem Projekt mit einer SAM-Tool-Implementierung zu machen und hierfür Marktrecherchen betreiben, werden Sie schnell feststellen, dass der bisherige „klassische" Suchansatz dazu – wenn Cloud-Themen in Ihrer IT-Architektur beachtet werden müssen – nicht mehr greift. Eigentlich genügt es, wenn Sie dafür „nur" noch seriöse Quellen wie die Studien von Gartner zu Rate ziehen. Zusätzliche Zeit und Rechercheaufwände können Sie sich weitgehend ersparen.

[8] Gartner Research: Augment Your Discovery Tools for Cloud Software Asset Management Right Now, Februar 2016 (ID: G00292131), *https://www.gartner.com/en/documents/3204917*

Eine Empfehlung an die IT-Verantwortlichen in den Behörden

Das klassische Ausschreibungsverfahren sollten Sie - in Bezug auf die Evaluierung und Beschaffung eines SAM-Tools - auf den Prüfstand stellen. Es hat sich nämlich gezeigt, dass das Verhandlungsverfahren hierfür die bessere Wahl zu sein scheint, weil Sie so auch den erforderlichen Dienstleister/Partner des Herstellers, der dann den Zuschlag erhält, während des Verhandlungsverfahrens „auf Herz und Nieren" prüfen können, z. B. was die Themen Implementierungskonzept, Staging- bzw. Schnittstellenkonzept betrifft, und natürlich auch in Hinblick auf die umzusetzenden Projektphasen und Meilensteinpläne.

Die Empfehlung basiert auf meinen Erfahrungen, dass bei den aktuellen Ausschreibungsverfahren die Fachbereiche immer noch zu sehr die bisherigen „klassischen" Anforderungskatalogstrukturen als Richtschnur nehmen und wenig flexibel auf die heutigen und in den nächsten Jahren zu betrachtenden Anforderungen eingehen. Oftmals ist das natürlich auch dem nicht vorhandenen fachlichen Wissen geschuldet. Deshalb kann ich Ihnen hier nur mit auf den Weg geben, möglichst nicht „mehr" nur mit Excel- oder Word-Anforderungskatalogen eine Ausschreibung durchzuführen und zu beurteilen, sondern sich im Vorfeld umfangreiche aktuelle Informationen zu beschaffen. Die mittlerweile erforderlichen Anstrengungen im Vorfeld und auch im Nachgang sind inzwischen zu komplex geworden, um ein (längerfristig) optimales Ergebnis zu bekommen. Denn die Dynamik der immer schneller wachsenden Anforderungen an ein zukunftsfähiges SAM-Tool bzw. einen Software Compliance Service, beispielsweise auch die Cloud-Liefer- und Servicemodelle mit abzudecken, erfordert von den Anbietern enorme Anstrengungen und teilweise auch Design- und Paradigmenwechsel in ihren eigenen SAM-Tool-Architekturen. Deshalb müssen Sie bei Ihrer Evaluierung genau prüfen, ob die relevanten SAM-Tools in dieser Hinsicht ihre Hausaufgaben gemacht haben, gerade was die Beherrschung von „Software-as-a-Service" (SaaS) betrifft, und zwar „out-of-the-box"! Aber auch eine Flexibilität der Plattform beim SAM-Tool-Hersteller sollte zu erkennen sein, um weitere Cloud-Services wie z. B. „Everything-as-a- Service" - auch „Anything-as-a-Service", kurz „XaaS" bzw. „EaaS"[9] genannt - bereitstellen und managen zu können. Das werden einige SAM-Tool-Hersteller nicht so ohne Weiteres in einen „SAM-Cloud-Service" umsetzen können oder auch „nicht" mehr wollen. ■

[9] Everything as a Service - Wikipedia - *https://de.wikipedia.org/wiki/Everything_as_a_Service*

22.1 Neue Komplexitäten

Für viele Unternehmen ist der klassische operative SAM-Betrieb nach wie vor eine große Herausforderung, weil die bisherige IT-Infrastruktur mit einer Vielzahl an unterschiedlichen herstellerspezifischen Lizenzmodellen und -metriken betrieben werden muss. Mit dem Thema Virtualisierung und Verwalten solcher Umgebungen kommt nun die nächste große Baustelle auf die SAM-Verantwortlichen zu. Denn in einer virtuellen IT-Infrastruktur ist es meistens sehr aufwendig, die tatsächliche Nutzung mit der bereitgestellten Kapazität abzugleichen, um so eine lizenzkonforme Nutzung sicherstellen zu können. Die Virtualisierungstechnologien gibt es seit einigen Dekaden, bereits bei Großrechnern wurden sie angewendet. Gab es in nicht virtualisierten Umgebungen noch eine Eins-zu-Eins-Beziehung zwischen Hardware- und Softwareressourcen (beispielsweise beim Betriebssystem, welches an eine bestimmte Hardwareplattform gebunden ist), gilt dies bei den Virtualisierungstechnologien nicht mehr. Hier werden auf einer physischen Hardwareressource über einen Hypervisor-Layer (VMware, Hyper-V) einer oder mehreren virtualisierten Maschinen (VMs) (je nach Technologie-Stack und dessen Einsatzzweck) entsprechend virtuelle Prozessoren, Speicherkapazitäten, Betriebssystem und Anwendungen zugewiesen. Irgendwie müssen die Hersteller also einen Parameter zum „Messen“ der Softwarenutzung festlegen, was lag näher, als dies an der physischen Hardwareressource festzumachen. So wurden und werden auch heute noch die Prozessoren und deren Leistungsparameter von den Herstellern für den Lizenzierungsfaktor zugrunde gelegt (auch als Basis für die Lizenzierung von VM-Umgebungen).

Zur Erinnerung: Lizenzierung von Microsoft Windows Server 2019.

Mindestlizenzanforderungen für Standard und Datacenter Editionen:

- Alle physischen Kerne des einzusetzenden Hostservers müssen lizenziert werden.
- Acht Prozessorkerne **pro Prozessor** sind mindestens zu lizenzieren.
- 16 Prozessorkerne sind mindestens **pro physischer Servereinheit** zu lizenzieren, bei der Datacenter Edition können beliebig viele VM-Umgebungen konfiguriert und betrieben werden.

Nun können aber über die Hypervisor-Layer die virtuellen Maschinen bei Spitzenauslastungen auch zwischen physischen Systemen dynamisch verschoben werden, die nächste Komplexitätsstufe für das SAM und heute (zum Teil) mit Lizenzmobilität steuerbar. Microsoft Windows Server kann weder mit Software Assurance noch mit Lizenzmobilität „innerhalb 90 Tagen“ verschoben werden, das gilt auch für Azure und die Hybrid-Benefits-Programme. Für die Einhaltung eines lizenzkonformen IT-Betriebs stellt also die Virtualisierung eine echte Herausforderung dar, da die Softwarelizenzierung auf Hardwaremetriken basiert.

Welche weiteren Komplexitätsstufen erwarten das SAM-Team?

Die heutigen Virtualisierungsmanagement-Technologien erlauben auch n-zu-n-Beziehungen zwischen Hardware- und Softwareressourcen und ermöglichen damit, Virtualisierungsschichten zwischen mehreren Hardwarekomponenten und mehreren virtuellen Maschinen (VMs) aufzubauen und auch zu puffern. Dies macht es dann aber eher unmöglich, eine bestimmte virtuelle Maschine an eine bestimmte Hardware (lizenzrechtlich) zu binden und aus SAM-Sicht lizenzkonform und wirtschaftlich verfolgen zu können. Die Probleme für das SAM entstehen vor allem dort, wo virtuelle Maschinen mit ein paar Mausklicks erstellt oder gelöscht werden und sich Konfigurationen dadurch hoch volatil ändern können, z. B. um Ad-hoc-Unterstützung bei Lastspitzen abzudecken. Hier wird oftmals (aus Betriebssicht) das Softwareasset- und Lizenzmanagement kaum einbezogen, sodass ein lizenzkonformer Betrieb nicht immer sicherzustellen ist. Manche Hersteller versuchen, für ihre eigenen Virtualisierungstechnologien spezielle Tools zur Erfassung von Hardwaremetriken zur Verfügung zu stellen, um die lizenzkonforme Softwarenutzung für sich selbst und die Kunden sicherzustellen, so beispielsweise IBM mit seinem „IBM License Metrics Tool" (ILMT)[10]. Es können aber nur bestimmte von IBM festgelegte „eligible products" über das sogenannte „Sub capacity" virtualisiert werden. Wenn das Softwareprodukt „eligible" ist, werden dadurch deutlich weniger Lizenzbedarfe für den IT-Betrieb erforderlich. Alle Softwareprodukte, die nicht „eligible" sind, müssen über den kompletten physischen Technologie-Hardwarestack als „full capacity" lizenziert werden.

Ich hatte bereits vorhin im Hinweiskasten über die Studie von Gartner gesprochen, welche aussagt, dass es in den nächsten drei Jahren nur noch SAM-Tool-Anbieter geben wird, die auch die Komplexität von Virtualisierungs- und Cloud-Umgebungen mit abbilden und für den SAM-Betrieb bereitstellen können. Für Unternehmen sind die Auswirkungen der Virtualisierung und des Cloud-Betriebs im Hinblick auf ihre SAM-Prozesse und die geforderte lizenzkonforme Verwaltung der IT-Assets und IT-Services signifikant. Am wichtigsten ist hierbei, dass SAM-Tools - eigentlich aufgrund der Komplexität der bereitzustellenden Kataloge - nur noch für das Enterprise-Umfeld zu empfehlen sind. SAM-Tools stellen permanent aktualisierte Softwareartikelkataloge mit Regeln bereit, um damit die Inventory-Daten lizenzrechtlich lesbar normalisieren zu können. Nur so können SAM-Tools mit ihren Prozessen alle virtualisierten IT-Assets in ihren jeweiligen Geltungsbereichen berücksichtigen sowie wirtschaftlich und risikoarm managen. Das Cloud-Liefermodell „Hybrid" ist eine der am häufigsten anzutreffenden Cloud-Umgebungen. Hiermit entsteht nun eine weitere Komplexität für den operativen SAM-Betrieb im Unternehmen, denn für gemischte IT-Infrastrukturen bedarf es sowohl „On-Premises"-Lizenzen als auch Lizenzformen wie z. B. Abonnement- und Subscription-Modelle, um die Cloud-Szenarien lizenzkonform zu betreiben. Bereits in den letzten Jahren wurde begonnen, sich von der „gerätebasierten Zählweise" zu lösen, die beispielsweise beim Aufbau von Terminalserver-Umgebungen anzutreffen ist. Der Trend geht hin zu einer benutzerbezogenen bzw. tatsächlichen Nutzung, beispielsweise „Concurrent Use", und ist so bereits schon länger in unseren heutigen Abonnements bzw. Subscriptions als Abrechnungsmodell zu finden. Das geht nun nicht mit allen bisher in einem Unternehmen üblicherweise verwendeten Softwareprodukten und kann auch nicht immer so ohne Weiteres in die Praxis umgesetzt werden. In den folgenden Abbildungen wird noch einmal verdeutlicht, was das Ganze so komplex macht. In Bild 22.1 wird erst einmal in groben Zügen dargestellt, welche beiden Nutzungsformen in einer virtualisierten IT-Umgebung angewendet werden.

In den meisten Fällen wird die sitzungsbasierte Form Anwendung finden, wobei es auch Softwareprodukte bzw. Produktkonstellationen gibt, wo die Speicherung von Benutzereinstellungen erlaubt wird. Die permanente Sitzung wird meistens, wie schon ausgeführt, für administrative Zwecke angewendet.

---

[10] *https://www.ibm.com/software/passportadvantage/ibmlicensemetrictool.html*

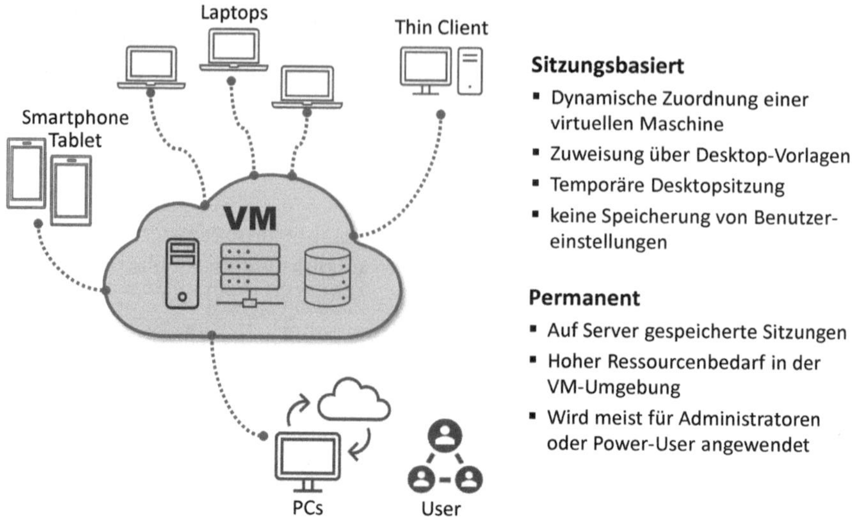

Bild 22.1 Nutzungsformen in einer virtualisierten Umgebung

Was macht diese Form des IT-Betriebs nun zu einer Herausforderung für den operativen SAM-Betrieb?

Betrachten wir das einmal in einer Darstellung für den Anwendungsfall der Erhebung von Inventory-Daten. Eines der obersten Gebote im operativen SAM-Betrieb ist ja die Erfassung und Erzeugung verlässlicher Daten, also Kenntnis zu erlangen über die exakte Anzahl der eingesetzten Software mit ihren technischen Lizenzbedarfen und der vorhandenen Softwarelizenznachweise (Nutzungsrechte). Die Tabelle 22.1 stellt nun diese Situation der Inventarisierung in einer klassischen mit der in einer virtualisierten Umgebung gegenüber.

Tabelle 22.1 Gegenüberstellung der Inventarisierung

Klassische IT-Infrastruktur
▪ Agentenbasierte Erfassung der Inventory-Daten (Client, Server, Datenbanken) ▪ Analyse von lizenzkostenpflichtigen Softwareprodukten über eine Normalisierung mit einem Softwareartikelkatalog (Umfang und Service je SAM-Tool unterschiedlich) ▪ Erhebung und Verarbeitung des primär angemeldeten Benutzers (Primary User) als Basiswert
Virtuelle Umgebungen (sitzungsbasiert)
▪ Dauerhafte Inventarisierung kaum möglich, da die VM-Umgebung mehrmals täglich zurückgesetzt werden kann ▪ Durch die Nutzung von unterschiedlichen Benutzern bzw. durch die Rücksetzung einer VM kann kein eindeutiger Softwarebestand erhoben und ermittelt werden. ▪ Wurden zu den Standard-Desktop-Vorlagen (Golden-Image bzw. Master-Image) weitere Softwareanwendungen oder Apps hinzugefügt, ist die Erkennung dieser Anwendungen schwierig. ▪ Nur wenige spezialisierte Tools für ein umfassendes Inventarisieren und Erkennen verfügbar, meistens eigene spezielle Komponenten bzw. Module der SAM-Tool-Anbieter oder Hersteller, wie beispielsweise das IBM License Metrik Tool (ILMT) zur Messung und Bereitstellung von „Sub capacity"-berechtigten Softwareanwendungen

Wie in Tabelle 22.1 zu lesen ist, kann die klassische IT-Infrastruktur relativ einfach verwaltet werden und mit den am Markt verfügbaren SAM-Tools und den vielfältigen Konnektoren zu verschiedensten Inventory-Repositories ist das mittlerweile auch kein Hexenwerk mehr. Eine „Inventarisierung" in einer sitzungsbasierten virtuellen Umgebung gestaltet sich da schon um einiges schwieriger. Das größte Problem ist, dass es wenige äquivalente Werkzeuge gibt, die diese Aufgabenstellung ausreichend bewerkstelligen. Insofern kommen damit weitere Herausforderungen auf den SAM-Betrieb zu, wie in Tabelle 22.2 aufgeführt.

Tabelle 22.2 SAM in virtuellen Umgebungen

Virtuelle Umgebungen (sitzungsbasiert)
▪ Messung der Anwendungsnutzung in Cloud-Umgebungen nur mit speziellen Konnektoren möglich (z. B. M365, Adobe Creative Cloud, weitere SaaS-Produkte), ohne auf diese Aufgabe fokussierte Tools eher problematisch ▪ Softwarenutzungsmessung, hier müssen spezielle Scan-Agents konfiguriert werden, die Nutzungsdauer und -häufigkeit erheben und zur Weiterverarbeitung anliefern können. ▪ Die Abbildung der Nutzung gerätebasierter Lizenzbedarfe in virtuellen Umgebungen ist sehr komplex. ▪ Die zugreifenden Endgeräte sind der bestimmende Faktor für die korrekte Umsetzung der Produktnutzungsrechte.
Lizenztypen in virtuellen Umgebungen
▪ Concurrent Use, Pay-per-use: einfache Verbrauchsrechnung über Lizenzserver ▪ Benutzer: Nutzungsdaten und Zugriffsrechte müssen erfasst werden. ▪ Gerätebasiert: gilt für das Gerät, mit dem auf die VM zugegriffen wird, komplexe Umsetzung und Verwaltung ▪ Jedes zugreifende Endgerät (je nach IT-Architektur, Einsatzszenario und Lizenzprogramm) muss lizenziert werden.

SAM in virtuellen Umgebungen (also auch in der Cloud) muss also auch auf eine weitere Herausforderung mit entsprechenden SAM-Prozessen reagieren können. Wurde nach einer Bereitstellung von Virtualisierungsressourcen (VMs) bzw. bei einer „Buchung" von Ressourcen in den verschiedensten Cloud-Services (IaaS, PaaS, SaaS) – bei einem Cloud Service Provider – nicht ausreichend darauf geachtet, diese Bereitstellung und Nutzung entsprechend nachzuverfolgen, kann es bei Entfall des Ressourcenbedarfs durchaus dazu kommen, dass diese gebuchten und beim Cloud Service Provider bereitgestellten Ressourcen weiterlaufen und „bezahlt" werden müssen und somit unnötige Kosten erzeugen. Das Ganze hat mit dem Teilprozess „De-Installation" des SAM-Life-Cycle-Prozesses zu tun. Weil virtuelle Ressourcen schnell und einfach konfiguriert und dem Servicekonsumenten bereitgestellt werden können, um beispielsweise Ad-hoc-Anforderungen zu erfüllen, ist eine permanente Kontrolle der Verbrauchsdaten erforderlich. Wenn dieser „Decommission-Prozess" nicht sauber aufgesetzt und gelebt wird, muss möglicherweise die jeweilige virtuelle Maschine manuell proaktiv gelöscht werden, damit nicht weiterhin kostenpflichtige Lizenzbedarfe das IT-Budgets belasten. Werden diese Prozesse nicht optimal gelebt, haben oftmals die Unternehmen eine große Anzahl „verwaister" virtueller Maschinen, die nicht mehr benötigt werden und bei denen kaum jemand weiß, wofür sie einmal erstellt wurden.

Allein dadurch ist gut nachzuvollziehen, dass der SAM-Betrieb für virtuelle Umgebungen und auch in der Cloud-Umgebung eine große Herausforderung darstellt. Auf die SAM-Prozesse kommt jetzt aber auch noch eine ganz andere Komplexität zu.

Wenn Hersteller, wie beispielsweise Adobe mit seinen Creative-Cloud-Produkten, de facto nur noch auf Basis von Nutzernamen (E-Mail-Adressen) die lizenzkonforme Anwendung steuern und das auf Basis eines Abonnement- bzw. Mietmodells abrechnen, kommt der Softwarenutzungsanalyse eine ganz andere Bedeutung zu (wie bereits unter Abschnitt 22.4.3.4 „Servicemodell Software-as-a-Service (SaaS)" in dem Anwendungsbeispiel ausführlich dargelegt). Im Zuge einer wirtschaftlichen Verwendung der Softwareanwendungen bzw. SaaS-Abonnements steht jetzt für das IT- und Softwareasset-Management nicht mehr allein die Sicherstellung der lizenzkonformen Nutzung als Hauptaufgabe im Vordergrund, sondern die permanente Kontrolle über eine tatsächliche Verwendung im geplanten Sinn. Wurden benutzerbezogene Softwareabonnements bereits länger nicht mehr genutzt, muss der operative SAM-Betrieb das wissen, um die Mietzahlungen (oder ähnliche Abrechnungsmodelle) kostenmäßig im Griff zu behalten. In den folgenden Bildern sehen Sie anhand zweier beispielhafter Screenshots aus der „Cloud"-Übersicht vom Snow License Manager – zu abonnierten SaaS-Anwendungen – die Nutzungszahlen und Historien, die die Erfordernis der Kenntnis der tatsächlichen Nutzung und Verwendung noch einmal verdeutlichen. Hierfür müssen dann diese Daten aber über spezielle „Cloud-Konnektoren" in das SAM-Tool „hereingeholt" werden, mit dem Vorteil, dass man sich nicht an vielen verschiedenen Cloud-Portalen anmelden muss und alles in einem Dashboard angezeigt bekommt.

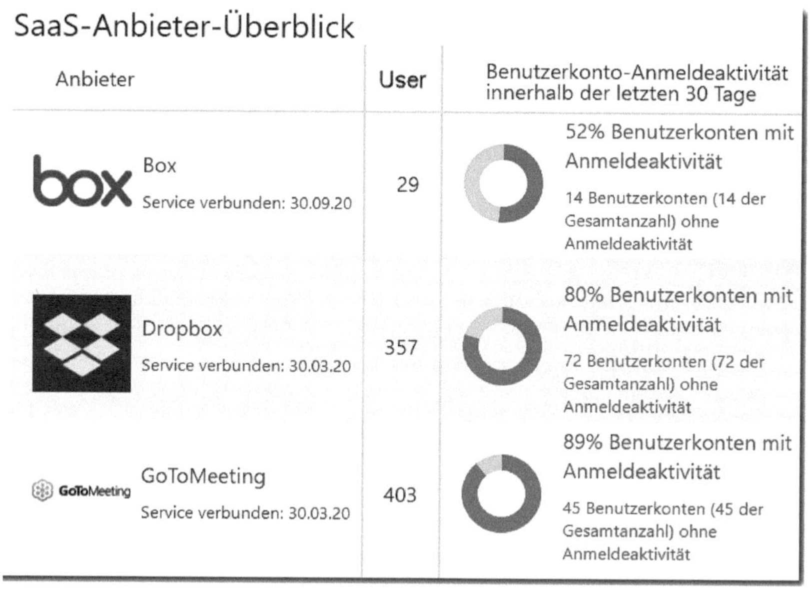

Im Bild 22.2 sehen Sie einen „Drill-down" auf das SaaS-Produkt „WebEx". Würden Sie auf den Eintrag „WebEx host subscription" klicken, könnten Sie die Liste der Anwender einsehen und filtern, die sich in bestimmten Zeiträumen nicht mehr eingeloggt haben. Somit ein erstes Indiz, für den operativen SAM-Betrieb, um Kostenoptimierungen durchführen zu können.

Bild 22.2 SaaS-Überblick, Beispiel WebEx-Benutzeraktivität

Das ist aber nur ein Aspekt, der jetzt als neue Aufgabenstellung vom SAM wahrgenommen werden muss. Ein weiterer ist die Beantwortung der Frage, ob die bisherige „On-Premises"-Software so einfach mit in die Cloud genommen bzw. dort genutzt werden darf (siehe Abschnitt 22.7 „Kann die bisherige Software mit in die Cloud?").

22.2 Voraussetzungen schaffen

Das Thema Cloud Computing hat sich vom einstigen Hype in einen dynamischen Prozess weiterentwickelt und beansprucht damit nun auch den Status einer weiteren Schlüsseltechnologie in unseren heutigen Technologie-Stacks und Informationsarchitekturen. Die Erkenntnis, einen Paradigmenwechsel durchführen zu müssen, erreicht immer mehr Unternehmen und auch Behörden. Es entstehen aufgrund der neuen Komplexitäten im bisherigen Verwalten von Softwarelizenzen weitere Herausforderungen für das gemeinsame Managen von IT-Assets und Softwareprodukten in Cloud-Umgebungen mit anderen Lizenzmetriken oder Abrechnungsmodellen. Ich spreche hier absichtlich von „Softwareprodukten in Cloud-Umgebungen" und nicht mehr von Softwarelizenzen, weil es diese Form bzw. diese Begriffsbeschreibung in Cloud-Umgebungen so nicht mehr lange geben wird. Hier werden Benutzer, Session, Datenvolumen, transaktionsbasierte oder andere Verbrauchsabrechnungsmodelle die althergebrachten Zählweisen ablösen. Aber nicht nur das Beherrschen der „technischen" Cloud-Technologien verlangt nach neuen Verfahrensweisen und Prozessen. Der Anspruch, immer und von jedem Gerät unter jedem Betriebssystem auf die Geschäfts- oder Privatdaten zugreifen zu können, kann nur durch die weitere Einbindung von mobilen Geräten wie Smartphones oder Tablets erfüllt werden. Diese müssen auch in die Unternehmensarchitektur und Geschäftsobjekte integrierbar sein, sollen dabei aber möglichst wenig Kosten verursachen. Über Virtualisierungstechnologien kann die hierfür erforderliche Flexibilität, Dynamik und Skalierbarkeit gewährleistet werden, mit der Konsequenz, dadurch einer weiteren Komplexitätsstufe im operativem SAM-Betrieb gegenüberzustehen. Um diesen Herausforderungen gut gewappnet begegnen zu können, muss das klassische SAM – als eine erforderliche Grundlage – unternehmensweit aufgebaut und umgesetzt sein, denn es wird noch sehr lange Zeit die Notwendigkeit bestehen, die getätigten Software- und Hardwareinvestitionen in den komplexen IT-Infrastrukturen gemeinsam mit den Cloud-Technologien zu verwalten und parallel zu betreiben. Denn das momentan dominierende Cloud-Liefermodell ist die „Hybrid-Cloud", die ja aus einer Public- und einer Private-Cloud (was eigentlich den früheren Rechenzentrumsbetrieb beschreibt) besteht, und in der Private-Cloud müssen dann nach wie vor die klassischen „On-Premises"-Lizenzmodelle und -metriken verwaltet werden.

Weitere Herausforderungen kommen jetzt hinzu, neue Kostenstrukturen über andere Arten von „Service"-Verträgen sind zu managen und zu budgetieren, die so gar nichts mit den bisherigen traditionellen Softwarelizenzverträgen an Gemeinsamkeiten haben, weder von der Ausgestaltung noch von der Prozessabwicklung. Alle diese neuen Aspekte gilt es bei der Weiterentwicklung der SAM-Strategien mit neuen Fähigkeiten und Fertigkeiten zu berücksichtigen und in die bisherigen Geschäfts- und Bereitstellungsprozesse einzubinden. Cloud-Verträge mögen auf den ersten Blick vom Handling her einfach erscheinen, beinhalten aber auch eine Vielzahl an direkten, indirekten oder versteckten Kostentreibern, die verstanden und ausreichend berücksichtigt werden müssen (siehe auch Abschnitt 22.5.1 „Servicemodell Software-as-a-Service (SaaS)"). Da sind beispielsweise grundsätzliche Kosten für eine Migration in die Cloud bzw. die Integration mit anderen IT-Systemen zu berücksichtigen. Oder auch Kosten im Betrieb der Cloud-Umgebungen, wie beispielsweise Mehrbedarfe von Cloud-Services, die eventuell so nicht geplant waren, oder möglicher zusätzlicher Bedarf an kostenpflichtigem Cloud-Support usw. Um den Umstieg und die damit einhergehenden neuen Herausforderungen im SAM für den Cloud-Betrieb bewältigen zu können, braucht es detaillierte Kenntnisse über die IT-Assets und Infrastrukturen, um mit gut informierten Grundlagen auch kritische strategische Entscheidungen in Bezug auf das Business Process Management (BPM) und die zu verfolgende SAM-Strategie zu treffen. So kann das SAM mit den entsprechenden Prozessen und Werkzeugen wichtige Erkenntnisse für den Cloud-Betrieb liefern und somit auch wichtige Entscheidungsgrundlagen, ob (und in welchem Umfang) ein Cloud-Betrieb wirtschaftlich sinnvoll ist.

Ohne Transparenz und Sichtbarkeit über die in einem Unternehmen vorhandenen IT-Assets kann kein Optimierungspotenzial aufgezeigt werden, denn was man nicht kennt, kann auch nicht optimiert werden. Unabhängig davon, in welchem Grad und mit welchem Ziel die Virtualisierung umgesetzt werden soll, muss das Unternehmen umfassende Kenntnis über seine kompletten Assets haben. Dazu gehören nicht nur die klassischen Hardware- und Softwareassets, sondern auch Standorte, Konfigurationen, Anwender. Letztendlich gehört auch das Wissen dazu, ob vorhandene „On-Premises"-Lizenzen überhaupt in eine Cloud-Umgebung transferiert/migriert werden dürfen. Alle diese genannten Aspekte und Informationen, die es zu erlangen gilt, sind wichtige Bausteine und notwendig für einen erfolgreichen, wirtschaftlichen und risikoarmen Betrieb in der Cloud. Aus diesen Gesichtspunkten betrachtet, bleibt SAM eine Kernkompetenz, um einen erfolgreichen Wechsel in die Cloud zu ermöglichen.

Ausgangslage in Unternehmen

Für einen Umstieg in die Cloud-Strukturen ist als Erstes ein gemeinsames Verständnis der Technologie erforderlich, unter Berücksichtigung der geschäftlichen und organisatorischen Auswirkungen.

Unternehmen durchlaufen in der Regel sequenziell die folgenden Phasen:

Phase	Auswirkung
Orientierung	Die verantwortlichen Fachbereiche besitzen Kenntnisse über die gängigsten Cloud-Liefer- und Servicemodelle.
Cloud-Labor	Der Enterprise Architekt und die IT-verantwortlichen Fachbereiche (Datenbankbetrieb, Netzwerk, Desktop, Server, RZ) beginnen, sich mit den verschiedenen Cloud-Servicemodellen wie „Infrastructure-as-a-Service" (IaaS), „Plattform-as-a-Service" (PaaS) und „Software-as-a-Service" (SaaS) zu beschäftigen.
Cloud-Migration	Es wird begonnen, Workloads aktiv in die Cloud-Servicemodelle zu transformieren und zu migrieren, um neue Anforderungen aus der Geschäftsarchitektur zu erfüllen.
„Cloud first"	Bei Einführung neuer Anwendungen und Services werden zuerst die Möglichkeiten zur Umsetzung in die Cloud-Servicemodelle geprüft, bevor „On-Premises"-Lizenzmodelle bzw. -Verfahren implementiert werden. Mit der „Cloud first"-Strategie kann ein Großteil aller Computing-Anforderungen erfüllt werden.

Für die Entwicklung und Umsetzung einer für das Unternehmen optimierten Cloud-Strategie bedarf es evolutionärer und iterativer Prozesse unter der Zusammenarbeit von allen zu beteiligenden Fachbereichen und Stakeholder.

22.3 Neue Anforderungen

Das Cloud-Liefermodell „Hybrid" ist eines der am häufigsten anzutreffenden Liefermodelle. In der erforderlichen Verwaltung dieser Hybrid-Modelle spiegelt sich auch wider, was viele Unternehmen bereits erahnen und zum Teil schon aus Erfahrung wissen. Die Hybrid-Form wird, nach vielen vorherrschende Meinungen, als das dominierende Cloud-Betriebsmodell betrachtet, mit der Konsequenz, dass aus lizenzrechtlicher Sicht in der Private-Cloud (meist das ehemalige eigene RZ) die bisherigen Softwarelizenzverträge und Nutzungsbestimmungen Gültigkeit haben werden und in der Public bzw. Hybrid-Cloud die mit den Servicebereitstellern abgeschlossenen Serviceverträge. Diese Implikationen machen es auch erforderlich, das SAM (Prozesse, Vorgehensweisen, Beratungen) an die Verwaltung von Cloud-Umgebungen anzupassen, um eine größtmögliche Transparenz über die Softwareassets und deren Lizenzen für die Nutzung in der Cloud-Umgebung, beispielsweise über Beistellungen von Softwarelizenzen, herstellen zu können. Ebenso sind neue Abrechnungsmodelle zu entwickeln und auch zu verwalten, und damit kommt ein weiterer Aspekt zum „klassischen" SAM hinzu.

Die Cloud-Management-Werkzeuge erfordern Erweiterungen, um die Nutzung der Cloud-Services überwachen und messen zu können. Auf der Seite der SAM-Tools wird wiederum erwartet: Durch die Möglichkeiten, in virtualisierten Umgebungen die erforderlichen Kapazitäten flexibel zuschalten zu können, sind auch diese mit einer entsprechenden Dynamik und Flexibilität bei der Nutzungsmessung und -kontrolle auszustatten, um die geforderte Kosteneffizienz und Einhaltung der wirtschaftlichen Verwendung von Software gewährleisten zu können. Großer Wert sollte darauf gelegt werden, dass das SAM-Tool sowohl die klassischen als auch die in der Cloud bzw. in einer virtualisierten Umgebung angewendeten „Software-as-a-Service"-Strukturen darstellen und verarbeiten kann. Cloud Computing ist eigentlich auch „nur" eine andere IT-Infrastruktur, bei der auch weiterhin die darauf ausgerichteten SAM-Prozesse effektiv zu funktionieren haben und demzufolge hierfür anzupassen sind.

Die neuen Anforderungen könnten beispielsweise sein:

- Überprüfung der bestehenden aktiven Softwareverträge, ob diese Verträge bzw. die Lizenzgeber die Nutzung der Softwarelizenzen im Cloud-Betrieb überhaupt gestatten
- Das Thema „Bring-your-own-device" (BYOD) ist wohl eher rückläufig zu sehen, birgt aber trotzdem, u. U. für das Managen der Hard- und Softwareassets sowie von Zugriffsberechtigungen (SaaS-Anwendungen), weitere Risiken für das Unternehmen und muss entsprechend genau analysiert werden.
- Hier im Besonderen zu nennen ist „Software-as-a-Service", welches beim Managen der Zugriffe und der Erhebung der Nutzungsdaten zu potenziellen Herausforderungen führen kann. Beispielsweise in Bezug auf mögliche unautorisierte Zugriffs- und Nutzungsszenarien oder „verwaiste" Softwarezuweisungen (Abonnements), was früher oft als „Schelfware"[11] bezeichnet wurde (siehe auch Abschnitt 22.4.3.4 „Use Case: Adobe Creative Cloud Nutzung mit tatsächlicher ‚lokaler' Nutzung").

Neue Aufgabenbereiche

Die bestehenden SAM-Strategien und -Konzepte sind zweifelsohne an den Cloud-Betrieb anzupassen. Je nachdem, welchen SAM-Reifegrad ein Unternehmen hat, können diese als eine begleitende Anpassung der bisherigen Prozesse erfolgen oder eine umfangreiche Änderung erforderlich machen.

- So wie im klassischen SAM, sollte auch das geplante Bereitstellen und die Nutzung von Cloud-Services über eine frühzeitige Einbindung des Business Service Managements,[12] Enterprise Architektur Managements[13] und des IT-Architekten gewährleistet werden.
- Für die erforderlichen Vertragsgestaltungen, einschließlich der Überwachung der mit dem Cloud Service Provider vereinbarten Service Level Agreements (SLAs), sind innerhalb der SAM-Organisation neue Prozesse zu entwickeln, zu implementieren und von den verantwortlichen Rollen zu kontrollieren, einschließlich des Überprüfens der vom Cloud Service Provider erstellten Verbrauchsabrechnungen.
- Die bestehenden Softwareverträge und deren Nutzungsbedingungen sind dahingehend zu überprüfen, ob es bezüglich der zukünftigen Ausrichtung auf einen Cloud-Betrieb etwaiger Anpassungen der bestehenden Vertragslage bedarf oder sogar ein neuer Vertragsabschluss

[11] Was ist Shelfware? – Wissen kompakt – t2informatik – *https://t2informatik.de/wissen-kompakt/shelfware/*
[12] *https://de.wikipedia.org/wiki/Business_Service_Management*
[13] *https://de.wikipedia.org/wiki/Unternehmensarchitektur*

mit Nutzungsbedingungen für den Cloud-Betrieb erforderlich ist – das kann auch gerne eine willkommene Ausgangsbasis sein, um ungenutzte Softwareanwendungen und die damit verbundenen weiteren Kosten zu identifizieren und abzumanagen.

- Zu prüfen (und wenn noch nicht vorhanden umzusetzen) sind unternehmensweite Richtlinien für den Prozess der Bereitstellung und Freigabe von Cloud-Services bzw. Softwareanwendungen, eingebunden in den bisherigen Genehmigungs- und Bereitstellungsablauf (IT- und Softwareasset-Management Life-Cycle-Prozess).
- Die verantwortlichen SAM-Rollen müssen Kenntnis darüber erhalten, ob und in welcher Form aktuelle Vereinbarungen für den Cloud-Betrieb vereinbart sind, und diese dahingehend prüfen, welche IT- und Softwareassets für den Cloud-Betrieb zugelassen sind und welche möglichen Risiken bezüglich problematischer Lizenzierungsszenarien bestehen.

Checkliste Cloud-Migration prüfen[14]

Um eine erfolgreiche Nutzung von Azure in Ihrem Unternehmen zu gewährleisten, müssen Sie den Bedarf Ihres Unternehmens und die Anforderungen Ihrer Anwendungen berücksichtigen.

Stellen Sie sich folgende Fragen:

- Welche Anwendung können direkt in die Cloud ausgelagert und verschoben werden („Lift and Shift“)?
- Welche Anwendungen würden von einer Integration in die Cloud profitieren?
- Gibt es Anwendungen, die bei einer Migration in die Cloud eine Transformation oder Neugestaltung erfordern?

Nachdem Sie diese Ist-Analyse durchgeführt haben (gerne auch mit einer Enterprise Architecture Suite[15]) und entsprechend der ausfallenden Bestandsaufnahme, werden Sie mehrere Optionen haben:

- Die Anwendungen und Daten können zu einem Cloud Service Provider in die Cloud migriert werden, beispielsweise zu Microsoft Azure.
- Beim Beispiel von Microsoft Azure bleibend, auch vorhandene „On-Premises“-Windows-Server-Infrastrukturen können mit neuen Azure-Diensten auf die Cloud ausgeweitet werden.
- Nicht migrierfähige Anwendungen müssen für die Transformation in die Cloud modernisiert werden – indem diese Anwendungen in Container verschoben, die Anwendungen mit Microservices-Architekturen umprogrammiert oder über PaaS-Dienste neu entwickelt werden.

Stellen Sie sich im Zuge der Bestandsaufnahme auch noch diese Fragen:

- Welche Anwendungen können zum Cloud Service Provider (z. B. Azure) migriert und welche sollten weiter als „On-Premises“ betrieben werden?
- Wie sieht es mit den Diensten aus, von denen Anwendungen abhängen?
- Ist es möglich, abhängige Dienste von Anwendungen „On-Premises“ und in Cloud-Ressourcen verteilt zu betreiben?
- Können wir mögliche Auswirkungen der geplanten Migration auf die Netzwerkinfrastruktur in Bezug auf Kapazitäten, Geschwindigkeit und Security bereits erkennen bzw. beziffern?

---

[14] Microsoft Azure Cloudmigrationsressourcen und -tools – *https://azure.microsoft.com/de-de/migration/resources/*

[15] Enterprise Architecture Tool | LeanIX Suite – *https://www.leanix.net/de/loesungen/enterprise-architecture-suite*

- Welche Abhängigkeiten von Anwendungen gibt es in Bezug auf die Datenbankumgebungen und könnten diese Ressourcen zwischen „On-Premises"- und Cloud-Betrieb verteilt werden?
- Wie wirkt sich eine mögliche Migration in die Cloud auf das IT-Budget aus?

Vor dem Erstellen eines Cloud-Plans ist es wichtig, mit einer Bestandsaufnahme aller On-Premises-Workloads zu beginnen und sich dann für eine Cloud-Strategie entscheiden.

22.4 Was ist eigentlich eine Cloud?

Der Begriff Cloud wird im IT-Umfeld oftmals auf sehr unterschiedliche Weise beschrieben und selbst in den Publikationen wird meistens auf die Definition der US-amerikanischen Standardisierungsstelle National Institute for Standards and Technology (NIST) verwiesen.

Entsprechend der NIST-Definition ist Cloud Computing:[16]

> *„Cloud computing is a model for enabling ubiquitous, convenient, on-demand network access to a shared pool of configurable computing resources (e.g., networks, servers, storage, applications, and services) that can be rapidly provisioned and released with minimal management effort or service provider interaction. This cloud model is composed of five essential characteristics, three service models, and four deployment models"* – National Institute of Standards and Technology
>
> Übersetzung: *Cloud Computing ist ein Modell zur Ermöglichung eines allgegenwärtigen, bequemen und bedarfsgerechten Netzwerkzugriffs auf einen gemeinsam genutzten Pool konfigurierbarer Rechenressourcen (z. B. Netzwerke, Server, Speicher, Anwendungen und Dienste), die mit minimalem Verwaltungsaufwand oder Interaktion durch den Dienstanbieter schnell bereitgestellt und freigegeben werden können.*

Wenn die Cloud etwas allgemeiner beschrieben werden soll, dann könnte man durchaus sagen, dass die Cloud in ihrer grundlegendsten Form „Online"-IT-Ressourcen beschreibt, die ein Servicekonsument (Kunde) bei Bedarf von einem Anbieter – dem Cloud Service Provider (CSP) – bezieht und ihm typischerweise über eine Internetverbindung bereitgestellt wird. Die Servicekonsumenten bezahlen für die Bereitstellung von SaaS-Services, wie beispielsweise Microsoft 365, im Allgemeinen eine monatliche Gebühr und können dann die damit verbundenen Serviceleistungen nutzen. Bei den Cloud-Services „IaaS" und „PaaS" geht es stärker in Richtung verbrauchsabhängige Nutzung, bei der dann beispielsweise die „gebuchten" technischen Cloud-Ressourcen verschiedene Abrechnungsgrundlagen (wie Minuten oder Speicherkapazität) aufweisen können. So sind dann auch nur die tatsächlich verbrauchten Services zu bezahlen. Auf den Alltag übertragen ähnelt diese Handhabung beispielsweise der Verbrauchsabrechnung für Strom- oder Wasserbezug. Auch hier besteht eine Grundgebühr sowie eine verbrauchsabhängige Komponente. Die Cloud-Strukturen mit ihren Liefer- und Servicemodellen entwickelten sich in den letzten Jahren zu einer der innovativsten Transformationstechnologien schlechthin und revolutionierten damit grundlegend die Art und

[16] NIST SP 800-145, The NIST Definition of Cloud Computing – *https://nvlpubs.nist.gov/nistpubs/Legacy/SP/nistspecialpublication800-145.pdf*

Weise, wie IT-Ressourcen bereitgestellt und konsumiert werden können. Damit kann nun ortsunabhängig und jederzeit mit beliebigen Endgeräten über eine Internetverbindung auf die bereitgestellten Daten zugegriffen werden. Die Cloud ermöglicht so eine zuverlässige, kostengünstige und flexible Nutzung von Softwareanwendungen, Apps und deren Daten. Im Bild 22.3 habe ich einen Überblick von Servicekonsumenten visualisiert.

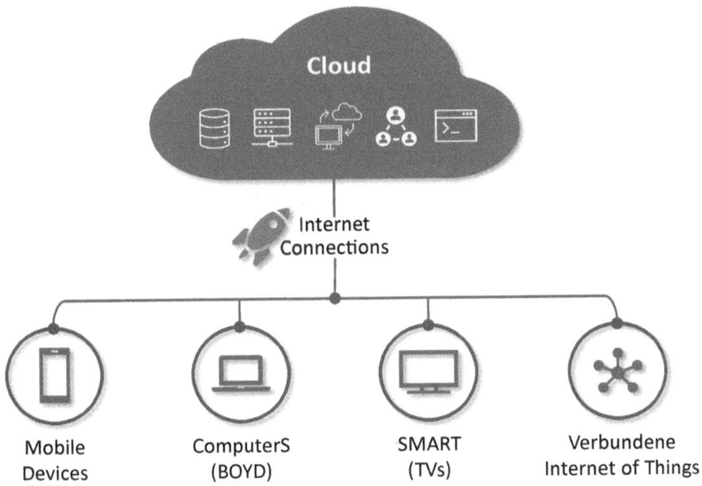

Bild 22.3 Überblick zu Servicekonsumenten in und aus der Cloud

Schauen wir uns einmal an, wie das NIST die essenziellen Charakteristika sowie die Cloud-Liefer- und Servicemodelle beschreibt und definiert.

22.4.1 Cloud-Charakteristiken

- **On-demand self-service.** Ein Servicenehmer bekommt automatisch nach Bedarf Rechenkapazitäten, wie z. B. Serverzeit und Netzwerkspeicher, bereitgestellt, ohne dabei in eine personenbezogene Interaktion mit dem jeweiligen Cloud Service Provider (CSP) bzw. Dienstanbieter treten zu müssen.
- **Broad network access.** Die zu nutzenden Funktionen werden über ein Netzwerk bereitgestellt und können über Standardmechanismen und -zugriffe, wie z. B. durch Thin- oder Thick-Client-Plattformen über z. B. Mobiltelefone, Tablets, Laptops und Workstations durch den Servicenehmer konsumiert werden.
- **Resource pooling.** Die Rechenressourcen des CSP werden über Pools bereitgestellt und über ein Multi-Tenant-Modell[17] (mandantenfähig) verfügbar gemacht, um mehrere Servicekonsumenten zu bedienen. Damit können verschiedene physische und virtuelle Ressourcen dynamisch bzw. neu zugewiesen werden, und zwar immer je nach Bedarf des Servicekonsumenten. Es besteht eine gewisse Unabhängigkeit für die Bereitstellung des Service, da der Servicenehmer (Kunde) in der Regel keine Kontrolle oder Kenntnis über

[17] Mandantenfähigkeit - Wikipedia - *https://de.wikipedia.org/wiki/Mandantenf%C3%A4higkeit*

den genauen Standort der bereitgestellten Ressourcen hat, aber möglicherweise in der Lage ist, den Standort auf einer höheren Abstraktionsebene (z. B. Region, Land, oder Rechenzentrumsstandort) anzugeben, Beispiele für bereitgestellte Ressourcen sind Speicher- bzw. Prozessorkapazitäten und Netzwerkbandbreiten.

- **Rapid elasticity.** Funktionen können dynamisch bereitgestellt und automatisch freigegeben werden. Es besteht dabei die Möglichkeit, abhängig vom gerade entstehenden Bedarf schnell nach außen und innen die benötigten Ressourcen zu skalieren. Nach außen in Richtung des Servicenehmers erscheinen dabei die bereitgestellten Services oft als unbegrenzt und können in beliebiger Menge und zu jeder Zeit von diesem konsumiert werden.
- **Measured service.** Cloud-Systeme kontrollieren und optimieren automatisch die bereitgestellten Ressourcen und deren Auslastung durch Monitoring und Nutzungsmessung[18] auf der entsprechenden Abstraktionsebene, z. B. Speicher- bzw. Prozessorkapazitäten, virtuelle Server, Netzwerkbandbreiten oder auch aktive Benutzerkonten bzw. Abonnements. Dabei werden die Auslastung und Nutzung der Ressourcen überwacht und der Verbrauch über Berichte dokumentiert bzw. abgerechnet, wodurch sowohl für den Serviceanbieter als auch für den Servicekonsumenten die erforderliche Transparenz gegeben ist.

22.4.2 Cloud-Liefermodelle

Die Liefermodelle von Cloud-Strukturen setzen sich aus verschiedenen Anwendungsszenarien zusammen, deren prozentuale Verteilung das folgende Bild zeigt.

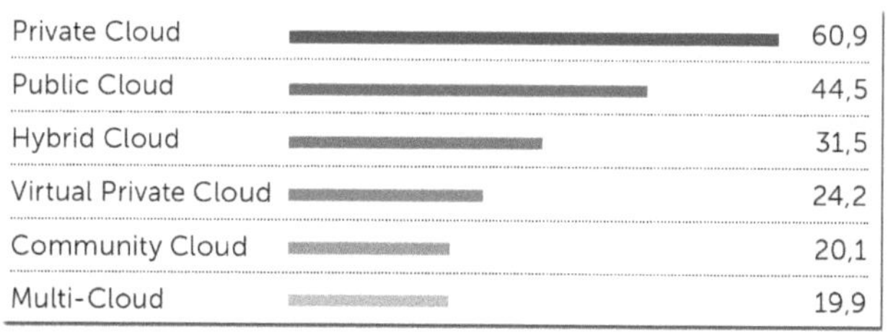

Die Daten wurden auf der Basis von 322 befragten Unternehmen erhoben, die Frage dazu lautete: **Welches Cloud-Bezugsmodell nutzt Ihr Unternehmen bereits?**

Die Werte sind in Prozent angegeben und mit einem Filter auf Unternehmen, die Cloud-Services bereits eingeführt haben oder es konkret planen (Basis: n = 322).[19] Im Bild 22.4 habe ich Ihnen einmal eine vereinfachte Darstellung dieser Cloud-Liefermodelle visualisiert.

[18] Typically this is done on a pay-per-use or charge-per-use basis

[19] Studie Cloud Security 2019, IDG Research Services PDF-Download – COMPUTERWOCHE – *https://shop.computerwoche.de/portal/studie-cloud-security-2019-pdf-download-direkt-im-shop-9250*

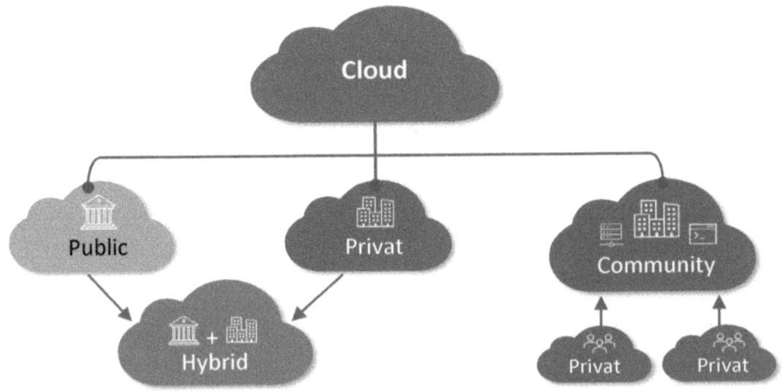

Bild 22.4 Übersicht zu den Cloud-Formen (Liefermodelle)

- **Public Cloud – „öffentliche" Cloud-Form.** Diese Form stellt IT-Ressourcen mit einer großen Skalierbarkeit und Dynamik öffentlich über eine Internetverbindung zur Verfügung, damit diese dann von den Servicekonsumenten genutzt werden können. Beispielsweise teilen sich verschiedene Servicekonsumenten die bereitgestellten Speicherkapazitäten eines Cloud-Anbieters. Ein typisches Beispiel dafür sind die Cloud-Dienste von Amazon, hierbei werden beispielsweise Komponenten für eine IT-Infrastruktur (IaaS) bereitgestellt und über die tatsächliche Nutzung (pay-as-you-go) abgerechnet. Ein anderes typisches Beispiel ist der Speicherdienst „OneDrive" von Microsoft. Abrechnungstechnisch handelt es sich hierbei meistens um ein Mietmodell, bei dem die in Anspruch genommenen Services und Komponenten wie Server, beispielsweise über Zeit oder Speicherkapazität (Verbrauch/ Nutzung) abgerechnet werden. Abonnement-Bezahlmodelle (mit monatlichen Gebühren, wie beispielsweise Microsoft 365) sind hier eher weniger zu finden.
- **Private Cloud – „private" Cloud-Form.** Als Private Cloud wird eine Cloud-Umgebung definiert und bezeichnet, wenn diese ausschließlich für eine Organisation oder ein Unternehmen bereitgestellt und betrieben wird (ein dedizierter Betrieb, im Gegensatz zur Public-Cloud-Form, wo ein „Sharing" der Ressourcen zwischen allen Konsumenten stattfindet). Meistens erfolgen die technische Bereitstellung und das Verwalten der Cloud-Plattform über die internen IT-Fachbereiche. Das ist aber ebenso durch Drittanbieter möglich und würde dann in so einem Fall in einem externen Rechenzentrum bereitgestellt werden. Bei einer Private Cloud werden die bereitgestellten IT-Ressourcen (wie beispielsweise Server) ausschließlich durch einen einzigen Servicekonsumenten (Unternehmen) genutzt. Verortet werden kann der Private-Cloud-Server dabei im RZ des Unternehmens selbst oder extern bei einem Cloud-Anbieter (Hosting). Für die Bezeichnung „Private Cloud" ist entscheidend, dass die exklusive Nutzung der bereitgestellten Ressourcen nur durch den Servicekonsumenten erfolgt und dadurch die Daten natürlich besser geschützt sind.
- **Hybrid Cloud – „hybride" Cloud-Form.** Diese Betriebsart verwendet Kompositionen aus mindestens zwei oder mehreren Public- und Privat-Cloud-Liefermodellen für bestimmte Anwendungsbereiche – mit den jeweiligen Vorteilen der verwendeten Liefermodelle. Ein Beispiel wäre, dass in der Private Cloud sehr sensible Daten gespeichert werden und andere – nicht so sicherheitsrelevante – Daten in der Public Cloud. Dabei bleiben die Cloud-Infrastrukturen (privat, gemeinschaftlich oder öffentlich) eigenständige Einheiten, werden aber durch standardisierte oder proprietäre Technologien miteinander verbunden, die auf diese

Weise eine Daten- und Anwendungsportabilität ermöglichen, wie beispielsweise Cloud Bursting[20] zum Lastausgleich zwischen den Cloud-Liefermodellen.

- **Community Cloud – „gemeinschaftliche" Cloud-Form.** Mit dieser Form werden IT-Ressourcen von mehreren Private Clouds gemeinsam genutzt, um damit IT-Dienste und IT-Services wirtschaftlicher nutzen zu können, aber beispielsweise auch um gemeinsame Anforderungen zu speziellen Themen wie Sicherheits- und Compliance-Vorgaben oder Datenschutz und Datensicherheit für einen standardisierten Austausch von Daten zu spezifizieren.
- **Multi Cloud – beschreibt die „parallele Nutzung" bzw. Konsumierung unterschiedlicher technologischer Cloud-Plattformanbieter und deren Services.** Mit einer Kombination unterschiedlicher Cloud-Anbieter werden beispielsweise Public Cloud Services von Amazon (AWS) und parallel Public Cloud Services von Microsoft Azure oder auch aus der Google Cloud konsumiert. Mit der Nutzung von Multi-Cloud-Szenarien wird für jeden „speziellen" Workload größtmögliche Flexibilität über die jeweilige optimale Infrastrukturkomponente der einzeln „genutzten" Cloud-Service-Anbieter erreicht. Hauptgrund für diese Cloud-Formnutzung sind u. a. die Diversitäten verschiedener Public-Cloud-Anbieter und deren Kompetenz für spezifische Dienste. Ein weiterer wichtiger Aspekt dabei ist auch, den oftmals befürchteten „Vendor-Lock-in" (siehe Fußnote [20] im Abschnitt 22.4.3.4 „Servicemodell Software-as-a-Service (SaaS)") damit wenigstens etwas zu entschärfen und umgehen zu können, wenn man sich nicht ausschließlich nur einem einzigen Cloud-Anbieter zuwendet. Allerdings gibt es auch hier „Komplexitäten", so lässt sich nicht so ohne Weiteres ein Workload einer Windows-Server-VM (virtuelle Maschine), die in Microsoft Azure unter Hyper-V läuft, zu Amazon (AWS) verschieben (nicht unmöglich, aber sehr aufwendig). Die Nutzung verschiedenster Cloud-Ressourcen von unterschiedlichen Anbietern für gleiche oder unterschiedliche Workloads kann aber über eine zusammenhängende Architektur bereitgestellt und über eine Verwaltungsschnittstelle administriert und orchestriert werden. Noch etwas Entwicklungspotenzial besteht im „Multi-Cloud-**Management**". Für Unternehmen, die ihre Infrastrukturen und Services auf unterschiedlichen Cloud-Plattformen betreiben wollen, wäre eine zentrale Lösung für das Verwalten und Steuern der Multi-Cloud sehr willkommen, aber die perfekte Lösung gibt es hier noch nicht. Also müssen sich die Unternehmen entscheiden, ob Sie für ein eigenes umfassendes Multi-Cloud-Management in personelle Ressourcen, Know-how sowie erforderliche Tool-Lizenzen investieren wollen oder mit Unterstützung externer IT-Experten die eigene Umgebung Multi-Cloud-fähig machen.

Im folgenden Chart wurde vom „Cloud Monitor 2019, Bitkom Research im Auftrag von KPMG"[21] u. a. die Frage gestellt: **Aus welchem Grund setzen Sie auf mehrere Public-Cloud-Anbieter?**

[20] Was ist Cloudbursting – Definition | Microsoft Azure – *https://azure.microsoft.com/de-de/overview/what-is-cloud-bursting/*

[21] *https://hub.kpmg.de/cloud-monitor-2019*

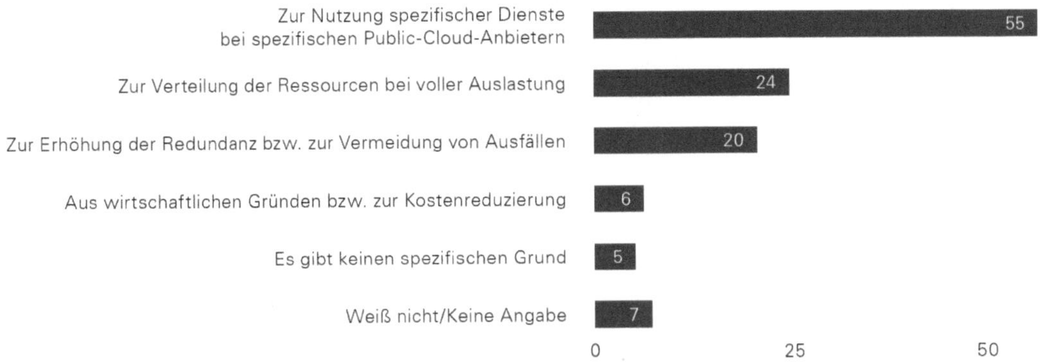

Die Diversität der Services liegt bei den Gründen für eine Multi-Cloud-Nutzung deutlich auf Platz 1. In der Umfrage wurden die Angaben (gewichtet) in Prozent der Unternehmen, die mehrere Public-Cloud-Anbieter nutzen (Mehrfachnennungen möglich, n = 44). Die aktuelle Studie „Cloud Monitor 2019" von Bitkom Research im Auftrag von KPMG bestätigt also, dass mehr als die Hälfte der Befragten auf die Diversität verschiedener Public-Cloud-Anbieter setzt, um deren Kompetenz für spezifische Dienste optimal zu nutzen. Im Bild 22.5 sehen Sie als Ergänzung die Visualisierung einer Multi-Cloud-Umgebung.

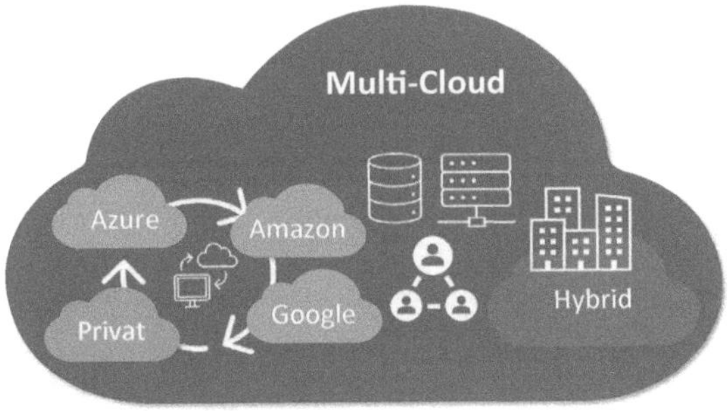

Bild 22.5 Übersicht einer Multi-Cloud-Struktur

In der Tabelle 22.3 habe ich eine kleine Matrix – mit Vorteilen und Herausforderungen – zu den Liefermodellen zusammengestellt.

In Tabelle 22.3 fehlt in der Aufstellung die „Community"-Version. Diese ist im Bild 22.6 beispielhaft visualisiert. Die Abbildung beschreibt, wie zwei private Cloud-Formen in einer Community Cloud gemeinsame IT-Ressourcen nutzen können. Oftmals ist diese Cloud-Form (wenn angewendet) bei öffentlichen Behörden anzutreffen. So können beispielsweise E-Mail-Dienste oder Fachverfahren, wie z. B. ein Dokumentenmanagementsystem oder eine Archivlösung, über die Form der Community Cloud gemeinsam genutzt werden. Jede Behörde für sich hat dabei wiederum ihre schutzbedürftigen bzw. personenbezogenen Daten in ihrer eigenen privaten Cloud abgelegt und verwaltet diese auch selbst.

Als ein weiterer Baustein der Cloud-Umgebungen gelten die Cloud-Servicemodelle, also in welcher Form und Ausprägung die Cloud-Services vom Cloud Service Provider (CSP) bereitgestellt und letztendlich vom Servicenehmer konsumiert werden können.

Tabelle 22.3 Cloud-Liefermodelle

Public	Private	Hybrid (Private+Public)
Bereitstellung für die Öffentlichkeit	Bereitstellung im Unternehmen	Bereitstellung als Mischform
Vorteil		
▪ Große Skalierbarkeit ▪ Hohe Dynamik	▪ Betrieb im eigenen Rechenzentrum ▪ Komplette Kontrolle über sensible Daten (DSGVO)	▪ Hohe Standardisierung ▪ Homogene Infrastruktur ▪ Auslagerung von nicht kritischen Daten in die Public Cloud möglich
Herausforderung		
▪ Umgang mit sensiblen Daten ▪ Gewährleistung der Datensicherheit ▪ Kontrolle über die Compliance	▪ Anpassung an Geschäftsprozesse ▪ **IT-, SAM-Betrieb komplexer**	▪ Integration in die Organisation ▪ Homogene Datenbereitstellung ▪ Komplexe Schnittstellen ▪ **IT-, SAM-Betrieb komplexer**
Hinweis: Daten und Prozesse sind im Vorfeld zu klassifizieren, um entscheiden zu können, in welchem Cloud-Liefermodell diese bereitgestellt bzw. genutzt werden sollen.		

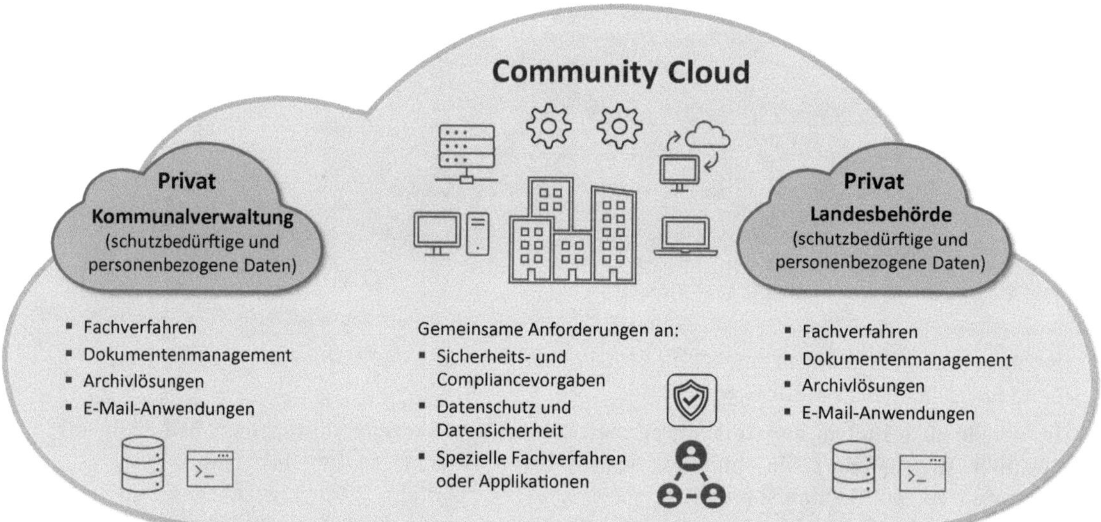

Bild 22.6 Beispiel einer Community-Cloud-Form bei öffentlichen Behörden

22.4.3 Cloud-Servicemodelle

Die Cloud-Servicemodelle setzen sich aus verschiedenen Komponenten und Diensten zusammen. Die Abkürzungen sind nicht immer ganz so einfach auszusprechen und teilweise auch etwas mühsam auseinanderzuhalten. In Bild 22.7 habe ich die (standardmäßigen) Cloud-Servicemodelle mit den wichtigsten Merkmalen visualisiert.

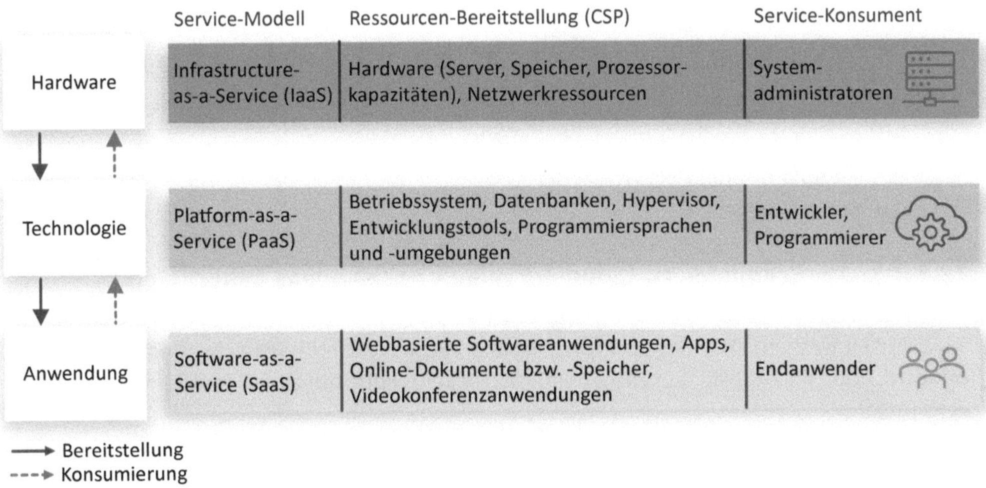

Bild 22.7 Überblick zu (standardmäßigen) Cloud-Servicemodelle

In derselben Studie von IDG Research Services, wie bereits unter der Fußnote „[17]“ genannt, wurde auch diese Frage gestellt: **Welche der folgenden Arten von Cloud-Services nutzt Ihr Unternehmen bereits?**

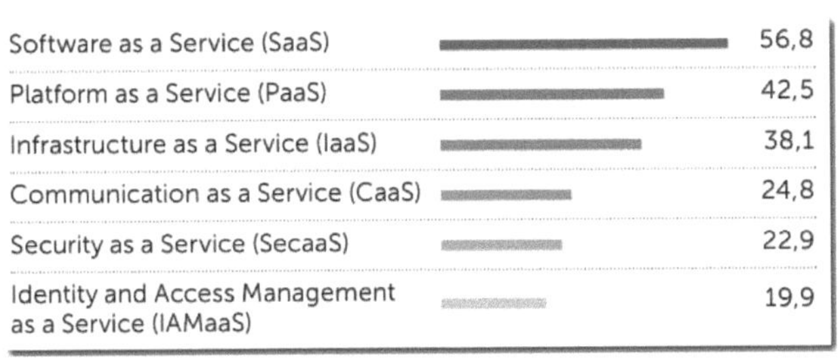

Die Angaben erfolgen in Prozent mit einem Filter auf Unternehmen, die Cloud-Services bereits eingeführt haben oder es konkret planen (Basis: n = 320)[22]

Tabelle 22.4 zeigt eine Übersicht über die Cloud-Formen und darauf angewendete Servicemodelle, wobei die „Private“ Cloud noch einmal in typische, am Markt angebotene Bereitstellungsformen aufgeteilt wird, die sich dann bei der Hybrid-Cloud-Form wiederfinden.

[22] Cloud Security 2019, IDG Research Services – unter „Weitere Studienergebnisse“ 1. Private Clouds und Software as a Service (SaaS) sind führend (S. 21)

Tabelle 22.4 Cloud-Service-Model-Zuordnung zu Cloud-Liefermodellen

Public	Private	Hybrid (Private+Public)
Bereitstellung als:		
▪ **IaaS** (Infrastructure-as-a-Service) ▪ **PaaS** (Platform-as-a-Service) ▪ **SaaS** (Software-as-a-Service)	▪ **IPC** (Inhouse Private Cloud) ▪ **PHPC** (Provider Hosted Private Cloud) ▪ **CC** (Community Cloud)	▪ **IaaS** (Infrastructure-as-a-Service), als Provider Hosted Private Cloud ▪ **SaaS** (Software-as-a-Service), als Inhouse Private Cloud

Beginnen wir, uns mit dem Servicemodell „Infrastructure-as-a-Service“ (IaaS) etwas detaillierter zu beschäftigen.

22.4.3.1 „On-Premises“ zu Cloud-Servicemodellen – was ändert sich

Die bisher gelebte IT-Architektur und Infrastruktur kann grob über acht Basis-IT-Bausteine beschrieben werden. Das Bild 22.8 stellt einmal dar, wie sich die Betriebs- und Verfahrensverantwortung im Zuge der Servicemodellinanspruchnahme hin zum Cloud Service Provider verschiebt.

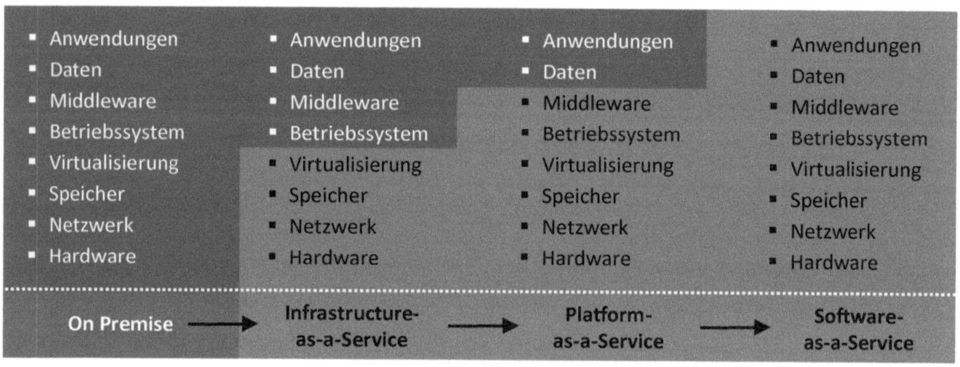

Bild 22.8 Verschiebung der Betriebs- und Verfahrensverantwortung in Richtung Cloud Service Provider (CSP) bei „Umzug“ von IT-Assets in Cloud-Servicemodelle[23]

Im Kern geht es bei der Beschreibung der „Cloud“ eigentlich darum, dass aus dem bis dato üblichen IT-Infrastrukturmodell des Rechenzentrumsbetriebs mit physischen Client-Server-Strukturen eine neue Form der Zurverfügungstellung und Nutzung von virtualisierten Umgebungen hervorgeht. Die Datenströme laufen nicht mehr nur über begrenzte Netze, wie es bisher im klassischen RZ-Betrieb der Fall war, sondern benutzen das Internet als Datenautobahn. Die IT-Ressourcen werden nicht mehr als ein Stück Server, ein Stück Festplatte oder Speicher gehandhabt, sondern über die zur Verfügung stehenden Cloud-Technologien werden jetzt entsprechende Dienste – und das zeichnet den Begriff „Cloud“ auch noch

[23] Grafik entlehnt (etwas abgeändert) aus: bsasamcloud.pdf, (S. 6) – *https://www.bsa.org/files/reports/bsasamcloud.pdf*

mit aus – *dynamisch* bereitgestellt. Microsoft hat seinen Cloud-Dienst „OneDrive" mit der Auslieferung von Windows 10 nun noch viel enger in das Betriebssystem integriert als in früheren Versionen. Erfolgt beispielsweise die Windows-Anmeldung über ein verknüpftes Microsoft-Konto, wird der Cloud-Dienst „OneDrive" als normaler Dateiordner im Explorer bereitgestellt und ist genauso ansprechbar wie alle lokal verfügbaren Ordner. Was da im Hintergrund in der „Wolke" passiert, interessiert den Anwender normalerweise nicht. Die Aufmerksamkeit ist schon eher geweckt, wenn mal wieder in den Medien steht, dass die Sicherheitseinrichtungen des Cloud-Anbieters nicht wie versprochenen funktionieren und die Daten in der Cloud vielleicht sogar für Dritte lesbar sind. Das war die Beschreibung der grundlegenden Cloud-Liefermodelle. Es gibt mittlerweile weitere wie z. B. „Function-as-a-Service" (FaaS) – um Anwendungen miteinander zu verbinden, „FaaS" wird quasi in Form eines Add-ins als Abstraktionsschicht eingezogen. So sind die Produkte AWS Lambda von Amazon bzw. Azure Functions von Microsoft hier als Beispiele zu nennen. Die zusätzlichen Servicemodelle können dabei nicht immer eindeutig einem der vom NIST definierten Servicemodelle zugewiesen werden und ordnen sich dementsprechend auch einmal dazwischen ein. Ein Beispiel dafür wäre „Backend-as-a-Service" (BaaS)), welches sich als servicebasiertes Angebot zwischen „PaaS" und „SaaS" bewegt. Ebenso könnte beispielhaft noch produktbezogene Angebote genannt werden, wie das Bereitstellen von Datenbanken „dbPaaS" oder Message-Queues „MQaaS". Fakt ist, dass die Cloud-Technologien in den vergangenen Jahren die Art und Weise, wie Software entwickelt und bereitgestellt wird, drastisch verändert haben. Dem allem zum Trotz ist lokal ausgeführte „On-Premises"-Software noch immer erforderlich und wird noch auch lange nicht überflüssig werden. Es ist also immer noch ein Miteinander, also ein „Sowohl als auch"-Konzept.

> **Hinweis:**
> Im „Handbuch IT-Management" (Hrsg. Ernst Tiemeyer, 7. Auflage, Hanser 2020) werden hierzu im Kapitel 7 „Cloud Computing" von den Autoren Matthias Farwick, Tobias Schmidt und Thomas Trojer die Cloud-Technologien detailliert und umfassend aus verschiedenen Blickwinkeln betrachtet. ■

22.4.3.2 Servicemodell Infrastructure-as-a-Service (IaaS)

Definition nach NIST:

> *The capability provided to the customer is to provision processing, storage, networks, and other fundamental computing resources. The customer is able to deploy and run arbitrary software which can include operating systems and applications. The customer again does not manage or control the underlying cloud infrastructure but has control over operating systems, storage, and deployed applications; and possibly limited control of select networking components (e.g., host firewalls).*[24]
>
> Übersetzung: *„Über die Bereitstellung von IT-Ressourcen, wie Hypervisoren, Speicher- und Prozessorkapazitäten, Netzwerkinfrastrukturkomponenten und andere grundlegende Ressourcen, können beliebige Softwareanwendungen, einschließlich Betriebssysteme, eingesetzt*

---

[24] Infrastructure as a Service (IaaS) – Glossary | CSRC (nist.gov) – *https://csrc.nist.gov/glossary/term/Infrastructure_as_a_Service*

und ausgeführt werden. Dabei verwaltet oder kontrolliert der Servicenehmer wiederum nicht die zugrundeliegende Cloud-Infrastruktur, hat aber die Kontrolle über die Betriebssysteme, Speicher- und Prozessorkapazitäten sowie über die installierten und aktiven Anwendungen und möglicherweise begrenzte Kontrolle über ausgewählte Netzwerkkomponenten, wie beispielsweise Einstellungen für eine erforderliche Host-Firewall."

Beispielhaft zu nennen wären dafür:

- Eine bestimmte Kapazität an Speicherplatz im Netz (z. B. eine im Vorfeld definierte bzw. begrenzte Anzahl an verfügbarem Datenspeicher, beispielsweise 5 GB)
- Virtuelle Server-Systeme, die mit einer bestimmten, vorher festgelegten Standardinstallation bereitgestellt werden
- Druckservice über das Internet (z. B. Unternehmen, die von hochgeladenen Fotos Papierabzüge erstellen und verschicken, beispielsweise Pixum)
- Weitere Hosting-Services

22.4.3.3 Servicemodell Platform-as-a-Service (PaaS)

Definition nach NIST:

> *The capability provided to the consumer is to deploy onto the cloud infrastructure consumer-created or acquired applications created using programming languages, libraries, services, and tools supported by the provider. The consumer does not manage or control the underlying cloud infrastructure including network, servers, operating systems, or storage, but has control over the deployed applications and possibly configuration settings for the application-hosting environment.*[25, 26]
>
> Übersetzung: *„Die bereitgestellten Funktionen und Services gestatten es dem Servicenehmer, in der Cloud-Infrastruktur selbst erstellte Anwendungen, die unter Verwendung von Programmiersprachen, Bibliotheken, Diensten und Tools erstellt wurden und vom Anbieter unterstützt werden, einzusetzen. Dabei verwaltet oder kontrolliert der Servicenehmer wiederum* ***nicht*** *die zugrundeliegende Cloud-Infrastruktur. Er besitzt aber die Kontrolle über die eingesetzten Anwendungen und Werkzeuge sowie über mögliche Konfigurationseinstellungen für den Anwendungsbetrieb in der Hosting-Umgebung."*

Beispielhaft zu nennen wären dafür:

- Anwendungsentwicklung, Datenhaltung und Verarbeitung, Prozess-Workflows etc.
- Sicherheitsdienste (Single Sign-on, Authentifizierung etc.)
- Datenbank-Management
- Verzeichnisdienste

Eine Anwendungsplattform, die so ziemlich jeder kennt, ist das 1999 von einem ehemaligen Oracle-Manager gegründete Unternehmen Salesforce[27], welches unter *https://www.salesforce.com/de* beispielsweise für Softwareentwickler Umgebungen bereitstellt, mit denen sie ihre Geschäftslösungen entwickeln und auch betreiben können.

---

[25] Platform-as-a-Service (PaaS) - Glossary | CSRC (nist.gov) - *https://csrc.nist.gov/glossary/term/Platform_as_a_Service*

[26] NIST SP 800-145, The NIST Definition of Cloud Computing - *https://nvlpubs.nist.gov/nistpubs/Legacy/SP/nistspecialpublication800-145.pdf*

[27] *http://de.wikipedia.org/wiki/Salesforce.com#force.com*

22.4.3.4 Servicemodell Software-as-a-Service (SaaS)

Definition nach NIST:

> *The capability provided to the consumer is to use the provider's applications running on a cloud infrastructure. The applications are accessible from various client devices through either a thin client interface, such as a web browser (e.g., web-based email), or a program interface. The consumer does not manage or control the underlying cloud infrastructure including network, servers, operating systems, storage, or even individual application capabilities, with the possible exception of limited user-specific application configuration settings.*[28]
>
> Übersetzung: *„Bezeichnet die Nutzung von auf einer Cloud-Infrastruktur laufenden Anwendungen, auf die der Anwender von unterschiedlichen Geräten aus über eine Benutzerschnittstelle (z. B. mit einem Webbrowser auf einen E-Mail-Service) oder eine Programmschnittstelle zugreifen kann. Der Servicenehmer bzw. -konsument kann dabei **nicht** die zugrundeliegende Cloud-Infrastruktur, deren Komponenten, wie Netzwerkeinstellungen, virtuelle Server- und Betriebssysteme, Speicherbeschränkungen oder einzelne Anwendungsfunktionen steuern bzw. administrieren. Lediglich begrenzte benutzerspezifische Anwendungskonfigurationen sind möglich."*

Im Prinzip hat sich das Verfahren, früher oft auch als „Software aus der Steckdose" bezeichnet, als eine der ersten „Cloud-Technologie-Bestandteile" im IT-Sektor stark verbreitet und wird mittlerweile von vielen externen Dienstleistern (Service Providern) in sehr vielen Produkten dem Servicekonsumenten bereitgestellt, bevorzugt über webfähige Anwendungen. Dabei übernimmt der externe Dienstleister den kompletten Betrieb der erforderlichen IT-Infrastrukturen und Ressourcen.

In der Bereitstellung von „SaaS" Anwendungen bestehen für den Servicebereitsteller und den Servicenehmer sowohl Vor- als auch Nachteile.

Vorteile für den Servicebereitsteller

- Es können marktgerechte und wettbewerbsfähige Dienstleistungen angeboten werden, die zudem das betriebene Rechenzentrum optimal auslasten.
- Durch besondere Angebote können stärkere Kundenbindungen und damit langfristig gesicherte Einnahmen erzielt werden.
- Im Fall der Bereitstellung von Softwareprodukten durch die Hersteller (z. B. Microsoft 365, Adobe-Cloud-Produkte) ist die Gefahr eines nicht lizenzkonformen Softwareeinsatzes bedeutend geringer, aber sie bedeutet im gleichen Maß auch eine Herausforderung für den Servicenehmer, dieses zu managen. Siehe dazu auch weiter unten „Herausforderungen für den Servicenehmer".
- Die Servicebereitsteller (CSPs bzw. auch Hersteller wie Microsoft) können durch andere Preis- bzw. Abrechnungsmodelle ihre Umsatzerlöse besser planen.

[28] Software-as-a-Service (SaaS) - Glossary | CSRC (nist.gov) – *https://csrc.nist.gov/glossary/term/software_as_a_service*

Nachteile für den Servicebereitsteller

- Der Rechenzentrumsbetreiber bzw. Servicebereitsteller hat im Vorfeld hohe Investitionen zu leisten und muss ausreichend planen, welche Kapazitäten zu welchen Zeitpunkten auftreten können, um seinen Softwareservice den Kunden zuverlässig zur Verfügung stellen zu können (Thema Verträge und Service-Level-Definitionen und Vereinbarungen).
- Schwierigkeiten könnten auch durch Akzeptanzprobleme bei den Kunden entstehen, insbesondere wenn in den Medien wieder einmal Berichte über mangelnde Sicherheitsmaßnahmen im Cloud-Umfeld auftauchen. Das Risiko eines Imageschadens und eventuell damit verbundener Umsatzeinbußen ist nicht gerade klein.

Gegenüber dem bisherigen Verfahren, jede Software kaufen und lizenzieren zu müssen, bietet das „SaaS-Modell" gerade für kleinere und mittelständische Unternehmensformen einige nicht von der Hand zu weisende Vorteile.

Vorteile für den Servicenehmer

- Es besteht überhaupt kein oder nur ein geringes Risiko bei der Investition von IT-Ressourcen, da diese nicht beschafft und nicht selbst betrieben werden müssen.
- Eine Anpassung der Software auf die eigene Unternehmensumgebung (Software testen, paketieren, bereitstellen, verteilen, Change- und Release-Management) kann entfallen und aufgrund der meistens sehr hohen Standardisierung einer SaaS-Softwarelösung sind die Softwareprodukte sehr viel schneller für die Anwender im Unternehmen verfügbar (teilweise innerhalb von Minuten).
- Die zu beplanenden und entstehenden Kosten für die zu nutzenden IT-Ressourcen sind aufgrund des Service-Gedankens und der Mietzahlung transparent zu handhaben bzw. auch einfach über eine Kosten-/Leistungsverrechnung steuerbar.
- Damit einher geht eine mögliche Verringerung der Geschäftsprozesse und der Abläufe im Software-Life-Cycle-Prozess für die „klassische" Bereitstellung von Softwareprodukten.
- Der Servicenehmer, für den eine zu betreibende IT-Infrastruktur mit allen erforderlichen IT-Ressourcen nur ein Grundbaustein ist, um sein eigentliches Geschäftsfeld zu betreiben, kann sich mit diesem Service auf seine Kernkompetenzen und -geschäfte konzentrieren.

Nachteile für den Servicenehmer

- Wenn eine zu große Abhängigkeit von dem Servicebereitsteller (CSP bzw. Hersteller, beispielsweise Adobe mit seinen Cloud-Produkten) entsteht, weil der Servicenehmer keine eigenen Softwareprodukte mehr besitzt, sondern diese nur mietet, besteht das Risiko, sich zu stark an den Hersteller zu binden. Werden in dieser Situation vom Hersteller bestimmte Zwänge vorgegeben, ist man diesen letztendlich ausgeliefert (Stichwort „Vendor-Lock-in"[29]). So ist es beispielsweise ein recht großes Problem dieser Form der Softwarebereitstellung, das u. U. in relativ kurzen Zeitabständen Softwareupdates durch den Hersteller erfolgen und damit eventuell ein nicht unerheblicher zusätzlicher Schulungsaufwand für die Servicenehmer entsteht.
- Nicht immer können die als „SaaS" bereitgestellten Softwareprodukte auch offline verwendet werden. Meistens wird ein funktionierender Internetzugang vorausgesetzt, der

[29] *https://de.wikipedia.org/wiki/Lock-in-Effekt*

aber auch mal eine geringere Übertragungsgeschwindigkeit haben kann, d. h. die in Terminalserver-Umgebungen bereits bekannten Probleme, wenn mal das „Netz“ weg ist, potenzieren sich bei reinen Internet- bzw. Mobilen Breitbandverbindungen.

- Meistens können nicht mehr wie früher persönliche Einstellungen bzw. Favoriten angelegt und abgespeichert werden, d. h., die individuellen Anpassungsmöglichkeiten für den Endanwender haben sich hier stark verringert.

Herausforderungen für den Servicenehmer (operativer SAM-Betrieb)

Um das Servicemodell „SaaS“ wirtschaftlich und risikoarm zu managen, bedarf es einiger „Maßnahmen“, die nur zusammen greifen können und als „getrennte“ Verwaltungs- bzw. Steuerungsmaßnahme eher nicht so gewinnbringend für den SAM-Betrieb sind.

Use Case: **Adobe-Creative-Cloud-Nutzung mit tatsächlicher „lokaler“ Nutzung abzugleichen**

Die Herausforderung für den SAM-Betrieb: Die Benutzer-Abonnements der Adobe Creative Cloud (das Adobe Admin Portal wäre dafür der Ausgangspunkt) sollen mit der „tatsächlichen“ Nutzung, ausgehend von den Endgeräten der Benutzer in eine „Nutzungsübereinstimmung“ gebracht werden, um erkennen zu können, ob die einem Abonnement der Adobe Creative Cloud zugeordneten Benutzer dieses auch nutzen und, wenn ja, in welchem Umfang (um beispielsweise zu steuern, ob anstelle eines „Voll“-Abos für einen Benutzer ein Einzelprodukt-Abo – nämlich das am stärksten genutzte – nicht wirtschaftlicher wäre, also eine Kostenoptimierung zu machen). Die zugrunde liegenden Preisinformationen zeigt der folgende Screenshot von der Adobe-Webseite.[30]

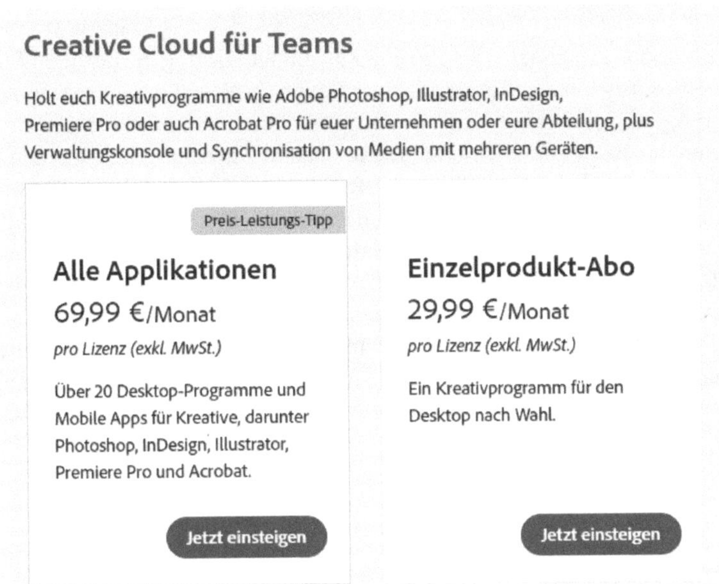

[30] Preise und Abos | Adobe Creative Cloud – *https://www.adobe.com/de/creativecloud/plans.html*

Was braucht es jetzt, um die Aufgabenstellung zufriedenstellend lösen zu können, wie in Bild 22.9 bereits vorab zu erkennen?

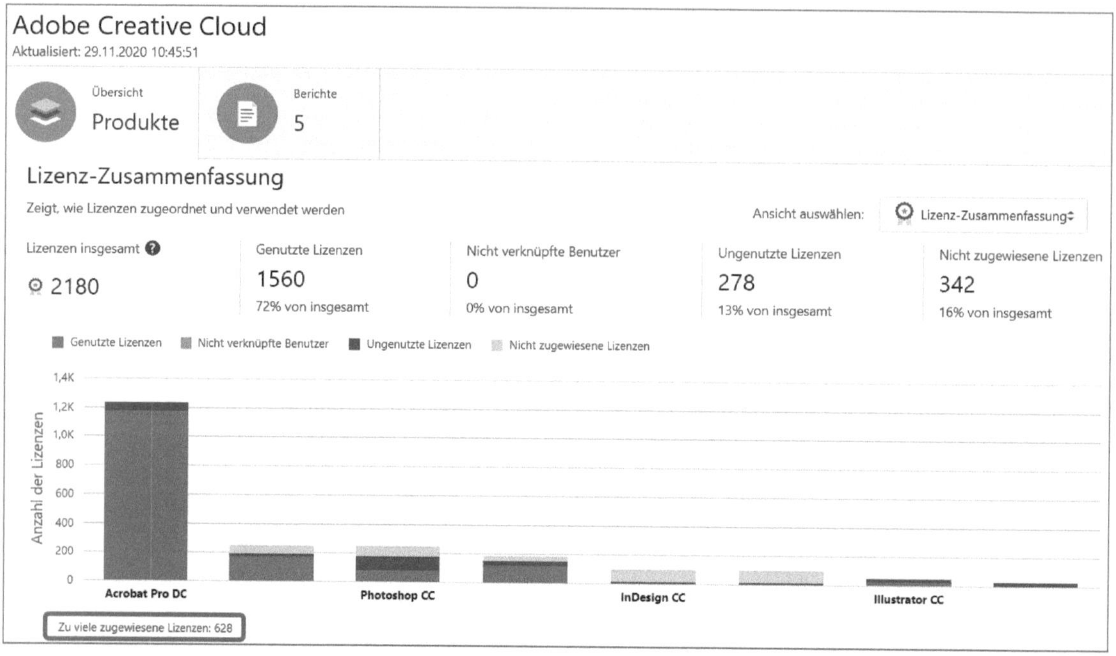

Bild 22.9 Adobe Creative Cloud Dashboard „Lizenz-Zusammenfassung“

Zu sehen ist hier das Dashboard der „Lizenz-Zusammenfassungen“ aus dem Snow License Manager, welches uns Informationen aus dem Adobe CC Portal darstellt. Diese sind bereits mit vom Scan-Agent gelieferten lokalen Daten angereichert und bilden so die „tatsächlichen“ Nutzungsdaten der Benutzerzugriffe ab. Diese lokalen Nutzungsdaten wurden über Regelwerke im Snow License Manager (über die Produkterkennung des Snow-Softwarekatalogs, DIS) mit den Adobe-CC-Portaldaten verknüpft und anschließend hier zusammen mit den Adobe-CC-Portal-Daten im Dashboard angezeigt. Das geschieht durch einen vollautomatischen Prozess, z. B. über das Auslesen des Benutzers aus dem angebundenen Active Directory und Abgleich mit der im Adobe CC Portal registrierten Benutzer-E-Mail, der ein bestimmtes Produkt-Abo zugeordnet wurde. Somit kann über das Dashboard sehr gut ermittelt werden, welche Benutzer ein zugewiesenes Adobe-CC-Abo haben und in welchem Umfang sie dieses tatsächlich nutzen. Es gibt hierzu auch noch weitere Informationen, wie in den folgenden Screenshots zu sehen ist.

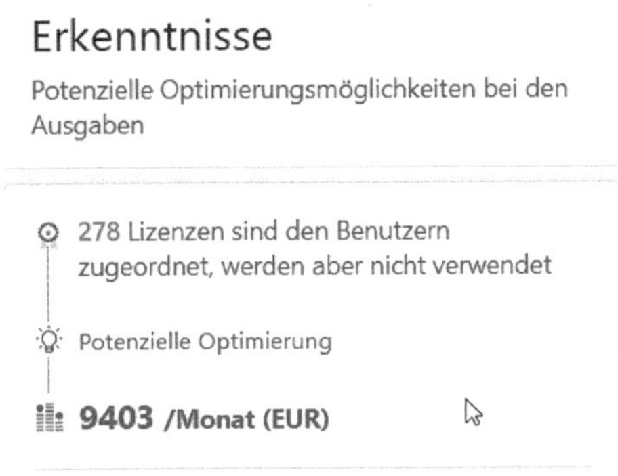

Diese Information zeigt beispielsweise auf, dass „278“ Benutzer zugewiesene Adobe-CC-„Lizenzen“ nicht verwenden, also schon einmal ein wichtiger Indikator für das operative SAM bzw. den Produktverantwortlichen, sich die Sache einmal genauer anzusehen. Natürlich gibt es auch immer Mischbetrieb, so würde die folgende Aussage aufzeigen, dass auch noch einiges an Adobe „On-Premises“ installiert ist und genutzt wird.

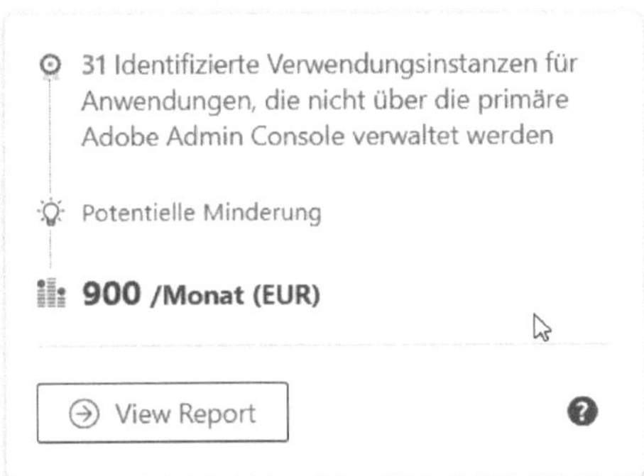

Und diese Aussage hier würde unterlegen, dass es eventuell wirtschaftlicher ist, einzelne Adobe-Anwendungen zu „buchen“.

Zum Abschluss noch im Bild 22.10 eine Liste von Berichten (hier vom Snow License Manager „Out-of-the-box"), die den operativen SAM-Betrieb in seinen Aufgaben unterstützen können.

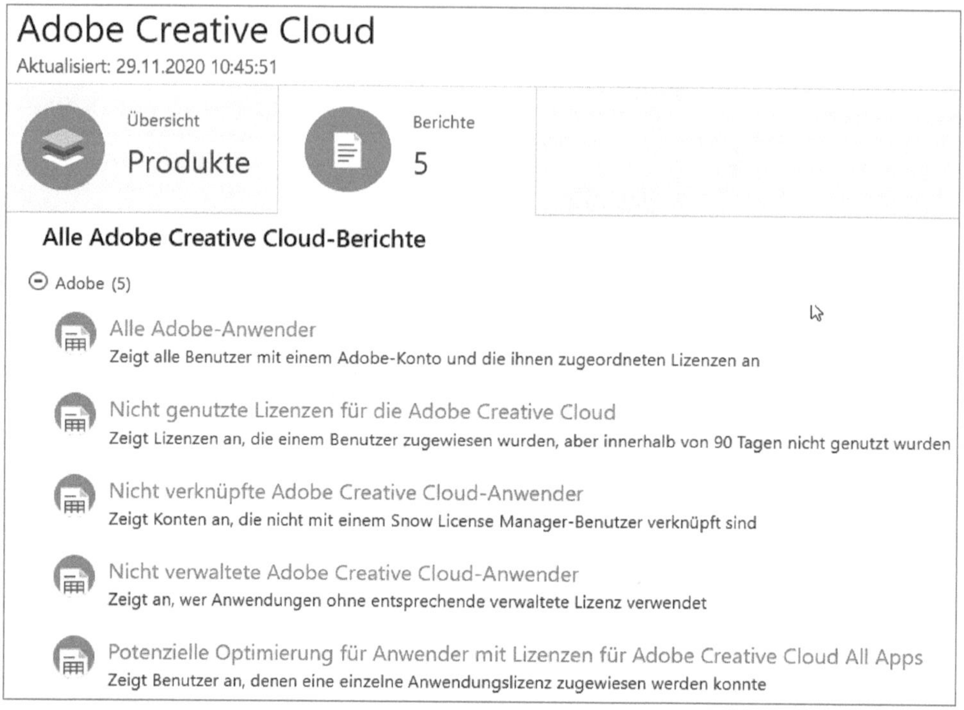

Bild 22.10 Adobe Creative Cloud – Berichte für den operativen SAM-Betrieb

Im Übrigen kann nur der Snow License Manager die Portaldaten mit lokalen Anwendungsnutzungsdaten zusammenführen und aufzeigen, ob Portal-Benutzer ihre zugewiesenen Produkt-Abos auch entsprechend nutzen, wenig nutzen oder gar nicht verwenden, wie oben der Screenshot mit den 278 **nicht genutzten Lizenzen** aufzeigt.

Wichtig ist auch bei einer Nutzung des Cloud-Servicemodells „SaaS", dass Sie ausreichend an die Sicherstellung und Gewährleistung der Integrität der in den Cloud-Formen abgelegten Daten denken. Das betrifft nicht nur allgemeine Daten wie z. B. Preislisten, sondern im Besonderen auch vertrauliche Daten wie Konstruktionspläne usw. oder mit „SaaS"-Lösungen verbundene personenbezogene Daten (z. B. Anmelde- und Passwortdaten). Hier sollten Sie darauf achten, dass diese durch den Servicebereitsteller über Sicherheitsregeln entsprechend geschützt werden (siehe auch Abschnitt 22.9 und Abschnitt 22.9.1).

22.5 SAM und „Software-as-a-Service“ (SaaS)

Das Cloud-Servicemodell „SaaS“ wird in Form von Abonnements bereitgestellt. In der Regel wird mit einem unterstützenden Webbrowser darauf zugegriffen. Bekannte SaaS-Anwendungen sind z. B. Salesforce, Microsoft (M365) oder auch Google Apps – täglich werden Hunderte Anwendungen in das weltweite SaaS-Repository aufgenommen. Weiterhin kennzeichnet „SaaS“, dass der Servicekonsument „nur“ für seine Nutzung eine vereinbarte Nutzungsgebühr zu entrichten hat (monatlich/jährlich, meist in Form eines Abonnements) und der Cloud Service Provider (CSP) den ordnungsgemäßen (in den Service Leveln und Servicezeiten vereinbarten) Betrieb ermöglicht, inklusive der „klassischen“ Betriebsfaktoren wie Backup und Restore, Security, Zugriffs- und Kontensteuerung, Desaster-, Recovery-Szenarien usw.

Die am häufigsten vorzufindenden „SaaS“-Betriebsmodelle oder auch Kombinationen sind:

- Pro Benutzer und Monat in Form eines monatlichen Abonnements (bzw. auch Jahresabonnements): Dies ist das am häufigsten anzutreffende Vertriebsmodell und wird oftmals in verschiedenen Preis- und Funktionsstufen angeboten. Die bekanntesten sind die von Microsoft aufgestellten „Pläne“ (für „Microsoft 365“, wie beispielsweise Microsoft 365 E3, E5 oder F3 bzw. auch Kombinationen davon). Die monatlichen Gebühren variieren je nach ausgewähltem Funktionsumfang und bestimmen so die Dienste oder Module, auf die der Benutzer in seinem „aktiven Plan“ zugreifen kann.[31]

Weitere Formen und Varianten wären:

- Tatsächliche Nutzung: Sie legt im Prinzip den gleichen Grundsatz zur Abrechnung an, wie bereits bekannte Messgrößen von verbrauchsabhängigen Lizenzmetriken (beispielsweise Menge der gespeicherten Daten, CPU-Peaks, Concurrent Use-Formen u. a.). Hier müssen die anzuwendenden Messgrößen und -werte festgelegt sein sowie mit Messwerkzeugen abrechenbar und für den Servicekonsumenten als auch für den CSP (Serviceerbringer) überwachbar sein.
- Anzahl von Transaktionen: Hier bilden die getätigten Geschäftstransaktionen die Basis zur Abrechnung, also beispielsweise getätigte Bestellungen über eine E-Commerce-Plattform oder Verkaufsabschlüsse (ohne umsatzbestimmendes Element), beispielsweise auch SAP Concur, abgerechnete Reisen.
- Eine Form der umsatzbestimmenden Transaktion, wo ein bestimmter Prozentsatz als „Preisschild“ angesetzt wird (hier die erfolgreiche Verkaufstransaktion), wäre beispielsweise bei eBay zu finden, wo ein prozentualer Anteil des erzielten Verkaufspreises als Abrechnungsgrundlage erhoben wird. Ein weiteres Beispiel hierfür ist PayPal, wo „Bezahl- oder Transfergebühren je nach Zahlungsbetrag anfallen. Gemeinsam ist allen Beispielen, dass hier keine monatlichen Grund- oder Mitgliedsgebühren erhoben werden, sondern diese Portale und Plattformen gänzlich transaktionsorientiert ihre Services abrechnen.

[31] *https://www.microsoft.com/de-de/microsoft-365/business/compare-all-microsoft-365-business-products?market=de*

22.5.1 Software as a Service (SaaS) – Risiken betrachten

Die Nutzung von SaaS-Anwendungen und -Apps ist mitnichten frei von Lizenzierungsrisiken und muss daher auch in einem SAM-Tool oder den jeweiligen CSP-Anbieterportalen verwaltet und gesteuert werden. Dabei können die möglichen mit dem SaaS-Betrieb verbundenen Lizenzierungsrisiken je nach Servicegeber (CSP) und den damit verbundenen Vertragseigenheiten stark variieren.

Für weitere damit zusammenhängende rechtliche Informationen habe ich eine sehr informative Webseite eines sich darauf spezialisierten Rechtsanwalts mit sehr guten Kundenbewertungen zu den angebotenen Dienstleistungen gefunden: **„10 Rechtstipps zu Software as a Service Verträgen (SaaS) inkl. Muster“**, *https://www.ra-plutte.de/rechtstipps-software-as-service-vertrag-muster/*

Lassen Sie uns in den folgenden Abschnitten ein paar der wichtigsten Aspekte zu den „SaaS“-Risiken gemeinsam beleuchten. Ein erster wichtiger Punkt sind mögliche Urheberrechtsverletzungen.

22.5.1.1 Urheberrechtsverletzungen

Anbieter von SaaS-Anwendungen können u. U. wissentlich oder unwissentlich Urheberrechtsverletzung begehen. Wird nicht darauf geachtet, dass der CSP den Kunden davon freizustellen hat, kann der Kunde als Letztbegünstigter bei einer solchen Verletzung rechtlichen Risiken ausgesetzt sein. Erschwerend kommt dann hier noch hinzu, dass der CSP möglicherweise in einem anderen Land als der Servicekonsument ansässig ist und u. U. dort nicht so strenge Regularien bezüglich Urheberrechtsverletzungen angewendet werden. Der Abschluss eines SaaS-Servicebereitstellungsvertrags wird deshalb immer empfohlen, wenn es keine Standardprodukte sind, wie beispielsweise die bereitgestellten „Pläne“ von Microsoft 365. Sollten Urheberrechtsverletzungen existieren, könnte das ggf. ein echtes Geschäfts- und Betriebsrisiko für den Servicekonsumenten bedeuten, denn u. U. kann der Servicegeber seine Dienste nun nicht mehr wie im vorher bestehenden und bezahlten Umfang mit den „gebuchten“ Funktionalitäten bereitstellen. Besonders kritisch wird es, wenn über die bereits schon längere Nutzung der Services möglicherweise eine Abhängigkeit vom Servicegeber entstanden ist.

22.5.1.2 Erforderliche Add-ons bzw. Plug-ins auf Endgeräten des Servicekonsumenten

Bei vielen SaaS-Anwendungen können zusätzlich bzw. als zwingende Voraussetzung noch lokal auszuführende Code-Schnipsel in Form von Plug-ins (beispielsweise Webbrowser), Add-ons wie beispielsweise bei WebEx, ein Scan-Agent oder Komponenten von Client-Softwareanwendungen erforderlich sein. Der Servicekonsument muss nun (trotz SaaS-Nutzung) für einen lizenzkonformen IT-Betrieb ordnungsgemäß lizenziert sein. Diese IT-Assets müssen auch – wie jedes andere „lokale“ IT- und Softwareasset – verwaltet werden, um sicherzustellen, dass sie in Übereinstimmung mit den geltenden Produktnutzungsrechten lizenzkonform eingesetzt werden.

22.5.1.3 Nicht autorisierte Nutzung

SaaS-Anwendungen unterliegen in der Regel verschiedenen Nutzungsbeschränkungen. Diese sind prinzipbedingt (ein SaaS-Service ist für viele Servicekonsumenten gedacht) in vielen Fällen nicht verhandelbar. Somit muss der Servicekonsument über angemessene Kontrollinstanzen verfügen, damit die Einhaltung der Nutzungsbedingungen sichergestellt werden kann.

Nutzungsbeschränkungen könnten beispielsweise sein:

- Geografische Beschränkungen
- Nutzung von nur einem SaaS-Benutzerkonto durch mehrere „nicht autorisierte“ Mitarbeiter, wie beispielsweise „Benutzer Staplerfahrer1“, der dann von 100 weiteren „Staplerfahrern“ auch benutzt wird
- Die Nutzung des SaaS-Service ist nur über „Servicekonten“ erlaubt, es darf sich also keine natürliche Person mit den SaaS-Kontodaten am SaaS-Service anmelden.
- Zugriffsbeschränkungen auf bestimmte Nutzergruppen (z. B. nur für Auftragnehmer, Geschäftspartner, Kunden) oder verbundene Unternehmen des Kunden. Unter Umständen verhindern solche Beschränkungen die Nutzung der angestrebten SaaS-Lösung.
- Einschränkung der bereitgestellten Services, wie beispielsweise Berichte, die nur bestimmten Personen zugänglich gemacht werden und von diesen genutzt werden dürfen (laut Servicevereinbarung). Aber die berechtigten Personen versenden diese „lizenzierten“ Berichte an andere nicht autorisierte Personen, beispielsweise, wenn über ein lizenziertes Benutzerkonto ein Bericht aus dem SaaS-System einem ganzen „nicht autorisierten“ Team zur Verfügung gestellt wird.

Um die Einhaltung von vertraglichen oder gesetzgeberischen Nutzungsbeschränkungen überprüfen zu können, gibt es seitens der SaaS-Anbieter Mittel und Wege zur Feststellung von unautorisierter Nutzung, zum Beispiel:

- Loggen von mehrmaligen Verbindungen unter immer dem gleichen Benutzerkonto-Credentials
- Länderspezifische Verbindungen mit den dazugehörenden IP-Adressen werden analysiert.
- Loggen von „Login-Zeiten“ und Prüfung, ob dabei ein nicht autorisierter Zugriff des Benutzerkontos erfolgte
- Analysieren, ob die für das Benutzerkonto vereinbarten Begrenzungen von Volumen oder Transaktionsdaten überschritten werden
- Plausibilisierung von übermittelten (dem SaaS-Servicevertrag zugrundeliegenden) Daten, wie beispielsweise die angegebene Mitarbeiterzahl über andere nutzbare Quellen (beispielsweise Social-Media-Auftritte) bzw. Kanäle

22.5.1.4 Ungenutzte Abonnements = ungenutzte Ressourcen

Der operative SAM-Betrieb muss den Einsatz von SaaS-Anwendungen ähnlich umfangreich und genau monitoren, wie das auch bereits in den klassischen LiMa-Disziplinen der Fall ist, um wirtschaftliche Transparenz herstellen zu können. Auch wenn das SAM-Tool möglicherweise bereits über SaaS-Konnektoren verfügt, muss nachverfolgbar sein, wie und wann die bereitgestellten SaaS-Services von den autorisierten Benutzerkonten konsumiert werden bzw. wurden (Nichtnutzungsdaten ermitteln). Hierbei helfen nicht nur Dashboards mit den zu überwachenden Daten und Analysen, sondern auch oftmals das im SAM-Tool vorhandene Berichtswesen – so wie es bereits in Bild 22.2 „SaaS-Überblick, Beispiel WebEx-Benutzeraktivität" und dem Bild davor schon einmal visualisiert wurde. Die aktuellen „Abrechnungsformen" der SaaS-Services basieren nicht auf einer nutzungsbasierten Abrechnung (im Sinne von, was hat das Staubsaugen in einem Monat an Energie verbraucht und welche Kosten sind dabei entstanden), sondern es wird eine „Bereitstellungs- bzw. Mietgebühr" zugrunde gelegt, die pro Monat oder Jahr abgerechnet wird. Einmal „bezahlt" kann dann der Servicekonsument verbrauchsunabhängig die bereitgestellten SaaS-Services nutzen. Somit sind diese Kosten nicht unbedingt an die mehr oder weniger intensive bzw. zeitliche Servicekonsumierung gekoppelt. Trotzdem wichtig ist aber, dass Transparenz und Sichtbarkeit erzeugt wird (für den administrierenden Servicenehmer – also für das SAM-Betriebsteam), um damit erforderliche Daten für mögliche Einsparpotenziale zu erhalten (beispielsweise die Anzahl nichtgenutzter autorisierter Benutzerkonten). Durch die Analyse der Daten und ihrer Ergebnisse können so Maßnahmen empfohlen und umgesetzt werden, um die Abonnementverpflichtungen auf den aktuellen Bedarf anzupassen.

22.6 SAM – Risiken bei „IaaS" & „PaaS"

Natürlich gibt es auch weiterhin gleiche bzw. ähnliche Betriebsrisiken zu steuern wie in den bisherigen klassischen „On-Premises"-Betriebsszenarien. Aber es gibt auch bedeutende Unterschiede in der Bereitstellung erforderlicher Softwaretechnologie-Stacks in den Cloud-Servicemodellen. Werden „IaaS"- und „PaaS"-Services genutzt, stellt sich jetzt die Frage, wer wie die erforderlichen Softwareanwendungen bereitstellt. Wie gesagt, wir reden jetzt von „**Nicht**"-SaaS-Softwareprodukten.

Weiterhin werden für die Bereitstellung der Servicemodelle zusätzliche „Begleitservices" für den Betrieb benötigt (weiter unten nachzulesen) und auch hierfür gibt es natürlich einen Gartner „Magic Quadrant für Cloud-Infrastruktur und Plattform-Services", veröffentlicht am 1. September 2020 – ID G00441742,[32] der die Cloud-Infrastruktur und Plattform-Services von Hyperscale-Cloud-Anbietern analysiert und einordnet. Laut der Studie von Gartner hat beispielsweise Amazon Web Services (AWS) als „Leader" den größten Anteil am weltweiten Markt für IaaS- und Datenbank-PaaS-Angebote und Microsoft Azure ist wiederum führend in Bezug auf den Marktanteil im Segment der Anwendungsentwickler „PaaS".

Es müssen also die Softwareprodukte einerseits vom Cloud Service Provider bereitgestellt werden (bezugnehmend auf die angebotenen Services), andererseits werden auch vom Servicekonsumenten Softwareprodukte in den Cloud-Servicemodellen bereitgestellt bzw. dorthin „mitgenommen". Wir erinnern uns, Microsoft erlaubt, „die Lizenz 180 Tage lang gleichzeitig

[32] Gartner Reprint – *https://www.gartner.com/doc/reprints?id=1-1ZDZDMTF&ct=200703&st=sb*

lokal und in Azure zu nutzen“. CSPs für die Bereitstellung von „IaaS“- und „PaaS“-Services sind beispielsweise Microsoft Azure, IBM SmartCloud und Amazon S3.[33]

Bei aller Euphorie, die angebotenen Cloud-Servicemodelle zu nutzen und zu konsumieren, sollte man auch genau die Aspekte beobachten und vertraglich sauber festhalten, die u. U. erhebliche Risikofaktoren in Bezug auf die Geschäftstätigkeiten beim Kunden mit sich bringen können (u. a. monetäre und Image-Risiken). Hier gilt zum Beispiel:

- Man sollte wissen, dass ein CSP auch tatsächlich die bereitgestellten Softwareanwendungen a) lizenzkonform betreibt und – noch wichtiger – b) gemäß den Nutzungsbedingungen des Herstellers berechtigt ist, die Software an Dritte zu vermieten, zu verleihen oder zu verleasen, um damit bzw. darauf aufgebaute Services anzubieten oder die Funktionalitäten auf andere Weise Dritten zur Verfügung zu stellen (beispielsweise Entwicklungswerkzeuge).
- Wenn vom CSP über die angebotenen Services auch Software beigestellt wird, wie beispielsweise Windows-Betriebssysteme oder Datenbankprodukte, sollte sichergestellt sein, dass der Servicenehmer sich darauf verlassen kann (vertragliche Regelung, wie bereits im Abschnitt 22.7.1 „Was sagen die Analysten dazu?“ in der „Hinweisbox“ ausgeführt), dass der CSP lizenzkonform handelt. Üblicherweise werden diese Szenarien über Service-Provider-Verträge legitimiert.
- Der Servicenehmer sollte sich im Zweifelsfall die erlaubte lizenzkonforme Nutzung durch den CSP auf der Cloud-Umgebung vertraglich bestätigen lassen.
- Ebenso wichtig ist es, darauf zu achten, dass in Bezug auf mögliche Urheberrechtsverletzungen der Servicekonsument (Kunde) über eine Haftungsfreistellungsklausel vor Ansprüchen Dritter geschützt ist.
- In der gleichen Maßgabe – der vertraglichen Zusicherung einer Haftungsfreistellung durch den Servicegeber (CSP) bei Urheberrechtsverletzungen – gilt:

  Nur original und ordnungsgemäß lizenzierte Softwareprodukte sind vom CSP bereitzustellen. Das reduziert das Risiko, wegen unlizenzierter Software und dadurch ggf. fehlender Softwareupdates nicht mit dem aktuellen Patchstand zu arbeiten und somit einer größeren Gefahr durch Cyberrisiken ausgesetzt zu sein.
- Der Servicenehmer sollte den CSP auch dahingehend genau betrachten, wenn es um „Begleitservices“ geht, also z. B. die Einhaltung gesetzlicher Vorgaben in Bezug auf Datenschutz (DSGVO), Gewährleistung der Integrität und Vertraulichkeit der Daten, Einhaltung von Sicherheitsstandards, die den allgemeinen Anforderungen gesetzlicher Vorschriften entsprechen, wie u. a. „Service Organization Controls – SOC 1, SOC 2 und SOC 3 Audits“[34] sowie nach der Norm ISO/IEC 27001,[35] ISO/IEC 27017[36] und ISO/IEC 27018.[37]
- Datenspeicherorte: Ist bekannt, in welcher Region bzw. an welchem Standort die Daten vom CSP gespeichert werden? Gibt es Zusagen vom CSP, dass die Daten des Servicekonsumenten auch nur dort abgespeichert werden, wie es vereinbart wurde, und unterliegen diese dann auch den aktuellen deutschen Datenschutzgesetzen und wird das auch regelmäßig geprüft und auditiert?

---

[33] Amazon Simple Storage Service S3 – Cloud-Online-Speicher – *https://aws.amazon.com/de/s3/*

[34] System and Organization Controls – Wikipedia – *https://en.wikipedia.org/wiki/System_and_Organization_Controls*

[35] ISO/IEC 27001 – Wikipedia – *https://de.wikipedia.org/wiki/ISO/IEC_27001*

[36] ISO/IEC 27017 – Wikipedia – *https://en.wikipedia.org/wiki/ISO/IEC_27017*

[37] ISO/IEC 27018 – Wikipedia – *https://en.wikipedia.org/wiki/ISO/IEC_27018*

- Weiterhin sollte darauf geachtet werden (in Verbindung mit der Formulierung von SLAs), in welcher Reaktions- und Qualitätsstufe die Servicegeber agieren, wenn es Supportfälle gibt, und ob Szenarien für Notfälle und geplante Wartungen existieren.
- Ebenso wichtig ist es, weil durchaus relevant, dass Ihnen die Unterstützung ihrer eigenen Scan-Werkzeuge und Inventory-Tools zugesichert wird, denn falls der CSP hier Einschränkungen machen sollte, könnte das bereits einen möglichen „Vendor-Lock-in"-Sachverhalt darstellen.

Komplexität: Wird dem Cloud Service Provider durch den Servicenehmer Software bereitgestellt, ist dabei zu bedenken, dass hier auf Seiten des Kunden ein erhöhter Administrations- und Verwaltungsaufwand entstehen kann (vor allem, wenn die SAM- und Bereitstellungsprozesse fehlerhaft sind), denn die Verwaltung und Steuerung müssen zwischen zwei separaten Cloud-Liefer- und Servicemodellen erfolgen, die u. U. auch noch unterschiedliche vertragliche Vereinbarungen beinhalten (die vom Servicenehmer und die vom Servicegeber).

Worauf wäre zu achten, um SAM in der Cloud effektiv zu managen?

1. *Lizenznachweise für eine lizenzkonforme Nutzung der Lizenzbedarfe in die Cloud übertragen.* Prüfung der vorliegenden Nutzungsbedingungen, ob eine Übertragung von „On-Premises"-Softwarelizenzen eine implizite Zustimmung des Softwareherstellers erfordert. Am Beispiel von Microsoft ist der CSP (Microsoft Azure) auch gleichzeitig der Softwarehersteller und bietet für die Nutzung in „On-Premises"- oder Cloud-Umgebungen für dieselbe Software unterschiedliche Bereitstellungsformen und Nutzungsszenarien an.
2. *Untersagung der Nutzung außerhalb der Umgebung des Lizenznehmers (beispielsweise die Bereitstellung auf unternehmensfremder Hardware).* Einige große Hersteller untersagen über Nutzungseinschränkungen ihrer „On-Premises"-Softwareanwendungen die Bereitstellung und Verwendung der Produkte in Cloud-Liefer- und Servicemodellen. Eine vom Lizenzgeber (Hersteller) nicht erlaubte Übertragung von Softwarelizenzen in die Cloud kann das Unternehmen und – wenn es nicht der Softwarehersteller selbst ist, der die Cloud-Ressourcen bereitstellt – auch den bereitstellenden CSP einem potenziellen Haftungsrisiko aussetzen.
3. *Unerlaubte Nutzung.* Bei einem angedachten bzw. geplanten Cloud-Shift ist darauf zu achten, dass außer dem bereits Gesagten auch noch weitere mögliche Beschränkungen bestehen können, die Auswirkungen auf die Bereitstellung von Software in der Cloud haben.

   Beispiele möglicher Beschränkungen:

   - *Geografisch* – eine geografische Beschränkung der von den CSPs angebotenen Leistungen kann zur Herausforderung werden, da der Servicenehmer in den meisten Fällen nicht explizit den physischen Standort bestimmen kann bzw. auch nicht kennt (es war beispielsweise mal ein Thema in den Medien, dass für die Microsoft Office 365 Cloud und europäische Kunden in Frankfurt ein RZ gebaut wurde).
   - *Juristische Personen* – es ist abzuklären, ob beispielsweise auch Tochterunternehmen bzw. verbundene Unternehmen bestimmten Nutzungsbeschränkungen für einen Zugriff auf Cloud-Servicemodelle unterliegen und damit die Cloud-Services nicht nutzen können.
   - *Plattform bzw. Gerätetyp* – u. U. wird für bestimmte Plattformen oder Gerätetypen eine Nutzung der Cloud-Services ausgeschlossen. Das entsprechend gesteuert sicherzustellen und nachzuverfolgen wird sehr komplex, da der Servicenehmer bzw. Servicekonsument – durch die Sache bedingt – möglicherweise keine Kenntnis über den technischen Aufbau der zu nutzenden Cloud-Architektur besitzt.

4. *Messung von hardwareabhängigen Lizenzparametern in der Cloud.* Bereits im klassischen SAM-Umfeld ist eine umfassende Transparenz durch genaue und wiederholbare Messungen hardwareabhängiger Lizenzierungsparameter eine komplexe und fordernde Aufgabenstellung. Die hinzukommende Komplexität für die Bereitstellung der „IaaS“- und „PaaS“-Cloud-Servicemodelle – für den Betrieb – macht es nicht gerade leichter. Eine der größeren Herausforderungen ist dabei, eine saubere Zuordnung der vom CSP und jeweils vom Servicenehmer (Kunden) beigestellten Software zu gewährleisten und dann auch noch jeweils korrekt abzurechnen. Hier kann ein erhöhtes wirtschaftliches Risiko in Bezug auf die zu zahlenden bzw. gezahlten Lizenz- bzw. Verbrauchsgebühren entstehen.

5. *Audits.* Die klassischen Softwareverträge beinhalten u. a. ein mögliches Besichtigungsrecht, welches den Softwareherstellern erlaubt, die Einhaltung der vereinbarten Nutzungsbedingungen zu überprüfen. Im Fall eines Cloud-Shifts von IT-Assets und deren Betrieb in einem der Cloud-Servicemodelle wird es sich aber als eine sehr große Herausforderung erweisen und auch höchst unwahrscheinlich sein, dass der Servicenehmer in der Lage ist, seine beigestellten Softwarelizenzen über einen Vor-Ort-Zugang beim CSP vom Softwarehersteller überprüfen zu lassen.

   Die Krux dabei: Oftmals (wenn es möglich wäre) weiß der Servicenehmer gar nicht, wo die dem Cloud-Servicemodell zugrunde liegenden physischen Servereinheiten verortet sind.

   Streng betrachtet würde jetzt der Servicenehmer (Kunde) damit aber gegen die mit dem Softwarehersteller vereinbarten Nutzungsbedingungen verstoßen. Nun kann eventuell der Servicenehmer (wenn dieser Service vereinbart wurde) in einer Prüfungssituation dem Auditor Fernzugriff auf seine „gebuchten“ virtuellen Maschinen in der Cloud gewähren, aber es könnte auch passieren, dass dieser Zugriff möglicherweise nicht ausreichend ist, denn oftmals werden für die Lizenzierung die jeweiligen physischen hardwareabhängigen Parameter zugrunde gelegt. Diese können aber auf diesem Weg nicht vom Softwarehersteller ermittelt werden.

   Problem: Selten wird dem Kunden eine dedizierte (eigenständige) Hardwareumgebung für die Nutzung seiner Cloud-Services vom CSP bereitgestellt. Da in den allermeisten Szenarien der Technologie-Stack mit weiteren Kunden geteilt wird bzw. werden muss (Sharing), darf man annehmen, dass der CSP hier keine Zugriffe auf die Hardwarearchitektur erlauben wird.

6. *Lift-and-Shift-Modell, Rückforderung von Lizenzen aus der Cloud.* Lift-and-Shift-Verfahren gestatten es, „On-Premises“-Anwendungen in die Cloud zu verschieben und dort zu betreiben. Somit werden diese Softwareanwendungen dann auch dem CSP für den Cloud-Betrieb „beigestellt“ – wir beziehen uns hierbei auf Betriebssystemsoftware oder Ähnliches und keine SaaS-Anwendungen. Neben den vielen Vorteilen, Anwendungen in die Cloud zu verschieben bzw. dem CSP auch eigene Software bereitzustellen, sollte im Cloud-Service-Vertrag aber auch die „Rückabwicklung“ geregelt sein, um bei Beendigung der Cloud-Services die Rückübertragung der Softwarelizenzen aufwendungs- und risikoarm sicherzustellen.

Zwei in diesem Zusammenhang immer wieder auftauchende Begriffe seien noch kurz beleuchtet:

- *Rehosting.* Das Rehosting beschreibt – vereinfacht formuliert – das Verschieben von Applikationen ohne Änderungen ihrer Bereitstellungs- und Ausführungsarchitektur aus dem bisherigen Legacy-Umfeld (RZ) in das Cloud-Servicemodell „Infrastructure-as-a-Service“

(IaaS) mit einer anderen zugrundeliegenden Hardwareumgebung. Neben dem Vorteil, dass die Migration schnell und verhältnismäßig wirtschaftlich durchgeführt werden kann, kann aber u. U. (je nach Cloud-Service-Inanspruchnahme) hier der laufende Betrieb kostspielig sein, da die möglichen nutzbaren Cloud-Effizienzen nicht ausgeschöpft werden.

- *Refactoring.* Beim Refactoring werden, im Gegensatz zum Rehosting, die Anwendungen in der Umgebung des CSP – auf dessen bereitgestellter „Platform-as-a-Service" (PaaS) – mit den zur Verfügung stehenden Entwicklungswerkzeugen und -umgebungen auf neue Anwendungsarchitekturstrukturen umgestellt. Dadurch können die bereitgestellten Cloud-basierten Funktionen und Ressourcen flexibler genutzt werden.

Beispiel: Eine Anwendung wird über Rehosting auf die Cloud-Plattform migriert, führt aber dort aufgrund ihrer „alten" Architekturstruktur zu erhöhten Cloud-Abrechnungskosten. In diesem Szenario sollte dann über ein „Refactoring" die Anwendungsarchitektur bzw. der Anwendungscode überarbeitet werden, um die Cloud-Ressourcen wirtschaftlicher nutzen zu können. Dieser Part ist allerdings auch einer der zeitaufwendigsten und ressourcenintensivsten Cloud-Migrationsansätze, beherbergt Umstellungs- und Migrationsrisiken und eine starke Bindung an das Entwicklungsframework des CSP und damit auch wieder latent das Risiko eines „**Vendor-Lock-in**". Außerdem ist hierbei auch rechtzeitig das SAM-Betriebsteam mit einzubinden, um sich über erforderliche Nutzungsänderungen, Abrechnungsmodelle oder neu abzuschließende Vertragsaspekte mit dem CSP abzustimmen.

Außerdem ist ein „ACHTUNG" zu setzen, denn beispielsweise bietet ein bereitgestellter SQL Server in einer „PaaS"-Umgebung nicht die gleichen Funktionen, wie ein „selbst" installierter SQL Server im eigenen RZ bzw. in der eigenen Private-Cloud-Umgebung.

Als weiterer immer wichtigerer Aspekt kommt das Einbringen von eigenen Softwarelizenzen hinzu.

22.7 Kann die bisherige Software mit in die Cloud?

Es wurde ja bereits angesprochen, dass nicht alle Softwareprodukte eins zu eins in den virtuellen Umgebungen eingesetzt werden können. Hier müssen im Vorfeld die bestehenden Softwareverträge einer lizenzrechtlichen Prüfung unterzogen werden, ob der Hersteller überhaupt erlaubt, dass die bereits existierenden Softwarelizenzen auch in der Cloud-Umgebung eingesetzt werden dürfen und wenn ja, wie. Nicht immer erlaubt das bestehende Lizenzmodell (meist „On-Premises"), dass die Software in der Cloud entweder anderen Kunden als „Shared"-Servicemodell angeboten werden kann (eher dann im Service Provider License Agreement „SPLA") oder dass die bisherige unternehmenseigene „On-Premises"-Software auf die Cloud-Ressourcen „umziehen" und dort weiter genutzt werden darf (Microsoft geht da aber mit gutem Beispiel voran, siehe weiter unten im Zitat, letzter Satz).

Warum? Bisher wurden größtenteils die hardwarekennzeichnenden Parameter für die Lizenzmetrikbeschreibung (pro Prozessor, pro Prozessorkern) und Abrechnung (wie viele) herangezogen. In einer Cloud-Umgebung (IaaS, PaaS) hat der Kunde gegenüber dem Cloud Service Provider (CSP) keine Einflussnahme mehr, auf welchen „physischen" Hardwareressourcen die - jetzt vom Kunden genutzten - virtuellen Umgebungen vom CSP betrieben werden, ergo kann eigentlich nicht mehr genau gesagt werden, ob die Nutzung der bisherigen „On-Premises"-Software im jeweiligen Cloud-Servicemodell lizenzkonform erfolgt bzw. erfolgen kann. Wenn Sie das planen, sollten Sie Ihre bisherigen Lizenzmodelle und -metriken sowie die im Vertrag vereinbarten Nutzungsrechte dahingehend genau prüfen. So kann es durchaus sein - weil hier immer noch entsprechende anzuwendende Standards der Hersteller fehlen -, dass beispielsweise einem Unternehmen ausreichend Softwarelizenzen zur Verfügung stehen, diese aber nicht in der Cloud-Umgebung eingesetzt werden dürfen. Leider lassen die Hersteller bei der Bewertung und Beantwortung dieser existenziellen Fragen den Anwender größtenteils allein und ziehen sich auf den alten Standpunkt zurück, dass stets das Unternehmen für den lizenzkonformen Einsatz seiner Softwareprodukte verantwortlich ist. Wünschenswert wäre für alle Beteiligten, wenn die Hersteller ihre zukünftigen Nutzungsbedingungen so formulieren würden, dass die Softwarelizenzen sowohl im klassischen Lizenzmodell als auch in einer Cloud-Umgebung eingesetzt und genutzt werden können. Microsoft hat zumindest schon einmal den umgekehrten Weg eingeschlagen. Das Cloud-Abonnement beinhaltet bereits die normalen Softwarelizenzen und über das „Azure-Hybrid Program" können die bisherigen „On-Premises"-Softwareprodukte Windows Server und SQL Server - mit Software Assurance (SA) - ebenso ohne „zusätzliche" Lizenzkosten in der Azure-Umgebung lizenzkonform betrieben werden.

> Der Azure-Hybridvorteil ist ein Lizenzierungsvorteil, mit dem Sie die Kosten für die Ausführung Ihrer Workloads in der Cloud erheblich senken können. Dahinter steht das Prinzip, dass Sie Ihre lokalen Software-Assurance-fähigen Windows-Server- und SQL-Server-Lizenzen in Azure verwenden können. Inzwischen gilt dieser Vorteil auch für Red-Hat- und SUSE-Linux-Abonnements.[38] Sie können Ihre Lizenz 180 Tage lang sogar gleichzeitig lokal und in Azure nutzen.
>
> *„Für Kunden mit Software Assurance ermöglicht der Azure-Hybridvorteil für Windows Server die Verwendung der lokalen Windows-Server-Lizenzen und die Ausführung von virtuellen Windows-Computern in Azure zu geringeren Kosten. ... Jede Lizenz für zwei Prozessoren oder jeder Satz an Lizenzen für je 16 Kerne kann für zwei Instanzen mit bis zu acht Kernen oder für eine Instanz mit bis zu 16 Kernen eingesetzt werden. Der Azure-Hybridvorteil für Standard-Edition-Lizenzen kann nur einmalig entweder lokal oder in Azure verwendet werden. Mit der Datacenter Edition ist die gleichzeitige Nutzung sowohl lokal als auch in Azure möglich."*[39]

Ein anderes Beispiel dazu: Wurde mit Exchange Online der E-Mail-Cloud-Service über einen Volumenlizenzvertrag abonniert, wird mit diesem Abonnement auch gleichzeitig die Nutzung des „normalen" Exchange Servers im eigenen Rechenzentrum gestattet, ohne dass dafür noch einmal eine weitere Softwarelizenz benötigt wird.

Microsoft versucht nun schon seit geraumer Zeit, besonders die Geschäftskunden und Anwender an die Hand zu nehmen, um die bestehenden Softwareinvestitionen mit in die Cloud zu überführen und ihnen damit natürlich auch den Wechsel in die Cloud ausreichend schmack-

[38] Azure-Hybridvorteil - Hybridcloud | Microsoft Azure - *https://azure.microsoft.com/de-de/pricing/hybrid-benefit/*
[39] Azure-Hybridvorteil für Windows Server - Azure Virtual Machines | Microsoft Docs - *https://docs.microsoft.com/de-de/azure/virtual-machines/windows/hybrid-use-benefit-licensing*

haft zu machen. Dabei wird die bis jetzt bestehende klassische „On-Premises"-Softwarelizenz beim Abschluss der Online-Services aus dem Vertrag herausgenommen. Somit verliert der Kunde nichts, da die klassischen Softwarelizenzen nicht weitergezahlt werden müssen. Durch diese Variante können die Softwareprodukte auch in der Cloud genutzt werden, decken aber auch noch nach wie vor die bisherige Rechenzentrums-IT-Umgebung lizenzkonform ab. Eine zweite Variante, die Microsoft anbietet, ist, dass die Cloud-Softwarelizenzen und -Services als Zusatzoption auf einen bestehenden Volumenlizenzvertrag aufgesattelt werden, mit dem Vorteil, dass der Kunde die erforderlichen Online-Services zu einem vergünstigten Preis zusätzlich nutzen kann. Da noch sehr viele Unternehmen beide Lizenzmodelle (klassisch „On-Premises" und Cloud-Umgebung) anwenden und auch für den Betrieb ihres Hybrid-Cloud-Liefermodells benötigen, gehen die führenden Hersteller wie Microsoft, SAP und IBM mittel- und langfristig davon aus, dass das Hybrid-Modell die besten Chancen hat, sich am Markt zu behaupten (siehe dazu auch umfangreiche Erläuterungen und Web-Ressourcen im Abschnitt 22.8.1 „Microsoft BYOL-Bestimmungen").

Aber es gibt ja immer auch eine zweite Seite der Medaille. Das größere Problem an der Sache ist, dass dabei wissentlich eine „Überbuchung", also eigentlich ein „Software-Pool" mit Microsoft-Abos, in Kauf genommen wird. Es gibt Unternehmensumgebungen, in denen mindestens zehn Prozent der M365-E3-Lizenzen nicht mal zugewiesen wurden, weil diese einfach „auf Vorrat" gekauft wurden. Mit einem Enterprise-Agreement-Vertrag kann aber nur einmal im Jahr ein mögliches Downsizing stattfinden. Würden die Unternehmen die Steuerung über mögliche Nachmeldung prozessual umstellen, wäre das meines Erachtens wirtschaftlicher. Aber dazu müssten die Unternehmen mit ihrem SAM-Betrieb die SAM-Life-Cycle-Prozesse besser steuern und auch an die „Cloud-Themen" anpassen, sowie natürlich auch ihre Umgebung – und deren Nutzungen – permanent überwachen und berichten.

Das sind übrigens ganz wichtige Kernfunktionen eines SAM-Tools „ab heute" und für die Zukunft.

Dazu noch eine Anmerkung am Rande: Eine Problematik, die an diesem Punkt für sehr viel Aufregung gesorgt hat, was das eben Ausgeführte betrifft, ist, dass Microsoft mit dieser Lizenzstrategie den Markt für Gebrauchtsoftware erheblich „tangieren" wird.

Der IDG Business Media GmbH Verlag hatte in seiner Ausgabe „25 Jahre ChannelPartner" (6/2020) vom 15. Juni neben vielen anderen Beiträgen auch einen Artikel (S. 32) mit der Überschrift „Microsoft ändert Lizenzbedingungen – Wiederverkauf gebrauchter Software erschwert".[40]

Worum geht es? Microsoft-Kunden mit einem Volumenlizenzvertrag und aktiver Software Assurance sollen für Vergünstigungen beim Umstieg auf Cloud-Angebote unter bestimmten Umständen ihre bisher genutzten Lizenzen behalten. Einige der Gebrauchtsoftwarehändler sehen darin eine List des Konzerns, um europäische Urteile zu umgehen und den Zweitmarkt für Softwarelizenzen trockenzulegen.

[40] Gebrauchtsoftware aus Volumenlizenzen: Microsoft ändert Lizenzbedingungen und verärgert Händler – *https://www.channelpartner.de/a/microsoft-aendert-lizenzbedingungen-und-veraergert-haendler,3337825*

Auf Anfrage von Channel Partner erklärt Microsoft, dass die Volumenlizenzkunden seit Langem Auswahlmöglichkeiten fordern, die ihnen den Übergang zu Cloud-Abonnements erleichtern und ihnen gleichzeitig die Möglichkeit bieten, von ihren Investitionen in vorhandene installierte Lizenzen zu profitieren. Mit der Änderung habe man lediglich den Anforderungen der Kunden Rechnung getragen, die zu einem Cloud-Abonnement wechseln möchten: „Kunden können ihre unbefristeten Lizenzen weiterverkaufen und ein Cloud-Abonnement zum regulären Preis erwerben oder, wenn sie diese unbefristeten Lizenzen behalten möchten, können Sie ein Cloud-Abonnement zu einem reduzierten Preis mit der Möglichkeit erwerben, nach Ablauf ihres Abonnements zu ihren unbefristeten Lizenzen zurückzukehren", so Microsoft weiter. Die Rückkehr zu den vorgehaltenen unbefristeten Lizenzen nach Ablauf eines Abonnements funktioniert wie eine Upgrade-Version der Software. Bedingung sei allerdings, „dass die Lizenz für die ursprüngliche Version beibehalten wird, was in der Software-Industrie seit Jahren gängige Praxis ist", so Microsoft.

> *Der CEO von Relicense (ein Gebrauchtsoftware-Händler) findet dafür allerdings deutlichere Worte: „Die Strategie von Microsoft, die hinter der Änderung der Microsoft-Produktbestimmung seit dem 1. Mai 2020 steht, ist offensichtlich – Microsoft will den zweiten Lizenzmarkt trockenlegen. Denn mit den neuen Produktbestimmungen beeinflusse Microsoft das EuGH-Urteil über die Erschöpfung des Softwarevertriebsrechts ausschließlich zu seinem eigenen Vorteil.* – CEO, Relicense Th. Bauer

22.7.1 Was sagen die Analysten dazu?

Gartner hat dazu in der Sache das hier berichtet:

> *From SA licensing rewards Microsoft clients who've previously maintained annuity coverage. European organizations should assess a new requirement to access those benefits. In 2012 The Court of Justice of the European Union issued a ruling which has given rise to an option for organization to sell software licenses that were no longer covering software being deployed and utilized. This option arguably became more addressable as European organizations migrated to SaaS applications and perpetual licenses had become redundant. Whilst in my analyst role I don't cover on-selling licenses, or the brokers within this market, I noticed the following recently appeared as a requirement in Microsoft Product Terms specific to 'From SA' eligibility. 'Customer retains the corresponding Qualifying Licenses throughout its From SA license subscription period' As a result of this clause being included, it now appears the benefit of an organization on-selling what would have been considered redundant perpetual licenses, having moved to the cloud may be limited or offset. Such an action to on-sell, thus no longer retaining qualifying licenses, will appear to come at the cost of potentially accessing a 'FromSA' beneficial price point – a circa 15 % price delta – and any associated extended use rights.* – Gartner Blog Network[41]

Im Groben geht es hier darum, dass vor Microsofts Änderung der Produktbestimmungen (siehe auch Bild 22.11 „Microsofts aktualisierte Lizenzierungsbedingungen für dedizierte gehostete Cloud-Dienste") – bedingt durch die vorherige Lizenzmodellkonstellation – die

[41] *https://blogs.gartner.com/stephen-white/2020/06/11/has-microsoft-taken-steps-which-limit-supply-to-the-european-2nd-user-licensing-market*

Kunden plötzlich zweimal eine Office-Lizenz verwenden konnten, da mit dem Umstieg auf Microsoft 365 ja auch eine „lokale“ lizenzkonforme Nutzung der Office-Produkte erlaubt war und nicht die klassische „On-Premises“-Lizenz als „Basislizenz“ aufbewahrt werden musste. Was haben manche pfiffige Kunden gemacht? Einfach die Office-Professional-Plus-Edition (also die „On-Premises“-Version) auf dem Gebrauchtsoftwaremarkt verkauft. Jetzt (mit der Abänderung der Produktbestimmungen) ist es so, dass diese „On-Premises“-Lizenzen als „Basislizenz“ gelten und somit beim Kunden bleiben müssen, damit die Microsoft-365-Lizenzkonformität im Cloud-Service-Provider-Umfeld erfüllt ist.

Ein weiterer interessanter Blogbeitrag dazu von Gartner (übersetzt) stammt vom Juni 2020.

> *Organisationen, die Office-365-Windows-Anwendungen und Windows 10 in Amazon, Google und Alibaba ausführen, sollten die Lizenzierung erneut überprüfen.* –
> Gartner Blog Network, Stephen Whitem, 10. Juni 2020[42]
>
> *Im August 2019 kündigte Microsoft neue Regeln für die Lizenzierung seiner Software für die Verwendung auf „dedizierten Cloud-Hosts“ an, darunter Amazons AWS, Googles GCP und Alibaba (https://www.microsoft.com/en-us/licensing/news/updated-licensing-rights-for-dedicated-cloud).*
>
> *Diese Office-365- und Windows-Änderungen treten in Kraft, wenn die Unternehmen ihre Microsoft-Verträge nach Oktober 2019 verlängert haben und damit dann diese Office-2019-Änderungen am 1. Oktober 2019 wirksam wurden.*
>
> *Die möglichen Auswirkungen auf Client-Software, insbesondere „Virtual Desktop Infrastructure (VDI)“ und „Desktop-as-a-Service“ (DaaS), sind sehr komplexer Natur und schwieriger zu verstehen. Die Änderungen können für Unternehmen, die sich für Office 365 engagieren und „VDI“ oder „DaaS“ in der Cloud ausführen möchten, erhebliche Herausforderungen darstellen.*
>
> *Die Ankündigung beeinflusst, wie Windows 10, das klassische Office und Office 365 (Microsoft 365) für die Ausführung von „VDI“ oder „DaaS“ auf Alibaba-, Amazon- und Google-Clouds lizenziert werden müssen (von Microsoft als „Listed Providers“ http://aka.ms/listedproviders bezeichnet (siehe dazu auch Bild 22.11 und nachfolgende Erläuterungen).*
>
> *Während Microsoft sich selbst als aufgelisteter Anbieter einschließt, enthalten die Lizenzierungsmaterialien Klauseln, die Azure von einigen der neuen Regeln ausschließen, was wiederum verwirrend ist.*
>
> ***Folgende Produkte sind betroffen:***
>
> ***1. Windows 10 Enterprise*** – *Um Windows 10 Enterprise für die Verwendung auf einem aufgelisteten Cloud Service Provider (Anbieter) zu lizenzieren, müssen Unternehmen nach der nächsten Verlängerung die Option „VDA pro Benutzer“ lizenzieren. Unternehmen, die Microsoft 365 lizenzieren, müssten „VDA pro Benutzer“ hinzufügen, obwohl sie bereits für Windows 10 in der Microsoft-365-Lizenz bezahlen. Laut Microsoft ist die schrittweise SKU von Windows auf „VDA für Microsoft 365“ nicht für die Verwendung der gelisteten Cloud Service Provider (Anbieter) gültig. Eine andere Möglichkeit wäre, einzelne Office-Komponenten zu lizenzieren, anstatt die komplette Suite zu lizenzieren. Eine separate Klausel in den Produktbedingungen ermöglicht die weitere Verwendung von Windows 10 Enterprise in den Plänen E3 und E5 in Azure.*

[42] Gartner Blog Network – *https://blogs.gartner.com/stephen-white/2020/06/10/organizations-running-office-365-windows-applications-and-windows-10-in-amazon-google-and-alibaba-should-re-check-licensing/*

2. Office 2019 *– Volume-Lizenzen (im Gegensatz zu Microsoft 365 Apps für Unternehmen oder früher auch „Office 365 ProPlus" genannt), die vor dem 1. Oktober 2019 erworben wurden, können weiterhin bei gelisteten Cloud Service Providern (Anbietern) verwendet werden. Aber Lizenzen, die am 1. Oktober 2019 oder später erworben wurden, werden möglicherweise nicht auf gelisteten Cloud Service Providern (Anbietern) einschließlich Azure ausgeführt. Unternehmen, die ab dem 1. Oktober 2019 weitere Office-Lizenzen benötigen, müssen diese über den Cloud Service Provider (Anbieter) über das SPLA-Programm (Service Provider License Agreement) beziehen.*

3. Office 365 Windows Apps *– Sobald ein Kunde seine Microsoft-Verträge am oder nach dem 1. Oktober 2019 verlängert, gibt es keine Möglichkeit, die Apps für Enterprise-Anwendungen auf Amazon (AWS), Google (GCP) oder Alibaba lizenzkonform auszuführen (Office-365-Browseranwendungen können ohne Einschränkungen verwendet werden). Dieser Sachverhalt wurde weder in der Microsoft-Ankündigung noch in den FAQ angegeben, auf die sie sich bezieht. Eine separate Klausel in den Produktbedingungen ermöglicht die Verwendung von Office-365-Windows-Anwendungen in Azure.*

Wie also sollten Unternehmen vorgehen, die anstatt Azure lieber zu einem anderen der gelisteten Cloud Service Provider (Anbieter) gehen wollen, um dort Microsoft 365 zu verwenden?
Dazu gibt es leider nur begrenzte Optionen und diese können zum einen eine Überprüfung von Plänen bzw. Kompromisse durch die Verwendung klassischer Office-Anwendungen anstelle von Microsoft 365 (wieder mit anderen Problemen) oder aber zum anderen eine schwierige Verhandlung mit Microsoft nach sich ziehen.

Weitere Ressourcen aus dem Blogartikel dazu:

Änderungen der Produktbestimmungen, Microsoft-Server-Regeln in dedizierten Cloud-Umgebungen erfordern sofortige Aufmerksamkeit, veröffentlicht 23. Oktober 2019 – ID G00391683, https://www.gartner.com/en/documents/3970682

Market Guide für Desktop as a Service, veröffentlicht 6. November 2019 – ID G00368228, https://www.gartner.com/en/documents/3971131

Physische, virtuelle und Cloud-Desktops: Ist ein hybrider Ansatz unvermeidlich? Aktualisiert am 8. Januar 2020, veröffentlicht 27. September 2018 – ID G00357601, https://www.gartner.com/doc/3890686

In diesem Zusammenhang wurde im gleichen Blogbeitrag auch noch auf das folgende Dokument von Gartner verwiesen:

Gartner schrieb über die Auswirkungen auf die Serverlizenzierung im Dokument G00391683[43] *(Zusammenfassung)*

„Parallel zum Start dedizierter Azure-Hosts hat Microsoft mit Wirkung zum 1. Oktober 2019 die Lizenzierungsregeln für die Bereitstellung seiner Software in hyperskalierten dedizierten Clouds geändert. Diese Einschränkungen stellen Kosten- und Compliance-Herausforderungen für Führungskräfte im Beschaffungs- und Lieferantenmanagement dar".

Auswirkungen und Empfehlungen

- *Windows-Server-Lizenzen, die nach dem 1. Oktober 2019 erworben wurden, enthalten nicht die Rechte zur Bereitstellung in einem dedizierten Host des „gelisteten Anbieters".*

[43] Changes to Microsoft Server Rules in Dedicated Cloud Environments Require Immediate Attention (gartner.com) – *https://www.gartner.com/doc/3970682?_ga=2.40147362.1816643409.1615803413-731019053.1614175531*

- *Windows Server unter SA kann keine neue Version bereitstellen, die am oder nach dem 1. Oktober 2019 auf den eingeschränkten dedizierten Hosts veröffentlicht wurde.*
- *Berechtigte Serverlizenzen, die nach dem 1. Oktober 2019 erworben wurden, erfordern Software Assurance; SQL Server hat keine unbegrenzten VMs mehr, außer in True-Up oder ADH, somit werden auch hier steigende Kosten entstehen.*
- *Eine Mischung aus Nutzungsrechten für unbefristete Lizenzierung birgt ein erhöhtes Risiko von Nichteinhaltung und nicht budgetierten Gebühren.*

Published: 23 October 2019 ID: G00391683 Analyst(s): Dolores Ianni | Marie Sienkowski | David Wright

Nun ist die von Gartner angesprochene Thematik unter Umständen bei einigen Unternehmen in wechselnden Anwendungsszenarien oder aber auch Migrationsprojekten im Detail zu analysieren. Hier ist zu bewerten, wie möglichst lizenzkonform gehandelt werden kann bzw. sollte. Das angesprochene Microsoft-Office-Thema ist noch einmal im Bild 22.11 visualisiert.

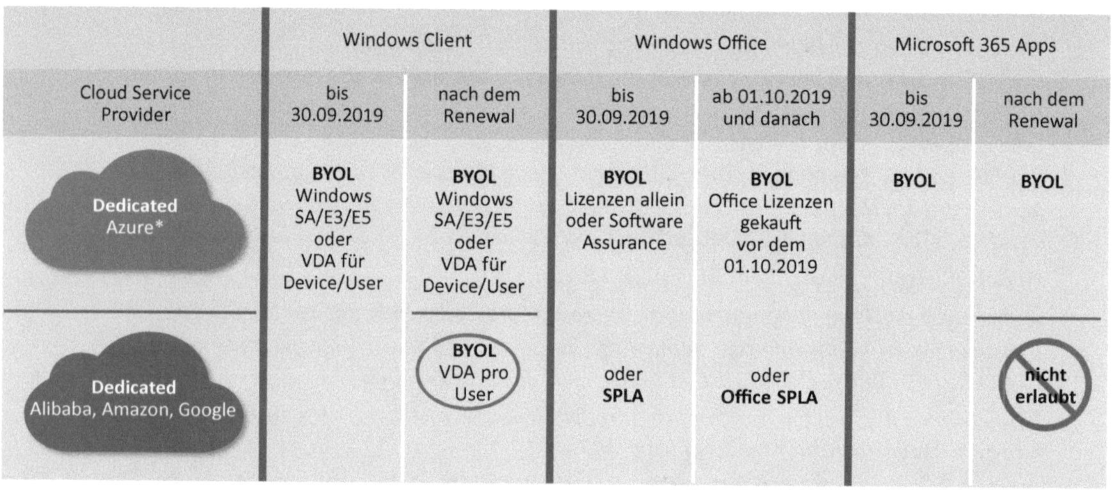

Bild 22.11 Microsofts aktualisierte Lizenzierungsbedingungen für dedizierte gehostete Cloud-Dienste[44]

Obwohl Microsoft „natürlich“ auch in der Liste „Listed Provider“ aufgeführt ist, wird hier in der Grafik der Azure-Umgebung noch einmal ausdrücklich die Erlaubnis gegeben, Windows 10 und Microsoft 365 Apps zu hosten und auszuführen. Es weiß keiner so richtig, warum das hier explizit aufgeführt ist (Quelle: Gartner). Vielleicht zum besseren Verständnis, weil die „anderen“ es nicht dürfen.

Microsoft-Produktnutzungsrechte, Definition: Gelisteter Anbieter
Gelistete Anbieter schließen von Microsoft unter http://aka.ms/listedproviders bezeichnete Unternehmen ein. Microsoft kann von Zeit zu Zeit weitere Gelistete Anbieter bezeichnen; wenn der Kunde jedoch einen Outsourcer zum Zeitpunkt der Beendigung seines Status als Autorisierter Outsourcer nutzt, ist der Kunde berechtigt, die gleiche Entität in seiner früheren Autorisierter-Outsourcer-Kapazität für ein Jahr ab dem Zeitpunkt jener Statusänderung aushilfsweise weiter zu nutzen.

[44] Microsoft Volume Licensing – Product Licensing Search (Listed Provider) – *https://www.microsoftvolumelicensing.com/Downloader.aspx?DocumentId=15639*

Definition: Autorisierter Outsourcer

Autorisierter Outsourcer ist jeder Drittdienstleister, der ***kein*** *Gelisteter Anbieter ist und Gelistete Anbieter nicht als Rechenzentrumsanbieter im Rahmen der Outsourcingleistung nutzt.* – MicrosoftProductTerms(WW)(German)(February2021)(CR).docx – im Abschnitt „Definitionen“[45]

Nachfolgend ein Screenshot von der „Listed Provider“-Liste (in Deutsch) von der Website (Fußnote 47), die im Screenshot zu sehenden Weblinks, sind hier unter den Fußnoten 47, 48 aufgeführt.

Microsoft

Gelistete Anbieter

Microsoft-Produktbestimmungen

Oktober 2019

„Gelistete Anbieter“ ist ein Begriff, der in den Microsoft-Produktbestimmungen definiert ist. Ab 01. Oktober 2019 umfassen die Gelisteten Anbieter die folgenden Mutter- und deren Tochterunternehmen:

- Alibaba
- Amazon
- Google
- Microsoft

Diese Bezeichnung betrifft alle Dienste, die von einem Gelisteten Anbieter erbracht werden (z. B. VMware Cloud auf AWS).

Diese Liste kann geändert werden und die aktuelle Version ist unter https://aka.ms/ListedProviders zu finden.

Abschließend dazu noch ein interessanter Webbeitrag, der bereits auch auf den Abschnitt 22.8 „BYOL“ eingeht, mit dem Thema, ob es irgendwann keine „On-Premises“-Lizenzen mehr gibt, und somit einmal etwas hypothetisch in die naheliegende Zukunft blickt.

Die Frage lautet frei übersetzt: Rückt eine unvermeidliche Subskription näher? Der Arbeitsplatz „On-Premises“-Lizenzierung verschwindet an Horizont.[46] Der Gartner-Analyst Stephen White beurteilt darin die Thematik der ständig wachsenden Abonnement-Modelle (und der Umstellung der „On-Premises“-Lizenzen in Subscription-Modelle). Es sind ja nicht nur Microsoft, Atlassian oder Citrix,[47] die immer mehr forcierend die Umstellung ihrer Lizenzmodelle betreiben. So langsam gehen auch Hersteller diesen Weg, die nicht jedem gleich geläufig sind. Unternehmen, die noch einen erheblichen Anteil an lokalen IT-Infrastrukturen betreiben bzw. auch müssen, werden daher feststellen, dass eine unausweichliche Migration zu neuen Softwareversionen und Editionen wahrscheinlich auch den Übergang von „lokalen“ „On-Premises“-Lizenzen oder bei Wartungsverlängerungen (Software Assurance) hin zu Abonnements erforderlich macht.

---

[45] *https://www.microsoftvolumelicensing.com/Downloader.aspx?DocumentId=18779*

[46] *https://blogs.gartner.com/stephen-white/2020/09/24/the-inevitable-subscription-draws-nearer-the-workplace-perpetual-licensing-horizon/*

[47] Citrix end of availability (EOA) of perpetual licenses for the on-prem Workspace products – *https://support.citrix.com/article/CTX281515*

Nun, ich denke, es muss abgewartet werden, ob das befürchtete Szenario überhaupt so in Gänze eintritt bzw. an Gewicht bekommt. Veränderungen (vor allem wenn es bisherige Geschäftsmodelle betrifft) werden nie gerne gesehen. Sicher ist, dass Cloud und alles, was damit zusammenhängt, die IT-Welt umgekrempelt hat und sich das Rad auch nicht mehr zurückdrehen lässt.

Um das abzurunden, habe ich Ihnen im folgenden Abschnitt zum Thema BYOL ein paar Informationen zusammengestellt. Aufgrund des Umfangs und der Vielfalt der zu diesem Punkt zu findenden Informationen, betrachten Sie das bitte als eine „Informationsgrundlage" und verwenden Sie bei Bedarf auch noch einmal die angegebenen Quellenangaben bzw. besuchen Sie dann bitte für weitere Informationen oder FAQs direkt die Hersteller-Webseiten.

22.8 Bring-your-own-license (BYOL)

Bring-your-own-license (BYOL) beschreibt ein von den Softwareherstellern „bereitgestelltes" Lizenzmodell-Verfahren, womit es Unternehmenskunden gestattet wird, ihre „On-Premises"-Lizenzen sowohl lokal als auch in der Cloud über Beistellungen oder über „eigene" Installation in der Cloud einsetzen und lizenzkonform (eigenverantwortlich) betreiben zu können. Die Cloud Service Provider stellen für die Verwaltung der BYOL-Lizenzen auch Werkzeuge zur Verfügung, um detaillierte Berichte zur Nutzung der BYOL-Software erstellen zu können, so u. a. um die Einhaltung der Nutzungsbedingungen (siehe Abschnitt 22.8.2 – „Amazon (AWS) BYOL – Bestimmungen für Microsoft") zu gewährleisten.

Die Hauptmerkmale von Bring-your-own-license (BYOL)

- Unternehmen können durch aktive Software Assurance und Lizenzmobilität einfach und flexibel Softwareprodukte von einem Service zu einem anderen migrieren.
- Über BYOL werden die Investitionskosten für Softwareprodukte gesenkt, da eine gleichzeitige Nutzung der Lizenzen für mehrere Services erlaubt sind.
- Im Rahmen der Nutzung von BYOL haben Unternehmen eine größere Flexibilität und können so auch gemäß ihren Geschäftsprozess-Anforderungen „freier" entscheiden, was wo und wie genutzt werden soll.
- Durch die vollständige Verwaltung der Softwarelizenzen und -nutzung in der Cloud lässt sich der Anwendungsbetrieb lizenzkonform überwachen und leichter nachverfolgen.
- Microsoft erlaubt beispielsweise bei einer Migration zu Azure die „On-Premises"-Lizenzen für Windows Server auch auf in Azure verwalteten Cloud-Servern zu betreiben, das Gleiche gilt auch für SQL Server oder SharePoint.
- Amazon stellt zwar **keine eigenen BYOL-Lizenzen** bereit, dafür aber die Möglichkeit, die Amazon-eigenen Elastic Compute Cloud-Instanzen mit den BYOL-Lizenzen zu betreiben. Amazon ordnet diese bestimmten Workloads zu, woraufhin sie über den „AWS License Manager" verwaltet werden können. So ist es Unternehmenskunden möglich, ihre eigene Software in die AWS-Cloud mitzunehmen, ohne dass die Lizenzen ungültig werden.

Was ist License Mobility?

Microsoft-Volumenlizenzkunden haben mit License Mobility den Vorteil, dass sie berechtigte Serveranwendungen, die durch eine aktive Software Assurance (SA) abgedeckt sind, in die von Cloud Service Providern bereitgestellten Cloud-Servicemodelle verschieben dürfen. So sind z. B. Amazon (AWS), VMware zertifizierte Mitglieder des Microsoft Partner Network. Amazon und Microsoft haben beispielsweise zusammengearbeitet, damit Microsoft-Serverprodukte in den zugehörigen Workloads der AWS-Cloud bereitgestellt werden können. Bei VMware können Sie die berechtigten Serverprodukte in der VMware vCloud Air - ohne zusätzliche Softwarelizenzgebühren oder Mobilitätsgebühren - bereitstellen und betreiben. Allen Volumenlizenzkunden mit aktiven Software-Assurance-Verträgen steht bei berechtigten Serveranwendungen das License-Mobility-Programm zur Verfügung. Beachten Sie bitte, dass nicht alle Microsoft-Softwareprodukte über „BYOL" in die Cloud übertragen werden können, allerdings sind die meisten Serverprodukte für das BYOL-Lizenzmodell eligible.

Warum BYOL gut für den operativen SAM-Betrieb und ihre Compliancedarstellung ist

„On-Premises"-Softwarelizenzen sind durch die bestehenden Nutzungsbedingungen meistens einem bestimmten System zuzuweisen und können dadurch gemäß den geltenden Nutzungsbedingungen (beispielsweise 90-Tage-Regel oder generell keine License Mobility trotz SA, wie für Windows Server) nicht so ohne Weiteres in der Cloud bereitgestellt und verwendet werden. Mit BYOL-Lizenzen ist jetzt mehr Flexibilität im Spiel. Da das BYOL-Lizenzmodell die bereits vorhandenen Lizenzen nutzt, können damit Kosten und Risiken verringert werden, die oftmals mit einer Migration zu einem Cloud Service Provider verbunden sind. Weil durch BYOL keine 1:1-Verknüpfung mehr zwischen zugewiesener Hardware und Softwarelizenz erforderlich ist, erhöht sich die dedizierte Ressourcenverfügbarkeit Ihrer Softwarelizenzen erheblich.

Lassen Sie uns im nachfolgenden Abschnitt auf das Microsoft-BYOL-Lizenzmodell einen Blick werfen, Microsoft bezeichnet es übrigens als „Hybrid Benefits"-Programm für Azure. Den Abschnitt habe ich im Gegensatz zu den beiden darauffolgenden (Amazon und Oracle) etwas umfangreicher ausgeführt.

22.8.1 Microsoft BYOL-Bestimmungen

Microsoft stellt das Lizenzmodell BYOL fast allen Cloud Service Providern, wie z. B. Amazon AWS, vCloud, und natürlich auch über Azure zur Verfügung, damit Kunden ihre vorhandenen „On-Premises"-Lizenzen unter aktiver Software Assurance mit Microsoft License Mobility und ohne zusätzliche Lizenzgebühren in der Cloud nutzen und betreiben können. Microsoft nennt dieses Programm „Azure Hybrid Benefit".[48]

Für Kunden mit Software Assurance ermöglicht der Azure-Hybridvorteil für Windows Server die Verwendung der lokalen Windows-Server-Lizenzen und die Ausführung von virtuellen Windows-Computern in Azure zu geringeren Kosten. Sie können den Azure-Hybridvorteil für Windows Server dazu nutzen, neue virtuelle Computer mit dem Windows-Betriebssystem bereitzustellen.[49] Der Azure-Hybridvorteil gilt auch für SQL Server in Azure und Azure

[48] Azure-Hybridvorteil – Hybridcloud | Microsoft Azure – *https://azure.microsoft.com/de-de/pricing/hybrid-benefit/*

[49] Azure-Hybridvorteil für Windows Server – Azure Virtual Machines | Microsoft Docs – *https://docs.microsoft.com/de-de/azure/virtual-machines/windows/hybrid-use-benefit-licensing*

Dedicated Host. Zudem werden für 180 Tage Doppelnutzungsrechte gewährt, damit Sie Ihren lokalen Betrieb aufrechterhalten können, während Sie die Migration zur Azure-Plattform durchführen, das gilt jetzt auch für Red-Hat- und SUSE-Linux-Abonnements.

- **Welche Lizenzen sind für den Azure-Hybridvorteil qualifiziert?**[50] SQL Server- und Windows-Server-Lizenzen mit aktiver Software Assurance oder qualifizierenden Abonnementlizenzen, dazu gehören:
  - Windows Server Datacenter Edition mit Software Assurance
  - Windows Server Standard Edition mit Software Assurance
  - SQL Server Enterprise Edition (Kernlizenzen) mit Software Assurance oder qualifizierenden Abonnementlizenzen
  - SQL Server Standard Edition mit Software Assurance oder qualifizierenden Abonnementlizenzen
- **Wie wird der Azure-Hybridvorteil für Windows und SQL Server verwendet?** Der Azure-Hybridvorteil für SQL Server und Windows Server kann kombiniert werden, wenn SQL Server mit Azure Virtual Machines und Azure Dedicated Host verwendet wird. Je nach Bereitstellungsoption unterscheiden sich die Vorgehensweisen dazu.

  Für bereitgestellte Images aus dem Azure Marketplace[51] mit nutzungsbasierter Bezahlung oder Bring-Your-Own-License-Ansatz:
  - Aktivieren Sie im Azure-Portal die Kontrollkästchen für den Azure-Hybridvorteil für Windows Server und den Azure-Hybridvorteil für SQL Server – entweder während der Bereitstellung oder für eine vorhandene VM.
  - Verwenden Sie den Ressourcenanbieter, um den Azure-Hybridvorteil für SQL Server zu aktivieren. Wenden Sie anschließend den Azure-Hybridvorteil für Windows Server entsprechend den PowerShell-Anweisungen an.

  Für die Selbstinstallation:
  - Verwenden Sie den Ressourcenanbieter, um den Azure-Hybridvorteil für SQL Server zu aktivieren. Wenden Sie anschließend den Azure-Hybridvorteil für Windows Server entsprechend den PowerShell-Anweisungen an.
- **Welche Vorteile bietet der Azure-Hybridvorteil für Windows Server auf Azure Virtual Machines?** Der Azure-Hybridvorteil hilft Ihnen dabei, den Wert Ihrer Windows-Server-Lizenzen zu steigern und bis zu 40 % für virtuelle Computer einzusparen. (Die tatsächlichen Einsparungen können je nach Region, Instanztyp und Nutzung abweichen.) Jede Lizenz für zwei Prozessoren und jedes Lizenzpaket für je 16 Kerne der Datacenter Edition oder Standard Edition kann für zwei Instanzen mit bis zu acht Kernen oder für eine Instanz mit bis zu 16 Kernen eingesetzt werden. Datacenter-Edition-Lizenzen können gleichzeitig lokal und in Azure genutzt werden. Standard-Edition-Lizenzen dürfen nur lokal oder in Azure verwendet werden. Während der Servermigration erhalten Sie jedoch 180 Tage lang ein gleichzeitiges Nutzungsrecht.

---

[50] Häufig gestellte Fragen zum Azure-Hybridvorteil – auf der Website *https://azure.microsoft.com/de-de/pricing/hybrid-benefit/#faqs*

[51] Serien virtueller Computer | Microsoft Azure – *https://azure.microsoft.com/de-de/pricing/details/virtual-machines/series/*

Sie können den Vorteil über das Azure-Portal aktivieren. Dazu müssen Sie bestätigen, dass Sie genügend aktive Lizenzen mit der Software Assurance oder qualifizierende Abonnementlizenzen besitzen. Microsoft verlangt, dass Kunden ein **License-Mobility-Verifizierungsformular** herunterladen,[52] ausfüllen und einsenden.

- **Welche Vorteile ergeben sich für Windows Server in Azure Dedicated Host?** Der Azure-Hybridvorteil für Windows Server in Azure Dedicated Host kann auf drei Arten genutzt werden:
  - *Windows Server Standard Edition:* Jede Lizenz für zwei Prozessoren oder jedes Lizenzpaket für 16 Kerne kann für zwei Instanzen mit bis zu acht Kernen oder für eine Instanz mit bis zu 16 Kernen in Azure-Dedicated-Host-Diensten eingesetzt werden. Damit Sie diesen Vorteil nutzen können, muss diese Lizenz lokal oder in Azure verwendet werden. Während der Servermigration erhalten Sie jedoch 180 Tage lang ein gleichzeitiges Nutzungsrecht.
  - *Windows Server Datacenter Edition für VMs:* Wenden Sie Ihren Azure-Hybridvorteil auf einzelne VMs oder auf den gesamten Host an. Bei der Lizenzierung einzelner VMs kann jede Lizenz für zwei Prozessoren oder jedes Lizenzpaket mit 16 Kernen für zwei Instanzen mit bis zu acht Kernen oder für eine Instanz mit bis zu 16 Kernen in Azure Dedicated Host eingesetzt werden. Bei der Zuordnung zu Azure-Dedicated-Host-Diensten nach VM ermöglicht diese Lizenz die Nutzung gleichzeitig lokal und in Azure.
  - *Windows Server Datacenter Edition für physische Hosts:* Wenn Sie die Kerne auf Hostebene lizenzieren, bietet diese Lizenz unbegrenzte Virtualisierungsrechte. Anders als bei der Lizenzierung für VMs, muss die Lizenzierung für einen physischen Host jedoch lokal oder in Azure verwendet werden. Während der Servermigration erhalten Sie jedoch 180 Tage lang ein gleichzeitiges Nutzungsrecht.
- **Welche Vorteile bietet der Azure-Hybridvorteil für SQL Server in Azure?** Mit dem Azure-Hybridvorteil können Sie vorhandene SQL-Server-Lizenzen mit Software Assurance oder qualifizierenden Abonnementlizenzen verwenden. Dadurch gilt ein reduzierter Basistarif für diese Produkte und Dienste für SQL Server in Azure:

  Auf vCPUs basierende Dienstebenen von Azure SQL-Datenbank (serverlose Optionen ausgenommen):
  - Azure SQL Managed Instance
  - SQL Server in Azure Virtual Machines
  - SQL Server Integration Services

  (Wenn Sie den Azure-Hybridvorteil auf vorhandene Bereitstellungen anwenden, wird der Basistarif ab dem Zeitpunkt angewendet, zu dem Sie den Vorteil im Azure-Portal auswählen.)

  Der Azure-Hybridvorteil für SQL Server bietet zudem folgende Vorteile:
  - Die Möglichkeit, Ihre Lizenzen zu einem vollständig verwalteten PaaS-Produkt (Platform-as-a-Service) zu migrieren. Azure ist die einzige Cloud, die diese Option bereitstellt.
  - Vier Kerne in der Cloud für jeden einzelnen lokalen Kern für Kunden mit der Enterprise Edition, die Azure SQL-Datenbank (Tarife „Universell“ und „Hyperscale“, außer „Serverlos“), verwaltete Azure SQL-Instanzen (Tarif „Universell“), virtuelle Computer mit SQL Server Standard oder Azure Data Factory und SQL Server Integration Services (Standard) verwenden.

[52] *https://www.microsoft.com/en-us/licensing/licensing-programs/software-assurance-license-mobility?activetab=software-assurance-license-mobility-pivot%3aprimaryr2*

- 180 Tage lang Doppelnutzungsrechte für die aktuelle Bereitstellung (lokal oder in der Cloud eines Drittanbieters) und in Azure zur Unterstützung der Datenmigration.

  Sie können den Azure-Hybridvorteil für SQL Server mit dem Azure-Hybridvorteil für Windows Server kombinieren, um so für eine gehostete Lösung größtmögliche Ersparnisse zu erzielen.

- **Kann ich meine SQL-Server-Lizenz gleichzeitig lokal und in der Cloud nutzen?** *Nein*, ihre Lizenz muss lokal oder in der Cloud verwendet werden. Während der Servermigration erhalten Sie jedoch 180 Tage lang ein gleichzeitiges Nutzungsrecht.

Ein Beispiel für ein SQL-Server-BYOL-Workload aus dem Microsoft Azure Marketplace zeigt die folgende Abbildung.

Weitere Ressourcen:

- Microsoft Azure – Cloud-Computing-Dienste
  https://azure.microsoft.com/de-de/
- Microsoft Azure -- Azure-Migrationsprogramm
  https://azure.microsoft.com/de-de/migration/migration-program/

  Microsoft Azure – Cloudstrategie für Unternehmen
  https://azure.microsoft.com/de-de/resources/enterprise-cloud-strategy-third-edition/

  Microsoft Azure – häufig gestellte Fragen zum Azure-Hybridvorteil
  https://azure.microsoft.com/de-de/pricing/hybrid-benefit/faq/

  Microsoft Docs – Azure-Dokumentation
  https://docs.microsoft.com/de-de/azure/?product=featured

  Microsoft Docs – Azure Architecture Center – Azure Architecture Center
  https://docs.microsoft.com/de-de/azure/architecture/

- Microsoft Docs – virtuelle Computer in Azure – Azure Virtual Machines
  https://docs.microsoft.com/de-de/azure/virtual-machines/

  Microsoft Docs – Ändern des Lizenzierungsmodells für eine SQL-VM in Azure
  https://docs.microsoft.com/de-de/azure/azure-sql/virtual-machines/windows/licensing-model-azure-hybrid-benefit-ahb-change?tabs=azure-portal

  Microsoft Docs – Azure-Hybridvorteil – Azure SQL Database & SQL Managed Instance
  https://docs.microsoft.com/de-de/azure/azure-sql/azure-hybrid-benefit?tabs=azure-powershell

  Microsoft Azure – Serien der bereitstellbaren virtuellen Computer
  https://azure.microsoft.com/de-de/pricing/details/virtual-machines/series/

  Microsoft Azure – Azure SQL
  https://azure.microsoft.com/de-de/services/azure-sql/

  Microsoft Azure – Windows Virtual Desktop
  https://azure.microsoft.com/de-de/services/virtual-desktop/

  Microsoft Azure – Leitfaden zu Windows Server
  https://azure.microsoft.com/de-de/resources/ultimate-guide-to-windows-server-on-azure/

  Microsoft Azure – Gesamtkostenrechner (TCO)
  https://azure.microsoft.com/de-de/pricing/tco/calculator/ ■

Wenden wir uns im folgenden Abschnitt den BYOL-Bestimmungen für Amazon-(AWS)-Bezug auf Microsoft-Produkte zu.

22.8.2 Amazon (AWS) BYOL-Bestimmungen für Microsoft

BYOL oder „Bring your own license“ ist der Prozess, bei dem zuvor erworbene, lokale Lizenzen in AWS verwendet werden. AWS hat sowohl freigegebene als auch dedizierte Bereitstellungsoptionen, um Ihre BYOL-Anforderungen zu erfüllen. Wenn Sie BYOL verwenden, sind die Lizenzkosten für das Produkt, das Sie verwenden, nicht mehr im Preis der Instance enthalten. Wenn Sie Lizenzen verwenden, sind Sie für die Verwaltung Ihrer Lizenzen verantwortlich. Amazon EC2 verfügt über Funktionen wie **AWS License Manager** und eine zielgerichtete Platzierung auf dedizierten Hosts, die Sie bei der Einhaltung der Lizenz-Compliance über den gesamten Lebenszyklus der Lizenzen hinweg unterstützen.[53]

Auszug aus den FAQs für SQL Server

- *Können eigene Lizenzen für SQL Server in AWS verwendet werden?*

  Ja. Es können eigene SQL-Server-Lizenzen in der AWS bereitgestellt und genutzt werden.

[53] Häufig gestellte Fragen zu Microsoft – Amazon Web Services (AWS) – *https://aws.amazon.com/de/windows/faq/*

- *SQL-Server-Lizenzen mit aktiver Software Assurance*

  Sie können Ihre SQL-Server-Lizenzen mit einer aktiven Software Assurance durch Licence-Mobility-Vorteile in einer (freigegebenen) Standard-Amazon-EC2-Mandantenumgebung nutzen. Auf der Seite zu **AWS License Mobility**[54] erhalten Sie Informationen zum Prozess. Microsoft verlangt, dass Kunden ein License-Mobility-Verifizierungsformular herunterladen,[55] ausfüllen und einsenden.

- *SQL-Server-Lizenzen ohne aktiver Software Assurance*

  SQL-Server-Lizenzen ohne Software Assurance können auf Dedicated Hosts bereitgestellt werden, wenn die Lizenzen vor dem 1.10.2019 erworben oder als True-Up im Rahmen einer aktiven Enterprise-Registrierung hinzugefügt wurden, die vor dem 1.10.2019 wirksam war. In diesen speziellen BYOL-Szenarien können die Lizenzen nur auf Versionen aktualisiert werden, die vor dem 1.10.2019 verfügbar waren.

- *Kann License Mobility mit SQL Server verwendet werden?*

  Ja. SQL-Server-Lizenzen mit aktiver Software Assurance sind für License Mobility berechtigt und können auf Standard- oder dediziertem Mandanten EC2 bereitgestellt werden. Weitere Informationen zum Übertragen von SQL-Server-Lizenzen mit aktiver Software Assurance zum Standardmandanten EC2 finden Sie auf der Seite **Microsoft License Mobility**[56] auf der AWS-Website.

  Es ist auch möglich, SQL-Server-Lizenzen ohne aktive Software Assurance auf EC2 Dedicated Hosts zu bringen. Um berechtigt zu sein, müssen die Lizenzen vor dem 1.10.2019 erworben oder als True-Up im Rahmen einer aktiven Enterprise-Registrierung hinzugefügt werden, die vor dem 1.10.2019 wirksam war.

- *Wie kann festgestellt werden, wie viele Lizenzen für SQL Server bereitzustellen sind?*

  Falls Sie SQL Server unter Microsoft License Mobility durch Software Assurance lizenzieren, variiert die Anzahl der erforderlichen Lizenzen abhängig von Instance-Typ, Version von SQL Server und dem gewählten Microsoft-Lizenzierungsmodell. Zur Unterstützung Ihrer Berechnungen zu den virtuellen Kernlizenzierungen gemäß den Produktbedingungen von Microsoft stellen wir Ihnen eine Tabelle[57] zur Verfügung, in der die Anzahl der virtuellen Repräsentationen von Hardware-Threads auf der Basis des Instance-Typs gezeigt wird.

  Wenn Sie Dedicated Hosts verwenden, stellt EC2 Ihnen die Anzahl der physischen Kerne zur Verfügung, die im Dedicated Host installiert sind. Anhand dieser Informationen können Sie die Anzahl der SQL-Server-Lizenzen berechnen, die Sie übertragen müssen. Weitere Informationen finden Sie in der Dokumentation von Microsoft, beispielsweise dem **Lizenzierungsleitfaden für SQL Server 2019**.[58]

- *Sind SQL CALS auf AWS erforderlich?*

  Kunden, die SQL Server auf Instanzen mit enthaltener Amazon-EC2- oder Amazon-RDS-Lizenz verwenden, benötigen keine Client Access Licenses (CALs) für SQL Server.

[54] *https://aws.amazon.com/windows/resources/licensemobility/*

[55] *https://www.microsoft.com/en-us/licensing/licensing-programs/software-assurance-license-mobility?activetab=software-assurance-license-mobility-pivot%3aprimaryr2*

[56] *https://aws.amazon.com/windows/resources/licensemobility/*

[57] *https://aws.amazon.com/de/windows/resources/licensemobility/sql/*

[58] *https://download.microsoft.com/download/6/6/0/66078040-86d8-4f6e-b0c5-e9919bbcb537/SQL Server 2019 Licensing guide.pdf*

Eine begrenzte Anzahl an Endbenutzern kann auf SQL Server auf einer Instanz mit enthaltener Lizenz zugreifen.

Kunden, die über License Mobility oder BYOL (Bring Your Own Licenses) ihre eigenen SQL-Server-Lizenzen mit zu Amazon EC2 bringen, unterliegen weiterhin ihren lokal geltenden Lizenzierungsregeln. Wenn der Kunde SQL Server im Rahmen eines Server/CAL-Modells kauft, sind zur Erfüllung der Microsoft-Lizenzierungsanforderungen CALs erforderlich. Diese bleiben jedoch vor Ort und ermöglichen Endbenutzern den Zugriff auf SQL Server auf AWS.

Wenden wir uns nun den BYOL-Bestimmungen für Oracle-Produkte zu.

22.8.3 Oracle-BYOL-Bestimmungen

Mit der Oracle BYOL können die Unternehmen Softwarelizenzen für gleichwertige hochautomatisierte „Oracle PaaS für Software“ beantragen, die diese derzeit als „On-Premises“-Bereitstellungen besitzen. Bisher konnten die „Oracle BYOL“ nur für „IaaS“ verwendet werden. Mit dem neuen Programm können Unternehmenskunden jetzt ihre vorhandenen „On-Premises“-Lizenzen mit 100-prozentiger Workload-Kompatibilität und Lizenzmobilität auch in „PaaS“-Bereitstellungsumgebungen nutzen.

Das aktuelle „PaaS“-Angebot von Oracle enthält die lizenzpflichtige Bereitstellung der „PaaS“ mit Oracle-Produkten im folgendem Umfang:

- Berechnungen und Berechnungssupport
- Automatisierung
- Lizenzberechtigung und Lizenzsupport

Zum Bereitstellungsprogramm „Oracle BYOL“ für „PaaS“ gehören:

- Berechnungen und Berechnungssupport
- Automatisierung

Unternehmenskunden können so ihre bisherigen „On-Premises“-Lizenzrechte in die „PaaS“-Umgebung mitbringen und erhalten dazu auch Lizenzsupport über ihre bestehenden „On-Premises“-Supportverträge. Der Hauptvorteil besteht darin, dass die Unternehmenskunden ihre bestehenden „On-Premises“-Lizenzrechte nutzen und so zu geringeren Kosten mit in die „PaaS“-Cloud nehmen können.[59]

Es sind aber außerdem auch die „Licensing Oracle Software in the Cloud Computing Environment“-Bestimmungen zu beachten. So wird beispielsweise die Oracle „Processor Core Factor Table“ nicht angewendet, wenn sie in einem BYOL-Szenario außerhalb der Oracle Cloud verwendet wird.[60]

[59] Oracle Deutschland – häufig gestellte Frage zu BYOL für Paas – *https://www.oracle.com/de/cloud/bring-your-own-license/faq/*

[60] Licensing; Oracle Software; Cloud Computing Environment – *https://www.oracle.com/assets/cloud-licensing-070579.pdf*

Auszug aus dem Dokument **Oracle PaaS and IaaS Universal Credits Service Descriptions** (*http://www.oracle.com/us/corporate/contracts/paas-iaas-universal-credits-3940775.pdf*):

Bring Your Own License („BYOL")

You may activate the BYOL version of a Cloud Service if available (not all Cloud Services have BYOL versions) and You will be charged the BYOL rate for the activated Cloud Service provided that You have sufficient supported on premise licenses as required and specified in the Service Description for the Cloud Service.

You remain responsible for compliance with any license restrictions applicable to the on premise licenses (including metrics), as defined in Your Program order for those licenses. The following license types may be applied towards Your use in a BYOL Cloud Service environment: Full Use, Limited Use, Application Specific Full Use and Proprietary Hosting (subject to an ISV Amendment). Term licenses are eligible to apply toward Your use in a BYOL Cloud Service environment as long as the term of the license is in effect. For enterprise or non-standard metrics where the license applies to Your entire population (e.g., a Campus license), You are entitled to use the same number of OCPUs or other Cloud metric to support the same number of associated on premise licenses as granted under Your enterprise or non-standard metric. Embedded Software Licenses are not eligible to be applied towards Your use in a BYOL Cloud Service environment. For clarity, the license type retains its type when applied towards Your use in a BYOL Cloud Service environment (e.g., Full Use stays as Full Use and Limited Use stays as Limited Use). Licenses applied towards Your requirements for the BYOL version of a Cloud Service are deemed deployed and in use (i.e., You may not also use these licenses on premise) and may be verified in an audit.

For any BYOL Cloud Service where multiple Program licenses are identified as eligible to apply towards BYOL Cloud Service requirements and are listed with an „or" in the description for the applicable BYOL Cloud Service, You may aggregate Your supported license quantities of those listed Program licenses to meet Your license requirement for that BYOL Cloud Service. You acknowledge that a BYOL Cloud Service may not be available for all versions of a Program license that You might have previously deployed on premise. For example, You may have previously deployed applications on version 10 of the applicable Oracle Program but Your chosen BYOL Cloud Service may be running version 12 of the applicable Oracle Program.

A BYOL Cloud Service instance must at all times have a sufficient number of supported licenses to meet Your requirement for use of the applicable BYOL Cloud Service. If You do not have sufficient supported licenses at any point in time, then You must either stop the instance and redeploy the standard Cloud Service (non-BYOL) or You must acquire enough supported licenses to meet Your requirement for use of the applicable BYOL Cloud Service.

Oracle will allow you up to 100 days from the Cloud Services Start Date to transition from the applicable on premise Program licenses to the BYOL version of the Cloud Service(s) (i.e., upon the earlier of Your transition date or the end of the 100 days, licenses applied towards Your requirements for the BYOL version of a Cloud Service are deemed deployed and in use (i.e., You may not also use these licenses on premise)); once a license has been deemed deployed and in use, You may not apply the same license towards a different BYOL version of a Cloud Service and Your license usage may be verified in an audit. For the purposes of on premise Oracle Identity Management Program licenses that You elect to transition to the Oracle Identity Cloud Services (excluding on premise Oracle Identity Management Program licenses licensed under a Named User Plus metric, which are described in the following sentence), Your transition time may exceed 100 days as long as You do not exceed either (i) Your original on premise Program license usage or (ii) the Cloud Service(s)' BYOL ratio requirement. With respect specifically to Your on-premises Oracle Identity Management Program licenses that are licensed under the Named User Plus metric, Your transition time may exceed 100 days as long as You do not exceed either (i) the total number of Your Named User Plus licenses across Your combined on premise and BYOL usage, or (ii) the Cloud Service(s)' BYOL ratio requirement.

f) Operating Your Services

i) Data Center Selection
For each Cloud Service/instance that You deploy, You will have the opportunity to select the data center location. Oracle will continue to bill you from the Oracle entity on your Order. We reserve the right to update these practices to support our internal operating model.

ii). Oracle Cloud Policies and Pillar Documentation
Your order for these Oracle PaaS and IaaS Cloud Services are subject to the Oracle Cloud Hosting and Delivery Policies and the Oracle PaaS1 and IaaS Public Cloud Services pillar documentation, which may be viewed at www.oracle.com/contracts.

Im nächsten Abschnitt beschäftigen wir uns mit einem (bereits längeren) Trend im Umfeld von „SaaS", dem „Mitbringen" von eigenen Endgeräten wie z. B. eigenen Laptops, Smartphones, Tablets, um damit auf die Unternehmensstrukturen und Geschäftsprozesse im Cloud- und Remotezugriffs-Umfeld zuzugreifen.

22.9 Bring-your-own-device (BYOD)

BYOD wird bereits seit vielen Jahren mit unterschiedlicher Coleur betrachtet und empfohlen oder auch nicht – je nach „Hype"-Situation ist von allem etwas dabei. Fakt ist, dass durch die ständig wachsende Verfügbarkeit von schnellem Internet – nicht zuletzt beschleunigt auch durch das mobile Internet, dem 5G-Standard – superschnelle Datenverbindungen in so ziemlich allen Ecken bereitgestellt werden können. Bedingt durch die Covid-Pandemie, hat der Trend wieder etwas stärkere Beachtung erfahren, sodass verstärkt private internetfähige Endgeräte auch beruflich am Arbeitsplatz genutzt werden, um u. a. vom Unternehmen bereitgestellte Cloud-Serviceangebote zu nutzen. Der Hauptgrund liegt darin (obwohl es eigentlich viele Bedenken zum BOYD-Einsatz gibt), dass sich die Unternehmensführungen dadurch eine signifikant höhere Mitarbeiterzufriedenheit versprechen. Aber es lehnen auch immer noch viele Unternehmen private Endgeräte zur betrieblichen Nutzung ab, weil damit einhergehend immer noch – berechtigterweise – mit einem erhöhten Wartungs- und Sicherheitsaufwand sowie vermehrten Sicherheitsproblemen zu rechnen sein wird. Auf der anderen Seite konvergiert der BYOD-Trend in seiner Eigenschaft gut mit der Cloud, um Mitarbeitenden den Zugriff auf Unternehmensinformationen und -anwendungen über ihre persönlichen Geräte (Laptops, Tablets, Smartphones) zu gestatten. Ein weiterer Aspekt, weswegen die Cloud gut zum BYOD-Trend passt, ist, weil die bereitgestellten Cloud-Services meistens von überall aus gut zugänglich sind. Einige SaaS-Anbieter haben das bereits erkannt und bieten speziell entwickelte Apps für BYOD-Geräte an.

Einen wichtigen Aspekt sollte man aber auch immer schon bereits im Vorfeld geplanter Maßnahmen betrachten – und nicht nur auf die erforderlichen Technologie-Stacks schauen: Es sind die einzuhaltenden rechtlichen Anforderungen. Ohne jetzt im Einzelnen auf die jeweiligen Details einzugehen, folgt hier eine kurze Auflistung an Themen, die in Verbindung mit BOYD betrachtet und gesteuert werden müssen (sei es technisch oder aus Unternehmens-Compliance-Sicht über beispielsweise verfasste Richtlinien).

Man muss abwarten, wie sich der BYOD-Trend aufgrund der nachfolgend aufgeführten Aspekte entwickelt.

22.9.1 Datenschutzanforderungen

Die Datenschutzgrundverordnung (DSGVO) ist mit noch viel mehr Aufwand und strengeren Unternehmensrichtlinien bei einer geplanten oder einem bereits umgesetzten Technologie-Stack „BYOD" zu beachten und entsprechend sind die Mitarbeitenden auch zu sensibilisieren.

- *Trennung von Unternehmensdaten und privaten Daten* – genau das macht BYOD eigentlich mit am teuersten und es wäre eine Überlegung wert, hier vielleicht doch unternehmensseitig Geräte zu kaufen, zu leasen und über sichere Policies den Mitarbeitenden bereitzustellen.

Die Unternehmen müssen die verantwortliche Datenhoheit ihrer geschäftlichen Informationen und Daten behalten und sind auch für deren Sicherheit verantwortlich. Es muss aber auch seitens des Unternehmens grundsätzlich gewährleistet werden, dass zu keinem Zeitpunkt ein unbefugter Zugriff auf die persönlichen und privaten Daten der Mitarbeitenden erfolgen kann. Das muss mit entsprechenden organisatorischen Regelungen und technischen Maßnahmen gewährleistet werden.

- Umsetzung technischer und organisatorischer Anforderungen aus der Anlage zu § 9 Satz 1 BDSG[61]

  Anlage (zu § 9 Satz 1 BDSG): „Werden personenbezogene Daten automatisiert verarbeitet oder genutzt, ist die innerbehördliche oder innerbetriebliche Organisation so zu gestalten, dass sie den besonderen Anforderungen des Datenschutzes gerecht wird. Dabei sind insbesondere Maßnahmen zu treffen, die je nach Art der zu schützenden personenbezogenen Daten oder Datenkategorien geeignet sind, …"

  - *Anlage 1 – Zutrittskontrolle*[62]
    … Unbefugten den Zutritt zu Datenverarbeitungsanlagen, mit denen personenbezogene Daten verarbeitet oder genutzt werden, zu verwehren (Zutrittskontrolle),
  - *Anlage 2 – Zugangskontrolle*[63]
    … zu verhindern, dass Datenverarbeitungssysteme von Unbefugten genutzt werden können (Zugangskontrolle),

[61] § 9 BDSG Zuständigkeit – *https://dsgvo-gesetz.de/bdsg/9-bdsg/*
[62] Anlagen zu § 9 Satz 1 BDSG
[63] §64 BDSG

- *Anlage 3 - Zugriffskontrolle*
  ... zu gewährleisten, dass die zur Benutzung eines Datenverarbeitungssystems Berechtigten ausschließlich auf die ihrer Zugriffsberechtigung unterliegenden Daten zugreifen können und dass personenbezogene Daten bei der Verarbeitung, Nutzung und nach der Speicherung nicht unbefugt gelesen, kopiert, verändert oder entfernt werden können (Zugriffskontrolle),
- *Anlage 4 - Weitergabekontrolle*
  ... zu gewährleisten, dass personenbezogene Daten bei der elektronischen Übertragung oder während ihres Transports oder ihrer Speicherung auf Datenträger nicht unbefugt gelesen, kopiert, verändert oder entfernt werden können und dass überprüft und festgestellt werden kann, an welche Stellen eine Übermittlung personenbezogener Daten durch Einrichtungen zur Datenübertragung vorgesehen ist (Weitergabekontrolle),
- *Anlage 5 - Eingabekontrolle*
  ... zu gewährleisten, dass nachträglich überprüft und festgestellt werden kann, ob und von wem personenbezogene Daten in Datenverarbeitungssysteme eingegeben, verändert oder entfernt worden sind (Eingabekontrolle),
- *Anlage 6 - Auftragskontrolle*
  ... zu gewährleisten, dass personenbezogene Daten, die im Auftrag verarbeitet werden, nur entsprechend den Weisungen des Auftraggebers verarbeitet werden können (Auftragskontrolle),
- *Anlage 7 - Verfügbarkeitskontrolle*
  ... zu gewährleisten, dass personenbezogene Daten gegen zufällige Zerstörung oder Verlust geschützt sind (Verfügbarkeitskontrolle),
- *Anlage 8 - Trennungsgebot*
  ... zu gewährleisten, dass zu unterschiedlichen Zwecken erhobene Daten getrennt verarbeitet werden können.
- *Anlage 9 - Verschlüsselung*
  Eine Maßnahme nach Satz 2 Nummer 2 bis 4 ist insbesondere die Verwendung von dem Stand der Technik entsprechenden Verschlüsselungsverfahren.

Zusammengefasst kann gesagt werden, dass die rechtlichen Anforderungen so zu beachten und umzusetzen sind, dass das Unternehmen jederzeit die Datenhoheit besitzt, aber auch für deren Sicherheit verantwortlich zeichnet. Auf private Daten von Mitarbeitenden darf grundsätzlich nicht zugegriffen werden und um das sauber zu regeln, bedarf es entsprechender organisatorischer und meistens auch technisch umzusetzender Maßnahmen.

22.9.2 SAM - BYOD-Anforderungen

Hinlänglich bekannt ist, dass Softwarehersteller eine Unterscheidung machen, ob das Softwareprodukt privat oder geschäftlich genutzt wird, und haben meistens dafür auch unterschiedliche Nutzungsbedingungen. Eine erlaubte Nutzung im privaten Umfeld stellt also nicht automatisch auch auf eine erlaubte Nutzung im geschäftlichen Umfeld ab. Wird jetzt durch BYOD ein privates Endgerät beruflich genutzt, kann das zur Folge haben, dass hier eine unerlaubte bzw. unlizenzierte Nutzung erfolgt. Ebenso kann ein Szenario vorliegen, wo vom Arbeitgeber bereitgestellte Softwareprodukte im Übermaß vom Mitarbeitenden auch privat genutzt werden und somit „andersherum" auch eine nicht erlaubte und damit unlizenzierte Nutzung herbeigeführt wird. Aus diesen Konstellationen heraus kann förmlich darauf gewartet werden, dass sich Haftungsrisiken für das Unternehmen und das Management ergeben – **und das wäre u. a. auch noch ein Grund, sich dem Thema „BYOD" sehr kritisch zu nähern, denn die zu erfüllenden Umstände, die hier aufgezeigt werden, machen es am Ende viel teurer.**

Dazu ein paar Hinweise:

- *Erforderliche Geräte- bzw. Benutzerlizenzen für den Zugriff von mobilen Geräten.* Für den Zugriff auf Cloud-Services müssen die entsprechenden Zugriffe lizenzkonform erfolgen. Zu prüfen ist hierbei, ob ggf. gemäß den geltenden Nutzungsbedingungen überhaupt eine Nutzung so über BYOD vom Lizenzgeber erlaubt ist.
- *Sicherheit.* In der Sache BYOD liegt begründet, dass die Unternehmensbereiche keine Kontrolle über die vorherrschenden Sicherheitskonfigurationen der BYOD-Endgeräte haben und meistens auch keine Kontrolle darüber, wie die erforderliche Internetverbindung mit der Cloud hergestellt wird, z. B. über ein persönliches Mobilfunknetz oder private WLAN-Verbindungen, dadurch können zusätzliche Schwachstellen und Sicherheitsrisiken entstehen.
- *Nutzung von persönlichen Apps aus der persönlichen Cloud für eine geschäftliche Nutzung über BYOD-Technologien.* BYOD soll den einfachen Zugriff auf Apps und persönliche Cloud-Dienste – wie z. B. Datenspeicher (OneDrive, Google Drive usw.), Kollaboration-Dienste (beispielsweise Google Docs) – ermöglichen. Problematisch ist hierbei, dass diese persönlichen Apps vom Benutzer auf dem gleichen Endgerät verwendet werden, wo auch Apps verfügbar sind, um den erforderlichen Zugriff auf Unternehmens-Apps und -Daten zu verwenden. Es ist sehr wahrscheinlich damit zu rechnen, dass dann (mit allem Drum und Dran) die Benutzer ihre persönlichen Apps auch für geschäftliche Aufgaben nutzen werden. Auch hier kann das Szenario sein, dass die Nutzungsbedingungen der persönlichen Apps die gleichzeitige Nutzung für kommerzielle Aufgaben untersagen. Wenn das nicht gesteuert werden kann, besteht auch hier das erhöhte Risiko, gegenüber dem Softwarehersteller bzw. App-Bereitsteller nicht lizenzkonform zu handeln.
- *Noch einmal Sicherheit.* Nicht nur zusätzliche Lizenzrisiken für Mitarbeitende und Unternehmen können die Folge sein, viel gravierender sind mögliche Risiken, weil das Unternehmen keine ausreichende Kontrolle darüber hat, was durch das Übertragen von geschäftlichen Daten in (womöglich) persönliche Cloud-Services (wieder das Beispiel OneDrive) für Auswirkungen haben kann, was wiederum zusätzlich zu steuernde Risiken für die Informationssicherheit und den Datenschutz bedeutet.
- *Risiken durch den Einsatz und die Nutzung von unlizenzierten Softwareprodukten bzw. Apps.* Bei BYOD hat der Mitarbeiter (es ist ja sein persönliches Endgerät) auch die komplette Kontrolle darüber. Jetzt haben die Unternehmen aber nur bedingt Kontrolle darüber, welche Software die Mitarbeitenden herunterladen und installieren und ob der Mitarbeitende diese auch lizenzkonform nutzt. Wenn nicht, kann somit ein nicht steuerbares Risiko für das Endgerät und auch für die darauf vorhandenen Unternehmensdaten entstehen.
- Zusammengefasst kann festgehalten werden, dass zur Minimierung von Haftungsrisiken für das Unternehmen im Vorfeld geprüft werden muss, ob die geltenden Lizenzbedingungen auch eine Nutzung auf privaten Endgeräten zulassen. Sollten hier Unklarheiten bestehen, wäre die Empfehlung, das mit dem Softwarehersteller bzw. Lizenzgeber abzustimmen und ggf. als Nachtrag in die Softwarelizenzverträge aufzunehmen, um eben die möglichen Haftungsrisiken für beide Parteien (Mitarbeitende und Unternehmensführung) zu minimieren bzw. ausschließen zu können.

- Ebenso sollten die Mitarbeitenden über Unternehmensrichtlinien darauf hingewiesen werden, dass persönliche (private) Softwareanwendungen und Apps oder Portalzugriffe auf Cloud-Dienste (wie beispielsweise OneDrive zur Ablage von Daten oder Dokumenten) nicht für betriebliche Zwecke genutzt werden dürfen.

Für zukünftige oder neu abzuschließende Softwarenutzungsvereinbarungen sollten der Umstand von BYOD und dessen mögliche Nutzung mit dem Vertragspartner abgeklärt und bestenfalls auch gleich vereinbart werden. So beugen Sie späteren möglichen daraus resultierenden Risiken vor. ■

Und zu guter Letzt vergessen Sie bitte nicht „rechtzeitig“ bei der Planung, Umsetzung und Einführung von BYOD-Projekten, den Personal- bzw. Betriebsrat, den Datenschutzbeauftragten und auch alle anderen Gremien einzubinden.

■ 22.10 SAM, Cloud und Datensicherheit

Auch das Thema Einhaltung der gesetzlichen Vorgaben und Normen zur Sicherstellung des Datenschutzes, der Informationssicherheit bei der Verarbeitung personenbezogener Daten ist ein zentraler Aspekt im Zusammenhang mit der Cloud. Wie zuvor bereits beschrieben, bedarf es auch vertraglicher Zusicherungen durch den CSP, wie mit dort abgelegten bzw. zu verarbeitenden Daten verfahren wird. Die Normen dazu wurden im Abschnitt 22.8 „Bring-your-own-license (BYOL)“ in den Fußnoten ergänzt.

Nun bedingt ja der Charakter der Cloud und vor allem das Liefermodell „Hybrid“, dass der Servicenehmer bzw. -konsument in der Regel keine Kontrolle darüber hat, wo der CSP, dessen Services in Anspruch genommen werden, diese Daten speichert und verarbeitet (Region, Land, Standort). Die Komplexität entsteht weiterhin dadurch, dass die Länder unterschiedliche Datenschutzrichtlinien haben bzw. das Thema Datenschutz mit anderen Ansätzen verfolgen. So verbieten beispielsweise die Datenschutzrichtlinien der Europäischen Union im Allgemeinen die Übertragung personenbezogener Daten in Länder außerhalb der Europäischen Union, wenn diese bestimmten Kriterien der Europäischen Union (EU) für den Schutz der Privatsphäre nicht erfüllen. Ursprünglich wurde im Jahr 2000 mit dem Beschluss der Europäischen Kommission im „Safe-Harbor-Pakt“ eine Möglichkeit geschaffen, um es Unternehmen zu ermöglichen, personenbezogene Daten in Übereinstimmung mit den EU-Datenschutzrichtlinien in die USA zur Weiterverarbeitung zu übermitteln. Nach einigen Jahren wurde dieses Abkommen immer mehr zum Diskussionsgegenstand der Datenschützer und am 6. Oktober 2015 durch das „Schrems-II-Urteil[64] für ungültig erklärt.

---

[64] Internetauftritt des Bundesbeauftragten für den Datenschutz und die Informationsfreiheit – International – Praktische Auswirkungen der Rechtsprechung des EuGH auf den internationalen Datentransfer (Rechtssache C-311/18 „Schrems II“) – *https://www.bfdi.bund.de/DE/Europa_International/International/Artikel/Auswirkungen-Schrems-II-Urteil.html*

Ein gutes Jahr später (am 1. August 2016) wurde versucht, diese Lücke mit dem EU-US Privacy Shield[65] zu schließen, welches dann am 16. Juli 2020 ebenfalls für ungültig erklärt wurde,[66] weil zusammengefasst das Europäische Parlament darin erhebliche Defizite in Bezug auf den Datenschutz feststellte und die gängige Überwachungspraxis der USA nicht mit dem EU-Datenschutzrecht vereinbar ist. Ob es ein neues EU-US Privacy Shield geben wird, kann heute nicht mit Bestimmtheit gesagt werden. Darauf abgestellt wird festgelegt:

> *Jeder Verantwortliche im Sinne des Datenschutzrechts ist jetzt aufgerufen, seine Datenübermittlungen in Drittländer und die hierfür genutzte Grundlage nach Kapitel V der DSGVO zu überprüfen. Datenübermittlungen in die USA, die bisher auf das EU-US Privacy Shield gestützt wurden, müssen nun durch eine Schutzmaßnahme nach Artikel 46 DSGVO abgesichert werden, da der Europäische Gerichtshof diesen Angemessenheitsbeschluss der Europäischen Kommission mit sofortiger Wirkung für unwirksam erklärt hat. Für Datenübermittlungen in die USA, wenn nötig, ggf. auch für Datenübermittlungen in weitere Drittländer, ist mit zusätzlichen Maßnahmen sicherzustellen, dass die personenbezogenen Daten auch im jeweiligen Drittland stets angemessen geschützt sind.*

Auf die nun daraus folgenden Pflichten von Unternehmen und Behörden verweist das Informationsschreiben des BfDI vom 8. Oktober 2020. Hier informiert der Bundesbeauftragte für den Datenschutz und die Informationsfreiheit (BfDI) die seiner Aufsicht unterliegenden Stellen. Die Stellen werden darin über die Auswirkungen des Urteils des Europäischen Gerichtshofs in der Rechtssache C-311/18 „Schrems II" informiert. Neben allgemeinen Aspekten zum Datentransfer in Drittländer, insbesondere die USA, setzt der BfDI über sein geplantes weiteres Vorgehen in Kenntnis.[67]

> Download Informationsschreiben zur Auswirkung der Rechtsprechung des EuGH auf den internationalen Datentransfer (Rundschreiben-Informationen-Schrems-II.pdf, 235KB) *https://www.bfdi.bund.de/DE/Infothek/Transparenz/Rundschreiben/Allgemein/2020/Rundschreiben-Informationen-Schrems-II.pdf?__blob=publicationFile&v=4*

Wesentlicher Baustein ist dabei eine strukturierte Überprüfung der Rechtmäßigkeit des Datentransfers in Drittländer (mit einem bereitgestellten Prüfschema durch den BfDI[68]), die bereits begonnen haben sollte. Denn der Europäische Gerichtshof hat klargestellt, dass keine Übergangsfrist besteht. Das Ergebnis dieser Prüfung muss nachvollziehbar und überprüfbar dokumentiert werden, wie es Verantwortlichen etwa aus der Datenschutzfolgenabschätzung bekannt ist.[69]

---

65 EU-US Privacy Shield - Wikipedia - *https://de.wikipedia.org/wiki/EU-US_Privacy_Shield*

66 Safe Harbor - Wikipedia - *https://de.wikipedia.org/wiki/Safe_Harbor*

67 Internetauftritt des Bundesbeauftragten für den Datenschutz und die Informationsfreiheit - International - Informationsschreiben zur Auswirkung der Rechtsprechung des EuGH auf den internationalen Datentransfer - *https://www.bfdi.bund.de/DE/Infothek/Transparenz/Rundschreiben/Allgemein/2020/Rundschreiben-Informationen-Schrems-II.html*

68 *https://www.bfdi.bund.de/SharedDocs/Downloads/DE/Datenschutz/Pr%C3%BCfschema-Schrems-II.html*

69 Internetauftritt des Bundesbeauftragten für den Datenschutz und die Informationsfreiheit - International - Praktische Auswirkungen der Rechtsprechung des EuGH auf den internationalen Datentransfer (Rechtssache C-311/18 „Schrems II")

Insofern liegt jetzt erst recht eine große Verantwortung bei den Unternehmen, geeignete Maßnahmen und Risikomanagement-Prozesse einzuführen und zu betreiben, um u. a. eine Analyse und Bewertung von möglichen Schwachstellen in Bezug auf die Einhaltung der DSGVO umzusetzen und dafür geeignete Vorkehrungen, für die Sicherheit und zum Schutz der erhobenen Daten zu treffen bzw. sicherzustellen. Das wiederum beeinflusst den Betrieb von IT-Assets und Daten in einer Cloud-Architektur wegen der dabei zu steuernden Komplexität grundlegend. So müssen SAM-Tools zukünftig auch in der Lage sein, die Unternehmen mit einem entsprechenden steuerbaren SAM-Risikomanagement zu unterstützen. Bild 22.12 zeigt beispielhaft anhand des Snow Risk Monitors, wie diese Anforderungen bereits heute umgesetzt werden können.

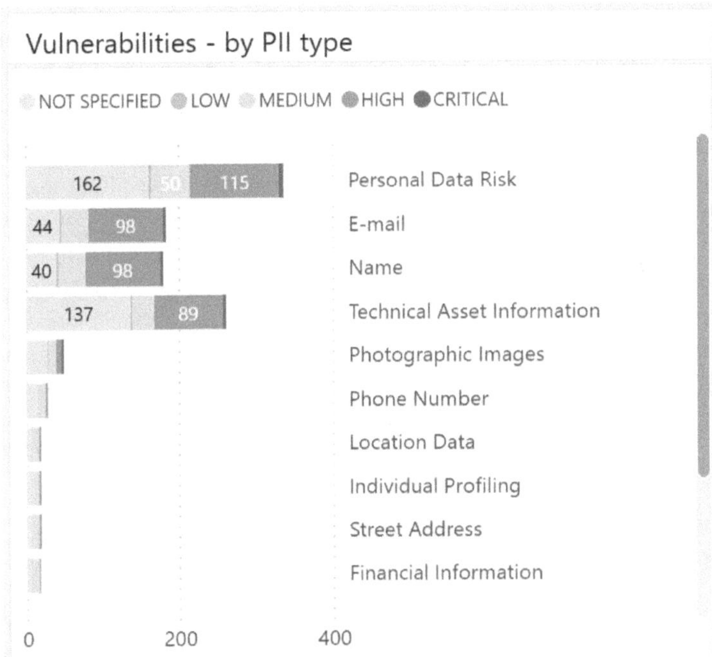

Bild 22.12 Überblick Datenanalyse Snow Risk Monitor zu DSGVO, PII Datenrisiken

Das bedeutet aber auch, dass die bestehenden SAM-Teams ihre Prozesse und Vorgehensweisen erweitern müssen, unabhängig von der Art der betriebenen Cloud-Services. Die SAM-verantwortlichen Rollen müssen sich jetzt außerdem verstärkt mit den Fachbereichen abstimmen bzw. die Daten mit den entsprechend im Unternehmen zuständigen Stellen teilen, die für die Einhaltung der Vorschriften zur Datensicherheit und den Datenschutzrichtlinien in Bezug auch auf die Verarbeitung personenbezogener Daten verantwortlich sind. Auf den Webseiten der Computerwoche[70] wurde dazu bereits im April 2019 ein Fachartikel veröffentlicht, den ich Ihnen als Auszug im folgenden Abschnitt 22.10.1 bereitstellen möchte.

[70] Cloud-Sicherheit muss sich verändern – Studie von COMPUTERWOCHE und CIO – computerwoche.de – *https://www.computerwoche.de/a/die-cloud-security-transformiert-sich,3546573,2*

22.10.1 Cloud-Sicherheit muss sich verändern

Der Datenschutz hat durch die DSGVO eine neue, hohe Aufmerksamkeit erlangt. Das hat Auswirkungen auch auf die Cloud Security. Unter den Anforderungen der DSGVO findet sich auch die Sicherheit der Verarbeitung personenbezogener Daten. So fordert die DSGVO, dass personenbezogene Daten in einer Weise verarbeitet werden, die eine angemessene Sicherheit gewährleistet, einschließlich Schutz vor unbefugter oder unrechtmäßiger Verarbeitung und vor unbeabsichtigtem Verlust, unbeabsichtigter Zerstörung oder unbeabsichtigter Schädigung durch geeignete technische und organisatorische Maßnahmen.

Konkret werden als Maßnahmen für die Datensicherheit genannt:

- die Pseudonymisierung und Verschlüsselung personenbezogener Daten,
- die Fähigkeit, die Vertraulichkeit, Integrität, Verfügbarkeit und Belastbarkeit der Systeme und Dienste im Zusammenhang mit der Verarbeitung auf Dauer sicherzustellen,
- die Fähigkeit, die Verfügbarkeit der personenbezogenen Daten und den Zugang zu ihnen bei einem physischen oder technischen Zwischenfall rasch wiederherzustellen und
- ein Verfahren zur regelmäßigen Überprüfung, Bewertung und Evaluierung der Wirksamkeit der technischen und organisatorischen Maßnahmen zur Gewährleistung der Sicherheit der Verarbeitung.

Die Auswahl der Sicherheitsmaßnahmen hat zu erfolgen unter Berücksichtigung des Stands der Technik, der Implementierungskosten und der Art, des Umfangs, der Umstände und der Zwecke der Verarbeitung sowie der unterschiedlichen Eintrittswahrscheinlichkeit und Schwere des Risikos für die Rechte und Freiheiten natürlicher Personen, so die EU-Verordnung. Damit werden die hohen Datenschutzanforderungen auch zum Maßstab für die Cloud Security, auf Seiten des Anwenderunternehmens wie auf Seiten des Cloud-Providers.

Transparenz und Prüfbarkeit

Die Maßnahmen, mit denen ein angemessenes Niveau für Datenschutz und Datensicherheit in der Cloud gewährleistet werden sollen, müssen von den Anbietern garantiert und von den Anwendern überprüft werden. Dies setzt voraus, dass die Cloud-Sicherheit transparent und nachprüfbar ist. Dies führt ebenfalls dazu, dass Cloud-Risiken genauer betrachtet und neu bewertet werden müssen. Entsprechend werden dann auch solche Maßnahmen für die Cloud Security ergriffen, die bislang nicht zum Standard gehörten, weder für den Cloud-Nutzer noch für den Cloud-Anbieter.

Insgesamt 28 Prozent der befragten Unternehmen planen in den nächsten zwölf Monaten den Einsatz von Cloud-Services oder sie prüfen es zumindest intern. Diese Planungen und Prüfungen stehen unter dem Einfluss der Datenschutz-Grundverordnung. Deshalb ist zu erwarten, dass die risikoorientierte Auswahl von Sicherheitsmaßnahmen, wie sie die DSGVO vorschreibt, die Konzeption der Cloud Security verändert. Die Pflicht, die Datenschutzfolgen bei neuen Technologien wie den Cloud-Services zu bestimmen, wird dazu führen, bislang zu wenig gesehene Cloud-Risiken stärker zu beachten und entsprechende Gegenmaßnahmen zu ergreifen. Die Veränderungen im Datenschutzrecht werden die Cloud-Sicherheit transformieren, neben den technologischen Veränderungen durch die digitale Transformation. Diese Auswirkungen des Datenschutzes werden umso stärker in der Cloud-Sicherheit spürbar werden, wie es zu einer Sanktionierung von Datenschutzverletzungen bei Cloud-Services kommt.

Hier sind in den nächsten zwölf Monaten wichtige Entwicklungen zu erwarten. – *Studie von COMPUTERWOCHE und CIO, „Die Cloud Security transformiert sich“, Autor: Oliver Schonschek*

Aus der „Studie Cyber Security 2020“[71] für die „2020 Agenda der CIOs“ ergibt sich für die Themen zur Cloud Security noch folgendes aktuelles Bild, wonach Security-Themen mit großen geplanten Budgets umgesetzt werden sollen.

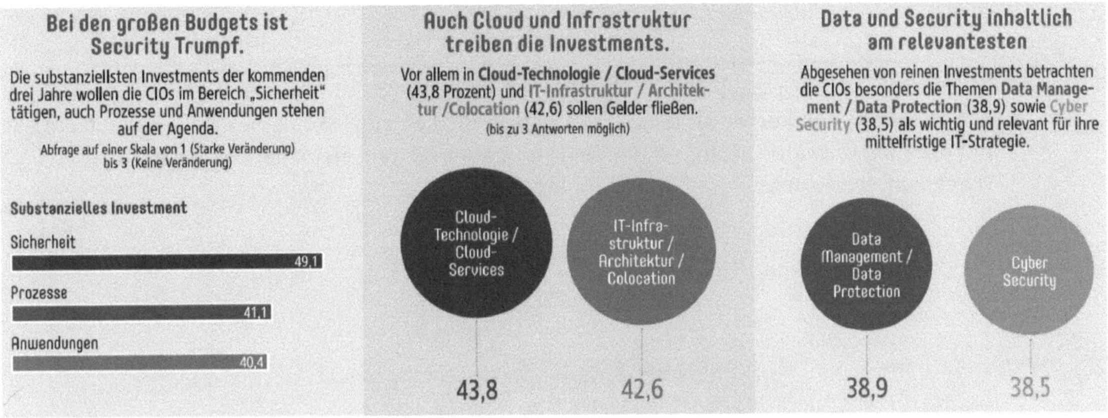

Werden diese Tatsachen ignoriert oder nicht ausreichend in der Unternehmensorganisation oder vom Management priorisiert, kann das in Bezug auf den Cloud-Einsatz zu erheblichen zusätzlichen Risiken und Kosten führen und damit dann u. U. sogar die durch den Wechsel in die Cloud angedachten Vorteile zunichtemachen.

Zum Abschluss noch eine beispielhafte Auswertung aus dem Snow Risk Monitor über eine Filterung auf Device type „Server“, um so die Situation von Personal-Identification-Information-(PII)-Risiken auf den inventarisierten Systemen aufzuzeigen.

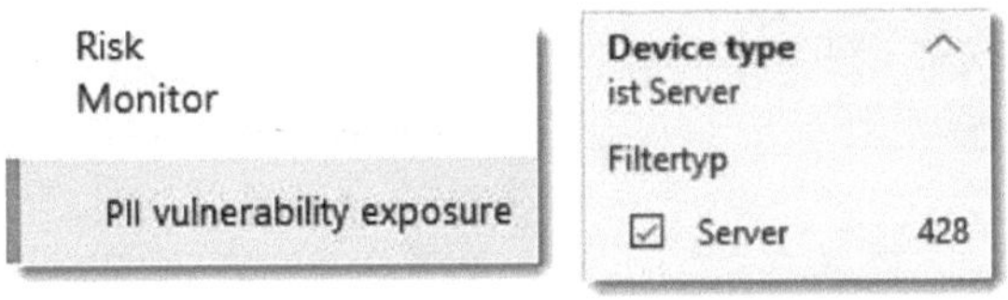

Gefunden wurden hierbei 260 Systeme (Server) mit 58 Applikationen, die wiederum 222 Schwachstellen aufzeigen.

[71] COMPUTERWOCHE Studie Cyber Security 2020 – *https://shop.computerwoche.de/portal/studie-cyber-security-2020-pdf-download-direkt-im-shop-9915*

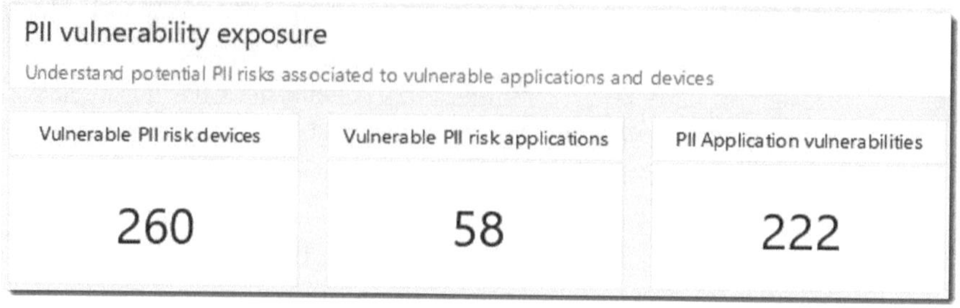

Alle ausgefilterten Server-Systeme (260) weisen Risiken zu personenbezogenen Daten auf, mit dem Schwerpunkt „technische Asset Informationen" und an dritter Stelle auch spezielle Daten zu E-Mail-Konten bzw. -Informationen.

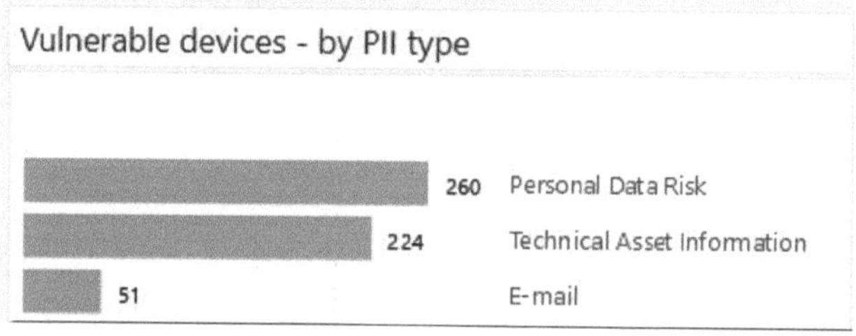

Von den gefundenen Applikationen (58) weisen (53) „technische Asset-Informationen" Risiken zu PII-Daten auf und (8) zu E-Mail-Konten.

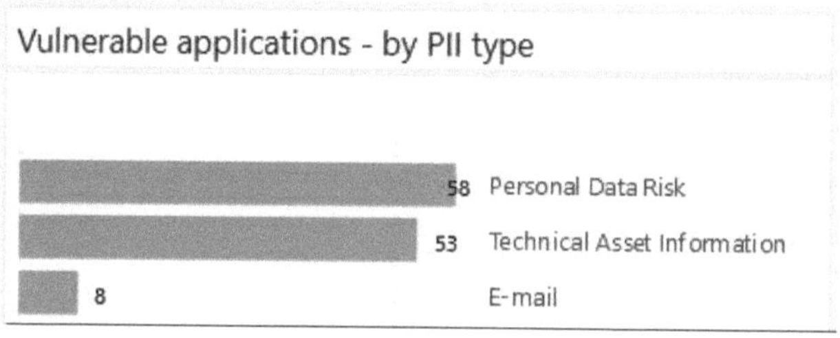

Betrachtet man in der nächsten Darstellung die Kritikalität, so bewegen sich die „Personal Data Risk" und „Technical Asset Information" in einem sehr hohen Bereich der Stufen „Medium", „High" und „Critical".

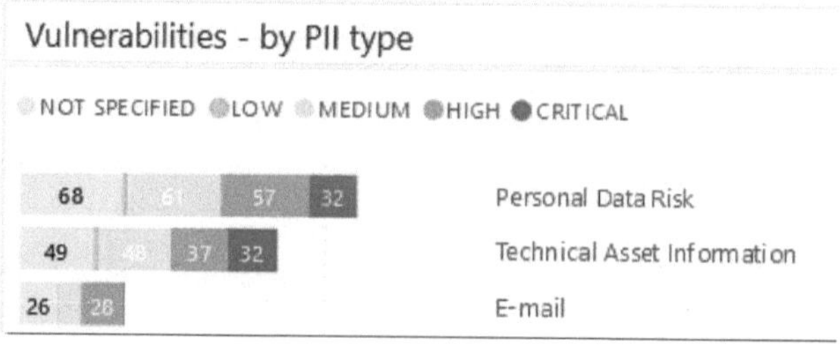

22.11 SAM-Aussichten in der Cloud

Das folgende Bild stammt aus einer E-Book Reihe von Microsoft „Windows Server auf Azure - Der ultimative Leitfaden“.[72]

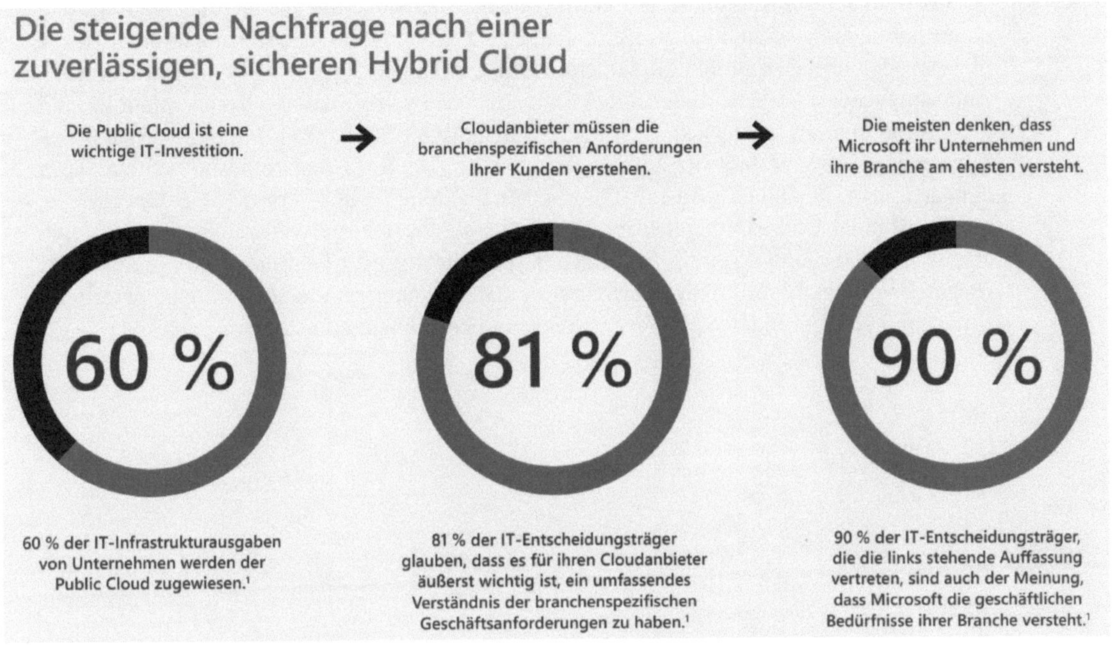

Wie bereits angesprochen, müssen das Softwareasset- und Lizenzmanagement sowie die Verantwortlichen für das IT-Assetmanagement immer mehr in die Bereitstellung und Nutzung von Cloud-Liefer- und Servicemodellen einbezogen werden. Durch die Bereitstellung von „IaaS“, „PaaS“ und „SaaS“-Anwendungen haben auch die CSPs einen großen Anteil daran, dass die SAM-Teams mit einer wachsenden Komplexität beim Verwalten von Cloud-Umgebungen konfrontiert werden. Für die Servicenehmer bzw. -konsumenten entstehen damit neben der Umsetzung der Cloud-Themen in das operative Tagesgeschäft und dessen Verwaltung immer weitere neue Anforderungen, die es zu beherrschen gilt. Dabei ist eine der wichtigsten Grundlagen - die Herstellung und Einhaltung von Transparenz - auch in der Cloud-Umgebung sicherzustellen und somit als eine der wesentlichsten Herausforderungen anzusehen. Denn die klassische Zählweise von Benutzern oder gerätebasierten Softwarelizenzen bzw. die Anwendung der bisherigen Lizenzmodelle und -metriken wird immer schwieriger und muss immer wieder neu ausgesteuert werden. Hersteller wie z. B. Adobe oder Microsoft haben ihre Produkte bereits fit für die Nutzung in Cloud-Umgebungen gemacht und konzentrieren sich darauf, ihre Softwareprodukte mit einem differenzierten Preismodell für verschiedene Geschäftsfälle abzudecken. Die Hersteller müssen ebenfalls dafür Sorge tragen, dass - ähnlich wie es IBM mit seinem ILMT-Tool macht - dem Service-

[72] Windows Server auf Azure (azureedge.net) - *https://clouddamcdnprodep.azureedge.net/gdc/gdcmLON1j/original*

nehmer Instrumente zur Verfügung gestellt werden, damit eine verursachungsgerechte und auf Basis einer Verbrauchsmessung abgestellte Verrechnung der Lizenzbedarfe (hier meistens Benutzer-Abonnements) erfolgen kann.

Die Erweiterung der SAM-Prozesse und Verantwortungen, um Cloud-Umgebungen zu verwalten, bringt ebenso eine Verlagerung der Aufgabenstellungen mit sich. So werden in der Cloud-Umgebung verstärkt die Softwareverträge und die Verwaltung der Nutzungsrechte zu beachten sein. Durch die in Cloud-Umgebungen entstehende gesteigerte Dynamik und einen damit einhergehenden weitestgehend gestiegenen Automatisierungsgrad wird die phasenweise Umsetzung der Implementierung des Cloud Computings einen sehr großen Änderungsbedarf bei den bestehenden Software-Life-Cycle-Prozessen hervorrufen. Es sind dann außerdem auch Anpassungen bei den bisherigen Strukturen, Rollen, Service-Level-Agreement-Verträgen bzw. Richtlinien erforderlich. Die SAM-Tools müssen heute auch in der Lage sein, beispielsweise mit Cloud-Lizenzmodellen wie Microsoft 365 umzugehen, um damit mehr Übersichtlichkeit in die Nutzungsszenarien und Verbräuche, die sich z. B. aus der Hybrid-Cloud ergeben, zu erreichen. Für alle diese Maßnahmen und Vorgaben zur Umsetzung eines Cloud Computings sind natürlich weiterhin die „hoffentlich“ bereits im Unternehmen agierenden SAM-Verantwortlichen permanent zu schulen.

Fazit:

Das Cloud-Liefermodell „Hybrid“ ist heute ein wesentlicher Bestandteil der digitalen Transformationsstrategien von Unternehmen und hat sich bisher bewährt, um die Ziele – IT-Assets in der Cloud wirtschaftlicher zu betreiben – zu erreichen. Mit dem Hybrid-Cloud-Liefermodell kann einem Unternehmen über agile Bereitstellungen von Ressourcen, Flexibilität bei Workload-Migrationen, Datenschutz, Verfügbarkeit und Kosteneffizienz ein wirtschaftlicher Mehrwert zur Erreichung optimierter Geschäftsergebnisse gewährleistet werden. Um den mit der Cloud-Technologie entstehenden Herausforderungen gut gewappnet begegnen zu können, muss der klassische SAM-Betrieb neue und erweiterte Aufgaben übernehmen und in andere Fachbereiche (z. B. Datenschutz) mehr als vorher mit eingebunden werden. In Bezug auf das stark von den Unternehmen angewendete „Hybrid“-Cloud-Liefermodell wird noch eine ganze Weile die Notwendigkeit bestehen, die getätigten Software- und Hardwareinvestitionen in den komplexen IT-Infrastrukturen gemeinsam mit den Cloud-Technologien zu verwalten und parallel zu betreiben. Insbesondere aufgrund der strategischen Bedeutung der Hybrid Cloud in den kommenden Jahren ist eine datenseitige Integration der beiden Welten „On-Premises“ und „Cloud“ (wie beispielsweise durch die Microsoft-Azure-Plattformen sehr gut unterstützt) auch von enorm wichtiger strategischer Bedeutung für SAM-Tools.

Im Vertriebsmodell „Cloud-Abonnement“ sehen viele Hersteller ihre Chance, nicht nur weitere Kosten einsparen zu können, sondern auch eine ganz neue Form der Kundenbindung aufzubauen. Die Frage, welche der Modelle zur Softwarelizenzierung in Zukunft noch Bestand haben werden, ist mit den stetig wachsenden Umsätzen der Cloud-basierten Abonnementlizenzen wohl keine große Kaffeesatzleserei mehr, zumal immer mehr Hersteller dazu übergehen, mehr und mehr ihre „On-Premises“-Lizenzmodelle in Richtung „SaaS“ zu shiften. Die Nutzung von SaaS-Services wird sich jedenfalls immer mehr durchsetzen. Bedingt durch die steigende Komplexität in der Verwaltung von Cloud-Strukturen, wird es für die Unternehmen unumgänglich sein, den bestehenden SAM-Betrieb mit seinen Prozessen, Vorgehensweisen und Tools erneut und immer wieder auf den Prüfstand zu stellen. Die Steuerung und Verwaltung der Cloud-Lizenzbedarfe wirtschaftlich und risikoarm sicherzustellen und diese zusammen mit dem klassischen IT-, Softwareasset- und Lizenzmanagement zu administrieren und zu verwalten wird immer mehr die Hauptaufgabe werden. Um diesen neuen Herausforderungen gut gewappnet begegnen zu können, benötigen die Unternehmen einen standardisierten und gut durchdachten SAM-Life-Cycle-Prozess mit Unterstützung eines Enterprise SAM-Tools, welches auch die Verwaltung von Cloud-Umgebungen möglichst „out-of-the-box“ unterstützt – gerne auch mit weiteren verfügbaren Komponenten ausgestattet, wie beispielsweise einem Risk Monitor zur transparenten Steuerung von Risiken und Schwachstellen, um die Einhaltung der DSGVO-Vorgaben unterstützen zu können. ■

VIII

Teil VIII: Das Softwareasset- und Lizenzmanagement steuern

Es ist schwieriger, eine vorgefasste Meinung zu zertrümmern als ein Atom.

Albert Einstein

23 Der operative SAM-Betrieb

In diesem Kapitel erfahren Sie u. a.,

- warum es wichtig ist, dass das strategische und operative SAM Informationen aus der IT-Architektur über geplante und ungeplante Änderungen in den IT-Infrastrukturumgebungen erhält,
- welche Aspekte und Komponenten für das operative SAM erforderlich und zu betrachten sind,
- welche Schnittstellen es vom und zum operativen Softwareasset- und Lizenzmanagement gibt,
- welche weiteren Rollen für den operativen SAM-Betrieb einzubeziehen sind und warum es zu empfehlen ist, eine möglichst umfassende Abgrenzung zwischen den Rollen Verfahrensverantwortlicher und Betriebsverantwortlicher aufzustellen und zu beschreiben.

In diesem Kapitel werden die Aspekte, Komponenten, weitere Rollen und Schnittstellen des operativen Softwareasset- und Lizenzmanagements beschrieben. Da jedes Unternehmen mit der Zeit seine eigenen Strukturen bildet, können die in diesem Kapitel beschriebenen weiteren „Best-Practise"-Rollen nur eine Empfehlung darstellen. ■

Das alte SAM ist das neue ITSM. Provokant? Eigentlich nur die Konsequenz aus den in den vergangenen Jahren sich veränderten Sichten auf das Softwareasset- und Lizenzmanagement. Ein Beispiel? Die erste Version der Norm ISO/IEC 19770-1 „2006" und dann die zweite Version „2012" behandelten viele Jahre lang hauptsächlich die SAM-Themen, wie eine „korrekte" und normierte Implementierung der SAM-Prozesse auszusehen hat und umzusetzen ist. Auch wenn bereits seit einiger Zeit die dritte Version der Norm ISO/IEC 19770-1:2017 gilt, die 2006 und 2012 abgelöst hat, so empfehle ich in Gesprächen mit Kunden, die aus der zweiten Version „2012" bekannten „vier Stufen" in die SAM- bzw. IT-Asset-Management-Strategie immer noch mit einzubeziehen.

Zur Erinnerung: Die vier Implementierungsphasen (Tier 1–4) erlauben eine schrittweise und auf die jeweilige SAM-Projekt-Anforderung bzw. Situation angepasste Umsetzung im Unternehmen.

- **Erzeugung verlässlicher Daten (Tier 1 – trustworthy data):** Kenntniserlangung über die exakte Anzahl der eingesetzten Software und der vorhandenen Lizenzen
- **Kontrolle des Umfelds (Tier 2 – practical management):** Definition und Abbildung von standardisierten Prozessen und Verfahren im Software-Life-Cycle-Prozess

- **Einbindung in die Geschäftsprozesse (Tier 3 – operational integration):** Die Schaffung eines SPOC (Single Point of Contact) für alle Belange „das Lizenzmanagement betreffend" (organisatorisch, administrativ, technisch und lizenzrechtlich)
- **Vollständige Integration (Tier 4 – full ISO/IEC SAM conformance):** Die Umsetzung eines dauerhaften operativen Softwareasset- und Lizenzmanagements mit den erforderlichen Prozessen, Rollen und Richtlinien, integriert in die Geschäftsprozesse des Unternehmens

Oftmals steht es aber in den Unternehmen, trotz der in der Vergangenheit immer größer werdenden Aufmerksamkeit (auch seitens des Managements), damit noch nicht ganz so zum Besten. Im Bild 23.1 sehen Sie eine häufig vorzufindende „Best-Practise"-Einstufung zum Beginn eines SAM-Projekts.

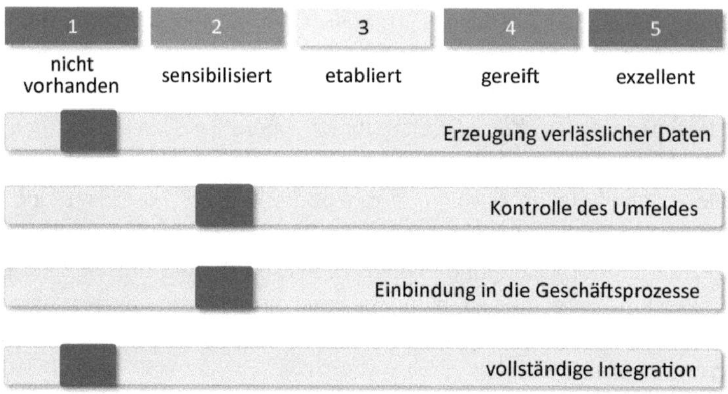

Bild 23.1 ISO/IEC 19770-1:2012 – Tier 1–4, meist vorgefundener Reifegradstatus vor Umsetzung eines SAM-Projekts

Je nach Umfang, Aufgaben- und Zielvorstellungen eines SAM-Projekts wird es sicherlich eine Weile dauern, bis ein Unternehmen im Reifegradstatus „Etabliert" bzw. „Gereift" eingestuft werden kann. Hierbei spielen beispielsweise auch die Einführung und Umsetzung entsprechender SAM-Tools eine wesentliche Rolle und erschwerend kommt heute die Cloud-Thematik noch dazu. Noch einmal kurz zur Erinnerung: Das Software Asset Management (SAM) umfasst alle Geschäftsprozesse, die für das Verwalten von IT- und Softwareassets – über die ITSM-Prozesse gesteuert – notwendig sind. Eine Vielzahl dieser Teilprozesse im SAM-Life-Cycle-Prozess werden stark vom strategischen und operativen Softwareasset- und Lizenzmanagement gesteuert bzw. aktiv beeinflusst. Der strategische und operative SAM-Betrieb ist deshalb ein wichtiger Bestandteil dieser Prozesse und als eine maßgebliche Organisationseinheit innerhalb der ITAM-Prozesse anzusehen. Das operative IT- und Software Asset Management setzt sich dabei aus administrativen, technischen, kaufmännischen und lizenzrechtlichen Komponenten zusammen und auch das Enterprise Architecture Management (EAM) muss diese Tatsachen verstärkt mit einbeziehen.

23.1 Strategisches vs. operatives SAM

In Anbetracht der Änderungen durch die dritte Version der „**ISO/IEC 19770-1:2017-12**" wird de facto ein kompletter Richtungswechsel angezeigt. Die neue Überschrift „**Informationstechnik – Management von IT-Assets – Teil 1: Managementsysteme für IT-Assets – Anforderungen**" lässt erahnen, dass der Schwerpunkt nicht mehr auf das Software Asset Management, sondern jetzt auf das Managen von IT-Assets und damit verbundene Anforderungen bzw. erforderliche Werkzeuge ausgerichtet ist. Das bedeutet jetzt im Umkehrschluss, dass auch im heutigen SAM nicht mehr nur das Augenmerk aus alleiniger Sicht auf dem Softwareasset und der Steuerung seiner Lizenzmodelle liegen kann. Im Gegenteil, die SAM-Teams müssen sich auf eine enorme Erweiterung ihrer Verantwortlichkeiten gefasst machen und sich auch zukünftig darauf einrichten, dass hier weitere und auch komplexere Aufgabenstellungen insgesamt zu erfüllen sind. Die Konsequenz daraus ist, dass die sich aus der Umsetzung eines SAM-Projekts und der Implementierung eines SAM-Tools ergebenden Rollen, Aufgaben und Aktivitäten an die neuen Anforderungen und Gegebenheiten eines operativen SAM-Betriebs angepasst werden müssen. Zwischen den strategischen SAM-Funktionen (Enterprise Architecture Management), dem Betriebsverantwortlichen für das Fachverfahren und dem SAM-Verfahrensverantwortlichen bedarf es hierbei also einer noch engeren Zusammenarbeit. Bei Fragen zu Softwareanforderungen bzw. Bereitstellungen sollte das operative SAM außerdem möglichst immer eine der ersten Anlaufstellen für die Bedarfsanforderer sein. Im ITIL-Sprachgebrauch wird dafür der Begriff SPOC verwendet. Ein solcher „Single Point of Contact" ist sehr wichtig, deshalb sollten Sie das bei der Umsetzung von optimierten Soll-Prozessen unbedingt berücksichtigen, schon aus Gründen der zentralen Steuerung und der anzustrebenden Transparenz in Bezug auf das Softwareasset- und Lizenzmanagement. Das operative Softwareasset- und Lizenzmanagement steuert und kontrolliert das Tagesgeschäft und meldet auftretende Probleme oder Fehler an das strategische SAM zurück, damit nach einer Lösung gesucht werden kann. Die IT-Strategie und die IT-Architektur benötigen permanentes Feedback durch das SAM-Team, welches die erhaltenen Daten und Informationen bündelt, bewertet und analysiert, um das Wirtschaftsgut „Software" bestmöglich steuern und einsetzen zu können. Bild 23.2 zeigt das noch einmal auf.

Dem strategischen SAM obliegt des Weiteren auch die Verantwortung für das Design und die Steuerung des SAM-Life-Cycle-Prozesses und der dazugehörigen Lizenzmanagement-Prozesse, insbesondere die Überwachung und Steuerung der datenliefernden Fachbereiche, damit die Erhebung der technischen – über die Normalisierung der Scan-Daten gewonnenen – Inventory-Daten korrekte erforderliche Lizenzbedarfe erzeugt. Ebenso sind in Bezug auf die immer stärker werdenden Miet- und Abonnement-Lizenzmodelle die Erhebung, Erfassung und Auswertung der Softwareverwendung ein wichtiger Aspekt, um die wirtschaftliche und lizenzkonforme, aber auch risikoarme Nutzung der Softwareprodukte durch den operativen SAM-Betrieb sicherstellen zu können.

Bild 23.2 Kommunikation zwischen SAM-Betrieb und IT-Architektur

■ 23.2 Aspekte und Komponenten

Nun besteht der operative SAM-Betrieb nicht nur aus der täglichen Beobachtung von Softwareinstallationen und der Ableitung von Ursachen für sinkende oder steigende Lizenzbedarfe oder Nutzungszahlen. Der operative SAM-Betrieb setzt sich aus vier Komponenten zusammen, die ineinandergreifen und von denen jede einzelne einen wichtigen Part erfüllt. Hinzu kommen drei weitere Aspekte, die für einen erfolgreichen Betrieb eines operativen Softwareasset- und Lizenzmanagements von Bedeutung sind. Die verantwortlichen operativen SAM-Rollen stehen mit allen Unternehmensbereichen auf verschiedenen Ebenen in einem permanenten Informationsaustausch. Dabei gilt es nicht nur die kaufmännische, technische, lizenzrechtliche und administrative Komponente des operativen SAM-Betriebs kontinuierlich zu überwachen und im Gleichgewicht zu halten, sondern es spielen auch rationale, politische und emotionale Aspekte eine wichtige Rolle. Diese drei Aspekte sind für einen erfolgreichen Softwareasset- und Lizenzmanagementbetrieb mitentscheidend und sollten konsequent berücksichtigt werden. Bild 23.3 visualisiert die Aspekte und Komponenten.

Sprechen wir als Erstes kurz über die drei Aspekte, die sicherlich auch in jedem anderen Projekt Beachtung finden sollten.

- *Rationaler Aspekt : das Geschäft verstehen.* Die Grundvoraussetzungen für einen erfolgreichen operativen SAM-Betrieb sind die Methodensicherheit und Kompetenz der Mitarbeitenden im Softwareasset- und Lizenzmanagement, um so ein erfahrener Ansprechpartner für andere zu sein und ggf. neue Lösungswege aus der Situation heraus erschließen zu können.

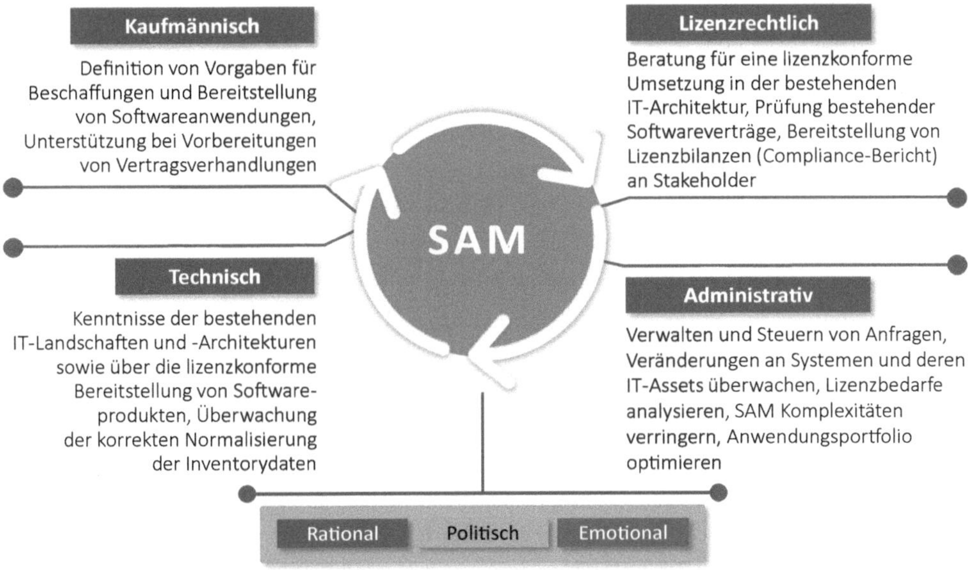

Bild 23.3 Übersicht über Aspekte und Komponenten des operativen SAM

- *Politischer Aspekt: das Management mit einbeziehen.* In den operativen SAM-Betrieb müssen auch Führungskräfte und Entscheider aktiv involviert werden können. Zudem sollten die Mitarbeitenden über ausreichende Fähigkeiten und Erfahrungen verfügen, um für unterschiedliche Interessen eine gemeinsame Lösung zu finden.
- *Emotionaler Aspekt: die Mitarbeitenden mit einbinden.* Um im operativen SAM-Betrieb erfolgreich zu sein, müssen alle Beteiligten ihre Aufgaben verstehen und motiviert durchführen. Das erreicht man, indem die verantwortlichen Mitarbeitenden gezielt in die Lösung der Aufgaben eingebunden werden und alle Mitarbeitenden im Umgang mit dem Wirtschaftsgut Software ausreichend sensibilisiert werden.

Das operative SAM kann nur dann seinen Aufgaben als SPOC (Single Point of Contact) nachkommen, wenn sämtliche Tätigkeiten unter Berücksichtigung der im Folgenden beschriebenen Komponenten durchgeführt werden. Dabei geht der inhaltliche Kontext nicht explizit auf die - für diese Aufgabe oder Aktivität - eventuell notwendige oder zuständige Rolle ein. Eine Zusammenstellung von Best-Practice-Beschreibungen möglicher Rechte, Pflichten, Aufgaben und Kompetenzen zu den drei wichtigsten Rollen wurde bereits in Abschnitt 8.5 „Soll-Prozesse - Rollen und Verantwortlichkeiten definieren" ausführlich beschrieben. Im Abschnitt 23.4 wird das für weitere Rollen im operativen SAM ausgeführt.

Die Beschreibung der Komponenten untergliedert sich in eine Vielzahl von Aufgaben, die von unterschiedlichen verantwortlichen Rollen im operativen SAM ausgeführt werden. Die Aufzählung der Aufgaben und Aktivitäten folgt keiner fest einzuhaltenden Reihenfolge und ist keineswegs als vollständig zu betrachten. Die Ausführungen beziehen sich dabei auf alle zu verwaltenden Objekttypen (Client, Server, Cloud, Mobile usw.) im Softwareasset- und Lizenzmanagement. ■

23.2.1 Administrative Komponenten

Die administrativen Komponenten sind eine zentrale Schnittstelle des operativen SAM und stellen alle wichtigen Daten für die aus den Fachbereichen, der Beschaffung (Einkauf), den Technikbereichen (z. B. Softwareverteilung) und der Unternehmensorganisation kommenden Anfragen zur Verfügung.

Die administrativen Komponenten setzen sich u. a. aus den folgenden Aufgaben und Tätigkeiten zusammen, die von den entsprechenden Rollen wahrzunehmen sind:

- Prüfung von Richtlinien und Anweisungen zum Umgang mit Softwareprodukten
- Verwalten und Steuern von Bedarfsanforderungen (Telefon, E-Mail, Workflows)
- Verwaltung von Softwaredatenträgern (CDs, DVDs, USB-Sticks) an einem zentralen Ort, sofern noch gegeben, ansonsten Archivierung durch die Hersteller bzw. den Lieferanten von bereitgestellten Quelldaten bzw. Sourcen, die über einen elektronischen Weg (Download) bereitgestellt werden
- Verwaltung und Aufbewahrung von Lizenznachweisen (Lizenzvereinbarungen, Handbücher, Rechnungen, Kaufbelege, Lizenzkeys usw.)
- Verwaltung und Ablage von Softwareverträgen (Rahmen-, Einzel- und Wartungsverträge); u. U. wird hier nur eine steuernde Funktion ausgeübt (z. B. wenn ein anderer Fachbereich für das Vertragsmanagement verantwortlich ist)
- Überwachung von Terminen und Fristen aus den Software- und Wartungsverträgen
- Steuern und Überwachen von Vereinbarungen zu Leistungsscheinen (Softwarenutzung und Bereitstellung) gegenüber Serviceprovidern bzw. Cloud Service Providern (CSP)
- Erstellen von regelmäßigen Lizenzbilanzen (Abgleich erworbener Lizenznachweise mit der tatsächlichen Nutzungssituation und den erstellten technischen Lizenzbedarfen)
- Verwaltung und Steuerung der Softwarelizenzen in einem zentralen Lizenzpool (z. B. auch die Verwertung nicht mehr benötigter Lizenzen)
- Steuerung von Veränderungen an den Systemen (Neuinstallation, Umzug, Verschrottung); Einbindung in die Change-Management-Prozesse und -Abläufe
- Prüfung der tatsächlich ausgerollten Software über Bestandsveränderungen (z. B. durch Inventoryscans)

23.2.2 Technische Komponenten

Für die Durchführung und Bewerkstelligung der im operativen SAM anfallenden Arbeiten werden auch Kenntnisse aus dem technischen Umfeld benötigt, die die dafür erforderlichen Rollen besitzen müssen. Dazu gehören u. a.:

- Kenntnisse über die bestehenden IT-Landschaften, IT-Architekturen und Zielarchitekturen, besonders in den Bereichen Client/Server, virtuelle Umgebungen, Terminalserver-Architekturen und Mainframe, sowohl in der eigenen Unternehmenslandschaft als auch gegenüber möglichen IT-Dienstleistern wie Outsourcern oder Service Providern (z. B. durch Beistellungen von Software)

- Kenntnisse bzgl. der korrekten Normalisierung der angelieferten erhobenen Scan-Inventory-Daten in ein lizenzrechtlich lesbares Softwareinventar zur Weiterverarbeitung in einem SAM-Werkzeug (Grundlage und Bestandteil für einen Compliance-Bericht)
- Kenntnisse über die lizenzkonforme Bereitstellung von Softwareprodukten, z. B. für die Paketierung von Software oder zur Identifikation von Software (Zuordnung von Fingerprints für das Software-Inventory mit dem entsprechenden Katalogmanagement)
- Kenntnisse über eine manuelle Erfassung und Zuordnung von Systemen und Software in Umgebungen, die nicht automatisiert erfasst werden können, wie beispielsweise Server-Umgebungen (physikalisch und virtuell), **in Bezug auf nicht automatisiert erfassbare Lizenzmetriken** (z. B. User- bzw. Geräte-CALs) oder Szenarien wie z. B. bei Web- oder Terminalserver-Architekturen
- Kenntnisse über die unterschiedlichen Lizenzierungsmodelle der Hersteller, um bei komplexen IT-Architektur- und Designentscheidungen beratend mitwirken zu können, z. B. um bei komplexen Entwicklungs- und Infrastrukturprojekten die betrieblichen Anforderungen und die Machbarkeit in Bezug auf die Einhaltung der lizenzkonformen Nutzungsbedingungen prüfen zu können

23.2.3 Kaufmännische Komponenten

Die dritte Komponente, die in einem operativen SAM einen wichtigen Teil darstellt, umfasst das kaufmännische Umfeld. Hierzu zählen u. a. folgende Aufgaben:

- beratende Unterstützung bei Budgetplanungen der Fachbereiche
- Unterstützung bei der Ermittlung von Umlagekosten für Software zur weiteren Kosten- und Leistungsverrechnung (OpEx- & CapEx-Optimierung)
- Unterstützung und Durchführung der betriebswirtschaftlichen Darstellung von Kostenszenarien für künftige Planungen zur IT- bzw. Enterprise Architektur sowie für Migrations- und Rolloutprojekte
- Unterstützung und Optimierung von Softwarebeschaffungen durch Bündelung von Rahmenverträgen und Bestellungen sowie Konsolidierung von Lieferanten
- Definition von Vorgaben, die für Softwarebeschaffungen einzuhalten sind
- Auslösung von Beschaffungen, Lizenzfreigaben oder Reservierungen
- Vorbereitung, Unterstützung und Beratung bei der Umsetzung von optimierten Beschaffungskonzepten (z. B. für Rabattsysteme, Einkaufsrahmen, Bündelung von Bestellungen)
- Unterstützung bei Vorbereitungen von Vertragsverhandlungen
- Darstellung und Überwachung von Kostenentwicklungen für die eingesetzten Softwareprodukte im Unternehmen
- Unterstützung und Beratung bei der Entwicklung künftiger Einkaufs- und Beschaffungsstrategien in Zusammenarbeit mit den Fachabteilungen
- Prüfung und Durchführung der Evaluierung, Historisierung und Qualifizierung der kaufmännischen Daten (Bestelldaten, Stammdaten, Kreditoren usw.)
- Ermittlung von Einsparpotenzialen bei verschiedenen Softwareprodukten im Lizenzpool über die Installationszahlen und Nutzungsdaten

23.2.4 Lizenzrechtliche Komponenten

Die vierte Komponente ist für die Einhaltung der lizenzrechtlichen Konformität verantwortlich, muss unter Umständen auch proaktiv erfolgen und wird u. a. durch die folgenden Aufgaben und Aktivitäten beschrieben:

- Unterstützung und Beratung für eine nachhaltige, lizenzkonforme Umsetzung der bestehenden IT-Architektur mit einer fortwährenden Prüfung auf die Einhaltung der vereinbarten Nutzungsbedingungen der Hersteller
- Intensive Kommunikation mit den Softwareherstellern und -lieferanten, um den Fachbereichen eine fundierte fachliche Auskunft bei Fragen zur lizenzkonformen Nutzung ihrer Produkte geben zu können
- Prüfung bestehender Softwareverträge bezüglich der vereinbarten Supportleistungen bei Wartungsverträgen, die von den Herstellern oder Dritten zu leisten sind (z. B. wie und in welchem Rahmen die Verfügbarkeit von Hotfixes, Patches und Programmupdates gewährleistet wird)
- Prüfung von bestehenden lizenzrechtlichen Sachverhalten auf korrekte Umsetzung durch die Anwendungsverantwortlichen in den einzelnen IT-Szenarien
- Entwicklung von Konzepten zur Optimierung der vorhandenen Softwarelizenzmodelle
- Beobachtung der Veränderungen von Lizenzmetriken und -modellen durch die Hersteller (z. B. ist eine stetige Beobachtung der offiziellen PURs (Produktnutzungsrechte) ratsam)
- Unterstützung bei der Vorbereitung und Durchführung von Herstelleraudits
- Erstellung und Interpretation der Lizenzbilanzen (Compliance-Bericht) mit Unterstützung durch ein SAM-Tool
- Sicherstellung der ordnungsgemäßen Einhaltung der Softwarelizenzierung gemäß der vertraglich vereinbarten Nutzungsbedingungen
- Unterstützung und Mitwirkung bei der Prüfung und Beurteilung betrieblicher Anforderungen in komplexen IT-Architekturprojekten in Bezug auf eine lizenzkonforme Nutzung der Softwareprodukte
- Durchführung einer Bestandsaufnahme der bisher beschafften Softwarelizenzen und ihrer individuellen Metriken für alle Objekttypen
- Historisierung der beschafften Softwarelizenzen bei Erfordernis

Es gibt durchaus Softwareprodukte, die aus Sicht des Softwareasset- und Lizenzmanagements relativ einfach zu verwalten sind, weil es z. B. keine komplexen Lizenzmodelle oder -metriken gibt (ich meine damit jetzt nicht Open-Source-Produkte). Doch meist sind die Hersteller nicht gerade darauf aus, ihre Lizenzbedingungen so transparent zu gestalten, dass es relativ unkompliziert wäre, die Nutzungsbedingungen einzuhalten. Insofern lauern hier erhebliche Risiken, wenn die Sache nicht ernst genug genommen wird. Die Risiken gehen dabei auch immer ein Stück weit mit den vorhandenen oder nicht vorhandenen automatisierten Software-Life-Cycle-Prozessen einher.

Die Gefahr einer erheblichen Unterlizenzierung besteht beispielsweise, wenn in Ihrem Unternehmen die Prozesse der Softwarepaketierung und Softwareverteilung hoch automatisiert sind und z. B. im Workflow zur Bereitstellung der Software nicht ausreichend geprüft wird, ob die anstehende Softwareinstallation durch eine kaufmännische Softwarelizenz gedeckt ist.

Hohe Risiken, das Softwareprodukt nicht lizenzkonform zu betreiben, bestehen z. B. bei folgenden klassischen Produkten/Abläufen:

- Microsoft-Produkte (z. B. Visio, Project - komplex durch die einzuhaltende und zu überwachende 90-Tage-Zuweisung zu einem qualifizierten Desktop)
- Zuordnung und Zählung der richtigen Anzahl von CALs (Client Access License)

Außerdem wird aufgrund der vielfältigen Beschaffungsmöglichkeiten über EA (Enterprise Agreement), Select-, Open-, Box-, Retail-, OEM- oder System-Builder-Produkte unter Beachtung unterschiedlichster Lizenzmetriken der lizenzkonforme Einsatz von Software immer komplexer.

Bei den Server-Produkten sind dies meistens:

- Alle Windows-Server-Betriebssysteme (z. B. werden oft die falschen Server-Editionen für bestimmte Szenarien verwendet, vor allem im Zusammenhang mit Server-Virtualisierung und Umstellungen der Lizenzmetriken, siehe dazu auch Abschnitt 21.2.3 „Microsoft: Server-Lizenzierung im Überblick")
- Oracle-Produkte (z. B. wird häufig die falsche Edition für ein bestimmtes Architekturszenario oder eine falsche Lizenzmetrik „Named User Plus versus CPU" ausgewählt)
- Bei IBM-Produkten, wenn nicht darauf geachtet wird, ob (bei Virtualisierung) die Softwareprodukte auch unter Sub Capacity betrieben werden dürfen, also eligible sind (siehe dazu auch Abschnitt 21.2.5.2 „Weitere Aspekte zur Virtualisierung im IBM-Umfeld")

Auch hier kann nur noch einmal darauf hingewiesen werden, wie wichtig es ist, sich immer das bestehende IT-Szenario oder das geplante Ziel-Szenario vor Augen zu halten. ■

Es sind auch hierbei noch weitere Komplexitätstreiber zu betrachten. Im Bild 23.4 habe ich dazu eine kleine Übersicht der wichtigsten Punkte zusammengestellt. Im Abschnitt 7.5 „Komplexitätstreiber identifizieren" können Sie auch gerne noch einmal Weiteres zu dieser Thematik nachlesen.

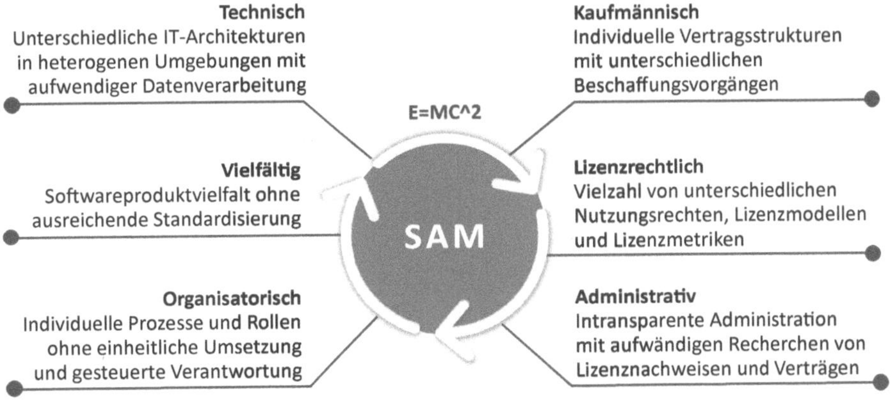

Bild 23.4 Komplexitätstreiber im operativen SAM identifizieren

Das operative SAM muss zur Erfüllung seiner Aufgaben eine ganze Menge an Informationen über die unterschiedlichsten Schnittstellen zugespielt bekommen, um daraus dann mit Hilfe eines SAM-Tools die geforderten Daten und Berichte an die Stakeholder zu übermitteln.

23.3 Schnittstellen im operativen SAM

Neben den beschriebenen Aspekten und Komponenten werden auch Schnittstellen von und zum operativen SAM benötigt, um Informationen und Daten für die Abläufe der SAM-Prozesse und der daran beteiligten Geschäftsprozesse des Unternehmens zu erhalten und diese einbinden zu können. Wichtige Schnittstellen zum und vom Softwareasset- und Lizenzmanagement sind exemplarisch in Bild 23.5 dargestellt. Die einzubindenden Geschäftsprozesse (strategisches SAM) sind auf der linken Seite abgebildet. Im Bild wird gleichzeitig visualisiert, dass das operative SAM nur funktionieren kann, wenn es einen ständigen Zufluss an zu verarbeitenden Informationen erhält. Mit weiteren Daten aufbereitet werden diese Informationen dann an die anfordernden Geschäftsprozesse zurück- oder weitergeleitet. Dass die einzelnen Bereiche auch untereinander in einer Wechselbeziehung stehen, soll die kreisförmige Darstellung veranschaulichen. Die in den Geschäftsprozessen integrierten und abhängigen SAM-Prozesse werden u. a. durch den Informationsfluss aus den strategischen und operativen SAM-Bereichen bzw. deren Rollen gesteuert und können somit den angestrebten wirtschaftlichsten und effektivsten Einsatz von Softwareprodukten gewährleisten.

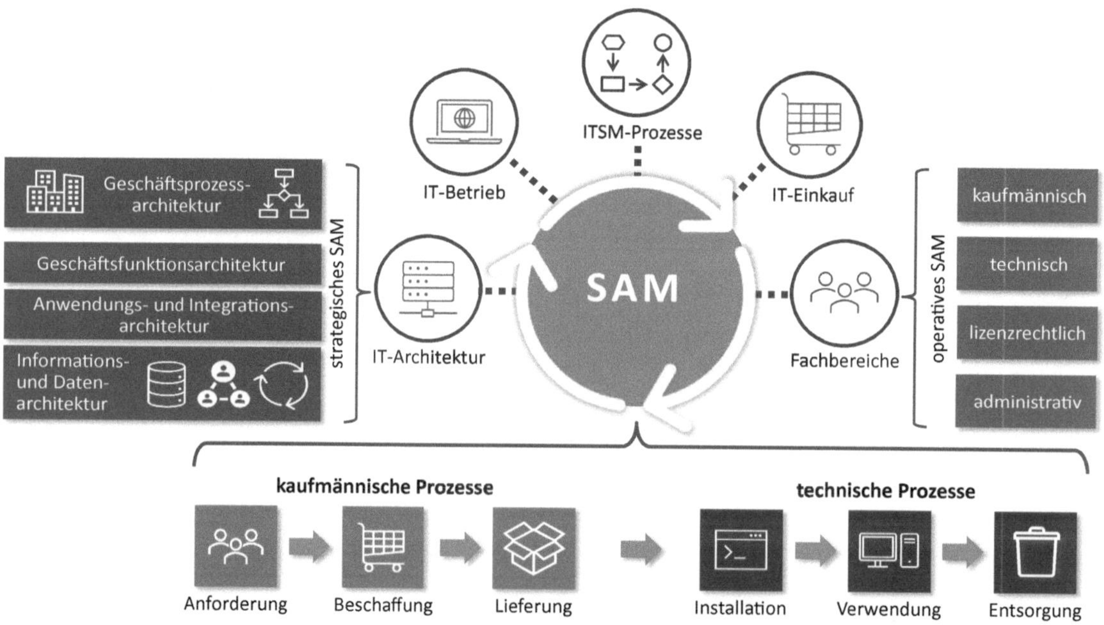

Bild 23.5 Schnittstellen des strategischen und operativen SAM

Die Schnittstellenbereiche kommunizieren aber nicht nur untereinander und zum SAM-Life-Cycle-Prozess, sondern haben auch weitere Berührungspunkte zu anderen verantwortlichen Rollen.

Schnittstelle zu Entscheidern

- *Kostenstellenverantwortliche.* Das operative SAM ist eine beratende Instanz für neu einzusetzende Software in Bezug auf eventuell schon vorhandene oder im Unternehmen bereits standardisierte Softwareanwendungen.
- *IT-Management und Fachabteilungen.* Das operative SAM ist ein SPOC und gleichzeitig ein Competence Center für alle Softwarefragen und Softwareanforderungen.
- *Betriebsrat/Datenschutz.* Falls die einzusetzende Softwareanwendung personenbezogene Daten speichert oder verarbeitet, erfordert dies eine enge Zusammenarbeit und den Austausch von Informationen. Heute wichtiger als noch vor ein paar Jahren, muss der Fokus auf eine gesetzeskonforme Verarbeitung und Bearbeitung von personenbezogenen Daten gelegt und auch im Rahmen von neuen Softwareimplementierungen beachtet werden.
- *IT-Standardisierungsgremium.* Überwachung des Softwareportfolios und Vermeidung von Softwarewildwuchs, um möglichst wenig Standardsoftwareprodukte im Unternehmen betreiben zu müssen
- *IT-Architekturbord, Enterprise Architekt.* Enge Zusammenarbeit und Know-how-Austausch bei der Umsetzung einer technisch, kaufmännisch, juristisch und prozessual optimierten IT – somit ein Beitrag zur Gewährleistung einer optimierten, kundenorientierten IT-Architektur.

Schnittstelle zu verantwortlichen externen Rollen

- Servicedienstleister (Provider)
- Cloud Service Provider (CSP)
- Softwarehersteller
- Lizenz- und Produktexperten der Hersteller
- Lieferanten

Schnittstelle zu Kunden (intern, extern)

- Mitarbeiter und Anwender
- Fachabteilungen
- Produktverantwortliche
- IT-Projekte
- Öffentliche User

Schnittstelle zu kaufmännischen und juristischen Unternehmensbereichen

- *Strategischer und operativer Einkauf (zentral, dezentral)*
  - Unterstützung bei der Beschaffung von Software (Lizenzen, Rahmenverträge, Optimierungen etc.)
  - Beratung bei alternativen Beschaffungsformen (z. B. Miet- bzw. Leasingmodelle, Subscriptions)

- *Rechnungswesen (Buchhaltung, Anlagenbuchhaltung)*
  Unterstützung bei Budgetfragen, Kostenanalysen, Abschreibungen, Leistungsverrechnung (z. B. Umgang mit GwGs oder unterschiedliche Betrachtungen bei Lizenzkauf und Wartungsverlängerung)
- *Rechtsberatungsbereiche (Verträge, Rahmenverträge, Lizenzverträge)*
  - Unterstützung bei der Erstellung von z. B. Rahmen-, Wartungs- oder Supportverträgen
  - Abbildung von lizenzrechtlich relevanten Vertragsdetails in das SAM-Tool (bzw. dessen Anbindung an das bestehende Vertragsmanagement)
  - Einholen von rechtlichen Expertisen (z. B. im Vorfeld für Migrationsplanungen oder für anstehende Verhandlungen etc.)

Die Integration eines operativen SAM-Betriebs in die bestehenden Softwareasset- und Lizenzmanagement-Prozesse ist ein permanenter Arbeitsablauf, der viele Anpassungen notwendig macht und nur gelingen kann, wenn eine enge Zusammenarbeit auf allen Ebenen und zwischen allen verantwortlichen Bereichen und Rollen über die Schnittstellen gewährleistet wird.

23.4 Weitere Rollen für den operativen SAM-Betrieb

Im Abschnitt 8.5 „Soll-Prozesse – Rollen und Verantwortlichkeiten definieren" wurden bereits die Rollen

- strategischer Lizenzmanager,
- operativer Lizenzmanager,
- Produktverantwortlicher bzw. Softwareexperte

beschrieben. Die vier Komponenten des operativen SAM erfordern allerdings noch weitere Rollen zur Steuerung. Die nachfolgende Beschreibung dieser Rollen sind als Best-Practise-Aufzählung zu verstehen. Eventuell haben Sie bereits ähnlich lautende Rollen und Verantwortlichkeiten in Ihrem Unternehmen definiert und in „Betrieb".

23.4.1 Verfahrensverantwortlicher

Die Rolle des Verfahrensverantwortlichen (für das SAM-Fachverfahren – meistens auch damit inbegriffen das SAM-Tool) ist ein wichtiger Part, um den operativen SAM-Betrieb zu steuern und die Informationen aus den Fachbereichen über In- und Output-Kanäle bereitzustellen. So hat beispielsweise der Verfahrensverantwortliche die Gesamtverantwortung für die Einführung und den Betrieb des Verfahrens.

Tabelle 23.1 Aufgaben und Verantwortlichkeiten der Rolle Verfahrensverantwortlicher

Kernaufgaben, Gremien, Standards, Lizenzen, Support-Verträge
▪ Planung der Einführung, Verfahrensbetrieb sowie Weiterentwicklung des Systems, ▪ Erstellung und Definition zentraler Fachvorgaben und Anforderungen für den fachlichen Einsatz, ▪ Verantwortung für Budget und Ressourcen zur Weiterentwicklung des Fachverfahrens, ▪ Einbindung der Gremien (beispielsweise für einen geplanten Software-Metering-Einsatz) oder Beteiligung des Datenschutzbeauftragten, ▪ Steuerung des Change-Prozesses bezüglich des Betriebs von IT-Architekturkomponenten und Bausteinen in Abstimmung mit dem Betriebsverantwortlichen, wenn dies für den weiteren Betrieb des Fachverfahrens erforderlich ist, ▪ Überwachung und Steuerung notwendiger Maßnahmen in Abstimmung mit den verantwortlichen SAM-Rollen.
Auditierung, Compliance, Software-Lifecycle-Management, Konzepte

▪ Ansprechpartner für Audit-Prozesse und für die Erstellung von Compliance-Berichten für die Stakeholder,
▪ Ansprechpartner für die Rolle IT-Sicherheitsbeauftragter,
▪ steuert das Erstellen und Aktualisieren fachbezogener Konzepte wie:
  ▪ Fachkonzept zum Fachverfahren (hier für das Softwareasset- und Lizenzmanagement)
  ▪ Fachverfahren-Rollenkonzept
  ▪ Testkonzept und Testfallfall-Beschreibungen
  ▪ Fachspezifische Anwendungsdokumentation für den Betrieb des Fachverfahrens (SAM-Betriebskonzept)

Test, Schulung, Patches, Changes, Störungen
▪ Organisation der Durchführung fachlicher Tests, ▪ Initiierung von Schulungen für benannte Fachanwender, ▪ Steuerung des Change-Prozesses unter Maßgabe der gültigen Prozess-Standards, ▪ Überwachung und Steuerung erforderlicher fachlicher Updates der SAM-Tool-Komponenten und Module sowie erforderlicher Softwarepatches und Serviceupdates, wie z. B. die Aktualisierung von Softwareartikelkatalogen durch den SAM-Tool-Hersteller oder beispielsweise neue Schnittstellenanbindungen.

23.4.2 Betriebsverantwortlicher

Die Rolle des Betriebsverantwortlichen (für das SAM-Tool) ist erforderlich, um eine Abgrenzung zwischen dem eigentlichen Fachverfahrensbetrieb (inhaltliche Steuerung und Verantwortung der Daten und Informationen aus und im SAM-Tool) und dem Fachbereich, der für den „technischen" Betrieb verantwortlich zeichnet, zu erreichen. Festgelegt wird hierbei auch die jeweilige Verantwortungsstufe gegenüber der anderen Rolle für den Betrieb des Fachverfahrens. So ist der Betriebsverantwortliche u. a. auch als Verfahrensbetreuer fachlicher und inhaltlicher Ansprechpartner für die Verfahrensanwender, er verantwortet

Aufgabenstellungen zu allen technischen und organisatorischen Maßnahmen, die mit der Bereitstellung und dem Betrieb des Fachverfahrens in Verbindung stehen.

Tabelle 23.2 Aufgaben und Verantwortlichkeiten der Rolle Betriebsverantwortlicher

Kernaufgaben, Gremien, Standards, Lizenzen, Support-Verträge
▪ Planung der Einführung, des Verfahrensbetriebs sowie der Weiterentwicklung des Systems, ▪ Erstellung und Definition zentraler Fachvorgaben und Anforderungen für den fachlichen Einsatz, ▪ Verantwortung für Budget und Ressourcen zur Weiterentwicklung des Fachverfahrens, ▪ Einbindung der Gremien (beispielsweise für einen geplanten Software-Metering-Einsatz) oder die Beteiligung des Datenschutzbeauftragten, ▪ Verantwortung für den technischen Betrieb des SAM-Tools, seiner Module und Komponenten, ▪ Bereitstellung der erforderlichen Softwareprodukte und Komponenten gemäß den fachlichen Anforderungen des Verfahrensverantwortlichen, ▪ Festlegung von erforderlichen Service Level Agreements für den Betrieb des Fachverfahrens, ▪ Sicherstellung des Betriebs des SAM-Tools und seiner Module und Komponenten anhand der vereinbarten fachlichen Anforderungen, ▪ Verantwortung der Einhaltung von geforderten Datenschutz- und Sicherheitsstandards, ▪ Steuerung und Verantwortung der Support- und Wartungsverträge mit dem SAM-Tool-Hersteller (z. B. rechtzeitige Verlängerung der Systemwartung).
Auditierung, Compliance, Software-Lifecycle-Management, Konzepte

▪ Steuerung des Lifecycle-Managements des Fachverfahrens – Updates, Wartungs- und Serviceintervalle von Komponenten und Modulen,
▪ Steuerung des Incident-Managements des Fachverfahrens, Verantwortung für eine Lösungsumsetzung in Abstimmung mit dem Verfahrensverantwortlichen,
▪ Identifikation von technisch bedingten Änderungsbedarfen und Steuerung der erforderlichen Changes,
▪ Verantwortung zur Umsetzung der fachlichen und technischen Changes gemäß Change-Prozess,
▪ Steuerung technischer Aktivitäten im Capacity Management (z. B. Bereitstellung weiterer Ressourcen, wie Server, zusätzliche Firewall Ports, Server-Zertifikate, Änderungen der Netztopologien etc.),
▪ steuert das Erstellen und Aktualisieren technisch bezogener Konzepte wie:
  ▪ Infrastrukturkonzept
  ▪ Betriebskonzept
  ▪ Rollenkonzept
  ▪ Sicherheitskonzept
  ▪ Verschlüsselungskonzept
  ▪ Berechtigungskonzept

Test, Schulung, Patches, Changes, Störungen
▪ Verantwortung der Durchführung erforderlicher technischer Tests im Fachverfahrensbetrieb, ▪ Organisation erforderlicher Schulungen für das Technikpersonal, wie beispielsweise Administratoren,

Tabelle 23.2 (*Fortsetzung*) Aufgaben und Verantwortlichkeiten der Rolle Betriebsverantwortlicher

- Steuerung des Change-Prozesses für technisch erforderliche Softwarepatches, insbesondere notwendige Sicherheitspatches,
- Verantwortung und Steuerung der Incident-, Problem- und Change-Management-Prozesse, bei Bedarf unter Einbindung externer Dienstleistungs- und Supportressourcen,
- Verantwortung der für den technischen Betrieb des Fachverfahrens erforderlichen Freigabeerklärungen,
- Steuerung des Monitorings für zu überwachende Systeme und Datenbankinstanzen,
- Verantwortung und Steuerung der für den Fachverfahrensbetrieb erforderlichen Zugangs-, Berechtigungs- und Zugriffsrechte.

23.4.3 IT-Architekt (Enterprise-Architekt)

Die Rolle IT-Architekt verantwortet die frühzeitige Bereitstellung von Informationen an das strategische und operative SAM, um rechtzeitig geplante Change-Management-Prozesse, auch unter dem Aspekt der Lizenzmanagement-Prämissen, abprüfen zu können, beispielsweise würde eine Änderung der Technologiebereitstellung ein anderes Lizenzmodell bzw. eine andere Lizenzmetrik erfordern.

- Kenntnis der Geschäftsanforderungen des Unternehmens, der dazu erforderlichen Geschäftsprozessarchitektur und -objekte, der Anwendungs- und Integrationsarchitektur sowie der Informations- und Datenarchitektur und der hierfür zugrundeliegenden Technologiearchitektur, wie Hardware-, Software- und Service-Architektur,
- Planung von IT-Infrastrukturen, ausgerichtet an den Geschäftsobjekten des Unternehmens unter Einbeziehung der Anforderungen an die dafür zu verwendenden Technologie-Stacks,
- Beschreibung und Erarbeitung neuer Anforderungen (beispielsweise Pflichtenheft) zur Einführung von systemübergreifenden Architekturen (vor allem heute wichtig für einen geplanten Cloud-Shift),
- Verantwortung des strategischen und operativ umzusetzenden IT-Bebauungsplans mit seinen IT-Bausteinen und IT-Services für Infrastruktur, Softwareprodukte, einzusetzende Technologien, erforderliche Schnittstellen, Cloud-Bereitstellungslösungen und weitere erforderliche Services,
- Begleitung von Systemmigrationen neuer Komponenten in der bestehenden IT-Architektur bzw. Systemlandschaft,
- Prüfung bestehender IT-Komponenten und IT-Strukturen auf Veränderungs- bzw. Optimierungspotenzial,
- Analysierung der umgesetzten Change-Management-Maßnahmen auf die bestehenden IT-Strukturen und Erarbeitung von Lösungen im Fehlerfall,
- kontinuierliche Weiterentwicklung und Skalierbarkeit der IT-Asset-Komponenten und IT-Services unter ständiger Marktbeobachtung auf neue Technologien und Trends, Prüfung auf mögliche Umsetzung zur weiteren wirtschaftlichen und ressourcenschonenden Optimierung des IT-Bebauungsplans.

23.4.4 Softwareverteilung und Bereitstellung

Die Rolle „Softwareverteilung und Bereitstellung" verantwortet die lizenzkonforme Paketierung der für eine automatische Softwareverteilung bereitzustellenden Softwareprodukte (z. B. durch die Beachtung der Verwendung des richtigen Lizenzkeys).

- Verantwortung der Produktkompatibilität mit den bereits im Einsatz befindlichen Softwareprodukten der IT-Produktivumgebung,
- Ansprechpartner bei der Beschreibung und Definition der zu paketierenden Softwareprodukte in Zusammenarbeit mit dem operativen SAM,
- Bereitstellung und Kontrolle der zu verteilenden Software Komponenten in Bezug auf die Testvorgaben (z. B. auf Paketierfähigkeit und Vollständigkeit der erforderlichen Parameter),
- Erstellung und Paketierung gemäß den Vorgaben vom Produktverantwortlichen, Testdurchführung und Prüfung mit anderen Softwareprodukten in der Testumgebung,
- Dokumentation des Ablaufs zur Softwarepaketerstellung,
- Begleitung erforderlicher Pilot- und Feldtests (Vorstufe des produktiven Rollouts),
- Bereitstellung der Quelldaten und Ressourcen für die Softwareverteilung,
- Verantwortung der Freigabe fertig getesteter Softwarepakete für den Rollout,
- Erarbeitung von Konzeption und Implementierung optimierter Lösungen im Rahmen der bestehenden Softwareverteilungsumgebung,
- Erstellung von Datensicherungs- und Restore-Konzepten.

Die neu an ein strategisches und operatives SAM zu stellenden Anforderungen bzw. die durch die Transformation der IT-Architekturen in die Cloud-Umgebungen entstehenden neuen Komplexitäten beschreibe ich in Kapitel 25 „Transformation im Lizenzmanagement".

Fazit:

Das operative Softwareasset- und Lizenzmanagement ist heute mehr denn je ein nicht mehr wegzudenkendes Steuerungsinstrument – in Verbindung mit einem dem Stand der Technologie entsprechenden SAM-Tool –, um einen wirtschaftlichen, ressourcenschonenden und risikoarmen Betrieb der „Softwareprodukte" gemäß den vereinbarten Nutzungsbedingungen der Hersteller sicherzustellen. Um diese Aufgaben erfüllen zu können, sind die administrativen, technischen, kaufmännischen und lizenzrechtlichen Komponenten ebenso einzubeziehen wie die notwendigen rationalen, politischen und emotionalen Aspekte, die mehr oder weniger im operativen SAM-Tagesgeschäft zu berücksichtigen sind. Weiterhin sind die erforderlichen Schnittstellen im operativen SAM auf einen permanenten Informationsaustausch mit allen anderen beteiligten Fachbereichen und Einheiten (wie z. B. Einkauf oder Recht) bzw. zu den Software-Life-Cycle- und Geschäftsprozessen des Unternehmens und auf eine hohe Datenqualitäts- und Prozessreifegradstufe angewiesen, um damit als wichtige Gesamtkomponente im Business Prozess Management allen Stakeholdern die erforderlichen Informationen bereitstellen zu können.

■

24 Die Auditrisiken managen

In diesem Kapitel erfahren Sie u. a.,

- welche Faktoren eine unlizenzierte Nutzung von Software beschreiben,
- aus welchen Motiven Hersteller Software-Audits durchführen und in welchem Zusammenhang damit eine Audithäufigkeit steht,
- aus welchen Bestandteilen ein gültiger Lizenznachweis im Allgemeinen besteht,
- welche rechtlichen Aspekte im Umfeld eines Software-Audits auftreten und zu beachten sind,
- wie Auditklauseln der Hersteller zu verstehen bzw. zu interpretieren sind,
- welche Auditauslöser es geben kann und warum Sie sich eine Auditstrategie erarbeiten sollten,
- wie ein grober Software-Audit-Prozessablauf aufgestellt sein sollte,
- welche Verhaltensregeln bei der Durchführung eines Software-Audits beachtet werden sollten,
- über welche Phasen ein Software-Audit abläuft und welche Daten und Informationen dafür vom Auditor benötigt werden,
- wie viel Auditverteidigung möglich ist, weshalb Sie ein Augenmerk auf die Validierung der Auditor-Prüfergebnisse haben sollten und welche „Lessons Learned" nach einem Software-Audit zu beachten sind.

Dieses Kapitel möchte Ihnen einen Überblick über das umfangreiche und komplexe Thema „Software-Audit" geben. Beginnend mit einem kurzen Überblick über die möglichen Formen unlizenzierter Softwarenutzung und was das eigentlich für ein mögliches Software-Audit zu bedeuten hat, geht das Kapitel auch darauf ein, welche rechtlichen Fakten und Aspekte in Deutschland zu beachten sind, welche Auslöser es für ein Software-Audit geben kann, wie die Auditklauseln der Hersteller zu bewerten sind und warum Sie sich eine Auditstrategie erarbeiten sollten. Lesen Sie weitere Informationen über die Phasen eines Software-Audits und welche Informationen die Auditoren für die Durchführung des Software-Audits bereitgestellt haben wollen. Erfahren Sie in einer beispielhaften Beschreibung, wie ein Software-Audit für IBM-Softwareprodukte ablaufen könnte und was für Aufgabenstellungen und Aktivitäten nach dem Abschluss des Software-Audits zu empfehlen sind.

Eine enorme Verschiebung der bisherigen Vorgehensweisen zum Thema Software-Audit prognostiziert Gartner in seiner Studie,[1] und zwar dass bis 2024 40 % der Unternehmen Software Asset Management als primäre Disziplin zur **Reduzierung der Kosten** für SaaS-Verträge mit marktbeherrschenden Anbietern einsetzen werden. Das bedeutet, dass sich die bisherigen „klassischen" Software-Audit-Verfahrensweisen verändern werden, teils weniger werden, weil die Bereitstellung von Softwareprodukten über Abonnement- und Subskription-Lizenzmodelle einen immer größeren Anteil einnehmen wird und damit einhergehend die Steuerung und das Managen von „IaaS"-, „PaaS"- und „SaaS"-Services und deren Verbräuche und Nutzungsbedarfe im Vordergrund stehen werden. Das Szenario zu beherrschen, wird nur noch wenigen SAM-Tool-Herstellern mit ihren Lösungen gelingen und die Konsolidierung im SAM-Tool-Umfeld noch schneller voranschreiten lassen. ■

Haftungsausschluss

Die in diesem Kapitel beschriebenen Sachverhalte, Anmerkungen und Empfehlungen erheben keinen Anspruch auf Vollständigkeit und bilden keine von mir formulierte Rechtsmeinung ab. Auszüge von Rechtsmeinungen oder Zitate sind immer mit der jeweiligen Quelle gekennzeichnet. Es werden keine Garantien und Haftungen bzgl. der Allgemeingültigkeit und/oder rechtlichen Korrektheit der hier beschriebenen Inhalte übernommen. Dieses Kapitel stellt keine Rechtsberatung dar. Wenn Sie rechtliche Beratung benötigen, wenden Sie sich bitte an eine darauf spezialisierte Rechtsanwaltskanzlei. Die im Kapitel genannten Weblinks aus dem Internet wurden im März 2021 aufgerufen und waren zu diesem Zeitpunkt noch als Quelle verfügbar. ■

Software-Audit-Fakten

Übertragen in unsere Softwarewelt, versteht man unter einem Audit die Überprüfung der eingesetzten und aktiven lizenzkostenpflichtigen Softwareprodukte auf die Einhaltung der vertraglich erlaubten Nutzungsform und -intensität im Unternehmen.

„Software-Audit" – wird dieser Suchbegriff beispielsweise bei Google eingegeben, werden ca. 363.000.000 Ergebnisse (Stand März 2021) angeboten, obwohl diesen Begriff noch nicht einmal der Duden kennt. Der Duden kennt nur „Audit" mit der Bedeutung „[unverhofft durchgeführte] Überprüfung",[2] was in unserem Fall nicht ganz 1:1 anwendbar ist, denn die „Überprüfung" kommt nicht unverhofft, sondern wird bereits mehrere Wochen vorher angekündigt. Die Anzahl der Suchtreffer täuscht aber nicht darüber hinweg, dass die vielen angebotenen Informationen meist nur oberflächlich und fachlich nicht ausreichend fundiert ausformuliert sind. So ist das auch zu diesem Thema, neben Angeboten von Dienstleistern wird teilweise viel Halbwissen verbreitet bzw. der informationssuchende Leser mit Paragrafen und Rechtsmeinungen malträtiert. In den Suchergebnissen taucht u. a. auch die

[1] Gartner Reprint – *https://www.gartner.com/doc/reprints?id=1-25EJ437D&ct=210308&st=sb*

[2] *https://www.duden.de/rechtschreibung/Audit*

Begriffserläuterung zu „Audit“[3] in Wikipedia auf. Beschrieben wird hier erst einmal nur der allgemeine Charakter eines Audits und in welchen Varianten und Formen Audits im Allgemeinen durchgeführt werden. Erst im Abschnitt „*Informationstechnik*“ findet sich ein kurzer Hinweis auf „*Überprüfung, ob ein Unternehmen für die verwendete Software eine ausreichende Anzahl an Lizenzen besitzt (Lizenzaudit)*“[4] - das sich immer noch im Nebulösen befindliche Themengebiet Lizenz- bzw. Software-Audit.

Eigentlich könnte man annehmen - denn das Thema Softwareasset- und Lizenzmanagement gibt es ja nicht erst seit ein paar Jahren -, der SAM-Prozess für den lizenzkonformen Einsatz von Software sowohl gegenüber den Herstellern als auch gegenüber dem Gesetzgeber (Urheberrecht) müsste doch so ziemlich ausgereift sein. Das Gegenteil ist aber der Fall. Das Thema wird durch die stetig wechselnden bzw. neuen Nutzungsbedingungen der Hersteller, natürlich auch bedingt durch die rasante digitale Transformation, immer komplexer und für die SAM-Verantwortlichen Rollen entsprechend immer schwerer nachzuhalten. Dass Software (auch Open Source) prinzipiell einer Lizenzpflicht unterliegt, findet sicherlich auch Ihre Zustimmung, denn in einem SAM-Betrieb muss jegliche Software betrachtet und verwaltet werden. Die gute Nachricht: Nicht jedes eingesetzte Softwareprodukt ist auf eine Einhaltung der lizenzkonformen Nutzung zu überwachen respektive zu prüfen. Denn in einem Software-Audit interessiert nur der korrekte, den vereinbarten Nutzungsbedingungen entsprechende Einsatz Ihrer **lizenzkostenpflichtigen** Softwareprodukte. Die Unternehmen müssen immer mehr des verfügbaren IT-Budgets in den Kauf von Software und in Wartungsverträge investieren. Es muss ein enormer Aufwand betrieben werden, um die mittlerweile fast vollständig von der IT abhängigen Geschäftsprozesse zu managen. Doch kaum ein Unternehmen hat einen transparenten Überblick über seine eingesetzten Softwareprodukte (Open Source und lizenzkostenpflichtige Software) und die damit verbundenen einzuhaltenden Nutzungsbedingungen. Hinzu kommen die Transformation und Migrationen von „On-Premises“-Lizenzen (auch in Form von BYOL) und deren lizenzkonformer Einsatz. Auch wenn einige Hersteller durch den Wechsel ihrer Lizenzmodelle in Richtung Abonnement und Subskription vorantreiben und sich damit auch die Auditaktivitäten verringern (z. B. bei Adobe und Microsoft), verbleibt noch ein erheblicher Anteil an „On-Premises“-Lizenzen, die zu wiederholten Software-Audits und auch verdachtsunabhängigen Lizenzprüfungen führen.

24.1 Quo vadis Software-Audit

Den Herausforderungen, die für einen anstehenden Audit erforderlichen Nutzungsdaten über die eingesetzten Softwareprodukte und Technologien bereitzustellen, kann ohne ein SAM-Tool im heutigen IT-Betrieb kaum noch ausreichend transparent begegnet werden. Angesichts der sich häufenden Berichte in letzter Zeit, dass die (augenscheinlich) durchgeführten Software-Audits - aufgrund der zunehmenden Cloud-Transformation - abnehmen

[3] Audit - Wikipedia - *https://de.wikipedia.org/wiki/Audit* - und hier im englischsprachigen *https://en.wikipedia.org/wiki/Software_audit_review*

[4] Lizenzaudit - Wikipedia - *https://de.wikipedia.org/wiki/Lizenzaudit*

(siehe auch Tabelle 24.1 „Aufstellung (Rangliste) Hersteller über ihre Software-Audit-Aktivitäten"), könnte behauptet werden, dass deshalb Software-Audits nicht mehr wichtig sind. Quo vadis[5] Software-Audit?

Leider ist das Gegenteil der Fall und Audits bleiben deshalb auch weiterhin noch im Fokus aller und auch sehr zeitaufwändig weil:

a) *Die Audithäufigkeit hat sich eigentlich nicht verringert, sondern das Motiv hat sich „verlagert".* Auch wenn die „On-Premises"-Lizenzmodelle von den Herstellern immer mehr in Richtung Abonnement und Subskription transformiert werden und von Kunden darauf gehofft wird, dass das „Messen", „Wiegen", „Zählen" weniger werden würde, wollen Hersteller die für sie so einfachen Einnahmequellen nicht so ohne weiteres aufgeben.

- *Die IT-Infrastrukturen sind beständig im Wandel und in der Optimierung.* Hybrid-Cloud, Azure Hybrid Benefit, Multi-Cloud – die IT-Infrastrukturen entwickeln sich rasant weiter, die Hersteller kommen hier oftmals selbst nicht schnell genug hinterher (siehe Gartner Blog-Eintrag[6]), wenn neue Nutzungsbedingungen überhastet publiziert werden. So können u. U. bereits nach kurzer Zeit bestehende Compliance-Regeln wieder obsolet sein und erhöhen damit die Komplexitäten für beide Seiten.

Könnten Sie diese Fragen ohne größeres Nachdenken mit „Ja" beantworten?

- Ist unser Unternehmen im Fall einer Auditankündigung gut vorbereitet oder müssten noch in einem „Fire Fighter"-Einsatz weitere Softwarelizenzen beschafft werden, um lizenzkonform zu werden?
- Können wir unseren laufenden IT-Betrieb aufrechterhalten, obwohl parallel ein Software-Audit erfolgt und dadurch unsere Ressourcen über mehrere Wochen gebunden werden?

Eine von Snow Software und IDG[7] durchgeführte Studie im Jahr 2019 ergab, dass 73 % der befragten Organisationen im vergangenen Jahr von mindestens einem Anbieter geprüft wurden. Von den befragten Organisationen gaben 42 % der IT-Verantwortlichen an, dass die Verlagerung der IT-Ausgaben in die Geschäftsbereiche dazu geführt habe, dass die Prüfungsvorbereitungen zeitaufwändiger und komplexer waren. Die Software-Audits werden tatsächlich immer mehr, obwohl manch einer wohl dachte, dass es mit den Cloud-Themen (Software-as-a-Service, SaaS) und den damit einhergehenden Abonnement-Abrechnungsmodellen für die Hersteller einfacher wäre, ihre Kunden lizenzkonform zu „zählen". Deshalb werden uns die Software-Audits der Hersteller noch eine ganze Weile erhalten bleiben, aber mit anderen Schwerpunkten, wie bereits schon angesprochen. Umso wichtiger ist es deshalb, mit geeigneten SAM-Tools Transparenz und Sichtbarkeit über seine IT-Assets zu erlangen und sich darauf zu fokussieren, diese zu optimieren und lizenzkonform zu betreiben. Aus Studien (u. a. von Gartner) der letzten Jahre geht hervor, dass viele Hersteller, die bisher konsistent auch die meisten Audits durchgeführt hatten, diese auch weiterhin durchführen werden, allerdings mit schnell wechselnden Ranglistenplätzen aufgrund der Transformationsphase von „On-Premises" in die Cloud (Hybrid) und den Umsatzverschiebungen zu den Cloud-Lizenzen (siehe dazu auch die Tabelle 24.1).

---

[5] *https://de.wikipedia.org/wiki/Quo_vadis%3F*

[6] *https://blogs.gartner.com/stephen-white/2020/06/11/has-microsoft-taken-steps-which-limit-supply-to-the-european-2nd-user-licensing-market*

[7] *https://go.snowsoftware.com/IDGcampaign-Whitepaper-English*

Seit dem 9. Juni 1993 müssen die Paragrafen des Urheberrechtsgesetzes (UrhG) auch auf Software und deren Nutzungsrechte angewendet werden. Die Aufnahme von Software in das UrhG soll vor allem den Urheber und sein Werk vor unerlaubter Vervielfältigung schützen und ist beispielsweise im Paragraf 69c UrhG beschrieben. Um eine unerlaubte Vervielfältigung oder rechtswidrige Nutzung nachzuweisen, muss erst einmal beschrieben werden, was eine rechtswidrige Nutzung ausmacht. Im Zuge dessen passiert es sehr oft, dass unbeabsichtigt eine „unlizenzierte Softwarenutzung“ erfolgt.

24.1.1 Was bedeutet unlizenzierte Nutzung?

Eine Vielzahl von Softwareprodukten, die für einen IT-Betrieb erforderlich sind, bringen entsprechend diverse Lizenzmodelle und -metriken mit sich. Je komplexer der Hersteller seine Nutzungsbedingungen „definiert“, umso häufiger werden von den Herstellern Software-Audits initiiert, um die Einhaltung der Lizenzkonformität zu überprüfen, und umso häufiger taucht dabei immer irgendeine der hier beschriebenen Formen von „unlizenzierter Softwarenutzung“ auf.

Formen von unlizenzierter Nutzung sind:

- **Un**-*lizenzierte Software.* Es wird Software verwendet und eingesetzt, für die überhaupt keine rechtmäßige Lizenz erworben wurde.
- **Unter**-*lizenzierte Software.* Eine wiederholte Installation von Software, die den vereinbarten Nutzungsumfang überschreitet (z. B. automatisierte Softwareverteilung ohne Prüfung auf ausreichend vorhandene kaufmännische Nutzungsrechte), erzeugt eine Unterlizenzierung und stellt somit eine rechtswidrige Nutzung des Softwareprodukts dar.
- **Falsch** *lizenzierte Software.* Die Software wird für Zwecke eingesetzt, die nicht von den im Vertrag festgelegten Nutzungsvereinbarungen abgedeckt sind (z. B. der Einsatz von Software mit temporären Lizenzkeys oder Testlizenzen in einer produktiven Umgebung). Um eine rechtswidrige Nutzung handelt es sich auch, wenn eine Software in einem IT-Architektur-Szenario falsch eingesetzt wird oder Funktionen genutzt werden, die nicht lizenziert wurden. Das ist sehr oft beim Einsatz von Oracle-Datenbanken der Fall (falsche Edition oder es werden Funktionen bei der Installation zusätzlich mit ausgewählt, die dann eine Lizenzpflicht auslösen) oder z. B. wenn Server-Betriebssysteme in Verbindung mit einer Virtualisierungsumgebung falsch eingesetzt werden
- *Mehrfachkopien.* Es werden mehr Kopien von Originalmedien erstellt als erlaubt und mehrfach auf unterschiedlichen PCs installiert oder ein einzelner Lizenzkey wird für mehrere Installationen verwendet (siehe auch Unterlizenzierung).
- *Raubkopien und Fälschungen.* Komplette Softwarepakete werden gefälscht und als Originalsoftware verkauft. Wer ein solches Produkt installiert, nutzt die Software rechtswidrig.

In vielen Fällen ist es für den Laien nur sehr schwer erkennbar, ob er es mit einer Fälschung zu tun hat. Microsoft bietet hierfür auf mehreren Webseiten Informationen an:

http://www.microsoft.com/de-de/howtotell/default.aspx

Bericht bzw. Meldung von nicht lizenzierter Software:

https://www.microsoft.com/de-de/howtotell/cfr/report.aspx

Dazu auch die Webseite mit FAQs:

https://www.microsoft.com/DE-DE/howtotell/cfr/FAQ.aspx

Und eine Webseite mit weiteren Hinweisen zum Kauf von Original-Software:

https://www.microsoft.com/mea/genuine/how-to-tell.aspx

Außerdem stellt Microsoft auch eine Webseite „Microsoft Produktidentifikationsservice“ (kurz: „PID-Service“) zur Überprüfung von Produktmerkmalen zur Verfügung:

https://www.microsoft.com/de-de/rechtliche-hinweise/pidservice.aspx

Für Adobe-Produkte können Sie diesen Weblink verwenden:

http://www.adobe.com/de/aboutadobe/antipiracy/auctioncaution.html ■

- *Internetpiraterie.* Im Internet werden immer häufiger Downloads von illegaler Software angeboten, manchmal auch ganze Webportale von Herstellern gefälscht. Auch stehen oft illegale Kopien über Auktionshäuser oder Hackerforen zum Verkauf. Eine weitere Methode besteht darin, günstige Software über Spam-E-Mails zu offerieren.
- *Hard-Disk loading.* Viele Fachhändler, die Hardware verkaufen, installieren teilweise Software auf den PCs vor und liefern u. U. dem Käufer dazu die erforderlichen rechtmäßigen Lizenzmedien nicht mit aus.
- *Produktmanipulationen.* Werden einzelne Bestandteile von Originalsoftware verkauft, spricht man von Produktmanipulationen, da die Käufer kein vollständiges Produkt erhalten. Um Manipulation handelt es sich auch, wenn Bestandteile der Originalsoftware mit gefälschten Komponenten ergänzt und als komplettes Originalprodukt angeboten werden.

  Eine weitere, nicht gleich erkennbare Version der Produktmanipulation ist der Vertrieb von Upgrade-Boxen als Vollversionen. Hier sagen die Nutzungsbedingungen ganz klar, dass für die korrekte Nutzung eines Upgrades eine vorhergehende Vollversion als Basislizenz vorhanden sein muss. Zudem muss diese auch in derselben Sprache verfasst sein (eine Basislizenz in Englisch und ein Upgrade in deutscher Sprache wären z. B. nicht zulässig, da es sich dabei um keine „Multilanguage-Version“ handelt, sondern um zwei eigenständige, lokalisierte Sprachversionen).

  Adobe weist zurzeit beispielsweise verstärkt auf sogenannte „Vollversions-Bundle“ hin:

  Ein solches Bundle besteht dann nicht aus zwei generischen, zusammengehörigen Lizenzen, sondern lediglich aus einem neueren, meist originalen Upgrade und – als vermeintliche Basislizenz – entweder aus

  - einer Raubkopie der Programme „Adobe Photoshop 6.0 OEM“ oder „Adobe Photoshop 7.0“,

- einer bloßen Registrierkarte mit aufgeklebter (gefälschter) Seriennummer ohne weitere Bestandteile wie Datenträger, Handbuch und/oder Umverpackung,
- einem bloßen Endbenutzer-Lizenzvertrag mit aufgeklebter (gefälschter) Seriennummer ohne weitere Bestandteile wie Datenträger, Handbuch und/oder Umverpackung oder
- einer bloßen, auf dem Upgrade-Produkt zusätzlich aufgeklebten (gefälschten) Seriennummer.

Letztgenannte Fälschungsart kommt derzeit insbesondere bei dem Produkt „Adobe Photoshop" oder dem Produktpaket „Adobe Creative Suite" vor. Ein solches Bundle verschafft dem Käufer indessen nicht die zur Installation und Nutzung des Upgrades erforderlichen Lizenzrechte.[8]

- *Vertriebskanalmissbrauch.* Nicht selten werden Vollversionen von originalen Softwareprodukten, die nur für eine besondere Lizenzform Gültigkeit besitzen, als „normale Vollversionen" weiterverkauft, z. B. Softwareprodukte, die die Kennzeichnung „Not-for-Resale (NFR)" haben, oder Produkte und Lizenzen, die ausdrücklich nur für Forschung und Lehre eingesetzt werden dürfen (Campus-Lizenzen).
- *Verkauf gebrauchter Software.* Wenn Sie gebrauchte Software erworben haben und einsetzen, kann das ebenfalls zu rechtswidriger Nutzung führen, z. B. wenn zwar ein Vertrag mit einem Lizenzgeber über eine ausreichende Anzahl von Lizenzen abgeschlossen wurde, aber der Lizenzgeber zur Lizenzerteilung gar nicht berechtigt war. Das passiert oft im Gebrauchtmarkt von Software, wenn beim Kauf/Verkauf nicht auf die Nutzungsbedingungen des Herstellers geachtet wird (z. B. bei Veräußerungen von Volumenlizenzen).

Was sagt Microsoft offiziell dazu? *https://apogiz.com/wp-content/uploads/Microsoft_Vorgaben_Handel_mit_gebrauchter_Software_2018.pdf*

Fehllizenzierungen sind häufige Lizenzierungsfehler[9]

- **Fehllizenzierung**: *Verwechseln eines Upgrades mit einer Volllizenz.* Volumenlizenzverträge decken ausschließlich Windows-Software-Upgrades ab. Ein PC muss über eine vorinstallierte vollständige Basislizenz verfügen, um sich dafür zu qualifizieren.
- **Fehlversion:** *Verwenden eines Volumenlizenz-Upgrades auf Consumer-PCs.* Consumer-PCs sind für Volume-Lizenzierungs-Upgrades für Windows Professional nicht qualifiziert.
- **Verwenden von gefälschter Software:** Stellen Sie sicher, dass Sie ein Gerät mit echter installierter Software kaufen. Dies kann durch 1) vorinstalliert durch den OEM (Original Equipment Manufacturer) im Werk oder 2) durch den System Builder bzw. Reseller erfüllt werden.
  Alle Windows-PCs müssen über eine Lizenz verfügen, sodass Sie Ihre Version über die Volumenlizenzierung aktualisieren können.
  Weitere Informationen zur Windows-10-Volumenlizenzierung finden Sie unter *https://www.microsoft.com/en-us/licensing/product-licensing/windows10*

8 Quelle: *http://www.adobe.com/de/aboutadobe/antipiracy/auctioncaution.html*
9 Microsoft | Buy Genuine – How To Tell – *https://www.microsoft.com/mea/genuine/how-to-tell.aspx*

Abgesehen davon, dass alle „größeren" Hersteller ein berechtigtes Interesse daran haben, dass ihre Softwareprodukte lizenzkonform betrieben werden, gibt es doch immer wieder eine kleine „Rangfolge" derer, die oft und umfassend auditieren über verifizierte Auditoren, wie beispielsweise die großen Wirtschaftsprüfungsgesellschaften. Manche Hersteller haben aber auch eigene Abteilungsbereiche, die sich wie beispielsweise die von Oracle gegründete „Software Investment Advisory (SIA)"[10] eher als „Supporter" verstehen wollen, aber hier ist es im Endeffekt auch nur alter Wein in neuen Schläuchen, weil es defacto eine Ausgliederung aus der Audit Division „License Management Services (LMS) ist".[11]

Was aber könnte die Hersteller noch dazu bewegen, ihre Software-Audits beizubehalten?

24.1.2 Auditmotive

Es besteht durchaus die Möglichkeit, dass Unternehmen in naher Zukunft, trotz aller Cloud-Abonnement-Thematik eine Ankündigung zu einem Software-Audit erhalten werden. Durch die massive Nutzung von mobilen Geräten im gesamten Unternehmen wurde die Art und Weise, wie im Unternehmen Informationstechnologie konsumiert wird, grundlegend verändert. Hinzukommen häufig wechselnde Nutzungsbedingungen in Bezug auf Virtualisierung und Cloud mit entsprechend erhöhten Komplexitäten. Das kann ohne optimale SAM-Prozesse und SAM-Tools kaum noch permanent lizenzkonform nachgeführt werden. Dadurch werden (unbewusst und ohne Vorsatz) viele Unternehmen bei der Einhaltung der Lizenzvereinbarungen unbeabsichtigt Schwierigkeiten haben. Wachstumsbedingt und beschleunigt durch die Pandemie mit dem Ruf nach schneller Transformation und Digitalisierung in allen Bereichen ist es schwieriger geworden, die Nutzung der Softwarelizenzen ausreichend zu verfolgen und zu überwachen. Hinzukommen, als ein weiterer Faktor für die Audittätigkeiten, die Migrationen von „On-Premises"-Lizenzen in die Cloud. In der Übergangs- und Umstellungsphase - weg von „On-Premises" hin zu jährlichen Abonnementgebühren - wird es in der Regel zu Einnahmeverlusten bei den Herstellern kommen. Audits sind daher eine willkommene Einnahmequelle, damit diese Lücke möglichst klein bleibt. Denn nach wie vor stehen die Geschäftsinteressen der Hersteller im Vordergrund und eher nicht die Sorge um eine lizenzkonforme Einhaltung ihrer Verträge. Es sollte also immer ein Schwerpunkt Ihrer IT- und Software-Asset-Management-Strategie sein und auch bleiben, sich durch ausreichend Transparenz den Software-Audits gegenüber **rechtzeitig** gut aufzustellen und somit möglichst wenig Risiken steuern zu müssen.

Der häufigste Grund für die Ankündigung und Durchführung eines Software-Audits durch Hersteller oder von ihnen beauftragte Dritte sind Veränderungen im kaufmännischen bzw. vertraglichen Umfeld (Verringerung von aktiven Wartungsbeständen, Mindermeldung von Softwarelizenzen wie beispielsweise bei einer True-Up-Meldung, Bekanntgabe von Bilanzen mit Meldungen zu Steigerungen und Ausbau von IT-Strukturen etc.).

---

[10] *https://www.oracle.com/corporate/software-investment-advisory/*

[11] *https://www.oracle.com/corporate/license-management-services/*

24.2 Audithäufigkeit

Dass die großen und wichtigen Softwarehersteller ihre Marktstellung ausnutzen und es dem SAM-Betriebs- und Lizenzmanagement-Teams nicht gerade einfach machen, die komplexen „rein kaufmännischen" Lizenzmodelle zu verstehen und lizenzkonform umzusetzen, ist leider tägliches Brot. Auch sind die Hersteller nur mäßig daran interessiert, die Komplexität herauszunehmen (das gilt auch für die Cloud-Abrechnungsmodelle) und selbst ein Stück weit für Transparenz zu sorgen. Hier hilft es leider nur, sich ständig mit der Materie auseinanderzusetzen, bei komplizierten Fragestellungen entsprechende fachliche Expertise einzuholen und alles Mögliche im Vorfeld zu tun, um eine größtmögliche Transparenz über die eigenen IT-Assets zu erhalten, sowohl auf der technischen als auch auf der kaufmännischen und lizenzrechtlichen Seite.

Welche Hersteller auditieren häufig?

Die nachfolgend aufgeführten Hersteller orientieren sich in der Reihenfolge auch an Tabelle 24.1 im Abschnitt 24.2.1.

- **Oracle** (momentan die Rangliste anführend) ist immer sehr aktiv, was die Software-Audits betrifft, und hat leider wegen seiner bekannten meist unfreundlichen Vorgehensweisen im Umgang mit seinen Kunden bzgl. der Einhaltung seiner Lizenzbedingungen keinen allzu guten Ruf. Zudem setzt der lizenzrechtlich korrekte Einsatz der Produkte von Oracle auch sehr viel Sach- und Fachverständnis voraus, damit nicht aus Versehen bei der Installation eine Option zu viel ausgewählt wird, die dann vielleicht nicht mit der vereinbarten Nutzung abgedeckt ist (Stichwort Fehler bei der Paketierung bzw. Installation). Darauf setzt auch Oracle, ist meistens gnadenlos, wenn einem Administrator dieser Fehler bei der Installation unterlaufen ist, und verlangt nachträgliche Lizenzgebühren. Hinzu kommt der Eindruck, dass Oracle seine Software-Audits auch als „Vertriebskanal" für die Cloud-Abo-Modelle nutzt und bei Streitigkeiten im „On-Premises"-Umfeld dem Kunden eine kostengünstige „Heilung" zusagt, wenn im Gegenzug das auditierte Unternehmen in Oracle-Cloud-Produkte „investiert".
- **IBM**, aktuell auf Rang zwei, behauptet schon seit längerem diesen vorderen Bereich der Rangliste, vor allem in Bezug auf die Dauer und Häufigkeit seiner Software-Audits. Oftmals komplett aus dem Kundenfokus geraten und dann ein Riesenthema während des laufenden Audits sind die teils problematischen Regeln zur Einhaltung der Sub-Capacity-Virtualisierungsbestimmungen, die u. U. die Verwendung des IBM License Metric Tools (ILMT) erfordern, um weiterhin die reduzierten PVU-Verbräuche anwenden zu können.
- **Microsoft** hat den Ruf, die Sache mit weniger Aggressivität anzugehen, und liegt aktuell auch „nur" auf Rang drei, obwohl in Sachen Marktumsatz auf Rang eins stehend. Bereits vor einigen Jahren hat Microsoft noch die Software-Asset-Management-Initiative („SAM") ins Leben gerufen, um Microsoft-Kunden im SAM-Betrieb bei der Einhaltung der Lizenzkonformitätsprozesse zu unterstützen. Dabei hat Microsoft erklärt, hier Volumenlizenzkunden mit einem SAM-Engagements zu „helfen". Zwischen den Zeilen gelesen bedeutet dies, dass Microsoft-Volumenlizenzkunden u. U. kurz vor der Erneuerung eines EA-Vertrags entweder mit einem Software-Audit durch einen von Microsoft beauftragten Auditor „beglückt" werden oder über einen der Partner bzw. Wiederverkäufer mit einem SAM-Engagement zu

rechnen haben. Denken Sie daran, dass der Wortlaut des Volumenvertrags festlegt, dass Microsoft jederzeit ein Audit einleiten kann. Viele Kunden bemerken aber nicht, dass diese möglichen angetragenen SAM-Verpflichtungen jedoch nur eine andere Vorgehensweise sind und Kunden glauben lassen, dass sie auditiert werden, aber in Wirklichkeit ist diese „SAM-Verpflichtung" rechtlich gesehen eine **freiwillige** Kooperation (siehe nachfolgende Zitierung aus den FAQs). Es gibt hierfür auch eine Microsoft-FAQ-Seite,[12] wo diese beiden Aspekte noch einmal näher erläutert werden.

> So wird hier (übersetzt mit Google) beispielsweise gefragt:
>
> **Frage:** *Was ist Microsoft Software Asset Management („SAM")*
>
> **Antwort:** *Das Microsoft-SAM-Programm ist ein vertrauenswürdiger IT-Beratungsservice, der auf Branchen-SAM-Standards basiert und Kunden dabei hilft, Dateneinblicke zu gewinnen, die Lizenzierung zu optimieren, Risiken zu minimieren und mit ihren IT-Investitionen produktiver zu sein. SAM-Engagements bieten einen 360-Grad-Überblick über die IT-Infrastruktur des Kunden und eine Reihe von Empfehlungen, wie die Richtlinien und -verfahren für das gesamte Asset Management, das Lizenzmanagement und die SAM-Richtlinien und -Verfahren verbessert werden können. Mit dieser umfassenden Sicht erhalten Kunden wertvolle Empfehlungen zu Bereichen, die für ihr Unternehmen am schwierigsten sind. SAM-Engagements werden von Microsoft SAM Certified Partners durchgeführt und sind freiwillig. Wir glauben, dass SAM ein strategischer Vorteil für alle unsere Kunden sein kann.*
>
> **Frage:** *Einige Quellen behaupten, dass Microsoft Software Asset Management (SAM) und die Überprüfung der Lizenzkonformität (allgemein als „Audit" bezeichnet) identisch sind. Stimmt das?*
>
> **Antwort:**
>
> *1. Microsoft Software Asset Management (SAM)*
>
> *- Art des Engagements -* **Freiwillig**
>
> *- Durchgeführt von - Microsoft SAM Certified Partners mit mehr Flexibilität im Prozess*
>
> *- Ziel - Kunden helfen, den Wert zu maximieren, Risiken zu minimieren und mit ihren IT-Investitionen mehr zu erreichen.*
>
> *2. Überprüfung der Microsoft-Lizenzkonformität (Audit)*
>
> *- Art des Engagements - Obligatorische vertragliche Anforderung*
>
> *- Durchgeführt von - Unabhängigen, international anerkannte zertifizierten Wirtschaftsprüfungsgesellschaften. In einigen Rechtsordnungen werden die Überprüfungen jedoch auch von autorisierten Beratern im Auftrag von Microsoft durchgeführt.*
>
> *- Ziel - Helfen Sie Kunden bei der Erreichung und Aufrechterhaltung der Lizenzkonformität und beim Schutz der geistigen Eigentumsrechte von Microsoft.*
>
> – License Compliance Verification FAQ | Microsoft Volume Licensing

[12] Häufig gestellte Fragen zur Überprüfung der Microsoft-Lizenzkonformität – License Compliance Verification FAQ | Microsoft Volume Licensing – *https://www.microsoft.com/en-us/licensing/learn-more/compliance-verification-faq*

- **SAP** hat seine Kunden eigentlich schon immer durch seine eigene Systemvermessung (das SAP-eigene Tool Licence Administration Workbench) an die Lizenzreports und periodischen Systemvermessungen gewöhnt und liegt deswegen üblicherweise in der Rangliste nicht ganz so weit vorne - aktuell auf Rang vier. Meistens sind Nachlizenzierungen notwendig, weil die SAP-Anwender sich nicht ausreichend mit der Lizenzthematik von SAP auseinandersetzten. Allerdings könnten die SAP-Anwender bei richtiger Vorgehensweise noch erhebliche Lizenzkosten einsparen. Wobei es SAP den Anwendern nicht gerade einfach macht, beispielsweise SAP-User zu identifizieren, die das System wenig bis gar nicht nutzen. Hier hilft nur eine konsequente Steuerung und Überwachung der Userberechtigungen und Namenskonventionen. Denn auch wenn ein SAP-User physisch nur einmal existiert, der Name aber z. B. in Form verschiedener Schreibweisen mehrfach auftaucht (Stichwort: Doubletten), wird es gleich teurer. Ein anderer beliebter Fehler ist die fehlende Klassifizierung des SAP-Users (darum muss sich der SAP-Anwender selbst kümmern), denn ohne eine solche wird dieser automatisch in die teuerste Lizenzkategorie eingeordnet.
- **VMware** hat sehr umfangreiche Lizenzplausibilisierungen in seine Softwareprodukte integriert, somit ist die Gefahr einer unlizenzierten Nutzung nicht sehr groß. Deshalb ist VMware auch eher auf den hinteren Rängen zu finden. Dem Umstand geschuldet, sieht die Standard-Endbenutzer-Lizenzvereinbarung (EULA) auch höchstens einmal pro Jahr eine Überprüfung vor. Sofern nach dem Audit eine Diskrepanz von mehr als fünf Prozent entsteht, werden Nachzahlungen gefordert, oder wenn ein Kunde seine Aufzeichnungspflichten grob verletzt. Im Allgemeinen prüft VMware seine Kunden nicht sehr häufig, eine Auditankündigung wird aber gerne verwendet, um den Abschluss oder die Erneuerung einer ELA[13] zu „beschleunigen", was häufig zu übermäßigen Kosten führen kann.
- **Adobe** ist seit längerem fast nur noch auf den hinteren Rängen zu finden und bestätigt damit auch das bereits seit längerem „Gefühlte" mit weniger Auditaktivitäten. Aufgrund der sehr frühen Umstellung und Transformation der „On-Premises"-Lizenzen auf Cloud-Abonnements hat Adobe es geschafft, seine Produktpalette fast komplett in Subscription-Modelle zu transformieren. Aufgrund der damit verbundenen Transparenz (für Adobe) über die Lizenzkäufe der Anwender, sind einhergehend auch die Auditaktivitäten heruntergefahren worden. Auch das Thema BYOL, tangiert Adobe so gut wie überhaupt nicht mehr. Trotz der fast vollständigen Transformation bleiben Adobe-Produkte immer noch etwas komplex in der „SAM-Verarbeitung" und das macht es dann oftmals nicht gerade einfach, den Überblick zu behalten.

24.2.1 Audithäufigkeit, aktuelle Rangliste (Hersteller)

Aufgrund der enormen Transformation in die Cloud-Umgebungen und des Wechsels der zu generierenden Umsätze weg vom „On-Premises" hin zu den Abonnement-Abrechnungsmodellen, verschieben sich auch die vertretenen Positionen der Hersteller zu den Themen Auditaktivität und Audithäufigkeit. In der Tabelle 24.1 sehen Sie den derzeitigen Stand, erhoben von Gartner in der Gartner Studie „Software Industry Transformation Requires Software Asset Management Programs to Follow Suit".[14]

---

[13] *https://www.vmware.com/content/dam/digitalmarketing/vmware/en/pdf/solutions/epp-program-guide.pdf, https://www.vmware.com/content/dam/digitalmarketing/vmware/de/pdf/solutions/SPP-QRG.pdf*

[14] Gartner, Published 24 February 2021 - ID G00735254 - *https://www.gartner.com/doc/reprints?id=1-25EJ437D&ct=210308&st=sb*

Tabelle 24.1 Aufstellung (Rangliste) Hersteller über ihre Software-Audit-Aktivitäten

Softwarehersteller	Position in Bezug auf das Software-Audit-Volumen	Position Marktumsatz
Oracle	Nr. 1	Nr. 2
IBM	Nr. 2	Nr. 3
Microsoft	Nr. 3	Nr. 1
SAP	Nr. 4	Nr. 4
VMware	Nr. 5	Nr. 8
Micro Focus	Nr. 6	Nr. 12
BMC	Nr. 7	Nr. 25
OpenText	Nr. 8	Nr. 17
Quest-Software	Nr. 9	Nr. 39
Adobe	Nr. 10	Nr. 7

Interessant ist in dieser Studie auch, dass Gartner die SAM-Funktionen und SAM-Tools als einen wichtigen geschäftskritischen Bestandteil betrachtet, um über „Cloud Center of Excellence (CCOE)“ die zukünftigen erforderlichen Managementaktivitäten und deren Risikosteuerung sicherstellen zu können.

Gartner bezeichnet das SAM als „**Nexus of all Technology Environments**“ und weist auch hiermit u. a. darauf hin, was uns schon in der Norm ISO/IEC 19770-1:2017 aufgezeigt wird: dass „nur“ noch das „IT-Asset“ und dessen Management und Risikosteuerung im zukünftigen IT-Betrieb, egal ob noch lokal oder in der Cloud, im Fokus stehen wird. Aber bevor es so weit ist, benötigen wir noch einmal einen kurzen Abstecher zum Thema, was ein gültiger Lizenznachweis ist.

24.2.2 Was ist ein gültiger Lizenznachweis?

Für den Nachweis gültiger Lizenzen benötigen Sie diverse Informationen und Unterlagen. Eine Auswahl finden Sie in der folgenden Aufstellung. Aufgrund der Fülle an Softwareprodukten und Herstellern kann diese Aufstellung aber nur eine grobe Übersicht vermitteln.

> Ausführliche Informationen zum Thema Lizenznachweise finden Sie auch im Kapitel 13 „Erfassung von Lizenznachweisen - Best Practise“. ■

Leider gibt es keinen allgemeingültigen Standard, wie eine gültige Lizenz nachgewiesen werden kann. Je nachdem, welches Softwareprodukt im Einsatz ist und über welchen Distributionskanal die Lizenzen erworben wurden, gibt es unterschiedliche Anforderungen an einen gültigen Lizenznachweis. Dieser kann dann aus den unterschiedlichsten Bestandteilen zusammengesetzt sein.

Mögliche Bestandteile und Arten von Lizenznachweisen

- Originalverpackung mit dem gesamten originären Inhalt bei Kauf,
- Original-Software-Medien (CDs, DVDs, USB-Sticks, Memory-Cards, evtl. Disketten),
- Lizenzvereinbarung, Garantieschein, Echtheitszertifikat, Handbuch,
- Rechnung, Zahlungsnachweis, Quittung, Kaufbeleg, Bestellformular (in Richtung Lieferant, Hersteller).

Nicht als Lizenznachweis anerkannt werden z. B.

- Lizenzurkunden, die nicht vom Hersteller ausgestellt wurden (ein großes Problem bei Lizenzverkäufen auf dem Gebrauchtsoftware-Markt, da hier teilweise mit von Notaren ausgestellten Lizenzzertifikaten ein rechtmäßiger Erwerb der Nutzung vorgetäuscht wird),
- notarielle Bestätigungen (siehe Lizenzurkunden),
- Lieferscheine,
- gefälschte (nicht originale) Softwareprodukte (Raubkopien),
- Softwareprodukte (auch wenn diese original sein sollten) in einzelnen Bestandteilen, also z. B. einzelne Originaldatenträger, einzelne Echtheitszertifikate (Certificates of Authenticity, COAs),
- unrechtmäßige Bundles von Softwareprodukten (siehe Abschnitt 24.1.1 „Was bedeutet unlizenzierte Nutzung?").

Formen gültiger Lizenznachweise unterschiedlicher Hersteller

Microsoft

- Einzelhandelspaket (FPP)-Software (z. B. aus einem Elektronikmarkt, muss aber vollständig sein, so wie bei Kauf erworben)

  Zahlungsnachweis, Rechnung vom Lieferanten, Echtheitszertifikat, Originalverpackung, Originaldatenträger, Handbuch, Endbenutzerlizenzvertrag (EULA) oder Microsoft Software License Terms (MSLT)
- OEM und System Builder (SB), z. B. von einem Fachhändler

  Zahlungsnachweis, Rechnung vom Lieferanten, Echtheitszertifikat (COA-Label), Datenträger (wenn mitgeliefert), Handbuch (wenn mitgeliefert), Endbenutzerlizenzvertrag (EULA) oder Microsoft Software License Terms (MSLT)
- Enterprise Agreement (EA) oder Select Plus

  Vertragsdokumente, Beitrittsnachweis, Bestätigung der Bestellung des Beitrittsunternehmens, Nachweise der Lizenzübertragung, Zahlungsnachweis, Dokument „Transfer of License" (Lizenzen, die über diesen Weg in eine andere Firma übertragen wurden, werden nicht im VLSC-Portal abgebildet, daher muss dieses Dokument von Microsoft als einzig gültiger Lizenznachweis aufbewahrt werden)
- Select Plus

  Vertragsdokumente, Bestellung, Bestätigung der Bestellung des registrierten verbundenen Unternehmens, Nachweise der Übertragung, Zahlungsnachweis, Daten aus dem VLSC-Portal

- Open Value

  Vertragsdokumente, Bestätigung der Bestellung, Dokumentation, die die Lizenzübertragung nachweist, Zahlungsnachweis, Rechnung vom Lieferanten

- Open License

  Online-Unterlagen (eOpen), Vertragsdokumente

Adobe

- Rechnungen, Daten des Kunden vom Lieferanten, vorhandene Lizenzzertifikate, Vertragsdokumente, Bestelldaten aus der Adobe-Lizenzdatenbank (Lizenzkeys werden nicht als Nachweis anerkannt). Adobe stellt einen eigenen „License Manager" für E-Licensing zur Verfügung.

Oracle

- Auszug aus der Lizenzdatenbank, originales Bestellformular, Zahlungsnachweis

IBM

- Vertragsdokumente: Passport Advantage Express (PAE) (für kleinere und mittlere Unternehmensgrößen) oder Passport Advantage für größere Unternehmen mit verschiedenen Rabattstaffeln
- Die Lizenzdokumente für beide Varianten: Der Softwarelizenznachweis und das Dokument „Software Subscription & Support" mit der Übersicht der erworbenen Softwareprodukte und Lizenzen sowie Wartungslizenzen (andere SKU-Nummer) werden nach Abschluss von IBM an den Kunden ausgeliefert und sind die gültigen Lizenznachweise.
- Außerdem können die Lizenzdokumente bzw. die erworbenen Softwareprodukte auf dem Passport-Advantage-Online-Portal verwaltet werden.[15]

Hinweis

Sie sollten sich unbedingt angewöhnen, alles schriftlich zu dokumentieren, was in irgendeiner Form mit der Kommunikation zwischen Ihnen und Ihren Lieferanten oder Vertriebsleuten des Herstellers zu tun hat. Legen Sie bei mündlichen Vereinbarungen (z. B. in Meetings oder Telefonaten) Aktennotizen oder Gesprächsprotokolle an (oder wenigstens ein Gedächtnisprotokoll, wenn kein offizielles erstellt wird) und versichern Sie sich damit noch einmal schriftlich bei Ihrem Gesprächspartner, ob der besprochene Sachverhalt so Bestand hat. Wenn Sie es auf Seiten des Herstellers oder Lieferanten mit wechselnden Ansprechpartnern zu tun haben, kann es Ihnen sonst passieren, dass eine getroffene vertragliche Vereinbarung vom Nachfolger, weil nirgends dokumentiert, nicht mitgetragen wird. ■

Im nächsten Abschnitt erfahren Sie ein paar rechtliche Fakten zu den bisher ausgeführten Aspekten und können sich damit auf eine mögliche Software-Audit-Situation besser vorbereiten.

[15] Overview – IBM Passport Advantage – *https://www.ibm.com/software/passportadvantage/*

24.3 Audit, rechtliche Fakten

Die Softwarehersteller haben zugegebenermaßen ein berechtigtes Interesse daran, die Einhaltung der lizenzkonformen Nutzung ihrer Softwareprodukte zu überwachen. Um dieses Interesse zu wahren, sind in den Softwareverträgen häufig Klauseln zu finden, die dem Lizenzgeber mehr oder weniger umfangreiche Auditrechte zugestehen sollen. Diese Auditklauseln sind ein beliebtes Thema in der Softwarebranche und müssen sich an den gesetzlichen Regelungen in Deutschland messen lassen (UrhG, BGB). Das macht es den Herstellern nicht gerade leicht.

24.3.1 Vertragliche Grundlagen

Die Softwarehersteller vereinbaren daher in ihren Lizenzverträgen vertragliche Lizenzauditklauseln, nicht nur um aus Sicht der Softwarehersteller bei konkreten Anlässen, d. h., wenn Anhaltspunkte für einen Lizenzverstoß vorliegen, sondern auch um anlassunabhängig Auskünfte einzuholen und Lizenzüberprüfungen bei Unternehmen vornehmen zu können.

Dazu ein Beispiel einer vertraglichen Standardauditklausel in einem Standardlizenzvertrag eines größeren Softwareherstellers:[16]

> *„Der Softwarehersteller darf Ihre Nutzung der Programme prüfen („Audit"), vorausgesetzt, der Softwarehersteller kündigt die Prüfung 45 Tage im Voraus schriftlich an. Sie verpflichten sich, bei dem Audit des Softwareherstellers behilflich zu sein, den Softwarehersteller in angemessenem Rahmen zu unterstützen und dem Softwarehersteller hinreichenden Zugang zu Informationen zu gewähren. Zudem verpflichten Sie sich, gegebenenfalls zu wenig bezahlte Gebühren innerhalb von 30 Tagen nach schriftlicher Aufforderung nachzuentrichten. Wenn die Zahlung nicht erfolgt, ist der Softwarehersteller berechtigt, Ihre technische Unterstützung, Ihre Lizenzen sowie diesen Vertrag außerordentlich zu kündigen. Sie erklären sich damit einverstanden, dass der Softwarehersteller nicht für Kosten einzustehen hat, die Ihnen durch die Mithilfe bei einem Audit entstehen."*

24.3.2 Rechtliche Wirksamkeit

Eine vertragliche Standardauditklausel könnte nach den Regelungen zur Gestaltung rechtsgeschäftlicher Schuldverhältnisse durch Allgemeine Geschäftsbedingungen gemäß §§ 305 ff. BGB insbesondere dann unwirksam sein, wenn diese nach § 307 Abs. 2 Nr. 1 BGB den Vertragspartner des Verwenders, also den Lizenznehmer, entgegen den Geboten von Treu und Glauben unangemessen benachteiligt.

[16] it-recht-kanzlei.de – „Lizenzüberprüfung, deren Zweck sowie deren vertragliche und gesetzlichen Grundlagen – Teil 1 der Serie zum IT-Lizenzmanagement" – *https://www.it-recht-kanzlei.de/lizenzaudit-softwareaudit-software%C3%BCberpr%C3%BCfung.html*

Empfehlung für die Praxis:
Ob eine solche unangemessene Benachteiligung i.S.v. § 307 Abs. 2 Nr. 1 BGB vorliegt und die Auditklausel damit evtl. unwirksam ist, sollte bei Verwendung eines Standard-Softwarelizenzvertrags des Softwareherstellers Folgendes geprüft werden:
Beinhaltet die Auditklausel beispielsweise keine angemessenen Regelungen über angemessene Fristen zur Anmeldung des Audits, zur Durchführung des Audits zu den üblichen Geschäftszeiten des Lizenznehmers, zur Wahrung der Betriebs- und Geschäftsgeheimnisse des Lizenznehmers und zur Wahrung der Vertraulichkeit und zur Beachtung des Datenschutzes?

24.3.3 Regelungsinhalt von Auditklauseln

Da grundsätzlich allgemein anerkannt ist, dass die Softwarehersteller ein berechtigtes Interesse daran haben, den Nutzungsumfang und die Nutzungsintensität der in den Unternehmen der Lizenznehmer eingesetzten Softwarelizenzen zu überprüfen, und auch in der Regel darauf bestehen, dass Regelungen zum Lizenz-Audit Bestandteil eines Softwarelizenzvertrags sind, wird empfohlen, die den Lizenznehmern gegebenen Möglichkeiten zu nutzen und den Regelungsinhalt der Auditklausel so zu verhandeln, dass die wirtschaftlichen und rechtlichen Interessen der Lizenznehmer gewahrt bleiben.

Empfehlung für die Praxis:
Regelungsinhalt von Auditklauseln sollte, abhängig vom jeweiligen Einzelfall, insbesondere sein:

- *eine angemessene Ankündigungsfrist;*
- *eine Durchführung zu den üblichen Geschäftszeiten des Lizenznehmers;*
- *Dauer, Umfang und Anzahl (beispielsweise höchstens einmal pro Jahr) des Lizenz-Audits;*
- *Festlegung der Auditoren, wie Lizenzgeber, Partner des Lizenzgebers, Wirtschaftsprüfer, Lizenzmanagement-Unternehmen;*
- *Konkretisierung der Prüfungsinhalte;*
- *Wahrung der Betriebs- und Geschäftsgeheimnisse des Lizenznehmers;*
- *Wahrung der Vertraulichkeit und Datensicherheit des Lizenznehmers;*
- *Geheimhaltung der Auditergebnisse;*
- *Übernahme der Kosten;*
- *Haftung des Auditors für potenzielle IT-Performanceprobleme sowie*
- *rechtliche und wirtschaftliche Folgen einer Über- und Unterlizensierung.*

24.3.4 Gesetzliche Grundlagen

Sowohl das Urheberrecht (§§ 101 Abs. 1, 101a Abs. 1 UrhG) als auch das allgemeine Zivilrecht (§§ 242, 809 BGB) gestatten Softwareherstellern als Rechtsgrundlage im europäischen Raum die Durchführungen von Lizenzprüfungen bzw. Audits, welche aber anlassbezogen und sich beispielsweise auf eine hinreichende Wahrscheinlichkeit einer Vertragsverletzung beziehen müssen. Dabei sind die Maßnahmen zur Prüfung verhältnismäßig auszulegen, was häufig erst einmal eine Besichtigung vor Ort beim Kunden ausschließt und folgerichtig auch mit dem zivilrechtlichen Anspruch auf Auskunft und Besichtigung in Einklang zu bringen ist.

Zivilrechtlicher Anspruch auf Auskunft und Besichtigung

Nach § 809 BGB kann derjenige, der gegen den Besitzer einer Sache einen Anspruch in Ansehung der Sache hat oder sich Gewissheit verschaffen will, ob ihm ein solcher Anspruch zusteht, und wenn die Besichtigung der Sache aus diesem Grunde für ihn von Interesse ist, verlangen, dass der Besitzer ihm die Sache zur Besichtigung vorlegt oder die Besichtigung gestattet.[17]

> *„Da die Anwendbarkeit des § 809 BGB auf dem Gebiet des geistigen Eigentums grundsätzlich unter Berücksichtigung der Grundsätze von Treu und Glauben gemäß § 242 BGB (BGH, Urteil vom 02.05.2002, GRUR 2002, 1046 sog. Faxkartenentscheidung) anerkannt ist, könnte dem Softwarehersteller, um eine Verletzungen seines Urheberrechts feststellen zu können, danach ein Besichtigungsanspruch zur Feststellung einer Urheberrechtsverletzung (beispielsweise wegen Unterlizensierung) gegen den Lizenznehmer zustehen. Da die Tatbestandsvoraussetzungen gemäß §§ 809, 242 BGB nach der Rechtsprechung insofern gewissen Einschränkungen unterliegen, dass eine gewisse Wahrscheinlichkeit bzw. Anzeichen für eine Urheberrechtsverletzung vorliegen müssen und das Geheimhaltungsinteresse des Lizenznehmers sowie der Grundsatz der Verhältnismäßigkeit gewahrt sein müssen, kann ein Anspruch des Softwareherstellers nach §§ 809, 242 BGB auf Besichtigung, etwa von Datenträgern und Hardware, nur in Einzelfällen in Betracht kommen. Darüber hinaus ist in der Literatur strittig, ob durch die Vorschrift von § 809 BGB auch das Vorlegen von Lizenznachweisen, Lizenzverträgen und Rechnungen abgedeckt ist. Unstrittig erscheint jedoch, dass dem Softwarehersteller nach diesen gesetzlichen Regelungen kein Ausforschungs- und Durchsuchungsanspruch zusteht. Selbst, wenn die bisherige „sondergesetzliche" Normierung des § 809 BGB, die – wie oben ausgeführt – durch die BGH-Rechtsprechung nach den Grundsätzen von Treu und Glauben gewissen Einschränkungen unterliegt, durch die Neufassung des § 101 a UrhG (Anspruch auf Vorlage und Besichtigung) mit Inkrafttreten des Gesetzes zur Verbesserung der Durchsetzung des geistigen Eigentums zum 01.09.2008 (sog. Durchsetzungsgesetz) präzisiert wurde, bleibt im Ergebnis festzustellen, dass aus Sicht des Softwareherstellers die Vereinbarung einer vertraglichen Auditklausel unverzichtbar ist, wenn er seinen Anspruch auf eine Lizenzüberprüfung wegen einer (potenziellen) Urheberrechtsverletzung durch den Lizenznehmer durchsetzen möchte."*

In den hier zitierten Ausführungen von RA Matthias Petzold (*it-recht-kanzlei.de*) zum Thema „Lizenzüberprüfung, deren Zweck sowie deren vertraglichen und gesetzlichen Grundlagen" werden noch weitere interessante Aspekte angesprochen, die darauf abstellen, dass Auditklauseln in für Deutschland geltenden Standard-AGB-Formularverträgen häufig unwirksam sind. Auch wenn sich viele weitere Rechtsmeinungen mit dem Thema der „berechtigten oder unberechtigten Einräumung von Auditklauseln in Software- und Lizenzverträgen" auseinandersetzen und zugegebenermaßen recht einleuchtende Argumente finden, die dafür sprechen, dass die Auditklauseln zumindest in Standard-AGB-Formularverträgen unwirksam sind, werden Ihnen solche rechtlich nicht verbindlichen Meinungsäußerungen in der Praxis letztlich nur wenig weiterhelfen. Auch gibt es, soweit mir bekannt ist, zurzeit keinen ausjudizierten Fall in dieser Sachlage.

[17] Original Gesetzestext *https://dejure.org/gesetze/BGB/809.html*

Im Gegenteil: Es könnten recht langwierige Rechtsstreitigkeiten oder auch die Beendigung der Geschäftsbeziehung drohen. Und wenn das in Ihrem Unternehmen ein strategisches Softwareprodukt betreffen sollte, kann dies auf Ihren Geschäftsbetrieb verheerende Auswirkungen haben, da die Hersteller oft am längeren Hebel sitzen. Bei Streitigkeiten könnte ein Hersteller z. B. mit einer einstweiligen Verfügung Ihren Geschäftsbetrieb unter Umständen erheblich einschränken, denn der Richter, der diese anordnet, muss dafür die Gegenseite nicht anhören. Da Sie sich vertraglich für eine lizenzkonforme Nutzung der Softwareprodukte gegenüber dem Hersteller verpflichtet haben, sind Sie faktisch auch daran gebunden, diese einzuhalten. Daher sollte es Sie eigentlich nicht überraschen, wenn dies gelegentlich überprüft wird. Der Gesetzgeber hat festgestellt, dass hier weitere Anpassungen erforderlich sind, und hat im Wege einer weiteren Novellierung im „Gesetz zur Verbesserung der Durchsetzung des geistigen Eigentums (GEigDuVeG)“ den § 101 a UrhG (Anspruch auf Vorlage und Besichtigung) ergänzt und präzisiert (beschrieben unter Artikel 6, S. 1201 ff.). Das Gesetz ist am 7. Juli 2008 in Kraft getreten und hat weitere Paragrafen des UrhG aktualisiert (§§ 97–111c). Trotz der weiteren Stärkung des Schutzes geistigen Eigentums bleibt festzustellen, dass aus Sicht der Softwarehersteller weiterhin eine zusätzliche vertragliche Auditklausel in den Verträgen unverzichtbar ist, wenn Ansprüche wegen einer (eventuellen) Verletzung des Urheberrechts geltend gemacht werden sollen.

24.3.5 Auditklauseln, Hersteller

Nachdem Ihnen ein Software-Audit-Ankündigungsschreiben vorliegt, sollte analysiert und geprüft werden, welche Auditklauseln (aus welchem Herstellervertrag) für diesen Fall Gültigkeit besitzen, ebenso ist zu prüfen, ob mögliche Nebenabreden vereinbart wurden. Die Auditoren beziehen sich normalerweise immer auf die vorliegenden (meist mit einem Verweis auf die aktuellen Weblinks) aktuellen Fassungen der Produktnutzungsrechte, und die können und müssen nicht unbedingt auf ihren Überprüfungszeitraum anwendbar sein. Die Frage, die zu stellen wäre: Welche Version der Produktnutzungsrechte ist auf das Software-Audit anzuwenden? Die aktuelle oder die damals bei Vertragszeichnung gültige?

Es gilt natürlich die damals bei Vertragsunterzeichnung vorliegende gültige Fassung. Also: Es ist wichtig, die Auditklauseln genau darauf zu prüfen, was vereinbart wurde und wozu man verpflichtet ist. Bezugnehmend auf den deutschen Gesetzgeber müssen Klauseln für AGBs klar und verständlich formuliert sein. Wenn diese nicht klar und verständlich formuliert sind bzw. irgendeine Überraschung enthalten, genügen sie per Gesetzesdefinition nicht den Anforderungen einer AGB-Formulierung und können dadurch u. U. auch in Teilen unwirksam sein oder werden.

Betrachten wir uns beispielhaft die Auditklauseln von Oracle aus den aktuellen (deutschen) Vertragsbedingungen.

> *Diese Allgemeinen Vertragsbedingungen (nachfolgend „Allgemeine Vertragsbedingungen“) sind gültig zwischen ORACLE Deutschland B.V. & Co. KG („Oracle“) und der natürlichen oder juristischen Person, die den Auftrag ausgefertigt hat, der diese Allgemeinen Vertragsbedingungen per Verweis einschließt. Durch die Erteilung eines Auftrags, der diesen Allgemeinen Vertragsbedingungen unterliegt, stimmen Sie zu, dass die Anlagen (wie unten definiert), die diesen Allgemeinen Vertragsbedingungen beigefügt sind, in diese Allgemeinen*

Vertragsbedingungen einbezogen werden. Ist eine Bestimmung nur für eine spezielle Anlage relevant, gilt diese Bestimmung nur für diese Anlage, wenn die Anlage diese Allgemeinen Vertragsbedingungen in Bezug nimmt. – https://www.oracle.com/a/ocom/docs/lic-online-toma-de-deu-v040119.pdf

Begeben wir uns zur Seite 14 dieses Dokuments „Anlage P – Programm“ und hier zum Punkt „8. Audit“:[18]

Nach schriftlicher Vorankündigung mit einer Frist von fünfundvierzig (45) Tagen ist Oracle berechtigt, Ihre Nutzung der Programme zu prüfen, um sicherzustellen, dass Sie bei der Nutzung der Programme die Bestimmungen des zugehörigen Auftrags und des Rahmenvertrags einhalten. Eine solche Prüfung wird Ihren normalen Geschäftsbetrieb nicht unverhältnismäßig stören. Sie verpflichten sich, bei einer solchen Prüfung durch Oracle zu kooperieren sowie, soweit von Oracle in ***zumutbarem Umfang*** *angefordert,* ***angemessene Unterstützung*** *und Zugriff auf Informationen zu gewähren. Eine solche Unterstützung umfasst unter anderem den Einsatz* ***von Oracle-Datenmesswerkzeugen*** *auf Ihren Servern und die Bereitstellung der daraus* ***resultierenden Daten*** *an Oracle. Die Durchführung der Prüfung sowie dabei gewonnene, nichtöffentliche Informationen und Daten (einschließlich aus der Prüfung resultierender Feststellungen oder Berichte) unterliegen den Bestimmungen in Abschnitt 8 (Geheimhaltung) der Allgemeinen Vertragsbedingungen. Werden bei der Prüfung Verstöße festgestellt, erklären Sie sich damit einverstanden, diese Verstöße innerhalb von 30 Tagen nach schriftlicher Mitteilung darüber zu beheben (was auch die Zahlung von Vergütungen für zusätzliche Programmlizenzen umfassen kann). Wenn Sie die Verstöße nicht beheben, ist Oracle berechtigt, (a) programmbezogene Serviceangebote (einschließlich technischen Supports), (b) Programmlizenzen, die im Rahmen dieser* ***Anlage P*** *und damit verbundener Vereinbarungen bestellt wurden, und/oder (c) den Rahmenvertrag zu beenden. Sie stimmen zu, dass Oracle keine Kosten übernimmt, die Ihnen durch die Kooperation bei der Prüfung entstehen.*

Auf den Webseiten der DOAG[19] gibt der Rechtsanwalt Dr. Thomas Thalhofer zum Thema „Viele Auditklauseln sind unwirksam, wenn deutsches AGB-Recht Anwendung findet“ ein Interview. Im Prinzip könnte man jetzt die (**fett-kursiv**) gekennzeichneten Formulierungen in der Auditklausel einer genaueren Interpretation zuführen bzw. versuchen, diese zu „verstehen“, aber wie Dr. Thomas Thalhofer weiter unten in seinen Ausführungen bereits antwortet: *„... Ein Lizenznehmer, der kein Problem hat, braucht die Auseinandersetzung nicht suchen“* – es ist immer auch eine Ermessenssache, ob hier dieses „Goldwaage-Prinzip“ einen Audit erfolgreich abwehren könnte, mit all den Konsequenzen, die hier auch bereits in den Ausführungen mit geäußert wurden.

Nachfolgend weitere Äußerungen von ihm zu den Auditklauseln von Oracle.

Die Auditklausel von Oracle beispielsweise ist anlasslos: Sie erlaubt einen Audit jederzeit mit unbeschränkter Häufigkeit, auch wenn es keinerlei Verdacht auf Urheberrechtsverletzung gibt. Auch werden keine Maßnahmen zum Schutz von personenbezogenen Daten und Betriebsgeheimnissen getroffen.

---

[18] License_Online TOMA_v040119_DE_DEU Seite 17, *https://www.oracle.com/a/ocom/docs/lic-online-toma-de-deu-v040119.pdf*

[19] *https://www.doag.org/de/home/news/viele-auditklauseln-sind-unwirksam-wenn-deutsches-agb-recht-anwendung-findet/detail/*

Ist Ihnen ein Fall bekannt, in dem eine Auditklausel aufgrund der von Ihnen beschriebenen anlasslosen Prüfung für unwirksam erklärt wurde?

Wenn Sie sich in der juristischen Literatur umschauen – und ich habe mich mit dem Meinungsstand zur Wirksamkeit von Auditklauseln sehr intensiv beschäftigt –, werden sehr strenge Anforderungen daran angelegt, was in diesen Klauseln enthalten sein muss. Insgesamt gibt es drei Argumente, die gegen eine Wirksamkeit sprechen. Das ist zum einen eine jederzeitige anlasslose Prüfung, d. h. ohne Verdacht auf Urheberrechtsverletzung, was der gesetzlichen Grundregelung im § 101a UrhG widerspricht, dann Gefahr für Betriebs- und Geschäftsgeheimnisse und datenschutzrechtliche Bedenken. Wenn Sie nun aber auf die Praxis schauen, so ist mir kein Fall bekannt, in dem das tatsächlich vor Gericht prozessiert worden wäre. In der Praxis ist es meist so, dass die Kunden die Audits akzeptieren, auch auf Grundlage dieser Klausel, und eben versuchen, mit Oracle irgendwo eine Einigung zu finden, wie der Audit abzulaufen hat. Wie schon gesagt, ein Audit ist als solches auch legitim, weil der Softwarehersteller ein berechtigtes Interesse hat, die rechtmäßige Nutzung seiner Software durch den Lizenznehmer zu überprüfen. Er soll ja auch vergütet werden für die Software, die er entsprechend den vereinbarten Lizenzbedingungen bereitstellt. Nicht zu vergessen ist aber, dass der Lizenznehmer durchaus eine Verhandlungsposition auf Augenhöhe hat, wenn er seine juristischen Positionen hier nutzt. Er muss im Audit nicht zu allem Ja und Amen sagen, was vom Softwarehersteller verlangt wird, sondern kann hier angemessen auf die Berücksichtigung seiner Interessen pochen, da es juristisch durchaus Argumente gegen viele Auditklauseln und die dort niedergelegten Bedingungen gibt – z. B. im Fall von Oracle.

... selbst wenn ein Audit letztlich nicht durchgeführt wird, werden etwaige Ansprüche aus einer Lizenzvertragsverletzung erst einmal nicht wegfallen. Wenn es z. B. tatsächlich einen konkreten Verdacht auf Urheberrechtsverletzung gibt, stehen Oracle immer noch die gesetzlichen Ansprüche wie aus dem § 101a UrhG zur Verfügung, die sie nutzen und geltend machen können. Mit anderen Worten: Ein Lizenznehmer, der kein Problem hat, braucht die Auseinandersetzung nicht suchen, und für einen Lizenznehmer, der wirklich Urheberrechte verletzt hat, ist der Anspruch nicht erloschen, bloß weil ein Audit nicht durchgeführt oder verschoben wird. – Dr. Thomas Thalhofer, *https://www.doag.org/de/home/news/viele-auditklauseln-sind-unwirksam-wenn-deutsches-agb-recht-anwendung-findet/detail/*

Nun, die Thematik um die Wirksamkeit der Auditklauseln resultiert nicht zuletzt auch aus den Schwierigkeiten der Hersteller, ihre Lizenzmodelle auch ausreichend verständlich und „handhabbar“ (für Lizenzgeber und Lizenznehmer) in die neuen Cloud-Gegebenheiten – mit all ihren Komplexitäten – zu transformieren.

24.4 Die Schwierigkeiten der Hersteller

Die verschiedenen Cloud-Liefer- und Servicemodelle, die heute die völlige Normalität abbilden, bringen auch eine Reihe neuer Herangehensweisen, Herausforderungen und Komplexitäten in puncto Softwarelizenzierung und Einhaltung der Lizenzkonformität mit sich. Die cloudbasierten Abonnements und Abrechnungsmodelle sind zwar nicht mehr Neuland, aber auch noch nicht so etabliert, dass diese über Standardverfahren innerhalb der „klassischen" SAM-Life-Cycle-Prozesse gesteuert werden können. Denn nicht nur die eigentlichen Bereitstellungs- und Abrechnungsprozesse sind zu steuern, sondern die verschiedenen Aspekte und Nuancen, die es rund um „IaaS", „PaaS" und „SaaS" zu beachten gilt, sind ebenso in das Risikomanagement mit aufzunehmen. Dies gilt vor allem dann, wenn die Verantwortlichkeiten zur Einhaltung der lizenzkonformen Nutzung der Softwareprodukte nicht immer klar definiert sind. Denn die Haftung für die Einhaltung der Lizenzkonformität verbleibt immer beim Lizenznehmer. Ist dieser nicht bei allen Maßnahmen des Cloud Service Providers so mit eingebunden, dass eine Beurteilung der Lizenzsituation möglich ist, kann das zu erheblichen lizenzrechtlichen Auswirkungen führen.

Durch den sich vollziehenden Paradigmenwechsel beim „Zählen, Messen, Wiegen", hin zu den „IaaS"-, „PaaS"- und „SaaS"-Abrechnungsmodellen, werden die Hersteller nicht mehr lange groß genötigt sein, wie beim bisherigen klassischen „On-Premises"-Modell über Software-Audits nachzuprüfen, ob die erworbenen Lizenznachweise auch den technisch ausgewiesenen Lizenzbedarfen entsprechen. Da die Umstellung auf „SaaS" auf einem Cloud-Hybrid-Betrieb noch eine ganze Weile dauern wird und eben dann auch trotzdem noch „On-Premises"-Lizenzen (BYOL) eine (nur nicht mehr so große) Rolle spielen, werden die Auditaktivitäten nicht ganz verschwinden.

Fragen, die diesbezüglich zu stellen wären:

- Werden „On-Premises"-Lizenzen in die Cloud verschoben, liegt die Einhaltung der lizenzkonformen Nutzung normalerweise beim Lizenznehmer (BYOL), während die Verantwortung für den lizenzkonformen Betrieb beim Cloud Service Provider liegt. Im Fall einer aufgedeckten Diskrepanz durch nicht lizenzkonforme Verwendung von Softwareprodukten, stellt sich die Frage, wer dann die Auditrechnung zahlt. Der Cloud Service Provider oder der Kunde? Und welchen Anteil davon?
- Werden für die Nutzung in einer Public-Cloud die gleichen Lizenzmetriken angewendet bzw. anzuwenden sein, wie bei der Verwendung in einer Private-Cloud?
- Was ist, wenn der Kunde im Servicemodell „IaaS" nicht nur die Kontrolle darüber hat, was in der Cloud-Umgebung ausgeführt wird, sondern möglicherweise auch noch die Kontrolle über Betriebssysteme und bereitgestellte Anwendungen? Welche Regeln zur Verantwortung einer lizenzkonformen Nutzung würden dann für so ein Szenario anzuwenden sein, verantwortet es der Kunde oder der Cloud Service Provider?
- Wie sind die im Unternehmen bestehenden aktuellen „klassischen" Softwarelizenzverträge formuliert? Gibt es hier eventuell schon eine Nutzungserlaubnis der „On-Premises"-Lizenzen in der Cloud?

Die Komplexitäten in der Umsetzung und Steuerung verstecken sich oft, so wie ein Eichhörnchen seine gefundenen Nüsse meistens verstecken möchte. Ehe man sich versieht, kommt die nächste Nuss, die es zu knacken gilt. Der Cloud-Betrieb erfordert eine Vielzahl an zusätzlichen Dokumenten, statt nur den „klassischen" Lizenznachweis. Auch hier gilt – wie schon im „lokalen" SAM-Betrieb – alles muss richtig interpretiert und über geeignete Risikomanagementkontrollen gesteuert und implementiert werden, um die Einhaltung der Nutzungsbedingungen der Hersteller permanent sicherstellen zu können.

Fazit

Unbestritten ändern sich die klassischen IT-Landschaften und IT-Strukturen und sollten über ein „Cloud Center of Excellence (CCOE)"[20] gesteuert und überwacht werden. Die Cloud-Servicemodelle „IaaS", „PaaS", „SaaS", neue Bereitstellungsformen über Containering, Edge-Computing, Serverless, andere Varianten der App-Entwicklungen wie Low-Code bzw. No-Code, der Einsatz von Open-Source-Produkten wirken sich immer stärker und vielfältiger auf die Art und Weise aus, wie Unternehmen ihre IT-Assets steuern und verwalten müssen. Heutige ITAM-Rollen müssen die neuen Technologien verstehen können, um zusammen mit dem Enterprise-Architekten die erforderlichen Prozesse und Leitplanken implementieren zu können und um den IT-Betrieb lizenzkonform, wirtschaftlich, ressourcenschonend und risikoarm sicherzustellen. Durch die verstärkte Transformation in die Cloud gehen viele Unternehmen umfassend zum Cloud-Servicemodell „SaaS" über. Nun kommen tatsächlich einige Manager in Versuchung, eine Annahme zu treffen, dass doch aufgrund der Abrechnungsmodelle keine SAM-Überwachung mehr erforderlich wäre, da die Kontroll- und Nutzungsdaten doch eher von geringerem Wert sind. Die Realität hat sich aber mittlerweile als völlig gegenteilig erwiesen. Die SAM-Rolle ist jetzt besonders wichtig geworden, um eine **„verbrauchskonforme"** und nicht **„lizenzkonforme"** Nutzung sicherzustellen, damit der Cloud-Betrieb ressourcenschonend und mit weniger wirtschaftlichen und rechtlichen Risiken bereitgestellt werden kann.

24.4.1 Risiken zur Lizenzkonformität variieren

Mit der Transformation der IT-Assets in die Cloud-Modelle können die Risiken der herzustellenden lizenzkonformen Nutzung zwar verringert werden, aber dabei bleiben trotzdem noch Hauptrisiken zu beachten:

- Die lizenzkonforme „Verschiebung" bzw. das lizenzrechtlich saubere Inverkehrbringen der BYOL-Thematik in Public-Cloud Bereitstellungsumgebungen.
- Steuerung und Kontrolle von Zugriffsbeschränkungen, wie z. B. indirekte Zugriffe, Einschränkungen im Hybrid-Betrieb, Mengengerüste bzw. deren Beschränkungen der zugreifenden Geräte.
- Es sind (ähnlich wie bei der Oracle-Thematik) lizenzkostenpflichtige Funktionen in Mehrmandantenebenen (Shared-Umgebung) aktiviert oder diese sind für alle bereitgestellten Benutzer aktiviert, ohne auf die erforderlichen Lizenznachweise zu achten.

Das enorme Wachstum bei den Cloud-SaaS-Modellen (mit seinem Abrechnungsmodell) hat zu einer großen Verschiebung der bisherigen Auditaktivitäten geführt. Beispiele dafür sind u. a. Microsoft und Adobe, deren Umsätze sich in Bezug auf die SaaS-Transformation positiv

[20] cloudcomputing-insider.de – was ist ein Cloud Center of Excellence (CCoE)? – *https://www.cloudcomputing-insider.de/was-ist-ein-cloud-center-of-excellence-ccoe-a-949894/*

entwickelt haben. Beide Hersteller reagieren darauf mit reduzierten Auditaktivitäten – Adobe sogar noch viel umfassender als Microsoft, wenn Sie sich noch einmal die Rangliste in der Tabelle 24.1 anschauen.

Obwohl eine Transformation und Migration hin zum „SaaS"-Modell die Risiken zur Nutzung von unlizenzierten Softwareprodukten vermindert, bleiben komplexe Probleme bestehen. Eine Reduzierung der Auditaktivitäten bedeutet aber nicht, dass SAM-Life-Cycle-Prozesse, -Tools und -Rollen bei Verwendung von „SaaS"-Modellen und entsprechender Abrechnung nicht mehr erforderlich wären. Es muss trotz der vereinfachten Kontrolle der Lizenzkonformität immer noch die Einhaltung der Einschränkungen von „SaaS"-Nutzungsrechten sichergestellt werden. Als Vergleich dazu könnte man in diesem Zusammenhang das Thema „indirekter Zugriff" von SAP anführen. Werden diese nicht ausreichend gesteuert und überwacht, können z. B. Microsofts indirekte Zugriffsregeln erhöhte Haftungs- und Lizenzkosten nach sich ziehen. Vor allem deshalb ist es nach wie vor wichtig, die Integration des Cloud-Services-Managements in die SAM-Life-Cycle-Prozesse voranzutreiben, um damit die Einhaltung komplexer BYOL-Nutzungsrechte lizenzkonform zu steuern und zu überwachen.

Bedingt durch die Motivation der Hersteller, ihren „On-Premises"-Kunden die Cloud-Umgebungen und -Modelle ausreichend schmackhaft zu machen, werden entsprechende Lizenzprogramme aufgelegt, um diese Migrationsszenarien kostenattraktiv abzubilden. Dadurch sind zur Nutzung in Public-Cloud-Umgebungen unbefristete Lizenzen regelmäßig verfügbar, unterliegen jedoch genauso einer lizenzrechtlich detaillierten Bewertung, um Einschränkungen oder zusätzliche Lizenzanforderungen erkennen zu können. Werden im Vorfeld einer Migration mit BYOL-Lizenzen diese Parameter umfassend bewertet, können falsche Annahmen oder auch Erwartungshaltungen rechtzeitig behoben und das optimale Szenario mit den korrekten Optionen aufgezeigt werden.

Wenn ein Software-Audit im Zuge einer anstehenden Cloud-Migration durchgeführt wird, kann dadurch auch das Auditrisiko zunehmen.

Die Auditaktivitäten spiegelten schon immer die Umsätze der Softwarebranche. Aufgrund der erfolgreichen Transformation ihrer Softwareprodukte in die Cloud-Bereitstellungsmodelle reduzieren diese anschließend ihre Auditaktivitäten. Andersherum verstärkt das bei den Softwareherstellern – die mit der Transformation ihrer Produkte noch nicht soweit fortgeschritten sind – die Auditaktivitäten, um damit mögliche Defizite bei den Cloud-Umsätzen zu kompensieren. Für Unternehmen, die noch nicht so starke Ambitionen haben, in die Cloud-Welt zu wechseln und eher noch mit ihrem lokalen IT-Betrieb vorliebnehmen, kann das aber zur Folge haben, dass die Hersteller hier ihre Auditaktivitäten verstärken werden, um damit fehlende Cloud-Umsätze aufzufangen.

Ja, es wird weiterhin Software-Audits geben, aber Cloud-bedingt werden diese möglicherweise schwieriger durchzuführen sein und sehr viel Zeit und Konzentration einfordern (auf beiden Seiten). Das IT- und Software Asset Management wird in jedem Fall stärker an Bedeutung gewinnen, um diese komplette Betriebs- und Compliance-Thematik sicherstellen zu können. Das bedeutet für diese Unternehmen erst recht verstärkte Aufmerksamkeit auf ihre SAM-Strategie und auch ein SAM-Tool zu richten, damit hier entsprechende Transparenz und Sichtbarkeit erzeugt werden kann, wenn denn dann ein Ankündigungsschreiben auf dem Schreibtisch liegt. Mögliche Auslöser dazu stelle ich Ihnen im nächsten Abschnitt vor.

24.4.2 Audit-Auslöser

Sie sollten darauf achten, dass Ihr Unternehmen nicht von sich aus dem Hersteller Anlass bietet, ein Software-Audit durchzuführen. Hersteller können z. B. Anhaltspunkte für eine mögliche Unregelmäßigkeit in Ihren Lizenzbeständen gewinnen, wenn bei Supportanfragen durch den Lizenznehmer Widersprüche entstehen, also beispielsweise Supportanfragen gestellt werden, die nicht zu den vertraglich festgelegten Nutzungsbedingungen passen (z. B. bei der Klärung von IT-Architekturszenarien). Achten Sie auch darauf, was in Ihren Pressemitteilungen publiziert wird. Wenn Sie Meldungen verbreiten wie z. B.: „Als einer der größten Hersteller von ... haben wir mit einer Investition von über 50 Millionen Euro ein neues Rechenzentrum errichtet, welches mehr als 2500 weitere Anwender unterstützen kann.", wird diese Meldung sicher nicht nur von den Aktionären gelesen. Vertriebsmitarbeiter der Softwarehersteller verwenden unter Umständen auch Informationen aus Gesprächen mit ihren Ansprechpartnern aus den Fachbereichen, um eventuelle Diskrepanzen aufzudecken. Diese Gefahrenstelle können Sie beseitigen, wenn die Fachabteilungen für die Evaluierung von Software keine Befugnisse erhalten, mit externen Herstellern oder Lieferanten allein zu verhandeln, sondern zumindest ein Mitarbeiter aus dem operativen SAM-Betrieb hinzugezogen werden muss.

Erhalten Sie - ohne einen für Sie erkennbaren oder nachvollziehbaren Grund - ein Ankündigungsschreiben zu einem geplanten Software-Audit, könnte es sein, dass Sie entweder wirklich nur zufällig ausgewählt wurden oder es sich um eine reine Routinekontrolle handelt. Ich habe aber auch schon die Situation erlebt, dass ein Service Provider auditiert wurde und anschließend der Auftraggeber des Service Providers gleich mit in den Auditring steigen musste, weil erhebliche Unregelmäßigkeiten festgestellt wurden. Dies hatte dann - wegen fehlender vertraglicher Vereinbarungen mit dem Service Provider für den korrekten Einsatz und die Nutzung der vom Auftraggeber beigestellten Softwareprodukte - erhebliche finanzielle Auswirkungen auf die Lizenzsituation des Auftraggebers (Nachlizenzierung) - Thematik Softwarebeistellungen in „Shared- bzw. dedizierten" Umgebungen.

Es hängt sehr viel von den geprüften Unternehmen selbst ab, wie Sie ihre Beziehungen zu den Lieferanten oder Herstellern gestalten und ob ihnen eher ein laues Lüftchen oder eine starke Brise entgegenweht, wenn es um die Klärung festgestellter Sachverhalte geht. Versuchen Sie deswegen möglichst, ein ehrliches, von gegenseitigem Respekt getragenes Verhältnis zu den Mitarbeitenden der Softwarehersteller oder Lieferanten aufzubauen und zu unterhalten, um ein eventuelles Software-Audit mit fairen Ergebnissen für alle Beteiligten über die Bühne bringen zu können.

Umsatzsicherung durch Software-Audits

Umsätze zu steigern ist, denke ich, legitim. Softwarehersteller haben hierfür aber nicht nur ihre Vertriebseinheiten zur Verfügung, sondern können auch ihre Umsätze in Bezug auf Softwarelizenzen durch Prüfungen wie über ein Software-Audit steuern.

Schauen wir uns einmal ein paar mögliche Auslöser an, die ein Software-Audit begründen:

- *Starke und massive Verlagerung der Geschäftstätigkeiten in die Home-Office-Nutzung.* Durch die Corona-Pandemie bedingt und den damit einhergehenden gesetzlichen Anordnungen, wurden viele Unternehmen „kalt" erwischt. Denn es mussten ja jetzt in ziemlich kurzer Zeit die IT-Infrastrukturen auf den „Home-Office"-Betrieb ausgerichtet und erweitert werden.

Problematisch ist dabei, dass sich nicht alle Softwareprodukte einfach so lizenzkonform „umschwenken“ lassen, sei es, dass dafür teilweise andere Lizenzmetriken erforderlich sind, beispielsweise erhöhte Anwender-Remote-Nutzung oder die RZ-Ressourcen (Datenbanken, Prozessoren - andere CPU-Metriken) erweitert werden müssen. All dies, kann in einigen Monaten mitunter eine Ursache sein, dass die Auditaktivitäten wieder anziehen werden, weil geprüft wird, ob die „Erweiterungen“ lizenzkonform durchgeführt wurden.

- *Ursprünglich geplante Investitionen werden verschoben, weil das Budget jetzt für die ungeplanten Ausgaben in Bezug auf die Pandemie verwendet werden müssen.* Aufgrund der unerwarteten Ausgaben im Zusammenhang mit der Pandemie verschieben einige Unternehmen ihre eigentlich geplanten Investitionen in die Zukunft oder sie versuchen, die Aufgabenstellungen mit Hilfe von Open-Source-Produkten zu lösen. Dadurch sehen die Softwarehersteller ihre Umsatzziele gefährdet und versuchen u. U., das mit Auditaktivitäten oder einer Aufforderung zu einem freiwilligen True-Up zu kompensieren.
- *Kunden verzögern oder setzen Vertragsverlängerungen aus.* Immer schon ein beliebter Auslöser für eine mögliche Auditaktivität ist, wenn Kunden ihre Wartungsverträge nicht rechtzeitig oder gar nicht verlängern. Die Softwarehersteller haben diese Umsätze nämlich über Jahre bereits in ihre Umsatzprognosen einkalkuliert. Brechen diese weg, ist das für die Softwarehersteller ein erhebliches finanzielles Risiko. So gilt oft die Maxime, die Supporteinnahmen auf jeden Fall sicherzustellen. Nicht umsonst gehen jetzt die Hersteller oftmals auf einen Re-Instate-Zeitraum von bis zu fünf Jahren, wo dann die Wartung „nachgezahlt“ werden muss.
- *Firmenein- und verkäufe.* Umorganisationen, Zusammenschlüsse, Veräußerungen, Stellenreduzierungen usw., es gibt viele Varianten, wie sich bisherige Softwarelizenznutzungen wandeln können. Meistens kennen die Softwarehersteller beide Seiten und wissen dann auch, wie es dabei um die Compliance-Situation bestellt ist. So können sie anhand eigener Unterlagen erkennen, dass die Softwareverträge nicht so ohne Weiteres zusammengeführt oder angepasst werden können. Dies ist oftmals auch ein erhebliches Risiko, welches beim Verkauf oder Erwerb eines Unternehmens vorher unbedingt zu bewerten gilt. Häufig folgt dann aus diesen Umständen heraus auch recht bald ein Software-Audit.

Um einen plausiblen Anlass für ein Audit zu schaffen (das UrhG kennt kein verdachtsunabhängiges Auditrecht), greifen die Hersteller unter anderem auch auf diese mittlerweile sehr einfach verfügbaren Informationen zurück und gleichen diese mit anderen Daten, beispielsweise aus den herstellereigenen Online-Portalen (Microsoft: „Volume Licensing Service Center (VLSC)“, IBM: „IBM Passport Advantage Online“), ab. Ergeben sich hier Unstimmigkeiten und entsteht der Verdacht einer unlizenzierten Nutzung, wird schon einmal ein freundlicher Brief an den Kunden verschickt, mit der Aufforderung, eine Selbstauskunft (Lizenzbilanz) einzureichen. Unternehmen, die diesen Brief erhalten und sich bis dahin nicht viel um das Thema Softwareasset- und Lizenzmanagement gekümmert haben, werden dann nicht nur einige schlaflose Nächte vor sich haben, sondern auch sehr viel zu tun bekommen. Wird dann das Audit durchgeführt, weil gewisse Umstände seitens des Herstellers dafürsprechen, kann sich dieses über mehrere Wochen oder Monate hinziehen, es bindet in dieser Zeit mindestens eine Vollzeitarbeitskraft und verschlingt noch etliches an weiteren personellen Ressourcen, die u. U. von den einzubindenden Fachbereichen geleistet werden müssen. Umso wichtiger ist es für Sie, sich rechtzeitig bei Bekanntwerden der Audit-Gegebenheiten eine Auditstrategie aufzubauen.

24.5 Auditstrategie festlegen

Mit einer halbwegs guten und strategisch wirksamen Auditverteidigungsstrategie können Sie u. U. erhebliche Erkenntnisse sammeln und Sie sind nicht allein auf die bereitgestellten Informationen des Auditors angewiesen. Viel schlimmer wäre es noch, wenn Sie diesem nichts entgegenzusetzen hätten und alles „glauben" müssen.

1. **Lassen Sie sich extern unterstützen.** Sie sollten sich nicht allein (vor allem nicht ohne Strategie und unvorbereitet) in die Auditsituation begeben, engagieren Sie einen externen, unabhängigen Dienstleister oder ein Rechtsanwaltsbüro, welches sich auf solche Services spezialisiert hat.
2. **Auditanfrage auf Rechtskonformität prüfen.** Prüfen Sie das eingegangene Schreiben, ob es sich hierbei um ein offizielles Herstellerschreiben mit Bezugnahme auf eine anlassbezogene Situation (beispielsweise eine Compliance-Aktion von Oracle License Management Services (LMS)) handelt, oder ob es ein „Angebot" eines Kundenbetreuers, Wiederverkäufers oder Beraters ist, der ein „freundliches Angebot" für eine Lizenzüberprüfung vorlegt. In so einem Fall besteht nämlich keine Verpflichtung, dieser Aufforderungen bzw. Anfrage nachzukommen. Es ist also wichtig zu prüfen und festzustellen, ob durch die Anfrage eine rechtliche Wirksamkeit begründet ist und ob Sie verpflichtet sind, dieser Aufforderung nachzukommen.
3. **Ermitteln der vertraglichen Verpflichtungen zur Einhaltung.** Überprüfen Sie ihre vertraglichen Vereinbarungen in Bezug auf die Anfrage, um festzustellen, ob Sie vertraglich verpflichtet sind, auf diese Auditanfrage zu reagieren. Insbesondere sollten Sie den Prüfungszeitraum und Prüfungsgegenstand umfassend gegenprüfen, falls dieser dem eigentlichen Wortlaut im Vertragsabschluss nicht entsprechen sollte. Zudem ist zu überlegen, ob Sie nicht vielleicht noch einen wirksamen „Schutzzeitraum" in Anspruch nehmen können, weil Sie erst vor kurzem eine Migration durchgeführt haben und sich noch gar nicht alles wieder im produktiven IT-Betrieb befindet.

   Interne Arbeitsgruppe und Stakeholder festlegen, Vorgehensweise abstimmen. Zur Begleitung der Durchführung des Audits sind die verantwortlichen Rollen und Personen zu benennen. Binden Sie das SAM-Betriebsteam und das Lizenzmanagement sowie die entsprechenden Produktverantwortlichen mit ein, schaffen Sie einen Single Point of Contact, über den sowohl intern als auch nach extern (zum Auditor) kommuniziert wird, und zwar **ausschließlich** über diesen SPOC, quasi der „Pressesprecher" zum Software-Audit (siehe auch Abschnitt 24.5.2 „Auditverhaltensregeln – Checkliste"). Stimmen Sie mit Ihrer Arbeitsgruppe – und dem ggf. einzubindenden externen Dienstleister – die Auditstrategie umfassend ab.
4. **Erhalt der Anfrage bestätigen.** Mit dem Vorliegen des Ankündigungsschreibens (siehe Abschnitt 24.6.1.1 „Das Ankündigungsschreiben") werden Sie gleichzeitig dazu aufgefordert, bis zu einem bestimmten Datum den Eingang des Schreibens zu bestätigen. Sie sollten hierbei so wenig wie möglich an „Zusatzinformationen" mit in das Antwortschreiben aufnehmen. Alles, was der Sache in diesem Moment nicht dienlich ist oder Sie eventuell belasten würde, sollte dort nicht aufgeführt sein. Also nur so viel wie nötig und nicht so viel wie möglich an Informationen bereits zu diesem Zeitpunkt preisgeben.

5. **Abklären des Prüfungsgegenstands und Zeitraums.** Verschaffen Sie sich Klarheit über den genauen Auditumfang, den Zeitrahmen und wer die Auditkosten zu tragen hat. Einige Hersteller übernehmen die Auditkosten der Auditoren, wenn die Diskrepanz an „unlizenzierter Software" einen bestimmten Prozentsatz nicht überschreitet. Bei Microsoft sind das ca. fünf Prozent. (Dies ist aber auch immer eine Ermessensfrage des Auditors und abhängig von der jeweiligen Prüfungssituation, es ist keine pauschal anwendbare Regelung.)
6. **Was im Vorfeld angesprochen werden sollte.** Die folgenden Punkte können Sie im Vorfeld ansprechen bzw. auch in das „Audit Execution Agreement" mit aufnehmen lassen, sofern der Hersteller bzw. Auditor auch damit einverstanden ist.

   Einige Dinge, die berücksichtigt werden sollten:

   i. Lassen Sie sich bei einer laut Herstellermeinung vorliegenden unlizenzierten Nutzung aufzeigen, wie sich diese ergeben hat.

   ii. Fordern Sie genaue Informationen zu den Dokumenten und Daten ab, die für den Prüfungsumfang erforderlich und bereitzustellen sind, und verschriftlichen Sie alle Angaben.

   iii. Klären Sie ab, ob eventuelle herstellereigene „Auditprogramme" erforderlich sind oder beispielsweise die Daten aus einem SAM-Tool ebenso qualifizierte Quellen darstellen (siehe auch Abschnitt 21.2.4.3 „Oracle: zusätzliche Optionen und Funktionspacks") und somit die Installation von herstellereigenen Detection-Software-Agenten obsolet sind. Auch hier wieder: Verschriftlichen Sie alles.

   iv. Sollte der angekündigte Prüfungszeitraum unpassend sein oder Sie noch zusätzliche Zeit für die Vorbereitung benötigen, bitten Sie um eine Verlängerung bzw. Verschiebung des Prüfungszeitraums.

   v. Falls es wie unter (iii) akzeptiert wurde, auch andere Quellen als Prüfungsgrundlage zu verwenden, könnten diese (bei ausreichender Qualität) geeignet sein, dem Hersteller die lizenzkonforme Nutzung aufzuzeigen, um somit ggf. das Audit einstellen zu können.

   vi. Sprechen Sie mögliche Rabattstaffeln an, falls eine Unterlizenzierung entstanden ist, um nicht die vollen Listenpreise (unabhängig vom Ausgang des Settlements) zahlen zu müssen. Wenn dem zugestimmt wird, verschriftlichen Sie das entsprechend.

   vii. Es gibt bei einigen Herstellern Verhandlungsspielraum, mögliche überzählige Softwarelizenzen auf Basis einer „Liste-zu-Liste" einzutauschen, um die festgestellte Unterlizenzierung anderer Softwareprodukte auszugleichen (Stichwort: License-Stacking).

   viii. Besprechen Sie im Vorfeld die Vorgehensweise und „Höhe" von Nachzahlungen mit einem möglichen Verzicht seitens des Herstellers auf „Reinstate"-Zahlungen für den Fall, dass Ihnen kein vorsätzliches oder grob fahrlässiges Fehlverhalten oder grobe Fahrlässigkeit vorgeworfen werden kann.

   ix. Bei unklaren Definitionen (was ist ein bestätigter Lizenznachweis?) vereinbaren Sie eine eineindeutige Formulierung, die den Einsatz, den Verbrauch und die Nutzungsrechte für eine Compliance-Sicht regeln, und einigen Sie sich auf entsprechend anzuwendende Kriterien.

   x. Vereinbaren Sie, dass nicht genutzte Softwareinstallationen als „lizenzkostenfrei" betrachtet werden und – für Sie unschädlich – aus dem Audit entfernt werden dürfen.

xi. Der Hersteller sollte Ihnen zusichern, dass Sie für den vorgelegten Abschlussbericht die Möglichkeit erhalten, darauf formell zu reagieren, um so für den Settlement-Bericht ein gemeinsames Ziel verfolgen zu können.

xii. Für den Fall, dass Unstimmigkeiten ausgeräumt werden müssen, bestimmen Sie zusammen die dafür erforderliche Vorgehensweise und den Prozessablauf mit vereinbarten Eskalationsstrecken und -personen.

xiii. Halten Sie schriftlich die Motive bzw. mögliche kommerzielle Interessen von eingesetzten Dritten (Auditor) fest, um möglichen Interessenskonflikten begegnen zu können und im Zweifelsfall darum zu bitten, einen unbefangenen Auditor einzusetzen.

xiv. Schlussendlich sprechen Sie die Möglichkeit einer vorausschauenden „No Audit"-Klausel an, damit Sie nach dem Audit eine gewisse Zeit eingeräumt bekommen, ihre SAM-Life-Cycle- und Betriebsprozesse zu optimieren, um in Zukunft ein stabileres Risikomanagement betreiben zu können.

7. **Richten Sie einen SPOC ein.** Alle beteiligten Personen und Rollen sind grundsätzlich durch den definierten SPOC über jede Kommunikation mit Hersteller bzw. Auditor zu informieren. Der Informationsfluss und -umfang ist dabei eng auf den Auditfall zu beschränken, sodass keine zusätzlichen Informationen freiwillig und vor allem – **nicht unabgestimmt** mit dem SPOC – weitergegeben werden, woraufhin der Hersteller einen Anlass bekommen könnte, den Prüfungsgegenstand und/oder Zeitraum zu erweitern.
8. **Beschaffungen für den Prüfungszeitraum untersagen.** Stellen Sie sicher, dass während des laufenden Software-Audits keine Softwarekäufe mit Bezug zum gerade auditierenden Softwarehersteller erfolgen. Das ist auch so gegenüber dem Hersteller zu kommunizieren.
9. **Abschlussbericht – Ergebnisse überprüfen.** Prüfen Sie den vorgelegten und bereits im Vorfeld abgestimmten Settlement-Bericht noch einmal dahingehend, dass dieser Ihnen vollständig zur Verfügung gestellt wird und zu allen erhobenen Lizenzansprüchen aufgrund etwaiger Lizenzdefizite die jeweiligen Details über den geprüften Softwarebestand enthält. Der Bericht sollte auch Aufstellungen zu den Berechnungen der geforderten Pönalen enthalten und gleichzeitig aufzeigen, dass eventuell vereinbarte ausgleichende Positionen darin enthalten sind (siehe Pkt. vii).

Um die festgelegte Auditstrategie entsprechend umzusetzen und damit diese auch von allen Beteiligten „gelebt" wird, sollten Sie auch einmal einen Blick auf die im Abschnitt 24.5.2 „Auditverhaltensregeln – Checkliste" empfohlenen Verhaltensregeln werfen. Betrachten wir zuvor im folgenden Abschnitt einen groben Auditprozessablauf, hier in diesem Fall für das angekündigte Software-Audit eines Herstellers.

24.5.1 Auditprozessablauf

Wohl dem, der im Fall der Fälle bereits auf einen Ablaufplan bzw. vielleicht sogar auf einen Auditprozessablauf zurückgreifen kann, damit gut vorbereitet ist und sich nicht erst jetzt Gedanken machen muss, wie ein geordneter Prozessablauf aussehen könnte. Von der Sache her sind die ablaufenden Phasen, Aufgaben, Aktivitäten mehr oder weniger immer gleich (bei allen Auditoren), da ja immer wieder ein bestimmter Ablauf eingehalten werden muss, um zu belastbaren Ergebnissen zu kommen, auf die sich dann beide Parteien berufen bzw. einigen können.

In Bild 24.1 habe ich Ihnen einen solchen „grob skizzierten“ Prozessablauf dargestellt. Ich habe auch schon sehr viel umfangreichere und noch viel detailliertere Auditprozess entwickelt, diese hier abzubilden würde allein schon mehrere Buchseiten füllen. Ich hoffe deshalb, dass Ihnen der hier aufgezeigte fürs Erste weiterhelfen wird. Los geht es immer mit dem Ankündigungsschreiben. Dazu finden Sie zwei Beispiele im Abschnitt 24.6.1.1 „Das Ankündigungsschreiben“. Falls die Standardfristen greifen und eingehalten werden sollten, können Sie davon ausgehen, dass nach ca. 30–45 Tage das Audit mit dem benannten Auditor beginnen wird (sofern nicht bestimmte Umstände dem entgegenstehen, weil der Auditor beispielsweise bei Ihnen auch die Bilanzen erstellt und deshalb „ausgetauscht“ werden muss). Im Bild 24.1 habe ich beide Ablaufstrecken visualisiert, denn nicht immer ist es erst ein angekündigtes Hersteller-Audit, das einen Auditprozess startet. Es kann gut sein, dass Ihr Management, Ihre Revision oder andere Stakeholder beispielsweise eine periodische Auskunft verlangen (Risiko managen) oder Vertragsprüfungen anstehen.

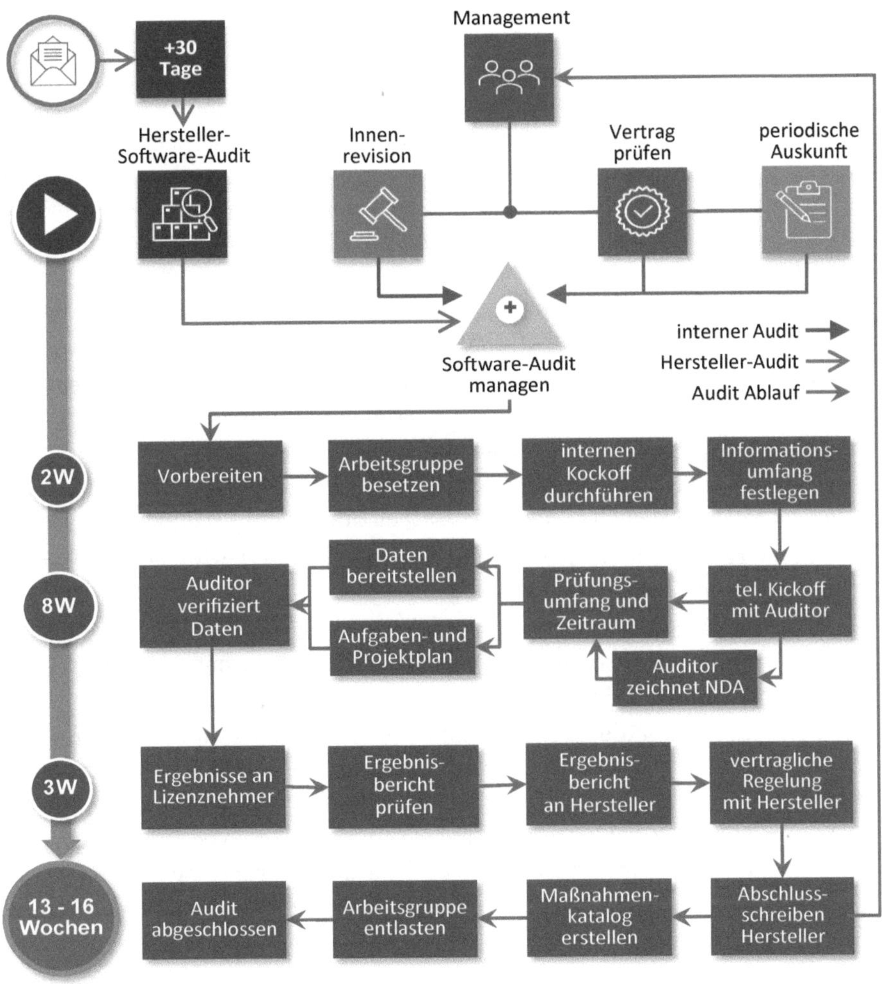

Bild 24.1 Grober Auditprozessablauf

Das wird dann meistens als „Friendly Audit“ oder auch schlicht als „internes Audit“ betitelt. Nach dem Ankündigungsschreiben und dem Fristablauf beginnt schließlich das Software-Audit. Die einzelnen Ablaufschritte können Sie der Grafik entnehmen. Nach ca. 13–16 Wochen sollte dann im Regelfall das gemeinsam verhandelte Ergebnis vorliegen. Es wird dann über einen Maßnahmenkatalog unternehmensintern weiter aufgearbeitet und die „Lesson learned“-Erkenntnisse sind entsprechend umzusetzen.

Zum Prozess gehören auch abgestimmte Verhaltensregeln, damit nur so viel wie nötig und so wenig wie möglich dem Auditor an Informationen herausgegeben wird. Oberste Maxime ist, damit äußerst sparsam umzugehen und keine Flur- bzw. lockere Kaffee-Kommunikation aufzubauen. Denken Sie daran, dass ein Auditor auch bestimmte Zielvorgaben bekommen hat und natürlich auch ein Interesse daran hat, so viele Informationen wie möglich – die seinen Zielvorgaben dienlich sein könnten – zu sammeln.

24.5.2 Auditverhaltensregeln – Checkliste

Das Thema Software-Audit ist so vielfältig und teilweise so individuell ausgeprägt, dass es mitunter schwerfällt, schon im Vorfeld zu wissen, wie man mit einem bevorstehenden Audit umgehen soll. Doch gerade in kleinen und mittelständischen Unternehmen fehlen oft die Ressourcen und das Know-how, um eine lizenzkonforme Nutzung der Softwareprodukte zu gewährleisten. Daher gibt es meist kaum Prozesse und Werkzeuge, die es ermöglichen, Softwarebestände ausreichend transparent zu verwalten, was für die Ankündigung und Durchführung eines Software-Audits die besten Voraussetzungen wären.

Übermitteln Sie allen Beteiligten diese grundlegenden Verhaltensregeln und stimmen Sie das ggf. auch noch enger mit Ihrer Arbeitsgruppe ab.

1. Ohne die verantwortlichen Ansprechpartner in Sachen Softwareasset- und Lizenzmanagement-Themen sind mit dem Auditor keine Termine zu vereinbaren.
2. Es werden keine Softwarelizenzen in einer Ad-hoc-Maßnahme beschafft, falls Kenntnis über eine evtl. Unterlizenzierung besteht. Diese Lizenzen sind nicht für das Audit anrechenbar (Stichtagsregelung) und verursachen nur unnötige Hektik und Kosten.
3. Der Zugang zu den IT-Systemen oder dem internen Netzwerk wird dem Auditor nur mit Genehmigung der Geschäftsführung erteilt.
4. Es werden keine schriftlichen oder mündlichen Aussagen, die den Auditfall betreffen, weitergegeben, wenn diese Informationen im Vorfeld nicht mit den verantwortlichen Ansprechpartnern im Unternehmen abgestimmt wurden.
5. Die Kommunikation mit dem Auditor ist auf den Auditfall zu beschränken, es sollten keine zusätzlichen Informationen freiwillig und vor allem nicht ohne Abstimmung mit den verantwortlichen Ansprechpartnern im Unternehmen weitergegeben werden.
6. Die Vor-Ort-Termine mit dem Auditor sind auf ein Minimum zu beschränken und immer im Vorfeld mit den verantwortlichen Ansprechpartnern abzusprechen und abzustimmen.
7. Alle Termine und Gespräche sind zu protokollieren und bei Nichtteilnahme des verantwortlichen Ansprechpartners im Unternehmen an diesen weiterzuleiten.
8. Dem vom Auditor vorgeschlagenen „Projektablaufzeitplan“ sollte nicht sofort Folge geleistet werden, das erzeugt Hektik und Druck und dadurch entstehen unnötige Fehler.

Der Ablaufzeitplan sollte in Ruhe studiert und mit dem eigenen internen Ablaufzeitplan abgeglichen werden.

9. Es sollten keine persönlichen Auskünfte oder Meinungen (z. B. zu bestehenden Prozessen, dem Qualitätsmanagement, der Qualität der angefragten Daten oder andere den Auditfall betreffende Informationen) ohne Abstimmung erteilt werden.
10. Es sind keine Vermutungen zum Sachverhalt zu äußern. Können Fragen nicht fundiert beantwortet werden, sind diese zurückzustellen und in gemeinsamer Absprache mit den verantwortlichen Ansprechpartnern abzuklären und zu beantworten.
11. Bei auftauchenden Unsicherheiten sollte immer eine Abstimmung mit den beteiligten Personen im Vorfeld erfolgen, bevor Informationen an den Auditor mündlich oder schriftlich übermittelt werden.

Hinweis

Im Verlauf eines Audits sollten immer nur ein oder maximal zwei Mitarbeiter aus Ihrem Unternehmen – sozusagen als offizielle Pressesprecher der Auditarbeitsgruppe – mit dem Prüfer bzw. dem Vertreter des Herstellers (meist der Key-Account-Vertrieb für Ihr Unternehmen) in Kontakt stehen. Diese verantwortliche Position sollte von der entsprechenden SAM-Rolle oder vom Management übernommen werden. ■

Kommen wir zum Abschnitt, wo ich Ihnen die üblichen Phasen eines Audits etwas näher beschreiben möchte.

24.6 Die Auditphasen

Die Hersteller lassen die vertraglich vereinbarte Einhaltung der Nutzungs- und Lizenzbedingungen prinzipiell von Wirtschaftsprüfungsgesellschaften wie z. B. KPMG AG (Schwerpunkt Microsoft) oder Deloitte & Touche GmbH (Schwerpunkt IBM) überprüfen und die Audits von dem jeweiligen verantwortlichen Vertriebsmitarbeiter begleiten. So steht oftmals bereits im Ankündigungsschreiben auch ein erster „Ablaufplan“ – mit den wichtigsten Meilensteinen, wie nachfolgend beispielhaft zu lesen.

The key steps/stages of the compliance review are:

1. *Issue/Receipt of this notification letter.*
2. *Customer appoints a contact person within their organization and provides that person's contact information to „Auditor“ within one week.*
3. *Agreement of inspection dates with „Auditor“, and discussion of the information and records that will be required.*
4. *Collation, gathering and provision of the information and records needed (two weeks before inspection).*

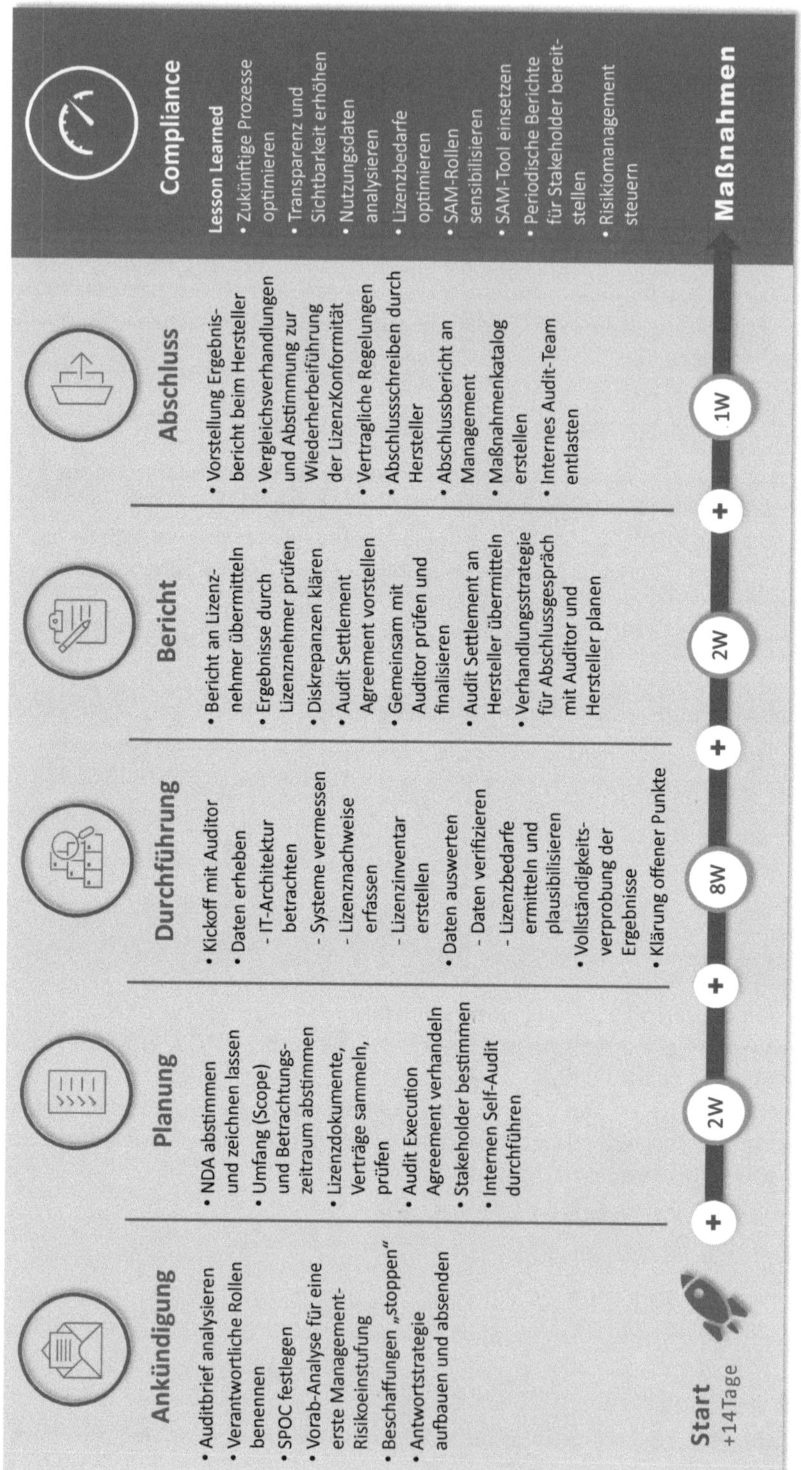

Bild 24.2 Übliche Standardauditphasen

5. *Performance of the inspection by „Auditor" at your facility.*
6. *Review of the preliminary findings/report with „Auditor".*
7. *Response by Unternehmen XYZ to those findings. Your response, if any, should be made within 10 days of completion of the inspection and should include all relevant supporting documentation.*
8. *Your review and discussion of the final inspection report.*
9. *Provision of the final inspection report to Microsoft by „Auditor".*
10. *Settlement meeting, if required, to be arranged by Microsoft.*

Im Bild 24.2 habe ich es Ihnen etwas ausführlicher und verständlicher visualisiert.

Aus dem ganzen Ablaufszenario heraus ergeben sich verschiedene „motivierte" Sichten zum Ablauf und zur Durchführung des Software-Audits, die Sie im gegenseitigen Gespräch abklären und positionieren sollten.

Auditor zu Kunde

- Ziele, Aufgaben
- Prüfungsumfang, Prüfungsgegenstand
- Zeitrahmen, Phasen, Ablauf, Dauer
- Auditsituation, Komplexitätstreiber

Kunde zu Auditor

- Aufgaben, Mitwirkungen
- Ansprechpartner intern, extern
- Prüfungszeitraum, Prüfungsumfang, Prüfungsbeginn
- Pflichten, Rechte

Das sind Anhaltspunkte, die Sie in einem ersten unverbindlichen Telefoninterview adressieren und abstimmen können. Sie sollten sich aber auch bewusst sein, dass Sie sich eine auf die mitgeteilten Rahmenparameter ausgerichtete Auditstrategie zurechtlegen, die Sie auch umsetzen sollten (so wie es in Abschnitt 24.5 „Auditstrategie festlegen" bereits ausgeführt wurde). Ein Software-Audit wird immer zuerst mit einem Ankündigungsschreiben angezeigt und leitet damit die Phase „Ankündigung" ein.

24.6.1 Phase Ankündigung

Im Abschnitt 24.4.1 „Risiken zur Lizenzkonformität variieren" sind einige Auslöser beschrieben, aus welchen Gründen ein Unternehmen ein Schreiben mit der Ankündigung eines Software-Audits mitunter erhalten kann. Das Schreiben erhalten die Unternehmen mit Bezug auf einen bestimmten zu klärenden Sachverhalt oder auf das vertraglich vereinbarte Auditrecht mit der schon genannten üblichen Ankündigungsfrist von 30 bis 45 Tagen. Spätestens jetzt sollten Sie Ihren Auditprozess aus der Schublade ziehen und „aktivieren". Die erste Maßnahme wäre dann mal das Zusammenstellen Ihrer Arbeitsgruppe für das Audit.

24.6.1.1 Das Ankündigungsschreiben

Das vom Softwarehersteller – auch „Notification Letter" genannte – schriftlich übermittelte Schreiben besteht aus dem inhaltlichen Teil zur Sache, dem Prüfungsgegenstand und dem Prüfungszeitraum (wie bei einer Betriebsprüfung auch) und mehreren Appendizes (in der Regel mit rechtlichen Hinweisen). Im Schreiben bezieht sich der Hersteller entweder auf konkrete Anlässe, d. h. auf Anhaltspunkte, die aus seiner Sicht einen Lizenzverstoß begründen oder auf eine anlassunabhängige routinemäßige Überprüfung. Wie so ein Anschreiben für gewöhnlich aussieht, sehen Sie beispielhaft (auszugsweise) in den beiden folgenden Bildern (einmal IBM, einmal Microsoft).

IBM

Niederlassung München
Unternehmen Muster AG
Abt. Legal / Einkauf
Frau Muster
Hubertus-Strauch-Str. 4
51063 Köln

IBM Deutschland GmbH
Hollerithstraße 1
81829 München
Brief: Postfach 82 03 64
81803 München
Telefon 089 4504-0
ibm.com/de

Eingang

München. 18.02.2016

IBM Softwarelizenzprüfung

Sehr geehrte Frau Muster

wir haben das Unternehmen Muster AG, Köln bereits in 2013 für eine Softwarelizenzprüfung ausgewählt. Eine Kopie des diesbezüglichen Ankündigungsschreibens an Herrn Müller Abt. Legal finden Sie beigefügt.

Prüfungsaktivitäten konnten bis zum heutigen Tag jedoch aus verschiedenen Gründen nur sehr eingeschränkt stattfinden. Mittlerweile haben sich in Ihrem Haus auch die Zuständigkeiten und damit auch unsere Ansprechpartner geändert bzw. haben Ihr Haus mittlerweile verlassen. In Abstimmung mit Herrn Stephanio schreiben ich Sie deshalb an, um den richtigen Ansprechpartner zu finden.

Im nächsten Schritt würden wir Ihnen gerne in einem persönlichen Gespräch aufzeigen, wie die Prüfung ablaufen soll und in welcher Form wir auf Besonderheiten in Ihrem Haus eingehen können. Zur Durchführung der eigentlichen Prüfung hat die IBM die KPMG Wirtschaftsprüfungsgesellschaft AG beauftragt.

Ich feue mich darauf von Ihnen zu hören.

Mit freundlichen Grüßen

Oftmals wird in dem Ankündigungsschreiben auch eine „Möglichkeit" seitens des Herstellers unterbreitet (gesetzt den Fall, man hat eine transparente Sicht auf seine IT-Assets), falls man denn schon weiß, dass man – möglicherweise und überhaupt – unterlizenziert ist, dies doch bitte mitteile. Ein solcher Passus im Schreiben könnte wie folgt lauten:

> *„Sollten Ihrem Unternehmen möglicherweise Abweichungen in der Softwarenutzung bekannt sein, die Sie gerne noch vor Beginn der Lizenzprüfung beheben möchten, helfen wir Ihnen dabei gerne. Benachrichtigen Sie in diesem Fall bitte Herrn Steffen Mustermann (Hersteller). Alle vorab bekannten Abweichungen erforderlicher Lizenzen und zugehöriger Subscriptions sowie Support-Leistungen sind ausschließlich direkt über „Hersteller" zu beziehen.*

Das dazugehörige „Bestellformular“ wird dann natürlich gleich mitgeliefert und ist in etwa so aufgebaut:

Selbstauskunft an die Hersteller Deutschland GmbH

Von Firma (vollständige Firmenbezeichnung):

+ Adresse

Hiermit bestätige(n) ich/wir Folgendes:

Die angefügte Anlage 1 stellt eine Liste von Produkten dar, die wir bereit sind, von „Hersteller“ zu erwerben, um den „Hersteller“-Lizenzbedingungen umfänglich zu entsprechen. Wir haben realisiert, dass die aktuelle Nutzung der aufgeführten Produkte innerhalb unserer Organisation die vorhandenen Nutzungsrechte übersteigt.

Wir garantieren, diese Lizenzdifferenz mittels Direktbestellung bei „Hersteller“ unverzüglich auszugleichen.

Name, Vorname, Titel

Unterschrift, Datum, Ort

Anlage 1

Menge	*Produktnummer und Beschreibung*	*Site*

In den meisten Fällen – falls so etwas von einem zu prüfenden Unternehmen genutzt werden sollte, wovon ich aber abrate, weil es eigentlich einem Offenbarungseid gleichkommt – sind die Zahlungen in einem extrem kurzen Zeitraum (**unverzüglich**) zu leisten und garantieren Ihnen nicht, dass a) das Audit damit beendet wird und dass b) dann nicht doch noch Weiteres „entdeckt“ wird, weil Sie das eventuell aufgrund von Transparenzproblemen so nicht auf dem Plan hatten. Nachfolgend ein Beispielschreiben von Microsoft Ireland an das „ausgewählte“ Unternehmen.

Microsoft Ireland Operations Ltd.
One Microsoft Place
South County Business Park
Leopardstown
Dublin 18

Microsoft

10 January 2020

RE: Compliance review of Software Services provided under Microsoft Business and Services Agreement: U0 including, but not limited to, any Microsoft Services Provider License Agreements (SPLA) for the period from 10th June 2016 (06/10/2016) to the end of the last reporting month prior to the date of inspection.

Dear Uwe ,

Please be advised that we have selected for a formal license compliance review as provisioned for within the terms of the audit clause in the Microsoft Business and Service Agreement. These reviews are managed by the License and Contract Compliance group within Microsoft EOC and are initiated on a regular basis in an effort to help our customers to achieve and maintain license compliance.

U. a. enthält das Schreiben von Microsoft dann Informationen wie die hier zitierten Auszüge:

> *Mit diesem Schreiben teilen wir Ihnen mit, dass wir beabsichtigen, innerhalb von dreißig (30) Tagen ein Audit durchzuführen, um zu überprüfen, ob das Unternehmen XYZ die Bedingungen der oben genannten Vereinbarung(en) einhält.*

Und teilt auch meistens gleich den beauftragten Auditor mit:

> *It will be performed by an independent, internationally recognized Certified Public Accounting firm. We have selected „Auditor" to perform the audit. „Auditor" is bound by the terms of the confidentiality provision (Section 3) (see Appendix C) of the Microsoft Business and Services Agreement and, therefore, will treat your confidential information with confidence and according to such provision within the scope of its mission.*
>
> *A representative of „Auditor" will contact you shortly to schedule the audit and discuss the information and records that Unternehmen XYZ will be required to supply. Please provide all supporting documentation and data for „Auditors" review.*

In einem ersten zu vereinbarenden Telefoninterview mit dem „Auditor" können dann die organisatorischen Maßnahmen erörtert werden, die für den Beginn erforderlich sind.

Die vier W-Fragen (wann, wer, was und wie), die Sie sich stellen sollten:

- Wann soll das Audit beginnen und über welchem Zeitraum (kalendarische Sicht) ablaufen?
- Wer ist daran beteiligt? Die Ansprechpartner sind für beide Seiten zu benennen.
- Was ist der genaue Prüfungsgegenstand und Umfang, also welche Softwareprodukte oder Systeme sollen Bestandteil der Prüfung sein und worauf bezieht sich der Hersteller (auf den im Betreff aufgeführten Softwarevertrag oder eventuell auf gesetzliche Regelungen)?
- Wie wird der Auditprozess durchgeführt, Remote, per Fragebogen, Excel-Dateien, vor Ort usw.?

Sollte es zu berechtigten Ansprüchen des Herstellers gegenüber Ihrem Unternehmen (dem Lizenznehmer) kommen, sollten Sie folgende Aspekte kennen:

Die Ansprüche nach §§ 97ff UrhG richten sich nicht nur gegen den Vertragspartner, vielmehr kann jeder, der die Software rechtswidrig einsetzt und verwendet, Anspruchsgegner werden. Hierfür wurde in § 100 UrhG die Haftung teilweise erweitert:

- Tochter- und verbundene Unternehmen
- Dienstleister (Service Provider, Outsourcer); hier haftet das Unternehmen auch für die korrekte Nutzung der beigestellten Software beim Dienstleister.
- Haftung des Unternehmens, seiner Organe und der Mitarbeiter
- Bei rechtswidrigem Einsatz von Software haftet grundsätzlich das Unternehmen selbst. Im Rahmen der sogenannten Organhaftung haftet das Unternehmen auch für seine Organe (Geschäftsführung). Eine fahrlässige Handlung besteht beispielsweise, wenn es keine geeigneten Arbeitsanweisungen gibt, um die Einhaltung der Lizenzbestimmungen sicherzustellen. Auch der Inhaber eines Unternehmens kann für Urheberrechtsverstöße, die seine Arbeitnehmer begehen, persönlich haftbar gemacht und im Falle eines Schadens zum Ersatz gegenüber der Gesellschaft verpflichtet werden (§§ 43 GmbHG, 93 AktG, 91 AktG). Als Voraussetzung gilt, dass die Urheberrechtsverstöße in enger Verbindung mit einer nach außen hin dienstlichen Tätigkeit des Arbeitnehmers stehen müssen. Wenn beispielsweise der Arbeitnehmer in seiner Tätigkeit als Administrator unlizenzierte Software verteilt oder zum Einsatz bringt, kann diese Voraussetzung bereits erfüllt sein.

Selbstverständlich kann auch jeder andere Mitarbeiter zur Verantwortung gezogen werden, der selbst wissentlich oder unwissentlich Urheberrechtsverletzungen begeht oder sich an solchen beteiligt, also z. B. eine unrechtmäßige Kopie auf ein IT-System aufspielt oder anderen zur Anfertigung von unrechtmäßigen Kopien Originaldatenträger zur Verfügung stellt bzw. Downloadquellen & Lizenzkeys unberechtigterweise weitergibt.

24.6.1.2 Audit Defense – wie viel ist möglich?

Hinweis: Das Audit können Sie nicht verhindern, eventuell aber den Start des Prüfungsbeginns steuern, um etwas mehr Zeit zu erhalten.

- Kontrollieren Sie das Schreiben, ob Prüfungsgegenstand (Bezug auf den richtigen Vertrag bzw. auch Standort), -zeitraum und -umfang stimmen.
- Prüfen Sie, ob die beauftragte Wirtschaftsprüfungsgesellschaft nicht eventuell bereits bei Ihnen im Unternehmen zu anderen Themen agiert, denn wenn dem so ist, muss ein anderer Prüfer vom Hersteller beauftragt werden. (Oft sind hier Deloitte und KPMG die Hauptakteure bei den Herstelleraudits, aber auch oftmals gleichzeitig bei den Unternehmen als Wirtschaftsprüfer unterwegs.)
- Erfordert der Prüfungsgegenstand Besichtigungen bzw. Stichproben auf DSGVO-relevanten Systemen oder vielleicht auch auf Systemen mit erhöhtem Sicherheitslevel? Dann sollten Sie die Personen bitten, hierfür entsprechende Nachweise bzw. Einstufungen vorzulegen. Das könnte etwas Zeitaufschub bedeuten, bis diese Unterlagen vorliegen.
- Klären Sie mit den einzubindenden Fachbereichen und Rollen ab, inwieweit das Audit den operativen Betrieb beeinträchtigen könnte und welche Auswirkungen damit verbunden sind, ggf. sind dann mit dem Auditor andere Prüfprozesse oder Vorgehensweisen abstimmen.

Empfehlung:

Zögern Sie aber bitte nicht den angesetzten Prüfungsbeginn unendlich hinaus. Ich hatte mal eine Kundensituation, wo der eigentliche Auditstart fast zwei Jahre „verzögert" wurde. Die Konsequenz: Der Hersteller hat dann die üblichen drei Jahre „Rück"-Betrachtung und Nachzahlung auf fünf Jahre erweitert (rechtlich in Ordnung laut den AGBs). Hier hat man sich also mit einer übermäßigen Verzögerungstaktik letztendlich keinen Gefallen erwiesen und der „erkämpfte" Zeitgewinn wurde dann auch nicht so genutzt, dass den Prüfungen mit entsprechend transparenten Daten begegnet werden konnte. ■

Das ist nur ein Auszug von Aspekten, die einen möglichen zeitlichen Beginn etwas „strecken" könnten, um sich intern besser für das anstehende Audit vorbereiten zu können. Ein möglicher weiterer Zeitgewinn lässt sich erreichen, wenn das eigentlich übliche Standard „Non disclosure agreement (NDA)" aufgrund vielfältiger Aspekte bzw. Argumente kundenspezifisch angepasst werden muss, weil beispielsweise auf Systeme in Hochsicherheits-RZs zugegriffen werden soll, wofür der eingesetzte Auditor eventuell erst eine entsprechende Sicherheitsstufe bzw. -freigabe benötigt. Das dauert in den meisten Fällen mindestens ein paar Wochen und es ist nicht gesagt, ob die Person des Auditors dann auch diese Einstufung erhält. Wie eine Standard-Vertraulichkeitsvereinbarung aufgebaut ist, lesen Sie im Abschnitt 24.6.3.2 „Vertraulichkeitsvereinbarung (NDA)". Kommen wir zur Phase „Planung".

24.6.2 Phase Planung

Das Ankündigungsschreiben ist eingegangen und wurde von Ihnen bestätigt. Sie haben auch schon den ersten telefonischen Kontakt mit dem Auditor gehabt. In dem Telefonat wurde Ihnen dann wahrscheinlich bereits das Datum für das Kick-off-Meeting bekanntgegeben, welches ca. 30–45 Tage nach dem Eingang des Schreibens terminiert sein sollte. Jetzt heißt es für Sie, die nächsten Schritte anzugehen und das Audit intern mit Ihrer Arbeitsgruppe zu planen. Stellen Sie als Erstes die erforderliche Arbeitsgruppe zusammen und bestimmen Sie weitere Stakeholder, die sich aus den folgenden Rollen zusammensetzen sollten:

- Mitarbeitende aus den jeweiligen Fachbereichen, die diese Softwareprodukte oder Systeme, auf denen diese Softwareprodukte im Einsatz sind, verantworten
- Verantwortliche SAM-Rollen, wie z. B. Strategischer bzw. Operativer Lizenzmanager, Produktverantwortlicher
- Leiter Einkauf
- Innenrevision
- IT-Sicherheitsbeauftragter
- Datenschutzbeauftragter
- optional Geheimschutzbeauftragter
- Personalrat, Betriebsrat, weitere Gremien-Rollen

Im Anschluss daran, sollten Sie sich Gedanken über einen groben Projektplan und Zeitrahmen machen, der ja auch für Ihre internen Mitarbeitenden wichtig ist, damit diese Ressourcen rechtzeitig in das laufende operative Tagesgeschäft eingeplant werden können. Es kann Ihnen versichert sein, das wird Sie als Projektleiter/-in mehrere Wochen in Vollzeit beschäftigen und den anderen auch erhebliche zeitliche Ressourcen abfordern.

24.6.3 Im Vorfeld zu erledigen

In dem ersten telefonischen Vorabgespräch mit dem Auditor haben Sie sich bereits über einige grundlegende Dinge abgestimmt. Mit diesen Informationen können Sie beginnen, den groben Projektplan aufzustellen.

24.6.3.1 Groben Projektplan aufstellen

Im Projektplan sollten wenigsten die nachfolgend aufgeführten Aufgaben und Aktivitäten aufgenommen und beplant werden. Wenn Sie sich beispielsweise mit Microsoft Project auskennen, können Sie über die Vorgänger-/Nachfolgerfunktion einen kritischen Pfad aufbauen.

Ganz wichtig: Es wird IMMER vergessen, dass die einzubeziehenden Personen z. B. im Urlaub sind oder eine wichtige Projektarbeit keinen Aufschub duldet. Also bitte mit möglichst entsprechenden Pufferzeiten planen und auch Feiertage berücksichtigen.

Projektplan Software-Audit Herstellername

- Kickoff-Telefoninterview mit benanntem externen Auditor durchführen
- NDA-Erfordernis absprechen und ggf. die dafür erforderlichen organisatorischen Aktivitäten starten

- Projektplan erstellen, Aufgaben festlegen
- Stakeholder/Management/einzubindende Fachbereichsleiter informieren
- Erforderliche Arbeitsgruppe besetzen
- Internen Audit-Kickoff vorbereiten
- Umfang der zu liefernden Informationen bestimmen
- Prüfungsumfang und Zeitraum festlegen
- Unterlagen für Selbstauskunft vorbereiten
- Projektplan mit interner Arbeitsgruppe abstimmen und finalisieren
- Wenn erforderlich, Sicherheitsüberprüfung für Auditor und weitere einzubindende Dritte (z. B. externe Berater) durchführen
- Bei NDA-Erfordernis, „Non disclosure agreement (NDA)“ an Auditor und externe Dritte versenden, Rücklauf auf Rechtmäßigkeit prüfen (siehe im Bild 24.2 „Übliche Standardauditphasen“ in Abschnitt „Phase Planung“)
- Abstimmung Kickoff-Rahmenbedingungen und Termin mit Auditor
- Kickoff mit Auditor planen und durchführen
- Datenbereitstellung durch Fachbereiche
  - technische Daten bereitstellen mit IT-Architekturplänen, Meldelisten zu Verbräuchen usw.
  - kaufmännische Daten bereitstellen (Lizenzdokumente, -nachweise, Softwareverträge)
- Organisation der Freigabe (und erlaubter Weitergabe an den Auditor) der bereitgestellten Daten
- Begleitung der externen Lizenzprüfung und deren Dokumentation (Protokolle schreiben, alles zum Auditablauf Gesagte verschriftlichen!)
- Berichte, Ergebnisse besprechen
- Ergebnispräsentation durchführen
- Vorabinfo der Ergebnisse an Stakeholder
- Audit Settlement Agreement vom Auditor vorstellen lassen
- Diskrepanzen klären
- Gemeinsam mit Auditor prüfen und finalisieren
- Audit Settlement wird vom Auditor an Hersteller übermittelt
- Verhandlungsstrategie für Abschlussgespräch mit Auditor und Hersteller planen
- Vorstellung Ergebnisbericht beim Hersteller
- Vergleichsverhandlungen und Abstimmung zur Wiederherbeiführung der Lizenzkonformität
- Vertragliche Regelungen mit Hersteller
- Abschlussschreiben durch Hersteller
- Abschlussbericht an Management
- Maßnahmenkatalog erstellen
- Interne Arbeitsgruppe entlasten

Im Projektplan haben Sie auch eine Aktivität aufgeführt, die lautet: „Bei NDA Erfordernis, NDA an Auditor und externe Dritte versenden, Rücklauf auf Rechtmäßigkeit prüfen." Diese Aktivität ist auch im Bild 24.1 „Grober Auditprozessablauf" zu sehen. Diese Aktivität müssen Sie aber nur durchführen, wenn es hierzu (entweder mit dem Wirtschaftsprüfer oder dem Dienstleister) noch keine eventuell schon im Vorfeld abgeschlossenen NDAs geben sollte bzw. noch zusätzliche benötigt werden, beispielsweise in Bezug auf Datenschutz, Sicherheitseinstufung usw. Im folgenden Abschnitt sind ein beispielhafter Aufbau und Wortlaut aufgeführt.

24.6.3.2 Vertraulichkeitsvereinbarung (NDA)

Vertraulichkeitsvereinbarung und Sicherheitsvereinbarung beim Auftraggeber für externe Partner (beispielhafte Vorlage)

Zwischen dem Auftraggeber und Auftragnehmer, vertreten durch die folgenden Personen:

Im Rahmen der Zusammenarbeit zwischen Auftraggeber und Auftragnehmer bezüglich des Auftrags einer Softwarelizenzprüfung werden folgende Vereinbarungen geschlossen:

Vertraulichkeitsvereinbarungen

1. Vertrauliche Informationen im Sinne dieser Vereinbarung sind:
   - Alle mündlichen oder schriftlichen Informationen und Materialien, die der Auftragnehmer direkt oder indirekt vom Auftraggeber zur Abwicklung des Auftrags erhält und als vertraulich gekennzeichnet sind oder die sich unmittelbar oder mittelbar auf den Auftraggeber beziehen oder deren Vertraulichkeit sich anderweitig aus ihrem Gegenstand oder sonstigen Umständen ergibt.
   - Die beauftragten Leistungen und sonstige Arbeitsergebnisse.
2. Der Auftragnehmer verpflichtet sich, alle ihm direkt oder indirekt zur Kenntnis gekommenen vertraulichen Informationen strikt vertraulich zu behandeln, nicht ohne vorherige schriftliche Zustimmung des Auftraggebers an Dritte weiterzugeben, zu verwerten oder zu verwenden.
3. Die Verpflichtung zur Vertraulichkeit gemäß Ziffer 2 gilt nicht für Informationen,
   - für die eine Verpflichtung zur Offenlegung der vertraulichen Informationen durch Beschluss eines Gerichts, Anordnung einer Behörde oder ein Gesetz besteht; oder
   - die öffentlich zugänglich sind oder werden; oder
   - von denen der Auftragnehmer bereits vor Abschluss dieser Vereinbarung in zulässiger Weise Kenntnis hatte; oder
   - die dem Auftragnehmer nach Abschluss dieser Vereinbarung bekannt geworden sind, ohne die Verpflichtung aus dieser Vereinbarung verletzt zu haben; oder
   - die von einem Dritten offengelegt werden, ohne dass dieser Dritte gegenüber dem Auftragnehmer diese Vereinbarung zur Verschwiegenheit verletzt hat.
4. Der Auftragnehmer ist für den Auftraggeber auch in anderen Vertragsverhältnissen tätig. Insbesondere ist er seit vielen Jahren mit der Erstellung des Jahresabschlusses betraut. Die Ausnahme zur Vertraulichkeit gemäß Ziffer 3 Spiegelstrich „3-5", gelten ausdrücklich nicht für solche vertraulichen Informationen, die der Auftragnehmer ausschließlich aus seiner Tätigkeit für den Auftraggeber als Wirtschaftsprüfer aus anderen Auftragsverhältnissen, insbesondere denen zur Erstellung der Jahresabschlüsse, erlangt hat oder erlangt („Vertrauliche Informationen aus anderen Vertragsverhältnissen").

5. Über Ziffer 3 hinaus ist der Auftragnehmer berechtigt, diejenigen Daten zugänglich zu machen, welche zur Plausibilisierung der Lizenzprüfung notwendigerweise offenbart werden müssen. Davon ausgenommen sind Daten gemäß Ziffer 4.
6. Der Auftragnehmer wird alle geeigneten Vorkehrungen treffen, um die Vertraulichkeit sicherzustellen. Vertrauliche Informationen werden nur an die Mitarbeiter oder sonstige Dritte weitergegeben, die sie aufgrund ihrer Tätigkeit erhalten müssen. Der Auftragnehmer wird sämtliche Mitarbeiter oder Dritte, die Vertrauliche Informationen erhalten, über Inhalt und Umfang der Rechte und Pflichten aus dieser Vereinbarung informieren. Der Auftragnehmer wird sicherstellen, dass diese die Bestimmungen dieser Vereinbarung einhalten und ebenfalls die vorliegende Vertraulichkeitsvereinbarung unterzeichnen, sofern sie nicht bereits arbeitsvertraglich vom Auftragnehmer entsprechend des beiliegenden Musters zur Vertraulichkeit verpflichtet worden sind.
7. Die Pflicht zur absoluten Vertraulichkeit dauert auch nach Beendigung der Zusammenarbeit an. Auf Verlangen sind ausgehändigte Unterlagen einschließlich aller davon angefertigten Kopien sowie Arbeitsunterlagen und -materialien zurückzugeben. Von der Verpflichtung zur Herausgabe bzw. Vernichtung oder Löschung ausgenommen sind lediglich solche Unterlagen bzw. Daten, zu deren Aufbewahrung der Auftragnehmer gemäß § 51b WPO (Wirtschaftsprüferordnung) gesetzlich oder berufsständisch verpflichtet ist, oder solcher, die im Rahmen automatisierter Datensicherung - auf die nur autorisiertes Personal Zugriff hat - kopiert und archiviert werden.
8. Der Auftragnehmer haftet für alle Schäden in vollem Umfang, die dem Auftraggeber durch Verletzung dieser vertraglichen Pflichten entstehen. Die Haftung für Schadenersatzansprüche jeder Art, mit Ausnahme von Schäden aus der Verletzung von Leben, Körper und Gesundheit, ist bei einem fahrlässig verursachten einzelnen Schadensfall gemäß § 54a Abs. 1 Nr. 2 WPO auf 4 Mio. Euro beschränkt. Jede Haftung für „Hersteller“ oder gegenüber Dritten schließen wir ausdrücklich aus.
9. Die Vertraulichkeitsvereinbarung gilt auch für Rechtsnachfolger der Parteien. Änderungen und Ergänzungen dieser Vereinbarung bedürfen der Schriftform.

Diese Vereinbarung unterliegt dem Deutschen Recht.

Auftraggeber: Datum,

Auftragnehmer: Datum,

<Ende Dokument>

Diese Vertraulichkeitsvereinbarung sollten Sie vor Beginn des Audits ausfertigen und zeichnen lassen, gemäß der in Bild 24.2 beschriebenen Phase „Planung“. In diesem Zusammenhang sollten Sie auch ein sogenanntes „Audit Excecution Agreement“ aufsetzen bzw. verhandeln, um gewisse Spielregeln abzustimmen und festzulegen.

24.6.3.3 Audit Execution Agreement

Mit dem Ankündigungsschreiben einhergehend bekommen Sie nicht nur Pflichten auferlegt, sondern Sie können auch Ihre berechtigten Interessen mit auf den Verhandlungstisch legen. Egal ob Sie eine individuelle Auditklausel vereinbaren oder eine Standardklausel vom Vertragspartner Verwendung findet, es sollten darin mindestens die folgenden Punkte zur Durchführung des Audits angesprochen werden:

- *Organisatorische Punkte*
  - Ablauf und Durchführung des Audits müssen zu den normalen Geschäftszeiten des Unternehmens erfolgen (die Zeiten sind zu vereinbaren).
  - Es sollte festgelegt werden, in welchem Umfang, zu welchem Zeitpunkt und in welcher Periodizität ein Audit stattfindet.
- *Inhaltliche Punkte*
  - Wenn der Hersteller im Vorfeld schon weiß, wen er als Auditor einsetzt, z. B. Wirtschaftsprüfer oder ein Unternehmen, das das Audit durchführt, sollte dies bekanntgegeben werden.
  - Wenn es um bestimmte zu prüfende Nutzungsvereinbarungen für ein bestimmtes Softwareprodukt oder eine bestimmte Lizenzmetrik geht, sollte der Prüfungsgegenstand darauf abgestimmt sein (z. B. die Einhaltung der korrekten Lizenzierung für CPU-basierte Metriken wird geprüft).
- *Juristische Punkte*
  - Es sollte festgehalten werden, dass keine personenbezogene Datenverarbeitung während des Audits stattfindet und nur Daten verarbeitet werden, die für die Prüfung der Einhaltung der Nutzungsbedingungen benötigt werden. Außerdem sollte die Wahrung der Betriebs- und Geschäftsgeheimnisse des zu prüfenden Unternehmens vereinbart sein (siehe Abschnitt 24.6.3.2 „Vertraulichkeitsvereinbarung (NDA)“).
  - Will der Auditor auf Ihren Systemen z. B. eine Batchdatei laufen lassen, um mit bestimmten Parametern die Einhaltung gewisser Lizenzregeln automatisiert zu überprüfen, sollten Sie sich auf alle Fälle eine Verpflichtung (laut neuer Regelung zum Datengeheimnis gemäß Art. 32 Abs. 4 DSGVO[21]) unterzeichnen lassen.
  - Wollen die Prüfer eventuell auch ein Auditprogramm installieren, sollten Sie sich unbedingt vergewissern, dass das Programm zertifiziert ist und wirklich nur die für die Lizenzprüfung notwendigen Parameter abfragt und verarbeitet.
  - Es sind Vereinbarungen und Maßnahmen zu beschreiben (unter rechtzeitiger Hinzuziehung des betrieblichen Datenschutzbeauftragten), um den Datenschutz und die Datensicherheit ausreichend zu gewährleisten, und die erzielten Auditergebnisse unterliegen der strikten Geheimhaltung.
  - Es ist schriftlich zu vereinbaren, dass die mit dem Audit beauftragten Personen bei einer erforderlichen Prüfung an oder in laufenden Produktionssystemen für etwaige Schäden und Performance-Probleme der IT-Umgebungen/-Systeme haften.
- *Kaufmännische Punkte*
  - Es ist festzulegen, wer die Kosten des Software-Audits trägt und unter welchen Prämissen (z. B. ob der Lizenznehmer die Kosten des Audits tragen muss, wenn ein bestimmter Schwellenwert bei einer festgestellten Unterlizenzierung überschritten wird?).
  - Vereinbart werden sollte auch, in welchem Zeitraum nach Bekanntgabe des Auditergebnisses die eventuell entstandenen Nachzahlungen für die nicht lizenzkonforme Nutzung der Software zu entrichten sind (üblicherweise 30 Tage).

[21] dejure.org – Art. 32 DSGVO Sicherheit der Verarbeitung – *https://dejure.org/gesetze/DSGVO/32.html*

- Es ist festzulegen, in welcher Weise eventuell fehlende Lizenzen nachgekauft werden müssen. (Anmerkung: Nicht unüblich sind dann Verrechnungen der zusätzlich zu erwerbenden Lizenzen mit marktüblichen Listenpreisen, also ohne die bestehenden Rabatte, und bei Lizenzen mit Wartung die zusätzliche rückwirkende Erhebung von Wartungsgebühren (Renewal) über einen Zeitraum von ein bis zwei Jahren.)

- *Sonstige Punkte:* In den Auditklauseln werden dann gerne noch Bestimmungen mit aufgenommen, die den Lizenznehmer dazu verpflichten, über vorgefertigte Formulare z. B. alle 30 Tage etwaige Veränderungen an Systemen oder IT-Szenarien zu melden (so etwas kommt beispielsweise bei IBM vor).

Auf alle Fälle sollten Sie den Auditpassus so verhandeln, dass die wirtschaftlichen und rechtlichen Interessen beider Seiten ausreichend gewahrt bleiben und Sie sich auch danach gegenseitig immer noch in die Augen schauen können.

Nachdem Sie den groben Projektplan erstellt und mit Ihrer Arbeitsgruppe abgestimmt haben, sollten Sie - bevor die offizielle Phase der Durchführung mit Datenerhebung und Plausibilisierung beginnt - sich mit einem internen „Testaudit" beschäftigen. So können Sie auch gleich feststellen, wie einfach oder komplex es werden wird, wenn der Auditor fordert, die zu prüfenden Daten und Informationen bereitzustellen.

24.6.4 Audit, internen Test planen

Sie haben ja bereits Kenntnis über die Sachlage (aus dem Ankündigungsschreiben) und können dementsprechend die erforderlichen Daten und Informationen „suchen" bzw. die zuständigen Fachbereiche dazu bereits ansprechen und auffordern, entsprechende Datensammlungen zu initiieren.

Versuchen Sie auch bereits jetzt schon Antworten für die folgenden Fragestellungen zu erhalten:

- Welche Dokumente und Unterlagen werden möglicherweise im Zusammenhang mit dem Auditgegenstand vom Auditor zur Herausgabe oder Einsichtnahme verlangt?
- Wenn u. U. Scripte zum Auslesen von Lizenzinformationen eingesetzt werden, sollte das im Vorfeld schon einmal geprüft werden, vor allem welche Informationen dabei „geloggt" werden.
- Prüfung, ob der Arbeitsgruppe die anzuwendenden Nutzungsbedingungen bekannt sind und diese verstanden werden. Nichts ist peinlicher, wie wenn während der Verifikation mit dem Auditor ein Mitarbeiter mit Halbwissen „glänzt" und eventuell dadurch dem Auditor zusätzliche Informationen preisgegeben werden, weil das Halbwissen vor dem Auditor „diskutiert" werden muss.
- Gibt es Gründe, ein spezielles Augenmerk auf Virtualisierungsinfrastrukturen zu legen?
- Gibt es möglicherweise Softwareinstallationen ohne Nutzung und könnten diese unverzüglich ohne betrieblichen Impact auch deinstalliert werden?
- Möglicherweise ist es bei Ihnen über Prozessabläufe oder eventuell sogar über ein SAM-Tool möglich, eigene Berichte für eine erste Abschätzung in Bezug auf eine Unter- oder Überlizenzierung durchzuführen.

24.6.5 Vorbereitung zur Phase Durchführung

Bevor der eigentliche Auditprozess mit dem Auditor startet, sollten Sie auch diese Punkte in Ihrer Arbeitsgruppe ansprechen:

- Sind die organisatorischen Aktivitäten für die Geheimschutz-Vereinbarungen mit dem Auditor umgesetzt worden?
- Sind noch andere geltende Datenschutzgesetze (z. B. Datenschutzverpflichtung nach Bundes- und Landesdatenschutzgesetz) einzuhalten?
- Gibt es eine Abschätzung zur möglichen Beeinträchtigung des operativen Betriebs im Unternehmen bezüglich der Durchführung der Lizenzprüfung?
- Ist es erforderlich, alle oder nur eine bestimmte Anzahl von Mitarbeitenden zu informieren, dass ein Audit durchgeführt wird?
- Wird ein Eskalations-Prozess benötigt, wer muss über eventuelle Beeinträchtigungen vorab informiert werden?
- Sind möglicherweise Kundensysteme durch die Lizenzprüfungen beeinträchtigt, sind deshalb die Kunden vorab, und wenn, wie lange „vorher" mit entsprechenden Informationen zu versorgen?
- Wer steuert verantwortlich, dass auch nur tatsächlich der vereinbarte Prüfungsgegenstand in die Prüfung einbezogen wird? Stichwort: Begleitung und Überwachung der Auditoren.
- Wurde festgelegt, wer als Person bzw. Rolle die Aufgaben des SPOC in Richtung Auditor wahrnimmt.

24.6.5.1 Audit, interne Ziele festlegen

Zum Bestandteil einer Auditverteidigungsstrategie (Audit Defense) sollte gehören, sich über die eigenen „Verteidigungsziele" und die möglichen Ziele des Auditors im Klaren zu sein.

Ziele des Auditors

Das Ziel eines Hersteller-Audits ist es, mit den beauftragten qualifizierten personellen (Auditoren) und technischen Ressourcen sicherzustellen, dass die abgeschlossenen Verträge und deren Bestimmungen lizenzkonform umgesetzt werden und es keine Formen von unlizenzierten Lizenzbedarfen gibt. Dazu gehört auch die Prüfung der Einhaltung von „Melde"-Verfahren (beispielsweise ILMT-Berichte periodisch übermitteln), Herstellerrichtlinien, anzuwendenden Standards und Regeln sowie beispielsweise auf lizenzkonformes Befolgen der Installationsanweisungen (z. B. Oracle Add-ons, die lizenzkostenpflichtig sein bzw. werden können).

Ziele des Kunden (Lizenznehmer)

Wie bei einer Bilanz bzw. Betriebsprüfung auch, haben die beteiligten Parteien meistens gegensätzliche Interessen und Ziele. Die eine Partei möchte beispielsweise mehr Geschäfte erzielen, die andere möchte vermeiden, wegen möglicher kleinerer Verfehlungen – vielleicht aus Unachtsamkeit oder aufgrund fehlender Kontrolle – diese teuer bezahlen zu müssen. Bei dieser Gemengelage sollte dann schlussendlich ein gemeinsamer Konsens gefunden werden.

Ich sage immer: leben und leben lassen. Also, ihr Ziel muss es sein, möglichst wenig bis gar keine Lizenzverfehlungen aufgezeigt zu bekommen, und wenn es welche geben sollte, die so „günstig" wie möglich nachzuzahlen. An einigen Stellen kann u. U. mit Testsystembetrieb, „falsch" deklariertes Hot- oder Cold-Stand-by-System oder auch Fehler bei der Durchführung von Migrationen versucht werden, mit dem Auditor ein gemeinsames Verständnis zu finden, wie solche Handicaps (kostenschonend) aufgelöst werden können. Oftmals ergibt sich auch - wie weiter oben schon im Abschnitt 24.5 „Auditstrategie festlegen" im Punkt 7 (vii) beschrieben - eine Gelegenheit, um überlizenzierte Produkte über „Liste-zu-Liste" mit „unterlizenzierten" Produkten einzutauschen und damit das Budget für die möglichen Nachzahlungen zu schonen.

Um „Ihr" Ziel erreichen zu können, müssen aber auch alle beteiligten Personen und Rollen über den Projektplan, die Auditstrategie, genau im Bilde sein und auch wissen, dass es nur einen SPOC geben kann, der mit dem Auditor kommuniziert, damit es eben nicht zu möglichen Situationen kommt, wo unbeabsichtigt der Auditor Informationen erhält, die das Auditergebnis in Ihrem Sinne negativ beeinflussen könnten. Das ist keine Aufforderung zur Verschleierung, sondern zu einem aufmerksamen und im Rahmen der bestehenden Möglichkeiten einzusetzenden Wissen, denn auch Auditoren können einmal danebenliegen und etwas vergessen oder nicht umfassend beachten, wie in dem folgenden Beispiel von mir in einer Kundensituation persönlich miterlebt.

Beispiel

Bei einem Microsoft-Audit eines Service Providers gab es den Fall, dass dieser es versäumt hatte, bei dem verpflichtenden Wechsel der monatlichen Meldungsform der Windows-Server-Lizenzierung von „pro Prozessor" auf „pro Core", diese monatlichen Meldungen dahingehend umzustellen. Es wurde weiterhin ordnungsgemäß „pro Prozessor" gemeldet, man war aber eigentlich „unlizenziert", weil ja nicht mehr das korrekt anzuwendende Lizenzmodell (gemäß SPLA-Vertrag) gemeldet wurde. Nun hatte aber im Audit der Auditor diesen Punkt so „abgestellt", dass ab dem Zeitpunkt des Meldens von „pro Core" eine unlizenzierte Nutzung erfolgte, obwohl ja weiterhin „pro Prozessor" zur Abrechnung gemeldet wurde. Das Audit ging am Ende für den Service Provider gut aus, weil durch einen aufmerksamen Dritten festgestellt wurde, dass es bei der Berechnung der „fehlenden pro Core"-Lizenzen versäumt wurde, die bisherigen ordnungsgemäß (aus Sicht des Service Providers) gemeldeten „pro Prozessor"-Lizenzen, hier in die Auditabrechnung entsprechend einzubeziehen. Das wurde zwar erst einmal hin und her diskutiert, letztendlich hat aber dann Microsoft dem sogenannten „License Stacking"-Modell und dessen Anrechnung auf die Lizenzsituation zugestimmt. Das bedeutete, dass die bezahlten „pro Prozessor"-Lizenzen in „pro Core" umgerechnet wurden und auf den Beginn der eigentlichen Umstellung angerechnet wurden - damit stand dann so gut wie keine Nachzahlung mehr zur Debatte. Wäre dieser Umstand nicht aufgefallen oder auch vom Kunden mit geprüft worden, hätten aus den so noch fälligen ca. 25.000 Euro Nachzahlung schnell ca. 225.000 Euro Nachzahlung werden können. Also, genau hinschauen, Experten einbinden, hinterfragen und im Zweifelsfall auch einmal etwas Basar spielen und verhandeln. Wir sind schließlich alle nur Menschen. Diesen Umstand, genau hinzuschauen und aufmerksam alles mitzuverfolgen und zu hinterfragen, sollten Sie dann auch in Ihrer aufgestellten Arbeitsgruppe thematisieren und den beteiligten Personen und Rollen in ihrem internen Kickoff mitteilen bzw. sie dahingehend sensibilisieren.

24.6.5.2 Agenda interner Audit-Kickoff

Für den internen Auftakt des anstehenden Software-Audits sollten Sie natürlich auch ein Kickoff durchführen, wo Sie schon einmal die wichtigsten Themen ansprechen, organisieren und abstimmen. Falls Sie bereits einen gültigen internen Auditprozess (siehe Bild 24.1) besitzen, haben Sie hierfür eine gute Orientierung, um die erforderlichen Aktivitäten zu beschreiben und zeitlich zu beplanen.

Eine mögliche inhaltliche (Best practise) Aufstellung der anzusprechenden Punkte finden Sie hier:

- **Ausgangsbasis:** Warum haben wir ein Software-Audit?
- **Aufgabe:** Schaffung eines gemeinsamen Verständnisses für das Software-Audit (Ziele, Inhalte, Zeitplan)
- **Arbeitsgruppe & Stakeholder:** einzubindende Personen & Fachbereiche
- **Kommunikation:** Kommunikationsregeln, Definition SPOC (intern & extern), Eskalationsstrecken
- **Planung und Organisation:** Rahmenbedingungen, Arbeitsmodus, Projekt- und Zeitplan abstimmen
- **Handlungsfelder:** Erheben der Daten (kaufmännisch, technisch)
- **Erwartungshaltung:** Abgleichen und Leitplanken festlegen
- **Software-Audit**: Verteidigungsstrategie, Einbindung externer Berater, sind Kunden einzubeziehen, Ergebnisse vom Auditor, Prüfung, Mediation
- **Abschlussgespräch mit Hersteller:** Ergebnisbericht, Kalkulation der Verbindlichkeiten, Vertragliches
- **Lessons learned:** kurz- und mittelfristige Aufgaben und Maßnahmen, Prozesse, Richtlinien, SAM-Tool, Verträge anpassen, IT-Architektur (Change Management), Produktportfolio optimieren, Produkte ausphasen etc.

Im Zuge Ihrer internen Kickoff-Veranstaltung sollte auch (damit beginnend) immer zu allen Aktivitäten ein Ergebnisprotokoll geführt werden. Dies erfolgt am besten durch jemanden, der a) immer in allen Meetings anwesend ist bzw. sein kann und b) auch dem „SPOC"-Team angehört (Sie erinnern sich, nur bestimmte festgelegte Personen sollten die Kommunikation nach innen und außen wahrnehmen).

24.6.5.3 Protokoll interner Audit-Kickoff

Tabelle 24.2 zeigt ein beispielhaftes auszugsweises Protokoll zu einem internen Kickoff eines anstehenden IBM-Audits.

Das avisierte Datum für den Beginn des Software-Audits ist erreicht und der Kickoff-Termin mit dem Auditor steht bald bevor. Damit beginnt jetzt für Ihre Arbeitsgruppe die Phase „Durchführung".

Tabelle 24.2 Beispiel eines internen Kickoff-Protokolls

Thema			Kickoff zum Software-Audit IBM	
Protokoll-Nr.:			1	
Datum/Ort:			4. April 201x/Geb. 1/R31	
Beginn/Ende:			9:00–10:15 Uhr	
erstellt von/am:			Sabine Lutz/01.04.201x	
lfd. Nr.	LG	Aussage		Verantwortlich/Termin
1.	I	*Vorstellung IBM-Audit* Frau Lutz berichtet den aktuellen Status der Vorbereitungen zum angekündigten IBM-Audit und stellt den internen Projektplan vor.		
2.		**Vorgehen und Mitwirkung**		
2.1	I	Im Kickoff-Termin mit dem Auditor wird der Prüfungsgegenstand und Prüfungsumfang konkret benannt und an alle beteiligten Personen übermittelt. Der bestehende Projektplan wird dann auf dieser Basis aktualisiert.		Herr Schneider
2.2	F	*Handlungsfelder* Die Abteilungen AF und ZG können die bestehende lizenzrechtliche Vertragssituation mit den RZ-Kunden nicht abschließend bewerten. Es wird darum gebeten, hier den Fachbereich DF mit einzubeziehen.		Herr Willig
3.	I	*Weitere Fachverfahren* Herr Schulz weist darauf hin, dass im Fachbereich OSE voraussichtlich ab 30.04. bzw. 30.06. ein produktives System ohne erforderliche Wartung im Betrieb sein wird und somit in den Auditprüfungszeitraum fällt.		Herr Schulz
4.	E	*Informationspflicht an unsere Kunden* Es wird geprüft, ob unsere Kunden darüber in Kenntnis zu setzen sind, dass ein Audit auf den bereitgestellten Systemen stattfinden wird.		Frau Wennige
4.1	F	*Dokumentation der IT-Architektur* Bezüglich der Bereitstellung von technischen Informationen (Aufstellung der IT-Architektur) wird es zu Terminschwierigkeiten kommen.		Herr Stollse
4.2	B	*Weitere Aktivitäten* Die Teilnehmer erhalten einen aktualisierten Zeitplan und den jeweiligen Prüfungsumfang nach dem 14.04. und werden um eine kurzfristige Rückmeldung zur Umsetzbarkeit ihrer Aufgaben gebeten.		Frau Lutz

Legende (LG): F = Feststellung, B = Beschluss, A = Auftrag, E = Empfehlung, S = Sonstiges, I = Information

24.6.6 Phase Durchführung

In dem Ankündigungsschreiben wird u. a. auch aufgeführt, dass der Hersteller regelmäßige Lizenzprüfungen durchführt, mit dem Ziel, die Nutzung und Installation der vorhandenen Software sowie die damit verbundenen Subscriptions und Supportleistungen gemäß den gültigen Lizenzbestimmungen festzustellen. Ebenso wissen Sie ja bereits, von wem (Hersteller) das Ankündigungsschreiben ist, und demzufolge auch, welche Softwareprodukte in die Prüfung einbezogen werden. Damit Sie dem Audit nicht ganz unvorbereitet gegenüberstehen, sollten Sie die Zeit bis zum angekündigten Prüfungsbeginn nutzen und versuchen, sich jetzt einen Überblick über die Sachlage zu verschaffen:

- Sichten Sie die vorhandenen Verträge und möglichen Informationen (wie z. B. E-Mails, Protokolle zu den Verhandlungen der Softwareverträge, wo eventuell weitere Absprachen oder Nebenabreden festgehalten wurden).
- Lassen Sie sich von den verantwortlichen Mitarbeitern eine aktuelle Aufstellung über die Hard- und Softwareumgebung geben, die die zu prüfenden Softwareprodukte betreffen. Sind User-gebundene Lizenzmetriken mit im Spiel, sollten Sie auch schon einmal die Fachbereiche ansprechen, die z. B. das Active Directory betrieblich verantworten, damit hier bereits eine Prüfung auf aktive/inaktive Benutzer erfolgen kann.
- Suchen Sie die für den Prüfungszeitraum (ab Ankündigungsschreiben zwei Jahre zurück) relevanten Lizenznachweise und -meldungen heraus (z. B. Microsoft True-Up-Meldungen oder bei IBM die ILMT-Berichte).
- Haben Sie bereits ein SAM-Tool im Einsatz, ziehen Sie sich dort schon einmal erste Berichte bzw. beginnen Sie mit einer umfassenden Aufstellung der Lizenzbedarfe und prüfen Sie schon einmal, ob die in den Verträgen vereinbarten Nutzungsbedingungen in Ihren IT-Szenarien richtig umgesetzt wurden (anhand der aktuellen Bebauungspläne Ihrer IT-Architektur).

Im ersten Zusammentreffen (dem Kickoff) werden organisatorische Aspekte geklärt und abgestimmt sowie u. a. der Prüfungsablauf und es werden dabei dann auch die Prüfungsdokumente vorgestellt und erläutert, die der Kunde in Form einer Selbstauskunft auszufüllen hat.

24.6.6.1 Kickoff mit Auditor

Als Erstes wird meistens noch einmal auf die Begriffsdefinition des Charakters der Prüfung hingewiesen.

Disclosure

Prüfungsumfang: „Hersteller" nimmt das ihm vertraglich zustehende Prüfungsrecht aktuell in Form einer Plausibilisierung wahr. Der im Folgenden verwendete Begriff Prüfung steht daher nicht für eine vollumfängliche Prüfung im berufsrechtlichen Sinn nach der Wirtschaftsprüfungsordnung, sondern nur für eine eingeschränkte Überprüfung in Form einer Plausibilisierung. ■

Über die vom Auditor vorgelegte Agenda werden dann die Rahmenbedingungen und Prüfungsschritte vorgestellt und besprochen. Eine solche Agenda könnte die folgenden Punkte enthalten:

- Übersicht Hersteller-Lizenzprogramm
- Projektorganisation und Ablauf
- Betrachtungszeitraum
- Projektphasen erläutern
  - Planung (Prüfungsinhalte, Betrachtungsumfang, Vorgehensweisen)
  - Datenerhebung (Softwareinventar, Lizenzinventar, Lizenznachweise)
  - Auswertung (Übersicht der Lizenzbedarfe versus Lizenznachweise bzw. Meldungen)
  - Bericht (Entwurf, Abstimmung)
  - Abschluss (Settlement-Bericht mit Hersteller, Mediation, Auflösung der Diskrepanzen)
- Ansprechpartner, Kommunikationsfluss, SPOC, Eskalationsprozess
- Nächste Schritte

Weitere Hinweise des Auditors während des Kickoff-Termins sind beispielsweise die hier aufgeführten Aspekte, die Sie auch gewissenhaft mit in Ihren Protokollen vermerken sollten, denn diese Informationen bzw. die Kickoff-Dokumente zählen bereits mit zu den offiziellen Software-Audit-Unterlagen.

Hinweis 1: Kauf von Software während der Lizenzprüfung

Lizenzkäufe während der Lizenzprüfung (beginnend mit dem Ankündigungsschreiben bis zum Abschlussschreiben)	
Lizenzkauf für Neuprojekte oder für zukünftige Erweiterung bestehender IT-Umgebungen	Lizenzkauf zur Abdeckung einer bereits bei Beginn der Lizenzprüfung durch den Kunden intern identifizierten Unterlizenzierung
Sollte der Kunde Lizenzen für ein neues Projekt benötigen, wird „Hersteller" den Kauf unterstützen, jedoch werden die Lizenzen **nicht** in den für die Lizenzprüfung relevanten Lizenzbestand einbezogen. „Hersteller" bzw. der „Hersteller" Business-Partner, über den ein Auftrag abgewickelt wird, wird eine separate Klausel in den Angeboten, Bestellscheinen hierzu aufnehmen.	Ein solcher Auftrag sollte nach einer Besprechung mit Ihrem Hersteller Licensing Manager erfolgen, weiterhin sollte eine schriftliche Bestätigung des Sachverhalts erfolgen. Der Lizenzkauf wird in dem für die Lizenzprüfung relevanten Lizenzbestand berücksichtigt.

Hinweis 2: Betrachtungszeitraum der laufenden Lizenzprüfung

- Die eingesetzte Software muss zu jedem Zeitpunkt ausreichend lizenziert sein.
- Der Hersteller beschränkt die rückwirkende Betrachtung innerhalb dieser Prüfung auf zwei Jahre vor dem „Notification Letter".
- Der Betrachtungszeitraum der Prüfung erstreckt sich bis zum Auditor-Bericht an den Hersteller.
- Für jedes einzelne Produkt sollen sich Nutzungsdaten und Lizenzbestand auf den gleichen Zeitpunkt beziehen (Datum des Wartungsvertrags, unter dem die Software betrieben wird).
- Dieser Zeitpunkt kann für unterschiedliche Produkte variieren.

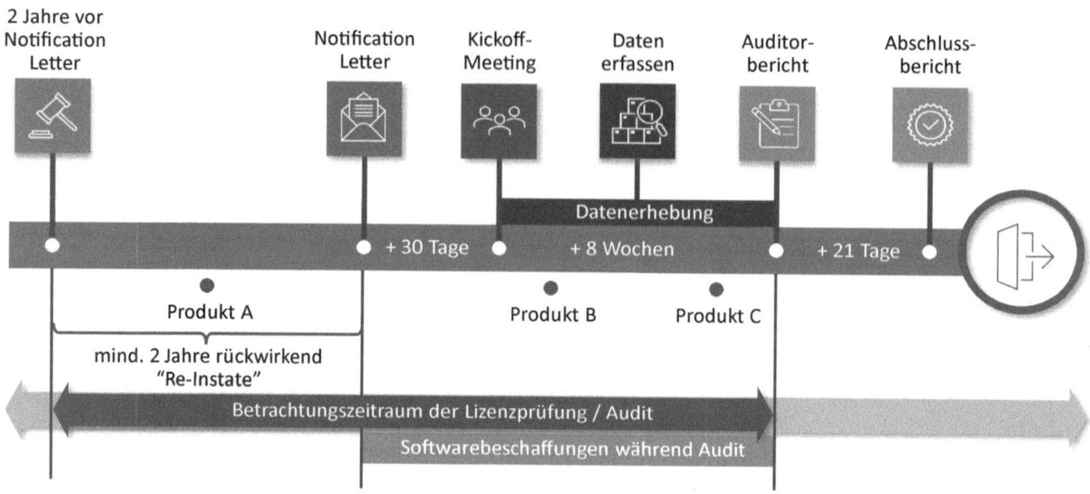

Bild 24.3 Zeitstrahl Betrachtungszeitraum bei einer IBM-Lizenzprüfung

Im Bild 24.3 habe ich einen Zeitstrahl mit dem Betrachtungszeitraum visualisiert, wie er typischerweise für IBM-Lizenzprüfungen angewendet wird. Lassen Sie sich aber bitte nicht „täuschen", denn die dort aufgezeigten „mind. zwei Jahre (rückwirkend) Re-Instate" können, wenn es wirklich „krachen" sollte, auch einmal fünf Jahre umfassen. Der Hersteller ist laut den Nutzungsbedingungen auch befugt dazu. Ich habe es bisher nur einmal erlebt, dass IBM hier bei einem Audit die Fünf-Jahres-Karte gezogen hat, ohne Einbeziehung vereinbarter Rabattstaffeln.

Nach dem ersten Kickoff und der damit verbundenen Vorstellung und Erläuterung der auszufüllenden Prüfungsdokumente liegt der Ball wieder im Spielfeld des Kunden. Dieser Abschnitt der Datenerhebung in der Phase „Durchführung" ist nicht nur vom Arbeitsaufwand her, sondern auch vom zeitlichen Aspekt (bis zu zwei Monate oder sogar noch mehr, je nach Komplexität) der umfangreichste im gesamten Prüfablauf.

24.6.6.2 Welche Informationen sind zu erheben?

Die zu erhebenden Daten von unterschiedlichen Herstellern sind von der Sache her gleich, allerdings unterscheiden sich u. a. die bereitgestellten Auditunterlagen. So haben z. B. KPMG und auch Deloitte ihre eigenen Templates und jeder verwendet für die Datenanalyse und Verifikation auch jeweils andere Prozesse im Hintergrund. Beide haben aber als Ziel, den Status der Lizenzkonformität im Namen der Hersteller zu ermitteln.

- **Beispiel Microsoft:** Der Auditor erstellt einen sogenannten Report mit dem Titel „ELP – Effective License Position", in dem folgende Daten erfasst werden:
  - Product Family, Version, Type of license, Licenses (MLS Volume Licenses, OEM Licenses, other), Preliminary License Entitlement, Deployments (Identified by Inventory Discovered Tool, Identified Manually), Total Software Deployment, Software Deployment vs. License Entitlement, License Allocation (+/-), (Downgrades, Upgrades, Virtualization, Parallel Installations, Training Licenses, Test Installations), Total License Allocation, Licensing Delta, Upgrade Licenses (Upgrade Licenses Quantity, Upgrade Licenses Quantity (w/Maintenance), Comments).

- Um diese Fülle an Informationen überhaupt auswerten zu können, werden Unterlagen und Informationen aus dem Volume Licensing Service Center (VLSC) mit Inhalten aus den aktuellen Select-, Open- und Enterprise-Agreement-(EA)-Verträgen und aus der Vergangenheit gesichtet (z. B. die erfolgten TrueUps während der Laufzeit). Falls diese Informationen ungenügend sein sollten, können weitere Unterlagen vom Kunden verlangt werden, z. B. die Lizenznachweise von Einzelhandelspaketen (FPPs) oder OEM- und System-Builder-Softwareprodukten (hier oft Betriebssysteme).

Soweit es mir bekannt ist, gibt es die Möglichkeit, wichtige Informationen für das ELP-Formular schon aus dem VLSC-Portal zu exportieren, sodass der Auditor oder der Kunde nicht ganz von vorne anfangen muss, um die Informationen in das ELP-Sheet einzutragen. Anschließend wird ein Abschlussbericht erstellt und an Microsoft weitergeleitet. Die weiteren Maßnahmen koordiniert dann ein Vertriebsmitarbeiter von Microsoft in Zusammenarbeit mit dem zuständigen Lieferanten.

- **Beispiel IBM:** Zur Erfassung der für die Prüfung notwendigen Informationen werden Excel-Formulare verwendet, bei Deloitte nennt es sich beispielsweise „IBM Customer Workbook“, hier werden alle zu erfassenden Daten zusammengeführt. Bei KPMG werden beispielsweise zwei Excel-Formulare „DR1“ und „DR2“ verwendet, in denen Daten vom Kunden erfasst werden und auf die ich in den folgenden Abschnitten beispielhaft eingehen werde.

> Sicherlich müssen Sie für Ihre Vorbereitungen auch noch auf andere Bereiche zugehen, wie Einkauf, Recht, Finanzen oder eventuell sogar noch auf den Dienstleister, der Ihre Serverfarm betreibt. Achten Sie also darauf, die benötigten Informationen möglichst schnell und effizient aufbereitet zu erhalten. Wichtig ist dabei, dass Sie sämtliche Produktverantwortlichen und Ihre IT-Architekten mit den verantwortlichen Systembetreuern ins Boot holen. Nur sie können Ihnen eventuelle Szenarien richtig erläutern und darstellen und die verwendeten Lizenzmetriken erklären, um die Dokumente und Daten entsprechend „unschädlich“ auszufüllen. ■

24.6.6.2.1 Auditvorlagen – Beispiel IBM

Die Excel-Formulare sind in der Regel nach den folgenden Schemata aufgebaut.

Dokument I: Vertrags- und Produktinformationen

Registerblatt Produktnutzung

- **Übersicht**
  - Titel der Maßnahme, beispielsweise IBM-Lizenzprüfung, (Produktnutzung)
  - Beschreibung der Maßnahme
  - Kontaktdaten der Ansprechpartner des Auditors
  - Kundenname, der geprüft wird
- **1. Vorgabeliste für die Benennung der installierten Produkte**
  - Herstellername/Bezeichnung
  - Produktname

  - Metrik
  - Installiert (J/N)
  - Kommentarspalte
- **2. Vorgabeliste für die Benennung weiterer installierter Produkte**
  Hier werden Produkte aufgelistet, die entweder einen anderen „Brand-Namen" bekommen haben, also irgendwann umbenannt wurden, wie beispielsweise Lotus Notes, was sich jetzt Collaboration Solutions nennt, oder „Advanced Information Management (ehem. WebSphere) oder „Cloud & Smart Infrastructure (ehem. Tivoli) etc.
- **2.1 Übersichtsliste weiterer sonstiger Produkte aus dem Herstellerproduktportfolio**
  Hier werden meistens noch weitere Produktnamen aufgeführt, die vom Hersteller (hier IBM als Beispiel) akquiriert wurden und demzufolge natürlich jetzt auch mit in den Prüfungsumfang einzubeziehen sind.

Registerblatt Verträge und Organisation

Unter dieser Registerkarte werden die Verträge bereits aufgelistet sein, die für die Prüfung und den Prüfungszeitraum relevant sind, beispielsweise Passport Advantage.

1. **IBM-Verträge (z. B. ESSO, IPAA, IPAA Express) sowie Verträge mit von IBM akquirierten Softwareherstellern.** Vertragstyp, Kundenname, Vertragsnummer, Site-Nummer, Kundennummer, Details

Also hier auch bitte schon einmal genau prüfen, ob die angegebenen Daten soweit stimmen. Sind Optionen zu betrachten, dass Sie beispielsweise die zu prüfenden Softwareprodukte wiederum ihren Kunden bereitstellen oder diese die Produkte von Ihnen (Ihr Unternehmen ist beispielsweise ein Service Provider) beziehen, müssen auch hierzu Angaben gemacht werden. Das nennt sich dann:

2. **Einzubeziehende Organisationen.** Organisation, Unternehmen (vollständige Firmierung), Ort, Land

In einem weiteren Dokument sind die Daten zur Software-Nutzungserhebung der installierten Softwareprodukte zu erfassen. Bleiben wir bei dem Beispiel mit IBM, wären in dieser Liste jetzt die folgenden Informationen zu erfassen:

Dokument II: Datenermittlung zur Softwarenutzung

Registerblatt Übersicht

> *„IBM führt zurzeit in Ihrem Haus eine Softwarelizenzprüfung durch. Bitte machen Sie auf den folgenden Blättern Angaben zu den Installationen und der Nutzung der aufgeführten IBM-Produkte (unabhängig davon, ob diese produktiv eingesetzt werden).*
>
> *Die untenstehenden IBM-Produkte wurden von Ihnen als installiert angegeben. Falls Sie darüber hinaus weitere IBM-Produkte installiert haben, lassen Sie uns das bitte gesondert wissen."*
>
> - *Informix Enterprise Edition,*
> - *Security QRadar Core Appliance XX05, Security QRadar SIEM All-in-One 31XX, Security QRadar SIEM All-in-One 31XX Failover,*
> - *Spectrum Protect Suite Entry,*
> - *WebSphere MQ*

Greifen wir beispielhaft das Produkt „**Informix**" heraus.

- **Produktname aktuell:** Informix Enterprise Edition
- **D- und E-Partnr. (aktuell):** D0D1QLL (SKU[22]-Lizenz), E08SLLL (SKU-Wartung)
- **Produktname (alt):** Informix Dynamic Server Enterprise Edition Unlimited Users SubCapacity bzw. Informix Dynamic Server Enterprise Edition Unlimited Users
- **D- und E-Partnr. (alt):** D59M6LL, D55QQLL, E0323LL, E023HLL
- **Metrik:** Processor Value Unit

Das **Registerblatt für Informix** wäre wie folgt aufgebaut:

A. Angaben zum Produkteinsatz

A1. Bitte stellen Sie uns für jeden Server die angefragten Hardwareinformationen vollständig zur Verfügung und geben Sie in der Tabelle alle aktiven Informix-Server an.

- **Allgemeine Angaben:** Server-Name, Informix-Instanz-Name, eingesetzte Version, produktiv (J/N), Art des Servers (phys., virtuell), Standort des Servers
- **Angaben zum physischen Host:** Servermodell des physischen Hosts, Prozessorname und Modellnummer, Anzahl der belegten Prozessor-Sockets, Anzahl der Kerne pro Socket, Gesamtzahl der Prozessorkerne
- **Angaben zu virtuellen Servern:** Name des physischen Hosts, Anzahl der zugewiesenen vCPUs
- **Angaben zu Clustern:** Ist der physische Host Teil eines Clusters, Name des Clusters, Gesamtzahl der physischen Host-Server innerhalb des Clusters
- **Weitere Angaben, falls erforderlich (insbesondere begründen, falls keine Lizenzkostenpflicht besteht)**

Weitere Fragestellungen (am Beispiel des IBM-Templates), die es zu beantworten gilt:

A2. Stellen Sie uns die unten aufgelisteten Outputs/Screenshots für jeden Server zur Verfügung.

Hier kommen Kommandozeilen-Scripte zum Einsatz, die dann bestimmte Log-Daten auswerfen und per Screenshots zu dokumentieren sind.

B. Dokumentation des Produkteinsatzes

Bitte erstellen Sie einen Output oder Screenshot, aus welchem die eingesetzte Version/Edition der Software hervorgeht. Sollten Sie verschiedene Versionen der Software einsetzen, stellen Sie Screenshots aller eingesetzten Versionen zur Verfügung.

C. Sub-Capacity Reports

Bitte stellen Sie uns die Sub-Capacity Reports für die vergangenen vier Quartale zur Verfügung.

<Ende des Dokuments>

Sie haben mit ihrer Arbeitsgruppe die technischen Daten vor Ort oder über Remoteverbindungen (auf Server) erhoben sowie die erforderlichen zusätzlichen Informationen und Dokumente (wie z. B. Screenshots von Versionsständen, Sub Capacity-Reports) zusammengestellt und ebenso die erforderlichen kaufmännischen (beispielsweise Rechnungen) und

[22] SKU = Stock Keep Unit (eigentlich sollte es sich dabei um eine eineindeutige Nummer handeln, was aber oftmals nicht der Fall ist).

Lizenznachweisdokumente (beispielsweise Berichte aus dem Herstellerportal) und die damit zusammenhängenden Dokumente des Herstellers. Mit diesen Informationen wurden die Auditdokumente befüllt und an den Auditor zur weiteren Bearbeitung übermittelt, damit dieser jetzt „seine" Datenanalyse und Verifikation der von Ihnen zugesendeten Daten und übermittelten Informationen vornehmen kann.

Aufgaben des Auditors

Im nächsten Schritt sind die Unterlagen an den Auditor oder an die mit der Prüfung beauftragten Personen weitergeleitet. Basierend auf den von Ihnen übermittelten Daten und Informationen wird der Auditor die Dokumente einer ersten Überprüfung unterziehen und dazu auch die Informationen verwenden, die er zuvor vom Hersteller übermittelt bekommen hat. Das sind meistens Informationen und Zahlenmaterial über die abgeschlossenen Verträge und deren vereinbarte bzw. erworbene Stückzahlen. Die Auditoren verlassen sich aber nicht nur auf die Angaben des Prüflings, sondern recherchieren zusätzlich an bestimmten Punkten, wie z. B. die Anzahl der aktiven Mitarbeiter im Active Directory bzw. im Adressbuch vom Exchange-Server etc., um damit (meistens stichprobenartig) die Korrektheit der abgegebenen Zahlen und Informationen prüfen zu können. Ebenso lassen sie sich IT-Architekturpläne vorlegen oder gehen vor Ort in das Rechenzentrum, um bestimmte auf Papier angegebene Konstellationen zu überprüfen. Sie erinnern sich: Eine rechtswidrige Nutzung kann auch vorliegen, wenn das im Einsatz befindliche IT-Szenario nicht auf die erlaubten Nutzungsbedingungen der Software ausgerichtet ist (ein klassisches Problem bei Virtualisierungsumgebungen). Meisten ergeben sich (zwangsläufig) aber Situationen, wo es Klärungsbedarf bzw. Verständnisfragen geben wird. Hierfür sollten Sie sich mit dem Auditor abstimmen und den primären Kommunikationskanal und den Zeitraum/Zeitbedarf abstimmen, üblicherweise wird das über vereinbarte wöchentliche Jour fixe geregelt. Sind die ersten Ergebnisse erarbeitet, geht es in den nächsten Schritt, zur gemeinsamen Verifikation und Plausibilisierung der Daten. Hierfür wird üblicherweise auch ein Termin (meistens vor Ort) oder per Remote-Verbindungen anberaumt.

24.6.6.3 Datenanalyse und Verifikation

Oftmals wird eine Abdeckungsrate von 100 Prozent aller Maschinen im Betrachtungsumfang gefordert, die ggf. unter Zuhilfenahme von Scan-Agents, anderen Inventory-Quellen, ITSM-Tools, CMDBs oder über Software-Asset-Management-Tools bereitzustellen sind. Nicht nur, dass 100 Prozent im IT-Betrieb völlig utopisch sind, ist dieses Ansinnen auch rein ressourcentechnisch in der Kürze der Zeit nicht umsetzbar.

Weiterhin wird oftmals gefordert:

- Jegliche Lücken in der Abdeckung oder Datenlieferung müssen durch den Lizenznehmer geschlossen werden.
- Zusätzlich wird eine Plausibilisierung der Maschinen durch den Auditor bei einem Vor-Ort-Besuch durchgeführt.
- Ist kein SAM-Tool verfügbar, muss der Lizenznehmer Skripte, Befehle, Managementkonsolen etc. für die Datenerhebung verwenden und die Ergebnisse im Vor-Ort-Besuch aufzeigen.

Damit wären wir beim nächsten Schritt, dem Vor-Ort-Besuch. Das Ziel ist hierbei, eine Verifizierung der zuvor erhaltenen Informationen durchzuführen.

Der Termin umfasst meistens die folgenden Punkte:

- Über geführte Interviews mit den Produktverantwortlichen und Systemadministratoren wird ein allgemeines Verständnis zum Aufbau der IT-Infrastruktur mit den betriebenen Softwareprodukten und deren Nutzungen erarbeitet.
- Im nächsten Schritt werden die zuvor übersandten Daten am Live-System gegengeprüft.
- Im Fall von noch fehlenden oder unklaren Informationen werden diese jetzt noch erhoben und dokumentiert.
- Eventuell offene Punkte werden auf Basis der „neuen“ Ergebnisse geklärt und es wird versucht, einen gemeinsamen Konsens zu erarbeiten.

> Die Systemadministratoren des Kunden werden die Erhebung und Verifizierung der benötigten Installationsinformationen in Anwesenheit des Auditors eigenverantwortlich durchführen.

Lassen Sie uns nachfolgend einen Blick auf einen solchen „Vor-Ort-Termin“ werfen und betrachten wir beispielhaft das zu diesem Termin erstellte Ergebnisprotokoll (in Auszügen).

lfd. Nr.	Aussage
1.	**Agenda zum Ablauf der Verifikation**
2.	**Verifikation der Daten**
2.1	Die Verifikation erfolgt mit Fragen und Systemprüfungen ▪ *Informix:* Auf allen Systemen wurden die Angaben zur Hardware und zu den eingesetzten Versionen von Informix zu den bereits in DR2 übersandten Daten gegengeprüft. Der Auditor erläutert die Sub-Capacity-Lizenzbedingungen und insbesondere die Anforderungen zum Einsatz des IBM License Metric Tools (ILMT). Der Auditor teilt mit, dass nach aktueller Lage von einer Full-Capacity-Lizenzierung ausgegangen werden muss. ▪ *Tivoli Storage Manager (Spectrum protect):* Es wurde seitens des Kunden die IT-Architektur und die Historie zum Einsatz der Software erläutert. Zur Auswertung der Speichervolumen werden auf den gemeldeten Systemen die Daten erhoben und mit anonymisierten Systemnamen in eine Excel-Tabelle überführt und an den Auditor zur weiteren Bearbeitung und Verifizierung übermittelt.
3.	**Vollständigkeitsverprobung**
	Erläuterung der Vorgehensweise zur Vollständigkeitsverprobung. a) Der Kunde stellt eine Serverliste bereit, um stichprobenartig Server zu prüfen, was aber abgelehnt wird, da dies im Vorfeld vertraglich nicht vereinbart wurde. b) Bereits benannte Systeme werden einer teilweisen Vollständigkeitsverprobung unterzogen. c) Vom Auditor wird geprüft, ob eine vom Kunden vorzulegende schriftliche Vollständigkeitserklärung über die Korrektheit der Serverliste ausreichend ist. Szenario b) wurde im Vor-Ort-Termin durchgeführt, Szenario c) ist vom Auditor noch abzuklären, es wird dazu eine Rückmeldung an den Kunden geben.

lfd. Nr.	Aussage
4.	**Weiteres Vorgehen zur Abstimmung des Ergebnisberichts**
	Nach Fertigstellung des vorläufigen Abschlussberichts wird in der KW 12 dem Kunden der Bericht vorgestellt und erläutert, in der KW 13 wird der Bericht dem Hersteller vorgestellt, der Kunde kann dazu Anmerkungen und Erläuterungen einbringen. In der KW 14 wird ein telefonischer Abstimmtermin zur Mediation zwischen Hersteller und Kunde vereinbart.
5.	**Nachtrag zum Termin**
5.1	*WebSphere MQ:* Zu diesem Sachverhalt gibt es aus Sicht des Auditors und der internen Qualitätssicherung keine Beanstandungen.
5.2	*Spectrum Protect Suite Entry (ehem. Tivoli Storage Manager Suite for Unified Recovery Entry):* Es werden zwei Windows Server mit der Entry-Version betrieben, beide Unix Server sind als Backup-Server klassifiziert und lizenzrechtlich abgedeckt. Systeme werden demnächst abgebaut, die gesicherten Datenvolumina sind weit unter Lizenznachweis in Höhe von 23 TB.
5.3	*Informix Dynamic Server Enterprise Edition Unlimited Users Sub Capacity.* Aussage Auditor: ILMT unterstützt bereits seit Ende 201x „HP-UX“ für eine Sub-Capacity-Überwachung. Somit hätten die manuellen Sub-Capacity-Meldungen durch einen ILMT-Bericht ersetzt werden müssen. Dadurch ist laut Auditor eine „Non-Compliance“-Situation entstanden. *Auditor ergänzt mit E-Mail vom 27.1x.1x:* Im Zuge der Befüllung der „DR2-Liste“ wurden die angeforderten manuellen Sub-Capacity-Berichte zur Verfügung gestellt und dadurch wurden die genutzten Sub-Capacity-Werte sauber dokumentiert. Mit der erfolgten regelmäßigen Übermittlung des Worksheets zum „Virtualization Environment - Group of Servers (Cluster)“ ist ein konkludentes Handeln vollzogen worden. Aus diesem Sachverhalt heraus hat der Kunde die angegebenen Nutzungsberechtigungswerte nicht überschritten.
5.4	*In der E-Mail vom 27.1x.1x wird außerdem darauf hingewiesen, dass die Protokollabschnitte, die die Sicht des Kunden darstellen und nicht vom Auditor kommentiert wurden, keine konkludente Bestätigung dieser Ansichten seitens des Auditors darstellen.*

In der Phase „Durchführung“, die sich unterteilt in „Datenerhebung“ und „Datenauswertung“, ist dann auch einmal der Zeitpunkt gekommen, wo Sie eine erste Version des Ergebnisberichts vom Auditor übermittelt bekommen, auch um darin dann ggf. Ihre Sicht der Dinge anzumerken. Es kann ja durchaus sein, dass bestimmte Situationen vom Kunden anders betrachtet bzw. interpretiert werden. Zur letztendlichen Konsensfindung mit dem Hersteller sollte das dann auch wahrgenommen werden, eventuell noch durch fachliche externe Expertise unterstützt.

24.6.7 Phase Bericht

Der Abschlussbericht des Auditors (z. B. unter dem Titel „Software-Plausibilisierungs-Settlement bei ...") stellt die Ergebnisse für den Hersteller zusammen. Darin wird für jedes geprüfte Softwareprodukt ein Steckbrief in der folgenden Form erstellt:

- Übersicht Lizenzbestand Ist/Soll des zu betrachtenden Softwareprodukts,
- Beschreibung der Situation, die dargestellte Kundensicht zu diesem Softwareprodukt,
- Prüfungsergebnis mit Darlegung der verwendeten Quellen, Daten, Zahlen und Anmerkungen,
- Pseudonymisierung der Daten (beispielsweise Servernamen) für den Hersteller durch den Auditor.

Im Folgenden eine kurze Darstellung eines pseudonymisierten „Abschlussberichts" an den Hersteller und wie sich dieser aufbaut:

- **Deckblatt:** Berichtstitel, Kundenname
- **Inhaltsverzeichnis:** Zusammenfassung, Anlagen, Anhänge
- **Allgemeine Informationen:**
  - Rahmendaten der Lizenzprüfung, Kontaktdaten Hauptansprechpartner des Kunden, Einbezogene Unternehmen, Einbezogene Plattformen
  - Hinweis zum Bericht
    Beispieltext: *„Auditor hatte keine Möglichkeit, die Vollständigkeit der vom Lizenznehmer gemachten Angaben im Rahmen einer stichprobenhaften Plausibilisierung zu überprüfen. Stattdessen hat der Lizenznehmer eine Vollständigkeitserklärung bezüglich der IBM-Nutzungsangaben abgegeben."*
  - Art der Durchführung
    Beispieltext: *„Der vorliegende Ergebnisbericht beruht auf den von Lizenznehmer bereitgestellten Informationen und dem dazu vorliegenden Sachstand im Rahmen der Plausibilisierung zum Einsatz der aufgeführten Softwareprodukte. Möglicherweise hätte die Vorlage weiterer Informationen zu einer anderen Darstellung geführt. Das Dokument ist nur für den internen Gebrauch des Lizenznehmers und Herstellers bestimmt und ist nicht zur Weitergabe an Dritte zugelassen. Die abschließende Berichterstattung erfolgt ausschließlich an den Hersteller. Gemäß Beauftragung wurden die vom Lizenznehmer übermittelten Daten über Interviews mit Mitarbeitern des Kunden plausibilisiert."*
- **Quellenübersicht (der erhaltenen Daten vom Kunden):** Datenlieferung zur Produktnutzung, Datenlieferung mittels Auditor-Datenanfrage zur Softwarenutzung, Vor-Ort-Besuch, Datenlieferung im Nachgang zum Vor-Ort-Besuch
- **Nicht eingesetzte Produkte:** Aufstellung (in Listenform), welche der zu prüfenden Softwareprodukte beim Kunden nicht installiert sind
- **Lizenzstatus (zu den geprüften Softwareprodukten):** Produkt, Metrik, Lizenzbedarf, vorhandene Basislizenzen, Abweichung, aktive Wartung, Abweichung (Reinstatement), Produktnummer (SKU), Basislizenz Produktnummer (SKU), Reinstatement Produktnummer (SKU), Wartung Produktnummer (SKU)

- **Begriffsdefinitionen (Erläuterungen von verwendeten Schlüsselbegriffen):** Prozessorchip, Core, Socket, Aktiver Socket, Unbelegter Socket, Maximale Socketanzahl, Hyper-Threading, Processor Value Unit („PVU"), Host, Virtueller Server, Full-Capacity, Sub-Capacity, Sub-Capacity-Berichtsmethoden, ILMT

Haben die Auditoren die Überprüfung der Angaben abgeschlossen, wird das Prüfungsergebnis in einem Bericht festgehalten und zur abschließenden Validierung noch einmal an den Kunden übermittelt.

24.6.7.1 Validierung der Prüfergebnisse

Nicht nur rein hypothetisch, sondern tatsächlich ernst gemeint sind diese Fragestellungen hier, die es dabei zu beantworten bzw. zu berücksichtigen gilt:

- Plausibilitätsprüfung der übermittelten vorläufigen Prüfberichte, ob eine korrekte Zusammenführung und Interpretation der bereitgestellten Auditdokumente durch den Auditor erfolgten

  Diese sollten kritisch hinterfragt werden, denn unter Umständen gibt es einen Interpretationsspielraum bei der Bewertung der Ergebnisse (siehe dazu auch mein Praxisbeispiel zum Thema „License Stacking" im Abschnitt 24.6.5.1 „Audit, interne Ziele festlegen").
- Nochmaliges Einbeziehen und Sichten von aktuellen Verträgen und lizenzrechtlich relevanten Dokumenten und Unterlagen als Grundlage für die Beurteilung der Qualität und Stimmigkeit der vom Auditor ermittelten Ergebnisdaten.
- Schaffen eines gemeinsamen Verständnisses zum Ergebnis der Lizenzprüfung, um diese als einen definierten Ausgangspunkt für die nachfolgende Mediation mit dem Hersteller zu nutzen.

Bei größeren Diskrepanzen kann es durchaus vorkommen, dass das Auditverfahren nicht seinen gewohnten üblichen Standardverlauf nimmt, weil erhebliche erforderliche Rahmenbedingung für eine Plausibilisierung fehlen. Auch so etwas würde dann mit in dem Ergebnisbericht des Auditors aufgenommen werden, damit sich der Hersteller darüber selbst ein Bild machen kann. Beispielhaft könnte das sein:

- Die vom Kunden übermittelten Lizenzdaten können durch den Auditor nicht ausreichend schlüssig dargestellt werden (erforderliche Transparenz fehlt).
- Die originären Lizenznachweise liegen dem Auditor nicht im erforderlichen Umfang vor.
- Aufgrund der fehlenden Lizenznachweise ist eine historisierende Plausibilisierung von Basislizenzen zu den bestehenden Upgrade-Ketten nicht nachvollziehbar.
- Die vom Kunden übermittelten „Deployment"-Zahlen können seitens des Auditors nicht eindeutig zugeordnet und bestätigt werden.
- Das beim Kunden eingesetzte SAM-Tool konnte keine ausreichende Unterstützung bei der Analyse und Bewertung der Daten liefern.
- Aufgrund einer intransparenten Vorgehensweise zur Darstellung der IT-Architektur kann keine eindeutige Aussage für den lizenzkonformen Einsatz der zu prüfenden Softwareprodukte getroffen werden.

Spätestens in so einem Prüfszenario muss und sollte rechtzeitig mit dem Auditor zusammen das Gespräch mit dem Hersteller gesucht werden, um ggf. über Herstellerdokumente eine

„bessere“ Klärung der Lizenzierungssituation herbeiführen zu können. Dass das dann auch anderweitige Konsequenzen, nicht nur seitens des Herstellers gegenüber dem Kunden, nach sich zieht, denke ich, ist dann jedem bewusst. Denn es würde bedeuten, dass (wenn vorhanden) die bisherigen SAM-Rollen und -Prozesse sowie die damit verbundene Risikosteuerung mehr oder weniger komplett versagt haben.

Hinweis

Auch Wirtschaftsprüfer sind nicht vor Fehlern gefeit. Deswegen sollten Sie bei der Vorstellung der Abschlussprüfberichte die Zahlen genau kontrollieren und ggf. auch kritisch hinterfragen, wenn Sie gewisse Darstellungen nicht verstehen oder Ihnen diese nicht plausibel erscheinen. ■

Ziel der Validierung der Prüfergebnisse ist es, die getroffenen Absprachen und Sichten in den relevanten Punkten zu bestätigen und so die Übermittlung des Ergebnisberichts an den Hersteller vorzubereiten.

24.6.8 Phase Abschluss

Der mit dem Kunden abgestimmte Ergebnisbericht wird nun an den Hersteller übermittelt. Gleichzeitig wird dazu ein gemeinsamer Termin (Auditor, Kunde, Hersteller) vereinbart. An diesem Termin wird der Auditor dem Hersteller den Ergebnisbericht vorstellen und erläutern. Dabei werden u. a. auch die folgenden Aspekte betrachtet:

- Behandlung etwaiger Abweichungen
- Das vom Hersteller aufzubereitende Settlement wird auf der aktuellen Preisstaffel (Entitled Preis) des Lizenznehmers basieren.
- Hersteller berechnet Subscription und Support rückwirkend für 24 Monate. Diese Berechnung kann ggf. auf den tatsächlichen Installationszeitraum beschränkt werden, sofern die benötigte Dokumentation im Rahmen der Prüfung vorgelegt worden ist.

Aus diesem Termin heraus, mit den dort getroffenen Absprachen und Vereinbarungen, wird vom Hersteller der Abschlussbericht erstellt und in einem weiteren Termin, wo der Auditor nicht mehr mit anwesend sein wird, dem Lizenznehmer als Verhandlungsbasis vorgelegt.

24.6.8.1 Audit-Abschlussbericht an Lizenznehmer

Der Abschlussbericht des Herstellers an den Lizenznehmer kann ein umfangreicher Settlement-Bericht sein, beispielsweise in Form einer PowerPoint-Datei, aber auch schlicht und ergreifend nur ein Excel-Tabellenblatt, wo bereits die monetären Aspekte aufgestellt sind. Es kommt auch immer ein Stück weit darauf an, wie man in dem vorhergehenden Abstimmungstermin auseinandergegangen ist. Wenn nämlich bereits ein Konsens gefunden werden konnte, um die beiderseitigen Interessen zu wahren, wird der Abschlussbericht mehr oder weniger nur noch die Höhe der Pönalen enthalten. Diese können aber meistens auch noch einmal etwas „verhandelt“ werden, denn der Hersteller hat auch ein berechtigtes Interesse daran, dass seine Produkte weiterhin langfristig vom Lizenznehmer eingesetzt werden.

Ergebnispräsentation durch den Hersteller

- Hersteller erstellt den Abschlussbericht inklusive einer monetären Bewertung und der Höhe der Pönalen.
- Nach Annahme durch den Lizenznehmer erwartet der Hersteller eine zügige Begleichung des ausgewiesenen Fehlbetrags (meistens innerhalb von 30 Tagen).

Im Kern enthält dieser Abschlussbericht vom Hersteller die folgenden Punkte:

- Produktnummer (SKU)
- Produktbezeichnung
- Preisstaffel
- Produkt-Basispreis
- Produkt-Wartungspreis
- Reinstatement-Preis
- Abweichung (Mehrbedarf)
- Summe der Verbindlichkeit
- Preis für fünf Jahre Reinstatement
- Gesamtpreis

Diese Auflistung dokumentiert damit alle Defizite in den Lizenzberechtigungen für installierte und/oder in Gebrauch genommene Software mit den Berechnungen der möglichen Lizenzgebühren für den erforderlichen Defizitausgleich der Lizenzbedarfe für die Basislizenzen und Wartungsgebühren.

Die Lizenzprüfung endet mit dem Versand des Abschlussschreibens durch den Hersteller an den Lizenznehmer.

Nun wird (von beiden Seiten) nicht die Erwartungshaltung eingenommen, dass das erste Settlement-Angebot vom Hersteller auch gleich vom Lizenznehmer in Gänze akzeptiert wird. Nicht selten wird dann im Rahmen einer Mediation ein endgültiges Ergebnis in einer Art Vergleich verhandelt.

24.6.8.2 Auditmediation

Nachdem der Abschlussbericht dem Lizenznehmer übermittelt und von diesem einer ersten Prüfung unterzogen wurde, wird oftmals vom Lizenznehmer - in der Regel bei einer Unterzahlung - ein möglicher Vergleich angestrebt, da die zu leistenden Pönalen sicher nicht unerheblich sind und auch von den wenigsten in das Jahresbudget eingeplant wurden. Da in der Regel bei den Pönalen der nichtrabattierte Listenpreis angesetzt wird, versuchen die Lizenznehmer zu erreichen, dass wenigstens der bisherige rabattierte Listenpreis für die Kalkulation der Nachzahlungen zur Anwendung kommt. Das liegt aber immer im Ermessensspielraum des Herstellers, da dieses Vorgehen eigentlich der Strategie zuwiderläuft, auch hier auf die Kunden ein Stück weit erzieherisch einzuwirken, um die lizenzkonforme Nutzung der Softwareprodukte sicherzustellen. Denn würden dann immer „nur" die rabattierten Listenpreise vom Hersteller angesetzt, könnte das möglicherweise bei der Einhaltung der Lizenzkonformität zu einem sehr laxen Verhalten unter den Lizenznehmern führen.

Nach der Evaluierung einer einvernehmlichen Lösung für eine mögliche Reduzierung der Pönalen würden dann die vertraglichen Aktivitäten beidseitig veranlasst, um damit dann auch das Software-Audit offiziell zu beenden. Die dann bestehende Compliance-Situation, ist der neue zukünftige Software- und Wartungsbestand, auf dem dann bei einem weiteren zukünftigen Audit wieder aufgesetzt werden würde bzw. dessen Datenlage dann als Ausgangspunkt dient. Damit wird nun auch offiziell das Software-Audit beendet.

24.7 Was kommt nach dem Audit?

Nach dem Audit ist vor dem Audit. Sicherlich kann davon ausgegangen werden, dass in den Unternehmen, die unvorbereitet ein Audit erleben durften und dabei erhebliche Nachzahlungen zu leisten hatten, die Verantwortlichen spätestens jetzt aufgewacht sind und sich dem Thema SAM und dessen Risikomanagement nicht mehr verschließen werden. Abgesehen davon, wäre jetzt zu empfehlen, die vergangenen Erfahrungen in einer Nachschau zu bewerten und, wie es so schön heißt, als „Lessons Learned“[23] aufzunehmen und umzusetzen.

Mögliche To-dos

- Analysieren Sie mit allen am Audit beteiligten internen Mitarbeitern den Ablauf des Audits und halten Sie diese Ergebnisse in einem Abschlussprotokoll fest.
- Erstellen Sie daraus einen Abschlussbericht für das Management und für die Revision.
- Erstellen Sie daraus einen Maßnahmenkatalog mit kurz- und mittelfristigen Aufgabenstellungen.
- Erstellen Sie einen Risikobericht über die eingesetzten Softwareprodukte, um eventuell schon den nächsten potenziellen Software-Audit-Kandidaten zu bestimmen.
- Prüfen Sie, ob die Vertragsunterlagen in Ihren Systemen vollständig und aktuell sind.
- Prüfen Sie, ob es klare Anweisungen an die Mitarbeiter bzgl. des Umgangs mit urheberrechtlich geschützter Software gibt (Open Source ist hier nicht von Belang).
- Sensibilisieren Sie noch einmal Ihre Mitarbeiter und erstellen Sie ggf. neue Richtlinien zum Umgang mit Software.
- Überprüfen Sie Ihre eigenen internen Richtlinien und Verfahren und optimieren Sie diese. Prüfen Sie vorhandene Kontrollmechanismen, um sicherzustellen, dass die Probleme, die zu Ihrer Gefährdung geführt und/oder diese vergrößert haben, nach bestem Wissen und Gewissen behoben werden.
- Überprüfen Sie Ihre bisherigen SAM-Prozesse und -Rollen – und wenn Sie noch kein SAM-Tool im Einsatz haben, eine Evaluierung und Implementierung eines solchen.

In einigen Fällen vergessen Kunden, die gemachten Erfahrungen und Problemstellungen aufzuarbeiten und mit geeigneten Maßnahmen zu begleiten, und befinden sich ein paar Jahre später wieder in derselben Ausgangslage, weil keine umfassende Ursachenanalyse durchgeführt und mit entsprechenden Maßnahmen gegengesteuert wurde.

---

[23] Lessons Learned – Wikipedia – *https://de.wikipedia.org/wiki/Lessons_Learned*

Mögliche weitere Arbeitspakete und Folgeaktivitäten wären

- Bewertung des aktuellen Lizenzmanagements, der aktuellen Lizenzadministration und der aktuellen lizenzrechtlichen Umsetzung der IT-Architektur.
- Die Lizenzierungshistorien von Softwareprodukten – hier zuerst von den Herstellern mit einem erhöhten Lizenzrisiko, dann weitere – sollten aufgearbeitet werden.
- Überlegen Sie, eine nachhaltige kaufmännische Lizenzadministration aufzubauen, mit entsprechenden Prozessen und Strukturen.
- Instanziieren Sie eine permanente Kommunikation zwischen SAM-Betrieb und den IT-Betriebs-Fachbereichen, um die Einhaltung lizenzkonformer Nutzung der Softwareprodukte zu gewährleisten.
- Sorgen Sie dafür, dass die operativen SAM-Rollen rechtzeitig mit in die Change-Management-Prozesse der IT-Architektur einbezogen werden.

Weitere Maßnahmen

- Erstellen Sie einen Auditprozess mit flankierenden Richtlinien, Aufgabenstellungen und verantwortlichen Rollen, um eine einheitliche und vom Risikomanagement mitgetragene Vorgehensweise im Fall eines Hersteller-Software-Audits aktivieren zu können.
- Führen Sie mit dem Auditprozess öfter (vor allem bei Herstellern mit einem erhöhten Lizenzrisiko) interne „eigene“ Software-Audits durch, damit proben Sie gleichzeitig die Abläufe und sind beim nächsten Mal viel besser darauf vorbereitet.
- Ermöglichen Sie umfangreichen Wissenstransfer für die SAM-Rollen und Produktverantwortlichen mittels Aus- und Weiterbildungsangeboten bzw. Zertifizierungen.
- Machen Sie eine Reifegradanalyse über Ihre bestehenden SAM-Life-Cycle-Prozesse und bewerten Sie diese, am sinnvollsten über die Norm ISO/IEC 19770-1:2012 und :2017, um mögliche Defizite in den SAM-Life-Cycle-Prozessen und im IT-Asset-Management aufzuzeigen.
- Binden Sie die Bereiche Enterprise-Architektur und Risikomanagement auch in die Belange des operativen SAM-Betriebs mit ein.

Die Erfahrung lehrt, dass recht schnell das nächste Software-Audit eines anderen Herstellers ins Haus stehen kann. Dafür sollten Sie nun auf der Basis Ihrer neuen Erfahrungen besser vorbereitet sein.

Die oft gestellte Frage: In welchem Zeitrahmen sind die „Lessons learned“ umzusetzen?

Die Beziehung zwischen Zeit, Entfernung und Geschwindigkeit ist in der Mathematik gut etabliert. Geht es jedoch um die Belange des wirtschaftlich Machbaren, werden oftmals Annahmen getroffen – wie wahrscheinlich ist es, dass wir ein Software-Audit angekündigt bekommen, und wie wahrscheinlich ist es, dass wir jedes Jahr ein Software-Audit angekündigt bekommen? Klar, ein begrenzender Faktor in diesem Wahrscheinlichkeitstheorem sind die einem Hersteller zur Verfügung stehenden Ressourcen. Gerade weil das auch bisher ein limitierender Faktor gewesen ist, um die Schlagzahl der Software-Audits erhöhen zu können, wollen die Hersteller so schnell wie möglich ihre „On-Premises“-Lizenzmodelle in die Abonnement- und Subscription-Modelle transformieren. Hier sind Sie nämlich dann Ihrem Controller gegenüber in der Verpflichtung, wirtschaftliche und ressourcenschonende Softwarenutzungen zu steuern, und nicht mehr gegenüber dem Hersteller, denn der hat ja bereits über die Abonnements und Subscription-Pläne seine Umsätze erzielt und spart außerdem zukünftig auch noch die Kosten zur Beauftragung von Software-Audits. Um die Eingangsfrage wieder aufzunehmen: Aus diesem Grund ist es wichtig, den erforderlichen Umfang zur Steuerung und Umsetzung Ihrer SAM-Ziele zu kennen, denn das unterstützt Sie dabei, mit abgestuften Prioritäten den Zeitrahmen für das Erreichen bestimmter Meilensteine zu bewerten und festzulegen. Bedenken Sie dabei aber auch, dass die möglicherweise erforderlichen, zu durchlaufenden Lernkurven fairerweise auf die Schultern mehrerer zu besetzenden Rollen verteilt werden sollten.

Fazit

Mit der extremen Beschleunigung der Transformationen von „On-Premises"-Lizenzmodellen hin zu Abonnements und Subscription ändern sich auch die Zielsetzungen der Hersteller, um die Einhaltung ihrer Nutzungsbedingungen lizenzkonform sicherzustellen. Die Hersteller, die bereits ihre Lizenzmodelle (umsatzträchtig) transformieren konnten, auditieren auch weniger (siehe Tabelle 24.1 Rangliste der Hersteller). Hier liegt beispielsweise Adobe ganz hinten, auditiert also nur noch wenig. Andererseits erhöhen sich die Komplexitäten bei dem Thema Bring-your-own-license (BYOL) für die Unternehmen. Das ist wiederum ein möglicher Aspekt für die Hersteller, dann doch die Auditaktivitäten zu erhöhen, um bei Unstimmigkeiten zur lizenzkonformen Nutzung von „On-Premises"-Lizenzen ein weiteres Vertriebs- und Verkaufsargument für die Cloud-Lizenzen (mit Subscription) anführen zu können und zu versuchen, die Kunden über die Durchführung von Audits zu den „neuen" Cloud-Angeboten zu bewegen, da diese stabilere Umsätze versprechen. Nicht ohne Grund steht deswegen – laut der Studie von Gartner – Oracle ganz oben auf der Rangliste. Haben Sie also beispielsweise noch keine größeren bzw. umfangreichen Migrationsprojekte in die Cloud geplant, könnte es durchaus sein, dass zukünftig die Abstände der Hersteller-Software-Audits kürzer werden. Im Umkehrschluss bedeutet diese Erkenntnis, dass Sie eine proaktive Vorbereitung auf solche Auditsituationen notwendigerweise und sinnvoll in Betracht ziehen sollten, zumindest bei den Softwareprodukten der Hersteller, die in der aktuellen Rangliste auf den vorderen Plätzen stehen. Besondere Aufmerksamkeit sollten Sie dabei auf Ihre bestehenden Verträge legen, da mittlerweile die für Sie wichtigen Softwareprodukte oftmals nur noch als Cloud-Produkt mit sehr eingeschränkten „On-Premises-Rechten" verfügbar sind. Sollte das der Fall sein und Sie können oder wollen noch nicht in die Cloud migrieren, müssen Sie rechtzeitig agieren und die bestehenden Verträge so verhandeln, dass Sie weiterhin auch „On-Premises"-Lizenzen aktiv einsetzen dürfen.

Durch das anhaltend dramatische Wachstum der Cloud-Services werden ein Monitoring und das Messen von Softwarenutzung als Grundlage für eine wirtschaftliche Verwaltung und Optimierung zu einer unausweichlichen Anforderung. Die Geschäftsprozesse sollten die Cloud-Services in den Anwendungsbereich des SAM-Betriebs und seiner Rollen mit einbeziehen, um den Nutzungsbedarf und den Nutzungsverbrauch effektiv steuern zu können, damit ein risikoarmes und ressourcenschonendes IT- und Softwareassetmanagement gelingt.

Die Rolle des IT- und Softwareassetmanagements ist komplexer als je zuvor geworden. Weil die Daten überall, ob lokal und oder in verteilten Cloud-Umgebungen, zu finden sind, benötigen die Unternehmen heute mehr denn je die SAM-Experten und ihre Tools, um die Integration von lokalen und Cloud-Daten in die Geschäftsprozesse zu unterstützen. Um Transparenz und Sichtbarkeit über die gesamte Technologielandschaft zu gewährleisten und somit die erforderlichen technologischen Informationen bereitzustellen, sind optimierte SAM-Life-Cycle-Prozesse und Rollen sowie moderne und effektive SAM-Tools ein wichtiger Baustein für die Geschäftsprozesse. Um Kosten- und Risikomanagement in lokalen und Cloud-Umgebungen voranzutreiben, ist die Einbindung von ITAM-Führungskräften sowohl in die Audit- als auch in die Cloud-Welt eine unabdingbare Voraussetzung, damit zukünftig die Risiken für Software-Audits so gering wie möglich bleiben. ■

25 Transformation im Lizenzmanagement

In diesem Kapitel erfahren Sie u. a.,

- welche Vorteile, aber auch Nachteile für Softwarehersteller mit der Bereitstellung ihrer Softwareprodukte in der Form von Abonnements und Subscriptions einhergehen und welche Vor- und Nachteile die Kunden haben, wenn sie sich auf dieses neue Bereitstellungsmodell einlassen,
- welche neuen Erfordernisse der operative SAM-Betrieb in der Cloud zu bewerkstelligen hat,
- weshalb es unabdingbar wird, die bereitgestellten Softwareanwendungen in der Cloud in Bezug auf ihre Nutzung zu monitoren, um einen wirtschaftlichen, ressourcenschonenden und risikoarmen Betrieb durch das IT-, Software-Asset- und Lizenzmanagement zu gewährleisten,
- warum trotz der ständig wachsenden Cloud-Ressourcen und Cloud-Services uns auch noch eine Zeitlang weiterhin die „On-Premises"-Lizenzmodelle (lokale Softwareinstallationen und deren Betrieb) begleiten werden,
- wie sich die bisherigen klassischen SAM-Life-Cycle- und Lizenzmanagementprozesse verändern bzw. anpassen müssen, um die Transformationsprozesse zur Verwaltung und Steuerung der Cloud-Assets und deren lizenzkonformen Betrieb sicherzustellen,
- welche lizenzrechtlichen Herausforderungen auf den strategischen und operativen SAM-Betrieb zukommen werden, wenn immer mehr Softwareprodukte und -services über das Cloud-Servicemodell „SaaS" für den Betrieb bereitgestellt werden,
- welche kritischen Funktionen für einen erfolgreichen und lizenzkonformen SAM-Betrieb von den SAM-Tools bereitgestellt werden müssen,
- was uns Gartner mit seiner aktuellen Studie „Magic Quadrant for Software Asset Management Managed Services" zum Thema SAM Managed Services aufzeigt,
- wie ein SAM Managed Service beispielhaft beschrieben werden kann.

In diesem Kapitel gebe ich Ihnen einen Überblick über die bereits stattfindende Transformation des klassischen Softwareasset- und Lizenzmanagements, stelle Ihnen die Aussagen der Analysten zu den Trends im Cloud-Umfeld vor und zeige Ihnen anhand meiner Erfahrungen und Wahrnehmungen in einem Ausblick, in welche Richtung und mit welchen Anforderungen und neuen Komplexitäten sich das IT- und Software Asset Management in Bezug auf die Transformation der klassischen SAM-Prozesse und Aufgabenstellungen hin zum Cloud-Betrieb entwickeln und erweitern wird.

Im Zug der Aktualisierung zur 4. Auflage hat sich für mich immer mehr ein - ich möchte sagen - Paradigmenwechsel im Softwareasset- und Lizenzmanagement-Umfeld aufgezeigt, ja fast aufgedrängt. Nicht nur die sich zwangsläufig einstellenden Änderungen (in allen das SAM betreffenden Belangen), bedingt durch die immer raschere Transformation der IT-Assets und IT-Services in die Cloud-Architekturen tragen dazu bei. Erkennbar ist der Paradigmenwechsel auch bei üblicherweise zitierten Normen wie der ISO/IEC 19770-1. Im Vergleich der Versionen „2012" und „2017" zeigt sich dieser darin, dass ein starker Wandel und Entwicklungsschritt hin zum gesamthaften IT-Asset-Management stattfindet. Nicht nur, dass uns bereits vor einigen Jahren die Norm ISO/IEC 19770-1 mit der aktuellen Version „2017" de facto einen kompletten Richtungsschwenk aufgezeigt hat, weg vom „SAM" im eigentlichen Sinn, hin zum ITSM und hier im Besonderen zum Managen der IT-Assets, gibt es weitere jetzt verstärkt vom SAM zu beachtende Rahmenbedingungen, wie die Einhaltung von gesetzlichen Vorgaben.

Ebenso nicht mehr zu vernachlässigen ist das Thema Risk Monitoring - die Analyse von Schwachstellen bei sich im Unternehmen in Betrieb und Nutzung befindlichen Softwareprodukten sowie die Analyse und Bewertung von möglichen Risiken in Bezug auf die Verarbeitung von personenbezogenen Informationen und Daten. Damit kommen bereits zwei gewichtige Bausteine hinzu, die sowohl im klassischen als auch im „Cloud"-SAM-Betrieb mit eingebaut, gemonitort und gesteuert werden müssen. Die zukünftigen SAM-Rollen erfahren dadurch erhebliche Erweiterungen ihrer Aufgabenstellung aus dem klassischen SAM-Betrieb.

So ist die „Inventarisierung" von Cloud-Assets - beispielsweise über entsprechende SaaS-Konnektoren, deren wirtschaftliche und risikoarme Steuerung in den Cloud-Umgebungen - mittlerweile auch bei den Enterprise SAM-Tools ein integraler Bestandteil und für das ressourcenschonende Managen der Bedarfe und Nutzungsszenarien in der Cloud unverzichtbar geworden. Des Weiteren stellen immer mehr Softwarehersteller (nicht nur Adobe, IBM, Microsoft, SAP) ihre Softwareprodukte auf Abonnement-Lizenzmodelle um, verknüpft mit monatlichen oder jährlichen Zahlungen.

Für die Softwarehersteller aus mehreren Sichten interessant:

- Besser planbare Zahlungsströme, da mit Ablauf der Subscription auch die Software „stehen" bleibt, sich also die Kunden viel mehr als zuvor darum kümmern müssen, dass die Subscription immer rechtzeitig verlängert wird. Somit erzielen die Hersteller ein stärkeres Umsatzwachstum mit wiederkehrenden Erlösen.
- Stärkere Produktbindung (Stichwort: „Vendor-Lock-in"), die sich dadurch auf die Unternehmensbewertung des Softwareherstellers positiv auswirkt. Wenn die Kunden mit dem Einsatz der Software einen für sie langfristigen Nutzen erkennen, werden sie für einen längerfristigen Einsatz der Lösung offen sein. So bleibt für die Hersteller der Umsatz bis weit in die Zukunft gut planbarer.
- Über die Subscription-Modelle werden die Einstiegshürden und -kosten in der Regel niedrig gehalten, was es besonders für Unternehmen attraktiver macht, bestehende bzw. anfallende Softwarekosten in Bezug auf den tatsächlichen Nutzungsumfang auf den Prüfstand zu stellen. Ein weiterer nicht zu unterschätzender Aspekt ist, dass (bei Standardsoftware) die Unternehmen erst einmal wenige finanzielle Risiken eingehen, um in Ruhe zu prüfen, ob die Anwendung tatsächlich die versprochenen Vorteile bringt bzw. die benötigten Funktionen erfüllt. Aus solchen Beweggründen heraus werden sich die Unternehmen möglicherweise (zunächst) eher für ein Abonnement-Modell entscheiden, bevor (wenn möglich) eine „On-Premises"-Variante erworben wird.

- Mit einem flexiblen Preismodell werden zudem Kunden angesprochen, die zwar einen hohen Bedarf an Softwareprodukten haben, aber deren Budget für unbefristete Lizenzen begrenzt ist.
- Weiterer Vorteil für die Softwarehersteller: Die Nutzung der Softwareprodukte im Rahmen von Abonnements ermöglicht niedrige Einstiegskosten mit der Möglichkeit, das Abonnement nach Ablauf zu beenden. Somit werden auch die Risiken beim Kauf von Software erheblich vermindert. Dadurch sinkt dann auch der Druck auf die Hersteller, mit möglichen Rabattaktionen ihre Softwarepreise reduzieren zu müssen, um eine signifikante Verbreitung im Markt zu erzielen.

Nachteile für Softwarehersteller:

- Softwarehersteller müssen an ihren bestehenden „On-Premises"-Lizenzverträgen (für Kunden) u. U. eine Vielzahl an Änderungen vornehmen, um diese an die lizenzrechtlichen Anforderungen eines Abonnementvertrags anzupassen. Das erfordert auch eine Anpassung der eigenen Geschäfts- und Vertriebsprozesse.
- Weil sich bei einem Abonnement-Vertrag nur ein anteiliges Preisgefüge ergibt und die Umsätze der Abonnements erst über einen längeren Zeitraum generiert werden, wird der Erfolg erst im Laufe der Zeit ersichtlich. Dadurch können Risiken bei der Planung und Budgetierung der zu erzielenden Umsätze entstehen und auch Auswirkungen auf die Vertriebsprozesse haben – so lange, bis sich die Software-Abonnement-Umsätze stabilisiert haben.

Vorteile für Unternehmen:

- Die Gestehungs- und Bereitstellungskosten sind niedriger, da diese über die Nutzung eines Abonnements in der Regel niedriger anzusetzen sind, als bei einer Beschaffung von „On-Premises"-Lizenzen. Die „Kauf"-Hürde für Standardsoftware liegt dadurch erheblich niedriger.
- Anlagenbuchhaltung, CapEx- vs. OpEx-Betriebskosten: Für Unternehmen sind – bedingt durch die steuerlichen Vorgaben – die Miet- und Abonnement-Modelle erheblich attraktiver, da diese Kosten sofort als betriebliche Aufwendungen abzugsfähig sind und nicht erst über mehrere Jahre als Betriebsanlagen und Kapitalaufwendungen verrechnet werden können.
- Der Kunde stimmt mit den Füßen ab – leistet der Softwarehersteller entsprechend guten und schnellen Support, wird damit eine hohe Kundenzufriedenheit bei der Nutzung der Subscription-Modelle sichergestellt und die Kunden werden sich bereitwillig für eine Verlängerung des Abonnements entscheiden.

Aber auch Nachteile für Unternehmen:

- Wirtschaftlichkeitsbetrachtungen sind auch im Zuge der Nutzung von Subscription-Modellen zu empfehlen. Denn ist eine Implementierung des Softwareprodukts erfolgreich verlaufen und wird sie somit dann auch als eine dauerhafte Lösung angesehen, liegen die laufenden Kosten für ein Softwareabonnement im Vergleich zu „On-Premises"-Lizenzen langfristig gesehen um einiges höher, weil in der Regel auch die Subscription mit einer Laufzeit von drei bis fünf Jahren geplant wird.
- Mögliche Risiken bei einem langfristigen Betrieb der Lösung bei den Ausgaben: Aufgrund der angedachten Laufzeiten lassen sich die langfristigen Ausgaben für Softwareprodukte, die über eine Subscription beschafft wurden, nicht genau einplanen, da es über den Laufzeitbetrieb zu starken Schwankungen im Nutzungsbedarf kommen kann, wie beispielsweise erhöhtes Mitarbeitervolumen oder aber auch erforderliche Reduzierungen. Im Zuge des Betriebs der Softwareprodukte können sich auch Unternehmensanforderungen ändern, wobei es dann schwer abschätzbar ist, wie sich das auf den Abonnement-Betrieb auswirken wird.

Zusammenfassend kann gesagt werden, dass sich für die Softwarehersteller Umsatz und Marktwachstumschancen auftun und eine stärkere Kundenbindung an das eigene Produktportfolio möglich wird. Die Unternehmen können damit mehr Flexibilität und ein besser anpassbares Kosten/Nutzen-Verhältnis für den Betrieb der Unternehmens- und Geschäftsprozesse erreichen. Letztendlich hängt die Entscheidung für oder gegen eine Nutzung von Subscription-Modellen von den individuellen Anforderungen und Zielen der einzelnen Unternehmen ab und dadurch sollte das auch jeweils aus diesen Gesichtspunkten betrachtet werden, um die Risiken für ein „dafür" oder „dagegen" abschätzen zu können.

25.1 Was die Analysten schreiben

Die IT-Verantwortlichen haben große Herausforderungen zu meistern, wenn es um den zukünftigen wirtschaftlichen und lizenzrechtlich korrekten Betrieb von IT-, Softwareasset- und Softwarelizenzen geht. Mit einem Blick auf den Markt und die noch verbliebenen (durch Gartner festgelegten) erwähnenswerten SAM-Tools kann abgeleitet werden, dass sich auch die Welt der ITSM- und SAM-Tools in den letzten Jahren rasant weiterentwickelt hat - auch um mit den immer schneller werdenden neuen IT-Technologietrends Schritt halten zu können. Der Gartner Magic Quadrant (Bild 25.1) zeigt dabei aber auch schonungslos auf, welche von den bisherigen SAM-Tools den Anschluss mittlerweile verpasst haben oder schlimmstenfalls gar nicht mehr betrachtenswert sind, weil sie den neuen Herausforderungen nicht mehr standhalten können.

Dazu trägt auch der Umstand bei, dass IT-, Softwareasset- und Softwarelizenzen durch die Cloud-„Hybrid"-Form und das Managen von „On-Premises"-Lizenzen, wie beispielsweise über das Azure Hybrid Benefit-Programm über „Shifts" in der Cloud eher noch komplexer zu verwalten sind.

Die Ursachen dafür sind unterschiedlicher Natur:

- die oft beharrlichen Aussagen, dass sich IT-, Softwareasset- und Softwarelizenzmanagement faktisch von allein betreiben lassen (man benötigt ja nur ein Tool dafür, dann geschieht alles automatisch wie von selbst),
- das Vernachlässigen von strukturierten und auch erforderlichen durchdachten Softwareanforderungs- und Bereitstellungsprozessen,
- die oft fehlende Voraussicht, dass eine Person für die SAM-Rolle kaum oder überhaupt nicht ausgebildet wird,
- das den Komplexitäten im Zusammenwirken zwischen bestehender Softwarearchitektur, veränderten Nutzungsbedingungen bzw. immer schneller werdenden „Anpassungen" der Lizenzmodell, -metriken und Subscriptions durch die Hersteller nicht genügend Beachtung geschenkt wird,
- oder aber dass dem aktivem Risikomanagement so gut wie keine Bedeutung beigemessen wird.

Bild 25.1 Gartner Magic Quadrant for Software Asset Management Tools, Stand Juli 2020 Gartner

Viel stärker als prognostiziert und mit großer Wucht ist das Thema Cloud-Computing mittlerweile im IT-Markt angekommen, ein Zurück gibt es schon lange nicht mehr. Zu sehr sind bereits die erforderlichen IT-Strukturen (auch für die Nutzung von IT-Services im privaten Umfeld, wie z. B. iCloud (Apple), OneDrive, Office365 (Microsoft) usw.) darauf ausgerichtet.

Der Gartner-Analyst Gregor Petri sagte dazu: „Cloud-Technologien sind heute die primäre Option – nicht mehr nur eine von vielen IT-Infrastrukturmöglichkeiten.“

Gartner selbst sagt dazu: „Die Cloud hat 2019 den Status eines „Hypes“ endgültig verlassen und ist durch den verbreiteten Einsatz in Firmen und Organisationen zur Normalität geworden.“[1]

Nur ganz wenige IT-Verantwortliche haben diese rasanten Veränderungen der bestehenden IT-Architekturen auf dem Radar gehabt und ihre IT-Strategien rechtzeitig darauf ausgerichtet. Gartner identifiziert dabei in seiner Studie für 2019 die zehn wichtigsten zukünftigen Trends, die auch in Bild 25.2 zu sehen sind.

[1] Quelle: *https://blogs.oracle.com/de-cloud/die-10-wichtigsten-cloud-trends-2019*

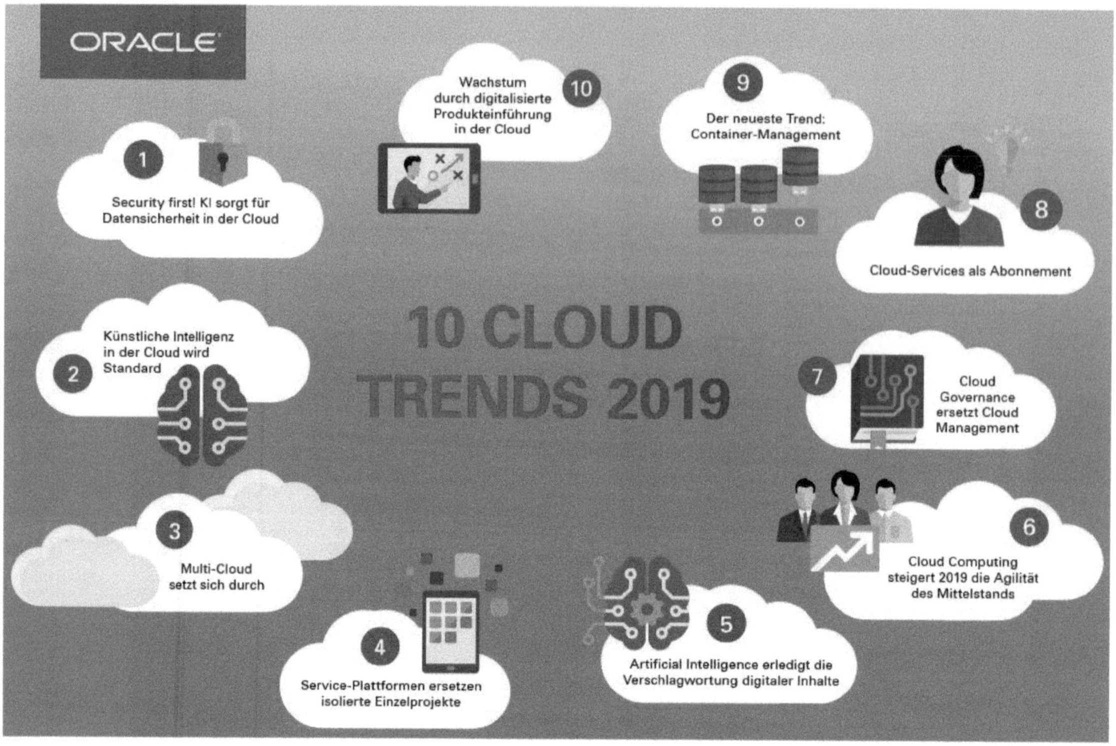

Bild 25.2 Gartner-10-Cloud-Trends 2019[2]

Sicherlich kann kaum jemand quasi auf Knopfdruck einen Paradigmenwechsel durchführen, besondere Rahmenbedingungen (wie beispielsweise Verträge), gesetzliche Vorgaben oder schlicht und ergreifend fehlende personelle Ressourcen (der IT-Markt ist seit Jahren wie leergefegt) sind oft ein Grund, dass die erforderlichen Transformationsprozesse nicht oder nicht in der gewünschten bzw. erforderlichen Ausprägung oder mit der notwendigen Geschwindigkeit umgesetzt werden können.

Die zehn wichtigsten Cloud-Trends 2020[3]

Betrachten wir rückblickend die identifizierten Cloud-Trends für 2020, dann stellen wir fest, dass auch Gartner mittlerweile davon ausgeht, dass die Entwicklungen in 2020 weitere neue Setups im Bereich Retail, weiteres Fortschreiten des „Internet of Things“ (IoT) und im Bereich Virtual und Augmented Reality hervorbringen werden und die Unternehmen dabei ihr Know-how und die erforderlichen Skills weiter ausbauen können.

> *Bereits in den Vorjahren hatte Gartner vorausgesagt, dass bis 2020 für viele Softwareanbieter die Cloud-First-Strategie durch Cloud-Only ersetzt werden würde. Bewahrheitet hat sich das bereits. Der Markt für PaaS (Platform-as-a-Service) und insbesondere IaaS (Infrastructure as a Service) weist weiterhin zweistellige Wachstumsraten auf. Eine No-Cloud-Policy ist inzwischen schon fast so passé wie die No-Internet-Strategien der 2010er-Jahre.* – Gartner[4]

---

2 *https://blogs.oracle.com/de-cloud/die-10-wichtigsten-cloud-trends-2019*
3 *https://blogs.oracle.com/de-cloud/cloud-trends-2020*
4 *https://www.gartner.com/smarterwithgartner/gartner-top-10-strategic-technology-trends-for-2020/*

Im Bild 25.3 sind die zehn Cloud-Trends 2020 abgebildet, vieles davon ist auch wie vorausgesagt eingetroffen. So ist der Trend Nr. 8 „Hybrid-Cloud-Ansatz“ mit zu einem der wichtigsten Cloud-Liefermodelle geworden, ebenso haben bereits die Analysten von IDC im Frühjahr 2020 prognostiziert, dass im Jahr 2021 der hier genannte Trend Nr. 3 „Multicloud“ angesichts der Pandemie und den damit einhergehenden Anforderungen an die unternehmerische Agilität für viele Unternehmen ein wichtiger Bestandteil der Unternehmensgeschäftsprozesse sein wird. Multicloud beschreibt, dass mehrere Private-Cloud-Lösungen oder mehrere Public-Cloud-Lösungen parallel oder in Kombination genutzt werden. Für große Unternehmen ist diese Form bereits Tagesgeschäft und so haben sie sich Multi-Cloud-Infrastrukturen aufgebaut. In erster Linie wird dabei das Ziel verfolgt, damit mehr Stabilität und Performance sowie höhere Verfügbarkeiten der eigenen Cloud-Lösungen zu gewährleisten. Durch eine optimale Multi-Cloud-Strategie kann die Cloud-Infrastruktur so gestaltet werden, dass jederzeit gesteuert werden kann, welche Anwendungen über eine Public Cloud laufen sollen – so kann je nach Bedarf das Betriebsszenario geändert werden, vorausgesetzt, die IT-Architektur und IT-Systeme sind auf den Multi-Cloud-Ansatz ausgerichtet. Ein weiterer Aspekt für den Betrieb von Multi-Cloud-Umgebungen ist, dass so auch spezifische Cloud-Anwendungen unterschiedlicher Cloud-Service-Provider für eine Nutzung bereitgestellt werden können. Aus Sicht der Analystenmeinungen werden die Multi-Cloud-Modelle sehr bald das „reine“ Hybrid-Cloud-Liefermodell ablösen.

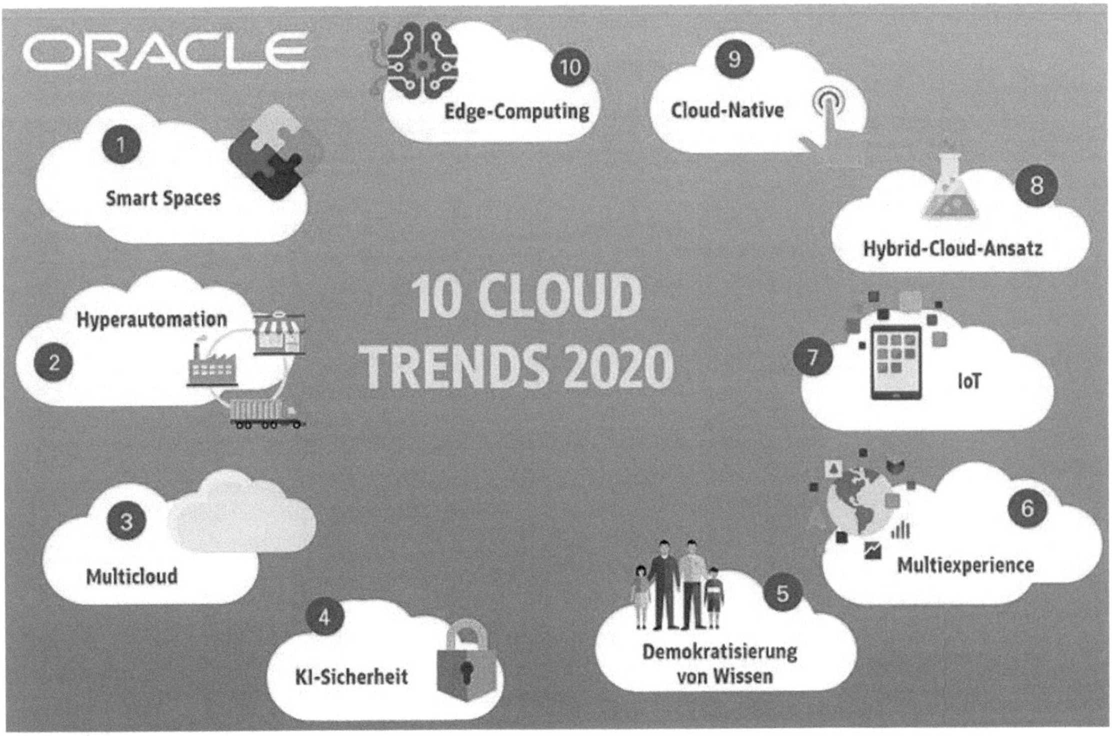

Bild 25.3 Gartner & Oracle – die zehn wichtigsten Cloud-Trends 2020[5]

[5] *https://blogs.oracle.com/de-cloud/cloud-trends-2020*

Wurde mit den Trends 2019 bereits festgestellt, dass die Cloud im Jahr 2019 alternativlos sein wird, ist heute bereits zu erkennen, dass die Cloud – zehn Jahre nach der ersten Vorstellung des Cloud-Computing-Konzepts – sehr real geworden ist. Eine sehr hohe Akzeptanz der Cloud-Technologien und seiner Services unterstützt das schnelle Wachstum. Die Unternehmen müssen hierauf dynamisch und flexibel reagieren und durch Veränderung und Anpassung der Geschäftsprozesse Grundlagen schaffen, um einerseits die erforderliche Skalierbarkeit und Flexibilität zu ermöglichen und andererseits den enormen Wertzuwachs zu managen. Exponentiell steigende Datenmengen müssen laufend bearbeitet, gesteuert und analysiert werden, um die auftretenden Risiken zu managen und die gesetzlichen Vorgaben (z. B. DSGVO-Themen) entsprechend umsetzen zu können. Schon dadurch bedingt werden die Cloud-Anbieter und deren Services ein weiteres starkes Wachstum erleben.

Wachsende Bedeutung von Integrationsfähigkeit und Interoperabilität

Der Cloud-Monitor 2020 (von KPMG und bitkom research[6] erstellt) zeigt u. a. auf:

- Das Auswahlkriterium Nummer eins ist die Konformität mit der DSGVO.
- Die Standortfaktoren innerhalb Deutschlands oder der EU verlieren an Bedeutung.
- Cloud-Provider sollten sich der Integrationsfähigkeit und Interoperabilität ihrer Lösungen widmen.

Im Bild 25.4 befasst sich die Studie mit der Frage „Wie wichtig sind die folgenden Kriterien und Leistungen bei der Auswahl eines Cloud-Providers für Ihr Unternehmen?“.

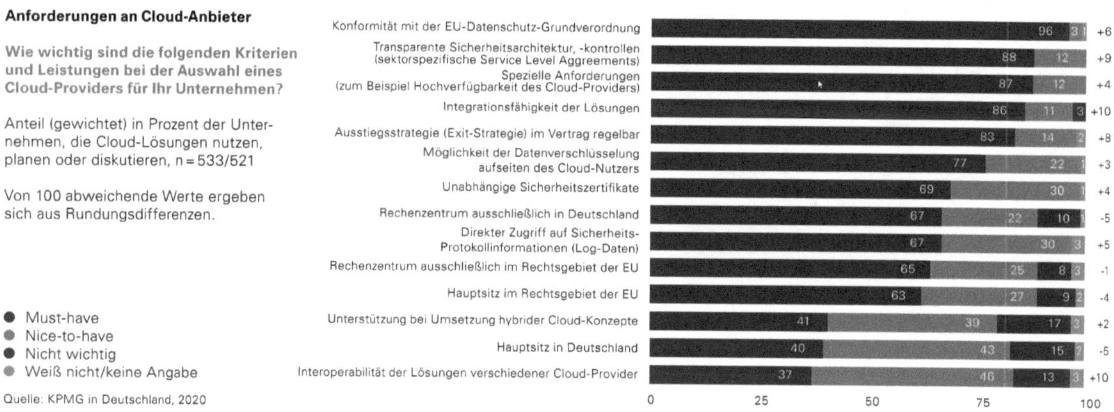

Bild 25.4 KPMG Cloud-Monitor – Pkt. 1.3, S. 9, Wichtigkeit von Integrationsfähigkeit und Interoperabilität[7]

Abgesehen von den in der Studie erfassten Antworten und ihrer Gewichtung, müssen gleichzeitig die durch die enorme Geschwindigkeit der IT-Transformation bedingten Rahmenparameter ausreichend beachtet werden. So werden immer wieder nur unzureichend – aber bei diesen Themenstellungen und für die Transformation erforderlich – die Institutionen zur Mitbestimmung am Arbeitsplatz (Betriebsrat, Personalrat, Datenschutz etc.) mit eingebunden.

---

[6] *https://hub.kpmg.de/studie-cloud-monitor-2020?utm_campaign=Cloud-Monitor%202020&utm_source=AEM*

[7] Screenshot aus KPMG Studie Cloud Monitor 2020, Pkt. 1.3, S. 9 – Link dazu unter Fußnote Nr. 6

Konsequenz

Der notwendigen Transformation (um wettbewerbsfähig zu bleiben) wird teilweise sehr stark ablehnend gegenübergestanden. Aber gerade die neuen (Cloud-)Technologien gehen immer mehr in die Richtung, dass eine - oft vom Softwarehersteller ausgelöste - Pay-per-use-Abrechnung und auch -Steuerung umgesetzt werden muss, mit einer dadurch (wirtschaftlich bedingten) Kontrolle, wer wann tatsächlich die bereitgestellte Software „benutzt".

Hier entstehen nun aufgrund der neuen Komplexitäten diverse Herausforderungen für das Management von klassischen Softwarelizenzen und von Softwareprodukten mit anderen Lizenzmetriken oder Abrechnungsmodellen aus der Cloud-Umgebung. Ich spreche jetzt absichtlich von „Softwareprodukten bzw. -services aus der Cloud-Umgebung" und nicht mehr von Softwarelizenzen, weil es diese Form bzw. diese Begriffsbeschreibung so in Cloud-Umgebungen nicht mehr lange geben wird. Hier werden Sessions, Datenvolumen, transaktionsbasierte oder andere Verbrauchsabrechnungsmodelle die althergebrachten Zählweisen (Lizenzmetriken) ablösen.

Das aktuell erforderliche Beherrschen der Cloud-Technologien verlangt nach neuen Verfahrensweisen und Prozessen. Der Anspruch, immer und überall und von jedem Gerät unter jedem Betriebssystem auf die Geschäfts- oder Privatdaten zugreifen zu können, ist nur durch die weitere Einbindung von mobilen Geräten wie Smartphones oder Tablets zu gewährleisten. Diese müssen aber auch möglichst kosteneffizient in die Unternehmensarchitektur integrierbar sein. Schon aus diesem Gesichtspunkt heraus wachsen das bisherige teilweise statische Hard- und Softwareassetmanagement über Virtualisierungstechnologien zusammen, um die hierfür erforderliche Flexibilität bereitstellen zu können. In der Konsequenz bedeutet dies, einer weiteren Komplexitätsstufe im Softwareasset- und Lizenzmanagement gegenüberzustehen. Weil u. a. auch die Cloud-Architekturen mit den sich rasch ändernden Betriebsszenarien und damit einhergehenden „neuen" dynamischen Nutzungsbedingungen das Betreiben und Verwalten von Software immer komplexer gestalten, müssen die Prozesse für die Bereitstellung und den Betrieb von Softwareassets und Lizenzen unternehmensweit so aufgebaut sein, dass die getätigten Software- und Hardwareinvestitionen in den komplexen IT-Infrastrukturen gemeinsam mit den Cloud-Technologien risikoarm verwaltet und betrieben werden können.

Ich zitiere hier immer sehr gerne Albert Einstein, der einmal sagte:

> *Nicht alles, was zählt, kann gezählt werden und nicht alles, was gezählt werden kann, zählt.*

Dieser Spruch (undatiert) ist heute mehr denn je aktuell.

25.2 Operativer SAM-Betrieb, neue Erfordernisse in der Cloud

Angesichts der stetig wachsenden Dynamik in der IT-Welt, sind zwar die klassischen SAM-Arbeitsmethoden noch nicht obsolet geworden, sie unterliegen aber auch einem stetigen Druck der Anpassung, außerdem werden die SAM-Grundlagen (Erfassung der technischen Lizenzbedarfe und der kaufmännischen Lizenznachweise) nach wie vor noch erforderlich sein, um die erforderliche Transparenz und Sichtbarkeit der IT-Assets herstellen zu können. Aus diesen Gründen sollte eine erfolgreiche SAM-Strategie agil aufgestellt sein und der Softwarelizenzierung ermöglichen, sowohl auf steigende als auch auf sinkende Lizenzbedarfe ausreichend flexibel reagieren zu können. Im heutigen strategischen und operativen SAM-Betrieb sind deshalb lange Planungszyklen eher kontraproduktiv. Mit dieser kaufmännischen Ausrichtung kann dann oftmals kaum auf die immer größer werdende Zahl an Abonnement-Abrechnungsmodellen – mit entsprechend hierbei zu steuernden Nutzungsbedarfen – ausreichend wirtschaftlich und ressourcensparend reagiert werden. Auch schon auch aus diesen Gründen ist rechtzeitig das strategische und auch operative SAM in die Bereitstellungs- und Change-Management-Prozesse der IT-Architektur bzw. der Planung von Informations- und Datenarchitekturen mit einzubeziehen.

25.2.1 Allgemeine Überlegungen

Man könnte geneigt sein zu sagen, dass die „Cloud“ das SAM nun einfacher, wenn nicht sogar entbehrlich machen würde? Ok, ein Stück weit einfacher wird es dadurch, dass es leichter nachvollziehbar ist, welche Lizenzbedarfe und möglichen „Cloud“-Produkte (Services) gerade aktiv genutzt oder auch nicht genutzt werden, also wird somit das frühere mühsame „Erbsenzählen“ durch den operativen SAM-Betrieb etwas einfacher.

Aber: Auch in den Cloud-Umgebungen gibt es mittlerweile eine Vielzahl an Produkten, Bereitstellungs- und Abrechnungsformen, die ebenso einer genauen Planung bedürfen und auch mit überwacht werden müssen (Stichwort: Nutzungsbedarf analysieren, „Cloud-Betrieb“ lizenzkonform umsetzen). Insofern werden sich die – wie schon einmal von mir ausgesagt – Aufgabenbereiche stark erweitern, um die Analyse und Optimierung von „On-Premises“-Produkten, die in der Cloud betrieben werden dürfen (siehe Azure-Benefits-Programm[8]), bzw. die aktiven Cloud-Assets transparent zu steuern und zu verwalten. Das Cloud-Liefermodell „Hybrid“ wird momentan – dicht gefolgt von der „Multi-Cloud“ – das am stärksten angewendete Liefermodell sein und noch sehr viel Mischbetrieb (On-Premises, SaaS) fahren müssen.

Ich glaube, wir können uns darauf einigen, dass diese Aspekte nun tatsächlich nicht mehr über Excel-Listen zu verwalten sind. Jetzt muss ein SAM-Tool evaluiert und eingeführt werden, welches nun diese Aufgabenstellungen auch möglichst „Out-of-the-box“ bewerkstelligen kann. Hierbei sollte darauf aber auch Augenmerk gelegt werden, dass nicht nur das SAM-Tool ein wichtiger Faktor zur Unterstützung der „neuen“ Aufgabenstellung darstellt, ebenso wichtig ist, dass die SAM-Rollen und -Prozesse den neuen Aufgabenstellungen gemäß angepasst und

[8] Azure-Hybridvorteil – Hybridcloud | Microsoft Azure – *https://azure.microsoft.com/de-de/pricing/hybrid-benefit/*

optimiert werden müssen, nicht zu vergessen, auch die Mitarbeitenden sind entsprechend darin zu schulen. So aufgestellt, kann das strategische und operative SAM einen wesentlichen Part bei der Planung von neuen IT-Services und -Produkten einnehmen, um die Geschäftsarchitektur und die Geschäftsobjekte wirtschaftlich und risikoarm in ihren Aufgaben zu unterstützen. Das operative SAM „nur" auf die reine Funktion einer „Compliance" herstellenden Ressource zu beschränken bzw. als Output für das Risikomanagement, wird heute und zukünftig nicht mehr ausreichen und - bei Beibehaltung dieser Sicht - zu kurz gesprungen sein. Die Transformation in die Cloud, mit ihren neuen Anforderungen an die Agilitätsbereitschaft des ITSM, wird sich auch mit neuen Aufgabenstellungen, Verantwortlichkeiten, Rollen und Anforderungen im Softwareasset- und Lizenzmanagement niederschlagen. Neue Methoden, Arbeits- und Prozessabläufe werden hierfür erforderlich, zu erarbeiten und in die SAM-Life-Cycle-Prozesse zu integrieren sein. Die bestehenden Anforderungs-, Beschaffungs- und Bereitstellungsprozesse werden für die erforderliche Anpassung und Umsetzung auf den Prüfstand zu stellen sein. Ebenso ist auch vom strategischen und operativen SAM eine neue „Flughöhe" einzunehmen, denn die Norm ISO/IEC 19770-1:2017 geht nun nicht mehr auf das „SAM-Objekt" alleinig ein, sondern richtet eine neue Sichtweise auf die Steuerung, Verwaltung und das Managen von IT-Assets.

Die SAM-Tools werden neue Funktionen für die Erhebung, Nachverfolgung, das Nutzungsverhalten und für neue zu steuernde (bspw. nutzungsbasierende) Abrechnungsmodelle bekommen müssen. Die Hersteller, die hier den Zug der Zeit verpasst haben, wird es (laut Gartner bis zu 90 %) dann in wenigen Jahren so am Markt nicht mehr geben.

Am SAM-Tool-Markt hat sich in den letzten Jahren ja diesbezüglich bereits schon eine Menge getan.

- Miss Marple und Spider sind eher kaum noch im Einsatz und müssen, wohl über kurz oder lang, abgelöst werden, andere SAM-Tools kommen schon gar nicht mehr in Betracht, wenn das Thema Cloud mit betrachtet werden muss.
- Matrix42 muss man abwarten, inwiefern sie noch die jetzt erforderlichen Cloud-Konnektoren umgesetzt und integriert bekommen.
- Aspera (nun in die USU komplett integriert, Stand Februar 2021) gibt es nicht mehr als eigenständige Marke bzw. Hersteller und ob es der USU mit ihrem Schwerpunkt ITSM (Valuemation) gelingen wird, das Produkt „SmartTrack" in die ITSM-Suite Valuemation zu integrieren, muss abgewartet werden.

Somit bleiben eigentlich (auch laut Gartner Magic Quadrant) (siehe hierzu noch einmal Bild 25.1) nur noch drei SAM-Tool-Hersteller (im Leader-Quadranten) „übrig", um die zukünftigen bzw. ja auch schon heutigen „neuen" SAM-Anforderungen in Bezug auf das IT-Asset-Management in der Cloud mit entsprechenden Funktionen und Service ausstatten zu können. Hinzu kommen die wie im Bild 25.4 aufgezeigte „Steigende Wichtigkeit von Integrationsfähigkeit und Interoperabilität" aus der KPMG Cloud Monitor Studie von 2020, dass hierzu nun auch ein großes Augenmerk auf die Analyse und das Monitoring von Software Vulnerabilities und ebenso Vulnerabilities in der Verarbeitung von personenbezogenen Daten (DSGVO) und sogenannten Personal Integration Information (PII) gelegt werden muss und auch in Bezug auf die Vorgaben vom BfDI.

Zur Rekapitulation aus Abschnitt 22.10 „SAM, Cloud und Datensicherheit":

Jeder Verantwortliche im Sinne des Datenschutzrechts ist jetzt aufgerufen, seine Datenübermittlungen in Drittländer und die hierfür genutzte Grundlage nach Kapitel V der DSGVO zu überprüfen. Datenübermittlungen in die USA, die bisher auf das EU-US Privacy Shield gestützt wurden, müssen nun durch eine Schutzmaßnahme nach Artikel 46 DSGVO abgesichert werden, da der Europäische Gerichtshof diesen Angemessenheitsbeschluss der Europäischen Kommission mit sofortiger Wirkung für unwirksam erklärt hat. Für Datenübermittlungen in die USA, wenn nötig ggf. auch für Datenübermittlungen in weitere Drittländer, ist mit zusätzlichen Maßnahmen sicherzustellen, dass die personenbezogenen Daten auch im jeweiligen Drittland stets angemessen geschützt sind.

Auf die nun daraus folgenden Pflichten von Unternehmen und Behörden verweist das Informationsschreiben des BfDI. vom 8. Oktober 2020. Hier informiert der Bundesbeauftragte für den Datenschutz und die Informationsfreiheit (BfDI) die seiner Aufsicht unterliegenden Stellen. Die Stellen werden darin über die Auswirkungen des Urteils des Europäischen Gerichtshofs in der Rechtssache C-311/18 „Schrems II" informiert. Neben allgemeinen Aspekten zum Datentransfer in Drittländer, insbesondere die USA, setzt der BfDI über sein geplantes weiteres Vorgehen in Kenntnis.[9]

Download Informationsschreiben zur Auswirkung der Rechtsprechung des EuGH auf den internationalen Datentransfer (Rundschreiben-Informationen-Schrems-II.pdf, 235 KB) *https://www.bfdi.bund.de/DE/Infothek/Transparenz/Rundschreiben/Allgemein/2020/Rundschreiben-Informationen-Schrems-II.pdf?__blob=publicationFile&v=4* ■

Wesentlicher Baustein ist dabei eine strukturierte Überprüfung der Rechtmäßigkeit des Datentransfers in Drittländer (mit einem bereitgestellten Prüfschema durch den BfDI[10]), die bereits begonnen haben sollte. Denn der Europäische Gerichtshof hat klargestellt, dass keine Übergangsfrist besteht. Das Ergebnis dieser Prüfung muss nachvollziehbar und überprüfbar dokumentiert werden, wie es Verantwortlichen etwa aus der Datenschutzfolgenabschätzung bekannt ist[11]. Insofern liegt jetzt erst recht umso mehr eine große Verantwortung bei den Unternehmen, geeignete Maßnahmen und Risikomanagement Prozesse einzuführen und zu betreiben und diese in Bezug auf die Einhaltung der DSGVO umzusetzen und dafür geeignete Vorkehrungen, für die Sicherheit und zum Schutz der erhobenen Daten zu treffen bzw. sicherzustellen. Das wiederum beeinflusst den Betrieb von IT-Assets und Daten in einer Cloud-Architektur und der damit zu steuernden Komplexität grundlegend. So müssen SAM-Tools zukünftig auch in der Lage sein, die Unternehmen mit einem entsprechenden steuerbaren SAM-Risikomanagement zu unterstützen.

---

[9] Internetauftritt des Bundesbeauftragten für den Datenschutz und die Informationsfreiheit – International – Informationsschreiben zur Auswirkung der Rechtsprechung des EuGH auf den internationalen Datentransfer – *https://www.bfdi.bund.de/DE/Infothek/Transparenz/Rundschreiben/Allgemein/2020/Rundschreiben-Informationen-Schrems-II.html*

[10] *https://www.bfdi.bund.de/SharedDocs/Downloads/DE/Datenschutz/Pr%C3%BCfschema-Schrems-II.html*

[11] Internetauftritt des Bundesbeauftragten für den Datenschutz und die Informationsfreiheit – International – Praktische Auswirkungen der Rechtsprechung des EuGH auf den internationalen Datentransfer (Rechtssache C-311/18 „Schrems II")

25.3 SAM-Betrieb, in der Transformation

„Software as a Service" (SaaS) wird immer mehr zu einer weiteren wichtigen Komponente bei der Technologietransformation und Bereitstellung in Cloud-Umgebungen. Die dazu benötigten Technologien (Streaming, Software Virtualisierung) sind mittlerweile ausfallsicher im Griff und die heutigen IT-Infrastrukturen können die damit einhergehenden höheren Anforderungen an Bandbreiten und neuen Verarbeitungskapazitäten sauber verarbeiten und liefern. Das hat die erforderliche schnelle Bereitstellung von Rechenzentrumskapazitäten im Zuge der Covid-Pandemie gezeigt, als mehr oder weniger von heute auf morgen die Mitarbeitenden ins Homeoffice geschickt wurden.

Trotzdem sollte der Blick auf die Cloud nicht verklärt und alles rosarot gemalt werden, denn nicht zuletzt ist es immer eine Frage der erzielbaren Kosteneinsparungen im Verhältnis zum „On-Premise-Lizenzmodell"[12], ob sich der erhöhte Mehraufwand für die Umstellung auf „Lizenzmodell - On-Demand (Definition)"[13] auch auszahlt. Hiermit meine ich, dass Sie genau abwägen sollten, ob die Bereitstellung von Software über den „klassischen Weg, lokale Installation auf dem PC" gegenüber der Softwarebereitstellung als SaaS einen Kosteneinspareffekt begründet. Ab und zu eine Kosten-/Nutzenanalyse in Bezug auf die Cloud-Strategie aufzustellen, schadet sicher nicht. Denn der Umzug in die Cloud bedeutet nicht nur mögliche bzw. erhoffte Kosteneinsparungen, sondern auch das Umstellen von Geschäftsprozessen und einer genauen Kontrolle der aktiven Komponenten, die in der Cloud genutzt bzw. „gebucht" sind. Haben Sie beispielsweise einen virtuellen Server gemietet und nicht im Blick, ob dieser auch tatsächlich genutzt wird, und eventuell fleißig im Leerlaufprozess weiter aktiv ist, laufen Ihre Mietkosten weiter und das kann unter Umständen schnell sehr teuer werden.

25.3.1 Transformation erfordert Sichtbarkeit – Messung von Softwarenutzung?

Die immer stärker werdenden Technologietransformationen, weg vom genutzten „On-Premises"-Modell hin zur Cloud-Bereitstellung und -Nutzung (Software-as-a-Service, SaaS), erfordert im Gegenzug eine Steuerung und Kontrolle der täglichen Softwarenutzung, um einen Überblick zu erhalten, welche Softwarebereitstellungen nie oder schon lange nicht mehr genutzt wurden. Ein einfaches Beispiel dazu ist das Dashboard im Bild 25.5, die Administrationsoberfläche von Microsoft 365, wo der Administrator oder auch SAM-Verantwortliche auf einen Blick die Nutzung der aktiven Abonnements erfassen und beurteilen kann.

Wie hier zukünftig in Deutschland die Betriebs- und Personalräte mit einzubinden sind oder werden, ist eine weitere neue Herausforderung für alle Beteiligten. Denn schlussendlich geht es auch darum, dass die neuen erforderlichen Methoden zur Erfassung der Nutzungsdauer (und damit ein wichtiger Faktor für mögliche Optimierungen und Kosteneinsparungen), nicht in eine unzulässige Kontrolle der Arbeitsleistung von Mitarbeitenden mündet. Aber nicht nur dieser Aspekt ist eine „neue" Baustelle. Die Datenschützer spielen hier mittlerweile

[12] „an Ort und Stelle" bzw. „lokal", bedeutet so viel wie eine Lizenz pro Gerät oder pro System

[13] „auf Abruf"; nur bei Nutzung wird die Lizenz oder die Leistung berechnet

auch eine immer bedeutendere Rolle. So sind aktuell (vom 22.09.2020) eine Diskussion und Bewertung der Datenschutzbeauftragten der Länder darüber am Laufen, wie es um die Erfordernisse und Sichtweise zum Schutz und der Übermittlung personenbezogener Daten im Rahmen der Online-Nutzung von (hier Microsoft 365) bestellt ist.[14]

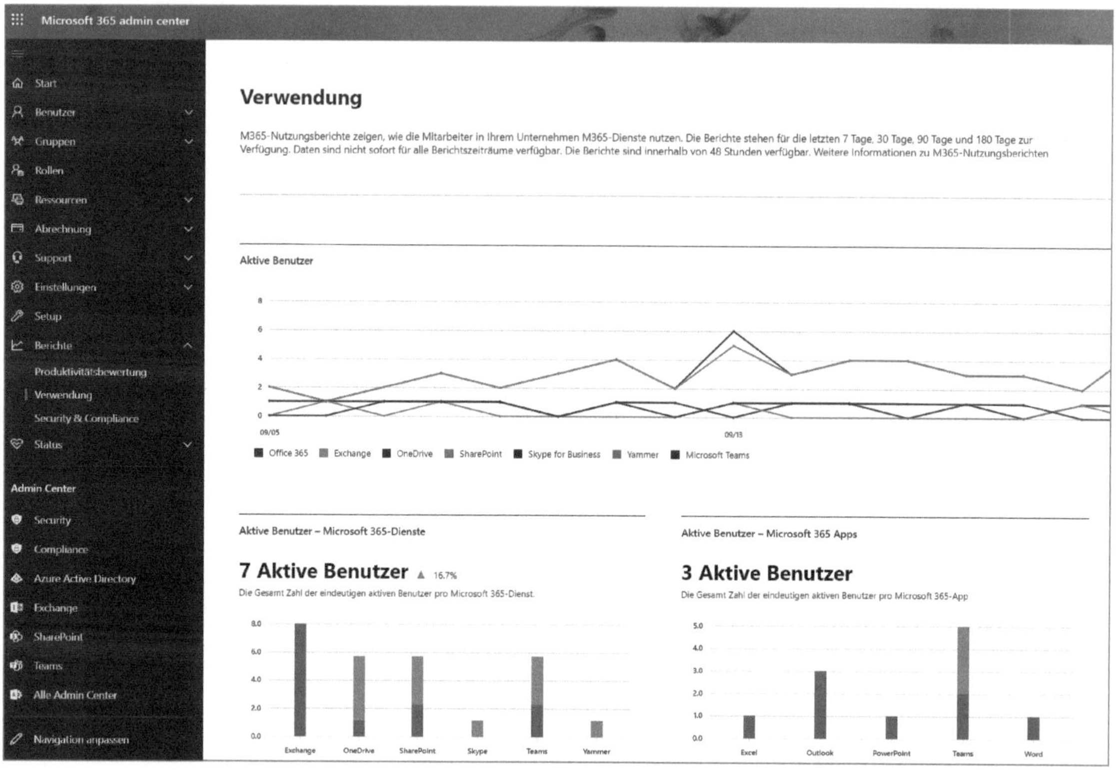

Bild 25.5 Dashboard – Microsoft-365-Benutzer und Aktivitäten

Es geht hier primär darum, dass die „Art der Verarbeitung der Daten" unklar ist.

> *Die Datenschutzkonferenz des Bundes und der Länder (DSK) hat am 22. September mit knapper Mehrheit beschlossen, dass derzeit „kein datenschutzgerechter Einsatz von Microsoft Office 365 möglich ist". Sie folgte damit einer Bewertung ihres Arbeitskreises Verwaltung vom 15. Juli. Dieser hatte über ein halbes Jahr lang geprüft, ob die Datenschutzbestimmungen und Online-Geschäftsbedingungen für das Cloud-basierte Softwarepaket mit Artikel 28 der Datenschutz-Grundverordnung (DSGVO) zur Auftragsdatenverarbeitung vereinbar sind.*

Dies ist nach Ansicht der Aufsichtsbehörden nicht der Fall. Wer die Cloud-Variante etwa von Word, Excel oder PowerPoint nutzt, handelt demnach nicht rechtskonform. Nur ein kleiner Auszug dessen, was zukünftig noch so alles an Baustellen und zu beachtenden Themen auf das Softwareasset- und Lizenzmanagement zukommt und ebenfalls einer permanenten

[14] „Heise.de – Microsoft Office 365: Die Gründe für das Nein der Datenschützer"
https://www.heise.de/news/Microsoft-Office-365-Die-Gruende-fuer-das-Nein-der-Datenschuetzer-4919847.html

Risikobetrachtung unterzogen werden muss. Was waren das noch für Zeiten, als „nur" die Installation eines Softwareprodukts und die korrekte Zuordnung bzw. Eingabe des Lizenzkeys beachtet und im Excel dokumentiert werden mussten!

Unbestritten der eben gemachten zusätzlichen Ausführungen, besteht das Unternehmensziel darin, unnötige Ausgaben zu vermeiden bzw. zu verringern. Die neuen Mess- und Abrechnungsmodelle können eben nicht mehr anonymisiert werden, da sonst kein Bezug hergestellt werden kann (auch im Sinne eines Berechtigungsmanagements und einer Kosten- und Leistungsverrechnung), wer beispielsweise aufgrund Sabbaticals oder Elternzeit „seinen" Cloud-Zugang/seine Softwarenutzung nicht mehr benötigt.

Frühere gemachte Aussagen von mir, wie beispielsweise diese hier:

> *„Wenn Sie diese Daten erheben, haben Sie außerdem verlässliche Zahlen, ob überhaupt die veranschlagte Zahl an notwendigen Softwarelizenzen richtig kalkuliert wurde. Meistens kommt dabei heraus, dass z. B. eine Software oft nur zum „Lesen" z. B. von Projektplänen verwendet wird, und nicht, um darin Projekte zu bearbeiten und zu verwalten. Hier wären beispielsweise die Installation und Nutzung eines Viewers, der die Daten lesend darstellt und meist sogar kostenlos ist, günstiger. Wenn Sie das auf ein paar Hundert Arbeitsplätze umrechnen, kommt schon ein erkleckliches Sümmchen zusammen."*

... sind dann auch nicht mehr so ganz zutreffend, weil es im Prinzip ja nur noch um eine „Nutzungsdauer" des zugewiesenen Anwendungsbedarfs bzw. des damit erzeugten Lizenzbedarfs in der Cloud geht, unabhängig davon, ob jetzt eine Software nur für einen „lesenden" oder doch mehr genutzten Zugriff eingesetzt wird oder werden soll. Nichtsdestotrotz kann mit einer Softwarenutzungsanalyse festgestellt werden, welche Softwareanwendungen für die Geschäftsprozesse wichtig sind und welche nur ab und zu benötigt werden. Diese sind dann durchaus prädestiniert dafür, einmal genauer auf die bestehenden Verträge und Lizenzkosten zu blicken. Zukünftig wird die aktive „Nachverfolgung" von Software- und Softwareserviceprodukten und deren Nutzungen immer mehr ein nicht mehr wegzudenkender Aspekt im IT- und Software-Asset-Management sein.

25.3.2 On-Premises – unbefristete Softwarelizenzen, wie lange noch?

Stephen White schreibt in seinem Gartner Blog vom 24.09.2020[15], dass er vier Jahre zuvor auf der Gartner ITAM, Finance and Procurement Summit im September 2016 eine These zur Diskussion stellte, ob die Hersteller nicht immer mehr darauf drängen würden, um von den unbefristeten Software-Nutzungsberechtigungen weg und hin zu den Subscription-Modellen zu gehen. War es vor vier Jahren anscheinend noch eher nur eine „Randnotiz" auf der Summit, können die Änderungen in den vergangenen letzten Jahren und vor allen die, die in 2020 in Gang gekommen sind, nicht mehr nur als ein „Kratzer" im Lack der unbefristeten Lizenzmodelle abgetan werden.

Allem Anschein nach wird so langsam (im Zuge der Technologietransformationen in die Cloud) ein Abgesang auf die unbefristeten Lizenzmodelle angestimmt und der Wechsel hin zum Abonnement bzw. Subscription wohl unvermeidlich werden. Adobe hatte das ja vor Jah-

---

[15] Gartner Blog Post: *https://blogs.gartner.com/stephen-white/2020/09/24/the-inevitable-subscription-draws-nearer-the-workplace-perpetual-licensing-horizon/*

ren bereits schon vorgemacht, so waren beispielsweise das Produktportfolio „Adobe Creative Suites“ mit den darin enthaltenen Einzelprodukten bereits zum 1. Juni 2014 abgekündigt und ab dann nur noch im Rahmen der Adobe Creative Cloud zu beziehen und zu nutzen (inklusive des Wechsels des Lizenzmodells zum „Named-User“).

Weitere Hersteller ziehen jetzt nach, erst Anfang des Jahres 2020 kündigte Citrix die Einstellung der unbefristeten Lizenzmodelle- und -programme an, die nun zum 1.10.2020 in Kraft getreten sind.

> **„Citrix End of Availability (EOA) für unbefristete Lizenzen für die lokalen Workspace-Produkte“**[16]
>
> ***Was hat Citrix am 1. Juli 2020 angekündigt?***
>
> *Am 1. Juli 2020 gab Citrix bekannt, dass wir die Verfügbarkeit (EOA) für den Kauf unserer unbefristeten Softwarelizenzen für Digital Workspace am 30. September 2020 um 23:59 Uhr ET zugunsten des neuen abonnementbasierten Lizenzmodells für unsere lokalen Unternehmen beenden.*
>
> *Digital Workspace-Softwarelösungen.*
> *Kunden haben die Möglichkeit, unsere lokalen Lösungen bis zum 30. September 2020 um 23:59 Uhr ET in einem unbefristeten Lizenzmodell zu erwerben. Ab dem 1. Oktober 2020 können Kunden die lokalen Softwarelösungen nur noch als Abonnement erwerben.*
>
> ***Frage: Was bedeutet End of Availability (EOA)?***
>
> *End of Availability (EOA) ist das Datum, an dem angegeben wird, wann ein bestimmtes Lizenzmodell für eine Software- oder Appliance-Version nicht mehr zum Kauf verfügbar ist. Dies unterscheidet sich von End of Sale (EOS) darin, dass die Software- oder Appliance-Version weiterhin unter anderen Lizenzmodellen zum Kauf angeboten wird.*
>
> ***Frage: Welche unbefristeten On-Premises-Angebote werden von EOA angeboten?***
>
> *Citrix beendet die Verfügbarkeit von unbefristeten lokalen Angeboten für Digital Workspace.*
>
> ***Spezifische betroffene Produktlinien sind nachstehend aufgeführt:***
>
> - *Citrix Workspace, Virtuelle Citrix Apps Virtuelle Citrix-Desktops,*
> - *Virtuelle Citrix Apps und Desktops,*
>
> ***Zusammenarbeit mit Citrix-Inhalten:***
>
> *Citrix Endpoint Management, Citrix Hypervisor, Citrix Provisioning Server, Citrix App Layering*

Was aber die Nachricht des Tages schlechthin ist: Die Ankündigung in der letzten Septemberwoche 2020, dass Microsoft die 2021-Editionen seiner lokalen Office-Serveranwendungen in einem „Nur-Abonnement-Modell“ veröffentlichen wird.

> *Exchange Server, SharePoint Server, Skype for Business Server und Project Server werden in der zweiten Hälfte des Jahres 2021 verfügbar sein und sind dann nur über eine Abonnementlizenz verfügbar.*

Was bedeutet das für die Unternehmen, die vorwiegend noch „on-Premises“-Lizenzen im Einsatz haben, und deren IT-Strategie? Fakt ist, wenn die nächsten (vielleicht sogar gezwungenermaßen, weil eventuell wichtige neue Funktionen der neuen Produkte benötigt werden)

[16] Citrix-Ankündigung der Verfügbarkeit von unbefristeten Lizenzen: *https://support.citrix.com/article/CTX281515*

Migrationen anstehen, wird es dann wahrscheinlich keine andere Lösung mehr geben, als auf das Abonnement-Modell umzusteigen.

Wir werden also sicherlich in den nächsten vier bis fünf Jahren einen weiteren Wandel nicht nur in den Technologietransformationen, sondern damit einhergehend auch einen starken Wandel im IT-, Software-Asset- und Lizenzmanagement erleben, was die Handhabung und Steuerung der Software- und Softwareserviceprodukte und „ihrer" Abrechnungen bzw. deren Nutzungsprofile betrifft. Auch hier werden sich wahrscheinlich nur noch die „drei" großen Hersteller Snow Software, Flexera und ServiceNow (laut Gartner die drei im Leader-Quadranten) mit ihren Werkzeugen diesen Herausforderungen stellen können.

25.3.3 SAM-Betrieb, lizenzrechtliche Herausforderungen in SaaS-Umgebungen

Die Cloud-Servicemodelle „IaaS", „PaaS" und „SaaS" stellen bereits jetzt und auch zukünftig das strategische und operative SAM vor weitere lizenzrechtliche Herausforderungen. Mit einer auf diesen Cloud-Servicemodellen basierenden Virtualisierung von Softwareanwendungen kann es u. U. - mit Bezug auf die bestehenden Softwareverträge und Nutzungsbedingungen - möglicherweise untersagt sein, diese „On-Premises"-Lizenzen mit in die Cloud zu nehmen. Andererseits können nicht geplante Transformationskosten entstehen, wenn nicht umfassend im Vorfeld abgeklärt und recherchiert wurde, ob beispielsweise dann die Erfordernis für eine lizenzkonforme Nutzung darin besteht, dass alle physischen Prozessoren der zugrunde liegenden Hardware zu lizenzieren sind. Weitere Probleme können dann auch auftreten, wenn eine erforderliche Messung bzw. das Monitoring von Hardwareparametern in einer virtualisierten Umgebung aufgrund des zusätzlichen Trennungsgrads zwischen den Software- und Hardware-Technologie-Stacks komplexer wird. Eine mögliche Konsequenz daraus ist, dass dann ein Unternehmen nicht mehr lizenzkonform dem Hersteller die geforderten Nutzungsdaten übermitteln kann, um die Einhaltung der Lizenzkonformität zu gewährleisten.

Auch wenn ein Unternehmen, bezugnehmend auf die klassischen Softwarelizenzvereinbarungen mit den Softwareherstellern eine vertragliche Nutzungserlaubnis der Softwareprodukte („On-Premises") für eine lokale Vor-Ort-Bereitstellung hat, entbindet eine Umstellung (Cloud-Shift) dieser Softwarelizenzen für die Nutzung in der Cloud die Unternehmen nicht davon, ihren Verpflichtungen gegenüber den Softwareherstellern weiterhin Folge zu leisten und auch einen lizenzkonformen Betrieb sicherzustellen. Es erfolgt damit auch keine Entbindung der Haftung für die möglichen Verstöße gegen die Lizenzkonformität bzw. Nichteinhaltung von Absprachen mit dem Softwarehersteller.

Zu beachten sind dabei auch die möglichen Betriebsarten der Beistellungen von Softwareprodukten, vor allem im Cloud-Servicemodell „IaaS" und „PaaS", wenn der Cloud Service Provider dem Servicenehmer Softwareprodukte auf eine Art und Weise zur Verfügung stellt, die der CSP eventuell nicht lizenzkonform bereitstellen kann, weil dieser beispielsweise dafür kein gesondertes „Weitervermietungsrecht" besitzt und somit das Risiko für eine Verletzung von geistigen Eigentum auch bei Servicenehmer aufschlagen kann. Wird so ein Nutzungsrechte Verstoß vom Hersteller festgestellt, bleibt unbenommen weiterer Haftungsansprüche des Servicenehmers gegen den CSP erst einmal die Last der Haftungsbehebung beim Servicenehmer und seiner Organisation.

Aus den bisher genannten Aspekten und Gesichtspunkten sollten deshalb das SAM-Team und seine Rollen von Beginn an vollständig in die Cloud-Strategie des Unternehmens, deren Design, ihrer Implementierung, sowie in den Betrieb und die Überwachung eingebunden sein, um jederzeit in Bezug auf einen wirtschaftlichen, ressourcenschonenden und risikoarmen Betrieb der IT-Assets und Cloud-Assets auskunftsfähig zu sein.

Welche Problemstellungen könnten außerdem auftauchen?

In Bezug auf das Verwalten und Steuern der entstehenden Lizenzbedarfe hat jedes der Cloud-Service-Modelle seine eigenen Risiken und erfordert spezifische Überlegungen. Nachfolgend dazu ein paar beispielhafte Anmerkungen:

- Vertrags- und Einkaufsprozesse. Die SAM-Life-Cycle-Prozesse, vor allem der IT-Betrieb und die Anforderungs-, Beschaffungs- und Bereitstellungsprozesse sind möglicherweise nicht ausreichend für die Cloud-Bereitstellungsprozesse optimiert und eingebunden.
- SAM-Life-Cycle-Prozesse und Sicherstellung lizenzkonformer Nutzung. Die SAM-Rollen und Funktionen werden möglicherweise nicht ausreichend mit in die Gestaltung der Software- und Serviceverträge eingebunden, um dann die Serviceanforderungen und deren Cloud-Bereitstellung in Bezug auf mögliche Compliance-Risken überwachen zu können.
- Vor allem im Hybrid- und Multi-Cloud-Liefermodell kann ein möglicher Kontrollverlust über die Datenlieferung, -bereitstellung und -weiterverarbeitung entstehen, sowie das Risiko der fehlenden Einflussnahme beim Servicegeber (CSP), wo die Unternehmensdaten abgelegt und aufbewahrt werden. Dieser Kontrollverlust birgt erhebliche Risiken in Bezug auf die Einhaltung der gesetzlichen Vorgaben zum Datenschutz, der Informationssicherheit und Geschäftskontinuität.
- Durch zu starke Bindung an einen CSP („Vendor-Lock-in") kann es im Unternehmen zum Kontrollverlust über die Geschäfts- und Informationsobjekte mit ihren Businessfunktionen geben. Das Steuern dieser Risiken und deren Minimierung können zu erheblichen Herausforderungen führen.
- Keine ausreichende Kontrolle und Sicht auf mögliche zusätzliche Cloud-Kosten. Nicht immer, aber durchaus möglich, können zusätzlich ausgelöste kostenpflichtige Benutzeraktionen in der Cloud-Umgebung das Unternehmen in weitere finanzielle Verpflichtungen treiben. Beispielsweise durch die Aktivierung und Bereitstellung weiterer Funktionen oder Services, Überschreitung von Daten- oder Zeitlimits bei der Bereitstellung von virtuellen Servern, Infrastrukturkomponenten u. a.
- Aufgrund fehlerhafter Cloud-Bereitstellungs- und Genehmigungsprozesse kann keine ausreichende finanzielle Transparenz hergestellt werden. Abteilungen oder einzelne Mitarbeiter, die die Möglichkeit haben, Cloud-Dienste direkt zu beziehen, erhöhen die Risiken, dass die zuzuordnenden Abrechnungskosten möglicherweise auf falsche Kostenstellen gebucht und klassifiziert werden. Dabei verlieren möglicherweise die Unternehmen die erforderliche finanzielle Transparenz über die laufenden Ausgaben und Cloud-Budgets.

Nun gibt es nicht nur im SAM-Betrieb Problemstellungen in Bezug auf den Wandel hin zu SaaS-Service-Nutzungen, sondern auch für die bestehenden SAM-Tools gibt es diesbezüglich weitere Faktoren und Funktionen zu managen. Für den folgenden Abschnitt erlaube ich mir, auch hier auf eine Studie von Gartner zurückzugreifen, die diese Problematik umfassend beschreibt und analysiert.

25.4 SAM-Tools, kritische Funktionen

Die aktuelle Studie von Gartner Ende Juli 2020 unter der ID: G00401027 vom Analyst Ryan Stefani publiziert[17, 18, 19] heißt: „Critical Capabilities for Software Asset Management Tools“. Auch Gartner bestätigt in dieser Studie, dass SAM-Tools für das Managen der Konsumierung von Cloud-Assest und die weiterhin immer komplexer werdenden Softwarelizenzmetriken im heutigen IT-Betrieb unerlässlich sind. Da der Umfang der Studie (wie bei Gartner üblich) etwa 30 Seiten beträgt, entnehme ich dieser nachfolgend nur die wichtigsten Punkte, damit Sie sich einen schnellen Überblick verschaffen können. Ich denke, besonders wichtig für die Verantwortlichen ist, zu lesen und zu erkennen, welche wichtigen Funktionen in Zukunft abgedeckt sein müssen, um weiterhin einen ressourcenschonenden und lizenzkonformen SAM-Betrieb auch über die Cloud hinweg, gemäß den eigenen abzudeckenden Anwendungsfällen sicherzustellen.

Die SAM-Tool-Hersteller bieten (und müssen das auch) heute weit mehr an Funktionalitäten als ein reines „Erbsenzählen“ für die Einhaltung und Sicherstellung der Lizenzkonformität. Die von Gartner befragten Kunden verweisen darauf, dass es heute eine Mindestvoraussetzung für SAM-Tools in der Enterprise-Klasse ist, Lizenzen und Abonnements über interne Analyse- und Berichtsfunktionen des SAM-Tools zu optimieren, um damit Einsparungen identifizieren zu können. Weiterhin erwarten Gartner-Kunden zunehmend, dass die am Markt verfügbaren SAM-Tools die Notwendigkeit unterstützen, Daten für zusätzliche Anwendungsfälle aggregieren zu können. Insofern wäre auch eine Anforderung, dass ein SAM-Tool mithilfe von verschiedenen Analyse- und Berichtsszenarien eine Optimierung von Softwareassets und deren Lizenzbedarfe über unterschiedlichste Lizenzmodelle und -metriken hinweg unterstützt. Außerdem waren die - bereits in der Gartner-SAM-Tool-Umfrage aus dem Jahr 2018[20] - geäußerten Sicherheitsbedenken mit einer der größten Treiber für die Entscheidung, ein SAM-Tool zu evaluieren und dieses zu implementieren. Zunehmend werden SAM-Tools gesucht und gefordert, die aus Sicht eines Sicherheits- und Schwachstellenmanagements helfen können, die Transparenz über die IT- und Softwareasset-Inventare und damit das Risikomanagement zu verbessern. So bietet beispielsweise Snow Software mit seinem „Risk Monitor“ eine solche Funktionserweiterung an, um Vulnerabilities im technischen Inventar sowie bei der Verarbeitung von personenbezogenen Daten (DSGVO, PII-Daten) managen und berichten zu können.

---

[17] Critical Capabilities for Software Asset Management Tools (gartner.com) – *https://www.gartner.com/en/documents/3988121/critical-capabilities-for-software-asset-management-tool*

[18] Gartner Reprint – *https://www.gartner.com/doc/reprints?id=1-1ZKPSSOI&ct=200730&st=sb*

[19] Diese Studie ergänzt den „Magic Quadrant for Software Asset Management Tools ID: G00401012“ *https://www.gartner.com/en/documents/3987747/magic-quadrant-for-software-asset-management-tools*, der eine breite Palette von Faktoren hervorhebt, darunter die Unternehmensfähigkeit, Vision, Marketing und geografische Ausrichtung der Anbieter, die diese SAM-Produkte anbieten.

[20] Die Gartner-SAM-Tool-Umfrage 2018, auf die hier Bezug genommen wurde, wurde im Juni 2018 unter 200 Befragten online durchgeführt. Die Hälfte befand sich in den USA und die Hälfte in Großbritannien. Die Befragten wurden auf aktive Beschäftigung in Organisationen mit 100 oder mehr Mitarbeitern weltweit untersucht, die SAM-Tools intern bereitgestellt oder geplant hatten. (Gartner „Critical Capabilities for Software Asset Management Tools“, Juli 2020 ID: G00401027)

25.4.1 Erkenntnisse

- SAM-Tools helfen bei der lizenzkonformen Steuerung und Verwaltung von IT- und Softwareassets, um damit das Risiko einer Unterlizenzierung zu minimieren, Kosten zu optimieren und die Geschäftsprozessleistung zu verbessern. Dafür werden jedoch fortgeschrittene Funktionen in den SAM-Tools und entsprechendes vorauszusetzendes Fachwissen bei den SAM-Rollen benötigt.
- Die zuständigen Fachbereiche für das Beschaffungs- und Lieferantenmanagement bestätigen, dass die meisten SAM-Tools den lokalen SAM-Betrieb und die IT-Technologien effektiv unterstützen können. Die Cloud-Systeme stellen jedoch eine erhebliche Herausforderung dar, wenn es um die Sicherstellung der Transparenz in Bezug auf die Cloud-Lizenzbedarfe und deren Berechtigungszuordnung geht, sowie den damit verbundenen Nutzungsverbrauch. Nur wenige SAM-Tool-Hersteller haben das auch bereits erkannt und steuern das über ihre Innovations- und Roadmap-Pläne in die Produktweiterentwicklung und -innovation mit ein.
- Immer noch problematisch für viele SAM-Verantwortliche ist, dass die „klassischen" SAM-Tools sich eher schwer damit tun, sich auch in andere Tools mit zu integrieren, die von den normalisierten Softwareassetdaten profitieren könnten, wie z. B. die Einbindung von Abonnement-Suiten und deren Abrechnungen, Tools zur Schwachstellenbewertung von Cyber-Risiken, Verarbeitung von personenbezogenen Daten (DSGVO, PII) und Tools für die Aufnahme und Dokumentation der Ist-Situation der Enterprise-Unternehmensarchitekturen. Ein Beispiel hierfür wäre (hier spoilere ich einmal) das Unternehmen LeanIX mit Sitz in Bonn (*https://www.leanix.net/de*).

25.4.2 Empfehlungen

SAM-Verantwortliche sollten:

- ihre personellen Ressourcen auf das Vorhandensein von erforderlichen SAM-Wissen überprüfen, um in der SAM-Organisation ausreichende fachliche Expertisen bereitstellen zu können, die dann auch in der Lage sind, die Vorteile und den Nutzen von SAM-Tools zu steigern. Ebenso sollten ausreichend und rechtzeitig Ressourcen eingeplant werden, um das erforderliche Fachwissen zu rekrutieren oder diese Fähigkeiten bei interessierten internen Mitarbeitenden weiterzuentwickeln. Eventuell muss auch in Richtung SAM Managed Services geschaut werden (siehe Abschnitt 25.5).
- Überlegungen und Maßnahmen für die Evaluierung und Investitionen eines SAM-Tools sollten Sie an den zukünftigen Technologieanforderungen ausrichten, indem Sie ermitteln, welche Software-as-a-Service-, Infrastructure-as-a-Service- und Platform-as-a-Service-Technologien wahrscheinlich in den nächsten 18 bis 24 Monaten eingesetzt werden. Das SAM-Tool sollte dann diese Anforderungen über Funktionen oder Komponenten unterstützen können.
- Stellen Sie über einen vorgelagerten Proof of Concept (PoC) sicher (siehe Abschnitt 15.6 „Die Teststellung – der Proof of Concept"), dass das zu evaluierende SAM-Tool die erwarteten Funktionen und Komponenten (möglichst umfangreich „out-of-the-box") besitzt, indem Sie dazu ein kleines Pilotprojekt mit den SAM-Tools der wichtigsten unabhängigen Softwareanbieter durchführen.

Gartner empfiehlt den Unternehmen dringend, diese Studie in Verbindung mit dem Magic Quadrant, Peer Insights und weitere Studien zum Thema SAM zu verwenden, um die entsprechenden für das Unternehmen benötigten Anforderungen zu definieren, um so zukünftig den SAM-Betrieb und dessen Prozesse, die Cloud-Formen und -Services lizenzkonform und risikoarm betreiben zu können. ■

25.4.3 Kontext

Der SAM-Betrieb und die damit verbundenen Aktivitäten werden zunehmend im IT Asset Management (ITAM) verortet und auch verantwortet. Die ITAM-Fachbereiche benötigen jedoch immer mehr und umfassendere tiefgreifende Verbindungen zu den Unternehmens-Life-Cycle-Management-Prozessen, um so mehr Daten zu den physischen, virtuellen, mobilen und Cloud-Plattformen zu erhalten, als es die meisten ITAM-Tools normalerweise anbieten können. SAM-Tool-Hersteller entwickeln ihre Produkte weiter, um damit den steigenden Kosten und Risiken für eine lizenzkonforme Transformation von „On-Premises" hin zu mobilen und virtuellen Technologie-Stacks gerecht zu werden. Die Herstellung von Transparenz über die mobilen und virtuellen IT- und Softwareassets wird dabei komplexer und aufwendiger und erfordert deshalb eine größere Automatisierung des SAM- und ITAM-Betriebs. Das hat wiederum zur Folge, dass die Einführung von entsprechenden spezialisierten Werkzeugen weiter vorangetrieben werden muss.

Wenn die Independent Software Vendors (ISV)[21] Lizenzmodelle einführen, die Infrastruktur als Service (IaaS), Software als Service (SaaS), Virtualisierung und Mobilität berücksichtigen, wird die heute schon bestehende Komplexität weiter zunehmen. Einige SAM-Tool-Anbieter wie Aspera, Flexera, ServiceNow und Snow können jetzt Effective License Positions (ELP) für browserbasierte SaaS- und Webanwendungen wie Microsoft 365, Salesforce oder Workday bereitstellen. Diese Anwendungen erfordern häufig unterschiedliche Ansätze, um Benutzeraktivitäten und den Zugriff auf relevante Cloud-Dienste zu überwachen und das ELP einzurichten. Dies liegt daran, dass es hier keine „klassische" installierte Software bzw. einen entsprechenden Software-„Footprint" zu entdecken gibt, wie bei „On-Premises" lokal installierten Softwareprodukten der Fall.

Diese Herausforderungen haben in den letzten Jahren zu Übernahmen von Startups geführt, die SaaS-Funktionen unterstützen, wie z. B. die Übernahme von Meta SaaS durch Flexera, die Übernahme von VendorHawk durch ServiceNow und die Partnerschaft von License Dashboard mit Binadox zeigt. Darüber hinaus haben SAM-Tool-Hersteller damit begonnen, Unterstützung für die Verwaltung von IaaS-Umgebungen hinzuzufügen und damit begonnen, Cloud-Abrechnungsdaten über API zu erfassen, um Kosteneinsparungsmöglichkeiten für den Cloud-Verbrauch zu visualisieren und zu identifizieren. Zudem verbessern solche Akquisitionen von führenden Cloud-Management-Plattformen (CMPs) durch Hersteller wie Flexera (mit RightScale) und Snow (mit Embotics - jetzt Snow Commander genannt) ihre Funktionen, um damit Cloud-Abrechnungen und Cloud-Instanzen zu steuern und zu verwalten, um so die Lizenzkompatibilität für Cloud-Umgebungen zu verbessern und damit

[21] *https://de.wikipedia.org/wiki/Independent_Software_Vendor*

dann letztendlich auch die Cloud-Kosten optimieren zu können (weitere Informationen zu Cloud-Management-Plattformen finden Sie unter „Magic Quadrant für Cloud-Management-Plattformen ID: G00383287[22].")

Da Unternehmen Technologie-Stacks über Workloads weiterhin auf die Cloud-Liefer- und Servicemodelle verlagern und damit einhergehend ihre Softwareassets über eine Hybridstruktur von „On-Premises"-Lizenzierung und Cloud-Assets in Form von Abonnements und Subscriptions nutzen, sind die Unternehmen darauf angewiesen, nach Cloud-Management-Plattformen und SAM-Tools zu suchen, die sich mit ihren Funktionen gegenseitig ergänzen können, um den wirtschaftlichen, ressourcenschonenden, lizenzkonformen und risikoarmen Betrieb ihrer SAM- und ITSM-Umgebungen sicherzustellen. ■

Eine Übersicht über alle Gartner „Magic Quadrant & Critical Capabilities"-Studien finden Sie übrigens unter: *Gartner Magic Quadrant & Critical Capabilities – IT Research – https://www.gartner.com/en/research/magic-quadrant-critical-capabilities* ■

25.4.4 Definition kritischer Funktionen

SAM-Tools automatisieren heute viele der Aufgaben, die erforderlich sind, um die Lizenzkonformität über alle SAM-Betriebs- und Prozessebenen einhalten zu können und um so auch eine effektive Kontrolle über die Softwareausgaben zu erhalten. Unternehmenssteuerungsfunktionen und verantwortliche SAM- und ITSM-Rollen benötigen hochentwickelte SAM-Tools, um die immer komplexeren Softwarenutzungs- und Bereitstellungsmodelle effektiv und risikoarm zu managen. Geschieht das nicht oder nicht im gewünschten Umfang, wird bedingt durch diese Komplexität zu viel ausgegeben, um auf jeden Fall lizenzkonform zu handeln. Die Risiken, dass Unternehmen mit ihren SAM-Organisationen aufgrund der komplexen Lizenzmodelle nicht lizenzkonform agieren, sind mittlerweile so groß, dass es faktisch unmöglich ist, mit vertretbarem Ressourcenaufwand in einem möglichen Audit dem Auditor gegenüber „belastbar" und lizenzkonform auskunftsfähig zu sein. Ohne ein SAM-Tool können die heutigen Anforderungen an den SAM-Betrieb, die Nachverfolgung und wirtschaftliche Nutzung von Softwareassets lizenzkonform und risikoarm sicherzustellen, nicht mehr erfüllt werden.

Lassen Sie uns im Folgenden die wichtigsten Funktionen betrachten:

- *Berechtigungsmanagement:* Sicherstellung einer effizienten und effektiven Erfassung von Lizenznachweisen (für Geräte und Benutzer), um diese dann den technischen Lizenzbedarfen lizenz- und nutzungskonform zuzuweisen. So können effektiv Lizenzzuordnungen umgesetzt werden, die erforderlich sind, um einen Softwarelizenzbedarf (beispielsweise auch ein Benutzer, der einen Zugang zu Microsoft 365 erhält) mit einem korrekten Lizenznachweis zu verknüpfen – Grundlage u. a., um dann auch einen Softwareverbrauch bzw. eine Nutzung des Abonnements entsprechend messen zu können.

[22] Gartner Magic Quadrant for Cloud Management Platforms – *https://www.gartner.com/en/documents/3980925*

- *On-Premises-Lizenzbedarf:* Automatisierte Ermittlung der Inventory-Daten von Client-Systemen, physischen und virtuellen Servern, Datenbankinstanzen, anderen Rechenzentrumssystemen (wie beispielsweise Appliances), diese identifizieren und über einen herstellereigenen Softwarekatalog in lizenzrechtlich lesbare Lizenzbedarfe normalisieren, um die eingesetzten „On-Premises"-Softwareprodukte über die nutzungsberechtigten Lizenznachweise lizenzkonform zu verwalten und den entstehenden Nutzungsbedarf wirtschaftlich und risikoarm zu managen.
- *„IaaS"- und „PaaS"-Bedarf:* Automatisierte Ermittlung und Nachverfolgung von Softwarebedarfen und deren Verbrauchsdaten in Infrastructure-as-a-Service (IaaS)- und Platform-as-a-Service (PaaS)-Umgebungen, diese identifizieren und normalisieren, verbunden mit der Steuerung einer lizenzkonformen Verwaltung von eigenen Softwarebeistellungen und Sicherstellung des lizenzkonformen Betriebs in Cloud-Service-Provider-Umgebungen über „Bring-your-own-License (BYOL)"-Lizenzen (als Beispiel hier der Microsoft Azure-Hybridvorteil[23]).
- *„SaaS"-Bedarf:* Bereitstellung von Funktionen, um die SaaS-Softwarebedarfe zu identifizieren, zu normalisieren und deren Verbrauchs- und Nutzungsdaten zu managen. Das Erheben und Monitoren von Nutzungs- und Verbrauchsdaten ist erforderlich, um Berichte zur Optimierung von SaaS-Verbräuchen zu erstellen bzw. diese als Grundlage für eine Kosten-/Leistungsverrechnung anzuwenden.
- *Andere ITSM-Daten:* Ermittlung und Erhebung von Daten wie Benutzerzugriffe (beispielsweise User CALs), Gerätezugriffe (beispielsweise Device CALs), Transaktionsaktivitäten, Berechtigungszugriffs-Management (z. B. Active Directory, Postfächer, Terminal-Server-Zugriffe über Gruppen, Single-Sign-on), Standortdaten (beispielsweise Rechenzentrumsdaten), Umsatz oder API-Aufrufe usw. Diese über die datenliefernden Quellen identifizieren, normalisieren und basierend auf den dazu anzuwendenden Lizenzmetriken lizenzkonform anwenden, mit der Möglichkeit über Berichtsformen und Analysen Softwareoptimierungen anzubieten.
- *Nutzung von Spezialsoftware (Operational Technology)*: Ermittlung und Erhebung von Softwaredaten für Spezialtechnik-, Betriebstechniksysteme (OT) und Edge-Computing[24]-Anwendungsfälle, diese ermitteln, identifizieren und normalisieren sowie deren Nutzungs- und Verbrauchsdaten lizenzkonform managen.
- *Ermitteln von Lizenzbedarfen und Erfassung der Lizenznachweise:* Ermittlung der technischen Inventardaten mit zu normalisierenden Lizenzbedarfen, deren Abgleich mit Softwarevertrags- und Beschaffungsdaten (Lizenznachweise), Verknüpfung mit erlaubten Update- und Upgrade-Pfaden, zur Sicherstellung der lizenzkonformen Nutzung aller Softwareassets. Weitere Anreicherung mit zusätzlichen internen und externen Informationen, für die Bereitstellung von effektiven Lizenzinventaren über Compliance und Nutzungsberichte.
- *Softwarekosten optimieren:* Nachverfolgung von Change-Management-Prozessen über Änderungen an IT-Architekturen, anstehenden Migrationen bzw. Transformationen in Cloud-Strukturen. Über Nutzungs- und Verbrauchsdatenanalysen ungenutzte Softwareassets identifizieren, um die Weiterverwendung von Softwarelizenzen transparent und kosteneffektiv zu managen.

---

[23] Azure-Hybridvorteil – Hybridcloud | Microsoft Azure – *https://azure.microsoft.com/de-de/pricing/hybrid-benefit/*

[24] *https://de.wikipedia.org/wiki/Edge_Computing*

- *Gemeinsame Datennutzung von SAM-Informationen:* SAM-Tools liefern erhobene und bereits normalisierte IT- Assetdaten an weitere ITSM- bzw. Geschäftsprozesse zur Verwendung für andere Fachverfahren, wie beispielsweise für eine CMDB oder für Abrechnungssysteme (beispielsweise SAP). IT-Ressourcen werden über zentrale Systeme (Inventory-Daten, CMDB) erhoben und ermöglichen es so, die IT-Assets und Softwareressourcen über den gesamten Lebenszyklus hinweg zu verwalten.

25.4.5 Abzudeckende Anwendungsfälle

- *„On-Premises"-Lizenzierung:* SAM-Tools stellen Funktionen und Regeln bereit, um IT- und Softwareassets (On-Premises) in lokalen IT-Infrastrukturen und Bereitstellungsumgebungen (beispielsweise Terminal Server) zu erheben, zu identifizieren und zu normalisieren, um aus und mit diesen Daten Softwareprodukte und Lizenzbedarfe über Berichte und Analysen zu optimieren und diese lizenzkonform zu betreiben. Diese Grundfunktionen sind ausreichend für Unternehmen, die noch keine oder nur eine geringe Nutzung von Cloud-Technologien einsetzen.
- *Komplexe Lizenzierung in Hybridumgebungen:* SAM-Tool-Funktionalitäten unterstützen das Verwalten von Softwarebereitstellungen in komplexen Hybridumgebungen (z. B. lokales RZ, „IaaS", „PaaS" und „SaaS" über Cloud Service Provider). Unternehmen mit hybriden Umgebungen sind sehr komplex zu verwalten und rechtfertigen daher erhebliche Investitionen in SAM-Expertise und -Tools, um das Ausmaß und die Risiken zur Einhaltung der Lizenzkonformität zu managen. SAM-Tools für diesen Anwendungsfall müssen über Schnittstellenintegration und Konnektoren zu Cloud-Bereitstellungsumgebungen verfügen, möglichst „out-of-the-box", beispielsweise über standardisierte API-Schnittstellen.
- *Komplexe Lizenzierung in primären Cloud-Umgebungen:* Unternehmen, die strategisch und überwiegend die Cloud-Liefer- und Servicemodelle von Cloud Service Providern nutzen, z. B. Amazon Web Services, Microsoft Azure, Google Cloud Platform (CCP)[25], benötigen andere SAM-Tool-Funktionalitäten und -Prozesse, um die neuen Herausforderungen steuern und managen zu können. Dazu gehören beispielsweise das Monitoren von „flüchtigen" Servicebereitstellungen, wie virtuelle Server, das u. U. auch mit anzuwendende Konzept von „Bring-your-own-License (BYOL)", dem damit einhergehenden Verwalten der Verbrauchs- und eindeutigen anzuwendenden Lizenzierungsmetriken, wie beispielsweise getätigte API-Aufrufe über einen Web-Browser. Hierfür müssen die SAM-Tools in der Lage sein, diese speziellen Cloud-Assets zu inventarisieren, zu interpretieren, zu normalisieren und die dafür anzuwendenden Lizenzbestimmungen lizenzkonform zuzuordnen. Das erfordert von den SAM-Tools bzw. den darauf spezialisierten Modulen oder Komponenten, diese Informationen und Lizenzdaten sowohl in öffentlichen Cloud-Umgebungen als auch in SaaS-Umgebungen möglichst automatisiert erheben und verarbeiten zu können, einschließlich der Verknüpfung zu anderen Quellen, z. B. mit Active Directory oder Single Sign-On-Tools, um so die Zugriffs- und Nutzungsberechtigungen ermitteln und überprüfen zu können. Der Schwerpunkt zur Einhaltung der Lizenzkonformität liegt hierbei in der optimalen Steuerung der erlaubten Zugriffs- und Nutzungsberechtigungen von Cloud-Services. Deshalb ist es für diese Unternehmen von entscheidender Bedeutung, den Schwerpunkt auf die Optimierung der Softwarenutzung und des damit einhergehenden Verbrauchs zu legen.

---

[25] *https://de.wikipedia.org/wiki/Google_Cloud_Platform*

- *Spezialsoftware – Operational Technology (OT)*: Dieser Anwendungsfall konzentriert sich auf SAM-Funktionen, um für die – über den herkömmlichen Umfang von IT- und Softwareassets hinausgehenden – Technologie Stacks eine entsprechende Unterstützung zum Steuern und Verwalten dieser Systeme bereitstellen zu können.

  Als Operational Technology (OT) bezeichnet man Hardware und Software, die zur Steuerung und Regelung, Überwachung und Kontrolle von Maschinen, Anlagen und Prozessen benötigt werden. In der Vergangenheit wurden operative Technologien lediglich als Industriesteueranlagentechnik gesehen, welche in geschlossenen Systemen mit proprietären Protokollen kommunizieren. Mit dem Einzug von Ethernet-basierender Kommunikation in den OT-Bereich entwickelt sich eine IT-/OT-Konvergenz, welche eine neue Herausforderung darstellt.[26]

  Unternehmen, die zusätzlich zum SAM-Betrieb der IT-Systeme und -Infrastrukturen auch Spezialplattformen betreiben, die häufig mit Engineering- oder Operational Technology (OT)-Teams außerhalb des IT-Bereichs verbunden sind, benötigen für diese spezialisierten Plattformen wie beispielsweise CAD-Software oder Produktionssteuerungssysteme eine andere Unterstützung als für die Verwaltung von „klassischen" IT-Assets. Die Unternehmen benötigen dafür andere Produkt- bzw. Funktionsmerkmale, die dazu beitragen können, die Anwendungskosten spezieller, aber sehr kostenintensiver Softwareprodukte zu überwachen und zu managen, beispielsweise eine Möglichkeit, wie Nutzungen von Softwarelizenzen pro Arbeitsplatz begrenzt werden können, um damit auch einen Mehrwert gegenüber der Verwaltung von Standard-IT-Softwareprodukten zu erzielen.

> Die von Gartner – hier in der vorliegenden Studie – ausgewählten kritischen Funktionen bilden nicht alle Eigenschaften der betrachteten SAM-Tools ab und stellen daher möglicherweise nicht die wichtigsten, für eine bestimmte Anwendungssituation oder für ein bestimmtes Geschäftsziel des Kunden erforderlichen Produkteigenschaften dar. Unternehmen sollten deshalb die vorliegende Studie zur Analyse von erforderlichen kritischen Funktionen und Fähigkeiten eines SAM-Tools erst einmal als eine von möglichen weiteren Informationsquellen nutzen, bevor sie eine SAM-Tool-Produkt- bzw. Serviceentscheidung dazu treffen. ■

Blicken wir im folgenden Abschnitt auf einen auch stetig wachsenden SAM-Geschäftsbereich, SAM Managed Services.

[26] *https://de.wikipedia.org/wiki/Industrielle_Informationstechnologie*

25.5 SAM-Betrieb, SAM Managed Services

Gartner erstellt ja sehr viele Studien, u. a. auch eine jährliche zum Thema „SAM Managed Services[27]". Gartner trifft in dieser Studie gleich zu Beginn die Annahme, dass bis zum Jahr 2022 der SAM-Managed-Service-Markt mit einer durchschnittlichen jährlichen Wachstumsrate von ca. 20 % weiterwachsen wird, da die Kunden vor der Herausforderung stehen, mehrere Umgebungen zu verwalten – siehe auch meine Ausführungen zum Cloud-Hybrid- und Multi-Cloud-Liefermodell – und dafür erforderliches Fachwissen einsetzen zu müssen. Gartner trifft basierend auf den Ergebnissen der Studie ebenso die Annahme, dass bis zum Jahr 2022 in jedem Monat bis zu 30 % der wachsenden Ausgaben für die Inanspruchnahme von Softwareabonnements und weiterer Cloud-Dienste ungenutzt bleiben werden.

Warum ist Software Compliance oft keine Kernkompetenz im Unternehmen?

- Die Softwarematerie über die gesamte IT-Architektur ist meistens sehr komplex und besitzt eine hohe Anzahl dynamisch schwankender Datenwerte.
- Die Verarbeitung dynamischer Veränderungen lizenzrelevanter Parameter erfordert permanent spezielles Herstellerwissen zu den anzuwendenden Lizenzmodellen.
- Personelle Ressourcen mit dem erforderlichen Fachwissen für die Bewertung und Steuerung von Lizenzsituationen sind oft wenig bis meist gar nicht verfügbar.
- Um den SAM-LifeCycle- und Compliance-Prozess in die Geschäftsprozesse zu integrieren, sind spezielle Kenntnisse und umfassende Erfahrungen notwendig

Warum ist das so komplex?

- Ein lizenzkonformer Anwendungsbetrieb in dynamischen IT-Architekturen erfordert eine permanente Kontrolle vielfältiger lizenzrelevanter Parameter.
- Für die Bereitstellung und Auswertung der notwendigen Daten haben Unternehmen kaum ausreichend Ressourcen.
- Kosteneffiziente und risikoarme Nutzung des IT-Betriebs erfordert eine signifikante Prozessreife und aktiv kontrollierbare Daten.
- Weil die Unternehmen die Verwaltung und Steuerung ihrer IT-Assets (On-Premises-Lizenzen in den lokalen RZs) und die Transformation und den Betrieb der IT-Assets in die Cloud-Liefer- und Servicemodelle technisch und prozessmäßig noch nicht richtig steuern und verwalten können und es auch kaum ausreichende interne fachliche Expertisen in den Unternehmen gibt bzw. aus Ressourcengründen nicht aufgebaut werden können.

Gartner hat insgesamt elf Anbieter analysiert und bewertet. Im Bild 25.6 sehen wir die von Gartner getroffene Einstufung der jeweiligen Serviceanbieter.

Hierzu sein noch angemerkt, dass SAM Managed Services-„Service-Angebote" mehr von mittleren bis großen Unternehmensorganisationen mit 1.000 bis 50.000 verwalteten Geräten nachgefragt werden. Zwischen den Serviceanbietern bestehen auch sehr große Unterschiede, was die Menge an zu unterstützenden Herstellern mit ihren Softwareprodukten betrifft,

[27] Gartner Magic Quadrant for Software Asset Management Managed Services, Published: 4. August 2020 ID: G00448006 – *https://www.gartner.com/en/documents/3988417/magic-quadrant-for-software-asset-management-managed-ser*

um damit die angebotenen SAM Managed Services umsetzen zu können. So habe einige der in der Studie analysierten Serviceanbieter selten mehr als 20 Hersteller im Portfolio, die im Rahmen des Service verwaltet werden können (SAM-Expertisen zu Lizenzmodellen, IT-Architekturszenarien usw.).

Bild 25.6 Gartner Magic Quadrant for Software Asset Management Services (August 2020)

Gartner beschreibt bzw. definiert Software Asset Management (SAM) Managed Services[28] wie folgt:[29]

SAM Managed Services beschreiben Prozesse, Funktionen und Methoden des Serviceanbieters, um bestehende SAM-Prozesse des Kunden zu unterstützen und somit seine Ressourcen

[28] Gartner Magic Quadrant for Software Asset Management Managed Services, Published: 4. August 2020 ID: G00448006 – *https://www.gartner.com/en/documents/3988417/magic-quadrant-for-software-asset-management-managed-ser*

[29] Anmerkung: Die Übersetzung aus dem englischen Dokument klang teilweise holprig und nicht ganz eindeutig. Ich habe deshalb versucht, das etwas verständlicher auszuformulieren, falls Sie den Originaltext aus der Quellenangabe mit dem hier ins Deutsch übersetzten abgleichen. Das trifft auf den gesamten Abschnitt 25.5 zu.

zu erweitern. Die definierten SAM Managed Services werden direkt an den Servicenehmer (Endkunden) geliefert bzw. für diesen bereitgestellt, unter der Maßgabe, Software- und Cloud-Service-Kostenoptimierung zu erreichen. SAM Managed Services steuern über eine Reihe von Change-Management-Prozessen und Optimierungsaktivitäten, den SAM-Life-Cycle-Prozess über den gesamten Lebenszyklus eines IT- und Softwareassets hinweg und stellen über die Transformation bestehender Prozesse und Vorgehensweisen sicher, dass eine größtmögliche Transparenz und Optimierung über die technischen und kaufmännischen Lizenzbedarfe erfolgt. Der operative SAM-Betrieb und dessen Steuerung werden durch den Servicenehmer mit qualifizierten Ressourcen – die über entsprechendes Fachwissen und Best-Practices-Erfahrungen verfügen – unterstützt, um Ressourcenengpässe aufzufangen und auch so den Reifegrad des SAM-Betriebs zu steigern. Dafür bedarf es Transparenz und Sichtbarkeit sowie einer Plattform mit vertrauenswürdigen Daten, um die Verwaltung der Nutzungsrechte mit einer optimierten Nutzungstransparenz über entsprechende SAM-Tool-Funktionen zu gewährleisten. Gleichwohl können die SAM Managed Services verlässliche Daten für Management-Anforderungen bereitstellen und damit einen wirtschaftlichen und risikoarmen Betrieb der IT- und Softwareassets unterstützen. SAM Managed Service können dabei unterstützen, komplexe IT-Architektur- bzw. Bereitstellungs- und Nutzungsszenarien mit möglichen, oftmals mehrdeutigen Nutzungsbedingungen lizenzkonform zu betreiben. Komplexe Nutzungsbedingungen sind bei Migrationsprojekten zur Cloud-Einführung eine ständige Baustelle, vor allem wenn es darum geht, dass Softwareprodukte über mehrere Cloud-Servicemodelle (IaaS, PaaS, SaaS) oder hybride Umgebungen hinweg eingesetzt bzw. transformiert werden sollen. Hierfür erfordert es zunehmend leistungsstarker SAM-Tools und -Funktionen, dieses zu überwachen und managen zu können, um die Vorteile der Cloud-Flexibilität nutzen zu können und um damit eine verbesserte Steuerung und fortlaufende Optimierung im IT-Betrieb sicherzustellen.

25.5.1 SAM Managed Services, erwartete Funktionen

Von den Serviceanbietern werden eine Reihe an vollständigen und kontinuierlichen SAM-Managed-Services-Produkten und eine breite Palette an zu unterstützenden Softwareherstellern erwartet.

Mit SAM Managed Service erwartete, umfassend bereitzustellende Services und Funktionen:

- Betrieb von SAM-Life-Cycle-Prozessen. Optimierung über SAM-Best-Practices-Erfahrungen und Umsetzung in der gesamten Organisation. Überwachung und Umsetzung kontinuierlicher Verbesserungsindikatoren, SAM-Betrieb als Kernkompetenz für Effizienz und nachhaltige Best-Practices-Unterstützung.
- Erzeugung verlässlicher und vertrauenswürdiger Datenrepositories. Servicegeber gewährleisten eine kontinuierliche und transparente Sicht auf die kompletten, automatisiert erfassbaren IT-Infrastruktur-Umgebungen und liefern über permanente Datenverifizierungen und Analysen eine genaue Darstellung der Inventory-Daten und deren Nutzung, wobei hierbei auch Quarantänemanagement und neu bereitzustellende Workloads oder Geräte über mehrere Plattformen hinweg berücksichtigt werden.

- Verwaltung und Analyse der anzuwendenden Nutzungsrechte. Der Servicegeber verwaltet und steuert die Erhebung, Analyse und Ablage der kaufmännischen Lizenznachweise sowie die Verwaltung und Analyse der Beschaffungs-, Vertrags- und Produktnutzungsrechte mit dem Ziel, ein zentrales Lizenzdokumenten-Repositorium für Lizenznachweise und Nutzungsrechte über eine Vielzahl von Softwareherstellern hinweg bereitzustellen.
- Erhebung automatisiert ermittelbarer Softwarerohdaten aus dem technischen Softwareinventar über Scan-Komponenten, mit Normalisierung in lizenzrechtlich lesbare installierte, genutzte und abgerufene Softwareprodukte und den von ihnen erzeugten technischen Lizenzbedarfen. Der Servicegeber übernimmt dabei die Verwaltung der bereitgestellten vertrauenswürdigen Inventardaten, überprüft und eliminiert Duplikate, analysiert mögliche falsche „positive" Ergebnisse bzw. Anomalien oder auffallende Diskrepanzen. Die Servicegeber liefern zusätzliche Analysen, um die im bzw. aus dem SAM-Tool bereitgestellten Daten und Berichte bei Bedarf zu ergänzen, um so einen genauen, kontinuierlichen und vollständigen Überblick über alle installierte und genutzte Software bereitzustellen.
- Cloud-Service-Metering und Lizenzmanagement. Der Servicegeber erfasst über seine Werkzeuge alle „Software-as-a-Service (SaaS)"-, „Platform-as-a-Service (PaaS)"- und „Infrastructure-as-a-Service (IaaS)"-Instanzen, deren Nutzungszeiten und die sich im Cloud-Betrieb befindlichen Cloud-Softwareassets.
- Berichtswesen für Optimierung von Lizenzbedarfen. Der Servicegeber liefert vereinbarte Berichte zur Steuerung von Maßnahmen und für das Risikomanagement, um die IT- und Softwareassets wirtschaftlich, ressourcenschonend und risikoarm lizenzkonform betreiben zu können. Über Analysen und Monitoring werden kontinuierlich Risiken identifiziert, Strategien zur Risikominderung entwickelt und Optimierungsmöglichkeiten aufzeigt.
- Steuerung SAM-Life-Cycle-Prozesse. Der Servicegeber unterstützt Prozessabläufe und Vorgehensweisen für die Anforderungs-, Beschaffungs- und Bereitstellungsprozesse sowie die Prozesse für Wiederverwendung und Software-Pooling. Durch die Einbindung des Servicenehmers liefert der Servicegeber Mehrwerte für den wirtschaftlichen und lizenzkonformen IT-Betrieb.

Mit SAM Managed Service „kontinuierlich" bereitzustellende Services mit minimaler Periodizität umfassen:

- Monitoring der Einhaltung der SAM-Prozesse und Services im operativen SAM-Betrieb,
- monatliche Kontrollberichte zur Vollständigkeit der Inventory-Daten und Quarantänestatus von Systemen,
- Erfassen und Ablegen von kaufmännischen Lizenznachweisen,
- Zuordnung der Lizenznachweise zu den Softwareverträgen, Zuweisung und Verknüpfung von Lizenznachweisen – lizenzkonform – zu den technischen Lizenzbedarfen unter Berücksichtigung der Einhaltung der anwendbaren Nutzungsbedingungen des Softwareherstellers,
- wöchentliches Monitoring zum Status der inventarisierten Systeme und der darauf installierten und genutzten oder nicht genutzten Softwareprodukte oder Benutzerzugriffe,
- monatliche Berichtserstellung bzw. kontinuierliche Messung der Nutzung von Cloud-Softwareassets und bereitgestellten Cloud-Diensten als Grundlage für Optimierungen.

25.5.2 SAM-Betrieb, SAM Managed Services, Vorteile

Durch die wachsenden Technologie-Stacks, der damit verbundenen Transformationen in Kombination mit komplexen Anwendungsszenarien und oftmals damit einhergehenden unklaren Nutzungsrechten wird es weiterhin große Herausforderungen im Managen der IT- und Softwareassets geben. Ein weiterer wichtiger Aspekt dabei sind zu erreichende Kostenoptimierungen, entweder durch den Wechsel in die Cloud-Service- und Liefermodelle, aber auch dann in der Steuerung und Optimierung von Softwareabonnement und Subscriptions, wie ebenso die effektive Verwaltung dieser wachsenden Investitionen und der damit verbundenen Komplexität im gesamten Unternehmen. Diese Umstände untermauern regelmäßig das Mandat zur Beauftragung von SAM Managed Services. Die zunehmende Erkenntnis der Unternehmensführungen bezüglich der Bedeutung des IT- und Software Asset Managements und dessen Verantwortung für einen ressourcenschonenden, lizenzkonformen und risikoarmen Betriebs, haben zu einem steigenden Volumen von SAM Managed Services geführt, die von entsprechenden Servicespezialisten angeboten und erbracht werden.

Wird die Verantwortung für den operativen SAM-Betrieb und seiner Prozesse ganz oder in Teilen von einem SAM-Managed-Servicegeber übernommen, können durch dessen Kernkompetenzen und die Steuerung der „Kunden"-SAM-Daten Kostenvorteile erzielt werden:

- optimierter Betrieb der SAM-Life-Cycle-Prozesse für die Anforderung, Beschaffung, Bereitstellung und Entsorgung von Softwareprodukten,
- Analysieren von Softwareprodukten mit End-of-life-Status, ungenutzter Software oder Online-Dienste,
- optimale nutzungsbasierte Verbrauchssteuerung von Bereitstellungen in „IaaS"- und „PaaS"-Servicemodellen,
- Optimierung von Softwareverträgen in Bezug auf erhobene Nutzungsdaten, als Grundlage für eine Migration hin zu optimalen Lizenzmodellen,
- effektives Monitoring und Steuerung von Softwarenutzung, als Grundlage zur Identifizierung von möglichen monetären und rechtlichen Risiken und für die Aufstellung empfohlener Maßnahmen zur Verringerung der Risiken.

25.5.3 Wichtige Aspekte des Markts

Die COVID-19-Pandemie könnte ein weiteres Wachstum im Bereich der SAM Managed Services bewirken, da die Unternehmen gezwungen sind, ihre Investitionsstrategien zu überdenken. Wahrscheinlich wird es einen verstärkten Fokus auf Kostenoptimierung und Risikominimierung geben, sowie die Analyse und Beseitigung von nicht genutzten Softwareabonnements und -bereitstellungen, die vor allem in Cloud-Umgebungen – wenn nicht ausreichend überwacht und gesteuert – einen erheblichen Anteil der unproduktiven Softwarekosten ausmachen. Mit einem optimalen SAM-Betrieb können diese Risiken und Kosten minimiert werden, was dazu führen wird, dass mehr Unternehmen SAM Managed Services in Anspruch nehmen werden und sich somit ein größeres Wachstum entwickelt.

25.5.3.1 SAM Managed Services vs. SAM Outsourcing

SAM Managed Services sind am effektivsten, wenn sie kontinuierlich bereitgestellt und vom Servicegeber betreut werden, um im SAM-Betrieb eine Optimierung über die SAM-Life-Cycle-Prozesse zu ermöglichen. Wurde die Wichtigkeit von SAM für die Unternehmensprozesse und den Betrieb der Informationsarchitektur vom Management erkannt und werden entsprechend die SAM-Projekte und -Prozesse dahingehend durch einen effektiven SAM Managed Service unterstützt, kann das oftmals den Softwareherstellern aufzeigen, dass hier die Notwendigkeit eines Audits nicht gegeben ist, vorausgesetzt die SAM-Reifegrade befinden sich auf einer hohen Stufe. Unternehmen können zwar als Lizenznehmer die Verantwortung gegenüber den Herstellern zur Einhaltung der lizenzkonformen Nutzung ihrer Softwareprodukte nicht ausschließlich auf den SAM-Managed-Service-Vertragspartner auslagern, aber es können mögliche Regressforderungen der Hersteller gegenüber dem Lizenznehmer – wenn unlizenzierte Software im Rahmen eines Audits aufgezeigt werden sollte – über entsprechende Vertragsklauseln in die SAM-Managed-Serviceverträge mit aufgenommen werden, um damit einen Teil der möglicherweise anfallenden Kosten für eine Unterlizenzierung abzudecken, sofern der Nachweis erbracht werden kann, dass der SAM-Managed-Service-Vertragspartner hier nicht sauber gearbeitet hat und es dadurch zur Unterlizenzierung gekommen ist.

25.5.3.2 Automatisierung als Ergänzung zu SAM-Services

SAM Managed Services werden zunehmend nicht nur mit Hilfe eines entsprechenden SAM-Tools (Standard oder Eigenentwicklung eines SAM-Managed-Service-Anbieters) bereitgestellt, sondern vom Servicegeber über weitere technische Funktionen bzw. Prozessabläufe ergänzt, um über eine Automatisierung die von SAM-Tool bereitgestellten Daten zu ergänzen und somit eine effizientere Bereitstellung der Daten und Informationen zu ermöglichen. Das können beispielsweise eigenentwickelte Module oder über Dritte bereitgestellte automatisierte Funktionen oder Komponenten sein (wie beispielsweise ein hochspezialisierter Scan-Agent), um die Anforderungen an ein verlässliches Datenqualitätsmanagement zur Identifizierung und Verwaltung von lizenzkostenpflichtigen Instanzdaten zu erfüllen. Weitere Services wie die Steuerung der Kunden-SAM-Prozesse, die periodische Berichtserstellung und Präsentation von Ergebnissen, die Analyse und Identifizierung von Trends oder die Überwachung der Umsetzung von empfohlenen Maßnahmen, können Ergänzungen zum Service-Angebot sein. Die anzuwendende bzw. einzusetzende Technologie sollte jedoch nicht als Ersatz für Dienstleistungen angesehen werden. Eine umfassende Kundenberatung und -betreuung ist ein ebenso wichtiger und beachtenswerter Aspekt, um die SAM Managed Services erfolgreich anbieten zu können.

25.5.3.3 Kontinuierlicher Zugang zu Wissen und Expertisen

Unternehmen, die einen SAM-Betrieb mit umfassender Expertise und Wissen umsetzen wollen bzw. benötigen, haben nach wie vor ein personelles Ressourcenproblem, da nur wenige SAM-Spezialisten am Markt verfügbar sind und die Ausbildung von eigenen Mitarbeitern im SAM-Umfeld einen hohen zeitlichen und monetären Aufwand bedeuten. Selbst wenn es Mitarbeiter gibt, die sich ausbilden lassen und die SAM-Rolle einnehmen wollen, ist immer noch die schiere Breite der Wissensanforderungen, die teilweise tiefe Komplexität bei Lizenzmodellen und -metriken sowie weiteres oftmals nur nuanciertes und nischenbezogenes Wissen erforderlich, um einen effektiven SAM-Betrieb zu gewährleisten, abgesehen davon, dass hier ein immerwährendes Erlangen von Wissen erforderlich ist. Unter diesen Gesichtspunkten kann ein SAM Managed Service, der eine große Anzahl von Herstellern und deren Lizenzmodelle abdeckt, eine Überlegung wert sein. Als eine oft gewählte (manches Mal auch erforderliche) Alternative kann auch ein gemischtes „Verantwortungsmodell" gewählt werden, welches die Verantwortung zwischen dem SAM-Managed-Servicegeber und den eigenen internen SAM-Ressourcen aufteilt. So können außerdem auch die Risiken einfacher gesteuert und nachverfolgt werden und die SAM-Rollen können sich in Zusammenarbeit mit dem SAM-Managed-Servicegeber weiter entsprechendes Wissen und Expertisen erarbeiten.

25.5.3.4 Alternative – punktuelle SAM Managed Services

Sollten die Unternehmen bereits eine gute SAM-Organisation betreiben, aber nicht in allen Bereichen erforderliches Wissens besitzen, können auch punktuelle SAM Managed Services nachgefragt werden. Ein Beispiel für ein solches SAM-Projekt wäre eine Vermessung der SAP-Umgebung im Vorfeld einer anstehenden Vertragsverlängerung. Die darauf spezialisierten Beratungsunternehmen vermessen mit ihren Werkzeugen das SAP-System und basierend auf den Ergebnissen werden Optimierungspotenziale aufgezeigt. Sie sollten nicht dem Trugschluss erliegen, dass periodische planmäßige SAM Managed Services – gegenüber einem kontinuierlich gefahrenen SAM Managed Service – die Risiken von ungenutzten Softwareassets verhindern können, um unnötige Kosten vermeiden. Um einen dauerhaften Optimierungsnutzen zu erzielen, sollten kontinuierliche SAM Managed Services den SAM-Betrieb unterstützen oder verantwortlich durchführen.

25.5.4 Beispielhafte Beschreibung eines SAM Managed Service

Hier stelle ich Ihnen einmal eine grobe Struktur für SAM-Managed-Service-Komponenten vor. Der Gesamtservice unterteilt sich oftmals in drei Hauptbereiche, die es je nach Erfordernis und Wunsch zur Serviceausprägung mehr oder weniger umfangreich weiter auszuführen gilt. Wichtig ist bei allen Teilbereichen, dass die Abgrenzungen zu den jeweiligen Verantwortungsbereichen klar definiert und beschrieben sind.

Im Grunde geht es um *drei Kernbereiche*, die es abzustimmen gilt:

- **Bereitstellung.** Implementierung der erforderlichen Rahmenbedingungen unter Mitwirkung des Kunden.
- **Betrieb.** Verarbeitung und Normalisierung der technischen und kaufmännischen Daten gemäß vereinbarter Service-Pläne.
- **Berichte.** Auswertungen und Analysen der bestehenden Datenbestände, über standardisierte Berichte.

Der Basisbetrieb bzw. der Serviceumfang wird dann oftmals über Servicepläne, wie beispielsweise „Business oder Premium", beschrieben und kann z. B. durch zusätzliche „Operational, Optimized, Individual Service oder Add ons" erweitert werden. Das grundlegende Ziel für Servicegeber und Servicenehmer sollten die bereits in der Norm ISO/IEC 19770-1:2012 beschriebenen Tier-1-4-Stufen sein und mein Tipp, diese Formulierungen würde ich auch als einen „Roten Faden" bei der Zusammenstellung der Services empfehlen.

Tabelle 25.1 Norm ISO/IEC 19770-1:2012, Tier 1–4 Stufen und SAM Managed Service Beschreibung

ISO/IEC 19770-1:2012, Tier 1–4	SAM Managed Service Beschreibung
Erzeugung verlässlicher Daten (Tier 1 - trustworthy data) Kenntnis zu erlangen über die exakte Anzahl der eingesetzten Softwareprodukte der dafür erforderlichen Lizenzbedarfe und der vorhandenen Lizenznachweise.	Transparenz über aktive und reaktiv verwaltete IT- und Softwareassets erzeugen, um damit einen wirtschaftlichen, lizenzkonformen risikoarmen und optimierten SAM-IT-Betrieb zu gewährleisten und zu unterstützen.
Kontrolle des Umfelds (Tier 2 - practical management) Definition und Abbildung von standardisierten Prozessen und Verfahren im Software-Life-Cycle-Prozess.	Spezialisierte Tools, die mit bestimmten Funktionserweiterungen prozessunterstützt in der bestehenden IT-Architektur die stattfindenden dynamischen Änderungen überwachen und so einen lizenzkonformen Betrieb sicherstellen.
Einbindung in die Geschäftsprozesse (Tier 3 - operational integration) Die Schaffung eines SPOC (Single Point of Contact) für alle Belange „den SAM-Betrieb“ betreffend (organisatorisch, administrativ, technisch und lizenzrechtlich).	Prozessunterstützende Verarbeitung von technischen und kaufmännischen Lizenzdaten, um nutzungsbasierte Softwarebedarfe zu steuern und über automatisierte Workflows weniger betriebliche Ressourcen zu erfordern.
Vollständige Integration (Tier 4 - full ISO/IEC SAM conformance) Die Umsetzung eines dauerhaften operativen Softwareasset- und Lizenzmanagements mit den erforderlichen Prozessen, Rollen und Richtlinien, integriert in die Geschäftsprozesse des Unternehmens, zur Unterstützung des lizenzkonformen Betriebs der Informationsarchitekturen.	Über Schnittstellen werden automatisiert erfassbare Softwareassets und Datenbestände transparent verarbeitet, identifiziert und für die Durchführung von Optimierungsmaßnahmen den SAM-Rollen und Stakeholdern bereitgestellt.
Ziel: Herstellung von Software Compliance	
Durch Berichte und individuelle Analysen über qualitätsgesicherte Datenbestände können mögliche Lizenzrisiken rechtzeitig erkannt und gesteuert werden.	

Der Mehrwert für SAM Managed Services wäre u. a.:

- **signifikant** - reduzierbare Softwarekosten, durch standardisierten Betrieb der Software und Erhöhung der Servicequalität
- **weniger Aufwände** - für Software-Compliance-Aufgaben, verringern die erforderlichen Personal-Ressourcen, -Kosten sowie zusätzliche Ausbildungsaufwände.
- **durch optimale** - Sicherstellung der Software Compliance, über transparente Berichte können lizenzrechtliche Risiken verringert werden.
- **Transparenz** - in der Software Compliance, unterstützt die Unternehmensziele und Geschäftsprozesse nachhaltig und umfassend.

Nachfolgend eine grobe Zusammenstellung der erforderlichen Phasen und Service-Pläne, abgeleitet von unseren eigenen (apogiz) SAM Managed Services, als Beispiel.

25.5.4.1 SAM Managed Services Phasen

Die vier Phasen für die Implementierung des Service-Basisumfangs:

- **Vorbereitung**
  - Spezifikation des Projekt- und Serviceumfangs, mit Definition der gewünschten Zielsituation unter Mitwirkung des Kunden,
  - Festlegung des Konfigurationsumfangs der ausgewählten Scan-Agents,
  - Bestimmung Testfeld für Rollout der Scan-Agents,
  - Definition der erforderlichen Datenübergabeschnittstellen.
- **Bereitstellung**
  - Technische Rahmenbedingungen
  - SAM-Tool Technologie Pack im apogiz RZ über einen sicheren kundeneigenen Webzugang.
  - SAM-Tool mit Standard-Rollen und -Funktionen gemäß Projektspezifikation.
  - Konfigurierte Scan-Agents gemäß ausgewähltem Service-Plan.
  - Standardschnittstelle zur Verarbeitung der Scan-Files.
- **Betrieb**
  - Serviceverfügbarkeit (12×5).
  - Regelmäßiges Datenbackup.
  - Verschlüsselter Datenaustausch.
  - Import angelieferter Scan-Files.
  - Dashboards mit definierbaren Widgets, beispielsweise Alarmen.
  - Webzugriff auf umfangreichen SAM-Softwarekatalog.
  - Updateservice für Systemkomponenten und Softwarekatalog.
- **Berichte**
  - Online-Zugriff auf vielfältige standardisierte Berichte.
  - Umfangreiche Auswertungsmöglichkeiten und Analysen über die bestehenden Datenbestände – exportierbar über CSV, PDF, XLSX, XML.
  - Wiederkehrende Berichtsauswertungen mit automatisiert planbarer Bereitstellung über E-Mail oder Cloud Drive.

Im folgenden Abschnitt habe ich Ihnen einmal eine grobe Aufstellung der Aufgabenbeschreibung und jeweiligen Leistungen, für zwei Service-Pläne „Business“ und „Premium“ dargestellt.

25.5.4.2 SAM Managed Service, beispielhafte Basispläne

Tabelle 25.2 SAM Managed Service – Beispiel Service-Pläne

Leistungsumfang	Business	Premium
Laufzeit Subscription (Monate)	12	12, 36
Initiale Projektvorbereitung und Vorbereitungen für den Systemaufbau	✓	✓
Bereitstellung des SAM-Tools über einen kundeneigenen sicheren Webzugang	✓	✓
Einweisung und Schulung SAM-Tool	✓	✓
Kundenorganisationsstruktur und -rollen anlegen	-	✓
Individuelle Anpassung der SAM-Tool-Weboberfläche	Kunde	apogiz
Scan von automatisiert erfassbarer Hard- und Software über Scan-Agent und Komponenten	Windows	auch Linux, Mac, Oracle
Implementierung und Betrieb weiterer Konnektoren und Webservices (z. B. VMware, Hyper-V, AD, Cloud)	-	✓
Prüfung von Lizenzmetriken bei inventarisierten Anwendungen gemäß Kunden-IT-Architektur	Kunde	apogiz
Unterstützung bei der Erfassung von Lizenzen	-	✓
Support-Tickets über apogiz Helpdesk (Monat)	5	15
Regelmäßige Updates von erforderlichen Betriebs- und SAM-Tool-Komponenten (beispielsweise Softwarekatalog)	✓	✓

25.5.4.3 SAM Managed Service, beispielhafte Zusatzpläne

Tabelle 25.3 beschreibt beispielhaft mögliche Zusatz-Services mit Leistungserfüllung in den jeweiligen Service-Plänen „Business“ oder „Premium“.

Tabelle 25.3 SAM Managed Service – Beispiel zusätzliche Service-Pläne

Verfügbar für Service-Plan	Business	Premium
Operational		
Unterstützung bei der Definition und Einbindung benutzerdefinierter Felder	✓	✓
Unterstützung zum Anlegen eigener Lizenzmetriken über benutzerdefinierte Vergleichswerte	✓	✓
Bereitstellung von weiteren umfangreichen Berichten	–	✓
Verwaltung von nicht inventarisierbaren Geräten (Objekten) im SAM Tool	–	✓
Optimized		
Change Management für Deployment Service von Scan-Agents (im Business-Plan – nur für Windows)	✓	✓
Erkennungsregeln für eigenentwickelte Software erstellen (im SAM-Tool)	–	✓
Individual		
Reifegradanalyse (nach ISO 19770-1)	✓	✓
Optimierung der Software-LifeCycle-Prozesse	✓	✓
Risikoanalyse von Softwareassets gemäß GDPR	✓	✓

In der Annahme, dass ich Ihnen mit diesen beispielhaften Aufstellungen zu einem SAM Managed Service etwas Unterstützung in und zu diesem Thema geben konnte, komme ich zum Ende des Kapitels und auch zum Ende der 4. Auflage 😉.

25.5.5 Zusammenfassung

SAM Managed Services bieten eine Vielzahl an Möglichkeiten, um den SAM-Betrieb im Unternehmen zu unterstützen. Dafür benötigen die Anbieter enorme personelle Ressourcen mit umfassendem Fachwissen zu den unterschiedlichsten Themen und Aspekten im SAM-Umfeld – es erfordert bedeutend mehr spezielles Fachwissen, als die meisten Unternehmen mit ihren SAM-Rollen besitzen oder realistischerweise über den Arbeitsmarkt rekrutieren können. Selbst wenn sich ein Unternehmen das erforderliche spezielle Fachwissen mit geeigneten Mitarbeitern sichern kann, übersteigen oftmals die internen Nachfragen zu Softwareasset- und Lizenzmanagement-Themen, von Stakeholdern aus den unterschiedlichsten Fachbereichen, die verfügbaren Wissenskapazitäten der internen Experten. Daher sind SAM Managed Services für eine wachsende Zahl von Unternehmen ein wichtiger Strategiebaustein geworden, um einen wirtschaftlichen, ressourcenschonenden, lizenzkonformen und risikoarmen SAM-Betrieb im und für das Unternehmen zu gewährleisten.

Herzlichen Glückwunsch, Sie haben es geschafft!

Falls Sie das Buch bis hierhin tatsächlich (so einigermaßen umfassend) durchgearbeitet haben, möchte ich mich für Ihre Lesegeduld und Ihre Aufmerksamkeit für die thematischen Aspekte und Besonderheiten des IT-, Software Asset Management und Lizenzmanagements bedanken. Ich hoffe, Ihnen mit meinen Ausführungen und Quellenangaben eine möglicherweise ausreichende Unterstützung für Ihre Arbeit gewesen zu sein bzw. noch sein zu dürfen.

Über eine Rezension auf der Webseite von Hanser oder auf Amazon würde ich mich natürlich auch sehr freuen, zeigt dies mir doch, ob ich mit dieser 4. Auflage einen Informationsgewinn für Sie persönlich und für Ihre Arbeit erzielen konnte und dass sich die enorme Anzahl an aufgewendeten Stunden für die Aktualisierung in diesem Sinne auch gelohnt hat.

Ich wünsche Ihnen die nötige Geduld und den erforderlichen Respekt vor den auftretenden Komplexitäten und möglichen Baustellen sowie weiterhin viel Erfolg bei der Umsetzung aller Ihrer Vorhaben.

Bleiben Sie gesund und interessiert.

Mit den besten Wünschen für einen erfolgreichen Tag verbleibe ich herzlichst Ihr Torsten Groll

Die größten Schwierigkeiten liegen da, wo wir sie nicht suchen. Aber auch: Denn, was man schwarz auf weiß besitzt, kann man getrost nach Hause tragen.“

Johann Wolfgang von Goethe

Fazit:

Die Transformation vom klassischen „On-Premises“ IT- und Software Asset Management wird noch eine ganze Weile fortdauern, zumal die SAM-Tools noch lange beide IT-Welten so abdecken und unterstützen müssen, dass eine lizenzkonforme Nutzung der IT-Assets gewährleistet werden kann. Software lokal in Rechenzentren zu betreiben, wird auch noch eine geraume Zeit ein wichtiger Aspekt im Anwendungsbetrieb bleiben, aber immer mehr in Vermischung von Private- und Public-Cloud-Liefermodellen (Hybrid- und Multi-Cloud-Formen). Damit einhergehende neue Anforderungen an den strategischen und operativen SAM-Betrieb und seine dafür erforderlichen Prozesse sind mit in die Cloud-Bereitstellungsarchitektur einzubinden. Die Aufgabenstellungen für die SAM-Rollen und Produktverantwortlichen werden umfassender, teils komplexer. Bei der Planung und Optimierung von IT-Architekturen sind alle beteiligten Rollen rechtzeitig mit einzubinden.

Das stellt allerdings auch viele Unternehmen vor zusätzliche Probleme, denn nicht immer sind die erforderlichen personellen Ressourcen mit dem jetzt dafür benötigten speziellen Wissen und Expertisen intern verfügbar. Somit suchen Unternehmen dafür mögliche Alternativen und einige davon versuchen, mit einem dauerhaften oder periodischen SAM-Managed-Service-Anbieter ins „Gespräch“ zu kommen. Der Markt hierfür wächst beständig, weil eben die internen Human-Ressourcen oftmals nicht im gewünschten Umfang in den SAM-Organisationen verfügbar sind.

Die Risiken bleiben bei der Nutzung von SAM Managed Service per se beim Auftraggeber. Wenn der Serviceanbieter nicht gut arbeitet, können erhebliche lizenzrechtliche Risiken (unlizenzierte Software) auf das Unternehmen zukommen. Wird im Auditfall dadurch eine Nachzahlung fällig, sollte darauf geachtet werden, dass zuvor in den Verträgen mit dem Serviceanbieter eine Regressverpflichtung vereinbart wird, wenn die geforderte Nachzahlung überwiegend auf Versäumnisse des Serviceanbieters zurückzuführen ist. ■

26 Anhang

Hinweise:

- **Zu Gartner-Publikationen:**
  Gartner Magic Quadrant & Critical Capabilities
  (*https://www.gartner.com/en/research/magic-quadrant-critical-capabilities*)
  Die Forschungsmethode von Gartner Magic Quadrant bietet eine grafische Wettbewerbspositionierung von vier Arten von Technologieanbietern in schnell wachsenden Märkten: Marktführer, Visionäre, Nischenspieler und Herausforderer. Als begleitende Recherche bieten die Hinweise zu kritischen Fähigkeiten von Gartner einen tieferen Einblick in die Leistungsfähigkeit und Eignung der IT-Produkte und -Dienstleistungen von Anbietern, basierend auf spezifischen oder kundenspezifischen Anwendungsfällen. Die folgende Liste von Märkten, Daten und Forschungsdokumenten wird das ganze Jahr über mit den neuesten Forschungsnotizen zu Magic Quadrant und Critical Capabilities aktualisiert. Sehen Sie sich anstehende Forschungsergebnisse im Publikationskalender (*https://emtemp.gcom.cloud/ngw/globalassets/en/research/documents/publication_calendar-feb-2021.xlsx*) an.
- **Zum Abschnitt SAM-Tools:**
  Die Ausführungen aus der 3. Auflage habe ich hier herausgenommen, die Konsolidierung und Weiterentwicklung der SAM-Tools ist einfach zu dynamisch, um das hier im Buch weiter mit abzubilden.
- **Zum Abschnitt ISO/IEC 19770-1:**
  Die Informationen zur ISO/IEC 19770-1:2012-06 *„Informationstechnik - Software Asset Management - Teil 1: Prozesse und abgestufte Bewertung der Konformität"* belasse ich hier im Anhang, weil die Vorgehensweise der ISO für die Strukturierung und Bewertung der SAM-Prozesse eine gute Unterstützung hierfür bietet. Die Nachfolgeversion aktuell ISO/IEC 19770-1:2017 **„Informationstechnik - Management von IT-Assets - Teil 1: Managementsysteme für IT-Assets - Anforderungen"** stellt nämlich zukünftig auf die Gesamtsicht des Managen von IT-Assets ab und die Lizenzmanagementprozesse sind mehr oder weniger nur noch ein einzelner Punkt. Den Begriff SAM findet man in der aktuellen Version so direkt nicht mehr.
- **Zum Abschnitt Glossar:**
  Das Glossar wurde um einige Begriffserläuterungen erweitert. ■

26.1 Weiterführende Themenaspekte

Auf der Website *www.apogiz.com* finden Sie weiterführende Informationen zu den Themen Softwareasset- und Lizenzmanagement, Risk Monitoring, Seminare, Workshops & Trainings sowie u. a. Downloads zu Software-Asset-Management-Wissen, die den inhaltlichen Teil dieses Buchs mit umfangreichem Praxiswissen erweitern und vertiefen.

26.2 SAM-Tools

Da es im Enterprise-Umfeld auch nur noch sehr wenige SAM-Tool-Hersteller gibt, die des Betrachtens wert sind, möchte ich Ihnen eine neutrale und bereits seit vielen Jahren dafür heranziehbare Quelle nennen. Gartner hat mit der Report-Reihe „Magic Quadrant[1]“ ein Instrument, wo auch u. a. die Software Asset Management Tools regelmäßig bewertet werden. Auf den Webseiten von Gartner wird das Vorgehen dazu erläutert[2]. Für die SAM-Tools ist das der „Gartner Magic Quadrant for Software Asset Management Tools[3]“. Hier sind auf ca. 32 Seiten sehr viele Auswertungen und Analysen zu finden, die Ihnen eine sehr gute Orientierung bei der Vorauswahl eines SAM-Tools und wichtige Kriterien diesbezüglich geben kann. Da diese Reports von Gartner jedes Jahr neu aktualisiert werden, stellt das eine verlässliche Informationsquelle für Sie dar. Gartner hat für die Reports aus der Reihe „Magic Quadrant“ auch eine eigene Indexseite[4], hier finden Sie zu sehr vielen Themen die entsprechenden Studien.

Hier ein Beispiel des aktuellen (2020) „Gartner Magic Quadrant for Software Asset Management Tools“:

Ein Auszug daraus:

> ***Magic Quadrant für Software Asset Management-Tools***
>
> ***Veröffentlicht am 20. Juli 2020 – ID G00 401012[5]***
> *Software Asset Management-Tools sind für die Verwaltung immer komplexer werdender Lizenzierungsmetriken und des Cloud-Verbrauchs von entscheidender Bedeutung. Führungskräfte in den Bereichen Beschaffung, Beschaffung und Lieferantenmanagement müssen den Markt verstehen, um Lieferanten auszuwählen, die Risiken zu reduzieren, Kosten zu optimieren und Geschäftsergebnisse zu verbessern.*
>
> **Marktdefinition/Beschreibung**
> *Gartner definiert den SAM-Tool-Markt (Software Asset Management) als Produkte, die eine Automatisierung bieten, um die Aufgaben zu unterstützen, die zur Aufrechterhaltung der Einhaltung der Nutzungsrechte für Softwarelizenzen erforderlich sind. Die Tools bieten eine*

1 *https://en.wikipedia.org/wiki/Magic_Quadrant*
2 *https://www.gartner.com/en/research/methodologies/magic-quadrants-research*
3 *https://www.gartner.com/en/documents/3987747*
4 *https://www.gartner.com/en/research/magic-quadrant*
5 Gartner ID G00 401012, „Magic Quadrant for Software Asset Management Tools“ by Ryan Stefani. July 20, 2020

eingehende Analyse von Software-Assets, indem sie Softwarelizenzberechtigungen dekodieren, die Erfassung von Softwareverbrauchsdaten automatisieren, die effektive Lizenzposition (ELP) eines unabhängigen Softwareanbieters (ISV) festlegen, die Bereitstellung von Softwarewerten optimieren und Informationen mit anderen Tools und anderen Stakeholdern austauschen. SAM-Tools bieten ein breites Spektrum an Features und Funktionen.

Gartner unterteilt SAM-Tools in sieben separate Aktivitäten:

- *Erkennen und Identifizieren von Softwareansprüchen: Integrieren Sie sich in Lieferantenportale, Beschaffungs- und Beschaffungsanwendungen und andere Datenquellen, um Softwarevertrags-, Kauf- und Beschaffungsaufzeichnungen zu erhalten und die manuelle Eingabe zu unterstützen. Verstehen Sie die Nutzungsrechte für Anbieterlizenzen, um die Abstimmung und Optimierung zu unterstützen.*
- *Softwareberechtigungen normalisieren: Konsolidieren Sie mehrere Softwareberechtigungsdatensätze und andere Informationen, um ein einzelnes, genaues, organisiertes und kategorisiertes Inventar der für jeden ISV gültigen Berechtigungen zu erstellen.*
- *Software entdecken und identifizieren: Fragen Sie Netzwerke ab, um die physischen und virtualisierten Plattformen zu finden, auf denen Software ausgeführt wird. Erfassen Sie Plattformkonfigurationsinformationen und extrahieren Sie eine Liste aller installierten Software und des Verbrauchs.*

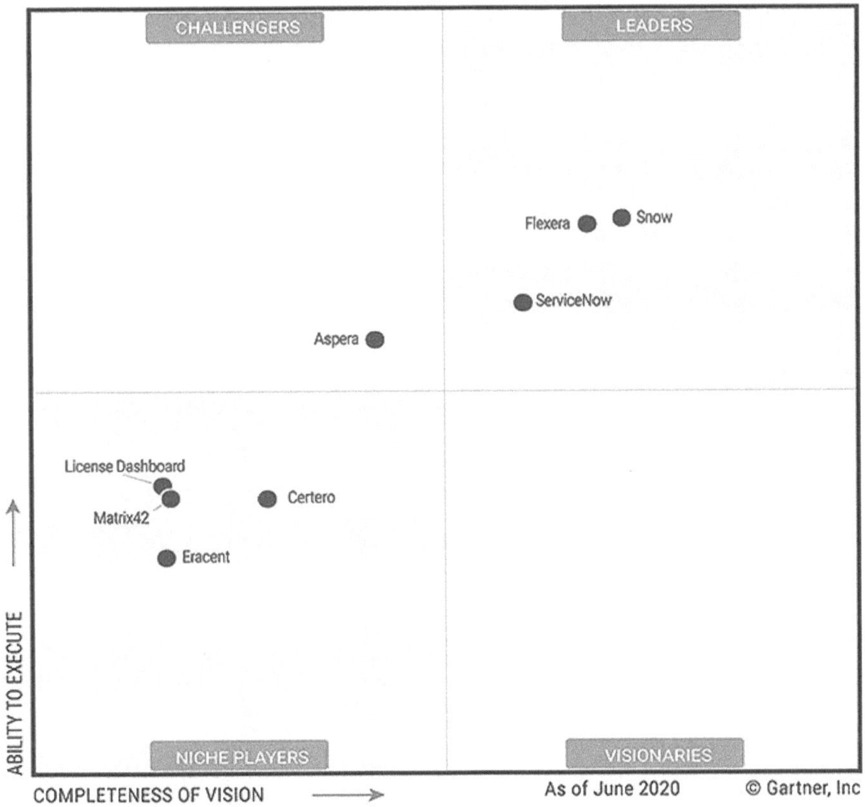

Source: Gartner (July 2020)

- *Normalisieren von Softwareverbrauchsdaten: Konsolidieren Sie mehrere Plattformverbrauchsdatensätze und andere Informationen, um doppelte oder widersprüchliche Datensätze zu beheben. Dadurch wird ein einziges, genaues, organisiertes und kategorisiertes Inventar der Softwareinstallations- und Verbrauchsdaten erstellt.*
- *Informationen zu Softwareassets abgleichen: Berechtigungsinformationen mit normalisierten Softwareinstallationsdaten in Einklang bringen. Dadurch wird ein ELP erstellt, bei dem es sich um das Gleichgewicht zwischen Lizenzberechtigungen und der tatsächlichen Lizenzinstallation handelt.*
- *Optimieren von Softwareansprüchen und -verbrauch: Verfolgen Sie Änderungen an den Nutzungsrechten für Softwarelizenzen, identifizieren Sie nicht verwendete Software, überzeichnete Funktionen und die Möglichkeit, Upgrade- und Downgrade-Rechte zu nutzen, sowie die potenziellen Einsparungen aus diesen Aktivitäten.*
- *Informationen zu Softwareassets freigeben: Informationen zur Verwendung in anderen Domänen verwenden und erstellen. Ein zentrales Aufzeichnungssystem für IT-Assets ermöglicht es dem Unternehmen, Anbieter und Softwareassets während ihres gesamten Lebenszyklus zu verwalten.*

Zum Abschluss des Abschnitts noch ein Fazit (übersetzt) aus diesem Report:

> *Im Jahr 2019 schätzte Gartner die Größe des SAM-Toolmarkts auf 290 bis 310 Millionen US-Dollar. Dies entspricht einer geschätzten Wachstumsrate von etwa 12 % gegenüber dem Vorjahr. Die Funktionen und der Umfang der SAM-Tools werden weiter wachsen. Wenn SAM-Anbieter Inventory-Funktionen für Cloud-, virtualisierte und mobile Software unterstützen, werden sich neue Ansätze entwickeln. Die Investition in ein SAM-Tool birgt Risiken im Zusammenhang mit der sich rasch ändernden Natur der Softwarelizenzierung und der zunehmenden Vielfalt von Plattformen. ITSM, Client-Management und andere IT-Tool-Anbieter, die keine robusten SAM-Funktionen anbieten, beginnen, Beziehungen zu SAM-Tool-Anbietern aufzubauen, Partnerschaften zu schaffen und neue Produktfunktionen hinzuzufügen, um SAM-Automatisierungs- und Optimierungslücken in ihren Lösungen zu schließen. Aufgrund dieser Trends erwartet Gartner, dass sich sowohl die Partnerschaft als auch die Fusions- und Akquisitionsaktivitäten fortsetzen werden, da SAM-spezifische Werkzeuganbieter versuchen, ihre Verkaufschancen zu erweitern, und größere IT-Betriebsmanagement-Suite-Anbieter (wie beispielsweise ServiceNow) versuchen, diese Funktionalität in ihre bestehenden Tools mit einzubinden.*

26.3 ISO/IEC 19770 Software Asset Management

Lange Zeit gab es für Prozessoptimierung im Umfeld des Software Asset Management keine standardisierten Prozesse: Genauso wie vor der ITIL-Zeitrechnung wurde und wird auch in diesem Umfeld nach dem Prinzip „Best Practice" gehandelt und gearbeitet. Die hier über viele Jahre gewachsenen komplexen Strukturen sind auch nicht ad hoc mit einem Lehrbuchstandard ersetzbar. Seit es ITIL gibt, ist die Vereinheitlichung von Prozesslandschaften ein stark gewachsenes Geschäftsfeld, um eine schnellere und effizientere Darstellung wertschöpfender Prozesse in der Unternehmenslandschaft abbilden zu können. Weil es aber in den durch ITIL beschriebenen Prozessen keine direkten Schnittstellen zum Softwareasset und Lizenzmanagement gibt, werden diese Prozesse oft nicht mit der nötigen Sorgfalt betrachtet. Deswegen sind nur wenige Unternehmen in der Lage, eine Einschätzung des Reifegrads ihrer SAM-Prozesse abzugeben. Dieser Umstand wurde vor einigen Jahren erkannt und es wird versucht, mit der Entwicklung der internationalen Norm ISO/IEC 19770, ähnlich wie bei der Entwicklung von ITIL, ein Framework für das Software Asset Management zu etablieren.

Hinweis:

Die Norm ISO/IEC 19770-1:2017 ersetzt ISO/IEC 19770-1:2012-06 (diese wurde zurückgezogen). Ich belasse meine Ausführungen hier aber größtenteils unverändert, weil es für mich eine der praktikableren Lösungen ist, die Norm ISO/IEC 19770-1 näherzubringen und in wirklich umsetzbare Ergebnisabschnitte für eine Optimierung der SAM-Prozesse aufzuteilen. Weitere Informationen zur neuen Norm, die als Hauptmerkmal den Schwenk von SAM hin zu ITAM kennzeichnet, sind über die Weblinks abrufbar.

ISO/IEC 19770-1:2017 kann von internen und externen Parteien verwendet werden, um die Fähigkeit der Organisation zu bewerten, die eigenen IT-Asset-Management-Anforderungen der Organisation zu erfüllen.

ISO/IEC 19770-1:2017: *https://www.iso.org/standard/68531.html*

Im weiteren Verlauf gehe ich aber auch auf die momentan aktuelle Version mit ein. ■

Die ISO/IEC 19770 besteht aus drei Teilen:

- *19770-1,* der erste Teil wurde am 1. Mai 2006 veröffentlicht, die erste Erweiterung dazu erfolgte recht bald, bis zur Version *„ISO/IEC 19770-1:2009-08“*, die zweite bis zur Version *„ISO/IEC 19770-1:2012-06“* und stellt Prozesse und Rahmen zur Verfügung, um einem Unternehmen oder einer Organisation zu zeigen, wie man die geforderten Governance- und Unternehmensanforderungen wirksam im Software Asset Management umsetzen kann.
- *19770-2* ist noch im Draft-Modus. Dieser Teil soll Software-Identifikationsnummern erarbeiten, damit die Softwarehersteller ihre Produkte eindeutig kennzeichnen können, um sie später in Inventory-Tools und verarbeitenden Systemen besser identifizierbar zu machen (ähnlich einem bisherigen Fingerprint für Softwareanwendungen).

  Update: Interessant finde ich hier die vom NVD getroffene Aussage, die auf einen auch im Buch bereits erwähnten Punkt zum Thema Software Tagging (SWID) eingeht (wer nachlesen möchte, im Abschnitt 11.5 „Nutzbare Datenquellen zur Inventarisierung“):

  Die NVD ist immer bestrebt, die von ihr angewandten Methoden zu verbessern. Als solches wird SWID[6] als möglicher Ersatz für CPE geprüft. SWID (Software Identification) Tags sind eine Software-Produktidentifikationsspezifikation. SWID-Tags unterstützen die Automatisierung der Softwareinventur als Teil eines Software Asset Management (SAM)-Prozesses, die Bewertung von Softwareschwachstellen auf einem Computergerät, die Erkennung fehlender Patches, die Ausrichtung von Bewertungen von Konfigurationsprüflisten, die Überprüfung der Softwareintegrität, die Installation und Ausführung von Whitelists/Blacklists sowie andere Sicherheits- und Betriebsanwendungsfälle.

[6] Software Identification Tag (SWID) - *https://csrc.nist.gov/projects/Software-Identification-SWID*

Klar zu lesen, dass auch die NVD[7] unterstreicht, dass SAM-Tools jetzt oder zukünftig über Technologiebestandteile verfügen oder diese bereitstellen müssen, um hier das Thema Vulnerability im gesamten ITAM-Kontext weiter zu unterstützen. Wie diese Produktidentifikationen in der Regel durchgeführt werden und ablaufen, können Sie auf den Webseiten des National Institute of Standards and Technology (NIST) nachlesen.[8]

- *19770-3* befindet sich in der Entwicklung und beschäftigt sich damit, Softwareprodukte mit Angaben zur anzuwendenden Softwarelizenzierung (Lizenzmodell, Lizenzmetrik) auszustatten, um damit später den Daten verarbeitenden Systemen die Compliance zu erleichtern (wie wird gezählt, Zuordnung der Lizenzmetrik zur installierten Anzahl).

Die ISO 19770-1 wurde extra für eine normierte Einführung der Software-Asset-Management-Prozesse und damit auch für Lizenzmanagementprozesse entwickelt. Dabei erhebt dieser Standard nicht den Anspruch, dass diese Vorgaben 1 : 1 auf die Unternehmensprozesse umzusetzen sind. Ähnlich wie ITIL will dieser Standard vielmehr Unterstützung und Hilfestellung für die Umsetzung und Integration in die eigenen Unternehmensprozesse geben. Die Norm soll es Unternehmen erleichtern, die Verwaltung der genutzten Softwareressourcen und der entsprechenden Lizenzen anhand neutraler Kriterien zu bewerten und darüber den Nachweis erfolgreich eingeführter Prozesse zur Verwaltung der Software- und Lizenzassets führen zu können. Die Norm ist allerdings auch sehr komplex und umfangreich - Sie sollten das ebenso wenig unterschätzen wie das Fachwissen, das Sie sich für die Umsetzung aufbauen müssen.

Hier einmal für unsere Belange zum Verständnis und zur besseren Nachverfolgung der Änderungen zur neuen ISO/IEC das dazugehörige Inhaltsverzeichnis der *ISO/IEC 19770-1:2012-06* in Auszugsform:

Informationstechnik - Software Asset Management - Teil 1: Prozesse und abgestufte Bewertung der Konformität[9].

- 4 SAM processes
  - 4.1 General
  - **4.2 Control environment for SAM**
  - **4.3 Planning and implementation processes for SAM**
  - **4.4 Inventory processes for SAM**
  - **4.5 Verification and compliance processes for SAM**
  - **4.6 Operations management processes and interfaces for SAM**
  - **4.7 Life cycle process interfaces for SAM**
- 5 Tiers
  - 5.1 Overview
  - **5.2 Tier 1 - trustworthy data**
  - **5.3 Tier 2 - practical management**
  - **5.4 Tier 3 - operational integration**
  - **5.5 Tier 4 - full ISO/IEC SAM conformance**

---

[7] National Vulnerability Database (NVD) *https://nvd.nist.gov/vuln*

[8] NVD - Products (nist.gov) *https://nvd.nist.gov/products*

[9] ISO - ISO/IEC 19770-1:2012 - Information technology — Software asset management — Part 1: Processes and tiered assessment of conformance - *https://www.iso.org/standard/56000.html*

Hintergrund zu Punkt 5 Tiers: Nachdem die erste Generation 2006 veröffentlicht wurde, stellte man in den folgenden Jahren fest, dass die komplette Umsetzung der Norm vielen Unternehmen einen erheblichen Aufwand an Ressourcen und Kosten für eine Einführung und Umsetzung abverlangte. Die aktualisierte Variante behält den ursprünglichen Inhalt (mit nur geringen Änderungen), teilt aber den Standard in vier Phasen auf, die nacheinander durchgeführt und umgesetzt werden können. Die vier Implementierungsphasen (Tier 1-4) erlauben somit eine schrittweise und auf die jeweilige Anforderung im Unternehmen angepasste Umsetzung. Diese sequenzielle Umsetzung der vier Phasen lässt sich auch bedeutend einfacher in ein durchzuführendes oder bestehendes SAM-Projekt einbinden.

- **Erzeugung verlässlicher Daten** (Tier 1 - trustworthy data). Kenntnis zu erlangen über die exakte Anzahl der eingesetzten Software und der vorhandenen Lizenzen
- **Kontrolle des Umfelds** (Tier 2 - practical management). Definition und Abbildung von standardisierten Prozessen und Verfahren im Software-Life-Cycle-Prozess
- **Einbindung in die Geschäftsprozesse** (Tier 3 - operational integration). Die Schaffung eines SPOC (Single Point of Contact) für alle Belange „das Lizenzmanagement betreffend" (organisatorisch, administrativ, technisch und lizenzrechtlich)
- **Vollständige Integration** (Tier 4 - full ISO/IEC SAM conformance). Die Umsetzung eines dauerhaften operativen Softwareasset- und Lizenzmanagements mit den erforderlichen Prozessen, Rollen und Richtlinien, integriert in die Geschäftsprozesse des Unternehmens

Im Folgenden finden Sie in der Tabelle 26.1 eine Übersicht über alle bisher verabschiedeten Prozesse, die das konzeptionelle Rahmenwerk für die *ISO/IEC 19770-1:2012-06* SAM-Prozesse vorgeben.

Tabelle 26.1 Überblick über die Prozesse der ISO 19770-1

Organisatorische Managementprozesse für SAM			
4.2 Kontrollumgebung für SAM			
Unternehmensführungsprozess für SAM	Rollen und Verantwortlichkeiten für SAM	Richtlinien, Prozesse und Verfahren für SAM	Kompetenz in SAM
4.3 Planungs- und Implementierungsprozesse für SAM			
Planung für SAM	Implementierung von SAM	Überwachung und Überprüfung von SAM	Kontinuierliche Verbesserung von SAM
Kernprozesse von SAM			
4.4 Bestandserfassungsprozesse für SAM			
Softwarebestandserfassung	Softwarebestandserfassungsmanagement	Softwarebestandskontrolle	
4.5 Überprüfungs- und Einhaltungsprozesse für SAM			
Softwarebestandsaufzeichnungsüberprüfung	Softwarelizenzierungseinhaltung	Softwarebestandssicherheitseinhaltung	Konformitätsüberprüfung für SAM
4.6 Arbeitsablaufmanagementprozesse und Nahtstellen für SAM			
Beziehungs- und Vertragsmanagement für SAM	Finanzmanagement für SAM	Leistungsmanagement für SAM	Sicherheitsmanagement für SAM

Tabelle 26.1 (*Fortsetzung*) Überblick über die Prozesse der ISO 19770-1

Primäre Prozessschnittstellen für SAM			
4.7 Lebenszyklus-Prozessschnittstellen für SAM			
Änderungsmanagementprozess	Softwareentwicklungsprozess	Softwareeinsatzprozess	Problemmanagementprozess
Anschaffungsprozess	Softwarefreigabemanagementprozess	Störfallmanagementprozess	Ausmusterungsprozess

Die Prozesse werden in *drei Hauptkategorien* eingeteilt:

- Organisatorische Managementprozesse für SAM
- Kernprozesse von SAM
- Primäre Prozessschnittstellen für SAM

26.3.1 ISO/IEC 19770-1:2017-12

Im Gegensatz zur vorhergehenden Version, wo noch der inhaltliche Schwerpunkt auf die SAM-Prozesse gelegt wurde, gibt es in der neuen aktuellen Version zum Thema (SAM+LiMa) nur noch den Punkt *„8.4 Lizenzmanagement“*, *„8.5 Sicherheitsmanagement“* und den Punkt *„8.6 Sonstige Prozesse“*, als „Hinweis“ auf die Softwareasset- und Lizenzmanagementprozesse im Sinne eines Software-Life-Cycle-Prozesses.

Hinweis:

Die **„ISO/IEC 19770 – 1:2017 – 12“** (aktuelle Version) nennt sich in der Hauptüberschrift auch jetzt **„Informationstechnik – Management von IT-Assets – Teil 1: Managementsysteme für IT-Assets – Anforderungen“** und hat laut ihrem Inhaltsverzeichnis nicht mehr den alleinigen Schwerpunkt auf das Software Asset Management, sondern jetzt auf das Managen von IT-Assets und damit verbundenen bzw. erforderlichen Werkzeugen. ■

In den vorhergehenden Buchkapiteln habe ich diesen Veränderungen auch bereits entsprechend Beachtung geschenkt und was auch sehr interessant und wichtig ist, dass auch in der aktuellen ISO das Schwachstellen- und Risikomanagement einen wichtigen Raum einnimmt (siehe Pkt. 6.1 *„Maßnahmen zur Bewältigung von Risiken und Chancen für das IT-Asset-Management-System“*, 6.1.1 *„Allgemeines“*, 6.1.2 **„IT-Asset-Risikobewertung“**, 6.1.3 **„Behandlung von IT-Asset-Risiken“**, ganz so, wie ich es Ihnen ausführlich bereits im Kapitel 18 *„SAM-Daten – Risiken managen und monitoren“*, beschrieben habe.

Die abgeänderte und auf das IT-Assetmanagement ausgerichtete Struktur zeigt einen sehr deutlichen inhaltlichen und strategischen Richtungswechsel auf. Damit Sie sich das besser vor Augen führen können, habe ich auch für die aktuelle ISO/IEC einmal das Inhaltsverzeichnis bereitgestellt, in Englisch und nachfolgend auch in Deutsch.

Das Inhaltsverzeichnis (englisch) der **ISO/IEC 19770-1:2017-12**

- 1 Scope
- 2 Normative references
- 3 Terms and definitions
- 4 Context of the organization
  - 4.1 Understanding the organization and its context
  - 4.2 Understanding the needs and expectations of stakeholders
  - 4.3 Determining the scope of the IT asset management system
  - 4.4 IT asset management system
- 5 Leadership
  - 5.1 Leadership and commitment
  - 5.2 Policy
  - 5.3 Organizational roles, responsibilities and authorities
- 6 Planning
  - 6.1 Actions to address risks and opportunities for the IT asset management system
    - 6.1.1 General
    - 6.1.2 IT asset risk assessment
    - 6.1.3 IT asset risk treatment
  - 6.2 IT asset management objectives and planning to achieve them
    - 6.2.1 IT asset management operation process specification
    - 6.2.2 IT asset management objectives for operation processes
    - 6.2.3 Overall IT asset management objectives
    - 6.2.4 Planning to achieve IT asset management objectives
- 7 Support
  - 7.1 Resources
  - 7.2 Competence
  - 7.3 Awareness
  - 7.4 Communication
  - 7.5 Information requirements
  - 7.6 Documented information
    - 7.6.1 General
    - 7.6.2 Traceability of ownership and responsibility
    - 7.6.3 Audit trails of authorizations and execution of authorizations
    - 7.6.4 Creating and updating
    - 7.6.5 Control of documented information
- 8 Operation
  - 8.1 Operational planning and control
  - 8.2 Management of change

- 8.3 Core data management
- 8.4 License management
- 8.5 Security management
- 8.6 Other processes
- 8.7 Outsourcing and services
- 8.8 Mixed responsibilities between the organization and its personnel
- 9 Performance evaluation
  - 9.1 Monitoring, measurement, analysis and evaluation
  - 9.2 Internal audit
  - 9.3 Management review
- 10 Improvement
  - 10.1 Nonconformity and corrective action
  - 10.2 Preventive action
  - 10.3 Continual improvement
- Annex A IT asset management operation processes and objectives (normative)
- Annex B IT asset management tiers (informative)
- Annex C Characteristics of IT Assets (informative)
- Annex D Changes from ISO 55001 (informative)

Deutsche Übersetzung:

- 1 Anwendungsbereich
- 2 Normative Referenzen
- 3 Begriffe und Definitionen
- 4 Kontext der Organisation
  - 4.1 Verstehen der Organisation und ihres Kontexts
  - 4.2 Bedürfnisse und Erwartungen der Stakeholder verstehen
  - 4.3 Den Umfang des IT-Asset-Management-Systems bestimmen
  - 4.4 IT-Asset-Management-System
- 5 Unternehmensführung
  - 5.1 Führung und Engagement
  - 5.2 Richtlinien
  - 5.3 Organisatorische Rollen, Verantwortlichkeiten und Befugnisse
- 6 Planung
  - 6.1 Maßnahmen zur Bewältigung von Risiken und Chancen für das IT-Asset-Management-System
    - 6.1.1 Allgemeines
    - 6.1.2 IT-Asset-Risikobewertung
    - 6.1.3 Behandlung von IT-Asset-Risiken

  - 6.2 IT-Asset-Management-Ziele und Planung zur Erreichung dieser Ziele
    - 6.2.1 Spezifikation des IT-Asset-Management-Betriebsprozesses
    - 6.2.2 IT-Asset-Management-Ziele für Betriebsprozesse
    - 6.2.3 Übergeordnete IT-Asset-Management-Ziele
    - 6.2.4 Planung zur Erreichung der IT-Asset-Management-Ziele
- 7 Unterstützung
  - 7.1 Ressourcen
  - 7.2 Kompetenz
  - 7.3 Sensibilisierung für das Thema
  - 7.4 Kommunikation
  - 7.5 Informationsbedarf
  - 7.6 Dokumentierte Informationen
    - 7.6.1 Grundsätzliches
    - 7.6.2 Nachvollziehbarkeit von Besitz und Verantwortung
    - 7.6.3 Nachvollziehbarkeit von Berechtigungen und Ausführung von Berechtigungen
    - 7.6.4 Erstellen und Aktualisieren
    - 7.6.5 Kontrolle der dokumentierten Informationen
- 8 Betrieb
  - 8.1 Betriebliche Planung und Steuerung
  - 8.2 Management von Änderungen
  - 8.3 Stammdatenmanagement
  - 8.4 Lizenzmanagement
  - 8.5 Sicherheitsmanagement
  - 8.6 Sonstige Prozesse
  - 8.7 Outsourcing und Dienstleistungen
  - 8.8 Gemischte Verantwortlichkeiten zwischen Organisation und Personal
- 9 Leistungsbewertung
  - 9.1 Überwachung, Messung, Analyse und Bewertung
  - 9.2 Interne Revision
  - 9.3 Management-Review
- 10 Verbesserungsmaßnahmen
  - 10.1 Nichtkonformität und Korrekturmaßnahmen
  - 10.2 Vorbeugende Maßnahmen
  - 10.3 Kontinuierliche Verbesserung
- Anhang A – IT-Asset-Management-Betriebsprozesse und -Ziele (normativ)
- Anhang B – IT-Asset-Management-Ebenen (informativ)
- Anhang C – Merkmale von IT-Assets (informativ)
- Anhang D – Änderungen gegenüber ISO 55001 (informativ)

Es zeigt sich also, dass auch die ISO, mit ihrer aktuellen inhaltlichen Struktur den zukünftigen IT-Strategie- und Managementprozessen eine neue Richtung vorgibt und dass gemäß dieser Leitplanken es zukünftig reine SAM-Tool-Anbieter schwer haben werden, im Wettbewerb weiter mitzuhalten. Der Betrieb der IT-Infrastrukturen erfordert eine gesamtheitliche Sicht auf das Managen der IT-Assets von allen Beteiligten und dazu sind dementsprechende nutzbare Werkzeuge erforderlich.

Und deswegen empfehle ich Ihnen auch, sich immer dafür die von Gartner erstellten Reports anzuschauen, damit Sie sich in Ihren Entscheidungsfindungen auf entsprechend belastbare Informationen stützen können. Softwareasset-, IT-Asset- und Lizenzmanagement sind so umfangreich und komplex im Betrieb geworden, das kann kein Low-Budget-Werkzeug mehr leisten. Denken Sie bitte daran, dass Sie sich bei der Entscheidung für ein Werkzeug auf mindestens fünf bis sechs Jahre festlegen und Ihre Geschäftsprozesse damit steuern müssen. Kosten einzusparen für das Werkzeug bei der Beschaffung und Implementierung, ist hier eine ganz blöde Idee, denn die IT-Welt dreht sich mittlerweile so schnell, dass Sie sich immer eine vorausschauende IT-Strategie zulegen und auch immer überprüfen.

Die reinste Form des Wahnsinns ist es, alles beim Alten zu lassen und gleichzeitig zu hoffen, dass sich etwas ändert.

Albert Einstein

26.4 Glossar

AddOn Beschreibt eine zusätzliche Komponente zu einer Software, die ebenfalls lizenz- und kostenpflichtig sein kann.

AddOn – Upgrade/Update Beschreibt eine zusätzliche Komponente zu einer Software, die auch lizenz- und kostenpflichtig sein kann, in der Form eines Upgrades/Updates.

Agent-less Beschreibt die Inventarisierung von Daten, ohne ein Stück Software auf die zu erfassenden Systeme installieren zu müssen. Die Methode erzeugt einen hohen Netzwerkverkehr und eignet sich nur für Momentaufnahmen der zu untersuchenden Systemumgebung.

Agent-based Beschreibt eine Software (Software-Agent), die Hardware- und Softwaredaten eines Systems erfasst und an einen zentralen Server zur Auswertung weiterleitet. Diese Methode belastet das Netzwerk nur minimal.

Anwendungsfall – auch „Use case" genannt, beschreibt ein mögliches Szenario, wie mit Hilfe eines Systems ein bestimmtes fachliches Ziel erreicht werden kann bzw. erreicht wurde (*siehe* **Use case**).

Anwendungssteckbrief Beschreibt eine mögliche Vorgehensweise, um beispielsweise eine Wirtschaftlichkeitsbetrachtung für ein bestimmtes Nutzungsszenario zu erstellen, um so eine Entscheidungshilfe bzw. Unterstützung bereitstellen zu können.

Arbeitspaket Definiert eine oder mehrere Aufgaben, die abzuarbeiten sind.

Auditierung Vollständige Inventarisierung jeder legal und illegal installierten Software. Dient zur Überprüfung der Einhaltung der Lizenz-Copyright-Gesetze (*siehe* **Compliance**).

Audit Unabhängiges systematisch dokumentiertes Verfahren für die Einholung von Prüfungsnachweisen und dessen objektive Bewertung, um festzustellen, ob die geforderten Prüfungskriterien erfüllt werden oder sind.

Asset Gegenstand, Sache oder Einheit, die einen potenziellen oder tatsächlichen Wert für eine Organisation hat.

Asset Management Koordinierte Aktivität, um Assets zu verwalten.

Basel II Die europäische Banken- und Kapitalrichtlinie sieht vor, dass Banken vor einer Kreditvergabe an ein Unternehmen eine umfassende Bonitätsbewertung vornehmen müssen. Dazu gehört beispielsweise auch, die operationellen IT-Risiken (Lizenzmanagement – Risiko Unterlizenzierung) zu bewerten und einzustufen.

Beitrittsvertrag Untervertrag innerhalb eines Master Agreements bei einigen Lizenzprogrammen (z. B. Microsoft Select). Fixiert werden Preisnachlässe und sonstige Verpflichtungen für zum Softwarebezug berechtigte untergeordnete Einrichtungen.

BFK Betriebsführungskonzept Dokument, wo alle für den Betrieb eines Fachverfahrens erforderlichen IT-Infrastruktur- und Systemkomponenten (beispielsweise Datenbanken), Sicherheitskonzepte, Backup- und Restore-Konzepte, Deployment-Konzepte, Rollenverantwortung, Servicezeiten und Wiederherstellungszeiten, Datenschutz konzipiert und für eine operative Betriebsdurchführung beschrieben werden.

Bericht (Daten) Ein Report erlaubt es, eine gefilterte Datensicht auf dem Bildschirm zu generieren und das Ergebnis über das Ausdrucken bzw. Exportieren in ein anderes Datenformat (z. B. Excel-Dateien) weiterzuverarbeiten (*siehe* **Report**).

Besitzanzeigende Verträge Kauf-, Miet- oder Leasingverträge.

Betriebsverantwortung Der Betriebsverantwortliche verantwortet den technischen Betrieb des SAM-Tools, seiner Module und Komponenten, stellt die erforderlichen Softwareprodukte und Komponenten gemäß den fachlichen Anforderungen des Verfahrensverantwortlichen (*siehe* **Verfahrensverantwortung**) bereit, vereinbart für den Betrieb des Fachverfahrens erforderliche Service Level Agreements, sichert den Betrieb des SAM-Tools und seiner Module und Komponenten anhand vereinbarter fachlicher Anforderungen, verantwortet die Einhaltung der geforderten Datenschutz- und Sicherheitsstandards, verantwortet erforderliche Support- und Wartungsverträge mit dem SAM-Tool-Hersteller (beispielsweise die rechtzeitige Verlängerung von Systemwartung).

CAL (Client Access License) Eine besondere, erforderliche, zusätzliche Lizenz für die Interaktion zwischen Clients (Nutzer oder Geräte) und Serverdiensten (beispielsweise Mail-Server, Druck-Server, Internet-Server). Die CALs sind immer kostenpflichtig und entweder als Lizenztyp Gerät oder Nutzer zu erwerben. Die Lizenzform ist vorwiegend bei Microsoft anzutreffen.

CI (Configuration Item) (engl., Konfigurationselement) ist ein Begriff aus dem IT-Management. Nach IT Infrastructure Library [ITIL] versteht man darunter sämtliche an den führenden Geschäftsprozessen beteiligten Betriebsmittel. Beispiele hierfür sind PCs, Peripheriegeräte, Telefone, sämtliche Netzwerkkomponenten, Server, Installationsdokumentationen, Verfahrensanweisungen, IT-Dienstleistungen, Software (Sourcecode, Executables), Werkzeuge.

Client Mit Client wird ein Computer oder ein Programm bezeichnet, das Dienste (engl. Services), z. B. Internetdienste, von einem Server in Anspruch nimmt.

Client-Klassen Client-Klassen repräsentieren eine Zuordnung von Softwareanwendungen zu Organisationseinheiten wie Fachbereichen oder speziellen Aufgabenbereichen.

Cloud Im Kern geht es bei der Beschreibung der „Cloud" eigentlich darum, dass aus dem bis dato üblichen IT-Infrastrukturmodell des Rechenzentrumsbetriebs mit physikalischen Client-Server-Strukturen eine neue Form der Zurverfügungstellung und Nutzung von virtualisierten Umgebungen hervorgeht, und zwar nicht über begrenzte Netze wie bisher im klassischen RZ-Betrieb, sondern über das Internet als Datenautobahn. Die IT-Ressourcen werden nicht mehr als ein Stück Server, ein Stück Festplatte oder Speicher gehandhabt, sondern über die zur Verfügung stehenden Cloud-Technologien werden jetzt entsprechende Dienste - und das zeichnet den Begriff „Cloud" auch noch mit aus - *dynamisch* bereitgestellt.

Cloud-Liefermodell, beschreibt die Bereitstellungsumgebungen für virtualisierte Servicemodelle (IaaS, PaaS, SaaS). Die am häufigsten genutzten und genannten Liefermodelle sind Private-, Public-, Hybrid- und Multi-Cloud.

Cloud-Servicemodell, beschreibt die Bereitstellung der virtualisierten Komponenten und Services, über verschiedene Abstraktionsschichten und -ebenen. So werden „klassische" Hardwarekomponenten und Speicherressourcen virtualisiert im Servicemodell „IaaS", Betriebssysteme, Entwicklungsumgebungen, Administrationsplattformen (beispielsweise Microsoft Azure) im Servicemodell „PaaS" und Softwareanwendungen bzw. Applikationen im Servicemodell „SaaS" bereitgestellt.

CM Change-Management

CMDB (Configuration Management Data Base, nach ITIL)

Dient der Verwaltung und dem Zugriff auf CIs (*siehe* **CI**) in einer oder mehreren Datenbanken. Die CMDB hat dabei die Aufgabe, die Unternehmensprozesse im Umfeld der IT-Prozesse zu unterstützen (Service Support und Service Delivery).

CMMI (Capability Maturity Model Integration)[10] Bestimmung der Reife von Softwareprozessen - die ursprüngliche Bezeichnung CMM (Capability Maturity Model) galt bis 1997.

1986: Ausgehend von einer Initiative des amerikanischen Verteidigungsministeriums entwickelte das Software Engineering Institute (SEI, Offizielle Webseite: *http://www.sei.cmu.edu/cmmi/*) eine Methode zur Bestimmung der Reife von Softwareprozessen. Diese wurde in mehreren Jahren immer weiter verfeinert. 2000 wurde das Modell *CMMI* (Capability Maturity Model Integrated) in der Version 1.0 herausgegeben, ab 2002 steht der Begriff *CMMI* offiziell für Capability Maturity Model Integration.

Das Modell beschreibt fünf Reifegradstufen, wobei die Qualität mit jeder Stufe steigt:

- Stufe 1: initial (initial),
- Stufe 2: gemanagt (repeatable),
- Stufe 3: definiert (defined),
- Stufe 4: quantitativ gemanagt (quantitatively managed),
- Stufe 5: optimiert (optimizing).

COA (Certificate of Authenticity) Beschreibt den Begriff Echtheitszertifikat von Microsoft.

CoM Configuration Management

---

[10] Quelle: *www.wikipedia.org*, CMMI

Compliance (Compliant) Compliant zu sein, beschreibt den Vorgang/Prozess, dass die legal erworbene Software innerhalb der festgeschriebenen Bestimmungen und Konditionen (Nutzungsrecht/Lizenzvertrag) verwendet (genutzt) wird.

Compliance-Check Beschreibt den Vorgang, die im Rahmen des Lizenzmanagements notwendigen kaufmännischen und technischen Daten abzugleichen, mit dem Ziel, die dauerhafte und umfassende Einhaltung der gesetzlichen Regelungen für den Umgang mit Software und deren Lizenzbestimmungen im Unternehmen zu gewährleisten.

Compliance-Bericht Erstellt aus den kaufmännischen und technischen Daten die Zuordnung gekaufter Software (Lizenzen) zu installierter Software (Lizenzen) jeweils aus den Ist-Daten der Systeme (Vertragsdatenbank, Inventory-Daten).

Concurrent Use Die Software wird auf einem zentralen Server bereitgestellt. Eine gleichzeitige Nutzung durch mehrere Client-Rechner im gleichen Zeitintervall ist maximal in genau der Anzahl möglich, wie Lizenzen erworben wurden. Die Anzahl der maximal möglichen Netzwerkbenutzer wird dabei im Server festgelegt.

Cross-Upgrade Beschreibt ein Softwareprodukt, das als Voraussetzung für die rechtskonforme Verwendung ein ähnliches Produkt eines anderen Herstellers fordert, an sich aber eine Vollversion darstellt und immer kostenpflichtig ist.

CSP Cloud Solution Provider (Microsoft) – bezeichnet das Cloud-Abrechnungsmodell von Microsoft.

Dashboard Stellen Daten und Meldungen mit Kennzahlen und Leistungsindikatoren (KPIs) verschiedenster Art übersichtlich in Form einer visualisierten Benutzeroberfläche dar, um über Systemereignisse zu berichten, beispielsweise über Widgets (*siehe* **Widget**).

Daten Informationen und Fakten über ein Objekt bzw. Asset.

Datenmodell Beschreibt die Beziehung zwischen verschiedenen datenliefernden Systemen oder Einheiten oder zwischen CIs.

Deployment-Konzept Das Deployment-Konzept beschreibt die Vorgehensweise des Rollout zur Umsetzung der in Betrieb zu nehmenden Fachverfahrensanwendung oder deren Komponenten, wie beispielsweise von Scan-Agents.

Dongle *siehe* **Kopierschutzstecker**.

DSGVO Datenschutz-Grundverordnung der Europäischen Union, um Regeln zur Verarbeitung personenbezogener Daten festzulegen und EU-weit zu vereinheitlichen.

Downgrade-Recht Das Recht, eine ältere (niedrigere) Version der aktuellen Software zu installieren. Nicht jeder Hersteller bietet diese Option für seine Softwareprodukte.

DSL (Definitive Software Library, nach ITIL®) In der DSL werden Masterkopien von allen im Unternehmen verwendeten Softwarekomponenten (Standardprodukte, Eigen- und Fremdentwicklungen) archiviert. Die DSL hat die Aufgabe, dass nur freigegebene und getestete Software in den Unternehmensprozess gelangt.

eCl@ss Standard Internationaler Standard zur Klassifizierung und Beschreibung von Produkten und Dienstleistungen.

Entitlements Dem Softwarelizenzinhaber garantierte Rechte und Dienstleistungen, wie z. B. das Kopier- oder Nutzungsrecht.

EULA (End User License Agreement) Beschreibt den Begriff Endbenutzer-Lizenzvertrag von Microsoft (die einzuhaltenden Nutzungsrechte von Software).

Floating License (auch Concurrent Use genannt) Erlaubt die Nutzung der Software auf unterschiedlichen bzw. beliebig vielen Systemen. Dabei verwaltet ein Lizenzserver die Anzahl der gekauften Lizenzen. Jeder Nutzungsaufruf der Software verringert die Anzahl der verfügbaren Lizenzen um 1. Die Floating License kann sowohl mit dem Pro-Gerät- als auch mit dem Pro-Nutzer-Lizenztyp verknüpft werden.

Forecast-Based Agreement Ein auf dem geschätzten Einkaufsvolumen eines Kunden innerhalb einer festgelegten Zeitspanne basierender Vertrag. Aus dieser Schätzung resultiert das veranschlagte Preislevel.

Freeware Im Gegensatz zu Shareware auf Dauer kostenfrei, aber lizenzpflichtig.

Full Packaged Products (FPP) Einzelpakete sind Softwareeinheiten, die den Datenträger, die Dokumentation und die Lizenz in einem Paket (Softwarebox) zusammenfassen. Diese Software darf nur auf einem Rechner installiert werden.

Funktionstest Es wird geprüft, ob einzelne Systemkomponenten (z. B. Schnittstellen) wie vorgesehen funktionieren. Funktionstests führen die Entwickler durch.

Gerät Mit Gerät ist im Zusammenhang mit dem Lizenzmanagement gemeint: Computer, Arbeitsstation, Terminal, PDA oder ein anderes elektronisches Gerät, das Softwarekomponenten verwendet oder benutzt.

Geschäftsprozess Beschreibt die Strukturen und Vorgänge, um eine bestimmte Abfolge von Aktivitäten zur Herstellung von Waren, Produkten oder Services zu erreichen.

GNU GPL (General Public License) Die GNU GPL gilt heute als eine der wichtigsten Lizenzen für freie Software. Die vollständige Fassung der GNU GPL können Sie auf den GNU-Webseiten nachlesen (*http://www.gnu.org/licenses/licenses.html*).

Greenfield-Ansatz (bei Inventarisierung von Software) Beschreibt eine Methodik, prinzipiell alle Softwareprodukte zu erfassen und später gegen einen Produktpool zu stellen, der die entsprechenden Klarnamen liefert.

Hardware Alle physischen Bestandteile und Komponenten eines Computersystems.

IaaS Infrastructure-as-a-Service (IaaS), beschreibt die Bereitstellung von virtualisierten Infrastrukturkomponenten, wie z. B. Server, Datenbankensysteme, Netzwerkkomponenten. Amazon Web Service ist beispielsweise einer der Marktführer bei der Bereitstellung von kompletten virtualisierten Rechenzentren.

IMAC (Install, Move, Add, Change) Beschreibt die technischen Grundprozesse eines Software-Life-Cycle-Management-Prozesses im Leben einer Softwarelizenz bzw. eines Softwareprodukts.

Incident Ungeplantes Ereignis oder Vorfall, der zu Schäden oder anderen Verlusten führt.

Infrastrukturkonzept Dokument, Konzept wo die IT-Architektur mit seinen Schnittstellen, Systemen und Netzwerktopologien (wie beispielsweise Firewalls) für den Betrieb eines Fachverfahrens beschrieben und dokumentiert wird.

Initialbeladung Vorgang, bei dem die im Vorfeld bereinigten, kaufmännischen und technischen Daten in einer erstmaligen Beladung in ein System (meist das Lizenzmanagement-Tool) geladen werden, um über einen intelligenten Algorithmus den Compliance-Report ausführen zu können.

Integrationstests Bei diesen Tests wird geprüft, ob ganze Prozesse wie vorgesehen funktionieren. Integrationstests werden von den Prozessbeteiligten durchgeführt.

Ist-Aufnahme Beschreibt die Aufnahme der bisherigen Vorgehensweisen und Prozesse.

IT Information Technologie, Entwicklung, Wartung und Nutzung von Technologie zur Erfassung, Verarbeitung, Speicherung und Verteilung digitaler Informationen.

IT-Asset[11] Element, Sache oder Entität, die zum Erfassen, Verarbeiten, Speichern und Verteilen digitaler Informationen verwendet werden kann und potenziellen oder tatsächlichen Wert für eine Organisation hat.

Zu den IT-Ressourcen gehören:

- Software,
- Medien (physisch und digital),
- IT-Ausrüstung (physisch und virtuell),
- Lizenzen (einschließlich Lizenznachweis),
- Verträge und
- ITAM-Systemverwaltungsressourcen (einschließlich ITAM-Systeme und -Tools sowie die Metadaten, die zum Verwalten aller IT-Ressourcen erforderlich sind).

ITAM IT Asset Management, bezeichnet die Verwaltung und das Managen der IT Assets eines Unternehmens.

Kaufmännischer Bericht Bericht, der beispielsweise Softwareprodukte nach Lieferanten auswertet und zur Verfügung stellt.

Konformität Erfüllung von Anforderungen.

KonTraG Am 1. Mai 1998 trat das Gesetz zur Kontrolle und Transparenz im Unternehmensbereich (KontraG) in Kraft (Verabschiedung durch den Deutschen Bundestag am 5. März 1998), welches sich zum Ziel setzt, die Corporate Governance in den deutschen Unternehmen zu verbessern. Durch dieses Gesetz wurden etliche Vorschriften aus dem Handelsgesetzbuch (HGB) und dem Aktiengesetz (AktG) präzisiert und erweitert.

Konzernlizenz Eine Konzernlizenz kann von allen Konzerneinheiten genutzt werden, wo eine Mehrheitsbeteiligung von > 50 % + 1 Aktie vorherrschen.

Kopierschutzstecker (Dongle) Hardware, die den Softwareschutz ermöglicht; ein kleiner Adapter, der an einem geeigneten Anschluss des Computers angebracht ist.

Lastenheft Beschreibt die vom Auftraggeber gewünschten Anforderungen an ein Produkt oder eine Lösung, um die beschriebene Aufgabenstellung zu erfüllen.

Lizenz (Softwarelizenz) Mit dem Kauf einer Software wird ein Nutzungsrecht an der Software erworben. Eine legale Berechtigung zur Nutzung einer einzigen Kopie eines Softwareprodukts wird Lizenz genannt.

Lizenzadministrator Rolle für die kaufmännische und technische Verantwortung von Unternehmenslizenzen, die Lizenzprüfungen im Unternehmen durchführt und festgelegte Maßnahmen umsetzt.

Lizenzart Beschreibt, in welcher Form ein Softwareprodukt zum Einsatz kommt (Einzellizenz oder Mehrplatzlizenz).

---

[11] ISO/IEC 19770-1:2017(en), Information technology – IT asset management – Part 1: IT asset management systems – Requirements - *https://www.iso.org/obp/ui/es/#iso:std:iso-iec:19770:-1:ed-3:v1:en* (Abschnitt 3 Begriffe und Definitionen Ziff. 3.25)

Lizenzform Lizenzbestimmung, unter die eine Software vom Urheber gestellt wird, Open Source, (Freeware), proprietäre Software (Shareware und Freeware).

Lizenzinventar Verzeichnis (Datenbank oder Excel-Dokument), in dem die für das Unternehmen beschafften Softwareprodukte mit den vereinbarten Lizenzmetriken, Stückzahlen und Preisen erfasst werden. Das Lizenzinventar bildet eine weitere Voraussetzung für die Erstellung eines Compliance-Reports. Die Daten in einem Lizenzinventar sollten mindestens drei Jahre rückwirkend erfasst werden.

Lizenzkanal Beschreibt, über welchen Vertriebskanal ein Softwareprodukt erworben wurde, entsprechend unterschiedlich können sich die damit verbundenen Nutzungsrechte (z. B. Zeitkopie-Recht oder Downgrade-Recht) eines Softwareprodukts gestalten.

Lizenz-Key Einer Lizenz zugeteilter Schlüssel, um das Softwareprodukt in vollem Umfang nutzen zu können.

Lizenzklasse Lizenzklassen werden für eine grobe Einteilung der Softwareprodukte verwendet (z. B. Vollversion, Update, Freeware).

Lizenzmanagement Beschreibt Unternehmensprozesse für den legalen und effizienten Umgang mit Software und deren Lizenzbestimmungen.

Lizenzmanager (strategisch) Rolle für die globale oder lokale strategische Verantwortung zur Verwaltung und Steuerung der Unternehmenslizenzen.

Lizenzmanager (operativ) Rolle für die globale oder lokale operative Verantwortung zur Verwaltung und Steuerung der Unternehmenslizenzen.

Lizenzmetrik Eine Lizenzmetrik beschreibt den anzuwendenden Faktor und die Maßeinheit (Seitenanzahl, volumengebunden, MIPS u. a.), wie Softwarenutzung gezählt wird. Die Zählweise kann an besondere Vertragsformen gekoppelt sein.

Lizenzmodell Ein Lizenzmodell setzt sich u. a. zusammen aus der Lizenzklasse (Vollversion, Update), einem Lizenztyp (pro Nutzer, pro Gerät) und der Lizenzmetrik, wie gezählt wird, z. B. pro CPU.

Lizenznachweis Lizenznachweise sind Materialien, die Sie für den Nachweis des korrekten Erwerbs einer Softwarelizenz vorhalten müssen; dazu zählen: Umverpackungen, CDs, Handbücher, EULA, Lizenzzertifikate, Einträge im Herstellerportal, OEM-Aufkleber, Lizenzregistrierung des Handelspartners, und als Indiz; (dient der Lizenzerfassung, ist aber meistens nicht als alleiniger Nachweis **auditierbar**!) die Rechnung über den Kauf der Lizenznachweise.

Lizenz- oder Software-Pool Definiert ein virtuelles Lager, in dem alle erworbenen, aber nicht installierten/genutzten Softwareprodukte verwaltet werden.

Lizenzbericht Erstellt u. a. Auswertungen über alle Softwarelizenzen im Unternehmen, Softwarelizenzbestände in Software-Pools, gibt Auskunft über die Zuordnung von Softwarelizenzen zu Systemen oder stellt eine Übersicht über nicht autorisierte Software zur Verfügung.

Lizenztyp Der Lizenztyp bestimmt die rechtliche Nutzbarkeit einer Software mit einer vom Hersteller festgelegten Einteilung bzw. Benennung wie beispielsweise pro Gerät, pro Nutzer u. a.

Lizenzvertrag In den Softwarelizenzverträgen wird beschrieben, wie die erworbene Software genutzt werden darf. Sie werden auch Lizenzbestimmung, Nutzungsvereinbarung, Softwarelizenzbedingung, Produktnutzungsrecht (Product User Rights, PUR) oder EULA (End User License Agreement) genannt.

LPAR pro CPU Die Lizenzmetrik berechnet sich nach einer logischen Partition pro CPU (Host).

LzM Abkürzungsform für die Rolle Lizenzmanager.

Maintenance Die Berechtigung für Inhaber von Softwarelizenzen, innerhalb der Laufzeit des Lizenzvertrags die jeweils aktuellste Version zu installieren (auch Wartung genannt).

Master Agreement Vertrag, der die Rahmenbedingungen für den Bezug von Softwareprodukten zwischen dem Hersteller und dem Kunden beschreibt und festlegt (auch Rahmenvertrag oder Einkaufsabschluss genannt).

Medium Datenträger, z. B. CD oder Diskette, auf dem das installierbare Programm abgespeichert ist. Wichtig: Der Besitz eines Datenträgers berechtigt nicht zur Installation eines Programms, diese Berechtigung wird einzig und allein durch die Lizenz definiert.

Meilenstein Definiert ein in sich geschlossenes Arbeitsergebnis.

Memorandum of Understanding (MoU) Beschreibt eine Absichtserklärung, bei der konkrete Befristungen, Bedingungen, Zeitplan, Umfang u. a. zwischen Auftragnehmer und Auftraggeber für die Zeit des Proof of Concept vereinbart und formuliert werden.

Named User (auch Current oder Authorized User genannt) Lizenzmetrik pro benannten Nutzer (User). Die Named-User-Lizenzmetrik wird in Kombination mit dem Lizenztyp pro Nutzer angewendet. Der Endanwender für diese Lizenzmetrik muss namentlich benannt werden, nur er darf dann die Lizenz nutzen (wird z. B. bei Entwicklungslizenzen von Software angewendet).

Nicht besitzanzeigende Verträge Wartungs- oder Dienstleistungsverträge.

Objekttyp Beschreibt im Lizenzmanagement die zu untersuchenden IT-Plattformen. Geläufig sind die Begriffe Client, Server, Host, Telekommunikation (TK), Netze (Netzwerkinfrastruktursysteme).

OEM-Lizenzen (Produkte) OEM (Original Equipment Manufacturer-)Versionen unterliegen einem Lizenzvertrag, den Hardwarehersteller direkt mit dem Softwarehersteller (wie beispielsweise Microsoft) abschließen. Der Vertrag berechtigt den Lizenznehmer, seine PCs zusammen mit der im Vertrag lizenzierten Software auszuliefern.

OLA Operation Level Agreement, Zielvereinbarungen für zu erbringende Services mit internen Fachbereichen bzw. Organisationseinheiten.

Open-Source-Software Software mit offenem Quellcode zur Weiterentwicklung (z. B. Linux).

OpLM Abkürzung für die Rolle Operativer Lizenzmanager

PaaS Platform-as-a-Service (PaaS), beschreibt die Bereitstellung virtualisierter Betriebssystemumgebungen auf Basis bzw. in Kombination mit (IaaS), wie z. B. Windows, Linux, Unix, ebenso werden über PaaS-Services Entwicklungsumgebungen und Werkzeuge bereitgestellt, um eigene Anpassungen von Anwendungsarchitekturen in Cloud-Umgebungen umsetzen zu können.

Periodizität Vorgang mit einem wiederkehrenden Intervall, im Fall der zeitlichen Periode wird darüber hinaus eine Häufigkeit (Frequenz) festgelegt (z. B. wöchentlich, monatlich, quartalsweise, 90 Tage etc.).

Per Node Lizenzmetrik per Node. Node-Lizenzen sind an ein bestimmtes System gebunden und erlauben meistens die Nutzung der Software nur auf diesem System (Desktop-, Server- oder Netzwerksysteme).

PII Personal identification information Persönlich identifizierbare Informationen (PII) auch als personenbezogene Daten benannt, sind alle Informationen, die sich auf eine identifizierbare Person beziehen, wobei es noch eine Unterteilung gibt in verknüpfte und verknüpfbare Informationen.

Pflichtenheft Beschreibt, wie der Auftragnehmer die gestellten Anforderungen mit welcher Leistung umsetzen will und in welchen Phasen.

Pro CI Lizenzmetrik pro CI. Basis ist die Anzahl der zu verwaltenden CIs in einer Datenbank (oft bei der Lizenzierung von Asset-Management-Tools verwendet).

Pro CPU Lizenztyp, der die Nutzung pro CPU erlaubt. Dieser Lizenztyp wird meistens im Umfeld von Software für Server- und Großrechnersysteme angewendet. Die Lizenzmetrik bestimmt dann, auf wie vielen CPUs die Lizenz gleichzeitig genutzt werden darf. Basis für die Lizenz sind die Anzahl der installierten und genutzten CPUs (gezählt wird pro CPU).

Produktverantwortlicher (Softwareexperte) Person, die die technische Verantwortung von Produkten übernimmt und die Lizenzmodelle dieser Produkte am Markt überwacht.

Pro Gerät Lizenzmetrik pro Gerät (Device). Gezählt wird eine Lizenz pro Installation der Software auf einem System/Gerät/PC, meistens eine 1 :1-Abbildung mit dem Lizenztyp pro Gerät.

Pro MIPS Lizenzmetrik pro MIPS. Basis sind MIPS (Million Instructions per Second); Maßeinheit für die Leistungsfähigkeit eines Rechenkerns (CPU), wird meistens nur noch bei Großrechnern angegeben und dient zur Berechnung von Lizenzgebühren.

Pro MSU Lizenzmetrik pro MSU. Basis sind MSU (Million of Service Units); eine MSU entspricht 6 MIPS (*siehe* **Pro MIPS**).

Pro Nutzer Lizenzmetrik pro Nutzer (User); gezählt wird pro Nutzer, meistens eine 1 :1-Abbildung mit dem Lizenztyp pro Nutzer.

Proof of Concept (PoC) Machbarkeitsstudie, die ein Produkt oder eine Lösung einem Test unterzieht. Dabei wird unter realistischen Testbedingungen untersucht und geprüft, ob die gestellten Anforderungen an das Produkt oder die Lösung erfüllt werden können.

Pro PVU (Processor Value Unit) Lizenzmetrik pro PVU. Processor Value Unit, Maßeinheit von IBM zur Berechnung der Lizenzkosten von Lizenzmetriken, die auf Prozessorbasis verrechnet werden. Ein bisheriger Prozessor entspricht 100 PVU.

Pro Seite Lizenzmetrik, gezählt pro Seite. Lizenzkosten werden aus der Anzahl der gedruckten Seiten ermittelt (beispielsweise beruht die erlaubte Softwarenutzung auf fixen Werten wie z. B. 5000 Seiten/Monat etc.).

Pro Session Basis ist die erlaubte Anzahl aufgebauter Verbindungen (beispielsweise zu einer Online-Datenbank oder einem Recherchedienst). Hinzu kann eine Zeitkomponente kommen, wie Stunde, Woche, Monat u. a.

Pro Transaktion Lizenzmetrik pro Transaktion. Basis ist die erlaubte Anzahl von Transaktionen mit den vereinbarten Wertemengen. Hinzu kann eine Zeitkomponente kommen, wie beispielsweise Stunde, Woche, Monat u. a.).

Prozess-Assessment Beschreibt die systematische Messung eines oder mehrerer Prozesse zur Bestimmung ihrer Reifegrade oder Fähigkeitsstufen auf der Grundlage standardisierter idealer Prozessmodelle. Dies bildet den Ausgangspunkt (Ist-Situation) für Optimierungen/ Verbesserungen künftiger Soll-Prozesse.

RACI Responsible, Accountable, Consulted und Informed. Mit RACI wird eine Technik zur Analyse und Darstellung von Verantwortlichkeiten bezeichnet (Rollen zu Aktivitäten).

Rahmenvertrag *siehe* **Master Agreement**

Regeldatei Zur Inventarisierung von Software: beschreibt ein Verfahren, bei dem die zu inventarisierenden Softwareprodukte dem Softwarescanner mitgeteilt werden, in welcher Version die Software zu suchen und zu inventarisieren ist. Nicht autorisierte Software wird damit nicht gefunden.

Re-Imaging Beschreibt beispielsweise in den Product use rights (PUR) von Microsoft (und in diesem Zusammenhang am häufigsten verwendet) das Recht, eine Installation eines Microsoft-Betriebssystems oder einer anderen Anwendung, unter Verwendung eines Volumen-Lizenz-Datenträgers und eines Volumen-Lizenzkeys durchzuführen, um so einheitliche und standardisierte Softwareanwendungen und Windows-Betriebssysteme im Unternehmen einsetzen zu können.

Report (Daten) Ein Report erlaubt es, eine gefilterte Datensicht auf dem Bildschirm zu generieren und das Ergebnis über das Ausdrucken bzw. Exportieren in ein anderes Datenformat (z. B. Excel-Dateien) weiterzuverarbeiten (*siehe* **Bericht**).

Request of Proposal (RoP) Das Dokument „Request for Proposal“ (zu Deutsch: „Aufforderung zur Angebotsabgabe“) beschreibt den Zweck einer Ausschreibung.

SaaS Software-as-a-Service (SaaS), beschreibt die Nutzung von Anwendungen in Cloud-Liefermodellen (Privat, Public, Hybrid, Multi), wo der Servicekonsument eine bereitgestellte Anwendung oder Applikation nutzt. Als Beispiele können hier genannt werden: Apple iCloud, Google Drive, Microsoft OneDrive, ownCloud, Nextcloud oder Salesforce.com.

Server Ein Server ist ein zentraler Computer im Netzwerk, der andere Computer (Clients) bedient.

Shareware Nach den Vorgaben des Autors beliebig kopierbar; kann an Dritte weitergegeben werden (kostenlos oder gegen geringe Gebühr).

SKU (Stock Keeping Unit) Artikelnummer für die einzelnen Softwareprodukte bei Microsoft, wird als Synonym für alle anderen Softwareprodukte der verschiedensten Hersteller verwendet.

SLA Service Level Agreement. Beschreibt festgelegte Vereinbarungen für bestimmte wiederkehrende zu erfüllende Dienstleistungen und wird zwischen dem Kunden und dem externen Dienstleister abgeschlossen; beispielsweise, dass nach einem Systemausfall innerhalb eines vereinbarten Zeitraums das System wieder in Einsatz zu bringen ist.

SLM Service Level Management, um vereinbarte Services innerhalb einer Organisation und zu Dritten zu managen.

SMTP Simple Mail Transfer Protocol, Netzwerkprotokoll, um Dienste und Konfigurationen von Softwarekomponenten abzufragen.

Software Programme und Apps, die digitale Informationen verarbeiten oder unterstützen, im Allgemeinen werden alle „weichen“ Funktionsbestandteile eines Systems, durch die es gesteuert wird, als Software bezeichnet. Dabei wird in der Regel nach Systemsoftware (Betriebssystem) und Anwendungssoftware, sowie nach ausführbarer und nicht ausführbarer Software (diese steuert beispielsweise durch Konfigurationsdateien ausführbare Software) unterschieden.

Software Asset Management (SAM) Beschreibt Prozesse und Verfahrensweisen, die erforderlich sind, um IT-Assets (Software) über den gesamten Lebenszyklus planen, steuern, monitoren und kontrollieren zu können, um die getätigten Investitionen zu schützen.

Softwareanforderer Mitarbeiter, der einen Bedarf für eine Software anfordert.

Softwareanforderungsprozess Prozess zur Steuerung von Softwarebedarfen für die Mitarbeiter eines Unternehmens.

Softwarebereitstellungsprozess Prozess zur Steuerung der Bereitstellungen von Softwareanwendungen (Installation, bzw. Freischaltungen von Berechtigungen beispielsweise für Cloud-Zugriffe).

Softwarebestellungsprozess Prozess zur Steuerung der Bestellungen nach intern (= Installationen) und extern zum Lieferanten (= Softwarelieferungen).

Softwareliste Beinhaltet sämtliche jemals in das Unternehmen eingebrachten Softwareprodukte.

Softwarelizenz Das an einer Software eingeräumte Nutzungsrecht.

Softwarenutzungsanalyse Methode zum Analysieren von Nutzungsperioden der aktiven lizenzkostenpflichtigen Softwareanwendungen, um ein ressourcenschonendes Nutzen von Softwareanwendungen sicherzustellen bzw. aufzuzeigen.

Softwareportfolio Bildet die erlaubten Softwareprodukte in einem Unternehmen ab (*siehe auch* **DSL Definitive Software Library**).

Softwarewarenkorb Beinhaltet alle aktiven und genehmigten Softwareprodukte, die durch die Mitarbeiter bestellbar sind.

SQL Structured Query Language, Programmierungsabfragesprache für Datenbanken.

Staging Ein Staging Konzept beschreibt eine empfohlene Umsetzung zum Betrieb der erforderlichen Fachverfahrensumgebung(en). Über den Infrastrukturbetrieb und dessen Bausteine wird der Fachverfahrensbetrieb dafür meistens über drei Verfahrensumgebungen bereitgestellt:

- eine Testumgebung,
- eine Referenzumgebung und
- die eigentliche Produktivumgebung.

Es gibt auch eine Unterscheidung/Abgrenzung zum technischen und fachlichen Staging.

Stakeholder Personen oder Organisationen, die Informationen und Daten benötigen, um gesteuert eine Entscheidung oder Aktivität beeinflussen oder wahrnehmen zu können.

Standortgebunden (bzw. per Site) Diese Lizenzmetrik wird z. B. pro Land, pro Niederlassung, pro Organisationseinheit vereinbart. Standortgebundene Lizenzformen sind meistens gleichzeitig Unternehmens- bzw. Konzernlizenzen. Häufig anzutreffen im Umfeld von Serversoftware und Rechenzentren.

Strategischer Lizenzmanager (StLM) Diese Rolle überwacht und steuert den Software-Life-Cycle-Prozess und die gesamthaften strategischen und operativen Lizenzmanagementprozesse, einschließlich der erforderlichen Aufgaben und Aktivitäten im Unternehmen.

Strategische Softwareklassen Teilen Softwareanwendungen in Zulässigkeitskategorien ein, um die IT-Strategie zu unterstützen (Steuerung Softwareportfolio).

Supportstufen Teilen die Anwendungssoftware je nach definiertem Unterstützungsumfang in bestimmte Kategorien ein, die beispielsweise für eine weitere Verrechnungsgrundlage dienen können.

System Builder Software System-Builder-Produkte sind eine Form, Einzelplatzlizenzen zu erwerben. Sie sind erheblich kostengünstiger und werden im Unterschied zu den Box-Produkten (*siehe* **Full Packaged Products**) ohne aufwendige Produktverpackungen und Handbücher angeboten.

SWID Software Identification Protokoll, dient zur Beschreibung, Kennzeichnung und Identifizierung von Softwareanwendungen, um eineindeutige Zuordnungen in technischen Softwareinventaren festlegen zu können.

Technischer Bericht Bericht, der beispielsweise die erhobenen Daten aus einem Inventory-Scan zur Verfügung stellt.

Testdokumentation Verwendete Normen aus dem Bereich ANSI und IEEE:

- ANSI/IEEE 829-1983 (Software Test Documentation),
- ANSI/IEEE 1008-1987 (Standard for Software Unit Testing),
- ANSI/IEEE 1012-1986 (Standard Verification and Validation Plans).

Testlizenz Zeitlich begrenzte, günstige oder kostenlose Lizenz für Testzwecke.

Testprotokoll Beschreibt den Ablauf und die Ergebnisse eines einzelnen Testfalls. Der Testablauf wird nach dem klassischen EVA-Prinzip aufgebaut:

- Eingabe (erforderliche Eingangsbedingungen des Tests, ggf. mit einer Beschreibung, wie diese herzustellen sind),
- Verarbeitung (Verarbeitungsvorschrift, z. B. Folge von Benutzereingaben),
- Ausgabe (Prüfbedingungen, erwartetes Ergebnis des Tests, z. B. Feldprüfungen).

Testprozess Beschreibt den Ablauf des Testens der Softwarelösung, setzt sich zusammen aus der Testplanung, Testdurchführung, Testdokumentation, Testreporting und ist ein wichtiger Qualitätssicherungsprozess.

Überlizenzierung Beschreibt den Zustand, wenn der technische Ist-Bestand an Softwareprodukten kleiner ist als der kaufmännische Ist-Bestand an Lizenzen (Anzahl der Softwareinstallationen ist kleiner als die Anzahl der gekauften Software).

Universelles Produktnutzungsrecht Für diese Lizenzprogramme werden universelle Bestimmungen formuliert, die für alle Produkte innerhalb dieses Volumenlizenzprogramms Gültigkeit besitzen.

Unterlizenzierung Beschreibt den Zustand, wenn der technische Ist-Bestand an Softwareprodukten größer ist als der kaufmännische Ist-Bestand an Lizenzen (Anzahl der Softwareinstallationen ist größer als die Anzahl der gekauften Software).

Update Beschreibt einen kleinen Wechsel innerhalb einer Version (z. B. 2.5 auf 2.6) und geht einher mit der Behebung von Fehlern; auch häufig als Hotfix, Aktualisierung, Sicherheitsrelease oder Patch bezeichnet.

Upgrade Beschreibt einen Wechsel zu einer höheren Version (z. B. von 2.5 auf 3.0), setzt eine Vollversion des gleichen Softwareprodukts und der gleichen Sprache voraus, um bestimmte Funktionen weiter ausführen zu können oder aber um den lizenzkonformen Nachweis zu führen.

Urheberrecht (UrhG) Regelt die gesetzlichen Bestimmungen zur Schaffung geistigen Eigentums, hier auch von Softwareprodukten.

Use case – auch „Anwendungsfall" genannt, beschreibt ein mögliches Szenario, wie mit Hilfe eines Systems ein bestimmtes fachliches Ziel erreicht werden kann bzw. erreicht wurde (*siehe auch* **Anwendungsfall**).

Verfahrensverantwortung Ein Verfahrensverantwortlicher definiert fachliche Anforderungen, verantwortet Budget und Ressourcen für die Weiterentwicklung des Fachverfahrens, initiiert Gremienbeteiligungen (beispielsweise für einen geplanten Software-Metering-Einsatz), beantragt Ausnahmegenehmigungen von möglichen Changes bezüglich des Betriebs von IT-Architekturkomponenten und Bausteinen, wenn dies für den weiteren Betrieb des Fachverfahrens erforderlich ist, in Abstimmung mit dem Betriebsverantwortlichen (*siehe* **Betriebsverantwortung**), steuert notwendige Maßnahmen zur Softwarelizenzbeschaffung in Abstimmung mit den verantwortlichen Lizenzmanagementrollen.

Vertragsart Dient der Klassifizierung von Verträgen. Vertragsarten können sein: Kauf, Leasing, Miete, Wartung, Lizenz, Dienstleistung.

Vertrauenswürdige Daten Sind Informationen und Daten, die vollständig, leicht verständlich, relevant und qualitätsgesichert autorisierten Nutzern bereitgestellt werden, um die entsprechenden Aufgaben erfüllen zu können.

Vollprodukt Fertige Box, meist im Einzelhandel erhältlich, bestehend aus einer Softwarelizenz, dem Datenträger und einer Dokumentation (*siehe* **Full Package Product**).

Vollversion Hier wird keine vorhergehende Version für den rechtskonformen Einsatz vorausgesetzt (wie beispielsweise bei einer Update-Version) und die beschriebenen Funktionen unterliegen keinen Beschränkungen, wie beispielsweise bei einer Testlizenz, die auch eine Vollversion sein kann, aber nur 30 Tage „funktioniert".

Volumengebunden Lizenzmetrik nach Volumen, wie z. B. Megabyte, Gigabyte, Terabyte. Basis ist das verfügbare Volumen mit vereinbarten Wertemengen; beispielsweise darf die Softwarelizenz so lange genutzt werden, bis 5 GB an Datenvolumen erreicht sind.

Wachstum pro Jahr in Prozent Lizenzmetrik, die nach prozentualem Wachstum pro Jahr bestimmt wird. Diese Form wird angewendet, wenn der Softwarehersteller an dem mit seiner Software erzielten Geschäftsergebnis beteiligt werden will.

Wartung *siehe* **Maintenance**.

WebAPI Web Application Programming Interface.

Widget Besondere Anzeige-Formen in Webanwendungen, die recht einfach gehalten sind und Information aus anderen Quellen anzeigen („Syndikation").

Wirtschaftlichkeitsbetrachtung (WiBe) Verfahren, um nach festgelegten Kriterien und Bewertungsschemas eine Analyse zur Wirtschaftlichkeit von Produkten oder Dienstleistungen durchzuführen.

Zeitgebunden Lizenzmetrik wird an eine Zeiteinheit gebunden, z. B. pro Minute, pro Stunde, pro Woche, pro Monat, pro Jahr. Eine zeitgebundene Lizenzmetrik wird vor allem bei Software verwendet, die z. B. für Testzwecke eingesetzt oder nur für eine bestimmte Abrechnungsperiode verwendet wird (z. B. beim Erstellen von Jahresendabrechnungen etc.).

Stichwortverzeichnis

C

D

K

L

M